Feryad Fazil Omar

Kurdisch-Deutsches / Deutsch-Kurdisches Taschenwörterbuch (Zentralkurdisch/Soranî)

Feryad Fazil Omar

Kurdisch-Deutsches Deutsch-Kurdisches Taschenwörterbuch

(Zentralkurdisch/Soranî)

Herausgegeben von
dem Institut für Kurdische Studien Berlin
und
dem Institut für Iranistik
der Freien Universität Berlin

2018
Institut für Kurdische Studien
Berlin

Bibliografische Information Der Deutschen Bibliothek:
Die Deutsche Bibliothek verzeichnet diese Publikation in der Deutschen Nationalbibliografie; detaillierte bibliografische Daten sind im Internet über http://dnb.dnb.de abrufbar.

Bibliographic information published by Die Deutsche Bibliothek:
Die Deutsche Bibliothek lists this publication in the Deutsche Nationalbibliografie; detailed bibliographic data is available in the internet at http://dnb.dnb.de.

Gedruckt auf chlorfreiem Papier.
Verlag und Vertrieb in Deutschland: Institut für Kurdische Studien, Postfach 1249, 12122 Berlin;
Tel./Fax: 0049-30-821 99 43; E-Mail: info@ifkurds.de; http://www.ifkurds.de
Satz und Layout: Claudius Naumann (Institut für Iranistik der FU Berlin), http://www.fu-berlin.de/iranistik
Printed in Germany

ISBN 978-3-932574-22-1

Gewidmet

der heranwachsenden, neuen Generation
der Kurden in Europa

Inhalt

Vorwort 9
Hinweise zur Benutzung (Kurdisch–Deutsch) 11
Abkürzungen 15
Das kurdische Alphabet in arabisch-kurdischer Schrift . 17
Die Aussprache des Kurdischen 19
Kurdisch-Deutsches Taschenwörterbuch 21
Hinweise zur Benutzung (Deutsch–Kurdisch) 335
Deutsch-Kurdisches Taschenwörterbuch 341
Liste der unregelmäßigen Verben 689
Kurdisches Vorwort ٩

Vorwort

Seit langem habe ich meinen Studentinnen und Studenten des Schwerpunkts Kurdische Studien am Institut für Iranistik der Freien Universität Berlin versprochen, dass ich ein praktisches zweisprachiges Taschenwörterbuch vorlegen werde. Hiermit löse ich dieses Versprechen ein.

Die beiden Standardwerke – *Kurdisch-Deutsches Wörterbuch*[1] und *Deutsch-Kurdisches Wörterbuch*[2] – waren als Brücke für Kurden und Deutsche gedacht, um sich souverän zwischen beiden Sprachen bewegen zu können.

Dieses Taschenwörterbuch dient dem Interesse eines schnellen Zugriffs in der Praxis und ist als Stütze für die Bewältigung des Alltags in der kurdischen und deutschen Sprache zu verstehen. Es richtet sich an Kurden und Deutsche gleichermaßen. Ein besonderes Anliegen dieses Taschenwörterbuchs ist es, Kindern kurdischer Familien, die im deutschen Sprachraum leben, Zugang zu ihrer Muttersprache und ihren Eltern Orientierung im Deutschen zu ermöglichen.

Das Taschenwörterbuch umfasst mit 30 000 Stichwörtern aus Kultur, Politik und Wirtschaft den aktuellen Grundwortschatz des Kurdischen und des Deutschen. Auch ein Teil der idiomatischen und umgangssprachlichen Redewendungen

1 Feryad Fazil Omar: *Kurdisch-Deutsches Wörterbuch (Soranî)*. Berlin: Institut für Kurdische Studien 2005 (ISBN 978-3-932574-10-8).

2 Feryad Fazil Omar: *Deutsch-Kurdisches Wörterbuch (Soranî)*. Berlin: Institut für Kurdische Studien 2016 (ISBN 978-3-932574-20-7).

wurde in das Werk aufgenommen sowie Fachtermini u. a. aus Rechtswesen, Medizin, Zoologie und Botanik.

Im Taschenwörterbuch sind Homonyme sowie grammatikalische Angaben enthalten. Es verwendet bei der Verschriftlichung der kurdischen Sprache sowohl die arabisch-kurdische wie auch die lateinisch-kurdische Schrift. Damit ermöglicht es insbesondere den Benutzern aus dem nordkurdischen Sprachraum, die sich des lateinischen Alphabets bedienen, sowie allen anderen, die der arabischen Schrift nicht mächtig sind, den ungehinderten Zugang zum Zentralkurdischen (Soranî) und schließt damit keine Kurden aufgrund ihrer schulischen Sozialisation von einer Benutzung des Taschenwörterbuchs aus.

Berlin, im Januar 2018 Feryad Fazil Omar

Hinweise zur Benutzung (Kurdisch–Deutsch)

1. Einige Bemerkungen zum kurdischen Alphabet

Das arabisch-kurdische Alphabet besteht aus 33 Zeichen, wobei der Murmelvokal *i* nicht geschrieben wird. Die arabischen Laute, die mit den Buchstaben ث, ذ, ص, ض, ط und ظ gekennzeichnet sind, werden im Kurdischen nicht mehr wie im Arabischen ausgesprochen. Seit den 20er Jahren des 20. Jahrhunderts werden sie in der Schrift auch nicht mehr verwendet. ث und ص wurden durch س ersetzt und ebenso ausgesprochen, ط durch ت sowie ذ, ض, ظ durch ز.

Das Prinzip der alphabetischen Anordnung folgt dem arabisch-kurdischen Alphabet (s. Tabelle S. 17). Die kurdischen Sonderzeichen wurden nach den entsprechenden Buchstaben ohne diakritische Zeichen eingefügt, z. B. ڕ *ṟ* nach ر *r*, ێ *ê* nach ی *î*. Jeder Vokal am Anfang einer Silbe oder eines Wortes wird mit Hilfe des Vokalträgers ئ geschrieben, der in der lateinischen Umschrift des Kurdischen nicht berücksichtigt wird. Der Murmelvokal *i*, der im arabisch-kurdischen Alphabet bis heute kein Zeichen besitzt, wurde in der alphabetischen Reihenfolge nicht berücksichtigt, aber in der lateinischen Umschrift wiedergegeben. Steht der Murmelvokal im Anlaut, so wird in arabisch-kurdischer Schrift nur der Vokalträger geschrieben.

Die Halbvokale *w* und *y* werden in arabisch-kurdischer Schrift mit dem gleichen Zeichen wie die ihnen entsprechenden Vokale و *u* und ی *î* geschrieben. Die Halbvokale erhalten im Anlaut keinen Vokalträger.

Das lange *û* wird mit zwei و *u* wiedergegeben. Da sich im Schriftbild وو *û* nicht von zwei aufeinanderfolgenden و *w/u* unterscheiden lässt, wird es bei der alphabetischen Sortierung auch wie zwei einzelne و *w/u* behandelt. Eigentlich müsste man وو *û* aber als eigenständigen Buchstaben behandeln.

2. Das Stichwort

Als Stichwörter kommen neben den üblichen Kategorien auch Komposita vor, also zusammengesetzte Substantive, Adjektive, Adverbien, Präpositionen und Konjunktionen oder zusammengesetzte substantivierte Verben, wie z. B. سەیرکردن *seyrkirdin* „Besichtigung“. Verben werden im Infinitiv angeführt. Substantive bzw. Adjektive, die mit Hilfe des Suffixes ی *î/y* gebildet werden und deren Bedeutung aus dem zu Grunde liegenden Wort leicht erschlossen werden kann, wurden aus Platzgründen nicht in allen Fällen berücksichtigt.

Das Stichwort wird zuerst in arabisch-kurdischer, dann in kursiver lateinischer Transkription wiedergegeben.

Homonyme werden durch vorangehende hochgestellte arabische Ziffern unterschieden, z. B. [1]گاز *gaz*.

Die grammatische Kategorie des Stichwortes wird – soweit es sich nicht um ein Nomen handelt – in spitzen Klammern angegeben, z. B. <Adj.> für Adjektiv (s. a. Abkürzungsverzeichnis). Gehört ein Stichwort verschiedenen grammatischen Kategorien an, werden diese mit fettgedruckten römischen Ziffern unterschieden (**I.**, **II.**). In den Fällen, in denen im Kurdischen bzw. im Deutschen ein Wort sowohl Adjektiv als auch Adverb sein kann, wurde auf eine getrennte Aufführung verzichtet. Die Angaben <v.tr.> (transitives Verb), <v.intr.> (intransitives Verb) und <v.refl.> (reflexives Verb) dienen dem Leser dazu, die vorgefundene Satzstruktur im Kurdischen leichter analysieren zu können. Unter die Kategorie <Präp.> (Präpositionen) fallen auch Zirkumpositionen, die aus Präposition und Postposition bestehen (gekennzeichnet durch Auslassungspunkte … zwischen beiden), und die Postpositionen.

Der Präsensstamm der stets in der infiniten Form aufgeführten Verben wird ebenfalls in spitzen Klammern angegeben, sowohl in arabisch-kurdischer Schrift als auch in Umschrift: کڕین *kiṟîn* <v.tr.> <کڕ- *kiṟ*->.

Bei Verben mit zwei Präsensstämmen werden diese durch ein Komma getrennt angeführt, ebenso, wenn eine besondere negierte Form existiert. Der Bindestrich am Präsensstamm zeigt die Stelle an, an die eine Personalendung tritt. Das Suffix ـ(ه)وه *-(e)we* folgt den Personalendungen. Für einige Verben gibt es eine besondere Form der dritten Person Singular, die mit einem Schrägstrich abgetrennt wird, z. B. der Infinitiv دان *dan* mit dem Präsensstamm ده-/دا *de-/da*. Zwischen Präfixen und dem Präsensstamm stehen Auslassungspunkte (…), wenn mindestens eine der folgenden Formen dazwischentreten kann: das Durativpräfix ده‍ـ *de-*, das Konjunktivpräfix بـ *bi-*, die Negation نا‍ـ *na-* bzw. نه‍ـ *ne-* (im Imperativ مه‍ـ *me-*), und die enklitischen Personalpronomen. Die Präsensstämme von zusammengesetzten Verben findet man bei der einfachen Verbform.

Bei der deutschen Übersetzung werden Synonyme und Wörter mit ähnlicher Bedeutung durch Semikolon voneinander getrennt. Unterschiedliche Bedeutungsfelder sind durch arabische Ziffern gekennzeichnet:

ئاسوودەیی *asûdeyî* 1. Frieden *m*; Zufriedenheit *f*; 2. Heiterkeit *f*

Zu berücksichtigen ist, dass kurdische Wörter im Deutschen oft sowohl adjektivisch als auch substantivisch übersetzt werden können.

Die Schreibung des Deutschen basiert auf den Regeln der Rechtschreibreform von 2006.

Die Beispiele sind in das Deutsche übersetzt; wohingegen auf die Umschrift der vielen Beispiele verzichtet wurde, da dies den Umfang dieses Werks unangemessen vergrößert hätte.

Zusammengesetzte Ausdrücke und die mit Hilfe der Ezafe-Partikel ی *î/y* gebildeten Ausdrücke sind als Untereintrag bei den entsprechenden Stichwörtern zu finden:

نان *nan* Brot *n*; **نان پێدان** *nan pêdan* ⟨v.t.⟩ j-n ernähren; **نانی بۆر** *nanî bor* Schwarzbrot *n*

Im Wörterbuch finden sich folgende Arten von Verweisen:

1. „(vgl. …)“ verweist auf einen Eintrag mit gleicher Bedeutung
2. „(s. a. …)“ verweist auf einen Eintrag mit ähnlicher Bedeutung.

3. „s. …“ findet sich nur bei Stichwörtern, bei denen keine Übersetzung angegeben ist und verweist auf das Stichwort, unter dem diese zu finden ist.

Im Wörterbuch verwendete Interpunktion:

… Auslassungen bei kurdischen Bedeutungen und deutschen Unterstichwörtern (z. B. bei Post- und Zirkumpositionen und bei paarweise auftretenden Konjunktionen wie „entweder … oder“) sowie bei deutschen und kurdischen Beispielen;

; Semikolon nach unterschiedlichen Bedeutungen und Beispielen;

• zur Abtrennung von Beispielsätzen von der Übersetzung des Haupteintrags;

( ) Stilebene und sprachlicher Zeitbezug; fakultative Bestandteile, Erklärungen und Ausführungen auf Deutsch und Kurdisch;

- (einfacher Bindestrich) bei Prä- und Suffixen im Deutschen;

/ bei Alternativen und Valenzangaben und bei sein/werden;

↑ bezeichnet einen Verweis auf ein anderes Stichwort;

→ verweist vom aktuellen Stichwort direkt auf einen untergeordneten Eintrag in Fällen, in denen das Stichwort nur im Rahmen eines zusammengesetzten Ausdrucks oder einer Ezafe-Verbindung (s. u.) Verwendung findet:

هەراسان *herasan* → هەراسان کردن *herasan kirdin* ⟨v.t.⟩ belästigen

Abkürzungen

Abk.	Abkürzung
Adj.	Adjektiv
Adv.	Adverb
Agr.	Agronomie
Amtsspr.	Amtssprache
Anat.	Anatomie
Art.	Artikel
Astrol.	Astrologie
Astron.	Astronomie
Bauw.	Bauwesen
bibl.	biblisch
bildungsspr.	bildungssprachlich
Biol.	Biologie
Bot.	Botanik
bzw.	beziehungsweise
ca.	zirka
Chem.	Chemie
christl.	christlich
d. h.	das heißt
EDV	Elektronische Datenverarbeitung
Elektr.	Elektrizitätswesen
etw.	etwas
f	Femininum
fachspr.	fachsprachlich
geh.	gehoben
Geogr.	Geografie
Geol.	Geologie
Gr.	Grammatik
hist.	historisch
idiom.	idiomatisch
im Ggs. zu	im Gegensatz zu
Int.	Interjektion
in Zus.	in Zusammensetzungen
islam.	islamisch
j-d	jemand
j-m	jemandem
j-n	jemanden
j-s	jemandes
jüd.	jüdisch
Jur.	Jura
kath.	katholisch
Kaufmannsspr.	Kaufmannssprache
Kfz	Kraftfahrzeugwesen
Kochk.	Kochkunst
Konj.	Konjunktion
Ling.	Linguistik
Lit.	Literatur
m	Maskulinum
Math.	Mathematik
Med.	Medizin
Meteorol.	Meteorologie
Mil.	Militär
Mus.	Musik
Myth.	Mythologie
n	Neutrum
Num.	Numerale
Part.	Partikel
Philos.	Philosophie
Phys.	Physik
Pl.	Plural
poet.	poetisch
Pol.	Politik

Präp.	Präposition	Theat.	Theater
Präs.	Präsens	üb.	übertragen
Prät.	Präteritum	ugs.	umgangssprachlich
Pron.	Pronomen	v.aux.	Hilfsverb
Ps.	Person	veralt.	veraltet, veraltend
Psychol.	Psychologie	vgl.	vergleiche
Rel.	Religion	v.i.	intransitives Verb
s.	siehe	v.refl.	reflexives Verb
Seef.	Seefahrt	v.t.	transitives Verb
s. a.	siehe auch	vulg.	vulgär
Sg.	Singular	Wirtsch.	Wirtschaft
Sp.	Sport	z. B.	zum Beispiel
Tech.	Technik	Zool.	Zoologie
Telek.	Telekommunikation		

Das kurdische Alphabet in arabisch-kurdischer Schrift

Nr.	Stellung				Vokal im Anlaut	Umschrift	Name
	alleine	Ende	Mitte	Anfang			
1	ا	ـا	ـا	—	ئا	*a*	*elf*
2	ب	ـب	ـبـ	بـ	—	*b*	*bê*
3	پ	ـپ	ـپـ	پـ	—	*p*	*pê*
4	ت	ـت	ـتـ	تـ	—	*t*	*tê*
5	ج	ـج	ـجـ	جـ	—	*c*	*cîm/cê*
6	چ	ـچ	ـچـ	چـ	—	*ç*	*çîm/çê*
7	ح	ـح	ـحـ	حـ	—	*ẖ*	*ẖê*
8	خ	ـخ	ـخـ	خـ	—	*x*	*xê*
9	د	ـد	ـد	د	—	*d*	*dal/dê*
10	ر	ـر	ـر	ر	—	*r*	*rê*
11	ڕ	ـڕ	ـڕ	ڕ	—	*ṟ*	*ṟê*
12	ز	ـز	ـز	ز	—	*z*	*zê*
13	ژ	ـژ	ـژ	ژ	—	*j*	*jê*
14	س	ـس	ـسـ	سـ	—	*s*	*sîn/sê*
15	ش	ـش	ـشـ	شـ	—	*ş*	*şîn/şê*
16	ع	ـع	ـعـ	عـ	—	ʿ	*ʿeyn/ʿê*
17	غ	ـغ	ـغـ	غـ	—	*x̱*	*x̱eyn/x̱ê*
18	ف	ـف	ـفـ	فـ	—	*f*	*fê*

F. F. Omar: Kurdisch-Deutsches / Deutsch-Kurdisches Taschenwörterbuch

Nr.	Stellung				Vokal im Anlaut	Umschrift	Name
	alleine	Ende	Mitte	Anfang			
19	ڤ	ـڤ	ـڤـ	ڤـ	—	*v*	*vê*
20	ق	ـق	ـقـ	قـ	—	*q*	*qaf/qê*
21	ک	ـک	ـکـ	کـ	—	*k*	*kaf/kê*
22	گ	ـگ	ـگـ	گـ	—	*g*	*gaf/gê*
23	ل	ـل	ـلـ	لـ	—	*l*	*lam/lê*
24	ڵ	ـڵ	ـڵـ	ڵـ	—	*l̲*	*l̲am/l̲ê*
25	م	ـم	ـمـ	مـ	—	*m*	*mîm/mê*
26	ن	ـن	ـنـ	نـ	—	*n*	*nûn/nê*
27	و	ـو	ـو	و	ئو	*u/w*	*waw/wê*
28	وو	ـوو	ـوو	—	ئوو	*û*	*wawî dirêj / û*
29	ۆ	ـۆ	ـۆ	—	ئۆ	*o*	*o*
30	ھ	ـھ	ـھـ	ھـ	—	*h*	*hê*
					ئ	*i*	*i*
31	ە	ـە	ـە	—	ئە	*e*	*e*
32	ی	ـی	ـیـ	یـ	ئی	*î/y*	*yî*
33	ێ	ـێ	ـێـ	ێـ	ئێ	*ê*	*yê*

Hinweise:

- Der Murmelvokal wird nicht geschrieben und lediglich im Anlaut durch den Vokalträger ئ gekennzeichnet.
- Die Zeichen ا, د, ر, ڕ, ز, ژ, و, وو, ۆ und ە werden nicht nach links verbunden.

Die Aussprache des Kurdischen

Lautart	Zeichen		Aussprache
kurze Vokale	–	*i*	Murmelvokal, sehr kurzer Vokal wie das tonlose, flüchtige *e* in „Gabel“ oder „Bitte“, hat im arabisch-kurdischen Alphabet kein Zeichen
	و	*u*	entspricht *u* in „Hund“
	ە	*e*	entspricht *a* in „was“, in Kombination mit ی *y* entspricht es *e* in „Brett“
lange Vokale	ا	*a*	entspricht *a* in „Tag“
	وو	*û*	entspricht *u* in „Kuh“
	ۆ	*o*	entspricht *oo* in „Boot“ oder „Ofen“
	ی	*î*	entspricht *ie* in „Liebe“
	ێ	*ê*	entspricht *ee* in „Beet“
Halbvokale/ -konsonanten	و	*w*	entspricht *w* in Englisch „what“
	ی	*y*	entspricht *j* in „ja“
stimmhafte Konsonanten	ب	*b*	wie *b* in „Bruder“
	ج	*c*	entspricht *dsch* in „Dschungel“ oder *j* in Englisch „journey“
	د	*d*	wie *d* in „Duft“
	ر	*r*	leicht gerolltes Zungen-R, erscheint nie am Anfang eines Wortes
	ڕ	*r̠*	stark gerolltes Zungen-R
	ز	*z*	entspricht *s* in „Sand“

Lautart	Zeichen		Aussprache
stimmhafte Konsonanten	ژ	*j*	entspricht *g* in „Genie“ oder *j* in „Journal“
	ع	ʿ	stimmhafter pharyngaler Reibelaut
	غ	*x̱*	velarer Reibelaut, ähnlich *g* in Norddeutsch „Tage“ oder *rr* (Zäpfchen-R) in „Karren“
	ڤ	*v*	wie *w* in „Wasser“
	گ	*g*	wie *g* in „geben“
	ل	*l*	wie *l* in „lang“
	ڵ	*ḻ*	apiko-dentales L, ähnlich *ll* im englischen Wort „all“, erscheint nie am Anfang eines Wortes
	م	*m*	wie *m* in „Mund“
	ن	*n*	wie *n* in „nackt“, vor *g* wie im Deutschen *ng* in „Zeitung“, wobei das *g* im Kurdischen ausgesprochen wird wie in مانگ *mang*
stimmlose Konsonanten	پ	*p*	wie *p* in „Peter“
	ت	*t*	wie *t* in „Tante“
	چ	*ç*	wie *tsch* in „deutsch“
	ح	*ẖ*	pharyngaler Reibelaut
	خ	*x*	wie *ch* in „Nacht“
	س	*s*	wie *s* „Kasten“ oder *ß* in „Straße“
	ش	*ş*	wie *sch* in „Schule“
	ف	*f*	wie *f* in „Fundament“
	ق	*q*	uvularer Verschlusslaut, wie ein tief in der Kehle erzeugtes *k*
	ک	*k*	wie k in „Kind“, wird stark palatalisiert, wenn ein vorderer Vokal *ê, î* oder ein Halbvokal *y* folgt, z. B. کێ *kê* in Kombination mit ی *î/y* ähnlich *tsch* im Deutschen
	ه	*h*	wie *h* in „Hund“

ا

ا[1] *a* im Anlaut ئا a; erster Buchstabe des kurdischen Alphabets (Zahlenwert 1)

ئا[2] *a* ⟨Int.⟩ ja (oft als Antwort einer Begrüßung oder eines Zurufs); ah?; wirklich?

ئاب *ab* neunter Monat des syrischen Kalenders (August)

ئابخانە *abxane* Toilette *f*; WC *n*

ئابڕوو *abr̲û* Ehre *f*; Würde *f*; **ئابڕووی خۆ بردن** *abr̲ûy xo birdin* ⟨v.refl.⟩ sich blamieren; **ئابڕوو بردن** *abr̲û birdin* ⟨v.t.⟩ entehren; demütigen; **ئابڕوو چوون** *abr̲û çûn* ⟨v.i.⟩ entehrt, diskreditiert, beschämt sein/werden

ئابڕووبراو *abr̲ûbiraw* ⟨Adj.⟩ entehrt

ئابڕووبەر *abr̲ûber* ⟨Adj.⟩ beschämend; entehrend

ئابڕووبەرە *abr̲ûbere* Skandal *m*; Schande *f*

ئابڕووچوو *abr̲ûçû* ⟨Adj.⟩ 1. entehrt; 2. schamlos

ئابڵۆقە *abl̲oqe* 1. Sperre *f*; Blockade *f*; 2. (Mil.) Belagerung *f*; **ئابڵۆقە دان** *abl̲oqe dan* ⟨v.t.⟩ 1. belagern; umzingeln; 2. blockieren; **ئابڵۆقەی ئابووری** *abl̲oqey abûrî* Embargo *n*

ئابووری *abûrî* **I** ⟨Adj.⟩ ökonomisch; wirtschaftlich **II** Wirtschaft *f*; **ئابووریی نەتەوەیی** *abûrîy neteweyî* Volkswirtschaftslehre *f* **دەستووری ئابووری** *destûrî abûrî* Wirtschaftsordnung *f*; **زانستیی ئابووری** *zanistîy abûrî* Wirtschaftswissenschaft *f*

ئابووریزان *abûrîzan* Wirtschaftswissenschaftler *m* / Wirtschaftswissenschaftlerin *f*

ئابوونە *abûne* Abonnement *n*; **ئابوونە کردن** *abûne kirdin* ⟨v.t.⟩ abonnieren; **ئابوونەی ئەندامان** *abûney endaman* Mitgliedsbeitrag *m*

ئابوونەکەر *abûneker* Abonnent *m* / Abonnentin *f*

ئاپ *ap* s. ↑ئاپۆ

ئاپۆ *apo* Onkel *m* (Bruder des Vaters)

ئاتەشەک *ateşek* (Med.) Syphilis *f* (vgl. ↑فەرەنگی)

ئاجیل *acîl* getrocknete Früchte *Pl.*

ئاخ *ax* ⟨Int.⟩ ach! (klagend); **ئاخ هەڵکێشان** *ax hel̲kêşan* ⟨v.t.⟩ seufzen

ئاخاوتن *axawtin* ⟨v.t.⟩ ⟨ئاخێو- *axêw-*⟩ sprechen; reden

ئاخر *axir* **I** ⟨Adj.⟩ letzte(r, -s) **II** Ende *n*

ئاخرخێر *axirxêr* ⟨Adj.⟩ verdient

ئاخرزەمان *axirzeman* (Rel.) Ende der Welt *n*

ئاخرشەڕ *axirşeṟ* ⟨Adj.⟩ verdammt

ئاخری *axirî* ⟨Adv.⟩ endlich; schließlich

ئاخنراو *axinraw* ⟨Adj.⟩ 1. beladen; 2. gefüllt

ئاخنین *axnîn* ⟨v.t.⟩ ⟨ـ ئاخن *axin-*⟩ füllen; (voll-, zu)stopfen (s.a. ↑هەڵئاخنین)

ئاخوداخ *axudax* (Weh-)Klage *f*

ئاخوڕ *axuṟ* (Futter-)Krippe *f*

ئاخون *axun* (Rel.) religiöser Titel für einen schiitischen Geistlichen

ئاخۆ *axo* s. ↑داخۆ

ئاخۆرانوبخۆران *axoranubixoran* **I** ⟨Adj.⟩ chaotisch **II** Chaos *n*

ئاخەسۆر *axesor* (Geol.) Ton *m*

ئاخیرەت *axîret* 1. (Rel.) Jenseits *n*; 2. Jüngster Tag *m*

ئادرینالین *adrînalîn* (Med.) Adrenalin *n*

ئادەم *adem* Mensch *m*; Mann *m*

ئادەمی *ademî* **I** ⟨Adj.⟩ menschlich **II** Mensch *m*

ئادەمیزاد *ademîzad* Menschheit *f*

ئادەی *adey* ⟨Int.⟩ nun los!

ئارا *ara* Existenz *f*; **لە ئارادا بوون** *le arada bûn* ⟨v.i.⟩ vorhanden sein; existieren

ئارام *aram* ⟨Adj.⟩ ruhig; still; **ئارام بوون** *aram bûn* ⟨v.i.⟩ ruhig, still sein/werden; **ئارام کردن** *aram kirdin* ⟨v.t.⟩ erleichtern; lindern

ئارامگا *aramga* Friedhof *m*; Mausoleum *n*

ئارامی[1] *aramî* **I** ⟨Adj.⟩ aramäisch **II** Aramäer *m* / Aramäerin *f*

ئارامی[2] *aramî* Stille *f*; Ruhe *f*

ئاراو *araw* Spülwasser *n*

ئارایش *arayiş* **I** ⟨Adj.⟩ kosmetisch **II** Schminken *n*; **ئارایش کردن** *arayiş kirdin* ⟨v.t.⟩ (aus)schmücken; **خۆ ئارایش کردن** *xo arayiş kirdin* ⟨v.refl.⟩ sich schmücken

ئارایشکەر *arayişker* Kosmetikerin *f*; Frisör *m* / Frisörin *f*

ئارایشگا *arayişga* Frisörladen *m*

ئارد *ard* (feines) Mehl *n*

ئاردبێژ *ardbêj* Sieb *n*

ئاردەجۆ *ardeco* Gerstenmehl *n*

ئاردەگەنم *ardegenim* Weizenmehl *n*

ئاردەمشار *ardemişar* Sägemehl *n*

ئارژنگ *arjing* Zwetschge *f*

ئارشیتێکت *arşîtêkt* Architekt *m* / Architektin *f*

ئارشیف *arşîv* Archiv *n*

ئارشیۆلۆگی *arşiyologî* Archäologie *f* (vgl. ↑دێرینەناسی)

ئارمێچەر *armêçer* Dynamo *m*

ئارەزوو *arezû* 1. Wunsch *m*; Wille *m*; Lust *f*; 2. Laune *f*; **ئارەزوو بزواندن** *arezû bizwandin* ⟨v.t.⟩ verführen; **ئارەزوو تاساندن** *arezû tasandin* ⟨v.t.⟩ sich (einer Sache) enthalten; **ئارەزوو کردن** *arezû kirdin* ⟨v.t.⟩ wünschen; wollen; verlangen; **ئارەزوو لێبوون** *arezû lêbûn* ⟨v.i.⟩ mögen; **ئارەزوو هەڵسان** *arezû heḻsan* ⟨v.i.⟩ sexuell erregt sein

ئارەزووبەخش *arezûbexş* ⟨Adj.⟩ appetitanregend

ئارەزووهەستان *arezûhestan* Erregung *f*

ئارەزووهەڵساو *arezûheḻsaw* ⟨Adj.⟩ sexuell erregt

[1]ئارەق *areq* Schweiß *m*; ئارەق پێکردنەوە *areq pêkirdinewe* ⟨v.t.⟩ ins Schwitzen bringen; ئارەق دەردان *areq derdan* ⟨v.t.⟩ (aus)schwitzen; ئارەق کردنەوە *areq kirdinewe* ⟨v.t.⟩ schwitzen

[2]ئارەق *areq* Arrak *m* (orientalischer Branntwein); ئارەق خواردنەوە *areq xiwardinewe* ⟨v.t.⟩ Alkohol trinken; ئارەقی ڕازیانە *areqî ṟazyane* Anisschnaps *m*; بابەتەکانی ئارەق *babetekanî areq* Schnaps *m*

ئارەقاوی *areqawî* ⟨Adj.⟩ verschwitzt

ئارەقخۆر *areqxor* (Arrak-)Trinker *m* / (Arrak-)Trinkerin *f*

ئارەقفرۆش *areqfiroş* Spirituosenverkäufer *m* / Spirituosenverkäuferin *f*

ئارەققەدەغەکردن *areqqedex̱ekirdin* Alkoholverbot *n*

ئارەقەڕژێن *areqeṟijên* (Med.) Schweißdrüse *f*

ئاری *Arî* **I** Arier *m* / Arierin *f* **II** ⟨Adj.⟩ arisch

ئارییایی *arîyayî* **I** ⟨Adj.⟩ arisch **II** Arier *m* / Arierin *f*

ئاڕاستە *aṟaste* **I** ⟨Adj.⟩ direkt **II** 1. Ziel *n*; Zweck *m*; Richtung *f*; 2. Anweisung *f*; ئاڕاستە کردن *aṟaste kirdin* ⟨v.t.⟩ anweisen; ئاڕاستەی لێخوڕین *aṟastey lêxuṟîn* Fahrtrichtung *f*

ئاڕاستەکراو *aṟastekiraw* ⟨Adj.⟩ gelenkt; geführt

ئاڕاستەنەکراو *aṟastenekiraw* ⟨Adj.⟩ fehlgeleitet; irregeleitet

ئازا *aza* ⟨Adj.⟩ (wage)mutig; tapfer; kühn; ئازا بوون *aza bûn* ⟨v.i.⟩ mutig, tapfer, kühn sein; خۆ ئازا کردن *xo aza kirdin* ⟨v.refl.⟩ sich mutig zeigen; گەردن ئازا کردن *gerdin aza kirdin* ⟨v.t.⟩ (j-s) Unzulänglichkeiten verzeihen; in Frieden ziehen lassen

ئازاخانە *azaxane* Apotheke *f*

ئازاد *azad* ⟨Adj.⟩ frei; ئازاد بوون *azad bûn* ⟨v.i.⟩ frei, ungebunden sein; ئازاد کردن *azad kirdin* ⟨v.t.⟩ befreien; freilassen; خۆ ئازاد کردن *xo azad kirdin* ⟨v.refl.⟩ sich befreien

ئازادبیر *azadbîr* ⟨Adj.⟩ 1. freisinnig; 2. (Pol.) liberal

ئازادکراو *azadkiraw* ⟨Adj.⟩ befreit; freigelassen

ئازادکردن *azadkirdin* Befreiung *f*; Freilassung *f*

ئازادکەر *azadker* Befreier *m* / Befreierin *f*

ئازادی *azadî* Freiheit *f*; ڕاڕەوی ئازادی *ṟaṟewî azadî* (Pol.) Liberalismus *m*; ئازادیی بیروڕا *azadîy bîruṟa* Meinungsfreiheit *f*; ئازادیی وتن *azadîy witin* Redefreiheit *f*

ئازادیخوا *azadîxiwa* **I** ⟨Adj.⟩ 1. freiheitsliebend; 2. (Pol.) liberal **II** Freiheitskämpfer *m* / Freiheitskämpferin *f*

ئازادیخوایی *azadîxiwayî* 1. Freiheitsliebe *f*; 2. (Pol.) Liberalismus *m*

[1]ئازار *azar* Qual *f*; Schmerz *m*; حەبی ئازار *ḥebî azar* (Med.) Schmerztablette *f*; دەرمانی ئازار *dermanî azar*

Schmerzmittel *n*; **ئازار چێشتن** *azar çêştin* ⟨v.t.⟩ leiden; **ئازار دان** *azar dan* ⟨v.t.⟩ quälen; peinigen; **ئازار کێشان** *azar kêşan* ⟨v.t.⟩ leiden; **ئازار (هە) بوون** *azar (he)bûn* ⟨v.i.⟩ weh tun

ئازار[2] *azar* vierter Monat des syrischen Kalenders (März)

ئازاراوی *azarawî* ⟨Adj.⟩ qualvoll

ئازاربڕ *azarbi̱r* ⟨Adj.⟩ schmerzlindernd

ئازاربەخش *azarbexş* ⟨Adj.⟩ schmerzhaft

ئازاردراو *azardiraw* ⟨Adj.⟩ seelisch verletzt

ئازایانە *azayane* ⟨Adv.⟩ mutig

ئازایەتی *azayetî* Kühnheit *f*; Tapferkeit *f*; Courage *f*

ئازووقە *azûqe* 1. Proviant *m*; Lebensmittel *Pl.*; 2. Munition *f*

ئازەربایجان *Azerbaycan* (Geogr.) Aserbaidschan *n*

ئازەربایجانی *azerbaycanî* **I** ⟨Adj.⟩ aserbaidschanisch **II** 1. Aserbaidschaner *m* / Aserbaidschanerin *f*; 2. Aserbaidschanisch *n*

ئازیز *azîz* **I** ⟨Adj.⟩ lieb; Lieblings- **II** Liebling *m*

ئاژانس *ajans* Agentur *f*; **ئاژانسی دەنگوباس** *ajansî dengubas* Nachrichtenagentur *f*

ئاژاوە *ajawe* 1. Anarchie *f*; 2. Unruhe *f*; 3. Chaos *n*; Unordnung *f*; **ئاژاوە گێڕان** *ajawe gêṟan* ⟨v.t.⟩ Unruhe stiften; stören

ئاژاوەگێڕ *ajawegêṟ* **I** ⟨Adj.⟩ anarchistisch **II** 1. Unruhestifter *m* / Unruhestifterin *f*; 2. (Pol.) Anarchist *m* / Anarchistin *f*

ئاژاوەگێڕی *ajawegêṟî* (Pol.) Anarchismus *m*

ئاژاوەنانەوە *ajawenanewe* 1. Revolte *f*; 2. Mobbing *n*

ئاژنین *ajinîn* ⟨v.t.⟩ ⟨ئاژنـ *ajin-*⟩ stochern (in den Zähnen)

ئاژەڵ *ajel̠* Tier *n*; Vieh *n*; **ئاژەڵیماڵی** *ajel̠î mal̠î* Haustier *n*

ئاژەڵپارێزی *ajel̠parêzî* Tierschutz *m*

ئاژەڵی *ajel̠î* ⟨Adj.⟩ tierisch, Tier-

ئاس *as* Ass *n* (Spielkarte)

ئاسا *asa* ⟨Adj.⟩ gleich; ähnlich

ئاسان *asan* ⟨Adj.⟩ leicht; einfach; mühelos (s.a. ↑ساناا); **ئاسان بوون** *asan bûn* ⟨v.i.⟩ leicht, bequem, einfach sein; **ئاسان کردن** *asan kirdin* ⟨v.t.⟩ erleichtern; vereinfachen

ئاسانکاری *asankarî* Erleichterung *f*

ئاسانی *asanî* Leichtigkeit *f*

ئاسایش *asayiş* 1. Frieden *m*; Sicherheit *f*; 2. Ruhe *f*

ئاسایی *asayî* **I** ⟨Adj.⟩ gewöhnlich; einfach **II** ⟨Adv.⟩ (ebenso) wie; **لە شێوەیەکی ئاساییدا** *le şêweyekî asayîda* normalerweise

ئاست *ast* Niveau *n*; **گەیشتنە ئاست** *geyiştine ast* ⟨v.i.⟩ bei etw./j-m ankommen

ئاستەم *astem* Kleinigkeit *f*; Lappalie *f*

ئاستەنگ *asteng* Hindernis *n*; Behinderung *f*

ئاسقی *asqî* Sockenhalter *m*; Hosenträger *Pl.*

ئاسک *asik*/*ask* (Zool.) Gazelle *f*; Reh *n*

ئاسکەکێوی *askekêwî* (Zool.) Antilope *f*
ئاسمان *asman* Himmel *m*; چوون بە ئاسماندا *çûn be asmanda* ⟨v.i.⟩ (üb.) sich erschrecken
ئاسمانەوان *asmanewan* Astronaut *m* / Astronautin *f*
ئاسمانی *asmanî* ⟨Adj.⟩ 1. himmlisch; 2. hellblau
ئاسن *asin* Eisen *n*; ئاسنی خاو *asinî xaw* Gusseisen *n*
ئاسنبڕ *asinbir̲* Eisenschneider *m*
ئاسنکەمی *asinkemî* (Med.) Eisenmangel *m*
ئاسنکێش *asinkêş* Magnet *m* (vgl. ↑موگناتیس); دەرزیی ئاسنکێش *derzîy asinkêş* Magnetnadel *f*; ئاسنکێشی کارەبایی *asinkêşî karebayî* Elektromagnet *m*
ئاسنگەر *asinger* Schmied *m* / Schmiedin *f*
ئاسنگەری *asingerî* Schmiedekunst *f*
ئاسنین *asinîn* ⟨Adj.⟩ eisern
ئاسوودە *asûde* ⟨Adj.⟩ 1. zufrieden; sorglos; 2. gut gelaunt; ئاسوودە بوون *asûde bûn* ⟨v.i.⟩ ruhig, zufrieden sein/werden; ئاسوودە کردن *asûde kirdin* ⟨v.t.⟩ beruhigen; خۆ ئاسوودە کردن *xo asûde kirdin* ⟨v.refl.⟩ sich beruhigen
ئاسوودەکەر *asûdeker* ⟨Adj.⟩ 1. komfortabel; 2. tröstlich
ئاسوودەیی *asûdeyî* 1. Frieden *m*; Zufriedenheit *f*; 2. Heiterkeit *f*
ئاسووری *asûrî* **I** ⟨Adj.⟩ assyrisch **II** Assyrer *m* / Assyrerin *f*
ئاسۆ *aso* Horizont *m*
ئاسۆیی *asoyî* ⟨Adj.⟩ horizontal; waagerecht
ئاسیا *Asya* (Geogr.) Asien *n*; ئاسیای بچووک *Asyay biçûk* (Geogr.) Kleinasien; ئاسیای ناوەڕاست *Asyay nawer̲ast* (Geogr.) Mittelasien *n*; ئاسیای نزیک *Asyay nizîk* (Geogr.) Naher Osten *m*
ئاسیاو *asyaw* Wassermühle *f* (s.a. ↑ئاش[1])
ئاسیایی *asyayî* **I** ⟨Adj.⟩ asiatisch **II** Asiat *m* / Asiatin *f*
[1]ئاش *aş* Mühle *f*; ئاش گێڕاندن *aş gêr̲andin* ⟨v.t.⟩ eine Mühle betätigen; ئاشی با *aşî ba* Windmühle *f*; ئاشی دەستی *aşî destî* Handmühle *f*; ئاشی قاوە *aşî qawe* Kaffeemühle *f*
[2]ئاش *aş* Eintopf *m* (gekochtes Gemüse mit Fleisch)
ئاشبەتاڵ *aşbetal̲* ⟨Adj.⟩ (üb.) nutzlos; vergebens
ئاشت *aşt* ⟨Adj.⟩ versöhnt; ئاشت بوونەوە *aşt bûnewe* ⟨v.i.⟩ sich versöhnen; ئاشت کردنەوە *aşt kirdinewe* ⟨v.t.⟩ versöhnen
ئاشتبوونەوە *aştbûnewe* Versöhnung *f*
ئاشتکردنەوە *aştkirdinewe* Versöhnung *f*
ئاشتی *aştî* Frieden *m*; پەیمانی ئاشتی *peymanî aştî* Friedensvertrag *m*; ئاشتیی جیهانی *aştîy cîhanî* Weltfrieden *m*
ئاشتیخواز *aştîxiwaz* **I** ⟨Adj.⟩ friedliebend; pazifistisch **II** Pazifist *m* / Pazifistin *f*
ئاشتیخوازی *aştîxiwazî* Frieden *m*; Pazifismus *m*

ئاشتینامە *aştîname* Friedensvertrag *m*

ئاشق *aşiq* **I** ⟨Adj.⟩ verliebt **II** Geliebter *m* / Geliebte *f*; ئاشق بوون *aşiq bûn* ⟨v.i.⟩ sich verlieben; verliebt sein

ئاشقانە *aşiqane* ⟨Adv.⟩ verliebt; hingebungsvoll

ئاشقەوماشقە *aşqewmaşqe* Liebespaar *n*

ئاشقی *aşiqî* Verliebtheit *f*

ئاشکرا *aşkira* ⟨Adj.⟩ (offen)sichtlich; klar; offenbar; deutlich; ئاشکرا بوون *aşkira bûn* ⟨v.i.⟩ ersichtlich, augenscheinlich, offensichtlich sein; ئاشکرا کردن *aşkira kirdin* ⟨v.t.⟩ 1. bekannt machen; bekannt geben; 2. offenbaren

ئاشکراکردن *aşkirakirdin* Verkündigung *f*

ئاشکرایی *aşkirayî* Klarheit *f*; Offenheit *f*

ئاشنا *aşna* **I** ⟨Adj.⟩ bekannt **II** Bekannter *m* / Bekannte *f*; ئاشنا بوون *aşna bûn* ⟨v.i.⟩ bekannt sein/werden; ئاشنا کردن *aşna kirdin* ⟨v.t.⟩ bekannt machen

ئاشنایی *aşnayî* Bekanntschaft *f*; ئاشنایی پەیدا کردن *aşnayî peyda kirdin* ⟨v.t.⟩ Bekanntschaft machen

ئاشووب *aşûb* Unsicherheit *f* (s.a. ↑پشێوی); ئاشووب گێڕان *aşûb gêran* ⟨v.t.⟩ Unruhe stiften

ئاشووری *aşûrî* s. ↑ئاسووری

ئاشەوان *aşewan* Müller *m* / Müllerin *f*

ئاغا *axa* (Feudal-)Herr *m*; Großgrundbesitzer *m*

ئاغاژن *axajin* Frau eines Aga *f*

ئاغزەجگەرە *axzecigere* Zigarettenfilter *m*

ئافات *afat* Unglück *n*; Katastrophe *f*; ئافاتی سروشتی *afatî siruştî* Naturkatastrophe *f*

ئافتاو *aftaw* Sonne *f*; Sonnenschein *m* (vgl. ↑هەتاو)

ئافرەت *afret* Frau *f*; زانستیی نەخۆشییەکانی ئافرەت *zanistîy nexoşîyekanî afret* (Med.) Gynäkologie *f*

ئافەرین *aferîn* **I** ⟨Int.⟩ bravo! **II** Lob *n*; Anerkennung *f*

ئاقار *aqar* 1. Richtung *f*; 2. Gegenwart *f*

ئاقڵ *aqil* ⟨Adj.⟩ klug; vernünftig; ئاقڵ بوون *aqil bûn* ⟨v.i.⟩ zur Vernunft kommen; ئاقڵ کردن *aqil kirdin* ⟨v.t.⟩ züchtigen

ئاقڵانە *aqilane* ⟨Adv.⟩ verständnisvoll; klug

ئاقڵی *aqilî* Klugheit *f*; Intelligenz *f* (s.a. ↑ژیری)

ئاقیبەت *aqîbet* Ergebnis *n*; Ende *n*

ئاکار *akar* Charakter *m*; ئاکاری هەڵسوکەوتکردن *akarî helsukewtkirdin* Umgangsform *f*

ئاکام *akam* 1. Ende *n*; Schluss *m*; 2. Wirkung *f*

ئاگا *aga* ⟨Adj.⟩ 1. wachsam; vorsichtig; 2. informiert; ئاگا لە خۆ نەمان *aga le xo neman* ⟨v.i.⟩ außer sich geraten/sein; ئاگا لێبوون *aga lêbûn* ⟨v.i.⟩ achten auf; ئاگام لە هیچ نییە ich weiß von nichts

ئاگادار *agadar* ⟨Adj.⟩ 1. wachsam; 2. vorsichtig ● خوا ئاگادارتان بێ!

Gott schütze euch/Sie!; **ئاگادار بوون** *agadar bûn* ⟨v.i.⟩ aufpassen; **ئاگادار کردن** *agadar kirdin* ⟨v.t.⟩ informieren; benachrichtigen; **ئاگادار کردنەوە** *agadar kirdinewe* ⟨v.t.⟩ mitteilen; in Kenntnis setzen

ئاگادارکردنەوە *agadarkirdinewe* 1. Mitteilung *f*; Benachrichtigung *f*; 2. Mahnung *f* (s.a. ↑ئینزار)

ئاگاداری *agadarî* 1. Mitteilung *f*; Nachricht *f*; Information *f*; Benachrichtigung *f*; Annonce *f*; 2. Vorsicht *f*

ئاگاداریکردن *agadarîkirdin* Beachtung *f*

ئاگادەر *agader* Informant *m* / Informantin *f*

ئاگار *agar* Moral *f*; Sitte *f*

ئاگانامە *aganame* Anzeige *f*

ئاگر *agir* Feuer *n*; **ئاگر بارین** *agir barîn* ⟨v.i.⟩ sehr heiß sein; Sommertag; **ئاگر بەربوونەوە** *agir berbûnewe* ⟨v.i.⟩ ausbrechen (Feuer); **ئاگر پێوەنان** *agir pêwenan* ⟨v.t.⟩ in Brand setzen; anzünden; feuern auf; **ئاگر تێبەربوون** *agir têberbûn* ⟨v.i.⟩ Feuer fangen; erregt sein/werden; لە ڕقاندا ئاگری تێبەربوو (idiom.) er ist vor Wut in die Luft gegangen; **ئاگر تێبەردان** *agir têberdan* ⟨v.t.⟩ anzünden; **ئاگر خۆش کردن** *agir xoş kirdin* ⟨v.t.⟩ Feuer schüren; **ئاگر داگیرساندن** *agir dagîrsandin* ⟨v.t.⟩ Feuer machen; **ئاگر دامرکاندنەوە** *agir damirkandinewe* ⟨v.t.⟩ Feuer löschen; **ئاگر کوژانەوە** *agir kujanewe* ⟨v.i.⟩ ausgehen; erlöschen (Feuer); **ئاگر کردنەوە** *agir kirdinewe* ⟨v.t.⟩ Feuer anmachen; **ئاگر گرتن** *agir girtin* ⟨v.t.⟩ Feuer fangen; **ئاگر لێبوونەوە** *agir lêbûnewe* ⟨v.i.⟩ (üb.) sehr zornig sein; **بە ئاگر یاری کردن** *be agir yarî kirdin* ⟨v.t.⟩ (üb.) mit dem Feuer spielen; **ئاگری قوورەت** *agirî qûret* Störenfried *m*; (wörtl.) Gottes Feuer; ئەو ژنە ئەڵێی ئاگری قوورەتە (idiom.) diese Frau ist wie eine Xanthippe

ئاگرباران *agirbaran* Bombardement *n*; **ئاگرباران کردن** *agirbaran kirdin* ⟨v.t.⟩ bombardieren

ئاگرباز *agirbaz* Feuerschlucker *m*

ئاگربازی *agirbazî* Feuerwerk *n*

ئاگربەست *agirbest* Feuerpause *f*

ئاگرپەرست *agirperist* (Rel.) Feueranbeter *m* / Feueranbeterin *f*

ئاگرپەرستی *agirperistî* (Rel.) Feueranbetung *f*

ئاگرخانە *agirxane* Badeofen *m*

ئاگردان *agirdan* Feuerstelle *f*; Kohlenbecken *n*; Kamin *m*

ئاگرکوژێن *agirkujên* Feuerwehr *f*

ئاگرکوژێنەرەوە *agirkujênerewe* 1. Feuerwehrmann *m*; 2. Feuerwehr *f*; 3. Feuerlöscher *m*

ئاگرکەدە *agirkede* (Rel.) Feuertempel *m*

ئاگرگر *agirgir* ⟨Adj.⟩ entflammbar; brennbar

ئاگرگرتە *agirgirte* ⟨Adj.⟩ unruhig

ئاگرۆکە *agroke* (Med.) trockener Hautausschlag *m*; Flechte *f*

ئاگری *agirî* ⟨Adj.⟩ feurig

ئاگرینکا *agrîbinka* ⟨Adj.⟩ intrigant

ئاگرین *agrîn* ⟨Adj.⟩ 1. feurig; 2. heftig; hitzig

ئالووده *alûde* ⟨Adj.⟩ 1. gewöhnt; 2. verwickelt; 3. beschmiert; **ئالووده بوون** *alûde bûn* ⟨v.i.⟩ 1. gewöhnt sein; 2. verwickelt sein (in)

ئالەت *alet* Werkzeug *n*; Instrument *n* (s.a. ↑ئامێر)

ئالیک *alîk* (Vieh-)Futter *n*; **ئالیک دان** *alîk dan* ⟨v.t.⟩ (Vieh) füttern; **ئالیکی ئاژەڵ** *alîkî ajel̲* Futter *n*

ئالیکار *alîkar* **I** ⟨Adj.⟩ erfahren **II** Assistent *m* / Assistentin *f*

ئالیکاری *alîkarî* Hilfe *f*; Unterstützung *f*; **ئالیکاری کردن** *alîkarî kirdin* ⟨v.t.⟩ helfen; unterstützen

ئالیکۆپتەر *alîkopter* Hubschrauber *m*; **ئالیکۆپتەری فریاگوزاری** *alîkopterî firyaguzarî* Rettungshubschrauber *m*

ئاڵ *al̲* ⟨Adj.⟩ rosa

ئاڵا *al̲a* Fahne *f*; Flagge *f*; **ئاڵا هەڵکردن** *al̲a hel̲kirdin* ⟨v.t.⟩ die Fahne hissen; **ئاڵای نەتەوەیی** *al̲ay neteweyî* Nationalflagge *f*

ئاڵاسکا *Al̲aska* (Geogr.) Alaska *n*

ئاڵاندن *al̲andin* ⟨v.t.⟩ ⟨ئاڵێنـ *al̲ên-*⟩ 1. drehen; 2. einwickeln

ئاڵاو *al̲aw* ⟨Adj.⟩ verwickelt

ئاڵاهەڵگر *al̲ahel̲gir* Fahnenträger *m* / Fahnenträgerin *f*

ئاڵتوون *al̲tûn* Gold *n* (vgl. ↑زێڕ)

ئاڵتوونی *al̲tûnî* ⟨Adj.⟩ golden (vgl. ↑زێڕین)

ئاڵچاخ *al̲çax* **I** ⟨Adj.⟩ 1. niedrig; 2. (üb.) gemein **II** gemeiner Kerl *m*

ئاڵف *al̲if* (Vieh-)Futter *n*; **ئاڵف دان** *al̲if dan* ⟨v.t.⟩ füttern

ئاڵو *al̲u* (Bot.) Pflaume *f*

ئاڵوباڵوو *al̲ubal̲û* (Bot.) kleine Pflaume *f*

ئاڵوگۆڕ *al̲ugor̲* (Aus-, Um-)Tausch *m*; Tauschhandel *m*; **ئاڵوگۆڕ کردن** *al̲ugor̲ kirdin* ⟨v.t.⟩ Tauschhandel treiben

ئاڵوگۆڕکاری *al̲ugor̲karî* Tauschhandel *m*

ئاڵوگۆڕکراو *al̲ugor̲kiraw* ⟨Adj.⟩ (aus-, um)getauscht

ئاڵوگۆڕکردن *al̲ugor̲kirdin* (Aus-, Um-)Tausch *m*; Abwechslung *f*

ئاڵوو *al̲û* Mandel *f*

ئاڵوواڵا *al̲uwal̲a* ⟨Adj.⟩ bunt

ئاڵووخڕبوون *al̲ûxir̲bûn* (Med.) Mandelentzündung *f*

ئاڵووکەوتن *al̲ûkewtin* (Med.) Mandelentzündung *f*; Angina *f*

ئاڵۆز *al̲oz* ⟨Adj.⟩ 1. unklar; zweifelhaft; fragwürdig; 2. kompliziert; 3. unvorhersagbar; stürmisch; 4. konfus; durcheinander; 5. geheimnisvoll; **ئاڵۆز بوون** *al̲oz bûn* ⟨v.i.⟩ verwirrt sein/werden; **ئاڵۆز کردن** *al̲oz kirdin* ⟨v.t.⟩ verwirren

ئاڵۆزاندن *al̲ozandin* ⟨v.t.⟩ ⟨ئاڵۆزێنـ *al̲ozên-*⟩ verwirren

ئاڵۆزاو *al̲ozaw* ⟨Adj.⟩ kompliziert; schwierig

ئاڵۆزی *al̲ozî* Komplikation *f*; Durcheinander *n*

ئاڵۆش *al̲oş* Juckreiz *m*; **ئاڵۆش تێکەوتن** *al̲oş têkewtin* ⟨v.i.⟩ 1. einen Juckreiz haben; 2. (üb.) nymphoman veranlagt sein

ئاڵەت *al̲et* (Bot.) schwarzer Pfeffer *m*;

ئاڵەت پێوەکردن *aḻet pêwekirdin* ⟨v.t.⟩ pfeffern

ئاڵەتدان *aḻetdan* Pfefferstreuer *m*

ئامادە *amade* ⟨Adj.⟩ 1. bereit; fertig; 2. anwesend; präsent; ئامادە بوون *amade bûn* ⟨v.i.⟩ 1. bereit, fertig sein/werden; 2. anwesend sein; بۆ ئامادەکردن *bo amade kirdin* ⟨v.t.⟩ versorgen; ئامادەکردن *amade kirdin* ⟨v.t.⟩ 1. (vor-, zu)bereiten; zurechtmachen; 2. bereitstellen; veranstalten; خۆ ئامادە کردن *xo amade kirdin* ⟨v.refl.⟩ sich vorbereiten

ئامادەبوو *amadebû* **I** ⟨Adj.⟩ 1. bereit; 2. anwesend **II** Anwesender *m* / Anwesende *f*

ئامادەکراو *amadekiraw* ⟨Adj.⟩ fertig

ئامادەکردن *amadekirdin* 1. Vorbereitung *f*; Bereitstellung *f*; 2. Zubereitung *f*

ئامادەنەبوو *amadenebû* ⟨Adj.⟩ (geistes) abwesend

ئامادەیی *amadeyî* Bereitschaft *f*

ئامار *amar* Statistik *f*

ئامارکار *amarkar* Statistiker *m* / Statistikerin *f*

ئاماری *amarî* ⟨Adj.⟩ statistisch

ئاماژە *amaje* Signal *n*; Zeichen *n*; ئاماژە کردن *amaje kirdin* ⟨v.t.⟩ 1. andeuten; 2. verweisen

ئاماژەپێکردن *amajepêkirdin* Andeutung *f*

ئامان *aman* Sicherheit *f*; لە ئاماندا بوون *le amanda bûn* ⟨v.i.⟩ sich in Sicherheit befinden

ئامانج *amanc* 1. Ziel *n*; Absicht *f*; 2. Ergebnis *n*; Resultat *n*; Schlussfolgerung *f*; بە ئامانج گەیشتن *be amanc geyiştin* ⟨v.i.⟩ sein Ziel erreichen; ئامانج (هە)بوون *amanc (he) bûn* ⟨v.i.⟩ vorhaben; ein Ziel haben

ئامانەت *amanet* 1. Verwahrung *f*; 2. Leihgabe *f* • لە ئامانەتی خوادا بن! (idiom.) auf Wiedersehen!; بە ئامانەت دان *be amanet dan* ⟨v.t.⟩ leihen; in Verwahrung geben

ئامر *amir* (Mil.) Offizier *m*

ئامراز *amraz* 1. Hilfsmittel *n*; Werkzeug *n*; 2. Gerät *n*; 3. (Gr.) Artikel *m*; ئامرازی هاتوچۆ *amrazî hatuço* (Kraft-)Fahrzeug *n*; ئامرازەکانی ڕاگەیاندن *amrazekanî ṟageyandin* Massenmedium *n*; ئامرازی بانگکردن *amrazî bangkirdin* (Gr.) Interjektion *f*; ئامرازی پەیوەندی *amrazî peywendî* (Gr.) Präposition *f*; ئامرازی پێبەستن *amrazî pêbestin* (Gr.) Konjunktion *f*; ئامرازی خستنەپاڵ *amrazî xistinepaḻ* (Gr.) Affix *n*; ئامرازی گەیەنەر *amrazî geyener* (Gr.) Konjunktion *f*; ئامرازی ناسین *amrazî nasîn* (Gr.) bestimmter Artikel *m*; ئامرازی نەناسین *amrazî nenasîn* (Gr.) unbestimmter Artikel *m*

ئامۆزا *amoza* Cousin *m* / Cousine *f*

ئامۆزازا *amozaza* Kind des Cousins, der Cousine (Enkel des Onkels väterlicherseits)

ئامۆژگا *amojga* 1. Ausbildungsstätte *f*; 2. Institut *n*

ئامۆژگار *amojgar* Berater *m* / Beraterin *f*

ئامۆژگاری *amojgarî* 1. Rat *m*; Ratschlag *m*; 2. Belehrung *f*; 3. Anweisung *f*; **ئامۆژگاریی ئاینی** *amojgarîy ayinî* (Rel.) Predigt *f*; **ئامۆژگاری کردن بە** *amojgarî kirdin be* ⟨v.t.⟩ verordnen; **ئامۆژگاری کردن** *amojgarî kirdin* ⟨v.t.⟩ empfehlen; beraten; belehren

ئامۆژن *amojin* 1. Tante *f* (Frau des Onkels väterlicherseits); 2. Schwiegermutter *f*

ئامین *amîn* ⟨Int.⟩ (Rel.) Amen!

ئامێر *amêr* 1. Gerät *n*; Apparat *m*; 2. Instrument *n*; Werkzeug *n*; **ئامێری بیستن** *amêrî bîstin* Hörgerät *n*

ئامێری *amêrî* ⟨Adj.⟩ instrumental

ئامێز *amêz* Umarmung *f*; **لە ئامێز گرتن** *le amêz girtin* ⟨v.t.⟩ umarmen

ئان *an* Moment *m*; Augenblick *m*

ئانتیبایۆتیک *antîbayotîk* (Med.) Antibiotikum *n*

ئانیشک *anîşk* (Anat.) Ellbogen *m*

ئاو *aw* Wasser *n*; **ئاوی گەرم** *awî germ* Warmwasser *n*; **ئاو پێداکردن** *aw pêdakirdin* ⟨v.t.⟩ abspülen; **ئاو تێوەردان** *aw têwerdan* ⟨v.t.⟩ (aus)spülen; **ئاو دان** *aw dan* ⟨v.t.⟩ bewässern; **ئاو دز کردن** *aw diz kirdin* ⟨v.t.⟩ (Med.) eitern; **ئاو لە دەم وەردان** *aw le dem werdan* ⟨v.t.⟩ gurgeln; **ئاو هاتنەوە** *aw hatinewe* ⟨v.i.⟩ ejakulieren; **لە ئاو هەڵکێشان** *le aw helkêşan* ⟨v.t.⟩ (ab-, aus)spülen; **ئاوی بەلووعە** *awî belûʿe* Leitungswasser *n*; **ئاوی پاڵاوتە** *awî palawte* destilliertes Wasser *n*; gefiltertes Wasser *n*; **ئاوی جۆ** *awî co* Bier *n*; **ئاوی چاو** *awî çaw* Träne *f*; **ئاوی چاو داهاتن** *awî çaw dahatin* ⟨v.i.⟩ erblinden; (üb.) sehnsüchtig erwarten; **ئاوی خواردنەوە** *awî xiwardinewe* Trinkwasser *n*; **ئاوی ڕەش** *awî reş* (Med.) Grüner Star *m*; **ئاوی سپی** *awî sipî* (Med.) Grauer Star *m*; **ئاوی شیرین** *awî şîrîn* Süßwasser *n*; **ئاوی کانزایی** *awî kanzayî* Mineralwasser *n*; **ئاوی کانی** *awî kanî* Quellwasser *n*; **ئاوی گۆشت** *awî goşt* Fleischbrühe *f*; **ئاوی لیمۆ** *awî lîmo* Zitronensaft *m*; **ئاوی مەعدەنی** *awî meʿdenî* Mineralwasser *n*

[1]**ئاوا** *awa* ⟨Adj.⟩ bewohnt; besiedelt; bebaut; **ئاوا بوون** *awa bûn* ⟨v.i.⟩ 1. bewohnt, bebaut, aufgebaut sein/werden; 2. untergehen (Sonne); **ئاوا کردنەوە** *awa kirdinewe* ⟨v.t.⟩ (auf-, be-, er)bauen; sich niederlassen; gründen (Dorf)

[2]**ئاوا** *awa* ⟨Adv.⟩ so; sozusagen

ئاوات *awat* Hoffnung *f*; Traum *m*; **بە ئاوات خواستن** *be awat xiwastin* ⟨v.t.⟩ wünschen; sich sehnen nach; **بە ئاوات گەیشتن** *be awat geyiştin* ⟨v.i.⟩ sein Ziel erreichen

ئاوارە *aware* **I** ⟨Adj.⟩ heimatlos **II** 1. Heimatloser *m* / Heimatlose *f*; 2. Landstreicher *m* / Landstreicherin *f*; **ئاوارە بوون** *aware bûn* ⟨v.i.⟩ 1. heimatlos sein/werden; 2. sich verirren; 3. vagabundieren

ئاوارەیی *awareyî* 1. Heimatlosigkeit *f*; Fremde *f*; 2. Landstreicherei *f*

ئاواز *awaz* 1. (Mus.) Melodie *f*; 2. Ton *m*; Laut *m*; 3. Stimme *f*; **ئاواز دانان** *awaz danan* ⟨v.t.⟩ (Mus.) kom-

ponieren
ئاوازدانەر *awazdaner* Komponist *m* / Komponistin *f* (von Liedern und Gesängen)
ئاواڵە *awaḻe* ⟨Adj.⟩ offen
ئاوایی *awayî* Dorf *n*; Ortschaft *f*
ئاوبەست *awbest* Staudamm *m*
ئاوپاڵێو *awpaḻêw* Filter *m*
ئاوپرژێن *awpirjên* Wasserwerfer *m*
ئاوپێو *awpêw* Wasserzähler *m*
ئاوتسایت *awitsayt* (Sp.) Abseits *n*
ئاوتهەڵدان *awitheḻdan* (Sp.) Einwurf *m*
ئاودار *awdar* ⟨Adj.⟩ saftig (Früchte)
ئاودان *awdan* Bewässerung *f*
ئاودز *awdiz* ⟨Adj.⟩ undicht; ئاودز کردن *awdiz kirdin* ⟨v.t.⟩ 1. (Med.) eitern; 2. auslaufen
ئاودەست *awdest* Toilette *f*; WC *n*
ئاودەستخانە *awdestxane* Toilette *f*; ئاودەستخانەی پیاوان *awdestxaney piyawan* Herrentoilette *f*; ئاودەستخانەی ژنان *awdestxaney jinan* Damentoilette *f*; کاغەزی ئاودەستخانە *kaxezî awdestxane* Toilettenpapier *n*; ئاودەستخانەی گشتی *awdestxaney giştî* öffentliche Toilette *f*
ئاورنگ *awring* (Med.) Zyste *f*
ئاوریشم *awrîşim* Seide *f*
ئاوریشمی *awrîşmî* ⟨Adj.⟩ seidig
ئاوڕ *awiṟ* Rückblick *m*; ئاوڕ لێدانەوە *awiṟ lêdanewe* ⟨v.t.⟩ 1. sich umdrehen; 2. sich um j-n kümmern
ئاوزەنگی *awzengî* 1. Steigbügel *m*; 2. Spange *f*; ئاوزەنگیی پشتێن *awzengîy piştên* (Gürtel-)Schnalle *f*
ئاوس *awis* ⟨Adj.⟩ schwanger; ئاوس بوون *awis bûn* ⟨v.i.⟩ schwanger sein/werden; ئاوس کردن *awis kirdin* ⟨v.t.⟩ schwängern
ئاوسان *awsan* ⟨v.i.⟩ ⟨ئاوسێـ *awsê-*⟩ (an)schwellen
ئاوساو *awsaw* ⟨Adj.⟩ (an)geschwollen
ئاوساوی *awsawî* Schwellung *f*; Geschwulst *f*
ئاوسبوون *awisbûn* Schwangerschaft *f*
ئاوکوڵێنەر *awkuḻêner* Wasserkocher *m*
ئاوکەمی *awkemî* Wassermangel *m*
ئاوگ *awig* (Med.) Plasma *n*
ئاوگر *awgir* ⟨Adj.⟩ wasserdicht
ئاوڵە *awḻe* (Med.) Pocken *Pl.*
ئاوڵەکوتان *awḻekutan* (Med.) Pockenimpfung *f*
ئاوڵەمە *awḻeme* Embryo *m*
ئاونگ *awing* Tau *m*
ئاوودۆ *awudo* Molke *f*; Buttermilch *f*
ئاووگۆشت *awugoşt* Fleischbrühe *f*
ئاووهەوا *awuhewa* Wetter *n*; Klima *n*; (wörtl.) Wasser und Luft; شێ لە ئاووهەوادا *şê le awuhewada* Luftfeuchtigkeit *f*
ئاووهەوایی *awuhewayî* ⟨Adj.⟩ klimatisch
ئاوهاتنەوە *awhatinewe* Ejakulation *f*; Orgasmus *m*
ئاوهەستان *awhestan* Überschwemmung *f*
ئاوەبەخێوگە *awebexêwge* Aquarium *n*
ئاوەدان *awedan* ⟨Adj.⟩ (dicht) besiedelt; bebaut; ئاوەدان کردنەوە *awedan kirdinewe* ⟨v.t.⟩ wieder aufbauen
ئاوەدانی *awedanî* Siedlung *f*
ئاوەڕۆ *awero* 1. (Dach-)Rinne *f*; 2. Rinn-

ا

stein *m*; Kanal *m*; Abfluss *m*
ئاوەڕێ *awerê* Wasserweg *m*
ئاوەژوو *awejû* **I** ⟨Adj.⟩ umgekehrt; spiegelverkehrt **II** Gegenteil *n*; **ئاوەژوو کردن** *awejû kirdin* ⟨v.t.⟩ umdrehen
ئاوەڵ *awel* Kamerad *m* / Kameradin *f*
ئاوەڵزاوا *awelzawa* Schwager *m* (Ehemann der Schwester der Ehefrau)
ئاوەڵکار *awelkar* (Gr.) Adverb *n*
ئاوەڵناو *awelnaw* (Gr.) Adjektiv *n*
ئاوی *awî* ⟨Adj.⟩ blau
ئاویجۆ *awîco* Bier *n* (vgl. ↑بیرە)
ئاویرەش *awîreş* (Med.) Glaukom *n*
ئاویسپی *awîspî* Katarakt *f*
ئاوێتە *awête* **I** ⟨Adj.⟩ vermischt; zusammengesetzt **II** Zusammensetzung *f*; **ئاوێتە کردن** *awête kirdin* ⟨v.t.⟩ zusammensetzen; vermischen
ئاوێستا *Awêsta* (Rel.) Awesta *n* (heiliges Buch der Zoroastrier)
ئاوێستایی *awêstayî* ⟨Adj.⟩ awestisch
ئاوێنە *awêne* Spiegel *m*; **ئاوێنەی دواوە** *awêney diwawe* Rückspiegel *m*; **ئاوێنەی دەرەوە** *awêney derewe* Außenspiegel *m*
ئاه *ah* **I** ⟨Int.⟩ oh! **II** Seufzer *m*; **ئاه هەڵکێشان** *ah helkêşan* ⟨v.t.⟩ seufzen
ئاهورامەزدا *Ahuramezda* (Rel.) Ahuramazda *m* (Gott des Guten im Zoroastrismus)
ئاهەنگ *aheng* 1. Melodie *f*; Musik *f*; 2. Rhythmus *m*; 3. Feier *f*; **ئاهەنگ گێڕان** *aheng gêran* ⟨v.t.⟩ (ein Fest) feiern, zelebrieren; eine Party geben, veranstalten; **ئاهەنگی مۆسیقا** *ahengî mosîqa* Konzert *n*
ئاهەنگگێڕان *ahenggêran* Feiern *n*; Zeremonie *f*
ئای *ay* ⟨Int.⟩ 1. oh!; 2. au! (Ausdruck des Schmerzes)
ئایا *aya* ⟨Konj.⟩ ob
ئایار *ayar* Mai *m* (sechster Monat des syrischen Kalenders)
ئایدیۆلۆژی *aydiyolojî* **I** ⟨Adj.⟩ ideologisch **II** Ideologie *f*
ئایسکرێم *ayiskirêm* (Speise-)Eis *n*
ئاین *ayin* Religion *f*; Glaube *m*; Konfession *f*
ئاینده *ayinde* **I** ⟨Adj.⟩ nächst(er, -e, -es); zukünftig **II** Zukunft *f*
ئاینزان *ayinzan* Theologe *m* / Theologin *f*
ئاینزانی *ayinzanî* Theologie *f*
ئاینسالاری *ayinsalarî* Theokratie *f*
ئاینی *ayinî* **I** ⟨Adj.⟩ religiös; theologisch **II** (Rel.) Geistlichkeit *f*; Klerus *m*
ئاینییانە *ayinîyane* ⟨Adj.⟩ rituell
ئایەخ *ayex* **I** ⟨Adj.⟩ 1. sinnlos; 2. nichts sagend **II** Unsinn *m*
ئای تی *ay tî* IT *f*

ب

ب *b* bê; zweiter Buchstabe des kurdischen Alphabets (Zahlenwert 2)

[1]با *ba* Wind *m;* Luft *f;* بای وەرز *bay werz* Monsun *m;* خەم بە با دان *xem be ba dan* ⟨v.t.⟩ die Sorgen vertreiben; با لێبەربوونەوە *ba lêberbûnewe* ⟨v.t.⟩ furzen; بای باشوور *bay başûr* Südwind *m;* بای باکوور *bay bakûr* Nordwind *m;* بای ڕۆژاوا *bay rojawa* Westwind *m;* بای ڕۆژهەڵات *bay rojhelat* Ostwind *m*

[2]با *ba* (Med.) Rheuma *n* (s.a. ↑ڕۆماتیزم)

[3]با *ba* ⟨Partikel⟩ doch! (Affirmationspartikel als Antwort auf negative Fragen) • کارت نەکرد؟ با! Hast du nicht gearbeitet? – Doch!

بابا نۆئێل *Baba Noêl* Weihnachtsmann *m*

بابردوو *babirdû* ⟨Adj.⟩ verloren gegangen

بابڵق *babilq* Luftblase *f*

بابۆڵە *bobole* Imbiss *m;* بابۆڵە کردن *babole kirdin* ⟨v.t.⟩ zusammenrollen

بابەت *babet* 1. Thema *n;* Stoff *m;* 2. Kategorie *f;* بابەتی زانستی *babetî zanistî* Fachgebiet *n;* لە بابەت ....ـ(ە)وە *le babet …-(e)we* ⟨Präp.⟩ betreffend

بابەتی *babetî* ⟨Adj.⟩ objektiv; sachlich

بابەگەورە *babegewre* Großvater *m*

باپیر *bapîr* Großvater *m*

باپیرەگەورە *bapîregewre* Urgroßvater *m*

باپێچ *bapêç* 1. Schneetreiben *n;* 2. Krämpfe *Pl.*

باج *bac* 1. Steuer *f;* 2. Zoll *m;* باج دان *bac dan* ⟨v.t.⟩ Steuern zahlen; باج دانان *bac danan* ⟨v.t.⟩ besteuern; باج لێسەندن *bac lêsendin* ⟨v.t.⟩ besteuern; باجی دەسکەوت *bacî deskewt* Einkommensteuer *f;* باجی زەویوزار *bacî zewîwzar* Bodensteuer *f;* باجی گومرگی *bacî gumirgî* Zoll *m*

باجدەر *bacder* Steuerzahler *m* / Steuerzahlerin *f*

باخ *bax* (Obst-)Garten *m*

باخچە *baxçe* Gärtchen *n;* Blumengarten *m;* باخچەی ساوایان *baxçey sawayan* Kindergarten *m;* باخچەی گیانلەبەران *baxçey giyanleberan* Zoo *m;* باخچەی نیشتمانی *baxçey nîştimanî* Nationalpark *m*

باخەوان *baxewan* Gärtner *m* / Gärtnerin *f*

باخەوانی *baxewanî* Gärtnerei *f*

بادار *badar* I ⟨Adj.⟩ (Med.) rheumatisch II (Med.) Rheumatiker *m* /

ب

Rheumatikerin *f*

بادارى *badarî* (Med.) Rheuma *n*

بادان *badan* 1. Drehen *n;* 2. (üb.) Tanzen *n*

باده *bade* Wein *m;* **باده نۆشین** *bade noşîn* ⟨v.t.⟩ Wein trinken

بادەفرۆش *badefiroş* Weinhändler *m* / Weinhändlerin *f*

بادەم *badem* (Bot.) Mandel *f*

بادەمی *bademî* ⟨Adj.⟩ mandelförmig (bes. Augen)

[1]**بار** *bar* 1. Last *f;* Gewicht *n;* 2. Gepäck *n;* **له بار بردن** *le bar birdin* ⟨v.t.⟩ (Kind) abtreiben; **بار داگرتن** *bar dagirtin* ⟨v.t.⟩ abladen; **بار کردن** *bar kirdin* ⟨v.t.⟩ beladen (Karawane); belasten; **بار هەڵگرتن** *bar helgirtin* ⟨v.t.⟩ ertragen; aushalten

[2]**بار** *bar* 1. Mal *n;* 2. Zeit *f*

[3]**بار** *bar* 1. Situation *f;* Lage *f;* 2. Verhältnisse *Pl.;* **باری ناچاری** *barî naçarî* Notlage *f;* **بارێکی تایبەت** *barêkî taybet* Sonderfall *m;* **باری تەندروستی** *barî tendirustî* Gesundheitszustand *m;* **باری سەرنج** *barî serinc* Standpunkt *m;* **باری کۆمەڵایەتی** *barî komelayetî* Familienstand *m*

باران *baran* Regen *m;* **باران بارین** *baran barîn* ⟨v.i.⟩ regnen; **باران بوون** *baran bûn* ⟨v.i.⟩ regnen; بارانە؟ — بەڵێ، بارانە regnet es? – ja, es regnet; **باران خۆش کردنەوە** *baran xoş kirdinewe* ⟨v.t.⟩ aufhören zu regnen; **بارانی ڕەحمەت** *baranî rehmet* Segen bringender Regen *m*

باراناو *baranaw* Regenwasser *n*

باراناوی *baranawî* ⟨Adj.⟩ regnerisch

بارانبارین *baranbarîn* Regen *m*

بارانبڕان *baranbiran* Regenmangel *m*

بارانپێو *baranpêw* (Tech.) Regenmesser *m*

باربوویی *barbûyî* Unterstützung *f;* **باربوویی کردن** *barbûyî kirdin* ⟨v.t.⟩ unterstützen; Beistand leisten; **باربوویی گەشەپێدان** *barbûyîy geşepêdan* Entwicklungshilfe *f*

بارچاوەش *barçaweş* Wachtmeister *m*

بارستایی *baristayî* Gewicht *n*

بارکراو *barkiraw* ⟨Adj.⟩ beladen; beschwert

بارکێش *barkêş* 1. Lastträger *m;* 2. Lastwagen *m* (s.a. ↑لۆری)

بارکێشی *barkêşî* Transport *m;* Beförderung *f*

بارگ *barg* 1. Fracht *f;* Ladung *f;* 2. (El.) Ladung *f;* **بارگ کردن** *barg kirdin* ⟨v.t.⟩ 1. beladen; 2. (El.) aufladen

بارگاوی *bargawî* ⟨Adj.⟩ (El.) geladen; **بارگاوی کردن** *bargawî kirdin* ⟨v.t.⟩ (El.) laden

بارگە *barge* Fracht *f;* Ladung *f*

بارگیر *bargîr* Lasttier *n*

بارمتە *barimte* (Unter-)Pfand *n;* Kaution *f;* **بارمتە دانان** *barimte danan* ⟨v.t.⟩ Kaution hinterlegen; verpfänden; **بە بارمتە دان** *be barimte dan* ⟨v.t.⟩ ausleihen

بارنامە *barname* Lieferschein *m*

بارووبنە *barubine* Hab und Gut *n*

باروکە *baruke* Perücke *f*

بارووت *barût* Schießpulver *n*

بارهەڵگر *barhelgir* Lastenträger *m* / Lastenträgerin *f*
بارەکەڵڵاھ *barekellah* ⟨Int.⟩ 1. Gott segne dich!; 2. bravo!
بارەگا *barega* Hauptquartier *n*; Zentralstelle *f*
باریسەرنج *barîserinc* Stellung *f*; Standpunkt *m*
باریک *barîk* ⟨Adj.⟩ schmal; dünn
باریکودرێژ *barîkudirêj* ⟨Adj.⟩ schlank
باریکوکورت *barîkukurt* ⟨Adj.⟩ schmächtig
بارین *barîn* ⟨v.i.⟩ ⟨بار- *bar-*⟩ regnen
[1]**باڕ** *bar* ⟨Adj.⟩ unreif
[2]**باڕ** *bar* Bar *f*; Kneipe *f*
باڕاندن *barandin* ⟨v.t.⟩ ⟨باڕێن- *barên-*⟩ blöken (Schaf); meckern (Ziege)
باڕۆکە *baroke* (Zool.) Hühnchen *n*; Hähnchen *n*; **گۆشتی باڕۆکە** *goştî baroke* Hähnchenfleisch *n*
باڕۆمەتر *barometir* Barometer *n*
باڕەشە *bareşe* (Med.) Pest *f*; Seuche *f*
باڕین *barîn* ⟨v.i.⟩ ⟨باڕ- *bar-*⟩ blöken
[1]**باز** *baz* Sprung *m*; **باز دان** *baz dan* ⟨v.t.⟩ (auf)springen
[2]**باز** *baz* (Zool.) Falke *m*
بازاڕ *bazar* Markt *m*; **بازاڕ کردن** *bazar kirdin* ⟨v.t.⟩ einkaufen; **بازاڕی ئابووری** *bazarî abûrî* Marktwirtschaft *f*; **بازاڕی پێداویستیی بیناکاری** *bazarî pêdawîstîy bînakarî* Baumarkt *m*; **بازاڕی ناوخۆ** *bazarî nawxo* Binnenmarkt *m*; **بازاڕی جیهانی** *bazarî cîhanî* Weltmarkt *m*; **بازاڕی ڕەش** *bazarî reş* Schwarzmarkt *m*; **بازاڕی ساڵانە** *bazarî salane* Jahrmarkt *m*; **بازاڕی کار** *bazarî kar* Arbeitsmarkt *m*; **بازاڕی کۆنەفرۆش** *bazarî konefiroş* Flohmarkt *m*
بازاڕکاری *bazarkarî* Marketing *n*
بازاڕگەرمی *bazargermî* Hochbetrieb *m*
بازاڕەگەورە *bazaregewre* Supermarkt *m*
بازاڕی *bazarî* ⟨Adj.⟩ 1. geschäftlich; 2. vulgär
بازدان *bazdan* 1. Sprung *m*; 2. (Sp.) Weitsprung *m*
بازرگان *bazirgan* Händler *m* / Händlerin *f*; Kaufmann *m* / Kauffrau *f*; **بازرگانی ماده‌هۆشبەرەکان** *bazirganî madehoşberekan* Rauschgifthändler *m* / Rauschgifthändlerin *f*
بازرگانی *bazirganî* Handel *m*; Handelsgeschäft *n*; **بازرگانیی خانووبەرەفرۆشتن** *bazirganîy xanûberefiroştin* Immobilienhandel *m*; **ژووری بازرگانی** *jûrî bazirganî* Handelskammer *f*; **بازرگانی کردن** *bazirganî kirdin* ⟨v.t.⟩ handeln; **بازرگانیی ئازاد** *bazirganîy azad* Freihandel *m*; **بازرگانیی گەورە** *bazirganîy gewre* Großhandel *m*; **بازرگانیی دەرەکی** *bazirganîy derekî* Außenhandel *m*
بازرەقە *bazreqe* Bluterguss *m*
بازن *bazin* Armband *n*
بازنە *bazne* (Um-)Kreis *m*; **بازنە بە دەوردا کێشان** *bazne be dewrda kêşan* ⟨v.t.⟩ umzingeln; **بازنەیەکی بەتاڵ** *bazneyekî betal* Teufelskreis *m*
بازنەیی *bazneyî* ⟨Adj.⟩ (kreis)rund
بازوو *bazû* (Anat.) Oberarm *m*
بازووبەند *bazûbend* Armband *m* (am

باس Oberarm)

باس bas Thema n; باس کردن bas kirdin ⟨v.t.⟩ 1. erzählen; 2. erörtern

باستان bastan Altertum n

باستانی bastanî ⟨Adj.⟩ altertümlich

باسک bask (Anat.) Unterarm m

باسکه baske (Sp.) Basketball(spiel n) m; تۆپی باسکه topî baske (Sp.) Basketball m

باسوخواز basuxiwaz Gerüchte Pl.

باش baş ⟨Adj.⟩ 1. gut; lieb; nett; 2. richtig; باش بوون baş bûn ⟨v.i.⟩ gesund werden/sein; باش کردن baş kirdin ⟨v.t.⟩ etw. gut machen; باش کردنهوه baş kirdinewe ⟨v.t.⟩ in Ordnung bringen

باشتر baştir ⟨Adj.⟩ besser; باشتر بوون baştir bûn ⟨v.i.⟩ steigern

باشترین baştirîn ⟨Adj.⟩ am besten; beste(r, -s)

باشترینپله baştirînpile ⟨Adj.⟩ Höchstleistung f

باشوور başûr I ⟨Adj.⟩ südlich II Süden m; باشووری رۆژاوا başûrî rojawa Südwesten m; باشووری رۆژهەڵات başûrî rojhelat Südosten m

باشووری başûrî ⟨Adj.⟩ südlich

باشه başe 1. Vorteil m; 2. Wohl n

باشی başî Tugend f

باقی baqî I ⟨Adj.⟩ 1. übrig; 2. (üb.) ewig II Rest m; باقی مانەوە baqî manewe ⟨v.i.⟩ übrig bleiben

باکوور bakûr I ⟨Adj.⟩ nördlich II Norden m; باکووری رۆژاوا bakûrî rojawa Nordwesten m; باکووری رۆژهەڵات bakûrî rojhelat Nordosten m

بالووکاوی balûkawî ⟨Adj.⟩ (Med.) warzig

بالووکە balûke (Med.) Warze f

باڵە bale (Sp.) Volleyball m; تۆپی باڵە topî bale (Sp.) Volleyball m

باڵێت balêt Ballett n

باڵ bal 1. (Zool.) Flügel m; 2. (Anat.) Oberarm m; باڵ گرتن bal girtin ⟨v.t.⟩ 1. sich beeilen; (wörtl.) Flügel bekommen; 2. starten

باڵابەستە balabiste I ⟨Adj.⟩ kleinwüchsig II Zwerg m

باڵابەرزە balaberze (Anat.) Mittelfinger m

باڵاپۆش balapoş Umhang m; Überwurf m

باڵاترینپلە balatirînpile Rekord m; باڵاترینپلەی جیهانی balatirînpiley cîhanî Weltrekord m

باڵاجێ balacê (Thea.) Balkon m; Loge f

باڵادەست baladest ⟨Adj.⟩ mächtig

باڵادەستی baladestî Macht f; Herrschaft f; Überlegenheit f

باڵبەست balbest Armband n; am Oberarm

باڵدار baldar Vogel m

باڵغ balix ⟨Adj.⟩ 1. erwachsen; 2. volljährig; mündig; بالغ بوون balix bûn ⟨v.i.⟩ erwachsen, reif, volljährig werden

باڵغی balixî Pubertät f

باڵکۆن balkon Balkon m

باڵگرتن balgirtin Abflug m

باڵندە balinde (Zool.) Vogel m

باڵندەناسی balindenasî Vogelkunde f;

ب

Ornithologie *f*

باڵۆن *baḻon* Ballon *m*

باڵیۆز *baḻyoz* (Pol.) Botschafter *m* / Botschafterin *f*

باڵیۆزخانە *baḻyozxane* (Pol.) Botschaft *f*

بامێ *bamê* Okra(schote) *f*

باناندن *banandin* Adoption *f* (vgl. ↑(منداڵهەڵگرتنەوە)

بانق *banq* (Fin.) Bank *f*; **حسابی بانق** *ẖisabî banq* (Fin.) Konto *n*; **بانقی پاشەکەوت** *banqî paşekewt* Sparkasse *f*; **بانقی نەتەوەیی** *banqî neteweyî* Nationalbank *f*

بانقەنۆت *banqenot* (Fin.) Banknote *f*

بانگ *bang* 1. Ruf *m*; 2. Gebetsruf *m*; **بانگ دان** *bang dan* ⟨v.t.⟩ zum Gebet rufen; **بانگ کردن** *bang kirdin* ⟨v.t.⟩ 1. (j-m zu)rufen; 2. auffordern

بانگاشە *bangaşe* Propaganda *f* (s.a. ↑(پڕوپاگەندە); **بانگاشە کردن** *bangaşe kirdin* ⟨v.t.⟩ 1. propagieren; 2. bekannt geben; **بانگاشەی هەڵبژاردن** *bangaşey heḻbijardin* Wahlkampf *m*

بانگدەر *bangder* Muezzin *m*

بانگکردن *bangkirdin* 1. Aufruf *m*; 2. Einladung *f*

بانگەواز *bangewaz* Appell *m*; Aufruf *m*

بانوو *banû* Herrin *f*; Dame *f*

بانیۆ *banyo* Badewanne *f*

باو *baw* ⟨Adj.⟩ 1. gültig; 2. üblich; **باو بوون** *baw bûn* ⟨v.i.⟩ weit verbreitet sein

باوان *bawan* Eltern *Pl.*; **ماڵی باوان** *maḻî bawan* Elternhaus *n*

باوباران *bawbaran* Unwetter *n*; (wörtl.) Wind und Regen

باوبژە *bawbije* (Med.) Blähung *f*

باوبۆران *bawboran* Schneesturm *m*; Orkan *m*

باوک *bawk/bawik* Vater *m*; Papa *m* ● باوکی خوا لێ خۆش بووم mein seliger Vater

باوکسالار *bawiksalar* **I** ⟨Adj.⟩ patriarchalisch **II** Patriarch *m*

باوکسالاری *bawiksalarî* Patriarchat *n*

باوکودایک *bawkudayk* Eltern *Pl.*

باوکی *bawkî* ⟨Adj.⟩ väterlich

باووباپیر *bawubapîr* Ahnen *Pl.*; Vorfahren *Pl.*; (wörtl.) Väter und Großväter

باوەپیارە *bawepiyare* Stiefvater *m*

باوەجوو *bawecû* ⟨Adv.⟩ doch

باوەڕ *baweṟ* 1. Konfession *f*; Religion *f*; 2. Meinung *f*; 3. Überzeugung *f*; **باوەڕ پێبوون** *baweṟ pêbûn* ⟨v.i.⟩ zu j-m Vertrauen haben; **باوەڕ پێکردن** *baweṟ pêkirdin* ⟨v.t.⟩ j-m glauben; **باوەڕ کردن** *baweṟ kirdin* ⟨v.t.⟩ glauben; denken; **باوەڕ هێنان** *baweṟ hênan* ⟨v.t.⟩ 1. überzeugen; 2. sich bekennen; **لەو باوەڕەدا بوون** *lew baweṟeda bûn* ⟨v.i.⟩ der Meinung sein; glauben

باوەڕبوون *baweṟbûn* Glauben *m*

باوەڕبوونبەیەکخودا *baweṟbûnbeyekxuda* (Rel.) Monotheismus *m*

باوەڕبەخوانەبوون *baweṟbexiwanebûn* Atheismus *m*

باوەڕبەخۆبوون *baweṟbexobûn* Selbstvertrauen *n*; Selbstbewusstsein *n*

باوەڕپێکراو *baweṟpêkiraw* ⟨Adj.⟩ 1. zu-

ب

verlässig; glaubwürdig; 2. vertrauensvoll

باوەڕپێکردن *bawer̰pêkirdin* 1. Vertrauen *n*; 2. Anerkennung *f*

باوەڕپێنەکراو *bawer̰pênekraw* ⟨Adj.⟩ unzuverlässig

باوەڕی *bawer̰î* ⟨Adj.⟩ 1. konfessionell; 2. ideologisch (s.a. ↑ئاینی)

باوەژن *bawejin* Stiefmutter *f*

باوەسیر *bawesîr* (Med.) Hämorrhoide *f*

باوەش *baweş* Umarmung *f*; لە باوەش کردن/گرتن *le baweş kirdin/girtin* ⟨v.t.⟩ umarmen

باوەشێن *baweşên* Fächer *m*

باوێشک *bawêşk* Gähnen *n*; باوێشک دان *bawêşk dan* ⟨v.t.⟩ gähnen

باهۆز *bahoz* Sturm *m*; Tornado *m*

باینجان *bayincan* (Bot.) Aubergine *f*

بایۆلۆژی *bayolojî* Biologie *f*

بایەخ *bayex* Wert *m*; بایەخ پێدان *bayex pêdan* ⟨v.t.⟩ Acht geben auf; sich interessieren für

بایەخپێدان *bayexpêdan* 1. Aufmerksamkeit *f*; 2. Pflege *f*

بایەخدار *bayexdar* ⟨Adj.⟩ wertvoll

بایی *bayî* ⟨Adj.⟩ stolz; eingebildet; بایی بوون *bayî bûn* ⟨v.i.⟩ hochnäsig sein; لە خۆ بایی بوون *le xo bayî bûn* ⟨v.i.⟩ eingebildet sein

بت *bit* Götze *m*; Idol *n*

بتپەرست *bitperist* **I** ⟨Adj.⟩ heidnisch **II** Heide *m* / Heidin *f*

بتپەرستی *bitperistî* Götzenverehrung *f*

بچکۆلە *biçkole* ⟨Adj.⟩ winzig

بچووک *biçûk* ⟨Adj.⟩ (ganz) klein (vgl. ↑پچووک); بچووک کردنەوە *biçûk kirdinewe* ⟨v.t.⟩ verkleinern

بخوور *bixûr* Weihrauch *m*

برا *bira* Bruder *m*

برادەر *birader* Freund *m*

برادەری *biraderî* Freundschaft *f*

برازا *biraza* Neffe *m* (Sohn des Bruders); Nichte *f* (Tochter des Bruders)

برازازا *birazaza* Großneffe *m*; Großnichte *f*

براژن *birajin* Schwägerin *f* (Frau des Bruders)

براوە *birawe* Sieger *m* / Siegerin *f*; Gewinner *m* / Gewinnerin *f*

برایتووتە *biraytûte* Ringfinger *m*

برایەتی *birayetî* Brüderschaft *f*

برایی *birayî* ⟨Adj.⟩ brüderlich

بردن *birdin* ⟨v.t.⟩ ⟨بە/با ـ *be-/ba*⟩ 1. (mit-, weg)nehmen; 2. (weg)bringen

بردنەوە *birdinewe* ⟨v.t.⟩ ⟨بەـ ەوە/باتەوە *beewe/batewe*⟩ 1. gewinnen (Wettbewerb, Preis etc.); 2. zurückbringen; بردنەوە بۆ ماڵەوە *birdinewe bo maļewe* ⟨v.t.⟩ heimfahren

برژاندن *birjandin* ⟨v.t.⟩ ⟨برژێنـ *birjên-*⟩ braten; grillen; rösten

برژانگ *birjang* (Augen-)Wimper *f*

برژاو *birjaw* ⟨Adj.⟩ gegrillt; gar

برسی *birsî* **I** ⟨Adj.⟩ hungrig **II** Hungriger *m* / Hungrige *f* • برسیمە؛ برسیم: ich bin hungrig; ich habe Hunger; برسی بوون *birsî bûn* ⟨v.i.⟩ hungrig sein

برسێتی *birsêtî* Hunger *m*

برغو *birx̰u* Schraube *f*; برغو بەستن

ب

birẍu bestin ⟨v.t.⟩ (fest)schrauben

برنج *birinc* Reis *m*

برنجۆک *birincok* Bronze *f*

بروزە *biruze* ⟨Adj.⟩ 1. vermehrt; 2. blühend; **بروزە پێدان** *biruze pêdan* ⟨v.t.⟩ ausdehnen; **بروزە سەندن** *biruze sendin* ⟨v.t.⟩ sich verbreiten

بروسکە *biruske* 1. Blitz *m*; 2. Telegramm *n*

برۆ *biro* (Anat.) (Augen-)Braue *f* (vgl. ↑ئەبرۆ)

برەندی *birendî* Weinbrand *m*

بریتی *birîtî* ⟨Präp.⟩ anstatt

بریسکاندنەوە *birîskandinewe* ⟨v.t.⟩ ⟨بریسکێنـ ـەوە *birîskên- ewe*⟩ polieren

بریسکانەوە *birîskanewe* ⟨v.i.⟩ ⟨بریسکێـ ـەوە *birîskê- ewe*⟩ glitzern; leuchten

بریسکە *birîske* Glanz *m*

بریسکەدار *birîskedar* ⟨Adj.⟩ strahlend; leuchtend

بریقەدار *birîqedar* ⟨Adj.⟩ glänzend (vgl. ↑بریسکەدار)

بریکار *birîkar* (Stell-)Vertreter *m* / (Stell-)Vertreterin *f*; **بریکاری کردن** *birîkarî kirdin* ⟨v.t.⟩ j-n vertreten

بریکارنامە *birîkarname* Vollmacht *f*

بریکاری *birîkarî* 1. Stellvertretung *f*; 2. Vollmacht *f*

برین *birîn* **I** ⟨Adj.⟩ verletzt **II** (Med.) Wunde *f*; Verletzung *f*

برینپێچ *birînpêç* (Med.) Chirurg *m* / Chirurgin *f*

برینپێچی *birînpêçî* (Med.) Chirurgie *f*

بریندار *birîndar* **I** ⟨Adj.⟩ verletzt **II** Verletzter *m* / Verletzte *f*; **بریندار بوون** *birîndar bûn* ⟨v.i.⟩ verwundet, verletzt sein/werden; **بریندار کردن** *birîndar kirdin* ⟨v.t.⟩ verletzen

برینداری *birîndarî* Verletzung *f*

برێک *birêk* (Tech.) Bremse *f*

بڕ *bir̄* 1. Teil *m/n*; Anteil *m*; Menge *f*; 2. Summe *f* • بڕێک خەڵک eine Menge Leute

بڕاندنەوە *bir̄andinewe* ⟨v.t.⟩ ⟨بڕێنـ ـەوە *bir̄ên- ewe*⟩ 1. beenden; 2. aufhören

بڕانەوە *bir̄anewe* **I** ⟨v.i.⟩ ⟨بڕێـ ـەوە *bir̄ê- ewe*⟩ enden; zu Ende sein **II** Schluss *m*

بڕبڕاگە *bir̄bir̄age* (Anat.) Wirbelsäule *f*

بڕبڕە *bir̄bir̄e* (Anat.) Wirbel *m*; **بڕبڕەی پشت** *bir̄bir̄ey pişt* (Anat.) Wirbelsäule *f*; Rückgrat *n*

بڕبەند *bir̄bend* Feile *f*; Raspel *f*; **لە بڕبەند دان** *le bir̄bend dan* ⟨v.t.⟩ raspeln

بڕشت *bir̄işt* Stückchen *n*; Brocken *m*

بڕگە *bir̄ge* 1. Abschnitt *m*; 2. (Ling.) Silbe *f*; 3. Paragraf *m*; Artikel *m*

بڕندە *bir̄inde* ⟨Adj.⟩ scharf

بڕنووتی *bir̄nûtî* Schnupftabak *m*

بڕوا *bir̄wa* Glaube *m* (s.a. ↑باوەڕ); **بڕوا پێکردن** *bir̄wa pêkirdin* ⟨v.t.⟩ sich verlassen auf

بڕوابەخوانەبوو *bir̄wabexiwanebû* Atheist *m* / Atheistin *f*

بڕواپێکراو *bir̄wapêkiraw* ⟨Adj.⟩ zuverlässig

بڕواپێنەکراو *bir̄wapênekraw* ⟨Adj.⟩ verdächtig

بڕوانامە *bir̄waname* Zeugnis *n*; Bescheinigung *f*; Urkunde *f*; **بڕوانامەی قوتابخانەی ئامادەیی** *bir̄wanamey qutabxaney amadeyî* Abitur *n*;

ب

بڕوانامەی ژنهێنان *biṟwanamey jinhênan* Heiratsurkunde *f*; **بڕوانامەی لەدایکبوون** *biṟwanamey ledayikbûn* Geburtsurkunde *f*
بڕوبیانوو *biṟubiyanû* Vorwand *m*; Ausrede *f*
بڕوێش *biṟwêş* Graupen *Pl.*
بڕۆکۆلی *bṟokolî* Brokkoli *m*
بڕۆنز *biṟonz* Bronze *f*
بڕە *biṟe* Schneide *f*
بڕەپارە *biṟepare* Betrag *m*
بڕیار *biṟyar* Entscheidung *f*; Beschluss *m*; Urteil *n*; **بڕیار دان** *biṟyar dan* ⟨v.t.⟩ (sich) entscheiden; beschließen; **بڕیاری دادگا** *biṟyarî dadga* Rechtsprechung *f*; **بڕیاری گرتن** *biṟyarî girtin* Haftbefehl *m*
بڕین *biṟîn* ⟨v.t.⟩ ⟨بڕ- *biṟ-*⟩ 1. (ab-, zer-, aus)schneiden; 2. abheben (Spielkarten)
بڕینەوە *biṟînewe* ⟨v.t.⟩ ⟨بڕ- ەوە *biṟ- ewe*⟩ 1. sägen; 2. beenden; 3. amputieren
بزڕکان *biziṟkan* ⟨v.i.⟩ ⟨بزڕکێ- *biziṟkê-*⟩ gerinnen
بزماتە *bizmate* Narbe *f*
بزمار *bizmar* (Zier-)Nagel *m*
بزماری *bizmarî* ⟨Adj.⟩ keilförmig; **تیپی بزماری** *tîpî bizmarî* Keilschrift *f*
بزن *bizin* (Zool.) Ziege *f*
بزنەمەرەز *biznemerez* (Zool.) Angoraziege *f*
بزنەوان *biznewan* Ziegenhirt *m*
بزواندن *bizwandin* ⟨v.t.⟩ ⟨بزوێن- *bizwên-*⟩ etw. in Bewegung setzen; rühren
بزووتن *bizûtin* ⟨v.i.⟩ ⟨بزوو-/بزوێ *bizû-/bizwê*⟩ sich bewegen
بزووتنەوە *bizûtinewe* Bewegung *f*; Aktivität *f*; **بزووتنەوەی ژنان** *bizûtinewey jinan* Frauenbewegung *f*
بزوێن *bizwên* ⟨Adj.⟩ rührend; **تیپی بزوێن** *tîpî bizwên* (Ling.) Vokal *m*
بزوێنهەڵگر *bizwênhelgir* (Gr.) Vokalträger *m*
بزوێنەر *bizwêner* 1. Triebkraft *f*; 2. Erreger *m*
بزۆک *bizok* ⟨Adj.⟩ wendig
بزە *bize* schwaches Lächeln *n*
بزێو *bizêw* ⟨Adj.⟩ 1. lebhaft; munter; 2. unruhig; 3. beweglich; mobil
بژاردن[1] *bijardin* ⟨v.t.⟩ ⟨بژێر- *bijêr-*⟩ 1. aussuchen; 2. sortieren; 3. aufzählen
بژاردن[2] *bijardin* **I** ⟨v.t.⟩ ⟨بژێر- *bijêr-*⟩ (j-*n*) entschädigen **II** Entschädigung *f*; Wiedergutmachung *f*
بژارە *bijare* Auswahl *f*; **بژارە کردن** *bijare kirdin* ⟨v.t.⟩ 1. auswählen; 2. rezensieren (z.B. ein Buch)
بژێوی *bijêwî* Lebensunterhalt *m*
بستە *biste* (Bot.) Pistazie *f*
بسک *bisk* (Stirn-, Haar-)Locke *f*
بسکویت *biskwît* Keks *m*
بڤە *bive* ⟨Adj.⟩ gefährlich
بکڕ *bikiṟ* Käufer *m* / Käuferin *f*; Kunde *m* / Kundin *f*
بکوژ *bikuj* **I** ⟨Adj.⟩ mörderisch **II** Mörder *m* / Mörderin *f*
بکەر *biker* **I** ⟨Adj.⟩ Nominativ *m* **II** (Gr.) Subjekt *n*
بلبل *bilbil* (Zool.) Nachtigall *f*

ب

بلدۆزەر *bildozer* Bulldozer *m*

بلوور *bilûr* Kristall *m/n*

بلووز *bilûz* Bluse *f*

بلوێر *bilwêr* (Mus.) Flöte *f*; Hirtenflöte *f*

بلیار *bilyar* Billiarde *f*

بلیارد *bilyard* Billard *n*

بلیت *bilît* Karte *f*; Ticket *n*; بلیت برین *bilît birîn* ⟨v.t.⟩ eine Fahrkarte/Eintrittskarte lösen; بلیتی شانۆ *bilîtî şano* Theaterkarte *f*; بلیتی فڕۆکە *bilîtî firoke* Flugticket *n*; بلیتی ڕۆژانە *bilîtî rojane* Tageskarte *f*; بلیتی هاتوچۆ *bilîtî hatuço* Fahrkarte *f*; Fahrschein *m*; بلیتی چوونەژوورەوە *bilîtî çûnejûrewe* Eintrittskarte *f*; بلیتی خۆڕایی *bilîtî xorayî* Freikarte *f*; بلیتی دووسەرە *bilîtî dûsere* (Hin- und-) Rückfahrkarte *f*; بلیتی ڕۆییشتن *bilîtî royîştin* (Hin-)Fahrkarte *f*

بلیمەت *bilîmet* **I** ⟨Adj.⟩ tüchtig; talentiert; scharfsinnig; raffiniert **II** Genie *n*

بلیمەتی *bilîmetî* Scharfsinn *m*

بلیۆن *bilyon* Billion *f*

بڵاو *bilaw* ⟨Adj.⟩ 1. zerstreut; 2. verbreitet; بڵاو بوونەوە *bilaw bûnewe* ⟨v.i.⟩ 1. sich verbreiten; 2. veröffentlicht sein/werden; بڵاو کردنەوە *bilaw kirdinewe* ⟨v.t.⟩ herausgeben; veröffentlichen

بڵاوکراوە *bilawkirawe* Publikation *f*; Bekanntmachung *f*; Veröffentlichung *f*

بڵاوکردنەوە *bilawkirdinewe* 1. Verbreitung *f*; 2. Veröffentlichung *f*

بڵاوکەرەوە *bilawkerewe* Herausgeber *m* / Herausgeberin *f*

بڵح *bilh* ⟨Adj.⟩ dumm; blöd

بڵحی *bilhî* Dummheit *f*

بڵق *bilq* Blase *f*

بڵند *bilind* ⟨Adj.⟩ 1. hoch; 2. laut

بڵندکەرە *bilindkere* (Tech.) Verstärker *m*

بڵندگۆ *bilindgo* Lautsprecher *m*

بڵندی *bilindî* Höhe *f*

بڵێسە *bilêse* **I** ⟨Adj.⟩ funkelnd **II** Flamme *f*

بنار *binar* 1. Rand *m*; 2. Abhang *m*

بناغە *binaxe* Basis *f*; Grundlage *f*

بنباخەڵ *binbaxel* (Anat.) Achselhöhle *f*

بنبڕ *binbir* ⟨Adj.⟩ zerstört

بنبەست *binbest* ⟨Adj.⟩ von einer Seite geschlossen; ڕێگای بنبەست *rêgay binbest* Sackgasse *f*

بنپێ *binpê* (Anat.) Fußsohle *f*

بنج *binc* 1. Ursprung *m*; 2. (Bot./Math.) Wurzel *f*

بنجبەست *bincbest* ⟨Adj.⟩ verwurzelt

بنجی *bincî* ⟨Adj.⟩ grundlegend

بنچینە *binçîne* 1. Grundlage *f*; Fundament *n*; Basis *f*; 2. Ursprung *m*; Stamm *m*

بنچینەیی *binçîneyî* ⟨Adj.⟩ elementar; wesentlich; بە شێوەیەکی بنچینەیی *be şêweyekî binçîneyî* ⟨Adv.⟩ im Wesentlichen

بندوق *binduq* (Bot.) Haselnuss *f*

بندەس *bindes* **I** Untergebener *m* / Untergebene *f* **II** ⟨Adj.⟩ untergeben; gehorsam; بندەس کردن *bindes kirdin* ⟨v.t.⟩ unterwerfen; kolonialisieren

ب

بندەسی *bindesî* Unterdrückung *f*

بنکە *binke* 1. Basis *f*; Stützpunkt *m*; 2. Fundament *n*; 3. Regel *f*; بنکەی زانیاری *binkey zanyarî* Datenbank *f*

بنکەشی *binkeşî* Fuge *f*; بنکەشی کردن *binkeşî kirdin* ⟨v.t.⟩ spachteln

بنمیچ *binmîç* (Zimmer-)Decke *f*

بنوبنچینە *binubinçîne* Herkunft *f*

بنووس *binûs* Schriftführer *m* / Schriftführerin *f*

بنهۆشی *binhoşî* Unterbewusstsein *n*

بنەپێ *binepê* Fußsohle *f* (s.a. ↑ بنپێ)

بنەچە *bineçe* 1. Rasse *f*; Herkunft *f*; 2. Nachkommen *Pl.*

بنەڕەت *bine̱ret* Grundlage *f*; Fundament *n*

بنەڕەتانە *bine̱retane* ⟨Adv.⟩ radikal

بنەڕەتی *bine̱retî* (üb.) Originalität *f*

بنەماڵە *binema̱le* Familie *f*; Dynastie *f*

بنێشت *binêşt* Kaugummi *m*

بوار *biwar* 1. Bereich *m*; 2. Zusammenhang *m*; بوار دان *biwar dan* ⟨v.t.⟩ die Möglichkeit bieten

بواردن *biwardin* **I** ⟨v.t.⟩ ⟨بوێر- *biwêr-*⟩ 1. den Weg räumen; 2. auslassen; übersehen **II** Ausschließung *f*; Auslassung *f*

بوتڵ *buti̱l* Flasche *f*

بوخار *buxar* Dunst *m*; Dampf *m*

بوختان *buxtan* Verleumdung *f*; üble Nachrede *f*; بوختان کردن *buxtan kirdin* ⟨v.t.⟩ verleumden; (ver)petzen

بوختانکەر *buxtanker* Verleumder *m* / Verleumderin *f*

بوخچە *buxçe* (Kleider-, Reisig-)Bündel *n*

بودجە *budce* (Fin.) Budget *n*

بودجەکورتهێنانی *budcekurthênanî* (Fin.) Fehlbetrag *m*; Defizit *n*

بورج *burc* Turm *m*

بورکان *burkan* Vulkan *m*

بورکاناوی *burkanawî* ⟨Adj.⟩ vulkanisch

بورکانتەقینەوە *burkanteqînewe* Vulkanausbruch *m*

بوغز *bux̱iz* Groll *m*; Feindschaft *f*; بوغز گرتن *bux̱iz girtin* ⟨v.t.⟩ zürnen; grollen

بوغزاندن *bux̱zandin* ⟨v.t.⟩ ⟨بوغزێن- *bux̱zên-*⟩ verabscheuen

بوغزاوی *bux̱zawî* ⟨Adj.⟩ hasserfüllt

بوفێ *bufê* Büfett *n*

بولبول *bulbûl* (Zool.) Nachtigall *f* (s.a. ↑ بلبل)

بولگاری *bulgarî* **I** ⟨Adj.⟩ bulgarisch **II** Bulgare *m*, Bulgarin *f*

بولگاریا *Bulgarya* (Geogr.) Bulgarien *n*

بوندوق *bunduq* (Bot.) Haselnuss *f*

بوودا *Bûda* (Rel.) Buddha *m*

بوودی *bûdî* **I** ⟨Adj.⟩ (Rel.) buddhistisch **II** (Rel.) Buddhist *m* / Buddhistin *f*

بوودییەتی *bûdîyetî* (Rel.) Buddhismus *m*

بوورانەوە *bûranewe* **I** ⟨v.i.⟩ ⟨بوورێ- ەوە *bûrê- ewe*⟩ ohnmächtig werden **II** (Med.) Ohnmacht *f*

بووژاندنەوە *bûjandinewe* ⟨v.t.⟩ ⟨بووژێن- ەوە *bûjên- ewe*⟩ (wieder) beleben

بووژانەوە *bûjanewe* ⟨v.i.⟩ ⟨بووژێ- ەوە *bûjê- ewe*⟩ wieder aufleben

بووک *bûk* 1. Braut *f*; 2. Schwieger-

tochter *f* (Bezeichnung unter nahen Blutsverwandten für eine angeheiratete Frau); 3. Puppe *f*
بووکوزاوا *bûkuzawa* Brautpaar *n*
بووکۆکە *bûkoke* Puppe *f*
بووکەدارینە *bûkedarîne* Vogelscheuche *f*
بووکەسەماکەرە *bûkesemakere* Marionette *f*
بوومەلەرزە *bûmelerze* Erdbeben *n*
بوون *bûn* **I** ⟨v.i.⟩ ⟨بـ- *b-*⟩ 1. sein; existieren; 2. werden; reifen (Frucht); 3. müssen **II** Existenz *f*
بوونە *bûne* ⟨v.i.⟩ ⟨بـ ە *b- e*⟩ werden zu; بوونە هۆ *bûne ho* ⟨v.t.⟩ verursachen; بوونە هەڵم *bûne helim* ⟨v.i.⟩ verdunsten; بوونە یەک *bûne yek* ⟨v.i.⟩ eins werden; sich vereinigen
بوونەوەر *bûnewer* Gestalt *m*
بوونەهۆ *bûneho* Verursachung *f*
بوونەئەندام *bûneendam* Beitritt *m*
بووەوە *bûwe* ⟨Adj.⟩ wohlhabend; reich
بوێر *biwêr* ⟨Adj.⟩ mutig
بوێژ *biwêj* Redner *m* / Rednerin *f*
[1]بۆ *bo* ⟨Adv.⟩ warum?; wozu?; weshalb?
[2]بۆ *bo* ⟨Präp.⟩ nach; zu; in; für; wegen • بۆ باخچەکە دەچێ er geht in den Garten; بۆ هەر *bo her* pro
بۆبژاردن *bobijardin* **I** ⟨v.t.⟩ ⟨بۆ...بژێر- *bo…bijêr-*⟩ entschädigen (Verlust etc.); ersetzen **II** Entschädigung *f*; Wiedergutmachung *f*
بۆبژاردنەوە *bobijardinewe* ⟨v.t.⟩ ⟨بۆ... بژێر- ەوە/تەوە *bo…bijêr-ewe/tewe*⟩ wiedergutmachen
[1]بۆچوون *boçûn* ⟨v.i.⟩ ⟨بۆ...چـ- *bo…ç-*⟩ 1. angreifen; 2. sich nähern
[2]بۆچوون *boçûn* Meinung *f*; Ansicht *f*
بۆچی *boçî* ⟨Adv.⟩ warum?; wozu?; wieso?
بۆخوارەوە *boxiwarewe* ⟨Adv.⟩ nach unten; herunter
بۆدرە *bodre* Pulver *n*; Puder *n*; بۆدرە پێوەکردن *bodre pêwekirdin* ⟨v.t.⟩ (ein) pudern
بۆدواوە *bodiwawe* ⟨Adv.⟩ rückwärts; nach hinten
بۆدەرەوە *boderewe* ⟨Adv.⟩ heraus; nach draußen
[1]بۆر *bor* ⟨Adj.⟩ grau
[2]بۆر *bor* (Gr.) Komma *n* (s.a. ↑ویرگول); بۆری ئاوەژوو *borî awejû* (Gr.) Anführungszeichen *n*
بۆردومان *borduman* Bombardement *n*; (s.a. ↑بۆمباباران) بۆردومان کردن *borduman kirdin* ⟨v.t.⟩ bombardieren
بۆرژوا *borjiwa* **I** ⟨Adj.⟩ bourgeois; spießbürgerlich **II** Spießbürger *m* / Spießbürgerin *f*
بۆرژوازی *borjiwazî* Bourgeoisie *f*; Bürgertum *n*
بۆرسە *borse* Börse *f*
بۆرەپیاو *borepiyaw* gewöhnlicher, einfacher Mann *m*; Prolet *m*
بۆرەک *borek* Pastete *f*
بۆری *borî* Rohr *n*; Röhre *f*; بۆریی ئاو *borîy aw* Wasserleitung *f*; بۆریی ئاوەڕۆ *borîy awero* Abflussrohr *n*; بۆریی خواردن *borîy xiwardin* (Anat.) Speiseröhre *f*; بۆریی نەوت *borîy newt* Ölpipeline *f*; بۆریی هەوا *borîy hewa* (Anat.) Luftröhre *f*

بۆڕاندن *borandin* ⟨v.t.⟩ ⟨بۆڕێنـ- *borên-*⟩ 1. dröhnen; brummen; 2. brüllen; muhen (Rind)

بۆزانین *bozanîn* öffentliche Erklärung *f* (s.a. ↑ئاگاداری)

بۆژوور *bojûr* ⟨Adv.⟩ hinauf

بۆژوورەوە *bojûrewe* ⟨Adv.⟩ herein

بۆسنی *bosnî* **I** ⟨Adj.⟩ bosnisch **II** Bosnier *m* / Bosnierin *f*

بۆسنیا *Bosniya* (Geogr.) Bosnien *n*; **بۆسنیاو هەرسەگۆنیا** *Bosniya w Hersegonya* (Geogr.) Bosnien und Herzegowina

بۆسە *bose* 1. Hinterhalt *m*; Lauer *f*; 2. Überfall *m* (aus dem Hinterhalt)

بۆسەرەوە *boserewe* ⟨Adv.⟩ aufwärts; herauf

بۆش *boş* ⟨Adj.⟩ leer; dumpf

بۆشایی *boşayî* Leere *f*; Lücke *f*; Hohlraum *m*; **بۆشایی نێوان دوو پیت** *boşayî nêwan dû pît* Leertaste *f*; Leerzeichen *n*; **بۆشایی نێوان دوو دێڕ** *boşayî nêwan dû dêr* Zeilenabstand *m*

بۆفرۆشتن *bofiroştin* ⟨Adj.⟩ verkäuflich; zum Verkauf

بۆفرۆشتننەبوو *bofiroştinnebû* ⟨Adj.⟩ unverkäuflich

بۆفیە *bofye* Geschirrschrank *m*; Büfett (Buffet) *n*

بۆق *boq* (Zool.) Frosch *m*; **بۆقی دێمی** *boqî dêmî* (Zool.) Kröte *f*

بۆکس *bokis* Faust *f*; **بۆکسی ئاسن** *boksî asin* Schlagring *m*

بۆکوێ *bokwê* ⟨Adv.⟩ wohin?

بۆگەن *bogen* ⟨Adj.⟩ stinkend; **بۆگەن بوون** *bogen bûn* ⟨v.i.⟩ stinken; übel riechen; **بۆگەن کردن** *bogen kirdin* ⟨v.t.⟩ stinken; verfaulen

بۆگەنی *bogenî* 1. Fäulnis *f*; 2. (üb.) Verdorbenheit *f*

بۆلا *bola* **I** ⟨Adv.⟩ beiseite **II** ⟨Präp.⟩ zu (Person) • بۆلاتان دێم ich komme zu euch; من دەچم بۆلای پزیشکەکەم ich gehe zu meinem Arzt; **بۆلا ....ـ(ە)وە** *bola ...-(e)we* ⟨Präp.⟩ in die Richtung von

بۆلیڤی *bolîvî* **I** ⟨Adj.⟩ bolivianisch **II** Bolivianer *m* / Bolivianerin *f*

بۆلیڤیا *Bolîvya* (Geogr.) Bolivien *n*

بۆڵاندن *bolandin* ⟨v.t.⟩ ⟨بۆڵێنـ- *bolên-*⟩ murmeln; brummen

بۆڵەبۆڵ *bolebol* Brummen *n*; Gemurmel *n*; **بۆڵەبۆڵ کردن** *bolebol kirdin* ⟨v.t.⟩ meckern; murmeln; nörgeln

بۆماوە *bomawe* **I** ⟨Adj.⟩ vererbt; erblich **II** Erbstück *n*; Erbe *n*

بۆمبا *bomba* Bombe *f*; **بۆمبا هاویشتن** *bomba hawîştin* ⟨v.t.⟩ bombardieren; **بۆمبای ئەتۆم** *bombay etom* Atombombe *f*

بۆن *bon* (Wohl-)Geruch *m*; Duft *m*; **بۆن کردن** *bon kirdin* ⟨v.t.⟩ riechen; schnuppern; **بۆن (لێ)هاتن** *bon (lê) hatin* ⟨v.i.⟩ 1. stinken; unangenehm riechen; 2. duften; **بۆنی دەم** *bonî dem* Mundgeruch *m*

بۆناو *bonaw* ⟨Adv.⟩ hinein

بۆنبڕە *bonbire* Duftmittel gegen Geruch; Deodorant *n*

بۆندار *bondar* ⟨Adj.⟩ duftend; wohlriechend

بۆنفرۆش *bonfiroş* Drogist *m* / Drogistin *f*; **دوکانی بۆنفرۆش** *dukanî bonfiroş* Drogerie *f*

بۆنموونە *bonimûne* zum Beispiel *n*

بۆنە *bone* Vorwand *m*; Grund *m*; Anlass *m* • بەم بۆنەیەوە aus diesem Grund/Anlass

بۆنیت *bonît* 1. Haube *f*; 2. Motorhaube (Auto) *f*

بۆهەبوون *bohebûn* ⟨v.i.⟩ ⟨بۆ...هە...بـ- *bo…he…b-*⟩ dürfen (nur in 3. Ps. Sg. gebraucht)

بۆهەموو *bohemû* ⟨Adv.⟩ allgemein

بۆئەمە *boeme* ⟨Adv.⟩ hierfür; dafür

بۆئەوە *boewe* ⟨Adv.⟩ dafür

بۆئەوەی *boewey* ⟨Konj.⟩ um zu

بۆئەوێ *boewê* ⟨Adv.⟩ dorthin

بۆیلەر *boyler* Boiler *m*; Warmwasserbereiter *m*; Durchlauferhitzer *m* (s.a. ↑کوڵێنەر)

1**بۆیە** *boye* ⟨Konj.⟩ deswegen; deshalb; daher

2**بۆیە** *boye* Farbe *f*; **بۆیە کردن** *boye kirdin* ⟨v.t.⟩ färben; tönen; **بۆیەی پێڵاو** *boyey pêlaw* Schuhcreme *f*; **بۆیەی نینۆک** *boyey nînok* Nagellack *m*; **بۆیەی ڕۆنی** *boyey ronî* Ölfarbe *f*; **بۆیەی ئاوی** *boyey awî* Wasserfarbe *f*; **بۆیەی قژ** *boyey qij* Haarfärbemittel *n*

بۆیەچی *boyeçî* Maler *m* / Malerin *f*

بۆیەکراو *boyekiraw* ⟨Adj.⟩ gefärbt; getönt

بۆئێرە *boêre* ⟨Adv.⟩ hierhin; hierher

بە *be* ⟨Präp.⟩ zu; für; an; bei; mit; in • بە من چی؟ was geht es mich an?; بە باران bei Regen; بە هاوین im Sommer; بە کوردی auf Kurdisch; بە کەشتی دەچین wir werden mit dem Schiff fahren; بە شەو bei Nacht; بە ناوی خوا im Namen Gottes; بە زۆر mit Gewalt; **بە ...ـدا** *be …-da* ⟨Präp.⟩ durch; بە بازاڕدا چووین wir gingen durch den Basar

بەئابڕوو *beabrû* ⟨Adj.⟩ ehrwürdig; respektvoll

بەئابڕوویی *beabrûyî* Ehrwürdigkeit *f*; guter Ruf *m*

بەئارەزوو *bearezû* ⟨Adv.⟩ freiwillig; freiwillig; beliebig

بەئازار *beazar* ⟨Adj.⟩ qualvoll; schmerzhaft

بەئاسانی *beasanî* ⟨Adv.⟩ leicht; einfach; bequem

بەئاشتی *beaştî* ⟨Adj.⟩ friedlich

بەئاشکرا *beaşkira* ⟨Adv.⟩ offensichtlich; öffentlich

بەئاگا *beaga* ⟨Adj.⟩ 1. wachsam; 2. munter; **بەئاگا هاتن** *beaga hatin* ⟨v.i.⟩ aufwachen; erwachen; **بەئاگا هێنانەوە** *beaga hênanewe* ⟨v.t.⟩ aufwecken; wachrütteln

بەئاوات *beawat* ⟨Adj.⟩ wunschgemäß; **بەئاوات خواستن** *beawat xiwastin* ⟨v.t.⟩ sich etw. wünschen

بەئاهەنگەوە *beahengewe* ⟨Adj.⟩ feierlich

بەبا *beba* ⟨Adj.⟩ windig; windig; **بەبا دان** *beba dan* ⟨v.t.⟩ verschwenden

بەباشی *bebaşî* ⟨Adv.⟩ 1. richtig; gut; 2. nett

بەباوەڕ *bebawer* ⟨Adj.⟩ gläubig; überzeugt

بەباوەڕەوە *bebawerewe* ⟨Adv.⟩ selbstbewusst

بەبایەخ *bebayex* ⟨Adj.⟩ 1. bedeutend; wichtig; 2. konsequent

بەبۆنەی *beboney* ⟨Präp.⟩ wegen; anlässlich

بەبەر[1] *beber* ⟨Adj.⟩ fruchtbar

بەبەر[2] *beber* ⟨Präp.⟩ vor

بەبەراورد *beberawird* ⟨Adj.⟩ verhältnismäßig

بەبەردەوامی *beberdewamî* ⟨Adv.⟩ (an) dauernd

بەبەرهەم *beberhem* ⟨Adj.⟩ fruchtbar; produktiv

بەبەزەیی *bebezeyî* ⟨Adj.⟩ barmherzig; gnädig; human

بەبەلاش *bebelaş* ⟨Adj.⟩ gratis

بەبیردانەهاتوو *bebîrdanehatû* ⟨Adj.⟩ unvorstellbar

بەبیرداهاتوو *bebîrdahatû* ⟨Adj.⟩ gedacht

بەبێ *bebê* ⟨Präp.⟩ ohne; außer

بەپارە *bepare* ⟨Adj.⟩ gebührenpflichtig

بەپاکی *bepakî* ⟨Adj.⟩ rein; sauber

بەپەرۆش *beperoş* ⟨Adj.⟩ 1. sich sehnend; 2. besorgt; بەپەرۆش بوون (بۆ) *beperoş bûn (bo)* ⟨v.i.⟩ sich sehnen (nach); schwärmen

بەپەرۆشەوە *beperoşewe* ⟨Adv.⟩ 1. herzlich; eifrig; 2. ernst; ernsthaft

بەپەلە *bepele* ⟨Adj.⟩ eilig; schnell; übereilt; hastig

بەپەنهانی *bepenhanî* ⟨Adj.⟩ heimlich

بەپیت *bepît* ⟨Adj.⟩ fruchtbar; produktiv

بەپیتی *bepîtî* Fruchtbarkeit *f*; Produktivität *f*

بەپێ *bepê* ⟨Adv.⟩ zu Fuß

بەپێچەوانە *bepêçewane* ⟨Adv.⟩ verkehrt (herum)

بەپێز *bepêz* ⟨Adj.⟩ elastisch

بەپێی *bepêy* ⟨Präp.⟩ gemäß; bezüglich; entsprechend

بەپێیتوانا *bepêytiwana* ⟨Adj.⟩ möglichst

بەپێیدەستوور *bepêydestûr* ⟨Adj.⟩ formal

بەتارییە *betarîye* Akku *m*

بەتاڵ *betal̠* ⟨Adj.⟩ 1. leer; frei; arbeitslos; 2. ungültig; unbrauchbar; بەتاڵ بوون *betal̠ bûn* ⟨v.i.⟩ leer, unbeschäftigt, ungültig, unwissend sein/werden; بەتاڵ کردن *betal̠ kirdin* ⟨v.t.⟩ (ent-, aus)leeren; بەتاڵ کردنەوە *betal̠ kirdinewe* ⟨v.t.⟩ ungültig machen; abschaffen; widerrufen

بەتاڵان *betal̠an* ⟨Adv.⟩ 1. verschwenderisch; 2. räuberisch

بەتام *betam* ⟨Adj.⟩ lecker; appetitlich; بەتام بوون *betam bûn* ⟨v.i.⟩ schmecken

بەتانە *betane* Futter *n* (Kleidung) (s.a. ناواخن↑)

بەتانی *betanî* (Woll-)Decke *f*

بەتاو *betaw* ⟨Adj.⟩ schnell; zügig

بەتایبەت *betaybet* ⟨Adv.⟩ besonders; extra

بەتایبەتی *betaybetî* **I** ⟨Adj.⟩ speziell **II** ⟨Adv.⟩ 1. besonders; insbesondere; 2. vorzugsweise

بەترس *betirs* ⟨Adj.⟩ gefährlich; besorgniserregend

بەتوانا *betwana* ⟨Adj.⟩ 1. mächtig; 2. talentiert

بەتوانایی *betwanayî* Fähigkeit *f*

ب

بەتوندی *betundî* ⟨Adv.⟩ kräftig; heftig; بەتوندی گرتن *betundî girtin* ⟨v.t.⟩ 1. festhalten; 2. umklammern

بەتووڕەیی *betûreyî* ⟨Adv.⟩ wütend

بەتووڕەییەوە *betûreyiyewe* ⟨Adv.⟩ empört

بەتەلەفۆن *betelefon* ⟨Adj.⟩ telefonisch

بەتەما *betema* ⟨Adj.⟩ in Erwartung; بەتەما بوون *betema bûn* ⟨v.i.⟩ vorhaben

بەتەنگەوە *betengewe* ⟨Adj.⟩ sorgenvoll; besorgt; بەتەنگەوە بوون *betengewe bûn* ⟨v.i.⟩ 1. sich sorgen um; 2. sorgen für; بەتەنگەوە هاتن *betengewe hatin* ⟨v.i.⟩ besorgt sein

بەتەنیا *betenya* ⟨Adv.⟩ 1. allein; 2. nur; ausschließlich (s.a. ↑تەنیا)

بەتەنیابەخێوکەر *betenyabexêwker* I ⟨Adj.⟩ alleinerziehend II Alleinerziehender *m* / Alleinerziehende *f*

بەتەواوی *betewawî* ⟨Adv.⟩ 1. vollständig; völlig; vollkommen; absolut; 2. genau; 3. virtuell

بەتەوسەوە *betewsewe* ⟨Adv.⟩ ironisch; spöttisch; بەتەوسەوە قسە کردن *betewsewe qise kirdin* ⟨v.t.⟩ spotten

بەجارێک *becarêk* ⟨Adv.⟩ plötzlich; schlagartig

بەجوانی *becwanî* ⟨Adv.⟩ nett; hübsch

بەجووڵە *becûle* ⟨Adj.⟩ dynamisch

بەجۆرێک *becorêk* ⟨Adv.⟩ derart; so

بەجۆرێکیتر *becorêkîtir* ⟨Adv.⟩ anders

بەجەرگ *becerg* ⟨Adj.⟩ tapfer; mutig

بەجیا *becya* ⟨Adv.⟩ abseits; getrennt

بەجیهانی *becîhanî* ⟨Adv.⟩ 1. weltlich; 2. global

بەجیهانیکردن *becîhanîkirdin* Globalisierung *f*

بەجێ *becê* ⟨Adj.⟩ passend; treffend; بەجێ هێشتن *becê hêştin* ⟨v.t.⟩ zurücklassen; überlassen; بەجێ هێنان *becê hênan* ⟨v.t.⟩ vollziehen; erfüllen; verwirklichen

بەچۆکداکەوتن *beçokdakewtin* Prosternation *f*

بەچەند *beçend* ⟨Adv.⟩ für wie viel?; بەچەند بوون *beçend bûn* ⟨v.i.⟩ kosten

بەچی *beçî* ⟨Adv.⟩ womit?; woran?

بەچێژ *beçêj* ⟨Adj.⟩ geschmackvoll

بەحرەین *Behreyn* (Geogr.) Bahrein *n*

بەخاکسپاردن *bexaksipardin* Bestattung *f*; Beisetzung *f*

بەخت *bext* 1. Glück *n*; Schicksal *n*; 2. Chance *f*

بەختبێژ *bextbêj* Wahrsager *m* / Wahrsagerin *f*

بەختڕەش *bextreş* ⟨Adj.⟩ unglücklich

بەختیار *bextyar* ⟨Adj.⟩ glücklich; heiter

بەختیاری *bextyarî* Glückseligkeit *f*

بەخزمەت *bexizmet* ⟨Adj.⟩ hilfsbereit

بەخش *bexş* Spende *f*

بەخشش *bexşiş* Wohltätigkeit *f*

بەخشندە *bexşinde* ⟨Adj.⟩ gnädig; großzügig

بەخشندەیی *bexşindeyî* Großzügigkeit *f*

بەخشیش *bexşîş* Trinkgeld *n*

بەخشین *bexşîn* I ⟨v.t.⟩ ⟨بەخش- *bexş-*⟩ 1. verzeihen; 2. investieren; spendieren II 1. Gabe *f*; 2. Schenkung *f*; Spende *f*

بەخوا *bexiwa* ⟨Int.⟩ bei Gott!

بەخواری *bexwarî* ⟨Adv.⟩ schief

بەخوێنتینوو *bexwêntînû* ⟨Adj.⟩ blut-

ب

rünstig
بەخۆ *bexo* ⟨Adj.⟩ kräftig
بەخۆڕایی *bexorayî* ⟨Adv.⟩ umsonst; kostenlos
بەخۆشییەوە *bexoşîyewe* ⟨Adv.⟩ gern
بەخیل *bexîl* **I** ⟨Adj.⟩ 1. geizig; 2. neidisch **II** Geizkragen *m*
بەخیلی *bexîlî* 1. Geiz *m*; 2. Neid *m*; بەخیلی پێبردن *bexîlî pêbirdin* ⟨v.t.⟩ j-n beneiden
بەخێر *bexêr* ⟨Adj.⟩ willkommen; بەخێر هاتن *bexêr hatin* ⟨v.i.⟩ willkommen sein
بەخێرایی *bexêrayî* ⟨Adv.⟩ schnell
بەخێرهاتن *bexêrhatin* Willkommen *n*; بەخێرهاتن لێکردن *bexêrhatin lêkirdin* ⟨v.t.⟩ j-n willkommen heißen
بەخێو *bexêw* → بەخێو کردن *bexêw kirdin* ⟨v.t.⟩ 1. erziehen; 2. (er)nähren
بەخێوکەر *bexêwker* Erzieher *m* / Erzieherin *f*
بەد *bed* ⟨Adj.⟩ schlecht; übel
بەداخەوە *bedaxewe* ⟨Adv.⟩ bedauerlich; schade; leider; بەداخەوە بوون *bedaxewe bûn* ⟨v.i.⟩ bedauern
بەداله *bedale* Telefonzentrale *f*
بەدبەخت *bedbext* ⟨Adj.⟩ unglücklich; bedauernswert
بەدبەختی *bedbextî* Unglück *n*; Pech *n*
بەدبین *bedbîn* **I** ⟨Adj.⟩ pessimistisch **II** Pessimist *m* / Pessimistin *f*
بەدبینی *bedbînî* Pessimismus *m*
بەدپەسەند *bedpesend* ⟨Adj.⟩ unangemessen
بەدخوو *bedxû* ⟨Adj.⟩ ungezogen; bösartig
بەدرۆ *bediro* ⟨Adj.⟩ lügenhaft; بەدرۆ خستنەوە *bediro xistinewe* ⟨v.t.⟩ widerlegen; entkräften
بەدرێژایی *bedirêjayî* ⟨Adv.⟩ entlang
بەدرێژاییڕۆژ *bedirêjayîroj* ⟨Adj.⟩ ganztägig
بەدرێژی *bedirêjî* ⟨Adv.⟩ ausführlich; detailliert
بەدڕەوشت *bedrewişt* ⟨Adj.⟩ gemein; niederträchtig
بەدکار *bedkar* **I** ⟨Adj.⟩ schädlich **II** Übeltäter *m* / Übeltäterin *f*
بەدکاری *bedkarî* Untat *f*
بەدگومان *bedguman* ⟨Adj.⟩ misstrauisch
بەدگومانی *bedgumanî* Misstrauen *n*
بەدگۆ *bedgo* **I** ⟨Adj.⟩ boshaft **II** Lästermaul *n*
بەدگۆیی *bedgoyî* Verleumdung *f*; بەدگۆیی کردن *bedgoyî kirdin* ⟨v.t.⟩ 1. verleumden; 2. lästern
بەدلغاو *bedlixaw* ⟨Adj.⟩ eigensinnig; stur
بەدڵ *bedil* ⟨Adv.⟩ herzlich; بەدڵ بوون *bedil bûn* ⟨v.i.⟩ gefallen; بەدڵمە er gefällt mir
بەدڵسۆزی *bedilsozî* ⟨Adv.⟩ herzlich
بەدڵنەرمی *bedilnermî* ⟨Adv.⟩ netterweise
بەدڵنیایی *bedilniyayî* ⟨Adv.⟩ sicher
بەدمەست *bedmest* **I** ⟨Adj.⟩ besoffen **II** Säufer *m* / Säuferin *f*
بەدناو *bednaw* ⟨Adj.⟩ verrufen; berüchtigt
بەدناوی *bednawî* Verrufenheit *f*
بەدنیاز *bedniyaz* ⟨Adj.⟩ böswillig

ب

بەدواداگەڕان *bedwadageran* Suche *f*; Fahndung *f*

بەدواداهاتوو *bediwadahatû* ⟨Adj.⟩ folgend

بەدوایەکدا *bedwayyekda* ⟨Adv.⟩ aufeinander; nacheinander

بەدوودڵی *bedûdiḻî* ⟨Adv.⟩ zögernd; unsicher

بەدووروودرێژی *bedûrudirêĵî* ⟨Adj.⟩ umfassend; ausführlich

بەدەست *bedest* **I** ⟨Adj.⟩ mächtig **II** ⟨Adv.⟩ mit der Hand; بەدەست کەوتن *bedest kewtin* ⟨v.i.⟩ verdienen; einnehmen; بەدەست هێنان *bedest hênan* ⟨v.t.⟩ bekommen; erlangen

بەدەگمەن *bedegmen* **I** ⟨Adj.⟩ selten **II** ⟨Adv.⟩ kaum

بەدەل *bedel* 1. Ersatz *m*; 2. Gegenleistung *f*

بەدەم *bedem* ⟨Adj.⟩ schlagfertig

بەدەمخەوەوە *bedemxewewe* ⟨Adj.⟩ schlafend; بەدەمخەوەوە ڕۆییشتن *bedemxewewe ṟoyîştin* ⟨v.i.⟩ schlafwandeln

بەدەن *beden* Körper *m*

بەدەنی *bedenî* ⟨Adj.⟩ körperlich

بەدەور *bedewr* → بەدەور ....ـدا *bedewr …-da* ⟨Präp.⟩ um…herum; بەدەوردا ڕۆیشتن *bedewrda ṟoyiştin* ⟨v.i.⟩ umhergehen

بەدەوی *bedewî* Beduine *m* / Beduinin *f*

بەدی *bedî* Übel *n*; Unheil *n*; بەدی هێنان *bedî hênan* ⟨v.t.⟩ Pech haben

بەدین *bedîn* ⟨Adj.⟩ gläubig

بەر *ber* **I** ⟨Präp.⟩ vor (örtlich und zeitlich) **II** ⟨Adv.⟩ vorher; vorn **III** Vorderseite *f*; لە بەر داکەندن *le ber dakendin* ⟨v.t.⟩ ausziehen (Kleider); بە بەر کردن *be ber kirdin* ⟨v.t.⟩ passen (Kleidung)

بەراز *beraz* (Zool.) Schwein *n*; بەرازی دەریا *berazî derya* (Zool.) Delfin *m*

بەرازەچکۆلە *berazeçikole* Schweinchen *n*; بەرازەچکۆلەی هیندو *berazeçikoley hîndu* Meerschweinchen *n*

بەرازەکێوی *berazekêwî* (Zool.) Wildschwein *n*

بەرامبەر *beramber* **I** ⟨Adj.⟩ entgegengesetzt **II** ⟨Adv.⟩ gegenüber **III** ⟨Präp.⟩ entgegen

بەران *beran* (Zool.) Schafbock *m*; Hammel *m*

بەرانپێچ *beranpêç* Arbeitskittel *m*

بەرانەکێوی *beranekêwî* (Zool.) Mufflon *m*

بەراورد *berawird* **I** ⟨Adj.⟩ vergleichend **II** Vergleich *m*; بەراورد کردن (لەگەڵ) *berawird kirdin (legeḻ)* ⟨v.t.⟩ vergleichen (mit)

بەراوردکاری *berawirdkarî* Vergleich *m*

بەربانگ *berbang* Fastenbrechen bei Sonnenuntergang im Ramadan; بەربانگ کردنەوە *berbang kirdinewe* ⟨v.t.⟩ bei Sonnenuntergang im Ramadan essen

بەربەر[1] *berber* Frisör *m* / Frisörin *f* (vgl. ↑ سەرتاش)

بەربەر[2] *berber* Berber *m* / Berberin *f*

بەربەرەکانی *berberekanî* 1. Kampf *m*; Widerstand *m*; 2. Rivalität *f*; بەربەرەکانی

ب

بەربەرەکانی کردن *berberekanî kirdin* ⟨v.t.⟩ 1. Widerstand leisten; 2. konkurrieren
بەربەرەکانیکار *berberekanîkar* Rivale *m* / Rivalin *f*
بەربەژن *berbejn* Brosche *f*
بەربەست *berbest* Hindernis *n*; Sperre *f*; بەربەستی ڕێگا *berbestî ṟêga* Straßensperre *f*
بەرپا *berpa* ⟨Adj.⟩ errichtet; بەرپا بوون *berpa bûn* ⟨v.i.⟩ ausbrechen; (Krieg); بەرپا کردن *berpa kirdin* ⟨v.t.⟩ erbauen; stiften
بەرپابوون *berpabûn* Ausbruch *m*
بەرپرس *berpirs* ⟨Adj.⟩ verantwortlich
بەرپرسی *berpirsî* Verantwortlichkeit *f*; Verpflichtung *f*
بەرپرسیار *berpirsiyar* **I** ⟨Adj.⟩ verantwortlich **II** Verantwortlicher *m* / Verantwortliche *f*
بەرپرسیاری *berpirsiyarî* Verantwortung *f*
بەرپەرچ *berperç* Widerlegung *f*; بەرپەرچ دانەوە *berperç danewe* ⟨v.t.⟩ widersprechen; zurückschlagen
بەرتەنگ *berteng* ⟨Adj.⟩ 1. eng; 2. exklusiv
بەرتیل *bertîl* Bestechung *f*; Schmiergeld *n*; بەرتیل (پێ)دان *bertîl (pê)dan* ⟨v.t.⟩ bestechen
بەرتیلخۆر *bertîlxor* ⟨Adj.⟩ bestechlich; korrupt
بەرتیلخۆری *bertîlxorî* Korruption *f*
بەرجەستە *berceste* ⟨Adj.⟩ 1. kompakt; 2. (üb.) konkret
بەرچاوتەنگ *berçawteng* ⟨Adj.⟩ geizig
بەرچاوتێر *berçawtêr* ⟨Adj.⟩ großzügig
بەرچاوتێری *berçawtêrî* Großzügigkeit *f*
بەرچاوڕوون *berçawṟûn* ⟨Adj.⟩ optimistisch
بەرخ *berx* (Zool.) Lamm *n* (vor der ersten Schur); گۆشتی بەرخ *goştî berx* Lammfleisch *n*
بەرد *berd* Stein *m*; بەردی دان *berdî dan* Zahnstein *m*; بەردی بەقیمەت *berdî beqîmet* Edelstein *m*
بەردار *berdar* ⟨Adj.⟩ fruchtbar
بەرداری *berdarî* Fruchtbarkeit *f*
بەردان *berdan* ⟨v.t.⟩ ⟨بەر...دە-/دا *ber... de-/da*⟩ loslassen; freilassen
بەردانی *berdanî* ⟨Adj.⟩ steinig
بەردتاش *berdtaş* Steinmetz *m* / Steinmetzin *f*
بەردەباران *berdebaran* Steinigung *f*; بەردەباران کردن *berdebaran kirdin* ⟨v.t.⟩ steinigen
بەردەخەڵووز *berdexeḻûz* (Geol.) Steinkohle *f*
بەردەرک *berderk* Zugang *m*
بەردەرگا *berderga* (s. ↑بەردەرک)
بەردەڵان *berdeḻan* ⟨Adj.⟩ steinig
بەردەم *berdem* Vorderseite *f*; Front *f*
بەردەوام *berdewam* **I** ⟨Adj.⟩ (an-, fort) dauernd; dauerhaft **II** ⟨Adv.⟩ immer; بەردەوام بوون *berdewam bûn* ⟨v.i.⟩ dauern; بەردەوام کردن *berdewam kirdin* ⟨v.t.⟩ fortsetzen
بەردەوامی *berdewamî* 1. Kontinuität *f*; 2. Ausdauer *f*
بەردی *berdî* ⟨Adj.⟩ steinig
بەرز *berz* ⟨Adj.⟩ 1. hoch; 2. laut; بەرز بوونەوە *berz bûnewe* ⟨v.i.⟩ (auf-, hoch-, empor)steigen; abheben;

ب

بەرز کردنەوە *berz kirdinewe* ⟨v.t.⟩ (er-, hoch-, empor-, auf)heben
بەرزەخانوو *berzexanû* Wolkenkratzer *m*
بەرزەفڕ *berzefir̲* ⟨Adj.⟩ anspruchsvoll
بەرژەوەند *berjewend* Vorteil *m*
بەرژەوەندی *berjewendî* Vorteil *m*; Profit *m*
[1]**بەرکار** *berkar* Diener *m* / Dienerin *f*; Kellner *m* / Kellnerin *f*
[2]**بەرکار** *berkar* (Gr.) Objekt *n*; **بەرکاری بەیاریدە** *berkarî beyarîde* (Gr.) Dativobjekt *n*; **بەرکاری بێیاریدە** *berkarî bêyarîde* (Gr.) Akkusativobjekt *n*
بەرکەوتن *berkewtin* ⟨v.i.⟩ ⟨بەر...کەو-⟩ *ber…kew-*⟩ anstoßen
بەرگ *berg* 1. Bezug *m*; Einband *m* (Buch); Hülle *f*; 2. Umschlag *m*; 3. Band *m* (Buch); **بەرگ تێگرتن** *berg têgirtin* ⟨v.t.⟩ binden (Buch); **بەرگی کتێب** *bergî kitêb* Buchumschlag *m*; **بەرگی نامە** *bergî name* Briefumschlag *m*
بەرگتێگرتن *bergtêgirtin* Bindung *f* (Buch)
بەرگدروو *bergdirû* Schneider *m* / Schneiderin *f*
بەرگر *bergir* ⟨Adj.⟩ 1. widerwillig; 2. (Med.) immun
بەرگری *bergirî* 1. Verteidigung *f*; 2. Widerstand(skraft *f*) *m*; **بەرگریی دژی نەخۆشی** *bergirîy dijî nexoşî* (Med.) Immunität *f*; **بەرگری کردن** *bergirî kirdin* ⟨v.t.⟩ verteidigen; **بەرگری لە خۆ کردن** *bergirî le xo kirdin* ⟨v.t.⟩ sich verteidigen; **بەرگری لێکردن** *bergirî lêkirdin* ⟨v.t.⟩ verteidigen
بەرگریکەر *bergirîker* 1. (Pol.) Widerstandskämpfer *m* / Widerstandskämpferin *f*; 2. (Jur./Sp.) Verteidiger *m* / (Jur./Sp.) Verteidigerin *f*
بەرگریلەخۆکردن *bergirîlexokirdin* Selbstverteidigung *f*
بەرگە *berge* Widerstandskraft *f*; **بەرگە گرتن** *berge girtin* ⟨v.t.⟩ widerstehen; **بەرگە نەگرتن** *berge negirtin* ⟨v.t.⟩ nachgeben
بەرگەسەرین *bergeserîn* (Kopf-)Kissenbezug *m*
بەرگەگر *bergegir* Verteidiger *m* / Verteidigerin *f*
بەرلە *berle* ⟨Präp.⟩ vor
بەرلەوەی *berlewey* ⟨Konj.⟩ bevor
بەرلەئێستا *berleêsta* ⟨Adv.⟩ zuvor; vorhin
بەرماغ *bermax̲* Zigarettenpapier *n*
بەرماڵ *bermal̲* kleiner Gebetsteppich für Muslime (Gebetstuch aus Wolle)
بەرماوە *bermawe* (Über-, Essens-) Reste *Pl.*
بەرموسوڵڵان *bermusul̲l̲an* (Anat.) Leiste(ngegend) *f*
بەرمیل *bermîl* Fass *n*; Tonne *f*; **بەرمیلی خۆڵ** *bermîlî xol̲* Mülltonne *f*; **بەرمیلی غاز** *bermîlî x̲az* Gasflasche *f*
بەرنامە *bername* Programm *n*; Konzept *n* (s.a. ↑پرۆگرام); **بەرنامە دانان** *bername danan* ⟨v.t.⟩ planen; programmieren; **بەرنامەی تەلەفیزیۆن** *bernamey telefîzyon* Fernsehprogramm *n*; **بەرنامەی ڕادیۆ** *bernamey r̲adyo* Radioprogramm *n*

ب

بەرنامەئاسا *bernameasa* ⟨Adj.⟩ planmäßig

بەرواره *berware* Landhaus *n*

بەروانکە *berwanke* Schürze *f*

بەروبووم *berubûm* 1. Ertrag *m*; 2. Produkt *n*; **بەروبوومی کشتوکاڵی** *berubûmî kiştukaḻî* Landwirtschaftsprodukt *n*; **بەروبوومی کیمیاوی** *berubûmî kîmyawî* Chemikalie *f*

بەرهەڵست *berheḻist* Hindernis *n*

بەرهەڵستکار *berheḻistkar* **I** ⟨Adj.⟩ (Pol.) oppositionell **II** (Pol.) Oppositioneller *m* / Oppositionelle *f*

بەرهەڵستی *berheḻistî* Hindernis *n*; Opposition *f*; **بەرهەڵستی کردن** *berheḻistî kirdin* ⟨v.t.⟩ 1. zurückschlagen; 2. sich widersetzen

بەرهەم *berhem* 1. Produkt *n*; Produktion *f*; 2. Werk *n*; **بەرهەمی هونەری** *berhemî hunerî* Kunstwerk *n*; **بەرهەم هێنان** *berhem hênan* ⟨v.t.⟩ herstellen; produzieren

بەرهەمهێنەر *berhemhêner* Produzent *m* / Produzentin *f*

بەرەبەرە *berebere* ⟨Adv.⟩ nach und nach; allmählich

بەرەبەیان *berebeyan* Sonnenaufgang *m*; Tagesanbruch *m*

بەرەکەت *bereket* Segen *m*

بەرەڵا *bereḻa* ⟨Adj.⟩ frei; befreit; **بەرەڵا کردن** *bereḻa kirdin* ⟨v.t.⟩ freilassen; loslassen

بەرەنگار *berengar* **I** ⟨Adj.⟩ trotzig **II** ⟨Präp.⟩ gegen; kontra; **بەرەنگار بوونەوە** *berengar bûnewe* ⟨v.i.⟩ Widerstand leisten

بەرەنگاری *berengarî* Widerstand *m*; **بەرەنگاری کردن** *berengarî kirdin* ⟨v.t.⟩ herausfordern

بەرەوبڕی *berewbiṟî* Unterbrechung *f*; **بەرەوبڕی کردن** *berewbiṟî kirdin* ⟨v.t.⟩ aufholen

بەرەوپاش *berewpaş* ⟨Adv.⟩ rückwärts

بەرەوپێش *berewpêş* ⟨Adv.⟩ vorwärts; **بەرەوپێش چوون** *berewpêş çûn* ⟨v.i.⟩ vorwärts kommen; Fortschritte machen

بەرەوخوار *berewxiwar* ⟨Adv.⟩ hinunter; herab; **بەرەوخوار بوونەوە** *berewxiwar bûnewe* ⟨v.i.⟩ 1. herunterkommen; 2. (üb.) sich verschlechtern

بەرەودوا *berewdiwa* ⟨Adv.⟩ rückwärts; rückgängig

بەرەودەرەوە *berewderewe* ⟨Adv.⟩ hinaus

بەرەوڕوو *berewṟû* **I** ⟨Adv.⟩ von Angesicht zu Angesicht **II** ⟨Präp.⟩ entgegen; gegenüber; **بەرەوڕوو کردنەوە** *berewṟû kirdinewe* ⟨v.t.⟩ konfrontieren; **بەرەوڕوو هاتن** *berewṟû hatin* ⟨v.i.⟩ entgegenkommen

بەرەوژوور *berewjûr* ⟨Adv.⟩ aufwärts; hinauf

بەرەوژێر *berewjêr* ⟨Adv.⟩ hinunter

بەرەوکوێ *berewkwê* ⟨Adv.⟩ wohin?

بەرید *berîd* Post *f* (vgl. ↑پۆستە)

بەریدەست *berîdest* Handfläche *f*

بەریەککەوتن *beryekkewtin* Zusammenstoß *m*

بەڕازیل *Beṟazîl* (Geogr.) Brasilien *n*

بەڕازیلی *beṟazîlî* **I** ⟨Adj.⟩ brasilianisch **II** Brasilianer *m* / Brasilianerin *f*

بەڕاست *beṟast* ⟨Adj.⟩ 1. tatsächlich;

allerdings; 2. ehrlich

بەڕاستی *ber̲astî* ⟨Adv.⟩ wirklich; tatsächlich

بەڕواڵەت *ber̲iwal̲et* ⟨Adv.⟩ oberflächlich; scheinbar

بەڕوو *ber̲û* (Bot.) Eiche *f*

بەڕۆژ *ber̲oj* ⟨Adv.⟩ tagsüber

بەڕۆژوو *ber̲ojû* ⟨Adj.⟩ fastend; بەڕۆژوو بوون *ber̲ojû bûn* ⟨v.i.⟩ fasten

بەڕۆژووبوون *ber̲ojûbûn* Fasten *n*; کاتی بەڕۆژووبوون *katî ber̲ojûbûn* Fastenzeit *f*

بەرەوشت *ber̲ewişt* ⟨Adj.⟩ höflich; artig; بەرەوشت بوون *ber̲ewişt bûn* ⟨v.i.⟩ sich benehmen

بەڕێز *ber̲êz* **I** ⟨Adj.⟩ ehrenvoll; geehrt **II** Herr (Anrede)

بەڕێکوپێکی *ber̲êkupêkî* ⟨Adj.⟩ regelmäßig

بەڕێکەوت *ber̲êkewt* **I** ⟨Adj.⟩ 1. zufällig; 2. gelegentlich **II** ⟨Adv.⟩ zufälligerweise

بەڕێوجێ *ber̲êwcê* ⟨Adj.⟩ angemessen; zweckmäßig

بەڕێوە *ber̲êwe* ⟨Adv.⟩ unterwegs; بەڕێوە بردن *ber̲êwe birdin* ⟨v.t.⟩ verwalten; بەڕێوە چوون *ber̲êwe çûn* ⟨v.i.⟩ laufen

بەڕێوەبردن *ber̲êwebirdin* Führen *n*; Verwalten *n*

بەڕێوەبەر *ber̲êweber* Direktor *m* / Direktorin *f*; Leiter *m* / Leiterin *f*; Verwalter *m* / Verwalterin *f*; بەڕێوەبەری سستەرەکان *ber̲êweberî sisterekan* Oberin *f*; بەڕێوەبەری قوتابخانە *ber̲êweberî qutabxane* Schulleiter *m* / Schulleiterin *f*; بەڕێوەبەری گشتی *ber̲êweberî giştî* Generaldirektor *m* / Generaldirektorin *f*

بەڕێوەبەرایەتی *ber̲êweberayetî* Verwaltung *f*; Leitung *f*; بەڕێوەبەرایەتیی دارایی *ber̲êweberayetîy darayî* Finanzamt *n*

بەزاندن *bezandin* **I** ⟨v.t.⟩ ⟨بەزێنـ *bezên-*⟩ besiegen; unterwerfen **II** Unterwerfung *f*

بەزم *bezm* Fest *n*; Trubel *m*; بەزم گرتن *bezm girtin* ⟨v.t.⟩ ein Fest feiern, geben

بەزموڕەزم *bezmur̲ezm* Festlichkeit *f*

بەزۆر *bezor* ⟨Adj.⟩ 1. unfreiwillig; 2. obligatorisch

بەزۆرەملێ *bezoremilê* ⟨Adv.⟩ zwangsweise; بەزۆرەملێ دوور خستنەوە *bezoremilê dûr xistinewe* ⟨v.t.⟩ deportieren

بەزۆری *bezorî* ⟨Adv.⟩ oft; oftmals

بەزەحمەت *bezeh̲met* ⟨Adj.⟩ aufwendig

بەزەوق *bezewq* ⟨Adj.⟩ geschmackvoll; stilvoll

بەزەیی *bezeyî* 1. Mitleid *n*; 2. Erbarmen *n*; Gnade *f*; بەزەیی پێداهاتنەوە *bezeyî pêdahatinewe* ⟨v.i.⟩ bemitleiden

بەزین *bezîn* ⟨v.i.⟩ ⟨بەز- *bez-*⟩ besiegt, unterworfen werden

بەزێڕزاخاودراو *bezêr̲zaxawdiraw* ⟨Adj.⟩ vergoldet

بەژن *bejn* Körper *m*; Statur *f*

بەژنوباڵا *bejnubal̲a* Wuchs *m*; Figur *f*

بەژێرەوە *bejêrewe* ⟨Adv.⟩ darunter; بەژێرەوە کردن *bejêrewe kirdin* ⟨v.t.⟩ überfahren

ب

بەس *bes* ⟨Adv.⟩ 1. genug; 2. nur; بەس بوون *bes bûn* ⟨v.i.⟩ genug sein

بەساڵاچوو *besalaçû* **I** ⟨Adj.⟩ (sehr) alt **II** Senior *m* / Seniorin *f*

بەستراو *bestiraw* ⟨Adj.⟩ 1. gefesselt; 2. straff

بەستن *bestin* ⟨v.t.⟩ ⟨بەست- *best-*⟩ 1. (ein-, zu)binden; schließen; (zu)schnüren; 2. befestigen; 3. (ge-, ein) frieren

بەستنەوە *bestinewe* ⟨v.t.⟩ ⟨بەست- ەوە *best- ewe*⟩ (an-, zu-, ver)binden; fesseln; خۆ بەستنەوە *xo bestinewe* ⟨v.refl.⟩ 1. festhalten (an); 2. sich anschnallen

بەستوو *bestû* ⟨Adj.⟩ (ein-, zu)gefroren

بەستەر *bester* 1. Binde *f*; 2. (Med.) Druckverband *m*

بەستەک *bestek* Haufen *m*; Stapel *m*

بەستێنەر *bestêner* Tiefkühltruhe *f*; Tiefkühlfach *n* (vgl. ↑فریزەر)

بەسوود *besûd* ⟨Adj.⟩ vorteilhaft; nützlich

بەسوێ *beswê* ⟨Adj.⟩ schmerzlich; schmerzhaft

بەسۆز *besoz* ⟨Adj.⟩ 1. liebevoll; zärtlich; 2. sentimental

بەسۆزی *besozî* Sentimentalität *f*

بەسەبر *besebir* ⟨Adj.⟩ geduldig

بەسەر *beser* ⟨Präp.⟩ auf; über; بەسەر ....ـدا باز دان *beser ...-da baz dan* ⟨v.t.⟩ überspringen; بەسەر ....ـدا دان *beser ...-da dan* ⟨v.t.⟩ belegen; بەسەر ....ـدا سەپاندن *beser ...-da sepandin* ⟨v.t.⟩ durchsetzen; بەسەر بردن *beser birdin* ⟨v.t.⟩ verbringen (Zeit); بەسەر هاتن *beser hatin* ⟨v.i.⟩ erleben; بەسەر چوون *beser çûn* ⟨v.i.⟩ aufhören; vergehen; بەسەر ....ـدا زاڵ بوون *beser ...-da zal bûn* ⟨v.i.⟩ 1. (be)herrschen; 2. bewältigen; بەسەر ....ـدا هاتن *beser ...-da hatin* ⟨v.i.⟩ überraschen; zustoßen

بەسەرپێوە *beserpêwe* Improvisation *f*; بەسەرپێوە وتن/کردن *beserpêwe witin/kirdin* ⟨v.t.⟩ improvisieren

بەسەرچوو *beserçû* ⟨Adj.⟩ 1. abgelaufen; 2. vorbei

بەسەرچوون *beserçûn* Ablauf *m*

بەسەرهات *beserhat* 1. Ereignis *n*; (Vor-)Fall *m*; 2. Abenteuer *n*

بەسەریەکەوە *beseryekewe* ⟨Adv.⟩ zusammen

بەسەعات *bese'at* ⟨Adj.⟩ 1. stundenweise; 2. stundenlang

بەسەڵتەنەت *beseltenet* ⟨Adj.⟩ großartig; stilvoll

بەش *beş* 1. Teil *m*; 2. Sektion *f*; Abteilung *f*; 3. Kapitel *n*; بەشی خوارەوە *beşî xiwarewe* Unterteil *n*; بەشی سەرەوە *beşî serewe* Oberteil *n*; بەشی کارگوزاری *beşî karguzarî* Referat *n*; بەشی کۆتایی *beşî kotayî* Finale *n*; بەش کردن *beş kirdin* ⟨v.t.⟩ 1. (auf)teilen; 2. ausreichen

بەشبوون *beşbûn* Teilung *f*

بەشبەش *beşbeş* ⟨Adv.⟩ teilweise; بەشبەش کردن *beşbeş kirdin* ⟨v.t.⟩ (auf-, ein)teilen; gliedern

بەشدار *beşdar* **I** ⟨Adj.⟩ teilhabend; teilnehmend **II** Teilnehmer *m* / Teilnehmerin *f*; بەشدار بوون *beşdar*

bûn ⟨v.i.⟩ teilnehmen (an)
بەشداری *beşdarî* Teilnahme *f*; **بەشداری کردن** *beşdarî kirdin* ⟨v.t.⟩ teilnehmen
بەشکردن *beşkirdin* Einteilung *f*
بەشوو *beşû* ⟨Adj.⟩ verheiratet (Frau)
بەشوێن *beşwên* → **بەشوێن ...ـ دا** *beşwên ...-da* ⟨Präp.⟩ nach; auf der/die Suche nach; بەشوێن منداڵەکانیدا ڕۆیشت er ging seine Kinder abholen; **بەشوێن ...ـ(ە)وە** *beşwên ...-(e)we* ⟨Präp.⟩ hinter ... her
بەشوێنداگەڕان *beşwêndageṟan* Verfolgung *f*
بەشوێنداگەڕاو *beşwêndageṟaw* ⟨Adj.⟩ gesucht
بەشەپارە *beşepare* Aktie *f*
بەشەخسی *beşexsî* ⟨Adj.⟩ persönlich
بەشەخواردن *beşexiwardin* Portion *f*
بەشەر *beşer* Mensch *m*
بەشەرت *beşert* ⟨Adv.⟩ bedingt
بەشەو *beşew* **I** ⟨Adv.⟩ nachts **II** ⟨Adj.⟩ nächtlich
بەشەوارە *beşeware* → **بەشەوارە خستن** *beşeware xistin* ⟨v.t.⟩ 1. blenden; 2. verwirren
بەشەوق *beşewq* ⟨Adj.⟩ glänzend; leuchtend
بەشەوقەوە *beşewqewe* ⟨Adj.⟩ sehnlich
بەشیناوخۆیی *beşînawxoyî* (Wohn-)Heim *n*; **بەشیناوخۆییی قوتابییان** *beşînawxoyîy qutabîyan* Studenten(wohn)heim *n*
بەشێوە *beşêwe* ⟨Adv.⟩ dem Anschein nach
بەشێوەیەک *beşêweyek* ⟨Adv.⟩ irgendwie; **بەشێوەیەکی سەرەکی** *beşêweyekî serekî* ⟨Adv.⟩ hauptsächlich; vorwiegend
بەعەرەبکردن *beʿerebkirdin* Arabisierung *f*
بەفر *befir* Schnee *m*; **بەفر بارین** *befir barîn* ⟨v.i.⟩ schneien
بەفراوانی *befirawanî* ⟨Adj./Adv.⟩ weitgehend
بەفربارین *befirbarîn* Schneefall *m*
بەفرتوانەوە *befirtiwanewe* Schneeschmelze *f*
بەفرماڵ *befirmal̲* Schneeschaufel *f*
بەفروبارانبارین *befrubaranbarîn* Niederschlag *m*
بەفرەدەشت *befredeşt* Schneedecke *f*
بەفڕۆکە *befiṟoke* ⟨Adv.⟩ mit dem Flugzeug; **بەفڕۆکە چوون** *befiṟoke çûn* ⟨v.i.⟩ mit dem Flugzeug fliegen
بەفیڕۆ *befîṟo* ⟨Adj.⟩ vergeudet; umsonst; **بەفیڕۆ دان** *befîṟo dan* ⟨v.t.⟩ vergeuden
بەقەدەر *beqeder* ⟨Adv.⟩ so; so viel; ebenso • بەقەدەر تۆ دەخۆم ich esse so viel wie du
بەقەرز *beqerz* ⟨Adv.⟩ auf Kredit; **بەقەرز دان** *beqerz dan* ⟨v.t.⟩ verleihen
بەکار *bekar* ⟨Adj.⟩ kräftig; wirksam; **بەکار بردن** *bekar birdin* ⟨v.t.⟩ verbrauchen; konsumieren; **بەکار هێنان** *bekar hênan* ⟨v.t.⟩ verwenden; benutzen
بەکاربردن *bekarbirdin* Konsum *m*
بەکاربەر *bekarber* Konsument *m* / Konsumentin *f*
بەکارهێنان *bekarhênan* Gebrauch *m*;

Benutzung *f*; جۆری بەکارهێنان *corî bekarhênan* Gebrauchsanweisung *f*

بەکارهێنەر *bekarhêner* Benutzer *m* / Benutzerin *f*; Verbraucher *m* / Verbraucherin *f*

بەکاش *bekaş* ⟨Adj.⟩ bar; بەکاش دان *bekaş dan* ⟨v.t.⟩ bar zahlen

بەکتریا *bektirya* (Bio./Med.) Bakterie *f*

بەکرە *bekre* Winde *f*; Spule *f*

بەکرێ *bekrê* ⟨Adv.⟩ zur Miete; بەکرێ دان *bekrê dan* ⟨v.t.⟩ vermieten; بەکرێ گرتن *bekrê girtin* ⟨v.t.⟩ mieten

بەکرێدان *bekrêdan* Vermietung *f*

بەکرێدراو *bekrêdiraw* ⟨Adj.⟩ vermietet

بەکرێدەر *bekrêder* Vermieter *m* / Vermieterin *f*

بەکرێگرتن *bekrêgirtin* Mieten *n*; ڕێکەوتننامەی بەکرێگرتن *r̠êkewtinnamey bekrêgirtin* Mietvertrag *m*

بەکرێگیراو *bekrêgîraw* Söldner *m*

بەکسەم *beksem* Zwieback *m*

بەکۆمەڵ *bekomel̠* ⟨Adj.⟩ gemeinsam

بەکۆمەڵبەرهەمهێنان *bekomel̠berhemhênan* Massenproduktion *f*

بەکەلوپەلەوە *bekelupelewe* ⟨Adj.⟩ möbliert

بەکەلۆریا *bekelorya* Zentralabitur *n*

بەکەلۆریۆس *bekeloryos* Bakkalaureus *m*

بەکەڵک *bekel̠k* ⟨Adj.⟩ nützlich; tauglich; بەکەڵک هاتن *bekel̠k hatin* ⟨v.i.⟩ nützlich sein; taugen

بەکەم *bekem* ⟨Adj.⟩ minimal; بەکەم خەمڵاندن *bekem xeml̠andin* ⟨v.t.⟩ unterschätzen

بەکەیف *bekeyf* ⟨Adj.⟩ 1. erfreut; 2. lustig

بەکینەوە *bekînewe* ⟨Adj.⟩ empört; ungehalten

بەگ *beg* Häuptling *m*

بەگاڵتەوە *begal̠tewe* ⟨Adv.⟩ ironisch; scherzhaft

بەگران *begiran* ⟨Adj.⟩ mühsam; بەگران شت فرۆشتن *begiran şit firoştin* ⟨v.t.⟩ (Fin.) wuchern

بەگرانی *begiranî* ⟨Adv.⟩ schwer

بەگژ *begij* → بەگژ ...ـدا *begij ...-da* ⟨Präp.⟩ gegen; بەگژ ...ـدا چوون *begij ...-da çûn* ⟨v.i.⟩ sich mit j-m streiten

بەگژداچوون *begijdaçûn* Streit *m*

بەگشتی *begiştî* ⟨Adv.⟩ allgemein; generell; بەگشتی کردن *begiştî kirdin* ⟨v.t.⟩ verallgemeinern

بەگلایت *beglayit* Rücklicht *n*

بەگوڕ *begur̠* ⟨Adv.⟩ wuchtig; zügig

بەگومان *beguman* ⟨Adv.⟩ misstrauisch; بەگومان بوون *beguman bûn* ⟨v.i.⟩ zweifeln

بەگیر *begîr* ⟨Adj.⟩ standhaft

بەگیروەستان *begîrwestan* (Med.) Krampf *m*

بەلا *bela* → بەلای خۆدا ڕاکێشان *belay xoda r̠akêşan* ⟨v.t.⟩ für sich werben; بەلا...ـدا *bela ...-da* ⟨Präp.⟩ an ... vorbei; بەلای ئێمەدا ڕۆیشت er ging an uns vorbei

بەلادا *belada* ⟨Adv.⟩ vorbei; auf die Seite; بەلادا تێپەڕین *belada têper̠în* ⟨v.i.⟩ vorbeigehen; vorbeifahren; بەلادا کەوتن *belada kewtin* ⟨v.i.⟩ umfallen; بەلادا هاتن *belada hatin* ⟨v.i.⟩

1. bewusstlos werden; 2. sterben

بەلاداوی *beladawî* ⟨Adv.⟩ diagonal; schräg (laufend)

بەلاری *belarî* (s. ↑بەلاداوی)

بەلاش *belaş* ⟨Adj.⟩ gratis

بەلاوە *belawe* ⟨Präp.⟩ bei (Person); بەلاوە گرنگ بوون *belawe giring bûn* ⟨v.i.⟩ sich interessieren für

بەلایکەمەوە *belaykemewe* ⟨Adv.⟩ mindestens; wenigstens

بەلجیکا *Belcîka* (Geogr.) Belgien *n*

بەلجیکی *belcîkî* **I** ⟨Adj.⟩ belgisch **II** Belgier *m* / Belgierin *f*

بەلوچستان *Belûcistan* (Geogr.) Belutschistan *n*

بەلووجی *belûcî* **I** ⟨Adj.⟩ belutschisch **II** Belutsche *m* / Belutschin *f*

بەلووعە *belûʿe* (Wasser-)Hahn *m*; بەلووعە کردنەوە *belûʿe kirdinewe* ⟨v.t.⟩ den Wasserhahn aufdrehen; بەلووعە گرتنەوە *belûʿe girtinewe* ⟨v.t.⟩ den Wasserhahn zudrehen; بەلووعەی ئاو *belûʿey aw* Wasserhahn *m*

بەلووعەچی *belûʿeçî* Klempner *m* / Klempnerin *f*

بەلەباریکە *belebarîke* ⟨Adj.⟩ schlank

بەلەدییە *beledîye* Stadtverwaltung *f*; Rathaus *n* (vgl. ↑شارەوانی)

بەلەسە *belese* ⟨Adj.⟩ ausgerissen; بەلەسە بوون *belese bûn* ⟨v.i.⟩ weglaufen

بەلەم *belem* Boot *n*; بەلەمی ئەسکیمۆکان *belemî Eskîmokan* Kajak *m*; بەلەمی باریک *belemî barîk* Kanu *n*; بەلەمی چووپ *belemî çûp* Schlauchboot *n*; بەلەمی ماسیگرتن *belemî masîgirtin* Fischerboot *n*; بەلەمی چارۆکەدار *belemî çarokedar* Segelboot *n*; بەلەمی ڕزگارکەر *belemî rizgarker* Rettungsboot *n*; بەلەمی ماتۆڕدار *belemî matordar* Motorboot *n*

بەڵا *bela* Unglück *n*; Missgeschick *n*; بەڵا بەسەر ....ـدا هاتن *bela beser ...-da hatin* ⟨v.i.⟩ vom Unglück befallen werden; بەڵا بەسەر ....ـدا هێنان *bela beser ...-da hênan* ⟨v.t.⟩ j-n ins Unglück stürzen

بەڵاڵووک *belalûk* (Bot.) Sauerkirsche *f*

بەڵاڵووکەکێویلە *belalûkekêwîle* (Bot.) Himbeere *f*

بەڵام *belam* ⟨Konj.⟩ 1. aber; doch; sondern; 2. bloß

بەڵخەم *belxem* (Med.) Schleim *m*

بەڵغ *belx* Belag *m*

بەڵکو *belku* ⟨Konj.⟩ sondern

بەڵگە *belge* Beweisstück *n*; Argument *n*; بەڵگە هێنانەوە *belge hênanewe* ⟨v.t.⟩ begründen

بەڵێ *belê* **I** ⟨Int.⟩ ja!; jawohl! **II** ⟨Konj.⟩ doch; بەڵێ وتن *belê witin* ⟨v.t.⟩ bejahen

بەڵێن *belên* Versprechen *n*; Zusage *f*; بەڵێن پێدان *belên pêdan* ⟨v.t.⟩ j-m etw. versprechen; zusagen

بەڵێندەر *belênder* 1. Unternehmer *m* / Unternehmerin *f*; 2. Lieferant *m* / Lieferantin *f*

بەڵێنکار *belênkar* Vertragspartner *m* / Vertragspartnerin *f*

بەڵێننامە *belênname* Vertrag *m*

بەمتمانەوە *bemitmanewe* ⟨Adj.⟩ vertraulich

بەمجۆرە *bemcore* ⟨Adv.⟩ so; auf diese Weise

بەمزووانە *bemzûwane* ⟨Adv.⟩ bald; demnächst

بەملاولادا *bemlawlada* ⟨Adv.⟩ hin und her; schwankend; بەملاولادا کەوتن *bemlawlada kewtin* ⟨v.i.⟩ schwanken

بەموو *bemû* ⟨Adj.⟩ haarig; behaart

بەمە *beme* ⟨Adv.⟩ damit • بەمە هەمووی وترا damit ist alles gesagt

بەمەبەست *bemebest* ⟨Adj.⟩ absichtlich

بەمەرجێ *bemercê* ⟨Konj.⟩ vorausgesetzt, dass…

بەمەزەندە *bemezende* ⟨Adv.⟩ ungefähr; schätzungsweise

بەمەکینە *bemekîne* ⟨Adj.⟩ maschinell

بەمێرد *bemêrd* ⟨Adj.⟩ verheiratet (Frau)

بەن *ben* Schnur *f*

بەنا *bena* Maurer *m* / Maurerin *f*

بەنابەدڵی *benabedilî* **I** ⟨Adj.⟩ widerwillig **II** ⟨Adv.⟩ ungern

بەناچاری *benaçarî* ⟨Adv.⟩ zwangsweise; notgedrungen

بەناز *benaz* ⟨Adj.⟩ kokett; بەناز بەخێو کردن *benaz bexêw kirdin* ⟨v.t.⟩ verwöhnen

بەنازبەخێوکراو *benazbexêwkiraw* ⟨Adj.⟩ verwöhnt

بەناموس *benamûs* ⟨Adj.⟩ ehrenhaft

بەناو *benaw* → بەناو ....ـدا *benaw …-da* ⟨Präp.⟩ (mitten, quer) durch

بەناوبانگ *benawbang* ⟨Adj.⟩ berühmt; بەناوبانگ بوون *benawbang bûn* ⟨v.i.⟩ 1. berühmt, bekannt namhaft sein/werden; 2. geachtet, angesehen sein/werden

بەناوبانگی *benawbangî* Berühmtheit *f*

بەناووناتۆر *benawunator* ⟨Adj.⟩ berüchtigt

بەناویەکدا *benawyekda* ⟨Adv.⟩ ineinander; بەناویەکدا چوون *benawyekda çûn* ⟨v.i.⟩ sich überschneiden

بەنج *benc* Narkose *f*; بەنج کردن *benc kirdin* ⟨v.t.⟩ betäuben

بەند *bend* **I** ⟨Adj.⟩ gefangen **II** Gefangener *m* / Gefangene *f*; Häftling *m*; بەند کردن *bend kirdin* ⟨v.t.⟩ fesseln; einsperren

بەندوبەست *bendubest* Disziplin *f*

بەندە *bende* Sklave *m*, Sklavin *f*

بەندەخوێن *bendexwên* Hosenbund *m*

بەندەر *bender* 1. Ankerplatz *m*; 2. Dock *n*

بەندیخانە *bendîxane* Gefängnis *n*; ژووری بەندیخانە *jûrî bendîxane* Gefängniszelle *f*; بەندیخانەی ڕاستپەروەردەکەر *bendîxaney ṟastperwerdeker* Zuchthaus *n*

بەندێتی *bendêtî* 1. Gefangenschaft *f*; 2. Sklaverei *f*

بەنرخ *benirx* ⟨Adj.⟩ kostbar; wertvoll

بەنزین *benzîn* Benzin *n*; Treibstoff *m*; بەنزین تێکردن *benzîn têkirdin* ⟨v.t.⟩ auftanken

بەنگ *beng* (Bot.) Hanf *m*; بەنگ کێشان *beng kêşan* ⟨v.t.⟩ Haschisch, Opium rauchen

بەنگەڵە *bengele* Bungalow *m*

بەنموونە *benimûne* **I** ⟨Adj.⟩ vorbildlich **II** ⟨Adv.⟩ beispielsweise

بەنووسراوی *benûsrawî* ⟨Adj.⟩ schriftlich

بەنۆرە *benore* ⟨Adv.⟩ der Reihe nach
بەنهێنی *benihênî* ⟨Adv.⟩ heimlich
بەنەرمی *benermî* ⟨Adv.⟩ mild
بەنەزاکەت *benezaket* ⟨Adj.⟩ höflich; fein
بەنیئادەم *benîadem* Menschheit *f* (s.a. ↑مرۆڤ)
بەنیاز *beniyaz* ⟨Adj.⟩ absichtlich; بەنیاز بوون *beniyaz bûn* ⟨v.i.⟩ beabsichtigen
بەنیانی *beniyanî* ⟨Adj.⟩ mild; sanft
بەوپێیە *bewpêye* ⟨Adj.⟩ derartig(er, -e, -es); solch(er, -e, -es)
بەوجۆرە *bewcore* **I** ⟨Adv.⟩ auf diese Weise **II** ⟨Konj.⟩ somit
بەور *bewr* (Zool.) Tiger *m*
بەوردی *bewirdî* ⟨Adj.⟩ sorgfältig; präzise
بەوریایی *bewiryayî* ⟨Adv.⟩ vorsichtig
بەوزە *bewize* ⟨Adj.⟩ energisch
بەوهۆیەوە *bewhoyewe* ⟨Konj.⟩ darum; daher (vgl. ↑لەبەرئەوە)
بەوە *bewe* ⟨Adv.⟩ dadurch; damit
بەوەفا *bewefa* ⟨Adj.⟩ loyal; treu
بەوەفایی *bewefayî* Loyalität *f*; Treue *f*
بەوەیکە *beweyke* ⟨Konj.⟩ indem
بەویژدان *bewîjdan* ⟨Adj.⟩ gewissenhaft
بەویژدانی *bewîjdanî* Gewissenhaftigkeit *f*
بەها *beha* **I** Wert *m*; Preis *m* **II** ⟨Adj.⟩ teuer (s.a. ↑نرخ)
بەهادار *behadar* ⟨Adj.⟩ wertvoll; kostbar
بەهار *behar* Frühling *m*
بەهارات *beharat* Gewürze *Pl.*; بەهارات تێکردن *beharat têkirdin* ⟨v.t.⟩ würzen
بەهاراتاوی *beharatawî* ⟨Adj.⟩ würzig; pikant
بەهاراتتێکراو *beharattêkiraw* ⟨Adj.⟩ gewürzt
بەهرە *behre* Begabung *f*; Talent *n*
بەهرەمەند *behremend* ⟨Adj.⟩ talentiert; begabt
بەهرەوەر *behrewer* ⟨Adj.⟩ intelligent; talentiert
بەهۆش *behoş* ⟨Adj.⟩ bewusst; بەهۆش هێنانەوە *behoş hênanewe* ⟨v.t.⟩ aufwecken
بەهۆی *behoy* ⟨Präp.⟩ aufgrund; بەهۆی ...ـ(ە)وە *behoy ...-(e)we* ⟨Präp.⟩ durch; wegen; بەهۆی چییەوە *behoy çîyewe* ⟨Adv.⟩ wodurch
بەهەرجۆرێک *behercorêk* ⟨Adv.⟩ jedenfalls; irgendwie
بەهەرزان *beherzan* ⟨Adv.⟩ preiswert; billig
بەهەشت *beheşt* Paradies *n*
بەهەشتی *beheştî* ⟨Adj.⟩ 1. paradiesisch; 2. selig
بەهەڵە *behele* ⟨Adv.⟩ versehentlich; irrtümlicherweise
بەهەڵەداچوون *beheledaçûn* Irrtum *m*
بەهەموجۆرێک *behemûcorêk* ⟨Adv.⟩ sowieso; auf jeden Fall
بەهەوەس *behewes* ⟨Adj.⟩ 1. freiwillig; 2. willkürlich
بەهیچجۆرێک *behîçcorêk* ⟨Adv.⟩ keineswegs; keinesfalls
بەهێ *behê* (Bot.) Quitte *f*
بەهێز *behêz* ⟨Adj.⟩ stark; kräftig; بەهێز بوون *behêz bûn* ⟨v.i.⟩ stark werden; بەهێز کردن *behêz kirdin* ⟨v.t.⟩ (ver)stärken; خۆ بەهێز کردن *xo behêz kirdin* ⟨v.refl.⟩ sich stärken

ب

بەهێما *behêma* 〈Adj.〉 symbolisch; **بەهێما كردن** *behêma kirdin* 〈v.t.〉 verschlüsseln
بەهێمنی *behêminî* 〈Adv.〉 sanft; ruhig
بەهێواشی *behêwaşî* 〈Adv.〉 1. langsam; 2. leise
بەئەدەب *beedeb* 〈Adj.〉 höflich
بەئەدەبی *beedebî* Höflichkeit *f*
بەئەسپایی *beespayî* 〈Adj.〉 1. leise; 2. ruhig
بەئەندازە *beendaze* 〈Adj.〉 entsprechend; **بەئەندازە بوون** *beendaze bûn* 〈v.i.〉 passen
بەئەنقەست *beenqest* 〈Adv.〉 absichtlich; mutwillig
بەیاننامە *beyanname* (Pol.) Proklamation *f*; Erklärung *f*
بەیانی *beyanî* **I** 〈Adv.〉 morgen **II** Morgen *m*
بەیانییان *beyanîyan* 〈Adv.〉 (früh)morgens
بەیبوون *beybûn* (Bot.) Kamille *f*
بەیبوونەکێویلە *beybûnekêwîle* gelbe Schlüsselblume *f*
بەیت *beyt* (Lit.) Reimpaar *n*; Vers *m*
بەیتار *beytar* Tierarzt *m* / Tierärztin *f*
بەئیمان *beîman* 〈Adj.〉 religiös
بەین *beyn* **I** Zwischenraum *m* **II** 〈Präp.〉 zwischen
بەئینساف *beînsaf* 〈Adj.〉 gerecht denkend; gerecht handelnd
بەینێ *beynê* 〈Adv.〉 eine Weile
بەیەک *beyek* 〈Adv.〉 zusammen (vgl. ↑بەیەکەوە); **بەیەک گەیشتن** *beyek geyiştin* 〈v.i.〉 sich treffen; sich kreuzen
بەیەکتری *beyektirî* 〈Pron.〉 einander; **بەیەکتری ناسین** *beyektirî nasîn* 〈v.t.〉 miteinander bekannt machen
بەیەکتریناسین *beyektirînasîn* Bekanntmachung *f*
بەیەکدا *beyekda* 〈Adv.〉 zusammen; **بەیەکدا دان** *beyekda dan* 〈v.t.〉 zusammenstoßen; aufprallen; **بەیەکدا کەوتن** *beyekda kewtin* 〈v.i.〉 zusammenprallen; kollidieren
بەیەکەوە *beyekewe* 〈Adv.〉 zusammen; miteinander
بی *bî* (Bot.) Weide *f*
بیابان *biyaban* Wüste *f*
بیانوو *biyanû* Vorwand *m*; Ausrede *f*
بیانی *biyanî* **I** 〈Adj.〉 fremd; ausländisch **II** Ausländer *m* / Ausländerin *f*
بیبەر *bîber* (Bot.) Pfeffer *m* (Gewürz); Paprika *m*
بیجامە *bîcame* Pyjama *m*; Schlafanzug *m*
[1]بیر *bîr* 1. Gedächtnis *n*; 2. Gedanke *m*; Idee *f*; **بیر چوونەوە** *bîr çûnewe* 〈v.i.〉 vergessen; **بیر خستنەوە** *bîr xistinewe* 〈v.t.〉 j-n erinnern; **بیر کردن** *bîr kirdin* 〈v.t.〉 sich sehnen; **لە بیر کردن** *le bîr kirdin* 〈v.t.〉 vergessen; **بیر کردنەوە** *bîr kirdinewe* 〈v.t.〉 (nach)denken; **بیر لێکردنەوە** *bîr lêkirdinewe* 〈v.t.〉 denken an; **بیر هاتنەوە** *bîr hatinewe* 〈v.i.〉 sich erinnern
[2]بیر *bîr* Brunnen *m* (s.a. ↑چاڵاو)
بیرپەرشوبڵاو *bîrperşubiḻaw* 〈Adj.〉 zerstreut (Person)
بیرتەسک *bîrtesk* 〈Adj.〉 engstirnig; stur

بیرتەسکی *bîrteskî* Sturheit *f*
بیرخەرەوە *bîrxerewe* Vermerk *m*
بیردۆز *bîrdoz* Theorie *f*
بیردۆزی *bîrdozî* **I** ⟨Adj.⟩ theoretisch **II** Theorie *f*
بیرکاری *bîrkarî* Mathematik *f*
بیرکردنەوە *bîrkirdinewe* Überlegung *f*
بیرکەرەوە *bîrkerewe* Denker *m* / Denkerin *f*
بیروباوەڕ *bîrubawer̠* Meinung *f*; Ideologie *f*
بیروڕا *bîrur̠a* Idee *f*; Meinung *f*; بیروڕا دەربڕین *bîrur̠a derbir̠în* ⟨v.t.⟩ sich äußern; بیروڕا گۆڕینەوە *bîrur̠a gor̠înewe* ⟨v.t.⟩ Meinungen, Ideen, Gedanken austauschen
بیرۆ *bîro* (Med.) Ekzem *n*
بیرۆکرات *bîrokrat* Bürokrat *m* / Bürokratin *f*
بیرۆکراتی *bîrokratî* ⟨Adj.⟩ bürokratisch
بیرۆکراسی *bîrokrasî* Bürokratie *f*
بیرۆکە *bîroke* Idee *f*; Gedanke *m*
بیرهێنانەوە *bîrhênanewe* 1. Erinnerung *f*; 2. Mahnung *f*
بیرە *bîre* Bier *n*
بیرەنەوت *bîrenewt* Ölquelle *f*
بیرەوەری *bîrewerî* Erinnerung *f*; بیرەوەریی ساڵانە *bîrewerîy sal̠ane* Jubiläum *n*
بیست *bîst* ⟨Num.⟩ zwanzig
بیستراو *bîstiraw* ⟨Adj.⟩ hörbar
بیستن *bîstin* ⟨v.t.⟩ ⟨بیستـ ، بیسـ *bîst-, bîs-*⟩ (zu-, er-, ab)hören
بیستویەک *bîstuyek* ⟨Num.⟩ einundzwanzig
بیستۆک *bîstok* (Tech.) Hörer *m*; بیستۆکی گوێ *bîstokî gwê* Kopfhörer *m*
بیستەر *bîster* Hörer *m*; Zuhörer *m* / Zuhörerin *f*
بیستەم *bîstem* ⟨Num.⟩ zwanzigst(er, -e, -es)
بیسمیللا *bîsmîlla* Basmala *f* (Rezitation der Formel „Im Namen Gottes" als kurzes Stoßgebet (Eingangssure des Korans); بیسمیللا کردن *bîsmîlla kirdin* ⟨v.t.⟩ die Basmala sprechen
بیکینی *bîkînî* Bikini *m*
بیلبیلە *bîlbîle* (Anat.) Pupille *f*
بیمە *bîme* Versicherung *f*; بیمەی ڕووداو *bîmey r̠ûdaw* Unfallversicherung *f*; بیمەی تەندروستی *bîmey tendirustî* Krankenversicherung *f*; بیمەی کۆمەڵایەتی *bîmey komel̠ayetî* Sozialversicherung *f*
بین *bîn* 1. Atemzug *m*; 2. (Anat.) Kehlkopf *m*; لە بین گیران *le bîn gîran* ⟨v.i.⟩ verschlucken
بینا *bîna* Bau *m*; Gebäude *n*; بینا کردن *bîna kirdin* ⟨v.t.⟩ bauen
بیناساز *bînasaz* Architekt *m* / Architektin *f*
بیناسازی *bînasazî* Architektur *f*; Baukunst *f*
بینایی *bînayî* 1. (Anat.) Auge *n*; 2. Sehvermögen *n*; Sehkraft *f*
بینراو *bînraw* ⟨Adj.⟩ optisch; erkennbar
بینەر *bîner* Zuschauer *m* / Zuschauerin *f*
بینین *bînîn* ⟨v.t.⟩ ⟨بینـ *bîn-*⟩ sehen

بینینەوە *bînînewe* ⟨v.t.⟩ ⟨بینـ ـەوە *bîn-ewe*⟩ wiedersehen; finden

[1] **بێ** *bê* Name des zweiten Buchstabens des kurdischen Alphabets (ب *b*)

[2] **بێ** *bê* ⟨Präp.⟩ ohne

بێئابڕوو *bêabṟû* ⟨Adj.⟩ 1. ehrlos; schamlos; 2. unverschämt

بێئابڕوویی *bêabṟûyî* 1. Schamlosigkeit *f*; Ehrlosigkeit *f*; 2. Unverschämtheit *f*

بێئارام *bêaram* ⟨Adj.⟩ ungeduldig; erregt

بێئارامی *bêaramî* Ungeduld *f*

بێئازار *bêazar* ⟨Adj.⟩ schmerzlos

بێئاگا *bêaga* ⟨Adj.⟩ ahnungslos

بێئاگایی *bêagayî* Ahnungslosigkeit *f*; Unwissenheit *f*

بێئامانج *bêamanc* ⟨Adj.⟩ ziellos; zwecklos

بێئاو *bêaw* ⟨Adj.⟩ wasserarm; trocken

بێئاوی *bêawî* Wassermangel *m*; Trockenheit *f*

بێئاین *bêayin* **I** ⟨Adj.⟩ konfessionslos; atheistisch **II** Atheist *m* / Atheistin *f*

بێباج *bêbac* ⟨Adj.⟩ zollfrei

بێبار *bêbar* ⟨Adj.⟩ 1. unbeständig; 2. unzuverlässig

بێبازاڕ *bêbazaṟ* ⟨Adj.⟩ stagnierend

بێبازاڕی *bêbazaṟî* Stagnation *f*; Flaute *f*

بێباک *bêbak* ⟨Adj.⟩ furchtlos

بێباوک *bêbawk* ⟨Adj.⟩ vaterlos

بێباوەڕ *bêbaweṟ* ⟨Adj.⟩ ungläubig

بێبایەخ *bêbayex* ⟨Adj.⟩ wertlos; unwichtig

بێبن *bêbin* ⟨Adj.⟩ entjungfert; **بێبن کردن** *bêbin kirdin* ⟨v.t.⟩ entjungfern

بێبنچینە *bêbinçîne* ⟨Adj.⟩ grundlos

بێبۆن *bêbon* ⟨Adj.⟩ geruchlos

بێبەخت *bêbext* ⟨Adj.⟩ unglücklich

بێبەختی *bêbextî* Unglück *n*

بێبەر *bêber* ⟨Adj.⟩ unfruchtbar

بێبەرگری *bêbergirî* ⟨Adj.⟩ wehrlos

بێبەرهەم *bêberhem* ⟨Adj.⟩ unproduktiv

بێبەری *bêberî* ⟨Adj.⟩ enterbt; **بێبەری بوون** *bêberî bûn* ⟨v.i.⟩ enterbt sein/werden; **بێبەری کردن** *bêberî kirdin* ⟨v.t.⟩ enterben

بێبەزەیی *bêbezeyî* **I** ⟨Adj.⟩ erbarmungslos **II** Unbarmherzigkeit *f*

بێبەڵێن *bêbeḻên* ⟨Adj.⟩ untreu

بێبیر *bêbîr* ⟨Adj.⟩ gedankenlos

بێبیرکردنەوە *bêbîrkirdinewe* ⟨Adv.⟩ unüberlegt

بێپارە *bêpare* ⟨Adj.⟩ 1. mittellos; 2. kostenlos

بێپەروا *bêperwa* ⟨Adj.⟩ furchtlos

بێپەیمان *bêpeyman* ⟨Adj.⟩ treulos

بێپیت *bêpît* ⟨Adj.⟩ unfruchtbar

بێپیتی *bêpîtî* Unfruchtbarkeit *f*

بێتاقەت *bêtaqet* ⟨Adj.⟩ kraftlos

بێتام *bêtam* ⟨Adj.⟩ geschmacklos; fad(e)

بێتاوان *bêtawan* ⟨Adj.⟩ unschuldig

بێتوانا *bêtiwana* ⟨Adj.⟩ unfähig; schwach

بێتوانایی *bêtiwanayî* Schwäche *f*

بێتۆو *bêtow* ⟨Adj.⟩ steril; zeugungsunfähig

بێتۆوی *bêtowî* 1. Unfruchtbarkeit *f*; 2. (Med.) Sterilisation *f*

ب

بێتەل *bêtel* **I** ⟨Adj.⟩ drahtlos **II** Funkgerät *n*
بێتین *bêtîn* ⟨Adj.⟩ kraftlos
بێجگەلە *bêcgele* ⟨Präp.⟩ außer
بێجی *bêcî* ⟨Adj.⟩ beige
بێجێ *bêcê* ⟨Adj.⟩ obdachlos
بێجێیی *bêcêyî* Obdachlosigkeit *f*
بێچارە *bêçare* ⟨Adj.⟩ 1. unheilbar; 2. hilflos; wehrlos
بێچارەیی *bêçareyî* 1. Unheilbarkeit *f*; 2. Hilflosigkeit *f*
بێچاوڕوو *bêçawur̲û* ⟨Adj.⟩ 1. frech; 2. undankbar
بێچاوڕوویی *bêçawur̲ûyî* 1. Frechheit *f*; 2. Undankbarkeit *f*
بێچوو *bêçû* (Zool.) Tierjunges *n*
بێچەنوچوون *bêçenuçûn* ⟨Adv.⟩ unbedingt
بێچەوری *bêçewrî* ⟨Adj.⟩ fettlos; mager
بێچێژ *bêçêj* ⟨Adj.⟩ geschmacklos
بێحورمەت *bêh̲urmet* ⟨Adj.⟩ unhöflich
بێحورمەتی *bêh̲urmetî* Unhöflichkeit *f*
بێحەیا *bêh̲eya* ⟨Adj.⟩ schamlos; unverschämt
بێحەیایی *bêh̲eyayî* Schamlosigkeit *f*; Unverschämtheit *f*
بێحیلم *bêh̲îlm* ⟨Adj.⟩ 1. ungeduldig; 2. erregbar
بێحیلمی *bêh̲îlmî* Ungeduld *f*
بێخاوەن *bêxawen* ⟨Adj.⟩ herrenlos
بێخوا *bêxiwa* ⟨Adj.⟩ gottlos
بێخولق *bêxulq* ⟨Adj.⟩ 1. ungeduldig; 2. lustlos
بێخوێن *bêxwên* ⟨Adj.⟩ (Med.) blutarm
بێخوێنی *bêxwênî* (Med.) Blutarmut *f*; Anämie *f*
بێخەم *bêxem* ⟨Adj.⟩ sorglos; unbesorgt
بێخەو *bêxew* ⟨Adj.⟩ schlaflos
بێخەوش *bêxewş* ⟨Adj.⟩ fehlerlos; perfekt
بێخەوی *bêxewî* (Med.) Schlaflosigkeit *f*
بێخیدان *bêxîdan* (Anat.) Zahnwurzel *f*
بێدار *bêdar* ⟨Adj.⟩ wach
بێدایکوباوک *bêdaykubawk* **I** ⟨Adj.⟩ elternlos **II** Waise *f*
بێدرۆ *bêdiro* ⟨Adj.⟩ 1. aufrichtig; ehrlich; 2. wahr
بێدەرمان *bêderman* ⟨Adj.⟩ (Med.) unheilbar
بێدەسوپێ *bêdesupê* ⟨Adj.⟩ hilflos
بێدەسەڵات *bêdesel̲at* **I** ⟨Adj.⟩ machtlos **II** Versager *m* / Versagerin *f*
بێدەمودوو *bêdemudû* ⟨Adj.⟩ 1. stumm; 2. schwerfällig
بێدەنگ *bêdeng* ⟨Adj.⟩ geräuschlos; still; schweigsam; بێدەنگ بوون *bêdeng bûn* ⟨v.i.⟩ schweigen; still sein/werden; بێدەنگ کردن *bêdeng kirdin* ⟨v.t.⟩ zum Schweigen bringen
بێدەنگی *bêdengî* 1. Verschwiegenheit *f*; 2. Stille *f*
بێدین *bêdîn* **I** ⟨Adj.⟩ atheistisch; ungläubig **II** Ungläubiger *m* / Ungläubige *f*
بێڕوو *bêr̲û* ⟨Adj.⟩ schamlos
بێڕوویی *bêr̲ûyî* Schamlosigkeit *f*
بێڕەحم *bêr̲eh̲m* ⟨Adj.⟩ unbarmherzig; grausam

بێڕەحمی *bê̬re̱hmî* Unbarmherzigkeit *f*; Grausamkeit *f*

بێڕەسید *bê̬resîd* ⟨Adj.⟩ (Fin.) ungedeckt

بێڕەنگ *bê̬reng* ⟨Adj.⟩ farblos

بێڕەوشت *bê̬rewişt* ⟨Adj.⟩ unsittlich; unmoralisch

بێڕەوشتانە *bê̬rewiştane* ⟨Adv.⟩ sittenwidrig

بێڕێز *bê̬rêz* ⟨Adj.⟩ 1. respektlos; 2. gemein

بێڕێوجێ *bê̬rêwcê* ⟨Adj.⟩ unangebracht

بێڕێوشوێن *bê̬rêwşwên* ⟨Adj.⟩ unordentlich; durcheinander

بێز *bêz* Schauder *m*; Ekel *m*; بێز لێکردنەوە *bêz lêkirdinewe* ⟨v.t.⟩ verabscheuen; verachten

بێزار *bêzar* ⟨Adj.⟩ 1. gelangweilt; 2. unzufrieden; بێزار بوون *bêzar bûn* ⟨v.i.⟩ gelangweilt sein/werden; بێزار کردن *bêzar kirdin* ⟨v.t.⟩ belästigen; (j-m) auf die Nerven gehen

بێزارکەر *bêzarker* ⟨Adj.⟩ monoton

بێزاری *bêzarî* Ärger *m*

بێزمان *bêziman* ⟨Adj.⟩ sprachlos; stumm

بێزمانی *bêzimanî* Sprachlosigkeit *f*

بێزەوق *bêzewq* ⟨Adj.⟩ 1. missgelaunt; 2. langweilig

بێزەوقی *bêzewqî* 1. Geschmacklosigkeit *f*; 2. Langeweile *f*

بێزیان *bêziyan* ⟨Adj.⟩ unschädlich; ungefährlich

بێژان *bêjan* ⟨v.t.⟩ ⟨بێژـ *bêj-*⟩ sagen (s.a. ↑وتن)

بێژانەوە *bêjanewe* ⟨v.t.⟩ ⟨بێژـ ـەوە *bêj-ewe*⟩ (durch)sieben

بێژن *bêjin* **I** ⟨Adj.⟩ unverheiratet; verwitwet (Mann) **II** Witwer *m*

بێژنگ *bêjing* Sieb *n*

بێژنی *bêjinî* 1. Ehelosigkeit *f*; 2. (Rel.) Zölibat *n*

بێژە *bêje* Wort *n* (s.a. ↑پەیف)

بێژەر *bêjer* Ansager *m* / Ansagerin *f*; Moderator *m* / Moderatorin *f*

بێستان *bêstan* Gemüsegarten *m*

بێستانەوان *bêstanewan* Gemüsegärtner *m* / Gemüsegärtnerin *f*

بێسنوور *bêsinûr* ⟨Adj.⟩ unbegrenzt; unendlich

بێسوو *bêsû* ⟨Adj.⟩ (Fin.) zinslos

بێسوود *bêsûd* ⟨Adj.⟩ nutzlos; sinnlos

بێسەروبەر *bêseruber* ⟨Adj.⟩ unordentlich; unsinnig

بێسەروبەری *bêseruberî* Unordnung *f*

بێسەروشوێن *bêseruşwên* ⟨Adj.⟩ 1. vagabundierend; 2. verschollen

بێسەلیقە *bêselîqe* ⟨Adj.⟩ unerfahren

بێسەواد *bêsewad* **I** ⟨Adj.⟩ ungebildet **II** Analphabet *m* / Analphabetin *f*

بێسەوادی *bêsewadî* Analphabetismus *m*

بێشکە *bêşke* Wiege *f*

بێشومار *bêşumar* ⟨Adj.⟩ unzählig

بێشوماری *bêşumarî* Überfluss *m*

بێشە *bêşe* Dickicht *n*; Busch *m*

بێشەرت *bêşert* ⟨Adj.⟩ bedingungslos

بێشەرم *bêşerm* ⟨Adj.⟩ schamlos; ungeheuerlich

بێشەرەف *bêşeref* ⟨Adj.⟩ unehrenhaft; ehrlos

بێشەڵان *bêşe̱lan* Dschungel *m*

بێشەوق *bêşewq* ⟨Adj.⟩ trüb; düster
بێشەهییە *bêşehîye* ⟨Adj.⟩ appetitlos
بێشەهییەیی *bêşehîyeyî* Appetitlosigkeit *f*
بێع *bê'* Vorschuss *m* (s.a. ↑پێشەکی)
بێعەقڵ *bê'eql* ⟨Adj.⟩ 1. dumm; 2. unvernünftig
بێعەقڵی *bê'eqlî* 1. Dummheit *f*; 2. Unvernunft *f*
بێغەش *bêxeş* ⟨Adj.⟩ 1. offenherzig; 2. rein
بێغیرەت *bêxîret* ⟨Adj.⟩ feige
بێفایدە *bêfayde* ⟨Adj.⟩ zwecklos
بێفایز *bêfayiz* ⟨Adj.⟩ zinslos
بێفەڕ *bêfer* ⟨Adj.⟩ reizlos; wertlos
بێفیز *bêfîz* ⟨Adj.⟩ bescheiden; schlicht
بێفیزی *bêfîzî* Schlichtheit *f*
بێقوڕقوشم *bêqurquşim* ⟨Adj.⟩ bleifrei; **بەنزینی بێقوڕقوشم** *benzînî bêqurquşim* bleifreies Benzin *n*
بێقەدر *bêqedir* ⟨Adj.⟩ unbeachtet
بێقیمەت *bêqîmet* ⟨Adj.⟩ wertlos
بێکات *bêkat* ⟨Adj.⟩ keine Zeit habend • زۆر بێکاتم ich habe überhaupt keine Zeit
بێکاتی *bêkatî* (üb.) Zeitdruck *m*
بێکار *bêkar* **I** ⟨Adj.⟩ arbeitslos **II** Arbeitsloser *m* / Arbeitslose *f*
بێکاری *bêkarî* Arbeitslosigkeit *f*
بێکحول *bêkihul* ⟨Adj.⟩ alkoholfrei
بێکۆتایی *bêkotayî* ⟨Adj.⟩ endlos; unendlich
بێکەس *bêkes* **I** ⟨Adj.⟩ einsam **II** Waise *f*
بێکەسی *bêkesî* Einsamkeit *f*
بێکەڵک *bêkelk* ⟨Adj.⟩ 1. nutzlos; 2. unbrauchbar
بێکەموکوڕ *bêkemukur* ⟨Adj.⟩ makellos
بێگانە *bêgane* **I** ⟨Adj.⟩ fremd; ausländisch **II** Ausländer *m* / Ausländerin *f*
بێگانەپەرست *bêganeperist* **I** ⟨Adj.⟩ xenophil **II** (üb.) Verräter *m* / Verräterin *f*
بێگانەپەرستی *bêganeperistî* Xenophilie *f*
بێگانەنەویست *bêganenewîst* ⟨Adj.⟩ ausländerfeindlich
بێگانەنەویستی *bêganenewîstî* Xenophobie *f*
بێگرێ *bêgirê* ⟨Adj.⟩ (üb.) glatt
بێگومان *bêguman* **I** ⟨Adj.⟩ sicher; zweifellos **II** ⟨Adv.⟩ sicherlich
بێگومانی *bêgumanî* Selbstverständlichkeit *f*
بێگومرگ *bêgumirg* ⟨Adj.⟩ zollfrei
بێگوناح *bêgunah* ⟨Adj.⟩ unschuldig
بێگوێیی *bêgwêyî* Ungehorsam *m*
بێگەرد *bêgerd* ⟨Adj.⟩ 1. keusch; 2. einwandfrei
بێگەڵا *bêgela* ⟨Adj.⟩ blätterlos; kahl
بێگیان *bêgiyan* ⟨Adj.⟩ 1. leblos; 2. geistlos
بێگیانی *bêgiyanî* Leblosigkeit *f*
بێلانە *bêlane* **I** ⟨Adj.⟩ obdachlos **II** Obdachloser *m* / Obdachlose *f*
بێلانەیی *bêlaneyî* Obdachlosigkeit *f*
بێلایەن *bêlayen* ⟨Adj.⟩ 1. unparteilich; 2. (Gr.) sächlich
بێلایەنی *bêlayenî* Unparteilichkeit *f*; Neutralität *f*
بێلەکە *bêleke* ⟨Adj.⟩ unbefleckt
بێمانا *bêmana* ⟨Adj.⟩ 1. bedeutungs-

los; sinnlos; 2. primitiv
بێمرووەت *bêmiruwet* ⟨Adj.⟩ grausam
بێموبالات *bêmubalat* ⟨Adj.⟩ 1. sorglos; 2. rücksichtslos
بێموبالاتی *bêmubalatî* 1. Sorglosigkeit *f*; 2. Rücksichtslosigkeit *f*
بێموو *bêmû* ⟨Adj.⟩ haarlos; kahl
بێمەبەست *bêmebest* ⟨Adj.⟩ zwanglos; unbeabsichtigt
بێمەرام *bêmeram* ⟨Adj.⟩ 1. unabsichtlich; 2. ziellos
بێمەرج *bêmerc* ⟨Adj.⟩ bedingungslos; unbedingt
بێمەیل *bêmeyl* ⟨Adj.⟩ 1. abgeneigt; 2. apathisch
بێمەیلی *bêmeylî* Abneigung *f*
بێمێشک *bêmêşk* ⟨Adj.⟩ dumm
بێناموس *bênamûs* ⟨Adj.⟩ 1. ehrlos; 2. unkeusch
بێناو *bênaw* ⟨Adj.⟩ unbekannt
بێناوونیشان *bênawunîşan* ⟨Adj.⟩ 1. unbekannt; 2. spurlos
بێناوەرۆک *bênawerok* ⟨Adj.⟩ kitschig
بێنرخ *bênirx* ⟨Adj.⟩ wertlos; unbedeutend; بێنرخ کردن *bênirx kirdin* ⟨v.t.⟩ entwerten
بێنوێژ *bênwêj* ⟨Adj.⟩ menstruierend (und daher rituell unrein); بێنوێژ بوون *bênwêj bûn* ⟨v.i.⟩ menstruieren; ژنەکە بێنوێژە die Frau hat ihre Tage
بێنوێژی *bênwêjî* Menstruation *f* (vgl. ↑عادە)
بێنەزاکەت *bênezaket* ⟨Adj.⟩ unhöflich; grob
بێنەوبەرە *bênewbere* Bürokratie *f*

بێواتا *bêwata* ⟨Adj.⟩ bedeutungslos
بێوچان *bêwiçan* ⟨Adj.⟩ pausenlos; ununterbrochen
بێورە *bêwire* ⟨Adj.⟩ entmutigt; بێورە کردن *bêwire kirdin* ⟨v.t.⟩ entmutigen
بێوڵات *bêwiḻat* I ⟨Adj.⟩ heimatlos II Heimatloser *m* / Heimatlose *f*
بێوڵاتی *bêwiḻatî* Heimatlosigkeit *f*
بێئومێد *bêumêd* ⟨Adj.⟩ hoffnungslos
بێوە *bêwe* ⟨Adj.⟩ verwitwet
بێوەپیاو *bêwepiyaw* Witwer *m*
بێوەژن *bêwejin* Witwe *f*
بێوەستان *bêwestan* ⟨Adj.⟩ pausenlos
بێوەفا *bêwefa* ⟨Adj.⟩ untreu; treulos
بێوەفایی *bêwefayî* 1. Untreue *f*; 2. Undankbarkeit *f*
بێوەی *bêwey* ⟨Adj.⟩ harmlos; gutartig
بێویژدان *bêwîjdan* ⟨Adj.⟩ gewissenlos; skrupellos
بێویژدانی *bêwîjdanî* Gewissenlosigkeit *f*
بێوێنە *bêwêne* ⟨Adj.⟩ beispiellos
بێهاوتا *bêhawta* ⟨Adj.⟩ unvergleichlich; einzigartig
بێهاوسەر *bêhawser* ⟨Adj.⟩ unverheiratet
بێهودە *bêhude* ⟨Adj.⟩ 1. vergeblich; 2. unsinnig
بێهۆ *bêho* ⟨Adj.⟩ grundlos
بێهۆش *bêhoş* ⟨Adj.⟩ bewusstlos; ohnmächtig; بێهۆش کەوتن *bêhoş kewtin* ⟨v.i.⟩ in Ohnmacht fallen
بێهیوا *bêhîwa* ⟨Adj.⟩ 1. hoffnungslos; 2. aussichtslos
بێهێز *bêhêz* ⟨Adj.⟩ kraftlos; بێهێز کردن *bêhêz kirdin* ⟨v.t.⟩ schwächen

بێهێزی *bêhêzî* Schwäche *f*

بێئەدەب *bêedeb* ⟨Adj.⟩ ungezogen; unhöflich

بێئەقڵ *bêeqil* ⟨Adj.⟩ dumm; leichtsinnig

بێئەقڵی *bêeqilî* Dummheit *f*

بێئەنجام *bêencam* ⟨Adj.⟩ ergebnislos; erfolglos

بێئەندازە *bêendaze* ⟨Adj.⟩ unermesslich; unbegrenzt

پ

پ

پ *p* pê; dritter Buchstabe des kurdischen Alphabets (Zahlenwert 2 genauso wie ب *b*)

پابەند *pabend* ⟨Adj.⟩ 1. abhängig; 2. anhänglich; پابەند بوون *pabend bûn* ⟨v.i.⟩ abhängen von

پابەندی *pabendî* Anhänglichkeit *f*

پاپا *papa* (Rel.) Papst *m*

پاپاز *papaz* König *m* (Spielkarte)

پاپووج *papûc* Pantoffel *m*

پاپۆڕ *papor* Schiff *n* (s.a. ↑کەشتی)

پاپۆش *papoş* Fußboden *m*

پاتری *patirî* Batterie *f*; پاتری پڕ کردنەوە *patirî pir kirdinewe* ⟨v.t.⟩ die Batterie aufladen

پاچ *paç* Spitzhacke *f*

پاچەکۆڵە *paçekole* Hacke *f*

پاداش *padaş* Belohnung *f* (s.a. ↑خەڵات) ● خوا پاداشتان بداتەوە! möge Gott euch belohnen!; پاداش دانەوە *padaş danewe* ⟨v.t.⟩ 1. belohnen; 2. entschädigen

پادشا *padşa* Kaiser *m*; Schah *m*

پادشایی *padşayî* ⟨Adj.⟩ königlich; kaiserlich

پار *par* ⟨Adv.⟩ letztes Jahr

پاراستن *parastin* **I** ⟨v.t.⟩ ⟨پارێز- *parêz-*⟩ 1. beschützen; 2. bewahren; 3. enthaltsam sein; (Pol.) Immunität *f*; 4. aufbewahren **II** 1. Schutz *m*; Verteidigung *f*; 2. Geheimdienst *m*

پاراسیت *parasît* (Bio.) Parasit *m*

پارانۆیا *paranoya* (Med.) Paranoia *f*

پارت *part* (Pol.) Partei *f*

پارتایەتی *partayetî* **I** ⟨Adj.⟩ parteilich **II** Parteilichkeit *f*

پارتیزان *partîzan* Partisan *m* / Partisanin *f*; Widerstandskämpfer *m* / Widerstandskämpferin *f*

پارتیزانی *partîzanî* Guerillakrieg *m*

پارچە *parçe* 1. Stück *n*; Teil *m*; 2. Scheibe *f*

پارچەپارچە *parçeparçe* ⟨Adv.⟩ 1. stückweise; 2. teils teils; پارچەپارچە کردن *parçeparçe kirdin* ⟨v.t.⟩ zerstückeln

پارچەتەختە *parçetexte* (Holz-) Scheit *n*

پارچەزەوی *parçezewî* Grundstück *n*

پارچەکاغەز *parçekax̱ez* Zettel *m*

پارزی *parzî* (Bot.) Linde *f*

پارک *park* 1. Park *m*; 2. Parkplatz *m*; پارک کردن *park kirdin* ⟨v.t.⟩ parken; پارکی ئوتومبێل *parkî utumbêl* Parkplatz *m*

پارککردنقەدەغەبوون *parkkirdinqedex̱ebûn* Parkverbot *n*

پاروو *parû* Bissen *m*; Brocken *m* (s.a. ↑لوقمە[2]); پارووی خۆش *parûy xoş* Leckerbissen *m*

پارە *pare* Geld *n*; Währung *f*; پارە بە فیڕۆ دان *pare be fîṟo dan* ⟨v.t.⟩ Geld vergeuden, verschwenden; پارەی بێکاری *parey bêkarî* Arbeitslosengeld *n*; پارە پێدان *pare pêdan* ⟨v.t.⟩ 1. auszahlen; 2. finanzieren; پارە پەیدا کردن *pare peyda kirdin* ⟨v.t.⟩ Geld verdienen; پارە خەرج کردن *pare xerc kirdin* ⟨v.t.⟩ Geld ausgeben; پارە دان *pare dan* ⟨v.t.⟩ 1. einzahlen; 2. bezahlen; پارە دانەوە *pare danewe* ⟨v.t.⟩ zurückzahlen; پارە ڕەوانە کردن *pare ṟewane kirdin* ⟨v.t.⟩ Geld überweisen; پارە کۆ کردنەوە *pare ko kirdinewe* ⟨v.t.⟩ Geld sparen; پارە گۆڕینەوە *pare goṟînewe* ⟨v.t.⟩ Geld wechseln, umtauschen; پارەی بێگانە *parey bêgane* Devisen *Pl.*; پارەی پێشینە *parey pêşîne* Anzahlung *f*; پارەی قەڵب *parey qeḻb* Falschgeld *n*; پارەی کاش *parey kaş* Bargeld *n*; پارەی کاغەز *parey kax̱ez* Banknote *f*; Geldschein *m*; پارەی کانزا *parey kanza* Geldstück *n*; پارەی نەقد *parey neqid* Bargeld *n*; پارەی وردە *parey wirde* Kleingeld *n*; Wechselgeld *n*

پارەپەرست *pareperist* ⟨Adj.⟩ geldgierig

پارەدار *paredar* ⟨Adj.⟩ reich

پارەزۆری *parezorî* Inflation *f*

پارەگۆڕەرەوە *paregoṟerewe* Geldwechsler *m*

پارێز *parêz* **I** ⟨Adj.⟩ Diät haltend **II** Diät *f*; پارێز کردن *parêz kirdin* ⟨v.t.⟩ 1. eine Diät (ein)halten; 2. (üb.) sich (einer Sache) enthalten

پارێزراو *parêzraw* ⟨Adj.⟩ immun; geschützt

پارێزگار *parêzgar* Provinzgouverneur *m*

پارێزگاری *parêzgarî* 1. Sicherheit *f*; 2. Wartung *f*; پارێزگاریی ئاووهەوا *parêzgarîy awuhewa* Klimaschutz *m*; پارێزگاریی تەندروستی *parêzgarîy tendirustî* Hygiene *f*

پارێزگە *parêzge* Provinz *f*; Provinzverwaltung *f*

پارێزەر *parêzer* (Rechts-)Anwalt *m*, Anwältin *f*; Verteidiger *m* / Verteidigerin *f*

پاڕانەوە *paṟanewe* ⟨v.i.⟩ ⟨پاڕێـ ـەوە *paṟê-ewe*⟩ flehen

پازدە *pazde* ⟨Num.⟩ fünfzehn

پازدەمین *pazdemîn* ⟨Num.⟩ fünfzehnt(er, -e, -es)

پاژنە *pajne* 1. (Anat.) Ferse *f*; 2. Absatz *m* (Schuh)

پاژنەهەڵکێش *pajneheḻkêş* Schuhlöffel *m*

[1]پاس *pas* Bus *m*; Autobus *m*; ئێسگەی پاس *êsgey pas* Bushaltestelle *f*; پاسی پچکۆلە *pasî piçkole* Omnibus *m*;

پاسی گەشتوگوزار *pasî geştuguzar* Reisebus *m*; **سواری پاس بوون** *siwarî pas bûn* ⟨v.i.⟩ in einen Bus einsteigen

[2]**پاس** *pas* (Sp.) Pass *m*; Zuspiel *n*; **پاس دان** *pas dan* ⟨v.t.⟩ (Sp.) passen

[3]**پاس** *pas* (Reise-)Pass *m* (vgl. ↑پەساپۆرت)

پاساو *pasaw* Rechtfertigung *f*; **پاساو دان/بۆ هێنانەوە** *pasaw dan/bo hênanewe* ⟨v.t.⟩ rechtfertigen

پاسکیل *paskîl* Fahrrad *n*; **پاسکیل سوار بوون** *paskîl siwar bûn* ⟨v.i.⟩ auf das Fahrrad steigen; **پاسکیل لێخوڕین** *paskîl lêxuṟîn* ⟨v.t.⟩ Fahrrad fahren

پاسکیلسوار *paskîlsiwar* Radfahrer *m* / Radfahrerin *f*

پاسکیللێخوڕ *paskîllêxuṟ* Radfahrer *m* / Radfahrerin *f*

پاسکیللێخوڕین *paskîllêxuṟîn* Radfahren *n*

پاسلێخوڕ *paslêxuṟ* Busfahrer *m* / Busfahrerin *f*

پاسەوان *pasewan* Wächter *m* / Wächterin *f*; Wachposten *m*

پاسەوانی *pasewanî* Wache *f*; **پاسەوانی کردن** *pasewanî kirdin* ⟨v.t.⟩ bewachen; **پاسەوانیی سنوور** *pasewanîy sinûr* Grenzpolizei *f*

پاسیف *pasîf* ⟨Adj.⟩ passiv

پاسیفیزم *pasîfîzim* (Pol.) Pazifismus *m*

پاسیفیست *pasîfîst* **I** ⟨Adj.⟩ (Pol.) pazifistisch **II** (Pol.) Pazifist *m* / Pazifistin *f*

پاش *paş* **I** ⟨Adv.⟩ dahinter **II** ⟨Präp.⟩ nach • پاش نەختێک nach kurzem; **پاش کەوتن** *paş kewtin* ⟨v.i.⟩ 1. zurückbleiben; 2. sich verspäten **پاش خستن** *paş xistin* ⟨v.t.⟩ aufschieben

پاشا *paşa* Pascha *m* (Titel); Kaiser *m* (vgl. ↑پادشا)

پاشان *paşan* ⟨Adv.⟩ hinterher; danach

پاشتر *paştir* ⟨Adv.⟩ schließlich

پاشخواردن *paşxiwardin* Nachtisch *m*; Dessert *n*

پاشکۆ *paşko* **I** ⟨Adj.⟩ 1. untergeordnet; 2. nachträglich **II** 1. Ergänzung *f*; 2. Nachwort *n*; **پاشکۆی ئوتومبێل** *paşkoy utumbêl* Anhänger *m*

پاشگر *paşgir* (Gr.) Suffix *n*

پاشگەز *paşgez* → **پاشگەز بوونەوە** *paşgez bûnewe* ⟨v.i.⟩ ausweichen

پاشگەزبوونەوە *paşgezbûnewe* Abweichen *n*; Rückzug *m*

پاشماوە *paşmawe* **I** ⟨Adj.⟩ übrig; restlich **II** (Über-)Rest *m*

پاشنیوەڕۆ *paşnîweṟo* **I** ⟨Adv.⟩ nachmittags **II** Nachmittag *m*

پاشوو *paşû* Hinterbeine *Pl.*

پاشەڕۆژ *paşeṟoj* Zukunft *f*

پاشەکەوت *paşekewt* **I** ⟨Adj.⟩ erspart **II** Ersparnisse *Pl.*; **پاشەکەوت کردن** *paşekewt kirdin* ⟨v.t.⟩ (er)sparen

پاشەوار *paşewar* Nachfolger *m* / Nachfolgerin *f*

پاشەوپاش *paşewpaş* ⟨Adv.⟩ rückwärts

پاقلاوە *paqlawe* Baklava *n*/*f* (rautenförmiger, süßer mit Walnuss gefüllter Blätterteig)

پاقله *paqle* Saubohne *f*; **پاقلەی زۆیا** *paqley zoya* (Bot.) Sojabohne *f*

پاک *pak* ⟨Adj.⟩ sauber; rein; پاک بوونەوە *pak bûnewe* ⟨v.i.⟩ quitt sein/ werden; پاک کردن *pak kirdin* ⟨v.t.⟩ (ab)schälen; پاک کردنەوە *pak kirdinewe* ⟨v.t.⟩ reinigen

پاکژ *pakij* ⟨Adj.⟩ sauber; rein; پاکژ کردن(ەوە) *pakij kirdin(ewe)* ⟨v.t.⟩ 1. reinigen; 2. (Med.) desinfizieren

پاکژکراو *pakijkiraw* ⟨Adj.⟩ 1. gereinigt; 2. steril

پاکژکەرە *pakijkere* Putzmittel *n*

پاکستان *Pakistan* (Geogr.) Pakistan *n*

پاکستانی *pakistanî* **I** ⟨Adj.⟩ pakistanisch **II** Pakistaner *m* / Pakistanerin *f*

پاککردنەوە *pakkirdinewe* Reinigung *f*; دەرمانی پاککردنەوە *dermanî pakkirdinewe* (Med.) Desinfektionsmittel *n*

پاککردنەوەخانە *pakkirdinewexane* Reinigung *f* (Geschäft)

پاکنەکراو *paknekraw* ⟨Adj.⟩ ungeschält

پاکوتەمیز *pakutemîz* ⟨Adj.⟩ hygienisch

پاکەت *paket* Schachtel *f*; Paket *n*

پاکەتۆڵکە *paketol̲ke* Päckchen *n*

پاکەتەجگەرە *paketecigere* Zigarettenschachtel *f*

پاکەتەشقارتە *paketeşiqarte* Streichholzschachtel *f*

پاکی *pakî* Sauberkeit *f*; Reinheit *f*

پاکێتی *pakêtî* (üb.) Reinheit *f*; Keuschheit *f*

[1]پاڵ *pal̲* Seite *f*; پاڵ پێوەدان *pal̲ pêwedan* ⟨v.t.⟩ sich lehnen an; پاڵ خستن *pal̲ xistin* ⟨v.t.⟩ (etw.) hinlegen; پاڵ دانەوە *pal̲ danewe* ⟨v.t.⟩ sich ausruhen; پاڵ کەوتن *pal̲ kewtin* ⟨v.i.⟩ sich hinlegen

[2]پاڵ *pal̲* Stoß *m*; پاڵ پێوەنان *pal̲ pêwenan* ⟨v.t.⟩ (an)stoßen

پاڵاوتگە *pal̲awtge* Raffinerie *f*; پاڵاوتگەی نەوت *pal̲awtgey newt* Ölraffinerie *f*

پاڵاوتن *pal̲awtin* ⟨v.t.⟩ ⟨پاڵێو- *pal̲êw-*⟩ filtern

پاڵپشت *pal̲pişt* Lehne *f*; Stütze *f*

پاڵتۆ *pal̲to* Mantel *m*; پاڵتۆی باران *pal̲toy baran* Regenmantel *m*; پاڵتۆی فەڕوو *pal̲toy fer̲û* Pelzmantel *m*

پاڵتۆگە *pal̲toge* Garderobe *f*

پاڵەپەستۆ *pal̲epesto* Druck *m*; پاڵەپەستۆی هەوا *pal̲epestoy hewa* Luftdruck *m*

پاڵەوان *pal̲ewan* **I** ⟨Adj.⟩ stark; tapfer **II** 1. Sieger *m*; 2. (Sp.) Meister *m*; پاڵەوانی گیتی *pal̲ewanî gêtî* (Sp.) Weltmeister *m* / Weltmeisterin *f*

پاڵەوانبازی *pal̲ewanbazî* Akrobatik *f*

پاڵەوانێتی *pal̲ewanêtî* Heldentum *n*

پاڵێوراو *pal̲êwraw* **I** ⟨Adj.⟩ 1. gefiltert; 2. sortiert **II** Kandidat *m* / Kandidatin *f*

پاڵێوگە *pal̲êwge* Raffinerie *f*

پاڵێوەر *pal̲êwer* Filter *m*; Seihtuch *n*

پان *pan* ⟨Adj.⟩ 1. breit; 2. weit; پان کردنەوە *pan kirdinewe* ⟨v.t.⟩ platt machen

پانایی *panayî* 1. Fläche *f*; 2. Ausdehnung *f*

پانپانۆکێ *panpanokê* lesbische Liebe *f*

پانتۆڵ *pantol̲* Hose *f* (im europäischen Stil); پانتۆڵی کورت *pantol̲î*

پ

kurt Shorts *Pl.*; پانتۆڵی وەرزش *pantoḻî werziş* Trainingshose *f*
پانتۆمیم *pantomîm* Pantomime *m*, Pantomimin *f*
پاندان *pandan* Füller *m*
پانکە *panke* Ventilator *m*
پانۆڕاما *panoṟama* Panorama *n* (s.a. [دیمەن]ی گشتی↑)
پانەبڕگە *panebiṟge* (Math.) Querschnitt *m*
پانەهێڵ *panehêḻ* (Geogr.) Breitengrad *m*
پانی *panî* Weite *f*; Breite *f*
پاوانە *pawane* Fußring *m*
پایپ *payp* Pfeife *f*
پایتەخت *paytext* Hauptstadt *f*
پایدەر *payder* Pedale *f*
پایە *paye* 1. Säule *f*; 2. Stellung *f*; 3. Würde *f*
پایەدار *payedar* ⟨Adj.⟩ standhaft
پاییز *payîz* Herbst *m*
پاییزە *payîze* ⟨Adj.⟩ herbstlich
پتەو *pitew* ⟨Adj.⟩ 1. dicht; 2. kräftig; widerstandsfähig; پتەو کردن *pitew kirdin* ⟨v.t.⟩ befestigen; (ver)stärken
پتەوی *pitewî* Festigkeit *f*; Stabilität *f*
پچڕان *piçṟan* ⟨v.i.⟩ ⟨پچڕێـ *piçṟê-*⟩ reißen (Schnur etc.)
پچڕاندن *piçṟandin* ⟨v.t.⟩ ⟨پچڕێنـ *piçṟên-*⟩ zerreißen
پچکۆلانە *piçkolane* ⟨Adv.⟩ winzig
پچکۆلە *piçkole* ⟨Adj.⟩ winzig (vgl. بچکۆلە↑)
پچووک *piçûk* ⟨Adj.⟩ (ganz) klein (vgl. بچووک↑); پچووک بوونەوە *piçûk bûnewe* ⟨v.i.⟩ sich verkleinern; پچووک کردنەوە *piçûk kirdinewe* ⟨v.t.⟩ verkleinern
پرتەقاڵ *pirteqaḻ* (Bot.) Orange *f*; Apfelsine *f*
پرتەقاڵی *pirteqaḻî* ⟨Adj.⟩ orange
پرچ *pirç* Zopf *m*
پرچدرێژ *pirçdirêj* ⟨Adj.⟩ langhaarig
پرخاندن *pirxandin* ⟨v.t.⟩ ⟨پرخێنـ *pirxên-*⟩ schnarchen
پرد *pird* Brücke *f*; پردی هەڵواسراو *pirdî heḻwasraw* Hängebrücke *f*
پرزۆڵە *pirzoḻe* Kotelett *n*
پرس *pirs* Frage *f*; پرس پێکردن *pirs pêkirdin* ⟨v.t.⟩ zu Rate ziehen; پرس کردن *pirs kirdin* ⟨v.t.⟩ fragen; پرس لێکردن *pirs lêkirdin* ⟨v.t.⟩ j-n befragen
پرسگە *pirsge* Auskunftsbüro *n*; Infostand *m*
پرسوجوێ *pirsucwê* Verhör *n*
پرسە *pirse* 1. Beileid *n*; 2. Trauerfeier *f*
پرسەنامە *pirsename* Beileidsschreiben *n*; Kondolenzbrief *m*
پرسیار *pirsyar* Frage *f*; Nachfrage *f*; پرسیار لێکردن *pirsyar lêkirdin* ⟨v.t.⟩ j-m eine Frage stellen
پرسیارنامە *pirsyarname* Fragebogen *m*
پرسین *pirsîn* ⟨v.t.⟩ ⟨پرسـ *pirs-*⟩ (be)fragen; sich erkundigen
پرشنگ *pirşing* 1. Funke *m*; 2. (Licht-)Strahl *m*; پرشنگ دانەوە *pirşing danewe* ⟨v.t.⟩ strahlen
پرشوبڵاو *pirşubiḻaw* ⟨Adj.⟩ zerstreut; پرشوبڵاو کردنەوە *pirşubiḻaw kirdinewe*

پ

پڕنەکراوە *piṟnekrawe* ⟨Adj.⟩ vakant
پڕوپاگاندە *piṟupagande* 1. Propaganda *f*; 2. Werbung *f*; Reklame *f*; **پڕوپاگاندە کردن** *piṟupagande kirdin* ⟨v.t.⟩ propagieren
پڕوپووچ *piṟupûç* ⟨Adj.⟩ 1. unsinnig; sinnlos; 2. widerwärtig
پڕوپووچی *piṟupûçî* 1. Unsinn *m*; 2. Albernheit *f*; 3. Aberglaube *m*
پڕوچڕ *piṟuçiṟ* ⟨Adj.⟩ dicht
پڕۆبە *piṟobe* Probe *f*; **پڕۆبە کردن** *piṟobe kirdin* ⟨v.t.⟩ probieren
پڕۆتستانت *piṟotistant* (Rel.) Protestant *m* / Protestantin *f*
پڕۆتستانتی *piṟotistantî* ⟨Adj.⟩ (Rel.) evangelisch
پڕۆتستانتێتی *piṟotistantêtî* (Rel.) Protestantismus *m*
پڕۆتۆکۆڵ *piṟotokol* Protokoll *n* (s.a. ↑تۆمار); **پڕۆتۆکۆڵ نووسین** *piṟotokol nûsîn* ⟨v.t.⟩ protokollieren
پڕۆتین *piṟotîn* (Bio.) Protein *n*; Eiweiß *n*
پڕۆتینی *piṟotînî* ⟨Adj.⟩ eiweißhaltig
پڕۆتێست *piṟotêst* Protest *m*; **پڕۆتێست کردن** *piṟotêst kirdin* ⟨v.t.⟩ protestieren
پڕۆجەکتۆر *piṟocektor* Projektor *m* (vgl. ↑شەوقهاوێژ)
پڕۆژە *piṟoje* 1. Projekt *n*; Vorhaben *n*; 2. Einrichtung *f*
پڕۆستات *piṟostat* (Anat.) Prostata *f*
پڕۆسە *piṟose* Prozess *m*; Verfahren *n*
پڕۆفیسۆر *piṟofîsor* Professor *m* / Professorin *f* (s.a. ↑زانا)
پڕۆڤایدەر *piṟovayder* Provider *m*
⟨v.t.⟩ zerstreuen
پرواندن *pirwandin* ⟨v.t.⟩ ⟨پروێنـ- *pirwên-*⟩ (weg)reiben
پریپۆزیشن *pirîpozîşin* (Gr.) Präposition *f*
پرینتەر *prînter* Drucker *m*
پرێسە *prêse* Presse *f* (s.a. ↑میدیا)
پرێمز *pirêmiz* kleiner Ölkocher *m*; **پرێمزی غاز** *pirêmizî xaz* Gaskocher *m*
پڕ *piṟ* ⟨Adj.⟩ 1. voll; 2. reichlich; **پڕ بوون** *piṟ bûn* ⟨v.i.⟩ voll sein/werden; **پڕ کردن** *piṟ kirdin* ⟨v.t.⟩ (an-, aus)füllen; **پڕ کردنەوە** *piṟ kirdinewe* ⟨v.t.⟩ nachfüllen
پڕاکتیک *piṟaktîk* ⟨Adj.⟩ praktisch
پڕبەدڵ *piṟbedil* ⟨Adv.⟩ herzlich
پڕپۆڵ *piṟpol* **I** ⟨Adj.⟩ zerfetzt **II** Lumpen *m/Pl.*
پڕپۆڵە *piṟpole* Kloß *m*
پڕچەک *piṟçek* ⟨Adj.⟩ bewaffnet; **پڕچەک کردن** *piṟçek kirdin* ⟨v.t.⟩ bewaffnen
پڕڕەنگ *piṟṟeng* ⟨Adj.⟩ dunkelfarbig; stark (z.B. Tee)
پڕکراو *piṟkiraw* ⟨Adj.⟩ (an-, aus)gefüllt
پڕکردنەوە *piṟkirdinewe* 1. Auffüllung *f*; 2. (Med.) Plombierung (Zahn) *f*
پڕگاڵ *piṟgal* (Stech-)Zirkel *m* (vgl. ↑پەرگار)
پڕگۆشت *piṟgoşt* ⟨Adj.⟩ fleischig; dick
پڕگیر *piṟgîr* ⟨Adj.⟩ global
پڕمانا *piṟmana* ⟨Adj.⟩ bedeutungsvoll
پڕماندن *piṟmandin* ⟨v.t.⟩ ⟨پڕمێنـ- *piṟmên-*⟩ schnaufen
پڕمە *piṟme* Schnaufen *n*

پڕۆگرام *pir̲ogram* 1. Programm *n;* Sendung *f;* 2. Plan *m* (s.a. ↑بەرنامە); پڕۆگرام دانان *pir̲ogram danan* ⟨v.t.⟩ programmieren; installieren; پڕۆگرام کارا کردن *pir̲ogram kara kirdin* ⟨v.t.⟩ laden; پڕۆگرامی تەلەفیزیۆن *pir̲ogramî telefîzyon* Fernsehprogramm *n;* پڕۆگرامی کۆمپیوتەر *pir̲ogramî kompyuter* Computerprogamm *n*

پڕۆگرامدانەر *pir̲ogramdaner* Programmierer *m* / Programmiererin *f*

پڕۆلیتار *pir̲olîtar* **I** ⟨Adj.⟩ proletarisch **II** Proletarier *m* / Proletarierin *f*

پڕۆلیتاریا *pir̲olîtarya* Proletariat *n*

پڕهەرزان *pir̲herzan* ⟨Adj.⟩ spottbillig

پڕهێز *pir̲hêz* ⟨Adj.⟩ stark; muskulös

پڕەنسیب *pir̲ensîb* Prinzip *n*

پڕیشک *pir̲îşk* (Zünd-, Feuer-) Funke *m*

پز *piz* (Anat.) Vagina *f* (s.a. ↑قوز)

پزدان *pizdan* (Anat.) Gebärmutter *f* (s.a. ↑وێڵاش)

پزیشک *pizîşk* Arzt *m,* Ärztin *f;* Doktor *m* / Doktorin *f;* پزیشکی فریاگوزاری *pizîşkî firyaguzarî* Notarzt *m* / Notärztin *f;* پزیشکی نەخۆشیی منداڵان *pizîşkî nexoşîy mindal̲an* Kinderarzt *m* / Kinderärztin *f;* پزیشکی هەستەدەمار *pizîşkî hestedemar* Nervenarzt *m* / Nervenärztin *f;* پزیشکی پێست *pizîşkî pêst* Hautarzt *m* / Hautärztin *f;* پزیشکی تایبەتی *pizîşkî taybetî* Leibarzt *m* / Leibarztin *f;* پزیشکی چاو *pizîşkî çaw* Augenarzt *m* / Augenärztin *f;* پزیشکی دان *pizîşkî dan* Zahnarzt *m* / Zahnärztin *f;* پزیشکی دەروون *pizîşkî derûn* Psychiater *m* / Psychiaterin *f;* پزیشکی ژنان *pizîşkî jinan* Frauenarzt *m* / Frauenärztin *f;* پزیشکی قورگ، لووت، گوێچکە *pizîşkî qur̲g, lût, gwêçke* Hals-Nasen-Ohren-Arzt *m* / Hals-Nasen-Ohren-Ärztin *f;* پزیشکیماڵات *pizîşkî mal̲at* Tierarzt *m* / Tierärztin *f;* پزیشکی نەخۆشیی کۆئەندامەکانی میز *pizîşkî nexoşîy koendamekanî mîz* Urologe *m* / Urologin *f;* پزیشکی نەخۆشیی گشتی *pizîşkî nexoşîy giştî* Allgemeinarzt *m* / Allgemeinärztin *f;* پزیشکی نەخۆشیی ناوەوە *pizîşkî nexoşîy nawewe* Internist *m* / Internistin *f;* پزیشکی نەخۆشیی ئێسقان *pizîşkî nexoşîy êsqan* Orthopäde *m* / Orthopädin *f;* پزیشکی یاسایی *pizîşkî yasayî* Gerichtsmediziner *m* / Gerichtsmedizinerin *f*

پزیشکی *pizîşkî* **I** ⟨Adj.⟩ medizinisch **II** Medizin *f;* پزیشکیی دەرزیئاژنی *pizîşkîy derzîajinî* Akupunktur *f;* پزیشکیی دەروونی *pizîşkîy derûnî* Psychiatrie *f*

پژان *pijan* ⟨v.i.⟩ ⟨پژێـ *pijê-*⟩ bluten (Nase); spritzen

پژاندن *pijandin* ⟨v.t.⟩ ⟨پژێنـ *pijên-*⟩ verspritzen

پژمین *pijmîn* ⟨v.i.⟩ ⟨پژمـ *pijm-*⟩ niesen

پسپۆڕ *pispor̲* **I** ⟨Adj.⟩ fachmännisch **II** Experte *m* / Expertin *f;* پسپۆڕی بینایی *pispor̲î bînayî* Optiker *m* / Optikerin *f*

پ

پسپۆڕی *pispo̱rî* Spezialisierung *f*; **پسپۆڕی پەیدا کردن** *pispo̱rî peyda kirdin* ⟨v.t.⟩ sich spezialisieren

پسکیت *piskît* Keks *m*

پسوڵە *pisu̱le* Quittung *f*; Beleg *m*; **پسوڵە پێدان** *pisu̱le pêdan* ⟨v.t.⟩ quittieren; **پسوڵەی بەدەستگەیشتن** *pisu̱ley bedestgeyiştin* Empfangsbestätigung *f*; **پسوڵەی پارە** *pisu̱ley pare* Rechnung *f*; **پسوڵەی جەزادان** *pisu̱ley cezadan* Strafzettel *m*; **پسوڵەی حسابی بانق** *pisu̱ley ẖisabî banq* Kontoauszug *m*; **پسوڵەی قاسە** *pisu̱ley qase* Kassenbon *m*; Bon *m*; **پسوڵەی گەرەنتی** *pisu̱ley gerentî* Garantieschein *m*

پسۆرییەیسس *psorîyeysis* (Med.) Schuppenflechte

پسەپس *pisepis* 1. Lispeln *n*; 2. Flüstern *n*; **پسەپس کردن** *pisepis kirdin* ⟨v.t.⟩ 1. lispeln; 2. flüstern

پشت *pişt* **I** ⟨Präp.⟩ hinter **II** (Anat.) Rücken *m*; Rückgrat *n*; **پشت پێبەستن** *pişt pêbestin* ⟨v.t.⟩ (üb.) sich verlassen auf; **پشت تێکردن** *pişt têkirdin* ⟨v.t.⟩ ignorieren; **پشت گرتن** *pişt girtin* ⟨v.t.⟩ (üb.) (unter)stützen

پشتاوپشت *piştawpişt* ⟨Adv.⟩ rückwärts

پشتبەخۆبەستن *piştbexobestin* Selbstvertrauen *n*

پشتبەخۆبەستوو *piştbexobestû* ⟨Adj.⟩ selbstbewusst

پشتپێبەستراو *piştpêbestiraw* ⟨Adj.⟩ verlässlich

پشتپێبەستن *piştpêbestin* Vertrauen *n*

پشتپێنەبەستراو *piştpênebestiraw* ⟨Adj.⟩ unzuverlässig

پشتپێنەبەستن *piştpênebestin* Misstrauen *n*

پشتگوێخراو *piştgwêxiraw* ⟨Adj.⟩ benachteiligt; vernachlässigt

پشتگوێخستن *piştgwêxistin* Vernachlässigung *f*

پشتگوێخەر *piştgwêxer* ⟨Adj.⟩ ignorant

پشتگیری *piştgîrî* Unterstützung *f*; **پشتگیری کردن** *piştgîrî kirdin* ⟨v.t.⟩ unterstützen

پشتگیریکەر *piştgîrîker* Unterstützer *m* / Unterstützerin *f*

پشتوپەنا *piştupena* Schutz *m*; Rückhalt *m*

پشتوەرگەڕان *piştwergeṟan* (Med.) Hexenschuss *m*

پشتەدەست *piştedest* (Anat.) Handrücken *m*

پشتەمەغزە *piştemex̱ze* Filet *n* (Lendenstück von Vieh, Wild)

پشتەمەلە *piştemele* Rückenschwimmen *n*

پشتەوە *piştewe* Rückseite *f*

پشتی *piştî* Kissen *n*

پشتیوان *piştîwan* Unterstützer *m* / Unterstützerin *f*

پشتیوانی *piştîwanî* Unterstützung *f*; **پشتیوانی کردن** *piştîwanî kirdin* ⟨v.t.⟩ unterstützen

پشتێشە *piştêşe* (Med.) Rückenschmerzen *Pl.*

پشتێن *piştên* Gürtel *m*; **پشتێن بەستن** *piştên bestin* ⟨v.t.⟩ den Bund, Gürtel zubinden; **پشتێنی خۆبەستنەوە**

piştênî xobestinewe Sicherheitsgurt *m*
پشقل *pişqil* (Schaf-, Ziegen-, Gazellen-)Dung *m*; Mist *m*
پشک *pişk* Los *n*; Verlosung *f*; پشک ڕاکێشان *pişk ṟakêşan* ⟨v.t.⟩ losen
پشکنەر *pişkiner* Kontrolleur *m* / Kontrolleurin *f*
پشکنین *pişkinîn* **I** ⟨v.t.⟩ ⟨پشکنـ *pişkin-*⟩ prüfen; überprüfen **II** Kontrolle *f*; Untersuchung *f*; پشکنینی سەرسنوور *pişkinînî sersinûr* Grenzkontrolle *f*; پشکنینی پەساپۆرت *pişkinînî pesaport* Passkontrolle *f*; پشکنینی گومرگ *pişkinînî gumirg* Zollkontrolle *f*
پشکۆ *pişko* Glut *f*
پشوو *pişû* 1. Atem *m*; 2. Ruhe *f*; 3. Ferien *Pl.*; 4. Pause *f*; پشوو دان *pişû dan* ⟨v.t.⟩ 1. atmen; 2. sich erholen; پشووی قوتابخانە *pişûy qutabxane* Schulferien *Pl.*; پشووی نیوەڕۆ *pişûy nîweṟo* Mittagspause *f*; پشوو لێبڕان *pişû lêbiṟan* ⟨v.i.⟩ außer Atem sein; پشووی سەری ساڵ *pişûy serî sal̲* Sommerferien *Pl.* (Schule)
پشووخانە *pişûxane* 1. Erholungsheim *n*; 2. Raststätte *f*
پشوودرێژ *pişûdirêj* ⟨Adj.⟩ geduldig
پشوودرێژی *pişûdirêjî* Geduld *f*
پشووسوار *pişûsiwar* **I** ⟨Adj.⟩ (Med.) asthmatisch **II** (Med.) Asthmatiker *m* / Asthmatikerin *f*
پشووسواری *pişûsiwarî* 1. Atemnot *f*; 2. (Med.) Asthma *n*
پشووکورت *pişûkurt* ⟨Adj.⟩ (üb.) ungeduldig
پشووگە *pişûge* Gemeinschaftsraum *m*
پشیلە *pişîle* (Zool.) Katze *f*
پشێو *pişêw* ⟨Adj.⟩ unordentlich
پشێوی *pişêwî* Unruhe *f*; Störung *f*
[1]پل *pil* Stück *n*; پل کردن *pil kirdin* ⟨v.t.⟩ in Stücke teilen
[2]پل *pil* (Med.) Puls *m*; پل لێدان *pil lêdan* ⟨v.t.⟩ schlagen; pulsieren
پلاتین *pilatîn* Platin *n*
پلار *pilar* (üb.) Vorwurf *m*; پلار تێگرتن *pilar têgirtin* ⟨v.t.⟩ j-m etw. vorwerfen
پلازما *pilazma* (Med.) Plasma *n*
پلاستەر *pilaster* (Med.) (Heft-)Pflaster *n*
پلاستیک *pilastîk* Plastik *n*; Kunststoff *m*
پلاک *pilak* (Tech.) Stecker *m*; پلاکی ئوتومبێل *pilakî utumbêl* Zündkerze *f*
پلاکات *pilakat* 1. Plakat *n*; 2. Plakette *f*
پلان *pilan* 1. Plan *m*; 2. Projekt *n* (s.a. ↑پیلان); پلان دانان *pilan danan* ⟨v.t.⟩ planen; entwerfen; skizzieren
پلایس *pilayis* (Kneif-)Zange *f*
پلوس *plus* ⟨Adv.⟩ plus
پلوسک *pilusk* Dachrinne *f*
پلە *pile* 1. Stufe *f*; 2. Klasse *f*; 3. Rang *m*; پلە بۆ دانان *pile bo danan* ⟨v.t.⟩ abstufen; klassifizieren; پلەی ئۆزۆن *piley ozon* Ozonwerte *Pl.*; پلەی بەستن *piley bestin* (Phys.) Gefrierpunkt *m*; پلەی پەیژە *piley peyje* (Leiter-)Sprosse *f*; پلەی خزمایەتی *piley xizmayetî* Verwandtschafts-

پ

grad *m*; پلەی گەرما *piley germa* Temperatur *f*

پلەبۆدانان *pilebodanan* Abstufung *f*

پلەپێپلیکانە *pilepêplîkane* Treppenstufe *f*

پلەگۆشت *pilegoşt* ein Stück Fleisch

پلەوپایە *pilewpaye* Würde *f*; پلەوپایە بەرز کردنەوە *pilewpaye berz kirdinewe* ⟨v.t.⟩ befördern

پلەیەک *pileyek* ⟨Adj.⟩ erstklassig

پلیشاندنەوە *pilîşandinewe* ⟨v.t.⟩ ⟨پلیشێنـ ەوە *pilîşên- ewe*⟩ zerquetschen; zertreten

پلێت *pilêt* Eisenblech *n*

پڵاو *pilaw* Pilaw *m* (gedünsteter Reis, der mit heißem Fett übergossen wird)

پڵنگ *piling* Panter *m*

پڵیتە *pilîte* Docht *m*; پڵیتەی چرا *pilîtey çira* Lampendocht *m*

پنە *pine* rundes Brett, niedriger, runder Tisch zum Brotmachen

پوان *piwan* ⟨v.i.⟩ ⟨پوێـ *piwê-*⟩ sich abnutzen

پواندن *piwandin* ⟨v.t.⟩ ⟨پوێنـ *piwên-*⟩ abnutzen; verschleißen

پواو *piwaw* ⟨Adj.⟩ abgenutzt

پوت *put* Stiefel *m*

پوختە *puxte* I ⟨Adj.⟩ rein; sauber (s.a. ↑پاک) II Überblick *m*; پوختە کردن *puxte kirdin* ⟨v.t.⟩ reinigen; säubern

پوختەکراو *puxtekiraw* ⟨Adj.⟩ gereinigt; gesäubert

پوسڵە *pusle* Kompass *m*

پوشت *puşt* Strichjunge *m*

پونگە *punge* (Bot.) wilde Minze *f*

پووت *pût* ⟨Adj.⟩ hohl (s.a. ↑پووچ)

پووچ *pûç* ⟨Adj.⟩ 1. leer; 2. inhaltslos

پوور *pûr* Tante *f* (väterlicher- oder mütterlicherseits)

پوورزا *pûrza* Cousin *m* / Cousine *f*; Vetter *m*; Base *f* (Kind der Tante)

پوورزازا *pûrzaza* Kind des Cousins, der Cousine (Enkelkind der Tante)

پوورە *pûre* (Zool.) Bienenschwarm *m*

پوورەهەنگ *pûreheng* Bienenstock *m*

پووز *pûz* (Anat.) Wade *f*

پووزەوانە *pûzewane* Kniestrumpf *m*; Stulpe *f*

پووش *pûş* Heu *n*; Stroh *n*

پووشدان *pûşdan* Scheune *f*

پووشکەبەقنگە *pûşkebeqinge* (Zool.) Libelle *f*

پووشەتا *pûşeta* (Med.) Heuschnupfen *m* (vgl. ↑هەڵاڵەتا)

پووک *pûk* (Anat.) Zahnfleisch *n*; پووک سووتانەوە *pûk sûtanewe* ⟨v.i.⟩ sich entzünden (Zahnfleisch)

پووکانەوە *pûkanewe* ⟨v.i.⟩ ⟨پووکێـ ەوە *pûkê- ewe*⟩ (ver)welken

پووکاوە *pûkawe* ⟨Adj.⟩ 1. verwelkt; 2. morsch

[1]پوول *pûl* Briefmarke *f*; پوول پێوەنان *pûl pêwenan* ⟨v.t.⟩ frankieren

[2]پوول *pûl* Geld *n*

پوولەکە *pûleke* Metallscheibchen *n*; پوولەکەی ماسی *pûlekey masî* Fischschuppe *f*

پوولەکەیی *pûlekeyî* ⟨Adj.⟩ schuppig

پوولەکی *pûlekî* ⟨Adj.⟩ geldgierig

پۆپە *pope* Spitze *f*; Gipfel *m*; پۆپەی

دره‌خت popey dirext Wipfel m

پۆتین potîn Stiefel m

پۆدره podre Puder n; پۆدره کردن podre kirdin ⟨v.t.⟩ pudern

پۆدیۆم podyom Podium n

پۆرتریٚ portrê Portrait n

پۆرتوگال *Portugal* (Geogr.) Portugal n

پۆرتوگالی portugalî I ⟨Adj.⟩ portugiesisch II 1. Portugiese m / Portugiesin f; 2. Portugiesisch n

پۆرنۆ porno Porno m

پۆرنۆگرافی pornogirafî Pornografie f

پۆڕ por̲ (Zool.) Haselhuhn n

پۆز poz Schnauze f; Maul n

پۆزبڵند pozbil̲ind ⟨Adj.⟩ hochnäsig

پۆزشت pozişt Entschuldigung f

پۆزەتیف pozetîv ⟨Adj.⟩ positiv

پۆزەوانە pozewane Maulkorb m

پۆستکارت postkart Postkarte f

پۆستە poste Post f; سندووقی پۆستە sindûqî poste Briefkasten m; پۆستەی هەوایی postey hewayî Luftpost f

پۆستەچی posteçî (s. ↑نامەبەر)

پۆستەخانە postexane Postamt n

پۆستەر poster Poster n; Plakat n

پۆشاک poşak Tracht f; پۆشاکی نیشتمانی poşakî nîştimanî Nationaltracht f

پۆشتە poşte ⟨Adj.⟩ gut gekleidet

پۆشتەوپەرداخ poştewperdax ⟨Adj.⟩ nett; fein

پۆشین poşîn ⟨v.t.⟩ anziehen; tragen (s.a. ↑داپۆشین)

پۆکەر poker Poker m/n

پۆل pol 1. Herde f; Schar f; Schwarm m; 2. Schulklasse f; ژووری پۆل jûrî pol Klassenzimmer n; کاری ناو پۆل karî naw pol Klassenarbeit f

پۆلیس polîs Polizei f (s.a. ↑سیخوڕ); پۆلیسی تاوان polîsî tawan Kriminalpolizei f; پۆلیسی نهێنی polîsî nihênî Geheimpolizei f; پۆلیسی هاتوچۆ polîsî hatuço Verkehrspolizei f

پۆلیسخانە polîsxane Polizeirevier n

پۆلیسی polîsî ⟨Adj.⟩ polizeilich

پۆلێن polên Klasse f; Gruppe f; پۆلێن کردن polên kirdin ⟨v.t.⟩ klassifizieren; gruppieren; zuordnen

پۆلێنکاری polênkarî Klassifikation f; Gruppierung f

پۆڵا pol̲a Stahl m

پۆڵۆنی pol̲onî I ⟨Adj.⟩ polnisch II 1. Pole m / Polin f; 2. Polnisch n

پۆڵۆنیا *Pol̲onya* (Geogr.) Polen n

پۆئێت poêt Lyriker m / Lyrikerin f (vgl. ↑شاعیر)

پۆئێم poêm Gedicht n (s.a. ↑هۆنراوە)

پەپووسلێمانکە pepûsilêmanke (Zool.) Wiedehopf m

پەپوولە pepûle (Zool.) Schmetterling m; Falter m

پەپوولەپاییزە pepûlepayîze Pusteblume f; (Bot.) Löwenzahn m

پەپیرۆس pepîros Papyrus m

پەت pet Leine f; Schnur f

پەتا peta 1. (Med.) Grippe f; 2. Ansteckung f

پەتاتە petate (Bot.) Kartoffel f; پەتاتەی سوورەوەکراو petatey sûrewekiraw Bratkartoffeln Pl.

پەتپەتێن petpetên Seilspringen n

پەتۆ peto (wollene) Decke f; Bettdecke *f*

پەتەڕی *peteṟî* ⟨Adj.⟩ leichtsinnig; fies

پەتی *petî* ⟨Adj.⟩ rein

پ

پەچە *peçe* Gesichtsschleier *m* (weibliche Kleidung aus durchsichtigem schwarzen Stoff)

پەچەپۆش *peçepoş* verschleierte Frau *f*

پەخش *pexş* **I** ⟨Adj.⟩ verstreut **II** Ausbreitung *f*; پەخش کردن *pexş kirdin* ⟨v.t.⟩ 1. verstreuen; 2. senden; veröffentlichen; übertragen

پەخشان *pexşan* (Lit.) Prosa *f*

پەخشاننووس *pexşannûs* Prosaiker *m* / Prosaikerin *f*

پەخشکردن *pexşkirdin* Veröffentlichung *f*

پەخشنامە *pexşname* Nachrichtenblatt *n*

پەخشە *pexşe* (Zool.) Moskito *m*

پەخشەر *pexşer* Herausgeber *m* / Herausgeberin *f*; Verleger *m* / Verlegerin *f*

پەخشینگە *pexşînge* 1. Verlag *m*; 2. Sender *m*; پەخشینگەی تەلەفیزیۆن *pexşîngey telefîzyon* Fernsehsender *m*; پەخشینگەی ڕادیۆ *pexşîngey ṟadyo* Radiosender *m*

پەراسوو *perasû* (Anat.) Rippe *f*

پەراوە *perawe* Probe *f*; جل پەراوە کردن *cil perawe kirdin* ⟨v.t.⟩ etw. anprobieren (Kleidung)

پەراوەکەر *peraweker* Auszubildender *m* / Auszubildende *f*

پەراوێز *perawêz* 1. Rand *m*; 2. (Lit.) Fußnote *f*; پەراوێز نووسین *perawêz nûsîn* ⟨v.t.⟩ anmerken

پەرچ *perç* Reflex *m*; پەرچ دانەوە *perç danewe* ⟨v.t.⟩ reflektieren

پەرچدانەوە *perçdanewe* Reflexion *f*

پەرچەکردار *perçekirdar* Reaktion *f*

پەرچەم *perçem* Pony *m*; Stirnlocke *f*

پەرداخ *perdax* Glas *n*; Becher *m*; پەرداخی ئاوخواردنەوە *perdaxî awxiwardinewe* Trinkglas *n*

پەردە *perde* 1. Vorhang *m*; Gardine *f*; 2. Leinwand *f*; پەردەی گوێ *perdey gwê* (Anat.) Trommelfell *n*

پەردەوکولە *perdewkule* Moskitonetz *n*

پەرژین *perjîn* Hecke *f*; Zaun *m*

پەرستار *peristar* 1. Nonne *f*; 2. Krankenschwester *f*

پەرستگە *peristge* Tempel *m*

پەرستن *peristin* **I** ⟨v.t.⟩ ⟨پەرست- *perist-*⟩ verehren; Kult *m* **II** Anbetung *f*; Verehrung *f*

پەرستەر *perister* **I** Verehrer *m* / Verehrerin *f* **II** ⟨Adj.⟩ anbetend

پەرستیار *peristiyar* (Kranken-) Pfleger *m* / (Kranken-) Pflegerin *f*

پەرش *perş* ⟨Adj.⟩ zerstreut; unordentlich; پەرش کردن *perş kirdin* ⟨v.t.⟩ durcheinander bringen

پەرشوبڵاو *perşubiḻaw* ⟨Adj.⟩ zerstreut

پەرکەم *perkem* Epilepsie *f* (vgl. ↑ فێ); پەرکەمی ڕەشەوڵاخ *perkemî ṟeşewiḻax* Rinderwahnsinn *m*

پەرکەماوی *perkemawî* ⟨Adj.⟩ (Med.) epileptisch

پەرلەمان *perleman* (Pol.) Parlament *n*; پەرلەمانی ئەورووپا *perlemanî Ewrupa* Europaparlament *n*; پەرلەمانی ئەڵمانیا *perlemanî Eḻmanya* Bundestag *m*

پەرلەمێنتار *perlemêntar* (Pol.) Parlamentarier *m* / Parlamentarierin *f*; پەرلەمێنتارانی هەرێم *perlemêntaranî herêm* Landtag *m*

پەروا *perwa* Angst *f*; پەروا بوون بۆ *perwa bûn bo* ⟨v.i.⟩ sorgen für

پەروانە *perwane* 1. (Zool.) Schmetterling *m*; 2. Propeller *m*; پەروانەی فڕۆکە *perwaney fi̱roke* Flugzeugpropeller *m*

پەروەردگار *perwerdigar* Gott *m*; Schöpfer *m* (s.a. ↑[1]خوا)

پەروەردە *perwerde* **I** ⟨Adj.⟩ gebildet **II** 1. Bildung *f*; 2. Pflege *f*; پەروەردە بوون *perwerde bûn* ⟨v.i.⟩ aufwachsen; پەروەردە کردن *perwerde kirdin* ⟨v.t.⟩ 1. erziehen; 2. ausbilden; 3. (er)nähren; زانستیی پەروەردە *zanistîy perwerde* Pädagogik *f*

پەروەردەزانی *perwerdezanî* Pädagogik *f*

پەروەردەکەر *perwerdeker* Pädagoge *m*, Pädagogin *f*

پەروەردەیی *perwerdeyî* ⟨Adj.⟩ pädagogisch

پەرۆش *peroş* **I** ⟨Adj.⟩ 1. sehnsüchtig; 2. besorgt **II** Sehnsucht *f*; Begeisterung *f*

پەرە *pere* **I** ⟨Adj.⟩ verbreitet **II** Wachstum *n*; پەرە پێدان *pere pêdan* ⟨v.t.⟩ entwickeln; پەرە سەندن *pere sendin* ⟨v.t.⟩ 1. sich verbreiten; 2. stagnieren

پەری *perî* (Myth.) Fee *f*; Engel *m*

پەریزاد *perîzad* (Myth.) Feentochter *f*

پەرێشان *perêşan* ⟨Adj.⟩ ärmlich; erbärmlich; elend; پەرێشان بوون *perêşan bûn* ⟨v.i.⟩ niedergeschlagen, erledigt sein/werden; پەرێشان کردن *perêşan kirdin* ⟨v.t.⟩ ruinieren

پەرێشانی *perêşanî* Armut *f*; Elend *n*; Misere *f*

پەڕ *pe̱r* Feder *f*; Gefieder *n*

پەڕاندن *pe̱randin* ⟨v.t.⟩ ⟨-پەڕێن *pe̱rên-*⟩ 1. abschneiden; 2. auslassen

پەڕاو *pe̱raw* Ufer *n*

پەڕپووت *pe̱rpût* ⟨Adj.⟩ abgetragen; schäbig

پەڕتووک *pe̱rtûk* Buch *n* (s.a. ↑کتێب)

پەڕشت *pe̱rişt* (Bot.) Hafer *m*

پەڕگار *pe̱rgar* (Stech-)Zirkel *m*

پەڕگر *pe̱rgir* ⟨Adj.⟩ 1. äußerst(er, -e, -es); 2. isoliert

پەڕگری *pe̱rgirî* 1. Unmäßigkeit *f*; 2. Extremismus *m*; Radikalismus *m*

پەڕگریخواز *pe̱rgirîxiwaz* Radikaler *m* / Radikale *f*

پەڕگە *pe̱rge* 1. Kreuzung *f*; 2. Überfahrt *f*; پەڕگەی ڕێگاوبان *pe̱rgey r̲êgawban* Wegkreuzung *f*; پەڕگەی ڕێی ئاسن *pe̱rgey r̲êy asin* Bahnübergang *m*

پەڕلە *pe̱rle* Chiffre *f*; Code *m*

پەڕندە *pe̱rinde* **I** ⟨Adj.⟩ geflügelt **II** (Zool.) Vogel *m*

پەڕۆ *pe̱ro* Lumpen *m*; Lappen *m*; پەڕۆی بێنوێژی *pe̱roy bênwêjî* Slipeinlage *f*; پەڕۆی پاککردنەوە *pe̱roy pakkirdinewe* Putzlappen *m*; پەڕۆی حاجەتوشککردنەوە *pe̱roy ẖacetwişikkirdinewe* Geschirrtuch *n*

پەڕۆوسارغی *pe̱rowsarx̱î* (Med.) Kompresse *f*; پەڕۆوسارغیی تێوەپێچان

pe̱rowsarx̱îy têwepêçan (Med.) Umschlag *m*

پەڕە *pe̱re* 1. Blatt *n*; 2. (Buch-)Seite *f*; پەڕە هەڵدانەوە *pe̱re he̱ldanewe* ⟨v.t.⟩ umblättern; پەڕەی گوێ *pe̱rey gwê* (Anat.) Ohrläppchen *n*

پەڕەسێلکە *pe̱resêlke* (Zool.) Schwalbe *f*

پەڕەشووت *pe̱reşût* Fallschirm *m* (s.a. ↑چەتر)

پەڕەشووتەوان *pe̱reşûtewan* Fallschirmspringer *m* / Fallschirmspringerin *f*

پەڕەکە *pe̱reke* (Zool.) Flosse *f*

پەڕەگراف *pe̱regraf* Paragraf *m*; Abschnitt *m*

پەڕین *pe̱rîn* ⟨v.i.⟩ ⟨پەڕـ *pe̱r-*⟩ 1. (auf) springen; decken (Männchen das Weibchen); 2. erstarren

پەزپەزک *pezpezk* (Zool.) Tarantel *f*

پەزەکێوی *pezekêwî* (Zool.) Steinbock *m*

پەژارە *pejare* **I** ⟨Adj.⟩ besorgt **II** Sorge *f*; Kummer *m*

پەساپۆرت *pesaport* (Reise-)Pass *m* (vgl. ↑پاس[3]); پەساپۆرت پشکنین *pesaport pişkinîn* ⟨v.t.⟩ den Pass kontrollieren

پەست *pest* ⟨Adj.⟩ traurig; schwermütig; پەست کردن *pest kirdin* ⟨v.t.⟩ traurig machen

پەستۆراندن *pestorandin* ⟨v.t.⟩ pasteurisieren (s.a. ↑[خاوێن]کردنەوە)

پەستی *pestî* Niedergeschlagenheit *f*; Schwermut *f*

پەستێنە *pestêne* 1. Kolben *m*; 2. Kompressor *m*

پەسەند *pesend* ⟨Adj.⟩ 1. annehmbar; 2. lobenswert; 3. wünschenswert; پەسەند کردن *pesend kirdin* ⟨v.t.⟩ 1. akzeptieren; 2. genehmigen; 3. bevorzugen

پەسەندکراو *pesendkiraw* ⟨Adj.⟩ zugelassen

پەشمەک *peşmek* Zuckerwatte *f*

پەشمین *peşmîn* ⟨Adj.⟩ wollig

پەشۆکان *peşokan* ⟨v.i.⟩ ⟨پەشۆکێـ *peşokê-*⟩ verwirrt, aufgeregt, beunruhigt, nervös sein

پەشۆکاندن *peşokandin* ⟨v.t.⟩ ⟨پەشۆکێنـ *peşokên-*⟩ verwirren; beunruhigen

پەشۆکاو *peşokaw* ⟨Adj.⟩ nervös; fassungslos

پەشۆکاوی *peşokawî* Nervosität *f*

پەشیمان *peşîman* ⟨Adj.⟩ reuevoll; zerknirscht; (لێ) پەشیمان بوونەوە *(lê) peşîman bûnewe* ⟨v.i.⟩ bedauern; bereuen; پەشیمان کردنەوە *peşîman kirdinewe* ⟨v.t.⟩ j-n von etw. abbringen

پەشیمانی *peşîmanî* Reue *f*

پەشێو *peşêw* ⟨Adj.⟩ ruhelos; unruhig

پەشێوی *peşêwî* Unruhe *f*; Nervosität *f*

پەک *pek* Stärke *f*; Fähigkeit *f*; پەک خستن *pek xistin* ⟨v.t.⟩ unfähig machen; پەک کەوتن *pek kewtin* ⟨v.i.⟩ zusammenbrechen

پەککەوتوو *pekkewtû* ⟨Adj.⟩ zusammengebrochen; erschöpft

پەککەوتە *pekkewte* **I** ⟨Adj.⟩ 1. erschöpft; kraftlos; 2. unfähig

II Behinderter *m* / **Behinderte** *f*;
پەککەوتەی جەنگ *pekkewtey ceng* Kriegsinvalider *m* / Kriegsinvalidin *f*

پەل *pel* 1. Zweig *m*; 2. Arm *m*; Glied *n*; 3. Mannschaft *f*

پەلامار *pelamar* 1. Angriff *m*; 2. Überfall *m* (vgl. ↑ هێرش); پەلاماری تێرۆریستی *pelamarî têrorîstî* Terroranschlag *m*; پەلامار دان *pelamar dan* ⟨v.t.⟩ 1. angreifen; 2. überfallen

پەلک *pelk* Zweig *m*

پەلکەزێڕینە *pelkezêrîne* Regenbogen *m*

پەلوپۆ *pelupo* 1. Laub(werk) *n*; 2. Gliedmaße *Pl.*; پەلوپۆ هاویشتن *pelupo hawîştin* ⟨v.t.⟩ sich verzweigen

پەلە *pele* ⟨Adj.⟩ schnell; eilig; پەلە کردن *pele kirdin* ⟨v.t.⟩ sich beeilen; پەلە لێکردن *pele lêkirdin* ⟨v.t.⟩ j-n hetzen

پەلەپێتکە *pelepîtke* Abzug *m* (der Waffe)

پەلەڕیخۆڵە *peleṛîxoḻe* (Anat.) Blinddarm *m*

پەلەوەر *pelewer* (Zool.) Vogel *m*; (wörtl.) Flügel tragend (s.a. ↑ باڵدار)

پەڵاوی *peḻawî* ⟨Adj.⟩ gefleckt; fleckig; پەڵاوی کردن *peḻawî kirdin* ⟨v.t.⟩ kleckern

پەڵە *peḻe* Fleck *m*

پەڵەڵابەر *peḻeḻaber* Fleckentferner *m*

پەمپ *pemp* Pumpe *f*; پەمپی هەوا *pempî hewa* Luftpumpe *f*

پەموو *pemû* (Bot.) Baumwolle auf der Pflanze (s.a. ↑ لۆکە)

پەمەیی *pemeyî* ⟨Adj.⟩ rosa; pink

پەنا *pena* 1. Zufluchtsort *m*; 2. Unterschlupf *m*

پەنابەر *penaber* Flüchtling *m*; Asylbewerber *m* / Asylbewerberin *f*; مافی پەنابەر *mafî penaber* (Pol.) Asylrecht *n*; پەنابەری سیاسی *penaberî siyasî* politischer Flüchtling *m*

پەنابەری *penaberî* (Pol.) Asyl *n*; مافی پەنابەری *mafî penaberî* Recht auf Asyl; داوای پەنابەریی سیاسی کردن *daway penaberîy siyasî kirdin* ⟨v.t.⟩ politisches Asyl beantragen

پەنارتی *penartî* Elfmeter *m*

پەناگە *penage* 1. Zufluchtsort *m*; 2. Versteck *n*

پەنجا *penca* ⟨Num.⟩ fünfzig

پەنجامین *pencamîn* ⟨Num.⟩ fünfzigst(er, -e, -es)

پەنجە *pence* (Anat.) Finger *m*; Zeh *m*; پەنجە پیادا نان *pence piyada nan* ⟨v.t.⟩ anklicken; پەنجە لێدان *pence lêdan* ⟨v.t.⟩ betasten; پەنجەی پێ *pencey pê* (Anat.) Zeh *m*; پەنجەی شایەتمان *pencey şayetman* (Anat.) Zeigefinger *m*; پەنجەی ناوەراست *pencey naweṛast* (Anat.) Mittelfinger *m*

پەنجەرە *pencere* Fenster *n*

پەنجەگەورە *pencegewre* (Anat.) Daumen *m*

پەنجەمۆر *pencemor* Fingerabdruck *m*

پەنچەر *pençer* Panne *f*; پەنچەر (هە)بوون *pençer (he)bûn* ⟨v.i.⟩ eine Reifenpanne haben; platzen (Reifen)

پەنچەری *pençerî* Flicken *m*; پەنچەری کردن *pençerî kirdin* ⟨v.t.⟩ flicken

پەند *pend* 1. Ratschlag *m*, 2. Weisheit *f*; پەندی پێشینان *pendî pêşînan*

Sprichwort *n*

پەندۆڵ *pendoḻ* Pendel *n*

پەنسیلین *pensîlîn* (Med.) Penizillin *n*

پەنسیۆن *pensiyon* Pension *f*

پەنکریاس *penkiryas* (Anat.) Bauchspeicheldrüse *f*

پەنگ *peng* Aufstauen *n*; Ansammeln *n* (Wasser); پەنگ خواردنەوە *peng xiwardinewe* ⟨v.t.⟩ sich aufstauen

پەنگاو *pengaw* Stauwasser *n*

پەنهان *penhan* ⟨Adj.⟩ 1. versteckt; 2. unsichtbar; پەنهان کردن *penhan kirdin* ⟨v.t.⟩ verstecken

پەنهانی *penhanî* Geheimnis *n*

پەنیر *penîr* Käse *m*; پەنیری بزن *penîrî bizin* Ziegenkäse *m*; پەنیری سپی *penîrî sipî* Schafskäse *m*; پەنیری مەڕ *penîrî meṟ* Schafskäse *m*

پەی *pey* Spur *f*; پەی پێبردن *pey pêbirdin* ⟨v.t.⟩ bemerken; erkennen

پەیام *peyam* 1. Nachricht *f*; Botschaft *f*; 2. Mission *f*

پەیامبەر *peyamber* 1. Bote *m*, Botin *f*; 2. (Rel.) Prophet *m* (s.a. ↑پێغەمبەر)

پەیامنێر *peyamnêr* Reporter *m* / Reporterin *f*; Korrespondent *m* / Korrespondentin *f* (s.a. ↑پەیامبەر)

پەیج *peyc* Homepage *f*

پەیدا *peyda* ⟨Adj.⟩ sichtbar; بۆ پەیدا کردن *bo peyda kirdin* ⟨v.t.⟩ vermitteln; verschaffen; پەیدا بوون *peyda bûn* ⟨v.i.⟩ 1. sichtbar sein; (er)scheinen; 2. vorhanden sein; پەیدا کردن *peyda kirdin* ⟨v.t.⟩ 1. aufdecken; 2. (an-, ver)schaffen

پەیڕەو *peyṟew* 1. Vorschrift *f*; Verordnung *f*; 2. Satzung *f* (vgl. ↑پێڕەو); پەیڕەو کردن *peyṟew kirdin* ⟨v.t.⟩ befolgen

پەیڕەوپڕۆگرام *peyṟewupiṟogram* 1. Satzung *f*; 2. (Pol.) Verfassung *f*

پەیژە *peyje* (Tritt-, Stufen-)Leiter *f*

پەیڤ *peyv* Wort *n*; Rede *f* (s.a. ↑وتە)

پەیکەر *peyker* Statue *f*; Monument *n*; Skulptur *f*

پەیکەرتاش *peykertaş* Bildhauer *m* / Bildhauerin *f*

پەیکەرتاشی *peykertaşî* Bildhauerei *f*

پەیمان *peyman* 1. Versprechen *n*; 2. Übereinkunft *f*; 3. Pakt *m*; پەیمان بەستن *peyman bestin* ⟨v.t.⟩ einen Vertrag abschließen; پەیمان دان *peyman dan* ⟨v.t.⟩ versprechen; پەیمان شکاندن *peyman şikandin* ⟨v.t.⟩ ein Versprechen brechen; پەیمانی ئابووری *peymanî abûrî* Wirtschaftsabkommen *n*; پەیمانی بازرگانی *peymanî bazirganî* Handelsabkommen *n*; پەیمانی ئەتلانتیک *peymanî etlantîk* NATO *f*

پەیمانگا *peymanga* Institut *n*; Fachhochschule *f* (s.a. ↑ئینستیتووت)

پەیماننامە *peymanname* (schriftlicher) Vertrag *m*; Abkommen *n*; پەیماننامەی هاوسەرگیری *peymannamey hawsergîrî* Heiratsvertrag *m*

پەیوەست *peywest* **I** ⟨Adj.⟩ 1. verbunden; 2. anhänglich **II** Verbindung *f*; پەیوەست بوون *peywest bûn* ⟨v.i.⟩ 1. verbunden sein; 2. sich anschließen

پەیوەند *peywend* ⟨Adj.⟩ verbunden

پەیوەنددار *peywenddar* ⟨Adj.⟩ betreffend

پەیوەندی *peywendî* 1. Verbindung *f*; 2. Kontakt *m*; 3. Verhältnis *n* (s.a. ↑پێوەندی) • هیچ پەیوەندی پێوە نییە er hat nichts damit zu tun; es geht ihn nichts an; ئامرازی پەیوەندی *amrazî peywendî* (Gr.) Präposition *f*; پەیوەندیی پێوە بوون *peywendîy pêwe bûn* ⟨v.i.⟩ 1. zusammenhängen; 2. betreffen; پەیوەندیی خۆشەویستی *peywendîy xoşewîstî* Liebesverhältnis *n*; پەیوەندی کردن بە *peywendî kirdin be* ⟨v.t.⟩ sich in Verbindung setzen mit; پەیوەندی هەبوون *peywendî hebûn* ⟨v.i.⟩ in Kontakt stehen (mit)

پەیین *peyîn* Dünger *m*

پیاتێپەڕین *piyatêpeṟîn* **I** ⟨v.i.⟩ ⟨پیا...تێ...پەڕ- *piya…tê…peṟ-*⟩ durchqueren; durchgehen **II** Transit *m*

پیادە *piyade* **I** ⟨Adj.⟩ zu Fuß **II** Fußgänger *m* / Fußgängerin *f*

پیادەڕۆ *piyadeṟo* 1. Gehweg *m*; 2. Fußgänger *m* / Fußgängerin *f*

پیاز *piyaz* (Bot.) Zwiebel *f*

پیازاو *piyazaw* Zwiebelsuppe *f*

پیاسە *piyase* Spaziergang *m*; Bummel *m*; پیاسە کردن *piyase kirdin* ⟨v.t.⟩ spazieren gehen

پیاڵە *piyaḻe* Teeglas *n* (s.a. ↑ئیستیکان)

پیانۆ *piyano* (Mus.) Klavier *n*; پیانۆی گەورە *piyanoy gewre* (Mus.) Flügel *m*; پیانۆ لێدان *piyano lêdan* ⟨v.t.⟩ Klavier spielen

پیاو *piyaw* 1. Mann *m*; Ehemann *m*; 2. Person *f*; پیاوی ئاینی *piyawî ayinî* (Rel.) Geistlicher *m*; پیاوی دەوڵەت *piyawî deweḻet* Staatsmann *m*; پیاوی ماڵ *piyawî maḻ* Hausmann *m*

پیاوانە *piyawane* ⟨Adv.⟩ männlich

پیاوچاک *piyawçak* ⟨Adj.⟩ 1. wohltätig; 2. aufrichtig

پیاوخراپ *piyawxirap* Schuft *m*

پیاوکوژ *piyawkuj* Mörder *m* / Mörderin *f*

پیاوکوژی *piyawkujî* Mord *m*

پیاوەتی *piyawetî* (üb.) Großmütigkeit *f*

پیاوێتی *piyawêtî* Männlichkeit *f*

پیپ *pîp* Tonne *f* (vgl. ↑بەرمیل)

پیت *pît* Buchstabe *m* (vgl. ↑²تیپ); بە پیتی گەورە نووسین *be pîtî gewre nûsîn* ⟨v.t.⟩ großschreiben; پیتی بچکۆلە *pîtî biçkole* Kleinbuchstabe *m*; پیتی چاپخانە *pîtî çapxane* Druckschrift *f*; پیتی گەورە *pîtî gewre* Großbuchstabe *m*

پیتسا *pîtsa* Pizza *f* (vgl. ↑کولێرەبەقیمە)

پیر *pîr* ⟨Adj.⟩ alt; bejahrt; پیر بوون *pîr bûn* ⟨v.i.⟩ alt werden; لێ پیر کردن *lê pîr kirdin* ⟨v.t.⟩ chronisch werden (Krankheit)

پیرۆز *pîroz* ⟨Adj.⟩ heilig; selig; پیرۆز کردن *pîroz kirdin* ⟨v.t.⟩ (Rel.) segnen; weihen

پیرۆزبایی *pîrozbayî* Gratulation *f*; Glückwunsch *m*; پیرۆزبایی (لێ) کردن *pîrozbayî (lê)kirdin* ⟨v.t.⟩ gratulieren; beglückwünschen

پیرۆزە *pîroze* Türkis *m* (nach Aberglauben Glücksbringer und

Schutz gegen den bösen Blick)
پیرۆزەیی *pîrozeyî* ⟨Adj.⟩ türkis
پیرۆزی *pîrozî* Segnung *f*
پیرەڵۆک *pîre<u>l</u>ok* ⟨Adj.⟩ 1. verblüht; 2. rissig (Haut)
پیرەمێرد *pîremêrd* alter Mann *m*; Greis *m*
پیری *pîrî* hohes Alter *n*
پیرێژن *pîrêjin* alte Frau *f*; Greisin *f*
پیس *pîs* ⟨Adj.⟩ schmutzig; dreckig; faul; **پیس بوون** *pîs bûn* ⟨v.i.⟩ schmutzig, dreckig, faul sein/werden; هێلکەکە پیس بووە das Ei ist faul geworden; **دڵ لێ پیس بوون** *di<u>l</u> lê pîs bûn* ⟨v.i.⟩ j-m misstrauen; دڵم لێی پیس بووە ich misstraue ihm; **پیس کردن** *pîs kirdin* ⟨v.t.⟩ beschmutzen; **دڵ پیس کردن** *di<u>l</u> pîs kirdin* ⟨v.t.⟩ misstrauisch sein/werden
پیساو *pîsaw* Abwasser *n*
پیسایی *pîsayî* Kot *m*; Stuhlgang *m* (s.a. ↑گوو); **پیسایی کردن** *pîsayî kirdin* ⟨v.t.⟩ Stuhlgang haben
پیسکە *pîske* ⟨Adj.⟩ 1. gierig; 2. geizig
پیسی *pîsî* Schmutz *m*; Abfall *m*; Dreck *m*
پیشان *pîşan* Zeigen *n*; **پیشان دان** *pîşan dan* ⟨v.t.⟩ (her)zeigen; vorführen; **خۆ پیشان دان** *xo pîşan dan* ⟨v.refl.⟩ demonstrieren
پیشاندراو *pîşandiraw* ⟨Adj.⟩ vorgeführt; dargelegt
پیشانگە *pîşange* Ausstellung *f*; Galerie *f*; **پیشانگەی ساڵانە** *pîşangey sa<u>l</u>ane* Jahrmarkt *m*; **پیشانگەی کتێب** *pîşangey kitêb* Buchmesse *f*; **پیشانگەی هونەری** *pîşangey hunerî* Kunstausstellung *f*
پیشاو *pîşaw* ⟨Adj.⟩ geräuchert
پیشۆک *pîşok* (Bot.) Hyazinthe *f*
پیشە *pîşe* Beruf *m*; Arbeit *f*; Beschäftigung *f*; Tätigkeit *f*; **پیشەی دەست** *pîşey dest* Handwerk *n*
پیشەساز *pîşesaz* **I** ⟨Adj.⟩ Facharbeiter *m* / Facharbeiterin *f* **II** Handwerker *m* / Handwerkerin *f*
پیشەسازی *pîşesazî* Industrie *f*; Gewerbe *n*; **پیشەسازیی کانزایی** *pîşesazîy kanzayî* Schwerindustrie *f*; **پیشەسازیی چنین** *pîşesazîy çinîn* Textilindustrie *f*
پیشەشاگرد *pîşeşagird* Lehrling *m*
پیشەگەر *pîşeger* **I** ⟨Adj.⟩ berufstätig **II** Handwerker *m* / Handwerkerin *f*
پیشەگەری *pîşegerî* Berufstätigkeit *f*
پیشەیی *pîşeyî* ⟨Adj.⟩ beruflich; praktisch
پیکاب *pîkab* Pritschenwagen *m*
پیگمێنت *pîgmênt* Pigment *n*
پیل *pîl* Batterie *f*
پیلان *pîlan* 1. Verschwörung *f*; 2. Plan *m* (s.a. ↑پلان); **پیلان کێشان** *pîlan kêşan* ⟨v.t.⟩ 1. intrigieren; 2. planen
پیلانگێڕ *pîlangê<u>r</u>* Intrigant *m* / Intrigantin *f*; Verschwörer *m* / Verschwörerin *f*
پینگپۆنگ *pîngpong* Tischtennis *n*
پینە *pîne* Flicken *m*; **پینە کردن** *pîne kirdin* ⟨v.t.⟩ 1. flicken; 2. (üb.) rechtfertigen

پینەدۆز *pînedoz* Flickschuster *m* / Flickschusterin *f*
پینەکراو *pînekiraw* ⟨Adj.⟩ 1. geflickt; besohlt; 2. (üb.) gerechtfertigt
پیو *pîw* Talg *m*
[1]**پێ** *pê* pê; Name des dritten Buchstabens des kurdischen Alphabets (پ *p*)
[2]**پێ** *pê* Fuß *m*; **بنی پێ** *binî pê* Fußsohle *f*; **لە پێ داکەندن** *le pê dakendin* ⟨v.t.⟩ ausziehen; گۆرەوییەکانی لە پێ داکەند er zog seine Socken aus; **پێ پیا نان** *pê piya nan* ⟨v.t.⟩ betreten; **بە پێ ڕۆیشتن** *be pê royiştin* ⟨v.i.⟩ zu Fuß gehen; **لە پێ کردن** *le pê kirdin* ⟨v.t.⟩ anziehen; پێڵاوەکانی لە پێ کرد er zog die Schuhe an; **لە پێ کەوتن** *le pê kewtin* ⟨v.i.⟩ nicht laufen können; **پێ گرتن** *pê girtin* ⟨v.t.⟩ laufen lernen; **پێ (لێ)داگرتن** *pê (lê)dagirtin* ⟨v.t.⟩ bestehen (auf); **پێ لێنان** *pê lênan* ⟨v.t.⟩ gestehen; **پێی پەتی** *pêy petî* ⟨Adv.⟩ barfuß
پێباز *pêbaz* Fußweg *m*
پێبڕین *pêbirîn* ⟨v.t.⟩ ⟨پێ...بڕ- *pê…bir-*⟩ j-n unterbrechen
پێبوون *pêbûn* ⟨v.i.⟩ ⟨پێ...ب- *pê…b-*⟩ etw. bei sich haben
پێبەخشین *pêbexşîn* **I** ⟨v.t.⟩ ⟨پێ...بەخش- *pê…bexş-*⟩ 1. (be)schenken; spenden; 2. widmen **II** 1. Gabe *f*; 2. Widmung *f*
پێبەقنگە *pêbeqinge* (Zool.) Grünfink *m*
پێبەند *pêbend* ⟨Adj.⟩ 1. angekettet; 2. abhängig; **پێبەند بوون** *pêbend bûn* ⟨v.i.⟩ 1. sich interessieren; 2. sich an etw. fest halten

پێپلیکانەی **پێپلیکانە** *pêplîkane* Treppe *f*; **کارەبایی** *pêplîkaney karebayî* Rolltreppe *f*; **موحەجەرەی پێپلیکانە** *muhecerey pêplîkane* Treppengeländer *n*
پێپەتی *pêpetî* ⟨Adv.⟩ barfuß
پێپەڕ *pêper* ⟨Adj.⟩ 1. sprunghaft; 2. übertragbar
پێپێکەنین *pêpêkenîn* ⟨v.i.⟩ ⟨پێ...پێ...کەن- *pê…pê…ken-*⟩ auslachen
پێچ *pêç* 1. Kurve *f*; 2. Drehung *f*; **پێچ خواردن** *pêç xiwardin* ⟨v.t.⟩ 1. sich umdrehen; 2. schlängeln; **پێچ دانەوە** *pêç danewe* ⟨v.t.⟩ umdrehen; **پێچ کردنەوە** *pêç kirdinewe* ⟨v.t.⟩ umdrehen; wenden
پێچاندنەوە *pêçandinewe* ⟨v.t.⟩ ⟨پێچێن- ەوە *pêçên- ewe*⟩ (ein-, um)wickeln; einpacken
پێچانەوە *pêçanewe* ⟨v.t.⟩ ⟨پێچ- ەوە *pêç-ewe*⟩ einpacken; verpacken
پێچپێچۆکە *pêçpêçoke* **I** ⟨Adj.⟩ spiralförmig **II** Spirale *f*
پێچکە *pêçke* 1. Hammelfüße *Pl.*; 2. Rad *n*
پێچگر *pêçgir* (Tech.) (Schrauben-) Mutter *f* (vgl. ↑سەموونە)
پێچگە *pêçge* Kurve *f*
پێچەک *pêçek* Verband(szeug *n*) *m*
پێچەوانە *pêçewane* **I** ⟨Adv.⟩ entgegengesetzt; entgegen **II** Gegenteil *n*; Gegensatz *m*; **پێچەوانەی ڕێڕۆ** *pêçewaney rêro* Gegenrichtung *f*; **بە پێچەوانەی** *be pêçewaney* ⟨Präp.⟩ im Gegensatz zu; بە پێچەوانەی ئەوەوە im Gegensatz dazu
پێخاوس *pêxawis* ⟨Adv.⟩ barfuß

پ

پێخۆر *pêxor* Beilage *f*
پێخۆشحاڵ *pêxoşhal* (s. ↑خۆشحاڵ); **پێخۆشحاڵ بوون** *pêxoşhal bûn* ⟨v.i.⟩ sich freuen
پێخۆشحاڵی *pêxoşhalî* Freude *f*
پێخەف *pêxef* Bettwäsche *f*
پێدا *pêda* ⟨Präp.⟩ quer durch; durch
پێداتێپەڕبوون *pêdatêperbûn* **I** ⟨v.i.⟩ ⟨پێ...داتێ...پەڕ- *pê…datê…per-*⟩ durchreisen; entlanggehen **II** Durchreise *f*
پێداچوونەوە *pêdaçûnewe* **I** ⟨v.i.⟩ ⟨پێ...دا...چـ ەوە *pê…da…ç- ewe*⟩ noch einmal (über)prüfen, untersuchen; nachsehen; überarbeiten **II** Revision *f*; Überprüfung *f*
پێداچەقاندن *pêdaçeqandin* ⟨v.t.⟩ ⟨پێ...دا...چەقێن- *pê…da…çeqên-*⟩ rammen
پێدادان *pêdadan* ⟨v.t.⟩ ⟨پێ...دا...دە-/دا *pê…da…de-/da*⟩ (aus)breiten über (z.B. Tuch)
پێداڕاپەرموون *pêdarapermûn* ⟨v.t.⟩ ⟨پێ...داڕا...پەرموو- *pê…dara…permû-*⟩ zumuten
پێداڕژاندن *pêdarijandin* ⟨v.t.⟩ ⟨پێ...دا...ڕژێن- *pê…da…rijên-*⟩ überschütten
پێداڕەتبوون *pêdaretbûn* ⟨v.i.⟩ ⟨پێ...داڕەت...بـ- *pê…daret…bi-*⟩ durchlaufen
پێداکردن *pêdakirdin* ⟨v.t.⟩ ⟨پێ...دا...کە-/کا *pê…da…ke-/ka*⟩ hineinstecken
پێداکەوتن *pêdakewtin* **I** ⟨v.i.⟩ ⟨پێ...دا...کەو- *pê…da…kew-*⟩ zusammenstoßen **II** Stoß *m*; Anprall *m*
پێداکێشان *pêdakêşan* ⟨v.t.⟩ ⟨پێ...دا...کێشـ *pê…da…kêş-*⟩ 1. schlagen (mit); 2. (üb.) unterschlagen; **خۆ پێداکێشان** *xo pêdakêşan* ⟨v.t.⟩ rammen
پێداگەیشتن *pêdageyiştin* ⟨v.i.⟩ ⟨پێ...دا...گە-/گا *pê…da…ge-/ga*⟩ pünktlich ankommen
پێدان *pêdan* ⟨v.t.⟩ ⟨پێ...دە-/دا *pê…de-/da*⟩ j-m etw. geben
پێدانان *pêdanan* ⟨v.t.⟩ ⟨پێ...دا...نێـ *pê…da…nê-*⟩ absetzen, abstellen, ablegen lassen
پێدانەگەیشتن *pêdanegeyiştin* ⟨v.i.⟩ ⟨پێ...داناگە-/گا *pê…danage-/ga*⟩ verpassen
پێدانەوە *pêdanewe* ⟨v.t.⟩ ⟨پێ...دەـ ەوە/داتەوە *pê-…de-ewe/datewe*⟩ zurückerstatten; zurückgeben
پێداویستی *pêdawîstî* 1. Bedürfnis *n*; Bedarf *m*; 2. Voraussetzung *f*; 3. Ausrüstung *f*; **پێداویستیی نووسین** *pêdawîstîy nûsîn* Schreibwaren *Pl.*
پێداهەڵدان *pêdaheldan* **I** ⟨v.t.⟩ ⟨پێ...داهەڵ...دە-/دا *pê…dahel…de-/da*⟩ j-n loben; j-n preisen **II** Lob *n*
پێداهەڵزنان *pêdahelzinan* ⟨v.t.⟩ ⟨پێ...داهەڵ...زنێـ *pê…dahel…zinê-*⟩ anspringen
پێداهێنان *pêdahênan* ⟨v.t.⟩ ⟨پێ...دا...هێنـ، پێ...دا...ێنـ *pê…da…hên-, pê…da…ên-*⟩ etw. mit etw. einreiben
پێدەشت *pêdeşt* Ebene *f*
پێرار *pêrar* ⟨Adv.⟩ vorletztes Jahr
پێرێ *pêrê* ⟨Adv.⟩ vorgestern
پێرێشەو *pêrêşew* ⟨Adv.⟩ vorgestern Nacht
پێرێئێوارێ *pêrêêwarê* ⟨Adv.⟩ vorgestern Abend
پێڕابواردن *pêrabiwardin* ⟨v.t.⟩ ⟨پێ...ڕا...بوێر- *pê…ra…biwêr-*⟩ sich lustig

machen über

پێڕاسپاردن *pêṟasipardin* ⟨v.t.⟩ ⟨پێ...ڕا...سپێر- *pê...ṟa...sipêr-*⟩ beauftragen

پێڕاگەیاندن *pêṟageyandin* ⟨v.t.⟩ ⟨پێڕا... گەیێن-، پێڕا...گەیەن- *pêṟa...geyên-*, *pêṟa...geyen-*⟩ benachrichtigen; informieren

پێڕانەهاتوو *pêṟanehatû* ⟨Adj.⟩ ungewöhnlich; ungewohnt

پێڕاهاتن *pêṟahatin* ⟨v.i.⟩ ⟨پێ...ڕا...ێ- *pê...ṟa...ê-*, (neg.) پێ...ڕانایە- *pê...ṟanaye-*⟩ sich an etw. gewöhnen

پێڕاهاتوو *pêṟahatû* ⟨Adj.⟩ gewohnt

پێڕست *pêṟist* 1. Inhaltsverzeichnis *n*; Index *m*; 2. Menü *n* (EDV)

پێڕەو *pêṟew* 1. Vorschrift *f*; 2. Satzung *f*; 3. Reglement *n* (vgl. ↑پەیڕەو)

پێڕەوی *pêṟewî* Gefolgschaft *f*; **پێڕەوی کردن** *pêṟewî kirdin* ⟨v.t.⟩ 1. sich bekennen zu; 2. folgen

پێڕێ *pêṟê* Fußweg *m*

پێز *pêz* Gluten *n*

پێزانراو *pêzanraw* ⟨Adj.⟩ bemerkt

پێزانین *pêzanîn* **I** ⟨v.t.⟩ ⟨پێ...زان- *pê...zan-*⟩ 1. wissen von; 2. wahrnehmen; 3. einsehen **II** Wahrnehmung *f*

پێسپاردن *pêsipardin* ⟨v.t.⟩ ⟨پێ...سپێر- *pê...sipêr-*⟩ 1. beauftragen; 2. j-m anvertrauen

پێست *pêst* 1. Haut *f*; 2. Leder *n* (s.a. ↑کەوڵ); **پێستی ئاژەڵەکێوی** *pêstî ajeḻekêwî* Wildleder *n*; **کرێمی پێست** *kirêmî pêst* Hautkrem *f*; **نەخۆشی پێست** *nexoşî pêst* (Med.) Hautkrankheit *f*

پێستڕەش *pêstṟeş* ⟨Adj.⟩ dunkelhäutig

پێستسوورهەڵگەڕان *pêstsûrheḻgeṟan* (Med.) (Haut-)Ausschlag *m*

پێستە *pêste* 1. Haut *f*; 2. Leder *n* (vgl. ↑پێست); **پێستەی تەپڵ** *pêstey tepiḻ* Trommelfell

پێسووک *pêsûk* ⟨Adj.⟩ flink; leichtfüßig

پێسەرسامبوون *pêsersambûn* Bewunderung *f*

پێسەلماندن *pêselmandin* ⟨v.t.⟩ ⟨پێ... سەلمێن- *pê...selmên-*⟩ überzeugen

پێسەیربوون *pêseyirbûn* Erstaunen *n*

پێش *pêş* **I** ⟨Adv.⟩ 1. vorn; 2. vorher **II** ⟨Präp.⟩ vor (räumlich und zeitlich) **III** Vorderseite *f*; **پێش خستن** *pêş xistin* ⟨v.t.⟩ 1. voranbringen; 2. vorverlegen; 3. überholen; **پێش کەوتن** *pêş kewtin* ⟨v.i.⟩ vorwärts gehen; fortschreiten; Fortschritte machen

پێشان *pêşan* ⟨Adv.⟩ 1. früher; 2. zuerst

پێشاو *pêşaw* Toilette *f*; WC *n*; **پێشاو کردن** *pêşaw kirdin* ⟨v.t.⟩ auf die Toilette gehen

پێشاوپێش *pêşawpêş* ⟨Adv.⟩ vorwärts

پێشبڕکێ *pêşbiṟkê* 1. Wettbewerb *m*; Konkurrenz *f*; 2. (Sp.) Wettkampf *m*; **پێشبڕکێ کردن** *pêşbiṟkê kirdin* ⟨v.t.⟩ konkurrieren; **پێشبڕکێی پاسکیل** *pêşbiṟkêy paskîl* (Sp.) Radrennen *n*; **پێشبڕکێی ڕاکردن** *pêşbiṟkêy ṟakirdin* Wettlauf *m*; **پێشبڕکێی سواری** *pêşbiṟkêy siwarî* Pferderennen *n*

پێشبڕکێکار *pêşbiṟkêkar* Konkurrent *m* / Konkurrentin *f*

پێشبینی *pêşbînî* Vorhersehen *n*; Prognose *f*; Prophezeiung *f*; **پێشبینی**

پێشبینی کردن *pêşbînî kirdin* ⟨v.t.⟩ ahnen; voraussehen; vorhersagen

پێشتر *pêştir* **I** ⟨Adj.⟩ früh(er, -e, -es) **II** ⟨Adv.⟩ eher; (schon) vorher

پێشچاو *pêşçaw* (Aus-)Sicht *f*; Ausblick *m*

پێشخزمەت *pêşxizmet* Servierer *m*; Oberdiener *m*

پێشخستن *pêşxistin* ⟨v.t.⟩ ⟨پێش...خە-/خا-⟩ *pêş…xe-/xa*⟩ 1. vorwärts bringen; 2. vorverlegen

پێشخۆراک *pêşxorak* Vorspeise *f*

پێشدان *pêşdan* Vorsprung *m*

پێشڕەو *pêşrew* Anführer *m* / Anführerin *f*

پێشڕێ *pêşrê* Vorfahrt *f*

پێشزایین *pêşzayîn* ⟨Adv.⟩ (Rel.) vor Christus

پێشکار *pêşkar* Geschäftsführer *m* / Geschäftsführerin *f*

پێشکاری *pêşkarî* Geschäftsführung *f*

پێشکۆتا *pêşkota* ⟨Adj.⟩ vorletzt(er, -e, -es)

پێشکەش *pêşkeş* 1. Geschenk *n*; 2. Widmung *f*; پێشکەش کردن *pêşkeş kirdin* ⟨v.t.⟩ 1. schenken; 2. widmen; 3. vorführen

پێشکەوتن *pêşkewtin* **I** ⟨v.i.⟩ ⟨پێش....کەو- *pêş….kew-*⟩ vorwärts gehen **II** Fortschritt *m*

پێشکەوتوو *pêşkewtû* ⟨Adj.⟩ fortgeschritten; fortschrittlich

پێشگر *pêşgir* (Gr.) Präfix *n*; Vorsilbe *f*

پێشمەرج *pêşmerc* Voraussetzung *f*

پێشمەرگە *pêşmerge* (wörtl.) die zum Tod Bereiten; Partisan *m* / Partisanin *f*; Widerstandskämpfer *m* / Widerstandskämpferin *f*; Peschmerga *m*

پێشمێژوو *pêşmêjû* ⟨Adj.⟩ prähistorisch

پێشناو *pêşnaw* Vorname *m*

پێشنیاز *pêşniyaz* Vorschlag *m*; Empfehlung *f*; پێشنیاز کردن *pêşniyaz kirdin* ⟨v.t.⟩ vorschlagen; empfehlen

پێشنیوەڕۆ *pêşnîwero* **I** ⟨Adv.⟩ vormittags **II** Vormittag *m*

پێشواز *pêşwaz* Empfang *m*

پێشوازی *pêşwazî* 1. Empfang *m*; 2. Rezeption *f* (Hotel); پێشوازی کردن *pêşwazî kirdin* ⟨v.t.⟩ empfangen; begrüßen

پێشوو *pêşû* ⟨Adj.⟩ frühe(r, -s); vorige(r, -s)

پێشوەخت *pêşwext* ⟨Adv.⟩ frühzeitig; vorzeitig

پێشەکی *pêşekî* **I** ⟨Adv.⟩ zuerst **II** 1. Einleitung *f*; Einführung *f*; 2. Anzahlung *f*; پێشەکی دان *pêşekî dan* ⟨v.t.⟩ anzahlen

پێشەنگ *pêşeng* **I** ⟨Adj.⟩ fortschrittlich **II** Anführer *m* / Anführerin *f*

پێشەنگی *pêşengî* Führung *f*; Leitung *f*; پێشەنگی کردن *pêşengî kirdin* ⟨v.t.⟩ führen; leiten

پێشەوا *pêşewa* Führer *m* / Führerin *f*

پێشەوە *pêşewe* **I** ⟨Adv.⟩ vorne **II** Vorderseite *f*; خۆ بردنە پێشەوە *xo birdine pêşewe* ⟨v.refl.⟩ 1. (üb.) sich einschmeicheln; 2. vordrängeln; بۆ پێشەوە چوون *bo pêşewe çûn* ⟨v.i.⟩ vorwärts gehen

پێشینە *pêşîne* **I** ⟨Adv.⟩ im Voraus; vorher; bereits **II** Vorauszahlung *f*

پێغەمبەر *pêxember* (Rel.) Prophet *m* (s.a. پەیامبەر↑); **وتەکانی پێغەمبەر** *witekanî pêxember* (Rel.) Prophetentradition *f*

پێغەمبەرانە *pêxemberane* ⟨Adj.⟩ prophetisch

پێفرۆشتن *pêfiroştin* ⟨v.t.⟩ ⟨پێ...فرۆشـ- *pê…firoş-*⟩ verkaufen an

پێک *pêk* Becher *m*

پێکان *pêkan* ⟨v.t.⟩ ⟨پێکـ- *pêk-*⟩ 1. treffen (Ziel); 2. erzielen

پێکداچوون *pêkdaçûn* ⟨v.i.⟩ ⟨پێکدا...چـ- *pêkda…ç-*⟩ 1. sich überschneiden mit; 2. (üb.) streiten

پێکدادان *pêkdadan* **I** ⟨v.t.⟩ ⟨پێکدا...دە-/دا *pêkda…de-/da*⟩ zusammenstoßen; zusammenprallen **II** Streit *m*; Gefecht *n*

پێکراو *pêkraw* ⟨Adj.⟩ 1. getroffen; 2. betroffen

پێکگەیشتن *pêkgeyiştin* **I** ⟨v.i.⟩ ⟨پێک...گە-/گا *pêk…ge-/ga*⟩ sich treffen; zusammenkommen **II** Treffen *n*; **پێکگەیشتنی جنسی** *pêkgeyiştinî cinsî* Geschlechtsverkehr *m*

پێکناساندن *pêknasandin* ⟨v.t.⟩ ⟨پێک...ناسێنـ- *pêk…nasên-*⟩ einander vorstellen

پێکنپاودەر *pêknpawder* Backpulver *n*

پێکنەهاتوو *pêknehatû* ⟨Adj.⟩ unvollendet

پێکورە *pêkure* Clique *f* (von Teenagern)

پێکهاتن *pêkhatin* ⟨v.i.⟩ ⟨پێک...یـ- *pêk…ê-*, (neg.) پێکنایە- *pêknaye-*⟩ 1. sich einig sein/werden; sich versöhnen; 2. ausmachen; **پێکهاتن لە** *pêkhatin le* ⟨v.i.⟩ bestehen aus

پێکهاتوو *pêkhatû* ⟨Adj.⟩ zusammengesetzt

پێکهاتە *pêkhate* 1. (geh.) Spektrum *n*; 2. Präparat *n*

پێکهانین *pêkhanîn* s. پێکهێنان↑

پێکهێنان *pêkhênan* **I** ⟨v.t.⟩ ⟨پێک...هێنـ-، پێک...ێنـ- *pêk…hên-*, *pêk…ên-*⟩ zusammensetzen; zusammenstellen **II** Bildung *f*; Zusammensetzung *f*; Konstruktion *f*

پێکهێنراو *pêkhênraw* ⟨Adj.⟩ synthetisch; konstruiert

پێکهێنەر *pêkhêner* Erzeuger *m* (s.a. دینەمۆ↑)

پێکەنین *pêkenîn* ⟨v.i.⟩ ⟨پێ...کەنـ- *pê…ken-*⟩ 1. lachen; 2. kichern

پێکەنیناوی *pêkenînawî* ⟨Adj.⟩ lustig; witzig

پێکەوتن *pêkewtin* ⟨v.i.⟩ ⟨پێ...کەو- *pê…kew-*⟩ 1. vertragen; 2. (üb.) bekommen; **چاو پێکەوتن** *çaw pêkewtin* ⟨v.i.⟩ 1. sehen; 2. treffen

پێکەوە *pêkewe* ⟨Adv.⟩ zusammen; gemeinsam; **پێکەوە بوون** *pêkewe bûn* ⟨v.i.⟩ zusammen sein; **پێکەوە دانیشتن** *pêkewe danîştin* ⟨v.i.⟩ zusammensetzen; **پێکەوە لکاندن** *pêkewe likandin* ⟨v.t.⟩ zusammenkleben; **پێکەوە ڕۆیشتن** *pêkewe royiştin* ⟨v.i.⟩ mitfahren; **پێکەوە بەستن** *pêkewe bestin* ⟨v.t.⟩ miteinander verbinden;

پ

پێکەوە بەستنەوە *pêkewe bestinewe* ⟨v.t.⟩ zusammenbinden; verbinden; **پێکەوە کار کردن** *pêkewe kar kirdin* ⟨v.t.⟩ zusammenarbeiten; **پێکەوە گونجان** *pêkewe guncan* ⟨v.i.⟩ sich miteinander vertragen; **پێکەوە نان** *pêkewe nan* ⟨v.t.⟩ zusammensetzen; **پێکەوە هاتن** *pêkewe hatin* ⟨v.i.⟩ zusammenkommen; **پێکەوە هەڵکردن** *pêkewe helkirdin* ⟨v.t.⟩ sich vertragen

پێکەوەژیان *pêkewejiyan* Lebensgemeinschaft *f*

پێکەوەکارکردن *pêkewekarkirdin* Zusammenarbeit *f*

پێگورگە *pêgurge* (Bot.) Bärlapp *m*

پێگە *pêge* Position *f*; Lage *f*

پێگەیاندن *pêgeyandin* ⟨v.t.⟩ ⟨پێ...گەیێنـ، پێ...گەیەنـ *pê…geyên-*, *pê…geyen-*⟩ 1. großziehen; 2. ausbilden

پێگەیشتن *pêgeyiştin* ⟨v.i.⟩ ⟨پێ...گە-/گا *pê…ge-/ga*⟩ erreichen

پێگەیشتوو *pêgeyiştû* ⟨Adj.⟩ erwachsen

پێگەییو *pêgeyîw* **I** ⟨Adj.⟩ reif **II** Erwachsener *m* / Erwachsene *f*

پێلەقە *pêleqe* Stampfen *n*; **پێلەقە لێدان** *pêleqe lêdan* ⟨v.t.⟩ stampfen

پێڵاو *pêlaw* Schuh *m*; **بنی پێڵاو** *binî pêlaw* Schuhsohle *f*; **پێڵاوی وەرزش** *pêlawî werziş* Sportschuh *m*; **جوتێک پێڵاو** *cutêk pêlaw* ein Paar Schuhe; **گەورەییی پێڵاو** *gewreyîy pêlaw* Schuhgröße *f*; **پێڵاو چاک کردن** *pêlaw çak kirdin* ⟨v.t.⟩ die Schuhe flicken; **پێڵاو دروست کردن** *pêlaw dirust kirdin* ⟨v.t.⟩ Schuhe herstellen; **پێڵاوی پاژنەبەرز** *pêlawî pajneberz* Stöckelschuh *m*; **پێڵاوی پیاوانە** *pêlawî piyawane* Herrenschuh *m*; **پێڵاوی جومناستیک** *pêlawî cumnastîk* Turnschuh *m*; **پێڵاوی ژنانە** *pêlawî jinane* Damenschuh *m*; **پێڵاوی ناوماڵ** *pêlawî nawmal* Hausschuh *m*

پێڵاوفرۆش *pêlawfiroş* Schuhverkäufer *m* / Schuhverkäuferin *f*; **دوکانی پێڵاوفرۆش** *dukanî pêlawfiroş* Schuhgeschäft *n*

پێڵوو *pêlû* (Anat.) Lid *n*; **پێڵووی چاو** *pêlûy çaw* (Anat.) Augenlid *n*

پێمان *pêman* ⟨v.i.⟩ ⟨پێ...مێنـ *pê…mên-*⟩ 1. (zurück)behalten; 2. übrig bleiben

پێمردە *pêmirde* ⟨Adj.⟩ mörderisch; tödlich

پێناساندن *pênasandin* ⟨v.t.⟩ ⟨پێ...ناسێنـ *pê…nasên-*⟩ (j-n j-*m*) vorstellen

پێناسە *pênase* Beschreibung *f*; **پێناسە کردن** *pênase kirdin* ⟨v.t.⟩ beschreiben

پێناسین *pênasîn* ⟨v.t.⟩ ⟨پێ...ناسـ *pê…nas-*⟩ bekannt, vertraut machen (mit)

پێنج *pênc* ⟨Num.⟩ fünf

پێنجسەد *pêncsed* ⟨Num.⟩ fünfhundert

پێنجشەممە *pêncşemme* Donnerstag *m*

پێنجگۆشە *pêncgoşe* (Math.) Fünfeck *n*

پێنجگۆشەیی *pêncgoşeyî* ⟨Adj.⟩ fünfeckig

پێنجەم *pêncem* ⟨Num.⟩ fünfte(r, -s)

پێنووس *pênûs* (Blei-)Stift *m*; **پێنووسی بۆیەی تەڕ** *pênûsî boyey ter* Filzstift *m*; پێنووسی ڕەش *pênûsî reş* Bleistift *m*; پێنووسی ڕەنگاوڕەنگ *pênûsî rengawreng* Buntstift *m*; پێنووسی (مەرەکەبی) وشک *pênûsî (merekebî) wişk* Kugelschreiber *m*

پێنووسدادەر *pênûsdader* Anspitzer *m*

پێنووسینەوە *pênûsînewe* **I** ⟨v.t.⟩ ⟨پێ... نووس‑ ەوە *pê…nûs- ewe*⟩ diktieren **II** Diktat *n*

پێنەزان *pênezan* ⟨Adj.⟩ undankbar

پێنەزانی *pênezanî* Undankbarkeit *f*

پێنەزانین *pênezanîn* ⟨v.t.⟩ ⟨پێ...نازان‑ *pê…nazan-*⟩ 1. nicht wissen von; 2. (üb.) undankbar sein

پێنەگەیشتوو *pênegeyiştû* ⟨Adj.⟩ 1. unausgereift; 2. roh

پێنەگەییو *pênegeyîw* ⟨Adj.⟩ unreif; unerfahren, roh

پێوان *pêwan* **I** ⟨v.t.⟩ ⟨پێو‑ *pêw-*⟩ (ab-, aus-, ver)messen **II** (Ab-, Aus-, Ver-)Messung *f*

پێوانە *pêwane* Maß *n*; Maßstab *m*

پێوتن *pêwitin* ⟨v.t.⟩ ⟨پێ...ڵێ‑ *pê…lê-*⟩ 1. zu j-m etw. sagen; 2. nennen

پێوە *pêwe* ⟨Präp.⟩ mit; in; an; durch

پێوەبوون *pêwebûn* ⟨v.i.⟩ ⟨پێوە...ب‑ *pêwe…b-*⟩ verwickelt sein/werden in; dabei sein, etw. zu tun

[1]پێوەدان *pêwedan* ⟨v.t.⟩ ⟨پێوە...دە‑/دا *pêwe…de-/da*⟩ 1. stechen (Insekt); 2. (üb.) j-n angreifen

[2]پێوەدان *pêwedan* ⟨v.t.⟩ ⟨پێوە...دە‑/دا *pêwe…de-/da*⟩ zumachen

پێوەر *pêwer* 1. Messgerät *n*; 2. Kriterium *n*; پێوەری مەتری (لە تەختە) *pêwerî metrî (le texte)* Zollstock *m*

پێوەڕاهاتن *pêwerahatin* ⟨v.i.⟩ ⟨پێوە...ڕا...ێ‑ *pêwe…ra…ê-*, (neg.) پێوە...ڕانایە‑ *pêwe…ranaye-*⟩ von etw. abhängig werden; sich an etw. gewöhnen

پێوەکردن *pêwekirdin* ⟨v.t.⟩ ⟨پێوە...کە‑/کا *pêwe…ke-/ka*⟩ einfügen

پێوەلکان *pêwelikan* ⟨v.i.⟩ ⟨پێوە...لکێ‑ *pêwe…likê-*⟩ (zusammen)kleben; (an)haften

پێوەلکاندن *pêwelikandin* ⟨v.t.⟩ ⟨پێوە...لکێن‑ *pêwe…likên-*⟩ (an)kleben

پێوەند *pêwend* (Fuß-)Fesseln *Pl.*; پێوەند کردن *pêwend kirdin* ⟨v.t.⟩ fesseln

پێوەندی *pêwendî* Beziehung *f*; Verbindung *f*

پێویست *pêwîst* ⟨Adj.⟩ notwendig; unentbehrlich; کاتی پێویست *katî pêwîst* Ernstfall *m*; پێویست کردن *pêwîst kirdin* ⟨v.t.⟩ erfordern

پێویستی *pêwîstî* Notwendigkeit *f*; Bedürfnis *n*; پێویستی پێبوون *pêwîstî pêbûn* ⟨v.i.⟩ brauchen; benötigen

ت

ت *t* tê; vierter Buchstabe des kurdischen Alphabets (Zahlenwert 400)

[1]تا *ta* **I** ⟨Präp.⟩ bis (zu); um **II** ⟨Konj.⟩ damit • تا ئێوارێ bis zum Abend; تا هەولێر bis Hewlêr; **تا کەی** *ta key* ⟨Adv.⟩ bis wann?; **تا ئێرە** *ta êre* ⟨Adv.⟩ bis hier(her); **تا ئێستا** *ta êsta* ⟨Adv.⟩ bis jetzt; **تا ....ـتر** *ta …-tir* ⟨Konj.⟩ je … desto

[2]تا *ta* (Med.) Fieber *n*; **تا گرتن** *ta girtin* ⟨v.t.⟩ Fieber bekommen, haben

[3]تا *ta* Stück *n*

تابلۆ *tablo* 1. Bild *n*; Gemälde *n*; 2. (Aushänge-)Schild *n*; **تابلۆی ئاگاداری** *tabloy agadarî* (Informations-)Tafel *f*; **تابلۆی زەیتی** *tabloy zeytî* Ölgemälde *n*; **تابلۆی نرخلەسەردانان** *tabloy nirxleserdanan* Preistafel *f*; **تابلۆی وەستان** *tabloy westan* Stoppschild *n*

تابوو *tabû* **I** Tabu *n*; Verbot *n* **II** ⟨Adj.⟩ tabu

تابووت *tabût* Sarg *m* (s.a. ↑دارەتەرم)

تاپڕ *tapiṟ* Jagdgewehr *n*

تاپۆ *tapo* Besitzurkunde *f*

تاتو *tatu* Tätowierung *f*; **تاتو کردن** *tatu kirdin* ⟨v.t.⟩ tätowieren

تاج *tac* (Königs-)Krone *f*; **تاج لەسەر دانان** *tac leser danan* ⟨v.t.⟩ j-n krönen

تاجەگوڵینە *taceguḻîne* Blumenkranz *m*

تاجیکستان *Tacîkistan* (Geogr.) Tadschikistan *n*

تاجیکی *tacîkî* **I** ⟨Adj.⟩ tadschikisch **II** Tadschike *m*, Tadschikin *f*

تاچپلەیەک *taçipileyek* ⟨Adv.⟩ inwiefern

تادوایی *tadiwayî* ⟨Adv.⟩ und so weiter (usw.) (vgl. ↑هەتادوایی)

تار *tar* 1. Faden *m*; Schnur *f*; 2. Draht *m*; 3. (Mus.) Langhalslaute *f*

تاراوگە *tarawge* Exil *n*

تارمایی *tarmayî* 1. Schatten *m*; 2. Gespenst *n*

تاریخ *tarîx* 1. Datum *n*; 2. Geschichte *f* (s.a. ↑مێژوو)

تاریف *tarîf* 1. Lob *n*; 2. Beschreibung *f*; **تاریف کردن** *tarîf kirdin* ⟨v.t.⟩ 1. loben; 2. definieren

تاریک *tarîk* ⟨Adj.⟩ dunkel; finster; **تاریک بوون** *tarîk bûn* ⟨v.i.⟩ dunkel, düster, finster sein/werden; **تاریک داهاتن** *tarîk dahatin* ⟨v.i.⟩ dunkel sein/werden

تاریکایی *tarîkayî* Dunkelheit *f*

تاریکی *tarîkî* Dunkelheit *f*

تاڕادەیەک *taṟadeyek* ⟨Adv.⟩ einigermaßen

تازە *taze* ⟨Adj.⟩ 1. neu; frisch; 2. modern; تازە بوون *taze bûn* ⟨v.i.⟩ neu, frisch sein; تازە کردنەوە *taze kirdinewe* ⟨v.t.⟩ erneuern

تازەباو *tazebaw* ⟨Adj.⟩ neumodisch

تازەپیاکەوتوو *tazepiyakewtû* **I** ⟨Adj.⟩ neureich **II** Neuling *m*

تازەکار *tazekar* Nachwuchs *m*

تازەیی *tazeyî* Neuheit *f*; Frische *f*

تازیب *tazîb* Folterung *f* (s.a. ↑ئەشکەنجە); تازیب دان *tazîb dan* ⟨v.t.⟩ foltern

تازێ *tazê* Trauerfeier *f* (s.a. ↑پرسە)

تازێنامە *tazêname* Kondolenzbrief *m*

[1]تاس *tas* Becher *m*; Schale *f*

[2]تاس *tas* Pokal *m* (vgl. ↑کاس)

تاساندن *tasandin* ⟨v.t.⟩ ⟨تاسێن- *tasên-*⟩ erwürgen

تاسکڵاو *taskiḻaw* Helm *m*

تاسووق *tasûq* ⟨Adj.⟩ ersehnt

تاسەر *taser* ⟨Adv.⟩ bis zum Ende

تاش *taş* ⟨Adj.⟩ flach; platt

تاشەبەرد *taşeberd* Felsen *m*

تاشین *taşîn* ⟨v.t.⟩ ⟨تاش- *taş-*⟩ 1. rasieren; 2. schneiden

تاعوون *taʿûn* (Med.) Seuche *f*; Pest *f* (s.a. ↑وەبا)

تاف *taf* 1. Strahlung *f*; 2. Stärke *f*

تاڤگە *tavge* Wasserfall *m*

[1]تاق *taq* Wölbung *f*; Bogen *m*; تاقی پیرۆزی *taqî pîrozî* Triumphbogen *m*

[2]تاق *taq* ⟨Adj.⟩ einzeln

تاقانە *taqane* Einzelkind *n*

تاقم *taqim* 1. Einrichtung *f*; 2. Gruppe *f*; 3. Set *n*; تاقمی نانخواردن *taqmî nanxiwardin* Essservice *n*

تاقەت *taqet* Ausdauer *f*; تاقەت چوون *taqet çûn* ⟨v.i.⟩ die Geduld, die Lust verlieren; تاقەت هەبوون *taqet hebûn* ⟨v.i.⟩ Lust f, Laune haben

تاقی *taqî* Prüfung *f*; Test *m*; تاقی کردنەوە *taqî kirdinewe* ⟨v.t.⟩ 1. prüfen; 2. (an-, aus)probieren

تاقیکار *taqîkar* Prüfer *m* / Prüferin *f*

تاقیکردنەوە *taqîkirdinewe* 1. Prüfung *f*; Examen *n*; 2. Experiment *n*; Test *m*; تاقیکردنەوەی بەرگەگرتن *taqîkirdinewey bergegirtin* (üb.) Zerreißprobe *f*; تاقیکردنەوەی وەرگرتن *taqîkirdinewey wergirtin* Aufnahmeprüfung *f*; بەشداری تاقیکردنەوە کردن *beşdarî taqîkirdinewe kirdin* ⟨v.t.⟩ an einer Prüfung teilnehmen; تاقیکردنەوەی زاری *taqîkirdinewey zarî* mündliche Prüfung *f*; تاقیکردنەوەی کۆتایی *taqîkirdinewey kotayî* Abschlussprüfung *f*

تاقیگە *taqîge* Labor *n*

تاک *tak* **I** ⟨Adj.⟩ 1. einzeln; 2. einzig **II** (Gr.) Singular *m* • تاکێ پێڵاو ein einzelner Schuh

تاکبێژی *takbêjî* Monolog *m*

تاکتیک *taktîk* Taktik *f*

تاکتیکی *taktîkî* ⟨Adj.⟩ taktisch

تاکفرۆش *takfiroş* Einzelhändler *m* / Einzelhändlerin *f*

تاکفرۆشی *takfiroşî* Einzelhandel *m*

تاکو *taku* **I** ⟨Präp.⟩ bis **II** ⟨Konj.⟩ um zu; damit

تاکواتا *takwata* ⟨Adj.⟩ eindeutig

تاکوتەنیا *takutenya* ⟨Adv.⟩ einsam

تاکۆتایی *takotayî* ⟨Adv.⟩ 1. und so weiter; 2. bis zum Ende

تاکەزەلام *takezelam* Einzelkampf *m*

تاکەوتاک *takewtak* ⟨Adj.⟩ verkehrt herum

[1]تاڵ *tal̲* ⟨Adj.⟩ bitter; herb; تاڵ بوون *tal̲ bûn* ⟨v.i.⟩ bitter, sauer sein/werden

[2]تاڵ *tal̲* Faden *m;* Faser *f*

تاڵان *tal̲an* Plünderung *f;* تاڵان کردن *tal̲an kirdin* ⟨v.t.⟩ (aus)plündern; (be)rauben

تاڵانکەر *tal̲anker* Plünderer *m,* Plünderin *f*

تاڵانی *tal̲anî* Raub *m;* ماڵی تاڵانی *mal̲î tal̲anî* Beute *f*

تاڵەدەزوو *tal̲edezû* Bindfaden *m*

تاڵی *tal̲î* Bitterkeit *f*

تام *tam* (Wohl-)Geschmack *m;* Würze *f* (s.a. ↑چێژ); تام کردن *tam kirdin* ⟨v.t.⟩ kosten; probieren

تامپۆ *tampo* Tampon *m*

تامپۆن *tampon* (kfz) Zusammenstoß *m;* تامپۆن کردن *tampon kirdin* ⟨v.t.⟩ (kfz) zusammenstoßen

تامخۆش *tamxoş* ⟨Adj.⟩ lecker; schmackhaft

تامەزرۆ *tamezro* **I** ⟨Adj.⟩ sehnsüchtig **II** Sehnsucht *f;* تامەزرۆ بوون *tamezro bûn* ⟨v.i.⟩ sehnsüchtig sein

تامیسک *tamîsk* Herpes *m*

تامین *tamîn* Versicherung *f* (s.a. ↑بیمە); تامین کردن *tamîn kirdin* ⟨v.t.⟩ (ver)sichern; تامینی ئوتومبێل *tamînî utumbêl* Kraftfahrzeugversicherung *f;* تامینی ئیجباری *tamînî îcbarî* Haftpflichtversicherung *f;* تامینی گشتی *tamînî giştî* Kaskoversicherung *f;* (kfz); تامینی تەندروستی *tamînî tendirustî* 1. Krankenversicherung *f;* 2. Krankenkasse *f;* تامینی ژیان *tamînî jiyan* Lebensversicherung *f*

تانجی *tancî* (Zool.) Windhund *m*

تانک *tank* (Mil.) Panzer *m*

تانکشکێن *tankşikên* Panzerabwehr *f*

تانکی *tankî* Tank *m;* Behälter *m;* تانکیی ئاو *tankîy aw* Wassertank *m;* تانکیی بەنزین *tankîy benzîn* Benzintank *m*

تانگۆ *tango* (Mus.) Tango *m*

تانووت *tanût* Spott *m;* تانووت لێدان *tanût lêdan* ⟨v.t.⟩ j-n verspotten; j-n verhöhnen

تانە *tane* Vorwurf *m;* تانە لێدان *tane lêdan* ⟨v.t.⟩ j-m etw. vorwerfen

[1]تاو *taw* Wirkung *f* (s.a. ↑هەتاو); تاوی بەرگری *tawî bergirî* Widerstandskraft *f*

[2]تاو *taw* 1. Angriff *m;* 2. Galopp *m;* تاو دان *taw dan* ⟨v.t.⟩ 1. angreifen; 2. beschleunigen; تاوی باران *tawî baran* Regenschauer *m*

[3]تاو *taw* Augenblick *m*

تاوان *tawan* Verbrechen *n;* Straftat *f;* Sünde *f;* تاوان کردن *tawan kirdin* ⟨v.t.⟩ ein Verbrechen begehen, verüben

تاوانبار *tawanbar* **I** ⟨Adj.⟩ schuldig; verbrecherisch **II** Verbrecher *m* / Verbrecherin *f;* تاوانبار بوون *tawanbar bûn* ⟨v.i.⟩ schuldig sein; تاوانبار کردن *tawanbar kirdin*

⟨v.t.⟩ beschuldigen; anklagen
تاوانباری *tawanbarî* Verbrechen *n*; تاوانباری جەنگ *tawanbarî ceng* Kriegsverbrecher *m* / Kriegsverbrecherin *f*
تاواناس *tawannas* Kriminologe *m*, Kriminologin *f*
تاواناسی *tawannasî* Kriminologie *f*
تاوس *tawis* (Zool.) Pfau *m*
تاوگاز *tawgaz* (Med.) Sonnenstich *m*; Hitzschlag *m*; تاوگاز بوون *tawgaz bûn* ⟨v.i.⟩ einen Sonnenstich haben
تاوڵە *tawle* Backgammon *n*
تاوە *tawe* (Brat-)Pfanne *f*; لە تاوەدا سوور کردنەوە *le taweda sûr kirdinewe* ⟨v.t.⟩ in der Pfanne braten
تاوەباران *tawebaran* Regenschauer *m*
تاوەر *tawer* Wolkenkratzer *m*
تاوەڕێ *tawerê* Schnellstraße *f*
تاوەکو *taweku* ⟨Konj.⟩ 1. um zu; 2. solange
تاوێدەزوو *tawêdezû* Stück Faden
تاهەتا *taheta* ⟨Adv.⟩ für immer
تائەندازەیەک *taendazeyek* ⟨Adv.⟩ teils
تایبەت *taybet* ⟨Adj.⟩ 1. besonder(er, -e, -es); typisch; 2. merkwürdig
تایبەتکاری *taybetkarî* Besonderheit *f*
تایبەتمەند *taybetmend* ⟨Adj.⟩ 1. charakteristisch; 2. spezialisiert
تایبەتمەندی *taybetmendî* Eigentümlichkeit *f*
تایبەتمەندێتی *taybetmendêtî* 1. Besonderheit *f*; Spezialität *f*; 2. Privileg *n*
تایبەتی *taybetî* ⟨Adj.⟩ besonder(er, -e, -es)
تایت *tayit* Waschpulver *n*
تایکواندو *taykwandu* (Sp.) Taekwondo *n*
تایلاند *Tayland* (Geogr.) Thailand *n*
تایلاندی *taylandî* **I** ⟨Adj.⟩ thailändisch **II** 1. Thailänder *m* / Thailänderin *f*; 2. Thai *n*
تایم *taym* (Sp.) Halbzeit *f*
تایوان *Taywan* (Geogr.) Taiwan *n*
تایوانی *taywanî* **I** ⟨Adj.⟩ taiwanisch **II** Taiwaner *m* / Taiwanerin *f*
تایە *taye* Reifen *m*; Rad *n*; تایە گۆڕین *taye gorîn* ⟨v.t.⟩ einen Reifen wechseln; تایەی پاسکیل *tayey paskîl* Fahrradreifen *m*; تایەی پێشەوە *tayey pêşewe* Vorderrad *n*; تایەی سپێر *tayey sipêr* Ersatzreifen *m*; تایەی ئوتومبێل *tayey utumbêl* Autoreifen *m*
تایەفە *tayefe* Familie *f*
تائێستا *taêsta* ⟨Adv.⟩ bisher
تر *tir* ⟨Adj.⟩ nächste(r, -es); ander(er, -e, -es) (s.a. ↑[1]دی)
ترازوو *tirazû* Waage *f*
تراژیدی *tirajîdî* (Lit.) Tragödie *f*
ترافیکلایت *tirafîklayit* Ampel *f*
تراکتۆر *tiraktor* Traktor *m*
تراکسوت *tiraksut* Trainingsanzug *m*; Jogginganzug *m*
ترامواى *tiramway* Straßenbahn *f*
ترس *tirs* **I** ⟨Adj.⟩ ängstlich **II** Angst *f*; Phobie *f* • لە ترساندا aus Angst; aus Furcht; ترسی مردن *tirsî mirdin* Todesangst *f* ترس خستنە دڵەوە *tirs xistine dilewe* ⟨v.t.⟩ j-m Angst einjagen; ترس لە خوا *tirs le xwa* Gottesfurcht *f*; ترس لێنیشتن *tirs lênîştin*

ترۆپک *tiropik* Bergspitze *f*; Gipfel *m* (s.a. ↑لووتکه); ترۆپکی ئاسمان *tiropkî asman* Zenit *m*

تره‌کین *tirekîn* ⟨v.i.⟩ ⟨-تره‌کێ *tirekê-*⟩ (zer)springen; (zer)platzen

تریشقه *tirîşqe* Blitzschlag *m*

تریفه *tirîfe* Glanz *m*; Schimmer *m*

تریکۆ *trîko* Trikot *n*; Sporthemd *n*

تریلیۆن *trîlyon* Trillion *f*

ترێ *tirê* Weintraube *f*; داری ترێ *darî tirê* ⟨Bot.⟩ Weinrebe *f*; سرکه‌ی ترێ *sirkey tirê* Weinessig *m*; شه‌کری ترێ *şekirî tirê* Traubenzucker *m*

ترێچنین *tirêçinîn* Weinlese *f*

ترێڕه‌شمیری *tirêṟeşmîrî* ⟨Bot.⟩ schwarze Traubenart

ترێڕێوی *tirêṟêwî* ⟨Bot.⟩ Tollkirsche *f*

ترێسپیکه *tirêsipîke* ⟨Bot.⟩ weiße Traubenart

ترێکێویله *tirêkêwîle* ⟨Bot.⟩ Johannisbeere *f*

ترێورچانه *tirêwirçane* ⟨Bot.⟩ Bärentraube *f*

تڕ *tiṟ* ⟨vulg.⟩ (lauter) Furz *m*; تڕ بڕین *tiṟ biṟîn* ⟨v.t.⟩ ⟨idiom.⟩ zu Fall bringen; تڕی بڕی er erledigte ihn; تڕ که‌ندن *tiṟ kendin* ⟨v.t.⟩ ⟨vulg.⟩ furzen; تڕ لێدان *tiṟ lêdan* ⟨v.t.⟩ 1. ⟨vulg.⟩ furzen; 2. ⟨üb.⟩ angeben

تڕانزێت *tiṟanzêt* Transit *m*

تڕانسسته‌ر *tiṟansister* ⟨El.⟩ Transistor *m*

تس *tis* ⟨vulg.⟩ lautloser Furz *m*; تس که‌ندن *tis kendin* ⟨v.t.⟩ ⟨vulg.⟩ leise furzen

تسکه‌ن *tisken* ⟨Adj.⟩ 1. aufgebläht; 2. feige

⟨v.i.⟩ Angst bekommen

ترسان *tirsan* ⟨v.i.⟩ ⟨-ترس *tirs-*⟩ Angst haben ● له تۆ ده‌ترسم ich habe Angst vor dir; !مه‌ترسه habe keine Angst!; له خوا ترسان *le xiwa tirsan* ⟨v.i.⟩ gottesfürchtig sein

ترساندن *tirsandin* ⟨v.t.⟩ ⟨-ترسێن *tirsên-*⟩ erschrecken; einschüchtern

ترساو *tirsaw* ⟨Adj.⟩ beängstigt

ترسناک *tirsnak* ⟨Adj.⟩ 1. furchtbar; 2. gefährlich

ترسنۆک *tirsnok* **I** ⟨Adj.⟩ ängstlich **II** Feigling *m*

ترسنۆکانه *tirsnokane* ⟨Adv.⟩ 1. schüchtern; 2. panikartig

ترسێنه‌ر *tirsêner* ⟨Adj.⟩ beängstigend; unheimlich

ترش *tirş* ⟨Adj.⟩ sauer; ترش بوون *tirş bûn* ⟨v.i.⟩ sauer sein/werden

ترشان *tirşan* ⟨v.i.⟩ ⟨-ترشێ *tirşê-*⟩ schlecht werden (Essen); gären

ترشاو *tirşaw* ⟨Adj.⟩ verdorben

ترشوشیرین *tirşuşîrîn* ⟨Adj.⟩ süßsauer

ترشۆک *tirşok* **I** ⟨Adj.⟩ bitterlich **II** Säure *f*

ترشه‌مه‌نی *tirşemenî* ⟨Bot.⟩ Zitrusfrucht *f*

ترشی *tirşî* Säure *f*

ترشیات *tirşiyat* in Essig oder Salz eingelegtes Gemüse *n*

ترشییات *tirşîyat* ⟨Bot.⟩ Zitrusfrucht *f*

ترنج *tirinc* ⟨Bot.⟩ Bitterorange *f*; Pomeranze *f*

ترنجۆک *tirincok* ⟨Bot.⟩ Melisse *f*

ترومپه *tirumpe* Förderpumpe *f*; Saugpumpe *f*

تشرین *tişrîn* elfter, bzw. zwölfter Monat des syrischen Kalenders; تشرینی دووەم *tişrînî dûwem* zwölfter Monat des syrischen Kalenders (November); تشرینی یەکەم *tişrînî yekem* elfter Monat des syrischen Kalenders (Oktober)

تف *tif* Spucke *f*; تف کردن *tif kirdin* ⟨v.t.⟩ (aus)spucken

تفت *tift* ⟨Adj.⟩ unreif und grün (Frucht)

تفەنگ *tifeng* Gewehr *n*; تفەنگی ڕاو *tifengî ṟaw* Schrotflinte *f*

تفەنگاوێژ *tifengawêj* Schussweite *f*; Reichweite *f*

تفەنگچی *tifengçî* (guter) Schütze *m*

تکا *tika* Bitte *f*; تکا کردن *tika kirdin* ⟨v.t.⟩ bitten (um)

تکاکەر *tikaker* Bittsteller *m* / Bittstellerin *f*

تکاندن *tikandin* ⟨v.t.⟩ ⟨تکێنـ *tikên-*⟩ tropfen

تکاندنە *tikandine* ⟨v.t.⟩ ⟨تکێنـە *tikên-e*⟩ tropfen lassen; تکاندنە سەر *tikandine ser* kleckern

تکایە *tikaye* ⟨Adv.⟩ bitte!

تکت *tikit* Karte *f*; Ticket *n* (s.a. ↑بلیت); تکتی ساڵی *tikitî saḻî* Jahreskarte *f*; تکتی کاتی *tikitî katî* Dauerkarte *f*; تکتی وەرزی *tikitî werzî* Saisonkarte *f*

تکە *tike* Tropfen *m*; تکە کردن *tike kirdin* ⟨v.t.⟩ tropfen

تلۆق *tiloq* Blase *f*

تلیاک *tilyak* Opium *n*

تڵپە *tiḻpe* Bodensatz *m*

تڵیش *tiḻîş* Riss *m*; Schlitz *m* (vgl. ↑قڵیش)

تڵیشان *tiḻîşan* ⟨v.i.⟩ ⟨تڵیشێـ *tiḻîşê-*⟩ sich (auf)spalten

تنۆک *tinok* Tropfen *m*

توانا *tiwana* **I** ⟨Adj.⟩ kompetent **II** 1. Fähigkeit *f*; Talent *n*; Begabung *f*; 2. Kraft *f*; توانا بوون *tiwana bûn* ⟨v.i.⟩ fähig sein; توانای بەرگری *tiwanay bergirî* Widerstandsfähigkeit *f*

تواندنەوە *tiwandinewe* ⟨v.t.⟩ ⟨توێنـ ەوە *tiwên- ewe*⟩ (auf)lösen; schmelzen, auftauen lassen

توانەوە *tiwanewe* ⟨v.i.⟩ ⟨توێـ ەوە *tiwê-ewe*⟩ zergehen; (ver)schmelzen; (auf)tauen

توانین *tiwanîn* ⟨v.t.⟩ ⟨توانـ *tiwan-*⟩ 1. können; 2. dürfen ● دەتوانم ئەڵمانی بخوێنمەوە ich kann Deutsch lesen

توخم *tuxim* 1. Samen *m*; 2. Geschlecht *n*; 3. Element *n*

توربۆلێنس *turbolêns* Turbulenz *f*

تورک *turk* **I** ⟨Adj.⟩ türkisch **II** Türke *m*, Türkin *f*; بە تورک کردن *be turk kirdin* ⟨v.t.⟩ türkisieren

تورکومان *turkuman* Turkmene *m*, Turkmenin *f*

تورکومانستان *Turkumanistan* (Geogr.) Turkmenistan *n*

تورکومانی *turkumanî* **I** ⟨Adj.⟩ turkmenisch **II** Turkmenisch *n*

تورکی *turkî* **I** ⟨Adj.⟩ türkisch **II** Türkisch *n*

تورکیا *Turkya* (Geogr.) Türkei *f*

تورەکە *tureke* Sack *m*; Tasche *f*; تورەکەی خەوتن *turekey xewtin* Schlafsack *m*

ت

توره‌که‌لم *turekelim* Sandsack *m*
توره‌هات *turehat* Unsinn *m*
تول *tul* Stange *f*
تونج *tunc* (Geol.) Bronze *f*
توند *tund* ⟨Adj.⟩ 1. fest; 2. rau; 3. schnell; 4. scharf; 5. gewaltsam; توند بوون *tund bûn* ⟨v.i.⟩ fest, hart sein; توند کردن *tund kirdin* ⟨v.t.⟩ befestigen
توندخوو *tundxû* ⟨Adj.⟩ aufbrausend
توندڕه‌و *tundrew* **I** ⟨Adj.⟩ 1. fanatisch; 2. orthodox **II** 1. Fanatiker *m* / Fanatikerin *f*; 2. Orthodoxer *m* / Orthodoxe *f*
توندڕه‌وی *tundrewî* 1. Fanatismus *m*; 2. Orthodoxie *f*
توندوتۆڵ *tundutol* ⟨Adj.⟩ robust; widerstandsfähig
توندوتۆڵی *tundutolî* Widerstandsfähigkeit *f*
توندوتیژ *tundutîj* ⟨Adj.⟩ 1. streng; 2. gewaltsam
توندوتیژکار *tundutîjkar* Gewalttäter *m* / Gewalttäter *f*
توندوتیژی *tundutîjî* 1. Härte *f*; 2. Gewalttätigkeit *f*
توندی *tundî* Festigkeit *f*; Härte *f*
تونس *Tunis* (Geogr.) Tunesien *n*
تونسی *tunisî* **I** ⟨Adj.⟩ tunesisch **II** Tunesier *m* / Tunesierin *f*
تونماسی *tunmasî* (Zool.) Thunfisch *m*
تونێتی *tunêtî* (Kochk.) Schärfe *f*
تونێل *tunêl* Tunnel *m*
توو *tû* (Bot.) Maulbeere *f*
تووانج *tuwanc* Anspielung *f*; تووانج بۆ هاویشتن *tuwanc bo hawîştin* ⟨v.t.⟩ j-m einen Wink geben; تووانج تێگرتن *tuwanc têgirtin* ⟨v.t.⟩ (an)pöbeln
تووترواسک *tûtirwask* (Zool.) Bachstelze *f*
تووترک *tûtirk* (Bot.) Brombeere *f*
تووتک *tûtik* (Zool.) Welpe *m*
تووتن *tûtin* Tabak *m*; تووتنی سه‌بیل *tûtinî sebîl* Pfeifentabak *m*; تووتنی هه‌ڵمژین *tûtinî helmijîn* Schnupftabak *m*; تووتن چاندن *tûtin çandin* ⟨v.t.⟩ Tabak anbauen; تووتن کێشان *tûtin kêşan* ⟨v.t.⟩ Tabak rauchen
تووتنچی *tûtinçî* 1. Tabakhändler *m* / Tabakhändlerin *f*; 2. Tabakladen *m*
تووته *tûte* (Anat.) kleiner Finger *m*; برای تووته *biray tûte* (Anat.) Ringfinger *m*
تووته‌ڵه‌سه‌گ *tûteleseg* (Zool.) Welpe *m*
تووتی *tûtî* (Zool.) Papagei *m*
تووخوا *tûxiwa* ⟨Int.⟩ bei Gott!
تووخۆره *tûxore* (Zool.) Star *m*
توور *tûr* (Bot.) Rettich *m*
تووران *Tûran* Turan *n* (Urheimat der Türken in Mittelasien)
تووڕه *tûre* ⟨Adj.⟩ zornig; wütend; لێ تووڕه بوون *lê tûre bûn* ⟨v.i.⟩ auf j-n zornig sein; تووڕه کردن *tûre kirdin* ⟨v.t.⟩ (ver)ärgern; provozieren
تووڕه‌وترۆ *tûrewtiro* ⟨Adj.⟩ rabiat
تووڕه‌یی *tûreyî* Wut(anfall *m*) *f*; Aggression *f*
تووش *tûş* ⟨Adj.⟩ gefährlich; wild; تووش بوون *tûş bûn* ⟨v.i.⟩ 1. verwickelt werden (in); 2. sich anste-

cken; تووشی گرفت بوو er geriet in Schwierigkeiten; **تووش کردن** *tûş kirdin* ⟨v.t.⟩ j-n in Schwierigkeiten bringen, verwickeln, verstricken, hineinziehen; **نەخۆشی تووش کردن** *nexoşîy tûş kirdin* ⟨v.t.⟩ (j-n) anstecken

تووک *tûk* 1. Haar *n*; 2. Feder *f*; **تووکی بزن** *tûkî bizin* Ziegenhaar *n*

تووکاوی *tûkawî* ⟨Adj.⟩ haarig

تووکدرێژ *tûkdirêj* ⟨Adj.⟩ langhaarig

تووکزبر *tûkzibir* ⟨Adj.⟩ rauhaarig

تووکن *tûkin* ⟨Adj.⟩ haarig

تووکهەڵوەرین *tûkhel̲werîn* (Med.) Haarausfall *m*

تووکەبەر *tûkeber* Schamhaar *n*

توول *tûl* 1. Stab *m*; 2. Latte *f*; 3. (Bot.) dünner Zweig *m*

توولە *tûle* (Zool.) Welpe *m*

توولەبەراز *tûleberaz* (Zool.) Ferkel *n*

توولەڕێ *tûler̲ê* Pfad *m*

توولەسەگ *tûleseg* (Zool.) Welpe *m*

توولەمار *tûlemar* (Zool.) kleine, junge Schlange *f*

توولەنەمام *tûlenemam* (Bot.) junger Baum *m*

توونێتی *tûnêtî* Schärfe *f*

توووەڕەشە *tûwer̲eşe* (Bot.) schwarze Maulbeere *f*

توووەسپی *tûwesipî* (Bot.) weiße Maulbeere *f*

توووەسوورە *tûwesûre* (Bot.) rote Maulbeere *f*

توویەرز *tûyerz* (Bot.) Erdbeere *f* (vgl. ↑شلیک)

توێ *twê* (dünne) Schicht *f*

توێخ *twêx* 1. dünnes Häutchen *n*; 2. (Med.) Schorf *m* (s.a. ↑توێ)

توێژ *twêj* dünne Schicht *f*; Film *m*

توێژاڵ *twêjal̲* 1. (dünnes) Häutchen *n*; (dünne) Schicht *f*; 2. Sahne *f*; **توێژاڵ گرتن** *twêjal̲ girtin* ⟨v.t.⟩ Rahm bilden; **توێژاڵی ئۆزۆن** *twêjal̲î ozon* Ozonschicht *f*

توێژەر *twêjer* Forscher *m* / Forscherin *f* (vgl. ↑لێکۆڵەرەوە)

توێژینەوە *twêjînewe* **I** ⟨v.i.⟩ ⟨توێژ- ەوە twêj- ewe⟩ (er)forschen; untersuchen **II** Forschung *f*

توێشوو *twêşû* Proviant *n*

توێکاری *twêkarî* Analyse *f*

توێکڵ *twêkil̲* (Bot.) Rinde *f*; Schale *f*; **توێکڵ کردن** *twêkil̲ kirdin* ⟨v.t.⟩ abschälen

توێکڵدارەکان *twêkil̲darekan* 1. (Bot.) Nüsse *Pl.*; 2. (Zool.) Krustentiere *Pl.*

توێکڵەپرتەقاڵ *twêkl̲epirteqal̲* Orangenschale *f*

توێکڵەدار *twêkl̲edar* (Bot.) Baumrinde *f*

توێکڵەسێو *twêkl̲esêw* Apfelschale *f*

توێکڵەگوێز *twêkl̲egwêz* Nussschale *f*

توێکڵەمۆز *twêkl̲emoz* Bananenschale *f*

توێکڵەهێلکە *twêkl̲ehêlke* Eierschale *f*

تۆ *to* ⟨Pron.⟩ 1. du; 2. dich; dir; 3. dein(e) (in der Izafe-Konstruktion) • جانتاکەی تۆ پچووکە dein Koffer ist klein

تۆبە *tobe* Reue *f* • تۆبە بێ! ich bereue es!; **تۆبە داوا کردن** *tobe dawa kirdin* ⟨v.t.⟩ um Verzeihung, Vergebung, Gnade bitten; **تۆبە کردن** *tobe kirdin* ⟨v.t.⟩ bereuen

تۆبەکار *tobekar* **I** ⟨Adj.⟩ reumütig **II** reuige(r) Sünder *m* / reuige(r) Sünderin *f*
تۆبەکاری *tobekarî* (Rel.) Buße *f*
[1]**تۆپ** *top* Ball *m*; **تۆپی دەست** *topî dest* (Sp.) Handball *m*; **تۆپی لاستیک** *topî lastîk* Gummiball *m*
[2]**تۆپ** *top* (Mil.) Kanone *f*
تۆپان *topan* Ballspiel *n*; **تۆپان کردن** *topan kirdin* ⟨v.t.⟩ Ball spielen
تۆپاندن *topandin* ⟨v.t.⟩ ⟨تۆپێنـ *topên-*⟩ totschlagen
تۆپخانە *topxane* (Mil.) Artilleriekaserne *f*
تۆپهەڵدان *topheḻdan* (Sp.) Weitwurf *m*
[1]**تۆپەڵ** *topeḻ* Haufen *m*; Unmenge *f*
[2]**تۆپەڵ** *topeḻ* Krüppel *m*
تۆپەڵەبەفر *topeḻebefir* Schneeball *m*
تۆپیپێ *topîpê* (Sp.) Fußball *m*; **یاریی تۆپیپێ** *yarîy topîpê* (Sp.) Fußballspiel *n*
تۆپیپێزان *topîpêzan* (Sp.) Fußballspieler *m* / Fußballspielerin *f* (vgl. ↑[یاریزان]ی تۆپیپێ)
تۆپیدەست *topîdest* (Sp.) Handball *m*; **یاریی تۆپیدەست** *yarîy topîdest* (Sp.) Handballspiel *n*
تۆپیسەبەتە *topîsebete* (Sp.) Basketball *m*; **یاریی تۆپیسەبەتە** *yarîy topîsebete* (Sp.) Basketballspiel *n*
تۆپین *topîn* ⟨v.i.⟩ ⟨تۆپـ *top-*⟩ sterben; verenden (Tier)
تۆپیو *topîw* ⟨Adj.⟩ tot; verendet
تۆخ *tox* ⟨Adj.⟩ dunkel
تۆراخ *torax* Quark *m*
تۆران *toran* ⟨v.i.⟩ ⟨تۆرێـ *torê-*⟩ schmollen; bockig werden
تۆراندن *torandin* ⟨v.t.⟩ ⟨تۆرێنـ *torên-*⟩ beleidigen; (ver)ärgern
تۆراو *toraw* ⟨Adj.⟩ beleidigt; verärgert
تۆربید *torbîd* Torpedo *m*
تۆرتە *torte* Torte *f*
تۆرنادۆ *tornado* Tornado *m*
تۆڕ *toṟ* 1. Netz *n*; 2. Netzwerk *n*; **تۆڕی چاو** *toṟî çaw* Netzhaut *f*; **تۆڕی جاڵجاڵۆکە** *toṟî caḻcaḻoke* Spinnweben *Pl.*; **تۆڕی ماسی** *toṟî masî* Fischernetz *n*
تۆڕنە *toṟne* Drehbank *f*
تۆڕنەچی *toṟneçî* Maschinenbauer *m* / Maschinenbauerin *f*
تۆز *toz* 1. Staub *m*; 2. Pulver *n*; **تۆز تەکاندن** *toz tekandin* ⟨v.t.⟩ abstauben; **تۆز هەڵمژین** *toz heḻmijîn* ⟨v.t.⟩ Staub saugen
تۆزاوی *tozawî* ⟨Adj.⟩ staubig
تۆزهەڵمژ *tozheḻmij* Staubsauger *m*
تۆزێ *tozê* ⟨Adv.⟩ ein wenig
تۆف *tof* Sturm *m*
تۆفان *tofan* 1. Flut *f*; 2. Taifun *m*
تۆقاندن *toqandin* ⟨v.t.⟩ ⟨تۆقێنـ *toqên-*⟩ abschrecken; (j-*n*) erschrecken
تۆقیو *toqîw* ⟨Adj.⟩ erschrocken
تۆقێنەر *toqêner* ⟨Adj.⟩ schrecklich; erschreckend
تۆکمە *tokme* ⟨Adj.⟩ fest; stabil
تۆڵە *toḻe* Rache *f*; Vergeltung *f*; **تۆڵە سەندن** *toḻe sendin* ⟨v.t.⟩ sich rächen (an); **تۆڵە سەندنەوە** *toḻe sendinewe* ⟨v.t.⟩ sich rächen (an)
تۆڵەکە *toḻeke* **I** (Bot.) Eibisch *m*;

Malve *f* **II** ⟨Adj.⟩ (üb.) spottbillig

تۆمار *tomar* 1. Eintragung *f*; 2. Verzeichnis *n*; تۆمار کردن *tomar kirdin* ⟨v.t.⟩ 1. verzeichnen; aufschreiben; 2. registrieren

تۆمارکراو *tomarkiraw* **I** ⟨Adj.⟩ eingetragen **II** Einschreiben *n*

تۆمارکردن *tomarkirdin* Registrierung *f*; Anmeldung *f*; Aufnahme *f*

تۆمارگە *tomarge* Meldestelle *f*; تۆمارگەی دانیشتوان *tomargey danîştiwan* Einwohnermeldeamt *n*

تۆمارە *tomare* Rekorder *m*; تۆمارەی کاسێت *tomarey kasêt* Kassettenrekorder *m*

تۆمەت *tomet* Verdacht *m*

تۆمەتبار *tometbar* ⟨Adj.⟩ 1. verdächtigt; 2. beschuldigt; تۆمەتبار کردن *tometbar kirdin* ⟨v.t.⟩ beschuldigen

تۆمەتبارکراو *tometbarkiraw* Angeklagter *m* / Angeklagte *f*

تۆو *tow* 1. Samen *m*; (Samen-)Korn *n*; 2. Saat *f*; تۆو بڕین *tow bir̠în* ⟨v.t.⟩ (üb.) vernichten; تۆو چاندن *tow çandin* ⟨v.t.⟩ Samen aussäen; تۆو کردن *tow kirdin* ⟨v.t.⟩ (aus-, be) säen

تۆواو *towaw* Samen *m*; Samenflüssigkeit *f*; Sperma *n*

تۆودان *towdan* (Anat.) Eierstock *m*

تەبا *teba* ⟨Adj.⟩ einverstanden; einig; تەبا بوون لەگەڵ *teba bûn legel̠* ⟨v.i.⟩ einverstanden sein mit

تەباخ *tebax* Kochherd *m*; Kocher *m*; تەباخی غاز *tebaxî x̠az* Gasherd *m*

تەباشیر *tebaşîr* Kreide *f*

تەبایی *tebayî* Übereinstimmung *f*; تەبایی بوون *tebayî bûn* ⟨v.i.⟩ übereinstimmen

تەبشیر *tebşîr* Missionierung *f*

تەبشیری *tebşîrî* ⟨Adj.⟩ missionarisch

تەبعەن *teb'en* ⟨Adv.⟩ natürlich; selbstverständlich

تەبلیغ *teblîx̠* Übermittlung *f*; Zustellung *f*; تەبلیغ کردن *teblîx̠ kirdin* ⟨v.t.⟩ übermitteln; zustellen

[1]تەبەق *tebeq* Maul- und Klauenseuche *f* (Tierkrankheit)

[2]تەبەق *tebeq* Platte *f*

تەبیعەت *tebî'et* 1. Natur *f*; 2. Wesensart *f*; تەبیعەت بردن *tebî'et birdin* ⟨v.t.⟩ Appetit auf etw. haben

تەبیعی *tebî'î* ⟨Adv.⟩ natürlich

تەپاڵە *tepal̠e* Kuhfladen *m*

تەپلە *teple* Kappe *f*

تەپڵ *tepl̠* (Mus.) 1. (Kessel-)Pauke *f*; 2. Trommel *f*; تەپڵ لێدان *tepl̠ lêdan* ⟨v.t.⟩ trommeln

تەپڵەپەردە *tepl̠eperde* (Anat.) Trommelfell *n*

تەپڵەسەر *tepl̠eser* 1. Kopfende *n*; 2. Gipfel *m*

تەپڵەک *tepl̠ek* kleines Tablett *n*; تەپڵەکی جگەرە *tepl̠ekî cigere* Aschenbecher *m*

تەپوتۆز *teputoz* Staubwolke *f*

تەپۆ *tepo* **I** ⟨Adj.⟩ träge **II** Faulpelz *m*

تەپۆڵکە *tepol̠ke* Hügelchen *n*

تەپەتەپ *tepetep* Getrampel *n*; تەپەتەپ کردن *tepetep kirdin* ⟨v.t.⟩ trampeln; تەپەتەپی دڵ *tepetepî dil̠* Herzklopfen *n*

ت

تەپەدۆر *tepedor* 1. Korken *m*; 2. Kork *m*

تەپەدۆڕاکێشەر *tepedorrakêşer* Korkenzieher *m*

تەپەدۆری *tepedorî* ⟨Adj.⟩ korkig

تەپین *tepîn* ⟨v.i.⟩ ⟨تەپـ *tep-*⟩ zusammenbrechen

تەتبیق *tetbîq* 1. Anwendung *f*; 2. Verwirklichung *f*; **تەتبیق کردن** *tetbîq kirdin* ⟨v.t.⟩ 1. anwenden; 2. realisieren

تەجروبە *tecrube* Experiment *n*

تەجنید *tecnîd* (Mil.) Rekrutierung *f*; **تەجنید کردن** *tecnîd kirdin* ⟨v.t.⟩ rekrutieren

تەحریری *tehrîrî* ⟨Adj.⟩ schriftlich

تەحریف *tehrîf* Fälschung *f*; **تەحریف کردن** *tehrîf kirdin* ⟨v.t.⟩ verfälschen

تەحقیق *tehqîq* Ermittlung *f*; **تەحقیق کردن** *tehqîq kirdin* ⟨v.t.⟩ ermitteln

تەحەموول *tehemûl* Geduld *f*; **تەحەموول کردن** *tehemûl kirdin* ⟨v.t.⟩ Geduld haben

تەخت *text* **I** ⟨Adj.⟩ flach; platt **II** Thron *m*; **تەخت کردن** *text kirdin* ⟨v.t.⟩ (ein)ebnen

تەختایی *textayî* Ebene *f*

تەختە *texte* 1. (Baum-, Nutz-)Holz *n*; 2. Brett *n* ● تەختەیەکی نوقسانە! (idiom.) er hat nicht alle Tassen im Schrank!; **تەختەی بازدان** *textey bazdan* Sprungbrett *n*; **تەختەی پۆل** *textey pol* Schultafel *f*; **تەختەی شەترەنج** *textey şetrenc* Schachbrett *n*; **تەختەی نووستن** *textey nûstin* Bett *n*

تەختەخلیسکانێ *textexilîskanê* Schlitten *m*

تەختەدار *textedar* Diele *f*

تەختەڕەش *textereş* (Schul-, Wand-) Tafel *m*

تەختی *textî* Plattheit *f*

تەخمین *texmîn* **I** ⟨Adv.⟩ ungefähr; schätzungsweise **II** 1. Vermutung *f*; 2. Schätzung *f*; **تەخمین کردن** *texmîn kirdin* ⟨v.t.⟩ (ab)schätzen

تەدارەک *tedarek* Anschaffung *f*

تەدریب *tedrîb* Training *n*; **تەدریب کردن** *tedrîb kirdin* ⟨v.t.⟩ üben; trainieren

تەراخۆمە *teraxome* (Med.) Trachom *n*

تەراش *teraş* Rasur *f* (nur Bart); **تەراش کردن** *teraş kirdin* ⟨v.t.⟩ rasieren

تەراویلکە *terawîlke* Fata Morgana *f*

تەربیە *terbiye* 1. Erziehung *f*; 2. Pädagogik *f* (s.a. ↑پەروەردە); **تەربیە دان** *terbiye dan* ⟨v.t.⟩ erziehen; großziehen

تەرپەنتاین *terpentayin* (Chem.) Terpentin *n*

تەرتیب *tertîb* (An-)Ordnung *f*; **تەرتیب کردن** *tertîb kirdin* ⟨v.t.⟩ (an)ordnen

تەرتیبکراو *tertîbkiraw* ⟨Adj.⟩ (an)geordnet

تەرجومە *tercume* Übersetzung *f*; **تەرجومە کردن** *tercume kirdin* ⟨v.t.⟩ übersetzen (Sprache)

تەرخان *terxan*; **تەرخان کردن** *terxan kirdin* ⟨v.t.⟩ zuweisen; zuteilen; **خۆ تەرخان کردن** *xo terxan kirdin* ⟨v.refl.⟩ sich widmen; sich hingeben

تەرخوون *terxûn* (Bot.) Estragon *m* (Gewürzkraut)

[1]تەرز *terz* (Bot.) Ranke *f*

[2]تەرز *terz* Art *f*; Sorte *f* (s.a. ↑چەشن)

تەرزە *terze* Hagel *m*; تەرزە بارین *terze barîn* ⟨v.i.⟩ hageln; تەرزە دەبارێ es hagelt

تەرس *ters* Pferdeäpfel *Pl.*

تەرک *terk* Unterlassung *f*; تەرک کردن *terk kirdin* ⟨v.t.⟩ unterlassen

تەرکیز *terkîz* Konzentration *f*; تەرکیز کردن *terkîz kirdin* ⟨v.t.⟩ sich konzentrieren auf

تەرم *term* Leichnam *m*

تەرمۆز *termoz* 1. Thermosflasche *f*; 2. Kühlbox *f*

تەرمۆزەشووشە *termozeşûşe* Thermosflasche *f*

تەرمۆمەتر *termometir* (Med.) (Fieber-)Thermometer *n* (s.a. ↑گەرمیپێو)

تەرە *tere* ⟨Adj.⟩ streunend; تەرە بوون *tere bûn* ⟨v.i.⟩ streunen; تەرە کردن *tere kirdin* ⟨v.t.⟩ vertreiben

تەرەف *teref* Seite *f*

تەرەفدار *terefdar* ⟨Adj.⟩ voreingenommen

تەرەقە *tereqe* Knaller *m* (Feuerwerk)

تەڕ *teṟ* ⟨Adj.⟩ 1. feucht; 2. frisch; تەڕ بوون *teṟ bûn* ⟨v.i.⟩ nass sein/werden; تەڕ کردن *teṟ kirdin* ⟨v.t.⟩ anfeuchten

تەڕە *teṟe* (frisches) Gemüse *n* (s.a. ↑سەوزە)

تەڕەپیاز *teṟepiyaz* (Bot.) Frühlingszwiebel *f*

تەڕەتیزە *teṟetîze* (Bot.) Kresse *f*

تەڕی *teṟî* Feuchtigkeit *f*; Nässe *f*

تەڕیزە *teṟîze* (Anat.) Backe *f*; Gesäßhälfte *f*

تەزاندن *tezandin* ⟨v.t.⟩ ⟨تەزێنـ *tezên-*⟩ erstarren lassen; betäuben

[1]تەزوو *tezû* Schaudern *n*; تەزوو پیاهاتن *tezû piyahatin* ⟨v.i.⟩ schaudern

[2]تەزوو *tezû* 1. Welle *f*; 2. (El.) Strom *m* (s.a. ↑تەیار); تەزووی کارەبا *tezûy kareba* (El.) Strom *m*

تەزویر *tezwîr* Fälschung *f*; Imitation *f*; تەزویر کردن *tezwîr kirdin* ⟨v.t.⟩ (ver)fälschen; imitieren

تەزیو *tezîw* ⟨Adj.⟩ 1. erfroren; 2. taub

تەسجیل *tescîl* Kassettenrekorder *m*; تەسجیل کردن *tescîl kirdin* ⟨v.t.⟩ 1. eintragen; 2. auf Tonband aufnehmen

تەسک *tesk* ⟨Adj.⟩ eng; schmal (s.a. ↑تەنگ); تەسک بوون *tesk bûn* ⟨v.i.⟩ eng, schmal sein

تەسکەرە *teskere* Personalausweis *m*

تەسلیم *teslîm* 1. Aushändigung *f*; 2. Kapitulation *f*; تەسلیم بوون *teslîm bûn* ⟨v.i.⟩ aufgeben; تەسلیم کردن *teslîm kirdin* ⟨v.t.⟩ 1. aushändigen; 2. abgeben; خۆ تەسلیم کردن *xo teslîm kirdin* ⟨v.refl.⟩ kapitulieren

تەسەوف *tesewif* Sufismus *m* (s.a. ↑سۆفێتی)

تەسیر *tesîr* Einfluss *m*; تەسیر کردن *tesîr kirdin* ⟨v.t.⟩ beeinflussen

تەشت *teşt* 1. (Wasser-)Becken *n*; 2. Schüssel *f*

تەشجیع *teşcî'* Ermutigung *f*; تەشجیع کردن *teşcî' kirdin* ⟨v.t.⟩ ermutigen

تەشەر *teşer* 1. Anspielung *f*; 2. Schelte *f* (s.a. ↑تانە); تەشەر تێگرتن

ت

teşer têgirtin ⟨v.t.⟩ 1. diffamieren; 2. schelten

تەشەنوج *teşenuc* (Med.) Krampf *m*

تەشەنە *teşene* Ausbreitung *f*; **تەشەنە کردن** *teşene kirdin* ⟨v.t.⟩ sich ausbreiten, sich verbreiten (Seuche, Unruhen etc.); **تەشەنە سەندن** *teşene sendin* ⟨v.t.⟩ sich ausbreiten

تەشی *teşî* Handspindel *f*; **تەشی ڕستن** *teşî ristin* ⟨v.t.⟩ spinnen (mit der Handspindel)

تەعریب *te'rîb* Arabisierung *f*; **تەعریب کردن** *te'rîb kirdin* ⟨v.t.⟩ arabisieren

تەعمیر *te'mîr* Reparatur *f*; **تەعمیر کردن** *te'mîr kirdin* ⟨v.t.⟩ reparieren

تەعین *te'în* 1. Spezifizierung *f*; 2. Stellenangebot *n*; **تەعین کردن** *te'în kirdin* ⟨v.t.⟩ eine Stellung anbieten

تەفسیر *tefsîr* 1. Kommentar *m*; 2. Interpretation *f*; **تەفسیر کردن** *tefsîr kirdin* ⟨v.t.⟩ 1. interpretieren; 2. kommentieren

تەڤ *tev* ⟨Adv.⟩ ganz; **تەڤ کوشتن** *tev kuştin* ⟨v.t.⟩ massakrieren

تەڤکوشتن *tevkuştin* Massaker *n*

تەڤگەر *tevger* (Pol.) politische Bewegung *f*

تەقاندن *teqandin* ⟨v.t.⟩ ⟨تەقێن- *teqên-*⟩ abfeuern (Gewehr); (ab)schießen

تەقاندنەوە *teqandinewe* ⟨v.t.⟩ ⟨تەقێن- ەوە *teqên- ewe*⟩ (zer)sprengen

تەقسیم *teqsîm* **I** 1. Teilung *f*; 2. (Math.) Dividend *m* **II** ⟨Präp.⟩ durch; geteilt durch; **تەقسیم بوون** *teqsîm bûn* ⟨v.i.⟩ geteilt sein/werden; **تەقسیم کردن** *teqsîm kirdin* ⟨v.t.⟩ 1. austeilen; 2. (Math.) dividieren

تەقلەدەو *teqledew* Streich *m*

تەقوتۆق *tequtoq* Schießerei *f*

تەقوڕ *tequwir* 1. Klappern *n*; 2. Tumult *m*

تەقە *teqe* Schießerei *f*; **تەقە کردن** *teqe kirdin* ⟨v.t.⟩ schießen

تەقەتەق *teqeteq* Geklapper *n*; **تەقەتەق کردن** *teqeteq kirdin* ⟨v.t.⟩ klappern

تەقەلێکراو *teqelêkiraw* Schusswechsel *m*

تەقەڵ *teqel* Naht *f*; **تەقەڵ تێهەڵدان** *teqel têheldan* ⟨v.t.⟩ nähen; heften

تەقەمەنی *teqemenî* 1. Sprengstoff *m*; 2. Munition *f*

تەقین *teqîn* ⟨v.i.⟩ ⟨تەق- *teq-*⟩ zerspringen; explodieren

تەقینەوە *teqînewe* **I** ⟨v.i.⟩ ⟨تەق- ەوە *teq- ewe*⟩ explodieren **II** Explosion *f*

تەقیو *teqîw* ⟨Adj.⟩ explodiert

تەکان *tekan* Stoß *m*; **تەکان دان** *tekan dan* ⟨v.t.⟩ 1. stoßen; 2. sich bewegen

تەکاندن *tekandin* ⟨v.t.⟩ ⟨تەکێن- *tekên-*⟩ (ab)schütteln

تەکسی *teksî* Taxi *n*; **وێستگەی تەکسی** *wêstgey teksî* Taxistand *m*

تەکسیلێخوڕ *teksîlêxur* Taxifahrer *m* / Taxifahrerin *f*

تەکنۆکرات *teknokirat* Technokrat *m* / Technokratin *f*

تەکنۆکراسی *teknokirasî* Technokratie *f*

تەکنۆلۆژیا *teknolojya* Technologie *f*; **تەکنۆلۆژیای زانیاری** *teknolojyay zanyarî* IT *f*

تەکنۆلۆژیانە *teknolojyane* ⟨Adv.⟩ tech-

nologisch
تەکنیک teknîk Technik f
تەکنیکی teknîkî ⟨Adj.⟩ technisch
تەکێ tekê Ruhestätte f
تەگبیر tegbîr Rat m; Beratung f; تەگبیر کردن tegbîr kirdin ⟨v.t.⟩ beraten
تەگبیرکەر tegbîrker Berater m / Beraterin f
تەگەرە tegere Hindernis n; Verhinderung f (s.a. ↑کۆسپ); تەگەرە تێخستن tegere têxistin ⟨v.t.⟩ 1. hemmen; 2. verhindern; تەگەرە لێدان tegere lêdan ⟨v.t.⟩ behindern
تەل tel 1. Draht m; 2. (Mus.) Saite f
تەلار telar 1. Schloss n; 2. Villa f
تەلان telan Terrasse f
تەلبەند telbend Stacheldraht(verhau) m; Gitter n
تەلەفوز telefuz Aussprache f; تەلەفوز کردن telefuz kirdin ⟨v.t.⟩ aussprechen
تەلەفۆن telefon 1. Telefon n; 2. Anruf m; تەلەفۆن بۆ کردنەوە telefon bo kirdinewe ⟨v.t.⟩ zurückrufen; تەلەفۆنی دەستی telefonî destî Handy n; تەلەفۆنی فریاگوزاری telefonî firyaguzarî Notruf m; تەلەفۆن کردن telefon kirdin ⟨v.t.⟩ telefonieren (mit)
تەلەفیزیۆن telefîzyon Fernseher m; Fernsehgerät n; تەلەفیزیۆنی زاتەلیت telefîzyonî zatelît Satellitenfernsehen n; تەلەفیزیۆنی کابل telefîzyonî kabil Kabelfernsehen n; تەلەفیزیۆن سەیر کردن telefîzyon seyr kirdin ⟨v.t.⟩ fernsehen
تەلەفیزیۆنتەماشاکەر telefîzyontemaşaker Fernsehzuschauer m / Fernsehzuschauerin f
تەلەگرام telegram Telegramm n
تەلیسکۆب telîskob Teleskop n; Fernrohr n
تەلیسم telîsim Talisman m; Glücksbringer m
تەلێکس telêks Telex n
تەڵاق telaq (Rel./isl.) (Ehe-)Scheidung f; تەڵاق دان telaq dan ⟨v.t.⟩ (isl.) widerruflich die Scheidung aussprechen
تەڵاقدراو telaqdiraw (Rel./isl.) verstoßene, geschiedene Frau f
تەڵاقنامە telaqname Scheidungsurkunde f
تەڵخ telx ⟨Adj.⟩ trüb
تەڵقین telqîn Belehrung f; Unterweisung f; تەڵقین دادان telqîn dadan ⟨v.t.⟩ belehren; unterweisen
تەڵە tele Falle f; Schlinge f
تەڵەزم telezim Splitter m
تەڵەمشک telemişk Mausefalle f
تەم tem Nebel m (vgl. ↑تەمومژ)
تەماتە temate (Bot.) Tomate f
تەماشا temaşa I ⟨Int.⟩ schau an! II Anblick m; تەماشا کردن temaşa kirdin ⟨v.t.⟩ anschauen
تەماشاکەر temaşaker Zuschauer m / Zuschauerin f
تەماوی temawî ⟨Adj.⟩ neblig
تەمومژ temumij Nebel m
تەمووز temûz achter Monat des syrischen Kalenders (Juli)
تەمەڵ temel I ⟨Adj.⟩ faul II Faul-

pelz *m*

تەمەڵی *temeḻî* Faulheit *f*; **تەمەڵی کردن** *temeḻî kirdin* ⟨v.t.⟩ faulenzen

تەمەن *temen* (Lebens-)Alter *n*; **تەمەن بە زایە چوون** *temen be zaye çûn* ⟨v.i.⟩ das Leben vergeuden; **تەمەن بەسەر چوون** *temen beser çûn* ⟨v.i.⟩ älter werden; **تەمەن درێژ بوون** *temen dirêj bûn* ⟨v.i.⟩ ein langes Leben haben; !تەمەنت درێژ بێ möge dein Leben lang sein!

تەمەندرێژ *temendirêj* ⟨Adj.⟩ lebenslang

تەمەندرێژی *temendirêjî* Langlebigkeit *f*

تەمەنکورت *temenkurt* ⟨Adj.⟩ kurzlebig

تەمێ *temê* Ermahnung *f*; (Ver-)Warnung *f*; **تەمێ کردن** *temê kirdin* ⟨v.t.⟩ ermahnen

[1]**تەن** *ten* Körper *m*; Leib *m*

[2]**تەن** *ten* Tonne *f* (Gewichtsmaß, 1 t = 1000 kg)

تەناف *tenaf* Strick *m*; Leine *f*; **تەنافی جلهەڵخستن** *tenafî cilheḻxistin* Wäscheleine *f*

تەنافباز *tenafbaz* Seiltänzer *m* / Seiltänzerin *f*; Akrobat *m* / Akrobatin *f*

تەنافبازی *tenafbazî* Seiltanzen *n*; Akrobatik *f*

تەنانەت *tenanet* ⟨Adv.⟩ sogar; selbst

تەنپەروەر *tenperwer* ⟨Adj.⟩ körperbewusst

تەنپەروەری *tenperwerî* Körperpflege *f*

تەندروست *tendirust* ⟨Adj.⟩ gesund; wohlauf; hygienisch

تەندروستباش *tendirustbaş* ⟨Adj.⟩ gesund

تەندروستی *tendirustî* Gesundheit *f*; Wohlbefinden *n*; **باری تەندروستی** *barî tendirustî* Gesundheitszustand *m*; **تەمینی تەندروستی** *temînî tendirustî* 1. Krankenversicherung *f*; 2. Krankenkasse *f*; **زانستیی تەندروستی** *zanistîy tendirustî* Hygiene *f*

تەنز *tenz* Satire *f*

تەنزیلات *tenzîlat* (s. ↑هەرزانکراو)

تەنزیم *tenzîm* 1. (An-)Ordnung *f*; 2. (Tech.) Einstellung *f*; **تەنزیم کردن** *tenzîm kirdin* ⟨v.t.⟩ 1. (an)ordnen; 2. (Tech.) einstellen

تەنفیز *tenfîz* Vollstreckung *f*; **تەنفیز کردن** *tenfîz kirdin* ⟨v.t.⟩ vollstrecken (z.B. Befehl)

تەنفیزی *tenfîzî* ⟨Adj.⟩ exekutiv; **لیژنەی تەنفیزی** *lîjney tenfîzî* (Pol.) Exekutivkomitee *n*

تەنک *tenik* ⟨Adj.⟩ 1. dünn; fein; 2. durchsichtig

تەنکاو *tenkaw* **I** ⟨Adj.⟩ seicht **II** Furt *f*; Flachwasser *n*

تەنکەر *tenker* Tanker *m*; **تەنکەری نەوت** *tenkerî newt* Öltanker *m*

تەنکەڕیش *tenkeṟîş* Bartstoppel *f*

تەنکی *tenkî* Tank *m*; Behälter *m*; **تەنکیی ئاو** *tenkîy aw* Wasserspeicher *m*; **تەنکیی ڕۆن** *tenkîy ṟon* Öltank *m*

تەنگ *teng* ⟨Adj.⟩ eng; **تەنگ پێهەڵچنین** *teng pêheḻçinîn* ⟨v.t.⟩ j-n bedrängen; **تەنگ کردن** *teng kirdin* ⟨v.t.⟩ einengen

تەنگانە *tengane* Not *f*; schwierige Zei-

ten *Pl.* (bes. finanziell)
تەنگاو *tengaw* Stausee *m*
تەنگوچەڵەمە *tenguçeḻeme* (ernste) Schwierigkeit *f*; Krise *f*
تەنگەتیلکە *tengetîlke* ⟨Adj.⟩ nervös
تەنگەنەفەس *tengenefes* **I** ⟨Adj.⟩ (Med.) asthmatisch **II** (Med.) Asthmatiker *m* / Asthmatikerin *f*
تەنگەنەفەسی *tengenefesî* (Med.) Asthma *n*; Atembeschwerden *Pl.*; **تەنگەنەفەسی هەبوون** *tengenefesî hebûn* ⟨v.i.⟩ Asthma, Atemnot haben
تەنگی *tengî* Enge *f*
تەنوور *tenûr* (Lehm-)Ofen *m*
تەنوورە *tenûre* Rock *m*; **تەنوورەی کورت** *tenûrey kurt* Minirock *m*
تەنەکە *teneke* (Weiß-, Aluminium-) Blech *n*; **تەنەکەی خۆڵ** *tenekey xoḻ* Mülleimer *m*
تەنی *tenî* ⟨Adj.⟩ körperlich; physisch
تەنیا *tenya* **I** ⟨Adj.⟩ 1. einsam; 2. einzige(r, -s); 3. ledig **II** ⟨Adv.⟩ nur; allein • به تەنیا هات er kam allein
تەنیاباڵ *tenyabaḻ* ⟨Adv.⟩ selbstständig
تەنیاگەر *tenyager* ⟨Adj.⟩ monotheistisch
تەنیاگەری *tenyagerî* (Rel.) Monotheismus *m*
تەنیایی *tenyayî* Einsamkeit *f*; **تەنیاییی خوا** *tenyayîy xiwa* (Rel.) Einheit Gottes
تەنیشت *tenîşt* ⟨Präp.⟩ neben
تەنین *tenîn* ⟨v.t.⟩ ⟨تەن- *ten-*⟩ 1. weben; 2. (üb.) (ver)sperren
تەنینەوە *tenînewe* ⟨v.i.⟩ ⟨تەن- ەوە *ten-ewe*⟩ sich ausdehnen
تەواو *tewaw* ⟨Adj.⟩ 1. vollkommen; absolut; 2. gründlich; 3. fertig; **تەواو بوون** *tewaw bûn* ⟨v.i.⟩ zu Ende gehen; auslaufen; **تەواو کردن** *tewaw kirdin* ⟨v.t.⟩ 1. fertig machen; 2. ergänzen
تەواوکەر *tewawker* **I** ⟨Adj.⟩ ergänzend **II** 1. Ergänzung *f*; 2. (Gr.) direktes Objekt *n*
تەور *tewr* Axt *f*
تەورات *tewrat* (Rel./jüd.) Thora *f*
تەوراتوئینجیل *tewratuîncîl* (Rel./christl.) Bibel *f*
تەوژم *tewijm* 1. Wucht *f*; 2. Strömung *f*; **تەوژم هێنان** *tewijm hênan* ⟨v.t.⟩ stürmen; **تەوژمی بەرز** *tewijmî berz* Hochspannung *f*; **تەوژمی خوێن** *tewijmî xwên* Blutdruck *m*; **تەوژمی هەوا** *tewijmî hewa* Turbulenz *f*; Wirbel *m*
تەوس *tews* 1. Ironie *f*; 2. Spott *m*; **تەوس تێگرتن** *tews têgirtin* ⟨v.t.⟩ verspotten; lächerlich machen
تەوساوی *tewsawî* ⟨Adj.⟩ ironisch; sarkastisch
تەوقە *tewqe* Haarspange *f*
تەوقەسەر *tewqeser* (Anat.) Scheitel *m* (s.a. ↑تەپڵەسەر)
تەوقیف *tewqîf* Untersuchungshaft *f*; **تەوقیف کردن** *tewqîf kirdin* ⟨v.t.⟩ 1. in Untersuchungshaft nehmen; 2. verhaften
تەون *tewin* Gewebe *n*; **تەون کردن** *tewin kirdin* ⟨v.t.⟩ weben; **تەونی جاڵجاڵۆکە** *tewnî caḻcaḻoke* Spinnennetz *n*

ت

تەوەرە *tewere* Achse *f*; تەوەرەی خولانەوە *tewerey xulanewe* Drehachse *f*; تەوەرەی ڕۆژ *tewerey ṟoj* (Astr.) Sonnenwende *f*; تەوەرەی ساد *tewerey sad* (Math.) Y-Achse *f*; تەوەرەی سین *tewerey sîn* (Math.) X-Achse *f*

تەوەرەیی *tewereyî* ⟨Adj.⟩ 1. achsenförmig; 2. zentral

تەویلە *tewîle* Stall *m*; تەویلەی ئەسپ *tewîley esp* Pferdestall *m*

تەئلیف *telîf* (Lit.) literarisches Erzeugnis *n*; تەئلیف کردن *telîf kirdin* ⟨v.t.⟩ verfassen

تەیار *teyar* Welle *f*; Woge *f*; تەیاری کارەباپچڕان *teyarî karebapiçṟan* Stromausfall *m*

[1]تیپ *tîp* Gruppe *f*; تیپی مۆسیقا *tîpî mosîqa* Band *f*; تیپی نەتەوەیی/نیشتمانی *tîpî neteweyî/nîştimanî* (Sp.) Nationalmannschaft *f*; تیپی وەرزش *tîpî werziş* (Sp.) Team *n*; Mannschaft *f*

[2]تیپ *tîp* Buchstabe *m*; Schriftzeichen *n* (vgl. ↑پیت); تیپی بچووک *tîpî biçûk* Kleinbuchstabe *m*; تیپی بزوێن *tîpî bizwên* (Ling.) Vokal *m*; تیپی بێدەنگ *tîpî bêdeng* (Ling.) Konsonant *m*; تیپی پێوەندی *tîpî pêwendî* (Gr.) Präposition *f*; تیپی گەورە *tîpî gewre* Großbuchstabe *m*; تیپی لار *tîpî lar* Kursivschrift *f*

تیپەبزوێن *tîpebizwên* (Ling.) Vokal *m*

تیپەبێدەنگ *tîpebêdeng* (Ling.) Konsonant *m*

تیتلەکناچە *tîtlekinaçe* (Zool.) (See-) Möwe *f*

تیر *tîr* Pfeil *m*; تیر تێگرتن/هاویشتن *tîr têgirtin/hawîştin* ⟨v.t.⟩ einen Pfeil schießen

تیراژ *tîraj* Auflage *f*

تیرانداز *tîrandaz* Schütze *m* / Schützin *f*

تیرۆک *tîrok* Nudelholz *n*

تیرە *tîre* Clan *m*; Sippe *f*

تیرەبازنە *tîrebazne* Durchmesser *m*

تیرەمار *tîremar* (Zool.) Natter *f*

تیرەیی *tîreyî* ⟨Adj.⟩ ethnisch

تیژ *tîj* ⟨Adj.⟩ 1. scharf; 2. schnell; تیژ کردن *tîj kirdin* ⟨v.t.⟩ schleifen; anspitzen

تیژی *tîjî* Schärfe *f*

تیشک *tîşk* 1. Strahl *m*; 2. Licht *n*; چارەسەر کردن بە تیشک *çareser kirdin be tîşk* ⟨v.t.⟩ (Med.) bestrahlen; تیشک دان *tîşk dan* ⟨v.t.⟩ leuchten; تیشکی هەتاو *tîşkî hetaw* Sonnenstrahlen

تیشکەچارە *tîşkeçare* (Med.) Strahlentherapie *f*

تیشکەوزە *tîşkewize* Radiologie *f*

تیشکەئێکس *tîşkeêks* Röntgenstrahlen *Pl.*

تیغ *tîx̱* 1. Klinge *f*; 2. Rasiermesser *n*

تیڤاڵ *tîvaḻ* Kruste *f*

تیکە *tîke* Stück(chen) *n*; Bissen *m*

تیمار *tîmar* Pflege *f*; Behandlung *f*; تیمار کردن *tîmar kirdin* ⟨v.t.⟩ 1. verbinden (Wunde); 2. behandeln

تیمساح *tîmsaḫ* (Zool.) Krokodil *n*

تین *tîn* Stärke *f*; Energie *f*

تینوو *tînû* ⟨Adj.⟩ durstig; تینوو بوون *tînû bûn* ⟨v.i.⟩ durstig sein/werden; تینووم ich bin durstig; لە تینوواندا مردن *le tînûwanda mirdin*

⟨v.i.⟩ verdursten; **تینوو کردن** *tînû kirdin* ⟨v.t.⟩ dürsten lassen

تینوێتی *tînwêtî* Durst *m*; **تینوێتی شکاندن** *tînwêtî şikandin* ⟨v.t.⟩ den Durst löschen; **تینوێتی کەم کردنەوە** *tînwêtî kem kirdinewe* ⟨v.t.⟩ Durst stillen

تێ *tê* tê; Name des vierten Buchstabens des kurdischen Alphabets (ت *t*)

تێئاخنین *têaxnîn* ⟨v.t.⟩ ⟨تێ...ئاخنـ *tê…axn-*⟩ 1. hineinstecken; 2. (voll) stopfen

تێئاڵاندن *têaḻandin* ⟨v.t.⟩ ⟨تێ...ئاڵێنـ *tê…aḻên-*⟩ herumwickeln

تێبینی *têbînî* Anmerkung *f*; Notiz *f*; Vermerk *m*; **تێبینی نووسین** *têbînî nûsîn* ⟨v.t.⟩ vermerken; **تێبینی کردن** *têbînî kirdin* ⟨v.t.⟩ 1. beobachten; 2. notieren

تێپەڕ *têpeṟ* **I** ⟨Adj.⟩ (Gr.) transitiv **II** ⟨Adv.⟩ vorbei; **فرمانی تێپەڕ** *firmanî têpeṟ* (Gr.) transitives Verb *n*; **تێپەڕ بوون** *têpeṟ bûn* ⟨v.i.⟩ vorbeigehen

تێتانوس *têtanus* (Med.) Tetanus *m*

تێتکان *têtikan* ⟨v.i.⟩ ⟨تێ...تکێـ *tê…tikê-*⟩ (hinein)tropfen in

تێتکاندن *têtikandin* ⟨v.t.⟩ ⟨تێ...تکێنـ *tê…tikên-*⟩ träufeln

تێچوون *têçûn* ⟨v.i.⟩ ⟨تێ...چـ *tê…ç-*⟩ kosten

تێدا *têda* **I** ⟨Präp.⟩ auf; in **II** ⟨Adv.⟩ 1. darin; 2. drinnen

تێدابوون *têdabûn* ⟨v.i.⟩ ⟨تێ...دا...بـ *tê…da…b-*⟩ in etw. sein; beinhalten

تێدا چوون *têdaçûn* ⟨v.i.⟩ ⟨تێ...دا...چـ *tê…da…ç-*⟩ ruiniert, vernichtet werden

تێداچەقین *têdaçeqîn* ⟨v.i.⟩ ⟨تێ...دا...چەقـ *tê…da…çeq-*⟩ stecken

تێدان *têdan* ⟨v.t.⟩ ⟨تێ...دە-/دا *tê…de-/da*⟩ befallen (bes. Schädlinge)

تێدانەبوون *têdanebûn* ⟨v.i.⟩ ⟨تێ...دانابـ *tê…danab-*⟩ nicht vorhanden sein

تێداهەبوون *têdahebûn* ⟨v.i.⟩ ⟨تێ...داهەبـ *tê…daheb-*⟩ 1. enthalten; 2. (um) fassen

تێر *têr* ⟨Adj.⟩ 1. satt; 2. (üb.) zufrieden; **تێر بوون** *têr bûn* ⟨v.i.⟩ satt sein/werden; **تێر خواردن** *têr xiwardin* ⟨v.t.⟩ sich satt essen; **تێر کردن** *têr kirdin* ⟨v.t.⟩ satt machen

تێرخەو *têrxew* ⟨Adj.⟩ ausgeschlafen; **تێرخەو بوون** *têrxew bûn* ⟨v.i.⟩ ausschlafen

تێرمینال *têrmînal* Terminal *n*

تێرنەخۆرە *têrnexore* Vielfraß *m* (s.a. چاوچنۆک↑)

تێروتەسەل *têrutesel* ⟨Adj.⟩ 1. satt; 2. wohlhabend

تێڕامان *têṟaman* ⟨v.i.⟩ ⟨تێ...ڕا...مێنـ *tê…ṟa…mên-*⟩ 1. nachdenken, nachsinnen über; überlegen; 2. betrachten

تێڕوانین *têṟiwanîn* **I** ⟨v.t.⟩ ⟨تێ...ڕوانـ *tê…ṟiwan-*⟩ 1. zusehen; betrachten; 2. (über)prüfen **II** (Über-)Prüfung *f*; Revision *f*

تێرۆڕ *têroṟ* 1. Terror *m*; 2. Terrorismus *m*; **تێرۆڕ کردن** *têroṟ kirdin* ⟨v.t.⟩ terrorisieren

تێرۆڕیست *têroṟîst* Terrorist *m* / Terroristin *f*

ت

تێڕۆڕیستی *têrorîstî* ⟨Adj.⟩ terroristisch; **دەسەڵاتی تێڕۆڕیستی** *deselatî têrorîstî* Schreckensherrschaft *f*; **ڕژێمی تێڕۆڕیستی** *rijêmî têrorîstî* Terrorregime *n*; **ڕێکخراوی تێڕۆڕیستی** *rêkxirawî têrorîstî* Terrororganisation *f*

تێزاب *têzab* (Chem.) Salpetersäure *f*

تێژەنین *têjenîn* ⟨v.t.⟩ ⟨تێ...ژەن- *tê…jen-*⟩ stechen

تێشکان *têşikan* **I** ⟨v.i.⟩ ⟨تێ...شکێ- *tê…şikê-*⟩ versagen **II** Fehlschlag *m*

تێکبەربوون *têkberbûn* ⟨v.i.⟩ ⟨تێکبەر...ب- *têkber…b-*⟩ 1. sich bekämpfen; 2. raufen

تێکچوو *têkçû* ⟨Adj.⟩ 1. gereizt; 2. verwirrt

تێکچوون *têkçûn* ⟨v.i.⟩ ⟨تێک...چ- *têk…ç-*⟩ 1. verderben; 2. spinnen

تێکدان *têkdan* ⟨v.t.⟩ ⟨تێک...دە-/دا *têk…de-/da*⟩ 1. umrühren; 2. in Unordnung bringen; 3. mischen (Karten)

تێکدەر *têkder* Aufrührer *m* / Aufrührerin *f*; Anstifter *m* / Anstifterin *f*

تێکردن *têkirdin* ⟨v.t.⟩ ⟨تێ...کە-/کا *tê…ke-/ka*⟩ (hin)eingießen

تێکڕا *têkra* **I** ⟨Adv.⟩ vollständig **II** ⟨Adj.⟩ alle; total

تێکست *têkst* 1. Text *m*; 2. Schrift *f*

تێکسمڕان *têksimran* ⟨v.i.⟩ ⟨تێک...سمڕێ- *têk…simrê-*⟩ mollig, pummelig, rundlich sein/werden

تێکسمڕاو *têksimraw* ⟨Adj.⟩ mollig; pummelig

تێکشکان *têkşikan* **I** ⟨v.i.⟩ ⟨تێک...شکێ- *têk…şikê-*⟩ zusammenbrechen; zerfallen **II** Zerfall *m*

تێکشکاندن *têkşikandin* ⟨v.t.⟩ ⟨تێک...شکێن- *têk…şikên-*⟩ (zer)quetschen; zertrümmern

تێکشکاو *têkşikaw* ⟨Adj.⟩ zerfallen

تێکوپێک *têkupêk* ⟨Adj.⟩ 1. durcheinander; 2. regellos; **تێکوپێک دان/کردن** *têkupêk dan/kirdin* ⟨v.t.⟩ völlig zerstören; durcheinander bringen

تێکۆشان *têkoşan* **I** ⟨v.i.⟩ ⟨تێ...کۆش- *tê…koş-*⟩ kämpfen (für) **II** Kampf *m*

تێکۆشەر *têkoşer* Kämpfer *m* / Kämpferin *f*

تێکەڵاو *têkelaw* **I** ⟨Adj.⟩ gemischt **II** Mischung *f*; **تێکەڵاو کردن** *têkelaw kirdin* ⟨v.t.⟩ (ver)mischen

تێکەڵە *têkele* (Chem.) Lösung *f*; Zusammensetzung *f*

تێکەوتن *têkewtin* ⟨v.i.⟩ ⟨تێ...کەو- *tê…kew-*⟩ 1. versagen; 2. hineinfallen

تێکەولێکە *têkewlêke* Schweinerei *f*

تێگەیاندن *têgeyandin* ⟨v.t.⟩ ⟨تێ...گەیێن-، تێ...گەیەن- *tê…geyên-, tê…geyen-*⟩ (j-m etw.) erklären; aufklären

تێگەیشتن *têgeyiştin* **I** ⟨v.i.⟩ ⟨تێ...گە-/گا *tê…ge-/ga*⟩ 1. verstehen; begreifen; 2. einsehen **II** Verständnis *n*; **خراپ تێگەیشتن** *xirap têgeyiştin* ⟨v.i.⟩ missverstehen; **لەیەک تێگەیشتن** *leyek têgeyiştin* ⟨v.i.⟩ sich verständigen

تێگەیشتوو *têgeyiştû* ⟨Adj.⟩ intelligent; umsichtig • مرۆڤێکی تێگەیشتووە (idiom.) er ist ein heller Kopf

تێنس *têns* (Sp.) Tennis *n*; **مێزی تێنس**

mêzî têns (Sp.) Tischtennis *n*

تێنەپەڕ *tênepe̱r* ⟨Adj.⟩ (Gr.) intransitiv; **فرمانی تێنەپەڕ** *firmanî tênepe̱r* intransitives Verb *n*

تێنەگەیشتن *tênegeyiştin* ⟨v.i.⟩ ⟨تێ...ناگە-/ ناگا *tê…nage-/naga*⟩ missverstehen • تۆ تێمناگەیت du verstehst mich nicht; du missverstehst mich

تێوەئاڵان *têwea̱lan* ⟨v.i.⟩ ⟨تێوە...ئاڵێـ *têwe…a̱lê-*⟩ umwickelt sein

تێوەپێچان *têwepêçan* ⟨v.t.⟩ ⟨تێوە...پێچـ *têwe…pêç-*⟩ umwickeln; einwickeln; einschlagen

تێوەچوون *têweçûn* ⟨v.i.⟩ ⟨تێوە...چـ *têwe…ç-*⟩ beschmiert, befleckt, beschmutzt werden (z.B. mit Schlamm, Tinte)

تێوەردان *têwerdan* ⟨v.t.⟩ ⟨تێوەر...دە-/دا *têwer…de-/da*⟩ (ab-, aus)spülen

تێوەژەنین *têwejenîn* ⟨v.t.⟩ ⟨تێوە...ژەنـ *têwe…jen-*⟩ (an)stoßen; stechen

تێوەگلان *têwegilan* ⟨v.i.⟩ ⟨تێوە...گلێـ *têwe…gilê-*⟩ in Schwierigkeiten geraten

تێهاویشتن *têhawîştin* ⟨v.t.⟩ ⟨تێ...هاوـ، تێ...هاوێژـ *tê…haw-, tê…hawêj-*⟩ hineinwerfen

تێهەڵچوون *têhe̱lçûn* ⟨v.i.⟩ ⟨تێهەڵ...چـ *têhe̱l…ç-*⟩ beginnen mit

تێهەڵدان *têhe̱ldan* **I** ⟨v.t.⟩ ⟨تێ...هەڵ...دە-/دا *tê…he̱l…de-/da*⟩ 1. schlagen; 2. schießen (Fußball) **II** 1. Stoß *m* (mit dem Fuß); 2. (Sp.) Schuss *m* (Fußball)

تێهەڵسوون *têhe̱lsûn* ⟨v.t.⟩ ⟨تێ...هەڵ...سوو-/سوێ *tê…he̱l…sû-/swê*⟩ beschmieren; **خۆ تێهەڵسوون** *xo têhe̱lsûn* ⟨v.refl.⟩ sich reiben an

تێهەڵکێشان *têhe̱lkêşan* ⟨v.t.⟩ ⟨تێ...هەڵ...کێشـ *tê…he̱l…kêş-*⟩ einfügen; beziehen (Decke)

تێیدا *têyda* ⟨Adv.⟩ darin • لە خانووەکەدان؟ — بەڵێ، تێیدان sind sie im Haus? – ja, sie sind drinnen

تی ڤی *tê vî* TV *n*; Fernsehgerät *n*

ج

ج *c* cê; fünfter Buchstabe des kurdischen Alphabets (Zahlenwert 3)

جاترە *catre* (Bot.) Thymian *m*

جادوو *cadû* **I** ⟨Adj.⟩ verzaubert **II** 1. Talisman *m*; 2. Zauberei *f*; **جادوو کردن** *cadû kirdin* ⟨v.t.⟩ (ver)zaubern

جادووگەر *cadûger* Zauberer *m* / Zauberin *f*

جادووگەری *cadûgerî* Zauberei *f*; Magie *f*

جاده *cade* breite Straße *f*

جار *car* Mal *n* • ئەم جارە dieses Mal; diesmal; بۆ دوا جار zum letzten Mal; گەلێ جار viele Male; oft; بۆ یەکەم جار zum ersten Mal; یەک جار einmal; هەشت جار achtmal; بە جارێک mit einem Mal; mit einem Schlag; چەند جارێک einige Male; mehrmals; جارێکی تر ein andernmal; **جاری پێشوو** *carî pêşû* letztes Mal *n*; **جاری دوایی** *carî diwayî* letztes Mal *n*

جاران *caran* ⟨Adv.⟩ früher; damals

جارجار *carcar* ⟨Adv.⟩ ab und zu; manchmal

جارناجار *carnacar* ⟨Adv.⟩ manchmal

جاروبار *carubar* ⟨Adv.⟩ gelegentlich; zeitweise

جارەناجارێ *carenacarê* ⟨Adv.⟩ abwechselnd

جارێک *carêk* ⟨Adv.⟩ einmal

جارێکیتر *carêkîtir* ⟨Adv.⟩ wieder; nochmals

جاڕ *car̲* (Auf-)Ruf *m*; Ankündigung *f*; **جاڕ دان** *car̲ dan* ⟨v.t.⟩ verkünden; **جاڕ ڕاهێشتن** *car̲ r̲ahêştin* ⟨v.t.⟩ verkünden

جاڕدەر *car̲der* Marktschreier *m* / Marktschreierin *f*

جاڕس *car̲is* ⟨Adj.⟩ 1. verärgert; 2. gestört; **جاڕس بوون** *car̲is bûn* ⟨v.i.⟩ sich ärgern; **جاڕس کردن** *car̲is kirdin* ⟨v.t.⟩ (ver)ärgern; verstimmen

جاڕسکەر *car̲isker* ⟨Adj.⟩ monoton; eintönig

جاڕسی *car̲isî* 1. Unzufriedenheit *f*; 2. Ärgernis *n*; 3. Monotonie *f*

جاز *caz* (Mus.) Jazz *m*

جاسووس *casûs* Spion *m* / Spionin *f*

جاسووسی *casûsî* Spionage *f*; **جاسووسی کردن** *casûsî kirdin* ⟨v.t.⟩ spionieren

جاش *caş* 1. (Zool.) Eselfüllen *n*; 2. Söldner *m*

جاشماکەر *caşmaker* (Zool.) weibliches Eselfohlen *n*

جاشوولکە *caşûlke* (Zool.) Eselfohlen *n*; Eselchen *n*

جاڵجاڵۆکە *cal̲cal̲oke* (Zool.) Spinne *f*; **تەونی جاڵجاڵۆکە** *tewnî cal̲cal̲oke* Spinnennetz *n*

جام *cam* 1. Glas *n*; 2. Becher *m*

جامانە *camane* (blaues oder rotes) Baumwollturbantuch *n*; **جامانە بەستن** *camane bestin* ⟨v.t.⟩ den Turban umwickeln

جامانەبەسەر *camanebeser* Turbanträger *m*

جامباز *cambaz* 1. Gaukler *m* / Gauklerin *f*; 2. (üb.) Schwindler *m* / Schwindlerin *f*

جامبازخانە *cambazxane* Zirkus *m*

جامبازی *cambazî* List *f*

جامخانە *camxane* Schaufenster *n*

جامکار *camkar* Glaser *m*

جان *can* Seele *f*; Geist *m* (s.a. ↑گیان)

جانان *canan* Geliebter! / Geliebte!

جانتا *canta* Tasche *f*; **جانتای چەرم** *cantay çerm* Ledertasche *f*; **جانتای دەست** *cantay dest* Handtasche *f*; **جانتای سەفەر** *cantay sefer* Reisetasche *f*; Gepäck *n*; **جانتای شان** *cantay şan* Umhängetasche *f*; **جانتای قوتابخانە**

cantay qutabxane Schulranzen *m*

جانتاپشکنین *cantapişkinîn* Gepäckkontrolle *f*

جانفیدا *canfîda* ⟨Adj.⟩ aufopferungsvoll

جانفیدایی *canfîdayî* Opferbereitschaft *f*; **جانفیدایی کردن** *canfîdayî kirdin* ⟨v.t.⟩ Opfer bringen

جانەوەر *canewer* **I** ⟨Adj.⟩ 1. wild; 2. grausam **II** 1. Schädling *m*; 2. Geschöpf *n*

جاو *caw* Leinwand *f*

جاهیل *cahîl* **I** ⟨Adj.⟩ unwissend **II** Unwissender *m* / Unwissende *f*

جاهیلی *cahîlî* Unwissenheit *f*

جرپن *cirpin* **I** ⟨Adj.⟩ zapplig **II** Rastloser *m* / Rastlose *f*

جرپنی *cirpinî* Rastlosigkeit *f*

جرج *circ* (Zool.) Ratte *f*

جرجکوژە *circkuje* (wörtl.) Rattentöter *m*; **ژاری جرجکوژە** *jarî circkuje* Rattengift *n*

جرجەکوێرە *circekwêre* Maulwurf *m*

جرووکاندن *cirûkandin* ⟨v.t.⟩ ⟨جروکێنـ *cirukên-*⟩ zwitschern

جرووکە *cirûke* Gezwitscher *n*

جریواندن *cirîwandin* ⟨v.t.⟩ ⟨جریوێنـ *cirîwên-*⟩ 1. trillern; zwitschern; 2. flimmern

جڕوجانەوەر *ci*r*ucanewer* Schädlinge *Pl.*; Ungeziefer *n*

جڕوجانەوەرات *ci*r*ucanewerat* s. ↑جڕوجانەوەر; **داوودەرمانی جڕوجانەوەرات** *dawudermanî ci*r*ucanewerat* Pestizid *n*

جزدان *cizdan* Geldbeutel *m*; Brieftasche *f*; **جزدانی پارە** *cizdanî pare* Portemonnaie *n*

جزمە *cizme* Gummistiefel *m*

جزووبەند *cizûbend* ⟨Adj.⟩ gebunden; **جزووبەند کردن** *cizûbend kirdin* ⟨v.t.⟩ 1. (Bücher) binden; 2. heften

جزووبەندکەر *cizûbendker* Buchbinder *m* / Buchbinderin *f*

جزیرە *cizîre* Insel *f* (vgl. ↑دوورگە)

جگەر *ciger* (Anat.) Leber *f*; **نەخۆشیی جگەر** *nexoşîy ciger* (Med.) Leberleiden *n*; **هەوکردنی جگەر** *hewkirdinî ciger* Hepatitis *f*; **جگەر بڕین** *ciger bi*r*în* ⟨v.t.⟩ (j-m) das Herz brechen; **جگەر خواردن** *ciger xiwardin* ⟨v.t.⟩ (idiom.) quälen; جگەری خواردووم er quält mich; **جگەر سووتان** *ciger sûtan* ⟨v.i.⟩ (üb.) trauern (wegen eines Todesfalls)

جگەربڕ *cigerbi*r ⟨Adj.⟩ katastrophal

جگەرسووتان *cigersûtan* Betrübnis *f*; Trauer *f* (wegen eines Todesfalls)

جگەرسووتانەوە *cigersûtanewe* (Med.) Hepatitis *f*

جگەرمۆم *cigermom* (Med.) Leberzirrhose *f*

جگەرە *cigere* Zigarette *f*; **پاکەتێک جگەرە** *paketêk cigere* eine Schachtel Zigaretten; **تەپڵەکی جگەرە** *tep*l*ekî cigere* Aschenbecher *m*; **گلۆزێک جگەرە** *gi*l*ozêk cigere* eine Stange Zigaretten; **جگەرە پێچانەوە** *cigere pêçanewe* ⟨v.t.⟩ eine Zigarette drehen, rollen; **جگەرە کێشان** *cigere kêşan* ⟨v.t.⟩ Zigarette rauchen; **جگەرەی فلتەردار** *cigerey filterdar* Filterzigarette *f*

ج

جگەرەفرۆش *cigerefiroş* Tabakhändler *m*; **دوکانی جگەرەفرۆش** *dukanî cigerefiroş* Tabakladen *m*

جگەرەکێش *cigerekêş* (Zigaretten-)Raucher *m* / (Zigaretten-)Raucherin *f*

ج

جگەرەکێشان *cigerekêşan* Rauchen *n* ● جگەرەکێشان قەدەغەیە! Rauchen verboten!; Rauchen ist verboten!

جگەرەنەکێش *cigerenekêş* Nichtraucher *m* / Nichtraucherin *f*

جگەلە *cigele* ⟨Präp.⟩ außer (s.a. ↑بێجگەلە)

جگەلەمەش *cigelemeş* ⟨Adv.⟩ außerdem; (wörtl.) außer diesem da

جگەلەوەش *cigeleweş* ⟨Adv.⟩ außerdem; (wörtl.) außer jenem dort

جل *cil* Kleidung *f*; **جلی مەلە** *cilî mele* Badeanzug *m*; **جل داکەندن** *cil dakendin* ⟨v.t.⟩ (sich) ausziehen; **جل دروون** *cil dirûn* ⟨v.t.⟩ Kleider herstellen, schneidern; **جل لەبەر کردن** *cil leber kirdin* ⟨v.t.⟩ (sich) anziehen; **جل لە ئوتوو دان** *cil le utû dan* ⟨v.t.⟩ Kleidung bügeln; **جل وشک کردنەوە** *cil wişk kirdinewe* ⟨v.t.⟩ Wäsche trocknen; **جل هەڵخستن** *cil helxistin* ⟨v.t.⟩ Wäsche aufhängen; **جلی بووکێنی** *cilî bûkênî* Brautkleid *n*; **جلی پیاوانە** *cilî piyawane* Herrenbekleidung *f*; **جلی تازێ** *cilî tazê* Trauerkleid *n*; **جلی زستانە** *cilî zistane* Winterkleidung *f*; **جلی ژنانە** *cilî jinane* Frauenkleid *n*; **جلی سەربازی** *cilî serbazî* (Soldaten-)Uniform *f*; **جلی منداڵان** *cilî mindalan* Kinderkleidung *f*; **جلی ناوماڵ** *cilî nawmal* Hauskleid *n*; **جلی وەرزش** *cilî werziş* Sportkleidung *f*

جلشتن *cilşitin* Wäschewaschen *n*; **دەرمانی جلشتن** *dermanî cilşitin* Waschpulver *n*; **مەکینەی جلشتن** *mekîney cilşitin* Waschmaschine *f*

جلشۆر *cilşor* 1. Wäsche *f*; 2. Wäscherin *f*; **مەکینەی جلشۆر** *mekîney cilşor* Waschmaschine *f*

جلگرە *cilgire* Wäscheklammer *f*

جلنمایشکار *cilnimayişkar* Fotomodell *n*

جلوبەرگ *ciluberg* 1. Kleidung *f*; Bekleidung *f*; 2. Tracht *f*; Kostüm *n*; **جلوبەرگی ژێرەوە** *cilubergî jêrewe* Unterwäsche *f*; **جلوبەرگی کوردی** *cilubergî kurdî* kurdische Tracht *f*; **جلوبەرگی نەتەوەیی** *cilubergî neteweyî* Nationaltracht *f*

جلوشککردنەوە *cilwişikkirdinewe* Wäschetrocknen *n*

جلهەڵخستن *cilhelxistin* Wäscheaufhängen *n*

جڵەو *cilew* Zügel *m*; **جڵەو ڕاکێشان** *cilew rakêşan* ⟨v.t.⟩ anhalten; (wörtl.) die Zügel ziehen; stoppen; **جڵەو گرتن** *cilew girtin* ⟨v.t.⟩ zügeln

جمان *ciman* ⟨v.i.⟩ ⟨جمێ- *cimê-*⟩ sich bewegen

جمک *cimik* Zwilling *m*; **جمکی چوونیەک** *cimkî çûnyek* (Med.) eineiige Zwillinge

جموجۆڵ *cimucol* Tätigkeit *f*

جمهوور *cimhûr* 1. Publikum *n*;

2. Masse *f*

جنس *cins* 1. Art *f*; Gattung *f*; 2. Geschlecht *n*; 3. (Gr.) Genus *n*

جنسی *cinsî* ⟨Adj.⟩ geschlechtlich; sexuell; **ئارەزووی جنسی** *arezûy cinsî* Geschlechtslust *f*; **لاوازیی جنسی** *lawazîy cinsî* (Med.) Impotenz *f*

جنسییە *cinsîye* Pass *m* (s.a. ↑ڕەگەزنامە)

جنۆکە *cinoke* Geist *m*

جنین *cinîn* ⟨v.t.⟩ ⟨جن- *cin-*⟩ zerkleinern

جنێو *cinêw* Schimpfwort *n*; **جنێو پێدان** *cinêw pêdan* ⟨v.t.⟩ j-n beschimpfen; **جنێو دان** *cinêw dan* ⟨v.t.⟩ schimpfen

جوامێر *ciwamêr* **I** ⟨Adj.⟩ 1. tapfer; 2. zuvorkommend **II** Kavalier *m*

جوامێری *ciwamêrî* 1. Großmütigkeit *f*; 2. Tapferkeit *f*

جوان *ciwan* ⟨Adj.⟩ schön; hübsch; **جوان کردن** *ciwan kirdin* ⟨v.t.⟩ verschönern

جوانپۆش *ciwanpoş* ⟨Adj.⟩ elegant; schick (chic)

جوانپۆشی *ciwanpoşî* Eleganz *f*; Schick *m*

جوانپەرست *ciwanperist* **I** ⟨Adj.⟩ ästhetisch **II** Ästhet *m* / Ästhetin *f*

جوانکاری *ciwankarî* Verschönerung *f*; **نەشتەرکاریی جوانکاری** *neşterkarîy ciwankarî* (Med.) plastische Chirurgie *f*; **جوانکاری کردن** *ciwankarî kirdin* ⟨v.t.⟩ verschönern

جوانکەلانە *ciwankelane* ⟨Adv.⟩ recht hübsch; niedlich

جوانکەلە *ciwankele* ⟨Adj.⟩ niedlich; süß

جوانوو *ciwanû* (Zool.) Fohlen *n*; **جوانوو بوون** *ciwanû bûn* ⟨v.i.⟩ fohlen

جوانوولکە *ciwanûlke* (Zool.) Pferdchen *n*

جوانوومایین *ciwanûmayîn* (Zool.) Stutfohlen *n*

جوانەگا *ciwanega* (Zool.) Bullenkalb *n*

جوانەمەرگ *ciwanemerg* ⟨Adj.⟩ jung verstorben

جوانەمەرگی *ciwanemergî* früher Tod *m*

جوانی *ciwanî* Schönheit *f*

جوانیزانی *ciwanîzanî* Ästhetik *f*

جوبرایل *Cubrayil* (Rel.) Erzengel *m* Gabriel (Medium der Offenbarung des Korans an den Propheten Mohammed)

جورئەت *curet* Mut *m*; Kühnheit *f*; **جورئەت بوون** *curet bûn* ⟨v.i.⟩ sich trauen; جورئەتی نییە es fehlt ihm der Mut; **جورئەت کردن** *curet kirdin* ⟨v.t.⟩ wagen; sich trauen

جوگرافیا *cugrafya* Geografie *f*; Erdkunde *f*

جوگرافیایی *cugrafyayî* ⟨Adj.⟩ geografisch

جومعە *cumʿe* (wörtl.) Tag der Versammlung; Freitag *m* (vgl. ↑هەینی)

جومگە *cumge* (Anat.) Gelenk *n*

جومگەدارەکان *cumgedarekan* (Zool.) Gliederfüßer *Pl.*

جومگەهەوکردن *cumgehewkirdin* Gelenkentzündung *f*

جومگەیی *cumgeyî* ⟨Adj.⟩ gelenkig

جوملەفرۆش *cumlefiroş* Großhändler *m* / Großhändlerin *f*

جومناستیک *cumnastîk* (Sp.) Gymnastik *f*; Turner *m* / Turnerin *f*; **پێڵاوی جومناستیک** *pêlawî cumnastîk* Turnschuh *m*; **هۆڵی جومناستیک** *holî cumnastîk* (Sp.) Turnhalle *f*; **جومناستیک کردن** *cumnastîk kirdin* ⟨v.t.⟩ (Sp.) turnen

جومناستیکباز *cumnastîkbaz* Turner *m* / Turnerin *f*

جومناستیکی *cumnastîkî* ⟨Adj.⟩ gymnastisch

جووت *cût* 1. Paar *n* (auch: Gespann von Zugochsen); 2. Pflug *m*; 3. Feldarbeit *f*; **جووت بوون** *cût bûn* ⟨v.i.⟩ 1. ein Paar bilden; 2. sich paaren (Tiere); **جووت کردن** *cût kirdin* ⟨v.t.⟩ 1. pflügen; ackern; 2. schließen (Tür); verheiraten; **جووت گرتن** *cût girtin* ⟨v.t.⟩ sich paaren (Tiere)

جووتبوون *cûtbûn* 1. Paarbildung *f*; 2. Paarung *f* (Tiere)

جووتجووت *cûtcût* ⟨Adv.⟩ paarweise

جووترەگەز *cûtregez* ⟨Adj.⟩ (Bio.) zweigeschlechtlich

جووترەگەزی *cûtregezî* (Bio.) Zweigeschlechtlichkeit *f*

جووتلا *cûtla* ⟨Adj.⟩ zweiflächig; zweiseitig

جووتە[1] *cûte* **I** ⟨Adj.⟩ gepaart **II** 1. Paar *n*; 2. Zwilling *m*

جووتە[2] *cûte* Tritt mit den Hinterbeinen; Fußtritt *m*

جووتەبزوێن *cûtebizwên* (Gr.) Diphthong *m*

جووتەخاڵ *cûtexal* Doppelpunkt *m*

جووتەژمارە *cûtejimare* (Math.) gerade Zahl *f*

جووتیار *cûtyar* Bauer *m*, Bäuerin *f*

جووتیاری *cûtyarî* Ackerbau *m*

جووجەڵە *cûcele* (Zool.) Küken *n*

جووکاندن *cûkandin* ⟨v.t.⟩ ⟨جووکێن- *cûkên-*⟩ zwitschern; piepsen

جوولەکە *cûleke* **I** ⟨Adj.⟩ jüdisch **II** Jude *m*, Jüdin *f*

جووڵان *cûlan* ⟨v.i.⟩ ⟨جووڵێ- *cûlê-*⟩ sich bewegen

جووڵاندن *cûlandin* ⟨v.t.⟩ ⟨جووڵێن- *cûlên-*⟩ bewegen; in Bewegung (ver)setzen

جووڵە *cûle* **I** ⟨Adj.⟩ dynamisch **II** Bewegung *f*; **لە جووڵەدا بوون** *le cûleda bûn* ⟨v.i.⟩ in Bewegung sein

جوون *cûn* ⟨v.t.⟩ ⟨جوو-/جوێ- *cû-/cwê*⟩ (zer)kauen

جۆ *co* (Bot.) Gerste *f*

جۆبڕە *cobire* (Zool.) Maulwurfsgrille *f*

جۆدۆ *codo* (Sp.) Judo *n*

جۆر *cor* Art *f*; Sorte *f*; Typ *m* • بەم جۆرە نابێ! so geht es nicht!

جۆری *corî* ⟨Adj.⟩ qualitativ

جۆرێتی *corêtî* 1. Qualität *f*; 2. Eigenschaft *f*

جۆڕەشە *coreşe* (Bot.) Roggen *m*

جۆزبویا *cozbuya* (Bot.) Muskatnuss *f*

جۆش *coş* 1. Sieden *n*; 2. Aufregung *f*; **هاتنە جۆش** *hatine coş* ⟨v.i.⟩ den Siedepunkt erreichen; **جۆش دان** *coş dan* ⟨v.t.⟩ (auf-, er)wärmen

جۆشان *coşan* ⟨v.i.⟩ ⟨جۆشێ- *coşê-*⟩ 1. sieden; 2. sprudeln

جۆشاو *coşaw* ⟨Adj.⟩ erregt; aufgeregt

جۆکەر *coker* Joker *m* (Spielkarte)

جۆگە *coge* 1. Kanal *m*; 2. Bach *m* (s.a. ↑جۆگەلە)

جۆگەئاو *cogeaw* Flussbett *n*

جۆگەلە *cogele* kleiner Wassergraben *m*

جۆلانە *colane* Schaukel *f*; **جۆلانە کردن** *colane kirdin* ⟨v.t.⟩ schaukeln

جۆڵا *col̲a* Weber *m* / Weberin *f*

جۆڵایی *col̲ayî* Webarbeit *f*

جهەنەم *cihenem* (Rel.) Hölle *f* (vgl. ↑دۆزەخ)

جهەنەمی *cihenemî* ⟨Adj.⟩ höllisch

جەبر *cebir* (Math.) Algebra *f*

جەبری *cebrî* ⟨Adj.⟩ (Math.) algebraisch

جەخت *cext* zweites Niesen *n* (von dem geglaubt wird, es wirke dem schlechten Omen des ersten Niesens entgegen); **جەخت لەسەر کردن** *cext leser kirdin* ⟨v.t.⟩ bestätigen

جەدوەل *cedwel* 1. Liste *f*; 2. Stundenplan *m*; **جەدوەلی زەرب** *cedwelî zerb* Einmaleins *n*

جەربەزە *cerbeze* ⟨Adj.⟩ kühn

جەربەزەیی *cerbezeyî* Kühnheit *f*

جەرد *cerd* Inventur *f*; **جەرد کردن** *cerd kirdin* ⟨v.t.⟩ Inventur machen

جەردە *cerde* Räuber *m*; Bandit *m*; **جەردەی دەریا** *cerdey derya* Pirat *m* / Piratin *f*

جەڕاندن *cer̲andin* ⟨v.t.⟩ ⟨جەڕێن- *cer̲ên-*⟩ spannen (Bogen); zusammenziehen

جەڕبادەر *cer̲bader* Schraubenzieher *m* (vgl. ↑دەرنەفیز)

جەڕەس *cer̲es* Klingel *f*; Glocke *f* (vgl. ↑زەنگ); **جەڕەسی دەرگا** *cer̲esî derga* Türklingel *f*; **لە جەڕەس دان** *le cer̲es dan* ⟨v.t.⟩ klingeln

جەزا *ceza* Bestrafung *f* (s.a. ↑سزا); **جەزا دان** *ceza dan* ⟨v.t.⟩ bestrafen; **جەزای پارە** *cezay pare* Bußgeld *n*

جەزادان *cezadan* Geldstrafe *f*

جەزایر *Cezayir* (Geogr.) Algerien *n*

جەزایری *cezayirî* **I** ⟨Adj.⟩ algerisch **II** Algerier *m* / Algerierin *f*

جەزوە *cezwe* Kaffeekanne *f*

جەژن *cejn* Fest *n*; **جەژن کردن** *cejn kirdin* ⟨v.t.⟩ ein Fest abhalten, veranstalten, feiern; **جەژن گرتن** *cejn girtin* ⟨v.t.⟩ ein Fest abhalten, veranstalten, feiern; **جەژنی زایین** *cejnî zayîn* (Rel.) Weihnachtsfest *n*; **جەژنی سەری ساڵ** *cejnî serî sal̲* Neujahrsfest *n*; **جەژنی قوربان** *cejnî qurban* (Rel.) viertägiges islamisches Opferfest (beginnt am 10. Tag des Monats زیلحەجە *zîlhece*); **جەژنی نەورۆز** *cejnî newroz* kurdisches Neujahrsfest am 21. März; **جەژنی نیشتمانی** *cejnî nîştimanî* Nationalfeiertag *m*

جەژنانە *cejnane* Festgeschenk *n*

جەژنەپیرۆزە *cejnepîroze* Gratulation *f* zum Fest

جەژنەفتیرە *Cejnefitîre* (Rel.) Passahfest *n*

جەستە *ceste* Körper *m*

جەسوور *cesûr* ⟨Adj.⟩ kühn; verwegen

جەسووری *cesûrî* Kühnheit *f*; Tapferkeit *f*

جەفا *cefa* Qual *f*; **جەفا کێشان** *cefa kêşan* ⟨v.t.⟩ leiden

جەک *cek* Wagenheber *m*

جەلاتین *celatîn* Gelatine *f*

جەلاد *celad* Henker *m*

جەلی *celî* Gelee *n*

جەڵتە *ce<u>l</u>te* (Med.) Schlag *m*; **جەڵتەی دڵ** *ce<u>l</u>tey di<u>l</u>* (Med.) Herzinfarkt *m*; **جەڵتەی دەماخ** *ce<u>l</u>tey demax* (Med.) Gerhirnschlag *m*

جەڵدە *ce<u>l</u>de* s. ↑جەڵتە

جەڵەب *ce<u>l</u>eb* Herde *f* (zum Verkauf)

جەم *cem* Versammlung *f*; **جەم بوون** *cem bûn* ⟨v.i.⟩ sich treffen

جەماوەر *cemawer* 1. breite Masse *f*; 2. Publikum *n*; 3. Gedränge *n*

جەماوەری *cemawerî* ⟨Adj.⟩ öffentlich

جەمخانە *cemxane* (Rel.) Versammlungsort einiger religiöser Gemeinschaften in Kurdistan

جەمسەر *cemser* 1. Kante *f*; 2. (Math./Phys.) Pol *m*; **جەمسەر گرتن** *cemser girtin* ⟨v.t.⟩ polarisieren; **جەمسەری باشوور** *cemserî başûr* (Geogr./Phys.) Südpol *m*; **جەمسەری باکوور** *cemserî bakûr* (Geogr./Phys.) Nordpol *m*

جەمسەرگەری *cemsergerî* Polarisation *f*

جەمەدانی *cemedanî* Turbantuch aus Baumwolle

جەناب *cenab* respektvolle Anrede • جەنابت!/جەنابتان! Herr!; Eure Majestät!

جەنازە *cenaze* Leichnam *m*

جەنازەناشتن *cenazenaştin* Beerdigung *f*

جەنجاڵ *cenca<u>l</u>* ⟨Adj.⟩ überfüllt

جەنجاڵی *cenca<u>l</u>î* Andrang *m*

جەنجەڕ *cence<u>r</u>* Mähdrescher *m*

جەنگ *ceng* 1. Krieg *m*; 2. Kampf *m*; **بەرەی جەنگ** *berey ceng* (Mil.) Front *f*; **جەنگ کردن** *ceng kirdin* ⟨v.t.⟩ kämpfen; **جەنگی جیهانی** *cengî cîhanî* Weltkrieg *m*; **جەنگی سارد** *cengî sard* (Pol.) Kalter Krieg *m*

جەنگاوەر *cengawer* **I** ⟨Adj.⟩ kämpferisch **II** Kämpfer *m* / Kämpferin *f*

جەنگبەرپاکەر *cengberpaker* Kriegstreiber *m* / Kriegstreiberin *f*

جەنگەڵ *cenge<u>l</u>* Urwald *m*; Dschungel *m*

جەنگین *cengîn* ⟨v.i.⟩ ⟨جەنگـ *ceng-*⟩ streiten; kämpfen

جەنەراڵ *cenera<u>l</u>* (Mil.) General *m*

جەنین *cenîn* Embryo *m*

جەور *cewir* Gewalt *f*; Zwang *m*

جەوهەر *cewher* 1. Substanz *f*; 2. Edelstein *m*

جەوهەردار *cewherdar* ⟨Adj.⟩ 1. substanziell; 2. prinzipiell

جەوی *cewî* (Bot.) Harz *n*

جیا *ciya* ⟨Adj.⟩ getrennt; separat; **جیا بوونەوە** *ciya bûnewe* ⟨v.i.⟩ sich trennen; **جیا کردنەوە** *ciya kirdinewe* ⟨v.t.⟩ 1. abtrennen; 2. unterscheiden

جیابوونەوە *ciyabûnewe* Trennung *f*; Scheidung *f*

جیازی *ciyazî* Aussteuer *f* (der Braut); Mitgift *f*

جیاکراوە *ciyakirawe* ⟨Adj.⟩ getrennt; separat

جیاکردنەوە *ciyakirdinewe* 1. Isolation *f*; 2. Differenzierung *f*

جیاواز *ciyawaz* ⟨Adj.⟩ verschieden; **جیاواز بوون** *ciyawaz bûn* ⟨v.i.⟩ variieren

جیاوازی *ciyawazî* Unterschied *m*; Differenz *f*; **جیاوازیی لەکاتدا** *ciyawazîy lekatda* Zeitunterschied *m*; **جیاوازی کردن** *ciyawazî kirdin* ⟨v.t.⟩ unterscheiden; **جیاوازی (هە)بوون** *ciyawazî (he)bûn* ⟨v.i.⟩ sich unterscheiden; **جیاوازیی بیروڕا** *ciyawazîy bîrura* Meinungsverschiedenheit *f*

جیڕ *cîr* ⟨Adj.⟩ 1. zäh; 2. elastisch

جیڕاندن *cîrandin* ⟨v.t.⟩ ⟨جیڕێنـ‍ *cîrên-*⟩ quietschen (Tür, Schuh etc.)

جیڕەجیڕ *cîrecîr* Quietschen *n*; **جیڕەجیڕ کردن** *cîrecîr kirdin* ⟨v.t.⟩ quietschen

جیڕی *cîrî* Elastizität *f*

جیقاندن *cîqandin* ⟨v.t.⟩ ⟨جیقێنـ‍ *cîqên-*⟩ piepen

جیکاندن *cîkandin* ⟨v.t.⟩ ⟨جیکێنـ‍ *cîkên-*⟩ piepsen; zwitschern

جیم *cîm* Name des fünften Buchstabens des kurdischen Alphabets (ج *c*) (vgl. ↑[1]جێ)

جینس *cîns* Jeans *f*

جیوە *cîwe* (Chem.) Quecksilber *n*

جیوەیی *cîweyî* ⟨Adj.⟩ quecksilbrig

جیهاد *cîhad* (Rel./isl.) Heiliger Krieg *m* (gegen die Ungläubigen)

جیهاز *cîhaz* 1. Apparat *m*; 2. System *n*

جیهان *cîhan* Universum *n* • لە جیهانی خۆیدا دەژی er lebt in seiner eigenen Welt; لە جیهانی خەیاڵدا دەژی er lebt in einer Traumwelt; **جیهانی خراپە** *cîhanî xirape* Unterwelt *f*; **جیهانی گیانلەبەران** *cîhanî giyanleberan* Tierwelt *f*

جیهانبین *cîhanbîn* ⟨Adj.⟩ weltanschaulich

جیهانبینی *cîhanbînî* Weltanschauung *f*

جیهانگیر *cîhangîr* Welteroberer *m*

جیهانگیری *cîhangîrî* Globalisierung *f*

جیهانی *cîhanî* ⟨Adj.⟩ 1. global; 2. universal

[1]**جێ** *cê* Name des fünften Buchstabens des kurdischen Alphabets (ج *c*)

[2]**جێ** *cê* 1. Ort *m*; Platz *m*; 2. Lage *f*; **جێی خۆ کردنەوە** *cêy xo kirdinewe* ⟨v.i.⟩ sich zurechtfinden; **لە جێ چوون** *le cê çûn* ⟨v.i.⟩ sich etw. verstauchen; **جێ خۆش کردن** *cê xoş kirdin* ⟨v.t.⟩ es sich bequem machen; **جێ داخستن** *cê daxistin* ⟨v.t.⟩ das Bett machen; **لە جێدا دانان** *le cêda danan* ⟨v.t.⟩ ersetzen; **جێ کردنەوە** *cê kirdinewe* ⟨v.t.⟩ Raum, Platz schaffen; **جێ گرتن** *cê girtin* ⟨v.t.⟩ einen Platz reservieren; **چوونە (ناو) جێوە** *çûne (naw) cêwe* ⟨v.i.⟩ ins Bett gehen; **بە جێ هێشتن** *be cê hêştin* ⟨v.t.⟩ verlassen; **بە جێ هێنان** *be cê hênan* ⟨v.t.⟩ ausführen; vollziehen; **جێی کار** *cêy kar* Arbeitsplatz *m*

جێب *cêb* Jeep *m*; Geländewagen *m*

جێبرین *cêbirîn* 1. (Med.) Narbe *f*; 2. (Med.) Schnittwunde *f*

جێبەجێ *cêbecê* **I** ⟨Adj.⟩ gelöst; beseitigt (Schwierigkeit) **II** ⟨Adv.⟩ sofort; **جێبەجێ کردن** *cêbecê kirdin* ⟨v.t.⟩ erledigen

جێبەجێکراو *cêbecêkiraw* ⟨Adj.⟩ erledigt

جێفڕین *cêfirîn* Flugplatz *m*

جێگا *cêga* s. ↑جێگە

جێگر *cêgir* (Stell-)Vertreter *m* / (Stell-) Vertreterin *f*

جێگرتن *cêgirtin* Platzreservierung *f*

جێگومان *cêguman* ⟨Adj.⟩ fraglich; zweifelhaft

جێگۆڕکێ *cêgorkê* 1. Platzwechsel *m*; 2. Versetzung *f*; **جێگۆڕکێ کردن** *cêgorkê kirdin* ⟨v.t.⟩ 1. die Plätze tauschen; 2. versetzen

جێگە *cêge* 1. Platz *m*; Ort *m*; 2. Wohnort *m* (s.a. ↑²جێ); **لە جێگەدا کەوتن** *le cêgeda kewtin* ⟨v.i.⟩ 1. im Bett bleiben; 2. (üb.) krank sein; **جێگە گرتن** *cêge girtin* ⟨v.t.⟩ einen Platz reservieren; **جێگەی لەدایکبوون** *cêgey ledayikbûn* Geburtsort *m*

جێگیر *cêgîr* ⟨Adj.⟩ 1. etabliert; 2. unveränderlich; 3. stationär; 4. beständig; **جێگیر بوون** *cêgîr bûn* ⟨v.i.⟩ sich niederlassen; sesshaft werden; **جێگیر کردن** *cêgîr kirdin* ⟨v.t.⟩ 1. befestigen; 2. etablieren

جێگیرکراو *cêgîrkiraw* ⟨Adj.⟩ befestigt

جێڵ *cêl* Gel *n*

جێم *cêm* (Sp.) Halbzeit *f*; **جێمی دووەم** *cêmî dûwem* (Sp.) zweite Halbzeit *f*; **جێمی یەکەم** *cêmî yekem* (Sp.) erste Halbzeit *f*

جێماو *cêmaw* ⟨Adj.⟩ zurückbleibend; übrig

جێناو *cênaw* (Gr.) Pronomen *n*; Fürwort *n* (vgl. ↑ڕاناو)

جێنزرگە *cênizirge* (Rel.) Heiligtum *n*

جێنشین *cênişîn* **I** ⟨Adj.⟩ ansässig; sesshaft **II** Nachfolger *m*; Kalif *m*; **جێنشین بوون** *cênişîn bûn* ⟨v.i.⟩ ansässig sein/werden; **جێنشین کردن** *cênişîn kirdin* ⟨v.t.⟩ sesshaft machen

جێنیشاندەر *cênîşander* Platzanweiser *m* / Platzanweiserin *f*

جێیداخ *cêydax* ⟨Adj.⟩ bedauerlich; bedauernswert • جێیداخە es ist bedauerlich

چ

¹چ ç çê; sechster Buchstabe des kurdischen Alphabets (Zahlenwert 3 genauso wie ج *c*)

²چ *çi* ⟨Pron.⟩ was; welche(r, -s) • چ بڵێم؟ was soll ich sagen?; چ خۆشە! wie lecker!; wie erfreulich!; چ کاتێک دێیت؟ wann kommst du?; zu welcher Zeit kommst du?; **چ ... چ** *çi ... çi* ⟨Konj.⟩ weder ... noch; چ من چ ئەو هیچ کاممان لەوێ نەبووین weder ich noch er, keiner von uns war dort

چا *ça* Tee *m* (vgl. ↑چای); **تورەکەی چا** *turekey ça* Teebeutel *m*; **چای گژوگیا** *çay gijugiya* Kräutertee *m*; **کوپی چا** *kupî ça* Teetasse *f*; **چا دەم کردن** *ça dem kirdin* ⟨v.t.⟩ Tee aufbrühen; **چا لێنان** *ça lênan* ⟨v.t.⟩ Tee machen, kochen; **چای پڕڕەنگ** *çay pir̠reng* starker, dunkler Tee *m*; **چای ڕوون** *çay r̠ûn* heller, schwacher Tee *m*; **چای ڕەش** *çay r̠eş* schwarzer Tee *m*; **چای گوڵەبەیبوون** *çay gul̠ebeybûn* Kamillentee *m*

چابووک *çabûk* ⟨Adj.⟩ 1. lebhaft; 2. tüchtig

چابووکی *çabûkî* 1. Gewandtheit *f*; 2. Lebhaftigkeit *f*

چاپ *çap* (Ab-)Druck *m*; **چاپ کردنەوە** *çap kirdinewe* ⟨v.t.⟩ reproduzieren; **چاپی لەیزەر** *çapî leyzer* Laserdrucker *m*; **مەکینەی چاپ** *mekîney çap* Druckmaschine *f*; **هەڵەی چاپ** *hel̠ey çap* Druckfehler *m*; **چاپ بوون** *çap bûn* ⟨v.i.⟩ gedruckt werden; **لە چاپ دان** *le çap dan* ⟨v.t.⟩ drucken; **چاپ کردن** *çap kirdin* ⟨v.t.⟩ in Druck geben

چاپاڵێو *çapal̠êw* Teefilter *m*; Teesieb *n*

چاپخانە *çapxane* Druckerei *f*

چاپکراو *çapkiraw* ⟨Adj.⟩ gedruckt

چاپکردن *çapkirdin* 1. Drucken *n*; 2. Verlegen *n*

چاپکەر *çapker* Drucker *m* / Druckerin *f*

چاپگەر *çapger* s. ↑چاپکەر

چاخ *çax* Zeit *f*; Periode *f*

چاخانە *çaxane* s. ↑چایخانە

چاخواردنەوە *çaxiwardinewe* Teetrinken *n*

چادر *çadir* Zelt *n* (vgl. ↑خێوەت); **چادر هەڵدان** *çadir hel̠dan* ⟨v.t.⟩ zelten

چادرگە *çadirge* Lagerplatz *m*

چادرنشین *çadirnişîn* Nomade *m*, Nomadin *f*

چار *çar* 1. Heilverfahren *n*; 2. Ausweg *m*; Alternative *f* (s.a. ↑چارە) • چارم نییە ich habe keine Alternative; **چار بوون** *çar bûn* ⟨v.i.⟩ heilbar sein; **چار کردن** *çar kirdin* ⟨v.t.⟩ heilen

چارچکردن *çarçkirdin* (El.) Laden *n*; **ئامێری چارچکردن** *amêrî çarçkirdin* Ladegerät *n*

چارناچار *çarnaçar* ⟨Adv.⟩ notwendigerweise

چارۆکە *çaroke* 1. Beutel *m* (von Frauen über den Schultern getragen); 2. Segel *n*

چارە *çare* 1. Heilmittel *n*; 2. Lösung *f* • چ چارە! (idiom.) dagegen kann man nichts machen!; **چارە دیتنەوە** *çare dîtinewe* ⟨v.t.⟩ Heilung finden; **چارە کردن** *çare kirdin* ⟨v.t.⟩ heilen; therapieren; **چارە نەبوون** *çare nebûn* ⟨v.i.⟩ keine Lösung haben; هیچ چارەیەکمان بۆی نییە dagegen können wir nichts tun

چارەڕەش *çarer̠eş* ⟨Adj.⟩ unglücklich; scheußlich

چارەڕەشی *çarer̠eşî* Unglück *n*; Pech *n*

چارەسەر *çareser* Lösung *f*; Heilung *f*; **چارەسەر بوون** *çareser bûn* ⟨v.i.⟩ gelöst werden; **چارەسەر کردن** *çareser kirdin* ⟨v.t.⟩ eine Lösung finden;

چارەسەرکردنی کشتوکاڵ *çareserkirdinî kiştukal* Agrarreform *f*; چارەسەری پزیشکی *çareserî pizîşkî* Therapie *f*; چارەسەری دەروونی *çareserî derûnî* Physiotherapie *f*; چارەسەر کردن بە تیشک *çareser kirdin be tîşk* ⟨v.t.⟩ (Med.) bestrahlen; چارەسەری خۆ کردن *çareserî xo kirdin* ⟨v.t.⟩ für sich selbst sorgen; چارەسەری کاتی *çareserî katî* Übergangslösung *f*

چارەسەربەخۆ *çareserbexo* (Med.) Homöopathie *f*

چارەسەربەدژ *çareserbedij* (Med.) Allopathie *f*

چارەسەرکەر *çareserker* 1. Reformer *m* / Reformerin *f*; 2. Heiler *m* / Heilerin *f*

چارەک *çarek* (Math.) Viertel *n*

چارەکردن *çarekirdin* (Med./Psych.) Therapie *f*

چارەکەسەعات *çarekese'at* Viertelstunde *f*

چارەگران *caregiran* ⟨Adj.⟩ hässlich

چارەنووس[1] *çarenûs* (Pol.) Selbstbestimmung *f*; **مافی چارەنووس** *mafî çarenûs* Selbstbestimmungsrecht *n*; **مافی چارەنووسی نەتەوەکان** *mafî çarenûsî netewekan* Selbstbestimmungsrecht der Völker

چارەنووس[2] *çarenûs* Schicksal *n* • چارەنووسێکی خراپی بوو er hat ein schweres Schicksal

چاک *çak* ⟨Adj.⟩ 1. gut; 2. tugendhaft • کوڕێکی چاک بە! sei ein braver Junge!; **چاک بوون** *çak bûn* ⟨v.i.⟩ gut sein/werden; چاک نیم mir ist nicht wohl; **چاک بوونەوە** *çak bûnewe* ⟨v.i.⟩ gesund werden; **چاک کردن** *çak kirdin* ⟨v.t.⟩ 1. in Ordnung bringen; verbessern; 2. reparieren; چاکت کرد! ausgezeichnet!; **چاک کردنەوە** *çak kirdinewe* ⟨v.t.⟩ (aus-, ver)bessern

چاکبوونەوە *çakbûnewe* Genesung *f*

چاکبین *çakbîn* **I** ⟨Adj.⟩ optimistisch **II** Optimist *m* / Optimistin *f*

چاکبینی *çakbînî* Optimismus *m*

چاکخواز *çakxiwaz* ⟨Adj.⟩ 1. wohlwollend; 2. humanitär

چاکخوازی *çakxiwazî* Humanismus *m*

چاکساز *çaksaz* s. ↑چاککار

چاکسازی *çaksazî* s. ↑چاککاری

چاککار *çakkar* **I** ⟨Adj.⟩ reformerisch **II** Reformer *m* / Reformerin *f*

چاککاری *çakkarî* Reform *f*; **چاککاری کردن** *çakkarî kirdin* ⟨v.t.⟩ reformieren

چاککردنەوە *çakkirdinewe* (Ver-, Aus-) Besserung *f*; Reparatur *f*

چاکوچۆنی *çakuçonî* Befinden *n*; **چاکوچۆنی کردن** *çakuçonî kirdin* ⟨v.t.⟩ nach j-s Befinden fragen

چاکە *çake* 1. Wohltat *f*; 2. Nächstenliebe *f*; **چاکە لەگەڵدا کردنەوە** *çake legelda kirdinewe* ⟨v.t.⟩ sich revanchieren; wiedergutmachen; **چاکە کردن** *çake kirdin* ⟨v.t.⟩ eine gute Tat vollbringen

چاکەت *çaket* (Anzug-)Jacke *f*; Jackett *n*; **چاکەتی باران** *çaketî baran* Regenjacke *f*; **چاکەتی چنراو** *çaketî çinraw* Strickjacke *f*

چاکەتوپانتۆڵ *çaketupantol̲* Hosenanzug *m*

چاکەخواز *çakexiwaz* Wohltäter *m* / Wohltäterin *f*

چاکی *çakî* Güte *f*; Verdienst *n*

چالاک *çalak* ⟨Adj.⟩ aktiv; fleißig; eifrig; **چالاک کردن** *çalak kirdin* ⟨v.t.⟩ 1. aktivieren; 2. beleben

چالاککراو *çalakkiraw* ⟨Adj.⟩ 1. aktiviert; 2. belebt

چالاککردن *çalakkirdin* 1. Aktivierung *f*; 2. Aufmunterung *f*

چالاکی *çalakî* 1. Aktivität *f*; 2. Aktion *f*; **چالاکیی یارمەتیدان** *çalakîy yarmetîdan* Hilfsaktion *f*

چاڵ *çal̲* **I** ⟨Adj.⟩ hohl **II** Loch *n*; Grube *f*; **زیندە بە چاڵ کردن** *zînde be çal̲ kirdin* ⟨v.t.⟩ lebendig begraben werden (Bestrafung); **چاڵی چەناگە** *çal̲î çenage* Kinngrübchen *n*

چاڵاو *çal̲aw* 1. Teich *m*; 2. Brunnen *m* (s.a. ↑بیر[2]); **چاڵاوی دەستکرد** *çal̲awî destkird* Baggersee *m*

چاڵوچۆڵ *çal̲uçol̲* ⟨Adj.⟩ holprig

چاڵوچۆڵی *çal̲uçol̲î* Unebenheit *f*

چاڵەچەقیلە *çal̲eçeqîle* (Bot.) Tulpe *f*

چاڵەخەڵووز *çal̲exel̲ûz* Grube *f* (für Holzkohle)

چاڵەنەوت *çal̲enewt* Erdölbohrloch *n*

چام *çam* (Bot.) Kiefer *f*; Nadelbaum *m*

چاندن *çandin* ⟨v.t.⟩ ⟨چێنـ *çên-*⟩ anbauen; (ein-, an-, be)pflanzen • چی بچێنیت، ئەوە دەدروویتەوە wie gesät, so geerntet

چاو *çaw* (Anat.) Auge *n* • چاوتان ڕوون! Gratulation!; **پێڵووی چاو** *pêl̲ûy çaw* (Anat.) Augenlid *n*; **تۆڕەی چاو** *tor̲ey çaw* (Anat.) Netzhaut *f*; **ڕەشێنەی چاو** *r̲eşêney çaw* (Anat.) Regenbogenhaut *f*; **ڕەنگی چاو** *r̲engî çaw* Augenfarbe *f*; **فەحسی چاو** *feh̲sî çaw* Sehtest *m*; **قەترەی چاو** *qetrey çaw* (Med.) Augentropfen *Pl.*; **کەلانەی چاو** *kelaney çaw* (Anat.) Augenhöhle *f*; **هێزی چاو** *hêzî çaw* Sehstärke *f*; **خەو چوونە چاو** *xew çûne çaw* ⟨v.i.⟩ einschlafen; **چاو پۆشین** *çaw poşîn* ⟨v.t.⟩ (üb.) ein Auge zudrücken; verzeihen; چاوی لێ دەپۆشم ich verzeihe ihm; **چاو پێداخشاندن** *çaw pêdaxişandin* ⟨v.t.⟩ überfliegen; nachschlagen; **چاو پێکەوتن** *çaw pêkewtin* ⟨v.i.⟩ 1. sehen; 2. treffen; **چاو پێکەوتنەوە** *çaw pêkewtinewe* ⟨v.i.⟩ j-n wieder sehen; **چاو ترووکاندن** *çaw tirûkandin* ⟨v.t.⟩ mit den Augen blinzeln, zwinkern; **چاو تێبڕین** *çaw têbir̲în* j-n anstarren; **چاو داگرتن** *çaw dagirtin* ⟨v.t.⟩ zwinkern; **چاو داهاتن** *çaw dahatin* ⟨v.i.⟩ sich entzünden (Augen); **ئاوی چاو داهاتن** *awî çaw dahatin* ⟨v.i.⟩ (üb.) sehnsüchtig erwarten; **چاو ڕشتن** *çaw r̲iştin* ⟨v.t.⟩ die Augen mit Kol schwärzen; **چاو ڕوان** *çaw r̲iwan* ⟨v.i.⟩ lange auf etw. warten; **چاو سپی بوون** *çaw sipî bûn* ⟨v.i.⟩ (üb.) sterben; چاوتان سپی بێ! mögest du zu Grunde gehen!; **لەبەر چاو کەوتن** *leber çaw kewtin* ⟨v.i.⟩ (ugs.) etw. satt haben; die Nase (von etw.) voll haben; هەموویانم لەبەر

چاو کەوتووە ich habe von ihnen allen die Nase voll; **چاو گەرم کردنەوە** *çaw germ kirdinewe* ⟨v.t.⟩ einnicken; **چاو گێڕان** *çaw gêṟan* ⟨v.t.⟩ sich umsehen; **چاو لێ پۆشین** *çaw lê poşîn* ⟨v.t.⟩ ein Auge zudrücken; **چاو لێکردن** *çaw lêkirdin* ⟨v.t.⟩ imitieren; j-n nachmachen; **چاو لێکنان** *çaw lêknan* ⟨v.t.⟩ die Augen schließen (Schlaf, Tod); **بە چاوەوە کردن** *be çawewe kirdin* ⟨v.t.⟩ beneiden

چاوباشقاڵ *çawbaşqaḻ* ⟨Adj.⟩ habgierig (nach Frauen)

چاوباشقاڵی *çawbaşqaḻî* 1. Gier *f* (nach Frauen); 2. Flirt *m*; **چاوباشقاڵی کردن** *çawbaşqaḻî kirdin* ⟨v.t.⟩ flirten

چاوبرسی *çawbirsî* ⟨Adj.⟩ gierig

چاوبرسێتی *çawbirsêtî* Gier *f*

چاوبڕکردن *çawbiṟkirdin* Sichtweite *f*

چاوبەند *çawbend* Augenbinde *f*

چاوبەندی *çawbendî* Trick *m*

چاوبینا *çawbîna* ⟨Adj.⟩ scharfsichtig

چاوپشیلە *çawpişîle* Gänseblümchen *n*

چاوپۆش *çawpoş* ⟨Adj.⟩ 1. nachgiebig; 2. tolerant

چاوپۆشی *çawpoşî* 1. Verzeihung *f*; 2. Tolerierung *f*; **چاوپۆشی لێکردن** *çawpoşî lêkirdin* ⟨v.t.⟩ 1. j-m verzeihen; vergeben; 2. tolerieren

چاوپیس *çawpîs* ⟨Adj.⟩ neidisch • چاوپیسە er hat den bösen Blick

چاوپیسی *çawpîsî* böser Blick *m*

چاوپێداخشاندن *çawpêdaxişandin* Besichtigung *f*; Kontrolle *f*

چاوپێداخشاندنەوە *çawpêdaxişandinewe* Revision *f*

چاوپێکەوتن *çawpêkewtin* 1. Wahrnehmung *f*; 2. Interview *n*

چاوپێکەوتنەوە *çawpêkewtinewe* Wiedersehen *n*

چاوترساندن *çawtirsandin* Einschüchterungsmaßnahme *f*

چاوترساو *çawtirsaw* ⟨Adj.⟩ erschreckt

چاوتوند *çawtund* ⟨Adj.⟩ furchtlos

چاوتوندی *çawtundî* Furchtlosigkeit *f*

چاوتیژ *çawtîj* ⟨Adj.⟩ scharfsichtig

چاوتیژی *çawtîjî* Scharfsichtigkeit *f*

چاوتێر *çawtêr* ⟨Adj.⟩ großzügig

چاوتێری *çawtêrî* Großzügigkeit *f*

چاوچنۆک *çawçinok* ⟨Adj.⟩ 1. gierig; 2. kleinlich

چاوچنۆکی *çawçinokî* 1. Gier *f*; 2. Geiz *m*

چاوخێل *çawxêl* ⟨Adj.⟩ schielend

چاودێر *çawdêr* **I** ⟨Adj.⟩ achtsam **II** Aufseher *m* / Aufseherin *f*; Beobachter *m* / Beobachterin *f*

چاودێرکار *çawdêrkar* Inspektor *m* / Inspektorin *f*; Kontrolleur *m* / Kontrolleurin *f*; **چاودێرکاری مەلەکردن** *çawdêrkarî melekirdin* Bademeister *m* / Bademeisterin *f*; **چاودێرکاری نهێنی** *çawdêrkarî nihênî* Detektiv *m* / Detektivin *f*

چاودێری *çawdêrî* 1. Aufsicht *f*; Überwachung *f*; 2. Betreuung *f*; Fürsorge *f*; **چاودێری کردن** *çawdêrî kirdin* ⟨v.t.⟩ 1. aufpassen auf; 2. beobachten; überwachen

چاوڕوون *çawṟûn* ⟨Adj.⟩ zuversichtlich

چاوڕوونی *çawṟûnî* Zuversichtlichkeit *f*; **چاوڕوونی لێکردن** *çawṟûnî lê-*

kirdin ⟨v.t.⟩ gratulieren

چاوسەوز *çawsewz* ⟨Adj.⟩ grünäugig

چاوشارکێ *çawşarkê* Versteckspiel *n* (Kinderspiel)

چاوشین *çawşîn* ⟨Adj.⟩ blauäugig

چاوڤڕ *çawviṟ* **I** ⟨Adj.⟩ schieläugig **II** Schielender *m* / Schielende *f*

چاوڤڕی *çawviṟî* Schielen *n*

چاوقایم *çawqayim* ⟨Adj.⟩ kühn; mutig

چاوقایمی *çawqaymî* Kühnheit *f*; Mut *m*

چاوکراوە *çawkirawe* ⟨Adj.⟩ erfahren

چاوکز *çawkiz* ⟨Adj.⟩ (Med.) schwachsichtig

چاوکزی *çawkizî* (Med.) Sehschwäche *f*

چاوگ *çawig* (Gr.) Infinitiv *m*; Grundform *f*

چاوگە *çawge* Brennholz *n*

چاولەدەر *çawleder* **I** ⟨Adj.⟩ (üb.) ehebrecherisch **II** (üb.) Ehebrecher *m* / Ehebrecherin *f*

چاولێپۆشین *çawlêpoşîn* Verzeihung *f*

چاولێکەر *çawlêker* Imitator *m* / Imitatorin *f*

چاولێکەری *çawlêkerî* Imitation *f*

چاولێنەپۆشراو *çawlênepoşraw* ⟨Adj.⟩ unverzeihlich

چاومەست *çawmest* ⟨Adj.⟩ mit bezaubernden Augen

چاونەترس *çawnetirs* ⟨Adj.⟩ furchtlos; wagemutig

چاوڕاو *çawuṟaw* Täuschung *f*; **چاوڕاو لێکردن** *çawuṟaw lêkirdin* ⟨v.t.⟩ täuschen; betrügen

چاوەپشلە *çawepişîle* (Bot.) Ehrenpreis *m*/*n*

چاوەڕوان *çaweṟwan* ⟨Adj.⟩ erwartungsvoll; **چاوەڕوان کردن** *çaweṟwan kirdin* ⟨v.t.⟩ warten; abwarten; erwarten

چاوەڕوانکراو *çaweṟwankiraw* ⟨Adj.⟩ voraussichtlich

چاوەڕوانکەر *çaweṟwanker* Wartender *m* / Wartende *f*

چاوەڕواننەکراو *çaweṟwannekraw* ⟨Adj.⟩ unerwartet

چاوەڕوانی *çaweṟwanî* Erwartung *f*; **ژووری چاوەڕوانی** *jûrî çaweṟwanî* Wartezimmer *n*; **چاوەڕوانی کردن** *çaweṟwanî kirdin* ⟨v.t.⟩ warten auf; erwarten; چاوەڕوانیت دەکەم ich erwarte dich

چاوەزار *çawezar* (Myth.) Schutz gegen den bösen Blick (z.B. ein Hufeisen über der Tür)

چاویلکە *çawîlke* Brille *f*; **چوارچێوەی چاویلکە** *çiwarçêwey çawîlke* Brillengestell *n*; **شووشەی چاویلکە** *şûşey çawîlke* Brillenglas *n*; **قوتووی چاویلکە** *qutûy çawîlke* Brillenetui *n*; **چاویلکە لە چاو کردن** *çawîlke le çaw kirdin* ⟨v.t.⟩ sich eine Brille aufsetzen

چاویلکەساز *çawîlkesaz* Optiker *m* / Optikerin *f*

چاویلکەلەچاوکەر *çawîlkeleçawker* Brillenträger *m* / Brillenträgerin *f*

چاویەشە *çawyeşe* (Med.) Augenschmerzen *Pl.*

چای *çay* Tee *m* (vgl. ↑چا); **چایی هندی** *çayî hindî* indischer Tee *m*

چایچی *çayçî* Teeverkäufer *m* / Teeverkäuferin *f*

چایخانە *çayxane* Teehaus *n*

چایر *çayir* (Zool.) Lerche *f*

چرا *çira* (Öl-)Lampe *f* • چرای کەس تا ڕۆژ ناگرێ (idiom.) alles ist vergänglich; **چرا کوژاندنەوە** *çira kujandinewe* ⟨v.t.⟩ Licht ausschalten; **چرای خوێندنەوە** *çiray xwêndinewe* Leselampe *f*

چراتیشکهاوێژ *çiratîşikhawêj* Scheinwerfer *m*

چرپاندن *çirpandin* ⟨v.t.⟩ ⟨چرپێن-⟩ *çirpên-*⟩ flüstern; **به گوێدا چرپاندن** *be gwêda çirpandin* ⟨v.t.⟩ j-m etw. ins Ohr flüstern

چرپایه *çirpaye* Bettgestell *n*

چرپەچرپ *çirpeçirp* Flüstern *n*; **چرپەچرپ کردن** *çirpeçirp kirdin* ⟨v.t.⟩ einflüstern

چرچ *çirç* **I** ⟨Adj.⟩ faltig **II** Falte *f*; **چرچ بوون** *çirç bûn* ⟨v.i.⟩ zerknittert sein; **چرچ کردن** *çirç kirdin* ⟨v.t.⟩ falten

چرچولۆچ *çirçuloç* ⟨Adj.⟩ runzlig; **چرچولۆچ کردن** *çirçuloç kirdin* ⟨v.t.⟩ zerknittern

چرکه *çirke* 1. Ticken *n*; 2. Sekunde *f*; **چرکه کردن** *çirke kirdin* ⟨v.t.⟩ ticken; **چرکه له خۆ برین** *çirke le xo bir̄în* ⟨v.t.⟩ still sein; **چرکه نەکردن** *çirke nekirdin* ⟨v.t.⟩ keinen Ton von sich geben; چرکه ناکا er gibt keinen Ton von sich

چروت *çirut* Zigarre *f* (vgl. ↑سیگار)

چرووک *çirûk* ⟨Adj.⟩ (übertrieben) sparsam; knauserig

چرووکی *çirûkî* (übertriebene) Sparsamkeit *f*

چرۆ *çiro* (Bot.) Knospe *f*; Blüte *f*; **چرۆ کردن** *çiro kirdin* ⟨v.t.⟩ knospen; blühen

چریکاندن *çirîkandin* ⟨v.t.⟩ ⟨چریکێن-⟩ *çirîkên-*⟩ kreischen

چریکه *çirîke* 1. schriller Schrei *m* (besonders des Habichts, Falken); 2. Gesang *m*

چڕ *çir̄* ⟨Adj.⟩ dicht

چڕنووک *çir̄nûk* (Zool.) Krallen *Pl.*; Klauen *Pl.*; **چڕنووک لێدان** *çir̄nûk lêdan* ⟨v.t.⟩ kratzen

چڕوپڕ *çir̄upir̄* ⟨Adj.⟩ intensiv

چزوو *çizû* 1. Stich *m*; 2. Stachel *m* (von Tieren); **چزووی زەردەواڵە** *çizûy zerdewal̄e* Wespenstachel *m*

چقڵ *çiqil̄* Dorn *m*

چقڵدار *çiqil̄dar* ⟨Adj.⟩ stachlig; dornig

چکلێت *çiklêt* Sahnebonbon *m*/*n*

چل *çil* ⟨Num.⟩ vierzig

چلچرا *çilçira* Leuchter *m*; Kronleuchter *m*

چلمێردە *çilmêrde* Brechstange *f*

چلووره *çilûre* Eiszapfen *m*

چله *çile* 1. die vierzig Tage des Winters, in denen die härteste Kälte herrscht; 2. Periode von vierzig Tagen nach Ereignissen wie Geburt, Hochzeit oder Tod; **چلەی هاوین** *çiley hawîn* Hochsommer *m* (im Allgemeinen vom 15. Juli bis 24. August gerechnet) *m*

چلیک *çilîk* (Bot.) Erdbeere *f*

چڵ *çil̄* (Bot.) Zweig *m*

چڵپاو *çil̄paw* **I** ⟨Adj.⟩ schlammig **II** Pfütze *f*

چڵک *çiḻk* Schmutz *m*; Dreck *m*; **چڵکی گوێ** *çiḻkî gwê* Ohrenschmalz *m*
چڵکاو *çiḻkaw* Abwasser *n*
چڵکن *çiḻkin* ⟨Adj.⟩ schmutzig
چڵم *çiḻm* Schleim *m*; Nasenschleim *m*; **چڵم کردن** *çiḻm kirdin* ⟨v.t.⟩ sich die Nase putzen
چڵمن *çiḻmin* ⟨Adj.⟩ rotznasig
چڵمەپەردە *çiḻmeperde* (Anat.) Schleimhaut *f*; **هەوکردنی چڵمەپەردە** *hewkirdinî çiḻmeperde* (Med.) Schleimhautentzündung *f*
چڵمی *çiḻmî* ⟨Adj.⟩ schleimig
چڵێس *çiḻês* ⟨Adj.⟩ gefräßig
چڵێسی *çiḻêsî* Gefräßigkeit *f*; Fresssucht *f*
چنار *çinar* (Bot.) Platane *f*; Weiße Pappel *f*
چنراو *çinraw* **I** ⟨Adj.⟩ gewebt **II** Gewebe *n*
چنگ *çing* Pfote *f*; Tatze *f*; **چنگ کەوتن** *çing kewtin* ⟨v.i.⟩ bekommen; in die Hände fallen; کتێبەکەم چنگ کەوت das Buch fiel mir in die Hände
چنگار *çingar* (Zool.) Krabbe *f*
چنگاڵ *çingaḻ* Gabel *f*
[1]**چنین** *çinîn* **I** ⟨v.t.⟩ ⟨چنـ *çin-*⟩ 1. weben; 2. sticken; 3. stricken **II** Strickerei *f*; **پیشەسازیی چنین** *pîşesazîy çinîn* Textilindustrie *f*
[2]**چنین** *çinîn* ⟨v.t.⟩ ⟨چنـ *çin-*⟩ pflücken; **گوڵ چنین** *guḻ çinîn* ⟨v.t.⟩ Blumen pflücken
چنینەوە *çinînewe* ⟨v.i.⟩ ⟨چنـ ەوە *çin-ewe*⟩ ernten

چوار *çiwar* ⟨Num.⟩ vier
چوارپەلئەستوور *çiwarpelestûr* ⟨Adj.⟩ 1. stämmig; 2. (üb.) dick
چوارپێ *çiwarpê* ⟨Adj.⟩ (Zool.) vierfüßig
چوارچێوە *çiwarçêwe* Rahmen *m*; (Ein-)Fassung *f*; **چوارچێوەی چاویلکە** *çiwarçêwey çawîlke* Brillengestell *n*; **خستنە چوارچێوەوە** *xistine çiwarçêwewe* ⟨v.t.⟩ einrahmen; **چوارچێوەی وێنە** *çiwarçêwey wêne* Bilderrahmen *m*
چواردارە *çiwardare* (Toten-)Bahre *f*
چواردە *çiwarde* ⟨Num.⟩ vierzehn
چواردەور *çiwardewr* Umgebung *f*; **چواردەور گرتن** *çiwardewr girtin* ⟨v.t.⟩ belagern
چوارڕێیان *çiwarr̄êyan* (Weg-, Straßen-)Kreuzung *f*
چوارسایتی *çiwarsayitî* ⟨Adj.⟩ vierspurig
چوارسووچ *çiwarsûç* **I** ⟨Adj.⟩ viereckig **II** (Math.) Viereck *n*
چوارسەد *çiwarsed* ⟨Num.⟩ vierhundert
چوارشەممە *çiwarşemme* Mittwoch *m*
چوارگورچک *çiwargurçik* ⟨Adj.⟩ muskulös
چوارگۆشە *çiwargoşe* **I** ⟨Adj.⟩ quadratisch **II** (Math.) Viereck *n*; Quadrat *n*
چوارلا *çiwarla* **I** ⟨Adj.⟩ (Math.) vierseitig **II** 1. Umgebung *f*; 2. (Math.) Vierflächner *m*
چوارلاکان *çiwarlakan* die vier Himmelsrichtungen *Pl.*
چوارمشقی *çiwarmişqî* Schneidersitz *m*;

چ

چوارمشقی دانیشتن *çiwarmişqî danîştin* ⟨v.i.⟩ im Schneidersitz sitzen

چوارمێخە *çiwarmêxe* Kreuz *n*; **لە چوارمێخە دان** *le çiwarmêxe dan* ⟨v.t.⟩ kreuzigen

چوارە *çiware* Vierergruppe *f*; **چوارەی ئاگادارکردنەوە** *çiwarey agadarkirdinewe* Warnblinkanlage *f*

چوارەم *çiwarem* **I** ⟨Num.⟩ vierte(r, -s) **II** ⟨Adv.⟩ viertens

چوارئەوەندە *çiwarewende* ⟨Adv.⟩ vierfach

چواریەک *çiwaryek* ⟨Num.⟩ viertel

چوالەبادەم *çiwalebadem* (Bot.) unreife Mandel *f*

چورتم *çurtim* Hindernis *n*; **چورتم پێدان** *çurtim pêdan* ⟨v.t.⟩ zum Stolpern bringen; **چورتم دان** *çurtim dan* ⟨v.t.⟩ stolpern

چوڕ *çur̲* (Zool.) Fasan *m*

چوکڵە *çukl̲e* (Gr.) diakritisches Zeichen *n* (z.B. Hatschek)

چونکو *çunku* ⟨Konj.⟩ weil; da

چونکە *çunke* s. ↑چونکو

چووپ *çûp* Schlauch *m* (in Fahrzeugreifen); **چووپی تایەی پاسکیل** *çûpî tayey paskîl* Fahrradschlauch *m*

چووزاندنەوە *çûzandinewe* ⟨v.t.⟩ ⟨چووزێـ ـەوە *çûzên- ewe*⟩ stechen; brennen

چوون *çûn* ⟨v.i.⟩ ⟨چـ *ç-*⟩ gehen ● مەچۆ! geh nicht!; ئەوەی چوو، چوو vorbei ist vorbei; **چوون بۆلای** *çûn bolay* ⟨v.i.⟩ sich j-m zuwenden; **لە خۆ چوون** *le xo çûn* ⟨v.i.⟩ bewusstlos, ohnmächtig werden; **چوون بۆ** *çûn bo* ⟨v.i.⟩ hingehen; hinfahren; **چوون بەشوێن ...ـدا** *çûn beşwên ...-da* ⟨v.i.⟩ j-n/etw. holen gehen; **چوون و گەڕانەوە** *çûn u ger̲anewe* ⟨v.i.⟩ hin- und zurückgehen

چوونبۆئاسمان *çûnboasman* Himmelfahrt *f*

چوونبۆحەج *çûnboh̲ec* (isl.) Pilgerfahrt *f*

چوونە *çûne* ⟨v.i.⟩ ⟨چـ ە *ç- e*⟩ mit etw. beginnen; mit etw. anfangen; **چوونە لای** *çûne lay* ⟨v.i.⟩ überlaufen; **چوونە مەیدان** *çûne meydan* ⟨v.i.⟩ übertreten; **چوونە پێشەوە** *çûne pêşewe* ⟨v.i.⟩ nach vorne gehen; **چوونە خوارەوە** *çûne xiwarewe* ⟨v.i.⟩ hinuntergehen; **چوونە دەرەوە** *çûne derewe* ⟨v.i.⟩ hinausgehen; **چوونە ژوورەوە** *çûne jûrewe* ⟨v.i.⟩ hineingehen; **چوونە سەر** *çûne ser* ⟨v.i.⟩ angreifen; **چوونە سەر کار** *çûne ser kar* ⟨v.i.⟩ zur Arbeit gehen; **چوونە ناو ...ـ(ە)وە** *çûne naw ...-(e)we* ⟨v.i.⟩ hineingehen in

چوونەپیرۆزگەیەک *çûnepîrozgeyek* Wallfahrt *f*

چوونەدەرەوە *çûnederewe* Ausgang *m*; Ausfahrt *f*; 1. Ausgang *m*; 2. Ausfahrt *f*; Abfahrt *f*

چوونەدەرەوەلەوڵات *çûnederewelewil̲at* Ausreise *f*

چوونەژوورەوە *çûnejûrewe* Eingang *m*; Eintritt *m*; Einfahrt *f*

چوونەناو *çûnenaw* Beitritt *f*

چوونەناووڵات *çûnenawwil̲at* Einreise *f*

چوونەوە *çûnewe* ⟨v.i.⟩ ⟨چـ ـەوە *ç- ewe*⟩ zurückgehen; wieder hingehen; **چوونەوە بەسەر ...ـدا** *çûnewe beser*

…*-da* ⟨v.i.⟩ durchsehen

چوونەوەیەک *çûneweyek* ⟨v.i.⟩ ⟨چـ- ەوەیەک *ç- eweyek*⟩ (ein-, zusammen)schrumpfen

چوونەیەک *çûneyek* ⟨v.i.⟩ ⟨چـ- ەیەک *ç-eyek*⟩ (Stoff) einlaufen

چوونیەک *çûnyek* **I** ⟨Adv.⟩ ähnlich; ebenso **II** (Sp.) Unentschieden *n*; **چوونیەک بوون** *çûnyek bûn* ⟨v.i.⟩ ähnlich sein/werden; **چوونیەک کردن** *çûnyek kirdin* ⟨v.t.⟩ ausgleichen

چۆلەکە *çoleke* (Zool.) Spatz *m*

چۆڵ *çol* ⟨Adj.⟩ unbesetzt; unbewohnt; **چۆڵ بوون** *çol bûn* ⟨v.i.⟩ leer sein/werden; **چۆڵ کردن** *çol kirdin* ⟨v.t.⟩ 1. verlassen; 2. wegräumen

چۆڵوهۆڵ *çoluhol* ⟨Adj.⟩ öde

چۆم *çom* Fluss *m*

چۆن *çon* ⟨Adv.⟩ wie? • چۆن ڕایکرد؟ wie ist er entkommen?; باوکتان چۆنە؟ wie geht es eurem Vater?

چۆنچۆنی *çonçonî* ⟨Adv.⟩ wieso denn?

چۆنێتی *çonêtî* Zustand *m*; Qualität *f*

چەپ *çep* **I** ⟨Adj.⟩ linke(r, -s) **II** ⟨Adv.⟩ links **III** Linke *f*

چەپڕەو *çeprew* (Pol.) Linker *m* / Linke *f*

چەپڕەوی *çeprewî* (Pol.) Linke *f*

چەپک *çepik* Bündel *n*; Strauß *m*

چەپکەگوڵ *çepkegul* Blumenstrauß *m*

چەپلەر *çepler* **I** ⟨Adj.⟩ linkshändig **II** Linkshänder *m* / Linkshänderin *f*

چەپڵە *çeple* Beifall *m*; Applaus *m*; **چەپڵە لێدان** *çeple lêdan* ⟨v.t.⟩ applaudieren

چەپۆک *çepok* 1. Handfläche *f*; 2. Schlag *m*

چەپە *çepe* **I** ⟨Adj.⟩ linkshändig **II** Linkshänder *m* / Linkshänderin *f*

[1]**چەپەک** *çepek* ⟨Adj.⟩ gekrümmt

[2]**چەپەک** *çepek* ⟨Adj.⟩ abgelegen

چەپەڵ *çepel* **I** ⟨Adj.⟩ 1. obszön; 2. vulgär; gemein **II** Schuft *m*; Schurke *m*

چەپەڵی *çepelî* 1. Schmutz *m*; 2. Gemeinheit *f*; 3. Obszönität *f*

چەتاڵ *çetal* Gabel *f*

چەتر *çetir* Schirm *m*; **چەتر هەڵدان** *çetir heldan* ⟨v.t.⟩ den Schirm aufspannen; **چەتری بەر باران** *çetirî ber baran* Regenschirm *m*; **چەتری بەر هەتاو** *çetirî ber hetaw* Sonnenschirm *m*

چەتوون *çetûn* ⟨Adj.⟩ 1. hart; kompliziert; 2. flegelhaft

چەتە *çete* (Straßen-)Räuber *m*; Bandit *m*

چەتەگەری *çetegerî* Bandenkrieg *m*

چەتیو *çetîw* Halbwaise *f* (vaterloses unmündiges Mädchen)

چەخماخە *çexmaxe* Blitz *m*; **چەخماخە دان** *çexmaxe dan* ⟨v.t.⟩ blitzen

چەرچەف *çerçef* Bettlaken *n* (s.a. ↑سەرجێگا)

چەرچی *çerçî* Hausierer *m*; Straßenhändler *m*

چەرخ *çerx* 1. Kreis *m*; 2. Weltall *n*; 3. Feuerzeug *n*; 4. Zyklus *m*; **چەرخەکانی ناوەڕاست** *çerxekanî nawerast* (hist.) Mittelalter *n*; **چەرخی بەردین** *çerxî berdîn* (hist.) Steinzeit *f*; چەرخی ڕستن *çerxî ṟistin* Spinnrad *n*; چەرخی فەلەک *çerxî feḻek* Himmelsgewölbe *n*

چەرخوفەلەک *çerxufelek* Karussell *n*

چەرخەکۆنینەکان *çerxekonînekan* (hist.) Altertum *n*; Antike *f*

چەرخەوان *çerxewan* (Mil.) Patrouille *f*; Streife *f*

چەرداخ *çerdax* Markise *f*

چەرم *çerm* Leder *n*; **چەرم داماڵین** *çerm damaḻîn* ⟨v.t.⟩ die Haut abziehen; **چەرمی حەیوانەکێوی** *çermî ẖeywanekêwî* Wildleder *n*

چەرمەسەرێ *çermeserê* Sorge *f*

چەسپان *çespan* ⟨v.i.⟩ ⟨چەسپێ- *çespê-*⟩ haften; kleben

چەسپاندن *çespandin* ⟨v.t.⟩ ⟨چەسپێن- *çespên-*⟩ (an)kleben; befestigen

چەش *çeş* **I** ⟨Adj.⟩ satt **II** (guter) Geschmack *m*

چەشتن *çeştin* ⟨v.t.⟩ ⟨چێژ- *cêj-*⟩ kosten (s.a. ↑چێشتن)

چەشن *çeşn* Art *f*; Sorte *f*

چەشە *çeşe* ⟨Adj.⟩ gewöhnt

چەق *çeq* (Anat.) Knorpel *m*

چەقالە *çeqale* (Bot.) Bittermandel *f*

چەقۆ *çeqo* Messer *n*

چەقۆتیژکەر *çeqotîjker* Messerschleifer *m*

چەقەڵ *çeqeḻ* (Zool.) Schakal *m*

چەقەنە *çeqene* Fingerschnippen *n*

چەقین *çeqîn* ⟨v.i.⟩ ⟨چەق- *çeq-*⟩ 1. sinken; 2. stecken bleiben

چەک[1] *çek* Waffe *f*; **چەک دانان** *çek danan* ⟨v.t.⟩ die Waffe niederlegen; **چەک کردن** *çek kirdin* ⟨v.t.⟩ entwaffnen; **پڕ چەک کردن** *piṟ çek kirdin* ⟨v.t.⟩ aufrüsten; bewaffnen; **چەک کەم کردنەوە** *çek kem kirdinewe* ⟨v.t.⟩ abrüsten; **چەک ناردن** *çek nardin* ⟨v.t.⟩ Waffen liefern; **چەک هەڵگرتن** *çek heḻgirtin* ⟨v.t.⟩ Waffen tragen; **چەکی ئەتۆمی** *çekî etomî* Atomwaffe *f*

چەک[2] *çek* Scheck *m*; **دەفتەری چەک** *defterî çek* Scheckbuch *n*; **چەک نووسین** *çek nûsîn* ⟨v.t.⟩ einen Scheck ausschreiben, ausstellen

چەکدار *çekdar* ⟨Adj.⟩ bewaffnet; **چەکدار بوون** *çekdar bûn* ⟨v.i.⟩ bewaffnet, ausgerüstet sein/werden; **چەکدار کردن** *çekdar kirdin* ⟨v.t.⟩ bewaffnen; ausrüsten

چەکداری *çekdarî* Ausrüstung *f*

چەکفرۆش *çekfiroş* Waffenhändler *m* / Waffenhändlerin *f*

چەکفرۆشتن *çekfiroştin* Waffenhandel *m*

چەککراو *çekkiraw* ⟨Adj.⟩ entwaffnet

چەککردن *çekkirdin* Entwaffnung *f*

چەککەمکردنەوە *çekkemkirdinewe* Abrüstung *f*

چەکمەجە *çekmece* Schublade *f*

چەکوش *çekuş* Hammer *m*

چەکهەڵگرتن *çekheḻgirtin* Waffentragen *n* • چەکهەڵگرتن قەدەغەیە! Waffentragen ist verboten!

چەکەرە *çekere* (Bot.) Trieb *m* (bei keimender Saat); **چەکەرە دەرهێنان** *çekere derhênan* ⟨v.t.⟩ keimen; **چەکەرە کردن** *çekere kirdin*

چەم *çem* Bach *m* (s.a. ↑ڕووبار)

چەماندنەوە *çemandinewe* ⟨v.t.⟩ ⟨چەمێن- ەوە *çemên- ewe*⟩ (ver)biegen

چەماوە *çemawe* ⟨Adj.⟩ gekrümmt; gebogen

چەمچە *çemçe* 1. Spachtel *m*; 2. Schöpfkelle *f*

چەمک *çemk* Begriff *m*

چەمەرلخ *çemerlix* Schutzblech *n*; **چەمەرلخی ئوتومبێل** *çemerlixî utumbêl* Kotflügel *m*

چەن *çen* (s. ↑چەند)

چەناگە *çenage* (Anat.) Kinn *n*

چەنچە *çençe* (Tech.) Gepäckträger *m*

چەند *çend* **I** ⟨Adv.⟩ wie; wie viel(e) **II** ⟨Pron.⟩ einige • چەند جار؟ wie oft?; چەند خۆشە! wie erfreulich!; ئەمە بە چەند دەفرۆشن؟ für wie viel verkauft ihr das?; wie viel kostet das?; چەند میوان دێن؟ wie viele Gäste kommen?; چەند جارێک einige Male; **چەند دانەیەک** *çend daneyek* ein paar; mehrere

چەندایەتی *çendayetî* Quantität *f*

چەندبارە *çendbare* ⟨Adv.⟩ wiederholt; **چەندبارە بوونەوە** *çendbare bûnewe* ⟨v.i.⟩ sich wiederholen; **چەندبارە کردنەوە** *çendbare kirdinewe* ⟨v.t.⟩ wiederholen

چەندبارەکردنەوە *çendbarekirdinewe* Wiederholung *f*

چەندوچوون *çenduçûn* Hin und Her *n* (von Meinungen oder beim Preisaushandeln); **چەندوچوون کردن** *çenduçûn kirdin* ⟨v.t.⟩ streiten

چەندە *çende* ⟨Adv.⟩ soviel; dermaßen

چەندەکی *çendekî* ⟨Adj.⟩ quantitativ

چەندەمین *çendemîn* ⟨Pron.⟩ der, die, das wievielte?

چەندەهاجار *çendehacar* ⟨Adj.⟩ mehrfach; x-mal

چەندەهاحەفتە *çendehah̠efte* ⟨Adj.⟩ wochenlang

چەندەهارۆژ *çendehar̠oj* ⟨Adj.⟩ tagelang

چەندەهاسەعات *çendehase'at* ⟨Adj.⟩ stundenlang

چەندێتی *çendêtî* (s. ↑چەندایەتی)

چەنگ *çeng* (Mus.) Harfe *f*; **چەنگ لێدان** *çeng lêdan* ⟨v.t.⟩ Harfe spielen

چەنە *çene* (Anat.) Kinn *n* (vgl. ↑چەناگە)

چەنەباز *çenebaz* ⟨Adj.⟩ geschwätzig; redselig

چەنەبازی *çenebazî* Tratsch *m*; Geschwätz *n*; **چەنەبازی کردن** *çenebazî kirdin* ⟨v.t.⟩ schwatzen

چەو *çew* Kiesel *m/Pl.*

چەواشە *çewaşe* ⟨Adj.⟩ kopflos; verwirrt; **چەواشە بوون** *çewaşe bûn* ⟨v.i.⟩ kopflos, verwirrt, durcheinander sein; **چەواشە کردن** *çewaşe kirdin* ⟨v.t.⟩ verwirren

چەوت *çewt* ⟨Adj.⟩ (üb.) falsch; unwahr; **چەوت بەکار هێنان** *çewt bekar hênan* ⟨v.t.⟩ missbrauchen

چەوتبەکارهێنان *çewtbekarhênan* Missbrauch *m*

چەوتی *çewtî* (üb.) Irrtum *m*; Fehler *m*

چەور *çewr* ⟨Adj.⟩ fett; fettig; **چەور کردن** *çewr kirdin* ⟨v.t.⟩ (ein)salben; ölen

چەورکراو *çewrkiraw* ⟨Adj.⟩ eingefettet; geölt

چەورە *çewre* Straßenjunge *m*

چەورەلوو *çewrelû* Grützbeutel *m*

چەوری *çewrî* 1. Fett *n*; 2. Fettigkeit *f*

چ

چەوریرژێن *çewrîrijên* (Anat.) Talgdrüse *f*

چەوساندنەوە *çewsandinewe* **I** ⟨v.t.⟩ ⟨چەوسێنـ- ەوە *çewsên- ewe*⟩ ausbeuten **II** 1. Unterdrückung *f*; Schikane *f*; 2. Ausbeutung *f*; **چەوساندنەوەی رەگەزایەتی** *çewsandinewey regezayetî* Rassenverfolgung *f*

چەوساوە *çewsawe* Unterdrückter *m* / Unterdrückte *f*

چەوسێنەرەوە *çewsênerewe* Unterdrücker *m*

چەوگان *çewgan* Spazierstock *m*

چەوگانبازی *çewganbazî* (Sp.) Polo *n*

چەوەندەر *çewender* Rote Beete *f*; **شەکری چەوەندەر** *şekirî çewender* Rübenzucker *m*; **چەوەندەری شەکر** *çewenderî şekir* (Bot.) Zuckerrübe *f*

چی *çî* ⟨Pron.⟩ was • ئەمە چییە؟ was ist das?; چی دەکەیت؟ was machst du?; ناوت چییە؟ wie ist dein Name?; تۆ چی دەڵێیت؟ was sagst du?; ئەوە تۆ چیتە؟ was ist mit dir los?; چیت لێم دەوێ؟ was willst du von mir?; چی دەبێ با ببێ! scheißegal!

چیا *çiya* Berg *m*

چیانشین *çiyanişîn* Bergbewohner *m* / Bergbewohnerin *f*

چیاوان *çiyawan* Bergsteiger *m* / Bergsteigerin *f*

چیاوانی *çiyawanî* Bergsteigen *n*

چیایی *çiyayî* **I** ⟨Adj.⟩ bergig **II** Gebirgsbewohner *m* / Gebirgsbewohnerin *f*

چیپ *çîp* Chip *m*

چیپس *çîps* Kartoffelchips *Pl.*

چیرۆک *çîrok* (Lit.) Geschichte *f*; Erzählung *f*; **چیرۆکی پۆلیسی** *çîrokî polîsî* Krimi *m*; **چیرۆکی کورت** *çîrokî kurt* Kurzgeschichte *f*; **چیرۆکی گوێئاگردان** *çîrokî gwêagirdan* Märchen *n*; **چیرۆکی میللی** *çîrokî mîllî* (Lit.) Volkserzählung *f*

چیرۆکبێژ *çîrokbêj* Geschichtenerzähler *m* / Geschichtenerzählerin *f*

چیرۆکخوان *çîrokxiwan* Erzähler *m* / Erzählerin *f*

چیرۆکگێرەرەوە *çîrokgêrerewe* Märchenerzähler *m* / Märchenerzählerin *f*

چیرۆکنووس *çîroknûs* 1. Novellist *m* / Novellistin *f*; Romanschreiber *m* / Romanschreiberin *f*; 2. Historiker *m* / Historikerin *f*

چیک *Çîk* (Geogr.) Tschechien *n*

چیکڵڵانە *çîkillane* (Zool.) Kropf *m*

چیکی *çîkî* **I** ⟨Adj.⟩ tschechisch **II** Tscheche *m*, Tschechin *f*

چیلکە *çîlke* Brennholz *n*; **چیلکەی دانئاژنین** *çîlkey danajinîn* Zahnstocher *m*

چیمەن *çîmen* Rasen *m*; Wiese *f*

چیمەنپرژێن *çîmenpirjên* Rasensprenger *m*

چیمەنتۆ *çîmento* Zement *m*; **چیمەنتۆ کردن** *çîmento kirdin* ⟨v.t.⟩ zementieren

چیمەنتۆگرەوە *çîmentogirewe* Zementmischer *m*

چیمەندروون *çîmendirûn* Rasenmähen *n*

[1]**چین** *çîn* 1. Schicht *f* (gesellschaftliche); 2. (Geol.) Schicht *f*; **چین پێکهاتن** *çîn pêkhatin* ⟨v.i.⟩ schich-

ten; چینی دەسەڵاتدار *çînî deselatdar* herrschende Klasse *f*; چینی کرێکاران *çînî kirêkaran* Arbeiterklasse *f*; چینی ناوەڕاست *çînî nawerast* Mittelschicht *f*

[2]چین Çîn (Geogr.) China *n*

چینکۆ *çînko* Zink *n*

چینناس *çînnas* Sinologe *m*, Sinologin *f*

چینناسی *çînnasî* **I** ⟨Adj.⟩ sinologisch **II** Sinologie *f*

چینە *çîne* Scharren *n* (Hühner); چینە کردن *çîne kirdin* ⟨v.t.⟩ scharren (Hühner)

چینی *çînî* **I** ⟨Adj.⟩ chinesisch **II** 1. Chinese *m* / Chinesin *f*; 2. (chinesisches) Porzellan *n*

چێ *çê* Name des sechsten Buchstabens des kurdischen Alphabets (چ ç)

چێت *çêt* Chat *m*

چێژ *çêj* **I** Geschmack *m* (s.a. ↑تام) **II** Präsensst. von چێژتن; چێژ کردن *çêj kirdin* ⟨v.t.⟩ abschmecken

چێشت *çêşt* Speise *f*; Gericht *n*; چێشت خواردن *çêşt xiwardin* ⟨v.t.⟩ essen; چێشتی شلە *çêştî şile* Eintopf *m*; چێشت کردن/لێنان *çêşt kirdin/lênan* ⟨v.t.⟩ Essen zubereiten

چێشتخانە *çêştxane* 1. Küche *f*; 2. Restaurant *n*

چێشتکەر *çêştker* Koch *m* / Köchin *f*

چێشتلێنان *çêştlênan* Kochen *n*; هونەری چێشتلێنان *hunerî çêştlênan* Kochkunst *f*

چێشتلێنەر *çêştlêner* Koch *m* / Köchin *f*

چێشتن *çêştin* ⟨v.t.⟩ ⟨چێژ- *çêj-*⟩ abschmecken; probieren

چێڵ *çêl* (Zool.) Kuh *f* (vgl. ↑مانگا)

چێنراو *çênraw* ⟨Adj.⟩ gepflanzt

ح

ح *h* hê; siebter Buchstabe des kurdischen Alphabets (Zahlenwert 8)

حاجەت *hacet* 1. Ausrüstung *f*; 2. Geschirr *n*; حاجەت وشک کردنەوە *hacet wişk kirdinewe* ⟨v.t.⟩ Geschirr trocknen; حاجەتی ناوماڵ *hacetî nawmal* Haushaltsutensilien

حاجەتشتن *hacetşitin* Geschirrspülen *n*; دەرمانی حاجەتشتن *dermanî hacetşitin* Spülmittel *n*; مەکینەی حاجەتشتن *mekîney hacetşitin* Geschirrspüler *m*

حاجی *hacî* Mekkapilger *m* / Mekkapilgerin *f*

حاجیلەقلەق *hacîleqleq* (s. ↑لەقلەق)

حاخام *haxam* (Rel./jüd.) Rabbiner *m*

حازر *hazir* ⟨Adj.⟩ 1. anwesend; 2. bereit; **حازر بوون** *hazir bûn* ⟨v.i.⟩ 1. anwesend sein; 2. bereit sein; **حازر کردن** *hazir kirdin* ⟨v.t.⟩ (vor)bereiten; **خۆ حازر کردن** *xo hazir kirdin* ⟨v.refl.⟩ sich vorbereiten

حاشا *haşa* **I** ⟨Int.⟩ Gott bewahre!; **II** ⟨Adv.⟩ 1. niemals; 2. nie • حاشا لە ڕووی حازری! (idiom.) mögen die Anwesenden davon verschont bleiben!; verzeihen Sie bitte diesen Ausdruck!; **حاشا کردن** *haşa kirdin* ⟨v.t.⟩ ablehnen

حاکم *hakim* Richter *m* / Richterin *f* (s.a. ↑دادوەر)

حاکمی *hakimî* Herrschaft *f*

حاڵ *hal* Zustand *m*; Situation *f* • حاڵت چۆنە؟ — بێ حاڵم؟ wie geht es dir? – mir geht es nicht gut

حاڵوئەحواڵ *haluehwal* Befinden *n*; **حاڵوئەحواڵ پرسین** *haluehwal pirsîn* ⟨v.t.⟩ j-n nach seinem Wohlergehen fragen

حاڵی *halî* ⟨Adj.⟩ verständlich; **حاڵی بوون** *halî bûn* ⟨v.i.⟩ verstehen

حامیلە *hamîle* s. ↑سکپڕ

حساب *hisab* Mathematik *f* (s.a. ↑ماتماتیک); **حساب بۆ کردن** *hisab bo kirdin* ⟨v.t.⟩ (üb.) j-n respektieren

حسێب *hisêb* 1. Rechnung *f*; 2. Konto *n* • ئیتر هیچ حسێبێکمان نەماوە jetzt sind wir quitt; **حسێب ڕاست کردنەوە** *hisêb rast kirdinewe* ⟨v.t.⟩ abfinden; **حسێب دان** *hisêb dan* ⟨v.t.⟩ eine Rechnung begleichen, bezahlen; **حسێب ڕاگرتن** *hisêb ragirtin* ⟨v.t.⟩ Buch führen; **حسێب کردن** *hisêb kirdin* ⟨v.t.⟩ (be-, aus)rechnen; **حسێبی بانق** *hisêbî banq* (Bank-) Konto *n*; **حسێبی بەردەوام** *hisêbî berdewam* Girokonto *n*; **حسێبی کراوە** *hisêbî kirawe* offene Rechnung *f*

حقوق *hiquq* 1. Rechte *Pl.*; 2. Jura

حقوقناس *hiquqnas* Jurist *m* / Juristin *f*

حکومەت *hikumet* 1. Regierung *f*; 2. Staat *m* (s.a. ↑میری)

حوججە *hucce* 1. Vorwand *m*; 2. Argument *n*; **حوججە هێنانەوە** *hucce hênanewe* ⟨v.t.⟩ argumentieren

حوجرە *hucre* Koranschule *f*

حورمەت *hurmet* 1. Würde *f*; 2. Respekt *m*; **حورمەت گرتن** *hurmet girtin* ⟨v.t.⟩ (j-m) Respekt erweisen

حوزەیران *huzeyran* siebter Monat des syrischen Kalenders (Juni)

حوشتر *huştir* (Zool.) Kamel *n* (vgl. ↑وشتر)

حوشترمەل *huştirmel* (Zool.) Strauß *m*

حوشترەوان *huştirewan* Kameltreiber *m* / Kameltreiberin *f*

حوشتری *huştirî* ⟨Adj.⟩ kamelartig

حوقنە *huqne* (Med.) Klistier *n*; Spülung *f*; **حوقنە کردن** *huqne kirdin* ⟨v.t.⟩ (Med.) klistieren

حوکم *hukim* Gerichtsurteil *n*; **حوکم دان** *hukim dan* ⟨v.t.⟩ (ver-, ab-, be) urteilen; **حوکم کردن** *hukim kirdin* ⟨v.t.⟩ (be)herrschen; regieren; **حوکمی زاتی** *hukmî zatî* (Pol.) Selbstverwaltung *f*; Autonomie *f*; **حوکمی عورفی** *hukmî ʿurfî* Kriegsrecht *n*

حوکمدار *ḩukimdar* Statthalter *m* / Statthalterin *f*; Gouverneur *m* / Gouverneurin *f*

حوکمدراو *ḩukimdiraw* Verurteilter *m* / Verurteilte *f*

حوکمڕان *ḩukimŗan* Herrscher *m* / Herrscherin *f*

حوکمڕانی *ḩukimŗanî* Herrschaft *f*; **حوکمڕانی کردن** *ḩukimŗanî kirdin* ⟨v.t.⟩ herrschen; regieren

حوکومەت *ḩukumet* s. ↑حکومەت

حوکومی *ḩukumî* ⟨Adj.⟩ staatlich

حولحولی *ḩulḩulî* ⟨Adj.⟩ launisch; unbeständig

حولحولێتی *ḩulḩulêtî* Launenhaftigkeit *f*; Unbeständigkeit *f*

حونجە *ḩunce* Buchstabieren *n*; **حونجە کردن** *ḩunce kirdin* ⟨v.t.⟩ buchstabieren

حووت *ḩût* (Zool.) Wal(fisch) *m* (s.a. ↑نەهەنگ)

حۆری *ḩorî* Paradiesjungfrau *f* (nach islamischem Glauben schöne Jungfrau im Paradies)

حۆل *ḩol* ⟨Adj.⟩ dumm; einfältig

حەب *ḩeb* (Med.) Pille *f*; Tablette *f*; **حەبی خەو** *ḩebî xew* Schlaftablette *f*; **حەبی سەریەشە** *ḩebî seryeşe* Kopfschmerztablette *f*; **حەبی منداڵنەبوون** *ḩebî mindaļnebûn* (Med.) Antibabypille *f*; **حەبی کۆکە** *ḩebî koke* Hustenbonbon *n*

حەپس *ḩeps/ḩepis* Gefangener *m* / Gefangene *f*; **حەپس کردن** *ḩeps kirdin* ⟨v.t.⟩ verhaften; **حەپسی تەنیایی** *ḩepsî tenyayî* Einzelhaft *f*

حەپسخانە *ḩepsxane* Gefängnis *n*

حەپسی *ḩepsî* 1. Inhaftierung *f*; 2. Haft *f*

حەپۆل *ḩepol* ⟨Adj.⟩ dumm; schwachköpfig

حەپە *ḩepe* Gebell *n*

حەپەسان *ḩepesan* ⟨v.i.⟩ ⟨حەپەسێ- *ḩepesê-*⟩ verblüfft, verwirrt sein/werden

حەپەساندن *ḩepesandin* ⟨v.t.⟩ ⟨حەپەسێن- *ḩepesên-*⟩ verblüffen

حەپەساو *ḩepesaw* ⟨Adj.⟩ verblüfft

حەج *ḩec* (Rel.) Pilgerfahrt *f* (nach Mekka); **حەج کردن** *ḩec kirdin* ⟨v.t.⟩ (Rel.) die Pilgerfahrt machen, unternehmen (nach Mekka)

حەدیس *ḩedîs* Überlieferung *f* (über Mohammed)

حەرام *ḩeram* ⟨Adj.⟩ verboten (durch religiöse Vorschrift) • ماڵی حەرام کەس بەختیار ناکا (idiom.) unehrlich erworbener Reichtum macht nicht glücklich; **حەرام بوون** *ḩeram bûn* ⟨v.i.⟩ verboten sein/werden; **حەرام کردن** *ḩeram kirdin* ⟨v.t.⟩ (Rel.) verbieten; **لە خۆ حەرام کردن** *le xo ḩeram kirdin* ⟨v.t.⟩ sich einer Sache enthalten

حەرامزادە *ḩeramzade* **I** ⟨Adj.⟩ unehelich (Kind) **II** Hurenkind *n*

حەرامکراو *ḩeramkiraw* **I** ⟨Adj.⟩ verboten **II** Tabu *n*; Verbot *n*

حەرف *ḩerf* Buchstabe *m* (s.a. ↑پیت)

حەرفی *ḩerfî* ⟨Adj.⟩ 1. buchstäblich; 2. wörtlich

حەرەس *ḩeres* Wächter *m* / Wächte-

حەرەم rin f ⟨s.a. ↑پاسەوان⟩
حەرەم ḥerem Harem m
حەریر ḥerîr Seide f
حەریری ḥerîrî ⟨Adj.⟩ seiden
حەز ḥez Zuneigung f; حەز کردن ḥez kirdin ⟨v.t.⟩ 1. mögen; lieb, gern haben; 2. wünschen; wollen; Lust haben; حەز لە کردەوەی ناکەم ich mag sein Benehmen nicht; حەز لێبوون ḥez lêbûn ⟨v.i.⟩ j-n mögen; حەز لێکردن ḥez lêkirdin ⟨v.t.⟩ j-n gern haben; حەزی لێدەکەم ich mag sie; هەمیشە حەز لە شیرینی دەکەم ich habe immer Lust auf Süßes; حەز لێنەکردن ḥez lênekirdin ⟨v.t.⟩ nicht mögen
حەزلێکراو ḥezlêkiraw ⟨Adj.⟩ gewollt; gewünscht
حەزلێکردوو ḥezlêkirdû ⟨Adj.⟩ geliebt
حەساس ḥesas ⟨Adj.⟩ 1. sensibel; 2. allergisch ⟨s.a. ↑هەستناسک⟩
حەساسی ḥesasî Empfindlichkeit f; Sensibilität f
حەساسییەت ḥesasîyet ⟨Med.⟩ Allergie f
حەسوود ḥesûd ⟨Adj.⟩ neidisch
حەسوودی ḥesûdî Neid m; حەسوودی (پێ)بردن ḥesûdî (pê)birdin ⟨v.t.⟩ (be)neiden
حەسیر ḥesîr (Stroh-, Bast-, Schilf-) Matte f
حەشار ḥeşar Versteck n; حەشار دان ḥeşar dan ⟨v.t.⟩ 1. verstecken; 2. tarnen; خۆ حەشار دان xo ḥeşar dan ⟨v.refl.⟩ sich verstecken
حەشارگە ḥeşarge Versteck n; Zufluchtsort m

حەشەرات ḥeşerat ⟨Zool.⟩ Insekt n ⟨s.a. ↑جرووجانەوەر⟩
حەشەری ḥeşerî ⟨Adj.⟩ lüstern
حەشیشە ḥeşîşe Haschisch m/n
حەشیشەکێش ḥeşîşekêş Haschischraucher m / Haschischraucherin f
حەفتا ḥefta ⟨Num.⟩ siebzig
حەفتە ḥefte s. ↑هەفتە
حەفتەبازار ḥeftebazar Wochenmarkt m
حەڤدە ḥevde ⟨Num.⟩ siebzehn
حەڤدەمین ḥevdemîn ⟨Num.⟩ siebzehnte(r, -s)
حەق ḥeq 1. Wahrheit f; 2. Recht n; 3. (üb.) Gott m; 4. Lohn m ⟨s.a. ↑ماف⟩ ● هیچ حەقم بەسەریەوە نییە! das geht mich nichts an!; حەق پێدان ḥeq pêdan ⟨v.t.⟩ j-m Recht geben; حەق سەندنەوە ḥeq sendinewe ⟨v.t.⟩ sich rächen; حەق کردنەوە ḥeq kirdinewe ⟨v.t.⟩ sich rächen; حەق وەرگرتن ḥeq wergirtin ⟨v.t.⟩ Recht bekommen
حەکەم ḥekem Schiedsrichter m / Schiedsrichterin f
حەکیم ḥekîm Doktor m / Doktorin f ⟨s.a. ↑پزیشک⟩
حەل ḥel Lösung f
حەڵاڵ ḥelal ⟨Adj.⟩ rechtmäßig; zugelassen
حەڵوا ḥelwa Halwa n (Süßigkeit aus Butter und Mehl); حەڵوای گەزۆ ḥelway gezo Mannakuchen m
حەڵواچی ḥelwaçî 1. Konditor m / Konditorin f; 2. Konditorei f
حەماڵ ḥemal Lastträger m / Lastträgerin f

حەمام ẖemam 1. Bad n; 2. Badehaus n (vgl. ↑گەرماو); حەمام کردن ẖemam kirdin ⟨v.t.⟩ ein Bad nehmen

حەمامچی ẖemamçî Badehausbesitzer m / Badehausbesitzerin f

حەمبەلی ẖembelî ⟨Adj.⟩ (Rel.) hanbalitisch

حەمد ẖemd (Rel.) Lob n; Dank m • حەمد بۆ خوا! gelobt sei Gott!; Gott sei Dank!; حەمدو سەنا بۆ خوا! Lob und Preis sei Gott!

حەمدوسەنا ẖemdusena Lob n und Preisung f; حەمدوسەنا کردن ẖemdusena kirdin ⟨v.t.⟩ loben

حەمە Ḫeme Kurzform von ↑محەممەد

حەندەرهۆ ẖenderho Wippe f

حەنەفی ẖenefî ⟨Adj.⟩ (Rel.) hanafitisch

حەواڵە ẖewaḻe Überweisung f; حەواڵە کردن ẖewaḻe kirdin ⟨v.t.⟩ überweisen; حەواڵەی بانق ẖewaḻey banq Banküberweisung f

حەواڵەنامە ẖewaḻename Überweisungsschein m

حەواندنەوە ẖewandinewe ⟨v.t.⟩ ⟨حەوێن- ەوە ẖewên- ewe⟩ unterbringen

حەوت ẖewt ⟨Num.⟩ sieben

حەوتبرا ẖewtbira (Astr.) Sternbild n

حەوتسەد ẖewtsed ⟨Num.⟩ siebenhundert

حەوتگۆشە ẖewtgoşe (Math.) Siebeneck n

حەوتە ẖewte Periode von sieben Tagen (bes. die Periode, in der die gerade verheiratete Braut oder die gerade entbundene Mutter einem Brauch entsprechend zu Hause bleibt)

حەوتەم ẖewtem ⟨Num.⟩ siebte(r, -s)

حەوتەنامە ẖewtename Wochenblatt n

حەوتەوانە ẖewtewane s. ↑حەوتبرا

حەوز ẖewz (Wasser-)Becken n; حەوزی سمت ẖewzî simt (Anat.) Becken n; حەوزی قاپوقاچاخشتن ẖewzî qapuqaçaxşitin Spülbecken n; حەوزی مەلە ẖewzî mele Schwimmbecken n

حەوسەڵە ẖewseḻe Geduld f • حەوسەڵەی بردم (idiom.) er raubte mir den letzten Nerv; حەوسەڵە نەمان ẖewseḻe neman ⟨v.i.⟩ ungeduldig werden; حەوسەڵە (هە)بوون ẖewseḻe (he)bûn ⟨v.i.⟩ 1. geduldig sein; 2. Lust haben; حەوسەڵەم نییە ich habe keine Lust

حەوشە ẖewşe Hof m (eines Hauses); کلیلی دەرگای حەوشە kilîlî dergay ẖewşe Hausschlüssel m; حەوشەی قوتابخانە ẖewşey qutabxane Schulhof m

حەی ẖey ⟨Int.⟩ Oh! • حەی حەی! wie schade!

حەیا ẖeya 1. Schamgefühl n; Scheu f; 2. Anstand m; حەیا بوون ẖeya bûn ⟨v.i.⟩ sich schämen

حەیتە ẖeyte Polizist m / Polizistin f (s.a. ↑پۆلیس)

حەیران ẖeyran ⟨Adj.⟩ verwundert; حەیران بوون ẖeyran bûn ⟨v.i.⟩ sich wundern; بە حەیرانت بم (üb.) ich opfere mich für dich

حەیز ẖeyz (Med.) Menstruation f; Regel f

حەیزەران *ẖeyzeran* (Bot.) Bambus *m;* Bambusrohr *n*

حەیف *ẖeyf* ⟨Int.⟩ ach!; schade! • ئەی کە حەیفە! o wie schade!

حەیوان *ẖeywan* Tier *n* (s.a. ↑ئاژەڵ)

حەیوانەکێوی *ẖeywanekêwî* Wildtiere *Pl.*

حەیوانی *ẖeywanî* ⟨Adj.⟩ tierisch

حیجز *ẖîciz* Reservierung *f;* Buchung *f;* Bestellung *f;* حیجز کردن *ẖîciz kirdin* ⟨v.t.⟩ reservieren; buchen; bestellen

حیجزکردن *ẖîcizkirdin* 1. Beschlagnahme *f;* 2. Reservierung *f;* حیجزکردن گۆڕین *ẖîcizkirdin gor̄în* ⟨v.t.⟩ umbuchen

حیز *ẖîz* Strichjunge *m;* حیز کردن *ẖîz kirdin* ⟨v.t.⟩ demütigen

حیزب *ẖîzb* (Pol.) Partei *f*

حیلاندن *ẖîlandin* ⟨v.t.⟩ ⟨حیلێن- *ẖîlên-*⟩ wiehern (Pferd)

حیلکەحیلک *ẖîlkeẖîlk* Kichern *n;* حیلکەحیلک کردن *ẖîlkeẖîlk kirdin* ⟨v.t.⟩ kichern

حیلم *ẖîlm* Sanftmut *m*

حیله *ẖîle* Trick *m;* List *f* (s.a. ↑فێڵ); حیله کردن *ẖîle kirdin* ⟨v.t.⟩ 1. tricksen; 2. betrügen

حیلەباز *ẖîlebaz* **I** ⟨Adj.⟩ betrügerisch **II** Schwindler *m* / Schwindlerin *f*

حیلەبازی *ẖîlebazî* Betrügerei *f*

حێ *ẖê* Name des siebten Buchstabens des kurdischen Alphabets (ح *ẖ*)

حێڵ *ẖêl* (Bot.) Kardamom *m/n*

حێڵلی *ẖêllî* ⟨Adj.⟩ mit Kardamom gewürzt

خ

خ *x* xê; achter Buchstabe des kurdischen Alphabets (Zahlenwert 600)

خاپوور *xapûr* ⟨Adj.⟩ verwüstet; خاپوور کردن *xapûr kirdin* ⟨v.t.⟩ verwüsten

خاتر *xatir* Gefälligkeit *f;* بۆ/لەبەر خاتری *bo/leber xatirî* ⟨Präp.⟩ um … willen; بۆ خاتری خوا um Gottes willen; لەبەر خاتری تۆ dir zuliebe ; لەبەر خاتری خوا um Gottes willen; خاتر گرتن *xatir girtin* ⟨v.t.⟩ (j-m) einen Gefallen tun

خاترانە *xatirane* Vergünstigung *f*

خاتوو *xatû* Dame *f* (Kurzform von خاتوون)

خاتوون *xatûn* Dame *f* • خاتوونەکەم! meine gnädige Frau!

خاچ *xaç* Kreuz *n;* لە خاچ دان *le xaç dan* ⟨v.t.⟩ kreuzigen

خاچپەرست *xaçperist* (Rel./hist.) Kreuzfahrer *m*

خاچپەرستەکان *xaçperistekan* Plural von ↑ خاچپەرست; **هێرشی خاچپەرستەکان** *hêrişî xaçperistekan* (christl./hist.) Kreuzzug *m*

خاخام *xaxam* (Rel.) Rabbi *m*; Rabbiner *m*

خاس *xas* ⟨Adj.⟩ 1. gut; 2. schön

خافڵ *xafil̲* ⟨Adj.⟩ unachtsam; unaufmerksam; **خافڵ بوون** *xafil̲ bûn* ⟨v.i.⟩ unachtsam, unaufmerksam sein; **خافڵ کردن** *xafil̲ kirdin* ⟨v.t.⟩ j-n nicht beachten

خاڤیار *xavyar* Kaviar *m*

خاک *xak* Erde *f*; **به خاک سپاردن** *be xak sipardin* ⟨v.t.⟩ beerdigen; begraben

خاکبەسەر *xakbeser* ⟨Adj.⟩ unglücklich

خاکپەرست *xakperist* Patriot *m* / Patriotin *f*

خاکەناز *xakenaz* Schaufel *f*; Schippe *f*; **خاکەناز لێدان** *xakenaz lêdan* ⟨v.t.⟩ schaufeln

خاکی *xakî* ⟨Adj.⟩ 1. khakifarben; 2. (üb.) einfach

[1]**خاڵ** *xal̲* 1. Muttermal *n*; 2. Punkt *m*; 3. Tätowierung *f*; **خاڵی وەرچەرخان** *xal̲î werçerxan* Wendepunkt *m*; **خاڵی کێشلەسەر** *xal̲î kêşleser* Schwerpunkt *m*; **خاڵ کوتان** *xal̲ kutan* ⟨v.t.⟩ tätowieren

[2]**خاڵ** *xal̲* Onkel *m* (mütterlicherseits)

خاڵبەندی *xal̲bendî* (Gr.) Zeichensetzung *f*; Interpunktion *f*

خاڵخاڵ *xal̲xal̲* ⟨Adj.⟩ gefleckt

خاڵخاڵۆکە *xal̲xal̲oke* (Zool.) Marienkäfer *m*

خاڵس *xal̲is* ⟨Adj.⟩ rein; unverfälscht

خاڵوبۆر *xal̲ubor* Semikolon *n*

خاڵۆزا *xal̲oza* Cousin *m* / Cousine *f*; Vetter *m*

خاڵۆزازا *xal̲ozaza* Kind *n* des Cousins, der Cousine (Enkel des Onkels mütterlicherseits)

خاڵۆژن *xal̲ojin* Tante *f* (Frau des Onkels mütterlicherseits)

خاڵەپرسە *xal̲epirse* Fragezeichen *n*

خاڵەسەرسامی *xal̲esersamî* Ausrufezeichen *n*

خاڵی *xal̲î* ⟨Adj.⟩ leer; hohl; **خاڵی کردنەوە** *xal̲î kirdinewe* ⟨v.t.⟩ (ent)leeren

[1]**خام** *xam* Baumwollstoff *m*; Kattun *m*

[2]**خام** *xam* ⟨Adj.⟩ 1. unreif; 2. roh

خامۆش *xamoş* ⟨Adj.⟩ 1. ruhig; still; 2. ausgelöscht; **خامۆش بوون** *xamoş bûn* ⟨v.i.⟩ still, ruhig sein; **خامۆش کردن** *xamoş kirdin* ⟨v.t.⟩ zum Schweigen bringen

خامۆشکەرە *xamoşkere* Dämpfer *m*

خامۆشی *xamoşî* Stille *f*

[1]**خان** *xan* (hist.) Khan *m* (Titel türkisch-mongolischer Herrscher)

[2]**خان** *xan* Anrede und (Ehren-)Titel für Frauen, dem Namen nachgestellt

[3]**خان** *xan* Karawanserei *f*; Herberge *f*

خانم *xanim* Dame *f*; Herrin *f* • خانمەکەم، من تۆم زۆر خۆش دەوێ meine liebe Frau, ich liebe dich sehr

خانومان *xanuman* ⟨Adj.⟩ liebevoll

خانوو *xanû* 1. Haus *n*; 2. Wohnung *f*; **ژمارەی خانوو** *jimarey xanû* Hausnummer *f*; **کلیلی خانوو** *kilîlî xanû* Hausschlüssel *m*; **بەشوێن خانوودا گەڕان** *beşwên xanûda geṟan* Wohnungssuche *f*; **خانوو گرتن** *xanû girtin* ⟨v.t.⟩ ein Haus mieten; **خانووی شووشە** *xanûy şûşe* Treibhaus *n*

خ

خانووبەرە *xanûbere* Bau *m*; Immobilien *Pl.*

خانوولە *xanûle* Hütte *f*

خانووەبەرزە *xanûweberze* Hochhaus *n*

خانە *xane* 1. Haus *n*; 2. (Bio.) Zelle *f*; **خانەی بێلانەکان** *xaney bêlanekan* Obdachlosenheim *n*; **خانەی بەساڵاچووان** *xaney besaḻaçûwan* Seniorenheim *n*; **خانەی تەندروستی** *xaney tendirustî* Kurhaus *n*

خانەبەکۆڵ *xanebekoḻ* **I** ⟨Adj.⟩ obdachlos **II** Vagabund *m* / Vagabundin *f*

خانەبەکۆڵی *xanebekoḻî* Obdachlosigkeit *f*

خانەخراپ *xanexirap* ⟨Adj.⟩ unglücklich

خانەخوێ *xanexwê* 1. Hauswirt *m* / Hauswirtin *f*; Hausherr *m* / Hausherrin *f*; 2. Gastgeber *m* / Gastgeberin *f*

خانەدار *xanedar* Hausbesitzer *m* / Hausbesitzerin *f*

خانەداری *xanedarî* Haushaltsführung *f*; **خانەداری کردن** *xanedarî kirdin* ⟨v.t.⟩ den Haushalt führen

خانەدان *xanedan* ⟨Adj.⟩ edel; adlig

خانەکی *xanekî* ⟨Adj.⟩ häuslich

خانەنشین *xanenişîn* **I** ⟨Adj.⟩ pensioniert **II** Rentner *m* / Rentnerin *f*; Pensionär *m* / Pensionärin *f*; **خانەنشین بوون** *xanenişîn bûn* ⟨v.i.⟩ in Rente gehen; **خانەنشین کردن** *xanenişîn kirdin* ⟨v.t.⟩ pensionieren

خانەنشینی *xanenişînî* Ruhestand *m*; **مووچەی خانەنشینی** *mûçey xanenişînî* Pension *f*

خانەوادە *xanewade* Familie *f* (s.a. خێزان↑)

خاو *xaw* ⟨Adj.⟩ 1. roh; 2. ungekocht; 3. unreif; 4. kraftlos; langsam; **خاو بوونەوە** *xaw bûnewe* ⟨v.i.⟩ 1. sich lockern; 2. sich verlangsamen; **خاو کردنەوە** *xaw kirdinewe* ⟨v.t.⟩ 1. beruhigen; 2. entspannen

خاولی *xawlî* Handtuch *n*; **خاولیی حەمام** *xawlîy ẖemam* Badetuch *n*

خاوخێزان *xawuxêzan* Familie *f*; Verwandtschaft *f*

خاوەخاو *xawexaw* ⟨Adj.⟩ langsam; **خاوەخاو کردن** *xawexaw kirdin* ⟨v.t.⟩ (herum)trödeln

خاوەرزەمین *xawerzemîn* (Geogr.) Ferner Osten *m*

خاوەن *xawen* Eigentümer *m* / Eigentümerin *f*; Besitzer *m* / Besitzerin *f*; Inhaber *m* / Inhaberin *f*

خاوەنپیشە *xawenpîşe* (Handwerks-)Meister *m* / (Handwerks-)Meisterin *f*

خاوەنپێداویستی *xawenpêdawîstî* **I** ⟨Adj.⟩ behindert **II** Behinderter *m* / Behinderte *f*

خاوەندەسەڵات *xawendeseḻat* Machthaber *m* / Machthaberin *f*

خاوەنشکۆ *xawenşiko* königliche Hoheit!
خاوەنکار *xawenkar* Arbeitgeber *m* / Arbeitgeberin *f*
خاوەنماڵ *xawenmal̲* Hausbesitzer *m* / Hausbesitzerin *f*
خاوەنێتی *xawenêtî* Besitz *m*; Eigentum *n*
خاوێن *xawên* ⟨Adj.⟩ 1. sauber; 2. keusch; **خاوێن کردن(ەوە)** *xawên kirdin(ewe)* ⟨v.t.⟩ reinigen; säubern
خاوێنکردنەوە *xawênkirdinewe* 1. Reinigung *f*; 2. (Med.) Desinfizierung *f*
خاوێنکەرە *xawênkere* **I** ⟨Adj.⟩ (Med.) antiseptisch **II** Desinfektionsmittel *n*
خاوێنی *xawênî* Sauberkeit *f*
خاین *xayin* **I** ⟨Adj.⟩ verräterisch **II** Verräter *m* / Verräterin *f*
خپ *xip* ⟨Adj.⟩ still; schweigsam; **خپ کردن** *xip kirdin* ⟨v.t.⟩ (üb.) niederschlagen
ختووکە *xitûke* Kitzeln *n*; **ختووکە دان** *xitûke dan* ⟨v.t.⟩ kitzeln; **ختووکە هاتن** *xitûke hatin* ⟨v.i.⟩ jucken
ختووکەهاتوو *xitûkehatû* ⟨Adj.⟩ kitzlig
خراپ *xirap* ⟨Adj.⟩ 1. schlecht; 2. kaputt; 3. ungesund; 4. (üb.) schlimm; **خراپ بوون** *xirap bûn* ⟨v.i.⟩ 1. sich verschlechtern; 2. kaputt gehen; **خراپ بە کار هێنان** *xirap be kar hênan* ⟨v.t.⟩ missbrauchen; **خراپ تێگەیشتن** *xirap têgeyiştin* ⟨v.i.⟩ missverstehen; **خراپ کردن** *xirap kirdin* ⟨v.t.⟩ verderben; kaputt machen
خراپپەروەردەکراو *xirapperwerdekiraw* ⟨Adj.⟩ ungezogen
خراپکراو *xirapkiraw* ⟨Adj.⟩ verdorben
خراپنەبوو *xirapnebû* ⟨Adj.⟩ 1. intakt; 2. haltbar
خراپهەرسکردن *xirapherskirdin* (Med.) Verdauungsstörung *f*
خراپە *xirape* 1. Verderbnis *n*; Böses *n*; 2. (ugs.) Blödsinn *m*; **خراپە کردن** *xirape kirdin* ⟨v.t.⟩ sich schlecht benehmen
خراپەکەر *xirapeker* Übeltäter *m* / Übeltäterin *f*
خراپی *xirapî* Schlechtigkeit *f*; Böses *n*
خرت *xirt* (Zool.) Ziegenbock *m*
خرماندن *xirmandin* ⟨v.t.⟩ ⟨خرمێنـ- *xirmên-*⟩ knirschen
خرۆشان *xiroşan* ⟨v.i.⟩ ⟨خرۆشێـ- *xiroşê-*⟩ sich aufregen
خرۆشاندن *xiroşandin* ⟨v.t.⟩ ⟨خرۆشێنـ- *xiroşên-*⟩ in Erregung versetzen
خرۆشاو *xiroşaw* ⟨Adj.⟩ erregt
خرێنە *xirêne* (Anat.) 1. Backenzahn *m*; 2. Weisheitszahn *m* (s.a. ↑کاکیلە)
خڕ *xir̲* ⟨Adj.⟩ rund; **خڕ بوونەوە** *xir̲ bûnewe* ⟨v.i.⟩ sich (ver)sammeln
خڕخاڵ *xir̲xal̲* Fußring *m*
خڕکە *xir̲ke* (Anat.) Eckzahn *m*
خڕۆکە *xir̲oke* Körperchen *n*; **خڕۆکەکانی خوێن** *xir̲okekanî xwên* Blutkörperchen *n*
خڕۆکەسپییەکان *xir̲okesipîyekan* → **خڕۆکەسپییەکانی خوێن** *xir̲okesipîyekanî xwên* weiße Blutkörperchen
خڕۆکەسوورەکان *xir̲okesûrekan* → **خڕۆکەسوورەکانی خوێن** *xir̲okesûrekanî*

xwên rote Blutkörperchen

خز *xiz* ⟨Adj.⟩ rutschig

خزان *xizan* ⟨v.i.⟩ ⟨خزێـ- *xizê-*⟩ (aus)rutschen; schlittern

خزاندن *xizandin* ⟨v.t.⟩ ⟨خزێنـ- *xizên-*⟩ rutschen, gleiten lassen

خزگه *xizge* Rutsche *f*; Rutschbahn *f*

خزم *xizim* **I** ⟨Adj.⟩ verwandt **II** (Bluts-)Verwandter *m* / (Bluts-) Verwandte *f*

خ

خزمایەتی *xizmayetî* Verwandtschaft *f*

خزمەت *xizmet* Dienstleistung *f*; Service *m*; **خزمەتی سەربازی** *xizmetî serbazî* Militärdienst *m*; Wehrdienst *m*; **لە خزمەتدا بوون** *le xizmetda bûn* ⟨v.i.⟩ i-m dienen; **خزمەت کردن** *xizmet kirdin* ⟨v.t.⟩ 1. dienen; 2. servieren; 3. pflegen; **خۆ خزمەت کردن** *xo xizmet kirdin* ⟨v.refl.⟩ sich selbst bedienen

خزمەتکار *xizmetkar* s. ↑خزمەکار

خزمەتکردن *xizmetkirdin* Pflege *f*; Betreuung *f*

خزمەتگوزار *xizmetguzar* ⟨Adj.⟩ gefällig; entgegenkommend

خزمەتگوزاری *xizmetguzarî* Service *m*; Bedienung *f*

خزمەکار *xizmekar* Diener *m* / Dienerin *f*

خستن *xistin* ⟨v.t.⟩ ⟨خە-/خا- *xe-/xa*⟩ fallen lassen; zu Fall bringen

خستنە *xistine* ⟨v.t.⟩ ⟨خەـ ە/خاتە *xe- e/ xate*⟩; (wörtl.) fallen lassen in; **خستنە ئاوەوە** *xistine awewe* ⟨v.t.⟩ einweichen; **خستنە شوێن** *xistine şwên* ⟨v.t.⟩ ablösen; **خستنە گەڕ** *xistine ge͟r* ⟨v.t.⟩ betätigen; **خستنە مەترسییەوە** *xistine metirsîyewe* ⟨v.t.⟩ gefährden; **خستنە کار** *xistine kar* ⟨v.t.⟩ starten; **خستنە خوارەوە** *xistine xiwarewe* ⟨v.t.⟩ herunterfallen lassen; **خستنە سەر** *xistine ser* ⟨v.t.⟩ 1. darauflegen; 2. hinzufügen; **خستنە ناو** *xistine naw* ⟨v.t.⟩ hineinstecken; hineintun

خستنەڕوو *xistine͟rû* Enthüllung *f*

خستنەکار *xistinekar* Betätigung *f*

خستنەمەترسییەوە *xistinemetirsîyewe* Gefährdung *f*

خسوسی *xisusî* ⟨Adj.⟩ privat

خشان *xişan* ⟨v.i.⟩ ⟨خشێـ- *xişê-*⟩ 1. sich reiben (an); 2. kriechen

خشت *xişt* Ziegel(stein) *m*; **خشتی کاشی** *xiştî kaşî* Fliese *f*; **خشتی کاشی کردن** *xiştî kaşî kirdin* ⟨v.t.⟩ fliesen

خشتە *xişte* Tabelle *f*; Register *n*; **خشتە بۆ کێشان** *xişte bo kêşan* ⟨v.t.⟩ tabellarisieren

خشڵ *xişl͟* Schmuck *m* (Frauen); **خشڵ لە خۆ دان** *xişl͟ le xo dan* ⟨v.t.⟩ Schmuck tragen

خشۆک *xişok* 1. (Zool.) Kriechtier *n*; Reptil *n*; 2. (Bot.) Schlingpflanze *f*

خشەخش *xişexiş* Rascheln *n*; **خشەخش کردن** *xişexiş kirdin* ⟨v.t.⟩ rascheln

خل *xil* Rolle *f*; **خل کردنەوە** *xil kirdinewe* ⟨v.t.⟩ rollen

خلخلۆکە *xilxiloke* s. ↑خلۆکە

خلۆکە *xiloke* Spule *f*; Rolle *f*

خلەژنانی *xilejinanî* (vulg.) Tunte *f*

خلیسک *xilîsk* ⟨Adj.⟩ glatt

خلیسکان *xilîskan* ⟨v.i.⟩ ⟨خلیسکێـ- *xi-*

lîskê-〉 (aus)rutschen; gleiten

خلیسکێنە *xilîskêne* Rutsche *f*; **خلیسکێنەی سەر بەفر** *xilîskêney ser befir* (Sp.) Eislauf *m*

خلێنکە *xilênke* (Zool.) Mistkäfer *m*

خڵافان *xiḻafan* 〈v.i.〉 〈خڵافێـ- *xiḻafê-*〉 verwirrt, durcheinander sein/ werden

خڵافاو *xiḻafaw* 〈Adj.〉 verwirrt

خنکان *xinkan* 〈v.i.〉 〈خنکێـ- *xinkê-*〉 erwürgt, erstickt werden

خنکاندن *xinkandin* 〈v.t.〉 〈خنکێنـ- *xinkên-*〉 erwürgen; ersticken; **خۆ خنکاندن** *xo xinkandin* 〈v.refl.〉 sich erhängen

خنکاو *xinkaw* 〈Adj.〉 erwürgt; erstickt

خنکێنەر *xinkêner* 〈Adj.〉 stickig

خنەخن *xinexin*; **خنەخن کردن** *xinexin kirdin* 〈v.t.〉 (herum)bummeln

خوا *xiwa* Gott *m* (frei gebraucht in Ausrufen, Gebeten, Flüchen etc.) • خوا گەورەیە! Gott ist groß!; بۆ خاتری خوا! um Gottes willen!; بە خوا bei Gott!; بە ناوی خوا im Namen Gottes; لەسەر سپاس بۆ خوا! gelobt sei Gott!; خوا so Gott will; خوا بتانپارێزێ! Gott schütze euch!; خوا بیگرێ! (Ausdruck der Missbilligung, unwilligen Bewunderung) möge Gott ihn (zu sich) nehmen!; خوا بردییەوە بۆ خۆی! Gott nahm ihn zu sich!; خواتان لەگەڵ!/خوا حافیز!/خواحافیزتان بێ!/ خوا ئاگادارتان بێ! Gott sei mit euch (Ihnen)!; خوا ڕەحم بکا! Gott behüte!; خوایە! o Gott!; **خوا پەرستن** *xiwa peristin* 〈v.t.〉 Gott anbeten, verehren; **خوا لەگەڵ بوون** *xiwa legeḻ bûn* 〈v.i.〉 mit j-m sein (Gott); خوات لەگەڵ بێ! Gott sei mit dir!; **خوای گەورە** *xiway gewre* Gott, der Allmächtige

خوابیکا *xiwabîka* Amen *n*

خواپەرست *xiwaperist* **I** 〈Adj.〉 fromm **II** Gläubiger *m* / Gläubige *f*

خواپەرستی *xiwaperistî* Gottesfurcht *f*

خواحافیزی *xiwaḫafîzî* Abschied *m*; **خواحافیزی لێکردن** *xiwaḫafîzî lêkirdin* 〈v.t.〉 sich verabschieden von

خوار *xiwar* 〈Adj.〉 schief

خواردن *xiwardin* **I** 〈v.t.〉 〈خۆ-/خوا *xo-/xwa*〉 essen **II** 1. Nahrung *f*; 2. Essen *n*; Mahlzeit *f* • ئەمە ناخوا (idiom.) das geht nicht; das funktioniert nicht; خواردن و خواردنەوە Essen und Trinken; **خواردنی ئامادەکراو** *xiwardinî amadekiraw* Fertiggericht *n*; **خواردنی سەرەکی** *xiwardinî serekî* Hauptgericht *n*; **لیستەی خواردن** *lîstey xiwardin* Speisekarte *f*; **خواردنی بێ گۆشت** *xiwardinî bê goşt* 〈Adj.〉 vegetarisch; **خواردنی قوتوو** *xiwardinî qutû* Konserven; **خواردنی نیوەڕۆ** *xiwardinî nîwer̄o* Mittagessen *n*

خواردنەوە *xiwardinewe* **I** 〈v.t.〉 〈خۆـ ەوە/ خواتەوە *xo- ewe/xwatewe*〉 trinken **II** 1. Getränk *n*; 2. Erfrischung *f*; **ئاو خواردنەوە** *aw xiwardinewe* 〈v.t.〉 Wasser trinken; **خواردنەوەی بێکحول** *xiwardinewey bêkiḫul* alkoholfreies Getränk *n*; **خواردنەوەی کحولی** *xiwardinewey kiḫulî* alkoholisches

Getränk *n*
خواردەمەنی *xiwardemenî* Lebensmittel *Pl.*; Nahrungsmittel *Pl.*; **خواردەمەنیی بەستوو** *xiwardemenîy bestû* Tiefkühlkost *f*; **خواردەمەنیی سروشتی** *xiwardemenîy siruştî* Naturkost *f*; **دوکانی خواردەمەنی** *dukanî xiwardemenî* Lebensmittelladen *m*
خواردەمەنیفرۆش *xiwardemenîfiroş* Lebensmittelhändler *m* / Lebensmittelhändlerin *f*
خواروخێچ *xiwaruxêç* ⟨Adj.⟩ verdreht; schräg
خواروو *xiwarû* **I** ⟨Adj.⟩ südlich **II** ⟨Adv.⟩ unten; **خوارووی ڕۆژئاوا** *xiwarûy ṟojawa* ⟨Adv.⟩ südwestlich; Südwest **III** ⟨Präp.⟩ unterhalb
خوارەوە *xiwarewe* **I** ⟨Adv.⟩ unten **II** ⟨Präp.⟩ unterhalb; **کەوتنە خوارەوە** *kewtine xiwarewe* ⟨v.i.⟩ (herunter-, herab-, nieder)fallen
خواری *xiwarî* Krümmung *f*
خوازا *xiwaza* Fan *m*
خوازبێنی *xiwazbênî* Heiratsvermittlung *f*
خوازبێنیکەر *xiwazbênîker* Brautwerber *m* / Brautwerberin *f*
خوازراو *xiwazraw* ⟨Adj.⟩ erwünscht
خوازە *xiwaze* (Lit.) Metapher *f*
خوازەیی *xiwazeyî* ⟨Adj.⟩ (Lit.) metaphorisch
خواژن *xiwajin* (Myth.) Göttin *f*
خواست *xiwast* Wille *m*; Wunsch *m*
خواستراو *xiwastraw* ⟨Adj.⟩ geliehen
خواستن *xiwastin* **I** ⟨v.t.⟩ ⟨خواز- *xiwaz-*⟩ 1. wünschen; begehren; wollen; 2. (aus-, ent)leihen **II** Wunsch *m*; **ژن خواستن** *jin xiwastin* ⟨v.t.⟩ eine Frau heiraten
خوالێخۆشبوو *xiwalêxoşbû* ⟨Adj.⟩ verstorben
خوان *xiwan* gedeckter Tisch *m*
خواناس *xiwanas* ⟨Adj.⟩ fromm; gläubig
خواناسی *xiwanasî* Frömmigkeit *f*
خوانەناس *xiwanenas* ⟨Adj.⟩ gottlos; ungläubig
خوانەناسی *xiwanenasî* Gottlosigkeit *f*; Atheismus *m*
خوایەتی *xiwayetî* Gottheit *f*
خوایی *xiwayî* ⟨Adj.⟩ göttlich
خوتبە *xutbe* Ansprache *f*
خوتەخوت *xutexut* Nörgeln *n*; **خوتەخوت کردن** *xutexut kirdin* ⟨v.t.⟩ meckern; nörgeln
خوران *xuran* ⟨v.i.⟩ ⟨خورێ- *xurê-*⟩ jucken • لووتم دەخورێ meine Nase juckt
خوراندن *xurandin* ⟨v.t.⟩ ⟨خورێن- *xurên-*⟩ kratzen; **خۆ خوراندن** *xo xurandin* ⟨v.t.⟩ sich kratzen
خورپە *xurpe* (Med.) Schock *m*
خورما *xurma* (Bot.) Dattel *f*
خوری *xurî* **I** ⟨Adj.⟩ aus Wolle **II** Wolle *f*; **خوری ڕستن** *xurî ṟistin* ⟨v.t.⟩ Wolle spinnen; **خوریی مەرەز** *xurîy merez* Mohairwolle *f*
خوڕ *xuṟ* ⟨Adj.⟩ fließend
خوشک *xuşk* Schwester *f*
خوشکوبرا *xuşkubira* Geschwister *Pl.*
خوشکەزا *xuşkeza* Neffe *m*, Nichte *f* (Kind der Schwester)

خول *xul* 1. Zyklus *m*; 2. Kreis *m*; **خول خواردن** *xul xiwardin* ⟨v.t.⟩ (sich) drehen; kreisen; **خولی خوێندن** *xulî xiwêndin* Kurs *m*; Lehrgang *m*; **خولی کۆتایی** *xulî kotayî* Finale *n*

خولاندنەوە *xulandinewe* ⟨v.t.⟩ ⟨خولێنـ ەوە *xulên- ewe*⟩ (um)drehen

خولانەوە *xulanewe* **I** ⟨v.i.⟩ ⟨خولێـ ەوە *xulê- ewe*⟩ sich drehen **II** (Um-)Drehung *f*

خولخولۆکە *xulxuloke* Spule *f*

خولەک *xulek* Minute *f* (vgl. ↑دەقیقە)

خولیا *xulya* 1. Sehnsucht *f*; 2. Hobby *n*; **خولیای نیشتمان** *xulyay nîştiman* Heimweh *n*; خولیای نیشتمانم ich habe Heimweh

خونچە *xunçe* (Bot.) Knospe *f*; **خونچە کردن** *xunçe kirdin* ⟨v.t.⟩ knospen

خوو *xû* 1. Gewohnheit *f*; Angewohnheit *f*; 2. Veranlagung *f*; **کردن بە خوو** *kirdin be xû* ⟨v.t.⟩ (etw.) zur Gewohnheit machen; **خوو پێوەگرتن** *xû pêwegirtin* ⟨v.t.⟩ sich etwas angewöhnen

خووپێوەگرتن *xûpêwegirtin* 1. Gewöhnung *f*; 2. Sucht *f*

خوودە *xûde* (Mil.) Helm *m*; **خوودەی پاراستن** *xûdey parastin* Sturzhelm *m*

خوورەوشت *xûṟewişt* 1. Charakter *m*; 2. Verhalten *n*; 3. Moral *f*

خوێ *xwê* Salz *n*; **خوێ پێوەکردن/تێکردن** *xwê pêwekirdin/têkirdin* ⟨v.t.⟩ salzen; **خوێی خواردن** *xwêy xiwardin* Speisesalz *n*

خوێدان *xwêdan* Salzstreuer *m*

خوێڕی *xwêṟî* ⟨Adj.⟩ (üb.) unehrlich

خوێن *xwên* Blut *n*; **پاڵەپەستۆی خوێن** *paḻepestoy xwên* (Med.) Blutdruck *m*; **خڕۆکەی خوێن** *xiṟokey xwên* Blutkörperchen *n*; **خولی خوێن** *xulî xwên* (Med.) Blutkreislauf *m*; **شەکری خوێن** *şekirî xwên* (Med.) Blutzucker *m*; **کۆمەڵەی/گروپی خوێن** *komeḻey/grupî xwên* (Med.) Blutgruppe *f*; **خوێن پژان** *xwên pijan* ⟨v.i.⟩ bluten; **خوێن ڕشتن** *xwên ṟiştin* ⟨v.t.⟩ Blut vergießen; **خوێن فەحس کردن** *xwên feẖis kirdin* ⟨v.t.⟩ (Med.) eine Blutprobe nehmen

خوێناوی *xwênawî* ⟨Adj.⟩ blutig

خوێنبەخشین *xwênbexşîn* Blutspende *f*

خوێنبەر *xwênber* (Anat.) Arterie *f*

خوێنبەربوون *xwênberbûn* (Med.) Blutung *f*

خوێنبەرهەڵئاوسان *xwênberheḻawsan* (Med.) Krampfader *f*

خوێنبەند *xwênbend* ⟨Adj.⟩ blutstillend

خوێنپژان *xwênpijan* (Med.) Blutung *f*

خوێنتاڵ *xwêntaḻ* ⟨Adj.⟩ unsympathisch

خوێنتێزان *xwêntêzan* (Med.) Quetschung *f*

خوێنخۆر *xwênxor* **I** ⟨Adj.⟩ blutdürstig **II** (Myth.) Vampir *m* / Vampirin *f*

خوێنخۆری *xwênxorî* 1. Grausamkeit *f*; 2. Tyrannei *f*

خوێندکار *xwêndkar* Student *m* / Studentin *f*

خوێندن *xwêndin* **I** ⟨v.t.⟩ ⟨خوێنـ *xwên-*⟩ 1. (er)lernen; studieren; 2. singen (Vögel) **II** Studium *n*; **خولی**

خوێندن *xulî xwêndin* Kurs *m*; **خوێندنی ئیجباری** *xwêndinî îcbarî*; **ساڵی خوێندن** *sali̱ xwêndin* Studienjahr *n*; **خوێندنی تەوزیمی** *xwêndinî tewzîmî* Pflichtschulzeit *f*; **خوێندنی کوردی** *xwêndinî kurdî* kurdische Studien

خوێندنگە *xwêndinge* Schule *f*

خوێندنەوە *xwêndinewe* **I** ⟨v.t.⟩ ⟨خوێنـ ـەوە *xwên- ewe*⟩ (durch)lesen **II** 1. Lesen *n*; 2. Lektüre *f*

خوێندوو *xwêndû* ⟨Adj.⟩ gelernt

خوێندەوار *xwêndewar* **I** ⟨Adj.⟩ gebildet **II** Lesekundiger *m* / Lesekundige *f*

خوێندەواری *xwêndewarî* Bildung *f*

خوێنڕشتن *xwênr̠iştin* Blutvergießen *n*

خوێنڕێژ *xwênr̠êj* **I** ⟨Adj.⟩ blutdürstig **II** grausamer Mörder *m* / grausame Mörderin *f*

خوێنڕێژی *xwênr̠êjî* 1. Blutvergießen *n*; 2. Tyrannei *f*

خوێنژەهراویبوون *xwênjehrawîbûn* (Med.) Blutvergiftung *f*

خوێنسارد *xwênsard* ⟨Adj.⟩ (üb.) kaltblütig; gefühllos

خوێنساردی *xwênsardî* (üb.) Kaltblütigkeit *f*; Gefühllosigkeit *f*

خوێنشیرین *xwênşîrîn* ⟨Adj.⟩ sympathisch

خوێنفەحسکردن *xwênfeẖiskirdin* Bluttuntersuchung *f*

خوێنکەمی *xwênkemî* (Med.) Blutarmut *f*

خوێنگواستنەوە *xwêngiwastinewe* (Med.) Bluttransfusion *f*

خوێنگەرم *xwêngerm* ⟨Adj.⟩ temperamentvoll; sympathisch

خوێنلێوەرگرتن *xwênlêwergirtin* (Med.) Blutabnahme *f*

خوێنمژ *xwênmij* **I** ⟨Adj.⟩ blutrünstig **II** Vampir *m*

خوێنمەیین *xwênmeyîn* (Med.) Blutgerinnung *f*

خوێنهێنەر *xwênhêner* (Anat.) Vene *f*

خوێنەخانە *xwênexane* Blutzelle *f*

خوێنەر *xwêner* s. ↑خوێنەرەوە

خوێنەرەوە *xwênerewe* Leser *m* / Leserin *f*

خوێنەمیزە *xwênemîze* (Med.) Blutharnen *n*; Hämaturie *f*

خوێیاوک *xwêyawik* Salzwasser *n*

خۆ *xo* ⟨Pron.⟩ selbst; sich selbst • خۆم/خۆت ich/mich/mir selbst, du/dich/dir selbst etc.; **بە خۆدا ڕاپەرموون** *be xoda r̠apermûn* ⟨v.i.⟩ überwinden; **لە خۆ بایی بوون** *le xo bayî bûn* ⟨v.i.⟩ eingebildet sein; **لە هۆش خۆ چوون** *le hoş xo çûn* ⟨v.i.⟩ das Bewusstsein verlieren; **بە خۆدا چوونەوە** *be xoda çûnewe* ⟨v.i.⟩ meditieren; nachdenklich sein

خۆبەخت *xobext* ⟨Adj.⟩ 1. selbstlos; 2. freiwillig

خۆبەختکار *xobextkar* Freiwilliger *m* / Freiwillige *f*

خۆبەختکەر *xobextker* s. ↑خۆبەختکار

خۆبەخش *xobexş* **I** ⟨Adj.⟩ freiwillig; ehrenamtlich **II** Freiwilliger *m* / Freiwillige *f*

خۆبەخۆ *xobexo* ⟨Adv.⟩ 1. von sich aus; 2. unter sich; 3. eigenmächtig

خۆبەدەستەوەدان *xobedestewedan* Unter-

werfung *f*; Kapitulation *f*
خۆبەرەپێشەوە *xoberepêşewe* Streber *m* / Streberin *f*
خۆبەڕاستزان *xoberastzan* ⟨Adj.⟩ selbstgerecht; rechthaberisch
خۆبەڕێوەبردن *xoberêwebirdin* (Pol.) Autonomie *f*; Selbstverwaltung *f*
خۆبەشتزان *xobeşitzan* ⟨Adj.⟩ eingebildet
خۆبەشتزانی *xobeşitzanî* Einbildung *f*
خۆبەکەمزان *xobekemzan* ⟨Adj.⟩ minderwertig
خۆبەکەمزانین *xobekemzanîn* Minderwertigkeit *f*
خۆپاراستن *xoparastin* Selbstverteidigung *f*; Selbstschutz *m*
خۆپاراستنلەسکپڕی *xoparastinlesikpirî* Schwangerschaftsverhütung *f*; **دەرمانی خۆپاراستنلەسکپڕی** *dermanî xoparastinlesikpirî* Verhütungsmittel *n*
خۆپارێز *xoparêz* ⟨Adj.⟩ enthaltsam
خۆپارێزی *xoparêzî* Enthaltsamkeit *f*
خۆپەرست *xoperist* **I** ⟨Adj.⟩ selbstsüchtig **II** Egoist *m* / Egoistin *f*
خۆپەرستی *xoperistî* Selbstsucht *f*; Narzissmus *m*
خۆپیشاندان *xopîşandan* Demonstration *f*; Kundgebung *f*
خۆپیشاندەر *xopîşander* Demonstrant *m* / Demonstrantin *f*
خۆتەقێنەرەوە *xoteqênerewe* Selbstmordattentäter *m* / Selbstmordattentäterin *f*
خۆجوانکردن *xociwankirdin* Kosmetik *f*
خۆخزمەتکردن *xoxizmetkirdin* Selbstbedienung *f*
خۆخواز *xoxiwaz* s. ↑خۆپەرست
خۆخۆیی *xoxoyî* Egozentrik *f*
خۆخەشیمکردن *xoxeşîmkirdin* Ignoranz *f*
خۆدار *xodar* ⟨Adj.⟩ beherrscht; gefasst
خۆداری *xodarî* Selbstbeherrschung *f*
خۆر *xor* Sonne *f* (s.a. ↑ڕۆژ); **خۆر کەوتن** *xor kewtin* ⟨v.i.⟩ aufgehen (Sonne); **خۆر نشین** *xor nişîn* ⟨v.i.⟩ untergehen (Sonne); **خۆر هەڵهاتن** *xor helhatin* ⟨v.i.⟩ aufgehen (Sonne)
خۆراک *xorak* Nahrung *f*; Nahrungsmittel *Pl.*; **خۆراکی سەگ** *xorakî seg* Hundefutter *n*; **خۆراکی منداڵی ساوا** *xorakî mindalî sawa* Babynahrung *f*; **خۆراک پێدان** *xorak pêdan* ⟨v.t.⟩ ernähren; **خۆراکی نیوەڕۆ** *xorakî nîwero* Mittagessen *n*; **خۆراکی ئێوارێ** *xorakî êwarê* Abendessen *n*
خۆراکپێدان *xorakpêdan* Ernährung *f*
خۆراککەمپێدان *xorakkempêdan* Unterernährung *f*
خۆرئاوابوون *xorawabûn* Sonnenuntergang *m*
خۆرئاوایی *xorawayî* ⟨Adj.⟩ westlich
خۆرپەرست *xorperist* (Rel.) Sonnenanbeter *m* / Sonnenanbeterin *f*
خۆرگرەوە *xorgirewe* ⟨Adj.⟩ sonnig
خۆرنشین *xornişîn* Sonnenuntergang *m* (vgl. ↑خۆرئاوابوون)
خۆرهەڵات *xorhelat* Sonnenaufgang *m* (vgl. ↑ڕۆژهەڵات); **خۆرهەڵاتی ناوەڕاست** *xorhelatî nawerast* Naher Osten *m*

خۆرهەڵاتناس *xorhelatnas* Orientalist *m* / Orientalistin *f*
خۆرهەڵاتناسی *xorhelatnasî* Orientalistik *f*
خۆرهەڵاتی *xorhelatî* **I** ⟨Adj.⟩ 1. östlich (gelegen); 2. orientalisch **II** Orientale *m* / Orientalin *f*
خۆرە *xore* Brand *m*
خۆرەبردن *xorebirdin* (Med.) Sonnenbrand *m*
خۆرەپەڵە *xorepele* Sommersprosse *f*
خۆرەتاو *xoretaw* ⟨Adj.⟩ sonnig
خۆری *xorî* ⟨Adj.⟩ solar
خۆڕاگر *xoragir* ⟨Adj.⟩ stabil; standhaft
خۆڕاگری *xoragirî* Stabilität *f*; Standhaftigkeit *f*
خۆڕایی *xorayî* ⟨Adj.⟩ umsonst
خۆڕەحەتکردن *xorehetkirdin* Selbstbefriedigung *f*
خۆڕەحەتکەر *xorehetker* Onanist *m* / Onanistin *f*
خۆزگە *xozge* Wunsch *m*; **خۆزگە خواستن** *xozge xiwastin* ⟨v.t.⟩ wünschen
خۆش *xoş* ⟨Adj.⟩ 1. angenehm; 2. wunderbar; 3. unterhaltsam (Gespräch); 4. erfreulich; **پێ خۆش بوون** *pê xoş bûn* ⟨v.i.⟩ 1. sich freuen über; 2. mögen; **لێ خۆش بوون** *lê xoş bûn* ⟨v.i.⟩ verzeihen; **خۆش ڕابواردن** *xoş rabiwardin* ⟨v.t.⟩ sich vergnügen; **خۆش نەویستن** *xoş newîstin* ⟨v.t.⟩ hassen; **خۆش ویستن** *xoş wîstin* ⟨v.t.⟩ gern haben; mögen
خۆشاو *xoşaw* 1. Sirup *m*; 2. Saft *m*; **خۆشاو بە میوەوە** *xoşaw be mîwewe* Kompott *n*
خۆشباوەڕ *xoşbawer* ⟨Adj.⟩ 1. leichtgläubig; 2. zutraulich
خۆشباوەڕی *xoşbawerî* 1. Leichtgläubigkeit *f*; 2. Zutraulichkeit *f*
خۆشبەخت *xoşbext* ⟨Adj.⟩ glücklich
خۆشبەختانە *xoşbextane* ⟨Adv.⟩ glücklicherweise
خۆشبەختی *xoşbextî* Glücklichsein *n*
خۆشبین *xoşbîn* **I** ⟨Adj.⟩ optimistisch **II** Optimist *m* / Optimistin *f*
خۆشبینی *xoşbînî* Optimismus *m*
خۆشحاڵ *xoşhal* ⟨Adj.⟩ 1. fröhlich; 2. zufrieden
خۆشحاڵی *xoşhalî* 1. Freude *f*; 2. Wohlstand *m*
خۆشدوو *xoşdû* ⟨Adj.⟩ herzlich
خۆشڕابواردن *xoşrabiwardin* Vergnügung *f*; Unterhaltung *f*
خۆشڕەفتار *xoşreftar* ⟨Adj.⟩ artig; brav
خۆشگوزەران *xoşguzeran* ⟨Adj.⟩ 1. privilegiert; 2. komfortabel
خۆشنووس *xoşnûs* **I** ⟨Adj.⟩ kalligrafisch **II** Kalligraf *m* / Kalligrafin *f*
خۆشنووسی *xoşnûsî* Kalligrafie *f*
خۆشوتار *xoşwitar* ⟨Adj.⟩ redegewandt
خۆشویستن *xoşwîstin* Liebe *f*
خۆشەویست *xoşewîst* **I** ⟨Adj.⟩ 1. lieb; 2. beliebt; Lieblings- **II** Geliebter *m* / Geliebte *f*
خۆشەویستی *xoşewîstî* 1. Liebe *f*; 2. Zuneigung *f*; 3. Zärtlichkeit *f*; **خۆشەویستیی گشتی** *xoşewîstîy giştî* Popularität *f*; **خەمی خۆشەویستی** *xemî xoşewîstî* Liebeskummer *m*; **نامەی**

خۆشەویستی namey xoşewîstî Liebesbrief m
خۆشی xoşî 1. Freude f; 2. Vergnügen n; 3. Wohlbefinden n; خۆشی پێبەخشین xoşî pêbexşîn ⟨v.t.⟩ Freude bereiten
خۆشیبەخش xoşîbexş ⟨Adj.⟩ amüsant
خۆفرۆش xofiroş Verräter m / Verräterin f
خۆفرۆشی xofiroşî Verrat m
خۆکار xokar I ⟨Adj.⟩ automatisch II Automat m
خۆکاری xokarî Automatik f
خۆکوژ xokuj Selbstmörder m / Selbstmörderin f
خۆکوژی xokujî Selbstmord m
خۆگر xogir ⟨Adj.⟩ selbstbeherrscht
خۆگری xogirî Selbstbeherrschung f
خۆلێلادان xolêladan Vermeidung f
خۆڵ xol̮ 1. Erde f; Staub m; 2. Abfall m; Müll m; خۆڵ هەڵمژین xol̮ hel̮mijîn ⟨v.t.⟩ Staub saugen
خۆڵاوی xol̮awî ⟨Adj.⟩ 1. staubig; 2. erdig
خۆڵبارین xol̮barîn Sandsturm m
خۆڵجیاکردنەوە xol̮ciyakirdinewe Mülltrennung f
خۆڵرێژ xol̮rêj Müllmann m
خۆڵلابردن xol̮labirdin Müllabfuhr f
خۆڵەمێش xol̮emêş Asche f
خۆڵەمێشی xol̮emêşî ⟨Adj.⟩ grau
خۆماڵ xomal̮ Eigenschaft f
خۆماڵی xomal̮î ⟨Adj.⟩ einheimisch; inländisch; خۆماڵی کردن xomal̮î kirdin ⟨v.t.⟩ (Pol.) verstaatlichen
خۆنەخۆر xonexor ⟨Adj.⟩ geizig
خۆنەگر xonegir ⟨Adj.⟩ labil; instabil
خۆنەویست xonewîst ⟨Adj.⟩ selbstlos
خۆنەویستی xonewîstî Selbstlosigkeit f
خۆنیشاندان xonîşandan s. ↑خۆپیشاندان
خۆویست xowîst Egoist m / Egoistin f (s.a. ↑خۆپەرست)
خۆویستی xowîstî Egoismus m; Selbstsucht f
خۆهەڵبژاردن xohel̮bijardin Kandidatur f
خۆهەڵکێش xohel̮kêş I ⟨Adj.⟩ angeberisch II Angeber m / Angeberin f
خۆیی xoyî ⟨Adj.⟩ subjektiv
خەبات xebat 1. Anstrengung f; Mühe f; 2. politischer Kampf m; خەبات کردن xebat kirdin ⟨v.t.⟩ 1. sich anstrengen; 2. (Pol.) kämpfen (für)
خەباتکار xebatkar 1. Arbeiter m / Arbeiterin f; 2. (Pol.) Kämpfer m / Kämpferin f
خەباتکەر xebatker s. ↑خەباتکار
خەبەر xeber Nachricht f; (بە) خەبەر بوونەوە (be) xeber bûnewe ⟨v.i.⟩ aufwachen; خەبەر کردنەوە xeber kirdinewe ⟨v.t.⟩ (auf)wecken; خەبەر لێدان xeber lêdan ⟨v.t.⟩ j-n anzeigen; خەبەر نەبوونەوە xeber nebûnewe ⟨v.i.⟩ verschlafen
خەبەردار xeberdar ⟨Adj.⟩ 1. informiert; 2. aufmerksam; wach; خەبەردار بوون xeberdar bûn ⟨v.i.⟩ informiert, benachrichtigt sein/werden; خەبەردار کردن xeberdar kirdin ⟨v.t.⟩ informieren
خەبەرکەرەوە xeberkerewe Wecker m

خ

خەبەرلێدان *xeberlêdan* Anzeige (z.B. bei der Polizei) *f*

خەبەرنامە *xebername* Bericht *m*; Reportage *f*

خەبیر *xebîr* Experte *m* / Expertin *f* (s.a. ↑شارەزا)

خەپان *xepan* ⟨Adj.⟩ niedlich; süß

خەپەتۆڵە *xepetoḻe* ⟨Adj.⟩ mollig (Frauen)

خەت *xet* 1. Linie *f*; Zeile *f*; 2. Schrift *f*; 3. (Telefon-)Leitung *f* (s.a. ↑هێڵ); **خەت پێداهێنان** *xet pêdahênan* ⟨v.t.⟩ durchstreichen; **خەتی پاس** *xetî pas* Buslinie *f*; **خەت کردنەوە** *xet kirdinewe* ⟨v.i.⟩ die Leitung frei schalten; **خەت گیران** *xet gîran* ⟨v.i.⟩ besetzt sein (Telefonleitung); خەتەکە گیراوە die Leitung ist besetzt; **خەتی تەلەفۆن** *xetî telefon* Telefonleitung *f*

خەتخەت *xetxet* ⟨Adj.⟩ liniert

خەتدار *xetdar* ⟨Adj.⟩ gestreift

خەتم *xetm* Stempel *m*; Siegel *n* (vgl. ↑مۆر²); **خەتم کردن** *xetm kirdin* ⟨v.t.⟩ stempeln

خەتەر *xeter* **I** ⟨Adj.⟩ gefährlich **II** Gefahr *f*

خەتەنە *xetene* Beschneidung *f*; **خەتەنە کردن** *xetene kirdin* ⟨v.t.⟩ beschneiden

خەجاڵەت *xecaḻet* Scham *f* • دەک خەجاڵەت بیت! du sollst dich schämen!

خەجاڵەتکێش *xecaḻetkêş* ⟨Adj.⟩ beschämt

خەجاڵەتکێشی *xecaḻetkêşî* Beschämung *f*

خەرافات *xerafat* Aberglaube *m* (s.a. ↑ئەفسانە)

خەرتەلە *xertele* (Bot.) Senf *m*

خەرجی *xercî* Taschengeld *n*

خەرجیدەر *xercîder* Sponsor *m* / Sponsorin *f*

خەرمان *xerman* 1. Dreschplatz *m*; 2. Kornhaufen *m*; **خەرمانی مانگ** *xermanî mang* Hof *m*

خەریک *xerîk* ⟨Adj.⟩ beschäftigt; **خەریک بوون** *xerîk bûn* ⟨v.i.⟩ beschäftigt sein; **خەریک کردن** *xerîk kirdin* ⟨v.t.⟩ beschäftigen

خەرەک *xeṟek* Spinnrad *n*

خەرەکرێس *xeṟekṟês* Spinner *m* / Spinnerin *f*

خەرەکرێسی *xeṟekṟêsî* Spinnen *n*

خەزن *xezin*; **خەزن کردن** *xezin kirdin* ⟨v.t.⟩ speichern

خەزنەدار *xeznedar* Schatzmeister *m* / Schatzmeisterin *f*

خەزوور *xezûr* Schwiegervater *m*

خەزێم *xezêm* Nasenring *m*

خەزێنە *xezêne* Schatzkammer *f*

خەساندن *xesandin* ⟨v.t.⟩ ⟨خەسێن- *xesên-*⟩ kastrieren

خەست *xest* ⟨Adj.⟩ dick (Flüssigkeit)

خەستی *xestî* Intensivierung *f*

خەسوو *xesû* Schwiegermutter *f*

خەسووخەزوور *xesûwxezûr* Schwiegereltern *Pl.*

خەشخاش *xeşxaş* (Bot.) Mohn *m*; Mohnblume *f*

خەشیم *xeşîm* ⟨Adj.⟩ ungeschickt; linkisch; **خۆ خەشیم کردن** *xo xeşîm kirdin* ⟨v.t.⟩ sich dumm stellen

خەفە *xefe* ⟨Adj.⟩ erstickt; **خەفە كردن** *xefe kirdin* ⟨v.t.⟩ 1. ersticken; 2. verbergen

خەفەت *xefet* Kummer *m*; **خەفەت خواردن** *xefet xiwardin* ⟨v.t.⟩ sich sorgen (um)

خەفەتبار *xefetbar* ⟨Adj.⟩ traurig (s.a. ↑خەمبار)

خەفەر *xefer* Wachposten *m*

خەلە *xele* Korn *n*; Getreide *n*

خەلەوخەرمان *xelewxerman* Ernte *f*

خەلیفە *xelîfe* Kalif *m*

خەڵات *xe*l*at* Belohnung *f*; Geschenk *n*; Auszeichnung *f* (s.a. ↑پاداش); **خەڵات كردن** *xe*l*at kirdin* ⟨v.t.⟩ belohnen; auszeichnen

خەڵق *xe*l*q* Schöpfung *f* (s.a. ↑خەڵک); **خەڵق كردن** *xe*l*q kirdin* ⟨v.t.⟩ (er)schaffen

خەڵک *xe*l*k* 1. Leute *Pl.*; 2. Öffentlichkeit *f* • خەڵكی كوێیت؟ woher kommst du?; خەڵكی سلێمانیم ich bin aus Silêmanî

خەڵووز *xe*l*ûz* Holzkohle *f*

خەڵووزدان *xe*l*ûzdan* Kohlenbecken *n*

خەڵوەت *xe*l*wet* Abgeschiedenheit *f*; **خەڵوەت گێران** *xe*l*wet gê*r*an* ⟨v.t.⟩ meditieren

خەڵەفاو *xe*l*efaw* ⟨Adj.⟩ 1. geistesgestört; 2. altersschwach

خەم *xem* Leid *n*; Kummer *m*; **خەم بوون** *xem bûn* ⟨v.i.⟩ sich Sorgen machen; خەمت نەبێ! mach dir keine Sorgen!; **خەمی خۆشەویستی** *xemî xoşewîstî* Liebeskummer *m*; **خەم خواردن** *xem xiwardin* ⟨v.t.⟩ bekümmert sein; **خەم لێ ڕەواندنەوە** *xem lê* r*ewandinewe* ⟨v.t.⟩ trösten; **خەمی دووری** *xemî dûrî* Heimweh *f*

خەمبار *xembar* ⟨Adj.⟩ traurig

خەمخۆر *xemxor* ⟨Adj.⟩ besorgt

خەمخۆری *xemxorî* Sorge *f*

خەمڕەوێن *xem*r*ewên* ⟨Adj.⟩ tröstlich

خەمسارد *xemsard* ⟨Adj.⟩ unbekümmert

خەمساردی *xemsardî* Unbekümmertheit *f*

خەمگین *xemgîn* ⟨Adj.⟩ traurig

خەمۆكی *xemokî* (Psych.) Depression *f*

خەمیرە *xemîre* s. ↑هەویربەترش

خەنجەر *xencer* Dolch *m*; **خەنجەر لێدان** *xencer lêdan* ⟨v.t.⟩ erdolchen

خەندان *xendan* ⟨Adj.⟩ lächelnd

خەندە *xende* Lachen *n*

خەندەق *xendeq* s. ↑خەندەک

خەندەک *xendek* 1. Graben *m*; 2. (Mil.) Schützengraben *m*

خەنە *xene* (Bot.) Henna *f/n* (zum Färben von Haaren, Handflächen, Fußsohlen etc.); **خەنە تێگرتن** *xene têgirtin* ⟨v.t.⟩ mit Henna färben

خەو *xew* **I** 1. Schlaf *m*; 2. Traum *m* **II** Präsensst. von ↑ خەوتن; **دەرمانی خەو** *dermanî xew* Schlafmittel *n*; **خەو بینین** *xew bînîn* ⟨v.t.⟩ träumen; **خەو زڕان** *xew zi*r*an* ⟨v.i.⟩ nicht schlafen können; **خەو لێكەوتن** *xew lêkewtin* ⟨v.i.⟩ einschlafen; **خەو نەهاتن** *xew nehatin* ⟨v.t.⟩ nicht einschlafen können; خەوم نایە ich kann nicht einschlafen; **خەو هاتن** *xew hatin* ⟨v.i.⟩ müde, schläfrig

خ

werden; **له خەو هەستان** *le xew hestan* ⟨v.i.⟩ aufwachen; **خەوی خراپ** *xewî xirap* Alptraum *m*

خەواڵوو *xewaḻû* ⟨Adj.⟩ schläfrig

خەواندن *xewandin* ⟨v.t.⟩ ⟨خەوێنـ- *xewên-*⟩ zum Schlafen bringen

خەوتن *xewtin* ⟨v.i.⟩ ⟨خەو- *xew-*⟩ schlafen (s.a. ↑نووستن)

خەوڕۆ *xewṟo* **I** ⟨Adj.⟩ schlafwandelnd **II** Schlafwandler *m* / Schlafwandlerin *f*

خەوڕۆیی *xewṟoyî* (Med.) Schlafwandeln *n*

خەوزڕان *xewziṟan* (Med.) Schlaflosigkeit *f*

خەوزڕاو *xewziṟaw* ⟨Adj.⟩ schlaflos

خەوش *xewş* Mangel *m*; Makel *m*

خەوشدار *xewşdar* ⟨Adj.⟩ mangelhaft; schadhaft

خەولێکدانەوە *xewlêkdanewe* (Psych.) Traumdeutung *f*

خەون *xewn* Vision *f*

خەوناس *xewnas* Traumdeuter *m* / Traumdeuterin *f*

خەیات *xeyat* Schneider *m* / Schneiderin *f* (s.a. ↑بەرگدروو)

خەیار *xeyar* (Bot.) Gurke *f*; **خەیاری خۆشکراو** *xeyarî xoşkiraw* Essiggurke *f*

خەیاڵ *xeyaḻ* 1. Fantasie *f*; Einbildung *f*; 2. Illusion *f* (s.a. ↑ئەندێشە); **خەیاڵ بردنەوە** *xeyaḻ birdinewe* ⟨v.t.⟩ sich etw. einbilden

خەیاڵبردە *xeyaḻbirde* ⟨Adj.⟩ unaufmerksam

خەیاڵپڵاو *xeyaḻpiḻaw* (üb.) Luftschloss *n*; Utopie *f* • به خەیاڵپڵاو مەژی! (idiom.) bau dir keine Luftschlösser!

خەیاڵفراوان *xeyaḻfirawan* ⟨Adj.⟩ fantasievoll; kreativ

خیانەت *xiyanet* Verrat *m*; **خیانەت کردن** *xiyanet kirdin* ⟨v.t.⟩ verraten

خیانەتکار *xiyanetkar* Verräter *m* / Verräterin *f*

خێر *xêr* **I** ⟨Adj.⟩ gut; tugendhaft **II** Wohltat *f*; Almosen *n*; **خێر پێکردن** *xêr pêkirdin* ⟨v.t.⟩ Almosen geben; **به خێر چوون** *be xêr çûn* ⟨v.i.⟩ (üb.) in Frieden gehen; به خێر چن! (idiom.) leben Sie wohl!; auf Wiedersehen!; **به خێر هاتن** *be xêr hatin* ⟨v.i.⟩ (idiom.) willkommen sein

خێرا *xêra* ⟨Adj.⟩ schnell; eilig; **خێرا کردن** *xêra kirdin* ⟨v.t.⟩ sich beeilen

خێرایی *xêrayî* Geschwindigkeit *f*; Tempo *n*

خێراییپێو *xêrayîpêw* Tacho(meter/*n*) *m*

خێرخوا *xêrxiwa* ⟨Adj.⟩ wohltätig; barmherzig

خێرخواز *xêrxiwaz* ⟨Adj.⟩ wohltätig

خێرخوایی *xêrxiwayî* Wohltätigkeit *f*

خێرنەخواز *xêrnexwaz* ⟨Adj.⟩ böswillig

خێرەومەند *xêrewmend* **I** ⟨Adj.⟩ wohltätig **II** Wohltäter *m* / Wohltäterin *f*

خێرەومەندی *xêrewmendî* Wohltätigkeit *f*

خێزان *xêzan* 1. Familie *f* (Frau und Kinder); 2. Ehefrau *f*

خێزانی *xêzanî* ⟨Adj.⟩ häuslich

خێل *xêl* ⟨Adj.⟩ schielend; **خێل بوون** *xêl bûn* ⟨v.i.⟩ schielen

خێڵ *xêḻ* Stamm *m*
خێو *xêw* Kobold *m*; Monster *n*
خێوەت *xêwet* Zelt *n* (vgl. ↑چادر)
خێوەتگە *xêwetge* Zeltplatz *m*

د

د *d* dê; neunter Buchstabe des kurdischen Alphabets (Zahlenwert 4)
دابارین *dabarîn* ⟨v.i.⟩ ⟨دا...بار– *da…bar-*⟩ herabregnen
دابڕاو *dabiṟaw* ⟨Adj.⟩ isoliert
دابڕین *dabiṟîn* ⟨v.t.⟩ ⟨دا...بڕ– *da…biṟ-*⟩ 1. abtrennen; 2. isolieren
دابونەریت *dabunerît* Sitte *f*; Tradition *f*
دابەزین *dabezîn* ⟨v.i.⟩ ⟨دا...بەز– *da…bez-*⟩ (her)absteigen; aussteigen (aus dem Auto)
دابەستراو *dabestiraw* ⟨Adj.⟩ gemästet
دابەستن *dabestin* ⟨v.t.⟩ ⟨دا...بەست– *da…best-*⟩ mästen
دابەستە *dabeste* Mast *f*
دابەش *dabeş* Teilung *f*; دابەش بوون *dabeş bûn* ⟨v.i.⟩ sich (ver)teilen; دابەش کردن *dabeş kirdin* ⟨v.t.⟩ (auf-, unter-, ein-, ver-, aus-, zu)teilen
دابەشکار *dabeşkar* Verteiler *m* / Verteilerin *f*
دابەشکراو *dabeşkiraw* ⟨Adj.⟩ geteilt
دابەشنەبوو *dabeşnebû* ⟨Adj.⟩ unteilbar
دابین *dabîn* → خۆ دابین کردن *xo dabîn kirdin* ⟨v.refl.⟩ sich zurückhalten
داپۆش *dapoş* Abdeckung *f*; Plane *f*
داپۆشراو *dapoşraw* ⟨Adj.⟩ bedeckt
داپۆشین *dapoşîn* ⟨v.t.⟩ ⟨دا...پۆش– *da…poş-*⟩ (be)decken; (dicht) verhüllen
داتا *data* Daten *Pl.*; داتا خەزن کردن *data xezin kirdin* ⟨v.t.⟩ (EDV) speichern
داتاشراو *dataşraw* ⟨Adj.⟩ geschliffen
داتاشین *dataşîn* ⟨v.t.⟩ ⟨دا...تاش– *da…taş-*⟩ gravieren; schnitzen
داتاهەڵگر *datahelgir* (EDV) Datenträger *m*
داتڵیشان *datiḻîşan* ⟨v.i.⟩ ⟨دا...تڵیشێ– *da…tiḻîşê-*⟩ (zer)reißen
داتڵیشاندن *datiḻîşandin* ⟨v.t.⟩ ⟨دا...تڵیشێن– *da…tiḻîşên-*⟩ (auf)spalten; aufreißen (z.B. Tür)
داچڵەکین *daçḻekîn* ⟨v.i.⟩ ⟨دا...چڵەک– *da…çḻek-*⟩ aufschrecken
داچۆڕان *daçoṟan* ⟨v.i.⟩ ⟨دا...چۆڕێ– *da…çoṟê-*⟩ rieseln
[1]داخ *dax* Ärger *m*; Leid *n* • زۆر بە داخم! es tut mir sehr leid!; داخ بۆ خواردن *dax bo xiwardin* ⟨v.t.⟩ trauern um; داخ خواردن *dax xiwardin* ⟨v.t.⟩ in Sorge, Not, im Elend sein
[2]داخ *dax* ⟨Adj.⟩ heiß

داخراو *daxiraw* ⟨Adj.⟩ verschlossen

داخستن *daxistin* ⟨v.t.⟩ ⟨دا...خە-/خا⟩ *da…xe-/xa*⟩ (ab-, ver-, zu)schließen (Tür)

داخواز *daxiwaz* **I** ⟨Adj.⟩ begierig **II** Wunsch *m*

داخوازنامە *daxiwazname* Antragsformular *n*

داخوازی *daxiwazî* (Auf-)Forderung *f*; **داخوازی کردن** *daxiwazî kirdin* ⟨v.t.⟩ bitten

داخوازینامە *daxiwazîname* Formular *n* (vgl. ↑ئیستیمارە)

داخۆ *daxo* ⟨Konj.⟩ ob (leitet einen indirekten Fragesatz ein und Sätze, die Ungewissheit oder Zweifel ausdrücken) (vgl. ↑ئاخۆ)

داد *dad* 1. Gerechtigkeit *f*; 2. Justiz *f*; **داد پرسین** *dad pirsîn* ⟨v.t.⟩ (j-n) um Gerechtigkeit ersuchen

دادان *dadan* ⟨v.t.⟩ ⟨دا...دە-/دا⟩ *da…de-/da*⟩ 1. anspitzen (Bleistift); 2. schleifen

دادانەوە *dadanewe* ⟨v.t.⟩ ⟨دا...دە- ەوە/داتەوە *da…de- ewe/datewe*⟩ herunterlassen (z.B. Rollläden)

دادپەروەر *dadperwer* **I** ⟨Adj.⟩ gerecht **II** Gerechter *m* / Gerechte *f*

دادپەروەری *dadperwerî* Gerechtigkeit *f*

دادڕین *dadiṟîn* ⟨v.t.⟩ ⟨دا...دڕ- *da…diṟ-*⟩ abreißen

دادگا *dadga* Gericht *n*; Tribunal *n*; **دادگای شۆڕش** *dadgay şoṟiş* Revolutionsgericht *n*; **دادگای باڵا** *dadgay baḻa* Oberster Gerichtshof *m*; **دادگای تاوان** *dadgay tawan* Strafgericht *n*; **دادگای سەربازی** *dadgay serbazî* Militärgericht *n*; **دادگای ئەحواڵی شەخسی** *dadgay eẖwaḻî şexsî* Gericht für Personenstandsangelegenheiten

دادگایی *dadgayî* ⟨Adj.⟩ gerichtlich

دادگێڕان *dadgêṟan* Prozess *m*; Verhandlung *f*

دادوەر *dadwer* **I** ⟨Adj.⟩ gerecht **II** (Schieds-)Richter *m* / (Schieds-) Richterin *f*; **دادوەری لێکۆڵینەوە** *dadwerî lêkoḻînewe* Untersuchungsrichter *m* / Untersuchungsrichterin *f*

دادۆشین *dadoşîn* ⟨v.t.⟩ ⟨دا...دۆش- *da…doş-*⟩ 1. melken; 2. ausnutzen

دار *dar* (Bot.) Baum *m*; (Reisig-, Bau-, Spalt-)Holz *n*; **دار تاشین** *dar taşîn* ⟨v.t.⟩ sägen; **دار چاندن** *dar çandin* ⟨v.t.⟩ einen Baum pflanzen; **داری سووتاندن** *darî sûtandin* Brennholz *n*; **داری عود** *darî ʿud* Räucherstäbchen *n*

دارایی *darayî* **I** ⟨Adj.⟩ finanziell **II** Finanzwesen *n*; **وەزارەتی دارایی** *wezaretî darayî* Finanzministerium *n*

داربندوق *darbinduq* (Bot.) Haselnussstrauch *m*

داربەڕوو *darbeṟû* (Bot.) Eiche *f*

داربەست *darbest* (s. ↑داربەند)

داربەند *darbend* 1. Gerüst *n*; 2. Tragbahre *f*

داربەهێ *darbehê* (Bot.) Quitte *f*

داربی *darbî* (Bot.) Weide *f*

دارپرتەقاڵ *darpirteqaḻ* (Bot.) Orangenbaum *m*

دارتاش *dartaş* 1. Tischler *m* / Tischle-

rin *f*; 2. Zimmermann *m*
دارتاشخانه *dartaşxane* Tischlerei *f*
دارتاشی *dartaşî* Tischlerei *f*
دارتوو *dartû* (Bot.) Maulbeerbaum *m*
دارچینی *darçînî* Zimt *m*
دارخورما *darxurma* (Bot.) Dattelpalme *f*
دارزەیتوون *darzeytûn* (Bot.) Olivenbaum *m*
دارستان *daristan* Wald *m*; Forst *m*; دارستانی هەمیشەسەوز *daristanî hemîşesewz* Regenwald *m*
دارستانگڕتێبەربوون *daristangir̲têberbûn* Waldbrand *m*
دارسەرو *darseru* (Bot.) Zypresse *f*
دارسێو *darsêw* (Bot.) Apfelbaum *m*
دارشەق *darşeq* Krücke *f*
دارعەسا *darʿesa* Wanderstab *m*; دارعەسای جادووگەری *darʿesay cadûgerî* Zauberstab *m*
دارقاوە *darqawe* (Bot.) Kaffeebaum *m*
دارقەزوان *darqezwan* (Bot.) Terpentinbaum *m*
دارقەیسی *darqeysî* (Bot.) Aprikosenbaum *m*
دارکونکەرە *darkunkere* (Zool.) Specht *m*
دارکەر *darker* Holzfäller *m*
دارگوڵ *dargul̲* (Bot) Rosenstrauch *m*
دارگوێز *dargwêz* (Bot.) Walnussbaum *m*
دارگۆیژ *dargoyij* (Bot.) Mispelbaum *m*
دارگێلاس *dargêlas* (Bot.) Kirschbaum *m*; دارگێلاسی ترش *dargêlasî tirş* (Bot.) Sauerkirsche *f*
دارلیمۆ *darlîmo* (Bot.) Zitronenbaum *m*
دارمیوە *darmîwe* (Bot.) Obstbaum *m*
دارمێو *darmêw* (Bot.) Weinstock *m*
دارهەرمێ *darhermê* (Bot.) Birnbaum *m*
دارهەڵووژە *darhel̲ûje* (Bot.) Pflaumenbaum *m*
دارهەنار *darhenar* (Bot.) Granatapfelbaum *m*
دارهەنجیر *darhencîr* (Bot.) Feigenbaum *m*
دارەدارە *daredare* Gehversuche *Pl.* (kleiner Kinder)
دارەڕەش *darer̲eş* (Bot.) Ulme *f*
دارەڕیشاڵ *darer̲îşal̲* (Bot.) Holzfaser *f*
دارەمەیت *daremeyt* Sarg *m*
داریزەرد *darîzerd* (Bot.) Gelbwurzel *f*
دارین *darîn* ⟨Adj.⟩ hölzern
داڕزان *dar̲izan* ⟨v.i.⟩ ⟨دا...ڕزێـ *da…r̲izê-*⟩ verwesen
داڕزاو *dar̲izaw* ⟨Adj.⟩ morsch
داڕشتن *dar̲iştin* ⟨v.t.⟩ ⟨دا...ڕێژـ *da…r̲êj-*⟩ (ab)fassen; formulieren
داڕشتنەوە *dar̲iştinewe* ⟨v.t.⟩ ⟨دا...ڕێژـ ەوە *da…r̲êj- ewe*⟩ 1. wiedergeben; umschreiben 2. neu gestalten
داڕماندن *dar̲imandin* ⟨v.t.⟩ ⟨دا...ڕمێنـ *da…r̲imên-*⟩ niederschlagen; zertrümmern
داڕووخان *dar̲ûxan* ⟨v.i.⟩ ⟨دا...ڕووخێـ *da…r̲ûxê-*⟩ zusammenbrechen
داڕووخاو *dar̲ûxaw* ⟨Adj.⟩ zerfallen
داڕێژگە *dar̲êjge* (Guss-)Form *f*; Schablone *f*
داس *das* Sichel *f*
داستان *dastan* Legende *f*; Sage *f*
داسخاڵە *dasxal̲e* (Agr.) Sense *f*
داشکاندن *daşikandin* **I** ⟨v.t.⟩ ⟨دا...شکێنـ

da…şikên-⟩ abziehen **II** Ermäßigung *f*; Rabatt *m*

داشکەلەم *daşkelem* (Bot.) Kohlrabi *m*

داک *dak* Mutter *f* (s.a. ↑دایک)

داکردن *dakirdin* ⟨v.t.⟩ ⟨دا...کە-/کا *da…ke-/ka*⟩ niedersetzen; niederstellen; **باران داکردن** *baran dakirdin* ⟨v.t.⟩ anfangen zu regnen; باران دایکرد es begann zu regnen

داکرماندن *dakirmandin* ⟨v.t.⟩ ⟨دا...کرمێنـ *da…kirmên-*⟩ zerbeißen

داکوتان *dakutan* ⟨v.t.⟩ ⟨دا...کوتـ *da…kut-*⟩ einschlagen

داکەندن *dakendin* ⟨v.t.⟩ ⟨دا...کەنـ *da…ken-*⟩ ausziehen; **جل داکەندن** *cil dakendin* ⟨v.t.⟩ Kleider ausziehen, ablegen; **خۆ داکەندن** *xo dakendin* ⟨v.refl.⟩ sich ausziehen

داکەوتن *dakewtin* ⟨v.i.⟩ ⟨دا...کەوـ *da…kew-*⟩ ausbrechen (Epidemie)

داگرتن *dagirtin* ⟨v.t.⟩ ⟨دا...گرـ *da…gir-*⟩ herunternehmen; ausladen

داگرتنەوە *dagirtinewe* ⟨v.t.⟩ ⟨دا...گرـ ەوە *da…gir- ewe*⟩ 1. niederschlagen; 2. stopfen

داگەڕان *dageṟan* ⟨v.i.⟩ ⟨دا...گەڕێـ *da…geṟê-*⟩ sich umdrehen; sich wenden

داگیر *dagîr* ⟨Adj.⟩ 1. besetzt; 2. (Mil.) okkupiert; **داگیر کردن** *dagîr kirdin* ⟨v.t.⟩ besetzen; erobern

داگیرساندن *dagîrsandin* ⟨v.t.⟩ ⟨دا...گیرسێنـ *da…gîrsên-*⟩ 1. einschalten; 2. anzünden

داگیرساو *dagîrsaw* **I** ⟨Adj.⟩ 1. lodernd; 2. eingeschaltet **II** ⟨Präp.⟩ an

داگیرکار *dagîrkar* (Mil.) Besetzungsmacht *f*; Besatzer *m* (s.a. ↑ئیمپریالیست)

داگیرکاری *dagîrkarî* **I** ⟨Adj.⟩ kolonial **II** Besatzung *f*

داگیرکراو *dagîrkiraw* ⟨Adj.⟩ besetzt; erobert

داگیرکەر *dagîrker* s. ↑داگیرکار

داگیرگە *dagîrge* Kolonie *f*

دال *dal* Name des neunten Buchstabens des kurdischen Alphabets (د *d*)

دالووشاندن *dalûşandin* ⟨v.t.⟩ ⟨دا...لووشێنـ *da…lûşên-*⟩ (hinunter) schlucken

دالیا *dalya* (Bot.) Dahlie *f*

داڵ *daḻ* (Zool.) Greifvogel *m*

داڵان *daḻan* Korridor *m*

داڵدە *daḻde* Bleibe *f*; **داڵدە دان** *daḻde dan* ⟨v.t.⟩ Zuflucht gewähren; داڵدەی دا er gewährte ihm Zuflucht

داڵەکەرخۆرە *daḻekerxore* Aasgeier *m*

داماو *damaw* ⟨Adj.⟩ bedürftig

داماوی *damawî* Bedürftigkeit *f*; Not *f*

دامرکاندنەوە *damirkandinewe* ⟨v.t.⟩ ⟨دا...مرکێنـ ەوە *da…mirkên- ewe*⟩ 1. löschen (Feuer); (ab)dämpfen; drosseln (z.B. Motor); 2. beruhigen

دامرکانەوە *damirkanewe* ⟨v.i.⟩ ⟨دا...مرکێـ ەوە *da…mirkê- ewe*⟩ sich beruhigen

دامغە *damxe* Stempel *m*; **دامغە کردن** *damxe kirdin* (be)stempeln; **دامغە لێدان** *damxe lêdan* ⟨v.t.⟩ (be)stempeln

دامودەزگە *damudezge* Institution *f*;

Behörde *f*; دامودەزگەی تەندروستی *damudezgey tendirustî* Gesundheitsamt *n*; دامودەزگەی فریاگوزاری *damudezgey firyaguzarî* Rettungsdienst *m*; دامودەزگەی بڵاوکردنەوە *damudezgey bilawkirdinewe* Verlag *m*; دامودەزگەی میری *damudezgey mîrî* Staatsverwaltung *f*

دامەزراندن *damezrandin* ⟨v.t.⟩ ⟨دا...مەزرێن- *da…mezrên-*⟩ 1. gründen; 2. anstellen

دامەزراو *damezraw* **I** ⟨Adj.⟩ beschäftigt **II** 1. Arbeitnehmer *m* / Arbeitnehmerin *f*; 2. Gesellschaft *f*

دامەزراوە *damezrawe* Stiftung *f*

دامەزرێنەر *damezrêner* (Be-)Gründer *m* / (Be-)Gründerin *f*; Stifter *m* / Stifterin *f*

[1]دان *dan* Korn *n*

[2]دان *dan* Zahn *m* (s.a. ↑ددان); دانی دەسکرد *danî deskird* Zahnersatz *m*; بەڵغی دان *belxî dan* (Med.) Zahnstein *m*; دەرمانی دان *dermanî dan* Zahnpasta *f*; ڕەگی دان *regî dan* (Anat.) Zahnwurzel *f*; فڵچەی دان *filçey dan* Zahnbürste *f*; دان بە خۆدا گرتن *dan be xoda girtin* ⟨v.t.⟩ sich beherrschen; دان پڕ کردنەوە *dan pir kirdinewe* ⟨v.t.⟩ einen Zahn plombieren; دان پیادا نان *dan piyada nan* ⟨v.t.⟩ (üb.) bestätigen; anerkennen; zustimmen; دان پیادانەنان *dan piyada nenan* ⟨v.t.⟩ (ab-, ver)leugnen; دان دەرهاتن *dan derhatin* ⟨v.i.⟩ Zähne bekommen; دان کەوتن *dan kewtin* ⟨v.i.⟩ einen Zahn verlieren; دان کێشان *dan kêşan* ⟨v.t.⟩ einen Zahn ziehen; دانی شیری *danî şîrî* (Anat.) Milchzahn *m*; دانی فیل *danî fîl* Elfenbein *n*

[3]دان *dan* ⟨v.t.⟩ ⟨دە-/دا *de-/da*⟩ (über)geben; abgeben (Spiel)

دانا *dana* **I** ⟨Adj.⟩ weise **II** Weiser *m* / Weise *f*

دانئاژن *danajin* Zahnstocher *m*

دانان *danan* ⟨v.t.⟩ ⟨دا...نێ- *da…nê-*⟩ (nieder-, ab)setzen

دانایی *danayî* Weisheit *f*

دانبەتاواندانان *danbetawandanan* 1. Geständnis *n*; 2. (Rel.) Beichte *f*

دانپیادانان *danpiyadanan* Bestätigung *f*

دانپێدانراو *danpêdaniraw* ⟨Adv.⟩ bestätigt; anerkannt

دانراو *daniraw* ⟨Adj.⟩ (ab-, auf)gelegt

دانس *dans* Tanz *m*; دانس کردن *dans kirdin* ⟨v.t.⟩ tanzen

دانساز *dansaz* (Med.) Zahnarzt *m*, Zahnärztin *f*

دانسازی *dansazî* (Med.) Zahnheilkunde *f*

دانسخە *danisxe* ⟨Adj.⟩ selten

دانسقەیی *danisqeyî* Seltenheit *f*

دانکرمێ *dankirmê* ⟨Adj.⟩ (Med.) kariös; دانکرمێ بوون *dankirmê bûn* ⟨v.i.⟩ Karies haben

دانکرمێبوون *dankirmêbûn* (Med.) Karies *f*

دانکیسکردن *dankîskirdin* (Med.) Zahnfleischentzündung *f*

دانۆب *Danob* (Geogr.) Donau *f* (Fluss in Europa)

[1]دانە *dane* (Einzel-)Stück *n*

د

[2]دانه *dane* ⟨v.t.⟩ ⟨ده‍ـ ە/داته‍ـ *de- e/date*⟩ 1. dazugeben; 2. beginnen; خۆ دانه بەر هەتاو *xo dane ber hetaw* ⟨v.t.⟩ sich sonnen; دانه دەست *dane dest* ⟨v.t.⟩ übergeben; دانه پێش *dane pêş* ⟨v.t.⟩ vortreiben

دانەدانه *danedane* ⟨Adv.⟩ einzeln

دانەر *daner* Autor *m* / Autorin *f*; Verfasser *m* / Verfasserin *f*

دانەواندن *danewandin* ⟨v.t.⟩ ⟨دا...نەوێن‍ـ *da…newên-*⟩ senken; خۆ دانەواندن *xo danewandin* ⟨v.refl.⟩ sich beugen; sich ducken

دانەوە *danewe* ⟨v.t.⟩ ⟨ده‍ـ ەوە/داتەوە *de-ewe/datewe*⟩ zurückgeben; پارە دانەوە *pare danewe* ⟨v.t.⟩ Geld zurückzahlen

دانەوێڵە *danewêle* Getreide *n*

دانیشتن *danîştin* **I** ⟨v.i.⟩ ⟨دا...نیش‍ـ *da…nîş-*⟩ sich (hin)setzen **II** Sitzung *f* • فەرموو، دانیشن! bitte setzen Sie sich!; nehmen Sie bitte Platz!; دانیشتنی دادگایی *danîştinî dadgayî* Gerichtsverhandlung *f*; ژووری دانیشتن *jûrî danîştin* Wohnzimmer *n*

دانیشتوان *danîştiwan* (Gesamt-)Bevölkerung *f*

دانیشتوو *danîştû* **I** ⟨Adj.⟩ 1. einheimisch; 2. wohnhaft **II** Einwohner *m* / Einwohnerin *f*

دانیشگه *danîşge* Universität *f*

دانیمارک *Danîmark* (Geogr.) Dänemark *n*

دانیمارکی *danîmarkî* **I** ⟨Adj.⟩ dänisch **II** 1. Däne *m* / Dänin *f*; 2. Dänisch *n* (Sprache)

دانیەشه *danyeşe* (Med.) Zahnschmerz *m*

[1]داو *daw* Falle *f*; Schlinge *f*; داو بۆ دانان *daw bo danan* ⟨v.t.⟩ (üb.) reinlegen; داوی جاڵجاڵۆکه *dawî calcaloke* Spinnennetz *n*

[2]داو *daw* Garn *n*

داوا *dawa* Prozess *m*; Klage *f*; داوا لێکردن *dawa lêkirdin* ⟨v.t.⟩ 1. bitten um; 2. beanspruchen; 3. herausfordern; 4. bestellen; داوا کردنەوە *dawa kirdinewe* ⟨v.t.⟩ zurückfordern; داوا لەسەر قەید کردن *dawa leser qeyd kirdin* ⟨v.t.⟩ j-n verklagen; داوای لێبوردن کردن *daway lêburdin kirdin* ⟨v.t.⟩ sich entschuldigen

داواخواز *dawaxiwaz* 1. Kläger *m* / Klägerin *f*; 2. Bewerber *m* / Bewerberin *f*; داواخوازی گشتی *dawaxiwazî giştî* (Jur.) Staatsanwalt *m* / Staatsanwältin *f*

داواخوازی *dawaxiwazî* Bewerbung *f*

داواخوازینامه *dawaxiwazîname* Antrag *m*

داواکار *dawakar* Kläger *m* / Klägerin *f*; Antragsteller *m* / Antragstellerin *f*

داواکاری *dawakarî* (An-, Auf-)Forderung *f*; داواکاریی پێشکەش کردن *dawakarîy pêşkeş kirdin* ⟨v.t.⟩ 1. sich bewerben; 2. beantragen

داوانامه *dawaname* Bewerbungsformular *n*

داودەرمان *dawderman* s. ↑داوودەرمان

داونلۆد *dawinlod* (EDV) Download *m*; داونلۆد کردن *dawinlod kirdin* ⟨v.t.⟩

(EDV) herunterladen

داوودەرمان *dawuderman* 1. Gewürze *Pl.*; 2. (Med.) Medikamente *Pl.*; **داوودەرمانی بێهۆشی** *dawudermanî bêhoşî* Droge *f*

داوەت *dawet* 1. Einladung *f*; 2. Festessen *n*; **داوەت کردن** *dawet kirdin* ⟨v.t.⟩ einladen

داوەتنامە *dawetname* schriftliche Einladung *f*

داوێن *dawên* (Kleider-)Saum *m* • دەسم بە داوێنت! (idiom.) ich bitte dich um Hilfe!

داوێنپاک *dawênpak* ⟨Adj.⟩ keusch

داوێنپاکی *dawênpakî* Keuschheit *f*; Unschuldigkeit *f*

داوێنپیس *dawênpîs* ⟨Adj.⟩ unkeusch

داهات *dahat* Einkommen *n*

داهاتوو *dahatû* **I** ⟨Adj.⟩ nächste(r, -s) **II** Zukunft *f*; Futur *n*

داهۆڵ *dahol* Vogelscheuche *f*

داهێنان *dahênan* **I** ⟨v.t.⟩ ⟨دا...هێن، دا...ێنـ *da…hên-, da…ên-*⟩ 1. erfinden; 2. (aus)kämmen (Haar) **II** Erfindung *f*

داهێنەر *dahêner* **I** ⟨Adj.⟩ erfinderisch **II** Erfinder *m* / Erfinderin *f*

دایپی *daypî* Windel *f*

دایرە *dayire* s. ↑دایەرە

دایک *dayk/dayik* Mutter *f*; Mama *f*; **ڕۆژی دایکان** *rojî daykan* Muttertag *m*; **لە دایک بوون** *le dayik bûn* ⟨v.i.⟩ geboren sein/werden

دایکانە *daykane* ⟨Adv.⟩ mütterlich

دایکسالار *dayıksalar* ⟨Adj.⟩ matriarchalisch

دایکوباوک *daykubawk* Eltern *Pl.*

دایکەزمان *daykeziman* Muttersprache *f*

دایکی *daykî* ⟨Adj.⟩ mütterlich

داینەمیت *daynemît* Dynamit *n*

داینەمیک *daynemîk* Dynamik *f*

دایەرە *dayere* Amt *n*; Verwaltung *f*; **دایەرەی نفووس** *dayerey nifûs* Standesamt *n*; **دایەرەی کار** *dayerey kar* Arbeitsamt *f*

دایەگەورە *dayegewre* Großmutter *f*; Oma *f*

دایەگەورەوبابەگەورە *dayegewrewbabegewre* Großeltern *Pl.*

دایەن *dayen* 1. Pflegemutter *f*; 2. Tagesmutter *f*

دایەنگە *dayenge* Kindergarten *m*

دبلۆمات *diblomat* (Pol.) Diplomat *m* / Diplomatin *f*

دبلۆماتی *diblomatî* **I** ⟨Adj.⟩ diplomatisch **II** Diplomatie *f*

ددان *didan* Zahn *m* (s.a. ↑²دان)

ددانە *didane* (Tech.) Zahn *m* (am Zahnrad)

ددانی *didanî* ⟨Adj.⟩ (Ling.) dental

دراما *dirama* Drama *n*

درامی *diramî* ⟨Adj.⟩ dramatisch

دراو *diraw* Geld(stück) *n*

دراوسێ *dirawsê* **I** ⟨Adj.⟩ benachbart **II** Nachbar *m* / Nachbarin *f*

دراوسێتی *dirawsêtî* Nachbarschaft *f*

دراوگە *dirawge* (Fin.) Bank *f*

دراوەپاڵ *dirawepal* (Gr.) Genitiv *m*; Prädikat *n*

درز *dirz* Riss *m*; Spalte *f*; **درز بردن** *dirz birdin* ⟨v.t.⟩ Risse bekommen

درشت *diriş t* ⟨Adj.⟩ rau; grob

دركاندن **dirkandin** ⟨v.t.⟩ ⟨دركێـ_ dirkên-⟩ ausplaudern (Geheimnis); verraten

درم **dirm** I ⟨Adj.⟩ (Med.) ansteckend II Infektion f; Ansteckung f; درم داكەوتن **dirm dakewtin** ⟨v.i.⟩ sich ausbreiten (Krankheit)

درنج **dirinc** Dämon m

درنگاندن **diringandin** ⟨v.t.⟩ ⟨درنگێنـ_ dirîngên-⟩ schwirren

دروست **dirust** ⟨Adj.⟩ richtig; korrekt; دروست كردن **dirust kirdin** ⟨v.t.⟩ 1. herstellen; 2. (er-, auf)bauen

دروستكار **dirustkar** I ⟨Adj.⟩ aufbauend; konstruktiv II Schöpfer m / Schöpferin f

دروستكردن **dirustkirdin** 1. Herstellung f; 2. Bau m

دروشم **diruşm** Motto n; Parole f

درووزی **Dirûzî** ⟨Rel.⟩ Druse m / Drusin f

درووومان **dirûman** Näharbeit f; مەكینەی درووومان **mekîney dirûman** Nähmaschine f

درووون **dirûn** ⟨v.t.⟩ ⟨دروو/درویّـ_ dirû-/dirwê-⟩ nähen; schneidern

دروێنە **dirwêne** (Heu-)Ernte f; دروێنە كردن **dirwêne kirdin** ⟨v.t.⟩ mähen; ernten

درۆ **diro** Lüge f; Unwahrheit f • پەتی درۆ كورتە **(idiom.)** Lügen haben kurze Beine; بە درۆ خستنەوە **be diro xistinewe** ⟨v.t.⟩ widersprechen; درۆ كردن **diro kirdin** ⟨v.t.⟩ lügen

درۆزن **dirozin** I ⟨Adj.⟩ 1. verlogen; 2. unwahr II Lügner m / Lügnerin f

درەخت **dirext** (Bot.) Baum m; درەختی كریسمیس **dirextî kirîsmîs** Weihnachtsbaum m

درەنگ **direng** ⟨Adv.⟩ (zu) spät; درەنگ بوون **direng bûn** ⟨v.i.⟩ (zu) spät sein/werden

درەنگدانێ **direngdanê** ⟨Adv.⟩ später

درەو **direw** Ernte f; درەو كردن **direw kirdin** ⟨v.t.⟩ ernten

درەوشان **direwşan** ⟨v.i.⟩ ⟨درەوشێـ_ direwşê-⟩ glänzen; glitzern

درەوشاندنەوە **direwşandinewe** ⟨v.t.⟩ ⟨درەوشێنـ_ ەوە direwşên- ewe⟩ glitzern, leuchten lassen

درەوشانەوە **direwşanewe** ⟨v.i.⟩ ⟨درەوشێـ_ ەوە direwşê- ewe⟩ funkeln; glitzern (Stern)

درێژ **dirêj** ⟨Adj.⟩ lang; درێژ كردن **dirêj kirdin** ⟨v.t.⟩ 1. verlängern; 2. ausstrecken; درێژ كردنەوە **dirêj kirdinewe** ⟨v.t.⟩ in die Länge ziehen

درێژایی **dirêjayî** Länge f; Dauer f

درێژخایەن **dirêjxayen** ⟨Adj.⟩ 1. (an)dauernd; 2. chronisch; langfristig

درێژكردنەوە **dirêjkirdinewe** Verlängerung f

درێژە **dirêje** Fortsetzung f; درێژە پێدان **dirêje pêdan** ⟨v.t.⟩ fortsetzen

درێژی **dirêjî** 1. Länge f; 2. Dauer f

دڕ **diř** ⟨Adj.⟩ tollwütig

دڕاندن **diřandin** ⟨v.t.⟩ ⟨دڕێنـ_ diřên-⟩ zerreißen

دڕاو **diřaw** ⟨Adj.⟩ zerrissen

دڕك **dirk/diřik** 1. Dorn m; Stachel m; 2. Gräte f

دڕكاوی **diřkawî** ⟨Adj.⟩ stachlig

درکە diṟke (Med.) Windpocken *Pl.*
درکەزی *diṟkezî* Stacheldraht *m*
درکەماسی *diṟkemasî* Gräte *f*
درندانە *diṟindane* ⟨Adv.⟩ grausam; wild
درندە *diṟinde* **I** ⟨Adj.⟩ wild; unzivilisiert **II** Unmensch *m;* Ungeheuer *n*
درندەیەتی *diṟindeyetî* Grausamkeit *f;* Brutalität *f*
درین *diṟîn* ⟨v.t.⟩ zerreißen
دز *diz* Dieb *m* / Diebin *f;* Einbrecher *m* / Einbrecherin *f*
دزراو *dizraw* ⟨Adj.⟩ gestohlen
دزە *dize* → دزە کردن *dize kirdin* ⟨v.t.⟩ eindringen
دزی *dizî* Diebstahl *m;* دزی کردن *dizî kirdin* ⟨v.t.⟩ stehlen; klauen
دزین *dizîn* ⟨v.t.⟩ ⟨دز- *diz-*⟩ stehlen
دزینەوە *dizînewe* ⟨دز-ەوە *diz-ewe*⟩ → خۆ دزینەوە *xo dizînewe* ⟨v.refl.⟩ sich davonschleichen
دژ *dij* **I** ⟨Präp.⟩ gegen **II** Gegner *m* / Gegnerin *f;* دژ وەستان *dij westan* ⟨v.i.⟩ ablehnen
دژایەتی *dijayetî* Widerstand *m;* دژایەتی کردن *dijayetî kirdin* ⟨v.t.⟩ bekämpfen; opponieren (gegen)
دژبەوە *dijbewe* ⟨Adv.⟩ dagegen
دژمن *dijmin* Feind *m* / Feindin *f*
دژمنانە *dijminane* ⟨Adv.⟩ feindlich
دژمنایەتی *dijminayetî* Feindschaft *f*
دژمنکار *dijminkar* Angreifer *m* / Angreiferin *f*
دژوار *dijwar* ⟨Adj.⟩ schwierig; schwer (abstrakt)
دژەبەکتریا *dijebektirya* (Med.) Antiseptikum *n*
دژەبێگانە *dijebêgane* ⟨Adj.⟩ fremdenfeindlich
دژەبێگانەیی *dijebêganeyî* Fremdenfeindlichkeit *f*
دژەتانک *dijetank* Panzerabwehr *f*
دژەژەنگ *dijejeng* Rostschutzmittel *n*
دژەفاشی *dijefaşî* **I** ⟨Adj.⟩ (Pol.) antifaschistisch **II** (Pol.) Antifaschist *m* / Antifaschistin *f*
دژەفاشێتی *dijefaşêtî* (Pol.) Antifaschismus *m*
دژەفڕۆکە *dijefiṟoke* (Mil.) Flugabwehr *f*
دژەمیکرۆب *dijemîkrob* (Med.) Antibiotikum *n*
دژەواتا *dijewata* (Ling.) Antonym *n*
دژەیەک *dijeyek* ⟨Adj.⟩ gegensätzlich
دسپلەی *displey* Display *n*
دش *diş* Schwägerin *f* (Schwester des Ehemanns) *f*
دکتۆر *diktor* Arzt *m* / Ärztin *f;* Doktor *m* / Doktorin *f* (vgl. ↑پزیشک); دکتۆری دڵ *diktorî diḻ* Herzspezialist *m* / Herzspezialistin *f;* Kardiologe *m* / Kardiologin *f*
دکتۆرا *diktora* Doktorgrad *m;* دکتۆرا کردن *diktora kirdin* ⟨v.t.⟩ promovieren
دلاوەر *dilawer* ⟨Adj.⟩ tapfer; mutig
دلاوەری *dilawerî* Kühnheit *f*
دلبەر *dilber* ⟨Adj.⟩ schön; hübsch
دلێر *dilêr* ⟨Adj.⟩ tapfer; heldenhaft
دلێری *dilêrî* Tapferkeit *f*
دڵ *diḻ* Herz *n* • دڵم تەنگە ich bin traurig; دڵ لێ پیس بوون *diḻ lê pîs bûn* ⟨v.i.⟩

misstrauen; نەخۆشیی دڵ *nexoşîy dil* (Med.) Herzbeschwerden *Pl.*; دڵ ئازار دان *dil azar dan* ⟨v.t.⟩ beleidigen; دڵ ئاو خواردنەوە *dil aw xiwardinewe* ⟨v.t.⟩ sich beruhigen; بە دڵ بوون *be dil bûn* ⟨v.i.⟩ gefallen; دڵ بۆ چوون *dil bo çûn* ⟨v.i.⟩ vorziehen; Lust haben (auf); دڵ پێدان *dil pêdan* ⟨v.t.⟩ lieben; دڵ ڕاگرتن *dil ragirtin* ⟨v.t.⟩ besänftigen; دڵ ڕفاندن *dil rifandin* ⟨v.t.⟩ faszinieren; bezaubern; دڵ ڕەنجاندن *dil rencandin* ⟨v.t.⟩ ärgern; دڵ شکاندن *dil şikandin* ⟨v.t.⟩ 1. j-m das Herz brechen; 2. beleidigen; دڵ لێدان *dil lêdan* ⟨v.t.⟩ pochen; schlagen; دڵ وەستان *dil westan* ⟨v.i.⟩ versagen, stehen bleiben (Herz); دڵ یەشاندن *dil yeşandin* ⟨v.t.⟩ (ver)ärgern; enttäuschen

دڵئاسوودە *dilasûde* ⟨Adj.⟩ ruhig; still

دڵبەر *dilber* s. ↑دلبەر

دڵبەگومان *dilbeguman* ⟨Adj.⟩ misstrauisch

دڵپاک *dilpak* ⟨Adj.⟩ treuherzig; ehrlich; naiv

دڵپاکی *dilpakî* 1. Treuherzigkeit *f*; Ehrlichkeit *f*; 2. (üb.) Naivität *f*

دڵپیس *dilpîs* ⟨Adj.⟩ eifersüchtig

دڵپیسی *dilpîsî* Eifersucht *f*

دڵتەنگ *dilteng* ⟨Adj.⟩ traurig

دڵتەنگی *diltengî* 1. Traurigkeit *f*; 2. Melancholie *f*; 3. (Psych.) Depression *f*

دڵتێکەڵهاتن *diltêkelhatin* (Med.) Übelkeit *f*; Brechreiz *m*

دڵخواز *dilxiwaz* ⟨Adj.⟩ wünschenswert

دڵخۆش *dilxoş* ⟨Adj.⟩ glücklich; دڵخۆش کردن *dilxoş kirdin* ⟨v.t.⟩ (j-n) zufrieden stellen

دڵخۆشکەرە *dilxoşkere* ⟨Adj.⟩ erfreulich

دڵخۆشی *dilxoşî* Glück *n*; Freude *f*; دڵخۆشی دانەوە *dilxoşî danewe* ⟨v.t.⟩ trösten

دڵدار *dildar* **I** ⟨Adj.⟩ geliebt **II** Liebhaber *m* / Liebhaberin *f*

دڵداری *dildarî* Liebe *f*; دڵداری کردن *dildarî kirdin* ⟨v.t.⟩ lieben

دڵدانەوە *dildanewe* Trost *m*

دڵڕفێن *dilrifên* ⟨Adj.⟩ attraktiv; hübsch; verführerisch

دڵڕفێنی *dilrifênî* Reiz *m*

دڵڕەق *dilreq* ⟨Adj.⟩ hartherzig; herzlos

دڵڕەقی *dilreqî* Herzlosigkeit *f*

دڵسادە *dilsade* ⟨Adj.⟩ 1. einfach; 2. unkompliziert

دڵسادەیی *dilsadeyî* Offenheit *f*

دڵسارد *dilsard* ⟨Adj.⟩ kaltherzig

دڵساردەوەبوو *dilsardewebû* ⟨Adj.⟩ frustriert

دڵساردی *dilsardî* 1. Gefühlskälte *f*; 2. Frust *m*

دڵسۆز *dilsoz* ⟨Adj.⟩ treu; loyal

دڵسۆزی *dilsozî* Treue *f*; Loyalität *f*

دڵشاد *dilşad* ⟨Adj.⟩ froh; fröhlich; دڵشاد کردن *dilşad kirdin* ⟨v.t.⟩ erfreuen

دڵشکاندن *dilşikandin* Beleidigung *f*

دڵشکاو *dilşikaw* ⟨Adj.⟩ beleidigt

دڵفراوان *dilfirawan* ⟨Adj.⟩ großzügig

دڵفراوانی *dilfirawanî* Großzügigkeit *f*

دڵفرێن *diḻfirên* ⟨Adj.⟩ attraktiv; entzückend
دڵکراوە *diḻkirawe* ⟨Adj.⟩ offenherzig; zugänglich
دڵگران *diḻgiran* ⟨Adj.⟩ niedergeschlagen; deprimiert; wehmütig
دڵگرانی *diḻgiranî* Wehmut *f*
دڵلێدان *diḻlêdan* Puls(schlag) *m*; Herzschlag *m*
دڵمەند *diḻmend* ⟨Adj.⟩ nachdenklich
دڵناسک *diḻnasik* ⟨Adj.⟩ sentimental
دڵناسکی *diḻnasikî* Sentimentalität *f*
دڵنەرم *diḻnerm* ⟨Adj.⟩ liebenswürdig; nett
دڵنەوا *diḻnewa* ⟨Adj.⟩ 1. besorgt; 2. gütig
دڵنەوایی *diḻnewayî* Trost *m*; Beistand *m*; **دڵنەوایی خۆ دانەوە** *diḻnewayî xo danewe* ⟨v.t.⟩ sich trösten; **دڵنەوایی کردن** *diḻnewayî kirdin* ⟨v.t.⟩ trösten; aufheitern
دڵنیا *diḻniya* ⟨Adj.⟩ 1. beruhigt; überzeugt; 2. zuversichtlich; **دڵنیا کردن** *diḻniya kirdin* ⟨v.t.⟩ (ver)sichern; garantieren
دڵنیایی *diḻniyayî* Zuversicht *f*
دڵوەستان *diḻwestan* (Med.) Herzversagen *n*
دڵۆپ *diḻop* Tropfen *m* (vgl. ↑قەترە); **بە دڵۆپ تێکردن** *be diḻop têkirdin* ⟨v.t.⟩ träufeln
دڵۆپاندن *diḻopandin* ⟨v.t.⟩ ⟨دڵۆپێنـ- *diḻopên-*⟩ destillieren
دڵەڕاوکێ *diḻeṟawkê* (üb.) Nervosität *f*; **دڵەڕاوکێ پێکەوتن** *diḻeṟawkê pêkewtin* ⟨v.i.⟩ (üb.) nervös, unsicher sein/werden
دڵەکوتێ *diḻekutê* Herzklopfen *n*
دڵئێشە *diḻêşe* (Med.) Herzleiden *n*; Herzbeschwerden *Pl.*
دنیا *dinya* 1. Welt *f*; Erde *f*; 2. Universum *n* (s.a. ↑جیهان) • لە دنیادا in der Welt; im Leben; لەوە دنیا im Jenseits; دنیا ساردە es ist kalt; تا دنیا دنیایە bis in alle Ewigkeit; **هاتنە دنیاوە** *hatine dinyawe* ⟨v.i.⟩ zur Welt kommen
دنیایی *dinyayî* ⟨Adj.⟩ irdisch
دوا *diwa* **I** ⟨Präp.⟩ nach; hinter **II** ⟨Adj.⟩ letzte(-r, -s); **دوا خستن** *diwa xistin* ⟨v.t.⟩ aufhalten; aufschieben; verschieben; **خۆ دوا خستن** *xo diwa xistin* ⟨v.refl.⟩ sich verspäten; **دوا کەوتن** *diwa kewtin* ⟨v.i.⟩ 1. verfolgen; 2. sich verzögern; sich verspäten
دوابەدوا *diwabedwa* ⟨Adv.⟩ nacheinander; hinterher
دواتر *diwatir* ⟨Adv.⟩ später
دواخستن *diwaxistin* 1. Verzögerung *f*; Verschiebung *f*; 2. Aufschub *m*
دواڕۆژ *diwaṟoj* **I** ⟨Adj.⟩ zukünftig **II** 1. Zukunft *f*; 2. Jenseits *n*; **دواڕۆژی ساڵ** *diwaṟojî saḻ* Silvester
دوازدە *diwazde* ⟨Num.⟩ zwölf
دوازدەگرێ *diwazdegirê* s. ↑دوانزەگرێ
دوازدەیەمین *diwazdeyemîn* ⟨Num.⟩ zwölfte(-r, -s)
دواکەوتن *diwakewtin* Verspätung *f*; Verzögerung *f*
دواکەوتوو *diwakewtû* ⟨Adj.⟩ 1. verspätet; 2. unterentwickelt

دوامین *diwamîn* ⟨Adj.⟩ letzte(-r, -s)
دوان *diwan* ⟨v.i.⟩ ⟨دوو-/دوێ، دوێـ⟩ *dû-/dwê, dwê-*⟩ sprechen; reden
دواندن *diwandin* **I** ⟨v.t.⟩ ⟨دوێنـ *diwên-*⟩ j-n ansprechen **II** Unterhaltung *f*
دوانزه *diwanze* s. ↑دوازده
دوانزه‌گرێ *diwanzegirê* (Anat.) Zwölffingerdarm *m*
دوانه *diwane* **I** ⟨Adj.⟩ zweifach **II** Zwilling *m*
دوانه‌زمان *diwaneziman* ⟨Adj.⟩ zweisprachig
دواوته *diwawite* Schlusswort *n*
دواوه *diwawe* ⟨Adv.⟩ hinten; **بۆ دواوه** *bo diwawe* ⟨Adv.⟩ rückwärts
دواوێستگه *diwawêstge* Endstation *f*
دوائینزار *diwaînzar* Ultimatum *n*
دواینیوه‌ڕۆ *diwaynîwero* Nachmittag *m*
دوایئه‌وه‌ی *diwayewey* ⟨Konj.⟩ nachdem
دوژمن *dujmin* **I** ⟨Adj.⟩ gegnerisch **II** Feind *m* / Feindin *f*
دوش *duş* Dusche *f*
دوکان *dukan* Laden *m*; Geschäft *n*; **جامخانه‌ی دوکان** *camxaney dukan* Schaufenster *n*; **دوکان دانان** *dukan danan* ⟨v.t.⟩ einen Laden aufmachen, eröffnen (morgens oder zum ersten Mal); **دوکان کردنه‌وه** *dukan kirdinewe*; **دوکانی خوارده‌مه‌نیفرۆش** *dukanî xiwardemenîfiroş* Lebensmittelladen *m*
دوکاندار *dukandar* Ladeninhaber *m* / Ladeninhaberin *f*
دوکانوبازاڕ *dukanubazar* Geschäfte *Pl.*
دوکانۆچکه *dukanoçke* Kiosk *m*
دوگمه *dugme* 1. (Kleider-)Knopf *m*; 2. Taste *f*; **دوگمه داخستن** *dugme daxistin* ⟨v.t.⟩ zuknöpfen
دومبک *dumbik* (Mus.) Handpauke *f*
دومبڵز *dumbiliz* Hantel *f*
دومه‌ڵ *dumel* (Med.) Geschwür *n*; Furunkel *m*/*n*
دومه‌ڵان *dumelan* (Bot.) Trüffel *m*
دوو *dû* ⟨Num.⟩ zwei
دووان *duwan* s. ↑دوان
دووباره *dûbare* ⟨Adv.⟩ wieder; wiederum; **دووباره بوونه‌وه** *dûbare bûnewe* ⟨v.i.⟩ wiederholt sein/werden; **دووباره کردنه‌وه** *dûbare kirdinewe* ⟨v.t.⟩ wiederholen
دووبه‌ختی *dûbextî* Glücksspiel *n*
دووبه‌ره‌کی *dûberekî* Spaltung *f*
دووبه‌ند *dûbend* eckige Klammer *f* (Schriftzeichen)
دووبه‌یانی *dûbeyanî* ⟨Adv.⟩ übermorgen
دووپشک *dûpişk* (Zool./Astr.) Skorpion *m*
دووپێ *dûpê* ⟨Adj.⟩ zweifüßig
دووتا *dûta* ⟨Adj.⟩ 1. verdoppelt; 2. gefaltet; **دووتا کردن** *dûta kirdin* ⟨v.t.⟩ falten
دووجا *dûca* **I** ⟨Adj.⟩ (Math.) quadratisch **II** 1. (Math.) Quadrat *n*; 2. (Math.) Quadratzahl *f*; **ڕه‌گی دووجا** *regî dûca* (Math.) Quadratwurzel *f*
دووجار *dûcar* ⟨Adv.⟩ zweimal; doppelt
دووجنس *dûcins* ⟨Adj.⟩ bisexuell
دووجنسی *dûcinsî* Bisexualität *f*

دووچار *dûçar* ⟨Adj.⟩ betroffen; **دووچار کردن** *dûçar kirdin* ⟨v.t.⟩ j-n zwingen

دووچەرخە *dûçerxe* Fahrrad *n*

دووخاڵە *dûxaļe* Doppelpunkt *m*

دوودڵ *dûdiļ* ⟨Adj.⟩ 1. unsicher; 2. misstrauisch; **دَوودڵ کردن** *dûdiļ kirdin* ⟨v.t.⟩ zur Verzweiflung bringen

دوودڵبوون *dûdiļbûn* Unschlüssigkeit *f*; Bedenken *Pl.*

دوودڵدار *dûdiļdar* Pärchen *n*

دوودڵی *dûdiļî* Unentschlossenheit *f*

دوور *dûr* ⟨Adj.⟩ weit; fern; abgelegen; **دوور بوون** *dûr bûn* ⟨v.i.⟩ weit, entfernt sein; **دوور خستنەوە** *dûr xistinewe* ⟨v.t.⟩ 1. verschieben; 2. verbannen; **خۆ دوور خستنەوە** *xo dûr xistinewe* ⟨v.refl.⟩ sich entfernen; sich distanzieren; **دوور کەوتنەوە** *dûr kewtinewe* ⟨v.i.⟩ wegziehen; sich entfernen; **خۆ دوور گرتن** *xo dûr girtin* ⟨v.refl.⟩ Abstand nehmen

دووربین *dûrbîn* **I** ⟨Adj.⟩ weitsichtig **II** Fernglas *n*

دووربینی *dûrbînî* Scharfsichtigkeit *f*; Vorsorge *f*

دوورخستنەوە *dûrxistinewe* 1. Verschiebung *f*; 2. Entfernung *f*

دوورگە *dûrge* Insel *f* (vgl. ↑جزیره)

دوورلەیەک *dûrleyek* ⟨Adv.⟩ auseinander

دوورەپەرێز *dûreperêz* ⟨Adj.⟩ zurückhaltend; **دوورەپەرێز وەستان** *dûreperêz westan* ⟨v.i.⟩ sich zurückhalten

دوورەپەرێزی *dûreperêzî* Einsamkeit *f*

دوورەڕاستی *dûreŗastî* ⟨Adj.⟩ irreal

دوورەندێش *dûrendêş* ⟨Adj.⟩ vorsorglich

دووری *dûrî* Abstand *m*; Entfernung *f*

دووڕوو *dûŗû* ⟨Adj.⟩ heuchlerisch; scheinheilig

دووڕوویی *dûŗûyî* Heuchelei *f*; **دووڕوویی کردن** *dûŗûyî kirdin* ⟨v.t.⟩ heucheln

دووڕەگ *dûŗeg* 1. Mischling *m*; 2. (Rassen-)Kreuzung *f* (auch Schimpfwort)

دووڕەگەز *dûŗegez* ⟨Adj.⟩ (Bio.) zweigeschlechtlich

دووڕیان *dûŗiyan* (Straßen-)Kreuzung *f*

دووڕێیان *dûŗêyan* Weggabelung *f*

دووزمانە *dûzimane* ⟨Adj.⟩ zweisprachig

دووزەلە *dûzele* (Mus.) Doppelrohrflöte *f*

دووژنە *dûjine* **I** ⟨Adj.⟩ bigamisch **II** Bigamist *m*

دووژنی *dûjinî* Doppelehe *f*; Bigamie *f*

دووسبەی *dûsibey* ⟨Adv.⟩ übermorgen

دووسەد *dûsed* ⟨Num.⟩ zweihundert

دووشەممان *dûşemman* ⟨Adv.⟩ montags

دووشەممە *dûşemme* Montag *m*

دووقات *dûqat* ⟨Adj.⟩ zweistöckig

دووکەڵ *dûkeļ* Rauch *m*; **دووکەڵ کردن** *dûkeļ kirdin* ⟨v.t.⟩ rauchen

دووکەڵکێش *dûkeļkêş* Schornstein *m*

دووکەوان *dûkewan* runde Klammer *f* (Schriftzeichen)

دووگۆڵی *dûgoļî* Fußball *m*; **دووگۆڵی کردن**

dûgoli̱ kirdin ⟨v.i.⟩ Fußball spielen

دووگیان *dûgiyan* ⟨Adj.⟩ schwanger; **دووگیان کردن** *dûgiyan kirdin* ⟨v.t.⟩ schwängern

دوولا *dûla* ⟨Adj.⟩ zweiseitig

دوولایی *dûlayî* Scharnier *n*

دوومبەڵە *dûmbeḻe* Tombola *f*

دوونهۆم *dûnihom* ⟨Adj.⟩ zweistöckig

دووواتا *dûwata* ⟨Adj.⟩ zweideutig

دووواتایی *dûwatayî* Zweideutigkeit *f*

دووەم *dûwem* s. ↑دوەم

دووەمین *dûwemîn* s. ↑دوەم

دووهەندە *dûhende* ⟨Adv.⟩ zweimal so viel

دووئەوەندە *dûewende* ⟨Adj.⟩ doppelt; **دووئەوەندە کردن** *dûewende kirdin* ⟨v.t.⟩ verdoppeln

دوەم *diwem* ⟨Num.⟩ zweite(-r, -s)

دوەمەکی *diwemekî* ⟨Adj.⟩ nebensächlich

دوێنێ *dwênê* ⟨Adv.⟩ gestern

دوێنێبەیانی *dwênêbeyanî* ⟨Adv.⟩ gestern Morgen

دوێنێشەو *dwênêşew* ⟨Adv.⟩ letzte Nacht

دۆ *do* Molke *f*

دۆبلاج *doblac* Synchronisation *f*; **دۆبلاج کردن** *doblac kirdin* ⟨v.t.⟩ synchronisieren

دۆبلاجکراو *doblackiraw* ⟨Adj.⟩ synchronisiert

دۆخ *dox* 1. Periode *f*; 2. Fall *m*; 3. Umstand *m*; 4. (Gr.) Kasus *m*

دۆڕاندن *doṟandin* **I** ⟨v.t.⟩ ⟨دۆڕێنـ *doṟên-*⟩ verlieren (Ding, Spiel etc.) **II** (Sp.) Niederlage *f*

دۆڕاو *doṟaw* ⟨Adj.⟩ verloren

دۆزراوە *dozrawe* Fund *m*

دۆزەخ *dozex* (Rel.) Hölle *f* (vgl. ↑جهەنەم)

دۆزینەوە *dozînewe* **I** ⟨v.t.⟩ ⟨دۆزـ ەوە *doz- ewe*⟩ 1. (auf-, wieder)finden; 2. entdecken **II** 1. Entdeckung *f*; 2. Erfindung *f*

دۆست *dost* **I** ⟨Adj.⟩ befreundet **II** Freund *m* / Freundin *f*; **دۆست گرتن** *dost girtin* ⟨v.t.⟩ Freundschaft schließen

دۆستایەتی *dostayetî* Freundschaft *f*; **دۆستایەتی کردن** *dostayetî kirdin* ⟨v.t.⟩ sich anfreunden

دۆسیە *dosye* 1. Mappe *f*; Ordner *m*; 2. Unterlagen *Pl.*

دۆشاو *doşaw* durch Kochen eingedickter, honigartiger Sirup (bes. von Weintrauben); **دۆشاوی تریێ** *doşawî tirê* Traubensirup *m*; **دۆشاوی تەماتە** *doşawî temate* Tomatenmark *n*

دۆشاومژە *doşawmije* (Anat.) Zeigefinger *m*

دۆشەک *doşek* Matratze *f*; **دۆشەکی هەوا** *doşekî hewa* Luftmatratze *f*

دۆشین *doşîn* ⟨v.t.⟩ ⟨دۆشـ *doş-*⟩ melken (s.a. ↑دادۆشین)

دۆعا *doʿa* (Bitt-)Gebet *n*; **دۆعا کردن** *doʿa kirdin* ⟨v.t.⟩ beten; flehen; **دۆعا لێکردن** *doʿa lêkirdin* ⟨v.t.⟩ j-n verfluchen

دۆلار *dolar* Dollar *m* (Währungseinheit, 1 $ = 100 Cents)

دۆلکە *dolke* Tasse *f*

دۆڵ *doḻ* Tal *n*

دۆلاب *dolab* Schrank *m*

دۆڵمە *dolme* (Speise) mit Reis, Hackfleisch und Zwiebeln etc. gefüllte Mangold, Auberginen, Zucchini, Zwiebeln und Tomaten

دۆمینە *domîne* Dominospiel *n*

دۆنادۆن *donadon* Seelenwanderung *f*

دۆندرمە *dondirme* Speiseeis *n*

دۆندرمەخانە *dondirmexane* Eisdiele *f*

دۆنم *donim* Donum *n* (Bodenmaß, Feldmaß: 2500 qm)

دە *de* ⟨Num.⟩ zehn

دەباخ *debax* (Loh-)Gerber *m* / (Loh-)Gerberin *f*; دەباخ کردن *debax kirdin* ⟨v.t.⟩ gerben

دەباخانە *debaxane* Gerberei *f*

دەباشیر *debaşîr* Kreide *f*

دەبەنگ *debeng* ⟨Adj.⟩ 1. dumm; 2. schwerfällig

دەربارە *derbare* ⟨Präp.⟩ betreffend; دەربارەی چی *derbarey çî* ⟨Adv.⟩ worüber; wovon

دەرباز *derbaz* **I** ⟨Adj.⟩ überquerend **II** Durchgang *m*; دەرباز بوون *derbaz bûn* ⟨v.i.⟩ passieren; لێ دەرباز بوون *lê derbaz bûn* ⟨v.i.⟩ etw. überwinden

دەربازگە *derbazge* Zufluchtsort *n*

دەربڕین *derbirîn* ⟨v.t.⟩ ⟨دەر...بڕ- *der…bir-*⟩ aussprechen; بیروڕا دەربڕین *bîrura derbirîn* ⟨v.t.⟩ sich äußern

دەربەدەر *derbeder* **I** ⟨Adj.⟩ heimatlos **II** 1. Vagabund *m*; 2. Flüchtling *m*; دەربەدەر بوون *derbeder bûn* ⟨v.i.⟩ auf der Flucht sein; دەربەدەر کردن *derbeder kirdin* ⟨v.t.⟩ vertreiben

دەربەدەری *derbederî* Exil *n*; Vertreibung *f*

دەربەند *derbend* 1. Gebirgspass *m*; 2. Tal *n*; 3. Meerenge *f*

دەرپێ *derpê* Unterhose *f*; دەرپێ و فانیلە *derpê w fanîle* Unterwäsche *f*; دەرپێی مەلە *derpêy mele* Badehose *f*; دەرپێی کورت *derpêy kurt* Slip *m*

دەرچوون *derçûn* ⟨v.i.⟩ ⟨دەر...چ- *der…ç-*⟩ 1. entkommen; 2. bestehen (Prüfung)

دەرخستن *derxistin* ⟨v.t.⟩ ⟨دەر...خە-/خا *der…xe-/xa*⟩ 1. (an)zeigen; demonstrieren; 2. veröffentlichen

دەرد *derd* 1. Schmerz *m*; 2. Leiden *n*; دەردی دڵ *derdî dil* Sorge *f*; Kummer *m*; دەردی دووری *derdî dûrî* Heimweh *n*

دەردەباریکە *derdebarîke* Tuberkulose *f*

دەردەدار *derdedar* ⟨Adj.⟩ krank; unwohl

دەردەدڵ *derdedil* (Med.) Herzkrankheit *f*

دەردەسەر *derdeser* Kopfschmerz *m*

دەردەسەرێ *derdeserê* 1. Ärger *m*; 2. Leid *n*

دەردەشەکر *derdeşekir* (Med.) Diabetes *f*

دەردەکۆپان *derdekopan* (Med.) (Wund-)Starrkrampf *m*; Tetanus *m*

دەرزەن *derzen* Dutzend *n*

دەرزی *derzî* 1. Nadel *f*; 2. Spritze *f*; دەرزی لێدان *derzî lêdan* ⟨v.t.⟩ (Med.) (j-m) eine Spritze geben; دەرزیی دروومان *derzîy dirûman* Nähnadel *f*; دەرزیی سنجاق *derzîy sincaq* Sicherheitsnadel *f*; دەرزیی سەرخڕ *derzîy*

serxir̲ Stecknadel *f*
دەرزیلێدان *derzîlêdan* (Med.) Injektion *f*
دەرس *ders* 1. Unterricht *m;* 2. Lektion *f;* دەرس پێوتنەوە *ders pêwitinewe* ⟨v.t.⟩ unterrichten; lehren; دەرس خوێندن *ders xwêndin* ⟨v.t.⟩ lernen (in der Schule); studieren; دەرسی کتێب *dersî kitêb* Lektion in einem Buch
دەرفەت *derfet* Möglichkeit *f*
دەرک *derk* Wahrnehmung *f;* دەرک پێکردن *derk pêkirdin* ⟨v.t.⟩ wahrnehmen; (be)merken
دەرکپێکردن *derkpêkirdin* Wahrnehmung *f*
دەرکراو *derkiraw* ⟨Adj.⟩ vertrieben; ausgeschlossen
دەرکردن *derkirdin* ⟨v.t.⟩ ⟨دەر...کە-/کا⟩ *der…ke-/ka*⟩ 1. ausweisen; 2. ausstellen; 3. produzieren
دەرکەوتن *derkewtin* ⟨v.i.⟩ ⟨دەر...کەو-⟩ *der…kew-*⟩ 1. herauskommen; 2. sichtbar werden
دەرگا *derga* Tür *f;* دەرگا پێوەدان *derga pêwedan* ⟨v.t.⟩ die Tür schließen; دەرگای ماڵ *dergay mal̲* Haustür *f;* دەرگا داخستن *derga daxistin* ⟨v.t.⟩ die Tür versperren; لە دەرگا دان *le derga dan* ⟨v.t.⟩ anklopfen; دەرگا کردنەوە *derga kirdinewe* ⟨v.t.⟩ die Tür öffnen; دەرگای پشتەوە *dergay piştewe* Hintertür *f;* دەرگای چوونەژوورەوە *dergay çûnejûrewe* Eingangstür *f;* دەرگای حەوشێ *dergay h̲ewşê* Außentor *n*
دەرگاوان *dergawan* Pförtner *m*
دەرلنگ *derling* Hosenbein *n*
دەرماڵە *dermal̲e* Zuschuss *m*
دەرمان *derman* (Med.) Medikament *n;* Arzneimittel *n;* دەرمان خواردن *derman xiwardin* ⟨v.t.⟩ ein Medikament einnehmen
دەرمانخانە *dermanxane* Apotheke *f*
دەرمانکار *dermankar* Apotheker *m* / Apothekerin *f*
دەرمانکەر *dermanker* s. ↑دەرمانکار
دەرنەچوون *derneçûn* ⟨v.i.⟩ ⟨دەرناچ-⟩ *dernaç-*⟩ durchfallen
دەروازە *derwaze* 1. großes Tor *n;* 2. Pforte *f*
دەروازەگەڕ *derwazeger̲* Bettler *m* / Bettlerin *f*
دەرودەشت *derudeşt* offenes Land *n*
دەروون *derûn* Seele *f;* Psyche *f*
دەروونئاڵۆز *derûnal̲oz* ⟨Adj.⟩ (Med.) psychotisch
دەروونئاڵۆزی *derûnal̲ozî* (Med.) Psychose *f*
دەروونپاک *derûnpak* ⟨Adj.⟩ gewissenhaft
دەروونتوێژەر *derûntwêjer* **I** Psychoanalytiker *m* / Psychoanalytikerin *f* **II** ⟨Adj.⟩ psychoanalytisch
دەروونناس *derûnnas* Psychologe *m,* Psychologin *f*
دەروونناسی *derûnnasî* Psychologie *f*
دەروونەخۆش *derûnnexoş* **I** Psychopath *m* / Psychopathin *f* **II** ⟨Adj.⟩ psychopathisch
دەروونی *derûnî* ⟨Adj.⟩ 1. seelisch; 2. psychologisch; پزیشکی دەروونی

pizîşkî derûnî Psychiater *m* / Psychiaterin *f*

دەروێش *derwêş* (Rel.) Derwisch *m*

دەرهەست *derhest* ⟨Adj.⟩ abstrakt

دەرهەستی *derhestî* Abstraktion *f*

دەرهێنان *derhênan* **I** ⟨v.t.⟩ ⟨دەر...هێنـ-، دەر...ێنـ- *der…hên-, der…ên-*⟩ 1. herausbringen; 2. inszenieren; produzieren (Theater, Film) **II** Regie *f*

دەرهێنەر *derhêner* Regisseur *m* / Regisseurin *f*

دەرەبەگ *derebeg* Großgrundbesitzer *m* / Großgrundbesitzerin *f*

دەرەبەگایەتی *derebegayetî* Feudalismus *m*

دەرەتان *deretan* Fluchtweg *m*

دەرەقەت *dereqet* Fähigkeit *f*; دەرەقەت هاتن *dereqet hatin* ⟨v.i.⟩ j-n übertreffen

دەرەقی *dereqî* (Anat.) Schilddrüse *f*

دەرەکی *derekî* ⟨Adj.⟩ fremd; auswärtig

دەرەوە *derewe* **I** ⟨Adv.⟩ außen; draußen **II** Ausland *n*; کاروباری دەرەوە *karubarî derewe* (Pol.) Außenpolitik *f*; دەرەوەی وڵات *derewey wiḻat* Ausland *n*

دەری *Derî* Dari *n* (eine der offiziellen Sprachen in Afghanistan)

دەریا *derya* Meer *n* (vgl. ↑زەریا); نەخۆشیی دەریا *nexoşîy derya* (Med.) Seekrankheit *f*; دەریای بەلتیق *deryay Beltîq* (Geogr.) Ostsee *f*; دەریای ڕەش *deryay ṟeş* (Geogr.) Schwarzes Meer *n*; دەریای ناوەڕاست *deryay naweṟast* (Geogr.) Mittelmeer *n*

دەریاگەشت *deryageşt* Seereise *f*

دەریاوان *deryawan* Seefahrer *m* / Seefahrerin *f*; دەستەی دەریاوان *destey deryawan* Schiffsbesatzung *f*

دەریاوانی *deryawanî* Seefahrt *f*

دەرێ *derê* ⟨Adv.⟩ draußen

دەڕابە *deṟabe* Rollladen *m*

دەڕاسە *deṟase* Mähdrescher *m*

دەڕنەفیز *deṟnefîz* Schraubenzieher *m*

دەزگا *dezga* 1. Amboss *m*; 2. Apparat *m*; 3. Institution *f*; Gesellschaft *f*; دەزگای میری *dezgay mîrî* Staatsverwaltung *f*

دەزگیران *dezgîran* **I** ⟨Adj.⟩ verlobt **II** Verlobter *m* / Verlobte *f*; دەزگیران گرتن *dezgîran girtin* ⟨v.t.⟩ sich verloben

دەزگێڕ *dezgêṟ* Hausierer *m* / Hausiererin *f*

دەزوو *dezû* (Bind-)Faden *m*; Garn *n*

دەزوولە *dezûle* Faden *m*; Faser *f*

دەس *des* Hand *f* (vgl. ↑دەست) • دەستان خۆش بێ! (wörtl.) mögen ihre Hände gesund bleiben!; vielen Dank für ihre Mühe!; بە دەس هێنان *be des hênan* ⟨v.t.⟩ erreichen; erwerben; بە دەسەوە گرتن *be desewe girtin* ⟨v.t.⟩ festhalten; دەس بڕین *des biṟîn* ⟨v.t.⟩ betrügen; دەس پاراستن *des parastin* ⟨v.t.⟩ vorsichtig sein; دەس پێکردن *des pêkirdin* ⟨v.t.⟩ beginnen; دەس تێخستن *des têxistin* ⟨v.t.⟩ sich einmischen; دەس تێوەدان *des têwedan* ⟨v.t.⟩ sich in etw. einmischen; berühren; لە دەس چوون *le des çûn*

د

⟨v.i.⟩ verlieren; verschwinden; دەس خستن *des xistin* ⟨v.t.⟩ erhalten; لە دەس دەرچوون *le des derçûn* ⟨v.i.⟩ abhanden kommen; دەس سڕین *des siṟîn* ⟨v.t.⟩ sich die Hände abwischen; دەس کەوتن *des kewtin* ⟨v.i.⟩ erreichen; دەس گرتن *des girtin* ⟨v.t.⟩ die Hand nehmen; helfen; دەس لە مل کردن *des le mil kirdin* ⟨v.t.⟩ umarmen; دەس لێ بەردان *des lê berdan* ⟨v.t.⟩ verlassen; دەس لێهەڵگرتن *des lêhelgirtin* ⟨v.t.⟩ aufgeben; دەس ماچ کردن *des maç kirdin* ⟨v.t.⟩ j-s Hand küssen; دەس وەشاندن *des weşandin* ⟨v.t.⟩ angreifen; بە دەس هێنان *be des hênan* ⟨v.t.⟩ beschaffen

دەسا *desa* ⟨Adv.⟩ dann

دەساڵ *desal* Jahrzehnt *n*

دەسباز *desbaz* Grapscher *m* / Grabscherin *f*

دەسبازی *desbazî* Grapschen *n*; دەسبازی کردن *desbazî kirdin* ⟨v.t.⟩ grapschen

دەسبڕ *desbiṟ* I ⟨Adj.⟩ unaufrichtig II Betrüger *m* / Betrügerin *f*

دەسبزێو *desbizêw* ⟨Adj.⟩ ruhelos

دەسبڵاو *desbilaw* ⟨Adj.⟩ verschwenderisch

دەسبەتاڵ *desbetal* ⟨Adj.⟩ beschäftigungslos

دەسبەجێ *desbecê* ⟨Adv.⟩ sofort

دەسبەردار *desberdar* ⟨Adj.⟩ verzichtend; دەسبەردار بوون *desberdar bûn* ⟨v.i.⟩ 1. aufgeben; verzichten auf; 2. verstoßen

دەسبەسەر *desbeser* I ⟨Adj.⟩ 1. unter Aufsicht; 2. festgenommen II Verurteilter *m* / Verurteilte *f*

دەسبەسەری *desbeserî* Arrest *m*; دەسبەسەریی لەماڵەوە *desbeserîy lemalewe* Hausarrest *m*

دەسپاک *despak* ⟨Adj.⟩ 1. ehrlich; 2. unbestechlich

دەسپەڕ *despeṟ* Onanie *f*; دەسپەڕ کردن *despeṟ kirdin* ⟨v.t.⟩ onanieren

دەسپیس *despîs* ⟨Adj.⟩ (üb.) betrügerisch; korrupt

دەسپێشکەری *despêşkerî* Initiative *f*; دەسپێشکەری کردن *despêşkerî kirdin* ⟨v.t.⟩ die Initiative ergreifen

دەسپێکردن *despêkirdin* Beginn *m*; Anfang *m*

دەسپێکەر *despêker* Anfänger *m* / Anfängerin *f*

دەست *dest* s. دەس↑; بەری دەست *berî dest* Handfläche *f*; لە دەست چوون *le dest çûn* ⟨v.i.⟩ verlieren; بە دەست خستن *be dest xistin* ⟨v.t.⟩ erlangen; erreichen; دەست خستنە ناو *dest xistine naw* ⟨v.t.⟩ sich einmischen; دەست لێکردنەوە *dest lêkirdinewe* ⟨v.t.⟩ j-n angreifen

دەستاڕ *destaṟ* Handmühle *f*

دەستاودەست *destawdest* Umlauf *m*; دەستاودەست کردن *destawdest kirdin* ⟨v.t.⟩ in Umlauf bringen, setzen

دەستبڕ *destbiṟ* I ⟨Adj.⟩ unehrlich II Hochstapler *m* / Hochstaplerin *f*

دەستبڕین *destbiṟîn* Betrug *m*; Nepp *m*

دەستبڵاو *destbilaw* ⟨Adj.⟩ verschwenderisch

دەستبەردار *destberdar* s. دەسبەردار↑

دەستبەسەر *destbeser* ⟨Adj.⟩ unter Aufsicht; **دەستبەسەر کردن** *destbeser kirdin* ⟨v.t.⟩ festnehmen

دەستبەسەرداگرتن *destbeserdagirtin* 1. Beschlagnahme *f*; 2. Verhaftung *f*; 3. Monopol *n*

دەستبەکار *destbekar* ⟨Adj.⟩ 1. fähig; 2. tüchtig

دەستبەکاری *destbekarî* 1. Fähigkeit *f*; 2. Tüchtigkeit *f*

دەستپیس *destpîs* s. ↑دەسپیس

دەستپێشخەری *destpêşxerî* Initiative *f*

دەستپێکردن *destpêkirdin* s. ↑دەسپێکردن

دەستپێکەر *destpêker* 1. Anfänger *m* / Anfängerin *f*; 2. Neuling *m*

دەستپێوەگر *destpêwegir* ⟨Adj.⟩ sparsam

دەستپێوەگرتن *destpêwegirtin* Sparsamkeit *f*

دەستتێنەچوو *desttêneçû* ⟨Adj.⟩ unhandlich

دەستتێوەدان *desttêwedan* Berührung *f*

دەستخەت *destxet* Handschrift *f*; Manuskript *n*

دەستدرێژ *destdirêj* ⟨Adj.⟩ 1. tyrannisch; 2. korrupt

دەستدرێژکەر *destdirêjker* Angreifer *m* / Angreiferin *f*; Aggressor *m* / Aggressorin *f*

دەستدرێژی *destdirêjî* 1. Angriff *m*; Überfall *m*; 2. Unterdrückung *f*

دەسترەنگین *destrengîn* ⟨Adj.⟩ geschickt; gewandt

دەستشۆر *destşor* Waschbecken *n* (s.a. ↑مەغسەل)

دەستشۆرخانە *destşorxane* Waschraum *m*

دەستکرد *destkird* s. ↑دەسکرد

دەستکەوت *destkewt* 1. Einkommen *n*; Verdienst *m*; Lohn *m*; Gehalt *n*; 2. Einnahme *f*

دەستکێش *destkêş* s. ↑دەسکێش

دەستکێشانەوە *destkêşanewe* 1. Rücktritt *m*; 2. Resignation *f*

دەستگوشین *destguşîn* Händedruck *m*

دەستگۆج *destgoc* ⟨Adj.⟩ verkrüppelt (Hand)

دەستگیر *destgîr* ⟨Adj.⟩ gefangen; **دەستگیر کردن** *destgîr kirdin* ⟨v.t.⟩ festnehmen; verhaften

دەستگیرۆیی *destgîroyî* Hilfe *f*; Subvention *f*; **دەستگیرۆیی کردن** *destgîroyî kirdin* ⟨v.t.⟩ unterstützen; subventionieren

دەستگێڕ *destgêr̰* Hausierer *m* / Hausiererin *f*; Straßenhändler *m* / Straßenhändlerin *f*

دەستلەکارکێشانەوە *destlekarkêşanewe* 1. Rücktritt *m*; 2. Arbeitsniederlegung *f*

دەستلەملانکردن *destlemilankirdin* Umarmung *f*

دەستلێدان *destlêdan* Tasten *n*

دەستلێکێشانەوە *destlêkêşanewe* Kündigung *f*

دەستماڵ *destmal̰* Handtuch *n*

دەستنووس *destnûs* Manuskript *n*; Handschrift *f* (vgl. ↑دەسنووس)

دەستنوێژ *destnwêj* (Rel.) rituelle Waschung *f*; Gebetswaschung *f*; **دەستنوێژ شتن** *destnwêj şitin* ⟨v.t.⟩ (Rel.) die rituelle Waschung verrichten; **دەستنوێژ گرتن** *destnwêj girtin* ⟨v.t.⟩ (Rel.) die rituelle Waschung verrichten

دەستنیشان *destnîşan* 1. Hinweis *m*; 2. Auswahl *f*; دەستنیشان کردن *destnîşan kirdin* ⟨v.t.⟩ 1. kennzeichnen; 2. hinweisen (auf); 3. diagnostizieren

دەستوبرد *destubird* ⟨Adj.⟩ eilig; دەستوبرد کردن *destubird kirdin* ⟨v.t.⟩ sich beeilen

دەستوپێ *destupê* (wörtl.) Hand und Fuß; Gliedmaßen *Pl.*

دەستوپێوەند *destupêwend* 1. Dienerschaft *f*; 2. Gefolgschaft *f*

دەستوور *destûr* 1. Regel *f*; 2. Satzung *f*; 3. Erlaubnis *f*; دەستوور دان *destûr dan* ⟨v.t.⟩ erlauben; zulassen; دەستووری بنچینەیی *destûrî binçîneyî* Grundgesetz *f*; Verfassung *f*; دەستووری زمان *destûrî ziman* Grammatik *f*; دەستووری سەرمایەداری *destûrî sermayedarî* Kapitalismus *m*; دەستووری وڵات *destûrî wilat* Staatsverfassung *f*

دەستووری *destûrî* ⟨Adj.⟩ 1. (Pol.) konstitutionell; verfassungsmäßig; 2. regulär

دەستە *deste* 1. Gruppe *f*; Team *n*; 2. Dutzend *n*; 3. Bande *f*; دەستەی سەربازی *destey serbazî* (Mil.) Einheit *f*; دەستەی کارکەران *destey karkeran* Personal *n*

دەستەبەر *desteber* ⟨Adj.⟩ sicher; دەستەبەر بوون *desteber bûn* ⟨v.i.⟩ sich verlassen auf

دەستەخانوو *destexanû* Mehrfamilienhaus *n*

دەستەخوشک *destexuşk* (gleichaltrige) Freundin *f* (eines Mädchens bzw. einer Frau)

دەستەدەستە *destedeste* ⟨Adv.⟩ gruppenweise

دەستەڕاست *desterast* rechte Hand *f*

دەستەسڕ *destesir* Taschentuch *n*; Serviette *f* (vgl. ↑دەسەسڕ); دەستەسڕی سەر خوان *destesirî ser xiwan* Serviette *f*

دەستەکلیل *destekilîl* Schlüsselbund *n*

دەستەمۆ *destemo* ⟨Adj.⟩ 1. zahm; 2. unterwürfig; دەستەمۆ کردن *destemo kirdin* ⟨v.t.⟩ zähmen

دەستەنگ *desteng* ⟨Adj.⟩ bedürftig; mittellos

دەستەواژە *destewaje* Redewendung *f*

دەستەئەژنۆ *desteejno* ⟨Adj.⟩ (üb.) untätig; tatenlos

دەستیار *destyar* Assistent *m* / Assistentin *f*

دەستیاو *destiyaw* Leihgabe *f*; Darlehen *n*; دەستیاو دان *destiyaw dan* ⟨v.t.⟩ (ver-, aus)leihen; borgen

دەستیدوو *destîdû* ⟨Adv.⟩ 1. aus zweiter Hand; 2. secondhand

دەسخورێنە *desxurêne* (Bot.) Brennnessel *f*

دەسخۆش *desxoş* ⟨Int.⟩ bravo!

دەسخەڕۆ *desxero* → دەسخەڕۆ کردن *desxero kirdin* ⟨v.t.⟩ (idiom.) j-n im Stich lassen

دەسدار *desdar* ⟨Adj.⟩ einflussreich

دەسدرێژی *desdirêjî* 1. Angriff *m*; 2. Belästigung *f*; دەسدرێژی کردن *desdirêjî kirdin* ⟨v.t.⟩ eingreifen (in); belästigen

دەسرێژ *desrêj* Kugelhagel *m*
دەسسپی *dessipî* ⟨Adj.⟩ (üb.) nichtsnutzig; unausgebildet
دەسسووک *dessûk* ⟨Adj.⟩ geschickt
دەسشکێن *desşikên* (üb.) Verführer *m* / Verführerin *f*; **دەسشکێن کردن** *desşikên kirdin* ⟨v.t.⟩ verführen
دەسقورس *desqurs* ⟨Adj.⟩ ungeschickt
دەسقووچاو *desqûçaw* ⟨Adj.⟩ geizig
دەسک *desk/desik* (Hand-)Griff *m*; Henkel *m*; **دەسکی خەنجەر** *deskî xencer* Dolchgriff *m*; **دەسکی دەرگا** *deskî derga* Türgriff *m*
دەسکار *deskar* Handwerker *m* / Handwerkerin *f*
دەسکاری *deskarî* Handwerk *n*
دەسکرد *deskird* ⟨Adj.⟩ 1. handgemacht; 2. künstlich; unecht
دەسکورت *deskurt* ⟨Adj.⟩ mittellos
دەسکەگوڵ *deskegul* Blumenstrauß *m* (vgl. ↑چەپکەگوڵ)
دەسکەوان *deskewan* Mörser und Stößel *m*
دەسکەوت *deskewt* Einkommen *n*; Verdienst *m*; Lohn *m*; Gehalt *n*; **تێکرای دەسکەوت** *têkray deskewt* Bruttoeinkommen *n*
دەسکێش *deskêş* Handschuh *m*
دەسگا *desga* 1. Amboss *m*; 2. Apparat *m*; 3. Einrichtung *f* (vgl. ↑دەزگا)
دەسگر *desgir* 1. Helfer *m* / Helferin *f*; 2. (üb.) Topflappen *m*
دەسگیران *desgîran* Verlobter *m* / Verlobte *f*; **دەسگیران گرتن** *desgîran girtin* ⟨v.t.⟩ sich verloben
دەسگیراندار *desgîrandar* ⟨Adj.⟩ verlobt
دەسمایە *desmaye* Kapital *n*; Guthaben *n*
دەسمایەدار *desmayedar* (Pol.) Kapitalist *m* / Kapitalistin *f*
دەسمایەداری *desmayedarî* (Pol.) Kapitalismus *m*
دەسنووس *desnûs* Manuskript *n*; Handschrift *f*
دەسنوێژ *desnwêj* (Rel.) rituelle Waschung *f*; **دەسنوێژ شتن** *desnwêj şitin* ⟨v.t.⟩ (Rel.) die rituelle Waschung vollziehen
دەسوپل *desupil* 1. Hand *f*; 2. Fingerfertigkeit *f*
[1]**دەسوپێ** *desupê* Hauspersonal *n* (vgl. ↑دەسوپێوەند)
[2]**دەسوپێ** *desupê* (wörtl.) Hand und Fuß; Gliedmaßen *Pl.*
دەسوپێوەند *desupêwend* Hauspersonal *n* (vgl. ↑دەستوپێوەند)
دەسەبەرە *desebere* Bahre *f*; **دەسەبەرەی نەخۆش** *deseberey nexoş* Krankenbahre *f*
دەسەپاچە *desepaçe* ⟨Adj.⟩ 1. (üb.) tollpatschig; 2. hilfsbedürftig; **دەسەپاچە بوون** *desepaçe bûn* ⟨v.i.⟩ (idiom.) zwei linke Hände haben
دەسەسڕ *desesir* Taschentuch *n*; Serviette *f*
دەسەڵات *deselat* Autorität *f*; Macht *f*; Gewalt *f*; **دەسەڵاتی جێبەجێکار** *deselatî cêbecêkar* Exekutive *f*; **دەسەڵاتی دادوەری** *deselatî dadwerî* Rechtsprechung *f*; **دەسەڵاتی رامیاری** *deselatî ramyarî* politische Macht *f*
دەسەڵاتدار *deselatdar* **I** ⟨Adj.⟩ ein-

flussreich; autoritär **II** Machthaber *m* / Machthaberin *f*

دەسەڵاتدارێتی *deseḻatdarêtî* (Pol.) Souveränität *f*

دەسەمۆ *desemo* ⟨Adj.⟩ gezähmt

دەسەوسان *desewsan* ⟨Adj.⟩ machtlos

دەسیاو *desyaw* **I** Leihgabe *f*; Darlehen *n* **II** ⟨Adj.⟩ geliehen; geborgt; دەسیاو دان *desyaw dan* ⟨v.t.⟩ (ver-, aus)leihen

دەسیسە *desîse* Intrige *f*; Komplott *n*; دەسیسە گێڕان *desîse gêṟan* ⟨v.t.⟩ intrigieren

دەسیسەکار *desîsekar* Intrigant *m* / Intrigantin *f*

دەسیمەتر *desîmetir* Dezimeter *m/n* (Längenmaß, 1 dm = 10 cm) (vgl. ↑دەیەکەمەتر)

دەشبوول *deşbûl* Handschuhfach *n*

دەشت *deşt* Flachland *n*; Ebene *f*

دەشتایی *deştayî* Flachland *n*

دەشتودەر *deştuder* 1. offenes Land *f*; 2. Landschaft *f*

دەشتەکی *deştekî* ⟨Adj.⟩ ländlich

دەعامی *de'amî* Stoßstange *f*

دەعم *de'im* Unfall *m* (s.a. ↑ڕووداو); دەعم کردن *de'im kirdin* ⟨v.t.⟩ (ugs.) einen Unfall bauen; دەعمی ئوتومبێل *de'imî utumbêl* Autounfall *m*

دەعوا *de'wa* 1. Beschwerde *f*; 2. Prozess *m* (s.a. ↑داوا); دەعوا تەسجیل کردن *de'wa tescîl kirdin* ⟨v.t.⟩ einen Prozess führen (gegen)

دەعواچی *de'waçî* Kläger *m* / Klägerin *f*

دەعوەت *de'wet* s. ↑داوەت

دەعەجان *de'ecan* ⟨Adj.⟩ ungeheuerlich; Scheusal *n*

دەعیە *de'ye* Arroganz *f*; دەعیە نەبردن *de'ye nebirdin* ⟨v.t.⟩ etw. ablehnen, verschmähen (aus Arroganz)

دەغڵ *dexḻ* Getreide *n*

دەف *def* (Mus.) Tamburin *n* (mit Rasselringen); دەف ژەنین *def jenîn* ⟨v.t.⟩ das Tamburin schlagen; دەف لێدان *def lêdan* ⟨v.t.⟩ das Tamburin schlagen

دەفتەر *defter* (Schreib-)Heft *n*; دەفتەری بەرباخەڵ *defterî berbaxeḻ* Taschenbuch *n*; دەفتەری یادەوەری *defterî yadewerî* Tagebuch *n*; دەفتەری تێبینی *defterî têbînî* Notizbuch *n*; دەفتەری وێنەکێشان *defterî wênekêşan* Zeichenblock *m*

دەفر *defir* 1. Behälter *m*; 2. Schüssel *f*; دەفری خۆڵەمێشدان *defrî xoḻemêşdan* Urne *f*

دەڤەر *dever* Region *f*; Gebiet *n*

دەڤەری *deverî* ⟨Adj.⟩ 1. regional; 2. kommunal

[1]دەق *deq* 1. Falte *f*; 2. bester Zustand *m*; دەق پێدان/پێگرتن *deq pêdan*/*pêgirtin* ⟨v.t.⟩ formen; gestalten

[2]دەق *deq* Text *m*; Manuskript *n*

دەقیقە *deqîqe* Minute *f*

دەقیقەژمێر *deqîqejimêr* Minutenzeiger *m*

دەگمەن *degmen* ⟨Adj.⟩ knapp; selten (s.a. ↑بەدەگمەن)

دەگمەنی *degmenî* Seltenheit *f*

دەلفین *delfîn* (Zool.) Delfin *m* (vgl. ↑[بەراز]ی دەریا)

دەلوبیبەر *delubîber* Paprika *m*; **دەلوبیبەری سەوز** *delubîberî sewz* (Bot.) grüner Paprika *m*

دەلیل *delîl* 1. Beweis(mittel *n*) *m*; 2. Wegweiser *m*; 3. Anleitung *f* (s.a. ↑بەڵگە); **دەلیلی تەلەفۆن** *delîlî telefon* Telefonbuch *n*

دەڵ *del̤* ⟨Adj.⟩ weiblich (Tiere) (vgl. ↑دێڵ)

دەڵاڵ *del̤al̤* Makler *m* / Maklerin *f*; **دەڵاڵی خانوو** *del̤al̤î xanû* Grundstücksmakler *m* / Grundstücksmaklerin *f*

دەڵاڵی *del̤al̤î* Provision *f*

دەڵب *del̤b* ⟨Adj.⟩ weit (bes. Kleidung)

دەڵەک *del̤ek* (Zool.) Marder *m*

دەڵەمە *del̤eme* Sahnekäse *m*

دەڵەورچ *del̤ewirç* (Zool.) Bärin *f*

[1]**دەم** *dem* 1. Mund *m*; 2. Öffnung *f*; **ئاوی دەم** *awî dem* Speichel *m*; **دەم پان کردنەوە** *dem pan kirdinewe* ⟨v.t.⟩ grinsen; **دەم کێشان** *dem kêşan* ⟨v.t.⟩ ziehen (Tee); **بۆنی دەم** *bonî dem* Mundgeruch *m*; **دەم خۆش کردن** *dem xoş kirdin* ⟨v.t.⟩ ein Kompliment machen; **دەم داخستن** *dem daxistin* den Mund halten; دەمت داخە! halt den Mund!; **دەم کردنەوە** *dem kirdinewe* ⟨v.t.⟩ den Mund öffnen; **دەم گرتن** *dem girtin* ⟨v.t.⟩ verschweigen; **دەم لە دەم نان** *dem le dem nan* ⟨v.t.⟩ küssen; دەمیان لە دەم یەکتری نا sie küssten sich (auf den Mund)

[2]**دەم** *dem* 1. Zeit(raum *m*) *f*; Periode *f*; 2. (Gr.) Zeitform *f*; **دەمی پشوودان** *demî pişûdan* Freizeit *f*; **دەمی داهاتوو/ دادێ** *demî dahatû/dadê* (Gr.) Futur *n*; **دەمی ڕابردوو** *demî ṟabirdû* (Gr.) Vergangenheit *f*; **دەمی ڕابردووی سادە** *demî ṟabirdûy sade* (Gr.) einfache Vergangenheit *f*; Präteritum *n*; **دەمی ڕابردووی تەواو** *demî ṟabirdûy tewaw* (Gr.) Perfekt *n*; **دەمی ڕابردووی دوور** *demî ṟabirdûy dûr* (Gr.) Plusquamperfekt *n*; **دەمی ئێستا** *demî êsta* (Gr.) Präsens *n*

دەماخ *demax* 1. (Anat.) Gehirn *n*; 2. (üb.) Befinden *n* (vgl. ↑دەماغ); **لە دەماخ دان** *le demax dan* ⟨v.t.⟩ von oben herab behandeln

دەماخشڵەقان *demaxşil̤eqan* (Med.) Gehirnerschütterung *f*

دەمادەم *demadem* s. ↑دەمدەم

دەمار *demar* 1. (Anat.) Vene *f*; Ader *f*; 2. Nerv *m*; 3. Sehne *f*; **دەماری بیستن** *demarî bîstin* (Anat.) Gehörnerv *m*; **دەماری بینایی** *demarî bînayî* (Anat.) Sehnerv *m*; **دەماری خوێن** *demarî xwên* Blutgefäß *n*; **دەماری مل** *demarî mil* (Anat.) Halsschlagader *f*

دەمارگرژ *demargirj* ⟨Adj.⟩ nervös

دەمارگرژی *demargirjî* Nervosität *f*

دەمارگەرم *demargerm* ⟨Adj.⟩ aufgeregt

دەمارگیر *demargîr* ⟨Adj.⟩ 1. fanatisch; 2. (üb.) hart (Charakter)

دەمارگیری *demargîrî* Fanatismus *m*

دەماغ *demax̱* 1. (Anat.) Gehirn *n*; 2. (üb.) Befinden *n* (vgl. ↑دەماخ)

دەمامک *demamik* Maske *f*; **دەمامک کردن** *demamık kırdin* ⟨v.t.⟩ sich maskieren; **دەمامکی گاز** *demamikî gaz* Gas-

maske *f*
دەمانچە *demançe* Pistole *f*; دەمانچە تەقاندن *demançe teqandin* ⟨v.t.⟩ eine Pistole abfeuern; دەمانچە تێگرتن *demançe têgirtin* ⟨v.t.⟩ eine Pistole abfeuern auf
دەمبوس *dembus* Stecknadel *f*
دەمپیس *dempîs* (wörtl.) dreckiges Maul; (üb.) Lästermaul *n*
دەمپیسی *dempîsî* Zotenreißerei *f*
دەمدرێژ *demdirêj* ⟨Adj.⟩ frech
دەمدرێژی *demdirêjî* Frechheit *f*
دەمدڕاو *demdiṟaw* ⟨Adj.⟩ indiskret
دەمدەم *demdem* ⟨Adv.⟩ ab und zu; gelegentlich
دەمدەمی *demdemî* ⟨Adj.⟩ wechselhaft; launisch
دەمڕاست *demṟast* Wortführer *m* / Wortführerin *f*
دەمشڕ *demşiṟ* **I** ⟨Adj.⟩ quasselig **II** (ugs.) Plappermaul *n*
دەمگەرم *demgerm* ⟨Adj.⟩ streitsüchtig
دەمگەنیو *demgenîw* Mundgeruch *m*
دەموچاو *demuçaw* Gesicht *n*
دەمودان *demudan* (der ganze) Mund *m*
دەمودوو *demudû* Unterhaltung *f*
دەمودەس *demudes* ⟨Adv.⟩ sofort
دەمولمۆز *demulimoz* Schnauze *f* (Tier)
دەمولووت *demulût* Gesicht *n*
دەمووکانە *demûkane* (Bot.) Mistel *f*
دەمهەراش *demheraş* ⟨Adj.⟩ schwatzhaft
دەمەتەقێ *demeteqê* Plausch *m*; دەمەتەقێ کردن *demeteqê kirdin* ⟨v.t.⟩ plaudern
دەمەرقاچان *demerqaçan* Knallkörper *m* (Feuerwerk)
دەمەشێر *demeşêr* (Bot.) Löwenmaul *n*
دەمەقرە *demeqiṟe* Wortgefecht *n*; دەمەقرە کردن *demeqiṟe kirdin* ⟨v.t.⟩ (sich) streiten
دەمەڵبەست *demeḻbest* Maske *f*
دەمەنادەمێ *demenademê* ⟨Adv.⟩ abwechselnd
دەمەوانە *demewane* 1. Stöpsel *m*; 2. Klappe *f*; دەمەوانەی دڵنیایی *demewaney diḻniyayî* Sicherheitsventil *n*
[1]دەمی *demî* ⟨Adv.⟩ zeitweise
[2]دەمی *demî* ⟨Adj.⟩ mündlich (vgl. ↑زاری)
دەمێک *demêk* ⟨Adv.⟩ zeitweise
دەنک *denik* 1. Körnchen *n*; 2. Keim *m* (s.a. ↑[1]دان)
دەنکدار *denikdar* Hülsenfrucht *f*
دەنکەسنەوبەر *denkesinewber* (Bot.) Pinienkern *m*
دەنکەشقارتە *denkeşiqarte* Streichholz *n*
دەنکەشووتی *denkeşûtî* (Bot.) Wassermelonenkern *m*
دەنکەکوولەکە *denkekûleke* (Bot.) Kürbiskern *m*
دەنکەگوڵەبەڕۆژە *denkeguḻebeṟoje* (Bot.) Sonnenblumenkern *m*
دەنکەنۆک *denkenok* einzelne Kichererbse *f*
دەنکەهەنار *denkehenar* (Bot.) Granatapfelkern *m*
دەنگ *deng* 1. Ton *m*; 2. Stimme *f*; 3. (Einzel-)Laut *m*; زانستیی دەنگ *zanistîy deng* Phonetik *f*; دەنگ بیستن *deng bîstin* ⟨v.t.⟩ eine Stimme hö-

ren; لە دەنگ خستن *le deng xistin* ⟨v.t.⟩ zum Schweigen bringen; دەنگ دان *deng dan* ⟨v.t.⟩ (ab)stimmen; wählen; دەنگ گیران *deng gîran* ⟨v.i.⟩ heiser werden

دەنگبێژ *dengbêj* Sänger *m* / Sängerin *f*

دەنگخۆش *dengxoş*

دەنگدان *dengdan* Abstimmung *f*; مافی دەنگدان *mafî dengdan* Stimmrecht *n*

دەنگدانەوە *dengdanewe* 1. Echo *n*; 2. Schall *m*

دەنگدەر *dengder* Wähler *m* / Wählerin *f*

دەنگگڕ *denggir̲* ⟨Adj.⟩ heiser; trocken (Stimme)

دەنگنووساو *dengnûsaw* ⟨Adj.⟩ heiser

دەنگوباس *dengubas* Nachrichten *Pl.*; Meldungen *Pl.*

دەنگەدەنگ *dengedeng* Lärm *m*

دەنگی *dengî* ⟨Adj.⟩ 1. stimmlich; 2. mündlich

دەنووک *denûk* Schnabel *m*; دەنووک لێدان *denûk lêdan* ⟨v.t.⟩ picken

دەنی *denî* ⟨Adj.⟩ gemein; schamlos

دەوار *dewar* schwarzes Zelt der kurdischen Nomaden; دەوار هەڵدان *dewar hel̲dan* ⟨v.t.⟩ zelten

دەوارنشین *dewarnişîn* Zeltbewohner *m* / Zeltbewohnerin *f*

[1]دەور *dewr* 1. Umgebung *f*; 2. Epoche *f*; دەور گرتن *dewr girtin* ⟨v.t.⟩ umringen

[2]دەور *dewr* (Thea.) Rolle *f*; دەور بینین *dewr bînîn* ⟨v.t.⟩ eine Rolle spielen; auftreten

دەوراندەور *dewrandewr* **I** ⟨Adv.⟩ ringsherum **II** Umrandung *f*

دەوروبەر *dewruber* **I** ⟨Präp.⟩ gegen **II** Gegend *f* • دەوروبەری سەعات نۆ gegen neun Uhr; دەوروبەری کۆتایی gegen Ende; دەوروبەری شار *dewruberî şar* Stadtrand *m*

دەوروپشت *dewrupişt* ⟨Adj.⟩ umliegend; Umfeld *n*

دەورە *dewre* Periode *f*; Epoche *f*; دەورە دان *dewre dan* ⟨v.t.⟩ umgeben

دەورەیدەمەوی *dewreydemewî* (Med.) Blutkreislauf *m*

دەوری *dewrî* Teller *m*

دەوڵەت *dewl̲et* Staat *m*; Nation *f*; دەوڵەتی پیشەسازی *dewl̲etî pîşesazî* Industriestaat *m*; سەرۆکی دەوڵەت *serokî dewl̲et* (Pol.) Staatspräsident *m* / Staatspräsidentin *f*

دەوڵەتی *dewl̲etî* ⟨Adj.⟩ staatlich

دەوڵەمەند *dewl̲emend* ⟨Adj.⟩ 1. reich; 2. reichhaltig; خۆ دەوڵەمەند کردن *xo dewl̲emend kirdin* ⟨v.t.⟩ sich bereichern

دەوڵەمەندی *dewl̲emendî* Reichtum *m*

دەوەن *dewen* (Bot.) Strauch *m*; Busch *m*

دەهۆڵ *dehol̲* (Mus.) große Trommel *f*; دەهۆڵ ژەندن/لێدان *dehol̲ jendin/lêdan* ⟨v.t.⟩ trommeln

دەهەزار *dehezar* ⟨Num.⟩ zehntausend

دەیتابەیس *deytabeys* (EDV) Datenbank *f*

دەیەک *deyek* Zehntel *n*

دەیەکەمەتر *deyekemetir* Dezimeter *m/n* (Längenmaß, 1 dm = 10 cm) (vgl. ↑دەسیمەتر)

د

دەیەم *deyem* ⟨Num.⟩ zehnte(r, -s)
دی *dî* **I** ⟨Adj.⟩ ein(e) weitere(r, -s) (s.a. ↑هیتر) **II** ⟨Adv.⟩ sonst (s.a. ↑تر)
دیا *diya* Dia *n*
دیار *diyar* ⟨Adj.⟩ sichtbar; klar; **دیار کردن** *diyar kirdin* ⟨v.t.⟩ offenbaren; zeigen
دیاردە *diyarde* 1. Phänomen *n*; 2. Erscheinung *f*
دیارنەبوو *diyarnebû* ⟨Adj.⟩ abwesend
دیارنەبوون *diyarnebûn* Abwesenheit *f*
دیاری *diyarî* Geschenk *n*
دیارینەکراو *diyarînekraw* ⟨Adj.⟩ unbeschränkt; unbefristet
دیالۆگ *diyalog* Dialog *m*
دیالێکت *diyalêkt* (Ling.) Dialekt *m*; Mundart *f* (s.a. ↑شێوەزمان)
دیانی *diyanî* **I** ⟨Adj.⟩ christlich **II** (Rel.) Christentum *n*
دیپلۆم *dîplom* Diplom *n*
دیپلۆماسی *dîplomasî* **I** ⟨Adj.⟩ diplomatisch **II** (Pol.) Diplomat *m* / Diplomatin *f*
دیپلۆماسێتی *dîplomasêtî* Diplomatie *f*
دیجلە *Dîcle* (Geogr.) Tigris *m*
دیدە *dîde* (Anat.) Auge *n* (s.a. ↑بینایی)
دیدەنگە *dîdenge* Empfangszimmer *n*
دیدەنی *dîdenî* Besuch *m*; **دیدەنی کردن** *dîdenî kirdin* ⟨v.t.⟩ besuchen
دیرەگە *dîrege* Balken *m*
دیزاین *dîzayin* Design *n*
دیزاینەر *dîzayner* Designer *m* / Designerin *f*
دیزڵ *dîzil̠* Diesel *m*
دیسان *dîsan* ⟨Adv.⟩ wieder
دیسپلین *dîsplîn* Disziplin *f*

دیسک *dîsk* Diskette *f*; **دیسک درایف** *dîsk drayf* (EDV) Laufwerk *n*
دیسکۆ *dîsko* Disko(thek) *f*
دیفاع *dîfa'* s. ↑بەرگری
دیقەت *dîqet* Aufmerksamkeit *f* (s.a. ↑سەرنج); **دیقەت کردن** *dîqet kirdin* ⟨v.t.⟩ Acht geben
دیکتاتۆر *dîktator* Diktator *m* / Diktatorin *f*
دیکتاتۆری *dîktatorî* ⟨Adj.⟩ diktatorisch
دیکۆر *dîkor* Dekor *m/n*
دیل *dîl* Kriegsgefangener *m* / Kriegsgefangene *f*
دیلانێ *dîlanê* Schaukel *f*; **دیلانێ کردن** *dîlanê kirdin* ⟨v.t.⟩ schaukeln
دیلی *dîlî* Gefangenschaft *f*
دیموکرات *dîmukrat* **I** ⟨Adj.⟩ demokratisch **II** Demokrat *m* / Demokratin *f*
دیموکراتی *dîmukratî* **I** ⟨Adj.⟩ demokratisch **II** Demokratie *f*
دیمەن *dîmen* Ansicht *f*; Ausblick *m*; **دیمەنی گشتی** *dîmenî giştî* Panorama *n*
دیمەنجوان *dîmenciwan* ⟨Adj.⟩ idyllisch
دین *dîn* Religion *f*; Glaube *m* (s.a. ↑باوەڕ)
دینامیت *dînamît* Dynamit *n*
دیندار *dîndar* ⟨Adj.⟩ gläubig
دینەمۆ *dînemo* Lichtmaschine *f* (s.a. ↑پێکهێنەر)
دینی *dînî* ⟨Adj.⟩ religiös
دیوار *dîwar* Wand *f*
[1]**دیوان** *dîwan* Gedichtband *m*
[2]**دیوان** *dîwan* (Audienz-)Saal *m*
دیودیار *dîwdiyar* ⟨Adj.⟩ transparent

دیونادیار *dîwnadiyar* ⟨Adj.⟩ undurchsichtig

دی ڤی دی *dî vî dî* DVD *f*; **دی ڤی دی لێدەر** *dî vî dî lêder* DVD-Player *m*

[1]**دێ** *dê* Name des neunten Buchstabens des kurdischen Alphabets (د *d*)

[2]**دێ** *dê* Dorf *n* (vgl. ↑لادێ)

دێر *dêr* (Mönchs-)Kloster *n*

دێرینە *dêrîne* **I** ⟨Adj.⟩ 1. alt; 2. antik **II** Altertum *n*

دێرینەناس *dêrînenas* Archäologe *m*, Archäologin *f*

دێرینەناسی *dêrînenasî* Archäologie *f*

دێڕ *dê<u>r</u>* 1. Linie *f*; 2. Zeile *f*

دێڕەهۆنراوە *dê<u>r</u>ehonrawe* (Lit.) Vers *m*

دێسکتۆپ *dêsktop* (EDV) Desktop *m*

دێگیتال *dêgîtal* ⟨Adj.⟩ digital

دێڵ *dê<u>l</u>* ⟨Adj.⟩ weiblich (Tiere) (vgl. ↑دەڵ)

دێو *dêw* 1. Dämon *m*; 2. Ungeheuer *n*

دێهات *dêhat* Dörfer *Pl.*

دێهاتی *dêhatî* Dorfbewohner *m* / Dorfbewohnerin *f*

ر

ر *r* rê; zehnter Buchstabe des kurdischen Alphabets (Zahlenwert 200)

رێ *rê* Name des zehnten Buchstabens des kurdischen Alphabets (ر *r*)

ڕ

ڕ *<u>r</u>* <u>r</u>ê; elfter Buchstabe des kurdischen Alphabets (Zahlenwert 200 genauso wie ر *r*)

ڕا *<u>r</u>a* Meinung *f*, ڕا پرسین *<u>r</u>a pirsin* ⟨v.t.⟩ befragen; ڕا دەربڕین *<u>r</u>a derbi<u>r</u>în* ⟨v.t.⟩ sich äußern; ڕا لێبوون *<u>r</u>a lêbûn* ⟨v.i.⟩ zustimmen; ڕا وەرگرتن *<u>r</u>a wergirtin* ⟨v.t.⟩ eine Umfrage machen

ڕابردوو *<u>r</u>abirdû* **I** ⟨Adj.⟩ vergangen

II (Gr.) Perfekt *n;* **ڕابردووی بەردەوام/ پێکنەهاتوو** *ṟabirdûy berdewam/pêknehatû* (Gr.) Imperfekt *n;* **ڕابردووی دوور** *ṟabirdûy dûr* (Gr.) Plusquamperfekt *n;* **ڕابردووی سادە** *ṟabirdûy sade* (Gr.) Präteritum *n*

ڕابواردن *ṟabiwardin* **I** ⟨v.t.⟩ ⟨ڕا...بوێر- *ṟa…biwêr-*⟩ sich vergnügen **II** Spaß *m*

ڕابوون *ṟabûn* **I** ⟨v.i.⟩ ⟨ڕا...ب- *ṟa…b-*⟩ aufstehen **II** Aufstand *m*

ڕابەر *ṟaber* (An-)Führer *m* / (An-)Führerin *f*

ڕابەرایەتی *ṟaberayetî* Führung *f*

ڕابەری *ṟaberî* Leitung *f;* **ڕابەری کردن** *ṟaberî kirdin* ⟨v.t.⟩ (an)leiten

ڕاپرسی *ṟapirsî* Meinungsumfrage *f;* Referendum *n* (s.a. ↑ڕێفەڕاندوم); **ڕاپرسیی گشتی** *ṟapirsîy giştî* (Pol.) Volksbefragung *f*

ڕاپۆرت *ṟaport* 1. Bericht *m;* 2. Protokoll *n;* **ڕاپۆرت دان** *ṟaport dan* ⟨v.t.⟩ berichten; **ڕاپۆرتی ئاووهەوا** *ṟaportî awuhewa* Wetterbericht *m*

ڕاپەڕین *ṟapeṟîn* **I** ⟨v.i.⟩ ⟨ڕا...پەڕ- *ṟa…peṟ-*⟩ erwachen **II** (üb.) Aufstand *m;* **ڕاپەڕینی گەل** *ṟapeṟînî gel* Volksaufstand *m*

ڕاپێچان *ṟapêçan* ⟨v.t.⟩ ⟨ڕا...پێچ- *ṟa…pêç-*⟩ forttreiben; vertreiben; wegjagen

ڕاتب *ṟatib* Gehalt *n;* Lohn *m* (s.a. ↑مووچە)

ڕاخستن *ṟaxistin* ⟨v.t.⟩ ⟨ڕا...خە-/خا *ṟa…xe-/xa*⟩ ausbreiten

ڕادار *ṟadar* Radar *m/n*

ڕادان *ṟadan* ⟨v.t.⟩ ⟨ڕا...دە-/دا *ṟa…de-/da*⟩ wegtreiben

ڕادە *ṟade* Grad *m;* Umfang *m*

ڕادیکاڵ *ṟadîkal* **I** ⟨Adj.⟩ radikal **II** (Pol.) Radikaler *m* / Radikale *f*

ڕادیکاڵی *ṟadîkalî* Radikalität *f*

ڕادیۆ *ṟadyo* Radio *n;* Rundfunk *m;* **گوێ لە ڕادیۆ گرتن** *gwê le ṟadyo girtin* ⟨v.t.⟩ Radio hören; **ڕادیۆی ئوتومبێل** *ṟadyoy utumbêl* Autoradio *n*

ڕادیۆئەکتیڤ *ṟadyoektîv* ⟨Adj.⟩ radioaktiv

ڕادێتەر *ṟadêter* (Tech.) Kühler *m*

ڕاڕا *ṟaṟa* ⟨Adj.⟩ unentschieden

ڕاڕایی *ṟaṟayî* Unentschlossenheit *f*

ڕاڕەو *ṟaṟew* (Durch-, Ein-)Gang *m*

ڕاز *ṟaz* Geheimnis *n;* **ڕاز لەلا دەربڕین** *ṟaz lela derbiṟîn* ⟨v.t.⟩ j-m etwas Intimes anvertrauen

ڕازاندنەوە *ṟazandinewe* ⟨v.t.⟩ ⟨ڕازێن- ەوە *ṟazên- ewe*⟩ schmücken (Braut); (ver)zieren

ڕازەوشە *ṟazewişe* Kennwort *n* (s.a. ↑دروشم)

ڕازی *ṟazî* ⟨Adj.⟩ einverstanden; **ڕازی کردن** *ṟazî kirdin* ⟨v.t.⟩ 1. überzeugen; 2. zufrieden stellen

ڕازیانە *ṟazyane* (Bot.) Fenchel *m*

ڕازیبوون *ṟazîbûn* Zufriedenheit *f*

ڕازیکردن *ṟazîkirdin* Überzeugung *f*

ڕاژە *ṟaje* s. ↑ڕێژە

ڕاژەکار *ṟajekar* (EDV) Server *m*

ڕاسپاردن *ṟasipardin* ⟨v.t.⟩ ⟨ڕا...سپێر- *ṟa…sipêr-*⟩ beauftragen

ڕاسپاردە *ṟasiparde* Beauftragter *m* / Beauftragte *f;* **ڕاسپاردە کردن** *ṟasiparde kirdin* ⟨v.t.⟩ beauftragen

ڕ

ڕاسپێری *ṟasipêrî* Empfehlung *f*

ڕاست *ṟast* **I** ⟨Adj.⟩ 1. richtig; 2. recht **II** ⟨Adv.⟩ wahr; **ڕاست دەرچوون** *ṟast derçûn* ⟨v.i.⟩ wahr, wahrhaftig sein; **ڕاست کردن** *ṟast kirdin* ⟨v.t.⟩ die Wahrheit sagen; **ڕاست کردنەوە** *ṟast kirdinewe* ⟨v.t.⟩ verbessern; **ڕاست ڕۆیین** *ṟast ṟoyîn* ⟨v.i.⟩ geradeaus gehen

ڕاستگۆ *ṟastgo* ⟨Adj.⟩ ehrlich; aufrichtig

ڕاستگۆیی *ṟastgoyî* Ehrlichkeit *f*; Aufrichtigkeit *f*

ڕاستنووسی *ṟastnûsî* Rechtschreibung *f*

ڕاستە *ṟaste* Lineal *n*

ڕاستەوخۆ *ṟastewxo* ⟨Adj.⟩ direkt

ڕاستی *ṟastî* Wahrheit *f* • ئەوەی ڕاستی بێ ehrlich gesagt; ڕاستی تاڵە! die Wahrheit ist bitter!; **ڕاستی وتن** *ṟastî witin* ⟨v.t.⟩ die Wahrheit sagen

ڕاستینە *ṟastîne* ⟨Adj.⟩ real

ڕاکردن *ṟakirdin* ⟨v.t.⟩ ⟨ڕا...کە-/کا⟩ *ṟa…ke-/ka*⟩ 1. rennen; joggen; 2. weglaufen

ڕاکردوو *ṟakirdû* ⟨Adj.⟩ flüchtig (Person)

ڕاکشان *ṟakişan* ⟨v.i.⟩ ⟨ڕا...کشێـ⟩ *ṟa…kişê-*⟩ sich hinlegen

ڕاکەر *ṟaker* (Sp.) (Wett-)Läufer *m* / (Wett-)Läuferin *f*

ڕاکێت *ṟakêt* Rakete *f*

ڕاکێشان *ṟakêşan* ⟨v.t.⟩ ⟨ڕا...کێشـ⟩ *ṟa…kêş-*⟩ (hinter sich her)ziehen; (ab) schleppen

ڕاگرتن *ṟagirtin* ⟨v.t.⟩ ⟨ڕا...گر-⟩ *ṟa…gir-*⟩ 1. halten (Tier); 2. j-m Arbeit geben; 3. aufhalten; **خۆ ڕاگرتن** *xo ṟagirtin* ⟨v.refl.⟩ sich beherrschen; **خۆ ڕاگرتن لەبەر ....ـدا** *xo ṟagirtin leber …-da* ⟨v.refl.⟩ j-m widerstehen

ڕاگەیاندن *ṟageyandin* **I** ⟨v.t.⟩ ⟨ڕا...گەیێنـ، ڕا...گەیەنـ⟩ *ṟa…geyên-*, *ṟa…geyen-*⟩ 1. bekannt machen; 2. informieren **II** Mitteilung *f*; Information *f* (s.a. ↑پێڕاگەیاندن)

ڕاگەیەنەر *ṟageyener* Informant *m* / Informantin *f*

ڕامالّین *ṟamaḻîn* ⟨v.t.⟩ ⟨ڕا...ماڵـ⟩ *ṟa…maḻ-*⟩ 1. wegfegen; 2. (üb.) (ver)treiben

ڕامیار *ṟamyar* Politiker *m* / Politikerin *f*

ڕامیاری *ṟamyarî* **I** ⟨Adj.⟩ politisch **II** Politik *f*

[1]**ڕان** *ṟan* (Vieh-)Herde *f*

[2]**ڕان** *ṟan* 1. (Anat.) Schenkel *m*; 2. Keule *f*

ڕاناو *ṟanaw* (Gr.) Pronomen *n* (vgl. ↑جێناو); **ڕاناوی پرس** *ṟanawî pirs* (Gr.) Fragepronomen *n*; **ڕاناوی خاوەنێتی** *ṟanawî xawenêtî* Possessivpronomen *n*; **ڕاناوی کەسی** *ṟanawî kesî* (Gr.) Personalpronomen *n*; **ڕاناوی گەیەنەر** *ṟanawî geyener* (Gr.) Relativpronomen *n*

ڕانەبەراز *ṟaneberaz* Schinken *m*

ڕانەمریشک *ṟanemirîşk* Hühnerkeule *f*

ڕانەمەڕ *ṟanemeṟ* Schafherde *f*

ڕاو *ṟaw* Jagd *f*; **ڕاو کردن** *ṟaw kirdin* ⟨v.t.⟩ jagen; **ڕاو نان** *ṟaw nan* ⟨v.t.⟩ vertreiben

ڕاوکەر *ṟawker* Jäger *m* / Jägerin *f*

ڕاوگە *ṟawge* Jagdrevier *n*

ڕاونان *ṟawnan* Jagen *n*; Vertreibung *m*

ڕاووڕووت *ṟawuṟût* Plünderung *f*

ڕاووڕووتکار *ṟawuṟûtkar* Räuber *m* / Räuberin *f*

ڕاوەدوونان *ṟawedûnan* Verfolgung *f*; Vertreibung *f*

ڕاوەستان *ṟawestan* ⟨v.i.⟩ ⟨ڕا...وەستـ *ṟa…west-*⟩ stehen bleiben; anhalten

ڕاوەسەگ *ṟaweseg* Hetzjagd *f*

ڕاوەشاندن *ṟaweşandin* ⟨v.t.⟩ ⟨ڕا...وەشێنـ *ṟa…weşên-*⟩ 1. (aus)schütteln; 2. schwingen

ڕاوەماسی *ṟawemasî* Fischen *n*; Angeln *n*

ڕاوێژ *ṟawêj* Beratung *f*; **ڕاوێژ پێکردن** *ṟawêj pêkirdin* ⟨v.t.⟩ um Rat fragen

ڕاوێژکار *ṟawêjkar* Ratgeber *m* / Ratgeberin *f*

ڕاوێژکردن *ṟawêjkirdin* Beratung *f*; Besprechung *f*

ڕاوێژگە *ṟawêjge* Beratungsstelle *f*

ڕاهاتن *ṟahatin* ⟨v.i.⟩ ⟨ڕا...یێـ *ṟa…ê-*, (neg.) ڕا...نایەـ *ṟa…naye-*⟩ sich gewöhnen

ڕاهاتوو *ṟahatû* ⟨Adj.⟩ gewöhnt

ڕاهیب *ṟahîb* (Rel./christl.) Mönch *m*

ڕاهیبە *ṟahîbe* (Rel./christl.) Nonne *f*

ڕاهێنان *ṟahênan* **I** ⟨v.t.⟩ ⟨ڕا...هێنـ، ڕا...یێنـ *ṟa…hên-*, *ṟa…ên-*⟩ ausbilden **II** Übung *f*; Training *n*; **خۆ ڕاهێنان** *xo ṟahênan* ⟨v.refl.⟩ sich üben; (sich) trainieren; **خۆ پێوە ڕاهێنان** *xo pêwe ṟahênan* ⟨v.refl.⟩ sich gewöhnen an; **خۆ ڕاهێنان لەگەڵ** *xo ṟahênan legeḻ* ⟨v.refl.⟩ sich etw. angewöhnen; **ڕاهێنانی پیشەیی** *ṟahênanî pîşeyî* Ausbildung *f*

ڕاهێنراو *ṟahênraw* ⟨Adj.⟩ geübt

ڕاهێنەر *ṟahêner* Trainer *m* / Trainerin *f*; Ausbilder *m* / Ausbilderin *f*

ڕایەخ *ṟayex* Teppich *m*; Teppichboden *m*

ڕبەهەنار *ṟibehenar* Granatapfelsoße *f*

ڕتووش *ṟitûş* Retusche *f*; **ڕتووش کردن** *ṟitûş kirdin* ⟨v.t.⟩ retuschieren

ڕزگار *ṟizgar* ⟨Adj.⟩ 1. frei; 2. befreit; **ڕزگار بوون (لە)** *ṟizgar bûn (le)* ⟨v.i.⟩ frei sein; **ڕزگار کردن** *ṟizgar kirdin* ⟨v.t.⟩ befreien; **خۆ (لێ) ڕزگار کردن** *xo (lê) ṟizgar kirdin* ⟨v.refl.⟩ sich befreien (von); entgehen

ڕزگارانە *ṟizgarane* Lösegeld *n*

ڕزگارکەر *ṟizgarker* (Er-)Retter *m* / (Er-)Retterin *f*

ڕزگاری *ṟizgarî* Freiheit *f*

ڕزین *ṟizîn* ⟨v.i.⟩ ⟨ڕزـ *ṟiz-*⟩ (ver)faulen; verrotten

ڕزیو *ṟizîw* ⟨Adj.⟩ verfault

ڕژاندن *ṟijandin* ⟨v.t.⟩ ⟨ڕژێنـ *ṟijên-*⟩ (aus-, ver)schütten

ڕژێم *ṟijêm* Regierung(ssystem *n*) *f*; **ڕژێم بەڕێوە بردن** *ṟijêm beṟêwe birdin* ⟨v.t.⟩ regieren

ڕژێن *ṟijên* (Anat.) Drüse *f* (s.a. ↑لوو)

ڕستن *ṟistin* ⟨v.t.⟩ ⟨ڕێسـ *ṟês-*⟩ spinnen; weben

ڕستە *ṟiste* (Gr.) Satz *m*

ڕستەسازی *ṟistesazî* (Gr.) Syntax *f*

ڕشانەوە *ṟişanewe* **I** ⟨v.i.⟩ ⟨ڕشێـ ەوە *ṟişê-ewe*⟩ sich übergeben **II** Brechdurchfall *m*

ڕشتن *ṟiştin* ⟨v.t.⟩ ⟨ڕێژ- *ṟêj-*⟩ 1. (aus) gießen; 2. schmücken

ڕشک *ṟişk* (Zool.) Nisse *f* (Ei der Laus)

ڕفاندن *ṟifandin* ⟨v.t.⟩ ⟨ڕفێن- *ṟifên-*⟩ entführen; kidnappen

ڕفێنەر *ṟifêner* Entführer *m* / Entführerin *f*

ڕق *ṟiq* 1. Wut *f*; 2. Hass *m*; ڕق گرتن *ṟiq girtin* ⟨v.t.⟩ trotzig werden; ڕق لێبوون *ṟiq lêbûn* ⟨v.i.⟩ hassen; ڕق هەڵسان *ṟiq heḻsan* ⟨v.i.⟩ zornig, wütend werden

ڕقاوی *ṟiqawî* ⟨Adj.⟩ 1. rachsüchtig; 2. zornig

ڕقهەڵگر *ṟiqheḻgir* ⟨Adj.⟩ nachtragend

ڕم *ṟim* Speer *m*

ڕنەک *ṟinek* Feile *f*; Raspel *f*; ڕنەک کردن *ṟinek kirdin* ⟨v.t.⟩ feilen; raspeln

ڕنین *ṟinîn* ⟨v.t.⟩ (aus)kratzen

ڕوان *ṟiwan* ⟨v.i.⟩ ⟨ڕوێ- *ṟiwê-*⟩ sprießen; keimen

ڕوانین *ṟiwanîn* ⟨v.t.⟩ ⟨ڕوان- *ṟiwan-*⟩ schauen; blicken

ڕوخسەت *ṟuxset* 1. Erlaubnis *f*; 2. Urlaub *m*; ڕوخسەت هەبوون *ṟuxset hebûn* ⟨v.i.⟩ frei haben; ڕوخسەت سەندن/وەرگرتن *ṟuxset sendin/wergirtin* ⟨v.t.⟩ 1. Erlaubnis erhalten; 2. Urlaub bekommen

ڕوو *ṟû* 1. Gesicht *n*; 2. Oberfläche *f*; خستنە ڕوو *xistine ṟû* ⟨v.t.⟩ ausstellen; ڕوو پۆشین *ṟû poşîn* ⟨v.t.⟩ das Gesicht verschleiern; ڕوو پێدان *ṟû pêdan* ⟨v.t.⟩ freundlich sein zu; ڕوو دان *ṟû dan* ⟨v.t.⟩ (üb.) geschehen; passieren; لە ڕوودا وەرگەڕانەوە *le ṟûda wergeṟanewe* ⟨v.i.⟩ (üb.) j-m widersprechen; ڕوو ڕەش بوون *ṟû ṟeş bûn* ⟨v.i.⟩ (üb.) in Verruf geraten; ڕوو ڕەش کردن *ṟû ṟeş kirdin* ⟨v.t.⟩ bloßstellen; ڕوو لێنان *ṟû lênan* ⟨v.t.⟩ (idiom.) sich an j-n wenden; ڕوو لێ وەرگێڕان *ṟû lê wergêṟan* ⟨v.t.⟩ sich abwenden von; لەم ڕووەوە *lem ṟûwewe* ⟨Konj.⟩ in diesem Fall; دەس بە ڕووەوە نان *des be ṟûwewe nan* ⟨v.t.⟩ zurückweisen; ڕوو هاتن *ṟû hatin* ⟨v.i.⟩ sich trauen; لە ڕوو هاتن *le ṟû hatin*

ڕووبار *ṟûbar* Fluss *m*; Strom *m* (s.a. ↑چەم)

ڕووبەر *ṟûber* (Ober-)Fläche *f*

ڕووبەڕوو *ṟûbeṟû* **I** ⟨Adv.⟩ Auge in Auge; von Angesicht zu Angesicht **II** ⟨Präp.⟩ gegenüber; ڕووبەڕوو قسە کردن *ṟûbeṟû qise kirdin* ⟨v.t.⟩ offen reden; ڕووبەڕوو وەستان *ṟûbeṟû westan* ⟨v.i.⟩ entgegentreten

ڕووپۆش *ṟûpoş* (Gesichts-)Schleier *m*; (Gesichts-)Maske *f*

ڕووپەری *ṟûperî* ⟨Adj.⟩ feenhaft (Gesicht)

ڕووت *ṟût* ⟨Adj.⟩ 1. nackt; 2. blank; 3. kahl; 4. rein; pur; ڕووت بوونەوە *ṟût bûnewe* ⟨v.i.⟩ sich ausziehen; ڕووت کردنەوە *ṟût kirdinewe* ⟨v.t.⟩ 1. ausziehen; 2. plündern; خۆ ڕووت کردنەوە *xo ṟût kirdinewe* ⟨v.refl.⟩ sich ausziehen

ڕووتاندنەوە *ṟûtandinewe* ⟨v.t.⟩ ⟨ڕووتێن- ەوە *ṟûtên- ewe*⟩ rupfen (z.B. Huhn)

ڕووترش *ṟûtirş* ⟨Adj.⟩ mürrisch

ڕووتوقووت *ṟûtuqût* ⟨Adj.⟩ splitternackt

ڕووته *ṟûte* ⟨Adj.⟩ verwahrlost

ڕووتەڵە *ṟûteḻe* s. ↑ڕووته

ڕووخان *ṟûxan* ⟨v.i.⟩ ⟨ڕووخێـ *ṟûxê-*⟩ (ein)stürzen

ڕووخاندن *ṟûxandin* **I** ⟨v.t.⟩ ⟨ڕووخێنـ *ṟûxên-*⟩ abreißen **II** Abriss *m*

ڕووخسار *ṟûxsar* 1. Gesicht *n*; 2. Aussehen *n* (s.a. ↑ڕوو)

ڕووخۆش *ṟûxoş* ⟨Adj.⟩ 1. freundlich; 2. fröhlich

ڕووخۆشی *ṟûxoşî* 1. Freundlichkeit *f*; 2. Fröhlichkeit *f*

ڕووخێنەر *ṟûxêner* Zerstörer *m* / Zerstörerin *f*

ڕووداماڵراو *ṟûdamaḻraw* ⟨Adj.⟩ unverschämt

ڕووداماڵراوی *ṟûdamaḻrawî* Unverschämtheit *f*

ڕووداو *ṟûdaw* 1. Ereignis *n*; Vorfall *m*; 2. Unfall *m*; **ڕووداوی دڵتەزێن** *ṟûdawî diḻtezên* Unglücksfall *m*; **ڕووداوی هاتوچۆ** *ṟûdawî hatuço* Verkehrsunfall *m*

ڕووڕەش *ṟûṟeş* ⟨Adj.⟩ 1. beschämt; 2. schändlich; **ڕووڕەش بوون** *ṟûṟeş bûn* ⟨v.i.⟩ (üb.) in Verruf geraten; **ڕووڕەش کردن** *ṟûṟeş kirdin* ⟨v.t.⟩ (üb.) entehren; entwürdigen

ڕووڕەشی *ṟûṟeşî* Schande *f*; Entehrung *f*

ڕووس *ṟûs* s. ↑ڕووسی

ڕووسپی *ṟûsipî* ⟨Adj.⟩ ehrenhaft; **ڕووسپی بوون** *ṟûsipî bûn* ⟨v.i.⟩ (idiom.) ehrenhaft, ehrenvoll, geehrt sein; ڕووسپی بیت! mögest du geehrt sein!; **ڕووسپی کردن** *ṟûsipî kirdin* ⟨v.t.⟩ (idiom.) ehren

ڕووسوور *ṟûsûr* ⟨Adj.⟩ ehrenhaft; ehrenvoll

ڕووسی *ṟûsî* **I** ⟨Adj.⟩ russisch **II** 1. Russe *m* / Russin *f*; 2. Russisch *n*

ڕووسیا *Ṟûsya* (Geogr.) Russland *n*

ڕووشاندن *ṟûşandin* ⟨v.t.⟩ ⟨ڕووشێنـ *ṟûşên-*⟩ zerkratzen

ڕووکار *ṟûkar* 1. Vorderseite *f*; 2. (üb.) Schein *m*

ڕووکەش *ṟûkeş* ⟨Adj.⟩ 1. äußerlich; 2. oberflächlich

ڕووگرژ *ṟûgirj* ⟨Adj.⟩ mürrisch

ڕوومەت *ṟûmet* (Anat.) Wange *f*

ڕوون *ṟûn* ⟨Adj.⟩ 1. klar; 2. deutlich • چاوتان ڕوون! (idiom.) herzlichen Glückwunsch!; **ڕوون بوونەوە** *ṟûn bûnewe* ⟨v.i.⟩ sich klären; **ڕوون کردنەوە** *ṟûn kirdinewe* ⟨v.t.⟩ erklären

ڕووناک *ṟûnak* ⟨Adj.⟩ hell; **ڕووناک بوونەوە** *ṟûnak bûnewe* ⟨v.i.⟩ hell werden; **ڕووناک کردنەوە** *ṟûnak kirdinewe* ⟨v.t.⟩ beleuchten

ڕووناکبیر *ṟûnakbîr* **I** ⟨Adj.⟩ gebildet; kultiviert **II** Intellektueller *m* / Intellektuelle *f*

ڕووناکبیری *ṟûnakbîrî* Kultur *f*

ڕووناککردنەوە *ṟûnakkirdinewe* Beleuchtung *f*

ڕووناکی *ṟûnakî* Helligkeit *f*; **ڕووناکیی ڕۆژ** *ṟûnakîy ṟoj* Tageslicht *n*

ڕوونکار *ṟûnkar* Interpret *m* / Interpretin *f*

ڕوونکارنامە *rûnkarname* Erklärung *f*; Stellungnahme *f*

ڕوونکردنەوە *rûnkirdinewe* Darstellung *f*; Erläuterung *f*; شێوەی ڕوونکردنەوە *şêwey rûnkirdinewe* Diagramm *n*

ڕوونکردنەوەبەوێنە *rûnkirdinewebewêne* Illustration *f*

ڕوونووس *rûnûs* Nachbildung *f*; Kopie *f*; ڕوونووس کردن *rûnûs kirdin* ⟨v.t.⟩ abschreiben

ڕوونی *rûnî* Klarheit *f*

ڕووەک *ruwek* (Bot.) Pflanze *f*; باخچەی ڕووەک *baxçey ruwek* Botanischer Garten *m*; ڕووەکی شفابەخش *ruwekî şifabexş* Heilpflanze *f*; ڕۆنی ڕووەک *ronî ruwek* Pflanzenöl *n*; زانستیی ڕووەک *zanistîy ruwek* Botanik *f*; ڕووەکی ئاوی *ruwekî awî* (Bot.) Wasserpflanze *f*

ڕووەکناس *ruweknas* Botaniker *m* / Botanikerin *f*

ڕووەکی *ruwekî* ⟨Adj.⟩ botanisch

ڕۆب *rob* 1. Umhang *m*; 2. Morgenmantel *m*; ڕۆبی حەمام *robî hemam* Bademantel *m*

ڕۆبۆت *robot* Roboter *m*

ڕۆبیان *robyan* (Zool.) Garnele *f*

ڕۆتین *rotîn* Routine *f*

ڕۆچوون *roçûn* ⟨v.i.⟩ ⟨ڕۆ...چـ- *ro…ç-*⟩ (hinab)sinken; versinken

ڕۆح *roh* Geist *m*; Seele *f* • ڕۆحی شیرینم! (Anrede) du, meine edle Seele!; du, meine reine Seele!; ڕۆح چوون *roh çûn* ⟨v.i.⟩ erschrocken, entsetzt sein

ڕۆحسووک *rohsûk* ⟨Adj.⟩ 1. niedlich; 2. sympathisch

ڕۆحی *rohî* ⟨Adj.⟩ seelisch; spirituell

ڕۆژ *roj* 1. Tag *m*; 2. Sonne *f*; 3. Datum *n* • ڕۆژ باش! guten Tag!; ڕۆژی حەفتە *rojî hefte* Wochentag *m*; ڕۆژی دایکان *rojî daykan* Muttertag *m*; تیشکی ڕۆژ *tîşkî roj* Sonnenstrahl *m*; خۆ دانە بەر ڕۆژ *xo dane ber roj* ⟨v.refl.⟩ sich sonnen; ڕۆژ بوونەوە *roj bûnewe* ⟨v.i.⟩ Tag werden; ڕۆژ کردنەوە *roj kirdinewe* ⟨v.t.⟩ die ganze Nacht aufbleiben; ڕۆژ هەڵهاتن *roj helhatin* ⟨v.i.⟩ aufgehen (Sonne); ڕۆژی پشوو *rojî pişû* Feiertag *m*; ڕۆژی سەری ساڵ *rojî serî sal* Neujahrstag *m*; ڕۆژی کار *rojî kar* Arbeitstag *m*; ڕۆژی لەدایکبوون *rojî ledayikbûn* Geburtstag *m*

ڕۆژاوا *rojawa* 1. Sonnenuntergang *m*; 2. (Geogr.) Westen *m*; ڕۆژاوا بوون *rojawa bûn* ⟨v.i.⟩ untergehen (Sonne)

ڕۆژاوایی *rojawayî* ⟨Adj.⟩ westlich

ڕۆژباش *rojbaş* guter Tag *m* • ڕۆژباش! Guten Tag!

ڕۆژبەڕۆژ *rojberoj* ⟨Adv.⟩ täglich

ڕۆژژمێر *rojjimêr* Kalender *m*

ڕۆژکوێر *rojkwêr* ⟨Adj.⟩ (Med.) tagblind

ڕۆژکوێری *rojkwêrî* (Med.) Tagblindheit *f*

ڕۆژگار *rojgar* Zeitalter *n*; Epoche *f*

ڕۆژگیران *rojgîran* (Astr.) Sonnenfinsternis *f*

ڕۆژنامە *rojname* (Tages-)Zeitung *f*;

ڕۆژنامەی ڕۆژانە *ṟojnamey ṟojane* Tageszeitung *f*

ڕۆژنامەوان *ṟojnamewan* Journalist *m* / Journalistin *f*

ڕۆژنامەوانی *ṟojnamewanî* 1. Presse *f*; 2. Journalismus *m*

ڕۆژوو *ṟojû* (Rel.) Fasten *n* (im Ramadan); **ڕۆژوو شکاندن** *ṟojû şikandin* ⟨v.t.⟩ das Fasten brechen; **ڕۆژوو گرتن** *ṟojû girtin* ⟨v.t.⟩ fasten

ڕۆژووان *ṟojûwan* **I** ⟨Adj.⟩ fastend **II** Fastender *m* / Fastende *f*

ڕۆژهەڵات *ṟojheḻat* **I** ⟨Adj.⟩ östlich (vgl. ↑خۆرهەڵات) **II** 1. Sonnenaufgang *m*; 2. (Geogr.) Osten *m*; 3. Orient *m*

ڕۆژهەڵاتناس *ṟojheḻatnas* Orientalist *m* / Orientalistin *f*

ڕۆژهەڵاتناسی *ṟojheḻatnasî* Orientalistik *f*

ڕۆژهەڵاتی *ṟojheḻatî* ⟨Adj.⟩ 1. östlich; 2. orientalisch

ڕۆژەپشوو *ṟojepişû* Feiertag *m*; Ruhetag *m*

ڕۆشن *ṟoşin* ⟨Adj.⟩ 1. hell; 2. deutlich (s.a. ↑ڕوون) • چاومان ڕۆشن! (idiom.) wir freuen uns, dich zu sehen!; **ڕۆشن کردنەوە** *ṟoşin kirdinewe* ⟨v.t.⟩ erleuchten

ڕۆشنایی *ṟoşnayî* Helligkeit *f*

ڕۆشنبیر *ṟoşinbîr* s. ↑ڕووناکبیر

ڕۆشنبیری *ṟoşinbîrî* **I** ⟨Adj.⟩ kulturell **II** Kultur *f*; Bildung *f*

ڕۆڵ *ṟoḻ* (Thea.) Rolle *f*; **ڕۆڵ بینین** *ṟoḻ bînîn* ⟨v.t.⟩ eine Rolle spielen

ڕۆماتیزم *ṟomatîzim* (Med.) Rheuma *n*

ڕۆماتیزماوی *ṟomatîzmawî* ⟨Adj.⟩ (Med.) rheumatisch

ڕۆمان *ṟoman* (Lit.) Roman *m*

ڕۆمانتیک *ṟomantîk* Romantik *f*

ڕۆمانسی *ṟomansî* ⟨Adj.⟩ romantisch

ڕۆماننووس *ṟomannûs* (Lit.) Romanautor *m* / Romanautorin *f*

ڕۆمانی *ṟomanî* **I** ⟨Adj.⟩ rumänisch **II** Rumäne *m* / Rumänin *f*

ڕۆمانیا *Ṟomanya* (Geogr.) Rumänien *n*

ڕۆن *ṟon* Öl *n*; Fett *n* (gewöhnlich gereinigte Butter); **ڕۆنی چێشت** *ṟonî çêşt* Speiseöl *n*; **ڕۆنی ڕووەک** *ṟonî ṟuwek* Pflanzenöl *n*; **ڕۆنی ماسی** *ṟonî masî* Tran *m*; **ڕۆنی ئوتومبێل** *ṟonî utumbêl* Motoröl *n*

ڕۆنزەیتوون *ṟonzeytûn* Olivenöl *n*

ڕۆنگۆڕین *ṟongoṟîn* Ölwechsel *m*

ڕۆیشتن *ṟoyiştin* s. ↑ڕۆییشتن

ڕۆییشتن *ṟoyîştin* ⟨v.i.⟩ ⟨ڕۆ-/ڕوا *ṟo-/ṟwa*⟩ 1. (dahin-, einher-, entlang-, umher)gehen; 2. (fort)laufen; 3. marschieren

ڕۆییشتنەوە *ṟoyîştinewe* ⟨v.i.⟩ ⟨ڕۆ- ەوە/ڕواتەوە *ṟo- ewe/ṟwatewe*⟩ zurückgehen

ڕۆیین *ṟoyîn* s. ↑ڕۆییشتن

ڕەبەن *ṟeben* ⟨Adj.⟩ ledig; alleinstehend

ڕەپ *ṟep* ⟨Adj.⟩ steif und gerade; starr; **ڕەپ بوون** *ṟep bûn* ⟨v.i.⟩ sich versteifen; **ڕەپ کردن** *ṟep kirdin* ⟨v.t.⟩ 1. versteifen; 2. aufrichten

ڕەجم *ṟecim* Steinigung *f*; **ڕەجم کردن** *ṟecim kirdin* ⟨v.t.⟩ steinigen

ڕەچاو *ṟeçaw* ⟨Adj.⟩ betrachtend; **ڕەچاو**

ڕەچاو کردن reçaw kirdin ⟨v.t.⟩ berücksichtigen
ڕەچەتە reçete (Med.) Rezept n; ڕەچەتەی پزیشک reçetey pizîşk Arztrezept n
ڕەچەڵەک reçelek Wurzel(stock m) f
[1]ڕەحم rehm Gnade f; Mitleid n
[2]ڕەحم rehm (Anat.) Gebärmutter f
ڕەحەت rehet ⟨Adj.⟩ bequem (s.a. ↑ئاسوودە); خۆ ڕەحەت کردن xo rehet kirdin ⟨v.refl.⟩ (üb.) sich selbst befriedigen
ڕەحەتی rehetî Trichter m (zum Einfüllen von Flüssigkeit)
ڕەخساندن rexsandin ⟨v.t.⟩ ⟨ڕەخسێن- rexsên-⟩ ermöglichen
ڕەخنە rexne Kritik f; ڕەخنە گرتن rexne girtin ⟨v.t.⟩ kritisieren
ڕەخنەگر rexnegir Kritiker m / Kritikerin f
ڕەز rez 1. Weinberg m; 2. Rebstock m
ڕەزا reza ⟨Adj.⟩ einverstanden
ڕەزامەند rezamend ⟨Adj.⟩ zufrieden
ڕەزامەندی rezamendî Einwilligung f; Genehmigung f
ڕەزەوان rezewan Winzer m / Winzerin f
ڕەسم resim Abbildung f; Foto n (s.a. ↑نیگار); ڕەسم گرتن resim girtin ⟨v.t.⟩ fotografieren
ڕەسمی resmî ⟨Adj.⟩ amtlich; offiziell; öffentlich
ڕەسەن resen ⟨Adj.⟩ 1. reinrassig; 2. edel
ڕەش reş ⟨Adj.⟩ schwarz
ڕەشاش reşaş Maschinengewehr n
ڕەشبین reşbîn I ⟨Adj.⟩ pessimistisch II Pessimist m / Pessimistin f
ڕەشبینی reşbînî Pessimismus m
ڕەشمە reşme (verzierter) Zügel m
ڕەشنووس reşnûs 1. Manuskript n; 2. Skizze f
ڕەشوسپی reşusipî ⟨Adj.⟩ schwarzweiß
ڕەشەبا reşeba stürmischer Wind m
ڕەفتار reftar Verhalten n; Manieren Pl.; ڕەفتار کردن reftar kirdin ⟨v.t.⟩ sich benehmen
ڕەفە refe (Wand-)Brett n; Regal n
ڕەق req ⟨Adj.⟩ hart; steif; ڕەق بوونەوە req bûnewe ⟨v.i.⟩ erfrieren
ڕەقابە reqabe Zensur f
ڕەقاس reqas Pendel n
ڕەقە reqe (Zool.) Schildkröte f (s.a. ↑کیسەڵ)
ڕەقەڵە reqele (Anat.) Knöchel m (jeder vorspringende Knochen)
ڕەقی reqî Härte f
ڕەگ reg 1. (Anat.) Vene f; 2. Nerv m; 3. Wurzel f
ڕەگەز regez Rasse f; Art f
ڕەگەزپەرست regezperist I ⟨Adj.⟩ rassistisch II Rassist m / Rassistin f
ڕەگەزپەرستی regezperistî Rassismus m
ڕەگەزنامە regezname 1. Pass m; 2. Staatsangehörigkeit f (s.a. ↑جنسییە)
ڕەمەزان remezan Ramadan m (neunter Monat des islamischen Mondjahres); جەژنی ڕەمەزان cejnî remezan Fest des Fastenbrechens
ڕەنج renc Mühe f; ڕەنج دان renc dan ⟨v.t.⟩ sich große Mühe geben
ڕەنجبەر rencber Arbeiter m / Arbeiterin f (bes. Landarbeiter)

ڕ

ڕەنجدەر r̬encder I ⟨Adj.⟩ werktätig II Werktätiger *m* / Werktätige *f*

ڕەنگ r̬eng Farbe *f*; ڕەنگی قژ r̬engî qij Haarfarbe *f*; ڕەنگ دانەوە/کردن r̬eng danewe/kirdin ⟨v.t.⟩ färben; (an) streichen; ڕەنگی پێست r̬engî pêst Teint *m*; Hautfarbe *f*

ڕەنگاوڕەنگ r̬engawr̬eng ⟨Adj.⟩ (kunter)bunt

ڕەنگوڕوو r̬engur̬û Aussehen *n*

ڕەنگە r̬enge ⟨Adv.⟩ möglicherweise; wahrscheinlich

ڕەنگین r̬engîn ⟨Adj.⟩ 1. bunt; 2. (üb.) schön; 3. harmonisch

ڕەوا r̬ewa ⟨Adj.⟩ rechtmäßig; zulässig; پێ ڕەوا بینین pê r̬ewa bînîn ⟨v.t.⟩ 1. billigen; 2. j-m gönnen

ڕەوان r̬ewan ⟨Adj.⟩ 1. deutlich; 2. leicht

ڕەوانبێژ r̬ewanbêj ⟨Adj.⟩ redegewandt

ڕەوانبێژی r̬ewanbêjî 1. Rhetorik *f*; 2. Beredsamkeit *f*

ڕەوانی r̬ewanî (Med.) Durchfall *m* (s.a. ↑سکچوون); دەرمانی ڕەوانی dermanî r̬ewanî (Med.) Abführmittel *n*

ڕەوایی r̬ewayî 1. Gerechtigkeit *f*; 2. Rechtmäßigkeit *f*

ڕەوت r̬ewt 1. Gang *m*; 2. Verlauf *m*

ڕەوش r̬ewş Situation *f*; Zustand *m*

ڕەوشت r̬ewişt Eigenschaft *f*; Charakter *m*

ڕەوشتی r̬ewiştî ⟨Adj.⟩ moralisch; sittlich

ڕەوکردن r̬ewkirdin Auswanderung *f*; Emigration *f*

ڕەوکردوو r̬ewkirdû ⟨Adj.⟩ emigiert

ڕەوە r̬ewe 1. Herde *f*; Rudel *n*; 2. Haufen *m*

ڕەوەند r̬ewend I ⟨Adj.⟩ nomadisch II Nomade *m* / Nomadin *f*

ڕەهن r̬ehin 1. Pfand *n*; 2. Verpfändung *f*; ڕەهن کردن r̬ehin kirdin ⟨v.t.⟩ verpfänden

ڕەهەندە r̬ehende Vertriebener *m* / Vertriebene *f*; ڕەهەندە کردن r̬ehende kirdin ⟨v.t.⟩ vertreiben

ڕیا r̬iya Heuchelei *f*

ڕیاکار r̬iyakar ⟨Adj.⟩ heuchlerisch; scheinheilig

ڕیپۆرتاج r̬îportac Reportage *f*

ڕیپۆق r̬îpoq Schlafkörnchen *n*

ڕیتم r̬îtim Rhythmus *m*; Takt *m*

ڕیخۆڵە r̬îxol̬e (Anat.) Darm *m*

ڕیخۆڵەکوێرە r̬îxol̬ekwêre (Anat.) Blinddarm *m*

ڕیز r̬îz Reihe *f*; لە ڕیزدا وەستان le r̬izda westan ⟨v.i.⟩ sich anstellen; ڕیز بوون r̬îz bûn ⟨v.i.⟩ sich anstellen; Schlange stehen

ڕیزبەند r̬îzbend ⟨Adj.⟩ kompakt; ڕیزبەند کردن r̬îzbend kirdin ⟨v.t.⟩ unterordnen

ڕیزە r̬îze Kolonne *f*

ڕیسایکلینگ r̬îsayklîng Recycling *n*

ڕیسوا r̬îswa ⟨Adj.⟩ entehrt; entwürdigt; ڕیسوا کردن r̬îswa kirdin ⟨v.t.⟩ entwürdigen; bloßstellen

ڕیسوایی r̬îswayî 1. Schande *f*; Schmach *f*; 2. Entehrung *f*

ڕیش r̬îş Bart *m*; ڕیش تاشین r̬îş taşîn ⟨v.t.⟩ den Bart abrasieren

ڕیشاڵ r̬îşal̬ Faser *f*

ڕیشۆڵە r̬îşol̬e (Zool.) Amsel *f*

ڕ

ڕیفۆرم *r̤îforim* Reform *f*
ڕیقنە *r̤îqne* (Vogel-)Mist *m*
ڕیکلامە *r̤îklame* Reklame *f*; Werbung *f*
[1]ڕێ *r̤ê* Name des elften Buchstabens des kurdischen Alphabets (ڕ *r̤*)
[2]ڕێ *r̤ê* Weg *m*; Straße *f*; ڕێی گەڕانەوە *r̤êy ger̤anewe* Hinweg *m*; ڕێی ناڕاستەوخۆ *r̤êy nar̤astewxo* Umweg *m*; ڕێ بەستن *r̤ê bestin* ⟨v.t.⟩ den Weg sperren, blockieren; ڕێ پیشان دان *r̤ê pîşan dan* ⟨v.t.⟩ j-m den Weg zeigen, weisen; ڕێ پێدان *r̤ê pêdan* ⟨v.t.⟩ erlauben; zulassen; بە ڕێ خستن *be r̤ê xistin* ⟨v.t.⟩ 1. (ab) schicken; 2. (ugs.) einchecken; ڕێ کەوتن *r̤ê kewtin* ⟨v.i.⟩ sich einigen; ڕێ لێتێکچوون *r̤ê lêtêkçûn* ⟨v.i.⟩ sich verlaufen; ڕێ لێگرتن *r̤ê lêgirtin* ⟨v.t.⟩ verhindern; ڕێ لێ ون بوون *r̤ê lê win bûn* ⟨v.i.⟩ sich verlaufen; ڕێ نەدان *r̤ê nedan* ⟨v.t.⟩ nicht erlauben; ڕێی ئاسمانی *r̤êy asmanî* Luftfahrt *f*
ڕێباز *r̤êbaz* 1. Wegweiser *m*; 2. Lehre *f*
ڕێبوار *r̤êbwar* Passant *m* / Passantin *f*
ڕێبەر *r̤êber* 1. (An-)Führer *m* / (An-)Führerin *f*; 2. Wegweiser *m*; ڕێبەری بەکارهێنان *r̤êberî bekarhênan* Bedienungsanleitung; ڕێبەری زمان *r̤êberî ziman* Sprachführer *m*
ڕێبەری *r̤êberî* (An-)Führung *f*; Leitung *f*
ڕێبەست *r̤êbest* **I** ⟨Adj.⟩ versperrt **II** Sperre *f*; Schranke *f*
ڕێبەندان *r̤êbendan* Stau *m*
ڕێپێبەر *r̤êpêber* ⟨Adj.⟩ zugänglich
ڕێپێدان *r̤êpêdan* Erlaubnis *f*; Zulassung *f*
ڕێپێدراو *r̤êpêdiraw* ⟨Adj.⟩ erlaubt; zulässig
ڕێپێنەدراو *r̤êpênedraw* **I** ⟨Adj.⟩ unzulässig **II** Verbot *n*
ڕێتێچوو *r̤êtêçû* ⟨Adv.⟩ wahrscheinlich
ڕێتێچوون *r̤êtêçûn* Wahrscheinlichkeit *f*
ڕێتێنەچوو *r̤êtêneçû* ⟨Adj.⟩ unwahrscheinlich
ڕێجیم *r̤êcîm* Diät *f*
ڕێچکە *r̤êçke* (Fuß-)Spur *f*
ڕێحانە *r̤êẖane* (Bot.) Basilikum *n*
ڕێڕەو *r̤êr̤ew* 1. Durchgang *m*; Durchfahrt *f*; Flur *m*; 2. Entwicklung *f*
ڕێز *r̤êz* (Hoch-)Achtung *f*; Respekt *m*; ڕێز (لێ)گرتن *r̤êz (lê)girtin* ⟨v.t.⟩ (ver)ehren; (hoch) achten; ڕێز لێنەگرتن *r̤êz lênegirtin* ⟨v.t.⟩ verachten; ڕێز لێنان *r̤êz lênan* ⟨v.t.⟩ 1. würdigen; 2. schätzen
ڕێزدار *r̤êzdar* **I** ⟨Adj.⟩ geehrt **II** Herr (Anrede)
ڕێزلێنەگرتن *r̤êzlênegirtin* Verachtung *f*
ڕێزمان *r̤êzman* Grammatik *f*
ڕێزمانی *r̤êzmanî* ⟨Adj.⟩ grammatikalisch
ڕێژاوگە *r̤êjawge* Flussmündung *f*
ڕێژگە *r̤êjge* s. ↑ڕێژاوگە
ڕێژنە *r̤êjne* (Regen-)Schauer *m*
ڕێژە *r̤êje* Gesamtheit *f*; ڕێژەی سەدی *r̤êjey sedî* (Math.) Prozentsatz *m*
ڕێژەیی *r̤êjeyî* ⟨Adj.⟩ relativ
ڕێژیان *r̤êjiyan* 1. Lebensweg *m*; 2. Karriere *f*
ڕێفەڕاندوم *r̤êfer̤andum* (Pol.) Referen-

dum *n* (s.a. ↑ڕاپرسی)

ڕێک *rêk* ⟨Adj.⟩ richtig; genau; ڕێک خستن *rêk xistin* ⟨v.t.⟩ organisieren; regeln; ڕێک کەوتن *rêk kewtin* ⟨v.i.⟩ 1. sich versöhnen; 2. sich einigen

ڕێکت *rêkt* (Sp.) (Tisch-)Tennisschläger *m*

ڕێکخراو *rêkxiraw* Organisation *f*

ڕێکخستن *rêkxistin* Anordnung *f*; Organisation *f*

ڕێکخەر *rêkxer* Organisator *m* / Organisatorin *f*

ڕێکوپێک *rêkupêk* ⟨Adj.⟩ ordentlich; systematisch; ڕێکوپێک کردن *rêkupêk kirdin* ⟨v.t.⟩ (an)ordnen

ڕێکوپێکی *rêkupêkî* Ordnung *f*

ڕێکەوت *rêkewt* 1. Zufall *m*; 2. Gelegenheit *f*

ڕێکەوتن *rêkewtin* Abkommen *n*; Vereinbarung *f*; ڕێکەوتن لەسەر *rêkewtin leser* ⟨v.t.⟩ abmachen; vereinbaren

ڕێکەوتننامە *rêkewtinname* Vertrag *m*

ڕێگا *rêga* 1. Weg *m*; 2. Zugang *m* (s.a. ↑ڕێ²); ڕێگای چوونەژوورەوە *rêgay çûnejûrewe* Zufahrt *f*; ڕێگا پێدان/دان *rêga pêdan/dan* ⟨v.t.⟩ erlauben; genehmigen; ڕێگای پاسکیل *rêgay paskîl* Fahrradweg *m*; ڕێگای ماڵەوە *rêgay malewe* Heimweg *m*

ڕێگر *rêgir* **I** ⟨Adj.⟩ hinderlich **II** Straßenräuber *m* / Straßenräuberin *f*; Bandit *m*; دەستەی ڕێگران *destey rêgiran* Räuberbande *f*

ڕێگری *rêgirî* Straßenraub *m*

ڕێگە *rêge* s. ↑ڕێگا

ڕێنجە *rênce* (Zool.) Hering *m*

ڕێنمایی *rênimayî* Führung *f*; Anleitung *f*; ڕێنمایی کردن *rênimayî kirdin* ⟨v.t.⟩ führen; Rat geben; ڕێنماییی هاتوچۆ *rênimayîy hatuço* Straßenverkehrsordnung *f*

ڕێنماییکەر *rênimayîker* Ratgeber *m* / Ratgeberin *f*; ڕێنماییکەری گەشتیاران *rênimayîkerî geştiyaran* Fremdenführer

ڕێنووس *rênûs* (Gr.) Rechtschreibung *f*

ڕێنیشاندەر *rênîşander* Wegweiser *m*

ڕێواس *rêwas* (Bot.) Rhabarber *m*

ڕێوڕەسم *rêwresim* Zeremonie *f*

ڕێوی *rêwî* (Zool.) Fuchs *m*

ز

ز z zê; zwölfter Buchstabe des kurdischen Alphabets (Zahlenwert 7)

زات *zat* Wesen *n*

زاتەلیت *zatelît* Satellit *m*; سینیی زاتەلیت *sîniy zatelît* Satellitenschüssel *f*

زار[1] *zar* 1. Mund *m*; 2. Dialekt *m*

[2]زار *zar* (Spiel) Würfel *m;* **زار هەڵدان** *zar he̱ldan* ⟨v.t.⟩ würfeln
زاراوە *zarawe* Terminus *m*
زارەکی *zarekî* ⟨Adj.⟩ mündlich
زاری *zarî* ⟨Adj.⟩ verbal (s.a. ↑[2]دەمی)
زافەران *zaferan* (Bot.) Safran *m*
زاڵبوون *za̱lbûn* Beherrschung *f*
زاڵم *za̱lim* **I** ⟨Adj.⟩ tyrannisch **II** Tyrann *m* / Tyrannin *f*
زاڵمی *za̱limî* Tyrannei *f;* Ungerechtigkeit *f* (s.a. ↑زۆرداری)
زام *zam* (Med.) Wunde *f*
زامدار *zamdar* ⟨Adj.⟩ verwundet
زان *zan* ⟨v.i.⟩ ⟨زێـ *zê-*⟩ ein Kind gebären • ژنەکە زا die Frau gebar ein Kind
زانا *zana* **I** ⟨Adj.⟩ gelehrt; fachkundig **II** Gelehrter *m* / Gelehrte *f*
زانخواز *zanxiwaz* ⟨Adj.⟩ neugierig
زانخوازی *zanxiwazî* Neugier *f*
زانڕۆژ *zan̰roj* Geburtstag *m*
زانست *zanist* Wissenschaft *f*
زانستانە *zanistane* ⟨Adv.⟩ wissenschaftlich
زانستکار *zanistkar* Wissenschaftler *m* / Wissenschaftlerin *f*
زانستگا *zanistga* Universität *f* (s.a. ↑زانکۆ)
زانستی *zanistî* ⟨Adj.⟩ wissenschaftlich
زانکار *zankar* s. ↑زانستکار
زانکۆ *zanko* Universität *f* (s.a. ↑زانستگا)
زانیاری *zanyarî* Auskunft *f*
زانین *zanîn* ⟨v.t.⟩ ⟨زانـ *zan-*⟩ wissen; können
زاوا *zawa* 1. Bräutigam *m;* 2. Schwiegersohn *m;* 3. Schwager *m* (Bezeichnung unter nahen Blutsverwandten für einen angeheirateten Mann)
زاونا *zawna* Sauna *f* (vgl. ↑[گەرماو]ی هەڵمی)
زاووزێ *zawuzê* Fortpflanzung *f;* **زاووزێ کردن** *zawuzê kirdin* ⟨v.t.⟩ sich fortpflanzen
زایندەیی *zayindeyî* ⟨Adj.⟩ geschlechtlich
زایەڵە *zaye̱le* Echo *n*
زبر *zibir* ⟨Adj.⟩ rau; grob
زبڵ *zibi̱l* Abfall *m;* Müll *m*
زبڵخانە *zibi̱lxane* Mülldeponie *f*
زدەلکەسر *zidelkesir* ⟨Adj.⟩ unzerbrechlich
زراو *ziraw* (Anat.) Galle *f;* **بەردی زراو** *berdî ziraw* (Med.) Gallenstein *m;* **زراو تەقین/چوون** *ziraw teqîn/çûn* ⟨v.i.⟩ erschrocken sein
زرنگ *ziring* ⟨Adj.⟩ scharfsichtig
زرنگان *ziringan* ⟨v.i.⟩ ⟨زرنگێـ *ziringê-*⟩ klirren
زرنگاندنەوە *ziringandinewe* ⟨v.t.⟩ ⟨زرنگێنـ ەوە *ziringên- ewe*⟩ klingen
زریان *ziryan* (Schnee-)Sturm *m*
زریانی *ziryanî* ⟨Adj.⟩ stürmisch
زریزە *zirîze* kleine Kette *f*
زرێ *zirê* (Ketten-)Panzer *m*
زرێپۆش *zirêpoş* **I** ⟨Adj.⟩ gepanzert **II** Panzer *m*
زڕ *zi̱r* ⟨Adj.⟩ 1. kahl (Baum); 2. unfruchtbar (Pflanze); 3. unecht
زڕباوک *zi̱rbawk* Stiefvater *m*
زڕبرا *zi̱rbira* Halbbruder *m*
زڕخوشک *zi̱rxuşk* Halbschwester *f*

زڕدایک *zir̲dayk* Stiefmutter *f*
زڕدایکوباوک *zir̲daykubawk* Stiefeltern *Pl.*
زڕکچ *zir̲kiç* Stieftochter *f*
زڕکوڕ *zir̲kur̲* Stiefsohn *m*
زستان *zistan* Winter *m*
زستانە *zistane* ⟨Adj.⟩ winterlich
زستانی *zistanî* ⟨Adj.⟩ winterlich
زفت *zift* Teer *m*; (Erd-)Pech *n*
زک *zik* (Anat.) Bauch *m* (vgl. ↑سک)
زکپڕ *zikpir̲* ⟨Adj.⟩ schwanger; **زکپڕ بوون** *zikpir̲ bûn* ⟨v.i.⟩ schwanger sein/werden; **زکپڕ کردن** *zikpir̲ kirdin* ⟨v.t.⟩ schwängern
زکپڕی *zikpir̲î* Schwangerschaft *f*
زکچوون *zikçûn* (Med.) Durchfall *m*
زکماک *zikmak* ⟨Adj.⟩ angeboren
زکماکی *zikmakî* ⟨Adj.⟩ erblich
زل *zil* ⟨Adj.⟩ groß; riesig
زلحۆ *zil̲ho* ⟨Adj.⟩ unbeholfen; plump
زللە *zille* Ohrfeige *f*; **زللە لێدان** *zille lêdan* ⟨v.t.⟩ j-n ohrfeigen
زلهێز *zilhêz* (Pol.) Großmacht *f*
زمان *ziman* 1. (Anat.) Zunge *f*; 2. Sprache *f*; **زمانی ئیشارەت** *zimanî îşaret* Gebärdensprache; **دەستووری زمان** *destûrî ziman* Grammatik *f*; **زانستیی زمان** *zanistîy ziman* Linguistik *f*; **زمان فێر بوون** *ziman fêr bûn* ⟨v.i.⟩ eine Sprache lernen; **زمان گرتن** *ziman girtin* ⟨v.t.⟩ stottern; **زمانی باڵا** *zimanî bal̲a* Hochsprache *f*; **زمانی باو** *zimanî baw* Umgangssprache *f*; **زمانی بێگانە** *zimanî bêgane* Fremdsprache *f*; **زمانی دایک** *zimanî dayk* Muttersprache *f*; **زمانی نووسین** *zimanî nûsîn* Schriftsprache *f*
زمانپاراو *zimanparaw* ⟨Adj.⟩ redegewandt
زماندرێژ *zimandirêj* **I** ⟨Adj.⟩ frech **II** Lästermaul *n*
زمانشیرین *zimanşîrîn* ⟨Adj.⟩ höflich; freundlich
زمانفس *zimanfis* **I** ⟨Adj.⟩ lispelnd **II** Lispler *m* / Lisplerin *f*; **زمانفس بوون** *zimanfis bûn* ⟨v.i.⟩ lispeln
زمانە *zimane* Klappe *f*; Ventil *n*
زمانەبچکۆلە *zimanebiçkole* (Anat.) (Gaumen-)Zäpfchen *n*
زمانەوان *zimanewan* Sprachwissenschaftler *m* / Sprachwissenschaftlerin *f*
زمانەوانی *zimanewanî* 1. Philologie *f*; 2. Sprachwissenschaft *f*
زمڕووت *zimr̲ût* Smaragd *m*
زنار *zinar* (schroffe) Klippe *f*
زنجیر *zincîr* Kette *f* (auch Schmuck); **زنجیری جل** *zincîrî cil* Reißverschluss *m*
زنجیرە *zincîre* Folge *f*; Serie *f*
زوحەل *zuhel* (Astr.) Saturn *m* (vgl. ↑کەیوان)
زوربە *zurbe* **I** ⟨Adv.⟩ meistens **II** Mehrheit *f*
زوڕنا *zur̲na* (Mus.) Zurna *f* (orientalisches Blasinstrument aus Rohr)
زوقم *zuqim* 1. Frost *m*; 2. Reif *m*
زولالییات *zulalîyat* (Bio.) Eiweiß *n*
زوڵم *zul̲m* Unrecht *n*; Ungerechtigkeit *f*; **زوڵم لێکردن** *zul̲m lêkirdin* ⟨v.t.⟩ unterdrücken; tyrannisieren
زوو *zû* ⟨Adv.⟩ 1. schnell; 2. früh;

ز

3. rechtzeitig • بەیانی زوو früh morgens; **زوو کردن** *zû kirdin* ⟨v.t.⟩ sich beeilen; !زوو کە beeile dich!
زووربە *zûrbe* s. ↑زۆربە
زویر *ziwîr* ⟨Adj.⟩ verärgert
زویری *ziwîrî* Verärgerung *f*
زۆپا *zopa* Heizofen *m*; **زۆپای دار** *zopay dar* Brennholzofen *m*; **زۆپای غازی** *zopay xazî* Gasofen *m*
زۆر *zor* **I** ⟨Adj.⟩ viel; reichlich **II** ⟨Adv.⟩ sehr **III** Macht *f*; Kraft *f*; **زۆر بۆ هاتن** *zor bo hatin* ⟨v.i.⟩ gezwungen werden; **زۆر بۆ هێنان** *zor bo hênan* ⟨v.t.⟩ j-n überwältigen; **زۆر لێکردن** *zor lêkirdin* ⟨v.t.⟩ j-n zu etw. zwingen
زۆران *zoran* Ringen *n*; **زۆران گرتن** *zoran girtin* ⟨v.t.⟩ (Sp.) ringen
زۆرانباز *zoranbaz* (Sp.) Ringer *m* / Ringerin *f*
زۆرانبازی *zoranbazî* (Sp.) Ringen *n*; Ringkampf *m*
زۆربە *zorbe* Mehrheit *f* (s.a. ↑زوربە)
زۆرتر *zortir* ⟨Adv.⟩ mehr
زۆرترین *zortirîn* ⟨Adj.⟩ höchste(-r, -s)
زۆرجار *zorcar* ⟨Adv.⟩ oft
زۆرخۆر *zorxor* ⟨Adj.⟩ gefräßig
زۆردار *zordar* **I** ⟨Adj.⟩ tyrannisch; herrschsüchtig **II** Tyrann *m* / Tyrannin *f*
زۆرداری *zordarî* Tyrannei *f*; Unterdrückung *f*
زۆرزان *zorzan* ⟨Adj.⟩ schlau
زۆرزۆر *zorzor* ⟨Adj.⟩ zahllos; viel
زۆرکردن *zorkirdin* Zunahme *f*
زۆرکۆن *zorkon* ⟨Adj.⟩ uralt
زۆروزەبەندە *zoruzebende* ⟨Adv.⟩ zahlreich
زۆرەملێ *zoremilê* Zwang *m*
زۆرینە *zorîne* Mehrheit *f*
زۆڵ *zol̲* **I** ⟨Adj.⟩ unehelich **II** Bastard *m* (als Schimpfwort)
زۆڵێتی *zol̲êtî* Schlauheit *f*
زۆنگاو *zongaw* Sumpf *m*; Moor *n*
زەبتوڕەبت *zebtur̲ebt* Disziplin *f*
زەحمەت *zeh̲met* ⟨Adj.⟩ mühsam; **زەحمەت کێشان** *zeh̲met kêşan* ⟨v.t.⟩ sich bemühen
زەحیری *zeh̲îrî* (Med.) Durchfall *m* (vgl. ↑سکچوون)
زەخت *zext* Druck *m* (s.a. ↑پاڵەپەستۆ)
زەخیرە *zexîre* 1. Lebensmittel *Pl.*; 2. Vorrat *m*
زەرب *zerb* (Math.) Multiplikation *f*; **زەرب کردن** *zerb kirdin* ⟨v.t.⟩ (Math.) multiplizieren
زەرد *zerd* ⟨Adj.⟩ gelb
زەردوویی *zerdûyî* (Med.) Gelbsucht *f*
زەردهەڵگەڕاو *zerdhel̲ger̲aw* ⟨Adj.⟩ blass; bleich
زەردەپەڕ *zerdeper̲* (Abend-)Dämmerung *f*
زەردەچەوە *zerdeçewe* (Bot.) Kurkuma *f*
زەردەخەنە *zerdexene* Lächeln *n*; **زەردەخەنە گرتن** *zerdexene girtin* ⟨v.t.⟩ lächeln
زەردەشت *Zerdeşt* (Rel.) Zarathustra *m*
زەردەشتی *zerdeştî* **I** ⟨Adj.⟩ (Rel.) zoroastrisch **II** (Rel.) Zoroastrier *m* / Zoroastrierin *f*
زەردەشتێتی *zerdeştêtî* (Rel.) Zoroastrismus *m*

زەردەواڵە *zerdewale* (Zool.) Hornisse *f*
زەردێنە *zerdêne* Dotter *m/n*
زەرف *zerf* (Brief-)Umschlag *m*; **زەرفی نایلۆن** *zerfî naylon* Plastiktüte *f*
زەروو *zerû* (Zool.) Blutegel *m*
زەرووری *zerûrî* ⟨Adj.⟩ notwendig
زەرەر *zerer* ⟨Adj.⟩; **زەرەر کردن** *zerer kirdin* ⟨v.t.⟩ Verlust machen; **زەرەر لێدان** *zerer lêdan* ⟨v.t.⟩ beschädigen 1. Schaden *m*; 2. Verlust *m*
زەرەروزیان *zereruziyan* Schaden *m*
زەریا *zerya* Meer *n* (vgl. ↑دەریا)
زەریاوان *zeryawan* Seemann *m*; Matrose *m* / Matrosin *f*
زەریاوانی *zeryawanî* 1. Seefahrt *f*; 2. Marine *f*
زەریبە *zerîbe* Steuer *f*; **زەریبە دان** *zerîbe dan* ⟨v.t.⟩ Steuern zahlen
زەڕافە *zeṟafe* (Zool.) Giraffe *f*
زەڕە *zeṟe* (Phys.) Atom *n*
زەڕەبین *zeṟebîn* Lupe *f*
زەکات *zekat* (Rel.) Almosensteuer *f*; **زەکات دان** *zekat dan* ⟨v.t.⟩ Almosensteuer zahlen
زەل *zel* Schilf *n*
زەلام *zelam* 1. Mann *m*; 2. Person *f*
زەلامفڕێن *zelamfiṟên* Kidnapper *m* / Kidnapperin *f*
زەلامی *zelamî* Salami(wurst) *f*
زەلە *zele* Irrtum *m*; Fehler *m*; **زەلە کردن** *zele kirdin* ⟨v.t.⟩ sich versprechen
زەڵاتە *ze̱late* Salat *m*
زەمالە *zemale* Stipendium *n*
زەماوەند *zemawend* (Hochzeits-) Party *f*; **زەماوەند گێڕان** *zemawend gêṟan* ⟨v.t.⟩; **زەماوەند کردن** *zemawend kirdin* ⟨v.t.⟩ eine (Hochzeits-)Party geben; **ڕۆژی زەماوەند** *ṟojî zemawend* Hochzeitstag *m*
زەمبەلەک *zembelek* (Tech.) (Sprung-) Feder *f*
زەمق *zemq* Klebstoff *m*
زەمکردن *zemkirdin* Mobbing *n*
زەمیلە *zemîle* Korb *m*
زەمین *zemîn* Erde *f* (s.a. ↑زەوی)
زەمینە *zemîne* 1. Grund *m*; 2. Hintergrund *m* (s.a. ↑بنچینە)
زەنجەفیل *zencefîl* (Bot.) Ingwer *m*
زەنگ *zeng* Glocke *f*; Klingel *f*; **زەنگ لێدان** *zeng lêdan* ⟨v.t.⟩ klingeln
زەوق *zewq* 1. gute Laune *f*; 2. Genuss *m*; **زەوق لێبوون** *zewq lêbûn* ⟨v.i.⟩ sich erfreuen an; **زەوق هەستان** *zewq hestan* ⟨v.i.⟩ erregt sein
زەوی *zewî* (Erd-)Boden *m*; **گۆی زەوی** *goy zewî* Globus *m*; **زەوی کێڵان** *zewî kê̱lan* ⟨v.t.⟩ Boden pflügen
زەویزان *zewîzan* Geologe *m* / Geologin *f*
زەویزانی *zewîzanî* Geologie *f*
زەویگەرمبوون *zewîgerimbûn* Erderwärmung *f*
زەویوزار *zewîwzar* 1. Ackerland *n*; 2. Gelände *n*
زەهر *zehr* Gift *n* (vgl. ↑ژار[2]); **زەهر خواردن** *zehr xiwardin* ⟨v.t.⟩ sich vergiften
زەیت *zeyt* Öl *n*
زەیتوون *zeytûn* (Bot.) Olive *f*
زیاتر *ziyatir* ⟨Adv.⟩ mehr
زیاد *ziyad* ⟨Adj.⟩ übermäßig; **زیاد کردن** *ziyad kirdin* ⟨v.t.⟩ hinzufügen
زیادلەپێویست *ziyadlepêwîst* ⟨Adj.⟩

überflüssig
زیادە *ziyade* Zusatz *m*
زیارەت *ziyaret* (Rel.) Pilgerreise *f*
زیارەتگا *ziyaretga* Wallfahrtsort *m*
زیان *ziyan* 1. Verlust *m*; 2. Nachteil *m*; **زیان لێدان** *ziyan lêdan* ⟨v.t.⟩ etw. beschädigen
زیپکە *zîpke* (Med.) Pickel *m*; Pustel *f*
زیخ *zîx* 1. Kies *m*; 2. Kieselstein *m*
زیرە *zîre* (Bot.) Kümmel *m*
زیرەک *zîrek* ⟨Adj.⟩ klug; intelligent
زیرەکی *zîrekî* Klugheit *f*
زیز *zîz* ⟨Adj.⟩ verärgert
زیقاندن *zîqandin* ⟨v.t.⟩ ⟨زیقێن- *zîqên-*⟩ 1. quietschen; 2. quieken
زیقەزیق *zîqezîq* Gezwitscher *n*; **زیقەزیق کردن** *zîqezîq kirdin* ⟨v.t.⟩ zwitschern
زین *zîn* Sattel *m*; **زین کردن** *zîn kirdin* ⟨v.t.⟩ satteln
زینا *zîna* Ehebruch *m*
زیناکار *zînakar* Ehebrecher *m* / Ehebrecherin *f*
زیندان *zîndan* Gefängnis *n*
زیندانی *zîndanî* Gefangener *m* / Gefangene *f*; **زیندانی کردن** *zîndanî kirdin* ⟨v.t.⟩ inhaftieren
زیندوو *zîndû* ⟨Adj.⟩ 1. lebendig; 2. lebhaft; 3. (üb.) unsterblich; **زیندوو کردنەوە** *zîndû kirdinewe* ⟨v.t.⟩ j-n/etw. wiederbeleben
زیندەوەر *zîndewer* 1. Tier *n*; 2. (Lebe-)Wesen *n* (s.a. ↑گیانلەبەر)
زیندەوەرزان *zîndewerzan* Biologe *m* / Biologin *f*
زیندەوەرزانی *zîndewerzanî* Biologie *f*
زیو *zîw* (Geol.) Silber *n*
زیوی *zîwî* ⟨Adj.⟩ silbern
[1]**زێ** *zê* Name des zwölften Buchstabens des kurdischen Alphabets (ز z)
[2]**زێ** *zê* See *m*
زێدەڕۆیی *zêde̱royî* Übertreibung *f*
زێراب *zêrab* 1. Kanalisation *f*; 2. Abfluss(rinne *f*) *m*
زێڕ *zêṟ* Gold *n*
زێڕەنگەر *zêṟenger* Goldschmied *m* / Goldschmiedin *f*
زێڕین *zêṟîn* ⟨Adj.⟩ golden
زێلزیۆس *zêlziyos* Celsius *n*
زێوار *zêwar* Streifen *m*

ژ

ژ *j* jȇ; dreizehnter Buchstabe des kurdischen Alphabets (Zahlenwert 7 genauso wie ز z)
ژاپۆن *Japon* (Geogr.) Japan *n*
ژاپۆنی *japonî* **I** ⟨Adj.⟩ japanisch **II** 1. Japaner *m* / Japanerin *f*; 2. Ja-

panisch *n*

ژار *jar* Gift *n* (vgl. ↑ژەهر); ژاری مار *jarî mar* Schlangengift (oft auch als Ausruf der Abscheu gebraucht: halt die Klappe!)

ژاراوی *jarawî* ⟨Adj.⟩ giftig; ژاراوی کردن *jarawî kirdin* ⟨v.t.⟩ vergiften

ژاراویکراو *jarawîkiraw* ⟨Adj.⟩ vergiftet

ژاراویکردن *jarawîkirdin* Vergiftung *f*

ژاکان *jakan* ⟨v.i.⟩ (ـ ژاکێـ *jakê-*⟩ 1. knittern; 2. verwelken

ژاکاندن *jakandin* ⟨v.t.⟩ ⟨ـ ژاکێنـ *jakên-*⟩ zerknittern; zerknüllen

ژالۆزی *jalozî* Jalousie *f*

ژاڵە *jale* (Bot.) Oleander *m*

ژانگرتن *jangirtin* Wehen *Pl.*

ژانەسک *janesik* (Med.) Bauchschmerzen *Pl.*

ژانەکەلەکە *janekeleke* Ischias *m/n*

ژمادرن *jimardin* I ⟨v.t.⟩ ⟨ـ ژمێر *jimêr-*⟩ zählen; (ab)rechnen II Auszählung *f*; Aufzählung *f*; ئامێری ژماردن *amêrî jimardin* (Wasser-, Elektro-, Gas-) Zähler *m*; لە ژماردندا هەڵە کردن *le jimardinda heḻe kirdin* ⟨v.t.⟩ sich verrechnen

ژماردنەوە *jimardinewe* ⟨v.t.⟩ ⟨ـ ژمێرەوە *jimêr-ewe*⟩ nachzählen

ژمارە *jimare* Zahl *f*; Nummer *f*; ژمارەی نوتومبێل *jimarey utumbêl* Nummernschild *n*; Autokennzeichen *n*; ژمارەی تەلەفۆن *jimarey telefon* Telefonnummer *f*; ژمارەی خانوو *jimarey xanû*; ژمارەی بانق *jimarey banq* (Bank-)Konto *n*; ژمارەی نهێنی *jimarey nihênî* Geheimnummer *f*

ژمێرە *jimêre* Berechnung *f*; Kalkulation *f*

ژمێرەر *jimêrer* Zeiger *m*

ژمێریار *jimêryar* Kassierer *m* / Kassiererin *f*

ژمێریاری *jimêryarî* Buchhaltung *f*

ژن *jin* 1. Frau *f*; 2. Ehefrau *f*; ژن هێنان / مارە کردن *jin hênan / mare kirdin* ⟨v.t.⟩ eine Frau heiraten; ژنی ماڵ *jinî mal* Hausfrau *f*

ژنانە *jinane* ⟨Adv.⟩ weiblich

ژنبرا *jinbira* Schwager *m*

ژنومێرد *jinumêrd* Ehepaar *n*

ژنومێردی *jinumêrdî* 1. Ehe *f*; 2. Heirat *f*

ژنەجادووباز *jinecadûbaz* Hexe *f*

ژنەجووتیار *jinecûtyar* Bäuerin *f*

ژنەشا *jineşa* Königin *f*

ژنەکاسبکار *jinekasibkar* Geschäftsfrau *f*

ژنەکرێکار *jinekirêkar* Arbeiterin *f*

ژوور *jûr* Zimmer *n*; Raum *m*; ژوور گرتن *jûr girtin* ⟨v.t.⟩ ein Zimmer mieten, reservieren; ژووری حەمام *jûrî ḥemam* Badezimmer *n*; ژووری بازرگانی *jûrî bazirganî* Handelskammer *f*; ژووری چاوەڕوانی *jûrî çawerwanî* Warteraum *m*; ژووری دانیشتن *jûrî danîştin* Wohnzimmer *n*; ژووری دوو کەسی *jûrî dû kesî* Doppelzimmer *n*; ژووری عەمەلیات *jûrî 'emelîyat* Operationssaal *m*; ژووری کارکردن *jûrî karkirdin* Arbeitszimmer *n*; ژووری میوان *jûrî mîwan* Empfangsraum *m*; Wohnzimmer *n*; ژووری نانخواردن *jûrî nanxiwardin* Esszimmer *n*; ژووری نووستن

jûrî nûstin Schlafzimmer *n*; ژووری یەک کەسی *jûrî yek kesî* Einzelzimmer *n*

ژووردەنگ *jûrdeng* Ultraschall *m*

ژووروو *jûrû* **I** ⟨Adj.⟩ nördlich **II** Norden *m*

ژەم *jem* 1. Ration *f*; 2. Mahl *n*; ژەمی بەیانی *jemî beyanî* Frühstück *n*

ژەمەخواردن *jemexiwardin* Mahlzeit *f*; Menü *n*

ژەندن *jendin* ⟨v.t.⟩ ⟨ژەنـ *jen-*⟩ 1. schaukeln; 2. (ein Musikinstrument) spielen

ژەنگ *jeng* (Chem.) Rost *m*; ژەنگ گرتن *jeng girtin* ⟨v.t.⟩ (ver)rosten

ژەنگار *jengar* ⟨Adj.⟩ rostig; verrostet

ژەنگگرتوو *jenggirtû* ⟨Adj.⟩ verrostet

ژەنگنەگر *jengnegir* ⟨Adj.⟩ rostfrei

ژەنیار *jenyar* Musiker *m* / Musikerin *f*

ژەهر *jehr* s. ↑ژار

ژیان *jiyan* **I** ⟨v.i.⟩ ⟨ژیـ/ژییێ *jî-/jiyê*⟩ 1. leben; 2. wohnen **II** Leben *n* • لەم ماڵەدا دەژییێم/دەژیم ich lebe in diesem Haus; ژیانی تایبەتی *jiyanî taybetî* Privatleben *n*

ژیاندن *jiyandin* ⟨v.t.⟩ ⟨ژیێنـ، ژێنـ *jiyên-, jên-*⟩ erziehen; Unterhalt *m* zahlen

ژیاندنەوە *jiyandinewe* ⟨v.t.⟩ ⟨ژیێنـ ەوە، ژێنـ ەوە *jiyên- ewe, jên- ewe*⟩ wieder beleben; reanimieren

ژیر *jîr* ⟨Adj.⟩ klug; intelligent; weise; ژیر کردنەوە *jîr kirdinewe* ⟨v.t.⟩ 1. beruhigen; 2. trösten (z.B. Kind)

ژیری *jîrî* Klugheit *f*; Weisheit *f*

ژیشک *jîşk* (Zool.) Igel *m*

ژین *jîn* ⟨v.i.⟩ ⟨ژیـ/ژێ *jî-/jê*⟩ 1. leben; 2. wohnen

ژینگە *jînge* Umwelt *f*; Umgebung *f*

ژینگەپیسکردن *jîngepîskirdin* Umweltverschmutzung *f*

ژینگەزانی *jîngezanî* **I** ⟨Adj.⟩ ökologisch **II** Ökologie *f*

ژیننامە *jînname* Lebenslauf *m*

[1]ژێ *jê* Name des dreizehnten Buchstabens des kurdischen Alphabets (ژ *j*)

[2]ژێ *jê* 1. Streifen *m*; 2. Leine *f*; 3. (Mus.) Saite *f* (s.a. ↑دەمار)

ژێدار *jêdar* ⟨Adj.⟩ -saitig; ئامێری ژێدار *amêrî jêdar* Streichinstrument *n*

ژێر *jêr* **I** ⟨Adv.⟩ unten **II** ⟨Präp.⟩ unter; ژێر خستن *jêr xistin* ⟨v.t.⟩ besiegen; ژێر کەوتن *jêr kewtin* ⟨v.i.⟩ überwältigt, besiegt werden

ژێراوگەڕ *jêrawger* Taucher *m* / Taucherin *f*

ژێرپیاڵە *jêrpiyale* Untertasse *f*

ژێردەستە *jêrdeste* Untertan *m*

ژێردەستی *jêrdestî* Unterwerfung *f*

ژێرڕایەخ *jêrrayex* Unterlage *f*

ژێرزەوی *jêrzewî* **I** ⟨Adj.⟩ unterirdisch **II** Keller *m*

ژێرکراس *jêrkiras* Unterhemd *n*

ژێرکەوتن *jêrkewtin* Niederlage *f*; Misserfolg *m*

ژێرکەوتە *jêrkewte* Versager *m* / Versagerin *f*

ژێرماڵە *jêrmale* Untermieter *m* / Untermieterin *f*

ژێروورگ *jêrwirg* (Anat.) Unterleib *m*

ژێرەوژوور *jêrewjûr* ⟨Adj.⟩ verkehrt

ژێرین *jêrîn* ⟨Adj.⟩ untere(-r, -s)

س

س *s* sê, sîn; vierzehnter Buchstabe des kurdischen Alphabets (Zahlenwert 60)

سابات *sabat* 1. Laube *f*; 2. Kiosk *m*

سابوون *sabûn* Seife *f*

سات *sat* Augenblick *m* (s.a. ↑کات)

ساحیر *saḫîr* Zauberer *m* / Zauberin *f*

ساخ *sax* s. ↑ساغ

ساخته *saxte* ⟨Adj.⟩ gefälscht

ساختەکار *saxtekar* Betrüger *m* / Betrügerin *f* (s.a. ↑فێڵباز)

ساختەکاری *saxtekarî* Fälschung *f*; **ساختەکاری کردن** *saxtekarî kirdin* ⟨v.t.⟩ fälschen

ساده *sade* ⟨Adj.⟩ 1. einfach; bescheiden; 2. seicht

سادەیی *sadeyî* 1. Einfachheit *f*; 2. Schlichtheit *f*

سارد *sard* ⟨Adj.⟩ kalt

ساردخانه *sardxane* Kühlhaus *n*

ساردکەر *sardker* Kühlschrank *m*

ساردکەرەوە *sardkerewe* Kühler *m*

ساردەمەنی *sardemenî* Erfrischungsgetränk *n*

ساردی *sardî* Kälte *f*; Kühlung *f*

سارغی *sarx̱î* (Med.) Bandage *f*; Verband *m*

ساری *sarî* ⟨Adj.⟩ ansteckend; **نەخۆشیی ساری** *nexoşîy sarî* (Med.) Infektionskrankheit *f*

ساڕێژ *saṟêj* ⟨Adj.⟩ geheilt (Wunde); **ساڕێژ بوون** *saṟêj bûn* ⟨v.i.⟩ 1. heilen; 2. genesen; **ساڕێژ کردن** *saṟêj kirdin* ⟨v.t.⟩ kurieren

ساز *saz* Saz *n* (dreisaitiges Saiteninstrument mit langem Hals)

سازکەر *sazker* 1. Antreiber *m* / Antreiberin *f*; 2. (EDV) Treiber *m*; 3. (El.) Adapter *m*

سازگار *sazgar* ⟨Adj.⟩ 1. gesund; 2. erfrischend; blühend

ساس *sas* Soße (Sauce) *f*

ساغ *sax̱* ⟨Adj.⟩ 1. gesund; 2. intakt (vgl. ↑ساخ)

ساف *saf* ⟨Adj.⟩ klar; rein

ساکار *sakar* ⟨Adj.⟩ schlicht

سالمه *salme* (Bot.) Orchidee *f*

ساڵ *sal̲* Jahr *n*; **بە ساڵدا چوون** *be sal̲da çûn* ⟨v.i.⟩ altern; **ساڵی دروستکردن** *sal̲î dirustkirdin* Baujahr; **ساڵی خوێندن** *sal̲î xwêndin* Studienjahr *n*; **ساڵی کەبیسە** *sal̲î kebîse* Schaltjahr *n*; **ساڵی لەدایکبوون** *sal̲î ledayikbûn* Geburtsjahr *n*

ساڵانە *sal̲ane* ⟨Adv.⟩ jährlich

ساڵرۆژ *sal̲roj* Jahrestag *m*

سالّنامه *sal̲name* Kalender *m*

سالّۆن *sal̲on* Salon *m* (s.a. ↑دیدەنگە); **سالّۆنی جوانکردن** *sal̲onî ciwankirdin* Kosmetiksalon *m*

سالّەهایسالّ *sal̲ehaysal̲* ⟨Adj.⟩ jahrelang; langjährig

سالّی *sal̲î* ⟨Adj.⟩ jährlich

سام *sam* Furcht *f*; Scheu *f*

سامالّ *samal̲* ⟨Adj.⟩ wolkenlos

سامان *saman* 1. Reichtum *m*; 2. Besitz *m*; **سامانی سروشتی** *samanî siruştî* Bodenschätze

سامناک *samnak* ⟨Adj.⟩ schrecklich; grauenhaft; entsetzlich

سامۆرەک *samorek* (Zool.) Marder *m*

سامی *samî* **I** ⟨Adj.⟩ semitisch **II** Semit *m* / Semitin *f*

سان *san* (hist.) Sultan *m* (Kurzform von سوڵتان)

سانا *sana* ⟨Adj.⟩ einfach; unkompliziert (s.a. ↑ئاسان); **سانا کردن** *sana kirdin* ⟨v.t.⟩ vereinfachen

سانایی *sanayî* Einfachheit *f*; Leichtigkeit *f* (s.a. ↑ئاسانی)

سانتیمەتر *santîmetir* Zentimeter *m/n* (Längenmaß, 100 cm = 1 *m*)

سانسۆر *sansor* Zensor *m* / Zensorin *f*; **سانسۆر کردن** *sansor kirdin* ⟨v.t.⟩ zensieren

سانییە *sanîye* Sekunde *f* (s.a. ↑چرکە)

سانییەژمێر *sanîyejimêr* Sekundenzeiger *m*

ساویلکە *sawîlke* ⟨Adj.⟩ leichtgläubig; unkritisch; naiv

ساویلکەیی *sawîlkeyî* Naivität *f*

سایت *sayit* Fahrspur *f*; Fahrbahn *f*

سایلۆ *saylo* Silo *m/n*

سایەقە *sayeqe* ⟨Adj.⟩ wolkenlos; unbewölkt

سبەی *sibey* **I** ⟨Adv.⟩ morgen **II** Morgen *m*

سپاردن *sipardin* ⟨v.t.⟩ ⟨سپێر-⟩ *sipêr-*⟩ 1. verleihen; 2. deponieren

سپاس *sipas* Dank *m* • سپاس بۆ خوا! Gott sei Dank!; **سپاس کردن** *sipas kirdin* ⟨v.t.⟩ j-m danken

سپاسنامە *sipasname* Dankschreiben *n*

سپاگێتی *sipagêtî* Spaghetti *Pl.*

سپڕای *sipr̲ay* Spray *n*; **سپڕایی قژ** *sipr̲ayî qij* Haarspray *n*

سپڵ *sipil̲* (Anat.) Milz *f*

سپڵە *sipl̲e* ⟨Adj.⟩ undankbar

سپڵەیی *sipl̲eyî* Undankbarkeit *f*

سپۆنسەر *siponser* Sponsor *m* / Sponsorin *f*

سپی *sipî* ⟨Adj.⟩ weiß

سپیاو *sipyaw* weißer Gesichtspuder *m*; **سپیاو کردن** *sipyaw kirdin* ⟨v.t.⟩ das Gesicht pudern

سپیدار *sipîdar* (Bot.) Weißpappel *f*

سپێتی *sipêtî* Weiße *f*

سپێر *sipêr* Ersatzteil *n*

سپێم *sipêm* (EDV) Spam *m/f*

سپێناخ *sipênax* (Bot.) Spinat *m*

سپێنە *sipêne* Weiß *n*; **سپێنەی هێلکە** *sipêney hêlke* Eiweiß *n*; (wörtl.) das Weiße vom Ei

ستار *sitar* Star *m*

ستاندارت *sitandart* Standard *m*; Norm *f*

ستایش *stayiş* 1. Lob *n*; 2. Kompliment *n*; **ستایش کردن** *stayiş kirdin* ⟨v.t.⟩ loben

س

ستراتیجی *sitratîcî* ⟨Adj.⟩ strategisch
ستراتیجیەت *sitratîciyet* Strategie *f*
ستریس *sitrês* Stress *m*
ستوون *sitûn* 1. Säule *f*; Pfeiler *m*; 2. Kolumne *f*; Spalte *f* (s.a. ↑پایە)
ستوونی *sitûnî* ⟨Adj.⟩ senkrecht; vertikal
ستۆدیۆ *sitodyo* Studio *n*
ستەم *sitem* Grausamkeit *f*
ستەمکار *sitemkar* **I** ⟨Adj.⟩ 1. grausam; 2. tyrannisch **II** Tyrann *m* / Tyrannin *f*; Unterdrücker *m* / Unterdrückerin *f*
ستەمکاری *sitemkarî* Tyrannei *f*; Unterdrückung *f*; **ستەمکاری کردن** *sitemkarî kirdin* ⟨v.t.⟩ unterdrücken; tyrannisieren
ستیوارد *sitîward* Steward *m* / Stewardess *f*
ستێریۆ *sitêryo* Stereo(phonie *f*) *n*; **ئامێری ستێریۆ** *amêrî sitêryo* Stereoanlage *f*
ستێشن *stêşin* Kombi(wagen) *m*
ستێک *stêk* Steak *n*
ستێنسڵ *stênsil* Schablone *f*
سربی *sirbî* **I** ⟨Adj.⟩ serbisch **II** 1. Serbe *m* / Serbin *f*; 2. Serbisch *n*
سربیا *Sirbiya* (Geogr.) Serbien *n*
سرک *sirk* ⟨Adj.⟩ wild; scheu
سرکە *sirke* Essig *m*; **سرکەی ترێ** *sirkey tirê* Weinessig *m*
سرنج *sirinc* (Med.) Spritze *f*; **سرنج لێدان** *sirinc lêdan* ⟨v.t.⟩ (ein)spritzen
سروشت *siruşt* 1. Natur *f*; 2. Charakter *m*; Eigenart *f*; **پاراستنی سروشت** *parastinî siruşt* Umweltschutz *m*; **زانستیی سروشت** *zanistîy siruşt* Naturwissenschaft
سروشتپارێز *siruştparêz* Naturschützer *m* / Naturschützerin *f*
سروشتپارێزی *siruştparêzî* Naturschutz *m*
سروشتی *siruştî* ⟨Adj.⟩ natürlich; naturgemäß
سروود *sirûd* (Lob-)Lied *n*; **سروودی نەتەوەیی** *sirûdî neteweyî*; **سروودی نیشتمانی** *sirûdî nîştimanî* Nationalhymne *f*
سریانی *Siryanî* (Alt-)Syrer *m* / (Alt-)Syrerin *f*
سرێش *sirêş* Leim *m*; Kleber *m*
سڕ *sir* ⟨Adj.⟩ 1. leblos; 2. starr
سڕبوون *sirbûn* Leblosigkeit *f*
سڕین *sirîn* ⟨v.t.⟩ ⟨سڕ- *sir-*⟩ (ab-, aus-, weg)wischen
سڕینەوە *sirînewe* ⟨v.t.⟩ ⟨سڕ- ەوە *sir- ewe*⟩ (aus-, weg)radieren; durchstreichen
سزا *siza* Strafe *f*; Bestrafung *f*; **سزا دان** *siza dan* ⟨v.t.⟩ 1. (be)strafen; 2. quälen; **سزا کێشان** *siza kêşan* ⟨v.t.⟩ sich quälen
سزادراو *sizadiraw* **I** ⟨Adj.⟩ 1. bestraft; 2. verurteilt **II** Verurteilter *m* / Verurteilte *f*
سست *sist* ⟨Adj.⟩ langsam; träge; schwach; **سست کردن** *sist kirdin* ⟨v.t.⟩ (ab)schwächen
سستەر *sister* Krankenschwester *f*
سستێم *sistêm* System *n*; **سستێمی کارکردن** *sistêmî karkirdin* (EDV) Betriebssystem *n*

سعوودی *si'ûdî* **I** ⟨Adj.⟩ saudi-arabisch **II** Saudi-Araber *m* / Saudi-Araberin *f*

سعوودییه *Si'ûdîye* (Geogr.) Saudi-Arabien *n*

سفت *sift* ⟨Adj.⟩ dicht

سفر *sifir* (Math.) Null *f* (s.a. ↑هیچ)

سفلس *siflis* (Med.) Syphilis *f* (vgl. ↑فەرەنگی)

سک *sik* (Anat.) Bauch *m*; Magen *m* (s.a. ↑زک); **سک پڕ بوون** *sik pir̄ bûn* ⟨v.i.⟩ schwanger sein/werden; **سک پڕ کردن** *sik pir̄ kirdin* ⟨v.t.⟩ schwängern; **سک چوون** *sik çûn* ⟨v.i.⟩ (Med.) Durchfall haben

سکاڵا *sikal̄a* 1. Beschwerde *f*; Klage *f*; 2. Reklamation *f*; **سکاڵا کردن** *sikal̄a kirdin* ⟨v.t.⟩ sich beschweren

سکاڵاکار *sikal̄akar* Kläger *m* / Klägerin *f*

سکاڵاکردن *sikal̄akirdin* Anklage *f*

سکاڵانامه *sikal̄aname* 1. Klageschrift *f*; 2. Petition *f*

سکان *sikan* Scanner *m*; **سکان کردن** *sikan kirdin* ⟨v.t.⟩ scannen

سکپڕ *sikpir̄* **I** ⟨Adj.⟩ schwanger (vgl. ↑زکپڕ) **II** Schwangere *f*

سکپڕی *sikpir̄î* Schwangerschaft *f*

سکچوون *sikçûn* (Med.) Durchfall *m*

سکراب *sikrab* (Eisen-)Schrott *m*; Alteisen *n*

سکرتێر *sikirtêr* Sekretär *m* / Sekretärin *f*

سکقۆڕاندن *sikqor̄andin* Magenknurren *n*

سکه[1] *sike* Münze *f*; **سکه لێدان** *sike lêdan* ⟨v.t.⟩ Münzen prägen, schlagen

سکه[2] *sike* Gleis *n*; Bahn *f*

سکەنەر *skener* Scanner *m*

سکی *sikî* Ski *m*

سلف *silf* (El.) Anlasser *m*

سلفه *silfe* Darlehen *n*; Kredit *m*

سلندەر *silinder* Zylinder *m*

سلنگ *siling* Kran *m*

سلۆڤاک *Silovak* Slowake *m* / Slowakin *f*

سلۆڤاکی *silovakî* ⟨Adj.⟩ slowakisch

سلۆڤاکیا *Silovakya* (Geogr.) Slowakei *f*

سلیکۆن *silîkon* (Chem.) Silikon *n*

سڵ *sil̄* Schreck(en) *m*; **سڵ کردن** *sil̄ kirdin* ⟨v.t.⟩ sich erschrecken

سڵاو *sil̄aw* Gruß *m*; Begrüßung *f* (s.a. ↑سەلام); **سڵاو لێکردن** *sil̄aw lêkirdin* ⟨v.t.⟩ begrüßen

سڵق *sil̄q* (Bot.) Mangold *m*

سڵقەسۆر *sil̄qesor* (Bot.) Artischocke *f*

سم *sim* (Zool.) Huf *m*; Klaue *f*

سمارته *simarte* Schmirgel *m*; **کاغەزی سمارته** *kaxezî simarte* Sandpapier *n*

سمت *simt* (Anat.) Gesäß *n*; Po *m*

سمۆره *simore* (Zool.) Eichhörnchen *n*

سمینار *simînar* Seminar *n*

سمێڵ *simêl̄* Schnurrbart *m*

سن *sin* (Zool.) Blattlaus *f*

سنجاق *sincaq* Sicherheitsnadel *f*

سندووق *sindûq* 1. Kasten *m*; Kiste *f*; 2. Schachtel *f*; **سندووقی ئوتومبێل** *sindûqî utumbêl* Kofferraum *m*; **سندووقی پۆسته** *sindûqî poste* Briefkasten *m*

سنگ[1] *sing* (Anat.) Brust *f*

س

[2]سنگ *sing* Pflock *m*; Pfosten *m*

سنگفراوان *singfirawan* ⟨Adj.⟩ 1. tolerant; 2. nachsichtig; سنگفراوان بوون *singfirawan bûn* ⟨v.i.⟩ tolerieren

سنگەمریشک *singemirîşk* Hühnerbrust *f*

سنوق *sinuq* s. ↑سندووق

سنوور *sinûr* Grenze *f*; Begrenzung *f*; سنوور بۆ دانان *sinûr bo danan* ⟨v.t.⟩ begrenzen

سنووق *sinûq* s. ↑سندووق

سنەوبەر *sinewber* (Bot.) Pinie *f*; Fichte *f*; Nadelbaum *m*

سوار *siwar* **I** ⟨Adj.⟩ beritten **II** Reiter *m* / Reiterin *f*; سوار بوون *siwar bûn* ⟨v.i.⟩ 1. aufsteigen; besteigen; 2. einsteigen

سواغ *siwax̱* (Ver-)Putz *m*; سواغ دان *siwax̱ dan* ⟨v.t.⟩ verputzen

سواڵ *siwaḻ* Bettelei *f*; سواڵ کردن *siwaḻ kirdin* ⟨v.t.⟩ betteln

سواڵکەر *siwaḻker* Bettler *m* / Bettlerin *f*

سوان *siwan* ⟨v.i.⟩ ⟨سوێـ *swê-*⟩ sich abnutzen

سوپا *supa* (Mil.) Armee *f*; سوپای پیادە *supay piyade* Infanterie *f*

سوپاڕانی *supaṟanî* (Mil.) Strategie *f*

سوپاس *supas* s. ↑سپاس

سوپایی *supayî* ⟨Adj.⟩ militärisch

سوپەر *super* ⟨Adj.⟩ super

سوخمە *suxme* Oberteil *n* (eines Kleides); Weste *f*; سوخمەی مەمک *suxmey memik* Büstenhalter *m* (BH)

سوراحی *suraḩî* Karaffe *f*

سورەت *suret* (Rel.) Sure *f*

سوری *surî* **I** ⟨Adj.⟩ syrisch **II** Syrer *m* / Syrerin *f*

سوریا *Surya* (Geogr.) Syrien *n*

سوکان *sukan* Lenkrad *n*; Steuer *n*; Lenkung *f*; سوکانی هایدرۆلیک *sukanî haydirolîk* Servolenkung

سوڵتان *suḻtan* Sultan *m*; Fürst *m*

سونە *sunne* s. ↑سونی

سونی *sunî* **I** ⟨Adj.⟩ (Rel.) sunnitisch **II** (Rel.) Sunna *f*; Sunnit *m* / Sunnitin *f*

سوو *sû* Zinsen *Pl.*; سوو خواردن *sû xiwardin* ⟨v.t.⟩ wuchern; بە سوو دان *be sû dan* ⟨v.t.⟩ gegen Zinsen verleihen; سوو وەرگرتن *sû wergirtin* ⟨v.t.⟩ Zinsen erhalten

سووتان *sûtan* ⟨v.i.⟩ ⟨سووتێـ *sûtê-*⟩ (an-, ver)brennen

سووتاندن *sûtandin* ⟨v.t.⟩ ⟨سووتێنـ *sûtên-*⟩ 1. verbrennen; 2. anzünden

سووتانەوە *sûtanewe* **I** ⟨v.i.⟩ ⟨سووتێـ ەوە *sûtê- ewe*⟩ (Med.) sich entzünden **II** (Med.) Entzündung *f*

سووتاوی *sûtawî* (Med.) Verbrennung *f*

سووتوو *sûtû* Asche *f*

سووتوودان *sûtûdan* Aschenbecher *m*

سووتەمەنی *sûtemenî* Brennstoff *m*; Treibstoff *m*

سوود *sûd* 1. Vorteil *m*; 2. Profit *m* (s.a. ↑سوو); سوود بەخشین *sûd bexşîn* ⟨v.t.⟩ nutzen; profitieren

سوودبەخش *sûdbexş* ⟨Adj.⟩ 1. profitabel; 2. vorteilhaft; nützlich; sinnvoll

سوور *sûr* ⟨Adj.⟩ rot; سوور بوونەوە *sûr*

س

bûnewe ⟨v.i.⟩ 1. erröten; 2. (üb.) garen (Braten); 3. (üb.) zornig werden
سووراو *sûraw* Rouge *n*
سووراووسپیاو *sûrawusipyaw* Schminke *f*; Make-up *n*
سوورپێست *sûrpêst* Indianer *m* / Indianerin *f*; (wörtl.) Rothaut *f*
سوورەبا *sûreba* (Med.) Wundrose *f*
سوورەتا *sûreta* (Med.) Scharlach *m*
سوورەماسی *sûremasî* (Zool.) Goldfisch *m* (vgl. ↑ماسییەسوورە)
سوورەوەکراو *sûrewekiraw* ⟨Adj.⟩ gebraten
سوورێنە *sûrêne* (Anat.) Speiseröhre *f*
سووڕاندنەوە *sû*ṟ*andinewe* ⟨v.t.⟩ ⟨سووڕێنـ- ەوە *sû*ṟ*ên- ewe*⟩ herumführen
سووڕانەوە *sû*ṟ*anewe* ⟨v.i.⟩ ⟨سووڕێـ- ەوە *sû*ṟ*ê- ewe*⟩ sich drehen; kreisen
سووزەنەک *sûzenek* (Med.) Tripper *m*; Gonorrhöe *f*
سووژن *sûjin* Schnürnadel *f*
سووک *sûk* ⟨Adj.⟩ 1. (feder)leicht; einfach; 2. (üb.) schändlich; سووک کردن *sûk kirdin* ⟨v.t.⟩ (j-n) demütigen; schänden
سوون *sûn* ⟨v.t.⟩ ⟨سوو-/سوێ *sû-/swê*⟩ 1. reiben; 2. schleifen
سویچ *swîç* (Um-)Schalter *m*; سویچی ئوتومبێل *swîçî utumbêl* 1. Autoschlüssel *m*; 2. Zündschloss *n*; سویچی کارەبا *swîçî kareba* Lichtschalter *m*
سوید *Swîd* (Geogr.) Schweden *n*
سویدی *swîdî* **I** ⟨Adj.⟩ schwedisch **II** 1. Schwede *m* / Schwedin *f*; 2. Schwedisch *n*
سویسرا *Swîsra* (Geogr.) Schweiz *f*
سویسری *swîsrî* **I** ⟨Adj.⟩ schweizerisch **II** Schweizer *m* / Schweizerin *f*
سوێر *swêr* ⟨Adj.⟩ salzig
سوێرکراو *swêrkiraw* ⟨Adj.⟩ gesalzen
سوێند *swênd* Eid *m*; Schwur *m*; سوێند خواردن *swênd xiwardin* ⟨v.t.⟩ 1. schwören; 2. beschwören; سوێندی درۆ *swêndî diro* Meineid *m*
سۆدان *Sodan* (Geogr.) Sudan *m*
سۆدانی *sodanî* **I** ⟨Adj.⟩ sudanesisch **II** Sudanese *m* / Sudanesin *f*
سۆدە *sode* (Chem.) Soda *f/n*; Kohlensäure *f*
سۆراخ *sorax* 1. Inspektion *f*; 2. Nachforschung *f*; سۆراخ کردن *sorax kirdin* ⟨v.t.⟩ inspizieren
سۆرانی *soranî* Sorani *n* (Mundart der zentralkurdischen Dialektgruppe und Literatursprache)
سۆز *soz* 1. Emotion *f*; Empfindung *f*; 2. Leidenschaft *f*
سۆزانی *sozanî* Prostituierte *f*
سۆزدان *sozdan* Versprechen *n*
سۆسەج *sosec* Wurst *f*
سۆسەن *sosen* (Bot.) Schwertlilie *f*; Iris *f*
سۆسیال *sosyal* ⟨Adj.⟩ sozial; gesellschaftlich
سۆسیالدیموکرات *sosyaldîmukrat* (Pol.) Sozialdemokrat *m* / Sozialdemokratin *f*
سۆسیالدیموکراتی *sosyaldîmukratî* (Pol.) Sozialdemokratie *f*

س

سۆسیالیست *sosyalîst* **I** ⟨Adj.⟩ (Pol.) sozialistisch **II** (Pol.) Sozialist *m* / Sozialistin *f*
سۆسیالیستی *sosyalîstî* (Pol.) Sozialismus *m*
سۆسیۆلۆگ *sosyolog* Soziologe *m* / Soziologin *f*
سۆسیۆلۆگی *sosyologî* **I** ⟨Adj.⟩ soziologisch **II** Soziologie *f*
سۆفتویر *softwêr* (EDV) Software *f*
سۆفی *sofî* **I** ⟨Adj.⟩ mystisch **II** (Rel.) Sufi *m*; Mystiker *m* / Mystikerin *f*
سۆفیگەری *sofîgerî* Mystik *f*
سۆفێتی *sofêtî* (Rel.) Sufismus *m*
سۆلار *solar* ⟨Adj.⟩ solar
سۆمال *Somal* (Geogr.) Somalia *n*
سۆمالی *somalî* **I** ⟨Adj.⟩ somalisch **II** Somalier *m* / Somalierin *f*
سۆندە *sonde* Wasserschlauch *m*
سەبر *sebr* Geduld *f*; **سەبر کردن** *sebr kirdin* ⟨v.t.⟩ sich gedulden; **سەبر گرتن** *sebr girtin* ⟨v.t.⟩ sich gedulden
سەبەب *sebeb* Ursache *f*; Grund *m* (s.a. ↑هۆ)
سەبەتە *sebete* Korb *m*; **سەبەتەی کاغەز** *sebetey kaxez* Papierkorb; **سەبەتەی خۆڵ** *sebetey xol* Abfallkorb *m*
سەتڵ *setil* (Schöpf-)Eimer *m*
سەحرا *sehra* Wüste *f*
سەخافەت *sexafet* Schwachsinn *m*
سەخت *sext* ⟨Adj.⟩ 1. hart; 2. streng; 3. schwer
سەد *sed* ⟨Num.⟩ hundert
سەدرییە *sedrîye* (Arbeits-)Kittel *m*; Weste *f*
سەدە *sede* Jahrhundert *n*; **سەدەکانی ناوەڕاست** *sedekanî nawerast* Mittelalter *n*
سەدەف *sedef* (Zool.) (Perl-)Muschel *f* (s.a. ↑گوێچکەماسی)
سەدەقە *sedeqe* 1. Almosen *n/Pl.*; 2. (üb.) Opfer *n*
سەر *ser* **I** 1. Kopf *m*; 2. Spitze *f* **II** ⟨Adv.⟩ 1. hinauf; 2. darauf **III** ⟨Präp.⟩ auf; über • یارمەتیم دەدەیت؟ بەسەر چاو! hilfst Du mir? – gerne!; **پشتی سەر** *piştî ser* Hinterkopf *m*; **سەر بڕین** *ser birîn* ⟨v.t.⟩ 1. enthaupten; 2. (ab)schlachten; **سەر تاشین** *ser taşîn* ⟨v.t.⟩ (sich) die Haare schneiden; **سەر دان** *ser dan* ⟨v.t.⟩ besuchen; **سەر ڕاوەشاندن** *ser raweşandin* ⟨v.t.⟩ (j-m zu)nicken; **سەر شتن** *ser şitin* ⟨v.t.⟩ sich waschen; **سەر کەوتن** *ser kewtin* ⟨v.i.⟩ (empor)steigen; (be)siegen; triumphieren; **سەر گرتن** *ser girtin* ⟨v.t.⟩ erfolgreich sein; (be-, zu) decken; **سەر لێتێکدان** *ser lêtêkdan* ⟨v.t.⟩ verwirren; **سەر لێدان** *ser lêdan* ⟨v.t.⟩ besuchen; **سەر لێشێواندن** *ser lêşêwandin* ⟨v.t.⟩ 1. durcheinander bringen; 2. bestürzen; **سەر نەکەوتن** *ser nekewtin* ⟨v.i.⟩ scheitern; misslingen; **سەری خۆ هەڵگرتن** *serî xo helgirtin* ⟨v.t.⟩ weglaufen; **سەری ساڵ** *serî sal* Neujahr *n*; **سەری مانگ** *serî mang* Neumond *m*
سەربار *serbar* ⟨Adv.⟩ zusätzlich; extra
سەرباز *serbaz* (Mil.) Soldat *m* / Soldatin *f*; **بە سەرباز کردن** *be serbaz kirdin* ⟨v.t.⟩ (Mil.) einberufen; **سەرباز گرتن**

س

serbaz girtin ⟨v.t.⟩ (Mil.) einberufen; rekrutieren

سەربازی *serbazî* **I** ⟨Adj.⟩ militärisch **II** (Mil.) Heereswesen *n*; Wehrpflicht *f*; **خزمەتی سەربازی** *xizmetî serbazî* Militärdienst *m*; **سەربازیی زۆرەملی** *serbazîy zoremilî* Wehrpflicht *f*

سەرباس *serbas* Überschrift *f*

سەربان *serban* (Haus-)Dach *n*

سەربە *serbe* ⟨Präp.⟩ gehörig zu; abhängig von; **سەربە بوون** *serbe bûn* ⟨v.i.⟩ gehören zu

سەربەخۆ *serbexo* ⟨Adj.⟩ unabhängig; selbstständig

سەربەخۆیی *serbexoyî* Unabhängigkeit *f*; Selbstständigkeit *f*

سەربەرز *serberz* ⟨Adj.⟩ würdevoll; stolz

سەربەرزی *serberzî* Würde *f*; Stolz *m*

سەربەرەوخوار *serberewxiwar* ⟨Adv.⟩ bergab

سەربەرەوژوور *serberewjûr* ⟨Adv.⟩ hinauf

سەربەرەوژێرە *serberewjêre* Abhang *m*; Gefälle *n*

سەربەرەولێژ *serberewlêj* ⟨Adv.⟩ abwärts; bergab

سەربەست *serbest* ⟨Adj.⟩ frei; unabhängig

سەربەستی *serbestî* 1. Freiheit *f*; Unabhängigkeit *f*; 2. (Pol.) Souveränität *f*

سەربەلایەکبوون *serbelayekbûn* Zugehörigkeit *f*

سەرپۆش *serpoş* Kopftuch *n*

سەرپەرشت *serperişt* Aufseher *m* / Aufseherin *f*

سەرپەرشتی *serperiştî* 1. Aufsicht *f*; Überwachung *f*; 2. Betreuung *f*;

سەرپەرشتی کردن *serperiştî kirdin* ⟨v.t.⟩ 1. beaufsichtigen; 2. betreuen

سەرپەرشتیار *serperiştiyar* Betreuer *m* / Betreuerin *f*

سەرپەرشتیکار *serperiştîkar* 1. Aufseher *m* / Aufseherin *f*; 2. Manager *m* / Managerin *f*

سەرپێ *serpê* ⟨Adv.⟩ 1. (üb.) flüchtig; oberflächlich; 2. ambulant

سەرپێچی *serpêçî* 1. Ungehorsam *m*; 2. Verstoß *m*; Verletzung *f*; **سەرپێچی کردن** *serpêçî kirdin* ⟨v.t.⟩ ungehorsam, widerspenstig sein

سەرپێیی *serpêyî* s. ↑ سەرپێ

سەرتاپا *sertapa* ⟨Adv.⟩ (üb.) ganz; gänzlich; überall

سەرتاش *sertaş* Frisör *m* / Frisörin *f*

سەرتاشخانە *sertaşxane* Friseursalon *m*; **سەرتاشخانەی پیاوان** *sertaşxaney piyawan* Herrensalon *m*; **سەرتاشخانەی ژنان** *sertaşxaney jinan* Damensalon *m*

سەرتاشین *sertaşîn* Haarschnitt *m*

سەرتاوسی *sertawisî* Glatze *f*

سەرتوێژ *sertwêj* Rahm *m*; **سەرتوێژی پفدراو** *sertwêjî pifdiraw* Schlagsahne *f*

سەرجەم *sercem* ⟨Adv.⟩ gesamt; total

سەرجێ *sercê* Wäsche *f*

سەرجێگا *sercêga* Tagesdecke *f*

سەرچاوە *serçawe* 1. (Haupt-)Quelle *f*; Ursprung *m*; 2. Nachschlage-

س

werk *n*

سەرخان *serxan* Obergeschoss *n*

سەرخۆش *serxoş* ⟨Adj.⟩ betrunken; خۆ سەرخۆش کردن *xo serxoş kirdin* ⟨v.refl.⟩ sich betrinken

سەرخۆشنەبوو *serxoşnebû* ⟨Adj.⟩ nüchtern

[1]سەرخۆشی *serxoşî* Beileid *n*; سەرخۆشی لێکردن *serxoşî lêkirdin* ⟨v.t.⟩ j-m sein Beileid bezeugen, aussprechen

[2]سەرخۆشی *serxoşî* Betrunkenheit *f*

سەرخەو *serxew* Schläfchen *n*; سەرخەو شکاندن/کردن *serxew şikandin/kirdin* ⟨v.t.⟩ ein Schläfchen halten

سەردار *serdar* (An-)Führer *m* / (An-) Führerin *f*

سەردان *serdan* Besuch *m*; سەردانی نەخۆش *serdanî nexoş* Krankenbesuch *m*

سەردۆشەک *serdoşek* Bettlaken *m*

سەردەس *serdes* Ärmelaufschlag *m*

سەردەم *serdem* Epoche *f*; (Zeit-)Periode *f*

سەردین *serdîn* (Zool.) Sardine *f*

سەردێڕ *serdêr̰* Überschrift *f*; سەردێڕی ڕۆژنامە *serdêr̰î r̰ojname* Schlagzeile *f*

سەرڕاست *serr̰ast* ⟨Adj.⟩ ehrlich; aufrichtig

سەرڕاستی *serr̰astî* Ehrlichkeit *f*; Aufrichtigkeit *f*

سەرزەنشتی *serzeniştî* 1. Tadel *m*; 2. Vorwurf *m*; سەرزەنشتی کردن *serzeniştî kirdin* ⟨v.t.⟩ 1. tadeln; 2. (herum)nörgeln

سەرژمێر *serjimêr* (Auf-)Zählung *f*; سەرژمێری گشتی *serjimêrî giştî* Volkszählung *f*

سەرسام *sersam* ⟨Adj.⟩ erstaunt; überrascht; پێ سەرسام بوون *pê sersam bûn* ⟨v.i.⟩ j-n bewundern; سەرسام بوون *sersam bûn* ⟨v.i.⟩ sich wundern; staunen; سەرسام کردن *sersam kirdin* ⟨v.t.⟩ in Erstaunen setzen; verwirren

سەرسامی *sersamî* Überraschung *f*; Verwunderung *f*

سەرسپی *sersipî* ⟨Adj.⟩ weißhaarig

سەرسم *sersim* (wörtl.) Hufspitze; Stolpern *n*; سەرسم دان *sersim dan* ⟨v.t.⟩ stolpern

سەرسووڕ *sersûr̰* ⟨Adj.⟩ erstaunt; verblüfft; سەرسووڕ مان *sersûr̰ man* ⟨v.i.⟩ staunen; سەرسووڕ هێنان *sersûr̰ hênan* ⟨v.t.⟩ überraschen

سەرسووڕهێنەر *sersûr̰hêner* ⟨Adj.⟩ erstaunlich; eindrucksvoll

سەرسەری *serserî* **I** ⟨Adj.⟩ rüpelhaft; pervers **II** Schuft *m*

سەرشۆر *serşor* Waschraum *m*

سەرشۆڕ *serşor̰* ⟨Adj.⟩ 1. beschämt; 2. gedemütigt; سەرشۆڕ کردن *serşor̰ kirdin* ⟨v.t.⟩ demütigen; erniedrigen

سەرف *serf* Verbrauchen *n*; سەرف کردن *serf kirdin* ⟨v.t.⟩ ausgeben (Geld); verbrauchen

سەرقاپ *serqap* Deckel *m*; سەرقاپ نانەوە *serqap nanewe* ⟨v.t.⟩ zuklappen

سەرقاڵ *serqal̰* ⟨Adj.⟩ sehr beschäftigt

سەرقاڵی *serqal̰î* 1. Arbeitsbelastung *f*; 2. Hochbetrieb *m*

سەرقەبران *serqebran* Friedhof *m*; چوونە

سەرقەبران *çûne serqebran* ⟨v.i.⟩ auf den Friedhof gehen
سەرکار *serkar* Aufseher *m* / Aufseherin *f*
سەرکاری *serkarî* Aufsicht *f*; Inspektion *f*
سەرکردایەتی *serkirdayetî* Präsidium *n*; **سەرکردایەتی کردن** *serkirdayetî kirdin* ⟨v.t.⟩ (an)führen; leiten
سەرکردە *serkirde* Führer *m* / Führerin *f*; **سەرکردەی شۆڕش** *serkirdey şoriş* Revolutionsführer *m* / Revolutionsführerin *f*
سەرکۆمار *serkomar* Staatspräsident *m* / Staatspräsidentin *f*
سەرکەش *serkeş* **I** ⟨Adj.⟩ rebellisch **II** Rebell *m* / Rebellin *f*
سەرکەشی *serkeşî* 1. Starrsinn *m*; 2. Rebellion *f* (s.a. ↑لاساری); **سەرکەشی کردن** *serkeşî kirdin* ⟨v.t.⟩ 1. riskieren; 2. rebellieren; sich widersetzen
سەرکەوتن *serkewtin* Sieg *m*; Triumph *m*
سەرکەوتوو *serkewtû* **I** ⟨Adj.⟩ erfolgreich; siegreich **II** Sieger *m* / Siegerin *f*
سەرگوروشتە *serguruşte* 1. Ereignis *n*; 2. Erzählung *f*
سەرگوزەشتە *serguzeşte* Abenteuer *n* (s.a. ↑سەرگوروشتە)
سەرگەردان *sergerdan* ⟨Adj.⟩ 1. verwirrt; 2. verzweifelt
سەرگەردانی *sergerdanî* 1. Verwirrung *f*; 2. Verzweiflung *f*
سەرگەرم *sergerm* ⟨Adj.⟩ 1. gereizt; 2. gespannt
سەرلە *serle* ⟨Präp.⟩ am Anfang von; um; gegen • سەرلە بەیانی am frühen Morgen; سەرلە نیوەڕۆ um Mittag
سەرلێتێکچوو *serlêtêkçû* ⟨Adj.⟩ durcheinander
سەرلێتێکچوون *serlêtêkçûn* 1. Verwirrung *f*; 2. Verwechslung *f*
سەرلێتێکدەر *serlêtêkder* Spielverderber *m* / Spielverderberin *f*
سەرلێدان *serlêdan* Besuch *m* (vgl. ↑سەردان); **کاتی سەرلێدان** *katî serlêdan* Besuchszeit *f*
سەرلێشێوان *serlêşêwan* 1. Verwirrung *f*; 2. Bestürzung *f*
سەرلێشێواو *serlêşêwaw* ⟨Adj.⟩ 1. verwirrt; 2. bestürzt
سەرما *serma* Kälte *f*; **سەرما بوون** *serma bûn* ⟨v.i.⟩ 1. kalt sein; 2. sich erkälten; سەرمامە mir ist kalt
سەرمابوون *sermabûn* (Med.) Erkältung *f*
سەرمایە *sermaye* 1. Kapital *n*; 2. Reichtum *m*
سەرمایەدار *sermayedar* **I** ⟨Adj.⟩ kapitalistisch **II** Kapitalist *m* / Kapitalistin *f*
سەرمایەداری *sermayedarî* Kapitalismus *m*
سەرمەشق *sermeşq* 1. Vorbild *n*; 2. Modell *n*; **سەرمەشق بوون** *sermeşq bûn* ⟨v.i.⟩ ein Vorbild, Idol sein; سەرمەشقمان بوو er war unser Vorbild
سەرمەوقولات *sermewqulat* Purzelbaum *m*
سەرمێز *sermêz* Tischdecke *f*

سەرنج *serinc* 1. (An-)Blick *m;* 2. Überblick *m;* 3. Aufmerksamkeit *f;* **باری سەرنج** *barî serinc* Blickwinkel *m;* **سەرنج دان** *serinc dan* ⟨v.t.⟩ schauen; ansehen; **سەرنجی گشتی** *serincî giştî* Übersicht *f*

سەرنجڕاکێش *serincṟakêş* ⟨Adj.⟩ 1. reizvoll; verlockend; 2. auffällig

سەرنجڕاکێشان *serincṟakêşan* 1. Verlockung *f;* 2. Auffälligkeit *f*

سەرنجڕانەکێش *serincṟanekêş* ⟨Adj.⟩ unscheinbar

سەرنووسەر *sernûser* Chefredakteur *m* / Chefredakteurin *f*

سەرنەگیراو *sernegîraw* ⟨Adj.⟩ unbedeckt; offen

سەرو *seru* (Bot.) Zypresse *f*

سەروا *serwa* (Lit.) Reim *m* (vgl. ↑قافیە); **سەروا هەبوون** *serwa hebûn* ⟨v.i.⟩ sich reimen

سەروبەر *seruber* ⟨Adj.⟩ ausreichend

سەروتار *serwitar* Leitartikel *m*

سەروچاو *seruçaw* Gesichtsausdruck *m;* Miene *f*

سەروسیما *serusîma* Gesichtsausdruck *m*

سەروو *serû* ⟨Adv.⟩ nördlich; oberhalb

سەرۆک *serok* 1. (An-)Führer *m* / (An-)Führerin *f;* 2. Chef *m;* Vorsitzender *m* / Vorsitzende *f* (s.a. ↑سەرەک); **جێگری سەرۆک** *cêgirî serok* stellvertretender Vorsitzender *m* / stellvertretende Vorsitzende *f;* **سەرۆکی دەوڵەت** *serokî dewḻet* (Pol.) Staatspräsident *m* / Staatspräsidentin *f;* **سەرۆکی شارەوانی** *serokî şarewanî* Bürgermeister *m* / Bürgermeisterin *f*

سەرۆکایەتی *serokayetî* Leitung *f;* Präsidium *n;* **سەرۆکایەتی کردن** *serokayetî kirdin* ⟨v.t.⟩ leiten; präsidieren

سەرهەڵدان *serheḻdan* Aufstand *m* (s.a. ↑ڕاپەڕین)

سەرەتا *sereta* **I** ⟨Adv.⟩ zuerst; anfangs **II** ⟨Adj.⟩ ursprünglich **III** 1. Anfang *m;* 2. Vorwort *n;* **سەرەتای ساڵ** *seretay saḻ* Jahresbeginn *m*

سەرەتان *seretan* (Zool./Med.) Krebs *m* (s.a. ↑شێرپەنجە)

سەرەتایی *seretayî* ⟨Adj.⟩ 1. elementar; 2. ursprünglich

سەرەخۆشی *serexoşî* Kondolenz *f;* **سەرەخۆشی لێکردن** *serexoşî lêkirdin* ⟨v.t.⟩ kondolieren

سەرەڕای *sereṟay* ⟨Präp.⟩ trotz; ungeachtet

سەرەڕۆ *sereṟo* ⟨Adj.⟩ waghalsig

سەرەڕۆیی *sereṟoyî* Wagnis *n;* Leichtsinn *m;* **سەرەڕۆیی کردن** *sereṟoyî kirdin* ⟨v.t.⟩ riskieren

سەرەک *serek* 1. Führer *m* / Führerin *f;* 2. Leiter *m* / Leiterin *f* (s.a. ↑سەرۆک)

سەرەکپزیشکان *serekpizîşkan* Chefarzt *m* / Chefärztin *f*

سەرەکنووسەر *sereknûser* Chefredakteur *m* / Chefredakteurin *f*

سەرەکوەزیران *serekwezîran* (Pol.) Kanzler *m* / Kanzlerin *f;* Ministerpräsident *m* / Ministerpräsidentin *f*

سەرەکی *serekî* ⟨Adj.⟩ hauptsächlich

سەرئەنجام *serencam* 1. Ende *n*; 2. Resultat *n*; Bilanz *f*
سەرەنوێلک *serenwêlik* Misthaufen *m*
سەرەوژوور *serewjûr* ⟨Adv.⟩ aufwärts
سەرەوژێر *serewjêr* ⟨Adv.⟩ umgekehrt; **سەرەوژێر کردن(ەوە)** *serewjêr kirdin(ewe)* ⟨v.t.⟩ umkippen
سەرەولێژ *serewlêj* ⟨Adv.⟩ abwärts
سەرەوە *serewe* ⟨Adv.⟩ oben • لە سەرەوە تا خوارەوە von oben bis unten
سەرین *serîn* Kopfkissen *n*
سەریەشە *seryeşe* (Med.) Kopfschmerzen *Pl.*; Migräne *f*
سەڕاف *se<u>r</u>af* Geldwechsler *m* / Geldwechslerin *f*
سەعات *seʿat* 1. Stunde *f*; 2. (Uhr-) Zeit *f* (s.a. ↑کاتژمێر) • سەعات چەندە؟ wie spät ist es?; سەعات یەک و نیوە es ist halb zwei; **سەعاتی زیادە** *seʿatî ziyade* Überstunde *f*; **سەعاتی کارەبا** *seʿatî kareba* Stromzähler *m*; **سەعات با دان** *seʿat ba dan* ⟨v.t.⟩ die Uhr aufziehen; **سەعات پێشکەوتن** *seʿat pêşkewtin* ⟨v.i.⟩ vorgehen (Uhr); **سەعات خەوتن** *seʿat xewtin* ⟨v.i.⟩ stehen bleiben (Uhr); **سەعاتی بەرباخەڵ** *seʿatî berbaxe<u>l</u>* Taschenuhr *f*; **سەعاتی پارککردن** *seʿatî parkkirdin* Parkuhr *f*; **سەعاتی کاتدیاریکردن** *seʿatî katdiyarîkirdin* Stoppuhr *f*
سەعاتچی *seʿatçî* Uhrmacher *m* / Uhrmacherin *f*
سەعاتژمێر *seʿatjimêr* Stundenzeiger *m*
سەفارەت *sefaret* Botschaft *f*
سەفارەتخانە *sefaretxane* Botschaftsgebäude *n*
سەفتە *sefte* Stapel *m*; **سەفتە کردن** *sefte kirdin* ⟨v.t.⟩ (auf)stapeln
سەفەر *sefer* Reise *f*; Fahrt *f* (s.a. ↑گەشت) • سەفەرێکی خۆش! gute Reise!; **سەفەری ڕەسمی** *seferî <u>r</u>esmî* Dienstreise *f*; **سەفەر کردن** *sefer kirdin* ⟨v.t.⟩ (ver)reisen
سەفیر *sefîr* Botschafter *m* / Botschafterin *f* (s.a. ↑باڵیۆز)
سەقاقوش *seqaquş* (Zool.) Pelikan *m*
سەقامگیر *seqamgîr* ⟨Adj.⟩ 1. sicher; 2. konsolidiert; **سەقامگیر کردن** *seqamgîr kirdin* ⟨v.t.⟩ konsolidieren; sichern
سەقەمری *seqemrî* (Zool.) Makrele *f*
سەکتە *sekte* Schlaganfall *m*; **سەکتە گرتن** *sekte girtin* ⟨v.t.⟩ (Med.) einen Schlaganfall erleiden; **سەکتە لێدان** *sekte lêdan* ⟨v.t.⟩ (Med.) einen Schlaganfall erleiden; **سەکتەی دڵ** *sektey di<u>l</u>* Herzversagen *n*; **سەکتەی دەماغ** *sektey dema<u>x</u>* Schlaganfall *m*
سەکۆ *seko* 1. Plattform *f*; 2. (Sitz-, Werk-)Bank *f*; **سەکۆی دادوەر** *sekoy dadwer* Tribunal *n*
سەگ *seg* (Zool.) Hund *m*; **سەگی دەریا** *segî derya* Seehund *m*; **سەگ وەڕین** *seg we<u>r</u>în* ⟨v.i.⟩ bellen; **سەگی شوان** *segî şiwan* (Zool.) Schäferhund *m*
سەگباب *segbab* (vulg.) Hundesohn *m* (Schimpfwort)
سەگسار *segsar* ⟨Adj.⟩ (üb.) hässlich
سەگەماسی *segemasî* (Zool.) Stör *m*
سەگیسەگباب *segîsegbab* (vulg.) Sohn *m* eines Hundesohnes (Schimpfwort)

سەلاجە *selace* Kühlschrank *m*

سەلام *selam* 1. Friede! (Gruß); 2. Gruß *m* (s.a. ↑سڵاو) • سەلامتان لێبێ! Friede sei mit euch!; **سەلام کردن** *selam kirdin* ⟨v.t.⟩ (be)grüßen; **سەلام و عەلێیکوم** *selam u ʿelêykum* Friede sei mit euch! (islamischer Gruß)

سەلک *selk* Stück *n* (als Zahlwort)

سەلماندن *selmandin* ⟨v.t.⟩ ⟨سەلمێن- *selmên-*⟩ 1. bestätigen; 2. beweisen; belegen

سەلمۆنێلا *selmonêla* Salmonelle *f*

سەلیبییەکان *selîbîyekan* Kreuzfahrer *Pl.*

سەلیقە *selîqe* Geschick *n*; Talent *n*

سەلیقەدار *selîqedar* ⟨Adj.⟩ 1. geschmackvoll; 2. geschickt

سەما *sema* Tanz *m*; **سەمای میللی** *semay mîllî* Volkstanz *m*; **سەمای ڕۆژهەڵاتی** *semay rojhelatî* Bauchtanz *m*; **سەما کردن** *sema kirdin* ⟨v.t.⟩ tanzen

سەماکەر *semaker* Tänzer *m* / Tänzerin *f*

سەماوەر *semawer* Samowar *m*

سەمخ *semx* Klebstoff *m*

سەمووره *semûre* (Zool.) Zobel *m*

سەموون *semûn* Brötchen *n*

سەموونە *semûne* (Tech.) (Schrauben-) Mutter *f*

سەمەندەر *semender* (Zool.) Salamander *m*

سەنتنەر *sentner* Zentner *m* (Gewichtsmaß, 1 Ztr = 50 kg, in Österreich und der Schweiz 1 q = 100 kg)

سەنتەر *senter* Zentrum *n* (s.a. ↑ناوەڕاست)

سەنتەرلۆک *senterlok* Zentralverriegelung *f*

سەندن *sendin* ⟨v.t.⟩ nehmen (s.a. ↑لێسەندن)

سەندەڵی *sendelî* Sandale *f*

سەندەویچ *sendewîc* Sandwich *n*

سەنگەر *senger* (Mil.) Schanze *f*

سەنگین *sengîn* ⟨Adj.⟩ 1. gewichtig; 2. seriös

سەنەڵ *senel* Sandelholz *n*

سەنەوی *senewî*; **سەنەویی ئوتومبێل** *senewîy utumbêl* Fahrzeugschein *m*

سەوداسەر *sewdaser* ⟨Adj.⟩ melancholisch

سەوداسەری *sewdaserî* 1. Melancholie *f*; 2. Leidenschaft *f*

سەودایی *sewdayî* Sehnsucht *f*; Melancholie *f*

سەوز *sewz* ⟨Adj.⟩ grün; **سەوز بوون** *sewz bûn* ⟨v.i.⟩ sprießen

سەوزە *sewze* Gemüse *n*; Grünzeug *n*

سەوزەدەشت *sewzedeşt* Steppe *f*

سەوزەفرۆش *sewzefiroş* Gemüsehändler *m* / Gemüsehändlerin *f*

سەوڵ *sewl* Ruder *n*; Paddel *n*; **سەوڵ لێدان** *sewl lêdan* ⟨v.t.⟩ rudern

سەهم *sehim* (Fin.) Aktie *f*

سەهۆڵ *sehol* Eis *n*

سەهۆڵبەند *seholbend* Frost *m*

سەهۆڵبەندان *seholbendan* Glatteis *n*

سەهۆڵەچیا *seholeçiya* Eisberg *m*

سەهۆڵەڕووبار *seholerûbar* Gletscher *m*

سەیر *seyr* ⟨Adj.⟩ merkwürdig; seltsam; eigenartig; **پێ سەیر بوون** *pê seyr bûn* ⟨v.i.⟩ sich wundern; **سەیر کردن** *seyr kirdin* ⟨v.t.⟩ (an-, hin) schauen

س

سەیران *seyran* Ausflug *m*; Picknick *n*; **سەیران کردن** *seyran kirdin* ⟨v.t.⟩ einen Ausflug machen
سەیرانگە *seyrange* Ausflugsort *m*
سەیرکردن *seyrkirdin* Besichtigung *f*
سەیرکەر *seyrker* Zuschauer *m* / Zuschauerin *f*
[1]**سی** *sî* (Anat.) Lunge *f*
[2]**سی** *sî* ⟨Num.⟩ dreißig
سیازدە *siyazde* ⟨Num.⟩ dreizehn
سیاسەت *siyaset* Politik *f* (vgl. ↑ڕامیاری); **سیاسەتی خاوبوونەوە** *siyasetî xawbûnewe* Entspannungspolitik *f*; **سیاسەتی دەرەوە** *siyasetî derewe* Außenpolitik *f*
سیاسەتمەدار *siyasetmedar* Politiker *m* / Politikerin *f* (vgl. ↑ڕامیار)
سیاسی *siyasî* **I** ⟨Adj.⟩ politisch **II** Politiker *m* / Politikerin *f*
سیئاوسان *sîawsan* (Med.) Lungenentzündung *f*
سیچکەسڵاوە *sîçkesil̲awe* (Med.) Gerstenkorn *n*
سیحر *sîh̲ir* Zauberei *f*; Magie *f*; **سیحر (لێ)کردن** *sîh̲ir (lê)kirdin* ⟨v.t.⟩ verzaubern
سیحرئامێز *sîh̲iramêz* ⟨Adj.⟩ magisch
سیحرباز *sîh̲irbaz* Zauberer *m* / Zauberin *f*
سیحربازی *sîh̲irbazî* Zauberei *f*; Hexerei *f*
سیخوڕ *sîxur̲* Spion *m* / Spionin *f*
سیخوڕی *sîxur̲î* Spionage *f*; **سیخوڕی کردن** *sîxur̲î kirdin* ⟨v.t.⟩ spionieren
سیر *sîr* (Bot.) Knoblauch *m*
سیرامیک *sîramîk* Keramik *f*
سیس *sîs* ⟨Adj.⟩ verwelkt; **سیس بوون** *sîs bûn* ⟨v.i.⟩ verblühen
سیسارک *sîsark* (Zool.) Geier *m*
سیسرک *sîsirk* Kakerlak *m*
سیسەم *sîsem* Bett *n* mit Gestell; **سیسەمی دووکەسی** *sîsemî dûkesî* Doppelbett *n*; **سیسەمی یەککەسی** *sîsemî yekkesî* Einzelbett *n*
سیغە *sîx̲e* Zeitehe *f* (vgl. ↑موتعە); **سیغە کردن** *sîx̲e kirdin* ⟨v.t.⟩ mit einer Frau eine Zeitehe eingehen
سیگار *sîgar* Zigarre *f* (vgl. ↑چروت)
سیل *sîl* (Med.) Lungentuberkulose (TBC) *f*
سیلیکۆن *sîlîkon* Silikon *n*
سیما *sîma* Aussehen *n*; Gesicht *n*
سیمبۆل *sîmbol* (Lit.) Symbol *n*
سین *sîn* Name des vierzehnten Buchstabens des kurdischen Alphabets (س *s*)
سیناریۆ *sînaryo* Szenario *n*
سینتاکس *sîntakis* (Gr.) Syntax *f* (s.a. ↑ڕستەسازی)
سینەک *sînek* Kreuz *n* (Spielkarte)
سینەما *sînema* Kino *n*; **بلیتی سینەما** *bilîtî sînema* Kinokarte *f*
سینی *sînî* (Servier-)Tablett *n*; Platte *f*
سیوجگەر *sîwciger* Innereien *Pl.*
سی دی *sî dî* CD *f*; **ئامێری سی دی** *amêrî sî dî* 1. CD-Player *m*; 2. CD-Laufwerk *n*; **سی دی ڕۆم** *sî dî r̲om* CD-ROM *f*
[1]**سێ** *sê* Name des vierzehnten Buchstabens des kurdischen Alphabets (س *s*)
[2]**سێ** *sê* ⟨Num.⟩ drei

سێباره *sêbare* ⟨Adj.⟩ dreifach
سێبەر *sêber* Schatten *m*
سێبەردار *sêberdar* ⟨Adj.⟩ schattig
سێبەسێ *sêbesê* ⟨Adv.⟩ dreimal
سێبەندە *sêbende* (Anat.) Lende *f*; **ئازاری سێبەندە** *azarî sêbende* (Med.) Hexenschuss *m*; Kreuzschmerzen
سێبەندی *sêbendî* ⟨Adj.⟩ brutal; roh
سێپا *sêpa* Dreibein *n*; **سێپای کامێرا** *sêpay kamêra* Stativ *n*
سێپاڵە *sêpaḻe* (Math.) Prisma *n*
سێتار *sêtar* (Mus.) Sitar *f* (dreisaitiges Musikinstrument)
سێجا *sêca* ⟨Adj.⟩ (Math.) kubisch
سێجار *sêcar* ⟨Adv.⟩ dreimal
سێچارەک *sêçarek* **I** ⟨Adj.⟩ dreiviertel **II** drei Viertel *n*; **سێچارەکە سەعات** *sêçareke seʿat* Dreiviertelstunde *f*
سێدارە *sêdare* Galgen *m*; **لە سێدارە دان** *le sêdare dan* ⟨v.t.⟩ an den Galgen hängen
سێرف *sêrf* (Sp.) Aufschlag *m*; **سێرف لێدان** *sêrf lêdan* ⟨v.t.⟩ (Sp.) aufschlagen
سێرڤەر *sêrver* (EDV) Server *m*
سێرک *sêrk* Zirkus *m*
سێساڵە *sêsaḻe* ⟨Adj.⟩ dreijährig
سێسبەی *sêsibey* ⟨Adv.⟩ in drei Tagen
سێسووچ *sêsûç* ⟨Adj.⟩ dreieckig
سێسەد *sêsed* ⟨Num.⟩ dreihundert
سێشەممە *sêşemme* Dienstag *m*
سێفەلۆکە *sêfeloke* (Bot.) Salbei *m*
سێکس *sêks* Sex *m*
سێکسی *sêksî* ⟨Adj.⟩ sexy
سێکولار *sêkular* ⟨Adj.⟩ säkular
سێگۆشە *sêgoşe* **I** ⟨Adj.⟩ dreieckig **II** (Math.) Dreieck *n*
سێنت *sênt* Cent *m* (Währungseinheit, hundertster Teil)
سێنهۆم *sênihom* ⟨Adj.⟩ dreistöckig
سێو *sêw* (Bot.) Apfel *m*
سێئەوەندە *sêewende* ⟨Adj.⟩ dreifach
سێیەک *sêyek* ein Drittel *n*
سێیەم *sêyem* ⟨Num.⟩ dritte(r, -s)

ش

ش *ş* şê; fünfzehnter Buchstabe des kurdischen Alphabets (Zahlenwert 300)
[1]**شا** *şa* Schah *m*
[2]**شا** *şa* ⟨Adj.⟩ froh; glücklich; **پێ شا بوون** *pê şa bûn* ⟨v.i.⟩ sich freuen über
شابانوو *şabanû* Königin *f*
شابەڕوو *şabeṟû* (Bot.) (Edel-)Kastanie *f* (vgl. ↑کەستانە)
[1]**شاخ** *şax* Berg *m* (vgl. ↑چیا)
[2]**شاخ** *şax* (Zool.) Horn *n*

ش

شاخاوی *şaxawî* ⟨Adj.⟩ bergig
شاخنەفیر *şaxnefîr* (Mus.) Horn *n* (Blasinstrument der Derwische)
شاخوێنبەر *şaxwênber* (Anat.) Hauptschlagader *f*; Aorta *f* (vgl. ↑شادەمار)
شاخەوان *şaxewan* Bergsteiger *m* / Bergsteigerin *f*
شاخەوانی *şaxewanî* Bergsteigen *n*
شاد *şad* ⟨Adj.⟩ fröhlich; vergnügt; **شاد کردن** *şad kirdin* ⟨v.t.⟩ (j-n) glücklich machen
شادمان *şadman* ⟨Adj.⟩ froh; glücklich
شادمانی *şadmanî* Freude *f*
شادەمار *şademar* (Anat.) Hauptschlagader *f*
شادی *şadî* Heiterkeit *f*
شادێڕ *şadêr̄* Überschrift *f*
شار *şar* Stadt *f*; **نەخشەی شار** *nexşey şar* Stadtplan *m*; **شاری یاری** *şarî yarî* Rummelplatz *m*; Volksfest *n*
شاراوە *şarawe* s. ↑شارراوە
شاربەندەر *şarbender* Hafenstadt *f*
شاردنەوە *şardinewe* ⟨v.t.⟩ ⟨شار– ەوە *şar-ewe*⟩ verstecken; verbergen; **خۆ شاردنەوە** *xo şardinewe* ⟨v.refl.⟩ sich verstecken
شارراوە *şarrawe* ⟨Adj.⟩ versteckt; geheim
شارستانی *şaristanî* **I** ⟨Adj.⟩ zivilisiert; kultiviert **II** Zivilisation *f*; **خزمەتی شارستانی** *xizmetî şaristanî* Zivildienst *m*
شارستانێتی *şaristanêtî* Zivilisation *f*; Kultur *f*
شارۆچکە *şaroçke* Kleinstadt *f*
شارەزا *şareza* ⟨Adj.⟩ 1. erfahren; 2. sachkundig; **شارەزا بوون** *şareza bûn* ⟨v.i.⟩ sich auskennen
شارەزایی *şarezayî* Erfahrung *f*; Praxis *f* (s.a. ↑کارامەیی)
شارەمێروولە *şaremêrûle* (Zool.) Ameisenhaufen *m*
شارەوان *şarewan* Bürgermeister *m* / Bürgermeisterin *f*
شارەوانی *şarewanî* 1. Stadtverwaltung *f*; 2. Rathaus *n*
شاری *şarî* **I** ⟨Adj.⟩ städtisch **II** Stadtbewohner *m* / Stadtbewohnerin *f*
شاڕێ *şar̄ê* Hauptstraße *f*
شاز *şaz* ⟨Adj.⟩ seltsam
شازادە *şazade* Prinz *m*
شازادەخاتوون *şazadexatûn* Prinzessin *f*
شازدە *şazde* ⟨Num.⟩ sechzehn
شازدەمین *şazdemîn* ⟨Num.⟩ sechzehnte(r, -s)
شاسی *şasî* Fahrgestell *n*; Karosserie *f*
شاش *şaş* (Med.) Mullbinde *f*
شاشە *şaşe* Bildschirm *m*; **شاشەی نیشانەدەرخەر** *şaşey nîşanederxer* Display *n*
شاعیر *şa'îr* Dichter *m* / Dichterin *f*; Lyriker *m* / Lyrikerin *f*
شاف *şaf* (Med.) Zäpfchen *n*
شافیعی *şafî'î* **I** ⟨Adj.⟩ (Rel.) schafiitisch **II** Schafiit *m* / Schafiitin *f*
شاکار *şakar* Meisterwerk *n*
شاگرد *şagird* Lehrling *m*; Praktikant *m* / Praktikantin *f*
شاگردانە *şagirdane* Trinkgeld *n*
شالیار *şalyar* Minister *m* / Ministerin *f*
شاڵ *şal̄* 1. Schal *m*; 2. Tuch *n*

ش

شامپۆ *şampo* Shampoo *n*; **شامپۆی قژ** *şampoy qij* Haarshampoo *n*
شان *şan* 1. (Anat.) Schulter *m*; 2. (Anat.) Achsel *f*
شانس *şans* Glück *n*; **شانس هەبوون** *şans hebûn* ⟨v.i.⟩ Glück haben
شانشین *şanişîn* (König-)Reich *n*; Monarchie *f*
شانوشکۆ *şanuşiko* Charisma *n*
شانۆ *şano* 1. Bühne *f*; 2. Theater *n*; **شانۆی بووکەسەماکەرە** *şanoy bûkesemakere* Puppentheater *n*
شانۆخانە *şanoxane* Theater *n*; Schauspielhaus *n*
شانۆنامە *şanoname* Schauspiel *n*
شانۆیی *şanoyî* ⟨Adj.⟩ bühnenmäßig; **پارچەیەکی شانۆیی** *parçeyekî şanoyî* Theaterstück *n*
[1]**شانە** *şane* Kamm *m*; **شانە کردن** *şane kirdin* ⟨v.t.⟩ kämmen
[2]**شانە** *şane* Zelle *f*
شانەهەنگوین *şanehengwîn* (Honig-) Wabe *f*
شاوڵ *şawil* Lot *n*
شاهـ *şah* s. ↑ [1]شا
شاهانە *şahane* ⟨Adv.⟩ königlich; royal
شایان *şayan* ⟨Adj.⟩ 1. würdig; 2. bemerkenswert; **شایان بوون** *şayan bûn* ⟨v.i.⟩ würdig sein; verdienen; **شایانی بینین** *şayanî bînîn* sehenswert; sehenswürdig
شایستە *şayiste* ⟨Adj.⟩ würdig
شایستەیی *şayisteyî* Leistungsfähigkeit *f*
شایەت *şayet* s. ↑ شایەد
شایەتمان *şayetman* (Rel.) islamisches Glaubensbekenntnis *n*; **شایەتمان هێنان** *şayetman hênan* ⟨v.t.⟩ (Rel.) das Glaubensbekenntnis ablegen
شایەتی *şayetî* Zeugenaussage *f*; **شایەتی دان** *şayetî dan* ⟨v.t.⟩ bezeugen
شایەد *şayed* Zeuge *m* / Zeugin *f*
شایەدعەیان *şayed'eyan* Augenzeuge *m* / Augenzeugin *f*
[1]**شایی** *şayî* Tanz *m*; **شایی کردن** *şayî kirdin* ⟨v.t.⟩ tanzen
[2]**شایی** *şayî* Festlichkeit *f*; **شایی کردن** *şayî kirdin* ⟨v.t.⟩ Hochzeit feiern
شپرزە *şipirze* ⟨Adj.⟩ durcheinander; **شپرزە کردن** *şipirze kirdin* ⟨v.t.⟩ verwirren
شپرزەیی *şipirzeyî* Durcheinander *n*; Verwirrung *f*; Nervosität *f*
شت *şit* Ding *n*; Sache *f*; Gegenstand *m*; **شت کڕین** *şit kirîn* ⟨v.t.⟩ etwas einkaufen; **شتی گیراوە** *şitî gîrawe* Paste *f*; **شتی کۆنە** *şitî kone* Gebrauchtware *f*; **شتی هیچوپووچ** *şitî hîçupûç* Schnickschnack *m*
شتایگەر *şitayger* (Stein-)Platte *f*; Pflaster *n*
شتن *şitin* ⟨v.t.⟩ ⟨شۆ-/شوا- *şo-/şwa*⟩ waschen; **خۆ شتن** *xo şitin* ⟨v.refl.⟩ sich waschen; sich baden
شتومەک *şitumek* Sachen *Pl.*; Dinge *Pl.*; **شتومەکی پێچانەوە** *şitumekî pêçanewe* Verpackung *f*; **شتومەکی هاوردە** *şitumekî hawirde* Importartikel *m*
شتێک *şitêk* ⟨Pron.⟩ etwas
شرب *şirb* (Bot.) Lärche *f*
شروب *şirub* (Med.) Saft *m*; **شروبی کۆکە** *şirubî koke* (Med.) Hustensaft *m*

ش

شریت *şirît* Band *n*; Streifen *m*; **شریتی بزۆک** *şirîtî bizok* Fließband *n*; **شریتی پێوانە** *şirîtî pêwane* Maßband *n*; **شریتی سرێشاوی** *şirîtî sirêşawî* Klebeband *n*

شرینقە *şirînqe* (Med.) Spritze *f*; **شرینقە لێدان** *şirînqe lêdan* ⟨v.t.⟩ (Med.) eine Spritze geben

شڕمپڕم *şiṟimpiṟim* **I** ⟨Adj.⟩ unsinnig **II** Unsinn *m*

شڕووڕ *şiṟuwiṟ* ⟨Adj.⟩ zerfetzt; **شڕووڕ کردن** *şiṟuwiṟ kirdin* ⟨v.t.⟩ zerfetzen

[1]**شفرە** *şifre* (Anat.) Eckzahn *m*

[2]**شفرە** *şifre* Chiffre *f*; Verschlüsselung *f*; **شفرە کردن** *şifre kirdin* ⟨v.t.⟩ verschlüsseln

شقارتە *şiqarte* Streichholz *n*

شک *şik* Zweifel *m*; **شک لێکردن** *şik lêkirdin* ⟨v.t.⟩ j-n verdächtigen

شکات *şikat* Beschwerde *f*; Klage *f*; **شکات کردن** *şikat kirdin* ⟨v.t.⟩ sich beschweren

شکاتکردن *şikatkirdin* Beschwerde *f*; Anklage *f*

شکاتکەر *şikatker* Kläger *m* / Klägerin *f*

شکاتلێکراو *şikatlêkiraw* Angeklagter *m* / Angeklagte *f*

شکاتنامە *şikatname* Klageschrift *f*

شکاندن *şikandin* ⟨v.t.⟩ ⟨شکێنـ *şikên-*⟩ (durch-, entzwei-, zer)brechen

شکاو *şikaw* ⟨Adj.⟩ gebrochen

شکستە *şikiste* ⟨Adj.⟩ zerbrechlich

شکۆ *şiko* 1. Würde *f*; Stolz *m*; 2. Prestige *n*

شکۆدار *şikodar* ⟨Adj.⟩ 1. würdevoll; ruhmreich; 2. prächtig

شکۆفە *şikofe* (Bot.) Blüte *f*

شکۆمەند *şikomend* ⟨Adj.⟩ ruhmreich

شل *şil* ⟨Adj.⟩ flüssig; **شل کردن** *şil kirdin* ⟨v.t.⟩ entspannen; **شل کردنەوە** *şil kirdinewe* ⟨v.t.⟩ schmelzen (lassen)

شلوشێواو *şiluşêwaw* ⟨Adj.⟩ lose; schlaff

شلۆق *şiloq* ⟨Adj.⟩ 1. wackelig; 2. ruhelos

شلۆقی *şiloqî* 1. Ruhelosigkeit *f*; 2. Durcheinander *n*

شلە *şile* **I** ⟨Adj.⟩ flüssig **II** Flüssigkeit *f*; **چێشتی شلە** *çêştî şile* Eintopf *m*; **شلەی باینجان** *şiley bayincan* Aubergineneintopf *m*

شلەتێن *şiletên* ⟨Adj.⟩ lau(warm)

شلەمەنی *şilemenî* Flüssigkeit *f*

شلیک *şilîk* (Bot.) Erdbeere *f*

شلێر *şilêr* (Bot.) Lilie *f*

شڵەژان *şiḻejan* **I** ⟨v.i.⟩ ⟨شڵەژێـ *şiḻejê-*⟩ 1. sich aufregen; 2. Lampenfieber haben **II** Verwirrung *f*; Lampenfieber *n*

شڵەژاو *şiḻejaw* ⟨Adj.⟩ 1. verwirrt; 2. turbulent

شڵەژاوی *şiḻejawî* Verlegenheit *f*; Aufregung *f*

شڵەقاندن *şiḻeqandin* ⟨v.t.⟩ ⟨شڵەقێنـ *şiḻeqên-*⟩ aufwirbeln; (auf)schütteln

شڵەقێنەرە *şiḻeqênere* Schneebesen *m*

شمشاڵ *şimşaḻ* (Mus.) Flöte *f*

شمشێر *şimşêr* Schwert *n*; Säbel *m* (vgl. ↑[2]شیر)

شمەک *şimek* Ware *f* (s.a. ↑کەلوپەل); **شمەکی قاچاغ** *şimekî qaçax̱* Schmuggelware *f*

ش

شنه *şine* Brise *f*
شنەشن *şineşin* ⟨Adj.⟩ sanft
شوان *şiwan* Hirt *m* / Hirtin *f*; Schäfer *m* / Schäferin *f*
شوبات *şubat* dritter Monat des syrischen Kalenders (Februar)
شوفێر *şufêr* Fahrer *m* / Fahrerin *f*
شوققه *şuqqe* Wohnung *f*
شوکولاته *şukulate* Schokolade *f*
شوو *şû* Ehemann *m*; به شوو دان *be şû dan* ⟨v.t.⟩ verheiraten; شوو کردن *şû kirdin* ⟨v.t.⟩ heiraten (Frau)
شووبرا *şûbira* Schwager *m*
[1]شووت *şût* (Pfeif-)Signal *n* (Zug)
[2]شووت *şût* (Sp.) scharfer Schuss *m* (Fußball); شووت لێدان *şût lêdan* ⟨v.t.⟩ (Sp.) schießen (Fußball)
شووتی *şûtî* (Bot.) Wassermelone *f*
شووره *şûre* umgebende Mauer *f*; Zaun *m*; شوورەی شار *şûrey şar* Stadtmauer *f*
شوورەیی *şûreyî* Schande *f*
شووشه *şûşe* Glas *n*; Scheibe *f* (s.a. ↑بوتڵ); شووشەی چاویلکه *şûşey çawîlke* Brillenglas *n*; شووشەی شیر *şûşey şîr* Milchflasche *f*
شووشەبەند *şûşebend* Vitrine *f*
شووڵ *şûḻ* Gerte *f*; شووڵ لێهەڵکێشان *şûḻ lêheḻkêşan* ⟨v.t.⟩ 1. (üb.) toben; 2. übertreiben
شوونەکردوو *şûnekirdû* ⟨Adj.⟩ unverheiratet
شویت *şiwît* (Bot.) Dill *m*
شوێن *şwên* Platz *m*; (Stand-)Ort *m*; Stelle *f*; شوێنی پاڵتۆلێدانان *şwênî paḻtolêdanan* Garderobe *f*; شوێنی پێڕەوگه *şwênî pêṟewge* Fußgängerzone *f*; شوێنی پێکگەیشتن *şwênî pêkgeyiştin* Treffpunkt *m*; شوێنی خوێندن *şwênî xwêndin* Studienplatz *f*; شوێنی دانیشتن *şwênî danîştin* Sitzplatz *m*; شوێن کەوتن *şwên kewtin* ⟨v.i.⟩ (ver)folgen; شوێنی پشوودان *şwênî pişûdan* Raststätte *f*; شوێنی دانیشتن *şwênî danîştin* Wohnsitz *m*; شوێنی لەدایکبوون *şwênî ledayikbûn* Geburtsort *m*; شوێنی مانەوه *şwênî manewe* Aufenthaltsort *m*; شوێنی وەستانی پاس *şwênî westanî pas* Bushaltestelle *f*; شوێنی یاری *şwênî yarî* Spielplatz *m*
شوێنپێ *şwênpê* (Fuß-)Spur *f*
شوێنتەقەڵ *şwênteqeḻ* Schnittstelle *f*
شوێنگه *şwênge* Stellung *f*; Stand *m*
شوێنەوار *şwênewar* Sehenswürdigkeit *f*
شوێنەوارزان *şwênewarzan* Archäologe *m* / Archäologin *f*
شوێنەوارزانی *şwênewarzanî* Archäologie *f*
شوێنەونی *şwênewinî* Vertuschung *f*; شوێنەونی کردن *şwênewinî kirdin* ⟨v.t.⟩ etw. vertuschen
شۆخ *şox* ⟨Adj.⟩ hübsch; reizvoll
شۆخوشەنگ *şoxuşeng* ⟨Adj.⟩ elegant; kokett
شۆخی *şoxî* Schönheit *f*; Reiz *m*
شۆربا *şorba* Suppe *f*; Brühe *f*
شۆرت *şort* kurze Hose *f*
شۆڕ *şoṟ* ⟨Adj.⟩ herunterhängend; شۆڕ بوونەوه *şoṟ bûnewe* ⟨v.i.⟩ herabsinken; sich senken

ش

شۆڕش *şo̱riş* 1. Revolution *f*; 2. Aufstand *m*
شۆڕەبی *şo̱rebî* (Bot.) Trauerweide *f*
شۆسته *şoste* Bürgersteig *m*
شۆفڵ *şofi̱l* Bagger *m*
شەبەکه *şebeke* 1. (Sp.) (Ball-)Netz *n*; 2. Netzwerk *n*
شەپازلله *şepazille* Ohrfeige *f*; Schelle *f*
شەپاڵ *şepa̱l* (Zool.) Löwin *f*
شەپقه *şepqe* (europäischer) Hut *m*
شەپۆل *şepol* Welle *f* (Wasser); **شەپۆلی درێژ** *şepolî dirêj* (Phys.) Langwelle *f*; **شەپۆلی کورت** *şepolî kurt* (Phys.) Kurzwelle *f*
شەپۆلاوی *şepolawî* ⟨Adj.⟩ wellig
شەپۆلەگەرما *şepolegerma* Hitzewelle *f*
شەترەنج *şetre̱nc* Schach(spiel) *n*
شەتڵ *şetḻ* (Bot.) Ableger *m*; **شەتڵ لێدان** *şetḻ lêdan* ⟨v.t.⟩ (Bot.) einpflanzen
شەحن *şehi̱n* Aufladen *n*; **شەحن کردن** *şehi̱n kirdin* ⟨v.t.⟩ aufladen
شەخسی *şexsî* ⟨Adj.⟩ persönlich (s.a. ↑کەسی)
شەراب *şerab* Wein *m* (vgl. ↑مەی); **شەرابی سپی** *şerabî sipî* Weißwein *m*; **شەرابی سوور** *şerabî sûr* Rotwein *m*
شەربەت *şerbet* Saft *m* (s.a. ↑خۆشاو); **شەربەتی پرتەقاڵ** *şerbetî pirteqa̱l* Orangensaft *m*; **شەربەتیترێ** *şerbetî tirê* Traubensaft *m*; **شەربەتی سێو** *şerbetî sêw* Apfelsaft *m*; **شەربەتی میوه** *şerbetî mîwe* Fruchtsaft *m*
شەرت *şert* 1. Bedingung *f*; 2. Bestimmung *f*; **شەرت دانان** *şert danan* ⟨v.t.⟩ eine Bedingung stellen; **شەرت کردن** *şert kirdin* ⟨v.t.⟩ sich zu etw. verpflichten
شەرم *şerm* 1. Scham *f*; 2. Scheu *f*; **شەرم کردن (له)** *şerm kirdin (le)* ⟨v.t.⟩ 1. sich schämen (für); 2. schüchtern sein; زۆر شەرم دەکا er ist sehr schüchtern
شەرمن *şermin* ⟨Adj.⟩ schüchtern; scheu
شەرمنی *şerminî* Schüchternheit *f*; Hemmung *f*
شەرمەزار *şermezar* ⟨Adj.⟩ beschämt
شەرمەزاری *şermezarî* 1. Beschämtheit *f*; 2. Schande *f*
شەرواڵ *şerwa̱l* kurdische Hose *f*; Pumphose *f*
شەرەف *şeref* Ehre *f*; Würde *f*
شەرەیان *şereyan* Schlagader *f*
شەریعه *şerî'e* (Rel.) Scharia *f* (Gesetz, das sowohl die Vorschriften des Korans als auch die der traditionellen Lehre des Propheten Mohammeds enthält)
شەریعەت *şerî'et* s. ↑شەریعه
شەریک *şerîk* Partner *m* / Partnerin *f* (s.a. ↑هاوبەش)
شەریکایەتی *şerîkayetî* Partnerschaft *f*
شەریکه *şerîke* Firma *f*; Konzern *m*
شەڕ *şe̱r* Kampf *m*; Krieg *m*; **شەڕ پێفرۆشتن** *şe̱r pêfiroştin* ⟨v.t.⟩ j-n provozieren; **شەڕ ڕاگرتن** *şe̱r ṟagirtin* ⟨v.t.⟩ das Feuer einstellen; **شەڕ کردن** *şe̱r kirdin* ⟨v.t.⟩ 1. Krieg führen; 2. streiten; **شەڕی جیهانی** *şe̱rî cîhanî* Weltkrieg *m*; **شەڕی خاچپەرستەکان** *şe̱rî xaçperistekan* (hist.) Kreuzzug *m*; **شەڕی ناوخۆ** *şe̱rî nawxo* Bürgerkrieg *m*

ش

شەڕکەر *şeṟker* **I** 〈Adj.〉 kämpferisch **II** Kämpfer *m* / Kämpferin *f*
شەڕگە *şeṟge* Schlachtfeld *n*
شەڕەتۆپەڵ *şeṟetopeḻ* Schneeballschlacht *f*
شەست *şest* 〈Num.〉 sechzig
شەستتیر *şesttîr* Maschinengewehr *n*
شەستەباران *şestebaran* s. ↑ شەستەڕەهێڵە
شەستەڕەهێڵە *şesteṟehêḻe* Unwetter *n*
شەستەمین *şestemîn* 〈Num.〉 sechzigste(r, -s)
شەش *şeş* 〈Num.〉 sechs
شەشپاڵوو *şeşpaḻû* Würfel *m*
شەشسەد *şeşsed* 〈Num.〉 sechshundert
شەشگۆشە *şeşgoşe* 〈Adj.〉 (Math.) sechseckig
شەشەم *şeşem* 〈Num.〉 sechste(r, -s)
شەفاف *şefaf* 〈Adj.〉 transparent
شەفت *şeft* Schicht *f*; **شەفتی شەوانە** *şeftî şewane* Nachtschicht *f*
شەفەهی *şefehî* 〈Adv.〉 mündlich
شەق *şeq* Fußtritt *m*; **شەق وەشاندن** *şeq weşandin* 〈v.t.〉 treten (im Kampf)
شەقام *şeqam* Straße *f*; **شەقامی درەختڕێژ** *şeqamî dirextṟêj* Allee *f*; **نەخشەی شەقامەکان** *nexşey şeqamekan* Straßenkarte *f*; **شەقامی بنبەست** *şeqamî binbest* Sackgasse *f*; **شەقامی پێشەڕێ** *şeqamî pêşeṟê* Vorfahrtstraße *f*; **شەقامی یەکسەرە** *şeqamî yeksere* Einbahnstraße *f*
شەقاوە *şeqawe* 1. Schläger *m*; 2. Schlingel *m*
شەقە *şeqe* 1. Klappern *n*; 2. Klatsch *m*; **شەقە کردن** *şeqe kirdin* 〈v.t.〉 knallen
شەکارین *şekarîn* Süßstoff *m*
شەکانەوە *şekanewe* 〈v.i.〉 〈شەکێـ ەوە *şekê- ewe*〉 wehen (Flagge im Wind)
شەکر *şekir* Zucker *m*; **نەخۆشیی شەکر** *nexoşîy şekir* Zuckerkrankheit *f*; **شەکر تێکردن** *şekir têkirdin* 〈v.t.〉 (ein)zuckern; **شەکری ترێ** *şekirî tirê* Traubenzucker *m*; **شەکری کلۆ** *şekirî kiḻo* Würfelzucker *m*
شەکرە *şekre* Zuckerkrankheit *f*
شەکرەدار *şekredar* 〈Adj.〉 zuckerkrank
شەکرەژن *şekrejin* hübsche, elegante Frau *f*
شەکرەقامیش *şekreqamîş* Rohrzucker *m*
شەکەت *şeket* 〈Adj.〉 erschöpft; schlapp
شەکەتی *descr* *şeketî* Erschöpfung *f*; **شەکەتیی دەروون** *şeketîy derûn* Stress *m*
شەل *şel* 〈Adj.〉 lahm
شەلەل *şelel* (Med.) Lähmung *f*; **شەلەلی منداڵ** *şelelî mindaḻ* (Med.) (spinale) Kinderlähmung *f*
شەلین *şelîn* 〈v.i.〉 〈شەلـ *şel-*〉 hinken
شەماڵ *şemaḻ* Nordwind *m*
شەمپانیا *şempanya* Champagner *m*; Sekt *m*
شەمشەمەکوێرە *şemşemekwêre* (Zool.) Fledermaus *f*
شەممە *şemme* Samstag *m*; Sonnabend *m*
شەمەندەفەر *şemendefer* Eisenbahn *f*; (Eisenbahn-)Zug *m*; **وێستگەی شەمەندەفەر** *wêstgey şemendefer* Bahnhof *m*; **شەمەندەفەری ژێرزەوی** *şemendeferî jêrzewî* U-Bahn *f*
شەن *şen* Heugabel *f*
شەنگ *şeng* 〈Adj.〉 fein; elegant

ش

شەنوکەو *şenukew* Kritik *f*; **شەنوکەو کردن** *şenukew kirdin* ⟨v.t.⟩ 1. kritisieren; 2. rezensieren

شەو *şew* Nacht *f* • شەو باش! gute Nacht!; **شەو ڕۆژ کردنەوە** *şew r̲oj kirdinewe* ⟨v.t.⟩ übernachten; **شەو کردنەوە** *şew kirdinewe* ⟨v.t.⟩ übernachten

شەوان *şewan* ⟨Adv.⟩ nachts

شەوانە *şewane* ⟨Adv.⟩ nächtlich

شەوق *şewq* 1. Licht *n*; 2. Strahl *m*; **شەوق دانەوە** *şewq danewe* ⟨v.t.⟩ 1. reflektieren; 2. leuchten

شەوقهاوێژ *şewqhawêj* Projektor *m* (vgl. ↑پرۆجەکتۆر)

شەوکار *şewkar* Nachtarbeiter *m* / Nachtarbeiterin *f*

شەوکاری *şewkarî* Nachtdienst *m*

شەوکردنەوە *şewkirdinewe* Übernachtung *f*

شەوکوێر *şewkwêr* ⟨Adj.⟩ (Med.) nachtblind

شەونخوونی *şewnixûnî* Nachtwache *f*

شەونم *şewnim* Tau *m*

شەویلاگە *şewîlage* s. ↑شەویلگە

شەویلگە *şewîlge* (Anat.) Kiefer *m*

شەهادە *şehade* Zeugnis *n*; Bescheinigung *f* (s.a. ↑بڕوانامە)

شەهادەتنامە *şehadetname* Zeugnis *n*; Urkunde *f* (s.a. ↑بڕوانامە)

شەهوانی *şehwanî* ⟨Adj.⟩ erotisch; sinnlich

شەهوەت *şehwet* Sperma *n*; Samen *m*

شەهید *şehîd* Märtyrer *m* / Märtyrerin *f*

شەهیدی *şehîdî* Märtyrertod *m*

شەهییە *şehîye* Appetit *m*

شەهییەکەرەوە *şehîyekerewe* Aperitif *m*

شەیتان *şeytan* Satan *m*; Teufel *m*; **شەیتان پێپێکەنین** *şeytan pêpêkenîn* ⟨v.t.⟩ (idiom.) das Pubertätsalter erreichen (Jungen)

شەیتانۆکە *şeytanoke* (Zool.) Schnecke *f* (s.a. ↑هێلکەشەیتانۆکە)

شەیتانی *şeytanî* ⟨Adj.⟩ teuflisch; **شەیتانی بوون** *şeytanî bûn* ⟨v.i.⟩ (üb.) einen feuchten Traum haben

شەیدا *şeyda* **I** ⟨Adj.⟩ liebeskrank **II** Wahnsinn *m*; **شەیدا کردن** *şeyda kirdin* ⟨v.t.⟩ bezaubern; entzücken

شیاکە *şiyake* (Kuh-)Dung *m*; Mist *m*

شیان *şiyan* ⟨v.i.⟩ ⟨شێـ ، شیێـ *şê-*, *şiyê-*⟩ 1. sich eignen; taugen; 2. sollen • دەشێ کارەکە وا بکەیت! du sollst die Arbeit so machen!

شیاو *şiyaw* ⟨Adj.⟩ 1. passend; 2. möglich

شیاوی *şiyawî* 1. Tauglichkeit *f*; 2. Möglichkeit *f*

شیر[1] *şîr* Milch *f*; **شیر پێدان** *şîr pêdan* ⟨v.t.⟩ stillen; **شیر دۆشین** *şîr doşîn* ⟨v.t.⟩ melken; **شیری بێچەوری** *şîrî bêçewrî* Magermilch *f*; **شیری دایک** *şîrî dayik* Muttermilch *f*; **شیری قوتوو** *şîrî qutû* Dosenmilch *f*; **شیری وشک** *şîrî wişk* Milchpulver *n*

شیر[2] *şîr* Schwert *n*; Säbel *m* (vgl. ↑شمشێر)

شیربایی *şîrbayî* Brautpreis *m* (vom Bräutigam oder dessen Vater an die Eltern der Braut gezahlter Preis als Dank dafür, dass sie sie großgezogen haben)

ش

شیربرنج *şîrbirinc* Milchreis *m*
شیردەر *şîrder* (Zool.) Säugetier *n*
شیرەخۆرە *şîrexore* Säugling *m*
شیرەڕژێن *şîreṟijên* (Anat.) Milchdrüse *f*
شیرەمەنی *şîremenî* Milchprodukt *n*; **کارگەی شیرەمەنی** *kargey şîremenî* Molkerei *f*
شیرین *şîrîn* ⟨Adj.⟩ süß
شیرینکار *şîrînkar* ⟨Adj.⟩ bewundernswert
شیرینوتار *şîrînwitar* ⟨Adj.⟩ gesprächig
شیرینی *şîrînî* 1. Süße *f*; 2. Süßigkeit *f*; **شیرینیی پاشنانخواردن** *şîrînîy paşnanxiwardin* Dessert *n*
شیرینیفرۆش *şîrînîfiroş* Konditor *m* / Konditorin *f*; **دوکانی شیرینیفرۆش** *dukanî şîrînîfiroş* Konditorei *f*
شیش *şîş* Spieß *m*; **گۆشت لە شیش دان** *goşt le şîş dan* ⟨v.t.⟩ Fleisch aufspießen; **شیشی گۆشت** *şîşî goşt* Fleischspieß *m*
شیعر *şî'ir* (Lit.) Gedicht *n*; Dichtung *f*; Poesie *f* (vgl. ↑هۆنراوە)
شیعری *şî'irî* ⟨Adj.⟩ poetisch
شیعە *şî'e* **I** ⟨Adj.⟩ (Rel.) schiitisch **II** (Rel.) Schia *f* (Glaubensrichtung des Islam, die Ali, den Schwiegersohn des Propheten Mohammed, als dessen rechtmäßigen Nachfolger anerkennt)
شیعی *şî'î* ⟨Adj.⟩ (Rel.) schiitisch
شیکار *şîkar* Analytiker *m* / Analytikerin *f*
شیکاری *şîkarî* Analyse *f*
شیکردنەوە *şîkirdinewe* 1. Analyse *f*; 2. Interpretation *f*; **شیکردنەوەی سایکۆلۆجی** *şîkirdinewey saykolocî* (Med.) Psychoanalyse *f*
شیلان *şîlan* 1. Heckenrose *f*; 2. (Zool.) Koralle *f*
شیلە *şîle* Sirup *m*; **شیلەی گوڵ** *şîley guḻ* (Bot.) Nektar *m*
شیلی *şîlî* **I** ⟨Adj.⟩ chilenisch **II** Chilene *m* / Chilenin *f*
شیمپانزیا *şîmpanzya* (Zoo.) Schimpanse *m*
¹شین *şîn* Name des fünfzehnten Buchstabens des kurdischen Alphabets (ش ş)
²شین *şîn* ⟨Adj.⟩ 1. blau; 2. grün (Natur, Felder nach der Aussaat); **شین بوون** *şîn bûn* ⟨v.i.⟩ grünen; sprießen (z.B. Gemüse); **شینی کاڵ** *şînî kaḻ* ⟨Adj.⟩ hellblau
³شین *şîn* (Weh-)Klage *f*; Jammern *n*; **شین بۆ کردن** *şîn bo kirdin* ⟨v.t.⟩ betrauern; **شین کردن** *şîn kirdin* ⟨v.t.⟩ trauern; weinen
شیو *şîw* Bächlein *n*
شیوعی *şiyu'î* **I** ⟨Adj.⟩ kommunistisch **II** Kommunist *m* / Kommunistin *f*
¹شێ *şê* Name des fünfzehnten Buchstabens des kurdischen Alphabets (ش ş)
²شێ *şê* Feuchtigkeit *f*
شێت *şêt* **I** ⟨Adj.⟩ wahnsinnig; irrsinnig; geisteskrank **II** Narr *m* / Närrin *f*; Verrückter *m* / Verrückte *f*; **شێت بوون** *şêt bûn* ⟨v.i.⟩ verrückt werden; شێتیم ich bin verrückt

ش

nach ihr ; شێت بووه er ist verrückt geworden; **شێت کردن** *şêt kirdin* ⟨v.t.⟩ verrückt, wahnsinnig, irre machen; شێتم دەکا sie macht mich verrückt

شێتخانه *şêtxane* Irrenhaus *n*

شێتگیر *şêtgîr* ⟨Adj.⟩ wutentbrannt; **شێتگیر کردن** *şêtgîr kirdin* ⟨v.t.⟩ zur Weißglut bringen

شێتوویت *şêtuwêt* ⟨Adj.⟩ verrückt; toll

شێتی *şêtî* 1. Wahnsinn *m*; 2. Irrsinn *m*

شێخ *şêx* Scheich *m*

شێدار *şêdar* ⟨Adj.⟩ feucht

شێر *şêr* (Zool./Astr.) Löwe *m*

شێرپەنجه *şêrpence* (Med.) Krebs *m*; **شێرپەنجەی خوێن** *şêrpencey xwên* (Med.) Leukämie *f*

شێرەبەفرینه *şêrebefrîne* Schneemann *m*; (wörtl.) Schneelöwe *m*

شێلاقه *şêlaqe* (Zool.) Strandläufer *m*

شێلان *şêlan* ⟨v.t.⟩ kneten; massieren

شێلم *şêlim* (Bot.) Kohlrübe *f*

شێنەیی *şêneyî* Stille *f*; Ruhe *f*

شێو *şêw* Abendessen *n*

شێواز *şêwaz* Stil *m*; Methode *f*; **شێوازی بیناسازی** *şêwazî bînasazî* Baustil *m*

شێواندن *şêwandin* ⟨v.t.⟩ ⟨شێوێنـ- *şêwên-*⟩ 1. durcheinander, in Unordnung bringen; 2. entstellen

شێواو *şêwaw* ⟨Adj.⟩ durcheinander; unbeständig

شێواوی *şêwawî* Unordnung *f*; Durcheinander *n*

شێوه *şêwe* 1. Form *f*; Gestalt *f*; 2. Stil *m*; 3. Dialekt *m* • به باشترین شێوه auf die bestmögliche Weise

شێوەزمان *şêweziman* (Ling.) Dialekt *m*; Mundart *f* (s.a. ↑دیالێکت)

شێوەیی *şêweyî* ⟨Adj.⟩ formal

ع

ع

ع ʿ ʿê, ʿeyn; sechzehnter Buchstabe des kurdischen Alphabets (Zahlenwert 70)

عاده *ʿade* Menstruation *f*; Periode *f* (vgl. ↑بێنوێژی); **عاده (هه)بوون** *ʿade (he) hûn* ⟨v.i.⟩ menstruieren

عادەت *ʿadet* Gewohnheit *f*; Sitte *f*

عار *ʿar* Schande *f*

عارەق *ʿareq* s. ↑ئارەق

عازەب *ʿazeb* ⟨Adj.⟩ ledig

عازەبه *ʿazebe* 1. (Med.) Akne (juvenilis) *f*; 2. Pickel *m*

عاشق *ʿaşiq* s. ↑ئاشق

عافێت *ʿafêt* Wohlbefinden *n* (s.a. ↑نۆش)

عالم *ʿalim* **I** ⟨Adj.⟩ weise **II** Gelehrter *m* / Gelehrte *f*

عالەم *ʿalem* Welt *f*; Universum *n*

عام *ʿam* ⟨Adj.⟩ allgemein

عود *ʿud* (Mus.) Laute *f*

عورف *ʿurf* Sitte *f*; Brauch *m*

عوزر[1] *ʿuzir* 1. Entschuldigung *f*; 2. Ausrede *f* • هیچ عوزرێک ناخوا! da gilt keine Ausrede!

عوزر[2] *ʿuzir* (Med.) Menstruation *f*; **لە عوزردا بوون** *le ʿuzirda bûn* ⟨v.i.⟩ menstruieren; **لە عوزر چوونەوە** *le ʿuzir çûnewe* ⟨v.i.⟩ in die Wechseljahre kommen (Frauen)

عومر *ʿumir* Leben *n* (s.a. ↑تەمەن)

عوموومی *ʿumûmî* ⟨Adj.⟩ öffentlich; staatlich (s.a. ↑گشتی)

عەبا *ʿeba* ärmelloser Überwurf *m* (Umhang, der den Körper von Kopf bis Fuß bedeckt [bei Frauen])

عەبد *ʿebid* Sklave *m* / Sklavin *f* (s.a. ↑کۆیلە)

عەبیر *ʿebîr* Amber *m*

عەتر *ʿetir* Parfüm *n*

عەجایەب *ʿecayeb* ⟨Adj.⟩ seltsam; erstaunlich; eigenartig

عەجوول *ʿecûl* ⟨Adj.⟩ unartig; zapplig (Kind)

عەجەلە *ʿecele* **I** ⟨Adj.⟩ eilig **II** Eile *f*

عەجەم *ʿecem* **I** ⟨Adj.⟩ persisch **II** Perser *Pl.* (abwertende Bezeichnung der Araber für Perser)

عەجەمی *ʿecemî* ⟨Adj.⟩ 1. nicht Arabisch sprechend; 2. (üb.) unerfahren

عەجیب *ʿecîb* ⟨Adj.⟩ seltsam; wunderlich

عەدەسە *ʿedese* (Kamera-)Linse *f*; Objektiv *n* (vgl. ↑هاوێنە)

عەرزوحاڵ *ʿerzuh̲al̲* Bittschrift *f*; Gesuch *n*

عەرسە *ʿerse* Arena *f*

عەرش *ʿerş* Thron *m* (s.a. ↑تەخت)

عەرعەر *ʿerʿer* (Bot.) Wacholder *m*

عەرەب *ʿEreb* Araber *m* / Araberin *f*; **بە عەرەب کردن** *be ʿereb kirdin* ⟨v.t.⟩ arabisieren

عەرەبانە *ʿerebane* 1. Wagen *m*; 2. Kutsche *f*; 3. Karre *f*; **عەرەبانەی دەستی** *ʿerebaney destî* Schubkarre *f*; **عەرەبانەی منداڵ** *ʿerebaney mindal̲* Kinderwagen *m*

عەرەبی *ʿerebî* **I** ⟨Adj.⟩ arabisch **II** Arabisch *n*

عەرەق *ʿereq* s. ↑ئارەق

عەریف *ʿerîf* (Mil.) Gefreiter *m* / Gefreite *f*

عەزاب *ʿezab* Leiden *n*; Qual *f* (s.a. ↑ئازار); **عەزاب دان** *ʿezab dan* ⟨v.t.⟩ quälen

عەزازیل *ʿEzazîl* böser Geist *m*

عەزل *ʿezil* ⟨Adj.⟩ 1. abgesetzt; 2. blockiert; **عەزل کردن** *ʿezil kirdin* ⟨v.t.⟩ absetzen

عەزیز *ʿezîz* s. ↑ئازیز

عەزیزی *ʿezîzî* langes Kleid *n*

عەزیم *ʿezîm* ⟨Adj.⟩ enorm; immens

عەسر *ʿesir* 1. Jahrhundert *n*; 2. Epoche *f*

عەسکەر *ʿesker* Soldat *m* / Soldatin *f* (s.a. ↑سەرباز)

عەسکەری *ʿeskerî* ⟨Adj.⟩ militärisch (s.a. ↑سەربازی)

عەسەبی *ʿesebî* ⟨Adj.⟩ nervös; wütend (s.a. ↑تووڕە)

عەشق *ʿeşq* Liebe *f*; Verliebtheit *f* (s.a. ↑خۆشەویستی)

عەشیرەت *ʿeşîret* Stamm *m*; Sippe *f*

عەفوو *ʿefû* Verzeihung! *f*; Entschuldigung! *f* (s.a. ↑لێخۆشبوون); **عەفوو کردن** *ʿefû kirdin* ⟨v.t.⟩ verzeihen; خوا عەفووی کا! Gott verzeihe ihm!

عەقار *ʿeqar* Immobilien *Pl.*

عەقد *ʿeqid* Vertragsabschluss *m*; **عەقد کردن** *ʿeqid kirdin* ⟨v.t.⟩ einen Vertrag abschließen; **عەقدی زەواج** *ʿeqidî zewac* Ehevertrag *m*

عەقڵ *ʿeqiḻ* Verstand *m* (vgl. ↑ئەقڵ)

عەقڵدار *ʿeqiḻdar* ⟨Adj.⟩ klug; intelligent

عەقیدە *ʿeqîde* Glaube *m*; Überzeugung *f*

عەکس *ʿekis* Gegenteil *n*; Gegenstück *n*; **عەکسی وێنە** *ʿekisî wêne* Negativ *n*

عەلاگە *ʿelage* 1. Bügel *m*; 2. Tüte *f*; **عەلاگەی جل** *ʿelagey cil* Kleiderbügel *m*

عەلامەت *ʿelamet* Zeichen *n*; Merkmal *n* (s.a. ↑نیشانە)

عەلەشیش *ʿeleşîş* (Zool.) Pute *f*; Truthahn *m* (vgl. ↑قەلەموون)

عەلەوی *ʿElewî* (Rel.) Alevit *m*/ Alevitin *f* (Religionsgemeinschaft)

عەمار *ʿemar* 1. Lager *n*; Magazin *n*; 2. Speicher *m*; **عەمار کردن** *ʿemar kirdin* ⟨v.t.⟩ (ein)lagern

عەمارە *ʿemare* Gebäude *n*; Bauwerk *n*

عەمر *ʿemir* 1. Alter *n*; 2. Leben *n*; **عەمری خوا کردن** *ʿemrî xiwa kirdin* ⟨v.t.⟩ sterben; **عەمر نەمان** *ʿemir neman* ⟨v.i.⟩ (üb.) sterben; عەمرت نەمێنێ! mögest du sterben!

عەموود *ʿemûd* 1. Säule *f*; 2. Mast *m*; **عەموودی سەرشەقام** *ʿemûdî serşeqam* Laterne *f*; **عەموودی فەقەری** *ʿemûdî feqerî* Wirbelsäule *f*

عەمەلیات *ʿemelyat* (Med.) Operation *f*; **عەمەلیات کردن** *ʿemelyat kirdin* ⟨v.t.⟩ (Med.) operieren

عەمید *ʿemîd* 1. Dekan *m*; 2. (Mil.) Brigadekommandeur *m*

عەنابی *ʿenabî* ⟨Adj.⟩ ausgezeichnet; hervorragend

عەنتیکە *ʿentîke* s. ↑ئەنتیکە

عەورەت *ʿewret* (Anat.) Genitalien *Pl.*

عەهد *ʿehid* 1. Pakt *m*; 2. Abkommen *n*; Vereinbarung *f*; **عەهد کردن** *ʿehid kirdin* ⟨v.t.⟩ ein Abkommen schließen; vereinbaren

عەیار[1] *ʿeyar* ⟨Adj.⟩ schlau

عەیار[2] *ʿeyar* Karat *n*; **عەیار کردن** *ʿeyar kirdin* ⟨v.t.⟩ regulieren; stellen (Uhr)

عەیب *ʿeyb* **I** ⟨Adj.⟩ übel; unanständig **II** 1. Schande *f*; 2. Schamgefühl *n*; **عەیب بوون** *ʿeyb bûn* ⟨v.i.⟩ sich schämen; عەیب نییە das ist durchaus zulässig

عەیبدار *ʿeybdar* ⟨Adj.⟩ fehlerhaft

عەین *ʿeyn* Name des sechzehnten Buchstabens des kurdischen Alphabets (ع ʿ)

عەینەک *ʿeynek* s. ↑چاویلکە

عەینەمەل *ʿeynemel* (Zool.) Star *m*

ع

عەینەن *'eynen* **I** ⟨Adv.⟩ genau **II** ⟨Präp.⟩ wie

عیادە *'iyade* s. ↑دیدەنگە

عیبرەت *'îbret* Warnung *f*; Lehre *f*

عیبری *'îbrî* **I** ⟨Adj.⟩ hebräisch **II** 1. Hebräer *m* / Hebräerin *f*; 2. Hebräisch *n*

عیراق *'Îraq* (Geogr.) Irak *m*

عیراقی *'îraqî* **I** ⟨Adj.⟩ irakisch **II** Iraker *m* / Irakerin *f*

عیز *'îz* Würde *f*

عیسا *'Îsa* (Rel.) der Prophet Jesus

عیسایی *'îsayî* **I** ⟨Adj.⟩ (Rel.) christlich **II** (Rel.) Christ *m* / Christin *f*

عیشا *'îşa* Abend *m*

عیشوە *'îşwe* Koketterie *f* (s.a. ↑ناز)

عیفریت *'îfrît* Dämon *m*

عیففەت *'îffet* Tugend *f*

عیلاج *'îlac* Heilmittel *n*; **عیلاج کردن** *'îlac kirdin* ⟨v.t.⟩ (eine Krankheit) behandeln

عیلاقە *'îlaqe* Beziehung *f* (s.a. ↑پەیوەندی)

عیلم *'îlim* Wissenschaft *f* (s.a. ↑زانست)

عیلمی *'îlmî* ⟨Adj.⟩ wissenschaftlich (s.a. ↑زانستی)

عیناد *'înad* **I** ⟨Adj.⟩ eigenwillig; eigensinnig **II** Dickkopf *m* (s.a. ↑کەللەڕەق)

عینوان *'înwan* s. ↑ناونیشان

عێ *'ê* Name des sechzehnten Buchstabens des kurdischen Alphabets (ع ')

غ

غ *x̱* x̱ê, x̱eyn; siebzehnter Buchstabe des kurdischen Alphabets (Zahlenwert 1000)

غار *x̱ar* Galopp *m*; **غار کردن** *x̱ar kirdin* ⟨v.t.⟩ galoppieren

غاز *x̱az* (Chem.) Gas *n*; **غازی بەکارهاتوو** *x̱azî bekarhatû* Abgas *n*; **غازی خنکێنەر/کیمیاوی** *x̱azî xinkêner/kîmyawî* Giftgas *n*

غایب *x̱ayib* ⟨Adj.⟩ abwesend; fehlend (s.a. ↑نادیار)

غایلە *x̱ayle* 1. Ärger *m*; 2. Sorge *f*

غایە *x̱aye* Absicht *f*

غروور *x̱irûr* Hochmut *m*

غوبار *x̱ubar* Staub *m*

غودە *x̱ude* (Anat.) Drüse *f* (vgl. ↑ڕژێن)

غوربەت *x̱urbet* Fremde *f* • لە غوربەتدا دەژیم ich lebe fern von der Heimat

غوول *x̱ûl* Dämon *m*; Kinderschreck *m*

غەبغەبە *x̱ebx̱ebe* Doppelkinn *n*

غەددار *x̱eddar* ⟨Adj.⟩ unbarmherzig; grausam

غەدداری *x̱eddarî* Grausamkeit *f*; Unbarmherzigkeit *f*

غەدر xedir Ungerechtigkeit *f*; غەدر کردن *xedir kirdin* ⟨v.t.⟩ Ungerechtigkeit üben

غەرامەت *xeramet* 1. Entschädigung *f*; 2. Geldstrafe *f*

غەرب *xerb* (Geogr.) Westen *m*; Abendland *n*

غەربی *xerbî* ⟨Adj.⟩ 1. westlich; 2. abendländisch

غەرغەرە *xerxere* Gurgeln *n*; غەرغەرە کردن *xerxere kirdin* ⟨v.t.⟩ gurgeln

غەرق *xerq* Eintauchen *n* (in Wasser)

غەرەز *xerez* Absicht *f*

غەریب *xerîb* **I** ⟨Adj.⟩ fremd **II** Fremder *m* / Fremde *f*; Ausländer *m* / Ausländerin *f*

غەریبی *xerîbî* Fremde *f*; Exil *n*

غەریزە *xerîze* (Bio.) Instinkt *m*; (Natur-)Trieb *m*

غەڕا *xer̄a* ⟨Adj.⟩ hochmütig

غەزا *xeza* (isl.) heiliger Krieg *m*

غەزال *xezal* (Zool.) Gazelle *f* (s.a. ↑ئاسک)

غەزەب *xezeb* Zorn *m*; Wut *f*

غەش *xeş* Betrug *m*; غەش کردن *xeş kirdin* ⟨v.t.⟩ betrügen

غەشاش *xeşaş* Betrüger *m* / Betrügerin *f*

غەم *xem* Kummer *m* (s.a. ↑خەم)

غەمگین *xemgîn* ⟨Adj.⟩ traurig; betrübt

غەین *xeyn* Name des siebzehnten Buchstabens des kurdischen Alphabets (غ *x*)

غیرە *xîre* Eifersucht *f*; غیرە کردن *xîre kirdin* ⟨v.t.⟩ eifersüchtig sein

غیرەت *xîret* Eifer *m*

غێ *xê* Name des siebzehnten Buchstabens des kurdischen Alphabets (غ *x*)

ف

ف

ف *f* fê; achtzehnter Buchstabe des kurdischen Alphabets (Zahlenwert 80)

فاتیحا *fatîha* (Rel.) Fatiha *f* (erste Sure des Korans, wörtl.: die Eröffnende)

فاحیشە *fahîşe* **I** ⟨Adj.⟩ obszön **II** Prostituierte *f*

فاحیشییەت *fahîşîyet* Pornografie *f*

فارس *Fars* Perser *m* / Perserin *f*

فارسی *farsî* **I** ⟨Adj.⟩ persisch **II** Persisch *n*

فارگۆن *fargon* Wagon *m*; فارگۆنی نانخواردن *fargonî nanxiwardin* Speisewagen *m*; فارگۆنی نووستن *fargonî nûstin* Schlafwagen *m*

فاسۆلیا *fasolya* (Bot.) Bohne *f*; **فاسۆلیای تەڕ** *fasolyay teṟ* (Bot.) grüne Bohne; **فاسۆلیای سەوز** *fasolyay sewz*; **فاسۆلیای وشک** *fasolyay wişk* (Bot.) weiße Bohne *f*

فاشڕەشک *faşṟeşk* (Bot.) Roggen *m*

فاشی *faşî* **I** ⟨Adj.⟩ (Pol.) faschistisch **II** (Pol.) Faschist *m* / Faschistin *f*

فاشێتی *faşêtî* (Pol.) Faschismus *m*

فاکس *faks* Fax *n*; Faxgerät *n*; **فاکس ناردن** *faks nardin* ⟨v.t.⟩; **فاکس کردن** *faks kirdin* ⟨v.t.⟩ faxen

فاڵ *fal̮* Wahrsagung *f*; **فاڵ گرتنەوە** *fal̮ girtinewe* ⟨v.t.⟩ wahrsagen

فاڵگرەوە *fal̮girewe* Wahrsager *m* / Wahrsagerin *f*

فام *fam* Verstand *m*

فامین *famîn* ⟨v.t.⟩ ⟨فامـ *fam-*⟩ verstehen

فانۆس *fanos* (Sturm-)Laterne *f*

فانی *fanî* ⟨Adj.⟩ vergänglich

فانیله *fanîle* 1. Unterhemd *n*; 2. Pullover *m*

فاوڵ *fawil̮* (Sp.) Foul *n*; Regelwidrigkeit *f*

فایده *fayde* Nutzen *m* (s.a. ↑سوود)

فایز *fayiz* Zinsen *Pl.*

فایل *fayil* Akte *f*; Ordner *m*; **له فایلدا هەڵگرتن** *le fayilda hel̮girtin* ⟨v.t.⟩ einordnen

فتبۆڵ *fitbol̮* (Sp.) Fußball *m*

فتبۆڵێن *fitbol̮ên* Fußballspiel *n*; **فتبۆڵێن کردن** *fitbol̮ên kirdin* ⟨v.t.⟩ Fußball spielen

فتری *fitrî* ⟨Adj.⟩ instinktiv; naturgemäß

فتق *fitiq* (Med.) Leistenbruch *m*

فتوا *fitwa* s. ↑فەتوا

فراوان *firawan* ⟨Adj.⟩ weit; geräumig; **فراوان کردن** *firawan kirdin* ⟨v.t.⟩ erweitern; vergrößern

فراوانی *firawanî* 1. Weite *f*; 2. Kapazität *f*

فرسەت *firset* Gelegenheit *f* (s.a. ↑هەل)

فرمان *firman* 1. Befehl *m*; 2. (Gr.) Imperativ *m*; 3. (Gr.) Verb *n* (vgl. ↑فەرمان); **فرمان پێدان** *firman pêdan* ⟨v.t.⟩ befehlen; kommandieren

فرمێسک *firmêsk* Träne *f*

فرمێسکڕێژ *firmêskṟêj* (Anat.) Tränendrüse *f*

فرۆش *firoş* Verkauf *m*; Umsatz *m*

فرۆشتن *firoştin* **I** ⟨v.t.⟩ ⟨فرۆشـ *firoş-*⟩ verkaufen **II** Verkauf *m* • بۆ فرۆشتن zu verkaufen; **خۆ فرۆشتن** *xo firoştin* ⟨v.refl.⟩ sich prostituieren; (wörtl.) sich verkaufen

فرۆشراو *firoşraw* ⟨Adj.⟩ verkauft; ausverkauft

فرۆشگە *firoşge* 1. Geschäft *n*; 2. Markt *m*

فرۆشیار *firoşyar* Verkäufer *m* / Verkäuferin *f*

فرە *fire* ⟨Adv.⟩ reichlich

فرەبا *fireba* ⟨Adj.⟩ windig; zugig

فرەپیاوی *firepiyawî* Polyandrie *f*

فرەژنی *firejinî* Polygamie *f*

فرەکولتوری *firekulturî* ⟨Adj.⟩ multikulturell

فرەلایەن *firelayen* ⟨Adj.⟩ vielseitig

فرەلایەنی *firelayenî* Vielfalt *f*

فرەمێدیا *firemêdya*

فرەنەتەوە *firenetewe* ⟨Adj.⟩ multinational

ف

فریا *firya* Hilfe *f*; **فریا کەوتن** *firya kewtin* ⟨v.i.⟩ helfen
فریاکەوتن *firyakewtin* Rettung *f*; Hilfe *f*
فریاگوزار *firyaguzar* ⟨Adj.⟩ behilflich
فریاگوزاری *firyaguzarî* Hilfsbereitschaft *f*; **فریاگوزاریی سەرەتایی** *firyaguzarîy seretayî* Erste Hilfe *f*
فریشتە *firîşte* Engel *m*
فریو *firîw* Betrug *m*; List *f*; **فریو دان** *firîw dan* ⟨v.t.⟩ 1. verführen; 2. betrügen
فریودان *firîwdan* Täuschung *f*; Irreführung *f*
فریودەر *firîwder* **I** ⟨Adj.⟩ betrügerisch **II** Verführer *m* / Verführerin *f*
فریزەر *firêzer* Tiefkühltruhe *f*; Tiefkühlfach *n* (vgl. ↑بەستێنەر)
فڕ *fiṟ* Schluck *m*
فڕاکسیۆن *fiṟaksyon* Fraktion *f*
فڕاندن *fiṟandin* ⟨v.t.⟩ ⟨فڕێنـ *fiṟên-*⟩ schnappen; (gewaltsam) entführen
فڕانک *fiṟank* Franken *m* (Währungseinheit der Schweiz, 1 sfr = 100 Rappen)
فڕگە *fiṟge* Flugplatz *m*; **ڕاڕەوی فڕگە** *ṟaṟewî fiṟge* Rollbahn *f*
فڕن *fiṟin* (Back-)Ofen *m*; Herd *m*
فڕوفێڵ *fiṟufêḻ* Tücke *f*
فڕۆکە *fiṟoke* Flugzeug *n*
فڕۆکەخانە *fiṟokexane* Flughafen *m*; Flugplatz *m*
فڕۆکەڕفاندن *fiṟokeṟifandin* Flugzeugentführung *f*
فڕۆکەڕفێن *fiṟokeṟifên* Flugzeugentführer *m* / Flugzeugentführerin *f*
فڕۆکەشکێن *fiṟokeşikên* (Mil.) Flugabwehr *f*; Luftabwehr *f*
فڕۆکەکەوتنەخوارەوە *fiṟokekewtinexiwarewe* Flugzeugabsturz *m*
فڕۆکەوان *fiṟokewan* Pilot *m* / Pilotin *f*; Flugkapitän *m* / Flugkapitänin *f*
فڕۆکەوانی *fiṟokewanî* Luftfahrt *f*
فڕۆکەهەڵگر *fiṟokeheḻgir* Flugzeugträger *m*
فڕین *fiṟîn* **I** ⟨v.i.⟩ ⟨فڕـ *fiṟ-*⟩ fliegen **II** Flug *m*; **بلیتی فڕین** *bilîtî fiṟîn* Flugticket *n*
فڕێ *fiṟê* → **فڕێ دان** *fiṟê dan* ⟨v.t.⟩ (weg-, ab)werfen
فزولی *fizulî* ⟨Adj.⟩ neugierig; zudringlich
فزولییەت *fizulîyet* Neugierde *f*; Aufdringlichkeit *f*
فزە *fize* (üb.) Äußerung *f*; **فزە کردن** *fize kirdin* ⟨v.t.⟩ sich äußern
فستقعەبید *fistiqʿebîd* (Bot.) Erdnuss *f*
فسفۆڕ *fisfoṟ* (Chem.) Phosphor *m*
فسەفس *fisefis* Flüstern *n*; **فسەفس کردن** *fisefis kirdin* ⟨v.t.⟩ 1. flüstern; 2. zischen
فشە *fişe* Angeberei *f*; **فشە کردن** *fişe kirdin* ⟨v.t.⟩ angeben
فشەکەر *fişeker* **I** ⟨Adj.⟩ angeberisch **II** Angeber *m* / Angeberin *f*
فشەگاڵتە *fişegaḻte* Spott *m*; Neckerei *f*; **فشەگاڵتە کردن** *fişegaḻte kirdin* ⟨v.t.⟩ 1. spotten; 2. necken
فکر *fikir* Gedanke *m* (s.a. ↑[1]بیر)
فلاش *filaş* Blitzlicht *n*
فلتەر *filter* Filter *m*
فلفل *filfil* (Bot.) Pfeffer *m*

ف

فلیم *filîm/flîm* Film *m*; **فلیم گرتن** *filîm girtin* ⟨v.t.⟩ (ver)filmen; **فلیمی بەڵگەنامەیی** *filîmî belgenameyî* Dokumentarfilm *m*

فلیمشتنەوە *filîmşitnewe* (Film-)Entwicklung *f*

فڵچە *filçe* Bürste *f*; Pinsel *m*; **فڵچەی دان** *filçey dan* Zahnbürste *f*; **فڵچەی قژ** *filçey qij* Haarbürste *f*

فم *fim* Schnauben *n*; **فم کردن** *fim kirdin* ⟨v.t.⟩ die Nase schnäuzen, putzen, schnauben

فندق *findiq* (Bot.) Haselnuss *f*

فوارە *fiware* Springbrunnen *m*; Fontäne *f*

فولکە *fulke* Kreuzung *f*; Kreisverkehr *m*

فوللایت *fullayit* Fernlicht *n*; Lichthupe *f*

ف

فوند *fund* Pfund *n*

فوو *fû* 1. Windstoß *m*; 2. Hauch *m*; Puste *f* ● دوو سەبرو فوویەک! (idiom.) ein bisschen Geduld!; **ئامێری فوو** *amêrî fû* Blasinstrument *n*; **فوو تێکردن** *fû têkirdin* ⟨v.t.⟩ aufblasen; aufpumpen; **فوو کردن** *fû kirdin* ⟨v.t.⟩ (auf)blasen; pusten; **فوو لێکردن** *fû lêkirdin* ⟨v.t.⟩ (aus)pusten

فۆتۆکۆپی *fotokopî* Fotokopie *f*; **فۆتۆکۆپی کردن** *fotokopî kirdin* ⟨v.t.⟩ fotokopieren

فۆسفات *fosfat* (Chem.) Phosphat *n*

فۆسفۆر *fosfor* (Chem.) Phosphor *n*

فۆلکلۆر *folklor* Folklore *f*

فۆلکلۆری *folklorî* ⟨Adj.⟩ folkloristisch; **گۆرانیی فۆلکلۆری** *goranîy folklorî* Volkslied *n*

فۆنێم *fonêm* (Ling.) Phonem *n*

فەتوا *fetwa* (Rel.) Fatwa *n* (Rechtsgutachten eines islamischen Rechtsgelehrten, z.B. eines Mufti oder eines Kalifen, zur Überprüfung der Vereinbarkeit einer Handlung mit der Scharia)

فەحس *fehis* Untersuchung *f*; **فەحس کردن** *fehis kirdin* ⟨v.t.⟩ untersuchen

فەحش *fehiş* Enthüllung *f*

فەخر *fexir* 1. Stolz *m*; 2. Ehre *f*

فەخفووری *fexfûrî* Porzellan *n*

فەخفەخە *fexfexe* Pomp *m*

فەددان *feddan* Morgen *m* (Flächenmaß, ca. 4200 m²)

فەرامۆش *feramoş* Vergessen *n*; **فەرامۆش کردن** *feramoş kirdin* ⟨v.t.⟩ vernachlässigen

فەرامۆشکراو *feramoşkiraw* ⟨Adj.⟩ vernachlässigt

فەرامۆشی *feramoşî* Unachtsamkeit *f*

فەرز *ferz* Pflicht *f*

فەرش *ferş* Teppich *m*

فەرشچن *ferşçin* Teppichknüpfer *m* / Teppichknüpferin *f*

فەرشچنین *ferşçinîn* Teppichweben *n*

فەرق *ferq* Unterschied *m* (s.a. ↑جیاوازی); **فەرق کردن** *ferq kirdin* ⟨v.t.⟩ unterscheiden

فەرمان *ferman* 1. Befehl *m*; Verordnung *f*; 2. (Gr.) Verb *n* (vgl. ↑فرمان); **فەرمان دان** *ferman dan* ⟨v.t.⟩ befehlen; **فەرمانی دادگا** *fermanî dadga* Urteilsspruch *m*

فەرمانبەر *fermanber* (Staats-)Beam-

ter *m* / (Staats-)Beamtin *f*
فەرماندەر *fermander* 1. Befehlshaber *m* / Befehlshaberin *f*; 2. Vorgesetzter *m* / Vorgesetzte *f*
فەرمانڕەوا *fermanṟewa* Herrscher *m* / Herrscherin *f*; Machthaber *m* / Machthaberin *f*
فەرمانڕەوایی *fermanṟewayî* Herrschaft *f*; فەرمانڕەوایی کردن *fermanṟewayî kirdin* ⟨v.t.⟩ herrschen
فەرمانگە *fermange* 1. Verwaltung *f*; 2. Behörde *f*; فەرمانگەی کار *fermangey kar* Arbeitsamt *n*
فەرموو *fermû* bitte! (Anrede); فەرموو لێکردن *fermû lêkirdin* ⟨v.t.⟩ bitten
فەرهەنگ *ferheng* Wörterbuch *n*; Lexikon *n*
فەرهەنگۆک *ferhengok* Glossar *n*
فەریاد *feryad* (Hilfe-)Ruf *m*; فەریاد کردن *feryad kirdin* ⟨v.t.⟩ um Hilfe rufen
فەریق *ferîq* (Mil.) General *m*
فەریک *ferîk* ⟨Adj.⟩ unreif
فەڕاش *feṟaş* Türsteher *m*
فەڕوو *feṟû* Pelz *m*; Fell *n*
فەڕەنسا *Feṟensa* (Geogr.) Frankreich *n*
فەڕەنسی *feṟensî* **I** ⟨Adj.⟩ französisch **II** 1. Franzose *m* / Französin *f*; 2. Französisch *n*
فەڕەنگ *feṟeng* ⟨Adj.⟩ europäisch
فەڕەنگستان *Feṟengistan* (Geogr.) Europa *n*
فەڕەنگی *feṟengî* (Med.) Syphilis *f* (vgl. ↑ئاتەشەک)
فەساد *fesad* 1. Korruption *f*; 2. Unheil *n*
فەسڵ *fesḻ* 1. Kapitel *n*; 2. (Thea.) Szene *f* (s.a. ↑وەرز)
فەقیانە *feqyane* (Arm-)Stulpen *Pl.*
فەقیر *feqîr* ⟨Adj.⟩ arm; bedürftig
فەلسەفە *felsefe* Philosophie *f*; فەلسەفە کردن *felsefe kirdin* ⟨v.t.⟩ philosophieren
فەلە *fele* (Rel.) Nichtmuslim *m* / Nichtmuslimin *f*
فەلەستین *Felestîn* (Geogr.) Palästina *n*
فەلەستینی *felestînî* **I** ⟨Adj.⟩ palästinensisch **II** Palästinenser *m* / Palästinenserin *f*
فەلەک *felek* 1. Himmel *m*; 2. (üb.) Schicksal *n*
فەنەر *fener* Laterne *f*
فەنیک *fenîk* (hist.) Pfennig *m* (deutsche Währungseinheit, 100 Pfennig = 1 DM)
فەهرەست *fehrest* (Inhalts-)Verzeichnis *n*; Index *m* (s.a. ↑پێڕست)
فەهرەنهایت *fehrenhayt* Fahrenheit *f* (Maßeinheit der Temperatur, 0° C = 32° F)
فەیلەسووف *feylesûf* Philosoph *m* / Philosophin *f*
فیت *fît* ⟨Adj.⟩ quitt; ausgeglichen
فیتنە *fîtne* **I** ⟨Adj.⟩ intrigant **II** Zwietracht *f*; فیتنە کردن *fîtne kirdin* ⟨v.t.⟩ intrigieren
فیتنەکار *fîtnekar* Intrigant *m* / Intrigantin *f*
فیتەر *fîter* Automechaniker *m* / Automechanikerin *f*
فیدا *fîda* Opfer *n*; فیدا کردن *fîda kirdin* ⟨v.t.⟩ (auf)opfern
فیداکار *fîdakar* ⟨Adj.⟩ opferbereit

ف

فیداکاری *fîdakarî* (Auf-)Opferung *f*
فیدڕاسیۆن *fîdrasyon* (Pol.) Föderation *f*
فیدڕاڵ *fîdral* (Pol.) Föderalist *m* / Föderalistin *f*
فیدڕالیزم *fîdralîzim* (Pol.) Föderalismus *m*
فیردۆس *fîrdos* Paradies *n*
فیرعەون *fîr'ewn* (hist.) Pharao *m*
فیزە *fîze* s. ↑ڤیزە
فیزیا *fîzya* Physik *f*
فیشکاندن *fîşkandin* ⟨v.t.⟩ ⟨فیشکێن- *fîşkên-*⟩ zischen (bes. Schlangen)
فیشە *fîşe* Chip *m*
فیشەک *fîşek* Patrone *f*; **فیشەک پێوەنان** *fîşek pêwenan* ⟨v.t.⟩ auf j-n schießen
فیشەکەشێتە *fîşekeşête* Feuerwerk *n*
فیکاندن *fîkandin* ⟨v.t.⟩ ⟨فیکێن- *fîkên-*⟩ pfeifen (mit den Lippen)
فیکە *fîke* Pfiff *m*; **فیکە کردن** *fîke kirdin* ⟨v.t.⟩ pfeifen; **فیکە کێشان** *fîke kêşan* ⟨v.t.⟩ pfeifen; **فیکە لێدان** *fîke lêdan* ⟨v.t.⟩ pfeifen; **فیکەی وریاکردنەوە** *fîkey wiryakirdinewe* Sirene *f*
فیل *fîl* (Zool.) Elefant *m*; **دانی فیل** *danî fîl* Elfenbein *n*; **فیلی شەترەنج** *fîlî şetrenc* Läufer (Schachspiel)
فیللەندە *Fîllende* (Geogr.) Finnland *n*
فیللەندی *fîllendî* **I** ⟨Adj.⟩ finnisch **II** 1. Finne *m* / Finnin *f*; 2. Finnisch *n*
فیلم *fîlm* s. ↑ فلیم /
فیلەتەن *fîleten* **I** ⟨Adj.⟩ riesig **II** Riese *m*
فیلیپین *Fîlîpîn* (Geogr.) Philippinen *Pl.*
فیلیپینی *fîlîpînî* **I** ⟨Adj.⟩ philippinisch **II** 1. Phillipiner *m* / Phillipinerin *f*; 2. Phillipinisch *n*

فیوز *fiyuz* (El.) Sicherung *f* ● فیوزەکە سووتاوە die Sicherung ist durchgebrannt
فێ *fê* Epilepsie *f*
فێدار *fêdar* ⟨Adj.⟩ (Med.) epileptisch
فێر *fêr* ⟨Adj.⟩ kenntnisreich; **فێر بوون** *fêr bûn* ⟨v.i.⟩ (er)lernen; کوردی فێر دەبم/فێری کوردی دەبم ich lerne Kurdisch; **فێر کردن** *fêr kirdin* ⟨v.t.⟩ (etw.) unterrichten; lehren
فێرخواز *fêrxwaz* Lehrling *m*; Praktikant *m* / Praktikantin *f* (s.a. ↑شاگرد)
فێرکار *fêrkar* Ausbilder *m* / Ausbilderin *f*; Pädagoge *m* / Pädagogin *f*
فێرکاری *fêrkarî* Ausbildung *f*; **فێرکاری پیشەیی** *fêrkarî pîşeyî* Berufsausbildung *f*
فێرگە *fêrge* Ausbildungszentrum *n*
فێستیڤال *fêstîval* Festival *n*
فێڵ *fêl* Trick *m*; Schwindel *m*; (Hinter-)List *f*; **فێڵ لێکردن** *fêl lêkirdin* ⟨v.t.⟩ betrügen
فێڵباز *fêlbaz* **I** ⟨Adj.⟩ hinterhältig; durchtrieben **II** Schwindler *m* / Schwindlerin *f*; Gauner *m* / Gaunerin *f*
فێڵبازی *fêlbazî* Gaunerei *f*; Betrügerei *f*; **فێڵبازی کردن** *fêlbazî kirdin* ⟨v.t.⟩ betrügen
فێنک *fênik* ⟨Adj.⟩ kühl; frisch; **فێنک بوونەوە** *fênik bûnewe* ⟨v.i.⟩ 1. sich abkühlen; 2. sich erfrischen; **فێنک کردنەوە** *fênik kirdinewe* ⟨v.t.⟩ etw. kühlen
فێنکی *fênikî* Frische *f*

ف

ڤ

ڤ *v* vê; neunzehnter Buchstabe des kurdischen Alphabets (Zahlenwert 80 genauso wie ف *f*)

ڤاتیکان *Vatîkan* (Geogr.) Vatikan *m*

ڤاگۆن *vagon* Wagen *m* (vgl. ↑واگۆن); ڤاگۆنی نووستن *vagonî nûstin* Schlafwagen *m*

ڤانێلا *vanêla* (Bot.) Vanille *f*

ڤایرۆس *vayros* s. ↑ڤیرۆس

ڤۆڵت *vo̱lt* (El.) Volt *n* (Einheit der elektrischen Spannung, V)

ڤۆیسمێل *voyismêl* Voicemail *f*; Anrufbeantworter *m*

ڤیتامین *vîtamîn* (Bio.) Vitamin *n*

ڤیدیۆ *vîdyo* Video *n*

ڤیدیۆکامێرا *vîdyokamêra* Videokamera *f*

ڤیرۆس *vîros* (Med.) Virus *n* (vgl. ↑ڤایرۆس); ڤیرۆسی کۆمپیوتەر *vîrosî kompiyuter* Computervirus *n*

ڤیزە *vîze* Visum *n* (vgl. ↑فیزە); ڤیزە پێدان *vîze pêdan* ⟨v.t.⟩ j-m ein Visum erteilen, geben; ڤیزەی گەشتیاری *vîzey geştiyarî* Touristenvisum *n*; ڤیزە داوا کردن *vîze dawa kirdin* ⟨v.t.⟩ ein Visum beantragen; ڤیزە وەرگرتن *vîze wergirtin* ⟨v.t.⟩ ein Visum bekommen; ڤیزەی ترانزێت *vîzey tiṟanzêt* Transitvisum *n*; ڤیزەی چوونەناوەوە *vîzey çûnenawewe* Einreisevisum *n*; ڤیزەی دەرچوون *vîzey derçûn* Ausreisevisum *n*

ڤێ *vê* Name des neunzehnten Buchstabens des kurdischen Alphabets (ڤ v)

ڤێتۆ *vêto* (Pol.) Veto *n*

ڤێلا *vêla* 1. Villa *f*; 2. Einfamilienhaus *n* (s.a. ↑کۆشک)

ق

ق *q* qê, qaf; zwanzigster Buchstabe des kurdischen Alphabets (Zahlenwert 100)

قابلەمە *qableme* Topf *m* (vgl. مەنجەڵ)

قاپ *qap* Teller *m* (s.a. ↑دەوری)

قاپوقاچاخ *qapuqaçax* Geschirr *n*

قات[1] *qat* Stockwerk *n* (s.a. ↑نهۆم); **قاتی سەرەوە** *qatî serewe* Dachgeschoss *n*

قات[2] *qat* Anzug *m*

قاتوقڕ *qatuqir̠* Massaker *n*; **قاتوقڕ کردن** *qatuqir̠ kirdin* ⟨v.t.⟩ massakrieren

قاچ *qaç* (Anat.) Fuß *m* (s.a. ↑پێ[2])

قاچاغ *qaçax̠* 1. Schmuggel *m*; 2. Verbot *n*

قاچاغچی *qaçax̠çî* Schmuggler *m* / Schmugglerin *f*

قاچاغچێتی *qaçax̠çêtî* Schmuggelei *f*; **قاچاغچێتی کردن** *qaçax̠çêtî kirdin* ⟨v.t.⟩ (ein)schmuggeln

قارچک *qarçik* 1. (Bot.) essbarer Pilz *m*; 2. Champion *m*

قارس *qars* ⟨Adj.⟩ gekürzt; **قارس کردن** *qars kirdin* ⟨v.t.⟩ abschneiden

قارەمان *qareman* **I** ⟨Adj.⟩ tapfer; mutig **II** 1. Held *m* / Heldin *f*; 2. (Sp.) Champion *m*

قارەمانێتی *qaremanêtî* 1. Heldentum *n*; 2. (Sp.) Meisterschaft *f*

قاڕە[1] *qar̠e* Krächzen *n*

قاڕە[2] *qar̠e* (Geogr.) Kontinent *m* (s.a. ↑کیشوەر)

قاڕەقاڕ *qar̠eqar̠* Gekrächze *n*

قاز *qaz* (Zool.) Gans *f*

قازانج *qazanc* Profit *m*; **قازانج کردن** *qazanc kirdin* ⟨v.t.⟩ gewinnen

قازی *qazî* Richter *m*; Kadi *m*

قاسە *qase* 1. Tresor *m*; 2. Kasse *f*

قاش *qaş* Teil *n*; **قاش کردن** *qaş kirdin* ⟨v.t.⟩ in Scheiben schneiden

قافیە *qafye* (Lit.) Reim *m* (vgl. ↑سەروا); **قافیە بۆ دانان** *qafye bo danan* ⟨v.t.⟩ reimen

قالۆنچە *qalonçe* (Zool.) Käfer *m*

قاڵب *qal̠ib* Form *f*; **لە قاڵب دان** *le qal̠ib dan* ⟨v.t.⟩ modellieren; **قاڵبی پێڵاو** *qal̠ibî pêl̠aw* Schuhspanner *m*

قاڵی *qal̠î* Teppich *m*

قاڵیچە *qal̠îçe* Läufer *m*

قامچی *qamçî* (Leder-)Peitsche *f*

قامووس *qamûs* Wörterbuch *n*; Lexikon *n* (s.a. ↑فەرهەنگ)

قامیش *qamîş* (Bot.) Schilf *n*; **قامیشی شەکر** *qamîşî şekir* (Bot.) Zuckerrohr *n*

قانوون *qanûn* 1. Gesetz *n*; 2. Vorschrift *f*; Recht *n* (s.a. ↑یاسا); **قانوونی**

بنچینەیی *qanûnî binçîneyî* Verfassung *f;* Grundgesetz *n;* قانوونی هاتوچۆ *qanûnî hatuço* Verkehrsregel *f*

قانوونزان *qanûnzan* Rechtsexperte *m* / Rechtsexpertin *f*

قانیع *qanî'* ⟨Adj.⟩ anspruchslos

قاوش *qawiş* Station *f* (Krankenhaus); قاوشی چاودێری بەردەوام *qawişî çawdêrî berdewam* (Med.) Intensivstation *f*

قاوە *qawe* Kaffee *m;* قاوە بە شیرەوە *qawe be şîrewe* Kaffee mit Milch; قاوە لێنان *qawe lênan* ⟨v.t.⟩ Kaffee kochen

قاوەخانە *qawexane* Kaffeehaus *n;* Café *n*

قاوەیی *qaweyî* ⟨Adj.⟩ (kaffee)braun; قاوەییی کاڵ *qaweyîy kal* ⟨Adj.⟩ hellbraun

قایش *qayiş* Lederstreifen *m;* قایشی پانکە *qayişî panke* Keilriemen *m;* قایشی سەعات *qayişî se'at* Uhrarmband *n*

قایم *qayim* ⟨Adj.⟩ fest; sicher; stabil

قایمقام *qayimqam* Bezirksgouverneur *m* / Bezirksgouverneurin *f*

قرچەقرچ *qirçeqirç* Geknister *n;* قرچەقرچ کردن *qirçeqirç kirdin* ⟨v.t.⟩ knistern

قردێلە *qirdêle* Schleife *f;* قردێلەی قژ *qirdêley qij* Haarschleife *f*

قرژاڵ *qirjal* 1. (Zool./Astr.) Krebs *m;* 2. (Zool.) Krabbe *f*

قرقێنە *qirqêne* Rülpser *m;* قرقێنە دانەوە *qirqêne danewe* ⟨v.t.⟩ rülpsen

قریوەقریو *qirîweqirîw* Gelächter *n*

قرنابیت *qirnabît* (Bot.) Blumenkohl *m*

قژ *qij* Haar *n* (Mensch); ڕەنگی قژ *rengî qij* Haarfarbe *f;* سپرایی قژ *siprayî qij* Haarspray *n;* شامپۆی قژ *şampoy qij* Haarshampoo *n;* فڵچەی قژ *filçey qij* Haarbürste *f;* قژ بڕین *qij birîn* ⟨v.t.⟩ die Haare schneiden; قژ داهێنان *qij dahênan* ⟨v.t.⟩ das Haar kämmen; قژ لوول کردن *qij lûl kirdin* ⟨v.t.⟩ eine Dauerwelle machen; قژ وشک کردنەوە *qij wişk kirdinewe* ⟨v.t.⟩ fönen; قژ وەرین *qij werîn* ⟨v.i.⟩ Haare verlieren

قژزەرد *qijzerd* ⟨Adj.⟩ blond

قژکاڵ *qijkal* ⟨Adj.⟩ blond

قژلوولکردن *qijlûlkirdin* Dauerwelle *f*

قژوشککەرەوە *qijwişikkerewe* Föhn *m*

قژوەرین *qijwerîn* Haarausfall *m*

قژهەڵوەرین *qijhelwerîn* s. ↑ قژوەرین

قسر *qisir* (Zool.) steril

قسڵ *qisil* (Geol.) Kalk *m*

قسڵتێدابوو *qisiltêdabû* ⟨Adj.⟩ kalkhaltig

قسە *qise* 1. Rede *f;* Wort *n;* 2. Unterhaltung *f;* بە قسە کردن *be qise kirdin* ⟨v.t.⟩ gehorchen; قسەی پڕوپووچ *qisey pirupûç* Schnickschnack *m;* قسەی سووک *qisey sûk* Schimpfwort *n;* قسەی قۆڕ *qisey qor* Quatsch *m;* قسە پێوتن *qise pêwitin* ⟨v.t.⟩ beschimpfen; قسە کردن *qise kirdin* ⟨v.t.⟩ sprechen; reden; قسە هێنان و بردن *qise hênan u birdin* ⟨v.t.⟩ tratschen

قسەزان *qisezan* Rhetoriker *m* / Rhetorikerin *f*

قسەکردن *qisekirdin* Sprechen *n;* Reden *n;* کاتی قسەکردن *katî qisekirdin*

ق

قسەکەر Sprechstunde f
قسەکەر qiseker Redner m / Rednerin f
قسەهەڵبەستن qisehelbestin Verleumdung f
قفڵ qifil Vorhängeschloss n
قفڵساز qiflsaz Schlosser m / Schlosserin f
قڵپ qilp Umkippen n; قڵپ بوونەوە qilp bûnewe ⟨v.i.⟩ umkippen; قڵپ کردنەوە qilp kirdinewe ⟨v.t.⟩ umstürzen
قڵێش qilîş Sprung m; Ritze f
قڵێشاندن qilîşandin ⟨v.t.⟩ ⟨قڵێشێ‌– qilîşên-⟩ (auf)spalten
قنچکەجگەرە qinçikecigere Zigarettenstummel m
قنچکەسلاوە qinçikesilawe (Med.) Gerstenkorn n
قنگ qing 1. Po m; Hintern m; 2. (vulg.) Arsch m
قنگدەر qingder Arschloch n
قبوولی qubûlî ein Reisgericht ursprünglich nach Kabuler Art
قوپان qupan ⟨v.i.⟩ ⟨قوپێ‌– qupê-⟩ zerbeult, eingedellt sein/werden
قوپاوی qupawî Beule f
قوتابخانە qutabxane Schule f; کتێبی قوتابخانە kitêbî qutabxane Schulbuch n; قوتابخانەی ئامادەیی qutabxaney amadeyî Oberschule f; Gymnasium n; قوتابخانەی زمانفێربوون qutabxaney zimanfêrbûn Sprachschule f; قوتابخانەی سەرەتایی qutabxaney seretayî Grundschule f; قوتابخانەی ناوخۆ qutabxaney nawxo Internat n; قوتابخانەی ناوەندی qutabxaney nawendî Mittelschule f; قوتابخانەی ئێواران qutabxaney êwaran Abendschule f
قوتابی qutabî Schüler m / Schülerin f; قوتابی زانستگا qutabî zanistga Student m / Studentin f
قوتوو qutû 1. Schachtel f; 2. Dose f; قوتووی چاویلکە qutûy çawîlke Brillenetui n
قوتووبڕ qutûbir Dosenöffner m
قوتوووەجگەرە qutûwecigere Zigarettenschachtel f
قوران Quran (Rel.) Koran m (heiliges Buch des Islam); تەفسیری قوران tefsîrî Quran (Rel.) Korankommentar m
قوربان qurban Opfer n; Aufopferung f; جەژنی قوربان cejnî qurban (Rel.) viertägiges islamisches Opferfest (beginnt am 10. Tag des Monats زیلحەجە zîlhece); قوربان بوون qurban bûn ⟨v.i.⟩ sich opfern; بە قوربانت دەبم! ich bin bereit, mein Leben für dich hinzugeben!
قوربانی qurbanî Tribut m; 1. Opfertier n; 2. Opferung f; قوربانی دان qurbanî dan ⟨v.t.⟩ (auf)opfern
قورحە qurhe (Med.) Geschwür n; قورحەی مەعیدە qurhey me'îde (Med.) Magengeschwür n
قورس qurs ⟨Adj.⟩ schwer (s.a. ↑سەنگین)
قورسایی qursayî Gewicht n
قورسی qursî Gewicht n (s.a. ↑گرانی)
قورعە qur'e Los n; قورعە کێشان qur'e kêşan ⟨v.t.⟩ auslosen
قورعەراکێشان qur'erakêşan Verlosung f

قوڕ *quṟ* Lehm *m*; Schlamm *m*

قوڕاوی *quṟawî* ⟨Adj.⟩ schlammig

قوڕاویلە *quṟawîle* (Zool.) Schnepfe *f*

قوڕقوڕاگە *quṟquṟage* (Anat.) Kehlkopf *m* (s.a. ↑قوڕگ)

قوڕقوشم *quṟquşim* (Chem.) Blei *n*

قوڕگ *quṟg* (Anat.) Kehle *f*; Kehlkopf *m*

قوڕگیەشە *quṟgyeşe* (Med.) Halsschmerzen *Pl.*

قوڕمساغ *quṟimsax̱* Gauner *m* / Gaunerin *f*

قوڕناویلکە *quṟnawîlke* (Zool.) Molch *m*

قوڕوچڵپاو *quṟuçiḻpaw* Matsch *n*

قوڕەسوور *quṟesûr* (gebrannter) Ton *m*

قوڕی *quṟî* ⟨Adj.⟩ matschig

قوز *quz* (Anat.) Vulva *f*; Vagina *f* (vgl. ↑کوز)

قوسوور *qusûr* 1. Fehler *m*; Mangel *m*; 2. Wechselgeld *n*

قولاپ *qulap* Haken *m*

قولاپکاری *qulapkarî* Stickerei *f*; **قولاپکاری کردن** *qulapkarî kirdin* ⟨v.t.⟩ sticken

قولە *qule* 1. Gipfel *m*; 2. (Wach-)Turm *m*

قولەپێ *qulepê* (Anat.) Fußknöchel *m*; **ژێی قولەپێ** *jêy qulepê* (Anat.) Achillessehne *f*

قوڵپ *quḻp* Blase *f*; **قوڵپ دان** *quḻp dan* ⟨v.t.⟩ blubbern; brodeln (kochende Flüssigkeit)

قوڵف *quḻf* Henkel *m* (von Topf, Tasse etc.)

قوڵنگ[1] *quḻing* (Zool.) Kranich *m*

قوڵنگ[2] *quḻing* Spitzhacke *f*

قوم[1] *qum* Schluck *m*; Zug *m* (beim Trinken bzw. Rauchen); **قوم (لێ) دان** *qum (lê) dan* ⟨v.t.⟩ einen Schluck nehmen

قوم[2] *qum* Sand *m* (vgl. ↑لم)

قومات *qumat* Windel *f*; **قومات کردن** *qumat kirdin* ⟨v.t.⟩ windeln

قومار *qumar* Glücksspiel *n*; **کاغەزی قومار** *kax̱ezî qumar* Spielkarte *f*; **قومار کردن** *qumar kirdin* ⟨v.t.⟩ (um Geld) spielen (Glücksspiel)

قومارباز *qumarbaz* **I** ⟨Adj.⟩ betrügerisch **II** Betrüger *m* / Betrügerin *f*

قومارخانە *qumarxane* Spielkasino *n*

قوماش *qumaş* Stoff *m* (Kleidung)

قومری *qumrî* (Zool.) Stocktaube *f*

قومقومۆکە *qumqumoke* (Zool.) Eidechse *f*

قونسووڵ *qunsûḻ* Konsul *m*

قونسووڵییە *qunsûḻîye* Konsulat *n*

قوو *qû* (Zool.) Schwan *m*

قووت *qût* Nahrung *f*; **قووت دان** *qût dan* ⟨v.t.⟩ (hinunter)schlucken

قووچ *qûç* ⟨Adj.⟩ spitz

قووچکە *qûçke* Kegel *m*

قووڵ *qûḻ* ⟨Adj.⟩ tief; gründlich; **قووڵ بوونەوە** *qûḻ bûnewe* ⟨v.i.⟩ sich vertiefen; **قووڵ کردن** *qûḻ kirdin* ⟨v.t.⟩ vertiefen

قووڵایی *qûḻayî* Tiefe *f*; Abgrund *m*

قووڵکە *qûḻke* 1. Grube *f*; 2. Schacht *m*

قووڵی *qûḻî* Tiefe *f*

قۆپچە *qopçe* (Kleider-)Knopf *m*; **کونی قۆپچە** *kunî qopçe* Knopfloch *n*; **قۆپچە داخستن** *qopçe daxistin* ⟨v.t.⟩ zuknöpfen; **قۆپچە کردنەوە** *qopçe*

ق

kirdinewe ⟨v.t.⟩ aufknöpfen
قۆخ *qox* (Bot.) Pfirsich *m*
قۆری *qorî* (Tee-)Kanne *f*
قۆڕ *qor̲* ⟨Adj.⟩ 1. (Med.) gebrochen (Leiste); 2. (üb.) dumm; unsinnig
قۆڕاندن *qor̲andin* ⟨v.t.⟩ ⟨قۆڕێنـ- *qor̲ên-*⟩ knurren (Bauch)
قۆڕی *qor̲î* Leistenbruch *m*
قۆشمه *qoşme* Witzbold *m*
قۆڵدرێژ *qol̲dirêj* ⟨Adj.⟩ langärmelig
قۆڵ *qol̲* (Anat.) Arm *m* (s.a. ↑باڵ); قۆڵ هەڵماڵین *qol̲ hel̲mal̲în* ⟨v.t.⟩ (hoch-) krempeln
قۆڵبڕ *qol̲bir̲* Betrüger *m* / Betrügerin *f*
قۆڵکورت *qol̲kurt* ⟨Adj.⟩ kurzärmelig
قۆڵۆنیا *qol̲onya* Rasierwasser *n*
قۆناغ *qonax̲* Stufe *f*; Teilstrecke *f*
قۆنتەرات *qonterat* Werkvertrag *m*
قۆندەرە *qondere* Schuh europäischen Stils mit hohem Absatz; بۆیاخی قۆندەرە *boyaxî qondere* Schuhkrem *f*; قەیتانی قۆندەرە *qeytanî qondere* Schnürsenkel *m*
قەبر *qebir* Grab *n* (vgl. ↑گۆڕ)
قەبرسان *qebirsan* Friedhof *m* (s.a. ↑گۆڕستان)
قەبز *qebz* ⟨Adj.⟩ verstopft
قەبزی *qebzî* (Med.) Verstopfung *f*
قەبووڵ *qebûl̲* Annahme *f*; Zustimmung *f*; قەبووڵ کردن *qebûl̲ kirdin* ⟨v.t.⟩ annehmen; akzeptieren
قەبە *qebe* ⟨Adj.⟩ riesig; unhandlich
قەپ *qep* scharfer Biss *m*; قەپ گرتن *qep girtin* ⟨v.t.⟩ zuschnappen
قەپاغ *qepax̲* Verschluss *m*; Deckel *m*
قەپاڵ *qepal̲* Biss *m*
قەپۆز *qepoz* Schnauze *f*; Maul *n* (s.a. ↑لمۆز)
قەت *qet* ⟨Adv.⟩ gar nicht; keinesfalls
قەترە *qetre* Tropfen *m* (vgl. ↑دڵۆپ); قەترەی چاو *qetrey çaw* Augentropfen
قەتماغە *qetmax̲e* (Med.) Schorf *m*; Kruste *f*
قەتێ *qetê* (Zool.) Wachtel *f*
قەحبە *qeh̲be* 1. Hure *f*; 2. Prostituierte *f*
قەحبەباب *qeh̲bebab* Hurensohn *m* (Schimpfwort)
قەحبەخانە *qeh̲bexane* Bordell *n*
قەد[1] *qed* 1. (Anat.) Taille *f*; 2. (Bot.) Stamm *m*
قەد[2] *qed* Falte *f*; Knick *m*; قەد کردن *qed kirdin* ⟨v.t.⟩ falten
قەدەغە *qedex̲e* I ⟨Adj.⟩ verboten II Verbot *n*; (لێ) قەدەغە کردن *(lê) qedex̲e kirdin* ⟨v.t.⟩ (etw.) verbieten; untersagen
قەرز *qerz* Darlehen *n*; Anleihe *f*; Kredit *m*; Schulden *Pl.*; بە قەرز دان *be qerz dan* ⟨v.t.⟩ (aus-, ver)leihen; borgen; قەرز کردن *qerz kirdin* ⟨v.t.⟩ entleihen; borgen
قەرزار *qerzar* ⟨Adj.⟩ verschuldet
قەرزاربار *qerzarbar* Schuldner *m* / Schuldnerin *f*
قەرزاربوون *qerzarbûn* (Fin.) Soll *n*
قەرزدەر *qerzder* Gläubiger *m* / Gläubigerin *f*
قەرەج *Qerec* Zigeuner *m* / Zigeunerin *f*
قەزا[1] *qeza* 1. Unfall *m*; Unglücksfall *m*; 2. Zufall *m*

²قەزا *qeza* Verwaltungsbezirk *m*
قەزاوبەڵا *qezawbeḻa* Unheil *n*; Unglück *n* • لە قەزاوبەڵا بە دوور بی! möge Unheil fern von dir sein!
قەزاوقەدەر *qezawqeder* Schicksal *n*
قەساب *qesab* Metzger *m* / Metzgerin *f*
قەسابخانە *qesabxane* 1. Fleischerei *f*; 2. Schlachthof *m*
قەسابی *qesabî* Fleischerei *f*; Metzgerei *f*
قەسد *qesd* Absicht *f*
قەسدەن *qesden* ⟨Adv.⟩ absichtlich
قەسەب *qeseb* Strohhalm *m*; Trinkhalm *m*
قەشمەر *qeşmer* 1. Narr *m*; 2. Clown *m*
قەشمەری *qeşmerî* Spott *m*; Hohn *m*; قەشمەری پێکردن *qeşmerî pêkirdin* ⟨v.t.⟩ j-n verspotten
قەشە *qeşe* (Rel./christl.) Priester *m*; Pfarrer *m* / Pfarrerin *f* (s.a. ↑کەشیش)
قەشەنگ *qeşeng* ⟨Adj.⟩ schön
قەشەنگی *qeşengî* Schönheit *f*
قەشەیەتی *qeşeyetî* Geistlichkeit *f*; Klerus *m*
قەفەز *qefez* Käfig *m*
قەفەزەیسنگ *qefezeysing* (Anat.) Brustkorb *m*
قەلەباچکە *qelebaçke* (Zool.) Elster *f*
قەلەڕەشکە *qeleṟeşke* (Zool.) Krähe *f*; Rabe *m*
قەلەموون *qelemûn* (Zool.) Truthahn *m*; Pute *f*
قەڵا *qeḻa* Festung *f*; Burg *f*; Zitadelle *f*; قەڵای شەترەنج *qeḻay şetṟenc* Turm (Schach)
قەڵایی *qeḻayî* Lot *n*; قەڵایی کردن *qeḻayî kirdin* ⟨v.t.⟩ (ver)löten
قەڵب *qeḻb* ⟨Adj.⟩ gefälscht; unecht; پارەی قەڵب *parey qeḻb* Falschgeld *n*
قەڵغان *qeḻx̱an* Schild *m*
قەڵەباڵغ *qeḻebaḻix̱* ⟨Adj.⟩ überfüllt
قەڵەباڵغی *qeḻebaḻx̱î* Menschenmenge *f*; Andrang *m*
قەڵەم *qeḻem* (Blei-)Stift *m* (s.a. ↑پێنووس); قەڵەمی بۆیە *qeḻemî boye* Filzstift *m*; قەڵەم کردن *qeḻem kirdin* ⟨v.t.⟩ stutzen; قەڵەمی جاف *qeḻemî caf* Kugelschreiber *m*; قەڵەمی ڕەش *qeḻemî ṟeş* Bleistift *m*; قەڵەمی ڕەنگاوڕەنگ *qeḻemî ṟengawṟeng* Buntstift *m*; قەڵەمی لێو *qeḻemî lêw* Lippenstift *m*
قەڵەمبڕ *qeḻembiṟ* Taschenmesser *n*
قەڵەمپاندان *qeḻempandan* Füller *m*
قەڵەمدادەر *qeḻemdader* Anspitzer *m*
قەڵەمدادەن *qeḻemdaden* s. ↑قەڵەمدادەر
قەڵەو *qeḻew* ⟨Adj.⟩ 1. dick; korpulent; 2. wohlgenährt; قەڵەو بوون *qeḻew bûn* ⟨v.i.⟩ zunehmen
قەمەرە *qemere* Personenkraftwagen (PKW) *m*
قەناعەت *qenaʿet* Bescheidenheit *f*
قەند *qend* Kandiszucker *m*
قەنەفە *qenefe* Sofa *n*; Couch *f*
قەوارە *qeware* Volumen *n*; Umfang *m*
قەوان *qewan* 1. Schallplatte *f*; 2. Plattenspieler *m*
قەوزە *qewze* 1. (Bot.) Moos *n*; 2. (Bot.) Alge *f*
قەول *qewl* Versprechen *n* (s.a. ↑بەڵێن) • لەسەر قەولی خۆت ماویت؟ stehst du noch zu deinem Wort?; قەولی شەرەف *qewlî şeref* Ehrenwort *n*

ق

قەیتان *qeytan* Schnur *f*; **قەیتانی پێڵاو** *qeytanî pêław* Schnürsenkel *m*
قەیران *qeyran* Krise *f*; **قەیرانی ئابووری** *qeyranî abûrî* Wirtschaftskrise *f*
قەیسەری *qeyserî* Einkaufspassage *f*; Markthalle *f*
قەیسی *qeysî* (Bot.) Aprikose *f*
قەیفە *qeyfe* Samt *m*
قەیماغ *qeymax̱* Sahne *f*
قیبلە *qîble* Kibla *f*
قیبلەنما *qîblenima* s. ↑قیبلەنوێن
قیبلەنوێن *qîbleniwên* Kompass *m* (auf dem die Richtung nach Mekka eingezeichnet ist)
قیتکە *qîtke* (Anat.) Klitoris *f*; Kitzler *m*
قیر *qîr* Pech *n*; Teer *m*; Asphalt *m*
قیرتاو *qîrtaw* ⟨Adj.⟩ geteert; asphaltiert
قیرسیچمە *qîrsîçme* ⟨Adj.⟩ schwierig (Person)
قیروسیا *qîrusiya* ⟨Int.⟩ egal
قیژاندن *qîjandin* ⟨v.t.⟩ ⟨قیژێنـ- *qîjên-*⟩ (auf)schreien
قیست *qîst* Teilzahlung *f*; Rate *f*
قیسمەت *qîsmet* Schicksal *n*
قیمە *qîme* Hackfleisch *n*; Gehacktes *n*
قین *qîn* Hass *m*; Groll *m*; **قین لێبوون** *qîn lêbûn* ⟨v.i.⟩ verabscheuen; hassen
قینلێبوون *qînlêbûn* Abneigung *f*; Verabscheuung *f*
قێ *qê* Name des zwanzigsten Buchstabens des kurdischen Alphabets (ق *q*)
قێز *qêz* Widerwille *m*; **قێز (لێ)کردنەوە** *qêz (lê)kirdinewe* ⟨v.t.⟩ 1. verabscheuen; 2. anekeln
قێزلێکردنەوە *qêzlêkirdinewe* Ekel *m*; Abscheu *m/f*
قێزەون *qêzewin* ⟨Adj.⟩ ekelhaft; widerlich

ک

ک *k* kê; einundzwanzigster Buchstabe des kurdischen Alphabets (Zahlenwert 20)
کا *ka* Stroh *n*; Heu *n*
کابارێت *kabarêt* Kabarett *n*
کابان *kaban* Hausherrin *f*; Hausfrau *f* (vgl. ↑کەیبانوو)
کابرا *kabra* Person *f*; Kerl *m* (bekannt, aber nicht mit Namen genannt)
کابرێتەر *kabrêter* (Tech.) Vergaser *m*
کابل *kabil* Kabel *n*
کابە *kabe* (Rel.) Kaaba *f*
کابینە *kabîne* Kabine *f*; **کابینەی تەلەفۆن** *kabîney telefon* Telefonzelle *f*;

کابینەی خۆگۆڕین *kabîney xogoṟîn* Umkleidekabine *f*

کاپتن *kaptin* Kapitän *m*

کات *kat* Zeit *f*; Moment *m* (s.a. ↑سات); **لە یەک کاتدا ڕوودان** *le yek katda ṟûdan* ⟨v.i.⟩ sich überschneiden; **کاتی بێکاری** *katî bêkarî* Muße *f*; **کاتی چاوەڕوانی** *katî çaweṟwanî* Wartezeit *f*; **کاتی دیاریکراو** *katî diyarîkiraw* Termin *m*; **کاتی کارکردن** *katî karkirdin* Arbeitszeit *f*

کاتالیزەر *katalîzer* Katalysator *m*

کاتب *katib* Büroangestellter *m* / Büroangestellte *f*; Sekretär *m* / Sekretärin *f* (s.a. ↑نووسەر)

کاتبعەدل *katib'edil* Notar *m* / Notarin *f*

کاتبەسەربردن *katbeserbirdin* Zeitvertreib *m*

کاتبەفیڕۆدان *katbefîṟodan* Zeitverschwendung *f*

کاتژمێر *katjimêr* Uhr *f*; **کاتژمێری دەستی** *katjimêrî destî* Armbanduhr *f*; **کاتژمێری ورياکار** *katjimêrî wiryakar* Wecker *m*

کاتۆلیک *katolîk* **I** ⟨Adj.⟩ (Rel.) katholisch **II** (Rel.) Katholik *m* / Katholikin *f*

کاتۆلیکی *katolîkî* ⟨Adj.⟩ (Rel.) katholisch

کاتی *katî* ⟨Adj.⟩ 1. zeitlich; 2. vorübergehend

کاتیدراله *katîdrale* (Rel.) Kathedrale *f*; Dom *m*

کاتێککە *katêkke* ⟨Konj.⟩ als, wenn

کاج *kac* s. ↑کاژ

کادان *kadan* Scheune *f*

کار *kar* Arbeit *f*; Beruf *m*; Job *m*; **کاری بیناکردن** *karî bînakirdin* Bauarbeiten; **کاری لامسەرلایی** *karî lamserlayî* Pfusch *m*; **کاری نابەجێ** *karî nabecê* Schweinerei *f*; **دایرەی کار** *dayirey kar* Arbeitsamt *n*; **شوێنی کار** *şwênî kar* Arbeitsplatz *m*; **کاتی کار** *katî kar* Arbeitszeit *f*; **کار پێکردن** *kar pêkirdin* ⟨v.t.⟩ 1. j-n beschäftigen; 2. etw. betätigen; **کار تێدا کردن** *kar têda kirdin* ⟨v.t.⟩ bearbeiten; **کار تێکردن** *kar têkirdin* ⟨v.t.⟩ manipulieren; j-n/etw. beeinflussen; **کار دانەوە** *kar danewe* ⟨v.t.⟩ reagieren; **کار ڕاپەڕاندن** *kar ṟapeṟandin* ⟨v.t.⟩ vorgehen; verfahren; **کار کردن** *kar kirdin* ⟨v.t.⟩ arbeiten; funktionieren; **لە کار کەوتن** *le kar kewtin* ⟨v.i.⟩ 1. zusammenbrechen; 2. ausfallen; **کار لێکردن** *kar lêkirdin* ⟨v.t.⟩ beeinflussen; **کاری ڕەش** *karî ṟeş* Schwarzarbeit *f*; **کاری زانستی** *karî zanistî* wissenschaftliche Arbeit *f*

کارا *kara* **I** ⟨Adj.⟩ wirksam; aktiv; tätig **II** (Gr.) Subjekt *n*; Nominativ *m*

کارابزر *karabizir* (Gr.) Passiv *n*

کارادیار *karadiyar* (Gr.) Aktiv *n*

کارامە *karame* ⟨Adj.⟩ kompetent; professionell; talentiert

کارامەیی *karameyî* 1. Kompetenz *f*; 2. Talent *n* (s.a. ↑شارەزایی)

کارایی *karayî* Tätigkeit *f*; Leistung *f*

کاربۆدۆزینەوە *karbodozînewe* Arbeitsvermittlung *f*

ک

کاربۆن *karbon* (Chem.) Kohlenstoff *m*
کاربەدەست *karbedest* Leiter *m* / Leiterin *f*; Verwalter *m* / Verwalterin *f*; **کاربەدەست بوون** *karbedest bûn* ⟨v.i.⟩ verwalten; leiten
کارپێکردن *karpêkirdin* Gebrauch *m*
کارت *kart* Karte *f*; **کارتی بانق** *kartî banq* Bankkarte *f*; **کارتی تەلەفۆنکردن** *kartî telefonkirdin* Telefonkarte *f*; **کارتی داوەتنامە** *kartî dawetname* Einladungskarte *f*
کارتریج *kartirîc* Patrone *f*
کارتۆن *karton* Karton *m*; Pappe *f*
کارتێکردن *kartêkirdin* Einfluss *m*; Manipulation *f*
کارتێنەکراو *kartênekraw* ⟨Adj.⟩ 1. unbefangen; 2. natürlich
کارتێنەکەر *kartêneker* ⟨Adj.⟩ unwirksam; wirkungslos
کارخانە *karxane* 1. Fabrik *f*; Werk *n*; 2. Werkstatt *f*; 3. Betrieb *m* (s.a. ↑کارگە)
کاردانەوە *kardanewe* Reaktion *f*; Reflex *m*
کاردینال *kardînal* (Rel.) Kardinal *m*
کارکەر *karker* **I** ⟨Adj.⟩ erwerbstätig **II** Arbeiter *m* / Arbeiterin *f*; Arbeitnehmer *m* / Arbeitnehmerin *f*
کارگوزار *karguzar* 1. Verwalter *m* / Verwalterin *f*; 2. Ober *m*
کارگوزاری *karguzarî* Dienst *m*
کارگە *karge* 1. Werkstatt *f*; 2. Betrieb *m*; Firma *f*; **کارگەی بیناکردن** *kargey bînakirdin* Baufirma *f*
کارگێڕ *kargêr̤* **I** ⟨Adj.⟩ Administrator *m* / Administratorin *f* **II** Geschäftsführer *m* / Geschäftsführerin *f*
کارناس *karnas* Sachverständiger *m* / Sachverständige *f*; Experte *m* / Expertin *f*
کارنامە *karname* Arbeitsbericht *m*
کاروان *karwan* Karawane *f*; Kolonne *f*
کاروبار *karubar* 1. Angelegenheiten *Pl.*; Tätigkeit *f*; 2. Aufgabe *f*
کارۆ *karo* ⟨Adj.⟩ kariert
کارەبا *kareba* Elektrizität *f*; Strom *m*; **کارگەی کارەبا** *kargey kareba* Elektrizitätswerk *n*
کارەباچی *karebaçî* Elektriker *m* / Elektrikerin *f*; **دوکانی کارەباچی** *dukanî karebaçî* Elektrogeschäft *n*
کارەبایی *karebayî* ⟨Adj.⟩ elektrisch
کارەسات *karesat* Unheil *n*; Katastrophe *f*
کارەکەر *kareker* Hausangestellte *f*; Dienstmädchen *n*; **کارەکەری ئوتێل** *karekerî utêl* Zimmermädchen *n*
کاری *karî* Curry *m/n*
کاریسما *karîsma* Charisma *n*
کاریکاتۆریست *karîkatorîst* Karikaturist *m* / Karikaturistin *f*
کاریکاتێر *karîkatêr* Karikatur *f*
کاریگەر *karîger* ⟨Adj.⟩ wirksam; wirkungsvoll
کاریگەری *karîgerî* (Aus-, Ein-)Wirkung *f*; Effekt *m*
کازێوە *kazêwe* 1. Morgendämmerung *f*; 2. Abenddämmerung *f*
کاژ *kaj* (Bot.) Kiefer *f*; Fichte *f* (vgl. ↑کاج)

ک

کاس *kas* Pokal *m*
کاسب *kasib* ⟨Adj.⟩ berufstätig; werktätig; beschäftigt
کاسبکار *kasibkar* Kleinhändler *m* / Kleinhändlerin *f*
کاسبی *kasibî* Handel *m*; Geschäft *n*
کاسپی *kaspî* s. ↑ کاسبی
کاستەر *kaster* Pudding *m*
کاسکێت *kaskêt* Mütze *f*
کاسە *kase* Becher *m*
کاسەسەر *kaseser* Schädel *m*
کاسەلێس *kaselês* Schmarotzer *m* / Schmarotzerin *f*
کاسێت *kasêt* Kassette *f*
کاش *kaş* Bargeld *n*
کاشی *kaşî* Kachel *f*; Fliese *f*
کاغەز *kaxez* Papier *n*; **کاغەزی دیوار** *kaxezî dîwar* Tapete *f*; **کاغەزی ئاودەستخانە** *kaxezî awdestxane* Toilettenpapier *n*; **کاغەزی دیارییپێچانەوە** *kaxezî diyarîpêçanewe* Geschenkpapier *n*; **کاغەزی سمارتە** *kaxezî simarte* Schmirgelpapier *n*; **کاغەزی قومار** *kaxezî qumar* Spielkarte *f*; **کاغەزی نامەنووسین** *kaxezî namenûsîn* Briefpapier *n*
کاف *kaf* Name des einundzwanzigsten Buchstabens des kurdischen Alphabets (ک *k*)
کافر *kafir* ⟨Adv.⟩ (Rel.) ungläubig; nicht muslimisch
کافەئین *kafeîn* (Chem.) Koffein *n*
کافێتری *kafêtirî* Cafeteria *f*
کاک *kak* großer Bruder *m* (häufig auch als Anrede im Sinne von Herr... gebraucht) • کاکە گیان lieber Bruder; کاک ئازا Herr Aza
کاکاو *kakaw* (Bot.) Kakao *m*
کاکتۆس *kaktos* (Bot.) Kaktus *m*
کاکیلە *kakîle* (Anat.) Backenzahn *m* (s.a. ↑ خرێنە); **دانی کاکیلە** *danî kakîle* (Anat.) Backenzahn *m*
کاکێشان *kakêşan* → **ڕێی کاکێشان** *rêy kakêşan* (Astr.) Milchstraße *f*; Galaxie *f*
کالۆرین *kalorîn* Kalorie *f*
کالیسیۆم *kalîsyom* (Chem.) Kalzium *n*
کاڵ *kal* ⟨Adj.⟩ 1. unreif; roh; 2. hell
کاڵەک *kalek* (Bot.) Honigmelone *f*; Zuckermelone *f*
کام *kam* ⟨Pron.⟩ welche-(r, -s)
کامڵ *kamil* ⟨Adj.⟩ perfekt; vollkommen; vollständig
کامڵی *kamilî* 1. Perfektion *f*; Vollständigkeit *f*; 2. Reife *f*
کامەران *kameran* ⟨Adj.⟩ glücklich
کامەرانی *kameranî* Glückseligkeit *f*
کامێرا *kamêra* Kamera *f*; Fotoapparat *m*
کان *kan* Mine *f*; Bergwerk *n*
کانتێنە *kantêne* Kantine *f*
کانزا *kanza* 1. Mineral *n*; 2. Metall *n*; 3. Mine *f*; **کانزای خاو** *kanzay xaw* (Geol.) Erz *f*
کانگا *kanga* Mine *f*; Bergwerk *n*
کانوون *kanûn* erster, bzw. zweiter Monat *m* des syrischen Kalenders; **کانوونی دووەم** *kanûnî dûwem* zweiter Monat des syrischen Kalenders (Januar); **کانوونی یەکەم** *kanûnî yekem* erster Monat des syrischen Kalenders (Dezember)

ک

کانۆلا *kanola* (Bot.) Raps *m*
کانەبەرد *kaneberd* Steinbruch *m*
کانەخورما *kanexurma* Sommersprosse *f*
کانی *kanî* Quelle *f*
کانییاو *kanîyaw* Wasserquelle *f*
کانێژە *kanêje* (Bot.) Maiglöckchen *n*
کاول *kawil* ⟨Adj.⟩ zerstört
کاونتەر *kawinter* Geschirrschrank *m*
کاوێژ *kawêj* Wiederkäuen *n*; **کاوێژ کردن** *kawêj kirdin* ⟨v.t.⟩ wiederkäuen
کاهوو *kahû* (Bot.) Römersalat *m*
کاهین *kahîn* (Rel.) Priester *m* / Priesterin *f*
کپ *kip* ⟨Adj.⟩ 1. taub; 2. still; **کپ کردن** *kip kirdin* ⟨v.t.⟩ 1. (aus)löschen; 2. unterdrücken
کتری *kitrî* Kessel *m*
کتێب *kitêb* Buch *n* (s.a. ↑نامە); **دۆلابی کتێب** *dolabî kitêb* Bücherschrank *m*; **کتێبی پیرۆز** *kitêbî pîroz* Bibel *f*; **کتێبی چێشتلێنان** *kitêbî çêştlênan* Kochbuch *n*; **کتێبی فێرکردن** *kitêbî fêrkirdin* Lehrbuch *n*; **کتێبی قوتابخانە** *kitêbî qutabxane* Schulbuch *n*; **کتێبی گیرفان** *kitêbî gîrfan* Taschenbuch *n*; **کتێبی وێنەدار** *kitêbî wênedar* Bilderbuch *n*
کتێبخانە *kitêbxane* 1. Buchhandlung *f*; 2. Bibliothek *f*
کتێبفرۆش *kitêbfiroş* Buchhändler *m* / Buchhändlerin *f*; **دوکانی کتێبفرۆش** *dukanî kitêbfiroş* Buchhandlung *f*
کچ *kiç* 1. Mädchen *n*; 2. Tochter *f* (vgl. ↑کیژ)

کچەزا *kiçeza* Enkel *m* / Enkelin *f*
کچەمیر *kiçemîr* Prinzessin *f*
کچەهەنەزا *kiçeheneza* Stieftochter *f*
کچێنی *kiçênî* Jungfräulichkeit *f*
کحول *kiḫul* (Chem.) Alkohol *m*
کحولاوی *kiḫulawî* ⟨Adj.⟩ alkoholhaltig
کحولی *kiḫulî* ⟨Adj.⟩ alkoholisch
کخ *kix* s. ↑کخە
کخە *kixe* ⟨Int.⟩ (Kindersprache) pfui!
کراس *kiras* Hemd *n*; Kleid *n*; **کراسی شەو** *kirasî şew* Nachthemd *n*
کراوە *kirawe* ⟨Adj.⟩ 1. offen; geöffnet; 2. empfänglich; aufgeschlossen
کرتاندن *kirtandin* ⟨v.t.⟩ ⟨کرتێن- *kirtên-*⟩ (zer)nagen
کرتەکرت *kirtekirt* Knabbern *n*; **کرتەکرت کردن** *kirtekirt kirdin* ⟨v.t.⟩ knabbern
کرتێن *kirtên* Apostroph *m*
کردار *kirdar* (Gr.) Verb *n*
کردن *kirdin* ⟨v.t.⟩ ⟨کە-/کا *ke-/ka*⟩ tun; machen
کردنە *kirdine* ⟨v.t.⟩ ⟨کە- ە/کاتە *ke- e/kate*⟩ machen zu; **کردنە پێ** *kirdine pê* ⟨v.t.⟩ anziehen (Schuhe); **کردنە دەرەوە** *kirdine derewe* ⟨v.t.⟩ hinauswerfen
کردنەوە *kirdinewe* ⟨v.t.⟩ ⟨کە- ەوە/کاتەوە *ke- ewe/katewe*⟩ 1. (er)öffnen; aufmachen; 2. einweihen; **کاتی کردنەوە** *katî kirdinewe* Öffnungszeit *f*
کردە *kirde* Ausführung *f*
کرم *kirm* (Zool.) Wurm *m*; **دەرمانی کرم** *dermanî kirm* Wurmmittel *n*; **کرمی شریتی** *kirmî şirîtî* (Zool.) Bandwurm *m*

کرماندن *kirmandin* ⟨v.t.⟩ (zer)kauen
کرمۆکە *kirmoke* (Zool.) Raupe *f*; Larve *f*
کرۆک *kirok* 1. Kern *m*; 2. Essenz *f*; Wesen *n*
کریسمیس *kirîsmîs* → **ئاهەنگی کریسمیس** *ahengî kirîsmîs* Weihnachtsfeier *f*; **درەختی کریسمیس** *dirextî kirîsmîs* Weihnachtsbaum *m*
کریڤ *kirîv* (Rel.) (Tauf-)Pate *m* / (Tauf-)Patin *f* (christlich, jesidisch)
کریڤاتی *kirîvatî* (Rel.) Patenschaft *f*
کریمینال *kirîmînal* ⟨Adj.⟩ kriminell
کرێ *kirê* 1. Miete *f*; Pacht *f*; 2. Lohn *m*; **به کرێ دان (به)** *be kirê dan (be)* ⟨v.t.⟩ vermieten (an); verpachten (an); **به کرێ گرتن** *be kirê girtin* ⟨v.t.⟩ mieten; pachten; **کرێی پۆستە** *kirêy poste* Porto *n*; **کرێی هاتوچۆ** *kirêy hatuço* Fahrpreis *m*
کرێکار *kirêkar* Arbeiter *m* / Arbeiterin *f*; **کرێکاری ناشی** *kirêkarî naşî* Hilfskraft *f*
کرێگرتە *kirêgirte* Mieter *m* / Mieterin *f*
کرێم *kirêm* Krem (Creme) *f*; **کرێم لێدان** *kirêm lêdan* ⟨v.t.⟩ eincremen
کڕ *kir̄* ⟨Adj.⟩ 1. bewegungslos; 2. brütig; **کڕ کەوتن** *kir̄ kewtin* ⟨v.i.⟩ 1. sich ruhig, still hinsetzen, 2. brüten
کرمانجی *Kirmancî* Kurmandschi *n* (Mundart der nordkurdischen Dialektgruppe und Literatursprache; in der klassischen Literatur Bezeichnung für die kurdische Sprache) (vgl. ↑کورمانجی)
کڕاندن *kir̄andin* ⟨v.t.⟩ ⟨کڕێنـ *kir̄ên-*⟩ abkratzen
کڕکڕاگە *kir̄kir̄age* (Anat.) Knorpel *m*; **کڕکڕاگەی پشوودان** *kir̄kir̄agey pişûdan* (Anat.) Luftröhre *f*
کڕووزانەوە *kir̄ûzanewe* ⟨v.i.⟩ ⟨کڕووزێـ ەوە *kir̄ûzê- ewe*⟩ jammern
کڕۆمۆسۆم *kir̄omosom* (Bio.) Chromosom *n*
کڕیار *kir̄yar* Käufer *m* / Käuferin *f*; Kunde *m* / Kundin *f*
کڕیارنامە *kir̄yarname* Kaufvertrag *m*
کڕین *kir̄în* ⟨v.t.⟩ ⟨کڕـ *kir̄-*⟩ (an-, ein-, er)kaufen; erwerben
کڕێش *kir̄êş* Schuppen *Pl.*; **کڕێشی سەر** *kir̄êşî ser* Kopfschuppen *Pl.*
کڕێوە *kir̄êwe* ⟨Adj.⟩ frostig; eisig; **کڕێوەی بەفر** *kir̄êwey befir* Schneesturm *m*
کز *kiz* ⟨Adj.⟩ mutlos; gedrückt; **کز کردن** *kiz kirdin* ⟨v.t.⟩ abschwächen; dämpfen
کزە *kize* 1. Kitzel *m*; 2. Schmerz *m*; 3. Säuseln *n* (Wind); **کزەی جەرگ** *kizey cerg* Herzeleid *n*
کزەنەهاتن *kizenehatin* Windstille *f*
کسڵ *kisil̄* (Geol.) Kalk *m*
کسیلۆفۆن *kisîlofon* (Mus.) Xylophon *n*
کشانەوە *kişanewe* **I** ⟨v.i.⟩ ⟨کشێـ ەوە *kişê- ewe*⟩ (sich) zurückziehen **II** Rückzug *m*; Abzug *m*
کشتوکاڵ *kiştukal̄* 1. Landwirtschaft *f*; 2. Anbau *m*
کشتوکاڵی *kiştukal̄î* ⟨Adj.⟩ landwirtschaftlich
کشمیش *kişmîş* Rosine *f*

ک

کشه *kişe* ⟨Int.⟩ ksch! (Ausruf um Vögel aufzuscheuchen); کشه لێکردن *kişe lêkirdin* ⟨v.t.⟩ verscheuchen

کفر *kifr* Gotteslästerung *f*; کفر کردن *kifr kirdin* ⟨v.t.⟩ fluchen

کفن *kifn* Leichentuch *n*

کل *kil* (Chem.) Antimon *n*

کلاج *kilac* Kupplung *f*

کلارنێت *kilarnêt* (Mus.) Klarinette *f*

کلاسیک *kilasîk* Klassik *f*

کلاسیکی *kilasîkî* I ⟨Adj.⟩ klassisch II Klassiker *m* / Klassikerin *f*; مۆسیقای کلاسیکی *mosîqay kilasîkî* klassische Musik *f*

کلدان *Kildan* (hist.) Chaldäer *m* / Chaldäerin *f*

کلدانی *kildanî* I ⟨Adj.⟩ (hist.) chaldäisch II 1. (hist.) Chaldäer *m* / Chaldäerin *f*; 2. Chaldäisch *n*

کلک *kilk* Schwanz *m*; Schweif *m*

کلۆر *kilor*[1] ⟨Adj.⟩ hohl (bes. Zahn)

کلۆر *kilor*[2] (Chem.) Chlor *n*

کلۆری *kilorî* Loch *n* (im Zahn)

کلیک *kilîk* Klick *m*; کلیک کردن *kilîk kirdin* ⟨v.t.⟩ klicken

کلیل *kilîl* Schlüssel *m*; به کلیل داخستن *be kilîl daxistin* ⟨v.t.⟩ abschließen (Tür); به کلیل دهرگا کردنهوه *be kilîl derga kirdinewe* ⟨v.t.⟩ aufschließen; کلیل دان *kilîl dan* ⟨v.t.⟩ verschließen; abschließen; کلیلی ماڵ *kilîlî mal* Hausschlüssel *m*

کلیلساز *kilîlsaz* Schlosser *m* / Schlosserin *f*

کلیم *kilîm* Kelim *m*

کلیمۆنتین *kilîmontîn* Klementine *f*

کلینێکس *kilînêks* Papiertaschentuch *n*

کلێنچکه *kilênçke* Steißbein *n*

کڵاش *kiḻaş* Stoffschuh *m*

کڵافه *kiḻafe* Spule *f* (Garn etc.); Strang *m*

کڵافهلاستیک *kiḻafelastîk* Gummiband *n*

کڵاو *kiḻaw* Mütze *f*; Kapuze *f*

کڵاوهژنۆ *kiḻawejno* (Anat.) Kniescheibe *f*

کڵپه *kiḻpe* (poet.) Lohe *f*; کڵپه لێهەڵسان *kiḻpe lêheḻsan* ⟨v.i.⟩ lodern

کڵۆ *kiḻo* Klumpen *m*; Scholle *f*

کڵۆڵ *kiḻoḻ* ⟨Adj.⟩ unglücklich; erbärmlich

کڵۆڵی *kiḻoḻî* Unglück *n*; Pech *n*

کڵۆم *kiḻom* Bolzen *m* (s.a. ↑کلیل); کڵۆم کردن *kiḻom kirdin* ⟨v.t.⟩ verriegeln

کڵۆمدار *kiḻomdar* ⟨Adj.⟩ verschließbar

کڵێسه *kiḻêse* 1. Kirche *f*; 2. Kloster *n*

کنر *kinir* eine Art Spargel

کنگ *king* 1. (Anat.) Anus *m*; 2. (Anat.) Po *m*; 3. (vulg.) Arsch *m* (vgl. ↑قنگ)

کنه *kine* (üb.) Nachbohren *n* (durch Fragen); کنه کردن *kine kirdin* ⟨v.t.⟩ nachbohren (durch Fragen)

کوا *kwa* ⟨Adv.⟩ wo? (s.a. ↑لەکوێ) ● کوا براکەت؟ wo ist dein Bruder?

کوبا *Kuba* (Geogr.) Kuba *n*

کوبی *kubî* I ⟨Adj.⟩ kubanisch II Kubaner *m* / Kubanerin *f*

کوپ *kup* Tasse *f*

کوپه *kupe* Herz *n* (Kartenspiel)

کوتاڵ *kutaḻ* Stoff *m*; Textilien *Pl.*

کوتان *kutan* I ⟨v.t.⟩ ⟨کوتـ ‒ *kut-*⟩

1. schlagen; klopfen; 2. prügeln; 3. (Med.) (ein)impfen **II** (Med.) (Ein-)Impfung *f*; **دەرمانی کوتان** *dermanî kutan* (Med.) Impfstoff *m*

کوتانبەخاڵ *kutanbexa̱l* Tätowierung *f*

کوتانەوە *kutanewe* ⟨v.t.⟩ ⟨کوتـ ەوە *kutewe*⟩ 1. wieder schlagen, stoßen; 2. walzen

کوتوپڕ *kutupi̱r* **I** ⟨Adj.⟩ plötzlich **II** ⟨Adv.⟩ sofort

کوتوموت *kutumut* ⟨Adv.⟩ genauso

کوتەککاری *kutekkarî* Schlägerei *f*

کوخ *kux* Hütte *f*

کودی *kudî* (Bot.) (Gemüse-)Kürbis *m*

کورت *kurt* ⟨Adj.⟩ kurz; **کورت کردنەوە** *kurt kirdinewe* ⟨v.t.⟩ (ver-, ab)kürzen

کورتاج *kurtac* (Med.) Ausschabung *f*; Kürettage *f*; **کورتاج کردن** *kurtac kirdin* ⟨v.t.⟩ (Med.) abtreiben

کورتان *kurtan* (Pack-)Sattel *m*

کورتبین *kurtbîn* ⟨Adj.⟩ (Med.) kurzsichtig

کورتخایەن *kurtxayen* ⟨Adj.⟩ kurzfristig

کورتکراوە *kurtkirawe* **I** ⟨Adj.⟩ kurzgefasst **II** Abkürzung *f*

کورتکردنەوە *kurtkirdinewe* (Ver-, Ab-)Kürzung *f*

کورتە *kurte* Zusammenfassung *f*; Übersicht *f*; Auszug *m*

کورتەباڵا *kurteba̱la* ⟨Adj.⟩ 1. klein (Person); 2. Zwerg *m* / Zwergin *f*

کورتەبنە *kurtebine* Zwerg *m* / Zwergin *f*

کورتەچیرۆک *kurteçîrok* (Lit.) Novelle *f*; Kurzgeschichte *f*

کورتەنامە *kurtename* (EDV) SMS *f*

کورتی *kurtî* Kürze *f* • بە کورتییەکەی kurz gesagt; kurz und gut

کورد *kurd* Kurde *m* / Kurdin *f*

کوردانە *kurdane* ⟨Adv.⟩ auf kurdische Art

کوردستان *Kurdistan* (Geogr.) Kurdistan *n*

کوردۆلۆگ *kurdolog* Kurdologe *m* / Kurdologin *f*

کوردۆلۆگی *kurdologî* **I** ⟨Adj.⟩ kurdologisch **II** Kurdologie *f*

کوردەواری *kurdewarî* Kurdentum *n*

کوردی *kurdî* **I** ⟨Adj.⟩ kurdisch **II** Kurdisch *n*; **زمانی کوردی** *zimanî kurdî* die kurdische Sprache; **کوردیی پەتی** *kurdîy petî* Hochkurdisch (im Ggs. zur Umgangssprache, in der viele Fremdwörter benutzt werden); **کوردیی خواروو** *Kurdîy xiwarû* Südkurdisch *n*; **کوردیی ژووروو** *Kurdîy jûrû* Nordkurdisch *n*; **کوردیی ناوەڕاست** *Kurdîy nawe̱rast* Zentralkurdisch *n*

کورسی *kursî* Stuhl *m*; **کورسیی دیلانێ** *kursîy dîlanê* Schaukelstuhl *m*; **کورسیی پێچکەدار** *kursîy pêçkedar* Rollstuhl *m*

کورسیکورسی *kursîkursî* Riesenrad *n*

کورمانجی *Kurmancî* (s. ↑کرمانجی)

کوڕ *ku̱r* Junge *m*; Sohn *m*; Knabe *m*; **کوڕی ڕۆژ** *ku̱rî ṟoj* Opportunist *m* / Opportunistin *f*; **کوڕی سەگ** *ku̱rî seg* (vulg.) Hundesohn *m*; **کوڕی قەحبە** *ku̱rî qe̱hbe*

(vulg.) Hurensohn (Schimpfwort)

کوز *kuz* (Anat.) Vulva *f*; Vagina *f*; Scheide *f* (vgl. ↑قوز)

کوزەڵە *kuzeḻe* (Bot.) Brunnenkresse *f*

کوژاندنەوە *kujandinewe* ⟨v.t.⟩ ⟨کوژێنـ ەوە *kujên- ewe*⟩ 1. abschalten; ausschalten; ausmachen; 2. (aus) radieren

کوسوور *kusûr* Bruchstück *n*

کوشتار *kuştar* Massaker *n*; **کوشتار لێکردن** *kuştar lêkirdin* ⟨v.t.⟩ j-n massakrieren

کوشتن *kuştin* **I** ⟨v.t.⟩ ⟨کوژـ *kuj-*⟩ töten; (er-, hin)morden; umbringen **II** Ermordung *f*; **خۆ کوشتن** *xo kuştin* ⟨v.refl.⟩ Selbstmord begehen

کوشندە *kuşinde* ⟨Adj.⟩ tödlich; mörderisch

کوکوختی *kukuxtî* (Zool.) Kuckuck *m*

کول *kul* ⟨Adj.⟩ stumpf

کولانە *kulane* Nest *n* (am Boden) (s.a. ↑هێلانە)

کولتور *kultur* Kultur *f*

کولتوری *kulturî* ⟨Adj.⟩ kulturell

کولوو *kulû* (Schnee-)Flocke *f*

کولە *kule* (Zool.) Heuschrecke *f*

کولێرە *kulêre* Fladenbrot *n*

کولێرەبەقیمە *kulêrebeqîme* Pizza *f*

کولێرەبەکونجی *kulêrebekuncî* Sesambrot *n*

کوڵ *kuḻ* ⟨Adj.⟩ kurz; gestutzt (Schwanz); **کوڵ کردن** *kuḻ kirdin* ⟨v.t.⟩ kürzen; stutzen

کوڵان *kuḻan* ⟨v.i.⟩ ⟨کوڵێـ *kuḻê-*⟩ kochen

کوڵاو *kuḻaw* ⟨Adj.⟩ gekocht

کوڵم *kuḻm* (Anat.) Wangenknochen *m*

کوڵمە *kuḻme* (Anat.) (Gesäß-)Backe *f*; **کوڵمەی ڕان** *kuḻmey ṟan* (Anat.) Oberschenkel *m*

کوڵەوەیباب *kuḻeweybab* ⟨Adj.⟩ giftig

کوڵێنراو *kuḻênraw* ⟨Adj.⟩ gekocht

کوڵێنەر *kuḻêner* Boiler *m*; Durchlauferhitzer *m*

کومبار *kumbar* Teppichboden *m*

کون *kun* Loch *n*; **کونی کێلوون** *kunî kêlûn* Schlüsselloch *n*; **کون کردن** *kun kirdin* ⟨v.t.⟩ (durch)bohren; **کونی قنگ** *kunî qing* Arschloch *n*

کونبڕ *kunbiṟ* ⟨Adj.⟩ (luft)dicht

کونبڕنەبوو *kunbiṟnebû* ⟨Adj.⟩ undicht

کونج *kunc* Winkel *m*; Loch *n*

کونجی *kuncî* (Bot.) Sesam *m*; **ڕۆنی کونجی** *ṟonî kuncî* Sesamöl *n*

کونکەرە *kunkere* 1. Bohrer *m*; 2. Locher *m*

کوننەکراو *kunnekraw* **I** ⟨Adj.⟩ jungfräulich **II** Jungfrau *f*

کونەبا *kuneba* ⟨Adj.⟩ zugig

کونەبەبوو *kunebebû* (Zool.) Eule *f* (Symbol des Unglücks)

کونەقۆپچە *kuneqopçe* Knopfloch *n*

کونەکلیل *kunekilîl* Schlüsselloch *n*

کونەگوێ *kunegwê* 1. (Anat.) Gehörgang *m*; 2. Ohrloch *n*

کونەلووت *kunelût* Nasenloch *n*

کونەهەوا *kunehewa* Luftloch *n*

کووپە *kûpe* Tonkrug *m* (s.a. ↑گۆزە)

کوورە *kûre* 1. (Brenn-)Ofen *m*; 2. Kamin *m*

کووڕ *kûṟ* ⟨Adj.⟩ bucklig; höckrig

کووز *kûz* Scheibe *f*; Teil *n*

کوولەکە *kûleke* 1. (Bot.) Zucchini *f*; 2. (Bot.) Kürbis *m*

کوێ *kwê* ⟨Pron.⟩ wo? • له هیچ کوێیەک nirgendwo

کوێخا *kwêxa* Dorfvorsteher *m*

کوێر *kwêr* ⟨Adj.⟩ blind; **کوێر بوون** *kwêr bûn* ⟨v.i.⟩ erblinden; blind werden; **کوێر بوونەوە** *kwêr bûnewe* ⟨v.i.⟩ 1. aussterben; 2. versiegen (Quelle); **کوێر کردن** *kwêr kirdin* ⟨v.t.⟩ (ver)blenden

کوێرانە *kwêrane* ⟨Adv.⟩ wahllos

کوێستان *kwêstan* (Hoch-)Gebirgsland *n* (Sommerquartier der Nomaden)

کۆبرا *kobra* (Zool.) Kobra *f*

کۆبوونەوە *kobûnewe* Versammlung *f*; Sitzung *f*; **کۆبوونەوە کردن** *kobûnewe kirdin* ⟨v.t.⟩ eine Versammlung abhalten

کۆبۆن *kobon* Kupon *m*

کۆپی *kopî* Kopie *f*; **کۆپی کردن** *kopî kirdin* ⟨v.t.⟩ kopieren

کۆت *kot* Fessel *f*; **کۆت کردن** *kot kirdin* ⟨v.t.⟩ fesseln

کۆتایی *kotayî* Ende *n*; (Ab-)Schluss *m*; **کۆتاییی حەفتە** *kotayîy hefte* Wochenende *n*; **کۆتایی پێدان** *kotayî pêdan*; **کۆتایی پێهێنان** *kotayî pêhênan* ⟨v.t.⟩ vollenden; beenden; mit etw. aufhören; **کۆتایی هاتن** *kotayî hatin* ⟨v.i.⟩ enden; **کۆتاییی مانگ** *kotayîy mang* Monatsende *n*

کۆتاییپێهاتوو *kotayîpêhatû* ⟨Adj.⟩ entschieden; endgültig

کۆتاییپێهێنان *kotayîpêhênan* Schluss *m*

کۆتر *kotir* (Zool.) Taube *f*; **کۆتری ئاشتی** *kotirî aştî* Friedenstaube *f*

کۆترەباریکە *kotrebarîke* (Zool.) Turteltaube *f*

کۆچ *koç* (Aus-, Ein-)Wanderung *f*; Weggang *m*; **کۆچ کردن** *koç kirdin* ⟨v.t.⟩ 1. auswandern; 2. einwandern

کۆچەر *koçer* **I** ⟨Adj.⟩ nomadisch **II** 1. Nomade *m* / Nomadin *f*; 2. Auswanderer *m* / Auswanderin *f*; Immigrant *m* / Immigrantin *f*

کۆچەری *koçerî* **I** ⟨Adj.⟩ nomadisch **II** Nomade *m* / Nomadin *f*

کۆخ *kox* Hütte *f*

کۆد *kod* Kode *m*; **کۆدی تەلەفۆن** *kodî telefon* Vorwahl *f*

کۆدەتا *kodeta* (Pol.) Staatsstreich *m*; Putsch *m*; **کۆدەتا کردن** *kodeta kirdin* ⟨v.t.⟩ putschen

کۆرپەلە *korpele* 1. Säugling *m*; Baby *n*; 2. Embryo *m*

کۆرس *kors* 1. (Mus.) Chor *m*; 2. Lehrgang *m*; **کۆرسی چڕوپڕ** *korsî çiṟupiṟ* Intensivkurs *m*; **کۆرسی زمان** *korsî ziman* Sprachkurs *m*

کۆری *korî* **I** ⟨Adj.⟩ koreanisch **II** 1. Koreaner *m* / Koreanerin *f*; 2. Koreanisch *n*

کۆریا *Korya* (Geogr.) Korea *n*

کۆڕ *koṟ* 1. Versammlung *f*; Zusammenkunft *f*; 2. Veranstaltung *f*; **کۆڕ بەستن** *koṟ bestin* ⟨v.t.⟩ veranstalten; **کۆڕی لێدوان** *koṟî lêdiwan*

کۆرگێر Seminar *n*
کۆرگێر *korgêr* Veranstalter *m* / Veranstalterin *f*
کۆرنیە *korniye* Hornhaut *f* (Auge)
کۆرەو *korew* Massenflucht *f*
کۆسپ *kosp* (unerwartetes) Hindernis *n* (s.a. ↑تەگەرە); کۆسپ هێنانە ڕێ *kosp hênane rê* ⟨v.t.⟩ abhalten (von); behindern
کۆست *kost* Schicksalsschlag *m*; Rückschlag *m*; کۆست کەوتن *kost kewtin* ⟨v.i.⟩ ein schweres Schicksal erleiden
کۆسە *kose* (Zool.) Hai(fisch) *m*
کۆش *koş* Schoß *m*
کۆشش *koşiş* Anstrengung *f*; کۆشش کردن *koşiş kirdin* ⟨v.t.⟩ sich anstrengen
کۆشک *koşk* 1. Villa *f*; 2. Palast *m*
کۆفرۆش *kofiroş* Großhändler *m* / Großhändlerin *f*
کۆفرۆشی *kofiroşî* Großhandel *m*
کۆک *kok* ⟨Adj.⟩ harmonisch; einträchtig; کۆک بوون *kok bûn* ⟨v.i.⟩ übereinstimmen; کۆک کردن *kok kirdin* ⟨v.t.⟩ (ein Instrument) stimmen
کۆکا *koka* (Bot.) Koka *f*
کۆکاین *kokayin* (Chem.) Kokain *n*
کۆکتێل *koktêl* Cocktail *m*
کۆکردنەوە *kokirdinewe* 1. (Ver-, An-) Sammlung *f*; 2. Konzentration *f*; 3. (Mil.) Mobilisierung *f*
کۆکوپۆشتە *kokupoşte* ⟨Adj.⟩ schick (chic)
کۆکە *koke* (Med.) Husten *m*

کۆکەرەشە *kokereşe* (Med.) Keuchhusten *m*
کۆکەنار *kokenar* (Bot.) Mohn *m*; Mohnblume *f*
کۆکین *kokîn* I ⟨v.i.⟩ ⟨کۆک-⟩ *kok-* (aus) husten II (Med.) Husten *m*
کۆگا *koga* s. ↑کۆگە
کۆگە *koge* Magazin *n*
کۆلا *kola* Cola *f*
کۆلارە *kolare* Papierdrachen *m* (Kinderspielzeug)
کۆلێستیرۆڵ *kolîstîroḻ* (Chem.) Cholesterin *n*
کۆلێج *kolêc* College *n*; Fakultät *f*
کۆلێرا *kolêra* (Med.) Cholera *f*
¹کۆڵ *koḻ* ⟨Adj.⟩ 1. schwerfällig; 2. dumm; 3. unfähig
²کۆڵ *koḻ* (Anat.) Nacken *m*; Schulter *f*; کۆڵ پێدان *koḻ pêdan* ⟨v.t.⟩ 1. j-n unterwerfen; 2. j-n zu etw. zwingen; لە کۆڵ خۆ کردنەوە *le koḻ xo kirdinewe* ⟨v.t.⟩ sich befreien (von); loswerden; کۆڵ دان *koḻ dan* ⟨v.t.⟩ nachgeben; aufgeben; کۆڵ نادەم ich gebe nicht auf; لە کۆڵ کردنەوە *le koḻ kirdinewe* ⟨v.t.⟩ entlasten
کۆڵان *koḻan* Gasse *f*; کۆڵانی بنبەست *koḻanî binbest* Sackgasse *f*
کۆڵکێش *koḻkêş* (Lasten-)Träger *m* / (Lasten-)Trägerin *f*
کۆڵنج *koḻinc* Krampf *m*; کۆڵنج کردن *koḻinc kirdin* ⟨v.t.⟩ ein steifes Genick haben
کۆڵنەدەر *koḻneder* ⟨Adj.⟩ unbesiegbar
کۆڵەپشت *koḻepişt* Rucksack *m*
کۆڵەکە *koḻeke* Säule *f*; Träger *m*

کۆڵەمست *kolemist* Faust *f*
کۆڵیت *kolît* Schuppen *m*
کۆڵین *kolîn* ⟨v.t.⟩ ⟨کۆڵـ *kol-*⟩ ausgraben (s.a. ↑هەڵکۆڵین)
[1]**کۆم** *kom* (Anat.) After *m*; Anus *m*
[2]**کۆم** *kom* ⟨Adj.⟩ bucklig
کۆما *koma* (Gr.) Komma *n* (vgl. ↑وێرگول)
کۆمار *komar* (Pol.) Republik *f*; **کۆماری فیدڕال** *komarî fîdral* Bundesrepublik *f*
کۆمپانیا *kompanya* Unternehmen *n*; Firma *f*; **کۆمپانیای پڕوپاگاندە** *kompanyay pirupagande* Werbeagentur *f*; **کۆمپانیای بیمە** *kompanyay bîme* Versicherungsgesellschaft *f*
کۆمپۆزیشن *kompozîşin* (Mus.) Komposition *f*
کۆمپیوتەر *kompyuter* Computer *m*
کۆمۆنیست *komonîst* (Pol.) Kommunist *m* / Kommunistin *f*
کۆمۆنیستی *komonîstî* ⟨Adj.⟩ (Pol.) kommunistisch
کۆمەک *komek* Unterstützung *f*; Spende *f*; **کۆمەک کردن** *komek kirdin* ⟨v.t.⟩ unterstützen
کۆمەڵ *komel* 1. Gesellschaft *f*; 2. Verband *m*; **کۆمەڵ بوون** *komel bûn* ⟨v.i.⟩ zusammenkommen
کۆمەڵایەتی *komelayetî* ⟨Adj.⟩ gesellschaftlich; sozial
کۆمەڵخواز *komelxiwaz* ⟨Adj.⟩ sozial
کۆمەڵگە *komelge* Gesellschaft *f* (s.a. ↑کۆمەڵە); **کۆمەڵگەی شارستانی** *komelgey şaristanî* Zivilgesellschaft *f*
کۆمەڵناس *komelnas* Soziologe *m* / Soziologin *f*
کۆمەڵە *komele* Bündnis *n*; Gesellschaft *f*; Gemeinde *f*; **کۆمەڵەی ئاینی** *komeley ayinî* religiöse Gemeinschaft *f*
کۆمیتە *komîte* Ausschuss *m*
کۆمیدی *komîdî* Komödie *f*
کۆمیسیۆن *komîsyon* Kommission *f* (s.a. ↑لیژنە)
کۆن *kon* ⟨Adj.⟩ (ur)alt; **کۆن بوون** *kon bûn* ⟨v.i.⟩ altern
کۆنبوو *konbû* ⟨Adj.⟩ veraltet
کۆنترۆڵ *kontrol* Kontrolle *f*; **کۆنترۆڵ کردن** *kontrol kirdin* ⟨v.t.⟩ kontrollieren
کۆنترۆڵ *kontirol* Fernbedienung *f*
کۆنتۆ *konto* Konto *n* (vgl. ↑حسابی [بانق]); **پارە وەرگرتن لە کۆنتۆ** *pare wergirtin le konto* ⟨v.t.⟩ Geld vom Konto abheben; **کۆنتۆ کردنەوە** *konto kirdinewe* ⟨v.t.⟩ ein Konto eröffnen
کۆنتێنە *kontêne* Container *m*
کۆندوم *kondum* Kondom *m*/*n* (vgl. ↑[کێر] لاستیکی↑)
کۆنسوڵخانە *konsolxane* Konsulat *n*
کۆنسوڵی *konsolî* ⟨Adj.⟩ konsularisch
کۆنسێرت *konsêrt* Konzert *n* (vgl. ↑[ئاهەنگ]ی مۆسیقا)
کۆنفرانس *konfirans* Konferenz *f*
کۆنفۆ *konfo* (Sp.) Kung Fu *n*
کۆنکرێت *konkrêt* ⟨Adj.⟩ konkret
کۆنگرە *kongire* Kongress *m*
کۆنەباو *konebaw* ⟨Adj.⟩ altmodisch
کۆنەپەرست *koneperist* ⟨Adj.⟩ (Pol.) konservativ
کۆنەپەرستی *koneperistî* (Pol.) Konservativismus *m*

کۆنەفرۆش *konefiroş* Trödler *m* / Trödlerin *f*

کۆنیاک *konyak* Weinbrand *m*

کۆنینە *konîne* **I** ⟨Adj.⟩ altertümlich **II** 1. Altertum *n*; 2. Antiquität *f*; **کۆنینە خستنە ڕوو** *konîne xistine ṟû* ⟨v.t.⟩ ausgraben

کۆنینەفرۆش *konînefiroş* Antiquitätenhändler *m* / Antiquitätenhändlerin *f*; **دوکانی کۆنینەفرۆش** *dukanî konînefiroş* Antiquitätenladen

کۆئەندام *koendam* (Bio.) Organismus *m*

کۆیل *koyil* Spule *f*

کۆیلە *koyle* Sklave *m* / Sklavin *f*

کۆیلەیەتی *koyleyetî* Sklaverei *f*

[1]**کە** *ke* ⟨Partikel⟩ der, die, das (Relativpartikel)

[2]**کە** *ke* ⟨Konj.⟩ 1. dass; 2. als; während

کەباب *kebab* Kebab *n* (pikant gewürztes Hackfleisch, das um Fleischspieße festgedrückt und über Holzkohle gegrillt wird)

کەبابخانە *kebabxane* Kebabgeschäft *n*

کەپر *kepr* Laube *f*

کەپسوول *kepsûl* Kapsel *f*

کەپسە *kepse* Schmetterball *m*

کەت *ket* Schlafplatz *m*; **کەتی منداڵ** *ketî mindaḻ* Kinderbett (Hängematte mit Rahmen)

کەتان *ketan* Lein *m*

کەتن *ketin* 1. Unheil *n*; 2. Vergehen *n*; **کەتن پێدان/پێکردن** *ketin pêdan/pêkirdin* ⟨v.t.⟩ j-m schaden; **کەتن گێڕان** *ketin gêṟan* ⟨v.t.⟩ Unheil stiften

کەتەلۆگ *ketelog* Katalog *m*

کەتیرە *ketîre* Leim *m*; Harz *n*; **کەتیرە لێدان** *ketîre lêdan* ⟨v.t.⟩ kleben

کەچەڵ *keçeḻ* ⟨Adj.⟩ kahlköpfig

کەر *ker* **I** ⟨Adj.⟩ (üb.) dumm; dämlich **II** (Zool.) Esel *m*; **کەر کردن** *ker kirdin* ⟨v.t.⟩ j-n übers Ohr hauen; کەری کرد er hat ihn übers Ohr gehauen

کەرباب *kerbab* dein Vater ist Eseldreck! (Schimpfwort)

کەربازاڕ *kerbazaṟ* Ansammlung *f* von Dummköpfen

کەرپیاو *kerpiyaw* ⟨Adj.⟩ dumm

کەرت *kert* 1. Bruchstück *n*; Scheibe *f*; 2. Abschnitt *m*; **کەرت بوون** *kert bûn* ⟨v.i.⟩ sich teilen; **کەرت کردن** *kert kirdin* ⟨v.t.⟩ teilen; spalten

کەرتبوون *kertbûn* 1. Teilung *f*; 2. (Phys.) Spaltung *f*

کەرتە *kerte* (Math.) Sektor *m*

کەرسەک *kersek* Klumpen *m*

کەرکەدەن *kerkeden* (Zool.) Nashorn *n*

کەرنەڤاڵ *kerneval* Karneval *m*

کەروێشک *kerwêşk* (Zool.) Kaninchen *n*; **کەروێشکی کێوی** *kerwêşkî kêwî* (Zool.) Hase *m*

کەروێشکەخەو *kerwêşkexew* Schläfchen *n*

کەرە *kere* Butter *f*

کەرەستە *kereste* s. ↑کەرەسە

کەرەسە *kerese* 1. Material *n*; 2. Ausrüstung *f*; **کەرەسەی برینپێچی** *keresey birînpêçî* Verbandszeug *n*; **کەرەسەی خانووبەرە** *keresey xanûbere* Baumaterial *n*; **کەرەسەی خاو** *keresey xaw*

Rohstoff *m*

کەرەکێوی *kerekêwî* Zebra *n*

کەرەنتێنە *kerentêne* Quarantäne *f*

کەرەوز *kerewiz* (Bot.) Sellerie *m/f*

کەرەوزەکێویلە *kerewzekêwîle* Farn(-kraut *n*) *m*

کەرێتی *kerêtî* Dummheit *f*; Blödsinn *m*

کەڕ *ker̄* ⟨Adj.⟩ taub; gehörlos

کەڕو *ker̄u* Schimmel(pilz) *m*; Pilz *m*; کەڕو هەڵهێنان *ker̄u helhênan* ⟨v.t.⟩ (ver)schimmeln

کەڕوواوی *ker̄uwawî* ⟨Adj.⟩ schimmelig

کەڕەت *ker̄et* **I** ⟨Adv.⟩ (Math.) mal **II** Mal *n* • دوو کەڕەت دوو چوار zwei mal zwei gleich vier; سی کەڕەت dreißig Mal

کەس *kes* **I** ⟨Pron.⟩ (irgend)jemand **II** 1. Person *f*; Mensch *m*; 2. Verwandter *m* / Verwandte *f*; 3. (Gr.) Person *f*

کەساد *kesad* Flaute *f*

کەساس *kesas* ⟨Adj.⟩ unglücklich; elend; erbärmlich

کەساسی *kesasî* Elend *n*; Unglück *n*

کەسایەتی *kesayetî* Persönlichkeit *f*

کەسپەرستی *kesperistî* Personenkult *m*

کەستانە *kestane* s. ↑شابەڕووڕ

کەسنادیار *kesnadiyar* ⟨Adj.⟩ unpersönlich

کەسوکار *kesukar* 1. Verwandtschaft *f*; 2. Verwandter *m* / Verwandte *f*; کەسوکاری مردوویەک *kesukarî mirdûyek* Hinterbliebener *m* / Hinterbliebene *f*

کەسی *kesî* ⟨Adj.⟩ persönlich; individuell

کەسێ *kesê* s. ↑کەسێک

کەسێک *kesêk* ⟨Pron.⟩ jemand; irgendjemand; کەسێکی بێتوانا *kesêkî bêtiwana* Taugenichts *m*; Pfeife *f*; کەسێکی ناسراو *kesêkî nasraw* Persönlichkeit *f*

کەش *keş* 1. Wetter *n*; 2. Atmosphäre *f*

کەشافە *keşafe* Pfadfinder *m* / Pfadfinderin *f*

کەشتی *keştî* Schiff *n*; کەشتیی ئاسمانی *keştîy asmanî* Raumschiff *n*; کەشتیی بارکێش *keştîy barkêş* Frachtschiff *n*; کەشتیی بوخاری *keştîy buxarî* Dampfschiff *n*; کەشتیی چارۆکەدار *keştîy çarokedar* Segelschiff *n*; کەشتیی ژێراوگەڕ *keştîy jêrawger̄* U-Boot *n*; کەشتیی نەوتکێش *keştîy newtkêş* Öltanker *m*

کەشتیلێخوڕ *keştîlêxur̄* (Schiffs-)Kapitän *m* / (Schiffs-)Kapitänin *f*

کەشتیوان *keştîwan* Kapitän *m* / Kapitänin *f*

کەشتییەوانی *keştîyewanî* Schifffahrt *f*

کەشزان *keşzan* Meteorologe *m* / Meteorologin *f*

کەشزانی *keşzanî* Meteorologie *f*

کەشکەژنۆ *keşkejno* (Anat.) Kniescheibe *f*

کەشیش *keşîş* (Rel.) Mönch *m* (s.a. ↑قەشە)

کەعبە *keʿbe* s. ↑کابە

کەف *kef* Schaum *m*; کەف کردن *kef kirdin* ⟨v.t.⟩ schäumen

ک

کەفالەت *kefalet* Bürgschaft *f*; **کەفالەت کردن** *kefalet kirdin* ⟨v.t.⟩ bürgen

کەفالەتنامە *kefaletname* Garantieschein *m*

کەفیل *kefîl* Bürge *m* / Bürgin *f*

کەفیلی *kefîlî* Bürgschaft *f*; **کەفیلی کردن** *kefîlî kirdin* ⟨v.t.⟩ bürgen

کەلاک *kelak* Kadaver *m*

کەلاوە *kelawe* Ruine *f*

کەللە *kelle* (Anat.) Kopf *m*; Schädel *m*

کەللەڕەق *kelleṟeq* **I** ⟨Adj.⟩ hartnäckig; unnachgiebig; trotzig **II** Dickkopf *m*; Querkopf *m*

کەللەڕەقی *kelleṟeqî* Dickköpfigkeit *f*; Sturheit *f*

کەللەسەر *kelleser* (Anat.) Schädel *m*

کەلوپەل *kelupel* **I** ⟨Adj.⟩ Kleidungs-; Haushalts- **II** 1. Zubehör *n*; 2. Waren *Pl.*; **دوکانی کەلوپەل** *dukanî kelupel* Warenhaus *n*; **کەلوپەلی یاری** *kelupelî yarî* Speilzeug *n*; **کەلوپەلی سەربازی** *kelupelî serbazî* (Mil.) Ausrüstung *f*; **کەلوپەلی ناوماڵ** *kelupelî nawmaḻ* Mobiliar *n*; Einrichtung *f*

کەلەپچە *kelepçe* Handschelle *f*

کەلەپوور *kelepûr* Kulturerbe *n*

کەلەرم *kelerim* (Bot.) Kohl *m*

کەلەکە *keleke* Weiche *f*

کەلێن *kelên* Spalt *m*; Lücke *f*

کەڵ *keḻ* ⟨Adj.⟩ männlich; kräftig

کەڵباسە *keḻbase* Wurst *f*

کەڵبە *keḻbe* (Anat.) Schneidezahn *m*

کەڵک *keḻk* **I** ⟨Adj.⟩ nützlich **II** 1. Nutzen *m*; 2. Profit *m*; **کەڵک گرتن** *keḻk girtin* ⟨v.t.⟩ nützen; **کەڵک وەرگرتن** *keḻk wergirtin* ⟨v.t.⟩ profitieren

کەڵەشێر *keḻeşêr* (Zool.) Hahn *m*

کەڵەکباز *keḻekbaz* Schelm *m*; Spaßvogel *m*

کەڵەکە *keḻeke* 1. Haufen *m*; 2. Stapel *m*; **کەڵەکە کردن** *keḻeke kirdin* ⟨v.t.⟩ (an-, auf)häufen; stapeln

کەڵەکێوی *keḻekêwî* (Zool.) Hirsch *m*

کەڵەموست *keḻemust* (Anat.) Daumen *m*

کەم *kem* ⟨Adj.⟩ wenig; gering; knapp; **کەم بوونەوە** *kem bûnewe* ⟨v.i.⟩ sich verringern; **کەم کردن** *kem kirdin* ⟨v.t.⟩ abnehmen

کەمان *keman* Geige *f*

کەمانچە *kemançe* Violine *f*

کەمایەتی *kemayetî* Minderheit *f*

کەمپ *kemp* Lager *n*; Camp *n*

1**کەمپانیا** *kempanya* Handelsgesellschaft *f*

2**کەمپانیا** *kempanya* Kampagne *f*

کەمتر *kemtir* ⟨Adj.⟩ weniger

کەمترین *kemtirîn* **I** ⟨Adj.⟩ mindeste(-r, -s) **II** Minimum *n*

کەمتەرخەم *kemterxem* ⟨Adj.⟩ 1. unbesorgt; 2. rücksichtslos

کەمتەرخەمی *kemterxemî* 1. Sorglosigkeit *f*; 2. Rücksichtslosigkeit *f*

کەمتیار *kemtiyar* (Zool.) Hyäne *f*

کەمچەوری *kemçewrî* ⟨Adj.⟩ mager; fettarm

کەمخوێن *kemxwên* ⟨Adj.⟩ blutarm

کەمخوێنی *kemxwênî* (Med.) Anämie *f*

کەمدەرەتان *kemderetan* ⟨Adj.⟩ dürftig

کەمڕوو *kemṟû* ⟨Adj.⟩ schüchtern; zaghaft; scheu

کەمڕوویی *kemṟûyî* Scheu *f*

کەمڕەنگ *kemṟeng* ⟨Adj.⟩ hell; schwach (Tee)
کەمکاتی *kemkatî* Zeitmangel *m*
کەمکردن *kemkirdin* 1. Reduzierung *f*; 2. Rückgang *m*
کەمگۆشت *kemgoşt* ⟨Adj.⟩ mager
کەمنرخ *kemnirx* ⟨Adj.⟩ minderwertig; kitschig
کەمنرخی *kemnirxî* Minderwertigkeit *f*
کەموزۆر *kemuzor* ⟨Adv.⟩ einigermaßen; ungefähr; halbwegs
کەموکوڕی *kemukuṟî* 1. Mangel *m*; 2. Fehler *m*
کەمەر *kemer* Taille *f*; Hüfte *f*
کەمەرە *kemere* Hüftgürtel *m*
کەمئەقڵ *kemeqiḻ* ⟨Adj.⟩ schwachsinnig; dumm
کەمئەقڵی *kemeqiḻî* Schwachsinn *m*
کەمئەندام *kemendam* **I** ⟨Adj.⟩ behindert **II** Behinderter *m* / Behinderte *f*
کەمەنەتەوە *kemenetewe* Minderheit *f*
کەمی *kemî* Geringfügigkeit *f*
کەمین *kemîn* Hinterhalt *m*; Falle *f*
کەمینە *kemîne* Minderheit *f*
کەمێک *kemêk* **I** ⟨Adj.⟩ gering(fügig) **II** ⟨Adv.⟩ etwas
کەنار *kenar* Rand *m*; Kante *f*
کەناردەریا *kenarderya* Strand *m*; Küste *f*
کەناری *kenarî* (Zool.) Kanarienvogel *m*
کەناس *kenas* Straßenkehrer *m* / Straßenkehrerin *f*
کەناڵ *kenaḻ* Kanal *m*
کەنتۆر *kentor* (Kleider-)Schrank *m*; **کەنتۆری جل** *kentorî cil* Kleiderschrank
کەنداو *kendaw* Bucht *f*; Golf *m*
کەنشتە *kenişte* (Rel.) Synagoge *f*
کەنگەر *kenger* (Zool.) Känguru *n*
کەنەدا *Keneda* (Geogr.) Kanada *n*
کەنەدی *kenedî* **I** ⟨Adj.⟩ kanadisch **II** Kanadier *m* / Kanadierin *f*
کەوابوو، کەوابێ *kewabû, kewabê* wenn es so ist! • کەوابوو، با بڕۆین! wenn es so ist, lass uns gehen!
کەواتە *kewate* ⟨Konj.⟩ deshalb; also
کەوان *kewan* 1. Bogen *m* (des Bogenschützen); 2. (Astr.) Schütze *m*
کەوانە *kewane* 1. Wölbung *f*; 2. (Gr.) Klammer *f*
کەوتن *kewtin* ⟨v.i.⟩ ⟨کەو- *kew-*⟩ (ab)fallen; (ein)stürzen
کەوتنە *kewtine* ⟨v.i.⟩ ⟨کەو- ە *kew- e*⟩ (wörtl.) fallen in; anfangen mit etw.; in/an etw. geraten; **کەوتنە خوارەوە** *kewtine xiwarewe* ⟨v.i.⟩ (herunter-, herab-, nieder)fallen; (ab-, ein)stürzen; **کەوتنە ڕێ** *kewtine ṟê* ⟨v.i.⟩ losgehen; abfahren; **کەوتنە کار** *kewtine kar* ⟨v.i.⟩ anspringen (z.B. Motor); mit der Arbeit beginnen; **کەوتنە ناو** *kewtine naw* ⟨v.i.⟩ hineinstürzen
کەوچک *kewçik* Löffel *m*
کەودەن *kewden* **I** ⟨Adj.⟩ blödsinnig **II** Idiot *m* / Idiotin *f*
کەودەنی *kewdenî* Blödsinn *m*
کەوگیر *kewgîr* Schaumkelle *f*
کەوڵ *kewḻ* Fell *n*; Pelz *m* (s.a. ↑پێست)
کەون *kewn* Universum *n*; Weltall *n*

ک

کەوەر *kewer* (Bot.) Schnittlauch *m*; **کەوەری گەڵاپان** *kewerî gelapan* Porree *m*
کەوی *kewî* ⟨Adj.⟩ zahm (s.a. ↑ماڵی); gezähmt (Tiere); **کەوی کردن** *kewî kirdin* ⟨v.t.⟩ zähmen
کەی *key* ⟨Adv.⟩ wann?
کەیبانوو *keybanû* Hausfrau *f* (vgl. ↑کابان)
کەیف *keyf* Vergnügen *n*; **کەیف کردن** *keyf kirdin* ⟨v.t.⟩ sich amüsieren; **کەیف (هە)بوون** *keyf (he)bûn* ⟨v.i.⟩ sich freuen
کەیوان *keywan* (Astr.) Saturn *m* (vgl. ↑زوحەل)
کیبورت *kîburt* 1. (EDV) Tastatur *f*; 2. (Mus.) Keyboard *n*
کیژ *kîj* Mädchen *n* (vgl. ↑کچ)
کیس *kîs* Beutel *m*; Tüte *f*; **لە کیس چوون** *le kîs çûn* ⟨v.i.⟩ 1. verloren gehen; 2. verpassen
کیسە *kîse* Beutel *m*; Tüte *f*; **کیسەی ئاوی گەرم** *kîsey awî germ* Wärmflasche *f*; **کیسەی خۆشتن** *kîsey xoşitin* Waschlappen *m*; **کیسەی پارە** *kîsey pare* Geldbeutel *m*
کیسەڵ *kîsel* (Zool.) Schildkröte *f* (s.a. ↑ڕەقە)
کیشوەر *kîşwer* (Geogr.) (Fest-)Land *n*; Kontinent *m* (s.a. ↑²قارە)
کیف *kîf* 1. Beutel *m*; 2. Mappe *f*
کیلۆ *kîlo* Kilogramm *n* (Gewichtsmaß, 1 kg = 1000 g)
کیلۆمەتر *kîlometir* Kilometer *m* (Längenmaß, 1km = 1000 *m*)
کیلۆمەترپێو *kîlometirpêw* Kilometerzähler *m*
کیلۆوات *kîlowat* Kilowatt *n* (Maßeinheit der elektrischen Leistung, 1 kW = 1000 W)
کیمیا *kîmya* Chemie *f*
کیمیایی *kîmyayî* ⟨Adj.⟩ chemisch
کینە *kîne* Hass *m*; Missgunst *f*
کیوی *kîwî* (Bot.) Kiwi *f*
[1]**کێ** *kê* Name des einundzwanzigsten Buchstabens des kurdischen Alphabets (ک *k*)
[2]**کێ** *kê* ⟨Pron.⟩ wer?; wen?; wem?; welche(r, -s)? • کێ یاری دەکا؟ wer spielt?; ژنی کێیە؟ wessen Frau ist sie?
کێبڕکێ *kêbirkê* Wettkampf *m*
کێتشۆپ *kêtşop* (Tomaten-)Ketschup *m*/*n*
کێچ *kêç* (Zool.) Floh *m*
کێر *kêr* (Anat.) Penis *m*; **کێر ڕەپ بوون** *kêr rep bûn* ⟨v.i.⟩ erigieren
کێروقوز *kêruquz* (Anat.) Genital(e) *n*
[1]**کێش** *kêş* Gewicht *n*
[2]**کێش** *kêş* (Mus.) Rhythmus *m*; Takt *m* (vgl. ↑وەزن)
کێشان *kêşan* ⟨v.t.⟩ ⟨کێشـ *kêş-*⟩ 1. zeichnen; 2. (ab)wiegen; **جگەرە کێشان** *cigere kêşan* ⟨v.t.⟩ Zigarette f, Tabak rauchen
کێشە *kêşe* 1. Fall *m*; Problem *n*; 2. Konflikt *m*
کێشەدار *kêşedar* ⟨Adj.⟩ schwerwiegend
کێک *kêk* Kuchen *m*; **کێک (دروست) کردن** *kêk (dirust) kirdin* ⟨v.t.⟩ Kuchen backen; **کێکی سێو** *kêkî sêw* Apfelkuchen *m*; **کێکی شیرەمەنی** *kêkî*

ک

şîremenî Käsekuchen *m*

کێل *kêl* Grabstein *m*

کێلان *kêlan* Scheide *f*

کێلوون *kêlûn* (Tür-)Schloss *n*

کێڵان *kêl̲an* ⟨v.t.⟩ ⟨کێڵـ *kêl̲-*⟩ (um)pflügen

کێڵگه *kêl̲ge* Ackerland *n*; (gepflügtes) Feld *n*

کێم *kêm* Eiter *m*; کێم تێزان *kêm têzan* ⟨v.i.⟩ eitern

کێو *kêw* Berg *m*

کێوپێو *kêwpêw* Bergsteiger *m* / Bergsteigerin *f*

کێونشین *kêwnişîn* Bergbewohner *m* / Bergbewohnerin *f*

کێوی *kêwî* ⟨Adj.⟩ wild (bes. Tiere)

گ

گ *g* gê; zweiundzwanzigster Buchstabe des kurdischen Alphabets (Zahlenwert 20 genauso wie ک *k*)

گا *ga* (Zool.) Ochse *m*; Stier *m*

[1]گاز *gaz* (Chem.) Gas *n*; گازی سروشتی *gazî siruştî* (Geol.) Erdgas *n*; گازی فرمێسکرێژ *gazî firmêskr̲êj* (Chem.) Tränengas *n*

[2]گاز *gaz* 1. Biss *m*; 2. (Kneif-)Zange *f*; گاز گرتن *gaz girtin* ⟨v.t.⟩ (ab)beißen

گازگر *gazgir* ⟨Adj.⟩ bissig

گازۆیل *gazoyil* Diesel *m*

گاسن *gasin* Pflug *m*

گاف *gaf* Name des zweiundzwanzigsten Buchstabens des kurdischen Alphabets (گ *g*)

گاکێوی *gakêwî* Bergrind *n*

گاگۆڵکێ *gagol̲kê* auf allen Vieren (Kinder); گاگۆڵکێ کردن *gagol̲kê kirdin* ⟨v.t.⟩ krabbeln (Baby)

گاڵ *gal̲* Haferflocken *Pl.*

گاڵته *gal̲te* **I** ⟨Adj.⟩ scherzhaft **II** 1. Scherz *m*; Witz *m*; 2. Spott *m*; گاڵته پێکردن *gal̲te pêkirdin* ⟨v.t.⟩ j-n verspotten; sich über j-n lustig machen; گاڵته کردن *gal̲te kirdin* ⟨v.t.⟩ scherzen; Spaß machen

گاڵتهباز *gal̲tebaz* **I** ⟨Adj.⟩ lustig **II** Komiker *m* / Komikerin *f*

گاڵتهجاڕ *gal̲tecar̲* ⟨Adj.⟩ 1. lächerlich; 2. zynisch

گاڵتهجاڕی *gal̲tecar̲î* 1. Albernheit *f*; 2. Ironie *f*

گاڵتهچی *gal̲teçî* ⟨Adj.⟩ humorvoll; lustig; komisch

گاڵتهگێ *gal̲tegê* Spaßverderber *m*

گاڵتهوگهپ *gal̲tewgep* Witz *m*; Scherz *m*

گاڵتهوگهف *gal̲tewgef* (s. ↑گاڵتهوگهپ)

گاڵۆن *gal̲on* Kanister *m*

گاڵه *gal̲e* Radau *m*

گ

گامێش *gamêş* (Zool.) Büffel *m*; Büffelkuh *f*

گان *gan* 1. Begattung *f* (Tiere); 2. Geschlechtsverkehr *m*; **گان کردن** *gan kirdin* ⟨v.t.⟩ Geschlechtsverkehr ausüben

گانکردن *gankirdin* Geschlechtsverkehr *m*

گاوان *gawan* Rinderhirt(e) *m*

گاومانگا *gawmanga* (Zool.) Rind *n*

گایین *gayîn* ⟨v.t.⟩ ⟨گێـ *gê-*⟩ begatten (Tiere)

گرافیک *grafîk* Grafik *f*

گرام *giram* Gramm *n* (Gewichtsmaß, 1000 g = 1 kg)

گرامەفۆن *giramefon* Plattenspieler *m*

گران *giran* ⟨Adj.⟩ 1. schwer; 2. teuer; **گران کردن** *giran kirdin* ⟨v.t.⟩ 1. den Preis (von etw.) erhöhen; 2. erschweren

گرانبەها *giranbeha* ⟨Adj.⟩ wertvoll; unbezahlbar

گرانفرۆش *giranfiroş* Spekulant *m* / Spekulantin *f*

گرانفرۆشی *giranfiroşî* Spekulation *f*; Wucher *m*; **گرانفرۆشی کردن** *giranfiroşî kirdin* ⟨v.t.⟩ spekulieren

گرانەتا *giraneta* (Med.) Typhus *m*

گرانەتێ *giranetê* s. ↑گرانەتا

گرانی *giranî* 1. Teuerung *f*; 2. Gewicht *n*

گرتن *girtin* ⟨v.t.⟩ ⟨گرـ *gir-*⟩ 1. nehmen; greifen; festhalten; reservieren; 2. festnehmen; 3. inhaftieren • جێگاتان بۆ دەگرم ich reserviere euch Plätze; دزەکەیان گرت sie nahmen den Dieb fest; **خۆ گرتن** *xo girtin* ⟨v.refl.⟩ sich beherrschen; sich zurückhalten; ertragen

گرتنە *girtine* ⟨v.t.⟩ ⟨گرـ ە *gir- e*⟩ greifen (nach); **گرتنە خۆ** *girtine xo* ⟨v.t.⟩ übernehmen

گرد *gird* **I** ⟨Adj.⟩ rund **II** (Erd-)Hügel *m*

گرژ *girj* ⟨Adj.⟩ 1. gerunzelt; faltig; 2. mürrisch; **گرژ کردن** *girj kirdin* ⟨v.t.⟩ runzeln

گرژی *girjî* Krampf *m*; **گرژیی ماسولکە** *girjîy masulke* (Med.) Muskelkrampf *m*

گرفت *girift* **I** ⟨Adj.⟩ kompliziert **II** Problem *n*; Schwierigkeit *f*

گرنگ *giring* ⟨Adj.⟩ wichtig; relevant; wesentlich; bedeutend

گرنگی *giringî* Bedeutsamkeit *f*; Wichtigkeit *f*

گروپ *grup* Gruppe *f*; **گروپی خوێن** *grupî xwên* Blutgruppe *f*

گرەو *girew* Wette *f*; **گرەو کردن** *girew kirdin* ⟨v.t.⟩ wetten

گریان *giryan* ⟨v.i.⟩ ⟨گریـ *girî-*⟩ weinen; heulen; **خستنە گریان** *xistine giryan* ⟨v.t.⟩ zum Weinen bringen

گریس *girîs* Schmieröl *n*

گریمان *girîman* ⟨Konj.⟩ angenommen dass

گریمانە *girîmane* Hypothese *f*; Vermutung *f*

گرێ *girê* 1. Knoten *m*; Schleife *f*; 2. Zoll *m* (Längenmaß, 1″ = 2,54 cm); **گرێی دەروونی** *girêy derûnî* Wahnsinn *m*; **گرێ دان** *girê dan* ⟨v.t.⟩ verknoten

گڕ *giṟ* Flamme *f*
گرافیککارت *gṟafîkkart* (EDV) Grafikkarte *f*
گڕکان *giṟkan* Vulkan *m*
گڕگر *giṟgir* ⟨Adj.⟩ brennbar
گزنگ *gizing* Tageslicht *n*
گزی *gizî* Mogelei *f*; Schwindel *m*; Betrug *m*; گزی کردن *gizî kirdin* ⟨v.t.⟩ schwindeln; täuschen
گژوگیا *gijugiya* (Bot.) Gras *n*; Kräuter *Pl.*; Vegetation *f*
گسک *gisk* Besen *m*; گسک دان *gisk dan* ⟨v.t.⟩ fegen; گسکی کارەبایی *giskî karebayî* Staubsauger *m*
گسکۆڵە *giskoḻe* Handfeger *m*
گشت *giṣt* **I** ⟨Pron.⟩ jegliche(r, -s); alle **II** ⟨Adj.⟩ vollständig; völlig **III** ⟨Adv.⟩ insgesamt
گشتگر *giṣtgir* ⟨Adj.⟩ einschließlich
گشتی *giṣtî* ⟨Adj.⟩ 1. öffentlich; 2. allgemein; 3. universal
گشتێتی *giṣtêtî* Allgemeinheit *f*
گفتوگۆ *giftugo* Unterhaltung *f*; Besprechung *f*; گفتوگۆ کردن *giftugo kirdin* ⟨v.t.⟩ sich unterhalten; plaudern
گفتوگۆکردن *giftugokirdin* Unterhaltung *f*; Gespräch *n*
گلاراو *gilaraw* ⟨Adj.⟩ zappelig; rastlos; گلاراو پێکەوتن *gilaraw pêkewtin* ⟨v.i.⟩ zappeln
گلارە *gilare* (Anat.) Pupille *f*
گلۆر *gilor* ⟨Adj.⟩ gerollt; گلۆر بوونەوە *gilor bûnewe* ⟨v.i.⟩ rollen; گلۆر کردنەوە *gilor kirdinewe* ⟨v.t.⟩ wälzen
گلەیی *gileyî* 1. Vorwurf *m*; 2. Klage *f*; گلەیی کردن *gileyî kirdin* ⟨v.t.⟩ sich beschweren; (sich be)klagen
گلێنە *gilêne* (Anat.) Augapfel *m*;
گلێنەی چاو *gilêney çaw* (Anat.) Augapfel *m*
گڵپە *giḻpe* (helle, lodernde) Flamme *f*
گڵخۆرکە *giḻxorke* (Zool.) Regenwurm *m*
گڵکۆ *giḻko* Grab *n* (vgl. ↑گۆڕ)
گڵمتک *giḻmitik* Scholle *f*
گڵۆپ *giḻop* Glühbirne *f*; گڵۆپی ئیستۆپ *giḻopî îstop* Bremsleuchte *f*; گڵۆپی پێشەوە *giḻopî pêşewe* Scheinwerfer *m*; گڵۆپی دواوە *giḻopî diwawe* Rücklicht *n*; گڵۆپی نیۆن *giḻopî niyon* Neonlampe *f*
گڵۆڵە *giḻoḻe* Knäuel *n*; Ballen *m*
گڵەسپی *giḻesipî* Kreide *f*
گڵێنە *giḻêne* Tasse *f*, Becher *m* aus Ton (Steingut)
گڵێنەکاری *giḻênekarî* Töpferware *f*
گوارە *giware* Ohrring *m*
گواستنەوە *giwastinewe* **I** ⟨v.t.⟩ ⟨گواز- ەوە *gwaz- ewe*⟩ 1. transportieren; 2. umziehen; 3. Transfer *m* **II** Umzug *m*; Transport *m*; ژن گواستنەوە *jin giwastinewe* ⟨v.t.⟩ heiraten
گوان *giwan* (Zool.) Euter *m*
گوایە *giwaye* **I** ⟨Konj.⟩ als ob **II** ⟨Adv.⟩ offensichtlich; anscheinend
گوپ *gup* Backe *f*; Wange *f*
گوتن *gutin* ⟨v.t.⟩ ⟨لێـ- *ḻê-*⟩ sagen; sprechen
گوربە *gurbe* (Zool.) Kater *m*
گورجوگۆڵ *gurcugoḻ* ⟨Adj.⟩ schnell; flink
گورچوو *gurçû* Kropf *m*
گورچیلە *gurçîle* (Anat.) Niere *f*; بەردی

گ

بەردی گورچیلە *berdî gurçîle* (Med.) Nierenstein *m*
گورگ *gurg* (Zool.) Wolf *m*
گوریس *gurîs* Seil *n*; Strick *m*; **گوریسی ڕاکێشان** *gurîsî rakêşan* Abschleppseil *n*
گوزارە *guzare* 1. Ausdruck *m*; 2. (Gr.) Prädikat *n*
گوزەران *guzeran* Auskommen *n*; Unterhalt *m*
گوزەراندن *guzerandin* ⟨v.t.⟩ ⟨گوزەرێنـ *guzerên-*⟩ verbringen; leben • ئاوا ژیان دەگوزەرێنین so leben wir
گوژم *gujm* Schwung *m*; **گوژم دان** *gujm dan* ⟨v.t.⟩ schaukeln; Schwung geben
گوشار *guşar* Druck *m*
گوشین *guşîn* ⟨v.t.⟩ ⟨گوشـ *guş-*⟩ (aus) wringen; (aus-, zusammen)pressen; drücken
گوللە *gulle* Geschoss *n*; Patrone *f*
گوللەباران *gullebaran* Kugelhagel *m*; **گوللەباران کردن** *gullebaran kirdin* ⟨v.t.⟩ erschießen
گوللەبەند *gullebend* ⟨Adj.⟩ kugelfest
گولی *gulî* (Med.) Lepra *f*
گوڵ *gul* (Bot.) Blume *f*; **گوڵ گرتن** *gul girtin* ⟨v.t.⟩ blühen
گوڵاڵەسوورە *gulalesûre* (Bot.) Anemone *f*
گوڵان *gulan* (wörtl.) Rosenmonat; zweiter Monat des kurdischen Kalenders (21. April–21. Mai)
گوڵاو *gulaw* Rosenwasser *n*
گوڵبژێر *gulbijêr* Auswahl *f*
گوڵدان *guldan* Blumenvase *f*
گوڵشیر *gulşîr* (Bot.) Nektar *m*
گوڵفرۆش *gulfiroş* Blumenhändler *m* / Blumenhändlerin *f*; **دوکانی گوڵفرۆش** *dukanî gulfiroş* Blumenladen *m*
گوڵونکە *gulunke* Quaste *f*
گوڵەئازار *guleazar* (Bot.) Passionsblume *f*
گوڵەباخ *gulebax* Rose *f*
گوڵەبەیبوون *gulebeybûn* (Bot.) Kamille *f*
گوڵەجۆ *guleco* (Bot.) Gerstenähre *f*
گوڵەزەرد *gulezerd* Teerose *f*
گوڵەزێڕ *gulezêr* (Bot.) Hahnenfuß *m*
گوڵەستێرە *gulestêre* (Astr.) Meteor *m*
گوڵەگەنم *gulegenim* (Bot.) Weizenähre *f*
گوڵەمرۆر *gulemiror* (Bot.) Unkraut *n*
گوڵەمێلاقە *gulemêlaqe* (Bot.) Hyazinthe *f*
گوڵەئەتڵەسی *guleetlesî* (Bot.) Petunie *f*
گومان *guman* 1. Zweifel *m*; 2. Verdacht *m*; **گومان کردن** *guman kirdin* ⟨v.t.⟩ zweifeln; **گومان لێکردن** *guman lêkirdin* ⟨v.t.⟩ bezweifeln
گوماناوی *gumanawî* ⟨Adj.⟩ skeptisch
گومانلێکراو *gumanlêkiraw* **I** ⟨Adj.⟩ 1. fragwürdig; 2. verdächtig **II** Verdächtiger *m* / Verdächtige *f*
گومرگ *gumirg* Zoll *m* (Behörde); **گومرگ کردن** *gumirg kirdin* ⟨v.t.⟩ verzollen
گومرگخانە *gumirgxane* Zollamt *n*
گومڕا *gumra* ⟨Adj.⟩ verdorben; **گومڕا بوون** *gumra bûn* ⟨v.i.⟩ sich verirren; **گومڕا کردن** *gumra kirdin* ⟨v.t.⟩ in die Irre führen
گومڕایی *gumrayî* Irrglaube *m*

گومەز *gumez* Kuppel *f*
گوناح *gunah̠* **I** ⟨Adj.⟩ hilflos **II** 1. Sünde *f*; 2. Missetat *f*; **گوناح کردن** *gunah̠ kirdin* ⟨v.t.⟩ sündigen
گوناحبار *gunah̠bar* **I** ⟨Adj.⟩ schuldig **II** Sünder *m* / Sünderin *f*; Missetäter *m* / Missetäterin *f*; **گوناحبار کردن** *gunah̠bar kirdin* ⟨v.t.⟩ 1. anschuldigen; 2. verurteilen
گونجان *guncan* **I** ⟨v.i.⟩ ⟨گونجێـ *guncê-*⟩ passen (zu); geeignet sein **II** Harmonie *f*; **پێکەوە گونجان** *pêkewe guncan* ⟨v.i.⟩ zueinander passen; پێکەوە گونجاون sie passen zusammen; **گونجان لەگەڵ** *guncan legel̠* ⟨v.i.⟩ passen zu
گونجاندن *guncandin* **I** ⟨v.t.⟩ ⟨گونجێنـ *guncên-*⟩ anpassen; koordinieren **II** Anpassung *f*; Koordination *f*; **خۆ گونجاندن** *xo guncandin* ⟨v.refl.⟩ sich anpassen; sich integrieren
گونجاو *guncaw* ⟨Adj.⟩ geeignet; qualifiziert; angemessen
گوند *gund* Dorf *n* (s.a. ↑²دێ)
گوندی *gundî* **I** ⟨Adj.⟩ 1. ländlich; 2. rustikal **II** Dorfbewohner *m* / Dorfbewohnerin *f*
گوو *gû* (Menschen-)Kot *n*; Scheiße *f* (s.a. ↑پیسایی); **گوو تێکردن** *gû têkirdin* ⟨v.t.⟩ (üb.) verderben; **گوو کردن** *gû kirdin* ⟨v.t.⟩ (vulg.) kacken; scheißen
گوێ *gwê* (Anat.) Ohr *n*; **گوێ پێدان** *gwê pêdan* ⟨v.t.⟩ j-n/etw. beachten; **گوێ پێنەدان** *gwê pênedan* ⟨v.t.⟩ j-n/etw. vernachlässigen, j-n/etw. ignorieren; **گوێ گرتن** *gwê girtin* ⟨v.t.⟩ (zu) hören; گوێ بگرە! hör zu!; **گوێ لێگرتن** *gwê lêgirtin* ⟨v.t.⟩ aufmerksam zuhören; **گوێ هەڵخستن** *gwê hel̠xistin* ⟨v.t.⟩ j-n belauschen
گوێپێدان *gwêpêdan* Aufmerksamkeit *f*; Rücksicht *f*
گوێپێنەدان *gwêpênedan* Ignoranz *f*; Missachtung *f*
گوێچکە *gwêçke* Öhrchen *n*
گوێچکەماسی *gwêçkemasî* (Zool.) Perlmuschel *f* (s.a. ↑سەدەف)
گوێرەکە *gwêreke* (Zool.) Kalb *n*
گوێڕایەڵ *gwêr̠ayel̠* ⟨Adj.⟩ 1. gehorsam; 2. aufmerksam
گوێڕەپە *gwêr̠epe* (Med.) Tetanus *m*; Mumps *m*
گوێز *gwêz* (Bot.) Walnuss *f*; **گوێزی هیند** *gwêzî hînd* (Bot.) Kokosnuss *f*
گوێزان *gwêzan* Klinge *f*; **گوێزانی ڕیشتاشین** *gwêzanî r̠îştaşîn* Rasierklinge *f*
گوێزانەوە *gwêzanewe* **I** ⟨v.t.⟩ ⟨گوێز- وەوە *gwêz- ewe*⟩ 1. transportieren; 2. verlagern **II** Umzug *m*; Transport *m* • ئەوان ماڵەکەیان گوێزاوەتەوە sie sind umgezogen
گوێزشکێن *gwêzşikên* Nussknacker *m*
گوێزەر *gwêzer* (Bot.) Mohrrübe *f*; Karotte *f*
گوێسوانە *gwêswane* Dachrinne *f*
گوێکونکەرە *gwêkunkere* (Zool.) Ohrenkriecher *m*
گوێکەڕکەر *gwêker̠ker* ⟨Adj.⟩ ohrenbetäubend
گوێگر *gwêgir* Hörer *m* / Hörerin *f*; Zuhörer *m* / Zuhörerin *f*; **گوێگری ڕادیۆ** *gwêgirî r̠adyo* Radiohörer *m* /

Radiohörerin *f*

گوێگران *gwêgiran* **I** ⟨Adj.⟩ (Med.) schwerhörig **II** Zuhörerschaft *f*; Publikum *n*

گۆ *go* Kugel *f*; **گۆی زەوی** *goy zewî* Globus *m*; **گۆی مەمک** *goy memik* 1. (Anat.) Brustwarze *f*; 2. (Zool.) Zitze *f*

گۆترە *gotre* Menge *f*

گۆترەکار *gotrekar* Spekulant *m* / Spekulantin *f*

گۆترەکاری *gotrekarî* Spekulation *f*; **گۆترەکاری کردن** *gotrekarî kirdin* ⟨v.t.⟩ spekulieren

گۆج *goc* **I** ⟨Adj.⟩ verkrüppelt **II** Krüppel *m*

گۆچان *goçan* Krücke *f*

گۆرانی *goranî* Lied *n*; Gesang *m*; **گۆرانی وتن** *goranî witin* ⟨v.t.⟩ singen; **گۆرانیی میللی** *goranîy mîllî* Volkslied *n*

گۆرانیبێژ *goranîbêj* Sänger *m* / Sängerin *f*

گۆرەوی *gorewî* Strumpf *m*; **گۆرەویی دەرپێدار** *gorewîy derpêdar* Strumpfhose *f*; **گۆرەویی کورت** *gorewîy kurt* Socke *f*; **گۆرەویی لاسکدرێژ** *gorewîy laskdirêj* (Knie-)Strumpf *m*

گۆرێلا *gorêla* (Zool.) Gorilla *m*

گۆڕ *gor̠* Grab *n* (vgl. ↑گلکۆ); **گۆڕ هەڵکەندن** *gor̠ hel̠kendin* ⟨v.t.⟩ ein Grab ausheben, schaufeln

گۆڕان *gor̠an* **I** ⟨v.i.⟩ ⟨گۆڕێـ *gor̠ê-*⟩ Passiv von ↑گۆڕین **II** 1. (Ver-)Änderung *f*; 2. Neuerung *f*; **لە خۆ گۆڕان** *le xo gor̠an* ⟨v.t.⟩ sich verstellen; **گۆڕانی هەوا** *gor̠anî hewa* Durchzug *m*

گۆڕانکاری *gor̠ankarî* Veränderung *f*; Umstellung *f*

گۆڕستان *gor̠istan* Friedhof *m*

گۆڕەپان *gor̠epan* 1. Platz *m*; 2. Kreisverkehr *m*; **گۆڕەپانی فتبۆڵێن** *gor̠epanî fitbol̠ên* Fußballplatz *m*; **گۆڕەپانی قوتابخانە** *gor̠epanî qutabxane* Schulhof *m*

گۆڕین *gor̠în* **I** ⟨v.t.⟩ ⟨گۆڕـ *gor̠-*⟩ 1. (aus) wechseln; ersetzen (durch); 2. (um-, ver)ändern; verwandeln **II** (Ver-, Um-)Änderung *f*; **خۆ گۆڕین** *xo gor̠în* ⟨v.refl.⟩ sich umziehen

گۆڕینەوە *gor̠înewe* ⟨v.t.⟩ ⟨گۆڕـ ەوە *gor̠-ewe*⟩ (aus-, ein-, um)wechseln; (aus-, ein-, um-, ver)tauschen; **گۆڕینەوە بە** *gor̠înewe be* ⟨v.t.⟩ umrechnen

گۆزە *goze* Krug *m*

گۆزەگەر *gozeger* Töpfer *m* / Töpferin *f*

گۆشت *goşt* Fleisch *n*; **گۆشت برژاندن** *goşt birjandin* ⟨v.t.⟩ grillen; **گۆشتی بەران** *goştî beran* Hammelfleisch *n*; **گۆشتی مریشک** *goştî mirîşk* Hühnerfleisch *n*; **گۆشتی باڵندە** *goştî bal̠inde* Geflügelfleisch *n*; **گۆشتی بەراز** *goştî beraz* Schweinefleisch *n*; **گۆشتی بەرخ** *goştî berx* Lammfleisch *n*; **گۆشتی گا** *goştî ga* Rindfleisch *n*; **گۆشتی گوێرەکە** *goştî gwêreke* Kalbfleisch *n*

گۆشتاو *goştaw* Fleischbrühe *f*

گۆشتخۆر *goştxor* (Zool.) Fleischfresser *m*

گۆشتن *goştin* ⟨Adj.⟩ dick; fett

گۆشتنەخۆر *goştnexor* **I** ⟨Adj.⟩ vegetarisch **II** Vegetarier *m* / Vegeta-

گ

rierin *f*
گۆشتەوزوون *goştewzûn* (Med.) Regenerationsgewebe *n*; گۆشتەوزوون دەرهێنان *goştewzûn derhênan* ⟨v.t.⟩ heilen (Wunde); vernarben
گۆشە *goşe* Ecke *f*; Winkel *m*
گۆشەدار *goşedar* ⟨Adj.⟩ winklig; eckig
گۆشەگیر *goşegîr* ⟨Adj.⟩ Außenseiter *m* / Außenseiterin *f*; einsam
گۆشەگیری *goşegîrî* Einsamkeit *f*; Isolation *f*
گۆشەنشین *goşenişîn* **I** ⟨Adj.⟩ einsiedlerisch **II** Einsiedler *m* / Einsiedlerin *f*
گۆڤار *govar* Zeitschrift *f*; Magazin *n*; گۆڤاری کۆمیدی *govarî komîdî* Comic *m*; گۆڤاری مانگانە *govarî mangane* Monatszeitschrift *f*; گۆڤاری وێنەدار *govarî wênedar* Illustrierte *f*
گۆگرد *gogird* (Chem.) Schwefel *m*
گۆلاو *golaw* Teich *m*
گۆڵ *goḻ* (Sp.) Tor *n*; Punkt *m*; گۆڵ کردن *goḻ kirdin* ⟨v.t.⟩ (Sp.) ein Tor schießen
گۆڵچی *goḻçî* (Sp.) Torwart *m*
گۆڵف *goḻf* (Sp.) Golf *n*
گۆڵگۆڵێن *goḻgoḻên* (Sp.) Fußball *m*; Fußballspiel *n*
گۆماو *gomaw* Teich *m*
گەچ *geç* Gips *m*
گەچکاری *geçkarî* (Ver-)Putz *m*; گەچکاری کردن *geçkarî kirdin* ⟨v.t.⟩ verputzen
گەدا *geda* Bettler *m* / Bettlerin *f*
گەدە *gede* (Anat.) Magen *m*; نەخۆشییەکانی گەدە *nexoşîyekanî gede* (Med.) Magenkrankheiten
گەدەیەشە *gedeyeşe* Magenschmerzen *Pl.*
گەر *ger* ⟨Konj.⟩ 1. wenn; falls; 2. ob (s.a. ↑ئەگەر)
گەرا *gera* (Zool.) Laich *m*
گەراج *gerac* Garage *f*; گەراجی ئوتومبێلچاککردنەوە *geracî utumbêlçakkirdinewe* Autowerkstatt *f*; گەراجی ژێرزەوی *geracî jêrzewî* Tiefgarage *f*
گەرچی *gerçî* ⟨Konj.⟩ obwohl; wenn auch; selbst wenn (vgl. ↑ئەگەرچی)
گەردانکردن *gerdankirdin* (Gr.) Konjugation *f*; Deklination *f*
گەردانە *gerdane* Halskette *f*; Kollier *n*
گەرداو *gerdaw* (Wasser-)Strudel *m*; Wasserwirbel *m*
گەردن *gerdin* (Anat.) Hals *m*; گەردن ئازا بوون *gerdin aza bûn* ⟨v.i.⟩ (üb.) die Sünden vergeben bekommen; گەردنت ئازا بێ! deine Sünden seien dir vergeben!; لە گەردن دان *le gerdin dan* ⟨v.t.⟩ enthaupten
گەردنئازایی *gerdinazayî* Verzeihung *f*
گەردنکەچ *gerdinkeç* ⟨Adj.⟩ nachgiebig
گەردوون *gerdûn* Universum *n*; Welt *f*; Weltall *n*
گەردوونناس *gerdûnnas* Astronom *m* / Astronomin *f*
گەردوونناسی *gerdûnnasî* Astronomie *f*
گەردەلوول *gerdelûl* Wirbelwind *m*
گەردەمل *gerdemil* Genick *n*; Nacken *m*
گەرم *germ* ⟨Adj.⟩ warm; heiß; گەرم کردن *germ kirdin* ⟨v.t.⟩ (er)wärmen; heizen; گەرم کردنەوە *germ kirdinewe* ⟨v.t.⟩ (wieder) aufwärmen (bes. Essen)
گەرما *germa* Hitze *f* • من گەرمامە mir ist warm

گ

گەرماو *germaw* Bad *n*; Badezimmer *n*; گەرماوی هەڵمی *germawî helmî* Sauna *f*
گەرمایی *germayî* 1. Wärme *f*; Hitze *f*; 2. (Med.) Fieber *n*; گەرمایی ناوخۆ *germayîy nawxo* Heizung *f*; ئامێری گەرمایی ناوخۆ *amêrî germayîy nawxo* 1. Heizungsanlage *f*; 2. Heizkörper *m*
گەرموگوڕ *germugur* ⟨Adj.⟩ kuschelig
گەرمۆک *germok* (Bot.) Piment *m/n*
گەرمی *germî* 1. Hitze *f*; Wärme *f*; 2. Temperatur *f*
گەرمیپێو *germîpêw* Thermometer *n*
گەروو *gerû* (Anat.) Kehle *f*; Kehlkopf *m*
گەرەنتی *gerentî* Garantie *f*; گەرەنتی پێدان *gerentî pêdan* ⟨v.t.⟩ j-m etw. garantieren
گەڕان *geran* **I** ⟨v.i.⟩ ⟨گەڕێـ *gerê-*⟩ spazieren; (umher)wandern **II** Spaziergang *m*; Bummel *m*; بەشوێن ...ـدا گەڕان *beşwên ...-da geran* ⟨v.i.⟩ suchen; چوون بۆ گەڕان *çûn bo geran* ⟨v.i.⟩ spazieren gehen
گەڕاندنەوە *gerandinewe* **I** ⟨v.t.⟩ ⟨گەڕێنـ ـەوە *gerên- ewe*⟩ zurückschicken **II** Rückerstattung *f* (s.a. گێڕانەوە↑)
گەڕانەوە *geranewe* **I** ⟨v.i.⟩ ⟨گەڕێـ ـەوە *gerê- ewe*⟩ 1. zurückgehen; zurückkommen; 2. sich umdrehen **II** Rückkehr *f*; گەڕانەوە بۆ *geranewe bo* ⟨v.i.⟩ 1. sich beziehen auf; 2. wieder zurückkehren zu
گەڕاوە *gerawe* **I** ⟨Adj.⟩ zurückgekehrt; heimgekehrt **II** Heimkehrer *m* / Heimkehrerin *f*
گەڕۆک *gerok* Reisender *m* / Reisende *f*
گەڕەک *gerek* Stadtviertel *n*; Stadtteil *m*
گەڕی *gerî* (Med.) Grätze *f*; Grind *m*
گەڕیدە *gerîde* Wanderer *m* / Wanderin *f*; Tourist *m* / Touristin *f*
گەزگەزۆک *gezgezok* (Bot.) Brennnessel *f*
گەزنە *gezne* (Bot.) Nessel *f*
گەزۆ *gezo* (Rel.) Manna *n*
گەسک *gesik* (Kehr-)Besen *m*; گەسک دان *gesik dan* ⟨v.t.⟩ kehren; fegen; گەسک لێدان *gesik lêdan* ⟨v.t.⟩ (weg)fegen
گەشانەوە *geşanewe* ⟨v.i.⟩ ⟨گەشێـ ـەوە *geşê- ewe*⟩ 1. blühen; 2. gedeihen
گەشبین *geşbîn* **I** ⟨Adj.⟩ optimistisch **II** Optimist *m* / Optimistin *f*
گەشبینی *geşbînî* Optimismus *m*
گەشت *geşt* Reise *f*; Ausflug *m* (s.a. سەفەر↑); گەشت بە پاسکیل *geşt be paskîl* Radtour *f*; گەشت بە شەمەندەفەر *geşt be şemendefer* Bahnfahrt *f*; گەشتی پاپۆڕ *geştî papor* Schiffreise *f*; گەشتی جیهانی *geştî cîhanî* Weltreise *f*; گەشتی گەڕانەوە بۆ نیشتمان *geştî geranewe bo nîştiman* Heimreise *f*; گەشت کردن *geşt kirdin* ⟨v.t.⟩ reisen; wandern
گەشتبەڕێوەبەر *geştberêweber* Reiseleiter *m* / Reiseleiterin *f*
گەشتنامە *geştname* Reisebericht *m*
گەشتوگوزار *geştuguzar* 1. Reisen *n*; 2. Fremdenverkehr *m*
گەشتوگوزارڕێکخەر *geştuguzarrêkxer* Reiseveranstalter *m* / Reiseveranstalterin *f*
گەشتیار *geştiyar* Reisende(r) *m*

گەشتیاری *geştiyarî* Tourismus *m*

[1]گەشکە *geşke* ⟨Adj.⟩ 1. blühend; 2. erfreut; گەشکە کردن *geşke kirdin* ⟨v.t.⟩ blühen

[2]گەشکە *geşke* (Med.) Ohnmacht *f*

گەشە *geşe* Wachstum *n*; گەشە پێدان *geşe pêdan* ⟨v.t.⟩ entwickeln; aufbauen

گەشەسەندن *geşesendin* Entwicklung *f*

گەشەکردن *geşekirdin* Wachstum *n*

گەل *gel* Volk *n*; Leute *Pl.*

گەلاوێژ *gelawêj* (Astr.) Sirius *m*

گەلۆر *gelor* ⟨Adj.⟩ dumm; einfältig

گەلۆری *gelorî* Dummheit *f*; Einfältigkeit *f*

گەلەکەشتی *gelekeştî* Flotte *f*

گەلەکی *gelekî* Kollektiv *n*; Gemeinschaft *f*

گەلی *gelî* Schlucht *f*; Engpass *m*

گەلێ *gelê* **I** ⟨Adv.⟩ sehr; viel; massenhaft **II** ⟨Pron.⟩ mehrere

گەلێک *gelêk* s. ↑گەلێ

گەڵا *gel̲a* (Bot.) Blatt *n*; Laub *n*

گەڵابۆندارە *gel̲abondare* (Bot.) Lorbeer *f*

گەڵامێو *gel̲amêw* (Bot.) Weinblatt *n*

گەڵاوگەڵ *gel̲awgel̲* ⟨Adv.⟩ o-beinig

گەمارۆ *gemaro* Einkreisung *f*; گەمارۆ دان *gemaro dan* ⟨v.t.⟩ 1. umzingeln; 2. belagern

گەمژە *gemje* ⟨Adj.⟩ geistesschwach; blödsinnig

گەمی *gemî* Fähre *f* (s.a. ↑کەشتی)

گەنج *genc* **I** ⟨Adj.⟩ jung; jugendlich **II** 1. Jugend *f*; 2. Schatz *m*

گەنجینە *gencîne* 1. Abstellraum *m*; 2. Schatzkammer *f*; 3. Schatz *m*; گەنجینەی وشە *gencîney wişe* Wortschatz *m*

گەنجێتی *gencêtî* Jugend *f*

گەند *gend* ⟨Adj.⟩ verwerflich; abscheulich

گەندەدەماخ *gendedemax* **I** ⟨Adj.⟩ dumm **II** Dummkopf *m*

گەندەڵ *gendel̲* ⟨Adj.⟩ 1. verfault (besonders Holz); 2. korrupt

گەندەڵی *gendel̲î* Korruption *f*

گەندی *gendî* 1. Verwerflichkeit *f*; 2. (vulg.) Scheiße *f*

گەنم *genim* (Bot.) Weizen *m*

گەنموجۆ *genimuco* Getreide *n*

گەنمەشامی *genimeşamî* (Bot.) Mais *m*; گەنمەشامیی برژاو *genimeşamîy birjaw* Popcorn *n*

گەنە *gene* (Zool.) Zecke *f*

گەنین *genîn* ⟨v.i.⟩ ⟨گەن- *gen-*⟩ verfaulen; verrotten

گەنیو *genîw* ⟨Adj.⟩ verfault; verdorben

گەواد *gewad* Zuhälter *m* / Zuhälterin *f*

گەوادی *gewadî* Zuhälterei *f*

گەوج *gewc* **I** ⟨Adj.⟩ dumm; blöd **II** Dummkopf *m*

گەوجی *gewcî* 1. Dummheit *f*; 2. Ungeschicklichkeit *f*

گەورە *gewre* ⟨Adj.⟩ 1. groß; 2. mächtig; گەورە بوون *gewre bûn* ⟨v.i.⟩ erwachsen werden; aufwachsen; گەورە کردن *gewre kirdin* ⟨v.t.⟩ 1. aufziehen; 2. vergrößern; ausbauen

گەورەپیاو *gewrepiyaw* **I** ⟨Adj.⟩ adlig **II** Adliger *m*

گەورەیی *gewreyî* Größe *f*; Ausmaß *n*; گەورەییی پێڵاو *gewreyîy pêl̲aw* Schuhgröße *f*

گەوزاندن *gewzandin* ⟨v.t.⟩ ⟨گەوزێن- *gewzên-*⟩ wälzen

گەوهەر *gewher* 1. Substanz *f*; 2. Edelstein *m*

گەیاندن *geyandin* **I** ⟨v.t.⟩ ⟨گەیێن-، گەیەن- *geyên-, geyen-*⟩ 1. übermitteln; 2. sich verbinden **II** 1. Mitteilung *f*; 2. Verbindung *f*

گەیاندنە *geyandine* ⟨v.t.⟩ ⟨گەیێن- ە، گەیەن- ە *geyên- e, geyen- e*⟩ 1. bringen (zu); 2. hinführen; **خۆ گەیاندنە** *xo geyandine* ⟨v.refl.⟩ erreichen; ئەو خۆی گەیاندە ماڵەوە er erreichte sein Haus

گەیشتن *geyiştin* **I** ⟨v.i.⟩ ⟨گە-/گا- *ge-/ga*⟩ kommen; ankommen; erreichen **II** Ankunft *f*; **کاتی گەیشتن** *katî geyiştin* Ankunftszeit *f*

گەیەنەر *geyener* (El.) Leiter *m*

گەیین *geyîn* ⟨v.i.⟩ ⟨گە-/گا- *ge-/ga*⟩ 1. ankommen; erreichen; 2. reif werden

گیا *giya* (Bot.) Gras *n*; Kraut *n*

گیاخۆر *giyaxor* (Zool.) Pflanzenfresser *m*

گیاکەڵە *giyakeḻe* (Bot.) Unkraut *n*

گیاکەندر *giyakendir* (Bot.) Hanf *m*

گیامسک *giyamisk* (Bot.) Lavendel *m*

گیان *giyan* 1. Seele *f*; 2. Leib *m* • گیانم! meine Seele!; mein Lieber!; بە دڵ و گیان mit Leib und Seele

گیاندار *giyandar* Lebewesen *n*; **گیانداری گواندار** *giyandarî giwandar* (Zool.) Säugetier *n*; **گیانداری دڕندە** *giyandarî diṟinde* (Zool.) Raubtier *n*

گیانلەبەر *giyanleber* Lebewesen *n*; Tier *n*; **باخچەی گیانلەبەران** *baxçey giyanleberan* Zoo *m*; **گیانلەبەری دەریایی** *giyanleberî deryayî* (Zool.) Meerestier *n*; **گیانلەبەری ماڵی** *giyanleberî maḻî* Haustier *n*

گیانەڵاو *giyaneḻaw* Todeskampf *m*

گیانەوەر *giyanewer* 1. Tier *n*; 2. Geschöpf *n*; **باخچەی گیانەوەران** *baxçey giyaneweran* Zoo *m*; **گیانەوەری ئاوی** *giyanewerî awî* (Zool.) Wassertier *n*; **گیانەوەری خشۆک** *giyanewerî xişok* (Zool.) Kriechtier *n*; **گیانەوەری شیردەر** *giyanewerî şîrder* (Zool.) Säugetier *n*; **گیانەوەری کێوی** *giyanewerî kêwî* wildes Tier *n*

گیانی *giyanî* ⟨Adj.⟩ seelisch

گیانیبەگیانی *giyanîbegiyanî* ⟨Adj.⟩ intim

گیتار *gîtar* (Mus.) Gitarre *f*

گیران *gîran* ⟨v.i.⟩ ⟨گیرێ- *gîrê-*⟩ Passiv von ↑ گرتن 1. genommen, gefangen werden; 2. verstopfen; 3. reserviert sein

گیراو *gîraw* **I** ⟨Adj.⟩ 1. gefangen; 2. reserviert **II** Gefangener *m* / Gefangene *f* • ئەم جێگایە گیراوە dieser Platz ist besetzt; **گیراوی سیاسی** *gîrawî siyasî* politischer Gefangener *m* / politische Gefangene *f*

گیرفان *gîrfan* (Stoff-, Hosen-)Tasche *f* (Kleidung)

گیرفانبڕ *gîrfanbiṟ* Taschendieb *m* / Taschendiebin *f*

گیرە *gîre* (Gr.) Akzent *m*

گیسک *gîsk* (Zool.) Zicklein *n*

گیڤ *gîv* ⟨Adj.⟩ aufgebläht; **خۆ گیڤ کردنەوە** *xo gîv kirdinewe* ⟨v.refl.⟩ sich aufblähen

گیگابایت *gîgabayt* Gigabyte *n*
گینگڵە *gîngḻe* Spirale *f*
گێ *gê* Name des zweiundzwanzigsten Buchstabens des kurdischen Alphabets (گ *g*)
گێتی *gêtî* Welt *f*; Weltall *n*
گێرەشێوێنی *gêreşêwênî* Unruhe *f*; Anarchismus *m*
گێرەوکێشە *gêrewkêşe* Schwierigkeiten *Pl.*; Unsicherheit *f*
[1]**گێڕ** *gêṟ* ⟨Adj.⟩ krumm; schief
[2]**گێڕ** *gêṟ* Gangschaltung *f*; **گێڕی ئوتومبێل** *gêṟî utumbêl* (kfz) Gang *m*; **گێڕی دواوەی ئوتومبێل** *gêṟî diwawey utumbêl* (kfz) Rückwärtsgang *m*
گێڕان *gêṟan* ⟨v.t.⟩ ⟨گێڕ- *gêṟ-*⟩ 1. drehen; 2. in Bewegung setzen
گێڕانەوە *gêṟanewe* **I** ⟨v.t.⟩ ⟨گێڕ- ەوە *gêṟ-ewe*⟩ 1. zurückgeben; 2. wiedergeben; wiederholen **II** Rückgabe *f*
گێڕەرەوە *gêṟerewe* Erzähler *m* / Erzählerin *f*
گێژ *gêj* ⟨Adj.⟩ schwindlig; **گێژ بوون** *gêj bûn* ⟨v.i.⟩ schwindlig sein
گێژاو *gêjaw* Wasserstrudel *m*
گێژەڵووکە *gêjeḻûke* Wirbelwind *m*
گێژەنگ *gêjeng* Strudel *m*
گێژی *gêjî* Schwindelgefühl *n*; Schwindel *m*
گێسوو *gêsû* Locke *f*
گێل *gêl* **I** ⟨Adj.⟩ 1. einfältig; dumm; 2. schwerfällig **II** Idiot *m*; Dummkopf *m*; Trottel *m*; **گێل کردن** *gêl kirdin* ⟨v.t.⟩ irreführen; **خۆ گێل کردن** *xo gêl kirdin* ⟨v.refl.⟩ sich dumm stellen; **خۆ لێ گێل کردن** *xo lê gêl kirdin* ⟨v.refl.⟩ 1. nicht beachten; 2. übersehen
گێلاس *gêlas* (Bot.) Kirsche *f*; **گێلاسی ترش** *gêlasî tirş* (Bot.) Sauerkirsche *f*; **گێلاسی شیرین** *gêlasî şîrîn* (Bot.) Süßkirsche *f*
گێلی *gêlî* 1. Dummheit *f*; 2. Schwerfälligkeit *f*
گێم *gêm* (Sp.) Runde *f*
گێمبۆی *gêmboy* Gameboy *m*

ل

ل *l* êl; dreiundzwanzigster Buchstabe des kurdischen Alphabets (Zahlenwert 30)
لا *la* 1. Seite *f*; 2. Rand *m*; **لای چەپ** *lay çep* ⟨Adv.⟩ links; **لای ڕاست** *lay ṟast* ⟨Adv.⟩ rechts
لابردن *labirdin* **I** ⟨v.t.⟩ ⟨لا...بە/با- *la... be-/ba*⟩ 1. beseitigen; 2. weglassen; 3. j-n stürzen; 4. entlassen **II** 1. Beseitigung *f*; 2. Kündigung *f*

لاپار *lapar* Lappen *Pl.* (beim Tier); **لاپاری بەراز** *laparî beraz* Speck *m*

لاپاڵ *lapal̲* 1. Seite *f*; 2. (steiler) Abhang *m*

لاپتۆپ *laptop* Laptop *m*

لاپچین *lapçîn* Stiefelette *f*

لاپەرەسەنگ *lapereseng* (Bio./üb.) Parasit *m*; Schmarotzer *m*

لاپەڕە *lapere̲* Seite *f* (eines Blattes)

لاتەریک *laterîk* ⟨Adj.⟩ zaghaft

لاتینی *latînî* **I** ⟨Adj.⟩ lateinisch **II** Latein *n*; **تیپی لاتینی** *tîpî latînî* lateinisches Alphabet *n*

لاجانگ *lacang* (Anat.) Schläfe *f*

لاچوون *laçûn* ⟨v.i.⟩ ⟨لا...چـ- *la…ç-*⟩ weggehen • لاچۆ لەبەر چاوم! fort mit dir!; لاچۆ! hau ab!

لادان *ladan* **I** ⟨v.t.⟩ ⟨لا...دە-/دا- *la…de-/da*⟩ 1. auf die Seite setzen, stellen, legen, schieben; 2. versetzen; umstürzen **II** Absetzung *f*; Sturz *m*; **لادان لە باس** *ladan le bas* vom Thema abweichen

لادێ *ladê* Dorf *n*; Gemeinde *f* (vgl. ↑²دێ)

لادێیی *ladêyî* **I** ⟨Adj.⟩ rustikal **II** Dorfbewohner *m* / Dorfbewohnerin *f*

لار *lar* ⟨Adj.⟩ schief; schräg; **لار بوونەوە** *lar bûnewe* ⟨v.i.⟩ schräg, schief liegen

لاربوونەوە *larbûnewe* Neigung *f*

لاڕستە *lar̲iste* (Gr.) Nebensatz *m*

لاڕێ *lar̲ê* Nebenstraße *f*; Seitenstraße *f*

لاسار *lasar* ⟨Adj.⟩ unartig; ungehorsam

لاساری *lasarî* Ungehorsam *m*; Ungezogenheit *f*

لاسایی *lasayî* Nachahmung *f*; Imitation *f*; **لاسایی کردنەوە** *lasayî kirdinewe* ⟨v.t.⟩ nachahmen; imitieren

لاستیک *lastîk* Gummi *m/n*; **لاستیکی خەتکوژێنەرەوە** *lastîkî xetkujênerewe* Radiergummi *m*; **لاستیکی کێر** *lastîkî kêr* Kondom *n*

لاستیکی *lastîkî* ⟨Adj.⟩ elastisch; dehnbar

لاسک *lask* (Bot.) Stängel *m*; Halm *m*

لاسکەگیا *laskegiya* Strohhalm *m*

لاشعوور *laşiʿûr* s. ↑ناهەست

لاشعووری *laşiʿûrî* s. ↑ناهەستی

لاشە *laşe* Leiche *f*; Leichnam *m*

لاشەڕ *laşer̲* ⟨Adj.⟩ friedlich; pazifistisch

لاشەڕی *laşer̲î* Pazifismus *m*

لاشەویلگە *laşewîlge* (Anat.) Kinnbacken *m*; **لاشەویلگەی خواروو** *laşewîlgey xiwarû* (Anat.) Unterkiefer *m*; **لاشەویلگەی سەروو** *laşewîlgey serû* (Anat.) Oberkiefer *m*

لاشیپان *laşîpan* 1. Pfosten *m* (einer Tür); 2. Türschwelle *f*

لاف *laf* Angeberei *f*; **لاف لێدان** *laf lêdan* ⟨v.t.⟩ angeben

لافاو *lafaw* (Wasser-)Flut *f*; Überschwemmung *f*; **لافاو هەڵسان** *lafaw hel̲san* ⟨v.i.⟩ überfluten

لاق *laq* (Anat.) Bein *n*

لاقرتی *laqirtî* Spaß *m*; Ulk *m*; **لاقرتی پێکردن** *laqirtî pêkirdin* ⟨v.t.⟩ (idiom.) j-n auf den Arm nehmen

لاقشکان *laqşikan* Beinbruch *m*

ل

لاقه *laqe* Verbindung *f*; **لاقه کردن** *laqe kirdin* ⟨v.t.⟩ vergewaltigen
لاقه‌کردن *laqekirdin* Vergewaltigung *f*
لاک *lak* Tierleiche *f*; Aas *n*
لاکاریگەری *lakarîgerî* Nebenwirkung *f*
لاکەللەسەر *lakelleser* (Anat.) Scheitelbein *n*
لاکێشە *lakêşe* **I** ⟨Adj.⟩ (Math.) rechteckig **II** (Math.) Rechteck *n*
لالە *lale* (Bot.) Tulpe *f*
لالەنگی *lalengî* (Bot.) Mandarine *f*
لالێکردنەوە *lalêkirdinewe* ⟨v.t.⟩ ⟨لا... لێ...کە- ەوە/کاتەوە *la...lê...ke- ewe/katewe*⟩ 1. sich zu j-m umdrehen; 2. (üb.) j-m helfen
لاڵ *la̱l* ⟨Adj.⟩ stumm • خوا لاڵت کا! möge Gott dich mit Stummheit schlagen!
لاڵی *la̱lî* Stummheit *f*
لام *lam* Name des dreiundzwanzigsten Buchstabens des kurdischen Alphabets (ل *l*); **لامی قەڵەو** *lamî qe̱lew* (Gr.) das kurdische velare L (geschrieben ڵ *ḻ*)
لامپا *lampa* Lampe *f*
لانکە *lanke* Krippe *f*
لانە *lane* Nest *n*; Höhle *f* (Behausung wilder Tiere); **لانەی پیران** *laney pîran* Altersheim *n*; **لانەی نەوجەوانان** *laney newcewanan* (Jugend-) Herberge *f*
لاو *law* **I** ⟨Adj.⟩ jung; jugendlich **II** Junge *m*
لاواز *lawaz* ⟨Adj.⟩ schwach; kraftlos; gebrechlich (s.a. ↑لەڕ); **لاواز بوون** *lawaz bûn* ⟨v.i.⟩ 1. schwach sein/werden; 2. abnehmen; **لاواز کردن** *lawaz kirdin* ⟨v.t.⟩ (ab)schwächen
لاوازی *lawazî* Schwäche *f*; **لاوازی جنسی** *lawazî cinsî* Zeugungsunfähigkeit *f*
لاوان *lawan* Jugend *f* (Plural von لاو)
لاوچاک *lawçak* ⟨Adj.⟩ (üb.) tapfer; mutig
لاولاو *lawlaw* 1. (Bot.) Winde *f*; 2. Efeu *m*
لاوەکی *lawekî* ⟨Adv.⟩ seitlich
لایت *layt* 1. Taschenlampe *f*; 2. Scheinwerfer *m*; **لایتی نزم** *laytî nizim* Abblendlicht *n*
لایلایە *laylaye* **I** Schlaflied *n* **II** ⟨Int.⟩ heiapopeia!
لایەن *layen* 1. Seite *f*; 2. Aspekt *m*; **لایەن گرتن** *layen girtin* ⟨v.t.⟩ unterstützen
لایەندار *layendar* ⟨Adj.⟩ parteiisch
لایەنگر *layengir* Unterstützer *m* / Unterstützerin *f*; Sympathisant *m* / Sympathisantin *f*
لایەنگری *layengirî* Sympathie *f*; Parteilichkeit *f*; **لایەنگری کردن** *layengirî kirdin* ⟨v.t.⟩ sich verbünden; sich anschließen
لباد *libad* Filz *m*
لرف *lirf* Schluck *m*; **لرف لێدان** *lirf lêdan* ⟨v.t.⟩ 1. etw. schlürfen; 2. (üb.) etw. veruntreuen
لرفاندن *lirfandin* ⟨v.t.⟩ ⟨لرفێن- *lirfên-*⟩ schlürfen
لستنەوە *listinewe* ⟨v.t.⟩ ⟨لێس- ەوە *lêsewe*⟩ (be)lecken
لغاو *lix̱aw* Zügel *m*
لفکە *lifke* Waschlappen *m*

ل

لق *liq* 1. (großer) Zweig *m;* 2. Filiale *f;* Zweigstelle *f*

لقوپۆپ *liqupop* Laub *n;* **لقوپۆپ کردن** *liqupop kirdin* ⟨v.t.⟩ stutzen; beschneiden (Baum)

لم *lim* Sand *m*

لماوی *limawî* s. ↑لمی

لمۆز *limoz* 1. Schnauze *f;* 2. Rüssel *m* • لمۆزت داخه! (vulg.) halt die Schnauze!; **لمۆز بەیەکدا دان** *limoz beyekda dan* ⟨v.t.⟩ (idiom./vulg.) die Schnauze halten

لمی *limî* ⟨Adj.⟩ sandig

لنگ *ling* (Anat.) Bein *n*

لنگبڵاو *lingbiḻaw* ⟨Adv.⟩ 1. rittlings; 2. x-beinig

لنگەفرتێ *lingefirtê* Strampeln *n;* **لنگەفرتێ کردن** *lingefirtê kirdin* ⟨v.t.⟩ strampeln

لوبنان *Lubnan* (Geogr.) Libanon *m*

لوبنانی *lubnanî* **I** ⟨Adj.⟩ libanesisch **II** Libanese *m* / Libanesin *f*

لوقمه *luqme* Bissen *m*

لوکسمبورگ *Luksimburg* (Geogr.) Luxemburg *n*

لوکسمبورگی *luksimburgî* **I** ⟨Adj.⟩ luxemburgisch **II** Luxemburger *m* / Luxemburgerin *f*

لوو *lû* 1. Tumor *m;* 2. (Anat.) Drüse *f* (s.a. ↑ڕژێن)

لووت *lût* (Anat.) Nase *f;* **لووت بۆ بردن** *lût bo birdin* ⟨v.t.⟩ schnüffeln; schnuppern; **لووت سڕین** *lût siṟîn* ⟨v.t.⟩ sich die Nase abwischen

لووتبەرز *lûtberz* ⟨Adj.⟩ hochnäsig; überheblich

لووتبەرزی *lûtberzî* Arroganz *f;* Überheblichkeit *f*

لووتپژان *lûtpijan* (Med.) Nasenbluten *n*

لووتکه *lûtke* Gipfel *m;* Spitze *f*

لووتکەڵەشاخ *lûtkeḻeşax* (Zool.) Nashorn *n*

لووراندن *lûrandin* ⟨v.t.⟩ ⟨لوورێنـ‐ *lûrên-*⟩ brüllen (Wolf); heulen

لووس *lûs* ⟨Adj.⟩ glitschig; **لووس کردن** *lûs kirdin* ⟨v.t.⟩ glätten

لووسی *lûsî* Glätte *f*

لووش *lûş* Schlürfen *n;* **لووش دان** *lûş dan* ⟨v.t.⟩ fressen

لووشەلووش *lûşelûş* 1. Schlürfen *n;* 2. Schluchzen *n;* **لووشەلووش کردن** *lûşelûş kirdin* ⟨v.t.⟩ 1. schlürfen; 2. schluchzen

لوول *lûl* ⟨Adj.⟩ kraus; **قژی لوول** *qijî lûl* gelocktes Haar *n;* **لوول دان** *lûl dan* ⟨v.t.⟩ drehen; winden

لووله *lûle* 1. Röhre *f;* 2. Tülle *f*

لوولەتفەنگ *lûletifeng* (Gewehr-) Lauf *m*

لوولەتۆپ *lûletop* Kanonenrohr *n*

لوولەک *lûlek* Walze *f*

لویریک *lwyrîk* (Lit.) Lyrik *f*

لۆ *lo* 1. Falte *f;* Knick *m;* 2. Schicht *f*

لۆبیا *lobya* Schnittbohne *f*

لۆج *loc* Loge *f* (Theater)

لۆرت *lort* **I** ⟨Adj.⟩ (üb.) (stein)reich **II** Lord *m*

لۆری *lorî* Lastwagen *m;* LKW *m*

لۆقنتەخانه *loqintexane* Lokal *n*

لۆک *lok* Siegel *n;* **لۆک کردن** *lok kirdin* ⟨v.t.⟩ (ver)siegeln

لۆکە *loke* (Bot.) Baumwolle *f*
لۆگۆ *logo* Logo *n*
لە *le* ⟨Präp.⟩ 1. in; an; 2. aus; 3. als (bei Komparativ) • لە هەولێرە er ist in Hewlêr; لە فڕۆکەخانە im Flughafen; لە چ جێیەک an welcher Stelle; لە داخی aus Ärger; ئەو لە من بچکۆلەترە er ist kleiner als ich; **لە ... تا** *le … ta* ⟨Präp.⟩ von … bis; لە دووشەممەوە تا هەینی von Montag bis Freitag; **لە ....ـ(ە)وە** *le …-(e)we* ⟨Präp.⟩ 1. von; von…an; 2. zu; لە منەوە von mir; لە ئێستاوە von jetzt an; لە ماڵەوە zu Hause
لەئارادا *learada* ⟨Adv.⟩ vorhanden • لەئارادایە es ist vorhanden
لەباتی *lebatî* ⟨Präp.⟩ anstatt; statt
لەباتیئەوەی *lebatîewey* ⟨Konj.⟩ anstatt (dass)
لەباجبەخشراو *lebacbexşiraw* ⟨Adj.⟩ steuerfrei
لەبار *lebar* ⟨Adj.⟩ tauglich; verträglich
لەباربردن *lebarbirdin* (Med.) Abtreibung *f*
لەبارمتەدادان *lebarimtedadan* Abfindung *f*
لەبارمتەداگیراو *lebarimtedagîraw* Geisel *f*
لەبارەی *lebarey* → **لەبارەی ....ـ(ە)وە** *lebarey …-(e)we* ⟨Präp.⟩ hinsichtlich
لەباری *lebarî* Tauglichkeit *f*
لەبری *lebirî* ⟨Präp.⟩ anstatt • لەبری براکەی anstatt seines Bruders
لەبزینە *lebzîne* 1. Raute *f*; 2. Karo *n* (Spielkarte)
لەبلەبان *lebleban* ⟨Adj.⟩ redselig; schwatzhaft
لەبن *lebin* → **لەبن ....ـدا** *lebin …-da* ⟨Präp.⟩ unter; unterhalb
لەبنەڕەتدا *lebineṟetda* ⟨Adv.⟩ überhaupt • لەبنەڕەتدا ئەمە ڕاست نییە das stimmt überhaupt nicht
لەبنەوە *lebinewe* ⟨Adv.⟩ darunter
لەبۆشدانان *leboşdanan* Leerlauf *m*
لەبەر[1] *leber* **I** ⟨Präp.⟩ wegen **II** ⟨Adv.⟩ von vorn • لەبەر تۆ deinetwegen; **لەبەر چاو کەوتن** *leber çaw kewtin* ⟨v.i.⟩ (ugs.) etw. satthaben; **لەبەر بوون** *leber bûn* ⟨v.i.⟩ bevorstehen; **لەبەر گرتنەوە** *leber girtinewe* ⟨v.t.⟩ reproduzieren; **لەبەر ڕۆیشتن** *leber ṟoyîştin* ⟨v.i.⟩ überlaufen
لەبەر[2] *leber* ⟨Adj.⟩ auswendig; **لەبەر کردن** *leber kirdin* ⟨v.t.⟩ auswendig lernen
لەبەر[3] *leber* ⟨Adj.⟩ angekleidet; **لەبەر داکەندن** *leber dakendin* ⟨v.t.⟩ ausziehen (Kleidung); **جل لەبەر کردن** *cil leber kirdin* ⟨v.t.⟩ (sich) anziehen
لەبەربوورە *leberbûre* ⟨Adj.⟩ spontan
لەبەرچاو *leberçaw* ⟨Adj.⟩ sichtbar
لەبەرچی *leberçî* ⟨Adv.⟩ weshalb?; weswegen?
لەبەرخاتری *leberxatirî* ⟨Präp.⟩ zugunsten
لەبەردا *leberda* ⟨Adv.⟩ → **لەبەردا بوون** *leberda bûn* ⟨v.i.⟩ anhaben; (Kleidung); **لەبەردا مانەوە** *leberda manewe* ⟨v.i.⟩ anbehalten; (Kleidung)
لەبەردەستدا *leberdestda* ⟨Adv.⟩ vorhanden

ل

لەبەردەستدابوو *leberdestdabû* ⟨Adj.⟩ verfügbar

لەبەرکردن *leberkirdin* Auswendiglernen *n*

لەبەرئەمە *lebereme* ⟨Adv.⟩ daraufhin

لەبەرئەوە *leberewe* ⟨Adv.⟩ deshalb; deswegen

لەبەرئەوەی *leberewey* ⟨Konj.⟩ weil (s.a. ↑چونکو)

لەبیر *lebîr* ⟨Adj.⟩ in Erinnerung bleibend; **لەبیر بردنەوە** *lebîr birdinewe* ⟨v.t.⟩ verdrängen; **لەبیر بوون** *lebîr bûn* ⟨v.i.⟩ sich etw. merken; sich erinnern (an); **لەبیر چوون(ەوە)** *lebîr çûn(ewe)* ⟨v.i.⟩ verlernen; **لەبیر کردن** *lebîr kirdin* ⟨v.t.⟩ vergessen; **خۆ لەبیر کردن** *xo lebîr kirdin* ⟨v.refl.⟩ sich selbst verleugnen; (ugs.) ausflippen

لەبیرچوو *lebîrçû* ⟨Adj.⟩ vergessen

لەبیرنەکراو *lebîrnekraw* ⟨Adj.⟩ unvergesslich

لەپ *lep* 1. Handfläche *f*; 2. Tatze *f*; **لەپ کوتان** *lep kutan* ⟨v.t.⟩ tasten; tappen

لەپاش *lepaş* ⟨Präp.⟩ nach; hinter • لەپاش ئێمە دێ er kommt nach uns

لەپاشەوە *lepaşewe* ⟨Adv.⟩ von hinten

لەپڕ *lepir̠* ⟨Adv.⟩ plötzlich

لەپشتەوە *lepiştewe* ⟨Adv.⟩ hinterher; von hinten

لەپە *lepe* Brei *m*; Mus *m/n*; **لەپەی سێو** *lepey sêw* Apfelmus *n*

لەپەلوپۆکەوتن *lepelupokewtin* 1. Lähmung *f*; 2. Arbeitsunfähigkeit *f*

لەپەلوپۆکەوتوو *lepelupokewtû* ⟨Adj.⟩ gelähmt

لەپێش *lepêş* ⟨Adv.⟩ vorn; voran; **لەپێش ....ـدا** *lepêş …-da* ⟨Präp.⟩ vor (örtl./zeitl.); لەپێش ئێمەدا مرد er starb vor uns ⟨Präp.⟩ vor

لەپێشەوە *lepêşewe* ⟨Adv.⟩ vorne; von vorn; **لەپێشەوە داوا کردن** *lepêşewe dawa kirdin* ⟨v.t.⟩ vorbestellen

لەپێناو *lepênaw* ⟨Präp.⟩ für; um

لەپێویستیدا *lepêwîstîda* ⟨Adv.⟩ notfalls

لەت *let* Stück *n*; **لەت کردن** *let kirdin* ⟨v.t.⟩ zerstückeln; schneiden

لەتاقەتبەدەر *letaqetbeder* ⟨Adj.⟩ unerträglich

لەتر *letir* ⟨Adj.⟩ stolpernd; **لەتر دان** *letir dan* ⟨v.t.⟩ stolpern

لەتەنیشت *letenîşt* → **لەتەنیشت ....ـ(ە)وە** *letenîşt …-(e)we* ⟨Präp.⟩ neben

لەتەنیشتییەکەوە *letenîştîyekewe* ⟨Adv.⟩ nebeneinander

لەجیاتی *leciyatî* **I** ⟨Präp.⟩ an Stelle (von) **II** ⟨Adv.⟩ dafür (vgl. ↑لەباتی)

لەجێیەکیتر *lecêyekîtir* ⟨Adv.⟩ anderswo

لەچی *leçî* ⟨Adv.⟩ woraus? • لەچی پێکهاتووە؟ woraus besteht es?

لەحیم *lehîm* Löten *n*; Schweißen *n*; **لەحیم کردن** *lehîm kirdin* ⟨v.t.⟩ schweißen

لەخوار *lexiwar* → **لەخوار ....ـ(ە)وە** *lexiwar …-(e)we* ⟨Präp.⟩ unterhalb von

لەخوارەوە *lexiwarewe* ⟨Adv.⟩ unten

لەخۆبایی *lexobayî* ⟨Adj.⟩ eitel; hochnäsig

لەخۆباییبوون *lexobayîbûn* Selbstüberschätzung *f*; Eitelkeit *f*

لەخۆڕازی *lexorazî* ⟨Adj.⟩ überheblich

لەخۆڕازیبوون *lexorazîbûn* Überheblichkeit *f*

لەخۆوە *lexowe* ⟨Adv.⟩ spontan

لەداهاتوودا *ledahatûda* ⟨Adj.⟩ (zu) künftig

لەدایکبوو *ledayikbû* ⟨Adj.⟩ geboren

لەدایکبوون *ledayikbûn* Geburt *f*; **جەژنی لەدایکبوون** *cejnî ledayikbûn* Geburtstagsfeier *f*; **ڕۆژی لەدایکبوون** *rojî ledayikbûn* Geburtstag *m*; **ساڵی لەدایکبوون** *salî ledayikbûn* Geburtsjahr *n*

لەدڵەوە *ledilewe* ⟨Adv.⟩ herzlich

لەدواوە *lediwawe* ⟨Adv.⟩ hinten; (von) hinten; **لەدواوە مانەوە** *ledwawe manewe* ⟨v.i.⟩ zurückbleiben

لەدواییدا *ledwayîda* ⟨Adv.⟩ zuletzt

لەدوورەوە *ledûrewe* ⟨Adv.⟩ 1. von fern; 2. fern

لەدەرەوە *lederewe* ⟨Präp.⟩ außerhalb

لەدەستچوون *ledestçûn* Verlust *m*

لەدەور *ledewr* ⟨Präp.⟩ um (…herum)

لەدەوروبەری *ledewruberî* ⟨Präp.⟩ 1. um; 2. gegen • لەدەوروبەری بەرلین um Berlin

لەراندنەوە *lerandinewe* ⟨v.t.⟩ ⟨لەرێن- ـەوە *lerên- ewe*⟩ schwingen; rütteln

لەرز *lerz* 1. Zittern *n*; 2. Schüttelfrost *m*

لەرزوتا *lerzuta* (Med.) Schüttelfrost *m*; Malaria *f* (s.a. ↑مەلاریا)

لەرزین *lerzîn* ⟨v.i.⟩ ⟨لەرز- *lerz-*⟩ zittern

لەرینەوە *lerînewe* **I** ⟨v.i.⟩ ⟨لەر- ـەوە *ler-ewe*⟩ zittern; vibrieren **II** Vibration *f*

لەڕ *ler* ⟨Adj.⟩ dünn; mager

لەڕاددەبەدەر *leraddebeder* ⟨Adj.⟩ übermäßig

لەڕاستەوە *lerastewe* ⟨Adv.⟩ 1. rechts; 2. von rechts

لەڕاستیدا *lerastîda* ⟨Adv.⟩ 1. tatsächlich; 2. eigentlich

لەڕەنەدراو *lerenediraw* ⟨Adj.⟩ gerieben

لەڕێلادان *lerêladan* Umleitung *f*

لەزگە *lezge* (Med.) (Heft-)Pflaster *n*

لەزەت *lezet* Genuss *m*; **لەزەت لێوەرگرتن** *lezet lêwergirtin* ⟨v.t.⟩ genießen

لەژمارەنەهاتن *lejimarenehatin* ⟨Adj.⟩ unzählbar

لەژوورەوە *lejûrewe* ⟨Adv.⟩ drinnen

لەژێرەوە *lejêrewe* ⟨Adv.⟩ von unten

لەسنووربەدەر *lesinûrbeder* ⟨Adv.⟩ außerordentlich

لەسەدا *leseda* s. ↑لەسەددا

لەسەددا *lesedda* (Math.) Prozent *n*; **لەسەددا سەد** *lesedda sed* ⟨Adv.⟩ hundertprozentig

لەسەر *leser* ⟨Präp.⟩ über; **لەسەر تەلەفۆن بوون** *leser telefon bûn* ⟨v.i.⟩ am Telefon sein; **لەسەر نان** *leser nan* ⟨v.t.⟩ aufsetzen

لەسەرچی *leserçî* ⟨Adv.⟩ worauf?

لەسەرخۆ *leserxo* ⟨Adj.⟩ 1. ruhig; 2. allmählich; langsam; **لەسەرخۆ چوون** *leserxo çûn* ⟨v.i.⟩ in Ohnmacht fallen; **لەسەرخۆ فڕین** *leserxo firîn* ⟨v.i.⟩ schweben; **لەسەرخۆ ڕۆیشتن** *leserxo royîştin* ⟨v.i.⟩ sich schleppen

لەسەرخۆچوون *leserxoçûn* Ohnmacht *f*

لەسەروو *leserû* → **لەسەروو ....ـ(ە)وە** *leserû …-(e)we* ⟨Präp.⟩ oberhalb

ل

لەسەرەتادا *leseretada* ⟨Adv.⟩ zuerst

لەسەرەتاوە *leseretawe* ⟨Adv.⟩ vornherein

لەسەریەک *leseryek* ⟨Adv.⟩ dauernd; kontinuierlich

لەسێدارەدان *lesêdaredan* Hinrichtung *f*; **سزای لەسێدارەدان** *sizay lesêdaredan* Todesstrafe *f*

لەش *leş* Körper *m*; Leib *m* (s.a. ↑بەژن)

لەشپشکنین *leşpişkinîn* Leibesvisitation *f*

لەشجوانی *leşciwanî* Bodybuilding *n*

لەشکر *leşkir* (Mil.) Armee *f*; Truppe *f*

لەشکرگا *leşkirga* s. ↑لەشکرگە

لەشکرگە *leşkirge* Kaserne *f*

لەشوێن *leşwên* ⟨Präp.⟩ statt; anstatt; **لەشوێنێکی تر** *leşwênêkî tir* ⟨Adv.⟩ woanders

لەعوزرچوونەوە *le'uzirçûnewe* Wechseljahre *Pl.*

لەغو *lexu* 1. Abschaffung *f*; 2. Kündigung *f*; **لەغو کردن** *lexu kirdin* ⟨v.t.⟩ abschaffen

لەغەم *lexem* 1. Bergwerk *n*; 2. Stollen *m*

لەفاف *lefaf* Binde *f*

لەق *leq* ⟨Adj.⟩ wacklig; **لەق کردن** *leq kirdin* ⟨v.t.⟩ lockern

لەقلەق *leqleq* (Zool.) Storch *m* (vgl. ↑حاجیلەقلەق)

لەقە *leqe* Fußtritt *m* (s.a. ↑شەق)

لەقین *leqîn* ⟨v.i.⟩ ⟨لەق- *leq-*⟩ wackeln

لەکاتیخۆیدا *lekatîxoyda* ⟨Adv.⟩ rechtzeitig; pünktlich

لەکاتیخۆیدانا *lekatîxoydana* ⟨Adv.⟩ unpünktlich

لەکاتێکداکە *lekatêkdake* ⟨Konj.⟩ indem

لەکارکەوتن *lekarkewtin* Zusammenbruch *m*

لەکارکەوتوو *lekarkewtû* ⟨Adj.⟩ defekt

لەکارکەوتە *lekarkewte* ⟨Adj.⟩ invalid; arbeitsunfähig

لەکوێ *lekwê* ⟨Adv.⟩ wo?; (wörtl.) an welcher Stelle? • لەکوێ بوویت؟ wo warst du?

لەکوێوە *lekwêwe* ⟨Adv.⟩ woher?

لەکۆتاییدا *lekotayîda* ⟨Adv.⟩ endlich; schließlich

لەکە *leke* (Schmutz-)Fleck *m*

لەکەڵککەوتوو *lekeḻkkewtû* ⟨Adj.⟩ 1. nutzlos; 2. verdorben

لەگۆڕراندابوو *legoṟṟandabû* ⟨Adj.⟩ wechselhaft

لەگەردندان *legerdindan* Enthauptung *f*

لەگەڵ *legeḻ* **I** ⟨Präp.⟩ mit **II** ⟨Konj.⟩ sobald • لەگەڵ کێتانە؟ mit wem redet ihr?; **لەگەڵ ....ـدا** *legeḻ …-da* ⟨Präp.⟩ mit; begleitet von; **لەگەڵ ....ـدا کردن** *legeḻ …-da kirdin* ⟨v.t.⟩ mitmachen

لەگەڵداچوون *legeḻdaçûn* Begleitung *f*

لەگەڵئەمەشدا *legeḻemeşda* ⟨Konj.⟩ trotzdem; dennoch

لەگەڵیەکتری *legeḻyektirî* ⟨Adv.⟩ miteinander

لەگەن *legen* Schüssel *f*

لەلاوە *lelawe* ⟨Adv.⟩ seitwärts; beiseite

لەلای *lelay* ⟨Präp.⟩ bei • لەلای تۆ bei dir

لەلایەکیترەوە *lelayekîtirewe* ⟨Adv.⟩ andererseits

لەلایەن *lelayen* → **لەلایەن ....ـ(ە)وە** *le-*

layen …-(e)we ⟨Präp.⟩ von; لەلایەن ئێوەوە von euch

لەمپەڕبۆئەوپەڕ *lempe̱rboewpe̱r* ⟨Adv.⟩ querdurch

لەمدواییەدا *lemdiwayîyeda* ⟨Adv.⟩ vor kurzem; neulich

لەمڕۆژگارەدا *lemṟojgareda* ⟨Adv.⟩ heutzutage

لەمکاتەدا *lemkateda* ⟨Adv.⟩ momentan

لەملاوە *lemlawe* ⟨Adv.⟩ einerseits

لەمەدا *lemeda* ⟨Adv.⟩ hierbei

لەمەوبەر *lemewber* ⟨Adv.⟩ vorher; zuvor

لەمەودوا *lemewdiwa* ⟨Adv.⟩ von nun an; nachher

لەمەوە *lemewe* ⟨Adv.⟩ davon

لەمێژە *lemêje* ⟨Adv.⟩ längst

لەناخدا *lenaxda* ⟨Adv.⟩ innerlich

لەناکاو *lenakaw* ⟨Adv.⟩ plötzlich; unerwartet

لەناو *lenaw* **I** ⟨Präp.⟩ unter; zwischen **II** ⟨Adv.⟩ drinnen; لەناو ....ـ(ە)وە *lenaw …-(e)we* ⟨Präp.⟩ innerhalb; لەناو بردن *lenaw birdin* ⟨v.t.⟩ vernichten; zerstören; لەناو چوون *lenaw çûn* ⟨v.i.⟩ untergehen

لەناوچوو *lenawçû* ⟨Adj.⟩ ausgestorben

لەناوچوون *lenawçûn* **I** ⟨v.i.⟩ ⟨لەناو...چـ *lenaw…ç-*⟩ 1. umkommen; 2. aussterben **II** Untergang *m*; لەناوچوونی دنیا *lenawçûnî dinya* Weltuntergang *m*

لەناوەوە *lenawewe* ⟨Adv.⟩ drinnen; (von) innen

لەناویەکدا *lenawyekda* ⟨Adv.⟩ ineinander

لەنزیک *lenizîk* ⟨Präp.⟩ dicht bei; لەنزیک ....ـ(ە)وە *lenizîk …-(e)we* ⟨Präp.⟩ nahe (von)

لەنگە *lenge* gebrauchte Kleidung *f*

لەنگەر *lenger* Anker *m*; لەنگەر گرتن *lenger girtin* ⟨v.t.⟩ 1. ankern; 2. landen

لەنگەفرۆش *lengefiroş* Secondhandverkäufer *m* / Secondhandverkäuferin *f*; دوکانی لەنگەفرۆش *dukanî lengefiroş* Secondhandladen

لەنگین *lengîn* ⟨v.i.⟩ hinken; humpeln (s.a. ↑شەلین)

لەنێوان *lenêwan* ⟨Adv.⟩ dazwischen; لەنێوان ....ـدا بوون *lenêwan …-da bûn* ⟨v.i.⟩ dazwischenliegen

لەوانەیە *lewaneye* ⟨Adv.⟩ möglicherweise; wahrscheinlich

لەوبارەوە *lewbarewe* ⟨Adv.⟩ darüber

لەوچەلەوچ *lewçelewç* Unsinn *m*

لەوکاتەدا *lewkateda* ⟨Adv.⟩ währenddessen

لەوکاتەداکە *lewkatedake* ⟨Konj.⟩ während

لەوکاتەوە *lewkatewe* ⟨Konj.⟩ seitdem; seit

لەوکاتەوەکە *lewkateweke* s. ↑لەوکاتەوە

لەونێوانەدا *lewnêwaneda* ⟨Adv.⟩ inzwischen

لەوەبەدوا *lewebediwa* ⟨Adv.⟩ darauf

لەوەپێش *lewepêş* ⟨Adv.⟩ 1. zuvor; 2. früher

لەوەڕاندن *lewe̱randin* ⟨v.t.⟩ ⟨لەوەڕێنـ *lewe̱rên-*⟩ weiden, grasen lassen

لەوەڕگە *lewe̱rge* (Vieh-)Weide *f*

ل

لەوەوە *lewewe* ⟨Adv.⟩ davon; daraus
لەوێ *lewê* ⟨Adv.⟩ dorthin; dort
لەوێوە *lewêwe* ⟨Adv.⟩ 1. von dort; 2. daher
لەهۆشخۆچوون *lehoşxoçûn* Schwächeanfall *m*
لەهەرشوێنێک *leherşwênêk* ⟨Adv.⟩ irgendwo
لەهەزاردا *lehezarda* **I** ⟨Adj.⟩ pro mille **II** (Math.) Promille *n*
لەهەموولایە *lehemûlaye* ⟨Adv.⟩ überall
لەهیچجێیەک *lehîççêyek* ⟨Adv.⟩ nirgends
لەیادکردن *leyadkirdin* 1. Vergessen *n*; 2. Versäumnis *n*
لەیادنەکراو *leyadnekraw* ⟨Adj.⟩ unvergessen; **شوێنی لەیادنەکراوان** *şwênî leyadnekrawan* Gedenkstätte *f*
لەیزەر *leyzer* Laser *m*; **تیشکی لەیزەر** *tîşkî leyzer* Laserstrahl *m*
لەیلان *leylan* Trugbild *n*
لەیلوپەڕ *leylupe̱r* (Bot.) Lotusblume *f*
لەیەک *leyek* ⟨Adv.⟩ zueinander (vgl. لێک↑); **لەیەک تێگەیشتن** *leyek têgeyiştin* ⟨v.i.⟩ einander verstehen
لیبی *lîbî* **I** ⟨Adj.⟩ libysch **II** Libyer *m* / Libyerin *f*
لیبیا *Lîbya* (Geogr.) Libyen *n*
لیتر *lîtir* Liter *m/n* (Hohlmaß von einem Kubikdezimeter, l)
لیر *lîr* (Med.) Hautausschlag *m*
لیرە *lîre* Goldmünze *f*
لیریک *lîrîk* s. لویریک↑
لیژنە *lîjne* Ausschuss *m*
لیستە *lîste* Liste *f*
لیک *lîk* Speichel *m*
لیمف *lîmf* (Anat.) Lymphe *f*
لیمفەڕێژ *lîmfe̱rêj* s. لیمفەلوو↑
لیمفەلوو *lîmfelû* (Anat.) Lymphknoten *m*
لیمۆ *lîmo* (Bot.) Zitrone *f*; Limone *f*
لیمۆناتە *lîmonate* Limonade *f*
لیمۆندۆزی *lîmondozî* (Chem.) Zitronensäure *f*
لینج *lînc* ⟨Adj.⟩ klebrig; schmierig
لینجەپەردە *lînceperde* (Anat.) Schleimhaut *f*; **هەوکردنی لینجەپەردە** *hewkirdinî lînceperde* (Med.) Schleimhautentzündung *f*
لێ *lê* Name des dreiundzwanzigsten Buchstabens des kurdischen Alphabets (ل *l*)
لێبردن *lêbirdin* ⟨v.t.⟩ ⟨لێ...بە-/با *lê...be-/ba*⟩ wegnehmen
لێبردنەوە *lêbirdinewe* ⟨v.t.⟩ ⟨لێ...بە- ەوە/باتەوە *lê...be- ewe/batewe*⟩ j-n schlagen (bei einem Wettkampf)
لێبڕینەوە *lêbi̱rînewe* ⟨v.t.⟩ ⟨لێ...بڕ-ەوە/ێتەوە- *lê...bi̱r-ewe/êtewe*⟩ j-m etw. abgewöhnen
لێبوردن *lêburdin* **I** ⟨v.i.⟩ ⟨لێ...بور- *lê...bur-*⟩ j-n entschuldigen; j-m verzeihen **II** Verzeihung *f*; Entschuldigung *f* • لێمببورە! verzeih mir!; لێتدەبورم ich verzeih es dir
لێبوردە *lêburde* ⟨Adj.⟩ tolerant
لێبوردەیی *lêburdeyî* Toleranz *f*
لێبەستن *lêbestin* ⟨v.t.⟩ ⟨لێ...بەست- *lê...best-*⟩ anspannen (Pferde)
لێپاڕانەوە *lêpa̱ranewe* ⟨v.i.⟩ ⟨لێ...پاڕێ- ەوە *lê...pa̱rê- ewe*⟩ j-n anflehen
لێپرسراو *lêpirsraw* ⟨Adj.⟩ Träger *m* /

ل

Trägerin *f*; verantwortlich; zuständig; **لێپرسراو بوون** *lêpirsraw bûn* ⟨v.i.⟩ haften

لێپرسراوی *lêpirsrawî* Verantwortung *f*; Zuständigkeit *f*

لێپرسین *lêpirsîn* ⟨v.t.⟩ ⟨لێ...پرسـ *lê…pirs-*⟩ j-n fragen

لێپرسینەوە *lêpirsînewe* **I** ⟨v.t.⟩ ⟨لێ... پرسـ ەوە *lê…pirs- ewe*⟩ zur Rechenschaft ziehen **II** Verantwortung *f*

لێپێکهاتە *lêpêkhate* Entstehung *f*

لێترسان *lêtirsan* ⟨v.t.⟩ ⟨لێ...ترسـ *lê…tirs-*⟩ sich vor j-*n*/etw. fürchten

لێتۆژینەوە *lêtojînewe* ⟨v.i.⟩ ⟨لێ...تۆژـ ەوە *lê…toj- ewe*⟩ etw. (er)forschen (s.a. ↑لێکۆڵینەوە)

لێتێکدان *lêtêkdan* ⟨v.t.⟩ ⟨لێ...تێک...دە-/دا *lê…têk…de-/da*⟩ 1. stören; 2. vereiteln

لێتێگەیشتن *lêtêgeyiştin* **I** ⟨v.i.⟩ ⟨لێ...تێ... گە-/گا *lê…tê…ge-/ga*⟩ j-n verstehen **II** Durchblick *m* • من لێتێناگەم ich verstehe dich nicht

لێچوون *lêçûn* ⟨v.i.⟩ ⟨لێ...چـ *lê…ç-*⟩ undicht sein; lecken

لێخشاندن *lêxişandin* ⟨v.t.⟩ ⟨لێ...خشێنـ *lê…xişên-*⟩ streichen; streifen

لێخواستن *lêxiwastin* ⟨v.t.⟩ ⟨لێ...خوازـ *lê…xiwaz-*⟩ sich etw. von j-m ausleihen

لێخوڕ *lêxuṟ* Fahrer *m* / Fahrerin *f*

لێخوڕین *lêxuṟîn* **I** ⟨v.t.⟩ ⟨لێ...خوڕـ *lê…xuṟ-*⟩ fahren **II** Fahrt *f*; Steuerung *f*

لێخۆشبوون *lêxoşbûn* **I** ⟨v.i.⟩ ⟨لێ... خۆش...بـ *lê…xoş…b-*⟩ verzeihen **II** 1. Verzeihung *f*; 2. Begnadigung *f*

لێداشکاندن *lêdaşikandin* **I** ⟨v.t.⟩ ⟨لێ...دا... شکێنـ *lê…da…şikên-*⟩ abrechnen; absetzen **II** Preisnachlass *m*

لێدان *lêdan* **I** ⟨v.t.⟩ ⟨لێ...دە-/دا *lê…de-/da*⟩ 1. (ver)prügeln; 2. (Mus.) spielen (ein Instrument) **II** Schlag *m*; Schuss *m* (Fußball) • شیرین گیتار لێدەدا Şîrîn spielt Gitarre

لێدوان *lêdiwan* **I** ⟨v.i.⟩ ⟨لێ...دوو-/دوێ، لێ...دوێـ *lê…dû-/dwê, lê…dwê-*⟩ 1. über etw. diskutieren; 2. kommentieren **II** Kommentar *m*

لێدەرکردن *lêderkirdin* ⟨v.t.⟩ ⟨لێ...دەر...کە-/کا *lê…der…ke-/ka*⟩ subtrahieren

لێدەرهێنان *lêderhênan* ⟨v.t.⟩ ⟨لێ...دەر... هێنـ، لێ...دەر...ێنـ *lê…der…hên-, lê…der…ên-*⟩ herausbringen; entnehmen

لێرە *lêre* ⟨Adv.⟩ hier

لێرەدا *lêreda* s. ↑لێرە

لێرەوە *lêrewe* **I** ⟨Adj.⟩ hiesig **II** ⟨Adv.⟩ von hier

لێڕۆییشتن *lêṟoyîştin* ⟨v.i.⟩ ⟨لێ...ڕۆ-/ڕوا *lê…ṟo-/ṟwa*⟩ auslaufen

لێزمە *lêzme* Schauer *m*

لێژ *lêj* ⟨Adj.⟩ steil

لێژگە *lêjge* Abhang *m*; Abstieg *m*

لێژی *lêjî* (Ab-, Steil-)Hang *m*

لێسەندن *lêsendin* ⟨v.t.⟩ ⟨لێ...سەنـ *lê…sen-*⟩ nehmen von (durch Kauf, Gewalt etc.)

لێشاردنەوە *lêşardinewe* ⟨v.t.⟩ ⟨لێ...شارـ ەوە/ێتەوە *lê…şar-ewe/êtewe*⟩ verschweigen

ل

لێشاو *lêşaw* 1. Sturzbach *m*; 2. Flut *f*

لێشێواندن *lêşêwandin* ⟨v.t.⟩ ⟨لێ...شێوێنـ *lê…şêwên-*⟩ durcheinander bringen • ئەو سەری لێشێواندم er brachte mich durcheinander

لێفە *lêfe* (Stepp-/Bett-)Decke *f*

لێک *lêk* ⟨Adv.⟩ voneinander (kontrahiert aus ↑لەیەک)

لێکترازاندن *lêktirazandin* ⟨v.t.⟩ ⟨لێک... ترازێنـ *lêk…tirazên-*⟩ voneinander trennen

لێکجیابوونەوە *lêkciyabûnewe* **I** ⟨v.i.⟩ ⟨لێکجیا...بـ ەوە *lêkciya…b-ewe*⟩ sich trennen **II** Trennung *f*

لێکجیانەبووەوە *lêkciyanebûwewe* ⟨Adj.⟩ unzertrennlich

لێکچوون *lêkçûn* ⟨v.i.⟩ ⟨لێک...چـ *lêk…ç-*⟩ gleich aussehen; sich ähneln

لێکخشاندن *lêkxişandin* ⟨v.t.⟩ ⟨لێک... خشێنـ *lêk…xişên-*⟩ sich reiben

لێکدان *lêkdan* ⟨v.t.⟩ ⟨لێک...دە-/دا *lêk… de-/da*⟩ 1. zusammenschließen; 2. (Math.) multiplizieren

لێکدانەوە *lêkdanewe* **I** ⟨v.t.⟩ ⟨لێک... دەـ ەوە/داتەوە *lêk…de- ewe/datewe*⟩ erklären; interpretieren **II** Erklärung *f*; Interpretation *f*

لێکردنەوە *lêkirdinewe* ⟨v.t.⟩ ⟨لێ...کەـ ەوە/کاتەوە *lê…ke- ewe/katewe*⟩ abschneiden; abreißen

لێکگەیشتن *lêkgeyiştin* **I** ⟨v.i.⟩ ⟨لێک... گە-/گا *lêk…ge-/ga*⟩ einander verstehen **II** Kommunikation *f*

لێکنان *lêknan* ⟨v.t.⟩ ⟨لێک...نێـ *lêk…nê-*⟩ schließen (Mund, Augen)

لێکۆڵەرەوە *lêkolerewe* Forscher *m* / Forscherin *f* (vgl. ↑توێژەر)

لێکۆڵینەوە *lêkolînewe* **I** ⟨v.t.⟩ ⟨لێ...کۆڵـ ەوە *lê…kol- ewe*⟩ etw. erforschen; analysieren; untersuchen **II** Forschung *f*; Untersuchung *f*

لێکهەڵوەشاندن *lêkhelweşandin* ⟨v.t.⟩ ⟨لێکهەڵ...وەشێنـ *lêkhel…weşên-*⟩ voneinander trennen

لێکهەڵوەشاو *lêkhelweşaw* ⟨Adj.⟩ locker; lose

لێگەڕان *lêgeran* ⟨v.i.⟩ ⟨لێ...گەڕێـ *lê… gerê-*⟩ 1. absehen von; 2. fahnden; erkunden

لێگەڕاندنەوە *lêgerandinewe* ⟨v.t.⟩ ⟨لێ... گەڕێنـ ەوە *lê…gerên- ewe*⟩ zurückgeben (Beleidigung, Schlag); heimzahlen

لێلادان *lêladan* ⟨v.t.⟩ ⟨لێ...لا...دە-/دا *lê… la…de-/da*⟩ ausweichen; abweichen

لێڵ *lêl* ⟨Adj.⟩ trüb(e); matt

لێنان *lênan* ⟨v.t.⟩ ⟨لێ...نێـ *lê…nê-*⟩ kochen; **چێشت لێنان** *çêşt lênan* ⟨v.t.⟩ Essen kochen

لێنەبوردوو *lêneburdû* ⟨Adj.⟩ intolerant

لێنەهاتوو *lênehatû* ⟨Adj.⟩ ungeeignet

لێو *lêw* (Anat.) Lippe *f*; **لێوی سەرەوە** *lêwî serewe* (Anat.) Oberlippe *f*

لێوار *lêwar* Kante *f*; Leiste *f*

لێوردبوونەوە *lêwirdbûnewe* ⟨v.i.⟩ ⟨لێ... ورد...بـ ەوە *lê…wird…b- ewe*⟩ 1. prüfen; 2. betrachten

لێوە *lêwe* ⟨Adv.⟩ davon; daraus

لێوەرگرتن *lêwergirtin* **I** ⟨v.t.⟩ ⟨لێ...وەر... گرـ *lê…wer…gir-*⟩ 1. zitieren;

ل

2. entnehmen **II** Zitat *n*
لێوەشاوەیی *lêweşaweyî* 1. Kompetenz *f*; 2. Anstand *m*
لێوی *lêwî* 〈Adj.〉 (Ling.) labial
لێهاتن *lêhatin* 〈v.i.〉 〈لێ...ێـ *lê…ê-*, (neg.) لێ...نایەـ *lê…naye-*〉 passen zu; j-m stehen • تۆ ئەو چاکەتەت لێدێ die Jacke passt dir
لێهاتوو *lêhatû* 〈Adj.〉 hoch begabt; qualifiziert
لێهاتوویی *lêhatûyî* 1. Überlegenheit *f*; 2. Qualifikation *f*

ڵ

ڵ *l̲* êl̲; vierundzwanzigster Buchstabe des kurdischen Alphabets (Zahlenwert 30 genauso wie ل *l*)
ڵام *l̲am* Name des vierundzwanzigsten Buchstabens des kurdischen Alphabets (ڵ *l̲*)
ڵێ[1] *l̲ê* s. ڵام
ڵێ[2] *l̲ê* Präsensst. von گوتن; ووتن; وتن • بڵێ! sag es!; تا بڵێی قسەکانتم بە دڵە ich achte deine Worte sehr

م

م *m* êm; fünfundzwanzigster Buchstabe des kurdischen Alphabets (Zahlenwert 40)
مات *mat* 〈Adj.〉 1. still; 2. nachdenklich; 3. matt
ماتماتیک *matmatîk* Mathematik *f*
ماتومەلوول *matumelûl* 〈Adj.〉 niedergeschlagen
ماتۆڕ *mator̲* 1. Motor *m*; 2. Motorrad *n*
ماتۆڕسکیل *mator̲sikîl* Mofa *n*; Roller *m*
ماتەم *matem* Trauer *f*
ماتەمی *matemî* Traurigkeit *f*; **ماتەمی گێڕان** *matemî gêr̲an* 〈v.t.〉 trauern
ماجستێر *macistêr* Magister *m*
ماچ *maç* Kuss *m*; **ماچ کردن** *maç kirdin* 〈v.t.〉 küssen
ماچومووچ *maçumûç* gegenseitiges Küssen *n*; **ماچومووچ کردن** *maçumûç*

kirdin ⟨v.t.⟩ (ugs.) knutschen; miteinander schmusen

ماده *made* Material *n;* Substanz *f;* Stoff *m;* **مادەی زیانبەخش** *madey ziyanbexş* Schadstoff *m;* **مادەی هۆشبەر** *madey hoşber* Rauschgift *n;* **مادەی بنچینەیی** *madey binçîneyî* Grundsatz *m*

مادەم *madem* ⟨Konj.⟩ weil; da

مادی *madî* ⟨Adj.⟩ 1. materiell; 2. (Philos.) materialistisch

مار *mar* (Zool.) Schlange *f;* **ماری ئاوی** *marî awî* (Zool.) Wasserschlange *f*

مارت *mart* März *m* (dritter Monat des gregorianischen Kalenders)

مارچێوە *marçêwe* (Bot.) Spargel *m*

مارکسی *markisî* **I** ⟨Adj.⟩ marxistisch **II** (Philos./Pol.) Marxist *m* / (Philos./Pol.) Marxistin *f*

مارکە *marke* Marke *f;* Typ *m*

مارگر *margir* Schlangenfänger *m* / Schlangenfängerin *f*

مارگیسک *margîsk* Natter *f*

مارماسی *marmasî* (Zool.) Aal *m*

مارمژ *marmij* (Zool.) Egel *m*

مارە *mare* Heirat *f;* **مارە کردن** *mare kirdin* ⟨v.t.⟩ 1. heiraten; 2. sich vermählen

مارەیی *mareyî* Morgengabe *f;* Mitgift *f*

ماڕاسۆن *maṟason* Marathon *m*

ماڕمووت *maṟmût* (Zool.) Murmeltier *n*

ماست *mast* Jogurt *m*

ماستاوساردکەرەوە *mastawsardkerewe* Schmeichler *m* / Schmeichlerin *f*

ماستەر *master* Magister *m* / Magistra *f*

ماسکارە *maskare* Wimperntusche *f*

ماسولکە *masulke* (Anat.) Muskel *m*

ماسولکەکشان *masulkekişan* Muskelzerrung *f*

ماسی *masî* (Zool.) Fisch *m;* **ماسی گرتن** *masî girtin* ⟨v.t.⟩ angeln; **ماسیی موسا** *masîy musa* (Zool.) Scholle *f*

ماسیگر *masîgir* Fischer *m* / Fischerin *f*

ماسیگری *masîgirî* Fischerei *f*

ماسییەخاتوونە *masîyexatûne* (Zool.) Forelle *f*

ماسییەسلێمانکە *masîyesilêmanke* (Zool.) Lachs *m*

ماسییەسوورە *masîyesûre* (Zool.) Goldfisch *m* (vgl. ↑سوورەماسی)

ماف *maf* 1. Recht *n;* 2. Anspruch *m* (s.a. ↑حەق); **مافی مانەوە** *mafî manewe* Aufenthaltserlaubnis *f;* **مافی ڕەتکردنەوە** *mafî ṟetkirdinewe* Vetorecht *n;* **ماف پێدانەوە** *maf pêdanewe* ⟨v.t.⟩ rehabilitieren; **مافی دەنگدان** *mafî dengdan* Wahlrecht *n*

ماقووڵ *maqûḻ* ⟨Adj.⟩ rational; vernünftig

ماک *mak* (Bio.) Larve *f*

ماکەر *maker* (Zool.) Eselin *f*

ماکەرۆنی *makeronî* Nudel *f*

مالۆس *malos* (Zool.) Sau *f* (s.a. ↑[بەراز] ی مێ)

ماڵ *maḻ* 1. Haus *n;* 2. Wohnung *f;* **ماڵ وێران کردن** *maḻ wêran kirdin* ⟨v.t.⟩ ruinieren; **ماڵی خوا** *maḻî xiwa* Gotteshaus *n*

ماڵئاوایی *maḻawayî* Lebe wohl! Möge es dir gut gehen! (gewöhnlich als Formel für gute Wünsche oder

م

Dankbarkeit, Abschiedsgruß); مالئاوایی (لێ)کردن *malawayî (lê) kirdin* ⟨v.t.⟩ sich verabschieden (von)

مالبڕ *malbir* Einbrecher *m* / Einbrecherin *f*

مالبڕین *malbirîn* Einbruch *m*

مالپەڕ *malper* Webseite *f*; Homepage *f*

مالدار *maldar* ⟨Adj.⟩ reich

مالداری *maldarî* **I** ⟨Adj.⟩ haushälterisch **II** Wirtschaft *f*

مالشت *malişt* Polieren *n*; مالشت کردن *malişt kirdin* ⟨v.t.⟩ polieren

مالکاری *malkarî* Hausarbeit *f*

مالوێران *malwêran* ⟨Adj.⟩ ruiniert

مالوێرانکەر *malwêranker* ⟨Adj.⟩ verheerend

مالوێرانی *malwêranî* Ruinierung *f*

ماله *male* (Maurer-)Kelle *f*; Spachtel *m*

مالی *malî* ⟨Adj.⟩ zahm (s.a. ↑کەوی); مالی کردن *malî kirdin* ⟨v.t.⟩ zähmen

مالین *malîn* ⟨v.t.⟩ ⟨ مالـ *mal-*⟩ fegen; wischen

مام *mam* Onkel (väterlicherseits) *m*

مامان *maman* Hebamme *f*; Geburtshelferin *f*

مامناوەندی *mamnawendî* ⟨Adj.⟩ gemäßigt; mittelmäßig

مامناوەندێتی *mamnawendêtî* 1. Mäßigung *f*; 2. Durchschnitt *m*

مامور *mamûr* Angestellter *m* / Angestellte *f*

مامۆستا *mamosta* (wörtl.) Onkel Meister; Lehrer *m* / Lehrerin *f*; مامۆستای زانستگا *mamostay zanistga* Dozent *m* / Dozentin *f*; مامۆستای قوتابخانە *mamostay qutabxane* Schullehrer *m* / Schullehrerin *f*

مامەلە *mamele* Handel *m*; مامەلە کردن *mamele kirdin* ⟨v.t.⟩ handeln

مان *man* **I** ⟨v.i.⟩ ⟨ مێنـ *mên-*⟩ (ver)bleiben **II** Streik *m*; مان گرتن *man girtin* ⟨v.t.⟩ streiken

مانا *mana* Bedeutung *f*; Sinn *m*; مانا (هە)بوون *mana (he)bûn* ⟨v.i.⟩ bedeuten; ئەمە مانای چییە؟ was bedeutet das?

مانایی *manayî* ⟨Adj.⟩ abstrakt

ماندوو *mandû* ⟨Adj.⟩ müde; erschöpft; ماندوو کردن *mandû kirdin* ⟨v.t.⟩ ermüden; erschöpfen; خۆ ماندوو کردن *xo mandû kirdin* ⟨v.refl.⟩ sich anstrengen

ماندووبوون *mandûbûn* Erschöpfung *f*

ماندوویەتی *mandûyetî* Erschöpfung *f*; Müdigkeit *f*

ماندوویی *mandûyî* Ermüdung *f*

مانشێت *manşêt* Schlagzeile *f*

مانگ *mang* 1. Mond *m*; 2. Monat *m*; مانگی ڕەمەزان *mangî remezan* (isl.) Fastenmonat *m*; مانگ گیران *mang gîran* ⟨v.i.⟩ verfinstert sein/werden (Mond); مانگی چواردە *mangî çiwarde* Vollmond *m*; مانگی داهاتوو *mangî dahatû* kommender, nächster Monat *m*; مانگی دەسکرد *mangî deskird* Satellit *m*; مانگی هەنگوینی *mangî hengwînî* Flitterwochen

مانگا *manga* (Zool.) Kuh *f*

مانگانە *mangane* **I** ⟨Adv.⟩ monatlich **II** Monatslohn *m*

م

مانگر *mangir* Streikender *m* / Streikende *f*
مانگرتن *mangirtin* Streik *m*; **مانگرتنی گشتی** *mangirtinî giştî* Generalstreik *m*
مانگرتنلەخواردن *mangirtinlexiwardin* Hungerstreik *m*
مانگگیران *manggîran* (Astr.) Mondfinsternis *f*
مانگەشەو *mangeşew* Mondschein *m*
مانەوە *manewe* ⟨v.i.⟩ ⟨مێنـ- ەوە *mên- ewe*⟩ (zurück)bleiben; sich aufhalten
ماوز *mawz* Maus *f* (am Computer)
ماوە *mawe* 1. (Zeit-)Dauer *f*; Weile *f*; 2. Entfernung *f*; 3. Frist *f* • بۆ ماوەیەک für eine Weile; eine Zeit lang; **ماوەی فڕین** *mawey fiṟîn* Flugzeit *f*; **ماوە پێدان** *mawe pêdan* ⟨v.t.⟩ erlauben; **ماوەی نێوان** *mawey nêwan* Abstand *m*
مایس *mayis* Mai *m* (fünfter Monat des gregorianischen Kalenders)
مایۆ *mayo* Badehose *f*
مایۆنێز *mayonêz* Majonäse (Mayonnaise) *f*
مایە *maye* (Fin.) Kapital *n*; Vermögen *n*
مایەپووچ *mayepûç* ⟨Adj.⟩ bankrott
مایەسیری *mayesîrî* (Med.) Hämorrhoiden *Pl.*
مایین *mayîn* (Zool.) Stute *f*
مت *mit* ⟨Adj.⟩ still
متمانە *mitmane* Vertrauen *n*; **متمانە پێکردن** *mitmane pêkirdin* ⟨v.t.⟩ anvertrauen; **متمانە پێ(هە)بوون** *mitmane pê(he)bûn* ⟨v.i.⟩ j-m vertrauen; من متمانەم پێیەتی ich vertraue ihm
متەوازیع *mitewazî'* ⟨Adj.⟩ bescheiden; anspruchslos
متیل *mitîl* (Bett-)Laken *n*
مجەوهەرات *micewherat* Juwel *m/n*
مجەوهەراتفرۆش *micewheratfiroş* Juwelier *m* / Juwelierin *f*
محاڵ *mihal* ⟨Adj.⟩ unmöglich; ausgeschlossen
محەممەد *Mihemmed* (Rel.) Mohammed (Prophet des Islam)
محەویلە *mihewîle* Adapter *m*
مراوی *mirawî* (Zool.) Ente *f*; **گۆشتی مراوی** *goştî mirawî* Entenfleisch *n*
مرخاندن *mirxandin* ⟨v.t.⟩ ⟨مرخێنـ- *mirxên-*⟩ schnurren
مرخەمرخ *mirxemirx* Schnarchen *n*
مردن *mirdin* ⟨v.i.⟩ ⟨مر- *mir-*⟩ sterben • تا مردن bis zum Tod
مردنئاسا *mirdinasa* ⟨Adj.⟩ 1. totenähnlich; 2. makaber
مردوو *mirdû* **I** ⟨Adj.⟩ 1. tot; gestorben; 2. leblos **II** Verstorbener *m* / Verstorbene *f*; **مردوو ناشتن** *mirdû naştin* ⟨v.t.⟩ beerdigen
مردووخانە *mirdûxane* Leichenhalle *f*
مردووناشتن *mirdûnaştin* Beerdigung *f*
مردوێتی *mirdwêtî* Leblosigkeit *f*
مرواری *mirwarî* Perle *f*
مروور *mirûr* Verkehr *m* (s.a. ↑هاتوچۆ); **ئیشارەتی مروور** *îşaretî mirûr* Verkehrsschild *n*
مرۆڤ *mirov* 1. Mensch *m*; 2. Individuum *n*; **مرۆڤی دەستوپاسپی** *mirovî destupasipî* (üb.) Pflaume *f*

م

مرۆڤایەتی *mirovayetî* Menschheit *f*

مرۆڤدۆست *mirovdost* ⟨Adj.⟩ 1. humanistisch; 2. human

مرۆڤکوژی *mirovkujî* Totschlag *m*

مرەبا *mireba* Marmelade *f*; مرەبای هەنجیر *mirebay hencîr* Feigenmarmelade *f*

مریشک *mirîşk* (Zool.) Huhn *n*; Henne *f*; گۆشتی مریشک *goştî mirîşk* Hühnerfleisch *n*

مریەم *miryem* 1. (Bot.) Lilie *f*; 2. (Rel.) Maria, Mutter Jesu

مڕومۆچ *mir̲umoç* ⟨Adj.⟩ streng

مڕەمڕ *mir̲emir̲* Knurren *n*; مڕەمڕ کردن *mir̲emir̲ kirdin* ⟨v.t.⟩ knurren

مز *miz* Gebühr *f*

مزر *mizir* ⟨Adj.⟩ sauer

مزراح *mizrah̲* Kreisel *m* (Spielzeug)

مزگەوت *mizgewt* (Rel.) Moschee *f*

مژ *mij* 1. Nebel *m*; 2. Schluck *m*

مژدە *mijde* frohe Botschaft *f*

مژمژە *mijmije* Lutscher *m*

مژەر *mijer* **I** ⟨Adj.⟩ saugfähig **II** Pipette *f*

مژین *mijîn* ⟨v.t.⟩ ⟨مژـ *mij-*⟩ 1. (ein-, auf)saugen; 2. lutschen

مس *mis* (Geol.) Kupfer *n*; مسی زەرد *misî zerd* Messing *n*

مست *mist* Faust *f* (s.a. ↑مشت)

مستیلە *mistîle* Ring *m*

مسۆگەر *misoger* ⟨Adj.⟩ sicher; مسۆگەر کردن *misoger kirdin* ⟨v.t.⟩ garantieren

مشار *mişar* Säge *f*; بە مشار بڕینەوە *be mişar bir̲înewe* ⟨v.t.⟩ (ab)sägen

مشت *mişt* (Anat.) Faust *f* (s.a. ↑مست)

مشتومڕ *miştumir̲* **I** ⟨Adj.⟩ strittig; مشتومڕ کردن *miştumir̲ kirdin* ⟨v.t.⟩ streiten; eine Auseinandersetzung haben **II** Streitigkeit *f*; Auseinandersetzung *f*

مشک *mişk* (Zool.) Maus *f*

مشکەخورما *mişkexurma* Mungo *m* (Schleichkatze)

مشکەکوێرە *mişkekwêre* Maulwurf *m*

مشوور *mişûr* → مشوور خواردن *mişûr xiwardin* ⟨v.t.⟩ sorgen für

مشەمش *mişemiş* Schnüffeln *n*; مشەمش کردن *mişemiş kirdin* ⟨v.t.⟩ schnüffeln

مشەمما *mişemma* Gummi *n*; Plastik *n*

معاش *miʿaş* Gehalt *n*

معاشخۆر *miʿaşxor* Gehaltsempfänger *m* / Gehaltsempfängerin *f*

معێدی *miʿêdî* Beduine *m* / Beduinin *f*

مفتی *miftî* (Rel.) Mufti *m* (islamischer Rechtsgelehrter, oberster Richter der Scharia, der autoritative Entscheidungen, zum Beispiel ein Fatwa fällt)

مقاش *miqaş* (Kneif-, Kombi-)Zange *f*

مقاول *miqawil* Unternehmer *m* / Unternehmerin *f*

مقۆمقۆ *miqomiqo* Streitgespräch *n*

مقەبا *miqeba* Karton *m*

مقەڵی *miqel̲î* Kohlenbecken *n*; مقەڵیی گۆشتبرژاندن *miqel̲îy goştbirjandin* Grill *m*

مل *mil* Hals *m*; مل دان *mil dan* ⟨v.t.⟩ (üb.) nachgeben; مل نەدان *mil nedan* ⟨v.t.⟩ sich weigern

ملپێچ *milpêç* Halstuch *n*; Schal *m*

ملکەچ *milkeç* ⟨Adj.⟩ unterwürfig; **ملکەچ کردن** *milkeç kirdin* ⟨v.t.⟩ unterwerfen

ململانێ *milmilanê* 1. (Sp.) Wettkampf *m*; 2. Ringen *n*; **ململانێی هەڵبژاردن** *milmilanêy helbijardin* Wahlkampf *m*

ملوانکە *milwanke* (Hals-)Kette *f* (weiblicher Schmuck)

ملەوان *milewan* (Roll-)Kragen *m*

ملەوانە *milewane* s. ↑ملەوان

ملیار *milyar* Milliarde *f*

ملیۆن *milyon* Million *f*

ملیۆنێر *milyonêr* Millionär *m* / Millionärin *f*

مڵچەمڵچ *milçemilç* anhaltendes Schmatzen *n*; **مڵچەمڵچ کردن** *milçemilç kirdin* ⟨v.t.⟩ schmatzen

من *min* ⟨Pron.⟩ 1. ich; 2. mich; mir; 3. mein(e) (in der Izafe-Konstruktion) • من تۆم دی ich sah dich; تۆ منت دی du sahst mich; کتێبەکەی من mein Buch

منارە *minare* Minarett *n*

منداڵ *mindal* Kind *n*; **پارەی منداڵ** *parey mindal* Kindergeld *n*; **منداڵ بوون** *mindal bûn* ⟨v.i.⟩ ein Baby, ein Kind bekommen

منداڵانە *mindalane* ⟨Adj.⟩ 1. kindlich; 2. kindisch

منداڵبوون *mindalbûn* Geburt *f*; Entbindung *f*

منداڵدان *mindaldan* (Anat.) Gebärmutter *f*; Uterus *m*

منداڵلەباربردن *mindallebarbirdin* (Med.) Abtreibung *f*

منداڵلەبارچوون *mindallebarçûn* (Med.) Fehlgeburt *f*

منداڵنەبوون *mindalnebûn* Kinderlosigkeit *f*; **حەبی منداڵنەبوون** *hebî mindalnebûn* (Med.) Antibabypille *f*

منداڵهەڵگرتنەوە *mindalhelgirtinewe* Adoption *f* (vgl. ↑باناندن)

منداڵی *mindalî* Kindheit *f*

منگەمنگ *mingeming* Murmeln *n*; **منگەمنگ کردن** *mingeming kirdin* ⟨v.t.⟩ murmeln

موئامەرە *muamere* Verschwörung *f*

موبارەک *mubarek* ⟨Adj.⟩ gesegnet (s.a. ↑پیرۆز); **موبارەک کردن** *mubarek kirdin* ⟨v.t.⟩ 1. segnen; 2. gratulieren; جەژنی لێ موبارەک کردین er gratulierte uns zum Fest

موتربە *mutirbe* (Bot.) Veredelung *f* (vgl. ↑متوربە); **موتربە کردن** *mutirbe kirdin* ⟨v.t.⟩ kreuzen

موتعە *mut'e* Zeitehe *f* (vgl. ↑سیغە)

موتوربە *muturbe* s. ↑موتربە

موتەرجیم *mutercîm* 1. Dolmetscher *m* / Dolmetscherin *f*; 2. Übersetzer *m* / Übersetzerin *f* (vgl. ↑وەرگێڕ)

موتەسەویف *mutesewîf* **I** ⟨Adj.⟩ mystisch **II** Mystiker *m* / Mystikerin *f*

موجەب *muceb* s. ↑پۆزەتیڤ

موحتاج *muhtac* ⟨Adj.⟩ bedürftig; hilfsbedürftig

موحەڕەم *muherem* Muharram, erster Monat des islamischen Mondjahres (30 Tage)

موختار *muxtar* Vorsteher *m* eines Stadtviertels (s.a. ↑کوێخا)

مودافیع *mudafî'* (Sp.) Verteidiger *m* /

م

Verteidigerin *f* (s.a. ↑بەرگریکەر)

مودمین *mudmîn* ⟨Adj.⟩ drogenabhängig

مودەڕیس *muder̄îs* Theologe *m*

مودەعی *mude'î* Kläger *m* / Klägerin *f*

مودەعیعام *mude'î'am* Staatsanwalt *m* / Staatsanwältin *f*

موزە *muze* Museum *n*

موس *mus* (Zool.) Elch *m*

موسا *Musa* (Rel.) der Prophet Moses

موستەخدەم *mustexdem* Angestellter *m* / Angestellte *f*

موستەهلیک *mustehlîk* Verbraucher *m* / Verbraucherin *f* (s.a. ↑بەکارهێنەر)

موسنەد *musned* (Gr.) Prädikat *n*

موسوڵمان *musul̄man* **I** (Rel.) Muslim *m* / Muslimin *f* **II** ⟨Adj.⟩ (Rel.) muslimisch

موسەکین *musekîn* (Med.) Beruhigungsmittel *n*

موشتەری *muşterî* 1. Kunde *m* / Kundin *f*; 2. Kundschaft *f* (s.a. ↑کڕیار); **موشتەریی هەمیشەیی** *muşterîy hemîşeyî* Stammgast *m*

موعجیزە *mu'cîze* Wunder *n* (durch Propheten oder Heiligen erwirkt)

موفتی *muftî* s. ↑مفتی

موقناتیس *muqnatîs* s. ↑موگناتیس

موقەدەر *muqeder* (Rel.) Schicksal *n*

موگناتیس *mugnatîs* Magnet *m* (vgl. ↑ئاسنکێش)

موگناتیسی *mugnatîsî* ⟨Adj.⟩ magnetisch

موڵک، *mulk* (Grund-)Besitz *m*; Eigentum *n*

موڵکدار *mul̄kdar* Eigentümer *m* / Eigentümerin *f*

موو *mû* Haar *n*; **موو وەرین** *mû werîn* ⟨v.i.⟩ (Med.) Haarausfall haben; مووی سەرم دەوەرێ ich habe Haarausfall; **مووی بەر** *mûy ber* Schamhaar *n*; **مووی لووت** *mûy lût* Nasenhaar *n*; دەڵێی مووی لووتە (idiom.) er ist eine Nervensäge

مووبەر *mûber* Enthaarungsmittel *n*

مووتاشین *mûtaşîn* Enthaarung *f*

مووتک *mûtk* Myrrhe *f*

مووچڕکە *mûçir̄ke* Zuckungen *Pl.*; **مووچڕکە پێداهاتن** *mûçir̄ke pêdahatin* ⟨v.i.⟩ zucken

مووچە *mûçe* Lohn *m*; Gehalt *n*; Einkommen *n*; **مووچەی خانەنشینی** *mûçey xanenişînî* Rente *f*; **مووچەی سەعاتێک** *mûçey se'atêk* Stundenlohn *m*

مووچەخۆر *mûçexor* Angestellter *m* / Angestellte *f*

مووچەزیادکردن *mûçeziyadkirdin* Lohnerhöhung *f*

مووشەدەمە *mûşedeme* Gebläse *n*

مووشەک *mûşek* Rakete *f*

مووکێش *mûkêş* Pinzette *f* (zum Entfernen von Haaren)

موووەرین *mûwerîn* (Med.) Haarausfall *m*

موەقەت *miweqet* ⟨Adj.⟩ vorläufig

موەکیل *miwekîl* Klient *m* / Klientin *f*

مۆبایل *mobayil* Handy *n*

مۆبیلە *mobîle* Möbel *Pl.*

مۆتۆڕ *motor̄* Motor *m*

مۆتۆڕسکیل *motor̄skîl* Motorrad *n*

مۆخ *mox* 1. (Anat.) (Knochen-)Mark *n*; 2. (Anat.) Gehirn *n*; **مۆخی**

م

بڕبڕاگەی پشت *moxî birbiragey pişt* (Anat.) Rückenmark *n*

مۆدە *mode* Mode *f*

مۆدێرن *modêrn* ⟨Adj.⟩ modern

مۆدێل *modêl* Modell *n*

مۆدێم *modêm* (EDV) Modem *n*

1مۆر *mor* ⟨Adj.⟩ violett

2مۆر *mor* Siegel *n;* Stempel *m;* مۆر کردن *mor kirdin* ⟨v.t.⟩ (ver)siegeln; stempeln

مۆرانە *morane* Motte *f*

مۆریتانی *morîtanî* **I** ⟨Adj.⟩ mauretanisch **II** Mauretanier *m* / Mauretanierin *f*

مۆراڵ *moral* Moral *f*

مۆز *moz* (Bot.) Banane *f*

مۆزایک *mozayik* Mosaik *n*

مۆزەخانە *mozexane* Museum *n;* مۆزەخانەی نیشتمانی *mozexaney nîştimanî* Nationalmuseum *n*

مۆزەف *mozef* Beamter *m* / Beamtin *f*

مۆسیقا *mosîqa* Musik *f;* ئامێری مۆسیقا *amêrî mosîqa* Musikinstrument *n;* ئاهەنگی مۆسیقا *ahengî mosîqa* Konzert *n;* پارچەیەک مۆسیقا *parçeyek mosîqa* Musikstück *n;* مۆسیقای پۆپ *mosîqay pop* Popmusik *f;* تیپی مۆسیقا *tîpî mosîqa* (Mus.) Kapelle *f;* هۆڵی مۆسیقا *holî mosîqa* Konzertsaal *m;* مۆسیقا دانان *mosîqa danan* ⟨v.t.⟩ (Mus.) komponieren; مۆسیقا ژەندن *mosîqa jendin* ⟨v.t.⟩ Musik machen; مۆسیقا لێدان *mosîqa lêdan* ⟨v.t.⟩ Musik machen

مۆسیقاژەن *mosîqajen* Musiker *m* / Musikerin *f*

مۆسیقی *mosîqî* ⟨Adj.⟩ musikalisch

مۆڵگە *molge* Ghetto *n*

مۆڵەت *molet* Urlaub *m;* مۆڵەت وەرگرتن *molet wergirtin* ⟨v.t.⟩ sich beurlauben lassen; مۆڵەتی شوفێری *moletî şufêrî* Führerschein *m;* مۆڵەتی نەخۆشی پێدان *moletî nexoşî pêdan* ⟨v.t.⟩ j-n krankschreiben; مۆڵەتی کارکردن *moletî karkirdin* Arbeitserlaubnis *f*

مۆم *mom* 1. Wachs *n;* 2. (Wachs-)Kerze *f*

مۆمدان *momdan* (Kerzen-)Leuchter *m;* Kerzenhalter *m*

مۆمیا *momya* Mumie *f*

مۆن *mon* ⟨Adj.⟩ mürrisch; finster

مۆنتاج *montac* Montage *f;* مۆنتاج کردن *montac kirdin* ⟨v.t.⟩ montieren

مۆنومێنت *monumênt* Monument *n*

مۆنیتەر *monîter* Monitor *m*

مەبەست *mebest* Absicht *f;* Zweck *m;* مەبەستی سەرەکی *mebestî serekî* Hauptsache *f;* مەبەست لێبوون *mebest lêbûn* ⟨v.i.⟩ zielen; beabsichtigen; من مەبەستم لە ئێوە نەبوو ich meinte euch nicht

مەتر *metir* Meter *m/n* (Längenmaß, 1 *m* = 100 cm); مەتری چوارگۆشە *metirî çiwargoşe* Quadratmeter *m;* مەتری سێجا *metirî sêca* Kubikmeter *m*

مەترپێو *metirpêw* Metermaß *n*

مەترسی *metirsî* Gefahr *f;* Risiko *n;* مەترسیی تووشبوون *metirsîy tûşbûn* Ansteckungsgefahr *f*

مەتن *metin* Text *m;* Wortlaut *m* (s.a. ↑2دەق)

م

مەتەڵ *metel* Rätsel *n*; مەتەڵ هەڵهێنان *metel helhênan* ⟨v.t.⟩ ein Rätsel lösen
مەجاز *mecaz* (Lit.) Metapher *f*
مەجازی *mecazî* ⟨Adj.⟩ metaphorisch
مەجبوور *mecbûr* ⟨Adj.⟩ gezwungen; verpflichtet; مەجبوور کردن *mecbûr kirdin* ⟨v.t.⟩ zwingen; nötigen
مەجەر *Mecer* (Geogr.) Ungarn *n* (vgl. ↑هەنگاریا)
مەجەرستان *Meceristan* s. ↑مەجەر
مەجەری *mecerî* **I** ⟨Adj.⟩ ungarisch **II** 1. Ungar *m* / Ungarin *f*; 2. Ungarisch *n*
مەچەک *meçek* (Anat.) Handgelenk *n*
مەحکووم *mehkûm* ⟨Adj.⟩ verurteilt
مەحکەمە *mehkeme* 1. Gerichtshof *m*; 2. Gerichtsverhandlung *f* (s.a. ↑دادگا); مەحکەمە کردن *mehkeme kirdin* ⟨v.t.⟩ verurteilen
مەخفەر *mexfer* Polizeiwache *f*
مەدالیا *medalya* Medaille *f*; مەدالیای چاونەترسی *medalyay çawnetirsî* Tapferkeitsmedaille *f*; مەدالیای زێڕ *medalyay zêr* Goldmedaille *f*
مەدەنی *medenî* ⟨Adj.⟩ bürgerlich
مەرام *meram* 1. Absicht *f*; 2. Motiv *n*; Grund *m* (s.a. ↑خواست)
مەرایی *merayî* Schmeichelei *f*
مەراییکار *merayîkar* ⟨Adj.⟩ schmeichlerisch
مەرتەبە *mertebe* 1. Grad *m*; 2. Rang *m*
مەرج *merc* (Vor-)Bedingung *f*; Voraussetzung *f* • ... بەو مەرجەی کە... unter der Bedingung, dass...; مەرج دانان *merc danan* ⟨v.t.⟩ vereinbaren; مەرج کردن *merc kirdin* ⟨v.t.⟩ wetten

مەرحەبا *merheba* willkommen! (Begrüßungsformel); مەرحەبا کردن *merheba kirdin* ⟨v.t.⟩ j-n begrüßen; grüßen; مەرحەبا لێنەکردن *merheba lênekirdin* ⟨v.t.⟩ j-m aus den Weg gehen
مەرزە *merze* (Bot.) Majoran *m*
مەرکەز *merkez* Zentrum *n*
مەرگ *merg* Tod *m*
مەرگەمشک *mergemişk* Rattengift *n*
مەرەز *merez* (Zool.) Angoraziege *f*
مەرەزە *mereze* Reisfeld *n*
مەرەکەب *merekeb* Tinte *f*
مەریخ *Merîx* (Astr.) Mars *m*
مەڕ *mer* (Zool.) (Mutter-)Schaf *n*
مەڕاکیش *Merakîş* (Geogr.) Marokko *n*
مەڕاکیشی *merakîşî* **I** ⟨Adj.⟩ marokkanisch **II** Marokkaner *m* / Marokkanerin *f*
مەڕمەڕ *mermer* (Geol.) Marmor *m*
مەڕوماڵات *merumalat* Vieh *n*; مەڕوماڵات بەخێو کردن *merumalat bexêw kirdin* ⟨v.t.⟩ Vieh züchten
مەڕەوان *merewan* Schäfer *m* / Schäferin *f*
مەزات *mezat* Versteigerung *f*; Auktion *f*; مەزات کردن *mezat kirdin* ⟨v.t.⟩ versteigern
مەزاتخانە *mezatxane* Auktionshaus *n*
مەزدی *mezdî* (Rel.) Mazdaist *m* / Mazdaistin *f*
مەزهەب *mezheb* s. ↑مەزەب
مەزە *meze* Appetitanreger *m*; Vorspeise *f*
مەزەب *mezeb* (Rel.) muslimischer Gesetzeskodex *m*; Ritus *m*

م

مەزەدار *mezedar* ⟨Adj.⟩ schmackhaft
مەساسە *mesase* s. ↑مژمژە
مەسافە *mesafe* Strecke *f*; Abstand *m*
مەست *mest* ⟨Adj.⟩ betrunken
مەستی *mestî* Trunkenheit *f*; Rausch *m*
مەسحەف *meshef* Koran *m*
مەسرەف *mesref* Ausgaben *Pl.*; Aufwand *m*; **مەسرەف کردن** *mesref kirdin* ⟨v.t.⟩ ausgeben; **مەسرەفی لابەلا** *mesrefî labela* Nebenkosten; **مەسرەفی ناوماڵ** *mesrefî nawmal* Haushalt *m*
مەسعەد *mes'ed* Aufzug *m*
مەسیح *mesîh* (Rel.) Christus *m* (christlich); Messias *m* (jüdisch)
مەسیحی *mesîhî* **I** ⟨Adj.⟩ (Rel.) christlich **II** (Rel.) Christ *m* / Christin *f*
مەسیحییەت *mesîhîyet* (Rel.) Christentum *n*
مەسینە *mesîne* Schnabelkännchen *n*
مەشغووڵ *meşxûl* ⟨Adj.⟩ 1. beschäftigt; 2. besetzt; belegt (Apparat); **مەشغووڵ کردن** *meşxûl kirdin* ⟨v.t.⟩ beschäftigen; ablenken
مەشق *meşq* Übung *f*; Training *n*; **مەشق پێکردن** *meşq pêkirdin* ⟨v.t.⟩ j-n ausbilden; j-n trainieren; **مەشق کردن** *meşq kirdin* ⟨v.t.⟩ (ein)üben; trainieren
مەشقکار *meşqkar* Praktikant *m* / Praktikantin *f*
مەشقکاری *meşqkarî* Praktikum *n*
مەعامەلە *me'amele* 1. Handel *m*; 2. Handeln *n*; **مەعامەلە کردن** *me'amele kirdin* ⟨v.t.⟩ 1. Handel treiben; 2. feilschen
مەعجون *me'cun* Paste *f*; **مەعجونی دان** *me'cunî dan* Zahnpasta *f*
مەعدەنووس *me'denûs* (Bot.) Petersilie *f*
مەعکەرۆنی *me'keronî* s. ↑ماکەرۆنی
مەعنەوی *me'newî* ⟨Adj.⟩ 1. moralisch; 2. spirituell
مەغریب *Mexrîb* (Geogr.) Marokko *n*
مەغریبی *mexrîbî* **I** ⟨Adj.⟩ marokkanisch **II** Marokkaner *m* / Marokkanerin *f*
مەغز *mexiz* 1. (Anat.) Gehirn *n*; 2. (Anat.) Mark *n*
مەغسەل *mexsel* Waschbecken *n* (s.a. ↑دەستشۆر)
مەفرووز *mefrûz* ⟨Adj.⟩ vorausgesetzt
مەفعوول *mef'ûl* s. ↑بەرکار[2]
مەقەدۆنی *meqedonî* s. ↑مەکەدۆنی
مەقەدۆنیا *Meqedonya* s. ↑مەکەدۆنیا
مەقەست *meqest* Schere *f* (vgl. ↑دووکێردە)
مەکسیک *Meksîk* (Geogr.) Mexiko *n*
مەکسیکی *meksîkî* **I** ⟨Adj.⟩ mexikanisch **II** Mexikaner *m* / Mexikanerin *f*
مەکۆ *meko* Unterschlupf *m*
مەکە *Meke* (Geogr.) Mekka (wichtigste heilige islamische Stadt, Geburtsort des Propheten Mohammed)
مەکەدۆنی *mekedonî* **I** ⟨Adj.⟩ mazedonisch **II** Makedonier *m* / Makedonierin *f*
مەکینە *mekîne* Maschine *f*; **مەکینە بەستن** *mekîne bestin* ⟨v.t.⟩ montieren; **مەکینەی ئەوتۆماتی پارە** *mekîney ewtomatî pare* Geldautomat *m*;

م

مەکینەی چنین *mekîney çinîn* Webstuhl *m*; مەکینەی جلشتن *mekîney cilşitin* Waschmaschine *f*; مەکینەی جلوشککردنەوە *mekîney cilwişikkirdinewe* Wäschetrockner *m*; مەکینەی چاپ *mekîney çap* Schreibmaschine *f*; مەکینەی حاجەتشتن *mekîney ḥacetşitin* Geschirrspüler *m*; مەکینەی دروومان *mekîney dirûman* Nähmaschine *f*; مەکینەی ڕیشتاشین *mekîney ṟîştaşîn* Rasierapparat *m*; مەکینەی قاوە *mekîney qawe* Kaffeemaschine *f*; مەکینەی کونکەر *mekîney kunker* Bohrmaschine *f*

مەکینەسازی *mekînesazî* Maschinenbau *m*

مەگنیسیۆم *megnîsyom* (Chem.) Magnesium *n*

مەگەر *meger* ⟨Konj.⟩ ob nicht; wenn nicht; es sei denn

مەگەرینە *megerîne* Margarine *f*

مەل *mel* (Zool.) Vogel *m*; مەلی ئەوین *melî ewîn* (Zool.) Wellensittich *m*

مەلا *mela* (Rel.) Mullah/Molla *m* (islamischer Geistlicher im Dienste einer Moschee oder einer Moscheegrundschule); Theologe *m*

مەلابەزێن *melabezên* ⟨Adj.⟩ rechthaberisch

مەلاریا *melarya* (Med.) Malaria *f* (s.a. ↑لەرزوتا)

مەلایکەت *melayket* Engel *m* (vgl. ↑فریشتە)

مەلعوون *melʿûn* ⟨Adj.⟩ verdammt

مەلە *mele* Schwimmen *n*; پانتۆڵی مەلە *pantoḻî mele* Badehose *f*; دەرپێ و سوخمەی مەلە *derpê w suxmey mele* Bikini *m*; مەلە کردن *mele kirdin* ⟨v.t.⟩ schwimmen

مەلەکردن *melekirdin* Schwimmen *n*; باڵی مەلەکردن *baḻî melekirdin* Schwimmflügel *m*

مەلەگە *melege* Schwimmbad *n* (vgl. ↑مەلەوانگە)

مەلەنەزان *melenezan* Nichtschwimmer *m* / Nichtschwimmerin *f*

مەلەوان *melewan* Schwimmer *m* / Schwimmerin *f*

مەلەوانگە *melewange* Schwimmbad *n* (vgl. ↑مەلەگە)

مەلیک *melîk* König *m*; مەلیکی شەترەنج *melîkî şeṯrenc* (Schachspiel) König *m*

مەڵاشوو *meḻaşû* (Anat.) Gaumen *m*

مەڵبەند *meḻbend* 1. Region *f*; Gebiet *n*; 2. Zentrale *f*

مەڵحەم *meḻḥem* s. ↑مەڵهەم

مەڵهەم *meḻhem* Salbe *f*; مەڵهەمی برین *meḻhemî birîn* Wundsalbe *f*

مەمک *memik* (Anat.) Busen *m*; Brust *f*; سوخمەی مەمک *suxmey memik* Büstenhalter (BH) *m*; گۆی مەمک *goy memik* (Anat.) Brustwarze *f*; مەمک دان *memik dan* ⟨v.t.⟩ stillen

مەمکەمژە *memkemije* Schnuller *m*

مەملەکەت *memleket* 1. Monarchie *f*; 2. Land *n*

مەمنووع *memnûʿ* ⟨Adj.⟩ verboten; مەمنووع کردن *memnûʿ kirdin* ⟨v.t.⟩ verbieten

مەمنوون *memnûn* ⟨Adj.⟩ dankbar

م

مەنتیق *mentîq* Logik *f*

مەنتیقی *mentîqî* ⟨Adj.⟩ logisch; rational

مەنجەڵ *mence<u>l</u>* (Koch-)Topf *m*; مەنجەڵی بوخار *mence<u>l</u>î buxar* Schnellkochtopf *m*

مەنزەر *menzer* s. ↑مەنزەرە

مەنزەرە *menzere* 1. Aussicht *f*; Ausblick *m*; 2. Landschaft *f*

مەنشوور *menşûr* Prisma *n*

مەنگۆ *mengo* (Bot.) Mango *f*

مەنگەنە *mengene* Presse *f*; Schraubstock *m*

مەنهەج *menhec* 1. Methode *f*; 2. Lehrgang *m* (s.a. ↑پرۆگرام)

مەواد *mewad* (Plural von مادە) Material *n*; مەوادی کەتیراوی *mewadî ketîrawî* Klebstoff *m*

مەودا *mewda* Spielraum *m*; Reichweite *f*; مەودای ئیستۆپگرتن *mewday îstopgirtin* Bremsweg *m*

مەوعید *mew'îd* Termin *m*; Verabredung *f*; مەوعید (پێ)دان *mew'îd (pê) dan* ⟨v.t.⟩ sich verabreden

مەی *mey* Wein *m*; مەی خواردنەوە *mey xiwardinewe* ⟨v.t.⟩ Wein trinken

مەیاندووواو *meyandûwaw* Mesopotamien *n*

مەیخانە *meyxane* Weinstube *f*

مەیدان *meydan* 1. (offener) Platz *m*; 2. Marktplatz *m*; مەیدانی جەنگ *meydanî ceng* Schlachtfeld *n*

مەیل *meyl* Zuneigung *f*; Lust *f*; مەیل (هە)بوون *meyl (he)bûn* ⟨v.i.⟩ 1. Lust haben (auf); 2. sich freuen (auf)

مەیلدار *meyldar* ⟨Adj.⟩ geneigt

مەیموون *meymûn* (Zool.) Affe *m*

مەیین *meyîn* ⟨v.i.⟩ ⟨مەیـ *mey-*⟩ gefrieren; gerinnen; zufrieren

میحراب *mî<u>h</u>rab* (Rel.) Gebetsnische in der Moschee, die die Richtung nach Mekka angibt

میر *mîr* 1. Fürst *m*; 2. Prinz *m*

میرات *mîrat* Erbe *n*; Nachlass *m*; بە میرات بۆ بەجێ هێشتن *be mîrat bo becê hêştin* ⟨v.t.⟩ vererben; میرات بەرکەوتن *mîrat berkewtin* ⟨v.i.⟩ einen Erbteil bekommen

میراتگر *mîratgir* Erbe *m* / Erbin *f*

میراتی *mîratî* Erbschaft *f*; Vermächtnis *n*

میرانە *mîrane* ⟨Adv.⟩ fürstlich

میرنشین *mîrnişîn* 1. Fürstentum *n*; 2. Dynastie *f*

میرەگان *mîregan* Fest der Herbst-Tagundnachtgleiche (beginnt am 23. September) (s.a. ↑میهرەجان)

میری *mîrî* **I** ⟨Adj.⟩ staatlich **II** Regierung *f*; Staat *m*

میز *mîz* Urin *n*; Harn *m*; میز کردن *mîz kirdin* ⟨v.t.⟩ urinieren; pinkeln

میزاج *mîzac* Laune *f*; Stimmung *f*

میزانییە *mîzanîye* Bilanz *f*; Budget *n*

میزەڵدان *mîze<u>l</u>dan* 1. (Anat.) (Harn-) Blase *f*; 2. Luftballon *m*

میسر *Mîsir* (Geogr.) Ägypten *n*

میسری *mîsrî* **I** ⟨Adj.⟩ ägyptisch **II** Ägypter *m* / Ägypterin *f*

میسک *mîsk* Moschus *m*

میسۆپۆتامیا *Mîsopotamya* (Geogr./hist.) Mesopotamien *n*

میعراج *mî'rac* (Rel./isl.) Himmel-

م

fahrt des Propheten Mohammed; (wörtl.) Aufstieg

میکانیک *mîkanîk* (Phys.) Mechanik *f*

میکانیکی *mîkanîkî* **I** ⟨Adj.⟩ mechanisch **II** Mechaniker *m* / Mechanikerin *f*; Handwerker *m* / Handwerkerin *f*

میکرۆب *mîkrob* (Bio.) Mikrobe *f*; Bakterie *f*; میکرۆب کوشتن *mîkrob kuştin* ⟨v.t.⟩ desinfizieren

میکرۆبکوژە *mîkrobkuje* Desinfektionsmittel *n*

میکرۆسکۆب *mîkroskob* Mikroskop *n* (vgl. ↑وردبین)

میکرۆفۆن *mîkrofon* Mikrofon *n*

میکیاج *mîkyac* Schminke *f*; Make-up *n*; میکیاج کردن *mîkyac kirdin* ⟨v.t.⟩ sich schminken (Gesicht)

میل[1] *mîl* Meile *f* (Längenmaß, 1 englische Meile = 1609,30 Meter)

میل[2] *mîl* Zeiger *m*; میلی سەعات *mîlî se'at* Uhrzeiger *m*

میللەت *mîllet* Volk *n*; Leute *f* (s.a. ↑نەتەوە)

میللی *mîllî* ⟨Adj.⟩ 1. national; 2. populär (s.a. ↑نەتەوەیی)

میلیمەتر *mîlîmetir* Millimeter *m*/*n* (Längenmaß, 10 mm = 1 cm)

میم *mîm* Name des fünfundzwanzigsten Buchstabens des kurdischen Alphabets (م *m*)

میمبەر[1] *mîmber* Kanzel *f*; Tribüne *f*

میمبەر[2] *mîmber* Darm *m* (bei Schlachtvieh

مین *mîn* (Mil.) Mine *f*

مینا *mîna* Himmel *m*; مینای دان *mînay dan* (Anat.) Zahnschmelz *m*

مینیاتوور *mînyatûr* Miniatur *f*

میوانخانە *mîwanxane* 1. Gästehaus *n*; 2. Gaststätte *f*; میوانخانەی لاوان *mîwanxaney lawan* Jugendherberge *f*

میوانداری *mîwandarî* 1. Gastfreundschaft *f*; 2. Einladung *f*; میوانداری کردن *mîwandarî kirdin* ⟨v.t.⟩ besuchen

میواندۆست *mîwandost* ⟨Adj.⟩ gastfreundlich; gastlich

میوە *mîwe* Frucht *f*; Obst *n*

میوەفرۆش *mîwefiroş* Obsthändler *m* / Obsthändlerin *f*

میهرەبان *mîhreban* ⟨Adj.⟩ 1. gütig; 2. herzlich

میهرەبانانە *mîhrebanane* ⟨Adv.⟩ freundlich; liebenswürdig

میهرەجان *mîhrecan* Festival *n*; Festspiel *n* (s.a. ↑میرەگان)

مێ *mê* **I** ⟨Adj.⟩ weiblich; feminin **II** Frau *f*

مێباز *mêbaz* Weiberheld *m*

مێبازی *mêbazî* Flirt *m*; Techtelmechtel *n*; مێبازی کردن *mêbazî kirdin* ⟨v.t.⟩ flirten

مێترۆ *mêtro* S-Bahn *f*

مێخ *mêx* 1. Nagel *m*; 2. Keil *m*

مێخەک *mêxek* (Bot.) Nelke *f*

مێخەکە *mêxeke* (Med.) Hühnerauge *n*

مێدیا *mêdya* Presse *f*; Massenmedien *Pl.*; Medien *Pl.*; سەربەستیی مێدیا *serbestîy mêdya* Pressefreiheit *f*

مێرد *mêrd* Ehemann *m*; (Ehe-) Gatte *m*; مێرد کردن *merd kırdın* ⟨v.t.⟩ sich einen Mann nehmen; مێردی

م

خوشک *mêrdî xuşk* Schwager *m*

مێرگ *mêrg* Wiese *f*

مێروو *mêrû* (Zool.) Insekt *n*

مێرووله *mêrûle* (Zool.) Ameise *f*

مێز *mêz* Tisch *m*; مێزی نانخواردن *mêzî nanxiwardin* Esstisch *m*; مێزی نووسین *mêzî nûsîn* Schreibtisch *m*

مێژوو *mêjû* 1. Geschichte *f*; 2. Datum *n*; مێژوو لێدان *mêjû lêdan* ⟨v.t.⟩ datieren

مێژوونووس *mêjûnûs* Historiker *m* / Historikerin *f*

مێژوویی *mêjûyî* ⟨Adj.⟩ historisch; geschichtlich

مێش *mêş* (Zool.) Fliege *f*

مێشک *mêşk* (Anat.) Gehirn *n*; Hirn *n*; مێشک بردن *mêşk birdin* ⟨v.t.⟩ (üb.) verrückt machen

مێشووله *mêşûle* (Zool.) Mücke *f*; Moskito *m*

مێشهەنگوین *mêşhengwîn* (Zool.) (Honig-)Biene *f*

مێشەسەگانە *mêşesegane* (Zool.) Pferdebremse *f*

مێکوت *mêkut* Schlagstock *m*

مێکوته *mêkute* (Med.) Windpocken *Pl.*; Pocken *Pl.*

مێکۆک *mêkok* Lakritz *m/n*

مێگابایت *mêgabayt* (EDV) Megabyte *n*

مێگاوات *mêgawat* Megawatt *n* (Maßeinheit der elektrischen Leistung, 1 MW = 1000000 W)

مێلبۆکس *mêlboks* (EDV) Mailbox *f*

مێمۆری *mêmorî* (EDV) Festplatte *f*; Speicher *m*

مێو *mêw* Wachs *m*

مێوبەند *mêwbend* (Med.) Zirrhose *f*; مێوبەندی جگەر *mêwbendî ciger* (Med.) Leberzirrhose *f*

مێیینه *mêyîne* **I** ⟨Adj.⟩ weiblich **II** (Gr.) Femininum *n*

ن

ن *n* nê; sechsundzwanzigster Buchstabe des kurdischen Alphabets (Zahlenwert 50)

نائاسایی *naasayî* ⟨Adj.⟩ außergewöhnlich; ungewöhnlich; anormal

نائاساییانه *naasayîyane* ⟨Adv.⟩ ausnahmsweise

نائاسووده *naasûde* ⟨Adj.⟩ unruhig

نائاسوودەیی *naasûdeyî* 1. Unruhe *f*; 2. Spannung *f*

نائاشکرا *naaşkira* ⟨Adj.⟩ undeutlich; vage

نائاڵۆز *naaloz* ⟨Adj.⟩ unkompliziert

نابالغ *nabalix* ⟨Adj.⟩ unmündig; min-

derjährig
نابزێو *nabizêw* ⟨Adj.⟩ inaktiv
نابووت *nabût* ⟨Adj.⟩ bankrott; zahlungsunfähig; pleite
نابووتی *nabûtî* Bankrott *m*; Zahlungsunfähigkeit *f*
نابەجێ *nabecê* ⟨Adj.⟩ 1. unangemessen; 2. verkehrt; 3. taktlos
نابەدڵ *nabedil̲* ⟨Adj.⟩ 1. unangenehm; 2. (üb.) kühl
نابەکار *nabekar* **I** ⟨Adj.⟩ nutzlos; Niete *f* **II** Taugenichts *m*
نابینا *nabîna* ⟨Adj.⟩ blind
ناپاک *napak* **I** ⟨Adj.⟩ unehrlich; untreu **II** Verräter *m* / Verräterin *f*
ناپاکی *napakî* 1. Untreue *f*; 2. Verrat *m*; Tücke *f*; ناپاکی کردن *napakî kirdin* ⟨v.t.⟩ verraten
ناپوختە *napuxte* ⟨Adj.⟩ 1. unrein; 2. fehlerhaft
ناپوختەیی *napuxteyî* 1. Verunreinigung *f*; 2. Unanständigkeit *f*
ناپەسەند *napesend* ⟨Adj.⟩ 1. unpassend; 2. unangenehm; peinlich
ناپیاو *napiyaw* ⟨Adj.⟩ gemein; boshaft
ناپیشە *napîşe* Amateur *m* / Amateurin *f*
ناپێویست *napêwîst* ⟨Adj.⟩ unnötig; überflüssig
ناتۆ *Nato* (Pol.) Nato *f*
ناتۆرە *natore* Verleumdung *f*
ناتەبا *nateba* ⟨Adj.⟩ uneinig
ناتەندروست *natendirust* ⟨Adj.⟩ unhygienisch
ناتەواو *natewaw* ⟨Adj.⟩ 1. unvollständig; 2. mangelhaft
ناجێگیر *nacêgîr* ⟨Adj.⟩ wackelig
ناچار *naçar* ⟨Adj.⟩ unvermeidlich; zwangsläufig; ناچار کردن *naçar kirdin* ⟨v.t.⟩ 1. (j-n zu etw.) zwingen; 2. verpflichten
ناچارکردن *naçarkirdin* Zwang *m*; Erpressung *f*
ناچاری *naçarî* **I** ⟨Adv.⟩ zwangsweise **II** Zwang *m*; کاتی ناچاری *katî naçarî* Notfall *m*
ناچالاک *naçalak* ⟨Adj.⟩ unwirksam; inaktiv; ناچالاک کردن *naçalak kirdin* ⟨v.t.⟩ entschärfen; deaktivieren
ناچیزە *naçîze* ⟨Adj.⟩ 1. bedeutungslos; 2. niederträchtig
ناچیزەیی *naçîzeyî* 1. Geringfügigkeit *f*; 2. Niederträchtigkeit *f*
ناحییە *nah̲îye* (üb.) Provinz *f*
ناخاو *naxaw* Grundwasser *n*
ناخۆش *naxoş* ⟨Adj.⟩ 1. unangenehm; unschön; 2. schrecklich
ناخۆشی *naxoşî* 1. Unerfreulichkeit *f*; 2. Qual *f*; Leid *n*
نادان *nadan* ⟨Adj.⟩ ungebildet
نادروست *nadirust* ⟨Adj.⟩ 1. unfair; 2. falsch; 3. ungesund
نادیار *nadiyar* ⟨Adj.⟩ 1. undeutlich; 2. abstrakt; 3. unklar
نادیاری *nadiyarî* 1. Abstraktheit *f*; 2. Unklarheit *f*
ناردن *nardin* **I** ⟨v.t.⟩ ⟨نێر ـ *nêr-*⟩ (ab) senden; (ab)schicken; versenden **II** Lieferung *f*; Überweisung *f*
ناردنەدەرەوە *nardinederewe* Export *m*; Ausfuhr *f*
ناردنەوە *nardinewe* **I** ⟨v.t.⟩ ⟨نێر ـ ەوە *nêr-*

ن

ewe⟩ zurückschicken **II** Rücksendung *f*
نارنجۆک *narincok* (Hand-)Granate *f*
ناڕازی *naṟazî* ⟨Adj.⟩ unzufrieden
ناڕاست *naṟast* ⟨Adj.⟩ 1. inkorrekt; 2. unehrlich
ناڕاستگۆ *naṟastgo* ⟨Adj.⟩ lügnerisch
ناڕاستەوخۆ *naṟastewxo* ⟨Adj.⟩ 1. indirekt; 2. (üb.) zweideutig
ناڕاستەوخۆیی *naṟastewxoyî* Zweideutigkeit *f*
ناڕاستی *naṟastî* Unwahrheit *f*
ناڕۆشن *naṟoşin* ⟨Adj.⟩ undurchsichtig
ناڕەحەت *naṟeẖet* ⟨Adj.⟩ 1. ruhelos; turbulent; 2. unbehaglich; **ناڕەحەت بوون** *naṟeẖet bûn* ⟨v.i.⟩ sich aufregen
ناڕەحەتی *naṟeẖetî* Unruhe *f*; Turbulenz *f*
ناڕەزا *naṟeza* ⟨Adj.⟩ unzufrieden
ناڕەزایی *naṟezayî* 1. Unzufriedenheit *f*; 2. Protest *m*; **ناڕەزایی دەربڕین** *naṟezayî derbiṟîn* ⟨v.t.⟩ protestieren
ناڕەسمی *naṟesmî* ⟨Adj.⟩ inoffiziell
ناڕەوا *naṟewa* ⟨Adj.⟩ rechtwidrig; ungesetzmäßig; ungerecht
ناڕەوایی *naṟewayî* Rechtwidrigkeit *f*; Ungerechtigkeit *f*
ناڕەوەن *naṟewen* (Bot.) Buche *f*
ناڕێک *naṟêk* ⟨Adj.⟩ 1. unordentlich; 2. (Math.) ungerade
ناڕێکوپێک *naṟêkupêk* ⟨Adj.⟩ unordentlich; unregelmäßig
ناڕێکوپێکی *naṟêkupêkî* Durcheinander *n*
ناڕێکی *naṟêkî* Unordnung *f*

ناز *naz* Koketterie *f*; Grazie *f*; **ناز پێدان** *naz pêdan* ⟨v.t.⟩ verwöhnen; **ناز کردن** *naz kirdin* ⟨v.t.⟩ sich zieren
نازداری *nazdarî* 1. Liebenswürdigkeit *f*; 2. Zärtlichkeit *f*
نازناو *naznaw* Pseudonym *n*; Spitzname *m*; **نازناوی خێزان** *naznawî xêzan* Familienname *m*
نازونووز *nazunûz* Ziererei *f*; **نازونووز کردن** *nazunûz kirdin* ⟨v.t.⟩ sich zieren
نازونیعمەت *nazunîʿmet* Wohlstand *m*
نازەنین *nazenîn* ⟨Adj.⟩ 1. sanft; 2. liebenswürdig
نازی *nazî* **I** ⟨Adj.⟩ nazistisch **II** Nazi *m*
نازێتی *nazêtî* (Pol.) Nationalsozialismus *m*
ناساز *nasaz* ⟨Adj.⟩ 1. uneinig; 2. unverträglich
ناسازی *nasazî* 1. Uneinigkeit *f*; 2. Unverträglichkeit *f*; **ناسازیی دڵ** *nasazîy diḻ* (Med.) Herzfehler *m*
ناساغ *nasax̱* ⟨Adj.⟩ 1. krank; 2. ungesund
ناسراو *nasraw* ⟨Adj.⟩ bekannt
ناسک *nasik* ⟨Adj.⟩ fein; zierlich
ناسکی *nasikî* 1. Zärtlichkeit *f*; 2. Liebenswürdigkeit *f*
ناسنامە *nasname* 1. (Personal-)Ausweis *m*; 2. Identität *f*; **ناسنامەی ئەندامێتی** *nasnamey endamêtî* Mitgliedsausweis *m*; **ناسنامەی خۆیی** *nasnamey xoyî* Personalausweis *m*
ناسۆر *nasor* 1. Schmerz *m*; 2. (Med.) Gangrän *f*/*n*
ناسۆراوی *nasorawî* ⟨Adj.⟩ 1. (üb.) tragisch; 2. (Med.) gangränös

ن

ناسیاو *nasyaw* **I** ⟨Adj.⟩ bekannt **II** Bekannter *m* / Bekannte *f*

ناسیاوی *nasyawî* Bekanntschaft *f*

ناسین *nasîn* ⟨v.t.⟩ ⟨ ناسـ *nas-*⟩ kennen

ناسینەوە *nasînewe* ⟨v.t.⟩ ⟨ناسـ ەوە *nas-ewe*⟩ (wieder) erkennen; identifizieren

ناشایستە *naşayiste* ⟨Adj.⟩ unfähig

ناشتا *naşta* ⟨Adj.⟩ nüchtern

ناشتن *naştin* ⟨v.t.⟩ ⟨ نێژـ *nêj-*⟩ 1. beerdigen; 2. vergraben

ناشەخسی *naşexsî* ⟨Adj.⟩ 1. unpersönlich; 2. geschäftlich

ناشەرعی *naşer'î* ⟨Adj.⟩ illegal

ناشی *naşî* ⟨Adj.⟩ 1. ungelernt; 2. ungeschickt; 3. Tollpatsch *m*

ناشیرین *naşîrîn* ⟨Adj.⟩ 1. reizlos; 2. hässlich

نافورە *nafure* Springbrunnen *m*

ناقانوونی *naqanûnî* ⟨Adj.⟩ illegal; unrechtmäßig

ناقووس *naqûs* Glocke *f*; **ناقووسی کڵێسە** *naqûsî kiḻêse* Kirchenglocke *f*

ناقۆڵا *naqoḻa* ⟨Adj.⟩ 1. ungemütlich; 2. hässlich

ناقیس *naqîs* ⟨Adv.⟩ minus

ناکاریگەر *nakarîger* ⟨Adj.⟩ unwirksam; wirkungslos

ناکامڵ *nakamiḻ* ⟨Adj.⟩ unreif

ناکاوگە *nakawge* Unfallstation *f*

ناکۆک *nakok* ⟨Adj.⟩ zerstritten; verstimmt

ناکۆکی *nakokî* Streit *m*; Zwist *m*

نالەبار *nalebar* ⟨Adj.⟩ unbequem; umständlich

ناڵ *naḻ* Hufeisen *n*

ناڵاندن *naḻandin* ⟨v.t.⟩ ⟨ ناڵێنـ *naḻên-*⟩ 1. stöhnen; 2. (weh)klagen

ناماقووڵ *namaqûḻ* ⟨Adj.⟩ 1. absurd; unglaublich; 2. inkonsequent

ناماقووڵی *namaqûḻî* Absurdität *f*; Unsinn *m*; **ناماقووڵی کردن** *namaqûḻî kirdin* ⟨v.t.⟩ (ugs.) dummes Zeug daherreden

نامرۆڤ *namirov* ⟨Adj.⟩ unmenschlich

نامووس *namûs* Ehrgefühl *n*

نامۆ *namo* **I** ⟨Adj.⟩ 1. fremd; 2. exotisch **II** Fremder *m* / Fremde *f*

نامۆدە *namode* ⟨Adj.⟩ unmodern

نامە *name* 1. Brief *m*; 2. Urkunde *f*; **زەرفی نامە** *zerfî name* Briefumschlag *m*; **نامەی تۆمارکراو** *namey tomarkiraw* Einschreibebrief *m*; **نامەی دڵداری** *namey diḻdarî* Liebesbrief *m*

نامەبەر *nameber* (Post-)Bote *m* / (Post-)Botin *f*; Briefträger *m* / Briefträgerin *f*

نامەرد *namerd* ⟨Adj.⟩ (üb.) feige; gemein

نامەقبووڵ *nameqbûḻ* ⟨Adj.⟩ inakzeptabel; unerwünscht

نامەگۆڕینەوە *namegoṟînewe* Briefwechsel *m*; Korrespondenz *f*

نامیلکە *namîlke* 1. Taschenbuch *n*; 2. Broschüre *f*

نان *nan* Brot *n*; **نان پێدان** *nan pêdan* ⟨v.t.⟩ j-n ernähren; **نان خواردن** *nan xiwardin* ⟨v.t.⟩ essen; **نان کردن** *nan kirdin* ⟨v.t.⟩ Brot backen; **نانی بۆر** *nanî bor* Schwarzbrot *n*; **نانی بەیانی** *nanî beyanî* Frühstück *n*; **نانی بەیانی**

ن

خواردن *nanî beyanî xiwardin* ⟨v.t.⟩ frühstücken; نانی تیری *nanî tîrî* in dünnen Fladen in der Backgrube gebackenes Brot *n*; نانی سپی *nanî sipî* Weißbrot *n*; نانی نیوەڕۆ *nanî nîwer̄o* Mittagessen *n*; نانی ئێوارە *nanî êware* Abendessen *n*

نانا *nana* (Bot.) Minze *f*

نانخواردن *nanxiwardin* Essen *n*

نانوکەرە *nanukere* (wörtl.) Brot und Butter; Butterbrot *n*

نانەوا *nanewa* Bäcker *m* / Bäckerin *f*

نانەواخانە *nanewaxane* Bäckerei *f*

ناو *naw* 1. (Eigen-)Name *m*; 2. (Gr.) Substantiv *n*; 3. Ruhm *m*; بە ناوەوە کردن *be nawewe kirdin* ⟨v.t.⟩ j-m etw. überschreiben; ناو بردن *naw birdin* ⟨v.t.⟩ erwähnen; angeben; ناومان بە خراپ مەبە! sprich nicht schlecht von uns!; ناو تۆمار کردن *naw tomar kirdin* ⟨v.t.⟩ registrieren; ناو دەرکردن *naw derkirdin* ⟨v.t.⟩ berühmt werden; ناو زڕاندن *naw zir̄andin* ⟨v.t.⟩ bloßstellen; ناو سڕینەوە *naw sir̄înewe* ⟨v.t.⟩ abmelden; ناو کوژاندنەوە *naw kujandinewe* ⟨v.t.⟩ abmelden; ناو لێنان *naw lênan* ⟨v.t.⟩ benennen; (Rel.) taufen; ناو نان *naw nan* ⟨v.t.⟩ 1. (be-)nennen; 2. ernennen; ناو نووسین *naw nûsîn* ⟨v.t.⟩ registrieren; anmelden; ناو هێنان *naw hênan* ⟨v.t.⟩ erwähnen; ناوی خۆ نووسین *nawî xo nûsîn* ⟨v.t.⟩ sich eintragen; ناوی خێزان *nawî xêzan* Familienname *m*; Nachname *m*; ناوی کەس *nawî kes* Vorname *m*; ناوی کورتکراوە *nawî kurtkirawe* Abkürzung *f*

ناواخن *nawaxin* (Innen-)Futter *n*; Füllung *f*

ناوازە *nawaze* ⟨Adj.⟩ 1. seltsam; 2. anormal

ناوبانگ *nawbang* 1. Ruhm *m*; 2. Ruf *m*

ناوبژی *nawbijî* Vermittlung *f*; ناوبژی کردن *nawbijî kirdin* ⟨v.t.⟩ vermitteln

ناوبژیکار *nawbijîkar* Vermittler *m* / Vermittlerin *f*; Schlichter *m* / Schlichterin *f*

ناوبژیکاری *nawbijîkarî* Schlichtung *f*

ناوبژیوان *nawbijîwan* s. ناوبژیکار↑

ناوبەناو *nawbenaw* ⟨Adv.⟩ manchmal; gelegentlich

ناوپەنچک *nawpençik* (Anat.) Zwerchfell *n*

ناوپیسکردن *nawpîskirdin* Rufmord *m*; Verleumdung *f*

ناوجەرگە *nawcerge* Zentrum *n*; ناوجەرگەی شار *nawcergey şar* Innenstadt *f*

ناوچە *nawçe* 1. Gebiet *n*; 2. Territorium *n*; Bereich *m*; ناوچەی پیشەسازی *nawçey pîşesazî* Industriegebiet *n*; ناوچەی جەمسەری باشوور *nawçey cemserî başûr* Antarktis *f*; ناوچەی نیشتەجێبوون *nawçey nîştecêbûn* Wohngebiet *n*

ناوچەگەرمەکان *nawçegermekan* (Geogr.) Tropen *Pl.*

ناوچەوان *nawçewan* Stirn *f*; ناوچەوان گرژ کردن *nawçewan girj kirdin* ⟨v.t.⟩ die Stirn runzeln

ناوخۆ *nawxo* ⟨Adj.⟩ innere(r, -s); intern

ن

ناودار *nawdar* ⟨Adj.⟩ populär; berühmt

ناوداری *nawdarî* Berühmtheit *f*; Popularität *f*

ناوزڕان *nawziṟan* 1. Gesichtsverlust *m*; 2. Rufmord *m*

ناوسک *nawsik* 1. (Anat.) Eingeweide *Pl.*; 2. Bauch *m*

ناوقەد *nawqed* (Anat.) Taille *f*; Hüfte *f*

ناوک *nawik* 1. (Bot.) Samenkorn *n*; Kern *m* (Obst); 2. (Anat.) Nabel *m*

ناوکەشووتی *nawkeşûtî* (Bot.) Wassermelonenkern *m*

ناوکەکوولەکە *nawkekûleke* (Bot.) Kürbiskern *m*

ناوکەگوڵەبەڕۆژە *nawkeguḻebeṟoje* (Bot.) Sonnenblumenkern *m*

ناوکەوزە *nawkewize* (Phys.) Atomenergie *f*

ناوکی *nawikî* ⟨Adj.⟩ nuklear; Kern-; **چەکی ناوکی** *çekî nawikî* Kernwaffen

ناولێنان *nawlênan* 1. Namensgebung *f*; 2. (Rel.) Taufe *f*

نائومێد *naumêd* ⟨Adj.⟩ hoffnungslos; verzweifelt; **نائومێد بوون** *naumêd bûn* ⟨v.i.⟩ verzweifeln (an); **نائومێد کردن** *naumêd kirdin* ⟨v.t.⟩ enttäuschen

نائومێدی *naumêdî* Hoffnungslosigkeit *f*; Verzweiflung *f*

ناونووس *nawnûs* Registrierung *f*; **ناونووس کردن** *nawnûs kirdin* ⟨v.t.⟩ registrieren; anmelden; **خۆ ناونووس کردن** *xo nawnûs kirdin* ⟨v.refl.⟩ sich anmelden

ناونووسین *nawnûsîn* Anmeldung *f*; Aufnahme *f*

ناونەبراو *nawnebraw* ⟨Adj.⟩ ungenannt; anonym

ناونیشان *nawnîşan* 1. Adresse *f*; Anschrift *f*; 2. Überschrift *f*; **ناونیشان لێنووسین** *nawnîşan lênûsîn* ⟨v.t.⟩ adressieren an; **ناونیشانی پۆستە** *nawnîşanî poste* Postadresse *f*

ناووڵات *nawwiḻat* Inland *n*

ناوونیشان *nawunîşan* 1. Titel *m* (amtliche Bezeichnung); 2. Adresse *f*

ناوەخت *nawext* **I** ⟨Adv.⟩ unzeitig; spät **II** Unzeit *f*; **لە ناوەختدا** *le nawextda* ⟨Adv.⟩ zur Unzeit

ناوەرۆک *nawerok* 1. Inhalt *m*; Inhaltsverzeichnis *n*; 2. Kern *m*

ناوەڕاست *naweṟast* **I** ⟨Adj.⟩ mittlere(r, -s) **II** Zentrum *n* • لە ناوەڕاستی شاردا mitten in der Stadt

ناوەند *nawend* **I** ⟨Adj.⟩ zentral **II** Mitte *f*; Mittelpunkt *m*

ناوەندی *nawendî* ⟨Adj.⟩ zentral

ناوەوە *nawewe* ⟨Adv.⟩ innen; innerlich

ناهۆشیار *nahoşyar* ⟨Adj.⟩ unaufmerksam

ناهەست *nahest* ⟨Adj.⟩ 1. unbewusst; 2. gefühllos

ناهەستی *nahestî* 1. Unbewusste(s) *n*; Unbewusstheit *f*; 2. Gefühllosigkeit *f*

ناهەق *naheq* ⟨Adj.⟩ 1. unrecht; 2. ungerecht

ناهەقی *naheqî* 1. Unrecht *n*; 2. Ungerechtigkeit *f*; **ناهەقی کردن** *naheqî kirdin* ⟨v.t.⟩ (j-m) Unrecht (an)tun

ن

ناهەموار *nahemwar* ⟨Adj.⟩ 1. holprig; 2. fatal

ناياب *nayab* ⟨Adj.⟩ 1. kostbar; 2. ausgezeichnet; 3. prächtig

نایاسا *nayasa* ⟨Adj.⟩ illegal; ungesetzlich

نایاسایی *nayasayî* Illegalität *f*; Ungesetzlichkeit *f*

نایترۆجین *naytrocîn* Stickstoff *m*

نایلۆن *naylon* 1. Nylon *n*; 2. Plastik *n*

نرخ *nirx* 1. Preis *m*; Wert *m*; 2. Betrag *m*; 3. Kurs *m*; **نرخ کەم کردنەوە** *nirx kem kirdinewe* ⟨v.t.⟩ abwerten; **نرخی پارەگۆڕینەوە** *nirxî paregorînewe* Wechselkurs *m*; **نرخی چوونەژوورەوە** *nirxî çûnejûrewe* Eintrittsgeld *m*; Eintrittspreis *m*; **نرخ داشکاندن** *nirx daşikandin* ⟨v.t.⟩ Rabatt geben; **نرخ کەم بۆ دانان** *nirx kem bo danan* ⟨v.t.⟩ unterschätzen; **نرخی فرۆشتن** *nirxî firoştin* Verkaufspreis *m*

نرخاندن *nirxandin* **I** ⟨v.t.⟩ ⟨نرخێن- *nirxên-*⟩ (ab)schätzen **II** Einschätzung *f*

نرخبەرزبوونەوە *nirxberzbûnewe* Preiserhöhung *f*

نرخداشکاندن *nirxdaşikandin* Rabatt *m*; Preisnachlass *m*

نزگەرە *nizgere* Schluckauf *m*

نزم *nizim* ⟨Adj.⟩ niedrig; flach; **نزم بوونەوە** *nizim bûnewe* ⟨v.i.⟩ herunterkommen; sich senken

نزیک *nizîk* **I** ⟨Adj.⟩ nahe **II** ⟨Adv.⟩ dicht; **نزیک بوون** *nizîk bûn* ⟨v.i.⟩ nahe sein; nahe daran sein (etw. zu tun); **نزیک بوونەوە** *nizîk bûnewe* ⟨v.i.⟩ sich nähern; **نزیک کردنەوە** *nizîk kirdinewe* ⟨v.t.⟩ sich nähern

نسرم *nisirim* ⟨Adj.⟩ (unangenehm) feucht; nass

نشستی *nişistî* Misserfolg *m*; Flop *m*; **نشستی هێنان** *nişistî hênan* ⟨v.t.⟩ scheitern

نشینگە *nişînge* Wohnsitz *m*; Unterkunft *f*

نقورچ *niqurç* Kneifen *n*; **نقورچ (لێ) گرتن** *niqurç (lê)girtin* ⟨v.t.⟩ (ab)kneifen; (ab)zwicken

نکولی *nikulî* Verneinung *f*; Leugnung *f*; **نکولی لێکردن** *nikulî lêkirdin* ⟨v.t.⟩ abstreiten; dementieren

نمایشت *nimayişt* Vorstellung *f*; Aufführung *f*; **نمایشت کردن** *nimayişt kirdin* ⟨v.t.⟩ zur Schau stellen; vorführen

نمرە *nimre* 1. (An-)Zahl *f*; 2. (Schul-) Note *f*; Zensur *f*; **نمرە دانان** *nimre danan* ⟨v.t.⟩ benoten

نموو *nimû* Wachstum *n*; **نموو کردن** *nimû kirdin* ⟨v.t.⟩ wachsen

نموودار *nimûdar* ⟨Adj.⟩ imposant; beeindruckend

نموونە *nimûne* Probe *f*; Beispiel *n*; Vorbild *n*

نموونەیی *nimûneyî* ⟨Adj.⟩ ideal; vorbildlich • ئەو خوێندکارێکی نموونەییە er ist ein vorbildlicher Student

نمەباران *nimebaran* Sprühregen *m*

نمەک *nimek* Salz *n*

نمەنم *nimenim* ⟨Adv.⟩ nieselig • نمەنم باران دەبارێ es nieselt

نواندن[1] *niwandin* ⟨v.t.⟩ ⟨نوێن- *niwên-*⟩

ن

1. zeigen; 2. darstellen; vorführen; spielen (Rolle, Stück); **خۆ نواندن** *xo niwandin* ⟨v.refl.⟩ 1. angeben; sich wichtig tun; 2. (Thea.) spielen

نواندن[2] *niwandin* ⟨v.t.⟩ ⟨نوێنـ *niwên-*⟩ zum Schlafen bringen (s.a. ↑خەواندن)

نوخته *nuxte* Punkt *m*

نوسخه *nusxe* Exemplar *n*

نوقسان *nuqsan* ⟨Adj.⟩ 1. unvollständig; 2. mangelhaft

نوقڵانه *nuqḻane* 1. Vorhersage *f*; 2. Omen *n*

نوقوڵ *nuquḻ* Bonbon *m/n*

نوقووم *nuqûm* ⟨Adj.⟩ untergetaucht; **نوقووم کردن** *nuqûm kirdin* ⟨v.t.⟩ (ein) tauchen; (ver)senken

نوکته *nukte* Witz *m*

نوکتەزان *nuktezan* Witzbold *m*

نووچدان *nûçdan* Rückfall *m*; Schlappe *f*

نوودل *nûdil* Nudel *f*

نوورانی *nûranî* **I** ⟨Adj.⟩ heilig **II** Heiliger *m* / Heilige *f*

نووژەن *nûjen* ⟨Adj.⟩ modern

نووژەنی *nûjenî* Neuheit *f*; Modernität *f*

نووستن *nûstin* **I** ⟨v.i.⟩ ⟨نوو-/نوێ *nû-/nwê*⟩ (ein)schlafen **II** Schlaf *m*; **لەگەڵ ...ـدا نووستن** *legeḻ ...-da nûstin* ⟨v.i.⟩ mit j-m schlafen; **ژووری نووستن** *jûrî nûstin* Schlafzimmer *n*

نووسراو *nûsraw* ⟨Adj.⟩ 1. verfasst; 2. Werk *n*; Schrift *f*

نووسەر *nûser* Schriftsteller *m* / Schriftstellerin *f*; Autor *m* / Autorin *f*; **دەستەی نووسەران** *destey nûseran* Redaktion *f*

نووسین *nûsîn* ⟨v.t.⟩ ⟨نووسـ *nûs-*⟩ (auf-, nieder)schreiben

نووسینگه *nûsînge* Büro *n*; Verwaltung *f*; **نووسینگەی کارمەندان** *nûsîngey karmendan* Personalbüro *n*

نووسینەوە *nûsînewe* ⟨v.t.⟩ ⟨نووسـ ەوە *nûs- ewe*⟩ abschreiben

نووشتاندنەوە *nûştandinewe* ⟨v.t.⟩ ⟨نووشتێنـ ەوە *nûştên- ewe*⟩ (ab-)biegen

نووشتانەوە *nûştanewe* ⟨v.i.⟩ ⟨نووشتێـ ەوە *nûştê- ewe*⟩ sich (ver)beugen

نووک *nûk* Spitze *f*; **نووکی قەڵەم** *nûkî qeḻem* Mine *f*

نوێ *nwê* ⟨Adj.⟩ 1. neu; 2. modern; aktuell; **نوێ کردنەوە** *nwê kirdinewe* ⟨v.t.⟩ 1. erneuern; 2. wiederbeleben; 3. verlängern

نوێباو *nwêbaw* ⟨Adj.⟩ neuartig

نوێزا *nwêza* **I** ⟨Adj.⟩ neugeboren **II** Neugeborenes *n*

نوێژ *nwêj* (Rel.) (rituelles) Gebet *n*; **نوێژ کردن** *nwêj kirdin* ⟨v.t.⟩ beten; **نوێژی بەیانی** *nwêjî beyanî* (Rel.) Morgengebet (erstes Ritualgebet des Tages); **نوێژی نیوەڕۆ** *nwêjî nîweṟo* (Rel.) Mittagsgebet (zweites Ritualgebet des Tages); **نوێژی هەینی** *nwêjî heynî* (Rel.) Freitagsgebet *n*; **نوێژی ئێواری** *nwêjî êwarê* (Rel.) Abendgebet *n*

نوێکردنەوە *nwêkirdinewe* 1. Erneuerung *f*; 2. Wiederbelebung *f*

نوێڵ *nwêḻ* Hebel *m*

نوێنەر *nwêner* Abgeordneter *m* / Ab-

ن

geordnete *f*; Delegierter *m* / Delegierte *f*; Repräsentant *m* / Repräsentantin *f*; نوێنەری پەرلەمان *nwênerî perleman* (Pol.) Parlamentsabgeordnete(r m) *f*

نوێنەرایەتی *nwênerayetî* Vertretung *f*; Mission *f*; نوێنەرایەتی کردن *nwênerayetî kirdin* ⟨v.t.⟩ repräsentieren

نۆ *no* ⟨Num.⟩ neun

نۆته *note* (Mus.) Note *f*

نۆرمال *normal* ⟨Adj.⟩ normal (s.a. ↑ئاسایی)

نۆره *nore* Reihe *f*; نۆره بڕین *nore biṟîn* ⟨v.t.⟩ sich vordrängeln; نۆره کردن *nore kirdin* ⟨v.t.⟩ abwechseln; نۆره گرتن *nore girtin* ⟨v.t.⟩ in der Reihe stehen; نۆره هاتن *nore hatin* ⟨v.i.⟩ an der Reihe sein

نۆڕیزکێن *noṟîzkên* Mühlespiel *n* (Spiel mit neun Steinen)

نۆڕینگه *noṟînge* Praxis *f*

نۆزده *nozde* ⟨Num.⟩ neunzehn

نۆسەد *nosed* ⟨Num.⟩ neunhundert

نۆش *noş* ⟨Int.⟩ prost! • !نۆشتان بێ zum Wohl!; نۆش کردن *noş kirdin* ⟨v.t.⟩ 1. trinken; 2. (üb.) genießen

نۆشگه *noşge* Sanatorium *n*

نۆک *nok* (Bot.) Kichererbse *f*

نۆکاو *nokaw* Erbsensuppe *f*

نۆکەر *noker* 1. Diener *m* / Dienerin *f*; 2. Knecht *m*

نۆهەزار *nohezar* ⟨Num.⟩ neuntausend

نهۆم *nihom* Stockwerk *n*; Etage *f*; نهۆمی سەرەوە *nihomî serewe* Dachgeschoss *n*

نهێنگر *nihêngir* ⟨Adj.⟩ verschwiegen; diskret

نهێنی *nihênî* **I** ⟨Adj.⟩ geheim **II** Geheimnis *n*; نهێنی لەلا درکاندن *nihênî lela dirkandin* ⟨v.t.⟩ j-m etw. anvertrauen

نه *ne* ⟨Adv.⟩ nein; nicht; نه ...و نه *ne … u/w ne* ⟨Konj.⟩ weder … noch; نه ئەم و نه ئەو keiner von beiden

نەبزێو *nebzêw* ⟨Adj.⟩ unbeweglich

نەبوونی *nebûnî* Armut *f*

نەبینراو *nebînraw* ⟨Adj.⟩ unsichtbar; unbemerkt

نەپێکان *nepêkan* ⟨v.i.⟩ ⟨نا...پێکـ *na…pêk-*⟩ versagen (Waffe); seine Wirkung verfehlen

نەترس *netirs* ⟨Adj.⟩ furchtlos; gewagt

نەتەوە *netewe* 1. Volk *n*; 2. (Pol.) Nation *f*

نەتەوەپەرست *neteweperist* **I** ⟨Adj.⟩ (Pol.) patriotisch **II** (Pol.) Patriot *m* / Patriotin *f*

نەتەوەپەرستی *neteweperistî* (Pol.) Patriotismus *m*; Nationalismus *m*

نەتەوەیی *neteweyî* **I** ⟨Adj.⟩ national **II** Nationalist *m* / Nationalistin *f*

نەجیب *necîb* ⟨Adj.⟩ ehrenhaft; edel

نەجیبزاده *necîbzade* **I** ⟨Adj.⟩ adlig **II** Adliger *m* / Adlige *f*

نەحس *neẖs* ⟨Adj.⟩ 1. unheilvoll; 2. störrisch

نەخت *next* **I** ⟨Adv.⟩ wenig **II** kleine Menge *f*

نەختینه *nextîne* Wertsache *f*

نەخش *nexş* Verzierung *f*; Schmuck *m*

نەخشاندن *nexşandin* **I** ⟨v.t.⟩ ⟨نەخشێنـ *nexşên-*⟩ schmücken **II** 1. Verzierung *f*; 2. Stickerei *f*

نەخشونیگار *nexşunîgar* Malerei *f*; Ornament *n*

نەخشە *nexşe* 1. Plan *m*; 2. Vorhaben *n*; Konzept *n*; نەخشە دانان *nexşe danan* ⟨v.t.⟩ planen; skizzieren; نەخشەی شار *nexşey şar* Stadtplan *m*; نەخشەی هاتوچۆ *nexşey hatuço* Fahrplan *m*; نەخشە کێشان *nexşe kêşan* ⟨v.t.⟩ 1. planen; 2. aufzeichnen; نەخشەی وڵات *nexşey wiḻat* Landkarte *f*

نەخشەکێش *nexşekêş* 1. Planer *m* / Planerin *f*; 2. Designer *m* / Designerin *f*

نەخشەکێشان *nexşekêşan* Planung *f*; Entwurf *m*

نەخوێندەوار *nexwêndewar* **I** ⟨Adj.⟩ ungebildet **II** Analphabet *m* / Analphabetin *f*

نەخۆش *nexoş* **I** ⟨Adj.⟩ krank **II** Kranker *m* / Kranke *f*; Patient *m* / Patientin *f*

نەخۆشخانە *nexoşxane* Krankenhaus *f*; Klinik *f*

نەخۆشی *nexoşî* (Med.) Krankheit *f*; Leiden *n*; چارەسەری نەخۆشی *çareserî nexoşî* (Med.) Kur *f*; نیشانەکانی نەخۆشی *nîşanekanî nexoşî* (Med.) Symptome; نەخۆشیی پێست *nexoşîy pêst* (Med.) Hautkrankheit *f*; نەخۆشیی جنسی *nexoşîy cinsî* (Med.) Geschlechtskrankheit *f*; نەخۆشیی دەریا *nexoşîy derya* (Med.) Seekrankheit *f*; نەخۆشیی ساری *nexoşîy sarî* (Med.) Infektionskrankheit *f*; نەخۆشیی شەکر *nexoşîy şekir* (Med.) Diabetes (mellitus); Zuckerkrankheit *f*

نەخێر *nexêr* ⟨Adv.⟩ nein; nicht

نەدارا *nedara* ⟨Adj.⟩ arm; bedürftig

نەردە *nerde* Geländer *n*

نەرم *nerm* ⟨Adj.⟩ 1. (samt)weich; 2. mild; 3. flexibel; نەرم کردن *nerm kirdin* ⟨v.t.⟩ 1. erweichen; 2. lockern; دڵی نەرم کردم er erweichte mein Herz

نەرمونیان *nermuniyan* ⟨Adj.⟩ 1. zart; 2. delikat (Essen); 3. rüchsichtsvoll

نەرمەباران *nermebaran* Nieselregen *m*

نەرویج *Nerwîc* (Geogr.) Norwegen *n*

نەرویجی *nerwîcî* **I** ⟨Adj.⟩ norwegisch **II** 1. Norweger *m* / Norwegerin *f*; 2. Norwegisch *n*

نەریت *nerît* Brauch *m*; Sitte *f*; نەریتی ئاینی *nerîtî ayinî* Ritual

نەریتانە *nerîtane* ⟨Adv.⟩ rituell

نەزان *nezan* ⟨Adj.⟩ 1. ungebildet; 2. dumm; einfältig

نەزانراو *nezanraw* ⟨Adj.⟩ 1. unbekannt; 2. (Gr.) unbestimmt

نەزانی *nezanî* Unwissenheit *f*; Unkenntnis *f*

نەزۆک *nezok* ⟨Adj.⟩ unfruchtbar; zeugungsunfähig; نەزۆک کردن *nezok kirdin* ⟨v.t.⟩ sterilisieren

نەزۆکی *nezokî* Unfruchtbarkeit *f*; Zeugungsunfähigkeit *f*

نەزەری *nezerî* ⟨Adj.⟩ theoretisch

نەزەرییە *nezerîye* Theorie *f*

نەژاد *nejad* 1. Herkunft *f*; 2. Stamm *m*

نەژادکوژی *nejadkujî* Völkermord *m*; Genozid *m/n*

نەست *nest* ⟨Adv.⟩ (Psych.) unterbewusst

نەستێتی *nestêtî* Unterbewusstsein *n*

نەسووت *nesût* ⟨Adj.⟩ feuerfest

نەشارەزا *neşareza* **I** ⟨Adj.⟩ unerfahren **II** Amateur *m* / Amateurin *f*; Laie *m* • بە نەشارەزا دەورووپشتم گیراوە ich bin umgeben von Amateuren

نەشارەزایی *neşarezayî* 1. Ungeschicklichkeit *f*; 2. Unkenntnis *f*

نەشتەر *neşter* Skalpell *n*

نەشتەرکار *neşterkar* (Med.) Chirurg *m* / Chirurgin *f*

نەشتەرکاری *neşterkarî* **I** ⟨Adj.⟩ (Med.) chirurgisch **II** (Med.) Chirurgie *f*; **نەشتەرکاریی قەیسەری** *neşterkarîy qeyserî* Kaiserschnitt

نەشکاو *neşkaw* ⟨Adj.⟩ ganz; heil

نەشونما *neşunima* Entwicklung *f*; Aufschwung *m*; **نەشونما کردن** *neşunima kirdin* ⟨v.t.⟩ wachsen; sich entwickeln

نەشیاو *neşyaw* ⟨Adj.⟩ unpassend; ungeeignet

نەعامە *neʿame* Strauß *m*

نەعلەت *neʿlet* **I** ⟨Adj.⟩ verflucht; verflixt **II** Fluch *m*; Verfluchung *f* • بە نەعلەتی کە! (idiom.) schick ihn zum Teufel!; **نەعلەت لێکردن** *neʿlet lêkirdin* ⟨v.t.⟩ j-n verfluchen

نەفتالین *neftalîn* Mottenkugel *f*

نەفرەت *nefret* Fluch *m*; Unheil *n* • نەفرەتت لێ بێ! Unheil sei über dir!; **نەفرەت لێکردن** *nefret lêkirdin* ⟨v.t.⟩ 1. j-n verabscheuen; 2. j-n verfluchen

نەفرەتلێکراو *nefretlêkiraw* ⟨Adj.⟩ verdammt

نەفەر *nefer* 1. Person *f*; 2. Passagier *m*

نەفەق *nefeq* Unterführung *f*

نەفی *nefî* (Gr.) Verneinung *f*; **نەفی کردن** *nefî kirdin* ⟨v.t.⟩ verneinen; negieren

نەقاڕ *neqar̰* Steinmetz *m* / Steinmetzin *f*

نەقڵیات *neqḻiyat* Spedition *f*

نەقڵیاتچی *neqḻiyatçî* Spediteur *m* / Spediteurin *f*

نەکردەیی *nekirdeyî* ⟨Adj.⟩ unpraktisch

نەکوڵاو *nekuḻaw* ⟨Adj.⟩ roh

نەگبەت *negbet* ⟨Adj.⟩ unglücklich

نەگریس *negrîs* ⟨Adj.⟩ übel; bösartig

نەگونجاو *neguncaw* ⟨Adj.⟩ unangemessen; ungeeignet

نەگۆڕ *negor̰* ⟨Adj.⟩ 1. unveränderlich; 2. statisch

نەگەییو *negeyîw* ⟨Adj.⟩ unreif

نەمام *nemam* Schössling *m*

نەمان *neman* **I** ⟨v.i.⟩ ⟨نامێنـ *namên-*⟩ zu Ende gehen; aufhören **II** 1. Untergang *m*; 2. Abgrund *m*

نەمر *nemir* ⟨Adj.⟩ unsterblich

نەمسا *Nemsa* (Geogr.) Österreich *n* (vgl. ↑ئوتریش)

نەمسایی *nemsayî* **I** ⟨Adj.⟩ österreichisch **II** Österreicher *m* / Österreicherin *f*

نەناسراو *nenasraw* ⟨Adj.⟩ 1. unbekannt; anonym; 2. (Gr.) unbestimmt

نەنووستن *nenûstin* ⟨v.i.⟩ ⟨نە...نووستـ- *ne…nûst-*⟩ aufbleiben

نەنە *nene* Großmutter *f*; Oma *f*

نەنەگەورە *nenegewre* Urgroßmutter *f*; Uroma *f*

نەوت *newt* (Mineral-)Öl *n*; Erdöl *n*; **نەوتی سووتەمەنی** *newtî sûtemenî* Heizöl *n*; **نەوتی خاو** *newtî xaw* Rohöl *n*

نەوتەڵان *newteḻan* Ölfeld *n*

نەورۆز *newroz* Neujahrstag *m* (das Nationalfest der Kurden)

نەوە *newe* 1. Enkel *m* / Enkelin *f*; 2. Generation *f*; **نەوەی نوێ** *newey nwê* Nachwuchs *m*

نەوەد *newed* ⟨Num.⟩ neunzig

نەویستراو *newîstiraw* ⟨Adj.⟩ ungewollt

نەهات *nehat* Unglück *n*

نەهەنگ *neheng* (Zool.) Wal(fisch) *m* (s.a. ↑حووت)

نەهێشتن *nehêştin* **I** ⟨v.t.⟩ ⟨ناهێڵـ، نایێڵـ، نایەڵـ *nahêḻ-, nayêḻ-, nayeḻ-*⟩ 1. verbieten; 2. (ver)hindern **II** 1. Verbot *n*; 2. Vernichtung *f*

نەیار *neyar* **I** ⟨Adj.⟩ feindlich **II** Gegner *m* / Gegnerin *f*

نەیاری *neyarî* Feindschaft *f*; Rivalität *f*

نەیی *neyî* ⟨Adj.⟩ (Gr.) negiert; verneint; **نەیی کردن** *neyî kirdin* ⟨v.t.⟩ negieren; verneinen

نیاز *niyaz* Absicht *f*; Vorhaben *n*

نیان *niyan* ⟨Adj.⟩ sanft; mild

نیزامی *nîzamî* ⟨Adj.⟩ 1. regulär; 2. gesetzlich

نیسان *nîsan* fünfter Monat des syrischen Kalenders (April)

نیسک *nîsk* (Bot.) Linse *f*

نیسکێنە *nîskêne* Linsensuppe *f*

نیشاستە *nîşaste* (Kartoffel-, Weizen-, Reis-)Stärke *f*

نیشان *nîşan* Ziel(scheibe *f*) *n*; **(پێ) نیشان دان** *(pê) nîşan dan* ⟨v.t.⟩ (j-m) (an-, auf)zeigen; !نیشانم بدە zeige es mir!

نیشاندان *nîşandan* Vorführung *f*

نیشاندەر *nîşander* (An-)Zeiger *m*

نیشانە *nîşane* 1. Zeichen *n*; 2. Signal *n*; 3. Medaille *f* (s.a. ↑هێما); **نیشانەی شتومەک** *nîşaney şitumek* Etikett *n*; **نیشانەی نەخۆشی** *nîşaney nexoşî* Symptom *n*; **نیشانەی ڕێگاوبان** *nîşaney ȓêgawban* Verkehrsschild *n*; **نیشانە کردن** *nîşane kirdin* ⟨v.t.⟩ 1. markieren; 2. zeigen; **نیشانە نانەوە** *nîşane nanewe* ⟨v.t.⟩ zielen; **نیشانەی پرسیار** *nîşaney pirsyar* Fragezeichen *n*; **نیشانەی تەقەڵ** *nîşaney teqeḻ* Bindestrich *m*; **نیشانەی سەرسووڕمان** *nîşaney sersûȓman* Ausrufezeichen *n*

نیشانەکردن *nîşanekirdin* 1. Kennzeichnung *f*; 2. Verlobung *f*; **ئاهەنگی نیشانەکردن** *ahengî nîşanekirdin* Verlobungsfest *n*

نیشتگە *nîştge* Sitzplatz *m*; **نیشتگەی منداڵان** *nîştgey mindaḻan* Kindersitz *m*

نیشتمان *nîştiman* Vaterland *n*; Heimat *f*

نیشتمانپەرست *nîştimanperist* **I** ⟨Adj.⟩ patriotisch **II** Patriot *m* / Patriotin *f*

نیشتمانی *nîştimanî* ⟨Adj.⟩ national

ن

نیشتنەوە *nîştinewe* **I** ⟨v.i.⟩ ⟨نیشـ ـەوە *nîş-ewe*⟩ landen (Vögel, Flugzeug) **II** Landung *f*; **نیشتنەوەی ئاوی دەریا** *nîştinewey awî derya* Ebbe *f*

نیشتەجێ *nîştecê* **I** ⟨Adj.⟩ ansässig **II** Bewohner *m* / Bewohnerin *f*; **نیشتەجێ بوون** *nîştecê bûn* ⟨v.i.⟩ sich niederlassen; **نیشتەجێ کردن** *nîştecê kirdin* ⟨v.t.⟩ 1. unterbringen; 2. ansiedeln; 3. beherbergen

نیشتەجێکردن *nîştecêkirdin* Unterbringung *f*; Beherbergung *f*

نیکل *nîkil* (Chem.) Nickel *n*

نیکۆتین *nîkotîn* (Chem.) Nikotin *n*

نیگار *nîgar* 1. Bild *n*; 2. Figur *f* (s.a. ↑وێنە)

نیگەران *nîgeran* ⟨Adj.⟩ beunruhigt; besorgt

نیلوفەڕ *nîlufer̲* Seerose *f*

نیلی *nîlî* ⟨Adj.⟩ indigoblau

نیمچە *nîmçe* ⟨Adj.⟩ unvollständig

نیمچەبازنە *nîmçebazne* Halbkreis *m*

نینۆک *nînok* 1. (Anat.) Nagel *m*; 2. (Zool.) Kralle *f*; **نینۆک کردن** *nînok kirdin* ⟨v.t.⟩ die Nägel schneiden

نینۆکبڕ *nînokbir̲* s. ↑نینۆککەر

نینۆککەر *nînokker* Nagelschere *f*

نیو *nîw* ⟨Adj.⟩ halb

نیوقۆڵ *nîwqol̲* ⟨Adj.⟩ kurzärmlig

نیوکیلۆ *nîwkîlo* Pfund *n*

نیوە *nîwe* Hälfte *f*

نیوەتیرە *nîwetîre* (Math.) Radius *m*

نیوەدوورگە *nîwedûrge* Halbinsel *f*

نیوەڕوان *nîwer̲wan* ⟨Adv.⟩ mittags

نیوەڕۆ *nîwer̲o* Mittag *m*

نیوەڕۆخەو *nîwer̲oxew* Mittagsschlaf *m*

نیوەشەو *nîweşew* Mitternacht *f*

نیوەونیوەچڵ *nîwewnîweçil̲* ⟨Adj.⟩ 1. mangelhaft; 2. mittelmäßig

نیوەیی *nîweyî* ⟨Adj.⟩ halbiert; **نیوەیی کردن** *nîweyî kirdin* ⟨v.t.⟩ (Math.) halbieren

نێچیر *nêçîr* Beute *f*; **نێچیر گرتن** *nêçîr girtin* ⟨v.t.⟩ erbeuten

نێر *nêr* ⟨Adj.⟩ 1. männlich; 2. (Gr.) maskulin

نێرباز *nêrbaz* ⟨Adj.⟩ homosexuell

نێربازی *nêrbazî* Homosexualität *f*

نێرراو *nêrraw* **I** ⟨Adj.⟩ gesandt **II** Bote *m* / Botin *f*

نێرگز *nêrgiz* (Bot.) Narzisse *f*

نێرگەلە *nêrgele* Wasserpfeife *f*

نێرە *nêre* **I** ⟨Adj.⟩ männlich **II** Männchen *n* (Tiere)

نێرەر *nêrer* Absender *m* / Absenderin *f*

نێرەئەسپ *nêreesp* Hengst *m*

نێزە *nêze* Lanze *f*

نێگەتیف *nêgetîf* ⟨Adj.⟩ negativ

نێوان *nêwan* **I** ⟨Präp.⟩ zwischen **II** Mitte *f*

نێونەتەوەیی *nêwneteweyî* ⟨Adj.⟩ international (s.a. ↑ئینتەرناسیۆنال)

ن

و

و[1] *u/w* als Vokal im Anlaut ئو waw; siebenundzwanzigster Buchstabe des kurdischen Alphabets (Zahlenwert 6)

و[2] *u/w* ⟨Konj.⟩ und (als Enklitikon wird es an das vorhergehende Wort angehängt, aber nicht mit dessen letzten Buchstaben verbunden); auch (s.a. ↑وه)

وا *wa* **I** ⟨Pron.⟩ solche(r, -s) ● پیاوێکی وا باش so ein guter Mann **II** ⟨Adv.⟩ so ● وا نییه؟ ist es nicht so?; ئەمە وا نابێ! so geht es nicht!; **وا بۆ چوون** *wa bo çûn* ⟨v.i.⟩ denken; **وا دەرخستن** *wa derxistin* ⟨v.t.⟩ heucheln

وابەستە *wabeste* ⟨Adj.⟩ abhängig

وابەستەیی *wabesteyî* Abhängigkeit *f*

وات *wat* Watt *n* (Maßeinheit der elektrischen Leistung, W)

واتا *wata* s. ↑واتە

واتە *wate* **I** ⟨Adv.⟩ nämlich **II** Bedeutung *f*

واتەوات *watewat* Gerede *n*

واحە *wahe* Oase *f*

وادانان *wadanan* **I** ⟨v.t.⟩ ⟨وادا...نێ- *wada... nê-*⟩ vermuten **II** Vermutung *f*

وادانراو *wadaniraw* ⟨Adj.⟩ angenommen; vorausgesetzt

وادە *wade* Termin *m* ● هەر شتەو بە وادەی خۆی alles zu seiner Zeit

وادیارە *wadiyare* ⟨Adv.⟩ 1. angeblich; 2. offensichtlich

واز *waz* ⟨Adj.⟩ geöffnet (s.a. ↑کراوە); **واز هێنان** *waz hênan* ⟨v.t.⟩ aufgeben

واستە *waste* Vermittlung *f*; **واستە کردن** *waste kirdin* ⟨v.t.⟩ vermitteln

واشە *waşe* (Zool.) Sperber *m*

واشەر *waşer* Dichtungsscheibe *f*

وافوور *wafûr* Opiumpfeife *f*

واقیع *waqî'* Realität *f*

واگۆن *wagon* Waggon *m* (vgl. ↑ڤاگۆن)

وام *wam* Verleih *m* (s.a. ↑قەرز); **وام خواستن** *wam xiwastin* ⟨v.t.⟩ sich etw. ausleihen

وانە *wane* 1. Unterrichtsstunde *f*; 2. Unterrichtsfach *n*; 3. Lektion *f*; **وانە خوێندن** *wane xwêndin* ⟨v.t.⟩ studieren; **وانە وتنەوە** *wane witinewe* ⟨v.t.⟩ unterrichten; lehren; **وانەی زانستی** *waney zanistî* Vorlesung *f*

وایەر *wayer* Kabel *n*; **وایەری سەیار** *wayerî seyar* Verlängerungskabel *n*

وتار *witar* 1. Rede *f*; Ansprache *f*; 2. Vortrag *m*; **وتاری ماتەمینی** *witarî matomînî* Nachruf *m*; **وتاری زانستی** *witarî zanistî* Vorlesung *f*

ئوتریش *Utrîş* (Geogr.) Österreich *n* (vgl. ↑نەمسا)

ئوتریشی *utrîşî* **I** ⟨Adj.⟩ österreichisch **II** Österreicher *m* / Österreicherin *f*

وتن *witin* ⟨v.t.⟩ ⟨لێـ *lê-*⟩ 1. sagen; 2. äußern; 3. behaupten

ئوتومبێل *utumbêl* Auto *n*; Wagen *m*; Kraftfahrzeug *n*; **ئوتومبێلی پێشبڕکێ** *utumbêlî pêşbiṟkê* Rennwagen *m*; **ئوتومبێلی تەنکەر** *utumbêlî tenker* Tankwagen *m*; **ئوتومبێلی کارگوزاری** *utumbêlî karguzarî* Lieferwagen *m*; **ئوتومبێلی فریاگوزار** *utumbêlî firyaguzar* Krankenwagen *m*; **ئوتومبێلی کرێ** *utumbêlî kirê* Mietwagen *m*

ئوتومبێلڕاکێشەر *utumbêlṟakêşer* Schlepper *m*

ئوتومبێللێخوڕ *utumbêllêxuṟ* Chauffeur *m* / Chauffeurin *f*; Autofahrer *m* / Autofahrerin *f*

ئوتوو *utû* Bügeleisen *n*; **لە ئوتوو دان** *le utû dan* ⟨v.t.⟩ bügeln; plätten

وتووێژ *wituwêj* 1. Gespräch *n*; Unterhaltung *f*; 2. (üb.) Verhandlung *f*; **وتووێژ کردن** *wituwêj kirdin* ⟨v.t.⟩ 1. diskutieren; 2. verhandeln; **وتووێژی تەلەفۆنی** *wituwêjî telefonî* Telefongespräch *n*

وتە *wite* 1. Wort *n*; 2. Rede *f*

وتەبێژ *witebêj* Sprecher *m* / Sprecherin *f*

ئوتێل *utêl* Hotel *n* (s.a. ↑میوانخانە)

وجوود *wicûd* 1. Existenz *f*; 2. Wesen *n*

وچان *wiçan* Pause *f*; **وچان دان/گرتن** *wiçan dan/girtin* ⟨v.t.⟩ pausieren

ورچ *wirç* (Zool.) Bär *m*; **ورچی سپی** *wirçî sipî* (Zool.) Eisbär *m*

ورد *wird* ⟨Adj.⟩ 1. klein; 2. präzise; 3. subtil; **ورد کردن** *wird kirdin* ⟨v.t.⟩ zerkleinern

وردبین *wirdbîn* **I** ⟨Adj.⟩ 1. sorgfältig; 2. klug **II** Mikroskop *n*

وردەبابەت *wirdebabet* Kleinkram *m*; Kleinigkeit *f*

وردەبەرد *wirdeberd* Kieselsteine *Pl.*; Kies *m*

وردەپێڵ *wirdepêḻ* (El.) Mikrowelle *f*

وردەفرۆش *wirdefiroş* Kleinhändler *m* / Kleinhändlerin *f*

وردەکاری *wirdekarî* 1. Feinarbeit *f*; 2. Detail *n*

وردەنان *wirdenan* Krümel *m*

وردەوردە *wirdewirde* ⟨Adv.⟩ allmählich; schrittweise

ورشە *wirşe* Schimmer *m*; Glanz *m*

ورگ *wirg* (Anat.) Bauch *m*

ورووژان *wirûjan* **I** ⟨v.i.⟩ ⟨ورووژێـ *wirûjê-*⟩ schwärmen **II** Aufregung *f*

ورووژاندن *wirûjandin* **I** ⟨v.t.⟩ ⟨ورووژێنـ *wirûjên-*⟩ erregen **II** 1. Erregung *f*; 2. (An-)Reiz *m*

ورووژاو *wirûjaw* ⟨Adj.⟩ turbulent; impulsiv

وریا *wirya* ⟨Adj.⟩ 1. aufmerksam; wachsam; 2. vorsichtig; **وریا کردنەوە** *wirya kirdinewe* ⟨v.t.⟩ alarmieren; warnen

وریاکردنەوە *wiryakirdinewe* Warnung *f*

وریایی *wiryayî* Achtung *f*; Aufmerksamkeit *f*

و

ور *wiṟ* ⟨Adj.⟩ 1. schwindlig; 2. verblüfft; perplex; ور کردن *wiṟ kirdin* ⟨v.t.⟩ 1. verwirren; 2. überwältigen

ورکاوی *wiṟikawî* ⟨Adj.⟩ beharrlich; zäh

ورەور *wiṟewiṟ* Lärm *m*

ورێنە *wiṟêne* Selbstgespräch *n*; ورێنە کردن *wiṟêne kirdin* ⟨v.t.⟩ mit sich selbst reden

وزە *wize* Energie *f*; Kraft *f*; وزەی ڕۆژ *wizey ṟoj* Sonnenenergie *f*; لە وزەدا بوون *le wizeda bûn* ⟨v.i.⟩ sich etw. leisten; وزەی گەردیلەیی *wizey gerdîleyî* (Phys.) Atomenergie *f*

وزەبەخش *wizebexş* ⟨Adj.⟩ nahrhaft

وس *wis* ⟨Adj.⟩ ruhig; still; وس بوون *wis bûn* ⟨v.i.⟩ still, ruhig sein; وس بە! sei still!

ئوستاد *ustad* 1. Meister *m* / Meisterin *f*; 2. Professor *m* / Professorin *f* (s.a. ↑پرۆفیسۆر)

ئوسترالی *ustiṟalî* **I** ⟨Adj.⟩ australisch **II** Australier *m* / Australierin *f*

ئوسترالیا *Ustiṟalya* (Geogr.) Australien *n*

ئوسلوب *uslub* Stil *m*; Manier *f*

ئوسوڵ *usuḻ* Prinzip *n*

وشتر *wiştir* (Zool.) Kamel *n* (vgl. ↑حوشتر)

وشترمەل *wiştirmel* (Zool.) Strauß *m*

وشک *wişk* ⟨Adj.⟩ trocken; dürr; وشک بوون *wişk bûn* ⟨v.i.⟩ vertrocknen; وشک بوونەوە *wişk bûnewe* ⟨v.i.⟩ (aus) trocknen; (aus)dörren; وشک کردنەوە *wişk kirdinewe* ⟨v.t.⟩ abtrocknen

وشکانی *wişkanî* Trockenheit *f*

وشکایی *wişkayî* 1. Dürre *f*; 2. Festland *n*

وشککراو *wişkkiraw* ⟨Adj.⟩ (ein)getrocknet

وشکەپێنووس *wişkepênûs* Kugelschreiber *m*; Kuli *m*

وشکی *wişkî* Trockenheit *f*

وشە *wişe* Wort *n*; وشەی بێگانە *wişey bêgane* Fremdwort *n*

وشەبەوشە *wişebewişe* ⟨Adv.⟩ wörtlich

وشەتانوپۆکان *wişetanupokan* Kreuzworträtsel *n*

وشەسازی *wişesazî* (Gr.) Morphologie *f*

وشیار *wişyar* ⟨Adj.⟩ bewusst; wach; aufmerksam

وشیاری *wişyarî* Bewusstsein *n*

ئولفەت *ulfet* 1. Anhänglichkeit *f*; 2. Vertrautheit *f*; ئولفەت (پێوە)گرتن *ulfet (pêwe)girtin* ⟨v.t.⟩ sich gewöhnen (an)

وڵات *wiḻat* 1. (Vater-, Heimat-) Land *n*; 2. Heimat *f* (s.a. ↑نیشتمان); وڵاتی دراوسێ *wiḻatî dirawsê* Nachbarland *n*; وڵاتی قانوون *wiḻatî qanûn* Rechtsstaat *m*; وڵاتی لەگەشەدابوو *wiḻatî legeşedabû* Entwicklungsland *n*

وڵاتان *wiḻatan* Plural von وڵات; وڵاتانی دەرەوە *wiḻatanî derewe* Ausland *n*; وڵاتانی ڕۆژئاوا *wiḻatanî ṟojawa* Okzident *m*; Abendland *n*; وڵاتانی ڕۆژهەڵات *wiḻatanî ṟojheḻat* Orient *m*; Morgenland *n*

ولاتەیەکگرتووەکان *wiḻateyekgirtûwekan* vereinigte Staaten; ولاتەیەکگرتووەکانی ئەمەریکا *Wiḻateyekgirtûwekanî Emerîka* (Geogr.) Vereinigte Staaten von Amerika *Pl.*

و

وڵووڵە *wil̲ûl̲e* Brei *m*
ئومستیلە *umistîle* (Finger-, Siegel-) Ring *m*
ئومێد *umêd* Hoffnung *f*
ئومێدەوار *umêdewar* ⟨Adj.⟩ hoffnungsvoll
ون *win* ⟨Adj.⟩ 1. verloren; 2. verlaufen; **ون بوون** *win bûn* ⟨v.i.⟩ sich verlaufen; sich verirren; **لێ ون بوون** *lê win bûn* ⟨v.i.⟩ verlieren; vermissen; **ون کردن** *win kirdin* ⟨v.t.⟩ verlieren
ونبوو *winbû* ⟨Adj.⟩ verloren
وۆرکشۆپ *workşop* Workshop *m*
وە *we* ⟨Konj.⟩ und (s.a. ↑²و)
وەبا *weba* (Med.) Epidemie *f* (s.a. ↑تاعوون)
وەبەرهێن *weberhên* (Fin.) Investor *m* / Investorin *f*
وەبەرهێنان *weberhênan* **I** ⟨v.t.⟩ ⟨وەبەر... هێنـ، وەبەر...ێنـ *weber...hên-*, *weber...ên-*⟩ investieren **II** (Fin.) Investition *f*
وەتەن *weten* Vaterland *n* (s.a. ↑نیشتمان)
وەجاخکوێر *wecaxkwêr* ⟨Adj.⟩ kinderlos
وەجاخکوێری *wecaxkwêrî* Kinderlosigkeit *f*
وەچە *weçe* Kinder *Pl.*; Nachkommen *Pl.*
وەحی *weh̲î* (Rel.) Offenbarung *f*; **وەحی بۆ هاتن** *weh̲î bo hatin* ⟨v.i.⟩ eine Inspiration haben; **وەحی ناردن** *weh̲î nardin* ⟨v.t.⟩ inspirieren
وەخت *wext* Zeit *f* (s.a. ↑کات)
وەختبوو *wextbû* ⟨Adv.⟩ beinahe
وەرام *weram* Antwort *f* (vgl. ↑وەڵام); **وەرام دانەوە** *weram danewe* ⟨v.t.⟩ antworten; erwidern
وەرچەرخان *werçerxan* **I** ⟨v.i.⟩ ⟨وەر... چەرخێـ *wer...çerxê-*⟩ sich umdrehen **II** Wendung *f*; Umdrehung *f*
وەرچەرخاندن *werçerxandin* ⟨v.t.⟩ ⟨وەر... چەرخێنـ *wer...çerxên-*⟩ umdrehen; wenden; **خۆ وەرچەرخاندن** *xo werçerxandin* ⟨v.refl.⟩ sich umdrehen; sich wenden
وەرز *werz* 1. Saison *f*; Jahreszeit *f*; 2. Periode *f*; **پشووی وەرزی خوێندن** *pişûy werzî xwêndin* Semesterferien; **وەرزی خوێندن** *werzî xwêndin* Semester *n*; **وەرزی گەشتوگوزار** *werzî geştuguzar* Hauptsaison *f*
وەرزش *werziş* Sport *m*; **وەرزشی پێشبڕکێ** *werzişî pêşbir̲kê* Leistungssport *m*; **کەلوپەلی وەرزش** *kelupelî werziş* Sportartikel; **هۆڵی وەرزش** *hol̲î werziş* Sporthalle *f*
وەرزشکار *werzişkar* s. ↑وەرزشەوان
وەرزشگە *werzişge* Sportplatz *m*
وەرزشەوان *werzişewan* Sportler *m* / Sportlerin *f*; Athlet *m* / Athletin *f*
وەرزشی *werzişî* ⟨Adj.⟩ sportlich
وەرزی *werzî* ⟨Adv.⟩ saisonbedingt; **کاری وەرزی** *karî werzî* Saisonarbeit *f*
وەرگر *wergir* Empfänger *m* / Empfängerin *f*
وەرگرتن *wergirtin* **I** ⟨v.t.⟩ ⟨وەر... گر- *wer...gir-*⟩ empfangen; erhalten **II** 1. Empfang *m*; 2. Aufnahme *f*
وەرگرتنەوە *wergirtinewe* ⟨v.t.⟩ ⟨وەر... گر- ەوە *wer...gir- ewe*⟩ zurückbekommen

وەرگێڕ *wergê̱r* 1. Übersetzer (einer Sprache) *m* / Übersetzerin *f*; 2. Dolmetscher *m* / Dolmetscherin *f*

وەرگێڕان *wergê̱ran* **I** ⟨v.t.⟩ ⟨وەر...گێڕ– *wer…gêr-*⟩ 1. übersetzen (Sprache); 2. dolmetschen **II** Übersetzung *f*

وەرەق *wereq* Alufolie *f*

وەرەم *werem* Tumor *m*

وەرید *werîd* (Anat.) Vene *f*

وەرین *werîn* **I** ⟨v.i.⟩ ⟨وەر– *wer-*⟩ herabfallen (s.a. ↑هەڵوەرین) **II** Abfall *m*

وەڕس *we̱ris* ⟨Adj.⟩ gelangweilt; verärgert; وەڕس بوون *we̱ris bûn* ⟨v.i.⟩ gelangweilt, verärgert sein/werden; وەڕس کردن *we̱ris kirdin* ⟨v.t.⟩ (ver)ärgern; stören

وەڕسکەر *we̱risker* **I** ⟨Adj.⟩ anstrengend **II** Nervensäge *f*

وەڕەوەڕ *we̱rewe̱r* Gebell *n*

وەڕین *we̱rîn* ⟨v.i.⟩ ⟨وەڕ– *we̱r-*⟩ bellen

وەزارەت *wezaret* Ministerium *n*; وەزارەتی بازرگانی *wezaretî bazirganî* Handelsministerium *n*

وەزن *wezin* Gewicht *n*

وەزیر *wezîr* Minister *m* / Ministerin *f* (s.a. ↑شالیار); وەزیری ئابووری *wezîrî abûrî* Wirtschaftsminister *m* / Wirtschaftsministerin *f*

وەزیفە *wezîfe* 1. Verpflichtung *f*; Aufgabe *f*; 2. Anstellung *f*; وەزیفە پێدان *wezîfe pêdan* ⟨v.t.⟩ 1. beauftragen; 2. anstellen; وەزیفەی بەتاڵ *wezîfey beta̱l* freie Stelle *f*; وەزیفەی قوتابخانە *wezîfey qutabxane* Schulaufgabe *f*; وەزیفەی ماڵەوە *wezîfey ma̱lewe* Hausaufgabe *f*

وەستا *westa* **I** ⟨Adj.⟩ meisterhaft **II** Meister (eines Berufs) *m* / Meisterin *f*

وەستان *westan* **I** ⟨v.i.⟩ ⟨وەستـ– *west-*⟩ stehen bleiben **II** 1. Halt *m*; 2. Stillstand *m*

وەستاندن *westandin* **I** ⟨v.t.⟩ ⟨وەستێنـ– *westên-*⟩ aufhalten; stoppen **II** Anhalten *n*; Stoppen *n*

وەستانقەدەغەبوون *westanqedexebûn* Halteverbot *n*

وەستاو *westaw* ⟨Adj.⟩ still; bewegungslos

وەستایی *westayî* 1. Geschicklichkeit *f*; 2. Meisterschaft *f*

وەسڵ *wes̱l* Quittung *f*

وەسواس *weswas* ⟨Adj.⟩ 1. unentschlossen; 2. skeptisch

وەسواسی *weswasî* 1. Skepsis *f*; 2. Unentschlossenheit *f*

وەسیلە *wesîle* 1. (Hilfs-)Mittel *n*; 2. Maßnahme *f*

وەسێت *wesêt* Testament *n*

وەسێتنامە *wesêtname* schriftliches Testament *n*; Vermächtnis *n*

وەشەک *weşek* (Zool.) Luchs *m*

وەعد *weʿid* Versprechen *n* (s.a. ↑پەیمان); وەعد دان *weʿid dan* ⟨v.t.⟩ 1. versprechen; 2. verabreden

وەعز *weʿiz* (Rel.) Predigt *f*; وەعز دان *weʿiz dan* ⟨v.t.⟩ (Rel.) predigen

وەفد *wefd* Delegation *f* (s.a. ↑نوێنەرایەتی)

وەقف *weqf* fromme Stiftung *f*

وەک *wek* ⟨Konj.⟩ als; wie • وەک هاتم

و

als ich kam; وەک نموونە zum Beispiel

وەکالەت *wekalet* 1. Vertretung *f*; 2. Vollmacht *f*

وەکو *weku* ⟨Konj.⟩ so wie (s.a. ↑وەک)

وەکووتر *wekûtir* ⟨Adv.⟩ sonst; andernfalls • وەکووتر کەسی تر لە ماڵەوە بووی؟ war sonst noch jemand zu Hause?

وەکیل *wekîl* (Stell-)Vertreter *m* / (Stell-)Vertreterin *f*; Agent *m* / Agentin *f*

وەکیەک *wekyek* ⟨Adv.⟩ gleich; **وەکیەک کردن** *wekyek kirdin* ⟨v.t.⟩ angleichen

وەڵام *weḻam* Antwort *f* (vgl. ↑وەرام); **وەڵام دانەوە** *weḻam danewe* ⟨v.t.⟩ (be)antworten

وەڵڵا *weḻḻa* bei Gott!

وەنەوز *wenewz* Einnicken *n*; **وەنەوز دان** *wenewz dan* ⟨v.t.⟩ 1. einnicken; 2. dösen

وەنەوشە *wenewşe* 1. (Bot.) Veilchen *n*; 2. Flieder *m*; **وەنەوشەی فەڕەنگی** *wenewşey fer̲engî* (Bot.) Stiefmütterchen *n*

وەنەوشەیی *wenewşeyî* ⟨Adj.⟩ violett; lila

وەها *weha* ⟨Adv.⟩ so; auf diese Weise

وەهم *wehm* 1. Wahnsinn *m*; 2. Illusion *f*

وەی *wey* **I** ⟨Int.⟩ 1. (Ausdruck von Überraschung, Verwunderung) Donnerwetter!; 2. o weh! **II** Leid *n*; Unglück *n* • وەی! کە خۆشە! Donnerwetter, das ist lecker!

ویزاندن *wîzandin* ⟨v.t.⟩ ⟨ویزێنـ- *wîzên-*⟩ 1. summen; 2. zischen

ویزویزە *wîzwîze* (Zool.) Hummel *f*

ویژدان *wîjdan* Gewissen *n* • ویژدانت بێ! (üb.) sei nicht so grausam!

ویژدانئازاردان *wîjdanazardan* Gewissensbisse *Pl.*

ویست *wîst* Wille *m*; Absicht *f*

ویستن *wîstin* ⟨v.t.⟩ ⟨وێ، ەوێ *wê, ewê*⟩ wünschen; mögen; wollen • دەمەوێ بخوێنم ich möchte studieren; دەفتەرێکم دەوێ ich möchte ein Heft; هەر تۆم دەوێ ich will nur dich; **خۆش ویستن** *xoş wîstin* ⟨v.t.⟩ lieben; شنۆم خۆش دەوێ ich liebe Şino

ویسکی *wîskî* Whisky *m*

ویندۆو *wîndow* (EDV) Fenster *n*

وێبسایت *wêbsayit* Webseite *f*

وێبگە *wêbge* Internetseite *f*

[1]**وێران** *wêran* ⟨Adj.⟩ ruiniert; zerstört; **وێران کردن** *wêran kirdin* ⟨v.t.⟩ zerstören; ruinieren

[2]**وێران** *wêran* ⟨v.t.⟩ ⟨وێر- *wêr-*⟩ (etw.) wagen; sich (ge)trauen

وێرانکار *wêrankar* **I** ⟨Adj.⟩ zerstörerisch **II** Saboteur *m* / Saboteurin *f*

وێرانکاری *wêrankarî* Zerstörung *f*; Vernichtung *f*

وێرانە *wêrane* **I** ⟨Adj.⟩ öde **II** Ruine *f*

وێرگول *wêrgul* (Gr.) Komma *n* (s.a. ↑[2]بۆر)

وێژە *wêje* Literatur *f* (s.a. ↑ئەدەب)

وێستگە *wêstge* Haltestelle *f*; **وێستگەی پاس** *wêstgey pas* Bushaltestelle *f*; **وێستگەی تەکسی** *wêstgey teksî* Taxistand *m*; **وێستگەی سەرەکیی شەمەندەفەر** *wêstgey serekîy şemendefer* Hauptbahnhof *m*; وێستگەی شەمەندەفەر *wêstgey şemendefer* Bahnhof *m*

وێڵ *wê̱l* ⟨Adj.⟩ 1. ziellos; 2. heimatlos; وێڵ بوون *wê̱l bûn* ⟨v.i.⟩ 1. umherirren; 2. herumlungern

وێڵاش *wê̱laş* (Med.) Plazenta *f* (s.a. پزدان↑)

وێنجە *wênce* (Bot.) Klee *m*; Luzerne *f*

وێنە *wêne* Bild *n*; Foto *n*; وێنە کردن *wêne kirdin* ⟨v.t.⟩ zeichnen; وێنە گرتن *wêne girtin* ⟨v.t.⟩ 1. fotografieren; 2. filmen

وێنەکێش *wênekêş* Zeichner *m* / Zeichnerin *f*; (Kunst-)Maler *m* / (Kunst-)Malerin *f*

وێنەکێشان *wênekêşan* Zeichnung *f*; Illustration *f*

وێنەکێشی *wênekêşî* Malerei *f*

وێنەگر *wênegir* Fotograf *m* / Fotografin *f*

ۆ

ۆ *o* im Anlaut ئۆ o; neunundzwanzigster Buchstabe des kurdischen Alphabets (Zahlenwert 6 genauso wie و *u*/*w*)

ئۆپۆزیسیۆن *opozîsyon* (Pol.) Opposition *f*

ئۆپەڕا *opera* (Mus.) Oper *f*

ئۆتۆبان *otoban* Autobahn *f*

ئۆتۆپسی *otopsî* Obduktion *f*

ئۆتۆنۆم *otonom* ⟨Adj.⟩ (Pol.) autonom

ئۆتۆنۆمی *otonomî* Autonomie *f*; Selbstverwaltung *f*

ئۆرتۆپێد *ortopêd* (Med.) Orthopäde *m* / Orthopädin *f*

ئۆرتۆپێدی *ortopêdî* (Med.) Orthopädie *f*

ئۆرکێسترا *orkêstra* (Mus.) Orchester *n*

ئۆرگۆن *orgon* (Mus.) Orgel *f*

ئۆزبەکستان *Ozbekistan* (Geogr.) Usbekistan *n*

ئۆزبەکی *ozbekî* **I** ⟨Adj.⟩ usbekisch **II** 1. Usbeke *m* / Usbekin *f*; 2. Usbekisch *n*

ئۆزۆن *ozon* (Chem.) Ozon *n*

ئۆف *of* ⟨Int.⟩ (Ausdruck der Abscheu etc.) pfui!; igitt!

ئۆفلاین *oflayin* ⟨Adj.⟩ (EDV) offline

ئۆڤەرتایم *overtayim* Überstunden *Pl.*

ئۆقیانووس *oqyanûs* Ozean *m*; ئۆقیانووسی هێمن *oqyanûsî hêmin* (Geogr.) Pazifik *m*; ئۆقیانووسی ئەتڵەسی *oqyanûsî etlesî* (Geogr.) Atlantik *m*

ئۆکراینی *okrayinî* **I** ⟨Adj.⟩ ukrainisch **II** 1. Ukrainer *m* / Ukrainerin *f*; 2. Ukrainisch *n*

ئۆکراینیا *Okrayinya* (Geogr.) Ukraine *f*

ۆ

ئۆكسجین *oksicîn* (Chem.) Sauerstoff *m*
ئۆكۆردیۆن *okordyon* Akkordeon *n*
ئۆڵۆمپی *olompî* ⟨Adj.⟩ olympisch
ئۆڵۆمپیا *olompiya* (Sp.) Olympia *n*
ئۆمەت *omet* Religionsgemeinschaft *f*
ئۆنلاین *onlayin* ⟨Adj.⟩ online

ه

ه *h* hê; dreißigster Buchstabe des kurdischen Alphabets (Zahlenwert 5)
هاتن *hatin* **I** ⟨v.i.⟩ ⟨یێـ *ê*-, (neg.) نایەـ *naye*-⟩ (an-, daher)kommen; erscheinen **II** Ankunft *f* ● بەخێر هاتن! Willkommen!; **بەدوا ...ـدا هاتن** *bedwa ...-da hatin* ⟨v.i.⟩ j-n abholen
هاتنوچوون *hatinuçûn* ⟨v.i.⟩ ⟨یێـ و...چـ *ê- u...ç*-, (neg.) نایەـ وناچـ *naye-unaç*-⟩ herumfahren
هاتنە *hatine* ⟨v.i.⟩ ⟨یێـ ە *ê- e*, (neg.) نایەـ ە *naye- e*⟩ 1. kommen zu; 2. führen zu; **هاتنە سەر چۆک** *hatine ser çok* ⟨v.i.⟩ knien; sich hinknien; **هاتنە پێشەوە** *hatine pêşewe* ⟨v.i.⟩ nach vorne kommen; **هاتنە خوارەوە** *hatine xiwarewe* ⟨v.i.⟩ 1. aussteigen; hinabsteigen; 2. sinken; **هاتنە دەرەوە** *hatine derewe* ⟨v.i.⟩ herauskommen; aussteigen; **هاتنە دی** *hatine dî* ⟨v.i.⟩ sich erfüllen; **هاتنە ژوورەوە** *hatine jûrewe* ⟨v.i.⟩ eintreten
هاتنەوە *hatinewe* ⟨v.i.⟩ ⟨یێـ ەوە *ê- ewe*, (neg.) نایەـ ەوە *naye- ewe*⟩ zurückkommen; wiederkommen; **هاتنەوە بیر** *hatinewe bîr* ⟨v.i.⟩ sich erinnern
هاتوچۆ *hatuço* Verkehr *m*; **نەخشەی هاتوچۆ** *nexşey hatuço* Fahrplan *m*; **نیشانەی هاتوچۆ** *nîşaney hatuço* Verkehrsschild *n*; **هاتوچۆ کردن** *hatuço kirdin* ⟨v.t.⟩ hin- und hergehen
هار *har* ⟨Adj.⟩ 1. tollwütig; wild; 2. scharf (Gewürz); **هار کردن** *har kirdin* ⟨v.t.⟩ 1. wahnsinnig machen; 2. hetzen
هارددیسک *harddîsk* Festplatte *f*
هاری *harî* (Med.) Tollwut *f*
هاڕمۆنیکا *har̠monîka* Mundharmonika *f*
هاڕین *har̠în* ⟨v.t.⟩ ⟨هاڕـ *har̠*-⟩ 1. mahlen; 2. hacken
هاژاندن *hajandin* ⟨v.t.⟩ ⟨هاژێنـ *hajên*-⟩ 1. rauschen; 2. plätschern (Fluss)
هاڵاو *halaw* Dampf *m*; **هاڵاو لێهەڵسان** *halaw lêhelsan* ⟨v.i.⟩ dampfen
هامستەر *hamster* (Zool.) Hamster *m*
هامشۆ *hamşo* Umgang *m*
هان *han* Ermutigung *f*; Motivation *f*; **هان دان** *han dan* ⟨v.t.⟩ herausfor-

ه

dern; ermutigen

هاندان *handan* 1. Aufhetzung *f*; Provokation *f*; 2. Herausforderung *f*

هاندەر *hander* **I** ⟨Adj.⟩ ermutigend; aufheiternd **II** 1. Impuls *m*; Motiv *n*; 2. Anstifter *m* / Anstifterin *f*

هاوار *hawar* 1. Ruf *m*; 2. Geschrei *n*; هاوار كردن *hawar kirdin* ⟨v.t.⟩ 1. (auf) schreien; 2. um Hilfe rufen

هاوئاهەنگ *hawaheng* ⟨Adj.⟩ harmonisch (s.a. ↑هاوساز)

هاوئاهەنگی *hawahengî* Harmonie *f*

هاوبەرگ *hawberg* Uniform *f*

هاوبەش *hawbeş* **I** ⟨Adj.⟩ gemeinsam; kollektiv **II** Partner *m* / Partnerin *f*; Teilhaber *m* / Teilhaberin *f*

هاوبەشی *hawbeşî* 1. Partnerschaft *f*; 2. Teilnahme *f*; هاوبەشی كردن *hawbeşî kirdin* ⟨v.t.⟩ 1. sich beteiligen; 2. mitwirken

هاوبەشینەكردن *hawbeşînekirdin* Boykott *m*

هاوبیر *hawbîr* **I** ⟨Adj.⟩ gleich gesinnt **II** Genosse *m* / Genossin *f*

هاوپشت *hawpişt* ⟨Adj.⟩ solidarisch

هاوپەیمان *hawpeyman* **I** ⟨Adj.⟩ verbündet **II** Verbündeter *m* / Verbündete *f*; Alliierter *m* / Alliierte *f*

هاوپەیمانی *hawpeymanî* Allianz *f*; Koalition *f*

هاوپیشە *hawpîşe* Berufskollege *m* / Berufskollegin *f*

هاوپێچ *hawpêç* ⟨Adj.⟩ beiliegend

هاوتا *hawta* ⟨Adj.⟩ 1. gleich; 2. ähnlich; analog

هاوتاوان *hawtawan* Komplize *m* / Komplizin *f*

هاوتایی *hawtayî* Bilanz *f*

هاوتەریب *hawterîb* ⟨Adj.⟩ parallel

هاوتەریبی *hawterîbî* Parallele *f*

هاوتەک *hawtek* Begleiter *m* / Begleiterin *f*

هاوجنس *hawcins* ⟨Adj.⟩ gleichartig

هاوجنسباز *hawcinsbaz* **I** ⟨Adj.⟩ homosexuell **II** Homosexueller *m* / Homosexuelle *f*

هاوچەرخ *hawçerx* ⟨Adj.⟩ modern

هاوخەبات *hawxebat* Genosse *m* / Genossin *f*

هاوخەم *hawxem* ⟨Adj.⟩ mitfühlend • هاوخەمتانم! ich fühle mit Ihnen!

هاوخەمی *hawxemî* 1. Mitgefühl *n*; 2. Beileid *n*

هاودەم *hawdem* **I** ⟨Adj.⟩ vertraut **II** Vertrauter *m* / Vertraute *f*

هاودەمی *hawdemî* Intimität *f*

هاوردە *hawirde* **I** ⟨Adj.⟩ importierend **II** Importeur *m* / Importeurin *f*

هاوڕاز *hawṟaz* Vertrauter *m* / Vertraute *f*

هاوڕێ *hawṟê* 1. Freund *m* / Freundin *f*; 2. (Weg-)Genosse *m* / (Weg-) Genossin *f*

هاوڕێیەتی *hawṟêyetî* Freundschaft *f*

هاوژوور *hawjûr* Zimmergenosse *m* / Zimmergenossein *f*

هاوساز *hawsaz* ⟨Adj.⟩ harmonisch

هاوسەر *hawser* Ehemann *m* / Ehefrau *f*; هاوسەر گرتن *hawser girtin* ⟨v.t.⟩ heiraten

هاوسەرگرتن *hawsergirtin* Heirat *f*; Trauung *f*

هاوسەری *hawserî* Ehe *f*
هاوسەنگ *hawseng* ⟨Adj.⟩ 1. gleichwertig; 2. ausgeglichen
هاوسەنگبوون *hawsengbûn* 1. Gleichgewicht *n*; 2. Ausgleich *m*
هاوسێ *hawsê* Nachbar *m* / Nachbarin *f* (s.a. ↑دراوسێ)
هاوسێتی *hawsêtî* Nachbarschaft *f* (vgl. ↑دراوسێتی)
هاوشێوە *hawşêwe* ⟨Adj.⟩ ähnlich
هاوشێوەیی *hawşêweyî* Ähnlichkeit *f*
هاوکات *hawkat* ⟨Adj.⟩ gleichzeitig
هاوکار *hawkar* Mitarbeiter *m* / Mitarbeiterin *f*
هاوکاری *hawkarî* Mitarbeit *f*; **هاوکاری کردن** *hawkarî kirdin* ⟨v.t.⟩ 1. kooperieren; 2. mitarbeiten
هاوکێشە *hawkêşe* (Math.) Gleichung *f*
هاوکێشی *hawkêşî* Gleichgewicht *n*
هاوگەشت *hawgeşt* Reisebegleiter *m* / Reisebegleiterin *f*
هاوگەشتکار *hawgeştkar* Mitreisender *m* / Mitreisende *f*
هاوماڵ *hawmal̤* Hausgenosse *m* / Hausgenossin *f*
هاوماڵی *hawmal̤î* Wohngemeinschaft *f*
هاوناو *hawnaw* **I** ⟨Adj.⟩ gleichnamig **II** Namensvetter *m*
هاونیشتمان *hawnîştiman* 1. Mitbürger *m* / Mitbürgerin *f*; 2. Staatsangehöriger *m* / Staatsangehörige *f*
هاونیشتمانی *hawnîştimanî* 1. Staatsangehörigkeit *f*; 2. Landsmann *m* (vgl. ↑هاووڵاتێتی)
هاوواتا *hawwata* ⟨Adj.⟩ synonym
هاووڵات *hawwil̤at* einheimisch
هاووڵاتی *hawwil̤atî* (Staats-)Bürger *m* / (Staats-)Bürgerin *f*; **بوون بە هاووڵاتی** *bûn be hawwil̤atî* ⟨v.i.⟩ eingebürgert werden
هاووڵاتێتی *hawwil̤atêtî* Staatsangehörigkeit *f*
هاوەن *hawen* Mörser *m* (als Reibschale)
هاویاری *hawyarî* Mitspieler *m* / Mitspielerin *f*
هاویشتن *hawîştin* ⟨v.t.⟩ ⟨هاوێژـ، هاوـ *hawêj-*, *haw-*⟩ (weg-, ein)werfen; schießen
هاوین *hawîn* Sommer *m*
هاوینە *hawîne* ⟨Adj.⟩ sommerlich; **کاتی هاوینە** *katî hawîne* Sommerzeit
هاویەک *hawyek* ⟨Adj.⟩ gleich; quitt
هاوێتە *hawête* (Glas-)Linse *f*; Objektiv *n*
هاوێنە *hawêne* (Kamera-)Linse *f* (vgl. ↑عەدەسە); **هاوێنەی چاوی** *hawêney çawî* Kontaktlinse *f*
هایبەخت *haybext* Lotterie *f*
هتد *htd.* Abkürzung für ↑ هەتادوایی
هندستان *Hindistan* s. ↑هیندستان
هوشیار *huşyar* s. ↑هۆشیار
هونەر *huner* Kunst *f*; **هونەری چێشتلێنان** *hunerî çêştlênan* Kochkunst *f*; Gastronomie *f*; **هونەری دەستکرد** *hunerî destkird* Kunsthandwerk *n*
هونەرمەند *hunermend* **I** ⟨Adj.⟩ kunstbegabt; talentiert **II** Künstler *m* / Künstlerin *f*
هونەری *hunerî* ⟨Adj.⟩ 1. geschickt; 2. künstlerisch; **کاری هونەری** *karî hunerî* Kunstwerk *n*

ھ

هۆ *ho* Ursache *f*; Grund *m*; **هۆی سەرەکی** *hoy serekî* Hauptgrund *m*; **بە هۆی ....ـ(ە)وە** *be hoy …-(e)we* ⟨Präp.⟩ wegen; بە هۆی تۆوە deinetwegen

هۆتلاین *hotlayn* Hotline *f*

هۆدە *hode* Zimmer *n*; Stube *f*

هۆڕمۆن *hor̄mon* (Med.) Hormon *n*

هۆڕن *hor̄in* Hupe *f*; **هۆڕن لێدان** *hor̄in lêdan* ⟨v.t.⟩ hupen

هۆش *hoş* 1. Verstand *m*; 2. Gefühl *n*; Sinn *m*; **لە هۆش چوون** *le hoş çûn* ⟨v.i.⟩ ohnmächtig werden

هۆشداری *hoşdarî* Warnung *f*

هۆشەبۆنی *hoşebonî* Geruchsinn *m*

هۆشەبیستن *hoşebîstin* Gehörsinn *m*

هۆشەبینین *hoşebînîn* Sehvermögen *n*

هۆشەچەشتن *hoşeçeştin* Geschmackssinn *m*

هۆشیار *hoşyar* ⟨Adj.⟩ 1. wachsam; 2. bewusst

هۆشیاری *hoşyarî* 1. Wachsamkeit *f*; 2. Bewusstsein *n*

هۆکار *hokar* 1. Mittel *n*; 2. Faktor *m*; 3. Ursache *f*

هۆکی *hokî* (Sp.) Hockey *n*

هۆگر *hogir* ⟨Adj.⟩ 1. gewohnt; 2. gesellig

هۆگری *hogirî* Intimität *f*; Gewohnheit *f*

هۆڵ *hol̮* 1. Halle *f*; Saal *m*; 2. Salon *m*; **هۆڵی وەرزش** *hol̮î werziş* Sporthalle *f*; **هۆڵی نانخواردن** *hol̮î nanxiwardin* Speisesaal *m*

هۆمیۆپات *homyopat* Homöopath *m* / Homöopathin *f*

هۆمیۆپاتی *homyopatî* Homöopathie *f*

هۆنراوە *honrawe* (Lit.) Gedicht *n*; Dichtung *f* (vgl. ↑شیعر); **هۆنراوە دانان** *honrawe danan* ⟨v.t.⟩ dichten

هۆنینەوە *honînewe* ⟨v.t.⟩ ⟨هۆنـ ەوە *hon-ewe*⟩ 1. stricken; 2. knüpfen

هەبوون *hebûn* ⟨v.i.⟩ ⟨هە...بـ *he…b-*⟩ 1. existieren; vorhanden sein; 2. haben (nur in 3. Ps. Sg. هە...ە *he…e* gebraucht) • خوا هەیە Gott existiert; توانایەکی زۆری هەیە er hat viel Kraft

هەتادوایی *hetadiwayî* ⟨Adv.⟩ und so weiter (usw.); et cetera (etc.)

هەتاو *hetaw* Sonnenlicht *n*; Sonne *f*

هەتاوبردە *hetawbirde* ⟨Adj.⟩ sonnengebräunt

هەتاهەتا *hetaheta* ⟨Adv.⟩ für immer; ewig

هەتاهەتایی *hetahetayî* **I** ⟨Adv.⟩ auf ewig **II** Ewigkeit *f*

هەتوان *hetwan* Salbe *f*

هەتیو *hetîw* Halbwaise *f* (vaterloser unmündiger Junge); Waisenkind *n*

هەتیوباز *hetîwbaz* **I** ⟨Adj.⟩ pädophil **II** Pädophiler *m*

هەتیوبازی *hetîwbazî* Pädophilie *f* (geschlechtliche Beziehung von Männern zu Knaben)

هەجوو *hecû* (Lit.) Satire *f*; **هەجوو کردن** *hecû kirdin* ⟨v.t.⟩ j-n beschimpfen; j-n schmähen

هەجوونامە *hecûname* Schmähschrift *f*

هەر *her* **I** ⟨Pron.⟩ irgendeine(r, s) **II** ⟨Adv.⟩ 1. gerade; 2. nur • هەر

ه

ڕۆژە jeden Tag; من هەر میوە دەخۆم ich esse nur Obst

هەراج *herac* Auktion *f*; **هەراج کردن** *herac kirdin* ⟨v.t.⟩ versteigern

هەراجکردن *herackirdin* 1. Versteigerung *f*; 2. Ausverkauf *m*

هەراس *heras* Störung *f*; Belästigung *f*

هەراسان *herasan* → **هەراسان کردن** *herasan kirdin* ⟨v.t.⟩ belästigen

هەرجارێک *hercarêk* ⟨Adv.⟩ jedes Mal

هەرچوارلا *herçiwarla* Himmelsrichtungen *Pl.*

هەرچەندە *herçende* ⟨Konj.⟩ obwohl

هەردوو *herdû* ⟨Adj.⟩ beide

هەردووکیان *herdûkyan* ⟨Pron.⟩ beide

هەردەم *herdem* ⟨Adv.⟩ jederzeit

هەرزان *herzan* ⟨Adj.⟩ billig; (preis) günstig; preiswert

هەرزانکراو *herzankiraw* **I** ⟨Adj.⟩ verbilligt **II** Sonderangebot *n*

هەرزن *herzin* Hirse *f*

هەرزە *herze* ⟨Adj.⟩ 1. jugendlich; 2. ungeschickt

هەرزەکار *herzekar* ⟨Adj.⟩ unmündig; pubertär

هەرزەیی *herzeyî* 1. (üb.) Unreife *f* (Person); 2. Torheit *f*

هەرس *hers* Verdauung *f*; **هەرس کردن** *hers kirdin* ⟨v.t.⟩ verdauen (Nahrung)

هەرکاتێ *herkatê* ⟨Adv.⟩ 1. jederzeit; 2. irgendwann

هەرکە *herke* ⟨Konj.⟩ sobald (wie)

هەرکەسێ *herkesê* ⟨Pron.⟩ jede(r, -s) • هەرکەسێ هەیت wer auch immer du bist

هەرگیز *hergîz* ⟨Adv.⟩ 1. keinesfalls; 2. jemals

هەرمێ *hermê* (Bot.) Birne *f*

هەروا *herwa* **I** ⟨Adj.⟩ umsonst; übrigens **II** ⟨Adv.⟩ ebenfalls

هەروەها *herweha* ⟨Adv.⟩ auch; ebenfalls

هەرەس *heres* Lawine *f*; Erdrutsch *m*; **هەرەس هێنان** *heres hênan* ⟨v.t.⟩ zusammenbrechen

هەرەسهێنان *hereshênan* Lawinenabgang *m*

هەرەم *herem* Pyramide *f*

هەرەوەز *herewez* Kooperation *f*

هەرەوەزی *herewezî* ⟨Adj.⟩ kooperativ; **هەرەوەزی کردن** *herewezî kirdin* ⟨v.t.⟩ kooperieren

هەرەیی *hereyî* (Gr.) Superlativ *m*

هەریەک *heryek* s. ↑ هەریەکە

هەریەکە *heryeke* ⟨Pron.⟩ (ein) jede(r, -s) (einzelne), (eine) jede (einzelne)

هەرێم *herêm* Region *f*; Bundesland *n*

هەرێمی *herêmî* ⟨Adj.⟩ regional

هەڕەشە *hereşe* Drohung *f*; **هەڕەشە لێکردن** *hereşe lêkirdin* ⟨v.t.⟩ (be-, an) drohen

هەزار *hezar* ⟨Num.⟩ tausend

هەزارپێ *hezarpê* (Zool.) Tausendfüßler *m*

هەزارە *hezare* Jahrtausend *n*

هەزم *hezim* (Med.) Verdauung *f*; **هەزم کردن** *hezim kirdin* ⟨v.t.⟩ verdauen

هەژار *hejar* ⟨Adj.⟩ arm; mittellos; **هەژار بوون** *hejar bûn* ⟨v.i.⟩ verarmen

هەژاری *hejarî* Armut *f*; Not *f* • هەژاری

عار نییە Armut ist keine Schande

هەژاندن *hejandin* ⟨v.t.⟩ ⟨-هەژێن *hejên-*⟩ erschüttern

هەژدە *hejde* ⟨Num.⟩ achtzehn

هەژدەمین *hejdemîn* ⟨Num.⟩ achtzehnte(r, -s)

هەست *hest* 1. Gefühl *n*; 2. Empfindung *f*; **هەستی بیستن** *hestî bîstin* Gehör *n*; **هەستی خۆ دەربڕین** *hestî xo derbiṟîn* ⟨v.t.⟩ sich ausdrücken; **هەستی فتری** *hestî fitrî* Instinkt *m*; **هەست بە خۆ کردن** *hest be xo kirdin* ⟨v.t.⟩ sich fühlen; **هەست پێکردن** *hest pêkirdin* ⟨v.t.⟩ (be)merken; fühlen

هەستان *hestan* ⟨v.i.⟩ ⟨-هەست *hest-*⟩ aufstehen (nur Imperativ هەستە *heste* und Vergangenheitsformen gebraucht)

هەستپێکراو *hestpêkiraw* ⟨Adj.⟩ 1. gefühlt; 2. fühlbar

هەستپێکردن *hestpêkirdin* Wahrnehmung *f*; Empfindung *f*

هەستپێنەکراو *hestpênekraw* ⟨Adj.⟩ unbemerkt

هەستناسک *hestnasik* ⟨Adj.⟩ empfindlich

هەستەبۆ *hestebo* Geruchssinn *m*

هەستیار *hestiyar* ⟨Adj.⟩ sensibel; empfindlich

هەستیاری *hestiyarî* Sensibilität *f*; Empfindlichkeit *f*

هەشت *heşt* ⟨Num.⟩ acht

هەشتا *heşta* ⟨Num.⟩ achtzig

هەشتپێ *heştpê* Tintenfisch *m*; Krake *m*

هەشتسەد *heştsed* ⟨Num.⟩ achthundert

هەشتەم *heştem* ⟨Num.⟩ achte(r, -s)

هەشتیەک *heştyek* Achtel *n*

هەفتانە *heftane* ⟨Adv.⟩ wöchentlich

هەفتە *hefte* Woche *f*; **کۆتاییی هەفتە** *kotayîy hefte* Wochenende *n*

هەڤاڵ *hevaḻ* Freund *m* / Freundin *f*

هەڤاڵێتی *hevaḻêtî* Freundschaft *f*

هەق *heq* Wahrheit *f* (vgl. ↑حەق)

هەقایەت *heqayet* Märchen *n*

هەکتار *hektar* Hektar *m* (Flächenmaß, 1 ha = 100 Ar)

هەل *hel* Gelegenheit *f*

هەلاهەلا *helahela* ⟨Adj.⟩ zerfetzt; **هەلاهەلا کردن** *helahela kirdin* ⟨v.t.⟩ zerfetzen

هەلەزۆن *helezon* (Zool.) Auster *f*

هەلەکەسەما *helekesema* (Roter) Milan *m*

هەلەو *helew* ⟨Int.⟩ hallo!

هەڵاتن *heḻatin* s. ↑هەڵهاتن

هەڵاڵە *heḻaḻe* 1. (Bot.) Tulpe *f*; 2. Pollen *f*

هەڵاڵەتا *heḻaḻeta* 1. (Med.) Heuschnupfen *m*; 2. (Med.) Pollenallergie *f* (vgl. ↑پووشەتا)

هەڵامەت *heḻamet* (Med.) gewöhnliche Erkältung *f*; Schnupfen *m*; **هەڵامەت گرتن** *heḻamet girtin* ⟨v.t.⟩ sich erkälten

هەڵئاوسان *heḻawsan* **I** ⟨v.i.⟩ ⟨...هەڵ -ئاوسێ *heḻ…awsê-*⟩ (an)schwellen **II** Prellung *f*

هەڵاوێردن *heḻawêrdin* **I** ⟨v.t.⟩ ⟨...هەڵ -ئاوێر *heḻ…awêr-*⟩ ausnehmen (von) **II** Ausnahme *f*

هەڵبژاردن *heḻbijardin* **I** ⟨v.t.⟩ ⟨...هەڵ -بژێر *heḻ…bijêr-*⟩ (aus-, er)wählen; aussuchen **II** Wahl *f*

هەڵبژاردە *helbijarde* **I** ⟨Adj.⟩ (aus)gewählt **II** 1. Auswahl *f*; 2. Anthologie *f*

هەڵبژێرراو *helbijêrraw* **I** ⟨Adj.⟩ (aus) gewählt **II** Kandidat *m* / Kandidatin *f*

هەڵبەتە *helbete* ⟨Adv.⟩ sicherlich (vgl. ↑ئەڵبەتە)

هەڵبەزینەوە *helbezînewe* ⟨v.i.⟩ ⟨هەڵ...بەز- ەوە *hel…bez- ewe*⟩ aufspringen; hüpfen

هەڵبەست *helbest* Dichtung *f*; Gedicht *n* (s.a. ↑شیعر)

هەڵبەستن *helbestin* ⟨v.t.⟩ ⟨هەڵ...بەست- *hel…best-*⟩ 1. aufstellen; errichten; 2. (Lit.) dichten

هەڵپچڕ *helpiçir* Dosenöffner *m*

هەڵپچڕین *helpiçrîn* ⟨v.t.⟩ ⟨هەڵ...پچڕ- *hel…piçr-*⟩ öffnen (Dose); aufbrechen (Brief)

هەڵپرواندن *helpirwandin* ⟨v.t.⟩ ⟨هەڵ... پروێن- *hel…pirwên-*⟩ zerkrümeln

هەڵپەساردن *helpesardin* ⟨v.t.⟩ ⟨هەڵ... پەسێر- *hel…pesêr-*⟩ 1. auflehnen; 2. stützen

هەڵپەهەڵپ *helpehelp* Lechzen *n*; **هەڵپەهەڵپ کردن** *helpehelp kirdin* ⟨v.t.⟩ lechzen (nach etw.)

هەڵتلیشان *heltilîşan* ⟨v.i.⟩ ⟨هەڵ...تلیشێ- *hel…tilîşê-*⟩ (zer)reißen; sich (auf) spalten

هەڵتووتان *heltûtan* ⟨v.i.⟩ ⟨هەڵ...تووتێ- *hel…tûtê-*⟩ hocken

هەڵچنین *helçinîn* ⟨v.t.⟩ ⟨هەڵ...چن- *hel…çin-*⟩ 1. anhäufen; 2. schichten

هەڵچوو *helçû* ⟨Adj.⟩ gereizt

هەڵچوون *helçûn* ⟨v.i.⟩ ⟨هەڵ...چ- *hel…ç-*⟩ überkochen

هەڵخەڵەتاندن *helxeletandin* ⟨v.t.⟩ ⟨هەڵ... خەڵەتێن- *hel…xeletên-*⟩ täuschen; betrügen; **خۆ هەڵخەڵەتاندن** *xo helxeletandin* sich einreden

هەڵدان *heldan* ⟨v.t.⟩ ⟨هەڵ...دە-/دا *hel…de-/da*⟩ (hoch-, hinein-, ein-, zu) werfen

هەڵدانەوە *heldanewe* ⟨v.t.⟩ ⟨هەڵ...دە- ەوە/ داتەوە *hel…de- ewe/datewe*⟩ aufdecken; abnehmen (Deckel)

هەڵدڕین *heldirîn* ⟨v.t.⟩ ⟨هەڵ...دڕ- *hel…dir-*⟩ aufschlitzen; aufschneiden

هەڵدێرکە *heldêrke* Steilhang *m*

هەڵسان *helsan* ⟨v.i.⟩ ⟨هەڵ...س- *hel…s-*⟩ aufstehen; sich aufrichten

هەڵسوکەوت *helsukewt* Verhalten *n*; Benehmen *n*

هەڵسوکەوتکردن *helsukewtkirdin* Umgang *m*

هەڵسووڕێنەر *helsûrêner* Exekutive *f*

هەڵسەنگاندن *helsengandin* **I** ⟨v.t.⟩ ⟨هەڵ... سەنگێن- *hel…sengên-*⟩ bewerten; beurteilen; rezensieren **II** Bewertung *f*; Beurteilung *f*; Rezension *f*

هەڵفریواندن *helfirîwandin* ⟨v.t.⟩ ⟨هەڵ... فریوێن- *hel…firîwên-*⟩ irreführen; täuschen

هەڵفلیقاندنەوە *helfilîqandinewe* ⟨v.t.⟩ ⟨هەڵ...فلیقێن- ەوە *hel…filîqên- ewe*⟩ (zer)quetschen

هەڵقوڵین *helqulîn* ⟨v.i.⟩ ⟨هەڵ...قوڵ- *hel…qul-*⟩ (auf-, hervor-, heraus) sprudeln

هەڵکردن *helkirdin* ⟨v.t.⟩ ⟨هەڵ...کە-/کا *hel…ke-/ka*⟩ 1. wehen (Wind); 2. wickeln (Draht, Faden etc.); 3. einschalten

هەڵکۆڵین *helkolîn* **I** ⟨v.t.⟩ ⟨هەڵ...کۆڵ- *hel…kol-*⟩ 1. (aus-, ein)graben; 2. stechen **II** 1. Ausgrabung *f*; 2. Stich *m* (Kupfer, Holz etc.)

هەڵکەندن *helkendin* ⟨v.t.⟩ ⟨هەڵ...کەن- *hel…ken-*⟩ (auf-, um)graben

هەڵکەوتن *helkewtin* ⟨v.i.⟩ ⟨هەڵ...کەو- *hel…kew-*⟩ 1. außergewöhnlich sein; 2. hinfallen

هەڵکێشان *helkêşan* ⟨v.t.⟩ ⟨هەڵ...کێش- *hel…kêş-*⟩ herausziehen; herausreißen

هەڵگرتن *helgirtin* ⟨v.t.⟩ ⟨هەڵ...گر- *hel…gir-*⟩ (auf-, an)heben; (aus)tragen • ئەوە هەڵدەگرێ؟ lohnt sich das?

هەڵگرتنەوە *helgirtinewe* **I** ⟨v.t.⟩ ⟨هەڵ...گر- ەوە *hel…gir- ewe*⟩ adoptieren **II** Adoption *f*

هەڵگەڕان *helgeran* ⟨v.i.⟩ ⟨هەڵ...گەڕێ- *hel…gerê-*⟩ hinaufklettern

هەڵگەڕاندنەوە *helgerandinewe* ⟨v.t.⟩ ⟨هەڵ...گەڕێن- ەوە *hel…gerên- ewe*⟩ umdrehen; umstürzen

هەڵگەڕانەوە *helgeranewe* ⟨v.i.⟩ ⟨هەڵ...گەڕێ- ەوە *hel…gerê- ewe*⟩ umkippen

هەڵگیرساندن *helgîrsandin* ⟨v.t.⟩ ⟨هەڵ...گیرسێن- *hel…gîrsên-*⟩ anzünden; anmachen • ئەوان چراکە هەڵدەگیرسێنن sie schalten die Lampe ein

هەڵلەرزین *hellerzîn* ⟨v.i.⟩ ⟨هەڵ...لەرز- *hel…lerz-*⟩ zittern

هەڵم *helm/helim* Dampf *m*; Dunst *m*; **بوون بە هەڵم** *bûn be helim* ⟨v.i.⟩ verdampfen; **بە هەڵم کوڵاندن** *be helim kulandin* ⟨v.t.⟩ dämpfen; dünsten

هەڵمات *helmat* Murmel *f*

هەڵمژین *helmijîn* ⟨v.t.⟩ ⟨هەڵ...مژ- *hel…mij-*⟩ 1. (auf-, ein-, aus)saugen; 2. (Med.) inhalieren

هەڵمەت *helmet* Angriff *m*; **هەڵمەتی پۆلیس** *helmetî polîs* Razzia *f*

هەڵنیشتن *helnîştin* ⟨v.i.⟩ ⟨هەڵ...نیش- *hel…nîş-*⟩ sich setzen

هەڵواسین *helwasîn* ⟨v.t.⟩ ⟨هەڵ...واس- *hel…was-*⟩ aufhängen

هەڵووژە *helûje* (Bot.) Pflaume *f*; Zwetschge *f*

هەڵوەرین *helwerîn* ⟨v.i.⟩ ⟨هەڵ...وەر- *hel…wer-*⟩ ausfallen (Haare, Blätter, Zähne etc.)

هەڵوەشاندن *helweşandin* ⟨v.t.⟩ ⟨هەڵ...وەشێن- *hel…weşên-*⟩ niederreißen; abmontieren

هەڵوەشاندنەوە *helweşandinewe* **I** ⟨v.t.⟩ ⟨هەڵ...وەشێن- ەوە *hel…weşên- ewe*⟩ widerrufen; annullieren **II** Widerruf *m*; Annullierung *f*

هەڵوەشانەوە *helweşanewe* ⟨v.i.⟩ ⟨هەڵ...وەشێ- ەوە *hel…weşê- ewe*⟩ sich auflösen

هەڵوێست *helwêst* Haltung *f*; Position *f*

هەڵۆ *helo* (Zool.) Adler *m*

هەڵهاتن *helhatin* ⟨v.i.⟩ ⟨هەڵ...ێ- *hel…ê-*, (neg.) هەڵنایە- *helnaye-*⟩ 1. aufgehen (Sonne, Mond, Stern), 2. flüchten

ه

هەڵهێنان *helhênan* ⟨v.t.⟩ ⟨هەڵ...هێنـ-، هەڵ...ێنـ- *hel…hên-, hel…ên-*⟩ lösen (Rätsel); erraten

هەڵهێنجان *helhêncan* ⟨v.t.⟩ ⟨هەڵ...هێنجـ- *hel…hênc-*⟩ (aus)pumpen

هەڵە *hele* **I** ⟨Adj.⟩ falsch **II** Irrtum *m;* Fehler *m;* Versehen *n;* **هەڵە بوون** *hele bûn* ⟨v.i.⟩ falsch sein; **لێ هەڵە بوون** *lê hele bûn* ⟨v.i.⟩ sich irren; **هەڵە پێکردن** *hele pêkirdin* ⟨v.t.⟩ j-n irreführen; **بە هەڵەدا بردن** *be heleda birdin* ⟨v.t.⟩ j-n irreführen; **بە هەڵەدا چوون** *be heleda çûn* ⟨v.i.⟩ sich irren; **هەڵە کردن** *hele kirdin* ⟨v.t.⟩ sich irren (in)

هەڵەبژێری *helebijêrî* Korrektur *f;* Berichtigung *f;* **هەڵەبژێری کردن** *helebijêrî kirdin* ⟨v.t.⟩ korrigieren; berichtigen

هەڵەشانە *heleşane* ⟨Adv.⟩ vorschnell; überstürzt

هەڵەشە *heleşe* ⟨Adj.⟩ 1. unvorsichtig; 2. ungeschickt

هەڵەکردن *helekirdin* 1. Irrtum *m;* 2. Versehen *n*

هەڵەوگێڕاو *helewgêraw* ⟨Adj.⟩ umgekehrt; spiegelverkehrt

هەمان *heman* ⟨Pron.⟩ derselbe, dieselbe, dasselbe

هەموو *hemû* ⟨Pron.⟩ alle, alles; jede(r, -s); **هەموو ڕۆژێک** *hemû rojêk* ⟨Adv.⟩ jeden Tag; täglich; **هەموو هەفتەیەک** *hemû hefteyek* ⟨Adv.⟩ jede Woche; wöchentlich

هەمەجۆر *hemecor* ⟨Adj.⟩ verschieden (artig); abwechslungsreich

هەمەجۆری *hemecorî* Vielfalt *f*

هەمەلایەن *hemelayen* ⟨Adj.⟩ vielseitig

هەمەلایەنە *hemelayene* ⟨Adj.⟩ global; **هەمەلایەنە کردن** *hemelayene kirdin* ⟨v.t.⟩ globalisieren

هەمیشە *hemîşe* ⟨Adv.⟩ immer; stets

هەنار *henar* (Bot.) Granatapfel *m*

هەناردن *henardin* s. ↑ ناردن

هەناردە *henarde* Export *m;* Ausfuhr *f*

هەناسە *henase* Atem *m;* Atemzug *m;* **هەناسە پێدان** *henase pêdan* ⟨v.t.⟩ j-n beatmen; **هەناسە دان** *henase dan* ⟨v.t.⟩ (aus-, ein)atmen; **هەناسە دانەوە** *henase danewe* ⟨v.t.⟩ ausatmen; **هەناسە هەڵمژین** *henase helmijîn* ⟨v.t.⟩ einatmen; aufatmen

هەناسەدان *henasedan* Atmung *f*

هەناسەسارد *henasesard* **I** ⟨Adj.⟩ deprimiert **II** Niedergeschlagenheit *f*

هەناسەساردی *henasesardî* (Psych.) Depression *f*

هەناسەسوار *henasesiwar* ⟨Adj.⟩ kurzatmig

هەناسەسواری *henasesiwarî* (Med.) Asthma *n*

هەناو *henaw* Gedärm *n;* Eingeweide *Pl.*

هەنجیر *hencîr* (Bot.) Feige *f*

هەندبرێک *hendbirêk* Handbremse *f*

هەندل *hendil* Kurbel *f;* **هەندل لێدان** *hendil lêdan* ⟨v.t.⟩ kurbeln

هەندێ *hendê* ⟨Pron.⟩ 1. ein wenig; 2. einige • هەندێ کەس einige Leute

هەندێجار *hendêcar* ⟨Adv.⟩ manchmal

هەندێک *hendêk* s. ↑ هەندێ

هەنسک *henisk* Schluchzer *m;* **هەنسک (هەڵ)دان** *henisk (hel)dan* ⟨v.t.⟩

ه

schluchzen
هەنگ *heng* (Zool.) Biene *f*
هەنگاری *hengarî* **I** ⟨Adj.⟩ ungarisch **II** 1. Ungar *m* / Ungarin *f*; 2. Ungarisch *n*
هەنگاریا *Hengarya* (Geogr.) Ungarn *n* (vgl. ↑مەجەر)
هەنگاو *hengaw* Schritt *m*; Gang *m*; هەنگاو نان/هاویشتن/هەڵهێنان *hengaw nan/hawîştin/helhênan* ⟨v.t.⟩ vorangehen
هەنگاوبەهەنگاو *hengawbehengaw* ⟨Adv.⟩ schrittweise
هەنگوین *hengwîn* Honig *m*
هەنگوینەمانگ *hengwînemang* Hochzeitsreise *f*
هەنگەوان *hengewan* Imker *m* / Imkerin *f*
هەنەزا *heneza* Stiefkind *n*
هەوا *hewa* 1. Luft *f*; Wind *m*; 2. Wetter *n*; هەوا تێکردن *hewa têkirdin* ⟨v.t.⟩ aufblasen; aufpumpen; هەوا گۆڕین *hewa gorîn* ⟨v.t.⟩ lüften; entlüften; هەوا هەڵمژین *hewa helmijîn* ⟨v.t.⟩ einatmen
هەواپیسکردن *hewapîskirdin* Luftverschmutzung *f*
هەوار *hewar* Unterkunft *f*; Lager *m*
هەوارگە *hewarge* Zeltplatz *m*; Lagerplatz *m*
هەواگۆڕ *hewagor* Ventilator *m*; Lüftungsanlage *f*
هەواگۆڕین *hewagorîn* Lüftung *f*
هەواڵ *hewal* Meldung *f*; Auskunft *f*; هەواڵی نوێ *hewalî nwê* Neuigkeit *f*; هەواڵ پرسین *hewal pirsîn* ⟨v.t.⟩ sich erkundigen (nach); هەواڵ پێدان *hewal pêdan* ⟨v.t.⟩ benachrichtigen
هەواڵنامە *hewalname* Informationsblatt *n*; Reportage *f*
هەواڵنێر *hewalnêr* Reporter *m* / Reporterin *f*
هەوانتە *hewante* Lappalie *f*
هەوایی *hewayî* **I** ⟨Adj.⟩ luftig **II** Antenne *f*
هەور *hewr* Wolke *f*; هەور گرماندن *hewr girmandin* ⟨v.t.⟩ donnern; هەور دەگرمێنێ es donnert
هەوراز *hewraz* **I** ⟨Adv.⟩ bergauf **II** Steigung *f*
هەوراوی *hewrawî* ⟨Adj.⟩ wolkig; bewölkt
هەورەبروسکە *hewrebiruske* (s. ↑هەورەتریشقە)
هەورەتریشقە *hewretirîşqe* Blitzschlag *m*; Blitz *m*; هەورەتریشقە دان *hewretirîşqe dan* ⟨v.t.⟩ blitzen
هەورەگرمە *hewregirme* Donner *m*
هەوکردن *hewkirdin* (Med.) Entzündung *f*; Infektion *f*; هەوکردنی گەدە *hewkirdinî gede* Magengeschwür *n*
هەوڵ *hewl* Bemühung *f*; Versuch *m*; هەوڵ دان *hewl dan* ⟨v.t.⟩ 1. sich bemühen; 2. versuchen; هەوڵی کوشتن *hewlî kuştin* Attentat *n*
هەوەس *hewes* Lust *f*; هەوەس (هە)بوون *hewes (he)bûn* ⟨v.i.⟩ Lust haben
هەوەسهەستاو *heweshestaw* ⟨Adj.⟩ lüstern
هەوەسهەڵساو *heweshelsaw* s. ↑هەوەسهەستاو
هەویر *hewîr* Teig *m*; هەویر شێلان *hewîr şêlan* ⟨v.t.⟩ Teig kneten
هەویربەترش *hewîrbetirş* Sauerteig *m*

هەویە *hewye* Ausweis *m* (s.a. ↑ناسنامە);
هەویە نیشاندان *hewye nîşandan* ⟨v.t.⟩ sich ausweisen

هەوێن *hewên* 1. Hefe *f*; 2. (Bio.) Enzym *n*; **هەوێنی پەنیر** *hewênî penîr* Lab *n*

هەینی *heynî* Freitag *m*

هەیوان *heywan* Veranda *f*; Terrasse *f*

هی *hî* ⟨Präp.⟩ das von ... • ئەمە هی منە das gehört mir; **هی تۆ** *hî to* ⟨Pron.⟩ deins; **هی کێ** *hî kê* ⟨Pron.⟩ wessen?; **هی ئەو** *hî ew* ⟨Pron.⟩ (maskulin) seins

هیتر *hîtir* ⟨Pron.⟩ ein(e) andere(r, -s)

هیچ *hîç* ⟨Pron.⟩ (überhaupt, gar) nichts • هیچ ناخۆمەوە ich trinke nichts; هیچ پارەم نییە ich habe kein Geld

هیچکاتێک *hîçkatêk* ⟨Adv.⟩ niemals

هیچکامێک *hîçkamêk* ⟨Pron.⟩ kein(er, -e, -es)

هیچکەس *hîçkes* ⟨Pron.⟩ niemand

هیچنەبێ *hîçnebê* ⟨Adv.⟩ wenigstens

هیچوپووچ *hîçupûç* ⟨Adj.⟩ 1. unsinnig; 2. wertlos

هیستیریا *hîstîrya* (Med.) Hysterie *f*

هیلاک *hîlak* ⟨Adj.⟩ erschöpft; müde; **هیلاک کردن** *hîlak kirdin* ⟨v.t.⟩ erschöpfen; anstrengen

هیلاکی *hîlakî* Müdigkeit *f*; Erschöpfung *f*

هین *hîn* (ugs.) Dingsda *n*; Sache *f* • ئەو هینەم بەرێ! gib mir das Dingsda!

هیندستان *Hîndistan* (Geogr.) Indien *n*

هیندو *hîndu* **I** ⟨Adj.⟩ indianisch **II** Indianer *m* / Indianerin *f*

هیندووەسوورەکان *Hînduwesûrekan* Indianer *Pl.*

هیندۆس *Hîndos* (Rel.) Hindu *m* / Hindufrau *f*

هیندۆسی *hîndosî* ⟨Adj.⟩ (Rel.) hinduistisch; **ئاینی هیندۆسی** *ayinî hîndosî* (Rel.) Hinduismus *m*

هیندۆلۆگ *hîndolog* Indologe *m* / Indologin *f*

هیندۆئەوروپی *hîndoewrupî* ⟨Adj.⟩ indoeuropäisch

هیوا *hîwa* Hoffnung *f*

هیوادار *hîwadar* ⟨Adj.⟩ hoffnungsvoll; **هیوادار بوون** *hîwadar bûn* ⟨v.i.⟩ hoffen

هیوایەت *hîwayet* Hobby *n*

هێ *hê* Name des neunundzwanzigsten Buchstabens des kurdischen Alphabets (ﻫ *h*)

هێرش *hêriş* Angriff *m*; Offensive *f* (vgl. ↑پەلامار); **هێرش بردن(ە سەر)** *hêriş birdin(e ser)* ⟨v.t.⟩ angreifen; attackieren; **هێرشی خۆکوژی** *hêrişî xokujî* Selbstmordattentat *m*

هێرشبەر *hêrişber* Angreifer *m* / Angreiferin *f*

هێرۆیین *hêroyîn* Heroin *n*

هێز *hêz* Kraft *f*; Macht *f*; **هێزی ئاسمانی** *hêzî asmanî* Luftwaffe *f*; **هێزی بەرگری** *hêzî bergirî* Widerstandskraft *f*; **هێزی دەریایی** *hêzî deryayî* Kriegsmarine *f*; **هێزی کار** *hêzî kar* Arbeitskraft *f*

هێژا *hêja* ⟨Adj.⟩ 1. lieb; 2. würdig; wertvoll

هێشتا *hêşta* ⟨Adv.⟩ (immer) noch

هێشتاهەر *hêştaher* ⟨Adv.⟩ weiterhin

هێشتن *hêştin* **I** ⟨v.t.⟩ ⟨هێڵـ، ێڵـ، یەڵـ *hêl-, êl-, yel-*⟩ lassen; erlauben **II** Erlaubnis *f* • ئەوان ناهێڵن بڕۆم sie lassen mich nicht gehen

هێشتنەوە *hêştinewe* ⟨v.t.⟩ ⟨هێڵـ ەوە، ێڵـ ەوە، یەڵـ ەوە *hêl- ewe, êl- ewe, yel- ewe*⟩ 1. zurücklassen; 2. hinterlassen

هێشوو *hêşû* (Bot.) Rispe *f*; Traube *f*

هێشوەترێ *hêşwetirê* (Bot.) Weintraube *f* (Rispe)

هێل *hêl* (Bot.) Kardamom *m/n* (vgl. ↑حێل)

هێلانە *hêlane* Nest *n* (s.a. ↑کولانە)

هێلکۆکە *hêlkoke* (Bio.) Eizelle *f*

هێلکە *hêlke* Ei *n*; **زەردێنەی هێلکە** *zerdêney hêlke* Eidotter m/n; Eigelb *n*; **هێلکە کردن** *hêlke kirdin* ⟨v.t.⟩ Eier legen; **هێلکەی گون** *hêlkey gun* (Anat.) Hoden *m*

هێلکەدان *hêlkedan* (Anat.) Eierstock *m*

هێلکەشەیتانۆکە *hêlkeşeytanoke* (Zool.) (Schnirkel-)Schnecke *f*

هێلکەوڕۆن *hêlkewron* Spiegelei *n*; **هێلکەوڕۆنی شڵەقێنراو** *hêlkewronî şileqênraw* Rührei *n*

هێلکەیی *hêlkeyî* ⟨Adj.⟩ oval

هێڵ *hêl* 1. Linie *f*; Strich *m*; 2. Route *f*; **هێڵی ئیستیوا** *hêlî îstîwa* Äquator *m*; **هێڵی ئاسمانی** *hêlî asmanî* Luftlinie *f*; **هێڵی ئاسن** *hêlî asin* Eisenbahn *f*

هێڵکاری *hêlkarî* (Math.) Diagramm *n*; **هێڵکاریی گشتی** *hêlkariy giştî* Umriss *m*

هێڵنجدان *hêlincdan* Brechreiz *m*

هێما *hêma* Symbol *n*; Zeichen *n*; **هێما کردن** *hêma kirdin* ⟨v.t.⟩ entziffern; **هێما لێکدانەوە** *hêma lêkdanewe* ⟨v.t.⟩ entziffern; **هێما نووسین** *hêma nûsîn* ⟨v.t.⟩ verschlüsseln

هێمایی *hêmayî* ⟨Adj.⟩ symbolisch

هێمن *hêmin* ⟨Adj.⟩ 1. ruhig; 2. unauffällig; 3. gelassen; **هێمن بوون** *hêmin bûn* ⟨v.i.⟩ sich beruhigen; **هێمن کردنەوە** *hêmin kirdinewe* ⟨v.t.⟩ beruhigen

هێمنکردنەوە *hêminkirdinewe* Beruhigung *f*; **دەرمانی هێمنکردنەوە** *dermanî hêminkirdinewe* (Med.) Beruhigungsmittel *n*

هێمنکەر *hêminker* **I** ⟨Adj.⟩ beruhigend **II** Beruhigungsmittel *n*

هێنان *hênan* ⟨v.t.⟩ ⟨هێنـ، ێنـ *hên-, ên-*⟩ (her-, hin)bringen

هێنانە *hênane* ⟨v.t.⟩ ⟨هێنـ ە، ێنـ ە *hên- e, ên- e*⟩ bringen zu; **هێنانە پێشەوە** *hênane pêşewe* ⟨v.t.⟩ vorziehen; **هێنانە بەرچاو** *hênane berçaw* ⟨v.t.⟩ sich etw. einbilden; **هێنانە بەرهەم** *hênane berhem* ⟨v.t.⟩ herstellen; hervorbringen; **هێنانە خوارەوە** *hênane xiwarewe* ⟨v.t.⟩ herunterbringen; **هێنانە دنیاوە** *hênane dinyawe* ⟨v.t.⟩ gebären; **هێنانە دەرەوە** *hênane derewe* ⟨v.t.⟩ hinaustragen; **هێنانە دی** *hênane dî* ⟨v.t.⟩ realisieren; (Erfolg) erzielen; **هێنانە سەر ڕێ** *hênane ser rê* ⟨v.t.⟩ überzeugen; **هێنانە ئێرە** *hênane êre* ⟨v.t.⟩ herbringen

هێنانەوە *hênanewe* ⟨v.t.⟩ ⟨هێنـ ەوە، ێنـ

هێوەر *hêwer* Schwager *m* (Bruder des Ehemannes)

هێوەرزا *hêwerza* Neffe *m*, Nichte *f* (Kind des Bruders des Ehemannes)

هێوەرژن *hêwerjin* Schwägerin *f* (Ehefrau des Bruders des Ehemannes)

ەوە *hên- ewe, ên- ewe*⟩ zurückbringen; هێنانەوە سەر خۆ *hênanewe ser xo* ⟨v.t.⟩ 1. wieder zu sich bringen; 2. rehabilitieren

هێواش *hêwaş* ⟨Adj.⟩ langsam; هێواش کردنەوە *hêwaş kirdinewe* ⟨v.t.⟩ verlangsamen

ە

ە *e* im Anlaut ئە e; einunddreißigster Buchstabe des kurdischen Alphabets

ئەبرۆ *ebro* (Anat.) (Augen-)Braue *f* (vgl. ↑برۆ); ئەبرۆ کێشان *ebro kêşan* ⟨v.t.⟩ Augenbrauen (aus)zupfen

ئەپارتمەنت *epartiment* Appartement *n*

ئەپدەیت *epdeyt* (EDV) Update *n*

ئەتک *etk* Schande *f*; ئەتک پێکردن *etk pêkirdin* ⟨v.t.⟩ schänden; entehren

ئەتککردن *etkkirdin* Entehrung *f*; Vergewaltigung *f*

ئەتڵەس *etḻes* 1. Atlas *m*; 2. Landkarte *f*

ئەتۆم *etom* (Phys.) Atom *n*

ئەتۆمی *etomî* ⟨Adj.⟩ atomar

ئەتەکێت *etekêt* Etikett *n*

ئەجەل *ecel* (Rel.) Schicksal *n*; Todesstunde *f*

ئەدەب *edeb* Literatur *f* (s.a. ↑وێژە)

ئەدەبدز *edebdiz* Plagiator *m* / Plagiatorin *f*

ئەدەبدزی *edebdizî* Plagiat *n*

ئەرباب *erbab* ⟨Adj.⟩ leutselig; umgänglich

ئەردەن *Erden* (Geogr.) Jordanien *n*

ئەردەنی *erdenî* **I** ⟨Adj.⟩ jordanisch **II** Jordanier *m* / Jordanierin *f*

ئەرز *erz* Erde *f*; Land *n*

ئەرژەنتین *Erjentîn* (Geogr.) Argentinien *n*

ئەرژەنتینی *erjentînî* **I** ⟨Adj.⟩ argentinisch **II** Argentinier *m* / Argentinierin *f*

ئەرک *erk* Pflicht *f*; Aufgabe *f*; ئەرک کێشان *erk kêşan* ⟨v.t.⟩ sich die Mühe machen

1ئەرکان *erkan* (Mil.) Marschall *m*

2ئەرکان *erkan* Säule *f*; ئەرکانەکانی ئیسلام *erkanekanî îslam* (Rel.) die Säulen des Islam

ئەرمەنستان *Ermenistan* (Geogr.) Armenien *n*

ئەرمەنی *ermenî* **I** ⟨Adj.⟩ armenisch **II** 1. Armenier *m* / Armenierin *f*; 2. Armenisch *n*

ئەریزە *erîze* Petition *f*; Bittschrift *f*

ئەرێ *erê* ⟨Partikel⟩ ja!

ئەرێنی *erênî* ⟨Adj.⟩ positiv

ئەزێت *ezêt* Qual *f*; Plage *f*; **ئەزێت دان** *ezêt dan* ⟨v.t.⟩ quälen; plagen

ئەژدیها *ejdîha* 1. (Zool.) Python *m*; 2. (Myth.) Drache *m*

ئەژنۆ *ejno* (Anat.) Knie *n*; **کڵاوەی ئەژنۆ** *kil̲awey ejno* (Anat.) Kniescheibe *f*

ئەسانسۆر *esansor* Fahrstuhl *m*; Aufzug *m*

ئەسپ *esp* (Zool.) Pferd *n*; **ئەسپی ئاوی** *espî awî* (Zool.) Nilpferd *n*; **ئەسپی بچووک** *espî biçûk* (Zool.) Pony *n*

ئەسپرین *espirîn* (Med.) Aspirin *n*

ئەسپسوار *espsiwar* Reiter *m* / Reiterin *f*

ئەسپسواری *espsiwarî* Ritt *m*

ئەسپەدارینە *espedarîne* Schaukelpferd *n*

ئەسپەڕەش *esper̲eş* (Zool.) Rappe *m*

ئەسپەسپی *espesipî* (Zool.) Schimmel *m*

ئەسپەشێ *espeşê* (Zool.) Fuchs *m*

ئەسپەهێز *espehêz* (Tech.) Pferdestärke *f* (Maßeinheit der Leistung, 1 PS = 75 kpm/s)

ئەسپێ *espê* (Zool.) Laus *f*

ئەستوور *estûr* ⟨Adj.⟩ 1. dick; groß; 2. stark

ئەستووری *estûrî* 1. Dicke *f*; 2. Stärke *f*

ئەستۆ *esto* (Anat.) Nacken *m*; **خستنە ئەستۆ** *xistine esto* ⟨v.t.⟩ (idiom.) Verantwortung übertragen; **لە ئەستۆ نان** *le esto nan* ⟨v.t.⟩ sich engagieren

ئەستێرە *estêre* (Astr.) Stern *m*; **ئەستێرەی سینەما** *estêrey sînema* Filmstar *m*; **ئەستێرەی دەریا** *estêrey derya* (Zool.) Seestern *m*; **ئەستێرەی کلکدار** *estêrey kilkdar* (Astr.) Komet *m*; **ئەستێرەی گەڕۆک** *estêrey ger̲ok* 1. (Astr.) Planet *m*; 2. Satellit *m*

ئەستێرەناس *estêrenas* Astronom *m* / Astronomin *f*

ئەستێرەناسی *estêrenasî* Astronomie *f*

ئەستێرەوان *estêrewan* Astrologe *m* / Astrologin *f*

ئەستێرەوانی *estêrewanî* Horoskop *n*

ئەسکەنە *eskene* Meißel *m*

ئەسکیمۆ *Eskîmo* Eskimo *m*

ئەسڵ *esil̲* 1. Ursprung *m*; 2. Original *n*

ئەسیر *esîr* Gefangener *m* / Gefangene *f*; **ئەسیری جەنگ** *esîrî ceng* Kriegsgefangener *m* / Kriegsgefangene *f f*

ئەشکەنجە *eşkence* Folter *f*; **ئەشکەنجە دان** *eşkence dan* ⟨v.t.⟩ foltern; misshandeln

ئەشکەوت *eşkewt* Höhle *f*

ئەشیعە *eşî‘e* Röntgenbild *n*; **ئەشیعە گرتن** *eşî‘e girtin* ⟨v.t.⟩ röntgen

ئەفریقا *Efrîqa* (Geogr.) Afrika *n*

ئەفریقی *efrîqî* **I** ⟨Adj.⟩ afrikanisch **II** Afrikaner *m* / Afrikanerin *f*

ئەفسانە *efsane* Fabel *f*; Märchen *n*; Legende *f*

ئەفسووناوی *efsûnawî* ⟨Adj.⟩ magisch

ئەفسەر *efser* (Mil.) Offizier *m*

ئەفغانستان *Efx̲anistan* (Geogr.) Afghanistan *n*

ئەفغانی *efx̲anî* **I** ⟨Adj.⟩ afghanisch

II Afghane *m* / Afghanin *f*

ئەفلامکارتۆن *eflamkarton* Zeichentrickfilm *m*

ئەقڵ *eqil* 1. Verstand *m*; 2. Vernunft *f* (s.a. ↑ژیری)

ئەکادیمی *ekadîmî* **I** ⟨Adj.⟩ akademisch **II** 1. Akademie *f*; 2. Akademiker *m* / Akademikerin *f*

ئەکتەر *ekter* Schauspieler *m* / Schauspielerin *f*; **ئەکتەری سەرەکی** *ekterî serekî* Hauptdarsteller *m* / Hauptdarstellerin *f*

ئەکسل *eksil* (Rad-)Achse *f*

ئەکسێنت *eksênt* Akzent *m*; Betonung *f*

ئەکڤاریۆم *ekvaryom* Aquarium *n*

ئەکلیلەکێویلە *eklîlekêwîle* Rosmarin *m*

ئەگزۆز *egzoz* (kfz) Auspuff *m*

ئەگەر *eger* ⟨Konj.⟩ wenn; falls • بێ ئەگەرو مەگەر ohne Wenn und Aber; **ئەگەر پێویست بوو** *eger pêwîst bû* ⟨Adv.⟩ gegebenenfalls

ئەگەرچی *egerçî* ⟨Konj.⟩ obwohl (vgl. ↑گەرچی)

ئەگینا *egîna* ⟨Adv.⟩ sonst; ansonsten

ئەلبانی *elbanî* **I** ⟨Adj.⟩ albanisch **II** 1. Albaner *m* / Albanerin *f*; 2. Albanisch *n*

ئەلبانیا *Elbanya* (Geogr.) Albanien *n*

ئەلبوم *elbum* Album *n*; **ئەلبومی وێنە** *elbumî wêne* Fotoalbum *n*

ئەلفبێ *elifbê* s. ↑ئەلفوبێ

ئەلفوبێ *elfubê* Alphabet *n*; **ئەلفوبێی کوردی** *elfubêy kurdî* das kurdische Alphabet

ئەلەکترۆن *elektiron* Elektron *n*

ئەلەکترۆنی *elektironî* ⟨Adj.⟩ elektronisch

ئەلەکترۆنیک *elektironîk* Elektronik *f*

ئەلەمنیۆم *eleminyom* (Chem.) Aluminium *n*

ئەلەوجەلەو *elewcelew* Pöbel *m*

ئەڵبەتە *elbete* ⟨Adv.⟩ zweifellos; selbstverständlich (vgl. ↑هەڵبەتە)

ئەڵقە *elqe* 1. (Trau-)Ring *m*; 2. Kreis *m*; **ئەڵقەی خوێندن** *elqey xwêndin* Tagung *f*

ئەڵڵا *ella* **I** (Rel.) Allah *m*; Gott *m* **II** ⟨Int.⟩ Donnerwetter! • ئینشا ئەڵڵا! so Gott will!; hoffentlich!

ئەڵماس *elmas* Diamant *m*; **ئەڵماسی لووسکراو** *elmasî lûskiraw* Brillant *m*

ئەڵمانی *elmanî* **I** ⟨Adj.⟩ deutsch **II** 1. Deutscher *m* / Deutsche *f*; 2. Deutsch *n*

ئەڵمانیا *Elmanya* (Geogr.) Deutschland *n*

ئەمانە *emane* ⟨Pron.⟩ diese(-r, -s) (Demonstrativpronomen für nahe stehende Personen, Sachen)

ئەمپێڕ *empêr* Ampere *n* (Maßeinheit der elektrischen Stromstärke, A)

ئەمجار *emcar* ⟨Adv.⟩ diesmal

ئەمر *emir* Befehl *m*; **ئەمر کردن** *emir kirdin* ⟨v.t.⟩ befehlen

ئەمڕۆ *emro* ⟨Adv.⟩ heute • لە ئەمڕۆوە von heute an

ئەمساڵ *emsal* ⟨Adv.⟩ diesjährig; dieses Jahr

ئەملاوئەولا *emlawewla* ⟨Adv.⟩ hin und her; **ئەملاوئەولا کردن** *emlawewla kirdin* ⟨v.t.⟩ hin und her gehen

ئەمن *emin* Sicherheit *f* (s.a. ↑ئاسایش)

ئەموستیلە *emustîle* (Finger-)Ring *m*

ئەمە *eme* ⟨Pron.⟩ dies(er, -e, -es); Demonstrativpronomen für nahe stehende Personen, Sachen • ئەمە چییە؟ was ist das?

ئەمەریکا *Emerîka* (Geogr.) Amerika *n*

ئەمەریکی *emerîkî* **I** ⟨Adj.⟩ amerikanisch **II** Amerikaner *m* / Amerikanerin *f*; **ئەمەریکییە ڕەسەنەکان** *emerîkîye ṟesenekan* Indianer

ئەمین *emîn* ⟨Adj.⟩ zuverlässig; vertrauenswürdig

ئەنارشی *enarşî* **I** ⟨Adj.⟩ anarchisch **II** (Pol.) Anarchist *m* / Anarchistin *f*

ئەنالۆگ *enalog* ⟨Adj.⟩ analog

ئەنتیکە *entîke* ⟨Adj.⟩ 1. antik; 2. antiquarisch

ئەنتیکەخانە *entîkexane* Antiquariat *n*

ئەنتیکەفرۆش *entîkefiroş* Antiquitätenhändler *m* / Antiquitätenhändlerin *f*

ئەنجام *encam* 1. Ende *n*; 2. Ergebnis *n*; **ئەنجامی ڕاپرسی** *encamî ṟapirsî* Volksentscheid *m*; **بە ئەنجام گەیاندن** *be encam geyandin* ⟨v.t.⟩ etw. abschließen

ئەنجومەن *encumen* Komitee *n*; Ausschuss *m*; Rat *m*; **ئەنجومەنی کارکەران** *encumenî karkeran* Betriebsrat *m*; **ئەنجومەنی ئاسایش** *encumenî asayiş* (Pol.) Sicherheitsrat *m*

ئەندازە *endaze* 1. Geometrie *f*; 2. Maßeinheit *f*; **ئەندازە گرتن** *endaze girtin* ⟨v.t.⟩ (ab-, aus)messen

ئەندازەگرتن *endazegirtin* Messung *f*

ئەندازەیی *endazeyî* ⟨Adj.⟩ (Math.) geometrisch

ئەندازیار *endazyar* Ingenieur *m* / Ingenieurin *f*; **ئەندازیاری بیناسازی** *endazyarî bînasazî* Architekt *m* / Architektin *f*

ئەندازیاری *endazyarî* Ingenieurwesen *n*; **ئەندازیاریی بیناسازی** *endazyarîy bînasazî* Architektur *f*

ئەندام *endam* Glied *n*; Mitglied *n*; **ئەندامی دەسکرد** *endamî deskird* Prothese *f*; **ئەندامی زاووزێ** *endamî zawuzê* Geschlechtsorgan; Genitale; **ئەندامی لەش** *endamî leş* (Anat.) Körperteil *m*

ئەندامێتی *endamêtî* Mitgliedschaft *f*

ئەندێشە *endêşe* Fantasie *f*; Illusion *f* (s.a. ↑خەیاڵ)

ئەنزیم *enzîm* (Bio.) Enzym *n*

ئەنسۆلین *ensolîn* (Med.) Insulin *n*

ئەنەناس *enenas* (Bot.) Ananas *f*

ئەنیس *enîs* (Bot.) Anis *m*

ئەو *ew* ⟨Pron.⟩ 1. er (Personalpronomen der 3. Ps. Sg.); sie; es; 2. ihn; ihm; ihr; 3. sein(e) (Possessivpronomen); ihr(e) (in der Izafe-Konstruktion); 4. jen(er, -e, -es) (Demonstrativpronomen) • ئەمە هی ئەوە das ist seins; ئەو دەڕوا er geht; ئێمە ئەومان دی wir sahen ihn

ئەوان *ewan* ⟨Pron.⟩ 1. sie (Personalpronomen der 3. Ps. Pl.); 2. ihnen • ئەوانمان نەدی wir sahen sie nicht

ئەوانە *ewane* ⟨Pron.⟩ jene (Demonstrativpronomen für fern stehende

Personen, Sachen); sie

ئەوبەر *ewber* **I** ⟨Adv.⟩ drüben **II** jene Seite *f*

ئەوپەڕەکەی *ewpe̱rekey* ⟨Adv.⟩ höchstens; maximal

ئەوپەڕی *ewpe̱rî* ⟨Adv.⟩ höchst; äußerst; **ئەوپەڕی خێرایی لێخوڕین** *ewpe̱rî xêrayîy lêxu̱rîn* Höchstgeschwindigkeit *f*

ئەوتۆمات *ewtomat* Automat *m*

ئەوتۆماتیک *ewtomatîk* **I** ⟨Adj.⟩ automatisch **II** Automatik *f*

ئەوتۆماتیکی *ewtomatîkî* s. ↑ئەوتۆماتیک

ئەوتۆنۆم *ewtonom* ⟨Adj.⟩ autonom; selbstständig

ئەوتۆنۆمی *ewtonomî* Autonomie *f*; Selbstständigkeit *f*

ئەودەمەی *ewdemey* ⟨Konj.⟩ während; als

ئەوراق *ewraq* Unterlagen *Pl.*; **ئەوراقی ناسنامە** *ewraqî nasname* Ausweispapiere *Pl.*

ئەورووپا *Ewrupa* (Geogr.) Europa *n*

ئەورووپی *ewrupî* **I** ⟨Adj.⟩ europäisch **II** Europäer *m* / Europäerin *f*

ئەوسا *ewsa* **I** ⟨Adv.⟩ damals **II** ⟨Konj.⟩ dann

ئەوستڕالیا *Ewistiralya* (Geogr.) Australien *n*

ئەوستڕالیایی *ewistiralyayî* **I** ⟨Adj.⟩ australisch **II** Australier *m* / Australierin *f*

ئەولا *ewla* **I** ⟨Adv.⟩ dort **II** ⟨Präp.⟩ jenseits

ئەوە *ewe* ⟨Pron.⟩ jene(r, -s) (Demonstrativpronomen für fern stehende Personen, Sachen); das • ئەو سەردەمە jene Zeit; ئەوە ئێمەین das sind wir

ئەوەندە *ewende* ⟨Adv.⟩ so; soviel

ئەویتر *ewîtir* ⟨Pron.⟩ der, die, das nächste

ئەویکە *ewîke* s. ↑ئەویتر

ئەویندار *ewîndar* ⟨Adj.⟩ verliebt

ئەوینداری *ewîndarî* Liebe *f*

ئەوێ *ewê* ⟨Adv.⟩ dort; dort drüben • تا ئەوێ bis dorthin

ئەهریمەن *Ehrîmen* Teufel *m*; Satan *m*

ئەهلی *ehlî* ⟨Adj.⟩ privat

[1]**ئەی** *ey* ⟨Int.⟩ oh! (auch verwendet, um eine vorwurfsvolle Frage einzuleiten)

[2]**ئەی** *ey* ⟨Partikel⟩ und • ئەی من؟ und ich?

ئەیدس *eyds* (Med.) Aids *n*

ئەیلوول *eylûl* zehnter Monat des syrischen Kalenders (September)

ئەیهوو *eyhû* ⟨Int.⟩ pfui!

ئەیەڕۆ *eye̱ro* ⟨Int.⟩ wie schade! • ئەیەڕۆ، ئەوە بۆ وات کرد؟ ach, warum hast du das so gemacht?

ئەی ڕەقیب *Ey Re̱qîb* Hör, Feind! (Kurdische Nationalhymne)

ئ/ۓ/ێ

ئ *i* i; der Murmelvokal, der in der arabischen Schrift kein Zeichen besitzt

ئحم *iẖim* ⟨Int.⟩ Räuspern *n*; ئحم کردن *iẖim kirdin* ⟨v.refl.⟩ sich räuspern

ی

ی *î/y* als Vokal im Anlaut ئی *î*; zweiunddreißigster Buchstabe des kurdischen Alphabets (Zahlenwert 10)

[1]یا *ya* ⟨Int.⟩ o! (um Hilfe bei Gott, Propheten oder Personen von religiöser Bedeutung bittend) • یا خوا! o Gott!

[2]یا *ya* ⟨Konj.⟩ oder • قاوه دەخۆیتەوه یا چا؟ trinkst du Kaffee oder Tee?; یا ... یا *ya … ya* ⟨Konj.⟩ entweder … oder

یاپراخ *yaprax* mit Reis, Hackfleisch, Zwiebeln und Dill etc. gefüllte Weinblätter

یاخی *yaxî* **I** ⟨Adj.⟩ rebellisch **II** Rebell *m* / Rebellin *f*; لێ یاخی بوون *lê yaxî bûn* ⟨v.i.⟩ sich auflehnen gegen; یاخی بوون *yaxî bûn* ⟨v.i.⟩ rebellieren

یاخیبوون *yaxîbûn* 1. Rebellion *f*; 2. Widerstand *m*

یاخییەتی *yaxîyetî* Rebellion *f*; Meuterei *f*

یاد *yad* Erinnerung *f*; له یاد بوون *le yad bûn* ⟨v.i.⟩ sich erinnern (an); له یادمه ich erinnere mich; له یاد چوون *le yad çûn* ⟨v.i.⟩ vergessen; یاد کردنەوه *yad kirdinewe* ⟨v.t.⟩ gedenken; erinnern (an)

یاداشت *yadaşt* Notiz *f*; یاداشت کردن *yadaşt kirdin* ⟨v.t.⟩ 1. notieren; 2. eintragen

یاداشتکردن *yadaştkirdin* Eintragung *f*

یادگار *yadgar* Erinnerung *f*

یادگاری *yadgarî* Andenken *n*; Souvenir *n*

یادنامە *yadname* Tagebuch *n*; Terminkalender *m*

یادەوەری *yadewerî* Memoiren *Pl.*; **یادەوەریی لەیادنەکراو** *yadewerîy leyadnekraw* Denkmal *n*; **یادەوەری ناخۆش** *yadewerîy naxoş* (üb.) Nachgeschmack *m*

یار *yar* Verlobter *m* / Verlobte *f*

یارمەتی *yarmetî* Hilfe *f*; Unterstützung *f*; **یارمەتی دان** *yarmetî dan* ⟨v.t.⟩ 1. (j-m) helfen; 2. (j-n) unterstützen; **یارمەتیی پێشینە** *yarmetîy pêşîne* Vorschuss *m*; **یارمەتیی ماڵی** *yarmetîy maḻî* Zuschuss *m*; **یارمەتیی کۆمەڵایەتی** *yarmetîy komeḻayetî* Sozialhilfe *f*

یارمەتیدان *yarmetîdan* 1. Hilfe *f*; Beistand *m*; 2. Förderung *f*; **یارمەتیدانی نەخۆش** *yarmetîdanî nexoş* Pflege *f*

یارمەتیدەر *yarmetîder* **I** ⟨Adj.⟩ hilfsbereit **II** Helfer *m* / Helferin *f*

یاری *yarî* Spiel *n*; **یاریی تاکەوانە** *yarîy takewane* (Sp.) Einzel *n*; **یاریی تۆپیسەرمێز** *yarîy topîsermêz* Tischtennis *n*; **یاریی جووتەوانە** *yarîy cûtewane* (Sp.) Doppel *n*; **یاریی گۆڕەپانومەیدان** *yarîy goṟepanumeydan* Leichtathletik *f*; **یاریی کۆتایی** *yarîy kotayî* Endspiel *n*; **یاریی کۆمپیوتەر** *yarîy kompyuter* Computerspiel *n*; **یاری کردن** *yarî kirdin* ⟨v.t.⟩ spielen; **یاریی ڕیشە** *yarîy ṟîşe* (Sp.) Federballspiel *n*; Badminton *n*; **یاریی کاغەز** *yarîy kax̱ez* Kartenspiel *n*

یاریئاسن *yarîasin* (Sp.) Gewichtheben *n*

یاریتێکدەر *yarîtêkder* Spielverderber *m* / Spielverderberin *f*

یاریدەدەر *yarîdeder* **I** ⟨Adj.⟩ behilflich **II** Helfer *m* / Helferin *f*; Assistent *m* / Assistentin *f*

یاریدەدەرینەخۆش *yarîdederînexoş* Krankenpfleger *m* / Krankenpflegerin *f*

یاریزان *yarîzan* Sportler *m* / Sportlerin *f*; Spieler *m* / Spielerin *f*; **یاریزانی تۆپێپێ** *yarîzanî topîpê* (Sp.) Fußballspieler *m* / Fußballspielerin *f*

یاریگە *yarîge* 1. Spielplatz *m*; 2. Sportplatz *m*; Stadion *n*; **یاریگەی فتبۆڵێن** *yarîgey fitboḻên* Fußballstadion *n*; **یاریگەی منداڵان** *yarîgey mindaḻan* Kinderspielplatz *m*

یازدە *yazde* ⟨Num.⟩ elf

یازدەمین *yazdemîn* ⟨Num.⟩ elfte(r, -s)

یاسا *yasa* Gesetz *n*; Regel *f* (s.a. ↑قانوون); **یاسای هەڵبژاردن** *yasay heḻbijardin* Wahlrecht *n*; **یاسا دانان** *yasa danan* ⟨v.t.⟩ Gesetze erlassen; **یاسای سەربازی** *yasay serbazî* Kriegsrecht *n*

یاساغ *yasax̱* ⟨Adj.⟩ verboten; **یاساغ کردن** *yasax̱ kirdin* ⟨v.t.⟩ verbieten; untersagen

یاسەمەن *yasemen* (Bot.) Jasmin *m*

یاسەمین *yasemîn* s. ↑یاسەمەن

یاقووت *yaqût* (Geol.) Korund *m*; **یاقووتی سوور** *yaqûtî sûr* (Geol.) Rubin *m*

یاڵ *yaḻ* (Zool.) Mähne *f*

یان *yan* ⟨Konj.⟩ oder (vgl. ↑یا²); **یان ... یان** *yan … yan* ⟨Konj.⟩ entweder … oder

یانسیب *yanisîb* Lotto *n*; Lotterie *f*

یانە *yane* Klub *m*; **یانەی شەوانە** *yaney şewane* Nachtclub *m*; **یانەی وەرزش**

ی

yaney werziş Sportverein *m*
ئیتالی *îtalî* **I** ⟨Adj.⟩ italienisch **II** 1. Italiener *m* / Italienerin *f*; 2. Italienisch *n*
ئیتالیا *Îtalya* (Geogr.) Italien *n*
ئیتر *îtir* ⟨Adv.⟩ 1. schließlich; 2. mehr • ئیتر عارەق ناخۆمەوە ich trinke keinen Alkohol mehr
ئیجابی *îcabî* ⟨Adj.⟩ positiv
ئیجابییانە *îcabîyane* ⟨Adv.⟩ positiv
ئیجازە *îcaze* 1. Erlaubnis *f*; 2. Urlaub *m*; **ئیجازە پێدان** *îcaze pêdan* ⟨v.t.⟩ 1. erlauben; 2. j-m Urlaub geben
ئیجازەپێدان *îcazepêdan* Lizenz *f*
ئیجباری *îcbarî* ⟨Adj.⟩ obligatorisch
ئیحالە *îẖale* Überweisung *f*; **ئیحالە کردن** *îẖale kirdin* ⟨v.t.⟩ überweisen
ئیحتیمال *îẖtîmal* ⟨Adv.⟩ wahrscheinlich • هیچ ئیحتیمالی تێدا نییە es ist völlig ausgeschlossen; **ئیحتیمال هەبوون** *îẖtîmal hebûn* ⟨v.i.⟩ annehmen
ئیحتییات *îẖtîyat* Reserve *f*
ئیختیاری *îxtiyarî* ⟨Adj.⟩ 1. freiwillig; unverbindlich; 2. fakultativ
ئیدارە *îdare* 1. Verwaltung *f*; 2. Leitung *f*; **ئیدارە کردن** *îdare kirdin* ⟨v.t.⟩ verwalten
ئیدمان *îdman* Sucht *f*
ئیدی *îdî* ⟨Pron.⟩ andere(r, -s)
ئیدیال *îdyal* **I** Ideal *n* **II** ⟨Adj.⟩ ideal
ئیدیعا *îdî'a* Behauptung *f* (s.a. ↑داوا); **ئیدیعا کردن** *îdî'a kirdin* ⟨v.t.⟩ behaupten
ئیرادە *îrade* Willenskraft *f*
ئیرلەندە *Îrlende* (Geogr.) Irland *n*
ئیرلەندەیی *îrlendeyî* **I** ⟨Adj.⟩ irisch **II** Ire *m* / Irin *f*
ئیزرائیل *Îzraîl* (Rel.) Todesengel *m* (trägt in der Stunde des Todes die Seele fort)
ئیسپات *îspat* Beweis *m*; Nachweis *m*; **ئیسپات کردن** *îspat kirdin* ⟨v.t.⟩ beweisen; nachweisen
ئیسپانە *îspane* Schraubenschlüssel *m*
ئیسپانی *îspanî* **I** ⟨Adj.⟩ spanisch **II** 1. Spanier *m* / Spanierin *f*; 2. Spanisch *n*
ئیسپانیا *Îspanya* (Geogr.) Spanien *n*
ئیسپرتۆ *îspirto* Spiritus *m*
ئیسپرنگ *îspiring* (Tech.) Feder *f*
ئیستۆپ *îstop* (Tech.) Bremse *f*; **ئیستۆپی کاتی ناچاری** *îstopî katî naçarî* Notbremse *f*; **ئیستۆپ گرتن** *îstop girtin* ⟨v.t.⟩ (ab)bremsen; stoppen
ئیستیقالە *îstîqale* Rücktritt *m*; **ئیستیقالە کردن** *îstîqale kirdin* ⟨v.t.⟩ zurücktreten; austreten
ئیستیقرار *îstîqrar* Stabilität *f*; **ئیستیقرار کردن** *îstîqrar kirdin* ⟨v.t.⟩ stabilisieren
ئیستیکان *îstîkan* Teeglas *n* (s.a. ↑پیاڵە)
ئیستیمارە *îstîmare* Formular *n*; **ئیستیمارە پڕ کردنەوە** *îstîmare pir̰ kirdinewe* ⟨v.t.⟩ ein Formular ausfüllen
ئیستیناف *îstînaf* (Jur.) Berufung *f*; **ئیستیناف کردن** *îstînaf kirdin* ⟨v.t.⟩ (Jur.) Berufung einlegen
ئیستیوا *îstîwa* (Geogr.) Äquator *m*
ئیستیوانە *îstîwane* Zylinder *m*
ئیستیوایی *îstîwayî* ⟨Adj.⟩ tropisch
ئیستیهلاک *îstîhlak* Verbrauch *m*; Konsum *m*; **ئیستیهلاک کردن** *îstîhlak*

ی

kirdin ⟨v.t.⟩ verbrauchen; konsumieren

ئیستیهلاکی *îstîhlakî* ⟨Adj.⟩ Konsum-

ئیسرائیل *Îsraîl* (Geogr.) Israel *n*

ئیسرائیلی *îsraîlî* **I** ⟨Adj.⟩ israelisch **II** Israeli *m/f* / Israelin *f*

ئیسفەنج *îsfenc* (Zool.) Schwamm *m*

ئیسلام *îslam* (Rel.) Islam *m;* (wörtl.) Hingabe an Gott; **ئیسلام بوون** *îslam bûn* ⟨v.i.⟩ Muslim sein/werden; **بە ئیسلام کردن** *be îslam kirdin* ⟨v.t.⟩ zum Islam bekehren

ئیسلامی *îslamî* ⟨Adj.⟩ islamisch

ئیسلەندە *Îslende* (Geogr.) Island *n*

ئیسلەندی *Îslendî* **I** ⟨Adj.⟩ isländisch **II** 1. Isländer *m* / Isländerin *f;* 2. Isländisch *n*

ئیش *îş* Arbeit *f* (s.a. ↑کار)

ئیشارەت *îşaret* Zeichen *n;* **ئیشارەت دان/ کردن** *îşaret dan/kirdin* ⟨v.t.⟩ signalisieren; blinken; **ئیشارەتی ئوتومبێل** *îşaretî utumbêl* Blinker *m*

ئیعدام *î'dam* Exekution *f;* Hinrichtung *f*

ئیعلان *î'lan* Anzeige *f;* öffentliche Bekanntmachung *f;* **ئیعلان کردن** *î'lan kirdin* ⟨v.t.⟩ annoncieren; anzeigen

ئیفادە *îfade* Aussage *f;* **ئیفادە دان** *îfade dan* ⟨v.t.⟩ aussagen; **ئیفادە نەدان** *îfade nedan* ⟨v.t.⟩ (Jur.) die Aussage verweigern; **ئیفادە وەرگرتن** *îfade wergirtin* ⟨v.t.⟩ verhören

ئیفادەوەرگرتن *îfadewergirtin* Verhör *n*

ئیفلیج *îflîc* ⟨Adj.⟩ (Med.) gelähmt

ئیفلیجی *îflîcî* Lähmung *f*

ئیقامە *îqame* Aufenthalt *m* (s.a. ↑مانەوە); **ئیقامە پێدان** *îqame pêdan* ⟨v.t.⟩ Aufenthaltserlaubnis erteilen; **ئیقامە وەرگرتن** *îqame wergirtin* ⟨v.t.⟩ Aufenthaltserlaubnis bekommen

ئیقناع *îqna'* Überzeugung *f;* **ئیقناع کردن** *îqna' kirdin* ⟨v.t.⟩ überzeugen; überreden

ئیلتیهاب *îltîhab* (Med.) Entzündung *f* (vgl. ↑سووتانەوە); **ئیلتیهاب کردن** *îltîhab kirdin* ⟨v.t.⟩ sich entzünden; **ئیلتیهابی ڕیخۆڵەکوێرە** *îltîhabî r̲îxol̲ekwêre* Blinddarmentzündung *f;* **ئیلتیهابی میزەڵدان** *îltîhabî mîzel̲dan* (Med.) Blasenentzündung *f*

ئیلغا *îlx̲a* Annullierung *f;* **ئیلغا کردن** *îlx̲a kirdin* ⟨v.t.⟩ annullieren

ئیلهام *îlham* Inspiration *f;* Offenbarung *f;* **ئیلهام پێدان** *îlham pêdan* ⟨v.t.⟩ inspirieren

ئیمام *îmam* (Rel.) Imam *m;* Vorbeter *m*

ئیمان *îman* Glaube *m;* **ئیمان (هە)بوون** *îman (he)bûn* ⟨v.i.⟩ glauben

ئیماندار *îmandar* ⟨Adj.⟩ gläubig

ئیمپراتۆر *împirator* Imperator *m*

ئیمپراتۆرییەتی *împiratorîyetî* Reich *n;* Imperium *n*

ئیمپریالیست *împiryalîst* Imperialist *m* / Imperialistin *f* (s.a. ↑داگیرکار)

ئیمپریالیستی *împiryalîstî* **I** ⟨Adj.⟩ (Pol.) imperialistisch **II** (Pol.) Imperialismus *m*

ئیمتیحان *îmtîh̲an* Prüfung *f* (s.a. ↑تاقیکردنەوە); **ئیمتیحان دان** *îmtîh̲an*

dan ⟨v.t.⟩ eine Prüfung ablegen; **ئیمتیحان کردن** *îmtîhan kirdin* ⟨v.t.⟩ prüfen

ئیمتیاز *îmtîyaz* 1. Privileg *n*; 2. Konzession *f*

ئیمزا *îmza* Unterschrift *f*; **ئیمزا کردن** *îmza kirdin* ⟨v.t.⟩ unterschreiben; unterzeichnen

ئیملا *îmla* Diktat *n*; **ئیملا پێکردن** *îmla pêkirdin* ⟨v.t.⟩ diktieren

ئیمەیل *îmeyl* E-Mail *f*; **ئیمەیل ناردن** *îmeyl nardin* ⟨v.t.⟩; **ئیمەیل کردن** *îmeyl kirdin* ⟨v.t.⟩ mailen

ئینتەرناسیۆنال *înternasyonal* ⟨Adj.⟩ international (s.a. ↑نێونەتەوەیی)

ئینتەرنێت *înternêt* Internet *n*; **لە ئینتەرنێتدا بوون** *le înternêtda bûn* ⟨v.i.⟩ surfen

ئینجا *înca* ⟨Adv.⟩ dann; nun

ئینجانە *încane* Vase *f*; **ئینجانەی گوڵ** *încaney gul* Blumenvase *f*

ئینجیل *Încîl* (Rel.) Evangelium *n* (s.a. ↑[کتێب]ی پیرۆز)

ئینجیلی *încîlî* ⟨Adj.⟩ (Rel.) evangelisch

ئینزار *înzar* Mahnung *f*; Warnung *f*; **ئینزار کردن** *înzar kirdin* ⟨v.t.⟩ mahnen; warnen

ئینسان *însan* Mensch *m* (s.a. ↑مرۆڤ)

ئینسانی *însanî* ⟨Adj.⟩ menschlich

ئینستیتووت *înstîtût* Institut *n* (s.a. ↑پەیمانگا); **ئینستیتووتی خوێندنی کوردی** *înstîtûtî xwêndinî kurdî* Institut für Kurdische Studien *n*

ئینسیکلۆپیدیا *însîklopîdya* Enzyklopädie *f*

ئینشا *înşa* Aufsatz *m* (s.a. ↑دارشتن)

ئینفلاسیۆن *înflasiyon* Inflation *f*

ئینفلۆوەنزا *înflowenza* (Med.) Grippe *f*

ئینقیلاب *înqîlab* (Pol.) Putsch *m*; Staatsstreich *m*; **ئینقیلاب کردن** *înqîlab kirdin* ⟨v.t.⟩ (Pol.) putschen

ئینکار *înkar* ⟨Adj.⟩ starrköpfig; hartnäckig

ئینگلستان *Îngilstan* (Geogr.) England *n*

ئینگلیز *Îngilîz* Engländer *m* / Engländerin *f*

ئینگلیزی *îngilîzî* **I** ⟨Adj.⟩ englisch **II** Englisch *n*

یورۆ *yuro* Euro *m* (europäische Währungseinheit, 1 € = 100 Cent)

یورۆچەک *yuroçek* Euroscheck *m*

یونۆ *Yuno* (Pol.) Vereinte Nationen *Pl.* (UN/UNO)

یوئێس‌ئا *Yuêsa* (Geogr.) USA *Pl.*

یۆد *yod* (Chem.) Jod *n*

یۆرانیۆم *yoranyom* (Chem.) Uran *n*

یۆنان *Yonan* (Geogr.) Griechenland *n*

یۆنانی *yonanî* **I** ⟨Adj.⟩ griechisch **II** 1. Grieche *m* / Griechin *f*; 2. Griechisch *n*

یەخت *yext* Jacht *f*

یەخە *yexe* Kragen *m*

یەدەگ *yedeg* **I** ⟨Adj.⟩ zusätzlich; Ersatz *m* **II** Ersatzteil *n*

یەزیدی *Yezîdî* (Rel.) Gottheit *f*; Jeside *m* / Jesidin *f*; kurdische Religionsgemeinschaft der Jesiden (vgl. ↑ئێزدی)

یەشان *yeşan* ⟨v.i.⟩ schmerzen; wehtun • ئەژنۆم دەیەشێ *mein Knie tut weh*

ی

یەک *yek* ⟨Num.⟩ eins; **یەک خستن** *yek xistin* ⟨v.t.⟩ 1. vereinigen; 2. integrieren; **یەک کەوتن** *yek kewtin* ⟨v.i.⟩ sich vereinigen; **یەک گرتن** *yek girtin* ⟨v.t.⟩ sich vereinigen; sich verbünden

یەکاڵا *yekaḻa* ⟨Adj.⟩ klärend; **یەکاڵا کردنەوە** *yekaḻa kirdinewe* ⟨v.t.⟩ klären

یەکاویەک *yekawyek* ⟨Adv.⟩ quitt

یەکئاهەنگ *yekaheng* ⟨Adj.⟩ monoton

یەکبوو *yekbû* ⟨Adj.⟩ einig; vereint

یەکبوون *yekbûn* Einigkeit *f*

یەکبینە *yekbîne* ⟨Adj.⟩ (an-, fort)dauernd; fortlaufend

یەکپارچە *yekparçe* s. ↑یەکپارە

یەکپارە *yekpare* ⟨Adj.⟩ massiv

یەکپەرست *yekperist* **I** ⟨Adj.⟩ (Rel.) monotheistisch **II** (Rel.) Monotheist *m* / Monotheistin *f*

یەکپەرستی *yekperistî* (Rel.) Monotheismus *m* (vgl. ↑باوەڕبوونبەیەکخودا)

یەکپیاوە *yekpiyawe* ⟨Adj.⟩ monogam

یەکپیاوی *yekpiyawî* Monogamie *f*

یەکپێ *yekpê* ⟨Adj.⟩ einbeinig; einfüßig

یەکتر *yektir* ⟨Pron.⟩ einander; **یەکتر بڕین** *yektir biṟîn* ⟨v.t.⟩ sich überschneiden; sich kreuzen

یەکتری *yektirî* ⟨Pron.⟩ gegenseitig

یەکجار *yekcar* ⟨Adv.⟩ einmal

یەکچاو *yekçaw* ⟨Adj.⟩ einäugig

یەکخواپەرست *yekxiwaperist* ⟨Adj.⟩ monotheistisch; Monotheist *m* / Monotheistin *f*

یەکخواپەرستی *yekxiwaperistî* Monotheismus *m*

یەکدەنگ *yekdeng* ⟨Adj.⟩ einstimmig

یەکڕۆژە *yekṟoje* ⟨Adj.⟩ eintägig

یەکڕەنگ *yekṟeng* ⟨Adj.⟩ einfarbig; eintönig

یەکڕێیان *yekṟêyan* ⟨Adj.⟩ einspurig

یەکژنە *yekjine* ⟨Adj.⟩ monogam

یەکژنی *yekjinî* Monogamie *f*

یەکساڵە *yeksaḻe* ⟨Adj.⟩ einjährig

یەکسان *yeksan* ⟨Adj.⟩ 1. gleich; 2. gleichberechtigt; **یەکسان بوون** *yeksan bûn* ⟨v.i.⟩ übereinstimmen; **یەکسان کردن** *yeksan kirdin* ⟨v.t.⟩ angleichen

یەکسانی *yeksanî* Gleichberechtigung *f*

یەکسەر *yekser* ⟨Adv.⟩ 1. sofort; 2. einfach

یەکسەعاتی *yekseʿatî* ⟨Adj.⟩ einstündig

یەکشەممە *yekşemme* Sonntag *m*

یەکگرتنەوە *yekgirtinewe* Wiedervereinigung *f*

یەکگرتوو *yekgirtû* ⟨Adj.⟩ vereinigt

یەکلا *yekla* ⟨Adj.⟩ entschlossen; **یەکلا بوونەوە** *yekla bûnewe* ⟨v.i.⟩ sich entscheiden; **یەکلا کردنەوە** *yekla kirdinewe* ⟨v.t.⟩ 1. entscheiden; 2. beilegen; schlichten

یەکلاق *yeklaq* ⟨Adj.⟩ einbeinig

یەکلاکراوە *yeklakirawe* ⟨Adj.⟩ entschieden

یەکلایەنی *yeklayenî* ⟨Adj.⟩ einseitig

یەکلایی *yeklayî* Entschlossenheit *f*; **یەکلایی بوونەوە** *yeklayî bûnewe* ⟨v.i.⟩ sich erledigen

یەکلاییکەر *yeklayîker* ⟨Adj.⟩ entscheidend

یەکلەدواییەک *yekledwayyek* ⟨Adv.⟩ nacheinander; aufeinander folgend

یەکلەسەریەک *yekleseryek* ⟨Adv.⟩ übereinander

یەکونیو *yekunîw* ⟨Adj.⟩ anderthalb; eineinhalb

یەکهێڵی *yekhêlî* ⟨Adj.⟩ eingleisig

یەکە *yeke* Einheit *f*; **یەکەی پێوانە** *yekey pêwane* Maßeinheit *f*

یەکەم *yekem* ⟨Num.⟩ erste(r, -s)

یەکەمین *yekemîn* s. ↑یەکەم

یەکیەک *yekyek* ⟨Adv.⟩ einzeln; nacheinander

یەکێتی *yekêtî* 1. Einigkeit *f*; 2. Union *f*; Verein *m*; **یەکێتیی ئەوروپا** *Yekêtîy Ewrupa* Europäische Union (EU) *f*; **یەکێتیی کارکەران** *yekêtîy karkeran* Gewerkschaft *f*

یەکێک *yekêk* ⟨Pron.⟩ ein(er, -e, -[e]s); irgendein(er, -e, -[e]s) (vgl. ↑یەکێ)

یەلەک *yelek* Weste *f*; **یەلەکی مەلە** *yelekî mele* Schwimmweste *f*; **یەلەکی ڕزگارکردن** *yelekî rizgarkirdin* Rettungsweste *f*

یەڵەک *yelek* Sieb *n*

ێ

ێ *ê* im Anlaut ئێ ê; dreiunddreißigster Buchstabe des kurdischen Alphabets (Zahlenwert 10 genauso wie ی *î/y*)

ئێران *Êran* (Geogr.) Iran *m*

ئێرانناس *êrannas* Iranist *m* / Iranistin *f*

ئێرانناسی *êrannasî* Iranistik *f*

ئێرانی *êranî* **I** ⟨Adj.⟩ iranisch **II** Iraner *m* / Iranerin *f*

ئێربێک *êrbêk* Airbag *m*

ئێرکۆندیشن *êrkondîşin* Klimaanlage *f*

ئێرە *êre* ⟨Adv.⟩ hier

ئێزدی *Êzdî* (Rel.) Gottheit *f*; Jeside *f* / Jesidin *f*; kurdische Religionsgemeinschaft der Jesiden (vgl. ↑یەزیدی)

ئێستا *êsta* **I** ⟨Adv.⟩ jetzt; nun **II** Moment *m*

ئێستر *êstir* (Zool.) Maultier *n*

ئێسقان *êsqan* (Anat.) Knochen *m* (s.a. ↑ئێسکان)

ئێسک *êsk* (Anat.) Knochen *m*; **ئێسکی شان** *êskî şan* (Anat.) Schulterblatt *n*

ئێسکان *êskan* (Anat.) Knochen *m*

ئێسکسووک *êsksûk* ⟨Adj.⟩ 1. elegant; 2. umgänglich

ئێسکشکاوی *êskşikawî* (Med.) Knochenbruch *m*

ئێسکگران *êskgiran* ⟨Adj.⟩ hässlich; widerlich

ئێسکناس *êsknas* Orthopäde *m* / Or-

ێ

thopädin *f*

ئێسکناسی *êsknasî* Orthopädie *f* (s.a. ↑ئۆرتۆپیدی)

ئێسکوپرووسک *êskupirusk* (Anat.) Skelett *n*

ئێسکەچەڵەمە *êskeçeleme* (Anat.) Schlüsselbein *n*

ئێسکەزەند *êskezend* (Anat.) Elle *f*

ئێسگە *êsge* 1. Sender *m;* 2. Station *f;* Haltestelle *f;* **ئێسگەی پاس** *êsgey pas* Bushaltestelle *f;* **ئێسگەی تەلەفیزیۆن** *êsgey telefîzyon* Fernsehsender *m;* **ئێسگەی ڕادیۆ** *êsgey radyo* Rundfunksender *m*

ئێس ئێم ئێس *ês êm ês* SMS *f*

ئێش *êş* Schmerz *m;* Leiden *n*

ئێشاندن *êşandin* ⟨v.t.⟩ ⟨ـئێشێن *êşên-*⟩ wehtun; schmerzen • من دڵیم ئێشاند ich habe ihm wehgetan

ئێشکگر *êşkgir* Wache *f;* Wächter *m* / Wächterin *f*

ئێمە *ême* ⟨Pron.⟩ 1. wir; 2. uns; 3. unser(e) (in der Izafe-Konstruktion) • ئێمە نەخۆش نین • wir sind nicht krank

ئێواران *êwaran* ⟨Adv.⟩ abends

ئێوارە *êware* Abend *m* (s.a. ↑ئێواری)

ئێواری *êwarê* Abend *m* • ئێوارێت باش! guten Abend!

ئێوە *êwe* ⟨Pron.⟩ 1. ihr; Sie; 2. euch; Ihnen; Sie; 3. euer, eure; Ihr(e) (in der Izafe-Konstruktion) • ئێوە بۆ کوێ دەچن؟ wo geht ihr hin?; wo gehen Sie hin?

ێ

Hinweise zur Benutzung (Deutsch–Kurdisch)

1. Rechtschreibung

Dieses Wörterbuch berücksichtigt die Rechtschreibreform von 2006.

2. Die Stichwörter

Als Stichwörter kommen neben den üblichen Kategorien auch einzelne Buchstaben vor, außerdem Abkürzungen, Kurzwörter, Akronyme, Komposita, Mehrwortausdrücke und Eigennamen, darunter insbesondere geografische Namen und Einwohnerbezeichnungen.

3. Die alphabetische Anordnung

Die Anordnung der Stichwörter in diesem Wörterbuch erfolgt streng alphabetisch. Unterscheiden sich zwei Wörter nur durch Groß- und Kleinschreibung, so steht das kleingeschriebene Wort vor dem großgeschriebenen Wort:

verlangen ⟨v.t.⟩ …
Verlangen *n* …

Die Umlaute ä, ö und ü werden wie Varianten der Vokale a, o und u behandelt und eingeordnet. Der einfache Vokal (a, o, u) steht dabei jeweils vor dem Umlaut (ä, ö, ü):

schon ⟨Adv.⟩ …
schön ⟨Adj.⟩ …

Der Buchstabe ß wird wie ss behandelt und steht nach dem Doppel-s:

Maßband *n* …
Masse *f* …
Maßeinheit *f* …

Bindestriche, Schrägstriche, Punkte, Kommata und Wortzwischenräume zählen nicht als Buchstaben; sie werden bei der alphabetischen Einordnung ignoriert.

Eingeklammerte Buchstaben werden bei der alphabetischen Einordnung berücksichtigt. Die Klammern zeigen an, dass das Wort auch in einer Variante ohne den betreffenden Buchstaben existiert:

blöd(e) ⟨Adj.⟩ …

Viele Substantive existieren in männlicher und weiblicher Form. Im Wörterbuch werden beide Formen als eigene Stichwörter aufgeführt. Dabei werden die weiblichen Formen nur dann übersetzt, wenn sich die Übersetzung von der männlichen Form unterscheidet. Von der weiblichen Form wird immer auch auf die männliche Form mittels des Verweises „w. Form zu“ verwiesen:

Helfer *m* پشتگیریکەر *piştgîrîker* …
Helferin *f* w. Form zu ↑Helfer

4. Im Wörterbuch verwendete Schriftauszeichnungen

In diesem Wörterbuch werden neben der Grundschrift folgende Auszeichnungsarten verwendet:

- **Fettdruck**: für Stichwörter (Lemma und Sublemma) und für römische Ziffern;
- *Kursivdruck*: für die lateinische Umschrift des Kurdischen und für Genusangaben.

5. Der Stichworteintrag

Alle Stichwörter – sowohl Hauptstichwörter als auch Untereinträge wie Redewendungen und Wortgruppen – sind in fetter Schrift gedruckt. Nach dem Stichwort folgen grammatische Angaben in normaler Schrift in spitzen Klammern bzw. Genusangaben beim Substantiv. Jedes

Hauptstichwort erhält einen eigenen Eintrag, d. h. es beginnt auf einer neuen Zeile.

6. Grammatische Angaben

Die grammatischen Angaben – außer Genusangaben bei Substantiven – sind immer in spitzen Klammern angegeben. Mit Ausnahme von Substantiven, die an der Großschreibung als solche erkennbar sind, wird bei jedem Stichwort aufgeführt, zu welcher Wortart es gehört.

Bei *Substantiven* wird jeweils das grammatische Geschlecht (*m* = Maskulinum [männlich], *f* = Femininum [weiblich], *n* = Neutrum [sächlich]) in Kursivschrift angegeben. Grundsätzlich wird jedes Substantiv im Singular aufgeführt, es sei denn, es handelt sich um Wörter, die keinen Singular haben:

Leute *Pl.* …

In solchen Fällen steht in Kursivschrift die grammatische Angabe *Pl.*

In Fällen, in denen Wörter zwar einen Singular bilden, aber meist als Plural verwendet werden, ist nur der Plural des Wortes angegeben, ohne Angabe des Genus:

Innereien *Pl.* …

Bei *Verben* findet sich immer der Hinweis, ob sie transitiv ⟨v.t.⟩, intransitiv ⟨v.i.⟩ und/oder reflexiv ⟨v.refl.⟩ gebraucht werden. In Einzelfällen wird ergänzend zwischen Hilfsverben und Modalverben differenziert.

Bei *Adjektiven* wird der adverbiale Gebrauch durch unterschiedliche römische Ziffern dann gekennzeichnet, wenn sich die kurdischen Übersetzungen des Adjektivs („**I.**") bzw. Adverbs („**II.**") stark unterscheiden. Da im Deutschen Adjektive generell adverbial gebraucht werden können, wurde ansonsten auf eine getrennte Aufführung verzichtet.

Bei *Pronomen* finden sich Angaben zum Kasus nach dem Stichwort:

dir ⟨Pron.⟩ Dat. von ↑du …
dich ⟨Pron.⟩ Akk. von ↑du …

7. Aufbau der Wörterbucheinträge

Die Wörterbucheinträge richten sich nach dem folgenden Grundprinzip:

1 Stichworteintrag, ggf. zusätzliche orthografische Varianten. Auf eine phonetische Transkription der Stichwörter wurde aus Platzgründen verzichtet, ebenso auf die Angabe der Betonung sowie der Silbentrennung;
2 ⟨grammatische Angaben⟩;
3 (ggfs. Sachgebiet);
4 kurdische Übersetzung in arabischer Schrift, ggf. mit kurdischen Ergänzungen in runden Klammern ( );
5 die Übersetzung in lateinischer Umschrift;
6 Beispielsätze (durch einen Marker oder Semikolon getrennt von den kurdischen Übersetzungen des Stichwortes; in Grundschrift und ohne lateinische Umschrift, da dies den Umfang des Werkes unangemessen vergrößert hätte). Mehrere Beispiele werden durch Semikolon voneinander getrennt. Als Interpunktion für die Beispielsätze werden nur Frage- und Ausrufungszeichen verwendet, aber keine Satzschlusspunkte. Drei Punkte … stehen für Auslassungen.
7 durch Semikolon getrennt von den kurdischen Übersetzungen des Stichwortes Untereinträge. Mehrere Untereinträge werden ebenfalls durch Semikolon voneinander getrennt. Die Anordnung entspricht der Anordnung der Beispiele.

Hochgestellte Ziffern vor dem Stichwort differenzieren zwischen Homonymen:

> ^{1}**Band** *n* …
> ^{2}**Band** *m* …
> ^{3}**Band** *f* …

Römische Ziffern: Unterschiede hinsichtlich Wortarten wie ⟨Adj.⟩, ⟨Adv.⟩, ⟨Konj.⟩ usw. oder grammatische Kategorien wie ⟨v.t.⟩, ⟨v.i.⟩ und ⟨v.refl.⟩ werden mit Hilfe fett gedruckter römischer Ziffern gegliedert:

> **fahren I.** ⟨v.i.⟩ …; **II.** ⟨v.t.⟩ …

Arabische Ziffern: Besitzt ein Wort mehrere Bedeutungen, sogenannte Polyseme, so ist die am häufigsten verwendete Bedeutung des Wortes an den Anfang gestellt, die weniger häufig gebrauchten, spezielleren oder übertragenen Bedeutungen werden angefügt.

Die unterschiedlichen Bedeutungen innerhalb einer Wortart sind durch arabische Ziffern gekennzeichnet:

Birne *f* 1. هەرمێ *hermê*; 2. گلۆپ *gilop*; 3. (ugs.) کەللەسەر *kelleser*

In einigen Fällen, in denen die Bedeutung eines deutschen Stichwortes keinem kurdischen Ausdruck entspricht, wurde auf Erklärung in kurdischer Sprache zurückgegriffen.

Verweise:

s. findet sich nur bei Stichwörtern, bei denen keine Übersetzung angegeben ist, und verweist auf ein Stichwort, unter dem diese zu finden ist.

s. a. („siehe auch") verweist auf einen Eintrag mit ähnlicher Bedeutung.

vgl. verweist auf einen Eintrag mit gleicher Bedeutung. Diese Verweisart findet sich insbesondere bei fachsprachlichen Fremdwörtern, bei denen es zwecks Veranschaulichung der Bedeutung einen Verweis auf das entsprechende nichtfachsprachliche Synonym gibt.

w. Form zu findet sich bei femininen Formen von Substantiven, und verweist auf die entsprechende maskuline Form, unter der sich auch die Übersetzung findet.

8. Im Wörterbuch verwendete Interpunktion

Im Wörterbuch verwendete Interpunktion:

… Auslassungen bei kurdischen Bedeutungen und deutschen Unterstichwörtern (z. B. bei Post- und Zirkumpositionen und bei paarweise auftretenden Konjunktionen wie „entweder … oder") sowie bei deutschen und kurdischen Beispielen;

; Semikolon nach unterschiedlichen Bedeutungen und Beispielen;

• zur Abtrennung von Beispielsätzen von der Übersetzung des Haupteintrags;

( ) Stilebene und sprachlicher Zeitbezug; fakultative Bestandteile, Erklärungen und Ausführungen auf Deutsch und Kurdisch;

\- (einfacher Bindestrich) bei Prä- und Suffixen im Deutschen;

/ bei Alternativen und Valenzangaben und bei sein/werden;

↑ bezeichnet einen Verweis auf ein anderes Stichwort.

A

a, A ئا *a;* پیتی یەکەمی ئەلفبێی ئەڵمانی *pîtî yekemî elfbêy eḻmanî;* **von A bis Z** لە سەرەتاوە بۆ ئا وە بۆ ز *le A we bo Z;* لە سەرەتاوە بۆ کۆتایی *le seretawe bo kotayî*

Aal *m* (Zool.) مارماسی *marmasî*

Aaron *m* (Rel.) هاروون *Harûn*

Aas *n* لاک *lak;* لاشە *laşe*

ab I. ⟨Adv.⟩ 1. لە *le;* 2. لە ...ەوە (لێ کەم کردنەوە، لێبوونەوە) *le ...ewe (lê kem kirdinewe, lêbûnewe);* **ab und zu** ناوبەناو *nawbenaw;* جارجار *carcar;* **auf und ab** سەرەوە و خوارەوە *serewe w xiwarewe* **II.** ⟨Präp.⟩; **ab 16 Uhr** لە سەعات چوارەوە *le se'at çiwarewe;* **ab Berlin** لە بەرلینەوە *le Berlînewe*

abbauen ⟨v.t.⟩ 1. هەڵوەشاندنەوە *heḻweşandinewe;* 2. لە کار خستن *le kar xistin;* 3. دەرهێنان *derhênan*

abbeißen ⟨v.t.⟩ گاز لێگرتن *gaz lêgirtin*

abbestellen ⟨v.t.⟩ ڕەت کردنەوە (شتێکی داواکراو) *ṟet kirdinewe (şitêkî dawakiraw)*

abbiegen I. ⟨v.t.⟩ نووشتاندنەوە *nûştandinewe;* پێچ کردنەوە *pêç kirdinewe;* **nach links abbiegen** بەلای چەپدا پێچ کردنەوە *belay çepda pêç kirdinewe* **II.** ⟨v.i.⟩ نووشانەوە *nûştanewe*

Abbildung *f* وێنە *wêne*

Abblendlicht *n* (Kfz) لایتی نزم *layitî nizim*

abbrechen ⟨v.t.⟩ 1. شکاندنەوە *şikandinewe;* 2. دەست لێکێشانەوە *dest lêkêşanewe*

abbuchen ⟨v.t.⟩ (Wirtsch.) پارە لە کۆنتۆ وەرگرتن *pare le konto wergirtin*

abbürsten ⟨v.t.⟩ فڵچە لێدان *fiḻçe lêdan*

abdrehen I. ⟨v.t.⟩ کردنەوە (برغوو) *kirdinewe (birx̱û)* **II.** ⟨v.i.⟩ ڕوو وەرگێڕان *ṟû wergêṟan*

Abend *m* ئێواری *êwarê;* ئێوارە *êware* • guten Abend! ئێوارەت باش! ; **gestern Abend** دوێنێ ئێواری *dwênê êwarê;* **heute Abend** ئەمڕۆ ئێواری *emṟo êwarê;* **zu Abend essen** بۆ نانی ئێواری *bo nanî êwarê*

Abendbrot *n* نانی ئێواری *nanî êwarê*

Abenddämmerung *f* زەردەپەڕ *zerdepeṟ;* کازێوە *kazêwe*

Abendessen *n* خۆراکی ئێواری *xorakî êwarê;* نانی ئێوارە *nanî êware*

Abendkleid *n* کراسی ئێواران *kirasî êwaran*

Abendland *n* وڵاتانی ڕۆژئاوا *wiḻatanî ṟojawa*

abends ⟨Adv.⟩ ئێواران *êwaran*

Abenteuer *n* بەسەرهات *beserhat;*

A

سەرگوزەشتە *serguzeşte*

aber ⟨Konj.⟩ بەڵام *beḻam*

Aberglaube *m* پڕوپووچی *piṟupûçî*; خەرافات *xerafat*

abfahren ⟨v.i.⟩ کەوتنە ڕێ (بە ئوتومبێل، شەمەندەفەر) *kewtine ṟê (be utumbêl, şemendefer)*

Abfahrt *f* 1. بەڕێکەوتن *beṟêkewtin*; 2. چوونەدەرەوە (لەسەر ئەوتۆبان) *çûnederewe (leser ewtoban)*

Abfahrtszeit *f* کاتی بەڕێکەوتن *katî beṟêkewtin*

Abfall *m* 1. وەرین (گەڵا) *werîn (geḻa)*; 2. خۆڵ *xoḻ*; زبڵ *zibiḻ*

Abfalleimer *m* تەنەکەی خۆڵ *tenekey xoḻ*

abfertigen ⟨v.t.⟩ 1. ڕەوانە کردن *ṟewane kirdin*; 2. ئامادە کردن (بۆ ناردن) *amade kirdin (bo nardin)*

abfeuern ⟨v.t.⟩ تەقاندن (فیشەک) *teqandin (fîşek)*

abfinden I. ⟨v.t.⟩ زیان پێدانەوە *ziyan pêdanewe*; حساب ڕاست کردنەوە *ḩisab ṟast kirdinewe* **II.** ⟨v.refl.⟩ sich mit etw. abfinden بەرگە گرتن *berge girtin*

Abfindung *f* لەبارمتەدادان *lebarimtedadan*

abfliegen ⟨v.i.⟩ 1. باڵ گرتن (فڕۆکە) *baḻ girtin (fiṟoke)*; 2. فڕین (بە فڕۆکە) *fiṟîn (be fiṟoke)*

Abflug *m* 1. فڕین (بە فڕۆکە) *fiṟîn (be fiṟoke)*; 2. باڵگرتن *baḻgirtin*

Abflughalle *f* هۆڵی سەفەرلێوەکردن (لە فڕۆکەخانە) *hoḻî seferlêwekirdin (le fiṟokexane)*

Abflugzeit *f* کاتی فڕۆکەفڕین *katî fiṟokefiṟîn*

Abfluss *m* ئاوەڕۆ *aweṟo*; زێراب *zêrab*

Abflussrohr *n* بۆریی ئاوەڕۆ *borîy aweṟo*

abfragen ⟨v.t.⟩ 1. پرسیار لێکردن *pirsiyar lêkirdin*; 2. زانیاری وەرگرتن *zanyarî wergirtin*

Abführmittel *n* (Med.) دەرمانی ڕەوانی *dermanî ṟewanî*

Abgas *n* غازی بەکارهاتوو *xazî bekarhatû*; **Abgase** *pl.* 1. غازی ئەگزۆز *xazî egzoz*; 2. گازە بەکارهاتووەکان *gaze bekarhatûwekan*

abgeben ⟨v.t.⟩ 1. تەسلیم کردن *teslîm kirdin*; 2. پێدان (لە کاتی یاریکردندا) *pêdan (le katî yarîkirdinda)*

abgelaufen ⟨Adj.⟩ بەسەرچوو *beserçû*

abgelegen ⟨Adj.⟩ چەپەک *çepek*

abgenutzt ⟨Adj.⟩ پواو *piwaw*

Abgeordnete *f* w. Form zu ↑Abgeordneter

Abgeordneter *m* پەرلەمێنتار *perlemêntar*; نوێنەر *nwêner*

abgesehen ⟨Adj.⟩ پێشبینیلێکراو *pêşbînîlêkiraw*; **abgesehen davon** جگەلەوە *cigelewe*; **abgesehen von** جگەلە *cigele*

abgewöhnen ⟨v.t.⟩ لێبڕینەوە *lêbiṟînewe*; واز لێهێنان *waz lêhênan*; **sich das Rauchen abgewöhnen** خۆ لە جگەرەکێشان کشاندنەوە *xo le cigerekêşan kişandinewe*; **sich etw. abgewöhnen** خۆ (لێ) ڕزگار کردن *xo (lê) ṟizgar kirdin*; خۆ لێکێشانەوە *xo lêkêşanewe*

Abgrund *m* 1. قووڵایی *qûḻayî*; 2. نەمان *neman*

abhalten ⟨v.t.⟩ 1. ڕێ لێگرتن *r̲ê lêgirtin;* 2. (کوڕ) گێڕان *gêr̲an (kor̲)*; **j-n von etw. abhalten** 1. واز پێهێنان *waz pê-hênan;* 2. کۆسپ هێنانە ڕێ *kosp hênane r̲ê*

Abhang *m* بنار *binar;* لاپاڵ *lapal̲*

[1]**abhängen** ⟨v.t.⟩ 1. (وێنە) داگرتن *da-girtin (wêne);* 2. (لە قولاپ) لێکردنەوە *lêkirdinewe (le qulap)*

[2]**abhängen** ⟨v.i.⟩; **von etw./j-m ab-hängen** پێبەند بوون بە *pêbend bûn be*

abhängig ⟨Adj.⟩ پێبەند *pêbend;* وابەستە *wabeste*

Abhängigkeit *f* وابەستەیی *wabesteyî;* پێبەندبوون *pêbendbûn*

abheben I. ⟨v.t.⟩ 1. (کاغەزی قومار) بڕین *bir̲în (kax̲ezî qumar);* 2. بەرز کردنەوە *berz kirdinewe;* 3. (پارە لە حسابی بانق) وەرگرتن *wergirtin (pare le h̲isabî banq)* **II.** ⟨v.i.⟩ (فڕۆکە) بەرز بوونەوە *berz bûnewe (fir̲oke)*

abholen ⟨v.t.⟩ 1. بردنەوە *birdinewe;* بەدوادا هاتن *bedwada hatin;* 2. هێنانەوە (ی کەسێک) *hênanewe (y kesêk)*

abhören ⟨v.t.⟩ (بە دزییەوە) گوێ لێگرتن *gwê lêgirtin (be dizîyewe)*

Abitur *n* 1. دواتاقیکردنەوەی قوتابخانەی ئامادەیی *diwataqîkirdinewey qutabxa-ney amadeyî;* 2. بڕوانامەی قوتابخانەی ئامادەیی *bir̲wanamey qutabxaney a-madeyî*

Abkommen *n* ڕێککەوتن *r̲êkkewtin;* پەیماننامە *peymanname*

abkühlen I. ⟨v.i.⟩ سارد بوون *sard bûn* **II.** ⟨v.t.⟩ سارد کردنەوە *sard kirdinewe* **III.** ⟨v.refl.⟩ sich abkühlen فێنک بوونەوە *fênik bûnewe;* سارد بوونەوە *sard bûnewe*

abkürzen ⟨v.t.⟩ کورت کردنەوە *kurt kir-dinewe*

Abkürzung *f* 1. کورتکردنەوە *kurtkirdi-newe;* 2. کورتکراوە *kurtkirawe*

abladen ⟨v.t.⟩ بار داگرتن (کەشتی، لۆری) *bar dagirtin (keştî, lorî)*

Ablage *f* 1. شوێنی شتپاراستن (نووسراو لە نووسینگەدا) *şwênî şitparastin (nûsraw le nûsîngeda);* 2. گەنجینە *gencîne*

Ablauf *m* 1. ڕێچکەگرتن (ئاو) *r̲êçkegirtin (aw);* 2. بەسەرچوون (کات) *beserçûn (kat);* 3. پڕۆسە *pir̲ose*

ablaufen I. ⟨v.t.⟩ 1. سوان (پێڵاو) *siwan (pêl̲aw);* 2. گەڕان بەشوێن *ger̲an beşwên* **II.** ⟨v.i.⟩ 1. کۆتایی پێهاتن (ڤیزە) *kotayî pêhatin (vîze);* 2. لەبەر ڕۆیشتن (حەوز) *leber r̲oyiştin (h̲ewz)*

ablehnen ⟨v.t.⟩ ڕەت کردنەوە *r̲et kirdi-newe;* دژ وەستان *dij westan*

ablenken ⟨v.t.⟩ 1. لادان لە *ladan le;* 2. مەشغووڵ کردن *meşx̲ûl̲ kirdin*

ablösen ⟨v.t.⟩ 1. لێکردنەوە (وەرەقە لە فایل) *lêkirdinewe (wereqe le fayil);* 2. لێ دوور خستنەوە *lê dûr xistinewe;* 3. خستنە شوێن (لە پلە و پایەدا) *xistine şwên (le pile w payeda);* 4. گۆڕین (پاسەوان) *gor̲în (pasewan)*

abmachen ⟨v.t.⟩ 1. لێکردنەوە *lêkirdi-newe;* 2. ڕێککەوتن لەسەر *r̲êkkewtin le-ser*

Abmachung *f* ڕێککەوتن *r̲êkkewtin*

abmelden ⟨v.t.⟩ 1. ناو سڕینەوە *naw sir̲î-newe;* 2. سەنەوی لەسەر خۆ لابردن *senewî leser xo labirdin*

abmessen ⟨v.t.⟩ ئەندازە گرتن *endaze girtin*; پێوان *pêwan*

abmontieren ⟨v.t.⟩ هەڵوەشاندن (مەکینە) *heḻweşandin (mekîne)*

abnehmen I. ⟨v.t.⟩ 1. هەڵدانەوە (سەرقاپ) *heḻdanewe (serqap)*; 2. کەم کردن *kem kirdin*; 3. وەرگرتن (کەلوپەل) *wergirtin (kelupel)* **II.** ⟨v.i.⟩ 1. کەم بوونەوە *kem bûnewe*; 2. لاواز بوون *lawaz bûn*

Abneigung *f* 1. قینلێبوون *qînlêbûn*; 2. قێزلێکردنەوە *qêzlêkirdinewe*; 3. حەزلێنەکردن *ẖezlênekirdin*; 4. بێمەیلی *bêmeylî*

abnutzen I. ⟨v.t.⟩ پواندن *piwandin* **II.** ⟨v.refl.⟩ sich abnutzen سوان *siwan*

Abonnement *n* ئابوونە *abûne*

Abonnent *m* ئابوونەکەر *abûneker*

Abonnentin *f* w. Form zu ↑Abonnent

abonnieren ⟨v.t.⟩ ئابوونە کردن *abûne kirdin*

abräumen ⟨v.t.⟩ هەڵگرتن (سفرە) *heḻgirtin (sifre)*

abrechnen I. ⟨v.i.⟩ ژماردن (پارەی ناو قاسە) *jimardin (parey naw qase)*; **mit j-m abrechnen** تۆڵە لێسەندنەوە *toḻe lêsendinewe* **II.** ⟨v.t.⟩ لێداشکاندن *lêdaşikandin*

Abrechnung *f* 1. حسێب *ẖisêb*; 2. لێداشکاندن *lêdaşikandin*; 3. (üb.) تۆڵەسەندنەوە *toḻesendinewe*

Abreise *f* سەفەرکردن *seferkirdin*

abreisen ⟨v.i.⟩ سەفەر کردن *sefer kirdin*; **abreisen nach** *sefer kirdin bo*

Abreisetag *m* ڕۆژی سەفەرکردن *ṟojî seferkirdin*

abreißen I. ⟨v.t.⟩ ڕووخاندن (خانوو) *ṟûxandin (xanû)* **II.** ⟨v.i.⟩ لێکردنەوە *lêkirdinewe*

abrufen ⟨v.t.⟩ 1. دوور خستنەوە *dûr xistinewe*; 2. داوا کردن *dawa kirdin*

Abrüstung *f* چەککەمکردنەوە *çekkemkirdinewe*

Absage *f* ڕەتکردنەوە *ṟetkirdinewe*

absagen ⟨v.t.⟩ ڕەت کردنەوە *ṟet kirdinewe*

Absatz *m* 1. وچانگرتن *wiçangirtin*; 2. پەڕەگراف *peṟegraf*; 3. پاژنە (پێڵاو) *pajne (pêḻaw)*; 4. (Kaufmannsspr.) ڕەواج *ṟewac*

abschaffen ⟨v.t.⟩ 1. لەناو بردن *lenaw birdin*; 2. بەتاڵ کردنەوە *betaḻ kirdinewe*; لەغو کردن *lex̱u kirdin*

abschalten ⟨v.t.⟩ کوژاندنەوە *kujandinewe*

abscheulich ⟨Adj.⟩ قێزەون *qêzewin*; خراپ *xirap*

abschicken ⟨v.t.⟩ ڕەوانە کردن *ṟewane kirdin*; ناردن *nardin*

abschieben ⟨v.t.⟩ 1. دەرکردن (لە وڵات) *derkirdin (le wiḻat)*; 2. ناردنەوە *nardinewe*; دوور خستنەوە *dûr xistinewe*

Abschied *m* ماڵئاوایی *maḻawayî*; خواحافیزی *xiwaẖafîzî*; **(von j-m) Abschied nehmen** ماڵئاوایی (لێ)کردن *maḻawayî (lê)kirdin*; خواحافیزی (لێ) کردن *xiwaẖafîzî (lê)kirdin*

abschießen ⟨v.t.⟩ 1. هاویشتن (تیر) *hawîştin (tîr)*; 2. تەقاندن (فیشەک) *teqandin (fîşek)*

Abschleppdienst *m* کارگوزاریی ڕاکێشان و گواستنەوەی ئوتومبێل *karguzarîy ṟakêşan u giwastinewey utumbêl*
abschleppen ⟨v.t.⟩ ڕاکێشان *ṟakêşan*
Abschleppseil *n* (Kfz) گوریسی ڕاکێشان *gurîsî ṟakêşan*
Abschleppwagen *m* (Kfz) ئوتومبێلی ڕاکێشان *utumbêlî ṟakêşan*
abschließen ⟨v.t.⟩ 1. بە کلیل داخستن *be kilîl daxistin*; کلیل دان *kilîl dan*; 2. (دەرگا) پێوەدان *pêwedan (derga)*; 3. جێبەجێ کردن *cêbecê kirdin*; 4. بڕاندنەوە *biṟandinewe*
Abschluss *m* 1. کۆتایی *kotayî*; 2. ڕێککەوتن *ṟêkkewtin*
abschmecken ⟨v.t.⟩ تام کردن *tam kirdin*; چێشتن *çêştin*
abschneiden ⟨v.t.⟩ 1. بڕین *biṟîn*; لێکردنەوە *lêkirdinewe*; 2. (لە گەردن) لێدان *lêdan (le gerdin)*; 3. قارس کردن (جلوبەرگ) *qars kirdin (ciluberg)*
Abschnitt *m* 1. کەرت *kert*; بەش *beş*; 2. پەڕەگراف *peṟegraf*; 3. قۆناغ *qonaẋ*
abschrecken ⟨v.t.⟩ تۆقاندن *toqandin*; ترساندن *tirsandin*
abschreiben ⟨v.t.⟩ 1. نووسینەوە *nûsînewe*; ڕوونووس کردن *ṟûnûs kirdin*; 2. (دزی ئەدەبێ) لێوەرگرتن *lêwergirtin (dizî edebê)*; 3. فاتیحا بۆ خوێندن *fatîẖa bo xwêndin*
abschwächen ⟨v.t.⟩ کز کردن *kiz kirdin*; سست کردن *sist kirdin*
absehen I. ⟨v.t.⟩ 1. بە شوێندا گەڕان *be şwênda geṟan*; 2. چاو لێپۆشین *çaw lêpoşîn* **II.** ⟨v.i.⟩, **von etw. absehen** گوێ پێنەدان *gwê pênedan*
Absender *m* نێرەر *nêrer*
Absenderin *f* w. Form zu ↑Absender
absetzen ⟨v.t.⟩ 1. دانان *danan*; 2. لادان *ladan*; 3. (باج) لێداشکاندن *lêdaşikandin (bac)*
Absicht *f* خواست *xiwast*; مەبەست *mebest*; ویست *wîst*; **mit Absicht** بە مەبەست *be mebest*
absichtlich ⟨Adj.⟩ بەمەبەست *bemebest*; بەئەنقەست *beenqest*
absolut I. ⟨Adj.⟩ بەتەواوی *betewawî* **II.** ⟨Adv.⟩ تەواو *tewaw*
abspalten ⟨v.t.⟩ جیا کردنەوە *ciya kirdinewe*; قڵیشاندن *qiḻîşandin*
Absperrung *f* ڕێگرتن *ṟêgirtin*
abspielen I. ⟨v.t.⟩ 1. (قەوان، کاسێت) لێدان *lêdan (qewan, kasêt)*; 2. (Sp.) (فتبۆڵێن) پاسدان *pasdan (fitboḻên)* **II.** ⟨v.refl.⟩ sich abspielen ڕوو دان *ṟû dan*
Absprache *f* 1. پەیمان *peyman*; 2. ڕێکەوتن *ṟêkewtin*
abspülen ⟨v.t.⟩ ئاو پێداکردن *aw pêdakirdin*; شتن *şitin*
abstammen ⟨v.i.⟩; **von etw. abstammen** (Ling.) لێوەرگرتن *lêwergirtin*; **von j-m abstammen** لە بنەوبنەچە بوون *le binewbineçe bûn*
Abstammung *f* بنەوبنەچە *binewbineçe*; ڕەگەز *ṟegez*
Abstand *m* دووری *dûrî*; مەسافە *mesafe*; **Abstand halten** دوور وەستان *dûr westan*
absteigen ⟨v.i.⟩ دابەزین *dabezîn*
abstellen ⟨v.t.⟩ 1. (ئوتومبێل) وەستاندن

westandin (utumbêl); 2. دانان *danan*; 3. کوژاندنەوە (مەکینە) *kujandinewe (mekîne)*

Abstellkammer *f* گەنجینە *gencîne*

Abstellraum *m* s. ↑Abstellkammer

Abstieg *m* لێژگە *lêjge*

abstimmen ⟨v.i.⟩ دەنگ دان *deng dan*; **über etw./j-n abstimmen** دەنگ دان دەربارەی *deng dan derbarey*

Abstimmung *f* دەنگدان *dengdan*

abstoßend ⟨Adj.⟩ ڕەزاگران *r̲ezagiran*

abstrakt ⟨Adj.⟩ مانایی *manayî*; نادیار *nadiyar*

abstreiten ⟨v.t.⟩ نکولی لێکردن *nikulî lêkirdin*

abstürzen ⟨v.i.⟩ 1. کەوتنە خوارەوە *kewtine xiwarewe*; 2. (EDV) وەستان *westan*

absurd ⟨Adj.⟩ 1. بێنرخ *bênirx*; 2. ناماقووڵ *namaqûl̲*

Abteil *n* 1. ژوورۆچکەی ناو شەمەندەفەر *jûroçkey naw şemendefer*; 2. بەش *beş*

Abteilung *f* بەش *beş*

abtreiben I. ⟨v.t.⟩ دانە پێش *dane pêş* **II.** ⟨v.i.⟩ لە بار بردن *le bar birdin*

Abtreibung *f* منداڵلەباربردن *mindal̲lebarbirdin*

abtrennen ⟨v.t.⟩ دابڕین *dabir̲în*

abtrocknen I. ⟨v.t.⟩ وشک کردنەوە *wişik kirdinewe* **II.** ⟨v.refl.⟩ sich abtrocknen خۆ وشک کردنەوە *xo wişk kirdinewe*

abwägen ⟨v.t.⟩ کێشان *kêşan*

abwarten ⟨v.t.⟩ چاوەڕوانی کردن *çawer̲wanî kirdin*

abwärts ⟨Adv.⟩ سەرەولێژ *serewlêj*

abwaschen ⟨v.t.⟩ شتن *şitin*

Abwasser *n* چڵکاو *çil̲kaw*

abwechseln I. ⟨v.i.⟩ نۆرە کردن *nore kirdin* **II.** ⟨v.refl.⟩ sich abwechseln بە نۆرە کردن *be nore kirdin*

abwechselnd ⟨Adv.⟩ جارەناجارێک *carenacarêk*

Abwechslung *f* ئاڵوگۆڕکردن *al̲ugor̲kirdin*

abwechslungsreich ⟨Adj.⟩ هەمەجۆر *hemecor*

Abwehr *f* بەرگری *bergirî*

abwehren ⟨v.t.⟩ بەرگری کردن *bergirî kirdin*

abweichen ⟨v.i.⟩ لێلادان *lêladan*

abwerten ⟨v.t.⟩ (Wirtsch.) نرخ کەم کردنەوە *nirx kem kirdinewe*

abwesend ⟨Adj.⟩ 1. ئامادەنەبوو *amadenebû*; 2. بێئاگا *bêaga*

Abwesenheit *f* دیارنەبوون *diyarnebûn*

abwischen ⟨v.t.⟩ سڕین *sir̲în*

Abzahlung *f* پارەدانەوە *paredanewe*

Abzeichen *n* نیشانە *nîşane*

abziehen ⟨v.t.⟩ لێداشکاندن *lêdaşikandin*

Abzug *m* 1. پەلەپیتکە (چەک) *pelepîtke (çek)*; 2. کشانەوە *kişanewe*

abzüglich ⟨Präp.⟩ (Kaufmannsspr.) لێداشکاو *lêdaşikaw*; **abzüglich der Unkosten** دوای لێداشکاندنی مەسرەف *diway lêdaşikandinî mesref*

Abzweigung *f* جیابوونەوە *ciyabûnewe*

ach ⟨Int.⟩ ئاخ *ax*; ئەیەڕۆ *eyer̲o* • ach so! ئاو وا!

Achillessehne *f* (Anat.) ژێی قولەپێ *jêy*

A

qulepê
Achse *f* تەوەرە *tewere;* ئەکسل *eksil*
Achsel *f* شان *şan*
Achselhöhle *f* بنباڵ *binbal*
acht ⟨Num.⟩ هەشت *heşt;* **acht Mal** هەشت جار *heşt car;* **in acht Tagen** لە هەشت ڕۆژدا *le heşt rojda*
Acht *f* 1. ڕێز *rêz;* 2. وریایی *wiryayî;* **Acht geben auf** وریا بوون *wirya bûn*
achte(r, -s) ⟨Adj.⟩ هەشتەم *heştem*
Achtel *n* هەشتیەک *heştyek*
achten I. ⟨v.t.⟩ ڕێز گرتن *rêz girtin* **II.** ⟨v.i.⟩; **auf etw./j-n achten** ئاگا لێبوون *aga lêbûn*
achtgeben ⟨v.i.⟩ ئاگادار بوون *agadar bûn*
Achtung *f* 1. وریایی *wiryayî;* 2. ڕێزلێگرتن *rêzlêgirtin* • Achtung! خەبەردار!؛ زینهار!
achtzehn ⟨Num.⟩ هەژدە *hejde*
achtzig ⟨Num.⟩ هەشتا *heşta*
Acker *m* کێڵگە *kêlge*
Ackerbau *m* جووتیاری *cûtyarî*
Ackerbauer *m* جووتیار *cûtyar*
Ackerbäuerin *f* w. Form zu ↑Ackerbauer
Ackerland *n* زەویی کشتوکاڵی *zewîy kiştukalî*
ackern ⟨v.i.⟩ 1. جووت کردن *cût kirdin;* 2. (ugs.) ڕەنج دان *renc dan*
Actionfilm *m* فلیمی ئەکشن *filîmî ekşin*
Adamsapfel *m* (ugs.) دەرپەرینی ڕەقەڵەی قورقوراگە *derperînî reqeley qurqurage*
Adapter *m* (Tech.) سازکەر *sazker;* محەویلە *mihewîle*
addieren ⟨v.t.⟩ (Math.) کۆ کردنەوە *ko kirdinewe*
Adel *m* نەجیبزادە *necîbzade*
Ader *f* دەمار *demar;* دەماری خوێنبەر *demarî xwênber*
Adjektiv *n* (Gr.) ئاوەڵناو *awelnaw*
Adler *m* (Zool.) هەڵۆ *helo*
adlig ⟨Adj.⟩ نەجیبزادە *necîbzade*
Adlige *f* شازادەخاتوون *şazadexatûn*
Adliger *m* گەورەپیاو *gewrepiyaw*
Administrator *m* 1. کارگێڕ *kargêr;* 2. سەرپەرشتیکار *serperiştîkar*
Admiral *m* (Mil.) ئەفسەری دەریاوانی *efserî deryawanî*
adoptieren ⟨v.t.⟩ هەڵگرتنەوە (منداڵ) *helgirtinewe (mindal)*
Adresse *f* ناونیشان *nawnîşan*
adressieren ⟨v.t.⟩ ناونیشان لێنووسین *nawnîşan lênûsîn*
Adverb *n* (Gr.) ئاوەڵکار *awelkar*
Affe *m* (Zool.) مەیموون *meymûn*
Äffin *f* w. Form zu ↑Affe
Afghane *m* ئەفغانی *efxanî*
Afghanin *f* w. Form zu ↑Afghane
afghanisch ⟨Adj.⟩ ئەفغانی *efxanî*
Afghanistan *n* ئەفغانستان *Efxanistan*
Afrika *n* ئەفریقا *Efrîqa*
Afrikaner *m* ئەفریقی *efrîqî*
Afrikanerin *f* w. Form zu ↑Afrikaner
afrikanisch ⟨Adj.⟩ ئەفریقی *efrîqî*
Agent *m* 1. کارگەر *karger;* 2. وەکیل *wekîl;* 3. جاسووس *casûs*
Agentin *f* w. Form zu ↑Agent
Agentur *f* ئاژانس *ajans;* دامودەزگا *damudezga*
Aggression *f* تووڕەیی *tûreyî*

A

aggressiv ⟨Adj.⟩ دڕندە *diṟinde;* شەڕەنگێز *şeṟengêz*
Aggressor *m* دەستدرێژکار *destdirêjkar;* شەڕەنگێز *şeṟengêz*
Aggressorin *f* w. Form zu ↑Aggressor
Agrarreform *f* (Pol.) چارەسەرکردنی کشتوکاڵ *çareserkirdinî kiştukaḻ*
Agrarwissenschaft *f* زانستیی کشتوکاڵ *zanistîy kiştukaḻ*
Agronomie *f* زانستیی کشتوکاڵ *zanistîy kiştukaḻ*
Ägypten *n* میسر *Mîsir*
Ägypter *m* میسری *mîsrî*
Ägypterin *f* w. Form zu ↑Ägypter
ägyptisch ⟨Adj.⟩ میسری *mîsrî*
Ahn *m* باووباپیران *bawubapîran*
ähneln ⟨v.i.⟩ لێکچوون *lêkçûn*
ahnen ⟨v.t.⟩ پێشبینی کردن *pêşbînî kirdin*
ähnlich I. ⟨Adj.⟩ هاوشێوە *hawşêwe;* **ähnlich sein/werden** وەکیەک بوون *wekyek bûn* **II.** ⟨Adv.⟩; **j-m ähnlich sehen** لێچوون *lêçûn*
Ähnlichkeit *f* هاوشێوەیی *hawşêweyî*
Ahnung *f* شارەزایی *şarezayî* • keine Ahnung! !هیچی لێنازانم ; **keine Ahnung haben** بێخەبەر بوون *bêxeber bûn;* ئاگادار نەبوون *agadar nebûn*
ahnungslos ⟨Adj.⟩ بێئاگا *bêaga;*غەشیم *x̱eşîm*
Ähre *f* 1. گوڵەگەنم *guḻegenim;* 2. گوڵەجۆ *guḻeco*
Aids *n* (Med.) ئەیدس *eyds*
Aidstest *m* فەحسی ئەیدس *feḫsî eyds*
Airbag *m* (Kfz) ئێربێک *êrbêk*
Akademie *f* ئەکادیمی *ekadîmî;* **Akademie der Wissenschaften** ئەکادیمیی زانستی *ekadîmîy zanistî*
Akademiker *m* ئەکادیمی *ekadîmî*
Akademikerin *f* w. Form zu ↑Akademiker
akklimatisieren I. ⟨v.t.⟩ (bildungsspr.) خۆ ڕاهێنان *xo ṟahênan;* خۆ گونجاندن *xo guncandin* **II.** ⟨v.refl.⟩ sich akklimatisieren خۆ گونجاندن *xo guncandin*
Akkordeon *n* (Mus.) ئۆکۆردیۆن *okordyon*
Akku *m* (Tech.) بەتارییە *betarîye*
Akkusativ *m* (Gr.) دۆخی بەرکاری بێیاریدە *doxî berkarî bêyarîde;* حاڵەتی نەسب *ḫaḻetî nesib*
Akne *f* (Med.) عازەبە *'azebe*
Akrobat *m* تەنافباز *tenafbaz*
Akrobatin *f* w. Form zu ↑Akrobat
akrobatisch ⟨Adj.⟩ تەنافباز *tenafbaz*
Akte *f* 1. فایل *fayil;* 2. جانتای دەست *cantay dest*
Aktenkoffer *m* جانتای دەست (بۆ ئەوراق تێخستن) *cantay dest (bo ewraq têxistin)*
Aktie *f* (Wirtsch.) بەشەپارە *beşepare;* سەهم *sehim*
Aktiengesellschaft *f* (Wirtsch./Jur.) دامەزراو *damezraw*
Aktion *f* چالاکی *çalakî*
Aktionär *m* بەشدار *beşdar*
Aktionärin *f* w. Form zu ↑Aktionär
aktiv ⟨Adj.⟩ چابووک *çabûk;* چالاک *çalak*
aktivieren ⟨v.t.⟩ چالاک کردن *çalak kir-*

din
Aktivität *f* چالاکی *çalakî*
aktuell ⟨Adj.⟩ 1. نوێ *nwê;* 2. گرنگ (ڕووداو) *giring (r̲ûdaw)*
Akupunktur *f* (Med.) پزیشکیی دەرزیئاژنی *pizîşkîy derzîajnî*
Akustik *f* 1. دەنگزانی *dengzanî;* 2. بارییبیستن *barîbîstin*
akut ⟨Adj.⟩ کوتوپڕسەرهەڵدان *kutupir̲-serhel̲dan*
Akzent *m* 1. ئەکسێنت *eksênt;* 2. گیرە *gîre*
akzeptieren ⟨v.t.⟩ پەسەند کردن *pesend kirdin*
Alarm *m* ئاگادارکردنەوە *agadarkirdinewe*
Alarmanlage *f* دەزگاوبەرەی ئاگادارکردنەوە *dezgawberey agadarkirdinewe*
alarmieren ⟨v.t.⟩ ئاگادار کردنەوە *agadar kirdinewe*
Alarmsignal *n* هێمای ئاگادارکردنەوە *hêmay agadarkirdinewe*
Alaska *n* ئاڵاسکا *Al̲aska*
Albaner *m* ئەلبانی *elbanî*
Albanerin *f* w. Form zu ↑Albaner
Albanien *n* ئەلبانیا *Elbanya*
albanisch ⟨Adj.⟩ ئەلبانی *elbanî*
albern ⟨Adj.⟩ ساویلکە *sawîlke;* گەوج *gewc*
Albtraum *m* خەوی خراپ *xewî xirap*
Album *n* ئەلبوم *elbum*
Alevit *m* عەلەوی *ʿelewî*
Alevitin *f* w. Form zu ↑Alevit
Alge *f* (Bot.) قەوزە *qewze*
Algebra *f* جەبر *cebir*
Algerien *n* جەزایر *Cezayir*
Algerier *m* جەزایری *cezayirî*
Algerierin *f* w. Form zu ↑Algerier
algerisch ⟨Adj.⟩ جەزایری *cezayirî*
Alibi *n* ئەلیبی *elîbî;* بەڵگەیەک، کە بۆ شایەتیدان لە کارێکدا بشێ *bel̲geyek, ke bo şayetîdan le karêkda bişê*
Alkohol *m* (Chem.) کحول *kih̲ul*
alkoholfrei ⟨Adj.⟩ بێکحول *bêkih̲ul*
alkoholhaltig ⟨Adj.⟩ کحولاوی *kih̲ulawî*
Alkoholiker *m* مودمین *mudmîn*
Alkoholikerin *f* w. Form zu ↑Alkoholiker
alkoholisch ⟨Adj.⟩ کحولی *kih̲ulî*
Alkoholverbot *n* ئارەققەدەغەکردن *areqqedex̲ekirdin*
All *n* گیتی *gêtî;* کەون *kewn*
alle(r, -s) ⟨Pron.⟩ هەموو *hemû;* گشت *gişt* • alles Gute! سەرکەوتوو بیت! ; **alle Leute** هەموو خەڵکەکە *hemû xel̲keke;* **vor allem** بە پلەی یەکەم *be piley yekem*
Allee *f* شەقامی درەختڕێژ *şeqamî direxitr̲êj*
allein ⟨Adj.⟩ تەنیا *tenya;* بەتەنیا *betenya;* **von alleine** لە خۆیەوە *le xoyewe*
alleinerziehend ⟨Adj.⟩ بەتەنیابەخێوکەر *betenyabexêwker*
alleinstehend ⟨Adj.⟩ ڕەبەن *r̲eben*
allerdings ⟨Adv.⟩ بەڕاست *ber̲ast;* بێگومان *bêguman*
Allergie *f* (Med.) حەساسییەت *h̲esasîyet*
allergisch ⟨Adj.⟩ (Med.) حەساس *h̲esas;* **auf/gegen etw. allergisch sein** حەساس بوون بەرامبەر *h̲esas bûn beramber*

A

allgemein ⟨Adj.⟩ گشتی *giştî*; **im Allgemeinen** بە گشتی *begiştî*

Allgemeinarzt *m* پزیشکی نەخۆشیی گشتی *pizîşkî nexoşîy giştî*

Allgemeinärztin *f* w. Form zu ↑Allgemeinarzt

Allgemeinheit *f* گشتێتی *giştêtî*

Allianz *f* هاوپەیمانی *hawpeymanî*

Alliierte *f* w. Form zu ↑Alliierter

Alliierter *m* هاوپەیمان *hawpeyman*

allmählich ⟨Adv.⟩ لەسەرخۆ *leserxo*; وردەوردە *wirdewirde*

Allradantrieb *m* (Kfz) جووڵەی هەر چوار تایە *cû<u>l</u>ey her çiwar taye*

Alltag *m* ڕۆژگار *<u>r</u>ojgar*

allzu ⟨Adv.⟩ زۆر *zor*; **allzu sehr/viel** زۆر زۆر *zor zor*

Almosen *n* دەستگیرۆیی *destgîroyî*; خێر *xêr*

Alpen *pl.* کێوەکانی ئەلپ *kêwekanî Elp*

Alphabet *n* ئەلفبێ *elfbê*

als ⟨Konj.⟩ 1. وەک *wek*; لە *le*; 2. کە *ke*; **als ob** دەڵێی *de<u>l</u>êy*

also ⟨Adv.⟩ کەواتە *kewate*; کەوابێ *kewabê*

alt ⟨Adj.⟩ 1. پیر *pîr*; بەساڵاچوو *besa<u>l</u>açû*; 2. کۆن *kon* • wie alt bist du? تەمەنت چەندە؟

Altar *m* (Rel.) ئەلتار *eltar*; ئەو مێزەی، کە پێویستییەکانی سوپاسگوزاری بۆ خودێ لە کەنیشتە یا لە کڵێسەدا لەسەر دادەنرێ *ew mêzey, ke pêwîstîyekanî supasguzarî bo xudê le kenîşte ya le ki<u>l</u>êseda leser dadenrê*

altbacken ⟨Adj.⟩ ڕەقوتەق (نان) *<u>r</u>equteq (nan)*

Alte *f* w. Form zu ↑Alter¹ پیرێژن *pîrêjin*

¹**Alter** *m* پیرەمێرد *pîremêrd*

²**Alter** *n* تەمەن *temen*

altern ⟨v.i.⟩ 1. پیر بوون *pîr bûn*; 2. کۆن بوون *kon bûn*

alternativ ⟨Adj.⟩ (bildungsspr.) بارێکلەبارەکان *barêklebarekan*; ئەلتەرناتیڤ *elternatîv*

¹**Alternative** *f* 1. (bildungsspr.) بارێکلەبارەکان *barêklebarekan*; 2. (bildungsspr.) چار *çar*

²**Alternative** *f* w. Form zu ↑Alternativer

Alternativer *m* ئەندام یا لایەنگری بزووتنەوەی ئەلتەرناتڤ *endam ya layengirî bizûtnewey elternativ*

Altersheim *n* لانەی پیران *laney pîran*

altersschwach ⟨Adj.⟩ پەککەوتە *pekkewte*; خەڵەفاو (بەهۆی پیرییەوە) *xe<u>l</u>efaw (behoy pîrîyewe)*

altertümlich ⟨Adj.⟩ باستانی *bastanî*; کۆنینە *konîne*

Altertum *n* چەرخەکۆنینەکان *çerxekonînekan*; باستان *bastan*

altmodisch ⟨Adj.⟩ کۆنەباو *konebaw*

Altpapier *n* کاغەزەکۆن *ka<u>x</u>ezekon*

Altstadt *f* کۆنترین ناوچەی شارێک *kontirîn nawçey şarêk*

Alufolie *f* وەرەق *wereq*

Aluminium *n* ئەلەمنیۆم *eleminyom*

am kurz für: an dem ⟨Präp. + Art.⟩ لە *le*; بە ...ەوە *be ...ewe*; لە ...دا *le ...da*; **am 11. Februar** لە یازدەی شوباتدا *le yazdey şubatda*; **am besten** لە باشترین باردا *le baştirîn barda*

A

Amateur *m* ناپیشە *napîşe;* نەشارەزا *neşareza*

Amateurin *f* w. Form zu ↑Amateur

ambulant ⟨Adj.⟩ 1. بزۆک *bizok;* 2. سەرپێیی *serpêyî;* **ambulante Behandlung** (Med.) تەداویی سەرپێیی *tedawîy serpêyî*

Ambulanzwagen *m* ئوتومبێلی فریاگوزار *utumbêlî firyaguzar*

Ameise *f* (Zool.) مێروولە *mêrûle*

Amen *n* (Rel.) ئامین *amîn;* خوابیکا *xiwabîka*

Amerika *n* ئەمەریکا *Emerîka*

Amerikaner *m* ئەمەریکی *Emerîkî*

Amerikanerin *f* w. Form zu ↑Amerikaner

amerikanisch ⟨Adj.⟩ ئەمەریکی *emerîkî*

Amnestie *f* لێبوردن *lêburdin*

Ampel *f* ترافیکلایت *tirafîklayit*

Ampere *n* ئەمپێر *empêr̠*

Amputation *f* برینی ئەندامێکی لەش *bir̠înî endamêkî leş*

amputieren ⟨v.t.⟩ برینەوە (ئەندامێکی لەش به عەمەلیات) *bir̠înewe (endamêkî leş be ʿemelyat)*

Amsel *f* (Zool.) ڕیشۆڵە *r̠îşol̠e*

Amt *n* 1. دایرە *dayire;* دامودەزگا *damudezga;* 2. وەزیفە *wezîfe*

amtlich ⟨Adj.⟩ ڕەسمی *r̠esmî*

amüsant ⟨Adj.⟩ خۆشیبەخش *xoşîbexş;* بەکەیف *bekeyf*

amüsieren I. ⟨v.t.⟩ کەیف پێکردن *keyf pekirdin* **II.** ⟨v.refl.⟩ **sich amüsieren** کەیف کردن *keyf kirdin;* خۆش ڕابواردن *xoş r̠abiwardin*

an I. ⟨Präp.⟩ لە *le* **II.** ⟨Adv.⟩ داگیرساو *dagîrsaw;* **an sein** داگیرسان *dagîrsan*

analog ⟨Adj.⟩ 1. هاوتا *hawta;* 2. (Tech.) ئەنالۆگ *enalog;* **analog zu** هاوتا لەگەڵ *hawta legel̠*

Analphabet *m* نەخوێندەوار *nexwêndewar*

Analphabetin *f* w. Form zu ↑Analphabet

Analyse *f* شیکاری *şîkarî*

analysieren ⟨v.t.⟩ (bildungsspr.) شی کردنەوە *şî kirdinewe*

Anämie *f* (Med.) کەمخوێنی *kemxwênî*

Ananas *f* ئەنەناس *enenas*

Anarchie *f* ئاژاوە *ajawe*

Anarchismus *m* ئاژاوەگێڕی *ajawegêr̠î*

Anarchist *m* ئاژاوەگێڕ *ajawegêr̠*

Anarchistin *f* w. Form zu ↑Anarchist

Anatomie *f* زانستیی توێکاری *zanistîy twêkarî*

Anbau *m* 1. (Agr.) کشتوکاڵ *kiştukal̠;* 2. دروستکردن *dirustkirdin*

anbauen ⟨v.t.⟩ 1. چاندن *çandin;* 2. بینا کردن *bîna kirdin*

anbehalten ⟨v.t.⟩ لەبەردا مانەوە (جلوبەرگ) *leberda manewe (ciluberg)*

anbeten ⟨v.t.⟩ پەرستن *peristin*

anbieten ⟨v.t.⟩ پێشکەش کردن *pêşkeş kirdin*

anbinden ⟨v.t.⟩ بەستنەوە *bestinewe*

Anblick *m* تەماشا *temaşa;* سەرنج *serinc*

Andenken *n* یادگاری *yadgarî*

andere(r, -s) ⟨Pron.⟩ تر *tir,* ئیدی *îdî,* هیتر *hîtir;* **ein anderes Mal** جارێکی تر

andererseits carêkî tir
andererseits ⟨Adv.⟩ لەلایەکیترەوە lelayekîtirewe
ändern I. ⟨v.t.⟩ گۆڕین goṟîn II. ⟨v. refl.⟩ sich ändern خۆ گۆڕین xo goṟîn
andernfalls ⟨Adv.⟩ ئەگینا egîna; وەکووتر wekûtir
anders ⟨Adv.⟩ بەجۆرێکیتر becorêkitir; **j-d anders** کەسێکی تر kesêkî tir
anderswo ⟨Adv.⟩ لەجێیەکیتر lecêyekîtir
anderthalb ⟨Num.⟩ یەکونیو yekunîw
Änderung f گۆڕان goṟan; گۆڕین goṟîn
andeuten ⟨v.t.⟩ ئاماژە پێکردن amaje pêkirdin
Andeutung f ئاماژەپێکردن amajepêkirdin
Andrang m قەڵەباڵغی qelebalxî
aneinander ⟨Adv.⟩ لەسەریەک leseryek; پێکەوە pêkewe
anerkannt ⟨Adj.⟩ باوەڕپێکراو bawerpêkiraw; دانپێدانراو danpêdanraw
anerkennen ⟨v.t.⟩ باوەڕ پێکردن bawer pêkirdin; دان پیادا نان dan piyada nan
Anerkennung f دانپیادانان danpiyadanan; باوەڕپێکردن bawerpêkirdin
Anfall m 1. هەڵچوون helçûn; 2. تووشبوون (نەخۆشی) tûşbûn (nexoşî)
Anfang m سەرەتا sereta; **am Anfang** لە سەرەتاوە le seretawe; **Anfang März** لە سەرەتای ئازاردا le seretay azarda; **zu Anfang** لە سەرەتادا le seretada
anfangen ⟨v.t.⟩ دەست پێکردن dest pêkirdin
Anfänger m دەستپێکەر destpêker
Anfängerin f w. Form zu ↑Anfänger

anfangs ⟨Adv.⟩ لەسەرەتادا leseretada
Anfangsbuchstabe m پیتی یەکەم (ی وشەیەک) pîtî yekem(î wişeyek)
anfassen ⟨v.t.⟩ دەست لێدان dest lêdan
anfertigen ⟨v.t.⟩ دروست کردن dirust kirdin
anflehen ⟨v.t.⟩ لێپارانەوە lêparanewe
Anforderung f داواکاری dawakarî
Anfrage f پرسیار pirsyar; لێپرسین lêpirsîn
anfreunden ⟨v.refl.⟩ sich (mit j-m) anfreunden دۆستایەتی کردن (لەگەڵ) dostayetî kirdin (legel)
anführen ⟨v.t.⟩ سەرکردایەتی کردن serkirdayetî kirdin
Anführer m سەرۆک serok; پێشڕەو pêşrew
Anführerin f w. Form zu ↑Anführer
Anführungszeichen n بۆری ئاوەژوو borî awejû
Angabe f زانیاری zanyarî
angeben I. ⟨v.t.⟩ ناو بردن naw birdin II. ⟨v.i.⟩ خۆ نواندن xo niwandin; لاف لێدان laf lêdan
Angeber m خۆهەڵکێش xoheḻkêş
Angeberin f w. Form zu ↑Angeber
angeblich ⟨Adj.⟩ وادیارە wadiyare
angeboren ⟨Adj.⟩ زکماک zikmak; زکماکی zikmakî
Angebot n 1. (Wirtsch.) بۆ شتدانان فرۆشتن şitdanan bo firoştin; 2. پێشنیاز pêşniyaz
angebracht ⟨Adj.⟩ لەبار lebar
Angehörige f w. Form zu ↑Angehöriger

Angehöriger *m* کەس *kes;* خزم *xizim;* **meine Angehörigen** خزم و کەسوکارم *xizm u kesukarim*

Angeklagte *f* w. Form zu ↑Angeklagter

Angeklagter *m* شکاتلێکراو *şikatlêkiraw;* تۆمەتبارکراو *tometbarkiraw*

Angel *f* 1. دوولایی *dûlayî;* 2. داری ماسی گرتن(، کە قولاپی پێوە دەکرێ) *darî masî girtin(, ke qulapî pêwe dekrê)*

Angelegenheit *f* کاروبار *karubar*

angeln ⟨v.t.⟩ بە قولاپ ماسی گرتن *be qulap masî girtin*

angemessen ⟨Adj.⟩ پەسەند *pesend;* لەبار *lebar;* گونجاو *guncaw*

angenehm ⟨Adj.⟩ خۆش *xoş;* باش *baş*

angenommen ⟨Konj.⟩ گریمان *girîman*

angesehen ⟨Adj.⟩ بەرێز *berêz*

Angestellte *f* w. Form zu ↑Angestellter

Angestellter *m* موستەخدەم *mustexdem;* مووچەخۆر *mûçexor*

angewiesen ⟨Adj.⟩; **auf etw./j-n angewiesen sein** پێویست بوون بە *pêwîst bûn be*

angewöhnen ⟨v.t.⟩ ڕاهاتن لەگەڵ *rahatin legel;* **sich etw. angewöhnen** خۆ ڕاهێنان لەگەڵ *xo rahênan legel*

Angewohnheit *f* خوو *xû*

Angina *f* (Med.) ئاڵووکەوتن *alûkewtin;* **Angina Pectoris** (Med.) دڵێشە *dilêşe*

Angler *m* ماسیگر *masîgir*

Anglerin *f* w. Form zu ↑Angler

angreifen ⟨v.t.⟩ 1. دەست بۆ بردن *dest bo birdin;* 2. هێرش بردن(ە سەر) *hêriş birdin(e ser)*

Angreifer *m* هێرشبەر *hêrişber*

Angreiferin *f* w. Form zu ↑Angreifer

Angriff *m* هێرش *hêriş;* پەلامار *pelamar*

Angst *f* ترس *tirs*

Angsthase *m* (ugs.) ترسنۆک *tirsnok*

ängstlich ⟨Adj.⟩ ترسنۆک *tirsinok;* بێورە *bêwire*

angucken ⟨v.t.⟩ سەیر کردن *seyir kirdin*

anhaben ⟨v.t.⟩ 1. (ugs.) لەبەر دا بوون (جل) *leber da bûn (cil);* 2. (ugs.) لە دەست دا بوون *le dest da bûn;* 3. (ugs.) لە پێدا بوون (پێڵاو) *le pêda bûn (pêlaw)*

anhalten ⟨v.t.⟩ ڕاوەستاندن *rawestandin*

Anhalter *m* دەستلەئوتومبێلڕاگر بۆ سوارکردن بەخۆڕایی *destleutumbêlragir bo siwarkirdin bexorayî;* **per Anhalter fahren** بەو شێوەیە بە ئوتومبێل ڕۆیشتن *bew şêweye be utumbêl royiştin*

Anhalterin *f* w. Form zu ↑Anhalter

Anhaltspunkt *m* بەڵگە *belge*

Anhang *m* پاشکۆ *paşko*

Anhänger *m* 1. هاوبیر *hawbîr;* لایەنگر *layengir;* 2. (Kfz) پاشکۆی ئوتومبێل *paşkoy utumbêl*

Anhängerin *f* w. Form zu ↑Anhänger

anheben ⟨v.t.⟩ 1. هەڵگرتن *helgirtin;* 2. بەرز کردنەوە (نرخ) *berz kirdinewe (nirx)*

anhören I. ⟨v.t.⟩ 1. گوێ لێگرتن *gwê lêgirtin;* 2. ئیفادە وەرگرتن *îfade wergirtin* **II.** ⟨v.refl.⟩ sich irgendwie anhören

هاتنه بەر گوێ *hatine ber gwê*

Anis *m* ڕازیانە *ṟazyane*; ئەنیس *enîs*

Anisschnaps *m* ئارەقی ئەنیس *areqî enîs*; ئارەقی ڕازیانە *areqî ṟazyane*

Ankara *n* ئەنقەرە *Enqere*

Ankauf *m* کڕین *kiṟîn*

Anker *m* لەنگەر *lenger*

ankern ⟨v.i.⟩ لەنگەر گرتن *lenger girtin*

Anklage *f* سکاڵاکردن *sikaḻakirdin*; شکاتکردن *şikatkirdin*

Anklagebank *f* (Jur.) کورسیی دانیشتنی تاوانبار لەبەردەمی دادوەردا *kursîy danîştinî tawanbar leberdemî dadwerda*

anklagen ⟨v.t.⟩ تاوانبار کردن *tawanbar kirdin*

Ankläger *m* شکاتکەر *şikatker*; مودەعی *mudeʿî*

Anklägerin *f* w. Form zu ↑Ankläger

ankleiden ⟨v.t.⟩ جل لەبەر کردن *cil leber kirdin*

anklicken ⟨v.t.⟩ (EDV) پەنجە پیادا نان *pence piyada nan*

anklopfen ⟨v.i.⟩ لێدان *lêdan*; لە دەرگا دان *le derga dan*

ankommen ⟨v.i.⟩ گەیشتن *geyiştin*; **auf etw./j-n ankommen** پێوەندی پێوەبوون *pêwendî pêwebûn*

ankreuzen ⟨v.t.⟩ نیشانە کردن *nîşane kirdin*

ankündigen ⟨v.t.⟩ ئاشکرا کردن *aşkira kirdin*

Ankunft *f* گەیشتن *geyiştin*

Ankunftszeit *f* کاتی گەیشتن *katî geyiştin*

Anlage *f* 1. سەرمایە *sermaye*; 2. باخچەی گشتی *baxçey giştî*

Anlass *m* 1. هۆ *ho*; هۆکار *hokar*; 2. بۆنە *bone*

anlassen ⟨v.t.⟩ کار پێکردن *kar pêkirdin*

Anlasser *m* (Kfz) سلف *silf*

anlässlich ⟨Präp.⟩ بەبۆنەی *beboney*

anlegen ⟨v.t.⟩ 1. دروست کردن *dirust kirdin*; 2. (پارە) خستنە گەڕ *xistine geṟ (pare)*

Anlegestelle *f* لەنگەرگە *lengerge*

anlehnen I. ⟨v.t.⟩ پشت پێبەستن *pişt pêbestin* **II.** ⟨v.refl.⟩ sich (an etw./j-n) anlehnen 1. لار بوونەوە *lar bûnewe*; 2. پشت پێبەستن *pişt pêbestin*

Anleitung *f* ڕێنمایی *ṟênimayî*; دەلیل *delîl*

Anlieferung *f* پێگەیاندن *pêgeyandin*

Anliegen *n* نیاز *niyaz*

anlügen ⟨v.t.⟩ درۆ لەگەڵ کەسێکدا کردن *diro legeḻ kesêkda kirdin*

anmachen ⟨v.t.⟩ هەڵگیرساندن *heḻgîrsandin*; داگیرساندن *dagîrsandin*

Anmeldeformular *n* داخوازینامەی خۆناونووسکردن *daxwazînamey xonawnûskirdin*

anmelden I. ⟨v.t.⟩ تۆمار کردن *tomar kirdin* **II.** ⟨v.refl.⟩ sich anmelden خۆ ناونووس کردن *xo nawnûs kirdin*

Anmeldung *f* 1. تۆمارکردن *tomarkirdin*; 2. ناونووسین *nawnûsîn*

anmerken ⟨v.t.⟩ 1. پەراوێز نووسین *perawêz nûsîn*; 2. هەست پێکردن *hest pêkirdin*

Anmerkung *f* 1. بیروڕادەربڕین (بە کورتی) *bîruṟaderbiṟîn (be kurtî)*; 2. تێبینی *têbînî*

annehmbar ⟨Adj.⟩ پەسەند *pesend;* لەبار *lebar*

annehmen ⟨v.t.⟩ 1. وەرگرتن (شتێک) *wergirtin (şitêk)*; 2. قەبووڵ کردن *qebûl kirdin*; 3. وا دانان *wa danan*

Annonce *f* ڕاگەیاندن *rageyandin;* ئیعلان *î'lan*

annoncieren ⟨v.t.⟩ ئاگاداری بڵاو کردنەوە *agadarî bilaw kirdinewe;* ئیعلان کردن *î'lan kirdin*

annullieren ⟨v.t.⟩ هەڵوەشاندنەوە *helwe-şandinewe;* لەغو کردن *lexu kirdin*

Annullierung *f* هەڵوەشاندنەوە *helwe-şandinewe;* ئیلغاکردن *îlxakirdin*

anomal ⟨Adj.⟩ ناوازە *nawaze*

anonym ⟨Adj.⟩ (bildungsspr.) ناونەبراو *nawnebraw;* نەناسراو *nenasraw*

anordnen ⟨v.t.⟩ 1. تەرتیب کردن *tertîb kirdin*; 2. فەرمان دان *ferman dan*

anormal ⟨Adj.⟩ ناوازە *nawaze;* نائاسایی *naasayî*

anpassen I. ⟨v.t.⟩ گونجاندن *guncandin* **II.** ⟨v.refl.⟩ sich (an etw./j-n) anpassen خۆ گونجاندن لەگەڵ *xo guncandin legel*

anprobieren ⟨v.t.⟩ پەراوە کردن (جلوبەرگ) *perawe kirdin (ciluberg)*

anrechnen ⟨v.t.⟩ بۆ نووسین *bo nûsîn*

Anrede *f* دووان *duwan;* خوتبە *xutbe*

anreden ⟨v.t.⟩ ڕووی دەم تێکردن *rûy dem têkirdin*

Anreise *f* گەشتکردن بۆ شوێنێکی دیاریکراو *geştkirdin bo şwênêkî diyarîkiraw*

Anreisetag *m* ڕۆژی گەیشتن *rojî geyiştin*

Anruf *m* تەلەفۆن *telefon*

Anrufbeantworter *m* ئامێری وەرامدەرەوە *amêrî weramderewe*

anrufen ⟨v.t.⟩ بە دەنگی بەرز بانگ کردن *be dengî berz bang kirdin*

ans kurz für: an das ⟨Präp. + Art.⟩ لە *le;* لەلا(ی) *lela(y)*

Ansage *f* 1. بانگەواز *bangewaz*; 2. دەربڕین *derbirîn*

Ansager *m* بێژەر *bêjer*

Ansagerin *f* w. Form zu ↑Ansager

ansammeln ⟨v.t.⟩ کۆ کردنەوە *ko kirdinewe*

ansässig ⟨Adj.⟩ نیشتەجێ *nîştecê*

anschaffen ⟨v.t.⟩ بەدەست هێنان *bedest hênan*

anschalten ⟨v.t.⟩ داگیرساندن *dagîrsandin*

anschauen I. ⟨v.t.⟩ سەیر کردن *seyr kirdin* **II.** ⟨v.refl.⟩ sich etw. anschauen سەیری شتێک کردن *seyrî şitêk kirdin*

anscheinend ⟨Adv.⟩ گوایە *giwaye*

anschieben ⟨v.t.⟩ پاڵ پێوەنان *pal pêwenan*

Anschlag *m* 1. لێدان *lêdan*; 2. پەلامار *pelamar*

anschließen I. ⟨v.t.⟩ بەستنەوە *bestinewe* **II.** ⟨v.refl.⟩ sich anschließen لایەنگری کردن *layengirî kirdin*

anschließend ⟨Adj.⟩ پاشان *paşan*

Anschluss *m* گەیاندن *geyandin;* پێوەندی(ی تەلەفۆنی) *pêwendî(y telefonî)*; **Anschluss finden** پەیوەندی پێوە کردن *peywendî pêwekirdin*

Anschlussflug *m* بەردەوامبوون لە گەشتێکدا دوای گۆڕینی فڕۆکەیەک *berde-*

A

wambûn le geştêkda diway gor̲înî firokeyek

anschnallen I. ⟨v.t.⟩ پشتێن بەستن *piştên bestin* **II.** ⟨v.refl.⟩ sich anschnallen خۆ بەستنەوە بە پشتێن *xo bestinewe be piştên*

Anschnallgurt *m* پشتێنی خۆبەستنەوە *piştênî xobestinewe*

anschnauzen ⟨v.t.⟩ (ugs.) پیاداهەڵشاخان *piyadahel̲şaxan*

anschreien ⟨v.t.⟩ هاوار بەسەردا کردن *hawar beserda kirdin*

Anschrift *f* ناونیشان *nawnîşan*

ansehen ⟨v.t.⟩ سەیر کردن *seyir kirdin*; **sich etw. ansehen** سەرنج دان *serinc dan*

Ansicht *f* 1. دیمەن *dîmen*; 2. بیرورا *bîrur̲a*; **seine Ansicht ändern** بیرورا گۆڕین *bîrur̲a gor̲în*

Ansichtskarte *f* پۆستکارت *postkart*

ansonsten ⟨Adv.⟩ ئەگینا *egîna*

anspannen ⟨v.t.⟩ لێبەستن *lêbestin*

Ansprache *f* وتار *witar*; وتە *wite*

ansprechen ⟨v.t.⟩ 1. ڕووی دەم کردنە *r̲ûy dem kirdine*; 2. قسە لەگەڵدا کردن *qise legel̲da kirdin*

anspringen I. ⟨v.t.⟩ پێداهەڵزنان *pêdahel̲zinan* **II.** ⟨v.i.⟩ کەوتنە کار *kewtine kar*

Anspruch *m* داوا *dawa*; ماف *maf*; **etw. in Anspruch nehmen** داوا کردن *dawa kirdin*

anspruchslos ⟨Adj.⟩ قانیع *qanî'*; متەوازیع *mitewazî'*

anspruchsvoll ⟨Adj.⟩ بەرزەفڕ *berzefir̲*

Anstand *m* 1. لێوەشاوەیی *lêweşaweyî*; 2. حەیا *h̲eya*

anständig ⟨Adj.⟩ ڕاستگۆ *r̲astgo*

anstarren ⟨v.t.⟩ چاو تێبڕین *çaw têbir̲în*

anstatt ⟨Präp.⟩ لەباتی *lebatî*

anstecken I. ⟨v.t.⟩ 1. پێدا کردن *pêda kirdin*; 2. کردنە (دەست، پەنجە) *kirdine (dest, pence)* **II.** ⟨v.refl.⟩ sich anstecken (Med.) تووش بوون *tûş bûn*

ansteckend ⟨Adj.⟩ ساری (نەخۆشی) *sarî (nexoşî)*

Ansteckung *f* پەتا *peta*; درم *dirm*

Ansteckungsgefahr *f* مەترسی تووشبوون (بە وەبایەک) *metirsî tûşbûn (be webayek)*

anstehen ⟨v.i.⟩ لە ڕیزدا وەستان *le r̲îzda westan*

anstelle ⟨Präp.⟩ لەباتی *lebatî*

anstellen I. ⟨v.t.⟩ دامەزراندن *damezrandin* **II.** ⟨v.refl.⟩ sich anstellen لە ڕیزدا وەستان *le r̲îzda westan*

anstiften ⟨v.t.⟩ هان دان *han dan*

Anstoß *m* لێدان (شووتی یەکەم لە تۆپپێدا) *lêdan (şûtî yekem le topîpêda)*

anstoßen ⟨v.i.⟩ بەرکەوتن *berkewtin*; **auf j-s Wohl anstoßen** لە تەندروستی کەسێک خواردنەوە *le tendirustî kesêk xiwardinewe*

anstreichen ⟨v.t.⟩ بۆیە کردن *boye kirdin*

anstrengen I. ⟨v.t.⟩ هیلاک کردن *hîlak kirdin* **II.** ⟨v.refl.⟩ sich anstrengen خۆ هیلاک کردن *xo hîlak kirdin*

anstrengend ⟨Adj.⟩ وەڕسکەر *wer̲isker*

Anstrengung *f* ماندوێتی *mandwêtî*

Antarktis *f* ناوچەی جەمسەری باشوور *nawçey cemserî başûr*

antasten ⟨v.t.⟩ دەست لێدان *dest lêdan*
Anteil *m* بەش *beş*
Antenne *f* هەوایی *hewayî*
Anthologie *f* (bildungsspr.) هەڵبژاردە *he̱lbijarde*
anti-, Anti- ⟨Präfix⟩ دژ *dij*
Antibabypille *f* (ugs.) حەبی منداڵنەبوون *ẖebî minda̱lnebûn*
Antibiotikum *n* (Med.) دژەمیکرۆب *dijemîkrob*; ئانتیبایۆتیک *antîbayotîk*
Antifaschist *m* (Pol.) دژەفاشی *dijefaşî*
Antifaschistin *f* w. Form zu ↑Antifaschist
antik ⟨Adj.⟩ دێرینە *dêrîne*
Antike *f* 1. کۆنینە *konîne*; 2. چەرخەکۆنینەکان *çerxekonînekan*
Antilope *f* (Zool.) ئاسکەکێوی *askekêwî*
Antipathie *f* ڕقلێبوون *ṟiqlêbûn*
Antiquität *f* کۆنینە *konîne*; ئەنتیکە *entîke*
Antiquitätenhändler *m* ئەنتیکەفرۆش *entîkefiroş*
Antiquitätenhändlerin *f* w. Form zu ↑Antiquitätenhändler
Antiquitätenladen *m* دوکانی کۆنینەفرۆش *dukanî konînefiroş*
Antonym *n* (Ling.) دژەواتا *dijewata*
Antrag *m* داواخوازینامە *dawaxiwazîname*
antreiben ⟨v.t.⟩ 1. لێخوڕین *lêxuṟîn*; 2. هان دان *han dan*
antreten ⟨v.t.⟩ دەست پێکردن (کار، وەزیفە) *dest pêkirdin (kar, wezîfe)*; **eine Reise antreten** دەست بە گەشت کردن *dest be geşt kırdın*
Antwort *f* وەرام *weram*; وەرامدانەوە *weramdanewe*
antworten ⟨v.i.⟩ وەرام دانەوە *weram danewe*
anvertrauen ⟨v.t.⟩ متمانە پێکردن *mitmane pêkirdin*
Anwalt *m* پارێزەر *parêzer*
Anwältin *f* w. Form zu ↑Anwalt
anweisen ⟨v.t.⟩ ئاڕاستە کردن *a̱raste kirdin*
Anweisung *f* ئاڕاستە *a̱raste*; ئامۆژگاری *amojgarî*; **nach ärztlicher Anweisung** بەپێی ئامۆژگاریی پزیشک *bepêy amojgarîy pizîşk*
anwenden ⟨v.t.⟩ بەکار هێنان *bekar hênan*
Anwender *m* بەکارهێنەر *bekarhêner*
Anwenderin *f* w. Form zu ↑Anwender
Anwendung *f* بەکارهێنان *bekarhênan*
anwesend ⟨Adj.⟩ ئامادە *amade*; **anwesend sein** ئامادە بوون *amade bûn*
Anwesende *f* w. Form zu ↑Anwesender
Anwesender *m* ئامادەبوو *amadebû*
Anwesenheit *f* ئامادەبوون *amadebûn*
Anzahl *f* ژمارە *jimare*; کۆمەڵێک *kome̱lêk*
anzahlen ⟨v.t.⟩ پێشەکی دان *pêşekî dan*
Anzahlung *f* پێشەکی *pêşekî*; پارەی پێشینە *parey pêşîne*
Anzeichen *n* نیشانە *nîşane*
Anzeige *f* 1. خەبەرلێدان (لەلای پۆلیس) *xeberlêdan (lelay polîs)*; 2. ئاگانامە *aganame*; ئیعلان *îʿlan*
anzeigen ⟨v.t.⟩ 1. پێ نیشان دان *pê nîşan dan*; ئیعلان کردن *ıʿlan kırdın*; 2. خەبەر لێدان *xeber lêdan*

A

anziehen ⟨v.t.⟩ 1. ڕاکێشان *rakêşan*; 2. (جل) لەبەر کردن *leber kirdin (cil)*; 3. (پێلاو) کردنە پێ *kirdine pê (pêlaw)*; **sich anziehen** جل لەبەر کردن *cil leber kirdin*

Anzug *m* قات *qat*; دەستەجل *destecil*

anzünden ⟨v.t.⟩ داگیرساندن *dagîrsandin*

Aorta *f* (Anat.) شاخوێنبەر *şaxwênber*

Apartment *n* ئەپارتمەنت *epartiment*; شوققە *şuqqe*

apathisch ⟨Adj.⟩ (bildungsspr.) بێتین *bêtîn*; بێمەیل *bêmeyl*

Aperitif *m* شەهییەکەرەوە *şehîyekerewe*

Apfel *m* سێو *sêw*

Apfelmus *n* لەپەی سێو *lepey sêw*

Apfelsaft *m* شەربەتی سێو *şerbetî sêw*

Apfelsine *f* پرتەقاڵ *pirteqal*

Apostroph *m* (Gr.) کرتێن (هێمای لادانی دەنگێک یا بڕگەیەک) *kirtên (hêmay ladanî dengêk ya birgeyek)*

Apotheke *f* دەرمانخانە *dermanxane*

Apotheker *m* دەرمانکار *dermankar*

Apothekerin *f* w. Form zu ↑Apotheker

Apparat *m* 1. ئامێر *amêr*; جیهاز *cîhaz*; 2. دەزگا *dezga*

Appell *m* بانگەواز *bangewaz*

appellieren ⟨v.i.⟩ (bildungsspr.) ئیستیناف کردن *îstînaf kirdin*

Appetit *m* شەهییە *şehîye* • guten Appetit! (لە کاتی نانخواردندا) نۆشی گیان!

appetitlich ⟨Adj.⟩ بەتام *betam*; خۆش *xoş*

appetitlos ⟨Adj.⟩ بێشەهییە *bêşehîye*

Appetitlosigkeit *f* بێشەهییەیی *bêşehîyeyî*

applaudieren ⟨v.i.⟩ (bildungsspr.) چەپڵە لێدان *çeple lêdan*

Applaus *m* (bildungsspr.) چەپڵە *çeple*

Aprikose *f* قەیسی *qeysî*

April *m* نیسان *nîsan*

Aquarium *n* ئەکڤاریۆم *ekvaryom*; ئاوەبەخێوگە *awebexêwge*

Äquator *m* (Geogr.) هێڵی ئیستیوا *hêlî îstîwa*

Araber *m* عەرەب *ʿEreb*

Araberin *f* w. Form zu ↑Araber

arabisch ⟨Adj.⟩ عەرەبی *ʿerebî*

Arabisch *n* زمانی عەرەبی *zimanî ʿerebî*

arabisieren ⟨v.t.⟩ بە عەرەب کردن *be ʿereb kirdin*

Arabisierung *f* تەعریب *teʿrîb*; بەعەرەبکردن *beʿerebkirdin*

Aramäer *m* ئارامی *aramî*

Aramäerin *f* w. Form zu ↑Aramäer

aramäisch ⟨Adj.⟩ ئارامی *aramî*

Arbeit *f* کار *kar*; پیشە *pîşe*; ئیش *îş*

arbeiten ⟨v.i.⟩ کار کردن *kar kirdin*; ئیش کردن *îş kirdin*

Arbeiter *m* کرێکار *kirêkar*; کارکەر *karker*

Arbeiterin *f* w. Form zu ↑Arbeiter ژنەکرێکار *jinekirêkar*

Arbeitgeber *m* خاوەنکار *xawenkar*

Arbeitgeberin *f* w. Form zu ↑Arbeitgeber

Arbeitnehmer *m* کارکەر *karker*

Arbeitnehmerin *f* w. Form zu ↑Arbeitnehmer

Arbeitsamt *n* فەرمانگەی کار *fermangey kar*; دایرەی کار *dayirey kar*

Arbeitsbericht *m* کارنامە *karname*

Arbeitserlaubnis *f* مۆڵەتی کارکردن *moletî karkirdin*

arbeitsfähig ⟨Adj.⟩ کارکردە *karkirde*

Arbeitsgerät *n* ئامێر *amêr;* ئالەت *alet*

Arbeitskraft *f* هێزی کار *hêzî kar*

arbeitslos ⟨Adj.⟩ بێکار *bêkar*

Arbeitslose *f* w. Form zu ↑Arbeitsloser

Arbeitslosengeld *n* پارەی بێکاری *parey bêkarî*

Arbeitsloser *m* بێکار *bêkar*

Arbeitslosigkeit *f* بێکاری *bêkarî*

Arbeitsniederlegung *f* دەستلەکارکێشانەوە *destlekarkêşanewe*

Arbeitsplatz *m* جێگای کارکردن *cêgay karkirdin*

Arbeitstag *m* ڕۆژی کار *rojî kar*

arbeitsunfähig ⟨Adj.⟩ لەکارکەوتە *lekarkewte;* پەککەوتە *pekkewte*

Arbeitsvermittlung *f* کاربۆدۆزینەوە *karbodozînewe*

Arbeitszeit *f* کاتی کارکردن *katî karkirdin*

Arbeitszimmer *n* ژووری کارکردن *jûrî karkirdin*

Archäologe *m* شوێنەوارناس *şwênewarnas;* دێرینەناس *dêrînenas*

Archäologie *f* شوێنەوارناسی *şwênewarnasî;* دێرینەناسی *dêrînenasî*

Archäologin *f* w. Form zu ↑Archäologe

Architekt *m* ئەندازیاری بیناسازی *endazyarî bînasazî;* ئارشیتێکت *arşîtêkt*

Architektin *f* w. Form zu ↑Architekt

Architektur *f* ئەندازیاریی بیناسازی *endazyarîy bînasazî*

Archiv *n* ئارشیڤ *arşîv*

Ärger *m* دەردەسەرێ *derdeserê*

ärgerlich ⟨Adj.⟩ ناخۆش *naxoş;* بێزارکەر *bêzarker*

ärgern I. ⟨v.t.⟩ 1. دڵ ڕەنجاندن *dil rencandin;* 2. وەڕس کردن *weris kirdin* **II.** ⟨v.refl.⟩ sich ärgern تووڕە بوون *tûre bûn*

Argument *n* بەڵگە *belge;* حوججە *hucce*

argumentieren ⟨v.i.⟩ بەڵگە بۆ هێنانەوە *belge bo hênanewe*

arm ⟨Adj.⟩ 1. هەژار *hejar;* نەدارا *nedara;* 2. بەدبەخت *bedbext*

Arm *m* باڵ *bal;* قۆڵ *qol*

Armband *n* بازووبەند *bazûbend;* باڵبەست *balbest*

Armbanduhr *f* کاتژمێری دەست *katjimêrî dest*

Armee *f* سوپا *supa;* لەشکر *leşkir*

Ärmel *m* قۆڵ(ی کراس، چاکەت) *qol(î kiras, çaket)*

Armut *f* هەژاری *hejarî*

Arsch *m* (vulg.) قنگ *qing*

Arschloch *n* 1. (vulg.) قنگدەر *qingder;* 2. (vulg.) کونی قنگ *kunî qing*

Art *f* 1. شێوە *şêwe;* جۆر *cor;* 2. (Biol.) ڕەگەز *regez;* **auf diese Art (und Weise)** بەم جۆرە *bem core*

Arterie *f* (Anat.) شادەمار *şademar;* خوێنبەر *xwênber*

artig ⟨Adj.⟩ بەڕەوشت *berewişt*

Artikel *m* 1. بڕگە *birge;* 2. وتار *witar;* 3. بابەت *babet;* 4. (Gr.) ئامراز *amraz*

Arznei *f* دەرمان *derman*

A

Arzneimittel *n* داوودەرمان *dawuderman*
Arzt *m* پزیشک *pizîşk*; دکتۆر *diktor*
Ärztin *f* w. Form zu ↑Arzt
ärztlich ⟨Adj.⟩ پزیشکی *pizîşkî*; **ärztliche Behandlung** چارەسەری پزیشکی *çareserî pizîşkî*
Asche *f* خۆڵەمێش *xol̲emêş*; سووتوو *sûtû*
Aschenbecher *m* سووتوودان *sûtûdan*; تەپڵەکی جگەرە *tepl̲ekî cigere*
Asiat *m* ئاسیایی *asyayî*
Asiatin *f* w. Form zu ↑Asiat
Asien *n* ئاسیا *Asya*
Aspirin *n* (Med.) ئەسپرین *espirîn*
Assistent *m* یاریدەدەر *yarîdeder*
Assistentin *f* w. Form zu ↑Assistent
Assyrer *m* ئاشووری *aşûrî*; ئاسووری *Asûrî*
Assyrerin *f* w. Form zu ↑Assyrer
assyrisch ⟨Adj.⟩ ئاشووری *aşûrî*; ئاسووری *asûrî*
Ast *m* لق *liq*
Asthma *n* (Med.) هەناسەسواری *henasesiwarî*
Astronomie *f* گەردووناسی *gerdûnnasî*
Asyl *n* پەنابەری *penaberî*; **um Asyl bitten** داوای پەنابەری کردن *daway penaberî kirdin*
Asylbewerber *m* پەنابەر *penaber*
Asylbewerberin *f* w. Form zu ↑Asylbewerber
Atem *m* هەناسە *henase*; **Atem holen** هەناسە دان *henase dan*; **außer Atem sein** هەناسەسوار بوون *henasesiwar bûn*
Atembeschwerden *pl.* تەنگەنەفەسی *tengenefesî*
Atemzug *m* هەناسە *henase*
Atheismus *m* باوەڕبەخوانەبوون *bawer̲bexiwanebûn*
Atheist *m* خوانەناس *xiwanenas*
Atheistin *f* w. Form zu ↑Atheist
atheistisch ⟨Adj.⟩ خوانەناس *xiwanenas*
Athen *n* ئەسینا *Esîna*
Athlet *m* وەرزشکار *werzişkar*
Athletin *f* w. Form zu ↑Athlet
Atlantik *m* ئۆقیانووسی ئەتڵەسی *oqyanûsî etl̲esî*
Atlas *m* ئەتڵەس *etl̲es*
atmen ⟨v.i.⟩ هەناسە دان *henase dan*
Atmosphäre *f* 1. کەش *keş*; 2. دۆخ *dox*
Atmung *f* هەناسەدان *henasedan*
Atom *n* (Phys./Chem.) زەڕە *zer̲e*; ئەتۆم *etom*
atomar ⟨Adj.⟩ (Phys.) ئەتۆمی *etomî*
Atombombe *f* بۆمبای ئەتۆمی *bombay etomî*
Atomenergie *f* ناوکەوزە *nawkewize*
Atomkraftwerk *n* وێسگەی وزەپەیداکردنی ئەتۆمی *wêsgey wizepeydakirdinî etomî*
Attentat *n* هەوڵی کوشتن *hewl̲î kuştin*
Attest *n* بەڵگەنامەی پزیشکی *bel̲genamey pizîşkî*
attraktiv ⟨Adj.⟩ دڵفڕێن *dil̲fir̲ên*
au ⟨Int.⟩ 1. وەی *wey*; 2. ئای *ay*
Aubergine *f* باینجان *bayincan*
auch ⟨Konj.⟩ هەروا *herwa*; و *u/w*; ... یش/ش *...îş/ş*; **ich auch** منیش *minîş*
auf I. ⟨Präp.⟩ لەسەر *leser* ; لە *le*; بە *be*; **auf Kurdisch** بە کوردی *be kurdî*; **auf der Straße** لەسەر شەقامەکە *leser*

şeqameke; **auf Deutsch** به ئەڵمانی *be elmanî* **II.** ⟨Adv.⟩ کراوە *kirawe*
aufatmen ⟨v.i.⟩ هەناسە هەڵمژین *henase helmijîn*
aufbauen ⟨v.t.⟩ 1. دروست کردن *dirust kirdin;* 2. ئاوا کردنەوە *awa kirdinewe*
aufbewahren ⟨v.t.⟩ پاراستن *parastin;* هەڵگرتن *helgirtin*
Aufbewahrung *f* پارێزگاریکردن *parêzgarîkirdin;* پاراستن *parastin*
aufbleiben ⟨v.i.⟩ نەنووستن *nenûstin*
aufbrechen I. ⟨v.t.⟩ 1. شکاندن (قوفڵ، قتوو) *şikandin (qufil, qitû);* 2. هەڵپچڕین (زەرفی نامە) *helpiçrîn (zerfî name)* **II.** ⟨v.i.⟩ کەوتنە ڕێ *kewtine rê*
aufdrehen ⟨v.t.⟩ 1. با دان (بەلووعە، سەعات) *ba dan (belû'e, se'at);* 2. کردنەوە (برغوو) *kirdinewe (birxû)*
aufeinander ⟨Adv.⟩ 1. بەدوایەکدا *bedwayyekda;* 2. یەکلەدوابیەک *yeklediwayyek*
Aufenthalt *m* ئیقامە *îqame;* جێنشینگە *cênişînge*
Aufenthaltserlaubnis *f* مافی مانەوە *mafî manewe;* ئیقامەپێدان *îqamepêdan*
Aufenthaltsgenehmigung *f* ڕەزامەندیی مۆڵەتی مانەوە *rezamendîy moletî manewe*
Aufenthaltsort *m* شوێنی مانەوە *şwênî manewe;* شوێنی ئیقامە *şwênî îqame*
Aufenthaltsraum *m* شوێنی مانەوە *şwênî manewe*
aufessen ⟨v.t.⟩ حولدان *huldan*
auffallen ⟨v.i.⟩ سەرنج ڕاکێشان *serinc rakêşan*
auffallend ⟨Adj.⟩ سەرنجڕاکێشەر *serinc-rakêşer*
auffangen ⟨v.t.⟩ گرتنەوە *girtinewe*
auffassen ⟨v.t.⟩ دەرک پێکردن *derk pêkirdin;* تێگەیشتن *têgeyiştin*
Auffassung *f* 1. تێگەیشتن *têgeyiştin;* 2. بیرورا *bîrura*
auffordern ⟨v.t.⟩ داوا کردن *dawa kirdin*
Aufforderung *f* داخوازی *daxiwazî*
aufführen I. ⟨v.t.⟩ نواندن *niwandin;* پێشکەش کردن *pêşkeş kirdin* **II.** ⟨v. refl.⟩ sich aufführen خۆ نواندن *xo niwandin*
Aufführung *f* 1. نواندن *niwandin;* 2. نمایشت (شانۆ) *nimayişt (şano)*
Aufgabe *f* ئەرک *erk;* کاروبار *karubar*
aufgeben I. ⟨v.t.⟩ واز لێهێنان *waz lêhênan* **II.** ⟨v.i.⟩ خۆ دان بە دەستەوە *xo dan be destewe*
aufgehen ⟨v.i.⟩ هەڵهاتن (خۆر، مانگ، ئەستێرە) *helhatin (xor, mang, estêre)*
aufgrund ⟨Präp.⟩ بەهۆی *behoy*
aufhalten I. ⟨v.t.⟩ دوا خستن *diwa xistin* **II.** ⟨v.refl.⟩ sich aufhalten مانەوە *manewe*
aufhängen I. ⟨v.t.⟩ هەڵواسین *helwasîn* **II.** ⟨v.refl.⟩ sich aufhängen خۆ خنکاندن *xo xinkandin*
aufheben ⟨v.t.⟩ 1. بەرز کردنەوە *berz kirdinewe;* 2. هەڵوەشاندنەوە *helweşandinewe*
aufheitern I. ⟨v.t.⟩ 1. دڵنەوایی کردن *dilnewayî kirdin;* 2. هان دان *han dan* **II.** ⟨v.refl.⟩ sich aufheitern 1. دڵشاد بوون *dilşad bûn;* 2. خۆش بوون (ئاووهەوا) *xoş bûn (awuhewa)*
aufholen ⟨v.t.⟩ بەرەوبری کردن *berewbirî*

A

kirdin

aufhören ⟨v.i.⟩ 1. کۆتایی پێهێنان *kotayî pêhênan;* 2. ڕاوەستان *ṟawestan* • hör auf! دەستی لێهەڵگرە!؛ دەستبەردار بە! auf!

aufklären ⟨v.t.⟩ 1. ڕوون کردنەوە *ṟûn kirdinewe;* 2. تێگەیاندن *têgeyandin*

Aufkleber *m* کاغەزێکی دیوزەمقاوییە، کە دیوەکەی تری نووسینێکی لەسەرە *kaẋezêkî dîwzemqawîye, ke dîwekey tirî nûsînêkî lesere*

aufkommen ⟨v.i.⟩ 1. بەرز بوونەوە *berz bûnewe;* 2. بۆ بژاردن *bo bijardin;* **für etw. aufkommen** حساب دان *ẖisab dan*

aufladen ⟨v.t.⟩ 1. بار کردن *bar kirdin;* 2. (Phys.) بارگ کردن *barg kirdin;* شەحن کردن *şeẖin kirdin*

Auflage *f* 1. تیراژ *tîraj;* 2. مەرج *merc*

auflehnen **I.** ⟨v.t.⟩ هەڵپەساردن *heḻpesardin* **II.** ⟨v.refl.⟩ sich gegen etw./j-n auflehnen لێ یاخی بوون *lê yaxî bûn*

auflösen **I.** ⟨v.t.⟩ 1. تواندنەوە *tiwandinewe;* 2. هەڵوەشاندنەوە *heḻweşandinewe* **II.** ⟨v.refl.⟩ sich auflösen 1. توانەوە *tiwanewe;* 2. هەڵوەشانەوە *heḻweşanewe*

aufmachen ⟨v.t.⟩ (دەرگا) کردنەوە *kirdinewe (derga)*

aufmerksam ⟨Adj.⟩ 1. گوێڕایەڵ *gwêṟayeḻ;* 2. وشیار *wişyar;* **j-n auf etw. aufmerksam machen** وریا کردنەوە *wirya kirdinewe*

Aufmerksamkeit *f* وریایی *wiryayî*

aufmuntern ⟨v.t.⟩ دڵنەوایی کردن *diḻnewayî kirdin*

Aufmunterung *f* چالاککردن *çalakkirdin;* تەشجیعکردن *teşcîʿkirdin*

Aufnahme *f* 1. وەرگرتن *wergirtin;* 2. گرتن (وێنە) *girtin (wêne);* 3. تۆمارکردن *tomarkirdin;* 4. (لە نەخۆشخانە) ناونووسین *nawnûsîn (le nexoşxane)*

Aufnahmeprüfung *f* تاقیکردنەوەی وەرگرتن *taqîkirdinewey wergirtin*

aufnehmen ⟨v.t.⟩ 1. وەرگرتن *wergirtin;* تۆمار کردن *tomar kirdin;* 2. دەست پێکردن (کار) *dest pêkirdin (kar)*

aufpassen ⟨v.i.⟩ 1. ئاگادار بوون *agadar bûn;* 2. چاودێری کردن *çawdêrî kirdin;* **auf etw./j-n aufpassen** ئاگا لێبوون *aga lêbûn*

Aufprall *m* بەیەکدادان *beyekdadan*

aufprallen ⟨v.i.⟩ بەیەکدا دان *beyekda dan*

Aufpreis *m* نرخزیادکردن *nirixziyadkirdin*

aufpumpen ⟨v.t.⟩ هەوا تێکردن *hewa têkirdin*

aufräumen ⟨v.t.⟩ ڕێکوپێک کردن *ṟêkupêk kirdin*

aufrecht ⟨Adj.⟩ 1. ستوونی *sitûnî;* 2. ڕاست *ṟast*

aufregen **I.** ⟨v.t.⟩ وەڕس کردن *weṟis kirdin* **II.** ⟨v.refl.⟩ sich aufregen پەشۆکان *peşokan;* ناڕەحەت بوون *naṟeẖet bûn*

aufregend ⟨Adj.⟩ هەژێنەر *hejêner*

Aufregung *f* 1. ورووژان *wirûjan;* شڵەژاوی *şiḻejawî;* 2. پەشۆکان *peşokan*

aufreißen ⟨v.t.⟩ دڕاندن *diṟandin*

aufrichten ⟨v.t.⟩ ڕاست کردنەوە *ṟast kirdinewe;* ڕەپ کردن *ṟep kirdin*

aufrichtig ⟨Adj.⟩ 1. ڕاستگۆ *ṟastgo;*

2. بەخشندە *bexşinde*; بەوەفا *bewefa*
Aufruf *m* بانگ *bang*; بانگەواز *bangewaz*
Aufsatz *m* 1. وتار *witar*; 2. ئینشا *înşa*
aufschieben ⟨v.t.⟩ دوا خستن *diwa xistin*
aufschließen ⟨v.t.⟩ بە کلیل دەرگا کردنەوە *be kilîl derga kirdinewe*
aufschneiden ⟨v.t.⟩ کردنەوە *kirdinewe*; هەڵدڕین *heldirîn*
aufschreiben ⟨v.t.⟩ یاداشت کردن *yadaşt kirdin*; نووسین *nûsîn*
Aufschub *m* دواخستن *diwaxistin*
Aufschwung *m* 1. سەرکەوتن *serkewtin*; 2. نەشونما *neşunima*
Aufsehen *n* سەرنجڕاکێشان *serincrakêşan*; **Aufsehen erregen** سەرنج ڕاکێشان *serinc rakêşan*
aufsetzen ⟨v.t.⟩ لەسەر نان *leser nan*
Aufsicht *f* چاودێری *çawdêrî*
aufspringen ⟨v.i.⟩ 1. هەڵبەزینەوە *helbezînewe*; 2. باز دانە سەر *baz dane ser*
Aufstand *m* شۆڕش *şoriş*; ڕاپەڕین *raperîn*
aufstehen ⟨v.i.⟩ هەستان *hestan*; خەبەر بوونەوە *xeber bûnewe*
aufsteigen ⟨v.i.⟩ بەرز بوونەوە *berz bûnewe*
aufstellen ⟨v.t.⟩ 1. هەڵبەستن *helbestin*; 2. دانان *danan*; 3. هەڵدان (چادر) *heldan (çadir)*
Aufstieg *m* سەرکەوتن *serkewtin*; بەرزبوونەوە *berzbûnewe*
auftanken ⟨v.i./v.t.⟩ بەنزین تێکردن *benzîn têkirdin*
auftauchen ⟨v.i.⟩ دەرکەوتن *derkewtin*
auftauen **I.** ⟨v.i.⟩ توانەوە *tiwanewe* **II.** ⟨v.t.⟩ تواندنەوە *tiwandinewe*
aufteilen **I.** ⟨v.t.⟩ دابەش کردن *dabeş kirdin* **II.** ⟨v.refl.⟩ sich in etw. aufteilen دابەش بوون بەسەر *dabeş bûn beser*
Auftrag *m* داخوازی *daxiwazî*; **im Auftrag (von) ...** ... لەسەر داواکاری *leser dawakarî ...*
Auftraggeber *m* ڕاسپاردەکار *rasipardekar*
Auftraggeberin *f* w. Form zu ↑Auftraggeber
auftreten ⟨v.i.⟩ 1. دەرکەوتن (لەسەر شانۆ)؛ دەور بینین *dewir bînîn; derkewtin (leser şano)*; 2. چوونە مەیدان(ەوە) *çûne meydan(ewe)*; 3. ڕوو دان *rû dan*
Auftritt *m* 1. دەرکەوتن *derkewtin*; 2. (Theat.) پەردە (شانۆ) *perde (şano)*
aufwachen ⟨v.i.⟩ خەبەر بوونەوە *xeber bûnewe*; لە خەو هەستان *le xew hestan*
aufwachsen ⟨v.i.⟩ گەورە بوون *gewre bûn*
Aufwand *m* 1. هەوڵوکۆشش *hewlukoşiş*; 2. مەسرەف *mesref*
aufwärmen ⟨v.t.⟩ گەرم کردنەوە (خواردن) *germ kirdinewe (xiwardin)*
aufwärts ⟨Adv.⟩ بەرەوژوور *berewjûr*; بەرەوپێش *berewpêş*
aufwecken ⟨v.t.⟩ خەبەر کردنەوە *xeber kirdinewe*
aufwenden ⟨v.t.⟩ 1. بەکار هێنان *bekar hênan*; 2. مەسرەف کردن *mesref kirdin*
aufwendig ⟨Adj.⟩ بەزەحمەت *bezehmet*
Aufwertung *f* نرخزیادکردن *nirxziyadkirdin*
aufwirbeln ⟨v.t.⟩ شڵەقاندن *şileqandin*
aufzählen ⟨v.t.⟩ ژماردن *jimardin*

A

aufziehen ⟨v.t.⟩ 1. (پەردە) لادان *ladan (perde)*; 2. (منداڵ) پەروەردە کردن *perwerde kirdin (mindaḻ)*

Aufzug *m* ئەسانسۆر *esansor*; مەسعەد *mesʿed*

Auge *n* چاو *çaw*

Augenarzt *m* پزیشکی چاو *pizîşkî çaw*

Augenärztin *f* w. Form zu ↑Augenarzt

Augenbinde *f* چاوبەست *çawbest*

Augenblick *m* سات *sat* • einen Augenblick, bitte! تکایە تۆزێک سەبرتان ببێ!؛ تکایە ساتێک چاوڕوان بکەن! ; **im Augenblick** لەم ساتەدا *lem sateda*

Augenbraue *f* برۆ *biro*

Augenfarbe *f* ڕەنگی چاو *ṟengî çaw*

Augenlid *n* پێڵووی چاو *pêḻûy çaw*

Augentropfen *pl.* (Med.) قەترەی چاو *qetrey çaw*

Augenzeuge *m* شایەدعەیان *şayedʿeyan*

Augenzeugin *f* w. Form zu ↑Augenzeuge

August *m* ئاب *ab*

Auktion *f* مەزات *mezat*; هەراج *herac*

aus I. ⟨Präp.⟩ لە ...ەوە *le ...ewe*; لە *le*; **aus Holz** لە دار *le dar*; **aus Kurdistan** لە کوردستانەوە *le Kurdistanewe*; **aus welchem Grund** لەبەر چ هۆیەک *leber çi hoyek*; **von mir aus** ئەوەندەی، کە پەیوەندی بە منەوە هەبێ *ewendey, ke peywendî be minewe hebê* **II.** ⟨Adv.⟩; **aus sein** (ئاگر) کوژاندنەوە *kujandinewe (agir)*

ausatmen ⟨v.i.⟩ هەناسە دانەوە *henase danewe*

ausbauen ⟨v.t.⟩ گەورە کردن *gewre kirdin*; گەشە پێدان *geşe pêdan*

ausbessern ⟨v.t.⟩ چاک کردنەوە *çak kirdinewe*; تەعمیر کردن *teʿmîr kirdin*

Ausbeute *f* دەستکەوت *destkewt*

ausbeuten ⟨v.t.⟩ 1. دەرهێنان *derhênan*; 2. چەوساندنەوە *çewsandinewe*; 3. تاڵان کردن *taḻan kirdin*

ausbilden ⟨v.t.⟩ 1. پێگەیاندن *pêgeyandin*; شارەزایی پێپەیداکردن *şarezayî pêpeydakirdin*; 2. مەشق پێکردن *meşq pêkirdin*

Ausbilder *m* فێرکار *fêrkar*; ڕاهێنەر *ṟahêner*

Ausbilderin *f* w. Form zu ↑Ausbilder

Ausbildung *f* فێرکاری *fêrkarî*; ڕاهێنان *ṟahênan*; ڕاهێنانی پیشەیی *ṟahênanî pîşeyî*

Ausbildungsplatz *m* شوێنی ڕاهێنانی پیشەیی *şwênî ṟahênanî pîşeyî*

Ausblick *m* دیمەن *dîmen*; مەنزەرە *menzere*

ausbrechen ⟨v.i.⟩ 1. هەڵهاتن *heḻhatin*; 2. (نەخۆشی) داکەوتن *dakewtin (nexoşî)*

ausbreiten I. ⟨v.t.⟩ (فەرش) ڕاخستن *ṟaxistin (ferş)* **II.** ⟨v.refl.⟩ sich ausbreiten 1. بڵاو بوونەوە *biḻaw bûnewe*; پەلوپۆ هاویشتن *pelupo hawîştin*; 2. درم (نەخۆشی) داکەوتن *dirm dakewtin (nexoşî)*

Ausbruch *m* 1. هەڵچوون *heḻçûn*; 2. بەرپابوون *berpabûn*

Ausdauer *f* 1. بەردەوامی *berdewamî*; 2. خۆڕاگری *xoṟagirî*

ausdauernd ⟨Adj.⟩ بەردەوام *berdewam*

ausdehnen I. ⟨v.t.⟩ 1. درێژ کردنەوە *dirêj*

kirdinewe; 2. فراوان کردن *firawan kirdin* **II.** ⟨v.refl.⟩ sich ausdehnen درێژ بوونەوە *dirêj bûnewe*

ausdenken ⟨v.t.⟩; **sich etw. ausdenken** 1. بیر لێکردنەوە *bîr lêkirdinewe;* هێنانە پێش چاو *hênane pêş çaw;* 2. نەخشە دانان *nexşe danan*

Ausdruck *m* گوزارە *guzare;* دەربڕین *derbiṟîn*

ausdrücken I. ⟨v.t.⟩ 1. گوشین *guşîn;* 2. داڕشتن (وشە) *daṟiştin (wişe)* **II.** ⟨v. refl.⟩ sich ausdrücken هەستی خۆ دەربڕین *hestî xo derbiṟîn*

ausdrücklich ⟨Adj.⟩ ئاشکرا *aşkira*

auseinander ⟨Adv.⟩ 1. دوورلەیەک *dûrleyek;* 2. بڵاو *bilaw*

auseinanderfalten ⟨v.t.⟩ کردنەوە *kirdinewe*

auseinandergehen ⟨v.i.⟩ لێک جیا بوونەوە *lêk ciya bûnewe*

auseinandersetzen I. ⟨v.t.⟩ لێک دوور خستنەوە *lêk dûr xistinewe* **II.** ⟨v.refl.⟩ sich mit etw./j-m auseinandersetzen خۆ پێوە خەریک کردن *xo pêwe xerîk kirdin*

Auseinandersetzung *f* مشتومڕکردن *miştumiṟkirdin*

Ausfahrt *f* چوونەدەرەوە *çûnederewe*

ausfallen ⟨v.i.⟩ 1. هەڵوەرین (موو، گەڵا، دان) *heḻwerîn (mû, geḻa, dan);* 2. لە کار کەوتن (ئامێر، بەرنامە) *le kar kewtin (amêr, bername)*

ausflippen ⟨v.i.⟩ (ugs.) خۆ لەبیر کردن *xo lebîr kirdin*

Ausflug *m* سەیران *seyran;* گەشت *geşt*

Ausfuhr *f* هەناردە *henarde;* ناردنەدەرەوە *nardinederewe*

ausführen ⟨v.t.⟩ 1. ڕاپەڕاندن *ṟapeṟandin;* جێبەجێ کردن *cêbecê kirdin;* 2. ناردنە دەرەوە *nardine derewe*

ausführlich ⟨Adv.⟩ بەدووورودرێژی *bedûrudirêjî*

ausfüllen ⟨v.t.⟩ پڕ کردنەوە *piṟ kirdinewe*

Ausgabe *f* دەرکردن (نووسراو، بڵاوکراوە) *derkirdin (nûsraw, biḻawkirawe);* **Ausgaben** *pl.* (Wirtsch.) خەرجی *xercî;* مەسرەف *mesref*

Ausgang *m* 1. چوونەدەرەوە *çûnederewe;* 2. سەرئەنجام *serencam*

Ausgangspunkt *m* شوێنی دەستپێکردن *şwênî destpêkirdin*

ausgeben ⟨v.t.⟩ پارە خەرج کردن *pare xerc kirdin*

ausgebucht ⟨Adj.⟩ گیراو (جێگا) *gîraw (cêga)*

ausgehen ⟨v.i.⟩ چوونە دەرەوە *çûne derewe;* **davon ausgehen, dass ...** لەو باوەڕەدا بوون، کە ... *lew baweṟeda bûn, ke ...*

ausgenommen ⟨Konj.⟩ جگەلە *cigele*

ausgerechnet ⟨Adv.⟩ بەتایبەتی *betaybetî*

ausgeschlossen ⟨Adj.⟩ 1. محاڵ *mihaḻ;* 2. دەرکراو *derkiraw*

ausgezeichnet ⟨Adj.⟩ زۆرباش *zorbaş;* نایاب *nayab*

ausgiebig ⟨Adj.⟩ زۆر *zor*

Ausgleich *m* 1. بژاردن *bijardin;* 2. هاوسەنگبوون *hawsengbûn;* **zum Ausgleich für ...** لە بری ... *le birî ...*

ausgleichen ⟨v.t.⟩ 1. چوونیەک کردن

A

çûnyek kirdin; 2. بەراورد کردن *berawird kirdin*

ausgraben ⟨v.t.⟩ 1. هەڵکۆڵین *helkolîn*; 2. کۆنینە خستنە ڕوو *konîne xistine rû*

Ausgrabung *f* 1. هەڵکۆڵین *helkolîn*; 2. هەڵکۆڵینی کۆنینە *helkolînî konîne*; **archäologische Ausgrabungen** هەڵکۆڵینی شوێنەوار *helkolînî şwênewar*

aushalten ⟨v.t.⟩ 1. خۆ ڕاگرتن *xo ragirtin*; 2. بار هەڵگرتن *bar helgirtin*

Aushang *m* ئاگاداری *agadarî*; ئیعلان *î'lan*

Aushilfe *f* یارمەتی *yarmetî*

auskennen ⟨v.refl.⟩ sich auskennen شارەزا بوون *şareza bûn*; **sich in/mit etw. auskennen** لێزانین *lêzanîn*

auskommen ⟨v.i.⟩; **mit etw. auskommen** بەس بوون *bes bûn*

Auskunft *f* 1. زانیاری *zanyarî*; هەواڵ *hewal*; 2. پرسگە *pirsge*

Auskunftsbüro *n* پرسگە *pirsge*

auslachen ⟨v.t.⟩ پێپێکەنین *pêpêkenîn*; گاڵتە پێکردن *galte pêkirdin*

ausladen ⟨v.t.⟩ بار داگرتن *bar dagirtin*

Ausland *n* دەرەوەی وڵات *derewey wilat*; وڵاتانی دەرەوە *wilatanî derewe*

Ausländer *m* بێگانە *bêgane*; بیانی *biyanî*

ausländerfeindlich ⟨Adj.⟩ بێگانەنەویست *bêganenewîst*

Ausländerin *f* w. Form zu ↑Ausländer

ausländisch ⟨Adj.⟩ بێگانە *bêgane*; بیانی *biyanî*

Auslandsflug *m* گەشتی ئاسمانی بۆ دەرەوەی وڵات *geştî asmanî bo derewey wilat*

Auslandsgespräch *n* تەلەفۆن بۆ وڵاتانی دەرەوە *telefon bo wilatanî derewe*

auslassen ⟨v.t.⟩ پەڕاندن *perandin*; بواردن *biwardin*

Auslassung *f* پەڕاندن *perandin*; بواردن *biwardin*

auslaufen ⟨v.i.⟩ 1. لێڕۆیشتن *lêroyîştin*; لێچوون *lêçûn*; 2. تەواو بوون *tewaw bûn*

ausleeren ⟨v.t.⟩ بەتاڵ کردنەوە *betal kirdinewe*

auslegen ⟨v.t.⟩ خستنە ڕوو *xistine rû*; نیشان دان *nîşan dan*

ausliefern ⟨v.t.⟩ ڕەوانە کردنەوە *rewane kirdinewe*

ausloggen ⟨v.t.⟩ (EDV) کۆتایی پێهێنان *kotayî pêhênan*

auslosen ⟨v.t.⟩ پشک کردن *pişk kirdin*; قورعە کێشان *qur'e kêşan*

Auslöser *m* پەلەپیتکە *pelepîtke*

ausmachen ⟨v.t.⟩ 1. ڕێک کەوتن *rêk kewtin*; 2. کوژاندنەوە (چرا، گڵۆپ، ئاگر) *kujandinewe (çira, gilop, agir)*; 3. پێکهاتن *pêkhatin*

Ausmaß *n* قەوارە *qeware*

ausmessen ⟨v.t.⟩ پێوان *pêwan*; ئەندازە گرتن *endaze girtin*

Ausnahme *f* هەڵاوێردن *helawêrdin*

ausnahmsweise ⟨Adv.⟩ نائاساییانە *naasayîyane*

ausnutzen ⟨v.t.⟩ 1. سوود لێوەرگرتن *sûd lêwergirtin*; 2. دادۆشین *dadoşîn*

auspacken ⟨v.t.⟩ دەرهێنان *derhênan*

auspressen ⟨v.t.⟩ گوشین (میوە) *guşîn (mîwe)*

ausprobieren ⟨v.t.⟩ تاقی کردنەوە *taqî kirdinewe*

Auspuff *m* ئەگزۆز *egzoz*
Auspuffrohr *n* بۆری ئەگزۆز *borî egzoz*
ausrauben ⟨v.t.⟩ ڕووت کردنەوە *r̲ût kirdinewe*; تاڵان کردن *tal̲an kirdin*
ausräumen ⟨v.t.⟩ چۆڵ کردن *çol̲ kirdin*
ausrechnen ⟨v.t.⟩ ژماردن *jimardin*; حسێب کردن *h̲isêb kirdin*
Ausrede *f* بیانوو *biyanû*
ausreichen ⟨v.i.⟩ بەس بوون *bes bûn*
ausreichend ⟨Adj.⟩ بەس *bes*; سەروبەر *seruber*
Ausreise *f* چوونەدەرەوە لە وڵات *çûnederewe le wil̲at*; **bei der Ausreise** لە کاتی چوونەدەرەوەدا لە وڵات *le katî çûnedereweda le wil̲at*
ausreisen ⟨v.i.⟩ چوونە دەرەوەی وڵات *çûne derewey wil̲at*
Ausreisevisum *n* ڤیزەی دەرچوون (لە وڵاتێک) *vîzey derçûn (le wil̲atêk)*
ausreißen I. ⟨v.t.⟩ 1. هەڵکێشان *hel̲kêşan*; 2. کردنەوە (دوگمە) *kirdinewe (dugme)* **II.** ⟨v.i.⟩ بەلەسە بوون *belese bûn*
ausrichten ⟨v.t.⟩ ڕێک خستن *r̲êk xistin*; **j-m Grüße ausrichten** سڵاو پێگەیاندن *sil̲aw pêgeyandin*
Ausrufezeichen *n* نیشانەی سەرسووڕمان *nîşaney sersûr̲man*
ausruhen I. ⟨v.i.⟩ پشوو دان *pişû dan* **II.** ⟨v.refl.⟩ sich ausruhen خۆ حەسانەوە *xo h̲esanewe*
Ausrüstung *f* پێداویستی *pêdawîstî*; کەلوپەل *kelupel*
ausrutschen ⟨v.i.⟩ خلیسکان *xilîskan*
Aussage *f* 1. وتە *wite*; 2. (Jur.) ئیفادە *îfade*; شایەتی *şayetî*; **die Aussage verweigern** (Jur.) ئیفادە نەدان *îfade nedan*; شایەتی نەدان *şayetî nedan*
aussagen I. ⟨v.t.⟩ وتن *witin* **II.** ⟨v.i.⟩ شایەتی دان *şayetî dan*; ئیفادە دان *îfade dan*
ausschalten ⟨v.t.⟩ کوژاندنەوە *kujandinewe*
ausscheiden I. ⟨v.t.⟩ دەر کردنە دەرەوە *der kirdine derewe* **II.** ⟨v.i.⟩ 1. خۆ لە کار کێشانەوە *xo le kar kêşanewe*; 2. چوونە دەرەوە(ی یاریزانێک) *çûne derewe(y yarîzanêk)*
ausschildern ⟨v.t.⟩ نیشانەی هاتوچۆ دانان *nîşaney hatuço danan*
ausschimpfen ⟨v.t.⟩ جنێو پێدان *cinêw pêdan*
ausschlafen ⟨v.i.⟩ تێرخەو بوون *têrxew bûn*
Ausschlag *m* پێستسوورهەڵگەڕان *pêstsûrhel̲ger̲an*
ausschließen ⟨v.t.⟩ بێبەری کردن *bêberî kirdin*
ausschließlich ⟨Adj.⟩ بەتەنیا *betenya*
ausschneiden ⟨v.t.⟩ کەرت کردن *kert kirdin*
Ausschnitt *m* 1. پارچە *parçe*; 2. یەخە یا داوێنی کراس *yexe ya dawênî kiras*
Ausschreitung *f* زیادەڕۆیی *ziyader̲oyî*
Ausschuss *m* کۆمیتە *komîte*; لیژنە *lîjne*
ausschütten ⟨v.t.⟩ ڕژاندن *r̲ijandin*
aussehen ⟨v.i.⟩ لێچوون *lêçûn* • es sieht nach Regen aus لەوە دەچێ، باران بباری; wie sieht sie aus? ڕەنگوڕووی چۆنە؟
Aussehen *n* ڕووخسار *r̲ûxsar*; ڕەنگوڕوو *r̲engur̲û*
außen ⟨Adv.⟩ 1. دەرەوە *derewe*;

A

2. دەوروبەر *dewruber*; **nach außen (hin)** 1. بۆ دەرەوە *bo derewe*; 2. لە ڕووکەشدا *le r̲ûkeşda*

Außenhandel *m* بازرگانیی دەرەکی *bazirganîy derekî*

Außenminister *m* وەزیری دەرەوە *wezîrî derewe*

Außenministerin *f* w. Form zu ↑Außenminister

Außenministerium *n* وەزارەتی دەرەوە *wezaretî derewe*

Außenpolitik *f* سیاسەتی دەرەوە *siyasetî derewe*

Außenseite *f* دەرەوە *derewe*

Außenseiter *m* گۆشەگیر *goşegîr*

Außenseiterin *f* w. Form zu ↑Außenseiter

Außenspiegel *m* (Kfz) ئاوێنەی دەرەوە *awêney derewe*

außer ⟨Präp.⟩ بێجگە *bêcge*; جگەلە *cigele*; **außer Betrieb** لەکارکەوتە *lekarkewte*

außerdem ⟨Konj.⟩ جگەلەوەش *cigeleweş*; جگەلەمەش *cigelemeş*

äußere(r, -s) ⟨Adj.⟩ دەرەوە *derewe*

Äußeres *n* 1. دەرەوە *derewe*; 2. ڕووکەش *r̲ûkeş*

außergewöhnlich ⟨Adj.⟩ نائاسایی *naasayî*

außerhalb ⟨Präp.⟩ لەدەرەوە *lederewe*; **außerhalb der Stadt** لەدەرەوەی شار *lederewey şar*

äußerlich ⟨Adj.⟩ دەرەوە *derewe*; **etw. äußerlich anwenden** لە دەرەوە بەکار هێنان *le derewe bekar hênan*

äußern I. ⟨v.t.⟩ دەربڕین *derbir̲în* **II.** ⟨v. refl.⟩; **sich zu etw. äußern** بیروڕا دەربڕین دەربارەی *bîrur̲a derbir̲în derbarey*

außerordentlich ⟨Adj.⟩ لەسنووربەدەر *lesinûrbeder*; لەڕادەبەدەر *ler̲adebeder*

äußerst ⟨Adv.⟩ زۆر *zor*; ئەوپەڕی *ewper̲î*

äußerste(r, -s) ⟨Adj.⟩ زۆرترین *zortirîn*; **im äußersten Fall** لە خراپترین باردا *le xiraptirîn barda*

Äußerung *f* دەربڕین *derbir̲în*

aussetzen ⟨v.t.⟩ 1. فڕێ دان لەسەر ڕێگا (منداڵ) *fir̲ê dan leser r̲êga (mindal̲)*; 2. بەردان (ئاژەڵ) *berdan (ajel̲)*

Aussicht *f* 1. پێشچاو *pêşçaw*; دیمەنی سروشت *dîmenî siruşt*; 2. هیواداری *hîwadarî*

aussichtslos ⟨Adj.⟩ بێهیوا *bêhîwa*; بێچارە *bêçare*

aussortieren ⟨v.t.⟩ بژار کردن *bijar kirdin*

Aussprache *f* 1. جۆری دەربڕینی دەنگەکان *corî derbir̲înî dengekan*; تەلەفوز *telefuz*; 2. وتووێژ *wituwêj*

aussprechen I. ⟨v.t.⟩ دەربڕین (دەنگ، وشە) *derbir̲în (deng, wişe)* **II.** ⟨v. refl.⟩ sich aussprechen بیروڕای خۆ وتن *bîrur̲ay xo witin*

Ausstattung *f* 1. کەلوپەلپێدان *kelupelpêdan*; 2. پێداویستی *pêdawîstî*

ausstehen ⟨v.t.⟩ بەرگە گرتن *berge girtin*; **etw./j-n nicht ausstehen können** خۆش نەویستن *xoş newîstin*; ڕق لێبوون *r̲iq lêbûn*

aussteigen ⟨v.i.⟩ 1. دابەزین (لە ئوتومبێل) *dabezîn (le utumbêl)*; 2. خەڵوەت گرتن *xel̲wet girtin*

ausstellen ⟨v.t.⟩ 1. نمایش کردن *nimayiş kirdin;* 2. دەرکردن (پەساپۆرت، ناسنامە) *derkirdin (pesaport, nasname);* 3. نووسین (وەسڵ، ڕەچەتە) *nûsîn (wesil, reçete)*
Ausstellung *f* پێشانگە *pêşange*
aussterben ⟨v.i.⟩ لەناوچوون *lenawçûn*
Aussteuer *f* جیازی *ciyazî*
ausstrecken I. ⟨v.t.⟩ درێژ کردن *dirêj kirdin* **II.** ⟨v.refl.⟩ sich ausstrecken خۆ درێژ کردن *xo dirêj kirdin*
Austausch *m* ئاڵوگۆڕکردن *alugorkirdin*
austauschen ⟨v.t.⟩ ئاڵوگۆڕ کردن *alugor kirdin*
austeilen ⟨v.t.⟩ دابەش کردن *dabeş kirdin*
Auster *f* (Zool.) هەلەزۆن *helezon*
Australien *n* ئوستڕالیا *Ustiralya*
Australier *m* ئوستڕالی *ustiralî*
Australierin *f* w. Form zu ↑Australier
australisch ⟨Adj.⟩ ئوستڕالی *ustiralî*
austreten ⟨v.i.⟩ 1. لەبەر ڕۆیشتن *leber royiştin;* 2. واز لێهێنان *waz lêhênan;* ئیستیقالە کردن *îstîqale kirdin*
austrinken ⟨v.t.⟩ خواردنەوە (تا دوا قوم) *xiwardinewe (ta diwa qum)*
austrocknen I. ⟨v.i.⟩ وشک بوونەوە *wişk bûnewe* **II.** ⟨v.t.⟩ وشک کردنەوە *wişk kirdinewe*
Ausverkauf *m* فرۆشتن تا بنبڕبوون *firoştin ta binbirbûn;* هەڕاجکردن *herackirdin*
ausverkauft ⟨Adj.⟩ فرۆشراو *firoşraw*
Auswahl *f* 1. هەڵبژاردن *helbijardin;* 2. گوڵبژێر *gulbijêr*
auswählen ⟨v.t.⟩ هەڵبژاردن *helbijardin*
Auswanderer *m* کۆچەر *koçer*
Auswanderin *f* w. Form zu ↑Auswanderer
auswandern ⟨v.i.⟩ کۆچ کردن *koç kirdin*
Auswanderung *f* کۆچکردن *koçkirdin*
auswärtig ⟨Adj.⟩ دەرەکی *derekî*
auswärts ⟨Adv.⟩ لەدەرەوە *lederewe;* **auswärts essen** لەدەرەوە نانخواردن *lederewe nanxiwardin*
auswechseln ⟨v.t.⟩ ئاڵوگۆڕ کردن *alugor kirdin*
Ausweis *m* ناسنامە *nasname;* هەویە *hewye*
ausweisen I. ⟨v.t.⟩ دەرکردن (لە وڵاتێک) *derkirdin (le wilatêk)* **II.** ⟨v.refl.⟩ sich ausweisen هەویە نیشاندان *hewye nîşandan*
Ausweiskontrolle *f* ناسنامەپشکنین *nasnamepişkinîn*
Ausweispapiere *pl.* ئەوراقی ناسنامە *ewraqî nasname*
auswendig ⟨Adv.⟩ لەبەر *leber;* **etw. auswendig lernen** لەبەر کردن *leber kirdin*
Auswendiglernen *n* لەبەرکردن *leberkirdin*
auswirken I. ⟨v.t.⟩ کار تێکردن *kar têkirdin* **II.** ⟨v.refl.⟩ sich (auf etw.) auswirken کار لێکردن *kar lêkirdin*
auszahlen I. ⟨v.t.⟩ پارە دان *pare dan* **II.** ⟨v.refl.⟩ sich auszahlen هێنان (ئەرک) *hênan (erk)*
Auszahlung *f* پارەدان *paredan*
auszeichnen ⟨v.t.⟩ 1. دەستنیشان کردن

A

destnîşan kirdin; 2. خەڵات پێبەخشین *xeḻat pêbexşîn*

Auszeichnung *f* 1. دیاریکردن (نرخ) *diyarîkirdin (nirx);* 2. خەڵاتپێبەخشین *xeḻatpêbexşîn*

ausziehen **I.** ⟨v.t.⟩ 1. لەبەر داکەندن (جلوبەرگ) *leber dakendin (ciluberg);* 2. لەپێ داکەندن (پێڵاو) *lepê dakendin (pêḻaw)* **II.** ⟨v.refl.⟩ sich ausziehen خۆ ڕووت کردنەوە *xo ṟût kirdinewe*

Auszubildende *f* w. Form zu ↑Auszubildender

Auszubildender *m* پەراوەکار *perawekar*

Auszug *m* 1. گواستنەوە (ماڵ) *giwastinewe (maḻ);* 2. کورتە *kurte*

Auto *n* ئوتومبێل *utumbêl;* **mit dem Auto fahren** بە ئوتومبێل ڕۆیشتن *be utumbêl ṟoyîştin*

Autobahn *f* ئۆتۆبان *otoban*

Autobahnauffahrt *f* ڕێگای چوونەناوەوەی ئۆتۆبان *ṟêgay çûnenawewey otoban*

Autobahnausfahrt *f* لەئۆتۆبانچوونەدەرەوە *leotobançûnederewe*

Autobahngebühr *f* کرێی ئۆتۆبان *kirêy otoban*

Autobahnzubringer *m* شەقامێک، کە دەچێتە سەر ئۆتۆبان *şeqamêk, ke deçête ser otoban*

Autobus *m* پاس *pas*

Autofähre *f* کەڵەکی ئوتومبێلپەڕینەوە *keḻekî utumbêlpeṟînewe*

Autofahren *n* ئوتومبێللێخوڕین *utumbêllêxuṟîn*

Autofahrer *m* ئوتومبێللێخوڕ *utumbêllêxuṟ;* شوفێر *şufêr*

Autofahrerin *f* w. Form zu ↑Autofahrer

Automat *m* خۆکار *xokar;* ئەوتۆمات *ewtomat*

Automatik *f* خۆکاری *xokarî;* ئەوتۆماتیک *ewtomatîk*

automatisch ⟨Adj.⟩ خۆکار *xokar;* ئەوتۆماتیکی *ewtomatîkî*

Automechaniker *m* فیتەر *fîter*

Automechanikerin *f* w. Form zu ↑Automechaniker

Automobil *n* ئوتومبێل *utumbêl*

Autonummer *f* ژمارەی ئوتومبێل *jimarey utumbêl*

Autor *m* نووسەر *nûser;* دانەر *daner*

Autoradio *n* ڕادیۆی ئوتومبێل *ṟadyoy utumbêl*

Autorin *f* w. Form zu ↑Autor ژنەنووسەر *jinenûser*

Autorität *f* دەسەڵات *deseḻat*

Autoschlüssel *m* سویچی ئوتومبێل *swîçî utumbêl*

Autounfall *m* دەعمی ئوتومبێل *deʿimî utumbêl*

Autoverleih *m* ئوتومبێلبەکرێدەر *utumbêlbekrêder*

Autovermietung *f* ئوتومبێلبەکرێدان *utumbêlbekrêdan*

Autowaschanlage *f* مەکینەی ئوتومبێلشتن *mekîney utumbêlşitin*

Autowerkstatt *f* گەراجی ئوتومبێلچاککردنەوە *geracî utumbêlçakkirdinewe*

Axt *f* تەور *tewir*

B

b, B بێ *bê;* پیتی دووەمی ئەلفبێی ئەڵمانی *pîtî dûwemî elfbêy el̲manî*

Baby *n* کۆرپە *korpe;* منداڵی ساوا *mindal̲î sawa*

Babynahrung *f* خۆراکی منداڵی ساوا *xo-rakî mindal̲î sawa*

Babysitter *m* دایەن *dayen*

Babysitterin *f* w. Form zu ↑Babysit-ter

Bach *m* چەم *çem;* جۆگە *coge*

Backe *f* گوپ *gup*

backen ⟨v.t.⟩ برژاندن (نان) *birjandin (nan)*

Backenzahn *m* کاکیلە *kakîle*

Bäcker *m* نانەوا *nanewa*

Bäckerei *f* نانەواخانە *nanewaxane*

Bäckerin *f* w. Form zu ↑Bäcker

Backofen *m* تەنوور *tenûr;* فڕن *fir̲in*

Backpulver *n* پێکنپاودەر *pêknpawder*

Bad *n* گەرماو *germaw;* حەمام *h̲emam*

Badeanzug *m* جلی مەلە *cilî mele*

Badehose *f* دەرپێی مەلە *derpêy mele;* مایۆ *mayo*

Bademantel *m* ڕۆبی حەمام *r̲obî h̲emam*

Bademeister *m* چاودێریکاری مەلەکردن *çawdêrîkarî melekirdin*

Bademeisterin *f* w. Form zu ↑Bade-meister

baden I. ⟨v.i.⟩ خۆ شتن *xo şitin* **II.** ⟨v. refl.⟩ sich baden خۆ شتن *xo şitin*

Badeort *m* مەلەگە *melege*

Badesachen *pl.* پێداویستیی مەلە *pêda-wîstîy mele*

Badestrand *m* کەناراو (شوێنی مەلەکردن) *kenaraw (şwênî melekirdin)*

Badetuch *n* خاولیی حەمام *xawlîy h̲e-mam*

Badewanne *f* بانیۆ *banyo*

Badezimmer *n* ژووری حەمام *jûrî h̲e-mam*

Badminton *n* (Sp.) یاریی ڕیشە *yarîy r̲îşe*

Bagger *m* شۆفل *şofil̲*

Baggersee *m* چاڵاوی دەستکرد *çal̲awî destkird*

Bahn *f* شەمەندەفەر *şemendefer;* **mit der Bahn fahren/reisen** بە شەمەندەفەر ڕۆیشتن/گەشت کردن *be şemendefer r̲o-yiştin/geşt kirdin*

Bahnfahrt *f* گەشت بە شەمەندەفەر *geşt be şemendefer*

Bahnhof *m* وێستگەی شەمەندەفەر *wêst-gey şemendefer*

Bahnlinie *f* هێڵی شەمەندەفەر *hêl̲î şe-mendefer*

Bahnsteig *m* شۆستەی لێوەسواربوونی

شەمەندەفەر *şostey lêwesiwarbûnî şemendefer*

Bahnübergang *m* پەڕگەی ڕێگای ئاسن *pergey rêgay asin*

Bakterie *f* بەکتریا *bektirya;* میکرۆب *mîkrob*

bald ⟨Adv.⟩ بەمزووانە *bemzûwane;* **bald darauf** دوای ئەوە بە ماوەیەک *diway ewe be maweyek;* **so bald wie möglich** لە زووترین کاتدا *le zûtirîn katda*

Balken *m* دیرەگە *dîrege*

Balkon *m* باڵکۆن *balkon*

Ball *m* 1. تۆپ *top;* 2. ئاهەنگی سەماکردن *ahengî semakirdin*

Ballen *m* گلۆڵە *gilole*

Ballett *n* بالێت *balêt*

Ballon *m* باڵۆن *balon*

Bambus *m* حەیزەران *heyzeran*

Banane *f* مۆز *moz*

¹**Band** *n* 1. بەن *ben;* 2. شریت *şirît*

²**Band** *m* (کتێب) بەرگ *berg (kitêb)*

³**Band** *f* (Mus.) تیپی مۆسیقا *tîpî mosîqa*

Bandage *f* سارغی *sarxî*

Bande *f* 1. دەستەی دز و جەردە *destey diz u cerde;* 2. دەستە *deste;* تاقم *taqim*

Bandscheibe *f* (Med.) کڵاوەی ئەژنۆ *kilawey ejno*

Bandwurm *m* (Zool.) کرمی شریتی *kirmî şirîtî*

¹**Bank** *f* سەکۆ *seko*

²**Bank** *f* (Wirtsch.) بانق *banq;* دراوگە *dirawge*

Bankautomat *m* مەکینە ئەوتۆماتەکانی بانق *mekîne ewtomatekanî banq*

Bankkarte *f* کارتی بانق *kartî banq*

Bankkonto *n* حسێبی بانق *hisêbî banq*

Bankleitzahl *f* هێمای ژمارەیی بانقێک *hêmay jimareyîy banqêk*

Banknote *f* پارەی کاغەز *parey kaxez*

bankrott ⟨Adj.⟩ نابووت *nabût;* مایەپووچ *mayepûç*

bar ⟨Adj.⟩ 1. ڕووت *rût;* 2. کاش (پارە) *kaş (pare);* **in bar** بەنەقدی *beneqdî*

Bar *f* نۆشینگە *noşînge;* باڕ *bar*

Bär *m* (Zool.) ورچ *wirç*

barfuß ⟨Adv.⟩ پێپەتی *pêpetî;* **barfuß laufen** بە پێی پەتی ڕۆیشتن *be pêy petî royiştin*

Bargeld *n* پارەی کاش *parey kaş*

Bärin *f* w. Form zu ↑Bär (Zool.) دەڵەورچ *delewirç*

Barkeeper *m* باڕکیپەر *barkîper*

Barkeeperin *f* w. Form zu ↑Barkeeper

Barrel *n* بەرمیل *bermîl*

Barriere *f* بەربەست *berbest*

Bart *m* ڕیش *rîş;* ڕیشوسمێڵ *rîşusimêl*

Barzahlung *f* بەکاشدان (پارە) *bekaşdan (pare)*

Basar *m* بازاڕ *bazar*

basieren ⟨v.i.⟩; **auf etw. basieren** (bildungsspr.) پشت پێبەستن *pişt pêbestin*

Basilikum *n* (Bot.) ڕێحانە *rêhane*

Basis *f* بنچینە *binçîne*

Basketball *m* 1. (Sp.) باسکە *baske;* 2. (Sp.) تۆپی باسکە *topî baske*

basteln ⟨v.t./v.i.⟩ پێکەوە نان (کاری دەستی) *pêkewe nan (karî destî)*

Batterie *f* (Tech.) پاتری *patirî;* پیل *pîl*

Bau *m* بینا *bîna;* خانووبەرە *xanûbere*

Bauarbeiten *pl.* کاری بیناکردن *karî bînakirdin*
Bauarbeiter *m* کرێکاری بیناکردن *kirêkarî bînakirdin*
Bauarbeiterin *f* w. Form zu ↑Bauarbeiter
Bauch *m* سک *sik*
Bauchtanz *m* سەمای ڕۆژهەڵاتی *semay rojhelatî*
bauen ⟨v.t.⟩ بینا کردن *bîna kirdin*
Bauer *m* جووتیار *cûtyar*
Bäuerin *f* w. Form zu ↑Bauer ژنەجووتیار *jinecûtyar*
Bauernhof *m* خانووبەرەی کێڵگەی جووتیاران *xanûberey kêlgey cûtyaran*
baufällig ⟨Adj.⟩ وێرانە *wêrane*
Baufirma *f* کارگەی بیناکردن *kargey bînakirdin*
Baujahr *n* ساڵی دروستکردن *salî dirustkirdin*
Baum *m* دار *dar*; درەخت *dirext*
Baumarkt *m* بازاڕی پێداویستیی بیناکاری *bazarî pêdawîstîy bînakarî*
Baumaterial *n* کەرەسەی خانووبەرە *keresey xanûbere*
Baumkrone *f* لقوپۆپی درەخت *liqupopî dirext*
Baumwolle *f* لۆکە *loke*
Baustelle *f* شوێنی ڕێوبان یا خانووبەرە چاککردن *şwênî rêwban ya xanûbere çakkirdin*
Baustil *m* شێوازی بیناسازی *şêwazî bînasazî*
beabsichtigen ⟨v.t.⟩ بەنیاز بوون *beniyaz bûn*
beachten ⟨v.t.⟩ بایەخ پێدان *bayex pêdan*
beachtlich ⟨Adj.⟩ جێیسەرنج *cêyserinc*
Beamter *m* مۆزەف *mozef*; فەرمانبەر *fermanber*
Beamtin *f* w. Form zu ↑Beamter
beanspruchen ⟨v.t.⟩ داوا کردن *dawa kirdin*
beanstanden ⟨v.t.⟩ سەرزەنشتی کردن *serzeniştî kirdin*
beantragen ⟨v.t.⟩ داواکاری پێشکەش کردن *dawakarî pêşkeş kirdin*
beantworten ⟨v.t.⟩ وەرام دانەوە *weram danewe*
bearbeiten ⟨v.t.⟩ کار تێداکردن *kar têdakirdin*
beatmen ⟨v.t.⟩ (Med.) هەناسە پێدان *henase pêdan*
beaufsichtigen ⟨v.t.⟩ سەرپەرشتی کردن *serperiştî kirdin*
beauftragen ⟨v.t.⟩ پێڕاسپاردن *pêrasipardin*
Becher *m* جام *cam*; پەرداخ *perdax*
Becken *n* 1. لەگەن *legen*; تەشت *teşt*; 2. (Med.) حەوزی سمت *hewzî simt*
bedanken ⟨v.refl.⟩ sich bedanken سوپاس کردن *supas kirdin*
Bedarf *m* پێویستی *pêwîstî*
bedauerlich ⟨Adj.⟩ بەداخەوە *bedaxewe*
bedauern ⟨v.t.⟩ بەداخەوە بوون *bedaxewe bûn*
bedauernswert ⟨Adj.⟩ جێیداخ *cêydax*
bedecken ⟨v.t.⟩ داپۆشین *dapoşîn*
bedeckt ⟨Adj.⟩ داپۆشراو *dapoşraw*
bedenken ⟨v.t.⟩ بیر لێکردنەوە *bîr lêkirdinewe*
Bedenken *n* دوودڵبوون *dûdilbûn*
bedenklich ⟨Adj.⟩ جێگومان *cêguman*

B

bedeuten ⟨v.t.⟩ مانا بوون *mana bûn* • was bedeutet das? ئەمە مانای چییە؟

bedeutend ⟨Adj.⟩ 1. گرنگ *giring*; 2. بەناوبانگ *benawbang*

Bedeutung *f* واتا *wata*; مانا *mana*

bedienen I. ⟨v.t.⟩ 1. خزمەت کردن *xizmet kirdin*; 2. کار پێکردن (مەکینە) *kar pêkirdin (mekîne)* **II.** ⟨v.refl.⟩ sich (selbst) bedienen خۆ خزمەت کردن *xo xizmet kirdin*

Bedienung *f* خزمەتگوزاری *xizmetguzarî*

Bedienungsanleitung *f* ڕێبەری بەکارهێنان(ی شتێک) *r̲êberî bekarhênan(î şitêk)*

Bedingung *f* مەرج *merc*; شەرت *şert*

bedrängen ⟨v.t.⟩ تەنگ پێهەڵچنین *teng pêhel̲çinîn*

bedrohen ⟨v.t.⟩ هەڕەشە لێکردن *her̲eşe lêkirdin*

bedrohlich ⟨Adj.⟩ مەترسیدار *metirsîdar*; ترسناک *tirsnak*

bedrücken ⟨v.t.⟩ تەنگ پێهەڵچنین *teng pêhel̲çinîn*

Beduine *m* بەدەوی *bedewî*; معێدی *mi'êdî*

Beduinin *f* w. Form zu ↑Beduine

Bedürfnis *n* پێویستی *pêwîstî*

beeilen ⟨v.refl.⟩ sich beeilen خێرا کردن *xêra kirdin*

beeindrucken ⟨v.t.⟩ کار لێکردن *kar lêkirdin*

beeindruckend ⟨Adj.⟩ نموودار *nimûdar*

beeinflussen ⟨v.t.⟩ کار تێکردن *kar têkirdin*

beeinträchtigen ⟨v.t.⟩ 1. کەم کردنەوە *kem kirdinewe*; 2. زیان لێدان *ziyan lêdan*

beenden ⟨v.t.⟩ کۆتایی پێهێنان *kotayî pêhênan*

Beere *f* بابەتەکانی توو *babetekanî tû*

Beet *n* پارچە زەوییەکی پچکۆلەی کێڵراو *parçe zewîyekî piçkoley kêl̲raw*

befahrbar ⟨Adj.⟩ پیاتێپەڕە *piyatêper̲e*

befallen ⟨v.t.⟩ 1. تووش بوون *tûş bûn*; 2. تێدان *têdan*

befassen I. ⟨v.t.⟩ خەریک کردن *xerîk kirdin* **II.** ⟨v.refl.⟩ sich mit etw. befassen خۆ پێوە خەریک کردن *xo pêwe xerîk kirdin be*

Befehl *m* فەرمان *ferman*

befehlen ⟨v.t.⟩ فەرمان دان *ferman dan*

befestigen ⟨v.t.⟩ بەستن *bestin*; توند کردن *tund kirdin*

befinden I. ⟨v.t.⟩ بە...دانان *be...danan* **II.** ⟨v.refl.⟩ sich irgendwo befinden خۆ بینینەوە (لە) *xo bînînewe (le)*

befolgen ⟨v.t.⟩ پەیڕەوی کردن *peyr̲ewî kirdin*

befördern ⟨v.t.⟩ 1. گواستنەوە *giwastinewe*; 2. پلەوپایە بەرز کردنەوە *pilewpaye berz kirdinewe*

befragen ⟨v.t.⟩ لێپرسین *lêpirsîn*; ڕا پرسین *r̲a pirsîn*

befreien ⟨v.t.⟩ ئازاد کردن *azad kirdin*

Befreiung *f* ئازادی *azadî*; ئازادکردن *azadkirdin*

befreundet ⟨Adj.⟩ دۆست *dost*; هاوڕێ *hawr̲ê*; **befreundet sein** دۆست بوون *dost bûn*

befristet ⟨Adj.⟩ دیاریکراو (کار، پەیماننامە،

(... *diyarîkiraw (kar, peymanname, ...)*
Befund *m* ئەنجام *encam*
befürchten ⟨v.t.⟩ لێترسان *lêtirsan*
Befürchtung *f* مەترسی *metirsî*
begabt ⟨Adj.⟩ لێهاتوو *lêhatû*
Begabung *f* بەهرە *behre;* توانا *tiwana*
begegnen ⟨v.i.⟩ پێکگەیشتن *pêkgeyiştin;* **j-m zufällig begegnen** بەرچاو کەوتن *berçaw kewtin*
begehen ⟨v.t.⟩ هەنگاو هەڵنان (بۆ دەرخستنی ڕاستی و دروستی کارێک) *hengaw he̱lnan (bo derxistinî ṟastî w dirustî karêk)*
begehren ⟨v.t.⟩ خواستن *xiwastin*
begehrt ⟨Adj.⟩ حەزلێکراو *ẖezlêkiraw*
begeistern I. ⟨v.t.⟩ هان دان *han dan* **II.** ⟨v.refl.⟩ sich für etw./j-n begeistern ئارەزوو کردن *arezû kirdin*
Begeisterung *f* پەرۆش *peroş*
Beginn *m* سەرەتا *sereta;* دەستپێکردن *destpêkirdin*
beginnen ⟨v.t./v.i.⟩ دەست پێکردن *dest pêkirdin*
beglaubigen ⟨v.t.⟩ سەلماندن *selmandin*
Beglaubigung *f* سەلماندن *selmandin*
begleiten ⟨v.t.⟩ لەگەڵدا چوون *lege̱lda çûn*
Begleitung *f* لەگەڵداچوون *lege̱ldaçûn*
beglückwünschen ⟨v.t.⟩ پیرۆزبایی لێکردن *pîrozbayî lêkirdin*
begnadigen ⟨v.t.⟩ لێ خۆش بوون *lê xoş bûn*
begraben ⟨v.t.⟩ بە خاک سپاردن *be xak sipardin;* ناشتن *naştin*
Begräbnis *n* مردووناشتن *mirdûnaştin*
begreifen ⟨v.t.⟩ تێگەیشتن *têgeyiştin*
Begriff *m* چەمک *çemk;* **im Begriff sein, etw. zu tun** خەریک بوون، بۆ کردنی کارێک *xerîk bûn, bo kirdinî karêk*
begründen ⟨v.t.⟩ بەڵگە بۆ هێنانەوە *be̱lge bo hênanewe*
Begründung *f* بەڵگەبۆهێنانەوە *be̱lgebohênanewe*
begrüßen ⟨v.t.⟩ سڵاو لێکردن *si̱law lêkirdin*
Begrüßung *f* سڵاو *si̱law;* سڵاولێکردن *si̱lawlêkirdin*
behalten ⟨v.t.⟩ 1. هەڵگرتن *he̱lgirtin;* 2. لەبیر مان *lebîr man;* **im Gedächtnis behalten** لەبیر مان *lebîr man*
Behälter *m* دەفر *defir*
behandeln ⟨v.t.⟩ 1. هەڵسوکەوت کردن (لەگەڵ) *he̱lsukewt kirdin (lege̱l);* 2. چارەسەر کردن *çareser kirdin*
Behandlung *f* 1. هەڵسوکەوت *he̱lsukewt;* 2. (Med.) چارەسەرکردن *çareserkirdin*
behaupten ⟨v.t.⟩ وتن *witin;* ئیدیعا کردن *îdî'a kirdin*
Behauptung *f* بۆچوون *boçûn*
beheben ⟨v.t.⟩ لابردن *labirdin*
behelfen ⟨v.refl.⟩ sich behelfen خۆ چارە کردن *xo çare kirdin*
beherrschen I. ⟨v.t.⟩ دەسەڵات هەبوون بەسەر *dese̱lat hebûn beser* **II.** ⟨v.refl.⟩ sich beherrschen دان بە خۆدا گرتن *dan be xoda girtin*
behilflich ⟨Adj.⟩ یاریدەدەر *yarîdeder*
behindern ⟨v.t.⟩ 1. کۆسپ هێنانە ڕێ *kosp hênane ṟê;* 2. ڕێ گرتن *ṟê girtin*

B

behindert ⟨Adj.⟩ 1. خاوەنپێداویستیتایبەت *xawenpêdawîstîtaybet*; 2. کەمئەندام *kemendam*

Behinderte *f* w. Form zu ↑Behinderter

behindertengerecht ⟨Adj.⟩ شیاو بۆ خاوەنپێداویستیتایبەت *şiyaw bo xawenpêdawîstîtaybet*

Behinderter *m* 1. خاوەنپێداویستیتایبەت *xawenpêdawîstîtaybet*; 2. کەمئەندام *kemendam*

Behörde *f* فەرمانگە *fermange*; دامودەزگە *damudezge*; دایرە *dayire*

bei ⟨Präp.⟩ 1. لە *le*; لە ...دا *le ...da*; لەلا(ی) *lela(y)*; 2. بە *be*; **bei Nacht** بە شەو *be şew*; **beim Abendessen** لە نانخواردنی ئێوارەدا *le nanxiwardinî êwareda*

beibringen ⟨v.t.⟩ فێر کردن *fêr kirdin*

beide ⟨Pron.⟩ هەردوو *herdû*; هەردووکیان *herdûkyan*; **alle beide** هەردووکیان *herdûkyan*; **beide Männer** هەردوو پیاوەکە *herdû piyaweke*; **beide zusammen** هەردووکیان پێکەوە *herdûkyan pêkewe*

Beifahrer *m* هاوتەک لە ئوتومبێلدا *hawtek le utumbêlda*

Beifahrerin *f* w. Form zu ↑Beifahrer

Beifall *m* چەپڵە *çep̱le*

beige ⟨Adj.⟩ بێجی *bêcî*

Beil *n* تەور *tewir*

Beilage *f* 1. پاشکۆ (ڕۆژنامە) *paşko (ṟojname)*; 2. پێخۆر *pêxor*

Beileid *n* هاوخەمی *hawxemî*

beiliegend ⟨Adj.⟩ (geh.) هاوپێچ *hawpêç*

beim kurz für: bei dem ⟨Präp. + Art.⟩ 1. لەلا(ی) *lela(y)*; 2. لەکاتی ...(دا) *lekatî ...(da)*; 3. لە *le*; **beim Lesen** لەکاتی خوێندنەوەدا *lekatî xwêndineweda*

Bein *n* لاق *laq*

beinahe ⟨Adv.⟩ وەختبوو *wextbû*; خەریکبوو *xerîkbû*

Beiname *m* نازناو *naznaw*

Beinbruch *m* لاقشکان *laqşikan*

beinhalten ⟨v.t.⟩ تێدا بوون *têda bûn*

Beipackzettel *m* کاغەزی ڕوونکاریی ناو پاکەتی داوودەرمان *ka̱xezî ṟûnkarîy naw paketî dawuderman*

beiseite ⟨Adv.⟩ لەلاوە *lelawe*

beisetzen ⟨v.t.⟩ بە خاک سپاردن *be xak sipardin*

Beisetzung *f* بەخاکسپاردن *bexaksipardin*

Beispiel *n* نموونە *nimûne*; **zum Beispiel** بۆ نموونە *bo nimûne*

beißen ⟨v.t.⟩ گاز گرتن *gaz girtin*

Beitrag *m* 1. بەشداری *beşdarî*; 2. ئابوونە *abûne*; 3. وتار *witar*

beitragen ⟨v.t./v.i.⟩ هاوبەشی کردن *hawbeşî kirdin*

beitreten ⟨v.t.⟩ چوونە ناو *çûne naw*

Beitritt *m* 1. بوونەئەندام *bûneendam*; 2. چوونەناو (یانە) *çûnenaw (yane)*

bejahen ⟨v.t.⟩ 1. بەڵێ وتن *be̱lê witin*; 2. ڕازی بوون *ṟazî bûn*

bekämpfen ⟨v.t.⟩ 1. دژایەتی کردن *dijayetî kirdin*; 2. لەناو بردن *lenaw birdin*

bekannt ⟨Adj.⟩ 1. ناسراو *nasraw*; 2. ناودار *nawdar*; 3. ناسیاو *nasyaw*; **etw. bekannt geben** ئاشکرا کردن

aşkira kirdin; **j-n mit j-m bekannt machen** بەیەکتری ناساندن *beyektirî nasandin*
Bekannte *f* w. Form zu ↑Bekannter
Bekannter *m* ناسیاو *nasyaw*
bekanntlich ⟨Adv.⟩ ئەوەی زانراوە *ewey zanirawe*
Bekanntmachung *f* 1. ئاشکراکردن *aşkirakirdin*; 2. بڵاوکراوە *bilawkirawe*; 3. بەیەکترناسین *beyektirînasîn*; 4. ئیعلان *î'lan*
Bekanntschaft *f* ناسیاوی *nasyawî*
bekennen I. ⟨v.t.⟩ دان پێدانان *dan pêdanan* **II.** ⟨v.refl.⟩ sich zu etw./j-m bekennen پێڕەوی کردن *pêrewî kirdin*
bekleiden ⟨v.t.⟩ جل لەبەر کردن *cil leber kirdin*
Bekleidung *f* جلوبەرگ *ciluberg*
bekommen I. ⟨v.t.⟩ 1. دەست کەوتن *dest kewtin*; 2. پێدان *pêdan* • was bekomme ich? چیم دەدەیتێ؟ **II.** ⟨v.i.⟩ پێکەوتن *pêkewtin*; تووش بوون *tûş bûn* • er bekam eine Krankheit نەخۆشییەکی تووش بووە
beladen ⟨v.t.⟩ بار لێنان *bar lênan*
belagern ⟨v.t.⟩ چواردەور گرتن *çiwardewir girtin*
Belagerung *f* چواردەورگرتن *çiwardewirgirtin*
belasten ⟨v.t.⟩ بار کردن *bar kirdin*
belästigen ⟨v.t.⟩ بێزار کردن *bêzar kirdin* • er hat mich mit seinen Fragen belästigt بە پرسیارەکانی بێزاری کردووم
Belästigung *f* بێزارکردن *bêzarkirdin*
Belastung *f* بارستایی *baristayî*
beleben ⟨v.t.⟩ بووژاندنەوە *bûjandinewe*
belebt ⟨Adj.⟩ زیندوو *zîndû*
belegen ⟨v.t.⟩ 1. داپۆشین *dapoşîn*; 2. سەلماندن *selmandin*; 3. گیران (شوێن) *gîran (şwên)*; 4. بەسەردا دان (سزا) *beserda dan (siza)*
belegt ⟨Adj.⟩ 1. گیراو *gîraw*; 2. مەشغووڵ (ئامێر) *meşxûl (amêr)* • im Hotel sind alle Zimmer belegt لە ئوتێلەکەدا هەموو ژوورەکان گیراون
belehren ⟨v.t.⟩ 1. فێر کردن *fêr kirdin*; 2. ئامۆژگاری کردن *amojgarî kirdin*
Belehrung *f* ئامۆژگاری *amojgarî*
beleidigen ⟨v.t.⟩ دڵ شکاندن *dil şikandin*
Beleidigung *f* دڵشکاندن *dilşikandin*
beleuchten ⟨v.t.⟩ داگیرساندن *dagîrsandin*
Beleuchtung *f* ڕووناککردنەوە *rûnakkirdinewe*
Belgien *n* بەلجیکا *Belcîka*
beliebig I. ⟨Adj.⟩ ئارەزوولێکردوو *arezûlêkirdû* **II.** ⟨Adv.⟩ بەئارەزوو *bearezû*
beliebt ⟨Adj.⟩ خۆشەویست *xoşewîst*
bellen ⟨v.i.⟩ وەڕین *werîn*
belohnen ⟨v.t.⟩ خەڵات کردن *xelat kirdin*
Belohnung *f* خەڵات *xelat*
bemerken ⟨v.t.⟩ دەرک پێکردن *derk pêkirdin*
bemerkenswert ⟨Adj.⟩ شایان *şayan*
Bemerkung *f* تێبینی *têbînî*
bemitleiden ⟨v.t.⟩ بەزەیی پێداهاتنەوە *bezeyî pêdahatinewe*
bemühen I. ⟨v.t.⟩ زەحمەت خستنە بەر *zehmet xistine ber* **II.** ⟨v.refl.⟩ sich bemühen هەوڵ دان *hewil dan*

B

Bemühung *f* هەوڵ *hewl*; هەوڵوکۆشش *hewlukoşiş*

benachbart ⟨Adj.⟩ دراوسێ *dirawsê*

benachrichtigen ⟨v.t.⟩ هەواڵ پێدان *hewal pêdan*

Benachrichtigung *f* ئاگاداری *agadarî*

benachteiligen ⟨v.t.⟩ کۆسپ هێنانە رێ *kosp hênane rê*

benachteiligt ⟨Adj.⟩ پشتگوێخراو *piştgwêxiraw*

Benachteiligung *f* زیان *ziyan*

benehmen ⟨v.refl.⟩ sich benehmen 1. هەڵسوکەوت کردن *helsukewt kirdin*; 2. بەرەوشت بوون *berewişt bûn*

Benehmen *n* هەڵسوکەوت *helsukewt*

beneiden ⟨v.t.⟩ حەسوودی پێبردن *hesûdî pêbirdin*

benötigen ⟨v.t.⟩ پێویستی پێبوون *pêwîstî pêbûn*

benutzen ⟨v.t.⟩ بەکار هێنان *bekar hênan*

Benutzer *m* بەکارهێنەر *bekarhêner*

benutzerfreundlich ⟨Adj.⟩ باشبەکاربر *başbekarbir*

Benutzerin *f* w. Form zu ↑Benutzer

Benutzung *f* بەکارهێنان *bekarhênan*

Benzin *n* بەنزین *benzîn*

Benzinkanister *m* گاڵۆنی بەنزین *galonî benzîn*

Benzintank *m* تانکیی بەنزین *tankîy benzîn*

beobachten ⟨v.t.⟩ 1. چاو لێبوون *çaw lêbûn*; 2. چاودێری کردن *çawdêrî kirdin*

Beobachter *m* چاودێر *çawdêr*

Beobachterin *f* w. Form zu ↑Beobachter

Beobachtung *f* چاودێری *çawdêrî*

bequem I. ⟨Adj.⟩ ڕەحەت *rehet*; گونجاو *guncaw*; لەبار *lebar* **II.** ⟨Adv.⟩ بەئاسانی *beasanî*

Bequemlichkeit *f* ئاسوودەیی *asûdeyî*

beraten ⟨v.t.⟩ ئامۆژگاری کردن *amojgarî kirdin*

Berater *m* ڕاوێژکەر *rawêjker*

Beraterin *f* w. Form zu ↑Berater

Beratung *f* ڕاوێژ *rawêj*; ڕاوێژکردن *rawêjkirdin*

berauben ⟨v.t.⟩ ڕووت کردنەوە *rût kirdinewe*

Berber *m* بەربەر *berber*

Berberin *f* w. Form zu ↑Berber

berechnen ⟨v.t.⟩ حسێب کردن *hisêb kirdin*

Berechnung *f* ژمێرە *jimêre*

berechtigt ⟨Adj.⟩ ڕەوا *rewa*

Bereich *m* 1. ناوچە *nawçe*; هەرێم *herêm*; 2. بوار *biwar*

bereichern I. ⟨v.t.⟩ دەوڵەمەند کردن *dewlemend kirdin* **II.** ⟨v.refl.⟩ sich bereichern خۆ دەوڵەمەند کردن *xo dewlemend kirdin*

bereit ⟨Adj.⟩ ئامادە *amade*; **bereit sein** ئامادە بوون *amade bûn*

bereits ⟨Adv.⟩ پێشینە *pêşîne*

Bereitschaftsdienst *m* خزمەتگوزاری *xizmetguzarî*

bereitstellen ⟨v.t.⟩ ئامادە کردن *amade kirdin*

Bereitstellung *f* ئامادەکردن *amadekirdin*

bereuen ⟨v.t.⟩ لێ پەشیمان بوونەوە *lê peşîman bûnewe*

Berg *m* چیا *çiya*; کێو *kêw*; شاخ *şax*

bergab ⟨Adv.⟩ سەربەرەولێژ *serberewlêj*
bergauf ⟨Adv.⟩ هەوراز *hewraz*
Bergbau *m* کانزاگەری *kanzagerî*
Bergbewohner *m* کێونشین *kêwnişîn*; چیانشین *çiyanişîn*
Bergbewohnerin *f* w. Form zu ↑Bergbewohner
bergen ⟨v.t.⟩ 1. ڕزگار کردن *rizgar kirdin*; 2. دەرهێنان *derhênan*
bergig ⟨Adj.⟩ شاخاوی *şaxawî*; چیایی *çiyayî*
bergsteigen ⟨v.i.⟩ بە کێودا هەڵگەڕان *be kêwda helgeran*
Bergsteigen *n* چیاوانی *çiyawanî*; شاخەوانی *şaxewanî*
Bergsteiger *m* شاخەوان *şaxewan*; کێوپێو *kêwpêw*; چیاوان *çiyawan*
Bergsteigerin *f* w. Form zu ↑Bergsteiger
Bergtour *f* گەشتوگوزار بە شاخوداخدا *geştuguzar be şaxudaxda*
Bergwerk *n* کانگە *kange*
Bericht *m* 1. ڕاپۆرت *raport*; 2. هەواڵنامە *hewalname*
berichten ⟨v.t.⟩ باس کردن *bas kirdin*; ڕاگەیاندن *rageyandin*
berichtigen ⟨v.t.⟩ ڕاست کردنەوە *rast kirdinewe*; هەڵەبژێر کردن *helebijêr kirdin*
Berichtigung *f* هەڵەبژێری *helebijêrî*; هەڵەبڕی *helebirî*
Berlin *n* بەرلین *Berlîn*
berüchtigt ⟨Adj.⟩ بەدناو *bednaw*
berücksichtigen ⟨v.t.⟩ ڕەچاو کردن *reçaw kirdin*
Beruf *m* پیشە *pîşe*; کار *kar*
beruflich ⟨Adj.⟩ پیشەیی *pîşeyî*
Berufsausbildung *f* فێرکردنی پیشەیی *fêrkirdinî pîşeyî*
Berufsschule *f* خوێندنگەی پیشەگەری *xwêndingey pîşegerî*
berufstätig ⟨Adj.⟩ پیشەگەر *pîşeger*; کاسب *kasib*
Berufsverkehr *m* هاتوچۆ لە کاتی دەستبەکارکردن و دەستلەکارکێشانەوەدا *hatuço le katî destbekarkirdin u destlekarkêşaneweda*
Berufung *f* 1. دانان *danan*; تەعینکردن *teʿînkirdin*; 2. پیاچوونەوە *piyaçûnewe*
beruhigen I. ⟨v.t.⟩ ژیر کردنەوە *jîr kirdinewe* **II.** ⟨v.refl.⟩ sich beruhigen دامرکانەوە *damirkanewe*; دڵ ئاو خواردنەوە *dil aw xiwardinewe*
beruhigend ⟨Adj.⟩ هێمنکەر *hêminker*
Beruhigung *f* دامرکاندنەوە *damirkandinewe*
Beruhigungsmittel *n* (Med.) دەرمانی هێمنکردنەوە *dermanî hêminkirdinewe*; موسەکین *musekîn*
berühmt ⟨Adj.⟩ ناودار *nawdar*
berühren ⟨v.t.⟩ دەست تێوەدان *dest têwedan*
Berührung *f* 1. دەستتێوەدان *desttêwedan*; 2. بەریەککەوتن *beryekkewtin*
Besatzer *m* داگیرکەر *dagîrker*
Besatzerin *f* w. Form zu ↑Besatzer
Besatzung *f* 1. دەستەی کاربەڕێوەبەری ناو فڕۆکە *destey karberêweberî naw firoke*; 2. داگیرکار *dagîrkar*
beschädigen ⟨v.t.⟩ زیان لێدان *ziyan lêdan*
Beschädigung *f* زیانلێدان *ziyanlêdan*

B

beschäftigen I. ⟨v.t.⟩ 1. کار پێکردن *kar pêkirdin;* 2. ڕاگرتن *ragirtin* **II.** ⟨v. refl.⟩ sich (mit etw.) beschäftigen خۆ خەریک کردن (بە) *xo xerîk kirdin (be)*

beschäftigt ⟨Adj.⟩ 1. خەریک *xerîk;* سەرقاڵ *serqal;* 2. دامەزراو *damezraw*

Beschäftigung *f* پیشە *pîşe;* کار *kar*

Bescheid *m* 1. ئاگادارکردنەوە *agadarkirdinewe;* 2. بڕیارپێڕاگەیاندن *biryarpêrageyandin;* **(in/über etw.) Bescheid wissen** ئاگا لێبوون *aga lêbûn;* **j-m Bescheid geben/sagen** پێڕاگەیاندن *pêrageyandin*

bescheiden ⟨Adj.⟩ 1. سادە *sade;* 2. بێفیز *bêfîz*

Bescheidenheit *f* 1. قەناعەت *qena'et;* 2. بێفیزی *bêfîzî;* سادەیی *sadeyî*

Bescheinigung *f* بڕوانامە *birwaname;* شەهادە *şehade*

bescheißen ⟨v.t.⟩ (vulg.) هەڵخەڵەتاندن *helxeletandin*

beschimpfen ⟨v.t.⟩ جنێو پێدان *cinêw pêdan*

Beschimpfung *f* جنێوپێدان *cinêwpêdan*

Beschlagnahme *f* دەستبەسەرداگرتن *destbeserdagirtin*

beschlagnahmen ⟨v.t.⟩ دەست بەسەردا گرتن *dest beserda girtin*

beschleunigen ⟨v.t.⟩ پەلە لێکردن *pele lêkirdin*

beschließen ⟨v.t.⟩ بڕیار دان *biryar dan*

Beschluss *m* بڕیار *biryar*

beschneiden ⟨v.t.⟩ 1. کورت کردنەوە *kurt kirdinewe;* لقوپۆپ کردن *liqupop kirdin;* 2. خەتەنە کردن *xetene kirdin*

Beschneidung *f* 1. کورتکردنەوە *kurtkirdinewe;* لقوپۆپکردن *liqupopkirdin;* 2. خەتەنەکردن *xetenekirdin*

beschränken ⟨v.t.⟩ سنوور بۆ دانان *sinûr bo danan*

beschränkt ⟨Adj.⟩ 1. دیاریکراو *diyarîkiraw;* 2. گەمژە *gemje*

Beschränkung *f* سنووربۆدانان *sinûrbodanan*

beschreiben ⟨v.t.⟩ پێناسە کردن *pênase kirdin*

Beschreibung *f* پێناسەکردن *pênasekirdin*

beschriften ⟨v.t.⟩ نووسین لەسەر *nûsîn leser*

Beschriftung *f* لەسەرنووسین *lesernûsîn*

beschuldigen ⟨v.t.⟩ تۆمەتبار کردن *tometbar kirdin*

Beschuldigung *f* تۆمەتبارکردن *tometbarkirdin*

beschützen ⟨v.t.⟩ پاراستن *parastin*

Beschwerde *f* شکات *şikat;* سکاڵا *sikala;* دەعوا *de'wa;* **Beschwerden** *pl.* (Med.) نارەحەتی *narehetî*

beschweren I. ⟨v.t.⟩ بار کردن *bar kirdin* **II.** ⟨v.refl.⟩ sich beschweren سکاڵا کردن *sikala kirdin;* شکات کردن *şikat kirdin*

beseitigen ⟨v.t.⟩ 1. لابردن *labirdin;* 2. بەسەردا زاڵ بوون *beserda zal bûn*

Beseitigung *f* لابردن *labirdin*

Besen *m* گسک *gisk*

besetzen ⟨v.t.⟩ 1. داگیر کردن *dagîr kirdin;* 2. وەرگرتن (وەزیفە، دەور) *wergirtin (wezîfe, dewir)*

besetzt ⟨Adj.⟩ گیراو *gîraw;* مەشغووڵ *meşx̱ûḻ*

Besetztzeichen *n* نیشانەی مەشغووڵبوون (تەلەفۆن) *nîşaney meşx̱ûḻbûn (telefon)*

Besetzung *f* داگیرکردن *dagîrkirdin*

besichtigen ⟨v.t.⟩ سەیر کردن *seyr kirdin*

Besichtigung *f* سەیرکردن *seyirkirdin*

besiegen ⟨v.t.⟩ زاڵ بوون بەسەر *zaḻ bûn beser*

Besiegte *f* w. Form zu ↑Besiegter

Besiegter *m* دۆڕاو *doṟaw*

Besitz *m* 1. سامان *saman;* 2. خاوەنێتی *xawenêtî*

besitzen ⟨v.t.⟩ هەبوون *hebûn*

Besitzer *m* خاوەن *xawen*

Besitzerin *f* w. Form zu ↑Besitzer

besondere(r, -s) ⟨Adj.⟩ تایبەتی *taybetî*

Besonderheit *f* تایبەتکاری *taybetkarî;* تایبەتمەندێتی *taybetmendêtî*

besonders ⟨Adv.⟩ بەتایبەتی *betaybetî*

besorgen ⟨v.t.⟩ مشوور خواردن *mişûr xiwardin*

besorgniserregend ⟨Adj.⟩ بەترس *betirs*

besorgt ⟨Adj.⟩ بەپەرۆش *beperoş;* نیگەران *nîgeran;* **(um etw./j-n) besorgt sein** نیگەران بوون *nîgeran bûn*

Besorgung *f* تەدارەک *tedarek;* **Besorgungen machen** پێداویستی کڕین *pêdawîstî kiṟîn*

besprechen ⟨v.t.⟩ گفتوگۆ لەسەر کردن *giftugo leser kirdin*

Besprechung *f* 1. گفتوگۆ *giftugo;* وتووێژ *wituwêj;* 2. ڕاوێژکردن *ṟawêjkirdin*

besser ⟨Adj.⟩ 1. باشتر *baştir;* 2. خۆشتر *xoştir;* 3. چاکتر *çaktir*

bessern I. ⟨v.t.⟩ چاک کردنەوە *çak kirdinewe* **II.** ⟨v.refl.⟩ sich bessern خۆ چاک کردنەوە *xo çak kirdinewe;* چاک بوونەوە *çak bûnewe*

Besserung *f* چاکبوونەوە *çakbûnewe* • gute Besserung! شفاتان بێ!

Bestand *m* ماوە *mawe*

beständig ⟨Adj.⟩ 1. بەردەوام *berdewam;* 2. جێگیر *cêgîr*

Bestandteil *m* بەشێک لە *beşêk le*

bestätigen ⟨v.t.⟩ دان پێدانان *dan pêdanan;* سەلماندن *selmandin*

Bestätigung *f* دانپیادانان *danpiyadanan;* سەلماندن *selmandin*

bestatten ⟨v.t.⟩ بە خاک سپاردن *be xak sipardin*

Bestattung *f* مردووناشتن *mirdûnaştin;* بەخاکسپاردن *bexaksipardin*

beste(r, -s) ⟨Adj.⟩ 1. باشترین *baştirîn;* 2. خۆشترین *xoştirîn;* 3. چاکترین *çaktirîn;* **am besten** لە باشترین باردا *le baştirîn barda*

bestechen ⟨v.t.⟩ بەرتیل پێدان *bertîl pêdan*

bestechlich ⟨Adj.⟩ بەرتیلخۆر *bertîlxor*

Bestechung *f* بەرتیل *bertîl*

Besteck *n* کەوچک و چەتاڵ و چەقۆ *kewçik u çetaḻ u çeqo*

bestehen I. ⟨v.t.⟩ دەرچوون (لە تاقیکردنەوە) *derçûn (le taqîkirdinewe)* **II.** ⟨v.i.⟩ 1. هەبوون *hebûn;* لە ئارادا بوون *le arada bûn;* 2. پێکهاتن لە *pêkhatin le;* 3. سوور بوون *sûr bûn;* **auf etw. bestehen** سوور بوون لەسەر *sûr bûn leser;* **aus etw. bestehen** بریتی بوون لە *birîtî bûn le*

B

bestellen ⟨v.t.⟩ 1. داوا کردن *dawa kirdin;* 2. حیجز کردن *h̲îciz kirdin*

Bestellnummer *f* ژمارەی داواکردە *jimarey dawakirde*

Bestellschein *m* کاغەزی داواکردن *kax̲ezî dawakirdin*

Bestellung *f* داواکردن *dawakirdin;* حیجزکردن *h̲îcizkirdin*

bestimmen ⟨v.t.⟩ 1. دیاری کردن *diyarî kirdin;* 2. بڕیار لەسەر دان *bir̲yar leser dan*

bestimmt I. ⟨Adj.⟩ دیاریکراو *diyarîkiraw* **II.** ⟨Adv.⟩ بێگومان *bêguman*

Bestimmung *f* مەرج *merc;* شەرت *şert*

bestrafen ⟨v.t.⟩ 1. سزا دان *siza dan;* 2. جەزا دان *ceza dan*

Bestrafung *f* سزا *siza;* جەزا *ceza*

Bestrahlung *f* 1. تیشکلێدان *tîşklêdan;* 2. (Med.) چارەسەرکردنبەتیشک *çareserkirdinbetîşk*

Bestseller *m* پڕفرۆشترینکتێب *pir̲firoştirînkitêb*

bestürzen ⟨v.t.⟩ سەر لێشێواندن *ser lêşêwandin*

bestürzt ⟨Adj.⟩ سەرلێشێواو *serlêşêwaw*

Besuch *m* دیدەنی *dîdenî;* سەردان *serdan*

besuchen ⟨v.t.⟩ سەر لێدان *ser lêdan;* دیدەنی کردن *dîdenî kirdin*

Besucher *m* میوان *mîwan*

Besucherin *f* w. Form zu ↑Besucher

Besuchszeit *f* کاتی سەرلێدان *katî serlêdan*

betätigen ⟨v.t.⟩ خستنە گەڕ *xistine ger̲*

beteiligen I. ⟨v.t.⟩ بەشداری پێکردن *beşdarî pêkirdin* **II.** ⟨v.refl.⟩ sich an etw. beteiligen بەشدار بوون لە *beşdar bûn le*

beteiligt ⟨Adj.⟩ بەشدار *beşdar;* **an etw. beteiligt sein** بەشدار بوون لە *beşdar bûn le*

Beteiligung *f* بەشداری *beşdarî;* بەشداریکردن *beşdarîkirdin*

beten ⟨v.i.⟩ 1. نوێژ کردن *nwêj kirdin;* 2. دوعا کردن *doʿa kirdin*

betonen ⟨v.t.⟩ 1. دان پیادانان *dan piyadanan;* 2. جەخت لەسەر کردن *cext leser kirdin*

Betonung *f* 1. (Ling.) ئەکسێنت *eksênt;* هێز *hêz;* 2. دڵنیاکردن *dil̲niyakirdin*

Betracht *m* ڕەچاوکردن *r̲eçawkirdin;* **etw./j-n in Betracht ziehen** ڕەچاو کردن *r̲eçaw kirdin;* **nicht in Betracht kommen** جێ باس نەبوون *cê bas nebûn*

betrachten ⟨v.t.⟩ 1. تێڕوانین *têr̲iwanîn;* 2. تێڕامان *têr̲aman;* **j-n als etw. betrachten** وا دانان *wa danan*

beträchtlich ⟨Adj.⟩ 1. گەورە *gewre;* 2. زۆر *zor*

Betrachtung *f* 1. تێڕوانین *têr̲iwanîn;* 2. لێوردبوونەوە *lêwirdbûnewe*

Betrag *m* بڕەپارە *bir̲epare*

betragen ⟨v.t.⟩ 1. بوون *bûn;* 2. کردنە *kirdine*

betreffen ⟨v.t.⟩ پەیوەندی پێوەبوون *peywendî pêwebûn*

[1]**betreffend** ⟨Adj.⟩ پەیوەنددار *peywenddar*

[2]**betreffend** ⟨Präp.⟩ لە بابەت ...(ە)وە *le babet …(e)we;* دەربارە *derbare*

betreiben ⟨v.t.⟩ 1. خۆ خەریک کردن

لەگەڵ *xo xerîk kirdin legel*; 2. بەرێوە بردن *berêwe birdin*
betreten ⟨v.t.⟩ 1. چوونە ناوەوە *çûne nawewe*; 2. پێ پیانان *pê piyanan* • Betreten verboten! چوونەناوەوە قەدەغەیە!
betreuen ⟨v.t.⟩ خزمەت کردن *xizmet kirdin*; سەرپەرشتی کردن *serperiştî kirdin*
Betreuung *f* چاودێری *çawdêrî*; سەرپەرشتی *serperiştî*
Betrieb *m* 1. کارگە *karge*; کارخانە *karxane*; 2. دامودەزگە *damudezge* • die Maschine ist außer Betrieb مەکینەکە لە کار کەوتووە; **in Betrieb sein** لە کاردا بوون *le karda bûn*
Betriebsrat *m* ئەنجومەنی کارکەران *encumenî karkeran*
Betriebssystem *n* (EDV) سستێمی کارکردن *sistêmî karkirdin*
betrinken ⟨v.refl.⟩ sich betrinken خۆ سەرخۆش کردن *xo serxoş kirdin*
betroffen ⟨Adj.⟩ دووچار *dûçar*; پێکراو *pêkraw*
Betrug *m* فێڵ *fêl*; گزی *gizî*; فریودان *firîwdan*
betrügen ⟨v.t.⟩ فێڵ لێکردن *fêl lêkirdin*; هەڵخەڵەتاندن *helxeletandin*
Betrüger *m* فێڵباز *fêlbaz*; قۆڵبڕ *qolbir*
Betrügerin *f* w. Form zu ↑Betrüger
betrunken ⟨Adj.⟩ سەرخۆش *serxoş*; مەست *mest*
Bett *n* جێگە *cêge*; تەختەی نووستن *textey nûstin*; **ins/zu Bett gehen** چوونە ناو جێگاوە *çûne naw cêgawe*
Bettbezug *m* بەرگی لێفە و سەرین *bergî lêfe w serîn*
Bettdecke *f* پەتۆ *peto*; لێفە *lêfe*
betteln ⟨v.i.⟩ سواڵ کردن *siwal kirdin*
Bettlaken *n* سەردۆشەک *serdoşek*; چەرچەف *çerçef*
Bettler *m* سواڵکەر *siwalker*
Bettlerin *f* w. Form zu ↑Bettler
Bettwäsche *f* بەرگی پشتی و لێفە *bergî piştî w lêfe*
beugen ⟨v.t.⟩ 1. چەماندنەوە *çemandinewe*; 2. (Gr.) گەردان کردن *gerdan kirdin*
Beule *f* 1. گرێ *girê*; 2. قوپاوی *qupawî*
beunruhigen ⟨v.t.⟩ بێزار کردن *bêzar kirdin*; هەراسان کردن *herasan kirdin*
beurteilen ⟨v.t.⟩ 1. حوکم دان *hukim dan*; 2. هەڵسەنگاندن *helsengandin*
Beurteilung *f* 1. حوکم *hukim*; 2. هەڵسەنگاندن *helsengandin*
Beute *f* 1. تاڵانی *talanî*; 2. نێچیر *nêçîr*
Beutel *m* چارۆکە *çaroke*; کیس *kîs*
Bevölkerung *f* دانیشتوان *danîştiwan*
bevor ⟨Konj.⟩ بەرلەوەی *berlewey*
bevorstehen ⟨v.i.⟩ لەبەر بوون *leber bûn*
bevorzugen ⟨v.t.⟩ 1. پشتگیری کردن *piştgîrî kirdin*; 2. پەسەند کردن *pesend kirdin*
bewachen ⟨v.t.⟩ 1. چاودێری کردن *çawdêrî kirdin*; 2. پاسەوانی کردن *pasewanî kirdin*
bewaffnen ⟨v.t.⟩ چەکدار کردن *çekdar kirdin*
bewaffnet ⟨Adj.⟩ چەکدار *çekdar*
bewahren ⟨v.t.⟩ پاراستن *parastin*
bewältigen ⟨v.t.⟩ بەسەردا زاڵ بوون *beserda zal bûn*
bewässern ⟨v.t.⟩ ئاو دان *aw dan*

Bewässerung *f* ئاودان *awdan*
bewegen I. ⟨v.t.⟩ جووڵاندن *cûlandin* **II.** ⟨v.refl.⟩ sich bewegen خۆ جووڵانەوە *xo cûlanewe;* بزووتن *bizûtin*
beweglich ⟨Adj.⟩ بزێو *bizêw*
Bewegung *f* بزووتنەوە *bizûtinewe*
Beweis *m* بەڵگە *belge*
beweisen ⟨v.t.⟩ سەلماندن *selmandin;* ئیسپات کردن *îspat kirdin*
bewerben I. ⟨v.t.⟩ داواکاری پێشکەش کردن *dawakarî pêşkeş kirdin* **II.** ⟨v. refl.⟩ sich bewerben (um/als) داخوازی پێشکەش کردن بۆ *daxwazî pêşkeş kirdin bo*
Bewerber *m* داواخواز *dawaxiwaz*
Bewerberin *f* w. Form zu ↑Bewerber
Bewerbung *f* 1. داواخوازی *dawaxiwazî;* 2. داخوازنامە *daxiwazname*
bewerten ⟨v.t.⟩ هەڵسەنگاندن *helsengandin*
Bewertung *f* هەڵسەنگاندن *helsengandin*
bewilligen ⟨v.t.⟩ پەسەند کردن *pesend kirdin*
bewirken ⟨v.t.⟩ هێنانە ئەنجام *hênane encam*
bewirten ⟨v.t.⟩ میوانداری کردن *mîwandarî kirdin*
bewirtschaften ⟨v.t.⟩ 1. چاندن *çandin;* 2. بەڕێوە بردن *berêwe birdin*
bewohnen ⟨v.t.⟩ جێنشین بوون *cênişîn bûn*
Bewohner *m* دانیشتوو *danîştû*
Bewohnerin *f* w. Form zu ↑Bewohner
bewölkt ⟨Adj.⟩ هەوراوی *hewrawî*
bewundern ⟨v.t.⟩ پێ سەرسام بوون *pê sersam bûn*
bewundernswert ⟨Adj.⟩ شیرینکار *şîrînkar;* نایاب *nayab*
Bewunderung *f* پێسەرسامبوون *pêsersambûn*
bewusst ⟨Adj.⟩ هۆشیار *hoşyar;* وشیار *wişyar;* **sich (einer Sache) bewusst sein/werden** 1. ئاگادار بوون لێی *agadar bûn lêy;* 2. هۆش لەلای خۆ بوون *hoş lelay xo bûn*
bewusstlos ⟨Adj.⟩ بێهۆش *bêhoş*
Bewusstlosigkeit *f* بێهۆشی *bêhoşî*
Bewusstsein *n* هۆشیاری *hoşyarî;* وشیاری *wişyarî;* **das Bewusstsein verlieren** لە هۆش خۆ چوون *le hoş xo çûn;* **das Bewusstsein wiedererlangen** هاتنەوە هۆش خۆ *hatinewe hoş xo*
bezahlen ⟨v.t.⟩ پارە دان *pare dan*
Bezahlung *f* پارەدان *paredan*
bezaubern ⟨v.t.⟩ 1. سیحر لێکردن *sîhir lêkirdin;* 2. دڵ ڕفاندن *dil rifandin*
bezaubernd ⟨Adj.⟩ سیحرئامێز *sîhiramêz;* دڵبەر *dilber*
bezeichnen ⟨v.t.⟩ نیشانە کردن *nîşane kirdin*
Bezeichnung *f* دەستنیشانکردن *destnîşankirdin*
beziehen I. ⟨v.t.⟩ 1. تێهەڵکێشان *têhelkêşan;* 2. (خانوو) چوونە ناو *çûne naw (xanû);* 3. (وەزیفە، پارە) وەرگرتن *wergirtin (wezîfe, pare);* 4. بەشداری کردن لە (ڕۆژنامە) *beşdarî kirdin le (rojname)* **II.** ⟨v.refl.⟩ sich auf etw./

j-n beziehen ئاماژە کردن بە *amaje kirdin be*
Beziehung *f* پێوەندی *pêwendî*
beziehungsweise ⟨Konj.⟩ یا *ya*
Bezirk *m* 1. شارۆچکە *şaroçke*; 2. ناوچە *nawçe*; دەڤەر *dever*
Bezug *m* 1. پێوەندی *pêwendî*; 2. بەرگ *berg*; **in Bezug darauf** لەوبارەوە *lewbarewe*
bezüglich ⟨Präp.⟩ دەربارەی *derbarey*; بەپێی *bepêy*
bezweifeln ⟨v.t.⟩ گومان لێکردن *guman lêkirdin*
BH *m* Abk. von ↑Büstenhalter (ugs.) سوخمەی مەمک *suxmey memik*
Bibel *f* (christl.) تەورات و ئینجیل *tewrat u încîl*; کتێبی پیرۆز *kitêbî pîroz*
Bibliothek *f* کتێبخانە *kitêbxane*
biegen ⟨v.t.⟩ چەماندنەوە *çemandinewe*
Biegung *f* چەمانەوە *çemanewe*
Biene *f* (Zool.) مێشهەنگوین *mêşhengwîn*; هەنگ *heng*
Bier *n* ئاویجۆ *awîco*; بیرە *bîre*; **Bier vom Fass** بیرەی پیپ *bîrey pîp*
Biergarten *m* باخچەی بیرەلێخواردنەوە *baxçey bîrelêxiwardinewe*
bieten ⟨v.t.⟩ پێشکەش کردن *pêşkeş kirdin*
Bikini *m* دەرپێ و سوخمەی مەلە *derpê w suxmey mele*; بیکینی *bîkînî*
Bilanz *f* 1. (Wirtsch.) هاوتایی *hawtayî*; 2. (Wirtsch.) میزانییە *mîzanîye*; 3. سەرئەنجام *serencam*
Bild *n* وێنە *wêne*; نیگار *nîgar*
bilden ⟨v.t.⟩ دروست کردن *dirust kirdin*
Bilderbuch *n* کتێبی وێنەدار *kitêbî wênedar*
Bilderrahmen *m* چوارچێوەی وێنە *çiwarçêwey wêne*
Bildhauer *m* پەیکەرتاش *peykertaş*
Bildhauerin *f* w. Form zu ↑Bildhauer
Bildschirm *m* شاشە *şaşe*
Bildung *f* 1. پێکهێنان *pêkhênan*; 2. ڕۆشنبیری *r̲oşinbîrî*; 3. پەروەردە *perwerde*
Billard *n* بلیارد *bilyard*
billig ⟨Adj.⟩ هەرزان *herzan*
billigen ⟨v.t.⟩ پەسەند کردن *pesend kirdin*
Billion *f* بلیۆن *bilyon*
Binde *f* بەستەر *bester*; لەفاف *lefaf*
Bindehautentzündung *f* (Med.) باسرمە *basirme*; هەوکردنی نەرمایی چاو *hewkirdinî nermayîy çaw*
binden ⟨v.t.⟩ بەستن *bestin*
Bindestrich *m* نیشانەی تەقەڵ *nîşaney teqel̲*
Bindewort *n* (Gr.) ئامرازی پێبەستن *amrazî pêbestin*
Bindfaden *m* تاڵەدەزوو *tal̲edezû*
Bindung *f* 1. پێکەوەبەستن *pêkewebestin*; 2. (کتێب) بەرگتێگرتن *bergtêgirtin (kitêb)*
bio-, Bio- ⟨Präfix⟩ 1. بیۆ *biyo*; 2. عوزوی *ʿuzwî*
Biologie *f* زیندەوەرزانی *zîndewerzanî*
biologisch ⟨Adj.⟩ زیندەوەرزانی *zîndewerzanî*
Bioprodukt *n* بەروبوومی بیۆ *berubûmî biyo*
Birne *f* 1. هەرمێ *hermê*; 2. گڵۆپ *gil̲op*;

B

3. (ugs.) کەللەسەر *kelleser*
bis ⟨Präp.⟩ تا *ta;* تاوەکو *taweku* • bis gleich! تا تاوێکی ترا! ; **bis wann** تا کەی *ta key;* **von ... bis** لە... تا *le... ta*
Bischof *m* (christl.) مەتران *metran*
bisher ⟨Adv.⟩ تا ئێستا *ta êsta*
Biss *m* 1. گاز *gaz;* قەپاڵ *qepal;* 2. لوقمە *luqme*
bisschen ⟨Pron.⟩; **ein bisschen** تۆزێ *tozê;* تۆزێک *tozêk;* **kein bisschen** هیچ *hîç*
bissig ⟨Adj.⟩ گازگر *gazgir*
bitte ⟨Adv.⟩ تکایە *tikaye* • bitte sehr! تکایە فەرموو! ; wie bitte? چیت چی؟؛ وت؟؛ چیتان وت؟
Bitte *f* تکا *tika*
bitten ⟨v.t.⟩ 1. تکا لێکردن *tika lêkirdin;* 2. فەرموو لێکردن *fermû lêkirdin;* **j-n um etw. bitten** 1. تکا لێکردن *tika lêkirdin;* 2. داوا لێکردن *dawa lêkirdin*
bitter ⟨Adj.⟩ تاڵ *tal*
blähen I. ⟨v.t.⟩ فوو تێکردن *fû têkirdin* **II.** ⟨v.refl.⟩ sich blähen با تێچوون *ba têçûn;* خۆ گیڤ کردنەوە *xo gîv kirdinewe*
Blähung *f* باوبژە *bawbije*
Blamage *f* ڕیسوایی *rîswayî*
blamieren I. ⟨v.t.⟩ ڕیسوا کردن *rîswa kirdin* **II.** ⟨v.refl.⟩ sich blamieren ئابڕووی خۆ بردن *abrûy xo birdin*
blank ⟨Adj.⟩ 1. بریسکەدار *birîskedar;* 2. خاوێن *xawên;* 3. (ugs.) بێپارە *bêpare*
Blase *f* 1. بلق *bilq;* 2. میزەڵدان *mîzeldan*
blasen ⟨v.i.⟩ هەڵکردن (با) *helkirdin (ba)*
Blasenentzündung *f* (Med.) ئیلتیهابی میزەڵدان *îltîhabî mîzeldan*
Blasinstrument *n* (Mus.) ئامێری فوو *amêrî fû*
blass ⟨Adj.⟩ ڕەنگپەڕیو *rengperîw*
Blatt *n* 1. گەڵا *gela;* 2. پەڕە *pere;* 3. ڕۆژنامە *rojname*
blättern I. ⟨v.i.⟩ پەڕە هەڵدانەوە *pere heldanewe* **II.** ⟨v.t.⟩ لەسەر دانان (پارە) *leser danan (pare)*
Blätterteig *m* هەویری تەنککراوە(، کە بۆ پاقلاوە یا کاهی دەشێ) *hewîrî tenikkirawe(, ke bo paqlawe ya kahî deşê)*
Blattlaus *f* (Zool.) سن *sin*
blau ⟨Adj.⟩ شین *şîn;* **blauer Fleck** (Med.) پەڵەی شین (بە لەشەوە) *peley şîn (be leşewe)*
blauäugig ⟨Adj.⟩ 1. چاوشین *çawşîn;* 2. (üb.) ساویلکە *sawîlke*
Blech *n* 1. تەنەکە *teneke;* 2. سینی *sînî*
Blechschaden *m* زیان بە بۆنیتی ئوتومبێل گەیشتن *ziyan be bonîtî utumbêl geyiştin*
Blei *n* (Chem.) قوڕقوشم *qurquşim*
Bleibe *f* داڵدە *dalde*
bleiben ⟨v.i.⟩ مانەوە *manewe* • bitte bleiben Sie am Apparat! تکایە لەسەر تەلەفۆنەکە بمێننەوە! ; er bleibt im Amt لەسەر وەزیفەکەی دەمێنێتەوە ; es bleibt dabei! هەر ئەوە دەکەین، کە لەسەری ڕێک کەوتووین!
bleich ⟨Adj.⟩ زەردهەڵگەڕاو *zerdhelgeraw*
bleifrei ⟨Adj.⟩ بێقوڕقوشم (بەنزین) *bêqurquşim (benzîn);* **bleifreies Benzin** بەنزینی بێقوڕقوشم *benzînî bêqurquşim*
Bleistift *m* پێنووسی ڕەش *pênûsî reş;* قەڵەمی ڕەش *qelemî reş*

Bleistiftanspitzer *m* قەڵەمدادەن *qe<u>l</u>emdaden*
Blende *f* (Fot.) پەردە *perde*
blenden ⟨v.t.⟩ کوێر کردن *kwêr kirdin;* بەشەوارە خستن *beşeware xistin*
Blick *m* سەرنج *serinc*
blicken ⟨v.i.⟩ ڕوانین *<u>r</u>iwanîn;* سەرنج دان *serinc dan;* **sich blicken lassen** خۆ دەرخستنەوە *xo derxistinewe;* بینینەوە *bînînewe*
blind ⟨Adj.⟩ کوێر *kwêr;* نابینا *nabîna*
Blinddarm *m* ڕیخۆڵەکوێرە *<u>r</u>îxo<u>l</u>ekwêre*
Blinddarmentzündung *f* (Med.) ئیلتیهابی ڕیخۆڵەکوێرە *îltîhabî <u>r</u>îxo<u>l</u>ekwêre*
Blinde *f* w. Form zu ↑Blinder
Blinder *m* کوێر *kwêr*
blinken ⟨v.i.⟩ ئیشارەت دان *îşaret dan*
Blinker *m* ئیشارەتی ئوتومبێل *îşaretî utumbêl*
Blitz *m* 1. چەخماخە *çexmaxe;* هەورەتریشقە *hewretirîşqe;* 2. (Fot.) فلاش *filaş;* **Blitz und Donner** هەور و هەورەتریشقە *hewr u hewretirîşqe*
blitzen ⟨v.i.⟩ هەورەتریشقە دان *hewretirîşqe dan* • es blitzt هەورەتریشقە دەدا
Blitzlicht *n* فلاش *filaş*
Blitzschlag *m* هەورەبروسکە *hewrebiruske*
Block *m* 1. پارچەیەکی پتەوی تەخت (تەختە، بەرد ...) *parçeyekî pitewî text (texte, berd ...);* 2. (Pol.) بەرە *bere;* 3. ڕیز (خانوو، ...) *<u>r</u>îz (xanû, ...);* 4. دەستە (پوول، بلیت) *deste (pûl, bilît)*
Blockade *f* گەمارۆدان *gemarodan*
blockfrei ⟨Adj.⟩ (Pol.) بێلایەن *bêluyen*
blockieren ⟨v.t.⟩ ڕێ لێگرتن *<u>r</u>ê lêgirtin*
blöd(e) ⟨Adj.⟩ گەوج *gewc;* دەبەنگ *debeng;* بڵح *bi<u>l</u><u>h</u>*
Blödsinn *m* کەودەنی *kewdenî;* کەرێتی *kerêtî*
blödsinnig ⟨Adj.⟩ دەبەنگ *debeng;* گەمژە *gemje;* کەودەن *kewden*
blond ⟨Adj.⟩ قژکاڵ *qijka<u>l</u>;* قژزەرد *qijzerd*
bloß I. ⟨Adj.⟩ پەتی *petî* **II.** ⟨Adv.⟩ 1. بەتەنیا *betenya;* 2. بەڵام *be<u>l</u>am*
bloßstellen ⟨v.t.⟩ ڕیسوا کردن *<u>r</u>îswa kirdin;* ناو زڕاندن *naw zi<u>r</u>andin*
blühen ⟨v.i.⟩ 1. چرۆ کردن *çiro kirdin;* 2. (üb.) ئاوا بوون *awa bûn;* 3. گەشکە کردن *geşke kirdin*
Blume *f* گوڵ *gu<u>l</u>*
Blumengeschäft *n* دوکانی گوڵفرۆش *dukanî gu<u>l</u>firoş*
Blumenkohl *m* قڕنابیت *qi<u>r</u>nabît*
Blumenkranz *m* تاجەگوڵینە *tacegu<u>l</u>îne*
Blumenladen *m* دوکانی گوڵفرۆش *dukanî gu<u>l</u>firoş*
Blumenstrauß *m* چەپکەگوڵ *çepkegu<u>l</u>*
Blumentopf *m* ئینجانەی گوڵ *încaney gu<u>l</u>*
Blumenvase *f* گوڵدان *gu<u>l</u>dan*
Bluse *f* بلووز *bilûz*
Blut *n* خوێن *xwên;* **j-m Blut abnehmen/abzapfen** (Med.) خوێن لێوەرگرتن *xwên lêwergirtin*
Blutabnahme *f* (Med.) خوێنلێوەرگرتن *xwênlêwergirtin*
Blutdruck *m* (Med.) تەوژمی خوێن *tewjimî xwên*
blutdürstig ⟨Adj.⟩ بەخوێنتینوو *bexwêntînû*
Blüte *f* 1. (Bot.) شکۆفە *şikofe;* 2. (Bot.)

پشکووتن *pişkûtin*
Blutegel *m* (Zool.) زەروو *zerû*
bluten ⟨v.i.⟩ خوێن لێهاتن *xwên lêhatin*
Bluterguss *m* (Med.) بازرەقە *bazreqe*
Blutgruppe *f* (Med.) گرووپی خوێن *grupî xwên*
blutig ⟨Adj.⟩ خوێناوی *xwênawî*
Blutkonserve *f* (Med.) خوێنی ئامادەکراو بۆ خوێنگواستنەوە *xwênî amadekiraw bo xwêngiwastinewe*
Blutprobe *f* (Med.) خوێنفەحسکردن *xwênfeẖiskirdin*
Blutspende *f* (Med.) خوێنبەخشین *xwênbexşîn*
blutstillend ⟨Adj.⟩ (Med.) خوێنبەند *xwênbend*
Bluttransfusion *f* (Med.) خوێنگواستنەوە *xwêngiwastinewe*
Blutung *f* (Med.) خوێنبەربوون *xwênberbûn*
Blutuntersuchung *f* (Med.) خوێنفەحسکردن *xwênfeẖiskirdin*
Blutvergiftung *f* (Med.) خوێنژەهراویبوون *xwênjehrawîbûn*
Boden *m* 1. زەوی *zewî*; 2. زەمینە *zemîne*
bodenlos **I.** ⟨Adj.⟩ بێبن *bêbin* **II.** ⟨Adv.⟩ زۆر *zor*
Bodenschätze *pl.* سامانی سروشتی *samanî siruştî*
Body *m* لەش *leş*
Bodybuilding *n* لەشجوانی *leşciwanî*
Bogen *m* کەوان *kewan*
Bohne *f* فاسۆلیا *fasolya*; **große Bohne** پاقلە *paqle*; **grüne Bohne** فاسۆلیای تەڕ *fasolyay teṟ*; **weiße Bohne** فاسۆلیای وشک *fasolyay wişk*
bohren ⟨v.t.⟩ کون کردن *kun kirdin*; هەڵکۆڵین *heḻkoḻîn*
Bohrer *m* کونکەرە *kunkere*
Bohrmaschine *f* مەکینەی کونکەر *mekîney kunker*
Boiler *m* بۆیلەر *boyler*; کوڵێنەر *kuḻêner*
bombardieren ⟨v.t.⟩ بۆردومان کردن *borduman kirdin*
Bombe *f* بۆمبا *bomba*
Bon *m* بۆن *bon*; پسوڵەی قاسە *pisuḻey qase*
Bonbon *n* نوقوڵ *nuquḻ*
Boot *n* بەلەم *belem*
Bootsverleih *m* بەلەمبەکرێدەر *belembekrêder*
Bord *m* 1. سەرپاپۆڕ *serpapoṟ*; 2. ناوفڕۆکە *nawfiṟoke*; **an Bord gehen** سواری کەشتی یا فڕۆکە بوون *siwarî keştî ya fiṟoke bûn*
Bordell *n* قەحبەخانە *qeẖbexane*
Bordkarte *f* بۆردینگ کارت *bordîng kart*; کارتی چوونە ناو فڕۆکەوە *kartî çûne naw fiṟokewe*
borgen ⟨v.t.⟩ 1. بە قەرز دان *be qerz dan*; 2. قەرز کردن *qerz kirdin*; **j-m etw. borgen** قەرز پێدان *qerz pêdan*; **sich etw. bei/von j-m borgen** قەرز وەرگرتن *qerz wergirtin*
Börse *f* (Wirtsch.) بۆرسە *borse*
Börsenkurs *m* (Wirtsch.) کۆرسی بۆرسە *korsî borse*
bösartig ⟨Adj.⟩ 1. بەدخوو *bedxû*; 2. گران (نەخۆشی) *giran (nexoşî)*
Böschung *f* لێژگە *lêjge*
böse ⟨Adj.⟩ تووڕە *tûṟe*; ڕووگرژ *ṟûgirj*; **böser Blick** چاوپیسی *çawpîsî*; **j-n böse machen** تووڕە کردن *tûṟe kirdin*

Boss *m* سەرۆک *serok*
böswillig ⟨Adj.⟩ بەدنیاز *bedniyaz*
Botanik *f* زانستیی ڕووەک *zanistîy ṟuwek*
Botaniker *m* ڕووەکناس *ṟuweknas*
Botanikerin *f* w. Form zu ↑Botaniker
botanisch ⟨Adj.⟩ 1. ڕووەکی *ṟuwekî*; 2. گیاناسی *giyanasî*; **botanischer Garten** باخچەی ڕووەکان *baxçey ṟuwekan*
Bote *m* 1. نامەبەر *nameber*; 2. نێرراو *nêrraw*
Botin *f* w. Form zu ↑Bote
Botschaft *f* 1. باڵیۆزخانە *baḻyozxane*; سەفارەت *sefaret*; 2. پەیام *peyam*
Botschafter *m* 1. باڵیۆز *baḻyoz*; سەفیر *sefîr*; 2. پەیامبەر *peyamber*
Botschafterin *f* w. Form zu ↑Botschafter
Box *f* سندووق *sindûq*
boxen ⟨v.i.⟩ مستێن *mistên*
Boxen *n* (Sp.) مستانێ *mistanê*
Boxershorts *pl.* دەرپێی بۆکسێن *derpêy boksên*
Boxkampf *m* (Sp.) شەڕەبۆکس *şeṟebokis*
Boykott *m* هاوبەشینەکردن *hawbeşînekirdin*
boykottieren ⟨v.t.⟩ ڕێ لێگرتن لە *ṟê lêgirtin le*
Branche *f* (لە کاروکاسپیدا) بەش *beş (le karukaspîda)*
Brand *m* 1. ئاگر *agir*; 2. سووتان *sûtan*
Brandsalbe *f* (Med.) مەڵحەمی سووتاوی *meḻhemî sûtawî*
braten ⟨v.t.⟩ (Kochk.) سوور کردنەوە *sûr kirdinewe*
Brathähnchen *n* باڕۆکەی سوورەوەکراو *baṟokey sûrewekiraw*
Bratkartoffeln *pl.* پەتاتەی سوورەوەکراو *petatey sûrewekiraw*
Bratpfanne *f* تاوە *tawe*
Bratwurst *f* سۆسەجی سوورکراوە *soseçî sûrkirawe*
Brauch *m* نەریت *nerît*; عورفوعادەت *ʿurfuʿadet*
brauchbar ⟨Adj.⟩ شیاو *şiyaw*
brauchen ⟨v.t.⟩ 1. ویستن *wîstin*; 2. پێویستی پێبوون *pêwîstî pêbûn*
brauen ⟨v.t.⟩ بیرە ترشاندن *bîre tirşandin*
Brauerei *f* کارخانەی ئاوی جۆ *karxaney awî co*
braun ⟨Adj.⟩ قاوەیی *qaweyî*
bräunen **I.** ⟨v.t.⟩ قاوەیی کردن (پێست) *qaweyî kirdin (pêst)* **II.** ⟨v.i.⟩ قاوەیی بوون *qaweyî bûn*
Braut *f* بووک *bûk*
Bräutigam *m* زاوا *zawa*
Brautpaar *n* بووکوزاوا *bûkuzawa*
brav ⟨Adj.⟩ باش *baş*; خۆشڕەوتار *xoşṟewtar*
bravo ⟨Int.⟩ ئافەرین *aferîn*
BRD *f* Abk. von ↑Bundesrepublik Deutschland (↑Bundesrepublik) (Pol.) کۆماری ئەڵمانیای یەکگرتوو *Komarî Eḻmanyay Yekgirtû*
Brechdurchfall *m* (Med.) ڕشانەوە (بەردەوام) *ṟişanewe (berdewam)*
brechen ⟨v.t.⟩ 1. شکاندن *şikandin*; 2. سەرپێچی کردن *serpêçî kirdin*
Brechreiz *m* (Med.) دڵتێکەڵهاتن *diḻtê-*

B

ke<u>l</u>hatin; هێڵنجدان *hê<u>l</u>incdan*
Brei *m* وڵووڵە *wi<u>l</u>û<u>l</u>e*
breit ⟨Adj.⟩ پان *pan* • der Teppich war vier Meter breit فەرشەکە چوار مەتر پان بوو
Breite *f* پانی *panî*
Breitengrad *m* (Geogr.) پانەهێڵ *panehê<u>l</u>*
Bremse *f* ئیستۆپ *îstop*
bremsen ⟨v.i.⟩ ئیستۆپ گرتن *îstop girtin*
Bremsflüssigkeit *f* (Kfz) ڕۆنی ئیستۆپ *<u>r</u>onî îstop*
Bremsleuchte *f* (Kfz) گڵۆپی ئیستۆپ *gi<u>l</u>opî îstop*
Bremslicht *n* s. ↑Bremsleuchte
Bremsweg *m* مەودای ئیستۆپگرتن *mewday îstopgirtin*
brennbar ⟨Adj.⟩ گڕگر *gi<u>r</u>gir*
brennen ⟨v.i.⟩ 1. سووتان *sûtan;* 2. چووزانەوە *çûzanewe*
Brennholz *n* داری سووتاندن *darî sûtandin*
Brennnessel *f* (Bot.) دەسخورێنە *desxurêne;* گەزگەزۆک *gezgezok*
Brennstoff *m* سووتەمەنی *sûtemenî*
Brett *n* 1. تەختە *texte;* 2. ڕەفە *<u>r</u>efe;* **schwarzes Brett** (idiom.) تەختەی ئاگاداری *textey agadarî*
Brief *m* نامە *name*
Briefkasten *m* سنووقی پۆست *sinûqî post*
Briefmarke *f* پوول *pûl*
Briefpapier *n* کاغەزی نامەنووسین *ka<u>x</u>ezî namenûsîn*
Brieftasche *f* جزدان *cizdan*
Briefträger *m* نامەبەر *nameber*
Briefträgerin *f* w. Form zu ↑Briefträger
Briefumschlag *m* زەرفی نامە *zerfî name*
Briefwechsel *m* نامەگۆڕینەوە *namego<u>r</u>înewe*
brillant ⟨Adj.⟩ نایاب *nayab*
Brillant *m* ئەڵماس(ی لووسکراو) *e<u>l</u>mas(î lûskiraw)*
Brille *f* چاویلکە *çawîlke*
Brillenetui *n* قوتووی چاویلکە *qutûy çawîlke*
Brillengestell *n* چوارچێوەی چاویلکە *çiwarçêwey çawîlke*
Brillenglas *n* شووشەی چاویلکە *şûşey çawîlke*
Brillenträger *m* چاویلکەلەچاوکەر *çawîlkeleçawker*
Brillenträgerin *f* w. Form zu ↑Brillenträger
bringen ⟨v.t.⟩ هێنان *hênan;* **etw. in Ordnung bringen** ڕێکوپێک کردن *<u>r</u>êkupêk kirdin;* **etw. mit sich bringen** 1. لەگەڵ خۆیدا هێنان *lege<u>l</u> xoyda hênan;* 2. لێکەوتنەوە *lêkewtinewe*
Brise *f* شنە *şine*
britisch ⟨Adj.⟩ بەریتانی *berîtanî*
Brocken *m* 1. بڕشت *bi<u>r</u>işt;* 2. پاروو *parû*
brodeln ⟨v.i.⟩ قوڵپ دان (لە کاتی کوڵاندندا) *qu<u>l</u>p dan (le katî ku<u>l</u>andinda)*
Brokkoli *m* بڕۆکۆلی (جۆرە قڕنابیتێکی سەوزە) *bi<u>r</u>okolî (core qi<u>r</u>nabîtêkî sewze)*
Bronchitis *f* (Med.) سووتانەوەی لووەکانی هەناسە *sûtanewey lûwekanî*

henase
Bronze *f* بڕۆنز *bironz*; برنجۆک *birincok*
Brosche *f* بەربەژن *berbejn*
Broschüre *f* نامیلکە *namîlke*
Brot *n* نان *nan*
Brötchen *n* سەموونی خڕەڵە *semûnî xirele*
Bruch *m* لێکجیابوونەوە *lêkciyabûnewe*
Bruchstück *n* 1. کەرت *kert*; 2. (Math.) کوسوور *kusûr*
Brücke *f* پرد *pird*
Bruder *m* برا *bira*
Brühe *f* شۆربا *şorba*
Brunnen *m* بیر *bîr*
Brüssel *n* برۆکسل *Broksil*
Brust *f* 1. سنگ *sing*; 2. مەمک *memik*
Brustkorb *m* قەفەزەیسنگ *qefezeysing*
Brustwarze *f* گۆی مەمک *goy memik*
brutal ⟨Adj.⟩ دڕندە *dirinde*
Brutalität *f* دڕندەیەتی *dirindeyetî*
brüten ⟨v.i./v.t.⟩ کڕ کەوتن *kir kewtin*
brutto ⟨Adv.⟩ 1. (Kaufmannsspr.) کێشی شتێک بە کەلوپەلی تێوەپێچراوەوە *kêşî şitêk be kelupelî têwepêçrawewe*; 2. (Kaufmannsspr.) پارەی دەستکەوت، کە هێشتا باجی لێدانەشکێنرابێ *parey destkewt, ke hêşta bacî lêdaneşkênrabê*
Bruttoeinkommen *n* (Wirtsch.) تێکڕای دەستکەوت (باج لێدەرنەکراو) *têkray destkewt (bac lêdernekraw)*
Buch *n* کتێب *kitêb*
Buche *f* (Bot.) نارەوەن *narewen*
buchen ⟨v.t.⟩ 1. تۆمار کردن *tomar kirdin*; 2. حیجز کردن *hiciz kirdin*
Bücherei *f* کتێبخانە *kitêbxane*
Buchhaltung *f* دەفتەرداری *defterdarî*; ژمێریاری *jimêryarî*
Buchhändler *m* کتێبفرۆش *kitêbfiroş*
Buchhändlerin *f* w. Form zu ↑Buchhändler
Buchhandlung *f* دوکانی کتێبفرۆش *dukanî kitêbfiroş*
Buchmesse *f* پێشانگەی کتێب *pêşangey kitêb*
Büchse *f* قوتوو *qutû*
Buchstabe *m* پیت *pît*; تیپ *tîp*
buchstabieren ⟨v.t.⟩ حونجە کردن *hunce kirdin*
Bucht *f* کەنداو *kendaw*
Buchung *f* حیجزکردن (ئوتێل، فڕۆکە) *hîcizkirdin (utêl, firoke)*
bücken ⟨v.refl.⟩ sich bücken خۆ چەماندنەوە *xo çemandinewe*
bucklig ⟨Adj.⟩ کووڕ *kûr*
Budget *n* (Pol./Wirtsch.) بودجە *budce*; میزانییە *mîzanîye*
Büfett *n* بوفێ (ژەمە خۆراکی جۆراوجۆر) *bufê (jeme xorakî corawcor)*; **kaltes Büfett** بوفێی سارد *bufêy sard*
Bügeleisen *n* ئوتوو *utû*
bügeln ⟨v.t.⟩ لە ئوتوو دان *le utû dan*
Bühne *f* شانۆ *şano*
Bulle *m* 1. (Zool.) گا *ga*; 2. (ugs.) پۆلیس (بە تەوسەوە) *polîs (be tewsewe)*
Bummel *m* پیاسە *piyase*; گەڕان *geran*
bummeln ⟨v.i.⟩ 1. گەڕان *geran*; 2. خنەخن کردن *xinexin kirdin*
[1]**Bund** *m* یانە *yane*
[2]**Bund** *n* چەپک *çepik*; هێشوو *hêşû*
Bündel *n* 1. چەپک *çepik*; 2. بوخچە *buxçe*
bündeln ⟨v.t.⟩ بەستن *bestin*

B

Bundesbank *f* بانقی فیدڕال *banqî fîdral*
Bundeskanzler *m* ڕاوێژکاری دەوڵەتی فیدڕال *rawêjkarî dewletî fîdral*
Bundeskanzlerin *f* w. Form zu ↑Bundeskanzler
Bundesland *n* هەرێم *herêm*
Bundesliga *f* (Sp.) هەڵبژاردەی تیپی وەرزشیی ئەڵمانیا *helbijardey tîpî werziŞîy Elmanya*
Bundespräsident *m* سەرۆکی دەوڵەتی فیدڕال *serokî dewletî fîdral*
Bundespräsidentin *f* w. Form zu ↑Bundespräsident
Bundesrat *m* بوندسڕات *bundisrat*; نوێنەرانی ویلایەتەکانی بەشداربوو لە دەوڵەتی ئەڵمانیای فیدڕالدا *nwêneranî wîlayetekanî beşdarbû le dewletî Elmanyay Fîdralda*
Bundesregierung *f* ڕژێمی فیدڕال *rijêmî fîdral*
Bundesrepublik *f* کۆماری فیدڕال *komarî fîdral*
Bundestag *m* نوێنەرایەتیی گەل *nwênerayetîy gel*; پەرلەمانی ئەڵمانیا *perlemanî Elmanya*
Bundeswehr *f* (Mil.) سوپای ئەڵمانیای فیدڕال *supay Elmanyay Fîdral*
Bündnis *n* 1. کۆمەڵە *komele*; 2. پەیماننامە *peymanname*
Bungalow *m* بەنگەڵە *bengele*
bunt ⟨Adj.⟩ 1. ڕەنگاوڕەنگ *rengawreng*; 2. هەمەجۆر *hemecor*
Buntstift *m* پێنووسی ڕەنگاوڕەنگ *pênûsî rengawreng*
Burg *f* قەڵا *qela*
Bürge *m* کەفیل *kefîl*
bürgen ⟨v.i.⟩ کەفیلی کردن *kefîlî kirdin*
Bürger *m* هاووڵاتی *hawwilatî*
Bürgerin *f* w. Form zu ↑Bürger
Bürgerkrieg *m* شەڕی ناوخۆ *şerî nawxo*
bürgerlich ⟨Adj.⟩ 1. بۆرژوازی *borjiwazî*; 2. مەدەنی *medenî*
Bürgermeister *m* سەرۆکی شارەوانی *serokî şarewanî*
Bürgermeisterin *f* w. Form zu ↑Bürgermeister
Bürgersteig *m* شۆستە *şoste*
Bürgin *f* w. Form zu ↑Bürge
Bürgschaft *f* کەفالەت *kefalet*; دەستەبەری *desteberî*
Büro *n* 1. ژووری کارکردن (لە دایرەیەکدا) *jûrî karkirdin (le dayireyekda)*; 2. نووسینگە *nûsînge*
Bürokratie *f* بیرۆکراتی *bîrokratî*; بێنەوبەرە *bênewbere*
Bursche *m* کوڕ *kur*
Bürste *f* فڵچە *filçe*
bürsten ⟨v.t.⟩ فڵچە لێدان *filçe lêdan*
Bus *m* پاس *pas*
Busbahnhof *m* نەقلییاتی پاس *neqlîyatî pas*
Busch *m* 1. دەوەن *dewen*; 2. بێشە *bêşe*
Busen *m* مەمک *memik*
Busfahrer *m* پاسلێخوڕ *paslêxur*
Busfahrerin *f* w. Form zu ↑Busfahrer
Bushaltestelle *f* وێستگەی پاس *wêstgey pas*
Businessclass *f* بیسنێسکلاس *bîsnêskilas*
Buslinie *f* خەتی پاس *xetî pas*
Buße *f* 1. تۆبەکاری *tobekarî*; 2. (Jur.) سزا *siza*; جەزا *ceza*

büßen ⟨v.t./v.i.⟩ 1. تۆبە کردن *tobe kirdin*; 2. جەزا دان *ceza dan*
Bußgeld *n* (Jur.) جەزای پارە *cezay pare*
Büstenhalter *m* Abk.: ↑BH سوخمەی مەمک *suxmey memik*
Butter *f* کەرە *kere*
Butterbrot *n* نان و کەرە *nan u kere*
Buttermilch *f* ئاوودۆ *awudo*

C

C

c, C تسێ *tisê*; پیتی سێیەمی ئەلفبێی ئەڵمانی *pîtî sêyemî elfbêy el̲manî*
Café *n* قاوەخانە *qawexane*
Cafeteria *f* کافێتری *kafêtirî*
campen ⟨v.i.⟩ چادر هەڵدان *çadir hel̲dan*
Camping *n* ژیان لەناو دەواردا *jiyan lenaw dewarda*
Campingplatz *m* مۆڵگەی چادرهەڵدان *mol̲gey çadirhel̲dan*
Cappuccino *m* کەپوچینۆ (قاوەی ئیتالی) *kepucîno (qawey îtalî)*
CD *f* سی دی *sî dî*
CD-Player *m* ئامێری سیدی *amêrî sîdî*
CD-ROM *f* (EDV) سیدی ڕۆم *sîdî r̲om*
Celsius *n* (Phys.) زێلزیۆس *zêlziyos*
Cent *m* سێنت (پارە) *sênt (pare)*
Champagner *m* شەمپانیا *şempanya*
Champignon *m* (Bot.) قارچک *qarçik*
Champion *m* (Sp.) قارەمان *qareman*
Chance *f* شانس *şans*; بەخت *bext*
Chaos *n* ئاخۆرانوبخۆران *axoranubixoran*; ئاژاوە *ajawe*
chaotisch ⟨Adj.⟩ ئاخۆرانوبخۆران *axoranubixoran*
Charakter *m* 1. خووڕەوشت *xûr̲ewişt*; 2. شێوە *şêwe*
charakteristisch ⟨Adj.⟩ تایبەتمەند *taybetmend*
Charisma *n* شانوشکۆ *şanuşiko*; کاریسما *karîsma*
charmant ⟨Adj.⟩ دڵڕفێن *dil̲r̲ifên*
Charme *m* دڵڕفێنی *dil̲r̲ifênî*
Charta *f* (Pol.) پەیماننامە *peymanname*
Charterflug *m* فڕین بە فڕۆکەیەکی بەکرێگیراو *fir̲în be fir̲okeyekî bekrêgîraw*
Chat *m* (EDV) چێت *çêt*
Chauffeur *m* شوفێر *şufêr*; ئوتومبێللێخوڕ *utumbêllêxur̲*
Chauffeurin *f* w. Form zu ↑Chauffeur
Check-in *n/m* چێک - ئین (بەرلە فڕین بە فڕۆکە) *çêk - în (berle fir̲în be fir̲oke)*
Chef *m* سەرۆک *serok*; بەڕێوەبەر *ber̲êweber*
Chefarzt *m* سەرەکپزیشکان *serekpizîşkan*
Chefärztin *f* w. Form zu ↑Chefarzt
Chefin *f* w. Form zu ↑Chef

C

Chefkoch *m* سەرۆکی چێشتلێنەران *serokî çêştlêneran*
Chefköchin *f* w. Form zu ↑Chefkoch
Chefredakteur *m* سەرنووسەر *sernûser*
Chefredakteurin *f* w. Form zu ↑Chefredakteur
Chemie *f* کیمیا *kîmya*
Chemikalie *f* بەروبومی کیمیاوی *berubumî kîmyawî*
chemisch ⟨Adj.⟩ کیمیایی *kîmyayî*; **chemische Reinigung** پاککردنەوە بە مەوادی کیمیاوی *pakkirdinewe be mewadî kîmyawî*
China *n* چین *Çîn*
Chip *m* 1. فیشە *fîşe*; 2. (EDV) چیپ *çîp*
Chirurg *m* (Med.) نەشتەرگەر *neşterger*
Chirurgie *f* (Med.) نەشتەرگەری *neştergerî*
Chirurgin *f* w. Form zu ↑Chirurg
Chlor *n* (Chem.) کلۆر *kilor*
Cholera *f* (Med.) کۆلێرا *kolêra*
Cholesterin *n* (Med.) کۆلیستڕۆل *kolîstṟol*
Chor *m* (Mus.) کۆرس *kors*
Christ *m* فەلە *fele*; گاور *gawir*
Christbaum *m* درەختی کریسمیس *dirextî kirîsmîs*
Christentum *n* دیانی *diyanî*; مەسیحییەت *mesîḫîyet*
Christin *f* w. Form zu ↑Christ
christlich ⟨Adj.⟩ دیانی *diyanî*; مەسیحی *mesîḫî*
chronisch ⟨Adj.⟩ (Med.) درێژخایەن (نەخۆشی) *dirêjxayen (nexoşî)*
circa ⟨Adv.⟩ نزیکەی *nizîkey*
City *f* ناوەڕاستی شار *naweṟastî şar*
Clementine *f* کلیمۆنتین *kilîmontîn*
clever ⟨Adj.⟩ چابووک *çabûk*
Clique *f* پێکوڕە *pêkuṟe*
Clown *m* 1. گاڵتەچی *galteçî*; 2. (üb.) قەشمەر *qeşmer*
Cockpit *n* (fachspr.) شوێنی دانیشتنی کەشتیلێخوڕ یا فڕۆکەوان *şwênî danîştinî keştîlêxuṟ ya fiṟokewan*
Cocktail *m* کۆکتێل *koktêl*
Code *m* پەڕلە *peṟle*; کۆد *kod*
Cola *f* کۆلا *kola*
Collier *n* گەردانە *gerdane*
Comic *m* گۆڤاری کۆمیدی *govarî komîdî*
Computer *m* کۆمپیوتەر *kompyuter*; **Personal Computer** Abk.: ↑PC
Computerprogramm *n* پڕۆگرامی کۆمپیوتەر *piṟogramî kompyuter*
Computerspiel *n* یاریی کۆمپیوتەر *yarîy kompyuter*
Computervirus *m* (EDV) ڤایرۆسی کۆمپیوتەر *vayrosî kompyuter*
Container *m* کۆنتێنە *kontêne*
cool ⟨Adj.⟩ 1. (ugs.) هێمن *hêmin*; 2. (ugs.) زۆر باش *zor baş*
Couch *f* قەنەفە *qenefe*
Coupon *m* 1. کۆبۆن *kobon*; 2. پارچەی بڕەپارە *parçey biṟepare*
Courage *f* ئازایەتی *azayetî*
Cousin *m* 1. ئامۆزا *amoza*; 2. خاڵۆزا *xaloza*; 3. پوورزا *pûrza*
Cousine *f* w. Form zu ↑Cousin 1. ئامۆزا *amoza*; 2. خاڵۆزا *xaloza*; 3. پوورزا *pûrza*
Creme *f* کرێم *kirêm*
Croissant *n* 1. کڕۆسان *kiṟosan*;

2. ناسکەنان (لە شێوەی سەمووندایە) *naskenan (le şêwey semûndaye)*

Curry *m/n* کاری *karî*

Cursor *m* (EDV) جێنیشاندەر *cênîşander*

D

D

d, D دێ *dê;* پیتی چوارەمی ئەلفبێی ئەڵمانی *pîtî çiwaremî elfbêy e<u>l</u>manî*

da I. ⟨Adv.⟩ ئەوێ *ewê;* لەوێ *lewê;* **da sein** لەوێ بوون *lewê bûn* **II.** ⟨Konj.⟩ 1. چونکو *çunku;* 2. مادەم *madem*

dabei ⟨Adv.⟩ 1. لەگەڵ (ئەمە، ئەوە) *lege<u>l</u> (eme, ewe);* 2. تێدا *têda;* **dabei sein** لەوێ بوون *lewê bûn*

Dach *n* سەربان *serban*

Dachboden *m* بنمیچ *binmîç*

Dachgepäckträger *m* چەنچە(ی ئوتومبێل) *çençe(y utumbêl)*

Dachgeschoss *n* نهۆمی سەرەوە *nihomî serewe*

Dachrinne *f* گوێسوانە *gwêswane;* پلوسک *pilusk*

dadurch ⟨Adv.⟩ بەوهۆیەوە *bewhoyewe;* بەمە(دا) *beme(da);* بەوە(دا) *bewe(da)*

dafür ⟨Adv.⟩ بۆئەمە *boeme;* بۆئەوە *boewe;* لەجیاتی *leciyatî;* **dafür sein** لەگەڵدا بوون *lege<u>l</u>da bûn;* ich bin auch dafür منیش لەگەڵیدام/پشتگیری دەکەم ; wer ist dafür? کێ لەگەڵیدایە/پشتگیری دەکا؟

dagegen I. ⟨Adv.⟩ دژبەوە *dijbewe* • wer ist dagegen? کێ دژبەتی؟ **II.** ⟨Konj.⟩ بەپێچەوانەیەوە *bepêçewaneyewe*

daheim ⟨Adv.⟩ لەماڵەوە *le ma<u>l</u>ewe*

Daheim *n* ماڵ *ma<u>l</u>*

daher I. ⟨Adv.⟩ لەوێوە *lewêwe* **II.** ⟨Konj.⟩ بەوهۆیەوە *bewhoyewe*

dahin ⟨Adv.⟩ ئەوێ *ewê;* بۆ ئەوێ *bo ewê;* **bis dahin** 1. تا ئەوێ *ta ewê;* 2. تا ئەوسا *ta ewsa*

dahinter ⟨Adv.⟩ لەپشتەوە *lepiştewe;* لەپاشەوە *lepaşewe*

damals ⟨Adv.⟩ ئەوسا *ewsa;* جاران *caran*

Dame *f* 1. خاتوو *xatû;* 2. وەزیر(ی شەترەنج) *wezîr(î şet<u>r</u>enc);* 3. دامە(ی کاغەزی قومار) *dame(y ka<u>x</u>ezî qumar)*

Damenbinde *f* پەڕۆی بێنوێژی *pe<u>r</u>oy bênwêjî*

Damenfriseur *m* سەرتاشخانەی ژنان *sertaşxaney jinan*

Damenfriseurin *f* w. Form zu ↑Damenfriseur

Damentoilette *f* ئاودەستخانەی ژنان *awdestxaney jinan*

damit ⟨Adv.⟩ بەمە *beme;* بەوە *bewe*

dämlich ⟨Adj.⟩ (ugs.) گەوج *gewc;* نەزان *nezan*

Damm *m* بەنداو *bendaw*

Dämmerung *f* 1. تاریکوروون(ی (ڕۆژئاوابوون و ڕۆژهەڵهاتن) *tarîkurûn(î rojawabûn u rojhelhatin)*; 2. زەردەپەڕ *zerdeper*

Dampf *m* هەڵم *helim;* بوخار *buxar*

D

Dampfbad *n* گەرماوی بوخار *germawî buxar*

dampfen ⟨v.i.⟩ هاڵاو لێهەڵسان *halaw lêhelsan*

dämpfen ⟨v.t.⟩ 1. (Kochk.) بە هەڵم کوڵاندن *be helim kulandin;* 2. دامرکاندنەوە *damirkandinewe*

Dampfer *m* (ugs.) کەشتیی بوخاری *keştîy buxarî*

danach ⟨Adv.⟩ پاشان *paşan;* لەدوایيدا *ledwayîda*

daneben ⟨Adv.⟩ لەتەنیشتییەوە *letenîştîyewe*

Dänemark *n* دانیمارک *Danîmark*

dank ⟨Präp.⟩ سوپاس *supas*

Dank *m* سوپاس *supas* • vielen Dank! زۆر سوپاس!

dankbar ⟨Adj.⟩ سوپاسگوزار *supasguzar;* **(j-m für etw.) dankbar sein** سوپاسگوزار بوون *supasguzar bûn;* ich bin dir sehr dankbar من زۆر سوپاسگوزارتم

danke ⟨Int.⟩ سوپاس *supas* • danke schön!; danke sehr! زۆر سوپاس!

danken ⟨v.i.⟩ سوپاس کردن *supas kirdin* • nichts zu danken! شایانی سوپاس نییە!؛ پێویست بە سوپاس ناکا!

dann ⟨Adv.⟩ 1. پاشان *paşan;* 2. ئەگەر *eger* • was geschah dann? پاشان چی ڕووی دا؟ ; **dann und wann** ناوبەناو *nawbenaw*

daran ⟨Adv.⟩ لەوەدا *leweda;* لێدا *lêda;* لێ *lê* • ich zweifle daran شکم لێیەتی

darauf ⟨Adv.⟩ 1. لەسەر(ەمە) *leser(eme);* 2. لەوەبەدوا *lewebediwa*

daraufhin ⟨Adv.⟩ لەبەرئەمە *lebereme;* لەبەرئەوە *leberewe*

daraus ⟨Adv.⟩ لێوە *lêwe;* لەوەوە *lewewe*

darin ⟨Adv.⟩ تێیدا *têyda*

Darlehen *n* قەرز *qerz;* سلفە *silfe*

Darm *m* ڕیخۆڵە *rîxole*

Darmgrippe *f* (Med.) ئینفلۆوەنزای گەدە *înflowenzay gede*

darstellen ⟨v.t.⟩ 1. لێکدانەوە *lêkdanewe;* 2. (Theat.) نواندن *niwandin*

Darsteller *m* ئەکتەر *ekter*

Darstellerin *f* w. Form zu ↑Darsteller

darüber ⟨Adv.⟩ 1. دەربارەی *derbarey;* 2. لەوبارەوە *lewbarewe* • ich freue mich darüber دڵخۆشم پێی ; **darüber hinaus** لەوەبەدەر *lewebeder*

darum ⟨Adv.⟩ بەوهۆیەوە *bewhoyewe;* لەبەرئەوە *leberewe* • mach dir darum keine Sorgen! لەبەرئەوە دڵگران مەبە!

darunter ⟨Adv.⟩ 1. لەبنەوە *lebinewe;* 2. لەناویدا *lenawîda*

das Nom. und Akk. Sg. n **I.** ⟨Art.⟩ (ئامرازی ناسین بۆ بێلایەنی تاکی بکەر و بەرکاری بێیاریدە) *(amrazî nasîn bo bêlayenî takî biker u berkarî bêyarîde);* ...ەکە/کە ...*eke/ke* • was ist das? ئەمە چییە؟ **II.** ⟨Pron.⟩ 1. کە *ke;* 2. (ڕاناوی نیشاندانی بێلایەنی تاکی بکەر و بەرکاری بێیاریدە) *(ranawî nîşandanî bêlayenî takî biker u berkarî bêyarîde);* ئەوە *ewe;* ئەمە *eme* • das ist doch Un-

sinn! ئەمە ناماقووڵییە!
dass ⟨Konj.⟩ کە *ke*; تا *ta*
dasselbe ⟨Pron.⟩ هەمان *heman*
Datei *f* فایل *fayil*
Daten *pl.* 1. زانیاری *zanyarî*; 2. (EDV) داتا *data*
Datenbank *f* (EDV) دەیتابەیس *deytabeys*; بنکەی زانیاری *binkey zanyarî*
Datenschutz *m* پاراستنی داتا *parastinî data*
Datenträger *m* داتاهەڵگر *datahelgir*
Datenverarbeitung *f* کارلەداتاداکردن *karledatadakirdin*
datieren ⟨v.t.⟩ مێژوو لەسەر دانان *mêjû leser danan*
Dativ *m* (Gr.) دۆخی بەرکاری بەیاریدە *doxî berkarî beyarîde*; مەفعوولی بەیاریدە *mef'ûlî beyarîde*
Dattel *f* خورما *xurma*
Datum *n* مێژوو *mêjû*; تاریخ *tarîx*
Dauer *f* ماوە *mawe*; **auf (die) Dauer** بۆ ماوەیەکی درێژ *bo maweyekî dirêj*
dauern ⟨v.i.⟩ بەردەوام بوون *berdewam bûn* • wie lange dauert das noch? ئەمە چەندی تری پێدەچێ؟
dauernd I. ⟨Adj.⟩ بەردەوام *berdewam* **II.** ⟨Adv.⟩ بەبەردەوامی *beberdewamî*
Dauerwelle *f* قژلوولکردن *qijlûlkirdin*
Daumen *m* پەنجەگەورە *pencegewre*
davon ⟨Adv.⟩ لەمەوە *lemewe*; لەوەوە *lewewe* • ich weiß nichts davon هیچ دەربارەی نازانم
davor ⟨Adv.⟩ لەوەوپێش *lewewpêş*
dazu ⟨Adv.⟩ 1. لەگەڵ ئەوە *legel ewe*; 2. لەبەرئەوە *leberewe*
dazugehören ⟨v.i.⟩ سەربە ... بوون *serbe ... bûn*
dazwischen ⟨Adv.⟩ لەنێوان ...دا *lenêwan ...da*
dazwischenliegen ⟨v.i.⟩ لەنێواندا بوون *lenêwanda bûn*
Debatte *f* گفتوگۆ *giftugo*; وتووێژ *wituwêj*
Deck *n* پشتی کەشتی *piştî keştî*
Decke *f* 1. لێفە *lêfe*; 2. بنمیچ *binmîç*
Deckel *m* سەرقاپ *serqap*
decken ⟨v.t.⟩ 1. سەر گرتن *ser girtin*; داپۆشین *dapoşîn*; 2. پاراستن *parastin*
defekt ⟨Adj.⟩ لەکارکەوتوو *lekarkewtû*; پەککەوتوو *pekkewtû*
Defekt *m* کەموکوڕی *kemukurî*
Defizit *n* 1. (Wirtsch.) بودجەکورتهێنان *budcekurthênan*; 2. (geh.) کەموکوڕی *kemukurî*
dehnbar ⟨Adj.⟩ 1. لاستیکی *lastîkî*; 2. (üb.) فرەواتا (وشە) *firewata (wişe)*
dehnen I. ⟨v.t.⟩ درێژ کردنەوە *dirêj kirdinewe* **II.** ⟨v.refl.⟩ sich dehnen درێژ بوونەوە *dirêj bûnewe*
dein ⟨Pron.⟩ 1. (ڕاناوی خاوەنێتی بۆ کەسی دووەمی تاک) (*ranawî xawenêtî bo kesî dûwemî tak*); 2. هی تۆ *hî to*; ...ت *...it/t*
deinetwegen ⟨Adv.⟩ لەبەر تۆ *leber to*
Dekoration *f* ڕازاندنەوە *razandinewe*
Delegation *f* نوێنەر *nwêner*; وەفد *wefd*
Delfin *m* (Zool.) دەلفین *delfîn*; بەرازی دەریا *berazî derya*
Delikatesse *f* خواردنی بەتام *xiwardinî betam*
Delikt *n* (Jur.) تاوان *tawan*
dementieren ⟨v.t.⟩ نکولی لێکردن *nikulî*

D

lêkirdin
demnächst ⟨Adv.⟩ بەمزووانە *bemzûwane*
Demo *f* kurz für ↑Demonstration (ugs.) خۆنیشاندان *xonêşandan*
D
Demokratie *f* دیموکراتی *dîmukratî*
demokratisch ⟨Adj.⟩ دیموکرات *dîmukrat*; دیموکراتی *dîmukratî*
Demonstrant *m* خۆنیشاندەر *xonîşander*
Demonstrantin *f* w. Form zu ↑Demonstrant
Demonstration *f* خۆپیشاندان *xopêşandan*
demonstrieren I. ⟨v.t.⟩ دەرخستن *derxistin* **II.** ⟨v.i.⟩ خۆ پیشان دان *xo pîşan dan*
denkbar ⟨Adj.⟩ گونجاو *guncaw*
denken I. ⟨v.t.⟩ بیر کردنەوە *bîr kirdinewe* **II.** ⟨v.i.⟩ وا بۆ چوون *wa bo çûn*; **an etw./j-n denken** بیر لێکردنەوە *bîr lêkirdinewe* **III.** ⟨v.refl.⟩ sich etw. denken هێنانە پێش چاو *hênane pêş çaw*
Denker *m* بیرکەرەوە *bîrkerewe*; فەیلەسوف *feylesuf*
Denkerin *f* w. Form zu ↑Denker
Denkmal *n* یادەوەریی لەیادنەکراو *yadewerîy leyadnekiraw*
denn I. ⟨Konj.⟩ 1. چونکە *çunke*; 2. وەک *wek* **II.** ⟨Part.⟩ باشە *başe*
dennoch ⟨Adv.⟩ لەگەڵئەوەشدا *legelewesda*; لەگەڵئەمەشدا *legelemeşda*
Deo *n* kurz für ↑Deodorant (ugs.) بۆنبڕە *bonbire*
Deodorant *n* بۆنبڕە *bonbire*
deponieren ⟨v.t.⟩ سپاردن *sipardin*
deportieren ⟨v.t.⟩ بەزۆرەملی دوور خستنەوە *bezoremilî dûr xistinewe*
Depression *f* (Med./Psychol.) خەمۆکێ *xemokê*; دڵتەنگی *diltengî*
depressiv ⟨Adj.⟩ (Psychol.) مەلوول *melûl*; دڵتەنگ *dilteng*; **depressiv sein/werden** مەلوول بوون *melûl bûn*
deprimiert ⟨Adj.⟩ دڵگران *dilgiran*; خەمگین *xemgîn*
[1]**der** Nom. Sg. m **I.** ⟨Art.⟩ ...ەکە/کە ... *eke/ke* **II.** ⟨Pron.⟩ 1. ئەو ...ە *ew ...e*; ئەم ...ە *em ...e*; 2. کە *ke*
[2]**der** Gen. Sg. von ↑[1]**die** ⟨Art.⟩ 1. (ئامرازی ناسین بۆ مێینەی تاکی دۆخی دراوەپاڵ) *(amrazî nasîn bo mêyiney takî doxî dirawepal)*; ...ەکە/کە ...*eke/ke*; 2. ...ی ...*î/y*; **die Berge der Schweiz** چیاکانی سویسرا *çiyakanî Swîsra*
[3]**der** Dat. Sg. von ↑[1]**die I.** ⟨Art.⟩ (ئامرازی ناسین بۆ مێینەی تاکی بەرکاری بەیاریدە) *(amrazî nasîn bo mêyiney takî berkarî beyarîde)*; ...ەکە/کە ... *eke/ke* **II.** ⟨Pron.⟩ 1. (ڕاناوی نیشاندانی مێینەی تاکی بەرکاری بەیاریدە) *(ranawî nîşandanî mêyiney takî berkarî beyarîde)*; ئەو ...ە *ew ...e*; ئەم ...ە *em ...e*; 2. (ڕاناوی گەیەنەری مێینەی تاکی بەرکاری بەیاریدە) *(ranawî geyenerî mêyiney takî berkarî beyarîde)*; کە *ke*
[4]**der** Gen. Pl. von ↑[1]**der**, ↑[1]**die**, ↑das ⟨Art.⟩ 1. (ئامرازی ناسینی کۆی دۆخی دراوەپاڵ) *(amrazî nasînî koy doxî dirawepal)*; ...ەکان/کان ...*ekan/kan*; 2. ...ی ...*î/y*
derart ⟨Adv.⟩ بەجۆرێک *becorêk*

derb ⟨Adj.⟩ چەتوون *çetûn;* ناهەموار *nahemwar*
dergleichen ⟨Pron.⟩ وا *wa;* وەها *weha*
derjenige ⟨Pron.⟩ ئەو...ە *ew...e*
derselbe ⟨Pron.⟩ هەمان *heman*
deshalb ⟨Adv.⟩ لەبەرئەوە *leberewe*
Design *n* دیزاین *dîzayin;* نەخشەکێشانی هونەری *nexşekêşanî hunerî*
Designer *m* نەخشەکێش *nexşekêş;* دیزاینەر *dîzayner*
Designerin *f* w. Form zu ↑Designer
Desinfektion *f* پاککردنەوە *pakkirdinewe*
Desinfektionsmittel *n* 1. میکرۆبکوژە *mîkrobkuje;* 2. دەرمانی پاککردنەوە (تۆوی نەخۆشی لێبڕین) *dermanî pakkirdinewe (towî nexoşî lêbiṟîn)*
desinfizieren ⟨v.t.⟩ میکرۆب کوشتن *mîkrob kuştin;* پاک کردنەوە *pak kirdinewe*
Desktop *m* (EDV) دێسکتۆپ *dêsktop*
Dessert *n* شیرینیی پاشنانخواردن *şîrînîy paşnanxiwardin*
destillieren ⟨v.t.⟩ 1. (Chem.) دڵۆپاندن *diḻopandin;* 2. (Chem.) پاڵاوتن *paḻawtin*
destilliert ⟨Adj.⟩ پاڵێوراو *paḻêwraw;* **destilliertes Wasser** ئاوی پاڵێوراو *awî paḻêwraw*
desto ⟨Konj.⟩ بۆ بەراوردکردن بەکار دێ *bo berawirdkirdin bekar dê* • desto besser! باشترا!
deswegen ⟨Adv.⟩ لەبەرئەوە *leberewe*
Detail *n* 1. (bildungsspr.) وردەکاری *wirdekarî;* 2. (bildungsspr.) بەدرێژایی *bedirêjayî*
detailliert ⟨Adj.⟩ بەدرێژی *bedirêjî*
Detektiv *m* 1. چاودێرکاری نهێنی *çawdêrkarî nihênî;* 2. پۆلیسی نهێنی *polîsî nihênî*
Detektivin *f* w. Form zu ↑Detektiv
deuten I. ⟨v.t.⟩ لێکدانەوە *lêkdanewe;* تەفسیر کردن *tefsîr kirdin* **II.** ⟨v.i.⟩; **auf etw./j-n deuten** پیشان دان *pîşan dan*
deutlich I. ⟨Adj.⟩ 1. ئاشکرا *aşkira;* 2. ڕەوان *ṟewan* **II.** ⟨Adv.⟩ بەئاشکرا *beaşkira* • bitte sprechen Sie das Wort deutlich aus! تکایە بەڕوونی دان بە وشەکەدا بنێن!
deutsch ⟨Adj.⟩ 1. ئەڵمانی *eḻmanî;* 2. ئەڵمان *eḻman*
Deutsch *n* زمانی ئەڵمانی *zimanî eḻmanî* • sprechen Sie Deutsch? ئێوە ئەڵمانی قسە دەکەن؟ ; **auf Deutsch** بە ئەڵمانی *be eḻmanî*
Deutsche *f* w. Form zu ↑Deutscher
Deutscher *m* 1. ئەڵمان *eḻman;* 2. ئەڵمانی *eḻmanî*
Deutschland *n* ئەڵمانیا *Eḻmanya*
Devisen *pl.* (Wirtsch.) پارەی بێگانە *parey bêgane*
Dezember *m* کانوونی یەکەم *kanûnî yekem*
Dia *n* دیا *diya*
Diabetes *m* (Med.) شەکرە *şekre;* نەخۆشیی شەکر *nexoşîy şekir*
Diabetiker *m* (Med.) نەخۆشیشەکر *nexoşîşekir*
Diabetikerin *f* w. Form zu ↑Diabetiker
Diagnose *f* (Med.) دیاریکردن (نەخۆشی) *diyarîkirdin (nexoşî)*

Dialekt *m* شێوەزمان *şêweziman*; دیالێکت *diyalêkt*

Dialog *m* (bildungsspr.) وتووێژ *wituwêj*; دیالۆگ *diyalog*

Diamant *m* ئەڵماس *eḻmas*

D

Diät *f* پارێز *parêz*; ڕێجیم *ṟêcîm*

[1]**dich** Akk. von ↑du ⟨Pron.⟩ 1. (ڕاناوەکەسیی بەرکاری بێیاریدە بۆ کەسی دوووەمی تاک) (*ṟanawekesîy berkarî bêyarîde bo kesî dûwemî tak*); 2. تۆ *to*; ت... ...*it/t*

[2]**dich** ⟨Pron.⟩ (ڕاناوی خۆیی لە دۆخی بەرکاری بێیاریدەدا بۆ کەسی دوووەمی تاک) (*ṟanawî xoyî le doxî berkarî bêyarîdeda bo kesî dûwemî tak*); 2. تۆ *to*; ت... ...*it/t*

dicht ⟨Adj.⟩ 1. چڕ *çiṟ*; 2. پڕوچڕ (دارستان) *piṟuçiṟ (daristan)*; 3. نزیک *nizîk*; 4. پتەو *pitew*; سفت *sift*

Dichter *m* شاعیر *şa'îr*

Dichterin *f* w. Form zu ↑Dichter

[1]**Dichtung** *f* شیعر *şî'ir*; هۆنراوە *honrawe*

[2]**Dichtung** *f* (Tech.) واشەر *waşer*

dick ⟨Adj.⟩ 1. قەڵەو *qeḻew*; گۆشتن *goştin*; 2. خەست *xest*; 3. ئەستوور *estûr*

Dicke *f* ئەستووری *estûrî*

[1]**die** Nom. und Akk. Sg. f **I.** ⟨Art.⟩ ...ەکە/کە ...*eke/ke* **II.** ⟨Pron.⟩ 1. (ڕاناوی نیشاندانی مێینەی تاکی بکەر و بەرکاری بێیاریدە) (*ṟanawî nîşandanî mêyiney takî biker u berkarî bêyarîde*); ...ەکە/کە ...*eke/ke*; ئەو ...ە *ew ...e*; ئەم ...ە *em ...e*; 2. کە *ke*

[2]**die** Nom. und Akk. Pl. ⟨Pron.⟩ ئەوان ...ە *ewan ...e*; ئەمان ...ە *eman ...e*

Dieb *m* دز *diz*

Diebin *f* w. Form zu ↑Dieb

Diebstahl *m* دزی *dizî*

Diele *f* تەختەدار (درێژ و باریک) *textedar (dirêj u barîk)*

dienen ⟨v.i.⟩ 1. لە خزمەتدا بوون *le xizmetda bûn*; 2. بەکار هێنان *bekar hênan* • er dient als Soldat خزمەتی سەربازی دەکا

Diener *m* خزمەتکار *xizmetkar*

Dienerin *f* w. Form zu ↑Diener کارەکەر *kareker*

Dienst *m* کارگوزاری *karguzarî*

Dienstag *m* سێشەممە *sêşemme*

Dienstreise *f* سەفەری ڕەسمی *seferî ṟesmî*

diese(r, -s) ⟨Pron.⟩ 1. ئەمە *eme*; 2. ئەمانە *emane*

Diesel *m* گازۆیل *gazoyil*; دیزڵ *dîziḻ*

diesjährig ⟨Adj.⟩ ئەمساڵ *emsaḻ*

diesmal ⟨Adv.⟩ ئەمجار *emcar*

Differenz *f* (bildungsspr.) جیاوازی *ciyawazî*

digital ⟨Adj.⟩ دیگیتال *dîgîtal*

Digitaluhr *f* کاتژمێری دیگیتال *katjimêrî dîgîtal*

Diktat *n* پێنووسینەوە *pênûsînewe*

Diktator *m* دیکتاتۆر *dîktator*

Diktatorin *f* w. Form zu ↑Diktator

diktatorisch ⟨Adj.⟩ دیکتاتۆری *dîktatorî*

Diktatur *f* دیکتاتۆری *dîktatorî*

diktieren ⟨v.t.⟩ ئیملا پێکردن *îmla pêkirdin*

Dill *m* شویت *şiwît*

Ding *n* 1. شت *şit*; 2. بابەت *babet*; **vor allen Dingen** بەرلە هەر شتێک *berle*

her şitêk
Diplom *n* 1. دیپلۆم *dîplom;* 2. دیپلۆمنامە *dîplomname*
Diplomat *m* (Pol.) دیپلۆماسی *dîplomasî*
Diplomatie *f* دیپلۆماسیتی *dîplomasêtî*
Diplomatin *f* w. Form zu ↑Diplomat
diplomatisch ⟨Adj.⟩ دیپلۆماسی *dîplomasî*
dir Dat. von ↑du ⟨Pron.⟩ (ڕاناوەکەسیی بەرکاری بەیاریدە بۆ کەسی دوووەمی تاک) *(ranawekesîy berkarî beyarîde bo kesî dûwemî tak);* ...ت *...it/t;* تۆ *to*
direkt ⟨Adj.⟩ ڕاستەوخۆ *rastewxo*
Direktflug *m* فڕینی ڕاستەوخۆ *firînî rastewxo*
Direktor *m* بەڕێوەبەر *berêweber;* سەرپەرشتیکار *serperiştîkar*
Direktorin *f* w. Form zu ↑Direktor
Dirigent *m* (Mus.) ڕابەری تیپی مۆسیقا *raberî tîpî mosîqa*
Dirigentin *f* w. Form zu ↑Dirigent
dirigieren ⟨v.t.⟩ بەڕێوە بردن *berêwe birdin*
Dirne *f* (abwertend) سۆزانی *sozanî;* قەحبە *qehbe*
Diskette *f* (EDV) دیسک *dîsk*
Diskothek *f* دیسکۆ *dîsko*
diskret ⟨Adj.⟩ (bildungsspr.) نهێنگر *nihêngir*
Diskussion *f* وتوویژ *wituwêj*
diskutieren ⟨v.t./v.i.⟩ وتوویژ کردن *wituwêj kirdin*
Display *n* 1. (EDV) شاشەی نیشانەدەرخەر *şaşey nîşanederxer;* 2. (EDV) دسپلەی *displey*

Distanz *f* (bildungsspr.) دووری *dûrî*
Distel *f* دڕک *dirik*
Disziplin *f* بەندوبەست *bendubest;* زەبتوڕەبت *zebturebt*
dividieren ⟨v.t.⟩ (Math.) دابەش کردن *dabeş kirdin*
D-Mark *f* (hist.) مارکی ئەڵمانی *markî elmanî*
doch I. ⟨Konj.⟩ بەڵام *belam;* لەگەڵئەوەشدا *legeleweşda* **II.** ⟨Adv.⟩ بەڵێ *belê*
Docht *m* پلیتە *pilîte*
Dock *n* 1. شوێنی کەشتیی چاککردن *şwênî keştîy çakkirdin;* 2. بەندەر *bender*
Doktor *m* 1. دکتۆر *diktor;* 2. پزیشک *pizîşk*
Doktorin *f* w. Form zu ↑Doktor
Dokument *n* بەڵگەنامە *belgename*
Dokumentarfilm *m* فلیمی بەڵگەنامەیی *filîmî belgenameyî*
Dolch *m* خەنجەر *xencer*
Dollar *m* دۆلار *dolar*
dolmetschen ⟨v.i.⟩ وەرگێڕان *wergêran*
Dolmetscher *m* وەرگێڕ *wergêr;* موتەرجیم *mutercîm*
Dolmetscherin *f* w. Form zu ↑Dolmetscher
Dom *m* کاتیدراڵە *katîdrale*
Domain *f* (EDV) دۆمێن *domên*
Donau *f* دانۆب *Danob*
Döner *m* kurz für ↑Döner Kebab
Döner Kebab *m* (Kochk.) گەس *ges*
Donner *m* هەورەگرمە *hewregirme*
donnern ⟨v.i.⟩ (ugs.) هەور گرماندن *hewr girmandin* • es donnert هەور دەگرمێنێ
Donnerstag *m* پێنجشەممە *pêncşemme*

D

D

donnerstags ⟨Adv.⟩ پێنجشەممان *pênc-şemman*
doof ⟨Adj.⟩ (ugs.) گێل *gêl*; بلّح *bil̲h̲*; بێمێشک *bêmêşk*
Doppel *n* 1. جووتە *cûte*; 2. (Sp.) یاریی جووتەوانە *yarîy cûtewane*
Doppelbett *n* سیسەمی دووکەسی *sîsemî dûkesî*
Doppeldecker *m* 1. فڕۆکەی دووباڵ *fi̲rokey dûbal̲*; 2. (ugs.) پاسی دووقات *pasî dûqat*
Doppelpunkt *m* دووخاڵە *dûxal̲e*
doppelt ⟨Adj.⟩ دووئەوەندە *dûewende*; دووجار *dûcar*; **doppelt so viel zahlen** دووئەوەندە پارە دان *dûewende pare dan*; **doppelte Staatsangehörigkeit** دووتەبەعییەتی *dûtebeʿîyetî*
Doppelzimmer *n* ژووری دووکەسی *jûrî dûkesî*
Dorf *n* لادێ *ladê*; گوند *gund*
Dorfbewohner *m* لادێیی *ladêyî*; دێهاتی *dêhatî*
Dorfbewohnerin *f* w. Form zu ↑Dorfbewohner
Dorn *m* دڕک *di̲rk*
dornig ⟨Adj.⟩ دڕکاوی *di̲rkawî*
dort ⟨Adv.⟩ لەوێ *lewê*
dorthin ⟨Adv.⟩ لەوێ *lewê*
Dose *f* قوتوو *qutû*
dösen ⟨v.i.⟩ (ugs.) وەنەوز دان *wenewz dan*
Dosenöffner *m* قوتووهەڵهێن *qutûhel̲hên*
Dosis *f* ژەمەدەرمانپێدان یا تیشکلێدان *jemedermanpêdan ya tîşiklêdan*
Dotter *m/n* زەردێنە *zerdêne*
Download *m* (EDV) داگرتن *dagirtin*; داونلۆد *dawinlod*
Dozent *m* مامۆستای زانستگا *mamostay zanistga*
Dozentin *f* w. Form zu ↑Dozent
Drache *m* (Myth.) ئەژدیها *ejdîha*
Draht *m* تەل *tel*
Drama *n* (Theat.) دراما *dirama*
dramatisch ⟨Adj.⟩ درامی *diramî*
dran kurz für ↑daran ⟨Adv.⟩ wer ist dran? نۆرەی کێیە؟
drängen I. ⟨v.t.⟩ 1. زۆر لێکردن *zor lêkirdin*; 2. پاڵ پێوەنان *pal̲ pêwenan* **II.** ⟨v.i.⟩ پەلە کردن *pele kirdin* **III.** ⟨v. refl.⟩ sich drängen خۆ تێهەڵقوتاندن *xo têhel̲qutandin*
drankommen ⟨v.i.⟩ (ugs.) سەرە هاتنە سەر *sere hatine ser*
draußen ⟨Adv.⟩ دەرەوە *derewe*
Dreck *m* (ugs.) پیسی *pîsî*
dreckig ⟨Adj.⟩ پیس *pîs*
drehbar ⟨Adj.⟩ شیاو بۆ سووڕانەوە *şiyaw bo sûr̲anewe*
drehen I. ⟨v.t.⟩ خولاندنەوە *xulandinewe*; پێچ پێکردنەوە *pêç pêkirdinewe* **II.** ⟨v.i.⟩ خولانەوە *xulanewe* **III.** ⟨v. refl.⟩ sich drehen سووڕانەوە *sûr̲anewe*
Drehung *f* پێچ *pêç*; خولانەوە *xulanewe*
drei ⟨Num.⟩ سێ *sê*
Dreieck *n* سێلا *sêla*; سێگۆشە *sêgoşe*
dreieckig ⟨Adj.⟩ سێگۆشە *sêgoşe*; سێسووچ *sêsûç*
dreifach ⟨Adj.⟩ 1. سێئەوەندە *sêewende*; 2. سێبارە *sêbare*
dreihundert ⟨Num.⟩ سێسەد *sêsed*

dreimal ⟨Adv.⟩ سێجار *sêcar;* سێبەسێ *sêbesê*
Dreirad *n* پاسکیلی سێتایی *paskîlî sêtayî*
dreißig ⟨Num.⟩ سی *sî*
Dreisternehotel *n* ئوتێلی سێئەستێرە *utêlî sêestêre*
dreistöckig ⟨Adj.⟩ سێنهۆم *sênihom;* سێقات *sêqat*
dreiviertel ⟨Adj.⟩ سێچارەک *sêçarek*
Dreiviertelstunde *f* سێچارەکە سەعات *sêçareke se'at*
dreizehn ⟨Num.⟩ سیازدە *siyazde*
dringend ⟨Adj.⟩ پێویست *pêwîst;* **dringend sein** پێویست بوون *pêwîst bûn*
drinnen ⟨Adv.⟩ لەناوەوە *lenawewe;* لەژوورەوە *lejûrewe*
dritt ⟨Adv.⟩; **zu dritt** سیانسیان *siyansiyan;* سێبەسێ *sêbesê*
dritte(r, -s) ⟨Adj.⟩ سێیەم *sêyem;* سێهەم *sêhem*
Drittel *n* سێیەک *sêyek*
drittens ⟨Adv.⟩ سێیەمین *sêyemîn*
Droge *f* داوودەرمانی هۆشبەر *dawudermanî hoşber*
drogenabhängig ⟨Adj.⟩ مودمین *mudmîn*
Drogerie *f* دوکانی عەتار *dukanî 'etar*
drohen ⟨v.i.⟩ هەڕەشە کردن *hereşe kirdin*
drohend ⟨Adj.⟩ هەڕەشەوگوڕەشە *hereşewgureşe*
Drohung *f* هەڕەشە *hereşe*
drüben ⟨Adv.⟩ ئەوبەر *ewber*
[1]**Druck** *m* گوشار *guşar;* پاڵەپەستۆ *palepesto*
[2]**Druck** *m* چاپ *çap*
drucken ⟨v.t.⟩ چاپ کردن *çap kirdin*
drücken I. ⟨v.t.⟩ گوشین *guşîn* **II.** ⟨v.i.⟩ گرتن (پێڵاو) *girtin (pêlaw)* **III.** ⟨v. refl.⟩ sich um/vor etw. drücken خۆ لێدزینەوە *xo lêdizînewe*
drückend ⟨Adj.⟩ بەسوێ *beswê*
Drucker *m* چاپگەر *çapger*
Druckerei *f* چاپخانە *çapxane*
Druckknopf *m* دوگمەی دەستپیادانان *dugmey destpiyadanan*
Drüse *f* ڕژێن *rijên;* غودە *xude*
Dschungel *m* جەنگەڵ *cengel*
DSL *n* (EDV) هێڵی هاوبەشی دیگیتال *hêlî hawbeşî dîgîtal*
du ⟨Pron.⟩ (ڕاناوەکەسیی بکەر بۆ کەسی دووەمی تاک) *(ranawekesîy biker bo kesî dûwemî tak);* ت... *...it/t;* تۆ *to*
Dual *m* (Gr.) دوانە *diwane*
ducken I. ⟨v.t.⟩ سەر پێ شۆڕ کردن *ser pê şor kirdin* **II.** ⟨v.refl.⟩ sich (vor etw.) ducken خۆ دانەواندن *xo danewandin*
Duft *m* بۆن *bon*
duften ⟨v.i.⟩ بۆن لێهاتن *bon lêhatin*
dulden ⟨v.t.⟩ 1. چاو لێپۆشین *çaw lêpoşîn;* ڕێ پێدان *rê pêdan;* 2. (Pol.) داڵدە دان *dalde dan*
dumm ⟨Adj.⟩ گێل *gêl;* بلح *bilh;* حەپۆل *hepol;* نەزان *nezan;* دەبەنگ *debeng;* گەوج *gewc*
Dummheit *f* بێئەقڵی *bêeqilî;* گەلۆری *gelorî;* بێمێشکی *bêmêşkî;* گەوجی *gewcî*
Dummkopf *m* (ugs.) گەوج *gewc;* گەندەدەماخ *gendedemax;* گێل *gêl*
dumpf ⟨Adj.⟩ 1. پەنگ *peng;* 2. بۆش *boş*
Düne *f* تەپۆڵکەی لمی *tepolkey limî*
Dünger *m* پەیین *peyîn*

D

dunkel ⟨Adj.⟩ تاریک *tarîk*
Dunkelheit *f* تاریکی *tarîkî*
dünn ⟨Adj.⟩ 1. باریک *barîk*; 2. تەنک *tenik*; 3. لەڕ *leṟ*
Dunst *m* هەڵم *heḻm*; بوخار *buxar*
durch I. ⟨Präp.⟩ بەناو ...دا *benaw ...da*; پێدا *pêda* **II.** ⟨Adv.⟩ بەدرێژایی *bedirêjayî*; **das ganze Jahr durch** بەدرێژایی ساڵ *bedirêjayî saḻ*; **durch und durch** (ugs.) سەراپا *serapa*
Durchblick *m* 1. سەرنج *serinc*; 2. (ugs.) لێتێگەیشتن *lêtêgeyiştin*
Durchblutungsstörung *f* (Med.) شلووقیی خوێنجمان *şilûqîy xwênciman*
durchbrechen I. ⟨v.t.⟩ شکاندن *şikandin* **II.** ⟨v.i.⟩ شکان *şikan*
durchbrennen ⟨v.i.⟩ سووتان *sûtan*
durchdrehen ⟨v.i.⟩ 1. سووڕانەوە *sûṟanewe*; 2. (ugs.) تێکچوون (مرۆڤ) *têkçûn (mirov)*
durcheinander ⟨Adj.⟩ 1. بێسەروبەر *bêseruber*; نارێکوپێک *naṟêkupêk*; 2. ئاڵۆز *aḻoz*; سەرلێتێکچوو *serlêtêkçû*
Durcheinander *n* شێواوی *şêwawî*; نارێکوپێکی *naṟêkupêkî*; شپرزەیی *şipirzeyî*
durcheinanderbringen ⟨v.t.⟩ 1. تێکوپێک دان *têkupêk dan*; 2. سەر لێ تێکدان *ser lê têkdan*
Durchfahrt *f* ڕێڕەو *ṟêṟew* • Durchfahrt verboten! پێداتێپەڕبوون قەدەغەیە!
Durchfall *m* (Med.) سکچوون *sikçûn*
durchfallen ⟨v.i.⟩ دەرنەچوون *derneçûn*
durchführen ⟨v.t.⟩ کار بەڕێوە بردن *kar beṟêwe birdin*
Durchgang *m* دەرباز *derbaz*; ڕێڕەو *ṟêṟew* • Durchgang gesperrt! ڕێڕەوەکە گیراوە!
durchgebraten ⟨Adj.⟩ (Kochk.) باشسوورکراوە *başsûrkirawe*
durchgehen I. ⟨v.i.⟩ پیاتێپەڕین *piyatêpeṟîn* **II.** ⟨v.t.⟩ چاو پێداخشاندن *çaw pêdaxişandin*
durchgehend ⟨Adj.⟩ بێوەستان *bêwestan*; بەردەوام *berdewam*; **durchgehend geöffnet** بەردەوام کراوەیە *berdewam kiraweye*
durchhalten ⟨v.i.⟩ بەرگە گرتن *berge girtin*
durchkommen ⟨v.i.⟩ 1. تێپەڕ بوون بە *têpeṟ bûn be*; 2. وەرگرتن (تەلەفۆن) *wergirtin (telefon)*; 3. (üb.) بەسەردا زاڵ بوون *beserda zaḻ bûn*
durchlassen ⟨v.t.⟩ ڕێ پێدان *ṟê pêdan*
durchlaufen ⟨v.i.⟩ پێدا ڕەت بوون *pêda ṟet bûn*
durchmachen ⟨v.t.⟩ 1. چێشتن (ئازار، سزا) *çêştin (azar, siza)*; 2. بەسەر بردن *beser birdin*
Durchmesser *m* تیرەبازنە *tîrebazne*
Durchreise *f* پێداتێپەڕبوون *pêdatêpeṟbûn* • wir sind nur auf der Durchreise پشوویەک دەدەین و دەڕۆین
Durchsage *f* پێڕاگەیاندن *pêṟageyandin*
durchschneiden ⟨v.t.⟩ بڕین *biṟîn*
Durchschnitt *m* 1. قەدبڕین *qedbiṟîn*; 2. مامناوەندێتی *mamnawendêtî*; 3. تێکڕا *têkṟa*
durchschnittlich ⟨Adj.⟩ 1. مامناوەندی *mamnawendî*; 2. ئاسایی *asayî*
durchsehen I. ⟨v.i.⟩ لێوە سەیر کردن *lêwe seyr kirdin* **II.** ⟨v.t.⟩ بژار کردن *bi-*

jar kirdin
durchsetzen ⟨v.t.⟩ بەسەردا سەپاندن *beserda sepandin*
durchsichtig ⟨Adj.⟩ تەنک *tenik*
durchstreichen ⟨v.t.⟩ خەت پێداهێنان *xet pêdahênan;* سڕینەوە *siṟînewe*
durchsuchen ⟨v.t.⟩ پشکنین *pişkinîn*
Durchsuchung *f* پشکنین *pişkinîn*
Durchwahl *f* پەیوەندی ڕاستەوخۆ (بە تەلەفۆن) *peywendî ṟastewxo (be telefon)*
Durchzug *m* 1. گۆڕانی هەوا *goṟanî hewa;* 2. دەربازبوون *derbazbûn*
dürfen ⟨v.i./Modalverb⟩ ڕێ پێدان *ṟê pêdan;* بۆهەبوون *bohebûn* • darf ich gehen? دەتوانم بڕۆم؟; was darf es sein? چیتان دەوێ؟؛ چی دەخوازن؟
dürftig ⟨Adj.⟩ کەمدەرەتان *kemderetan*
dürr ⟨Adj.⟩ 1. وشک *wişk;* 2. لەڕولاواز *leṟulawaz*
Dürre *f* وشکایی *wişkayî*
Durst *m* تینوێتی *tînwêtî;* **Durst haben** تینوو بوون *tînû bûn*
durstig ⟨Adj.⟩ تینوو *tînû;* **durstig sein/werden** تینوو بوون *tînû bûn*
Dusche *f* دوش *duş*
duschen I. ⟨v.i.⟩ دوش کردن *duş kirdin* **II.** ⟨v.refl.⟩ sich duschen دوش کردن *duş kirdin*
Düsenflugzeug *n* فڕۆکەی تەکاندەر *fiṟokey tekander*
düster ⟨Adj.⟩ 1. تاریک *tarîk;* 2. بێشەوق *bêşewq*
Dutzend *n* دەرزەن *derzen;* دەستە *deste*
DVD *f* دی ڤی دی *dî vî dî*
DVD-Player *m* دی ڤی دی لیدەر *dî vî dî lêder*
dynamisch ⟨Adj.⟩ بەجووڵە *becûḻe*
Dynamit *n* دینامیت *dînamît*
Dynastie *f* (bildungsspr.) بنەماڵە *binemaḻe;* میرنشین *mîrnişîn*
D-Zug *m* شەمەندەفەری خێرا *şemendeferî xêra*

E

e, E ئێ *ê;* پیتی پێنجەمی ئەلفبێی ئەڵمانی *pîtî pêncemî elfbêy eḻmanî*
Ebbe *f* نیشتنەوەی ئاوی دەریا *nîştinewey awî derya;* **Ebbe und Flut** هەڵکشان و داکشانی ئاوی دەریا *helkişan u dakişanî awî derya*
eben ⟨Adj.⟩ 1. تەخت *text;* 2. دەشتانی *deştanî*
Ebene *f* 1. تەختایی *textayî;* پێدەشت *pêdeşt;* 2. پلە *pile;* **auf höchster Ebene** لە پلەی بالادا *le piley baḻada*
ebenfalls ⟨Adv.⟩ هەروەها *herweha;* …

یش/ش ...*îş/ş*

ebenso ⟨Adv.⟩ هەروەها *herweha*; چوونیەک *çûnyek*

Echo *n* زایەڵە *zayele*

echt I. ⟨Adj.⟩ 1. ڕاستەقینە *rasteqîne*; 2. ئەسڵی *eslî*; 3. ڕەسەن *resen* **II.** ⟨Adv.⟩ (ugs.) لەڕاستیدا *lerastîda*

EC-Karte *f* کارتی یوڕۆچەک *kartî yuroçek*

Ecke *f* گۆشە *goşe*

eckig ⟨Adj.⟩ گۆشەدار *goşedar*

Eckzahn *m* خرکە *xirke*

Economyclass *f* هەرزانترین بلیتی هاتوچۆ بە فڕۆکە *herzantirîn bilîtî hatuço be firoke*

edel ⟨Adj.⟩ 1. ڕەسەن *resen*; 2. نایاب *nayab*

Edelstein *m* بەردی بەنرخ *berdî benirx*

Effekt *m* 1. کاریگەری *karîgerî*; 2. ئەنجام *encam*

egal I. ⟨Adj.⟩ هاوتا *hawta* • das ist mir ganz egal! بەلامەوە گرنگ نییە! **II.** ⟨Adv.⟩ قیریسیا *qîrîsiya*

Egel *m* مارمژ (جۆرە کرمێکی ئەڵقەییە) *marmij (core kirmêkî elqeyîye)*

Egoist *m* خۆپەرست *xoperist*

Egoistin *f* w. Form zu ↑Egoist

egoistisch ⟨Adj.⟩ خۆپەرست *xoperist*

Ehe *f* ژنومێردی *jinumêrdî*; هاوسەری *hawserî*

Ehefrau *f* هاوسەر *hawser*

Eheleute *pl.* ژنومێرد *jinumêrd*

ehemalig ⟨Adj.⟩ جاران *caran*

Ehemann *m* مێرد *mêrd*; پیاو *piyaw*

Ehepaar *n* ژنومێرد *jinumêrd*

eher ⟨Adv.⟩ پێشتر *pêştir*

Ehering *m* ئەڵقەی هاوسەرگیری *elqey hawsergîrî*

Ehre *f* 1. شەرەف *şeref*; 2. ڕووسووری *rûsûrî*; 3. ڕێز *rêz*

ehren ⟨v.t.⟩ 1. ڕێز لێگرتن *rêz lêgirtin*; 2. خەڵات کردن *xelat kirdin*

ehrenamtlich ⟨Adj.⟩ خۆبەخش *xobexiş*

Ehrengast *m* میوانی شکۆدار *mîwanî şikodar*

Ehrenwort *n* قەولی شەرەف *qewlî şeref*

Ehrgefühl *n* نامووس *namûs*

ehrgeizig ⟨Adj.⟩ بەرزخواز *berzxiwaz*

ehrlich ⟨Adj.⟩ 1. ڕاستگۆ *rastgo*; 2. دڵپاک *dilpak*; 3. بەڕاست *berast*

Ehrlichkeit *f* ڕاستگۆیی *rastgoyî*

ei ⟨Int.⟩ وەی *wey*

Ei *n* 1. هێلکە *hêlke*; 2. (ugs.) هێلکەی گون *hêlkey gun*; **Eier legen** 1. (Zool.) هێلکە کردن *hêlke kirdin*; 2. (Zool.) گەرا دانان *gera danan*; **weich gekochtes Ei** هێلکەی دەڵەمە *hêlkey deleme*

Eiche *f* (Bot.) داربەڕوو *darberû*

Eichel *f* 1. (Bot.) بەڕوو *berû*; 2. (Anat.) سەری کێر *serî kêr*

Eichhörnchen *n* (Zool.) سمۆرە *simore*

Eid *m* سوێند *swênd*

Eidechse *f* (Zool.) قومقومۆکە *qumqumoke*

Eidotter *m/n* زەردێنەی هێلکە *zerdêney hêlke*

Eierkuchen *m* (Kochk.) کێکێکە لە ئارد، شیر، هێلکە و شەکر دروست دەکرێ و لە ڕۆندا سوور دەکرێتەوە *kêkêke le ard, şîr, hêlke w şekir dirust dekrê w le ronda sûr dekrêtewe*

Eierschale *f* توێکڵەهێلکە *twêklehêlke*

Eierstock *m* (Anat.) هێلکەدان *hêlkedan*
Eifersucht *f* دڵپیسی *dilpîsî*
eifersüchtig ⟨Adj.⟩ دڵپیس *dilpîs*
eifrig I. ⟨Adj.⟩ چالاک *çalak* **II.** ⟨Adv.⟩ بەپەرۆشەوە *beperoşewe*
Eigelb *n* (Kochk.) زەردێنەی هێلکە *zerdêney hêlke*
eigen ⟨Adj.⟩ هی خۆ *hî xo*; **dein eigenes Haus** خانووەکەی خۆت *xanûwekey xot*
eigenartig ⟨Adj.⟩ سەیر *seyr*; عەجایب *ʿecayib*
eigenmächtig ⟨Adj.⟩ خۆبەخۆ *xobexo*
Eigenschaft *f* تایبەتمەندی *taybetmendî*
eigensinnig ⟨Adj.⟩ کەللەڕەق *kellereq*; عیناد *ʿînad*
eigentlich I. ⟨Adj.⟩ ڕاستەقینە *rasteqîne* **II.** ⟨Adv.⟩ لەڕاستیدا *lerastîda*
Eigentum *n* موڵک *mulk*; خاوەنداری *xawendarî*
Eigentümer *m* موڵکدار *mulkdar*; خاوەن *xawen*
Eigentümerin *f* w. Form zu ↑Eigentümer
Eigentumswohnung *f* شوقەی خۆ *şuqey xo*
eignen ⟨v.refl.⟩ sich eignen شیان *şiyan*
Eile *f* خێرایی *xêrayî*; پەلەکردن *pelekirdin*
eilen ⟨v.i.⟩ پەلە کردن *pele kirdin* • es eilt sehr دەبێ پەلەی لێبکرێ
eilig ⟨Adj.⟩ خێرا *xêra*; پەلە *pele*; بەخێرایی *bexêrayî* • ich habe es sehr eilig زۆر پەلەمە
Eimer *m* سەتڵ *setil*
[1]**ein** ⟨Adv.⟩ داگیرساو *dagîrsaw*
[2]**ein** ⟨Num.⟩ یەک *yek*; **um ein Uhr** لە سەعات یەکدا *le seʿat yekda*
[3]**ein** ⟨Art.⟩ (ئامرازی نەناسین بۆ نێرینەی تاکی بکەر) *(amrazî nenasîn bo nêrîney takî biker)*; ...ێک/یەک ...*êk/yek*
[4]**ein** ⟨Art.⟩ (ئامرازی نەناسین بۆ بێلاینی تاکی بکەر و بەرکاری بێیاریدە) *(amrazî nenasîn bo bêlaynî takî biker u berkarî bêyarîde)*; ...ێک/یەک ...*êk/yek*
einarbeiten I. ⟨v.t.⟩ ڕاهێنان لە کارێکدا *rahênan le karêkda* **II.** ⟨v.refl.⟩ sich einarbeiten خۆ ڕاهێنان *xo rahênan*
einatmen ⟨v.i./v.t.⟩ هەناسە هەڵمژین *henase helmijîn*
Einatmung *f* هەواهەڵمژین *hewahelmijîn*
einäugig ⟨Adj.⟩ یەکچاو *yekçaw*
Einbahnstraße *f* شەقامی یەکسەرە *şeqamî yeksere*
einbauen ⟨v.t.⟩ دامەزراندن *damezrandin*
Einbauküche *f* دۆڵاب و پێداویستییەکانی چێشتخانە *dolab u pêdawîstîyekanî çêştxane*
einbeinig ⟨Adj.⟩ یەکلاق *yeklaq*
einberufen ⟨v.t.⟩ 1. بانگ کردن *bang kirdin*; 2. (Mil.) بە سەرباز کردن *be serbaz kirdin*
Einberufung *f* 1. بانگکردن (بۆ بەشداری لە ...) *bangkirdin (bo beşdarî le …)*; 2. (Mil.) بانگکردن بۆ خزمەتیسەربازی *bangkirdin bo xizmetîserbazî*
einbiegen ⟨v.i.⟩ پێچ کردنەوە *pêç kirdinewe*
einbilden ⟨v.refl.⟩ sich etw. einbilden هێنانە بەرچاو *hênane berçaw*
Einbildung *f* 1. خۆبەشزانی *xobeşilzanî*; 2. خەیاڵ *xeyal*

einbrechen I. ⟨v.t.⟩ 1. شکاندن *şikandin*; 2. (ماڵ) بڕین *bi̱rîn (ma̱l)* **II.** ⟨v.i.⟩ چوونە ناو *çûne naw*; **in ein Haus einbrechen** ماڵ بڕین *ma̱l bi̱rîn*

Einbrecher *m* ماڵبڕ *ma̱lbi̱r*

Einbrecherin *f* w. Form zu ↑Einbrecher

E

Einbruch *m* ماڵبڕین *ma̱lbi̱rîn*; **Einbruch der Nacht** شەوداهاتن *şewdahatin*

einchecken ⟨v.t./v.i.⟩ بە ڕێ خستن (گەشتیار لە فڕۆکەخانە) *be ṟê xistin (geştiyar le fiṟokexane)*

eincremen ⟨v.t.⟩ کرێم لێدان *kirêm lêdan*

eindeutig ⟨Adj.⟩ 1. تاکمانا *takmana*; 2. ئاشکرا *aşkira*

eindringen ⟨v.i.⟩ دزە کردن *dize kirdin*

Eindruck *m* 1. شوێنپێ *şwênpê*; 2. کاریگەری *karîgerî*

eindrucksvoll ⟨Adj.⟩ سەرسووڕهێنەر *sersûṟhêner*

eineinhalb ⟨Adj.⟩ یەکونیو *yekunîw*

einerseits ⟨Adv.⟩ لەملاوە *lemlawe*

einfach I. ⟨Adj.⟩ 1. ئاسان *asan*; 2. خاکی (مرۆڤ) *xakî (mirov)*; 3. یەکسەر (بلیت) *yekser (bilît)* **II.** ⟨Adv.⟩ بەئاسانی *beasanî*

Einfahrt *f* چوونەژوورەوە *çûnejûrewe*

einfallen ⟨v.i.⟩ 1. هاتنەوە بیر *hatinewe bîr*; 2. ڕووخان *ṟûxan*

Einfamilienhaus *n* ڤێلا *vêla*; خانوو *xanû*

einfarbig ⟨Adj.⟩ یەکڕەنگ *yekṟeng*

Einfluss *m* 1. کاریگەری *karîgerî*; 2. دەسەڵات *dese̱lat*

einflussreich ⟨Adj.⟩ دەسەڵاتدار *dese̱latdar*

einfrieren ⟨v.i./v.i.⟩ بەستن *bestin*

einfügen ⟨v.t.⟩ خستنە ناو *xistine naw*

Einfuhr *f* هاوردە *hawirde*

einführen ⟨v.t.⟩ 1. بردنە ناو (سستێم، کون) *birdine naw (sistêm, kun)*; 2. هاوردن (کەلوپەل) *hawirdin (kelupel)*

Einfuhrsteuer *f* (Wirtsch.) باجی خراوە سەر هاوردە *bacî xirawe ser hawirde*

Einführung *f* 1. سەرەتا *sereta*; 2. ڕێنمایی *ṟênimayî*

Einfuhrverbot *n* (Wirtsch.) هاوردەقەدەغەکردن *hawirdeqedex̱ekirdin*

einfüßig ⟨Adj.⟩ یەکپێ *yekpê*

Eingang *m* چوونەژوورەوە *çûnejûrewe*

Eingangshalle *f* هۆڵی چوونەژوورەوە *ho̱lî çûnejûrewe*

Eingangstür *f* دەرگای چوونەژوورەوە *dergay çûnejûrewe*

eingeben ⟨v.t.⟩ 1. لێدان (ژمارە) *lêdan (jimare)*; 2. پێدان *pêdan*; 3. (EDV) تۆمار کردن *tomar kirdin*

eingebildet ⟨Adj.⟩ خۆبەشتزان *xobeşitzan*; لووتبەرز *lûtberz*

eingehen ⟨v.i.⟩ 1. گەیشتن (پارە، پۆست، کەلوپەل) *geyiştin (pare, post, kelupel)*; 2. چوونە یەک (جلوبەرگ، کوتاڵ) *çûne yek (ciluberg, kuta̱l)*; 3. مردن (ئاژەڵ) *mirdin (aje̱l)*; 4. وشک بوونەوە (ڕووەک) *wişk bûnewe (ṟuwek)*; **auf etw. eingehen** دوان دەربارەی *diwan derbarey*

eingestehen ⟨v.t.⟩ دان پێدانان *dan pêdanan*

eingewöhnen ⟨v.refl.⟩ sich in etw.

eingewöhnen خۆ ڕاهێنان لەگەڵ *xo rahênan legel*
eingießen ⟨v.t.⟩ تێکردن *têkirdin*
eingleisig ⟨Adj.⟩ یەکهێڵی *yekhêlî*
eingraben ⟨v.t.⟩ بە خاک سپاردن *be xak sipardin*
eingreifen ⟨v.i.⟩ دەس تێنان *des tênan;* **in etw. eingreifen** دەست تێوەدان *dest têwedan*
einhalten ⟨v.t.⟩ بەجێ هێنان *becê hênan*
einheimisch ⟨Adj.⟩ خۆماڵی *xomalî*
Einheimische *f* w. Form zu ↑Einheimischer
Einheimischer *m* هاونیشتمانی *hawnîştimanî;* هاووڵاتی *hawwilatî*
Einheit *f* 1. یەکێتی *yekêtî;* 2. پێوانە *pêwane;* 3. دەستەی سەربازی *destey serbazî*
einheitlich ⟨Adj.⟩ 1. چوونیەک *çûnyek;* 2. هاوبەش *hawbeş*
einholen ⟨v.t.⟩ 1. خواستن (ئامۆژگاری) *xiwastin (amojgarî);* 2. گرتنەوە *girtinewe*
einig ⟨Adj.⟩ یەکبوو *yekbû;* تەبا *teba;* **sich (mit j-m) einig sein** یەک بوون (لەگەڵ) *yek bûn (legel)*
einige(r, -s) ⟨Pron.⟩ چەند *çend;* هەندێ *hendê;* **vor einigen Tagen** بەرلە چەند ڕۆژێک *berle çend rojêk*
einigen I. ⟨v.t.⟩ یەک خستن *yek xistin* **II.** ⟨v.refl.⟩ sich einigen یەک کەوتن *yek kewtin;* ڕێک کەوتن *rêk kewtin*
einigermaßen ⟨Adv.⟩ (ugs.) کەموزۆر *kemuzor;* تارادەیەک *taradeyek*
Einigkeit *f* یەکبوون *yekbûn,* ڕێکەوتن *rêkewtin;* یەکێتی *yekêtî*
Einigung *f* پێکهاتن *pêkhatin;* ڕێککەوتن *rêkkewtin*
einjährig ⟨Adj.⟩ یەکساڵە *yeksale*
Einkauf *m* کڕین *kirîn*
einkaufen ⟨v.t.⟩ شت کڕین *şit kirîn;* **einkaufen gehen** بۆ شتکڕین چوون *bo şitkirîn çûn*
Einkaufsbummel *m* سوڕانەوە بۆ شتومەک کڕین *suranewe bo şitumek kirîn*
Einkaufswagen *m* عەرەبانەی شتومەککڕین *ʿerebaney şitumekkirîn*
Einkaufszentrum *n* بازاڕەگەورە *bazaregewre*
einkleiden ⟨v.t.⟩ جل لەبەر کردن *cil leber kirdin*
einklemmen ⟨v.t.⟩ پێوەگیر کردن *pêwegîr kirdin*
Einkommen *n* دەستکەوت *destkewt;* مووچە *mûçe*
Einkommenssteuer *f* باجی دەسکەوت *bacî deskewt*
Einkünfte *pl.* دەستکەوت *destkewt*
einladen ⟨v.t.⟩ داوەت کردن *dawet kirdin*
Einladung *f* 1. دەعوەت *deʿwet;* میوانداری *mîwandarî;* 2. داوەتنامە *dawetname*
Einladungskarte *f* کارتی داوەتنامە *kartî dawetname*
einlagern ⟨v.t.⟩ عەمار کردن *ʿemar kirdin*
Einlass *m* چوونەژوورەوە *çûnejûrewe*
einlassen I. ⟨v.t.⟩ ڕێ پێدان (بۆ چوونە ژوورەوە) *rê pêdan (bo çûne jûrewe)* **II.** ⟨v.refl.⟩ sich auf etw. einlassen

رەت نەکردنەوە *ret nekirdinewe*

Einlasskarte *f* کارتی چوونەژوورەوە *kartî çûnejûrewe*

einleben ⟨v.refl.⟩ sich einleben ڕاهاتن لەگەڵ *rahatin legel*

einlegen ⟨v.t.⟩ خستنە ناو *xistine naw*

einleiten ⟨v.t.⟩ 1. دەست پێکردن *dest pêkirdin*; 2. بەڕێوە بردن *berêwe birdin*

Einleitung *f* پێشەکی *pêşekî*; سەرەتا *sereta*

einleuchten ⟨v.i.⟩ دەرک پێکردن *derk pêkirdin*

einliefern ⟨v.t.⟩ ناردن بۆ *nardin bo*; **j-n ins Krankenhaus einliefern** ناردنە نەخۆشخانە *nardine nexoşxane*

einloggen ⟨v.refl.⟩ sich einloggen (EDV) چوونە ناو پرۆگرام یا ماڵپەڕی کۆمپیوتەرەوە *çûne naw pirogram ya malperî kompyuterewe*

einlösen ⟨v.t.⟩ 1. وەرگرتنەوە *wergirtinewe*; 2. سەرف کردن (چەک) *serif kirdin (çek)*

einmal ⟨Adv.⟩ جارێک *carêk*; **auf einmal** 1. لەپڕێکدا *lepirêkda*; 2. بەجارێک *becarêk*; **nicht einmal** تەنانەت جارێکیش نە *tenanet carêkîş ne*

einmalig ⟨Adj.⟩ بێوێنە *bêwêne*

einmischen I. ⟨v.t.⟩ تێکەڵاو کردن *têkelaw kirdin* **II.** ⟨v.refl.⟩ sich einmischen دەست تێخستن *dest têxistin*

Einnahme *f* 1. (Mil.) داگیرکردن *dagîrkirdin*; 2. دەستکەوت *destkewt*

einnehmen ⟨v.t.⟩ 1. بەدەست کەوتن *bedest kewtin*; 2. وەرگرتن (باج) *wergirtin (bac)*; 3. دەست بەسەردا گرتن *dest beserda girtin*; 4. خواردن (دەرمان) *xiwardin (derman)*

einordnen I. ⟨v.t.⟩ 1. ڕێک خستن *rêk xistin*; 2. لە فایلدا هەڵگرتن *le fayilda helgirtin* **II.** ⟨v.refl.⟩ sich einordnen خۆ گونجاندن *xo guncandin*

einpacken ⟨v.t.⟩ پێچانەوە *pêçanewe*

einparken ⟨v.t./v.i.⟩ پارک کردن *park kirdin*

einpflanzen ⟨v.t.⟩ 1. چاندن *çandin*; 2. (Med.) گۆڕین (ئەندامی لەش) *gorîn (endamî leş)*

einräumen ⟨v.t.⟩ 1. ڕێکوپێک کردن (ژوور) *rêkupêk kirdin (jûr)*; 2. (üb.) دان پێدانان *dan pêdanan*

einreden I. ⟨v.t.⟩; **j-m etw. einreden** خستنە مێشکەوە *xistine mêşkewe* **II.** ⟨v.refl.⟩ sich etw. einreden خۆ هەڵخەڵەتاندن *xo helxeletandin*

einreiben ⟨v.t.⟩ چەور کردن *çewir kirdin*

einreichen ⟨v.t.⟩ 1. پێشکەش کردن (داخوازی، دەعوا) *pêşkeş kirdin (daxwazî, deʿwa)*; 2. پێدان *pêdan*; **die Scheidung einreichen** داوای جیابوونەوە کردن *daway ciyabûnewe kirdin*

Einreise *f* چوونەناوولاتێک *çûnenawwilatêk*

Einreiseerlaubnis *f* ڕێگاپێدان بۆ چوونەناووڵاتێک *rêgapêdan bo çûnenawwilatêk*; ڤیزە *vîze*

einreisen ⟨v.i.⟩ سەفەر کردن (بۆ وڵاتێک) *sefer kirdin (bo wilatêk)*

Einreisevisum *n* ڤیزەی چوونەناوەوە *vîzey çûnenawewe*

einrichten ⟨v.t.⟩ 1. دانان *danan*; 2. ڕێک

خستن *r̲êk xistin*

Einrichtung *f* 1. ڕێکخستن *r̲êkxistin;* 2. دامودەزگا *damudezga;* 3. کەلوپەلی ناومالّ *kelupelî nawmal̲*

eins ⟨Num.⟩ یەک *yek*

einsam ⟨Adj.⟩ 1. تەنیا *tenya;* 2. گۆشەگیر *goşegîr*

Einsamkeit *f* 1. گۆشەگیری *goşegîrî;* 2. تەنیایی *tenyayî*

einsammeln ⟨v.t.⟩ کۆ کردنەوە *ko kirdinewe*

Einsatz *m* 1. خزمەت *xizmet;* 2. دانان (پارە بۆ بردنەوە) *danan (pare bo birdinewe)*

einschalten ⟨v.t.⟩ 1. داگیرساندن *dagîrsandin;* 2. کردنەوە (تەلەفیزیۆن، ڕادیۆ) *kirdinewe (telefîzyon, r̲adyo)*

einschätzen ⟨v.t.⟩ هەڵسەنگاندن *hel̲sengandin*

einschenken ⟨v.t.⟩ پێدان (شلەمەنی لە پەرداخدا) *pêdan (şilemenî le perdaxda)*

einschlafen ⟨v.i.⟩ نووستن *nûstin;* خەوتن *xewtin*

einschlagen I. ⟨v.t.⟩ 1. داکوتان *dakutan;* 2. تێوەپێچاندن *têwepêçandin* **II.** ⟨v.i.⟩ لێدان *lêdan*

einschließlich ⟨Präp.⟩ 1. لەگەڵ ...دا *legel̲ ...da;* 2. گشتگر *giştgir*

einschneiden ⟨v.t.⟩ داتاشین *dataşîn*

einschränken I. ⟨v.t.⟩ 1. سنوور بۆ دانان *sinûr bo danan;* 2. کەم کردنەوە *kem kirdinewe* **II.** ⟨v.refl.⟩ sich einschränken خۆ بەستنەوە بە *xo bestinewe be*

Einschreibebrief *m* نامەی تۆمارکراو *namey tomarkiraw*

einschreiben I. ⟨v.t.⟩ تۆمار کردن *tomar kirdin* **II.** ⟨v.refl.⟩ sich einschreiben خۆ ناونووس کردن *xo nawnûs kirdin*

Einschreiben *n* تۆمارکراو *tomarkiraw;* **per Einschreiben** بە تۆمارکراوی *be tomarkirawî*

einschüchtern ⟨v.t.⟩ ترساندن *tirsandin*

einsehen ⟨v.t.⟩ 1. بینین *bînîn;* 2. چاو پێداخشاندن (بەڵگەنامە) *çaw pêdaxişandin (bel̲gename);* 3. تێگەیشتن *têgeyiştin*

einseitig ⟨Adj.⟩ یەکلایەنە *yeklayene*

einsenden ⟨v.t.⟩ ناردن *nardin*

einsetzen I. ⟨v.t.⟩ دانان *danan* **II.** ⟨v.refl.⟩ sich für etw./j-n einsetzen پشتیوانی کردن *piştîwanî kirdin*

Einsicht *f* 1. بینین *bînîn;* 2. تێگەیشتن *têgeyiştin*

Einsiedler *m* گۆشەنشین *goşenişîn*

Einsiedlerin *f* w. Form zu ↑Einsiedler

einsparen ⟨v.t.⟩ پاشەکەوت کردن *paşekewt kirdin*

einsperren ⟨v.t.⟩ بەند کردن *bend kirdin;* گرتن *girtin*

einspringen ⟨v.i.⟩ لەجیاتی بوون *leciyatî bûn;* **für j-n einspringen** شوێن گرتنەوە *şwên girtinewe*

Einspruch *m* نارەزایی *nar̲ezayî;* **Einspruch einlegen/erheben** (Jur.) نارەزایی دەربرین *nar̲ezayî derbir̲în*

einspurig ⟨Adj.⟩ یەکڕێیان *yekr̲êyan*

einstecken ⟨v.t.⟩ تێئاخنین *têaxnîn*

einsteigen ⟨v.i.⟩ سوار بوون *siwar bûn*

E

einstellen ⟨v.t.⟩ 1. ڕاگرتن ṟagirtin; 2. تەنزیم کردن tenzîm kirdin; 3. دامەزراندن damezirandin

Einstellung f 1. دامەزراندن damezirandin; 2. ⟨üb.⟩ باریسەرنج barîserinc

einstimmig ⟨Adj.⟩ یەکدەنگ yekdeng

einstündig ⟨Adj.⟩ یەکسەعاتی yekse'atî

einstürzen ⟨v.i.⟩ ڕووخان ṟûxan

eintägig ⟨Adj.⟩ یەکڕۆژە yekṟoje

einteilen ⟨v.t.⟩ 1. بەشبەش کردن beşbeş kirdin; 2. پلە بۆ دانان pile bo danan

Einteilung f بەشکردن beşkirdin

eintönig ⟨Adj.⟩ 1. یەکڕەنگ yekṟeng; 2. جاڕسکەر caṟisker

Eintopf m چێشتی شلە çêştî şile

einträchtig ⟨Adj.⟩ کۆک kok

eintragen ⟨v.t.⟩ یاداشت کردن yadaşt kirdin

einträglich ⟨Adj.⟩ سوودبەخش sûdbexş

Eintragung f یاداشتکردن yadaştkirdin

eintreten ⟨v.i.⟩ 1. هاتە ژوورەوە hatine jûrewe; 2. ڕوو دان ṟû dan; **für etw./ j-n eintreten** پشتگیری کردن piştgîrî kirdin

Eintritt m 1. چوونەژوورەوە çûnejûrewe; 2. پارەی چوونەژوورەوە parey çûnejûrewe • **Eintritt frei!** چوونەژوورەوە بەخۆڕاییە!; **Eintritt verboten!** چوونەژوورەوە قەدەغەیە!

Eintrittsgeld n نرخی چوونەژوورەوە nirxî çûnejûrewe

Eintrittskarte f بلیتی چوونەژوورەوە bilîtî çûnejûrewe

Eintrittspreis m نرخی چوونەژوورەوە nirxî çûnejûrewe

eintrocknen I. ⟨v.t.⟩ وشک کردنەوە wişk kirdinewe II. ⟨v.i.⟩ وشک بوون wişk bûn

einverstanden ⟨Adj.⟩ ڕازی ṟazî; **einverstanden sein** ڕازی بوون ṟazî bûn

Einwand m بەرپەرچدانەوە berperçdanewe

Einwanderer m ڕەوەند ṟewend

Einwanderin f w. Form zu ↑Einwanderer

einwandern ⟨v.i.⟩ ڕەو کردن ṟew kirdin

Einwanderung f ڕەوکردن ṟewkirdin

einwandfrei ⟨Adj.⟩ بێگەرد bêgerd

einweichen ⟨v.t.⟩ خستنە ئاوەوە xistine awewe

einweihen ⟨v.t.⟩ 1. (بۆ یەکەم جار) کردنەوە kirdinewe (bo yekem car); 2. ⟨üb.⟩ نهێنی درکاندن nihênî dirkandin

einweisen ⟨v.t.⟩ 1. ڕێنیشان دان ṟênîşan dan; 2. (بۆ نەخۆشخانە) ڕەوانە کردن ṟewane kirdin (bo nexoşxane)

einwerfen ⟨v.t.⟩ هاویشتن hawîştin

einwilligen ⟨v.i.⟩ ڕازی بوون ṟazî bûn

Einwilligung f ڕەزامەندی ṟezamendî

einwirken ⟨v.i.⟩ کار تێکردن kar têkirdin

Einwirkung f کاریگەری karîgerî

Einwohner m دانیشتوو danîştû

Einwohnerin f w. Form zu ↑Einwohner

Einwohnermeldeamt n تۆمارگەی دانیشتوان tomargey danîştiwan

Einzahl f ⟨Gr.⟩ تاک tak

einzahlen ⟨v.t.⟩ 1. پارە دان pare dan; 2. پارە خستنە سەر (حسابی بانق) pare xistine ser (ḥisabî banq)

Einzahlung f پارە خستنە سەر حسابی بانق

pare xistine ser ẖisabî banq; پارەدان *paredan*

Einzel *n* (Sp.) یاریی تاکەوانە *yarîy takewane*

Einzelbett *n* سیسەمی یەککەسی *sîsemî yekkesî*

Einzelhaft *f* حەپسی تەنیایی *ẖepsî tenyayî*

Einzelhandel *m* تاکفرۆشی *takfiroşî*

Einzelheit *f* وردەکاری *wirdekarî;* **in Einzelheiten** بە درێژی *be dirêjî*

Einzelkind *n* تاقانە *taqane*

einzeln I. ⟨Adj.⟩ تاک (پێڵاو، گۆرەوی، دەستکێش، ...) *tak (pêḻaw, gorewî, destkêş, …)* **II.** ⟨Adv.⟩ یەکیەک *yekyek*

Einzelperson *f* مرۆڤ *mirov*

Einzelstück *n* دانە *dane*

Einzelzimmer *n* ژووری یەککەسی *jûrî yekkesî*

einzig ⟨Adj.⟩ 1. تاک *tak;* 2. تاکوتەنیا (خوا) *takutenya (xiwa)*

einzigartig ⟨Adj.⟩ 1. بێهاوتا *bêhawta;* 2. تاکوتەنیا (خوا) *takutenya (xiwa)*

Eis *n* 1. سەهۆڵ *sehoḻ;* 2. دۆندرمە *dondirme;* **Eis am Stiel** دۆندرمە بە چیلکەوە (چلوورە ئاسا) *dondirme be çîlkewe (çilûre asa)*

Eisbär *m* (Zool.) ورچی سپی *wirçî sipî*

Eisberg *m* بەفرەچیا *befreçiya*

Eisdiele *f* دۆندرمەخانە *dondirmexane*

Eisen *n* ئاسن *asin*

Eisenbahn *f* هێڵی ئاسن *hêḻî asin*

eisern ⟨Adj.⟩ ئاسنی *asinî*

Eishockey *n* (Sp.) هۆکی سەر شەختە *hokî ser şexte*

eisig ⟨Adj.⟩ 1. بەستوو *bestû;* 2. کرێوە *kirêwe*

Eiskaffee *m* ئایسکافێ *ayiskafê*

Eiskunstlauf *m* (Sp.) هونەری خلیسکێنەی سەرشەختە *hunerî xilîskêney serşexte*

Eislauf *m* (Sp.) خلیسکێنەی سەرشەختە *xilîskêney serşexte*

Eistüte *f* پسکیتی دۆندرمە *piskîtî dondirme*

Eiswürfel *m* دانەسەهۆڵ *danesehoḻ*

eitel ⟨Adj.⟩ لەخۆبایی *lexobayî*

Eitelkeit *f* لەخۆباییبوون *lexobayîbûn*

Eiter *m* (Med.) کێم *kêm*

eitern ⟨v.i.⟩ کێم تێزان *kêm têzan*

Eiweiß *n* 1. سپێنەی هێلکە *sipêney hêlke;* 2. (Chem./Biol.) زولالییات *zulalîyat*

Eizelle *f* هێلکۆکە *hêlkoke*

Ejakulation *f* (Med.) ئاوهاتنەوە *awhatinewe*

ejakulieren ⟨v.i.⟩ (Med.) ئاو هاتنەوە *aw hatinewe*

[1]**Ekel** *m* قێزلێکردنەوە *qêzlêkirdinewe*

[2]**Ekel** *n* چەپەڵ *çepeḻ;* نەگریس *negrîs*

ekelhaft ⟨Adj.⟩ قێزەون *qêzewin*

ekeln I. ⟨v.t.⟩ قێز لێکردنەوە *qêz lêkirdinewe* **II.** ⟨v.refl.⟩ sich vor etw./j-m ekeln نەفرەت لێکردن *nefret lêkirdin;* قێز لێکردنەوە *qêz lêkirdinewe*

Ekzem *n* (Med.) بیرۆ *bîro*

elastisch ⟨Adj.⟩ جیڕ *cîr̲*

Elch *m* (Zool.) موس *mus*

Elefant *m* (Zool.) فیل *fîl*

elegant ⟨Adj.⟩ شەنگ *şeng*

Elektriker *m* کارەباچی *karebaçî*

Elektrikerin *f* w. Form zu | Elektriker

elektrisch ⟨Adj.⟩ کارەبایی *karebayî*
Elektrizität *f* کارەبا *kareba*
Elektrizitätswerk *n* کارگەی ئەلەکتریک *kargey elektirîk*
Elektrogeschäft *n* دوکانی کارەباچی *dukanî karebaçî*

E

Elektroherd *m* فڕنی کارەبا *fir̲inî kareba*
Elektronik *f* ئەلەکترۆنیک *elektironîk*
elektronisch ⟨Adj.⟩ ئەلەکترۆنی *elektironî*
Element *n* توخم *tuxim*; ڕەگەز *r̲egez*
elementar ⟨Adj.⟩ 1. بنچینەیی *binçîneyî*; 2. سەرەتایی (زانیاری) *seretayî (zaniyarî)*
elend ⟨Adj.⟩ کەساس *kesas*; پەرێشان *perêşan* • ich fühle mich elend زۆر پەرێشانم
Elend *n* بەدبەختی *bedbextî*; پەرێشانی *perêşanî*
elf ⟨Num.⟩ یازدە *yazde*
Elfenbein *n* دانی فیل *danî fîl*
Elfmeter *m* (Sp.) پەنارتی *penartî*
Ellbogen *m* ئانیشک *anîşk*
Elle *f* ئێسکەزەند *êskezend*
Elster *f* (Zool.) قەلەباچکە *qelebaçke*
Eltern *pl.* دایکوباوک *daykubawk*
E-Mail *f* ئیمێل *îmêl*
Emanzipation *f* ئازادکردن (لە بەندێتی) *azadkirdin (le bendêtî)*
Embargo *n* ئابڵۆقەی ئابووری *abl̲oqey abûrî*
Embryo *m* جەنین *cenîn*; کۆرپەلە *korpele*
Emigrant *m* ڕەوکەر *r̲ewker*
Emigrantin *f* w. Form zu ↑Emigrant
Emigration *f* ڕەوکردن *r̲ewkirdin*
emigriert ⟨Adj.⟩ ڕەوکردوو *r̲ewkirdû*
Emotion *f* سۆز *soz*
Empfang *m* 1. پێشوازی *pêşwazî*; 2. وەرگرتن *wergirtin*
empfangen ⟨v.t.⟩ 1. پێشوازی کردن *pêşwazî kirdin*; 2. وەرگرتن *wergirtin*
Empfänger *m* وەرگر (نامە) *wergir (name)*
Empfängerin *f* w. Form zu ↑Empfänger
Empfängnis *f* (Med.) ئاوسبوون *awisbûn*
Empfängnisverhütung *f* پاراستنلەسکپڕبوون *parastinlesikpir̲bûn*
Empfangsbescheinigung *f* s. ↑Empfangsbestätigung
Empfangsbestätigung *f* پسوڵەی بەدەستگەیشتن *pisul̲ey bedestgeyiştin*
empfehlen ⟨v.t.⟩ 1. ئامۆژگاری کردن *amojgarî kirdin*; 2. پێشنیاز کردن *pêşniyaz kirdin*; **nicht zu empfehlen** نەشیاو بۆ پێشنیاز کردن *neşiyaw bo pêşniyaz kirdin*
empfehlenswert ⟨Adj.⟩ پەسەند *pesend*
Empfehlung *f* 1. ڕاسپێری *r̲asipêrî*; 2. پێشنیاز *pêşniyaz*
empfinden ⟨v.t.⟩ هەست پێکردن *hest pêkirdin*
empfindlich ⟨Adj.⟩ هەستناسک *hestnasik*
Empfindung *f* 1. هەستپێکردن *hestpêkirdin*; 2. سۆز *soz*
empören I. ⟨v.t.⟩ تووڕە کردن *tûr̲e kirdin* **II.** ⟨v.refl.⟩; **sich über etw./j-n empören** لێڕابوون *lêr̲abûn*
empört ⟨Adj.⟩ بەتووڕەییەوە *betûr̲eyiyewe*

Empörung *f* توورەبوون *tûrebûn*
Ende *n* کۆتایی *kotayî*; **zu Ende sein** لە کۆتاییدا بوون *le kotayîda bûn*
enden ⟨v.i.⟩ کۆتایی هاتن *kotayî hatin*
endgültig ⟨Adj.⟩ کۆتاییپێهاتوو *kotayîpêhatû*
Endhaltestelle *f* دواوێستگە *diwawêstge*
endlich I. ⟨Adj.⟩ ئاخری *axirî* **II.** ⟨Adv.⟩ لەکۆتاییدا *lekotayîda*
endlos ⟨Adj.⟩ بێکۆتایی *bêkotayî*
Endspiel *n* (Sp.) یاریی کۆتایی *yarîy kotayî*
Endstation *f* دواوێستگە *diwawêstge*
Endung *f* (Gr.) کۆتایی *kotayî*
Energie *f* 1. وزە *wize*; 2. (üb.) چالاکی *çalakî*
energisch ⟨Adj.⟩ بەوزە *bewize*; چالاک *çalak*
eng ⟨Adj.⟩ تەسک *tesk*
engagieren I. ⟨v.t.⟩ لە ئەستۆ نان *le esto nan* **II.** ⟨v.refl.⟩ sich engagieren لە ئەستۆی خۆ گرتن *le estoy xo girtin*
engagiert ⟨Adj.⟩ لەئەستۆنراو *leestoniraw*
Enge *f* تەنگی *tengî*
Engel *m* فریشتە *firîşte*; پەری *perî*
England *n* ئینگلستان *Îngilstan*
Engländer *m* ئینگلیز *îngilîz*
Engländerin *f* w. Form zu ↑Engländer
englisch ⟨Adj.⟩ ئینگلیزی *îngilîzî*
Englisch *n* زمانی ئینگلیزی *zimanî înglîzî* • sie können Englisch زمانی ئینگلیزی دەزانن
Engpass *m* 1. گەلی *gelî*; 2. (üb.) پەرێشانی *perêşanî*
Enkel *m* نەوە *newe*
Enkelin *f* w. Form zu ↑Enkel کچی کور *kiçî kur*; کچی کچ *kiçî kiç*; کچەزا *kiçeza*
enorm ⟨Adj.⟩ 1. زۆر گەورە *zor gewre*; 2. سەیر *seyr*; 3. نایاب *nayab*
Ensemble *n* دەستە *deste*; تیپ *tîp*
entbehren ⟨v.t.⟩ دەست لێهەڵگرتن *dest lêhelgirtin*
entbehrlich ⟨Adj.⟩ ناپێویست *napêwîst*
entbinden I. ⟨v.t.⟩ لێ ڕزگار کردن *lê rizgar kirdin* **II.** ⟨v.i.⟩ منداڵ بوون *mindal bûn*
Entbindung *f* 1. ڕزگار کردن *rizgar kirdin*; 2. (Med.) منداڵبوون *mindalbûn*
entdecken ⟨v.t.⟩ دۆزینەوە *dozînewe*
Entdeckung *f* دۆزینەوە *dozînewe*
Ente *f* (Zool.) مراوی *mirawî*
entehren ⟨v.t.⟩ ئابڕوو بردن *abrû birdin*
entfallen ⟨v.i.⟩ لەبیر چوون *lebîr çûn*
entfernen I. ⟨v.t.⟩ لا بردن *la birdin* **II.** ⟨v.refl.⟩ sich entfernen خۆ دوور خستنەوە *xo dûr xistinewe*
entfernt ⟨Adj.⟩ دوور *dûr*
Entfernung *f* 1. دووری *dûrî*; 2. دوورخستنەوە *dûrxistinewe*
entführen ⟨v.t.⟩ ڕفاندن *rifandin*
Entführer *m* ڕفێنەر *rifêner*
Entführerin *f* w. Form zu ↑Entführer
Entführung *f* مرۆڤڕفاندن *mirovrifandin*
entgegen I. ⟨Präp.⟩ 1. پێچەوانە *pêçewane*; 2. بەرەوڕوو *berewrû* **II.** ⟨Adv.⟩ دژ *dij*
entgegengesetzt ⟨Adj.⟩ 1. بەرامبەر *be-*

ramber; 2. پێچەوانە *pêçewane*
entgegenkommen ⟨v.i.⟩ 1. بەرەوڕوو هاتن *berewṟû hatin*; 2. ڕازی بوون *ṟazî bûn*
entgegennehmen ⟨v.t.⟩ وەرگرتن *wergirtin*
E
entgegnen ⟨v.i.⟩ وەرام دانەوە *weram danewe*
entgehen ⟨v.i.⟩ خۆ لێ ڕزگار کردن *xo lê ṟizgar kirdin*; **sich etw. entgehen lassen** لە دەست دان *le dest dan*
Entgelt *n* 1. پارە *pare*; 2. مووچە *mûçe*
entgiften ⟨v.t.⟩ ژار لێلابردن *jar lêlabirdin*
entgleisen ⟨v.i.⟩ 1. لە خەت چوونە دەرەوە (شەمەندەفەر) *le xet çûne derewe (şemendefer)*; 2. (üb.) لە ڕێ دەرچوون *le ṟê derçûn*
Enthaarung *f* مووتاشین *mûtaşîn*
Enthaarungsmittel *n* مووبەر *mûber*
enthalten I. ⟨v.t.⟩ تێداهەبوون *têdahebûn* **II.** ⟨v.refl.⟩ sich (einer Sache) enthalten پارێز کردن *parêz kirdin*; لە خۆ حەرام کردن *le xo ḧeram kirdin*
enthaltsam ⟨Adj.⟩ خۆپارێز *xoparêz*
Enthaltsamkeit *f* خۆپارێزی *xoparêzî*
Enthaltung *f* دەستبەرداری *destberdarî*
enthaupten ⟨v.t.⟩ لە گەردن دان *le gerdin dan*
Enthauptung *f* لەگەردندان *legerdindan*
enthüllen ⟨v.t.⟩ خستنە ڕوو *xistine ṟû*
entkleiden ⟨v.t.⟩ جل لەبەر داکەندن *cil leber dakendin*
entkommen ⟨v.i.⟩ دەرباز بوون *derbaz bûn*
entkorken ⟨v.t.⟩ لە دەمەوانەی تەپەدۆر شووشە دەرهێنان *demewaney tepedor le şûşe derhênan*
entkräften ⟨v.t.⟩ 1. بێهێز کردن *bêhêz kirdin*; 2. بە درۆ خستنەوە *be diro xistinewe*
entladen ⟨v.t.⟩ بار داگرتن *bar dagirtin*
entlang I. ⟨Präp.⟩ بەدرێژایی *bedirêjayî*; **die Straße entlang** بەدرێژایی شەقامەکە *bedirêjayî şeqameke* **II.** ⟨Adv.⟩ بەتەنیشت *betenîşt*
entlassen ⟨v.t.⟩ 1. بەرەڵا کردن *bereḻa kirdin*; 2. دوور خستنەوە *dûr xistinewe*
Entlassung *f* 1. بەرەڵا کردن *bereḻa kirdin*; 2. دەرکردن *derkirdin*; 3. چوونەدەرەوە (لە نەخۆشخانە) *çûnederewe (le nexoşxane)*
entlasten ⟨v.t.⟩ لە کۆڵ کردنەوە *le koḻ kirdinewe*
entlaufen ⟨v.i.⟩ هەڵهاتن *heḻhatin*
entleeren ⟨v.t.⟩ بەتاڵ کردنەوە *betaḻ kirdinewe*
entlegen ⟨Adj.⟩ دوور *dûr*
entleihen ⟨v.t.⟩ قەرز کردن *qerz kirdin*; خواستن *xiwastin*
entlüften ⟨v.t.⟩ هەوا گۆڕین *hewa goṟîn*
entmutigen ⟨v.t.⟩ بێورە کردن *bêwire kirdin*
entnehmen ⟨v.t.⟩ لێدەرهێنان *lêderhênan*; لێوەرگرتن *lêwergirtin*
entrüsten I. ⟨v.t.⟩ تووڕە کردن *tûṟe kirdin* **II.** ⟨v.refl.⟩ sich entrüsten ڕق هەڵسان *ṟiq heḻsan*
entrüstet ⟨Adj.⟩ تووڕە *tûṟe*
entschädigen ⟨v.t.⟩ 1. بۆ بژاردن *bo bijardin*; 2. پاداش دانەوە *padaş danewe*
Entschädigung *f* بۆبژاردن *bobijardin*

entscheiden I. ⟨v.t.⟩ بڕیار دان *biryar dan* **II.** ⟨v.i.⟩ یەکلا بوونەوە *yekla bûnewe* **III.** ⟨v.refl.⟩ sich entscheiden بڕیاری خۆ دان *biryarî xo dan*

entscheidend ⟨Adj.⟩ یەکلاییکەر *yeklayîker*

Entscheidung *f* بڕیار *biryar*

entschieden ⟨Adj.⟩ یەکلاکراوە *yeklakirawe*

entschließen ⟨v.refl.⟩ sich (zu etw.) entschließen بڕیار دان *biryar dan*

entschlossen ⟨Adj.⟩ 1. ئامادە *amade*; 2. یەکلا *yekla*

Entschluss *m* بڕیار *biryar*

entschuldigen I. ⟨v.t.⟩ بەخشین *bexşîn*; لێبوردن *lêburdin* • entschuldigen Sie bitte! (بە یارمەتی! تکایە ببورن! خۆتان!) **II.** ⟨v.refl.⟩ sich entschuldigen داوای لێبوردن کردن *daway lêburdin kirdin*

Entschuldigung *f* بەخشین *bexşîn*; لێبوردن *lêburdin*

entsetzen ⟨v.t.⟩ تۆقاندن *toqandin*

Entsetzen *n* تۆقاندن *toqandin*

entsetzlich ⟨Adj.⟩ سامناک *samnak*

entsetzt ⟨Adj.⟩ تۆقیو *toqîw*

entsinnen ⟨v.refl.⟩ sich entsinnen (geh.) بیر هاتنەوە *bîr hatinewe*

entsorgen ⟨v.t.⟩ پاک کردنەوە لە (پیسی) *pak kirdinewe le (pîsî)*

entspannen I. ⟨v.t.⟩ خاو کردنەوە *xaw kirdinewe* **II.** ⟨v.refl.⟩ sich entspannen پشوو دان *pişû dan*

Entspannung *f* خاوبوونەوە *xawbûnewe*

Entspannungspolitik *f* سیاسەتی خاوبوونەوە *siyasetî xawbûnewe*

entsprechen ⟨v.i.⟩ گونجان لەگەڵ *guncan legel*

entsprechend I. ⟨Adj.⟩ 1. سەربە *serbe*; 2. هاوتا *hawta* **II.** ⟨Präp.⟩ بەپێی *bepêy*

Entsprechung *f* هاوشێوەیی *hawşêweyî*

entstehen ⟨v.i.⟩ لێپێکهاتن *lêpêkhatin*

Entstehung *f* لێپێکهاتە *lêpêkhate*

entstellen ⟨v.t.⟩ شێواندن *şêwandin*

enttäuschen ⟨v.t.⟩ نائومێد کردن *naumêd kirdin*; دڵ یەشاندن *dil yeşandin*

enttäuscht ⟨Adj.⟩ نائومێد *naumêd*

Enttäuschung *f* نائومێدی *naumêdî*; **eine Enttäuschung erleben** نائومێدی بەسەر هاتن *naumêdî beser hatin*

entvölkern ⟨v.t.⟩ لە دانیشتوان پاکتاو کردن *le danîştiwan paktaw kirdin*

entwaffnen ⟨v.t.⟩ چەک کردن *çek kirdin*

entwässern ⟨v.t.⟩ ئاو لێدەرهێنان *aw lêderhênan*

entweder ⟨Konj.⟩ ... یا *ya* ...; **entweder ... oder** یا ... یا *ya ... ya*; entweder du oder ich یا تۆ یا من

entweichen ⟨v.i.⟩ ڕاکردن *rakirdin*

entwenden ⟨v.t.⟩ لێکێشانەوە *lêkêşanewe*

entwerfen ⟨v.t.⟩ 1. پلان دانان *pilan danan*; 2. کێشان (وێنە) *kêşan (wêne)*

entwerten ⟨v.t.⟩ 1. بێنرخ کردن *bênirx kirdin*; 2. بەتاڵ کردنەوە (بلیت) *betal kirdinewe (bilît)*

entwickeln I. ⟨v.t.⟩ 1. گەشە پێدان *geşe pêdan*; 2. شتنەوە (فلیم) *şitinewe (filîm)* **II.** ⟨v.refl.⟩ sich entwickeln گەشە کردن *geşe kirdin*

Entwicklung *f* 1. پەرەپێدان *perepêdan*; گەشەسەندن *geşesendin*; 2. فلیمشتنەوە *filîmşitnewe*

Entwicklungshilfe *f* باربوویی گەشەپێدان *barbûyîy geşepêdan*

Entwicklungsland *n* وڵاتی لەگەشدابوو *wiḻatî legeşdabû*

E

entwischen ⟨v.i.⟩ دەرباز بوون *derbaz bûn*

entwürdigen ⟨v.t.⟩ ڕیسوا کردن *r̄îswa kirdin*

entwürdigend ⟨Adj.⟩ ڕیسوا *r̄îswa*

Entwurf *m* 1. نەخشەکێشان *nexşekêşan*; 2. ڕەشنووس *r̄eşnûs*

entziehen **I.** ⟨v.t.⟩ لێوەرگرتنەوە *lêwergirtinewe* **II.** ⟨v.refl.⟩ sich entziehen خۆ لێدزینەوە *xo lêdizînewe*

entziffern ⟨v.t.⟩ هێما لێکدانەوە *hêma lêkdanewe*

entzücken ⟨v.t.⟩ دڵشاد کردن *diḻşad kirdin*; شەیدا کردن *şeyda kirdin*

entzückend ⟨Adj.⟩ دڵفڕێن *diḻfir̄ên*

Entzug *m* لێکێشانەوە *lêkêşanewe*

entzünden **I.** ⟨v.t.⟩ داگیرساندن *dagîrsandin* **II.** ⟨v.refl.⟩ sich entzünden ئیلتیهاب کردن *îltîhab kirdin*

Entzündung *f* 1. گڕگرتن *gir̄girtin*; 2. (Med.) هەوکردن *hewkirdin*; ئیلتیهاب *îltîhab*

Enzyklopädie *f* ئینسیکلۆپیدیا *însîklopîdya*

Enzym *n* 1. (Biol.) ئەنزیم *enzîm*; 2. (Biol.) هەوێن *hewên*

Epidemie *f* (Med.) وەبا *weba*; درم *dirm*

Epilepsie *f* (Med.) فێ *fê*

Epoche *f* سەردەم *serdem*

er ⟨Pron.⟩ ئەو *ew*

erarbeiten ⟨v.t.⟩ کار تێداکردن *kar têdakirdin*

Erbarmen *n* بەزەیی *bezeyî*

erbärmlich ⟨Adj.⟩ کەساس *kesas*; کڵۆڵ *kiḻoḻ*

erbarmungslos ⟨Adj.⟩ بێبەزەیی *bêbezeyî*; بێڕەحم *bêr̄ehm*

erbauen ⟨v.t.⟩ دروست کردن *dirust kirdin*

[1]**Erbe** *n* میراتی *mîratî*

[2]**Erbe** *m* میراتگر *mîratgir*

erbeuten ⟨v.t.⟩ 1. بە تاڵان بردن *be taḻan birdin*; 2. نێچیر گرتن *nêçîr girtin*

Erbin *f* w. Form zu ↑[2]**Erbe**

erbitten ⟨v.t.⟩ تکا لێکردن *tika lêkirdin*

erbittert ⟨Adj.⟩ ڕقهەستاو *r̄iqhestaw*

erblich ⟨Adj.⟩ زکماکی *zikmakî*; بۆماوە *bomawe*

erblicken ⟨v.t.⟩ چاو پێکەوتن *çaw pêkewtin*

erblinden ⟨v.i.⟩ کوێر بوون *kwêr bûn*

erbrechen ⟨v.refl.⟩ sich erbrechen ڕشانەوە *r̄işanewe*

Erbschaft *f* میراتی *mîratî*

Erbse *f* (Bot.) بەزالیا *bezalya*

Erdball *m* گۆی زەوی *goy zewî*

Erdbeben *n* بوومەلەرزە *bûmelerze*

Erdbeere *f* (Bot.) شلیک *şilîk*

Erdboden *m* زەوی *zewî*; ئەرز *erz*

Erde *f* 1. خاک *xak*; 2. گۆی زەوی *goy zewî*; 3. دنیا *dinya*

erden ⟨v.t.⟩ بە زەوییەوە بەستنەوە (تەلی کارەبا) *be zewîyewe bestinewe (telî kareba)*

Erderwärmung *f* زەویگەرمبوون *zewîge-*

rimbûn
Erdgas *n* گازی سروشتی *gazî siruştî*
Erdgeschoss *n* نهۆمی سەر زەوی *nihomî ser zewî*
Erdkunde *f* جوگرافیا *cugrafya*
Erdnuss *f* (Bot.) فستقعەبید *fistiqʿebîd*
Erdöl *n* نەوتی خاو *newtî xaw*
Erdrutsch *m* هەرەس *heres*
Erdteil *m* کیشوەر *kîşwer*
erdulden ⟨v.t.⟩ 1. بەرگە گرتن *berge girtin*; 2. (ئازار) کێشان *kêşan (azar)*
ereignen ⟨v.refl.⟩ sich ereignen وا ڕێک کەوتن *wa r̄êk kewtin*
Ereignis *n* بەسەرهات *beserhat*
ereignisreich ⟨Adj.⟩ پڕڕووداو *pir̄r̄û-daw*
erfahren ⟨v.t.⟩ 1. زانین *zanîn*; 2. بینین *bînîn*
Erfahrung *f* شارەزایی *şarezayî*
erfinden ⟨v.t.⟩ 1. داهێنان *dahênan*; دۆزینەوە *dozînewe*; 2. هەڵبەستن *hel̄bes-tin*
Erfinder *m* داهێنەر *dahêner*
Erfinderin *f* w. Form zu ↑Erfinder
erfinderisch ⟨Adj.⟩ داهێنەر *dahêner*
Erfindung *f* داهێنان *dahênan*; دۆزینەوە *dozînewe*
Erfolg *m* سەرکەوتن *serkewtin*
erfolglos ⟨Adj.⟩ بێئەنجام *bêencam*
erfolgreich ⟨Adj.⟩ سەرکەوتوو *serkewtû*
erforderlich ⟨Adj.⟩ پێویست *pêwîst*
erfordern ⟨v.t.⟩ داوا کردن *dawa kirdin*
erforschen ⟨v.t.⟩ لێکۆڵینەوە *lêkol̄înewe*
erfreuen ⟨v.t.⟩ شاد کردن *şad kirdin*
erfreulich ⟨Adj.⟩ دڵخۆشکەرە *dil-xoşkere*
erfrieren ⟨v.i.⟩ ڕەق بوونەوە *r̄eq bûnewe*
erfrischen I. ⟨v.t.⟩ بووژاندنەوە *bûjandi-newe* **II.** ⟨v.refl.⟩ sich erfrischen فێنک بوونەوە *fênik bûnewe*
erfrischend ⟨Adj.⟩ سازگار *sazgar*
Erfrischung *f* 1. خواردنەوە *xiwardi-newe*; 2. بووژاندنەوە *bûjandinewe*
erfüllen I. ⟨v.t.⟩ 1. پڕ کردن *pir̄ kirdin*; 2. بەجێ هێنان *becê hênan* **II.** ⟨v.refl.⟩ sich erfüllen هاتنە دی *hatine dî*
ergänzen ⟨v.t.⟩ تەواو کردن *tewaw kirdin*
Ergänzung *f* تەواوکار *tewawkar*
ergeben I. ⟨v.t.⟩ کردنە *kirdine* **II.** ⟨v. refl.⟩ sich ergeben 1. خۆ بەدەستەوە دان *xo bedestewe dan*; 2. ئەنجام دان *encam dan*; 3. ڕێ تێچوون *r̄ê têçûn*
Ergebnis *n* ئەنجام *encam*
ergreifen ⟨v.t.⟩ دەستگیر کردن *destgîr kirdin*
erhalten ⟨v.t.⟩ وەرگرتن *wergirtin*
erhältlich ⟨Adj.⟩ دەستگیر *destgîr*
Erhaltung *f* پاراستن *parastin*
erheben ⟨v.t.⟩ بەرز کردنەوە *berz kirdi-newe*
erheblich ⟨Adj.⟩ گرنگ *giring*
erhitzen ⟨v.t.⟩ گەرم کردن *germ kirdin*
erhöhen ⟨v.t.⟩ بەرز کردنەوە *berz kirdi-newe*
erholen ⟨v.refl.⟩ sich erholen خۆ حەسانەوە *xo h̄esanewe*
erholsam ⟨Adj.⟩ ماندوێتیشکێن *mand-wêtîşikên*
Erholung *f* 1. پشوودان *pişûdan*; 2. ڕابواردن *r̄abiwardin*
erinnern I. ⟨v.t.⟩ بیر خستنەوە *bîr*

xistinewe **II.** ⟨v.refl.⟩ sich erinnern هاتنەوە بیر *hatinewe bîr*

Erinnerung *f* 1. بیرەوەری *bîrewerî*; 2. یادگار *yadgar*; **zur Erinnerung** بۆ یادگاری *bo yadgarî*

erkälten ⟨v.refl.⟩ sich erkälten سەرما بوون *serma bûn*; هەڵامەت گرتن *hel̲amet girtin*

Erkältung *f* (Med.) سەرمابوون *sermabûn*; هەڵامەت *hel̲amet*

erkennbar ⟨Adj.⟩ ناسراو *nasiraw*; بینراو *bînraw*

erkennen ⟨v.t.⟩ ناسینەوە *nasînewe*

Erkenntnis *f* زانیاری *zanyarî*

erklären ⟨v.t.⟩ 1. ڕوون کردنەوە *r̲ûn kirdinewe*; 2. تێگەیاندن *têgeyandin*

Erklärung *f* 1. ڕوونکردنەوە *r̲ûnkirdinewe*; 2. بەیاننامە *beyanname*

erkundigen ⟨v.refl.⟩ sich erkundigen پرسین *pirsîn*; **sich nach j-m erkundigen** هەواڵ پرسین لە *hewal̲ pirsîn le*

erlangen ⟨v.t.⟩ بەدەست هێنان *bedest hênan*

erlauben ⟨v.t.⟩ ڕێ پێدان *r̲ê pêdan*

Erlaubnis *f* ڕێپێدان *r̲êpêdan*

erlaubt ⟨Adj.⟩ ڕێپێدراو *r̲êpêdiraw*

erläutern ⟨v.t.⟩ ڕوون کردنەوە *r̲ûn kirdinewe*

Erläuterung *f* ڕوونکردنەوە *r̲ûnkirdinewe*

erleben ⟨v.t.⟩ بەسەر هاتن *beser hatin*

Erlebnis *n* بەسەرهات *beserhat*; ڕووداو *r̲ûdaw*

erledigen I. ⟨v.t.⟩ بەجێ هێنان *becê hênan* **II.** ⟨v.refl.⟩ sich erledigen یەکلایی بوونەوە *yeklayî bûnewe*

erleichtern ⟨v.t.⟩ ئاسان کردن *asan kirdin*

Erleichterung *f* ئاسانکاری *asankarî*

erlösen ⟨v.t.⟩ 1. دەست کەوتن (پارە) *dest kewtin (pare)*; 2. ڕزگار کردن *r̲izgar kirdin*

Erlösung *f* ڕزگاری *r̲izgarî*

Ermäßigung *f* داشکاندن *daşikandin*

ermitteln ⟨v.t./v.i.⟩ کنە تێداکردن *kine têdakirdin*

ermöglichen ⟨v.t.⟩ ڕەخساندن *r̲exsandin*

ermorden ⟨v.t.⟩ کوشتن *kuştin*

Ermordung *f* کوشتن *kuştin*

ermüden ⟨v.t.⟩ ماندوو کردن *mandû kirdin*

Ermüdung *f* ماندوویی *mandûyî*; هیلاکی *hîlakî*

ermutigen ⟨v.t.⟩ هان دان *han dan*

ermutigend ⟨Adj.⟩ هاندەر *hander*

ernähren I. ⟨v.t.⟩ 1. نان پێدان *nan pêdan*; 2. بەخێو کردن *bexêw kirdin* **II.** ⟨v. refl.⟩ sich ernähren خۆ پێژیاندن *xo pêjiyandin*

Ernährung *f* 1. خۆراکپێدان *xorakpêdan*; 2. بەخێوکردن *bexêwkirdin*

ernennen ⟨v.t.⟩ 1. ناو نان *naw nan*; 2. دامەزراندن *damezrandin*

erneuern ⟨v.t.⟩ نوێ کردنەوە *nwê kirdinewe*

Erneuerung *f* نوێکردنەوە *nwêkirdinewe*

erneut ⟨Adj.⟩ سەرلەنوێ *serlenwê*

ernst ⟨Adj.⟩ بەپەرۆشەوە *beperoşewe*

Ernstfall *m* 1. ڕووداوی خەتەرناک *r̲ûdawî xeternak*; 2. کاتی پێویست *katî*

pêwîst; **im Ernstfall** له کاتی پێویستدا *le katî pêwîstda*
ernsthaft ⟨Adj.⟩ بەپەرۆشەوە *beperoşewe*
Ernte *f* خەلەوخەرمان *xelewxerman*; دروێنە *dirwêne*; بەروبووم *berubûm*
ernten ⟨v.t.⟩ 1. دروێنە کردن (گەنم و جۆ) *dirwêne kirdin (genim u co)*; 2. چنینەوە *çinînewe*; 3. بەرهەم هێنان *berhem hênan*
erobern ⟨v.t.⟩ داگیر کردن *dagîr kirdin*
Eroberung *f* داگیرکردن *dagîrkirdin*
eröffnen ⟨v.t.⟩ کردنەوە *kirdinewe*
Eröffnung *f* کردنەوە *kirdinewe*
erörtern ⟨v.t.⟩ باس لێکردن *bas lêkirdin*
Erörterung *f* باسلێکردن *baslêkirdin*
Erosion *f* (Geol.) ڕامالّین *ramalîn*
erotisch ⟨Adj.⟩ پەیوەست بە بابەتەکانی ئێرۆتیک *peywest be babetekanî êrotîk*
erpressen ⟨v.t.⟩ لێکێشانەوە *lêkêşanewe*; ناچار کردن *naçar kirdin*
Erpressung *f* زۆرلێکردن *zorlêkirdin*; ناچارکردن *naçarkirdin*
erproben ⟨v.t.⟩ تاقی کردنەوە *taqî kirdinewe*
erraten ⟨v.t.⟩ 1. تەخمین کردن *texmîn kirdin*; 2. هەڵهێنان *helhênan*
erregbar ⟨Adj.⟩ 1. بێحیلم *bêhîlm*; 2. توندخوو *tundxû*
erregen ⟨v.t.⟩ 1. بێتاقەت کردن *bêtaqet kirdin*; 2. ورووژاندن *wirûjandin*; 3. زەوق هەستاندن *zewq hestandin*
Erreger *m* 1. بزوێنەر *bizwêner*; 2. (Med.) میکرۆب *mîkrob*
erregt ⟨Adj.⟩ 1. خرۆشاو *xiroşaw*; 2. بێئارام *bêaram*
erreichbar ⟨Adj.⟩ دەستپێگەیو *destpêgeyiw*
erreichen ⟨v.t.⟩ 1. پێگەیشتن *pêgeyiştin*; 2. بە دەست هێنان *be dest hênan*
Ersatz *m* 1. یەدەگ *yedeg*; سپێر *sipêr*; 2. بریکار *birîkar*
Ersatzrad *n* تایەی سپێر *tayey sipêr*
Ersatzteil *n* یەدەگ *yedeg*; سپێر *sipêr*; **Ersatzteile** *pl.* (Kfz) ئەدەواتی ئیحتیات *edewatî îhtîyat*
erscheinen ⟨v.i.⟩ 1. هاتن *hatin*; دەرکەوتن *derkewtin*; 2. بڵاو بوونەوە (ڕۆژنامە، گۆڤار، ...) *bilaw bûnewe (rojname, govar, …)*
Erscheinung *f* 1. ڕووخسار *rûxsar*; 2. دیاردە *diyarde*
erschießen ⟨v.t.⟩ گوللەباران کردن *gullebaran kirdin*
erschlagen ⟨v.t.⟩ لەناو بردن (بە لێدان) *lenaw birdin (be lêdan)*
erschöpfen ⟨v.t.⟩ هیلاک کردن *hîlak kirdin*; ماندوو کردن *mandû kirdin*
erschöpft ⟨Adj.⟩ ماندوو *mandû*; هیلاک *hîlak*
Erschöpfung *f* ماندووبوون *mandûbûn*; شەکەتی *şeketî*
erschrecken I. ⟨v.t.⟩ ترساندن *tirsandin* **II.** ⟨v.i.⟩ ترسان *tirsan* **III.** ⟨v.refl.⟩ sich erschrecken ڕاچڵەکین *raçilekîn*
erschreckend ⟨Adj.⟩ تۆقێنەر *toqêner*
erschüttern ⟨v.t.⟩ هەژاندن *hejandin*
erschütternd ⟨Adj.⟩ ترسناک *tirsinak*
erschweren ⟨v.t.⟩ گران کردن *giran kirdin*
erschwinglich ⟨Adj.⟩ هەرزان *herzan*
ersetzen ⟨v.t.⟩ 1. لە جێ دانان *le cê danan*; 2. گۆڕین *gorîn*

erst ⟨Adv.⟩ سەرەتا *sereta;* تازە *taze* • sie ist erst drei Jahre alt تازە تەمەنی بووەوە بە سێ ساڵ
erstaunlich ⟨Adj.⟩ سەرسوورهێنەر *ser-sûrhêner;* سەیر *seyr*
erstaunt ⟨Adj.⟩ سەرسام *sersam*
E
erstbeste(r, -s) ⟨Adj.⟩ یەکەمین *yeke-mîn*
erste(r, -s) ⟨Adj.⟩ یەکەم *yekem;* یەکەمین *yekemîn;* **am ersten März** لە یەکی ئازاردا *le yekî azarda;* **die erste Liebe** یەکەم خۆشەویستی *yekem xoşewîstî;* **zum ersten Mal** لە یەکەم جاردا *le yekem carda;* **erste Hilfe** فریاگوزاریی سەرەتایی *firyaguzarîy seretayî*
erstens ⟨Adv.⟩ یەکەم *yekem;* یەکەمین *yekemîn*
ersticken ⟨v.t.⟩ خنکاندن *xinkandin;* خەفە کردن *xefe kirdin*
erstklassig ⟨Adj.⟩ پلەیەک *pileyek*
erstrecken ⟨v.refl.⟩ sich erstrecken درێژ بوونەوە *dirêj bûnewe*
Ertrag *m* بەروبووم *berubûm;* دەستکەوت *destkewt*
ertragen ⟨v.t.⟩ 1. خۆ گرتن *xo girtin;* 2. لە ئەستۆ گرتن *le esto girtin*
erträglich ⟨Adj.⟩ پەسەند *pesend*
ertrinken ⟨v.i.⟩ نوقووم بوون (لە ئاودا) *nu-qûm bûn (le awda)*
erwachen ⟨v.i.⟩ 1. بەئاگا هاتن *beaga ha-tin;* 2. ڕاپەڕین *raperîn*
erwachsen ⟨Adj.⟩ 1. پێگەیشتوو *pêge-yiştû;* 2. باڵغ *balix*
Erwachsene *f* w. Form zu ↑Er-wachsener
Erwachsener *m* پێگەیشتوو *pêgeyiştû;* باڵغ *balix*
erwägen ⟨v.t.⟩ بیر لێکردنەوە *bîr lêkirdi-newe*
erwähnen ⟨v.t.⟩ 1. ناو بردن *naw birdin;* 2. یاد کردنەوە *yad kirdinewe*
erwärmen ⟨v.t.⟩ گەرم کردنەوە *germ kir-dinewe*
erwarten ⟨v.t.⟩ چاوەڕوان کردن *çawer-wan kirdin*
Erwartung *f* چاوەڕوانی *çawerwanî*
erweitern ⟨v.t.⟩ فراوان کردن *firawan kirdin*
erwerben ⟨v.t.⟩ 1. کڕین *kirîn;* 2. بە دەست هێنان *be dest hênan*
erwidern ⟨v.t.⟩ وەرام دانەوە *weram da-newe*
erwischen ⟨v.t.⟩ گرتن *girtin*
erwünscht ⟨Adj.⟩ خوازراو *xiwazraw;* ئارەزووکراو *arezûkiraw*
Erz *n* کانزای خاو *kanzay xaw*
erzählen ⟨v.t.⟩ گێڕانەوە *gêranewe*
Erzähler *m* گێڕەرەوە *gêrerewe*
Erzählerin *f* w. Form zu ↑Erzähler
Erzählung *f* چیرۆک *çîrok;* سەرگوروشتە *serguruşte*
erzeugen ⟨v.t.⟩ بەرهەم هێنان *berhem hê-nan*
Erzeuger *m* 1. پێکهێنەر *pêkhêner;* 2. بەرهەمهێنەر *berhemhêner*
Erzeugerin *f* w. Form zu ↑Erzeu-ger
Erzeugnis *n* بەرهەم *berhem*
erziehen ⟨v.t.⟩ پەروەردە کردن *perwerde kirdin;* بەخێو کردن *bexêw kirdin*
Erzieher *m* پەروەردەکار *perwerdekar;* بەخێوکار *bexêwkar*

Erzieherin *f* w. Form zu ↑Erzieher دایەن *dayen*

Erziehung *f* پەروەردەکردن *perwerdekirdin*

erzielen ⟨v.t.⟩ 1. هێنانە دی *hênane dî*; 2. پێکان *pêkan*

erzwingen ⟨v.t.⟩ ناچار کردن *naçar kirdin*

es ⟨Pron.⟩ 1. بۆ (ڕاناوی بکەری نادیارە بۆ کەسی سێیەمی تاک) (*ṟanawî bikerî nadiyare bo kesî sêyemî tak*); 2. (ڕاناوەکەسیی بکەر و بەرکاری بێیاریدە بۆ کەسی سێیەمی تاکی بێلایەن) (*ṟanawekesîy biker u berkarî bêyarîde bo kesî sêyemî takî bêlayen*); 3. ئەو *ew* • es ist kalt ساردە; ich bin es منم; **es gibt ...** ... ... هەیە *heye*

Esel *m* 1. (Zool.) کەر *ker*; 2. (ugs.) گەوج *gewc*

Espresso *m* قاوەی ئێسپرێسۆ *qawey êspṟêso*

essbar ⟨Adj.⟩ بۆخواردنشیاو *boxiwardinşiyaw*

essen ⟨v.t./v.i.⟩ خواردن *xiwardin*; نان خواردن *nan xiwardin*; **zu Abend essen** نانی ئێوارە خواردن *nanî êware xiwardin*; **zu Mittag essen** نانی نیوەڕۆ خواردن *nanî nîwero xiwardin*

Essen *n* خواردن *xiwardin*; نانخواردن *nanxiwardin*

Essig *m* سرکە *sirke*

Essiggurke *f* خەیاری خۆشکراو *xeyarî xoşkiraw*

Esslöffel *m* کەوچکی نانخواردن *kewçikî nanxiwardin*

Esstisch *m* مێزی نانخواردن *mêzî nanxiwardin*

Esszimmer *n* ژووری نانخواردن *jûrî nanxiwardin*

Estragon *m* (Bot.) تەرخوون *terxûn*

etablieren ⟨v.t.⟩ جێگیر کردن *cêgîr kirdin*

Etage *f* نهۆم *nihom*

Etappe *f* قۆناغ *qonax̱*

Etat *m* بودجە *budce*

etc. 1. هتد *htd.*; 2. هەتادوایی *hetadiwayî*

ethnisch ⟨Adj.⟩ (bildungsspr.) تیرەیی *tîreyî*

Etikett *n* ئەتەکێت *etekêt*; نیشانەی شتومەک *nîşaney şitumek*

Etui *n* قوتوو *qutû*

etwa ⟨Adv.⟩ 1. نزیکەی *nizîkey*; 2. وەک *wek*

etwas ⟨Pron.⟩ هەندێک *hendêk*; کەمێک *kemêk*

EU *f* (Pol.) یەکێتیی ئەورووپا *Yekêtîy Ewrupa*

euch Dat. und Akk. von ihr ⟨Pron.⟩ (ڕاناوەکەسیی بەرکاری بەیاریدە و بێیاریدە بۆ کەسی دووەمی کۆ) (*ṟanawekesîy berkarî beyarîde w bêyarîde bo kesî dûwemî ko*); ئێوە *êwe*; تان... ...*tan*; **für euch** بۆ ئێوە *bo êwe*; **mit euch** لەگەڵ ئێوە *legeḻ êwe*

euer ⟨Pron.⟩ 1. ڕاناوی خاوەنێتی بۆ کەسی دووەمی کۆ *ṟanawî xawenêtî bo kesî dûwemî ko*; 2. هی ئێوە *hî êwe*; تان... ... *tan*

Eule *f* (Zool.) کونەبەبوو *kunebebû*

eure ⟨Pron.⟩ ئێوە *êwe*; تان... ...*tan*

euretwegen ⟨Adv.⟩ لەبەر ئێوە *leber êwe*

Euro *m* یورۆ *yuṟo*

Europa *n* ئەوروپا *Ewrupa*

Europäer *m* ئەوروپی *ewrupî*

Europäerin *f* w. Form zu ↑Europäer

europäisch ⟨Adj.⟩ ئەوروپی *ewrupî*

Europameister *m* (Sp.) پاڵەوانی ئەوروپا *paḻewanî ewrupa*

Europameisterin *f* w. Form zu ↑Europameister

Europaparlament *n* پەرلەمانی ئەوروپا *perlemanî ewrupa*

Euroscheck *m* یوڕۆچەک *yuṟoçek*

Euter *m* (Zool.) گوان *giwan*

evangelisch ⟨Adj.⟩ (christl.) پڕۆتستانتی *piṟotistantî*; ئینجیلی *încîlî*

eventuell ⟨Adj.⟩ لەوانەیە *lewaneye*

ewig ⟨Adj.⟩ هەتاهەتا *hetaheta*

Ewigkeit *f* هەتاهەتایی *hetahetayî*

exakt ⟨Adj.⟩ ڕێکوپێک *ṟêkupêk*

Examen *n* تاقیکردنەوە *taqîkirdinewe*

exekutiv ⟨Adj.⟩ هەڵسووڕێنەر *heḻsûṟêner*

Exekutive *f* (Jur.) دەسەڵاتی جێبەجێکار *deseḻatî cêbecêkar*

Exemplar *n* نموونە *nimûne*; نوسخە *nusxe*

Exil *n* تاراوگە *tarawge*; غەریبی *x̱erîbî*

Existenz *f* بوون *bûn*

existieren ⟨v.i.⟩ بوون *bûn*; هەبوون *hebûn*

exklusiv ⟨Adj.⟩ 1. (bildungsspr.) بەرتەنگ *berteng*; 2. هەڵبژاردە *heḻbijarde*

exotisch ⟨Adj.⟩ نامۆ *namo*

Expedition *f* 1. هەناردن *henardin*; 2. خزمەتگوزاریی شتناردن *xizmetguzarîy şitnardin*

Experiment *n* تاقیکردنەوە *taqîkirdinewe*

experimentieren ⟨v.t.⟩ تاقیکردنەوە *taqîkirdinewe*

Experte *m* شارەزا *şareza*; پسپۆڕ *pispoṟ*

Expertin *f* w. Form zu ↑Experte

explodieren ⟨v.i.⟩ تەقین *teqîn*

Explosion *f* تەقینەوە *teqînewe*

Export *m* ناردنەدەرەوە *nardinederewe*

exportieren ⟨v.t.⟩ ناردنە دەرەوە *nardine derewe*

extra **I.** ⟨Adj.⟩ سەربار *serbar* **II.** ⟨Adv.⟩ بەتایبەت *betaybet*

extrem ⟨Adj.⟩ لەڕادەبەدەر *leṟadebeder*

Extremist *m* توندڕەو *tundṟew*

Extremistin *f* w. Form zu ↑Extremist

extremistisch ⟨Adj.⟩ توندڕۆ *tundṟo*

exzellent ⟨Adj.⟩ (bildungsspr.) نایاب *nayab*

exzessiv ⟨Adj.⟩ (bildungsspr.) زێدەڕۆ *zêdero*

F

f, F ئێف *êf;* پیتی شەشەمی ئەلفبێی ئەڵمانی *pîtî şeşemî elfbêy elmanî*

Fabel *f* ئەفسانە *efsane*

fabelhaft ⟨Adj.⟩ 1. نایاب *nayab;* 2. لەڕادەبەدەر *leradebeder*

Fabrik *f* کارگە *karge;* کارخانە *karxane*

Fabrikat *n* پیشەسازیی کارگەیەک *pîşesazîy kargeyek*

Fach *n* 1. ڕەفە *refe;* 2. (زانستی) بەش *beş (zanistî);* 3. خانە *xane*

Facharbeiter *m* پیشەساز *pîşesaz*

Facharbeiterin *f* w. Form zu ↑Facharbeiter

Facharzt *m* پزیشکی پسپۆڕ *pizîşkî pispor*

Fachärztin *f* w. Form zu ↑Facharzt

Fachausdruck *m* زاراوەی زانستی *zarawey zanistî*

Fächer *m* باوەشێن *baweşên*

Fachfrau *f* w. Form zu ↑Fachmann

Fachgebiet *n* بابەتی زانستی *babetî zanistî*

Fachhochschule *f* پەیمانگە (دوای تەواوکردنی ئامادەیی) *peymange (diway tewawkirdinî amadeyî)*

Fachmann *m* شارەزا *şareza;* پسپۆڕ *pispor*

Fackel *f* مەشخەڵ *meşxel*

fad s. ↑fade

fade ⟨Adj.⟩ بێتام *bêtam*

Faden *m* 1. تاڵ *tal;* 2. دەزوولە *dezûle*

fähig ⟨Adj.⟩ بەتوانا *betwana*

Fähigkeit *f* توانا *tiwana;* بەتوانایی *betwanayî*

fahnden ⟨v.i.⟩ لێگەڕان *lêgeran;* **nach j-m fahnden** بەدوای کەسێکدا گەڕان *bedway kesêkda geran*

Fahndung *f* بەدواداگەڕان *bediwadageran*

Fahne *f* 1. ئاڵا *ala;* 2. (ugs.) بۆنی ئارەق لێهاتن *bonî areq lêhatin*

Fahrausweis *m* بلیتی هاتوچۆ *bilîtî hatuço*

Fahrbahn *f* شەقامی ئوتومبێلڕۆ *şeqamî utumbêlro;* سایت *sayit*

Fähre *f* گەمی *gemî;* کەڵەک *kelek*

fahren I. ⟨v.i.⟩ چوون (بە ئوتومبێل) *çûn (be utumbêl)* **II.** ⟨v.t.⟩ لێخوڕین *lêxurîn;* **ein Auto fahren** ئوتومبێل لێخوڕین *utumbêl lêxurîn*

Fahrer *m* لێخوڕ *lêxur*

Fahrerflucht *f* (Jur.) هەڵاتندوایدەعمکردن *helatindiwayde'imkirdin*

Fahrerin *f* w. Form zu ↑Fahrer

Fahrgast *m* نەفەر *nefer*

Fahrgeld *n* پارەی هاتوچۆ *parey hatuço*

Fahrgemeinschaft *f* لێخوڕینی هەرەوەزی

(بۆنموونە بە هەرەوەزی پێکەوە بۆسەر کار چوون) *lêxuṟînî herewezî (bonimûne be herewezî pêkewe boser kar çûn)*

Fahrkarte *f* بلیتی هاتوچۆ *bilîtî hatuço*

Fahrkartenautomat *m* مەکینەی ئەوتۆماتی بلیتی هاتوچۆ *mekîney ewtomatî bilîtî hatuço*

Fahrkartenschalter *m* شوێنی بلیتلێکڕین *şwênî bilîtlêkiṟîn*

fahrlässig ⟨Adj.⟩ خەمسارد *xemsard*

Fahrplan *m* نەخشەی هاتوچۆ *nexşey hatuço*

fahrplanmäßig ⟨Adj.⟩ بەپێی نەخشەی هاتوچۆ *bepêy nexşey hatuço*

Fahrpreis *m* کرێی هاتوچۆ *kirêy hatuço*

Fahrrad *n* پاسکیل *paskîl*

Fahrradverleih *m* پاسکیلبەکرێدان *paskîlbekrêdan*

Fahrschein *m* بلیتی هاتوچۆ *bilîtî hatuço*

Fahrschule *f* نووسینگەی فێرکردنی شوفێری *nûsîngey fêrkirdinî şufêrî*

Fahrspur *f* سایت *sayit*

Fahrstuhl *m* ئەسانسۆر *esansor*

Fahrt *f* 1. لێخوڕین *lêxuṟîn*; 2. گەشت *geşt*

Fährte *f* شوێنپێ *şwênpê*

Fahrtrichtung *f* ئاڕاستەی لێخوڕین *aṟastey lêxuṟîn*

fahrtüchtig ⟨Adj.⟩ ئامادە بۆ لێخوڕین *amade bo lêxuṟîn*

Fahrwerk *n* شاسی فڕۆکە *şasî fiṟoke*

Fahrzeug *n* ئامرازی هاتوچۆ *amrazî hatuço*

Fahrzeugschein *m* سەنەویی ئوتومبێل *senewîy utumbêl*

fair ⟨Adj.⟩ بەویژدان *bewîjdan*

Faktor *m* هۆکار *hokar*

Fakultät *f* کۆلێج *kolêc*

fakultativ ⟨Adj.⟩ (bildungsspr.) ئیختیاری *îxtiyarî*

Falke *m* (Zool.) باز *baz*; هەڵۆ *heḻo*

Fall *m* 1. کەوتن *kewtin*; 2. ڕووداو *ṟûdaw*; 3. بەسەرهات *beserhat*; 4. (Gr.) دۆخ *dox*; **auf jeden Fall** بەهەمووجۆرێک *behemûcorêk*; **auf keinen Fall** بەهیچجۆرێک *behîçcorêk*

Falle *f* داو *daw*

fallen ⟨v.i.⟩ 1. کەوتن *kewtin*; 2. کوشتن (لە جەنگدا) *kuştin (le cengda)*

fällen ⟨v.t.⟩ بڕینەوە (دار) *biṟînewe (dar)*

fällig ⟨Adj.⟩ کاتی دانی ... نزیک بوونەوە *katî danî … nizîk bûnewe*

falls ⟨Konj.⟩ ئەگەر *eger*

Fallschirm *m* پەڕەشووت *peṟeşût*

falsch I. ⟨Adj.⟩ 1. هەڵە *heḻe*; نادروست *nadirust*; 2. درۆزن *dirozin* **II.** ⟨Adv.⟩ بەهەڵە *beheḻe*

fälschen ⟨v.t.⟩ ساختەکاری کردن *saxtekarî kirdin*; تەزویر کردن *tezwîr kirdin*

Falschgeld *n* پارەی قەڵب *parey qeḻb*

Fälschung *f* ساختەکاری *saxtekarî*

Falte *f* چرچ *çirç*

falten ⟨v.t.⟩ قەد کردن *qed kirdin*

Falter *m* (Zool.) پەپوولە *pepûle*

faltig ⟨Adj.⟩ چرچولۆچ *çirçuloç*

Familie *f* 1. خێزان *xêzan*; 2. بنەماڵە *binemaḻe*

Familienname *m* نازناوی خێزان *naznawî xêzan*

Familienstand *m* باری کۆمەڵایەتی *barî komeḻayetî*

Fan *m* خوازا *xiwaza*

Fanatiker *m* توندڕەو *tundṟew*

Fanatikerin f w. Form zu ↑Fanatiker

fanatisch ⟨Adj.⟩ توندڕەو tundṟew

fangen ⟨v.t.⟩ دەستگیر کردن destgîr kirdin

Fantasie f ئەندێشە endêşe; خەیاڵ xeyal

fantasieren ⟨v.i.⟩ وڕێنە کردن wiṟêne kirdin; خەیاڵ بردنەوە xeyal birdinewe

fantastisch ⟨Adj.⟩ (ugs.) نایاب nayab

Farbe f ڕەنگ ṟeng

färben ⟨v.t.⟩ ڕەنگ کردن ṟeng kirdin

farbenblind ⟨Adj.⟩ ڕەنگکوێر ṟengkwêr

farbenfroh ⟨Adj.⟩ ڕەنگین ṟengîn

Farbfernsehen n سەیرکردنی تەلەڤیزیۆنی ڕەنگاوڕەنگ seyrkirdinî telefzyonî ṟengawṟeng

Farbfilm m فیلمی ڕەنگاوڕەنگ fîlîmî ṟengawṟeng

Farbfoto n وێنەی ڕەنگاوڕەنگ wêney ṟengawṟeng

farbig ⟨Adj.⟩ ڕەنگاوڕەنگ ṟengawṟeng

farblos ⟨Adj.⟩ بێڕەنگ bêṟeng

Farbstift m قەڵەمی ڕەنگاوڕەنگ qelemî ṟengawṟeng

Farbstoff m مادەی ڕەنگدەر madey ṟengder

Farm f کێڵگە kêlge

Farn m kurz für ↑Farnkraut

Farnkraut n کەرەوزە کێویلە kerewzekêwîle

Fasan m (Zool.) مریشکی سەوزەدار mirîşkî sewzedar

Faschismus m (Pol./hist.) فاشیتی faşêtî

Faschist m (Pol./hist.) فاشی faşî

Faschistin f w. Form zu ↑Faschist

faschistisch ⟨Adj.⟩ (Pol./hist.) فاشی faşî

Faser f تاڵ tal

Fass n بەرمیل bermîl

Fassbier n بیرەی پیپ bîrey pîp

fassen ⟨v.t.⟩ 1. گرتن girtin; 2. تێداھەبوون têdahebûn; 3. داڕشتن daṟiştin; 4. تێگەیشتن têgeyiştin

Fassung f چوارچێوە çiwarçêwe

fassungslos ⟨Adj.⟩ پەشۆکاو peşokaw

fast ⟨Adv.⟩ نزیکەی nizîkey

Fast Food n خواردنی سەرپێ xiwardinî serpê

fasten ⟨v.i.⟩ ڕۆژوو گرتن ṟojû girtin

Fasten n ڕۆژووگرتن ṟojûgirtin

Fastenbrechen n (islam.) ڕۆژوو شکاندن ṟojû şikandin

Fastenmonat m مانگی ڕەمەزان mangî ṟemezan

Fastenzeit f (Rel.) کاتی بەڕۆژووبوون katî beṟojûbûn

faszinieren ⟨v.t.⟩ دڵ ڕفاندن dil ṟifandin

faszinierend ⟨Adj.⟩ دڵبەر dilber

fatal ⟨Adj.⟩ ناھەموار nahemwar

Fatwa f/n فتوا fitwa

faul ⟨Adj.⟩ 1. گەنیو genîw; 2. خراپ xirap; 3. پیس (ھێلکە) pîs (hêlke); 4. تەمەڵ temel

faulen ⟨v.i.⟩ 1. بۆگەن کردن bogen kirdin; 2. گەنین genîn

faulenzen ⟨v.i.⟩ تەمەڵی کردن temelî kirdin

Faulheit f تەمەڵی temelî

Faust f مست mist

Fax n فاکس faks; **per Fax** بە فاکس be

faks

faxen ⟨v.t.⟩ فاکس ناردن *faks nardin*

Faxgerät *n* ئامێری فاکس *amêrî faks*

Februar *m* شوبات *şubat*

Feder *f* 1. پەڕ *pe*r̲; 2. (Tech.) ئیسپرنگ *îspiring*

Fee *f* پەری *perî*

fegen ⟨v.t.⟩ گەسک لێدان *gesik lêdan*

F

fehlen ⟨v.i.⟩ 1. ئامادە نەبوون *amade nebûn*; 2. کەم بوون *kem bûn*

Fehler *m* هەڵە *he*l̲*e*; کەموکوڕی *kemuku*r̲*î*

Fehlermeldung *f* ئاگادارکردنەوە لە هەڵەی پەیامێک *agadarkirdinewe le he*l̲*ey peyamêk*

Fehlgeburt *f* منداڵلەبارچوون *minda*l̲*lebarçûn*

Fehlschlag *m* تێشکان *têşikan*

Feier *f* ئاهەنگ *aheng*

Feierabend *m* کۆتاییی کارکردن *kotayîy karkirdin*; **nach Feierabend** دوای دەستلەکارکێشانەوە *diway destlekarkêşanewe*

feierlich **I.** ⟨Adj.⟩ ئاهەنگی *ahengî* **II.** ⟨Adv.⟩ بەئاهەنگەوە *beahengewe*

feiern ⟨v.t.⟩ ئاهەنگ گێڕان *aheng gê*r̲*an*

Feiertag *m* ڕۆژەپشوو r̲*ojepişû*

feige ⟨Adj.⟩ 1. ترسنۆک *tirsinok*; 2. نامەرد *namerd*

Feige *f* هەنجیر *hencîr*

Feigling *m* ترسنۆک *tirsnok*; نامەرد *namerd*

Feile *f* بڕبەند *bi*r̲*bend*

feilschen ⟨v.i.⟩ مەعامەلە کردن *me'amele kirdin*

fein ⟨Adj.⟩ 1. ناسک *nasik*; تەنک *tenik*; 2. بەنەزاکەت *benezaket*

Feind *m* دژمن *dijmin*

feindlich ⟨Adj.⟩ نەیار *neyar*

Feindschaft *f* دژمنایەتی *dijminayetî*

Feld *n* 1. کێڵگە *kê*l̲*ge*; 2. بوار(ی زانستی) *biwar(î zanistî)*

Fell *n* کەوڵ *kew*l̲

Fels *m* تاشەبەرد *taşeberd*

felsig ⟨Adj.⟩ بەردین *berdîn*

feminin ⟨Adj.⟩ 1. مێ *mê*; 2. (Gr.) مێینە *mêyine*

Fenchel *m* (Bot.) ڕازیانە r̲*azyane*

Fenster *n* 1. پەنجەرە *pencere*; 2. (EDV) ویندۆو *wîndow*

Fensterbrett *n* بەرپەنجەرە *berpencere*

Fensterplatz *m* شوێنی لای پەنجەرە *şwênî lay pencere*

Ferien *pl.* پشوو *pişû*

Ferienhaus *n* پشووخانە *pişûxane*

Ferienlager *n* پشووگەی هاوینان بۆ قوتابییان *pişûgey hawînan bo qutabîyan*

Ferienwohnung *f* پشووگە (شوققە) *pişûge (şuqqe)*

Ferkel *n* 1. (Zool.) توولەبەراز *tûleberaz*; 2. (ugs.) مرۆڤێکی پیسوپۆخڵ *mirovêkî pîsupoxi*l̲

fern **I.** ⟨Adj.⟩ دوور *dûr* **II.** ⟨Präp.⟩ لەدوورەوە *ledûrewe*

Fernbedienung *f* کۆنترۆڵ *konti*r̲*o*l̲

Ferne *f* دووری *dûrî*; **in der Ferne** لە دووریدا *le dûrîda*

Fernflug *m* گەشتی دوور *geştî dûr*

Ferngespräch *n* تەلەفۆنکردن بۆ دوور *telefonkirdin bo dûr*

Fernglas *n* دووربین *dûrbîn*

Fernlicht *n* (Kfz) فوللایت *fullayit*

Fernrohr *n* تەلیسکۆب *telîskob*
fernsehen ⟨v.i.⟩ تەلەفیزیۆن سەیر کردن *telefîzyon seyr kirdin*
Fernsehen *n* سەیری تەلەفیزیۆنکردن *seyrî telefîzyonkirdin*
Fernseher *m*; **Fernsehgerät** *n* تەلەفیزیۆن *telefîzyon*
Fernsehzuschauer *m* تەلەفیزیۆنتەماشاکەر *telefîzyontemaşaker*
Fernsehzuschauerin *f* w. Form zu ↑Fernsehzuschauer
Fernstraße *f* ئۆتۆبان *otoban*
Ferse *f* پاژنە *pajne*
fertig ⟨Adj.⟩ تەواو *tewaw*; ئامادە *amade*
¹**fertigbringen** ⟨v.t.⟩ لە توانادا بوون *le tiwanada bûn*
²**fertigbringen** ⟨v.t.⟩ کۆتایی پێهێنان *kotayî pêhênan*
Fertiggericht *n* خواردنی ئامادەکراو *xiwardinî amadekiraw*
fertigmachen ⟨v.t.⟩ 1. (ugs.) ڕەخنە لێگرتن *rexne lêgirtin*; 2. (ugs.) بێتاقەت کردن *bêtaqet kirdin*
fesseln ⟨v.t.⟩ کۆت کردن *kot kirdin*
fest ⟨Adj.⟩ 1. توند *tund*; 2. نەبزێو *nebzêw*; **fester Preis** نرخی دیاریکراو *nirxî diyarîkiraw*
Fest *n* جەژن *cejn*; ئاهەنگ *aheng*
festbinden ⟨v.t.⟩ بەستنەوە *bestinewe*
Festessen *n* داوەت *dawet*
festhalten I. ⟨v.t.⟩ بە دەستەوە گرتن *be destewe girtin* **II.** ⟨v.refl.⟩ sich (an etw.) festhalten (بە) پێبەند بوون *pêbend bûn (be)*
Festival *n* فێستیڤاڵ *fêstîvaḻ*; میهرەجان *mîhrecan*
Festland *n* 1. وشکایی *wişkayî*; 2. کیشوەر *kîşwer*
festlegen ⟨v.t.⟩ دیاری کردن *diyarî kirdin*
festlich ⟨Adj.⟩ خۆش *xoş*
Festlichkeit *f* خۆشی *xoşî*
Festnahme *f* گرتن *girtin*; تەوقیفکردن *tewqîfkirdin*
festnehmen ⟨v.t.⟩ گرتن *girtin*; دەستگیر کردن *destgîr kirdin*
Festnetzanschluss *m* (Tech.) تەلەفۆنی نۆرمال *telefonî normal*
Festplatte *f* (EDV) مێمۆری *mêmorî*; هارددیسک *harddîsk*
Festpreis *m* (Wirtsch.) نرخی دیاریکراو *nirxî diyarîkiraw*
Festspiel *n* میهرەجان *mîhrecan*
feststehen ⟨v.i.⟩ 1. دانان *danan*; 2. بڕیار لەسەر دان *biryar leser dan*
feststellen ⟨v.t.⟩ ئاشکرا کردن *aşkira kirdin*
fett ⟨Adj.⟩ 1. چەور *çewir*; 2. گۆشتن *goştin*
Fett *n* چەوری *çewrî*
fettarm ⟨Adj.⟩ کەمچەوری *kemçewrî*
fettig ⟨Adj.⟩ چەور *çewir*
Fetus *m* (Med.) ئاوڵەمە *awḻeme*; جەنین *cenîn*
feucht ⟨Adj.⟩ شێدار *şêdar*
Feuchtigkeit *f* تەڕی *terî*; شێ *şê*
Feuer *n* ئاگر *agir*
Feueralarm *m* زەنگی ئاگادارکردنەوەی ئاگرکەوتنەوە *zengî agadarkirdinewey agirkewtinewe*
feuerfest ⟨Adj.⟩ نەسووت *nesût*
feuergefährlich ⟨Adj.⟩ ئاگرەبڵە *agirebiwe*

Feuerlöscher *m* (Tech.) ئاگرکوژێنەرەوە *agirkujênerewe*

Feuermelder *m* زەنگی ئاگادارکردنەوەی ئاگرکەوتنەوە *zengî agadarkirdinewey agirkewtinewe*

feuern ⟨v.i.⟩ 1. ئاگر کردنەوە *agir kirdinewe*; 2. (Mil.) تەقە کردن *teqe kirdin*

Feuerstelle *f* ئاگردان *agirdan*

F

Feuerwehr *f* ئاگرکوژێنەرەوە *agirkujênerewe*

Feuerwerk *n* فیشەکەشێتە *fîşekeşête*

Feuerzeug *n* چەرخ *çerx*

Fichte *f* (Bot.) کاج (جۆرە سنەوبەرێکە) *kac (core sinewberêke)*

ficken ⟨v.t.⟩ (vulg.) گاین *gayin*

Fieber *n* (Med.) تا *ta*

Fieberthermometer *n* (Med.) گەرمایپێو *germayîpêw*

fies ⟨Adj.⟩ (ugs.) چەپەڵ *çepel̲*; پەتەڕی *peter̲î*

Figur *f* 1. نیگار *nîgar*; 2. بەژنوباڵا *bejnubal̲a*

Filet *n* (Kochk.) گۆشتی نەرمە *goştî nerme*

Filiale *f* لق *liq*

Film *m* 1. توێژ *twêj*; 2. فلیم *filîm*

filmen ⟨v.t.⟩ وێنە گرتن *wêne girtin*

Filmstar *m* ئەستێرەی سینەما *estêrey sînema*

Filter *m* پاڵێوەر *pal̲êwer*

filtern ⟨v.t.⟩ پاڵاوتن *pal̲awtin*

Filterzigarette *f* جگەرەی فلتەردار *cigerey filterdar*

Filz *m* لباد *libad*

Filzschreiber *m* قەڵەمی بۆیە *qel̲emî boye*

Filzstift *m* پێنووسی بۆیەی تەڕ *pênûsî boyey ter̲*

final ⟨Adj.⟩ (bildungsspr.) دوا *diwa*

Finale *n* بەشی کۆتایی *beşî kotayî*; خولی کۆتایی *xulî kotayî*

Finanzamt *n* بەڕێوەبەرایەتیی دارایی *ber̲êweberayetîy darayî*

Finanzen *pl.* دارایی *darayî*

finanziell ⟨Adj.⟩ دارایی *darayî*

finanzieren ⟨v.t.⟩ پارە پێدان *pare pêdan*

Findelkind *n* منداڵی حاشالێکراو *mindal̲î h̲aşalêkiraw*

finden ⟨v.t.⟩ دۆزینەوە *dozînewe* • ich finde das nicht richtig ئەمەم بەلاوە باش/ڕاست نییە

Finger *m* پەنجە *pence*; **kleiner Finger** پەنجەتووتە *pencetûte*

Fingerabdruck *m* پەنجەمۆر *pencemor*; **Fingerabdrücke nehmen** پەنجە گرتن *pence girtin*

Fingernagel *m* نینۆک *nînok*

Fingerring *m* ئەموستیلە *emustîle*; ئەڵقە *el̲qe*

Finnland *n* فیللەندە *Fîllende*

finster ⟨Adj.⟩ 1. تاریک *tarîk*; 2. مۆن *mon*

Firma *f* 1. کارگە *karge*; 2. کۆمپانیا *kompanya*

Fisch *m* (Zool.) ماسی *masî*

fischen ⟨v.t./v.i.⟩ ماسی گرتن *masî girtin*

Fischer *m* ماسیگر *masîgir*

Fischerboot *n* بەلەمی ماسیگرتن *belemî masîgirtin*

Fischerei *f* ماسیگری *masîgirî*

Fischerin *f* w. Form zu ↑Fischer

Fischstäbchen *pl.* (Kochk.) پەنجەماسی

(گۆشتی ماسی خشتبڕراو بۆ سوورەوەکردن) *pencemasî (goştî masî xiştbiṟraw bo sûrewekirdin)*
fit ⟨Adj.⟩ 1. بەتوانا *betiwana*; 2. تەندروستباش *tendrustbaş*
Fitnesscenter *n* مەڵبەندی پەروەردەکردنی بەدەن *me<u>l</u>bendî perwerdekirdinî beden*
fix ⟨Adj.⟩ 1. (ugs.) (نرخ) داریکراو *diyarîkiraw (nirx)*; 2. (ugs.) خێرا *xêra* • ich bin fix und fertig (idiom./ugs.) هێزم لێبڕاوە؛ توانام تێدانەماوە
fixieren ⟨v.t.⟩ جێگیر کردن *cêgîr kirdin*
flach ⟨Adj.⟩ 1. تەخت *text*; 2. نزم *nizim*
Flachbildschirm *m* (Tech.) شاشەی تەنک و پان *şaşey tenik u pan*
Fläche *f* 1. (Math.) ڕووبەر *<u>r</u>ûber*; 2. پانایی *panayî*
Fladenbrot *n* کولێرە *kulêre*
Flagge *f* ئاڵا *a<u>l</u>a*
Flamme *f* گڵپە *gi<u>l</u>pe*
Flasche *f* 1. بوتڵ *buti<u>l</u>*; 2. (ugs.) بێغیرەت *bê<u>x</u>îret*
Flaschenöffner *m* شووشەهەڵپچڕ *şûşehe<u>l</u>piçi<u>r</u>*
flau ⟨Adj.⟩ 1. بێهێز *bêhêz*; 2. (Kaufmannsspr.) کەساد *kesad*
Flaute *f* 1. (Kaufmannsspr.) بێبازاڕی *bêbaza<u>r</u>î*; 2. سستی *sistî*
flechten ⟨v.t.⟩ چنین *çinîn*
Fleck *m* پەڵە *pe<u>l</u>e*
Fleckenentferner *m* پەڵەلابەر *pe<u>l</u>elaber*
fleckig ⟨Adj.⟩ پەڵاوی *pe<u>l</u>awî*
Fledermaus *f* (Zool.) شەمشەمەکوێرە *şemşemekwêre*
flehen ⟨v.i.⟩ پاڕانەوە *paṟanewe*
Fleisch *n* گۆشت *goşt*
Fleischbrühe *f* گۆشتاو *goştaw*
Fleischerei *f* دوکانی قەسابی *dukanî qesabî*
Fleiß *m* زیرەکی *zîrekî*
fleißig ⟨Adj.⟩ زیرەک *zîrek*; چالاک *çalak*
flexibel ⟨Adj.⟩ 1. نەرم *nerm*; 2. گونجاو *guncaw*
flicken ⟨v.t.⟩ پینە کردن *pîne kirdin*
Flieder *m* گوڵەوەنەوشە *gu<u>l</u>ewenewşe*
Fliege *f* (Zool.) مێش *mêş*
fliegen ⟨v.i.⟩ فڕین *fi<u>r</u>în*
fliehen ⟨v.i.⟩ هەڵهاتن *he<u>l</u>hatin*
Fliese *f* خشتی کاشی *xiştî kaşî*
fliesen ⟨v.t.⟩ خشتی کاشی کردن *xiştî kaşî kirdin*
Fließband *n* شریتی بزۆک (بۆ شتگواستنەوە لە کارگەدا) *şirîtî bizok (bo şitgiwastinewe le kargeda)*
fließen ⟨v.i.⟩ لەبەر ڕۆییشتن *leber <u>r</u>oyîştin*
fließend ⟨Adj.⟩ ڕەوان *<u>r</u>ewan*
flimmern ⟨v.i.⟩ 1. (ئەستێرە) جریواندن *cirîwandin (estêre)*; 2. بریقانەوە *birîqanewe*
flink ⟨Adj.⟩ 1. گورجوگۆڵ *gurcugo<u>l</u>*; 2. بەخێرایی *bexêrayî*
Flirt *m* چاوباشقاڵی *çawbaşqa<u>l</u>î*
flirten ⟨v.i.⟩ چاوباشقاڵی کردن *çawbaşqa<u>l</u>î kirdin*
Flitterwochen *pl.* مانگی هەنگوینی *mangî hengwînî*
Floh *m* (Zool.) کێچ *kêç*
Flohmarkt *m* بازاڕی کۆنینەفرۆش *baza<u>r</u>î konînefiroş*
Flop *m* نشستی *nişistî*
florieren ⟨v.i.⟩ گەشانەوە *geşanewe*
Floß *n* کەڵەک *ke<u>l</u>ek*

Flosse *f* (Zool.) پەڕەکە *pe̱reke*
Flöte *f* (Mus.) شمشاڵ *şimşa̱l*
flott ⟨Adj.⟩ (ugs.) خێرا *xêra*
Flotte *f* (Mil.) گەلەکەشتی *gelekeştî*
Fluch *m* نەعلەت *ne'let*
fluchen ⟨v.i.⟩ 1. کفر کردن *kifr kirdin;* 2. نەفرەت کردن *nefret kirdin*
Flucht *f* هەڵاتن *he̱latin*
flüchten ⟨v.i.⟩ هەڵهاتن *he̱lhatin*
flüchtig ⟨Adj.⟩ 1. ڕاکردوو *ṟakirdû;* 2. سەرپێیی *serpêyî*
Flüchtling *m* ڕاکردوو *ṟakirdû;* پەنابەر *penaber*
Flug *m* فڕین *fiṟîn*
Flugabwehr *f* (Mil.) فڕۆکەشکێن *fiṟo-keşikên*
Flugblatt *n* بڵاوکراوە *bi̱lawkirawe*
Flügel *m* 1. باڵ *ba̱l;* 2. (Mus.) پیانۆی گەورە *piyanoy gewre*
Fluggast *m* گەشتیار بە فڕۆکە *geştiyar be fiṟoke*
Fluggesellschaft *f* کۆمپانیای فڕۆکەوانی *kompanyay fiṟokewanî*
Flughafen *m* فڕۆکەخانە *fiṟokexane*
Flugkapitän *m* فڕۆکەوان *fiṟokewan*
Flugkapitänin *f* w. Form zu ↑Flugkapitän
Fluglinie *f* هێڵی ئاسمانی *hê̱lî asmanî*
Fluglotse *m* ڕێنماییکاری فڕۆکەهەڵفڕین و نیشتنەوە *ṟênimayîkarî fiṟokehe̱lfiṟîn u nîştinewe*
Fluglotsin *f* w. Form zu ↑Fluglotse
Flugplan *m* نەخشەی کاتی فڕۆکەفڕین *nexşey katî fiṟokefiṟîn*
Flugplatz *m* فڕۆکەخانە *fiṟokexane*
Flugschein *m* مۆڵەتی فڕۆکەلێخوڕین *mo-letî fiṟokelêxuṟîn*
Flugschreiber *m* ئامێری تۆمارکاری فڕۆکە *amêrî tomarkarî fiṟoke*
Flugsteig *m* ڕێڕەوی چوونە ناو فڕۆکە *ṟêṟewî çûne naw fiṟoke*
Flugticket *n* بلیتی فڕۆکە *bilîtî fiṟoke*
Flugzeit *f* ماوەی فڕین *mawey fiṟîn*
Flugzeug *n* فڕۆکە *fiṟoke*
Flugzeugabsturz *m* فڕۆکەکەوتنەخوارەوە *fiṟokekewtinexiwarewe*
Flugzeugentführer *m* فڕۆکەڕفێن *fiṟo-keṟifên*
Flugzeugentführerin *f* w. Form zu ↑Flugzeugentführer
Flugzeugentführung *f* فڕۆکەڕفاندن *fi-ṟokeṟifandin*
Flugzeugträger *m* فڕۆکەهەڵگر *fiṟoke-he̱lgir*
Flur *m* ڕێڕەو *ṟêṟew*
Fluss *m* ڕووبار *ṟûbar*
flussabwärts ⟨Adv.⟩ سەربەرەوخوار (لەگەڵ شەپۆلدا) *serberewxiwar (lege̱l şepolda)*
flussaufwärts ⟨Adv.⟩ سەربەرەوژوور (لەگەڵ شەپۆلدا) *serberewjûr (lege̱l şe-polda)*
Flussbett *n* جۆگەئاو *cogeaw*
flüssig ⟨Adj.⟩ شل *şil*
Flüssigkeit *f* شلی *şilî;* شلەمەنی *şilemenî*
flüstern ⟨v.i./v.t.⟩ 1. چرپاندن *çirpandin;* 2. چرپەچرپ کردن *çirpeçirp kirdin*
Flut *f* لافاو *lafaw*
fluten **I.** ⟨v.i.⟩ لێڕۆییشتن *lêṟoyîştin* **II.** ⟨v.t.⟩ خستنە ژێر ئاوەوە *xistine jêr awewe*
Föderalismus *m* (Pol.) فیدڕالیزم *fîdṟa-*

lîzim

Föderation *f* (Pol.) فیدڕاسیۆن *fîdrasyon*

Fohlen *n* جوانوو *ciwanû*

Föhn *m* قژوشککەرەوە *qijwişikkerewe*

föhnen ⟨v.t.⟩ قژ وشک کردنەوە *qij wişk kirdinewe*

Folge *f* 1. ئەنجام *encam*; 2. زنجیرە *zincîre*

folgen ⟨v.i.⟩ 1. دوا کەوتن *diwa kewtin*; 2. پێڕەوی کردن *pêrewî kirdin*

folgend ⟨Adj.⟩ 1. بەدواداهاتوو *bediwadahatû*; 2. خوارەوە *xiwarewe*

folgern ⟨v.i.⟩ بۆ دەرکەوتن *bo derkewtin*

Folgerung *f* ئەنجام *encam*

Folie *f* وەرەق یا نایلۆن (بۆ شت پێچانەوە) *wereq ya naylon (bo şit pêçanewe)*

Folklore *f* فۆلکلۆر *folklor*

Folter *f* ئەشکەنجە *eşkence*

foltern ⟨v.t.⟩ ئەشکەنجە دان *eşkence dan*

Fontäne *f* فوارە *fiware*

fordern ⟨v.t.⟩ داوا کردن *dawa kirdin*

fördern ⟨v.t.⟩ پێش خستن *pêş xistin*

Forderung *f* داخوازی *daxiwazî*

Forelle *f* (Zool.) ماسییەخاتوونە *masîyexatûne*

Form *f* 1. شێوە *şêwe*; 2. قاڵب *qalib*

formal ⟨Adj.⟩ 1. شێوەیی *şêweyî*; 2. بەپێی دەستوور *bepêy destûr*

Formalität *f* ڕەسمی *resmî*

formatieren ⟨v.t.⟩ (EDV) زانیاری ڕێکوپێک کردن و پێکەوە بەستن *zanyarî rêkupêk kirdin u pêkewe bestin*

Formel *f* 1. دەق *deq*; 2. بنکە *binke*

formen ⟨v.t.⟩ دەق پێگرتن *deq pêgirtin*

Formular *n* داخوازینامە *daxiwazîname*; ئیستیمارە *îstîmare*

formulieren ⟨v.t.⟩ داڕشتن *dariştin*

forschen ⟨v.t./v.i.⟩ لێتۆژینەوە *lêtojînewe*; **nach etw./j-m forschen** بەدوادا گەڕان *bediwada geran*

Forscher *m* لێکۆڵەرەوە *lêkolerewe*; توێژەر *twêjer*

Forscherin *f* w. Form zu ↑Forscher

Forschung *f* لێکۆڵینەوە *lêkolînewe*; توێژینەوە *twêjînewe*

Forst *m* دارستان *daristan*

Förster *m* پاسەوانی دارستان *pasewanî daristan*

Försterin *f* w. Form zu ↑Förster

fortbewegen **I.** ⟨v.t.⟩ 1. جووڵاندن *cûlandin*; 2. گواستنەوە *giwastinewe* **II.** ⟨v.refl.⟩ sich fortbewegen کەوتنە ڕێ *kewtine rê*

Fortbildung *f* فێربوون یان خوێندنی بابەتێکی نوێ *fêrbûn yan xwêndinî babetêkî nwê*

fortfahren ⟨v.i.⟩ بەردەوام ڕۆییشتن (بە سواری) *berdewam royîştin (be siwarî)*

fortgeschritten ⟨Adj.⟩ پێشکەوتوو *pêşkewtû*

fortlaufend ⟨Adj.⟩ یەکبینە *yekbîne*

Fortpflanzung *f* زاووزێ *zawuzê*

Fortschritt *m* پێشکەوتن *pêşkewtin*

fortschrittlich ⟨Adj.⟩ پێشکەوتوو *pêşkewtû*

fortsetzen ⟨v.t.⟩ درێژە پێدان *dirêje pêdan*

Fortsetzung *f* درێژە *dirêje* • Fortsetzung folgt درێژەی هەیە؛ درێژەی پێدەدرێ

Foto *n* وێنە *wêne*

Fotoalbum *n* ئەلبوومی وێنە *elbûmî wêne*

Fotoapparat *m* کامێرا *kamêra*

fotogen ⟨Adj.⟩ لە وێنەدا جوان دەردەچێ *le wêneda ciwan derdeçê*

Fotograf *m* وێنەگر *wênegir*
fotografieren ⟨v.t./v.i.⟩ وێنە گرتن *wêne girtin*
Fotografin *f* w. Form zu ↑Fotograf
Fotokopie *f* فۆتۆکۆپی *fotokopî*
fotokopieren ⟨v.t.⟩ فۆتۆکۆپی کردن *fotokopî kirdin*
Fotomodell *n* جلنمایشکار *cilnimayişkar*
Foul *n* (Sp.) فاوڵ *fawil̲*
Fracht *f* بارگە *barge*
Frachter *m* بارگکەر *bargker*
Frachtschiff *n* کەشتیی بار *keştîy bar*
Frage *f* 1. پرسیار *pirsiyar*; 2. کێشە *kêşe*
Fragebogen *m* پرسیارنامە *pirsyarname*
fragen ⟨v.t.⟩ لێپرسین *lêpirsîn*
Fragezeichen *n* نیشانەی پرسیار *nîşaney pirsyar*
fraglich ⟨Adj.⟩ جێگومان *cêguman*
fragwürdig ⟨Adj.⟩ 1. گومانلێکراو *gumanlêkiraw*; 2. ئاڵۆز *al̲oz*
Fraktion *f* (Pol.) فڕاکسیۆن *fir̲aksyon*
Franken *m* فڕانک *fir̲ank*
frankieren ⟨v.t.⟩ پوول پێوەنان *pûl pêwenan*
Frankreich *n* فەڕەنسا *Fer̲ensa*
Franzose *m* فەڕەنسی *fer̲ensî*
Französin *f* w. Form zu ↑Franzose
französisch ⟨Adj.⟩ فەڕەنسی *fer̲ensî*
Französisch *n* زمانی فەڕەنسی *zimanî fer̲ensî*
Frau *f* ژن *jin*; ئافرەت *afret*
Frauenarzt *m* پزیشکی ژنان *pizîşkî jinan*
Frauenärztin *f* w. Form zu ↑Frauenarzt
frauenfeindlich ⟨Adj.⟩ دژەژن *dijejin*
frech ⟨Adj.⟩ بێچاووڕوو *bêçawur̲û*
Frechheit *f* بێچاووڕوویی *bêçawur̲ûyî*
frei ⟨Adj.⟩ 1. ئازاد *azad*; 2. بەتاڵ (جێگا) *betal̲ (cêga)*; 3. کراوە (خەتی تەلەفۆن) *kirawe (xetî telefon)*; **im Freien** لە دەرێ *le derê*
Freibad *n* حەوزی مەلەی سەرنەگیراو *h̲ewzî meley sernegîraw*
freiberuflich ⟨Adj.⟩ کاری سەربەست *karî serbest*
freigebig ⟨Adj.⟩ بەرچاوتێر *berçawtêr*; بەخشندە *bexşinde*
Freigebigkeit *f* بەرچاوتێری *berçawtêrî*; بەخشندەیی *bexşindeyî*
Freigepäck *n* جانتای سەفەر بەخۆڕایینااردن *cantay sefer bexor̲ayînardin*
freihaben ⟨v.t.⟩ ڕوخسەت هەبوون *r̲uxset hebûn*
Freiheit *f* ئازادی *azadî*
Freiheitsstrafe *f* حوکمدان *h̲ukimdan*
Freikarte *f* بلیتی خۆڕایی *bilîtî xor̲ayî*
freilassen ⟨v.t.⟩ ئازاد کردن *azad kirdin*
[1]**freimachen** ⟨v.t.⟩ پوول پێوەنان *pûl pêwenan*
[2]**freimachen** ⟨v.t./v.i.⟩ مۆڵەت وەرگرتن *mol̲et wergirtin*
freisprechen ⟨v.t.⟩ ئازاد کردن *azad kirdin*
Freispruch *m* (Jur.) بڕیاری بێتاوانی دەرچوون *bir̲yarî bêtawanî derçûn*
Freitag *m* هەینی *heynî*; جومعە *cumʿe*
Freitagsgebet *n* (islam.) نوێژی هەینی *nwêjî heynî*
freiwillig ⟨Adj.⟩ خۆبەخش *xobexş*
Freiwillige *f* w. Form zu ↑Freiwilliger

Freiwilliger *m* خۆبەختکار *xobextkar;* خۆبەخش *xobexş*

Freizeichen *n* (تەلەفۆن) خەتی کراوە *xetî kirawe (telefon)*

Freizeit *f* کاتی دەستبەتاڵی *katî destbetalî*

fremd ⟨Adj.⟩ 1. بیانی *biyanî;* بێگانە *bêgane;* 2. نامۆ *namo*

[1]**Fremde** *f* (geh.) ئاوارەیی *awareyî*

[2]**Fremde** *f* w. Form zu ↑Fremder

fremdenfeindlich ⟨Adj.⟩ دژەبێگانە *dijebêgane*

Fremdenfeindlichkeit *f* دژەبێگانەیی *dijebêganeyî*

Fremdenführer *m* ڕێنماییکاری گەشتیاران *rênimayîkarî geştiyaran*

Fremdenführerin *f* w. Form zu ↑Fremdenführer

Fremdenverkehr *m* گەشتوگوزار *geştuguzar*

Fremder *m* نامۆ *namo;* بێگانە *bêgane*

Fremdsprache *f* زمانی بێگانە *zimanî bêgane*

Fremdwort *n* وشەی بێگانە *wişey bêgane*

fressen ⟨v.t.⟩ 1. (ئاژەڵ) لووش دان *lûş dan (ajel);* 2. سک بەردانە بەر *sik berdane ber*

Freude *f* خۆشی *xoşî;* شادمانی *şadmanî;* **Freude an etw. finden/haben** لەزەت لێوەرگرتن *lezet lêwergirtin*

freuen I. ⟨v.t.⟩ پێخۆشحاڵ بوون *pêxoşhal bûn* **II.** ⟨v.refl.⟩; **sich auf etw./j-n freuen** پێخۆشحاڵ بوون بە/دەربارەی *pêxoşhal bûn be/derbarey;* **sich über etw. freuen** خۆشحاڵ بوون بە *xoşhal bun be*

Freund *m* هاوڕێ *hawrê;* هەڤاڵ *heval*

Freundin *f* w. Form zu ↑Freund کچەهاوڕێ *kiçehawrê*

freundlich ⟨Adj.⟩ ڕۆحسووک *rohsûk;* زمانشیرین *zimanşîrîn*

Freundschaft *f* هاوڕێیەتی *hawrêyetî;* هەڤاڵێتی *hevalêtî*

Frieden *m* ئاشتی *aştî*

Friedhof *m* گۆڕستان *goristan*

friedlich I. ⟨Adj.⟩ لاشەڕ *laşer;* ئاشتیخواز *aştîxiwaz* **II.** ⟨Adv.⟩ بەئاشتی *beaştî*

frieren ⟨v.i.⟩ بەستن *bestin*

frisch ⟨Adj.⟩ 1. تازە *taze;* 2. خۆش (ئاووهەوا) *xoş (awuhewa);* فێنک *fênik;* **frische Luft** ئاووهەوایەکی فێنک *awuhewayekî fênik*

Frische *f* 1. تازەیی *tazeyî;* 2. فێنکی *fênikî*

Frischhaltefolie *f* نایلۆن، کە بەسەر خواردەمەنیدا دەگیرێ *naylon, ke beser xiwardemenîda degîrê*

Friseur *m* سەرتاش *sertaş*

Friseurin *f* w. Form zu ↑Friseur

Friseurladen *m* سەرتاشخانە *sertaşxane*

frisieren ⟨v.t.⟩ قژ داهێنان *qij dahênan*

Frist *f* ماوە *mawe;* مۆڵەت *molet*

fristlos ⟨Adj.⟩ بێماوەپێدان *bêmawepêdan*

Frisur *f* قژداهێنان *qijdahênan*

frittieren ⟨v.t.⟩ (Kochk.) سوور کردنەوە (لە ڕۆنێکی زۆردا) *sûr kirdinewe (le ronêkî zorda)*

froh ⟨Adj.⟩ دڵشاد *dilşad*

fröhlich ⟨Adj.⟩ 1. شاد *şad;* 2. ڕووخۆش *rûxoş*

fromm ⟨Adj.⟩ خواپەرست *xiwaperist;* **frommer Wunsch** ئاواتی بەمرازنەگەیو

awatî bemiraznegeyiw

Front *f* 1. بەردەم *berdem;* 2. (Mil.) بەرەی جەنگ *berey ceng;* 3. (Meteorol.) باری ئاووهەوا *barî awuhewa*

Frosch *m* (Zool.) بۆق *boq*

Frost *m* 1. سەهۆڵبەند *seholbend;* 2. سەرما *serma*

F

Frucht *f* میوە *mîwe*

fruchtbar ⟨Adj.⟩ 1. بەردار *berdar;* 2. (زەوی) بەپیت *bepît (zewî)*

Fruchtbarkeit *f* 1. بەرداری *berdarî;* 2. بەپیتی *bepîtî*

Fruchtsaft *m* شەربەتی میوە *şerbetî mîwe*

früh I. ⟨Adj.⟩ زوو *zû* **II.** ⟨Adv.⟩ بەیانی *beyanî;* **heute früh** ئەمڕۆ بەیانیی زوو *emro beyanîy zû;* **morgen früh** بەیانیی زوو *beyanîy zû;* **zu früh** زۆر زوو *zor zû*

früher I. ⟨Adj.⟩ زووتر *zûtir* **II.** ⟨Adv.⟩ لەوەپێش *lewepêş;* جاران *caran*

frühestens ⟨Adv.⟩ زووترینکات *zûtirînkat*

Frühgeburt *f* (Med.) لەدایکبوونی پێشوەخت *ledayikbûnî pêşwext*

Frühjahr *n;* **Frühling** *m* بەهار *behar*

Frühstück *n* نانی بەیانی *nanî beyanî*

frühstücken ⟨v.i.⟩ نانی بەیانی خواردن *nanî beyanî xiwardin*

Frühstücksbüfett *n* بۆفێی بەرچایی *bofêy berçayî*

frühzeitig ⟨Adj.⟩ زوو *zû;* پێشوەخت *pêşwext*

Frust *m* دڵساردی *dilsardî*

frustriert ⟨Adj.⟩ دڵساردەوەبوو *dilsardewebû*

Fuchs *m* (Zool.) ڕێوی *rêwî*

fügen I. ⟨v.t.⟩ پێوەلکاندن *pêwelikandin* **II.** ⟨v.refl.⟩ sich etw./j-m fügen کۆڵ دان *kol dan*

fühlbar ⟨Adj.⟩ هەستپێکراو *hestpêkiraw*

fühlen I. ⟨v.t.⟩ 1. هەست پێکردن *hest pêkirdin;* 2. دەست لێدان *dest lêdan* **II.** ⟨v.refl.⟩ sich (irgendwie) fühlen هەست بە خۆ کردن *hest be xo kirdin;* **sich wohl fühlen** تەندرووست بوون *tendirûst bûn*

führen ⟨v.t.⟩ بەڕێوە بردن *berêwe birdin*

Führer *m* ڕابەر *raber;* پێشەوا *pêşewa;* سەرۆک *serok*

Führerin *f* w. Form zu ↑Führer

Führerschein *m* مۆڵەتی شوفێری *moletî şufêrî*

Führung *f* ڕێبەری *rêberî;* سەرۆکایەتی *serokayetî*

füllen ⟨v.t.⟩ پڕ کردن *pir kirdin*

Füller *m* پاندان *pandan*

Füllung *f* 1. پڕکردنەوە *pirkirdinewe;* 2. ناواخن *nawaxin*

Fund *m* 1. دۆزینەوە *dozînewe;* 2. دۆزراوە *dozrawe*

Fundament *n* بنچینە *binçîne*

Fundbüro *n* نووسینگەی شتی دۆزراوە *nûsîngey şitî dozirawe*

fünf ⟨Num.⟩ پێنج *pênc*

fünfhundert ⟨Num.⟩ پێنجسەد *pêncsed*

fünfte(r, -s) ⟨Adj.⟩ پێنجەم *pêncem;* پێنجەمین *pêncemîn*

fünfzehn ⟨Num.⟩ پازدە *pazde*

fünfzig ⟨Num.⟩ پەنجا *penca*

Funk *m* kurz für ↑Rundfunk بێتەل (بۆ گواستنەوەی زانیاری) *bêtel (bo gi-*

wastinewey zanyarî)
Funke *m* پریشک *pir̲îşk*
funkeln ⟨v.i.⟩ درەوشانەوە *direwşanewe*
Funkgerät *n* بێتەل *bêtel*
Funktion *f* 1. کار *kar;* 2. پلەوپایە (لە کاردا) *pilewpaye (le karda)*
funktionieren ⟨v.i.⟩ کار کردن *kar kirdin*
für ⟨Präp.⟩ 1. بۆ *bo;* 2. لەپێناو *lepênaw;* **für dich** بۆ تۆ *bo to*
Furcht *f* ترس *tirs;* **aus Furcht vor Gott** لە ترسی خوا *le tirsî xiwa*
furchtbar ⟨Adj.⟩ ترسناک *tirsnak*
fürchten I. ⟨v.t.⟩ لێترسان *lêtirsan* **II.** ⟨v. refl.⟩ sich fürchten ترسان *tirsan*
fürchterlich I. ⟨Adj.⟩ ترسناک *tirsnak* **II.** ⟨Adv.⟩ (ugs.) زۆر *zor*
furchtlos ⟨Adj.⟩ نەترس *netirs;* بەجەرگ *becerg*
Fürsorge *f* 1. بارکەشی *barkeşî;* 2. چاودێری (بۆ یارمەتیدان) *çawdêrî (bo yarmetîdan)*
Fürsprache *f* ڕوویتکالێنان *r̲ûytikalênan*
Fürst *m* میر *mîr*
Fürstentum *n* میرنشین *mîrnişîn*
Fürstin *f* w. Form zu ↑Fürst
fürstlich ⟨Adj.⟩ میرانە *mîrane*
Furunkel *m/n* (Med.) دومەڵ *dumel̲*
Furz *m* (vulg.) تڕ *tir̲*
furzen ⟨v.i.⟩ (vulg.) تڕ کەندن *tir̲ kendin*
Fuß *m* 1. پێ *pê;* 2. بنار *binar;* **zu Fuß** بەپێ *bepê*
Fußball *m* (Sp.) تۆپێپێ *topîpê;* دووگۆڵی *dûgol̲î*
Fußballplatz *m* گۆڕەپانی فتبۆڵێن *gor̲epanî fitbol̲ên*
Fußballspiel *n* (Sp.) گۆڵگۆڵێن *gol̲gol̲ên;* فتبۆڵێن *fitbol̲ên*
Fußballspieler *m* (Sp.) یاریزانی تۆپێپێ *yarîzanî topîpê*
Fußballspielerin *f* w. Form zu ↑Fußballspieler
Fußballstadion *n* یاریگای فتبۆڵێن *yarîgay fitbol̲ên*
Fußboden *m* پاپۆش *papoş*
fußen ⟨v.i.⟩; **auf etw. fußen** خۆ گرتنەوە بە *xo girtinewe be*
Fußgänger *m* پیادەڕەو *piyader̲ew*
Fußgängerin *f* w. Form zu ↑Fußgänger
Fußgängerzone *f* شوێنی پێڕەوگە *şwênî pêr̲ewge*
Fußpilz *m* کەڕووی پێ *ker̲ûy pê*
Fußsohle *f* بنەپێ *binepê*
Fußtritt *m* 1. شوێنپێ *şwênpê;* 2. شەق *şeq;* لەقە *leqe*
Fußweg *m* پێڕێ *pêr̲ê*
[1]**Futter** *n* ئالیک(ی ئاژەڵ) *alîk(î ajel̲)*
[2]**Futter** *n* ناواخن *nawaxin*
[1]**füttern** ⟨v.t.⟩ ئالیک دان *alîk dan*
[2]**füttern** ⟨v.t.⟩ بەتانە پیاداگرتن *betane piyadagirtin*
Futur *n* (Gr.) دەمی داهاتوو *demî dahatû*

G

G

g, G گێ *gê;* پیتی حەوتەمی ئەلفبێی ئەڵمانی *pîtî ẖewtemî elfbêy elmanî*
Gabe *f* خەڵات *xelat;* خێر *xêr*
Gabel *f* چنگاڵ *çingal*
Gage *f* پارەیەک، کە دەدرێ بە هونەرمەندێک *pareyek, ke dedrê be hunermendêk*
gähnen ⟨v.i.⟩ باوێشک دان *bawêşk dan*
Galerie *f* پێشانگە *pêşange*
Galle *f* زراو *ziraw*
Gallenblase *f* کیسەی زراو *kîsey ziraw*
Gallenstein *m* (Med.) بەردی زراو *berdî ziraw*
galoppieren ⟨v.i.⟩ غار کردن *xar kirdin*
Gameboy *m* گیمبۆی *gêmboy*
Gang *m* 1. ڕەوت *rewt;* 2. گێری ئوتومبێل *gêrî utumbêl;* 3. ڕاڕەو *rarew*
gängig ⟨Adj.⟩ ئاسایی *asayî*
Gangschaltung *f* (Tech.) گێر *gêr*
Gans *f* (Zool.) قاز *qaz*
ganz I. ⟨Adj.⟩ 1. هەموو *hemû;* 2. نەشکاو *neşkaw* **II.** ⟨Adv.⟩ بەتەواوی *betewawî*
ganztägig ⟨Adj.⟩ بەدرێژاییرۆژ *bedirêjayîroj*
[1]**gar** ⟨Adj.⟩ 1. کوڵاو *kulaw;* 2. برژاو *birjaw*
[2]**gar** ⟨Adv.⟩ قەت *qet;* هیچ *hîç;* **ganz und gar nicht** بەهیچجۆرێک *behîçcorêk*
Garage *f* گەراج *gerac*
Garantie *f* 1. دەستەبەری *desteberî;* 2. (Kaufmannsspr.) گەرەنتی *gerentî*
garantieren ⟨v.t.⟩ گەرەنتی پێدان *gerentî pêdan;* دڵنیا کردن *dilniya kirdin*
Garantieschein *m* پسوڵەی گەرەنتی *pisuley gerentî*
Garderobe *f* شوێنی پاڵتۆلێدانان *şwênî paltolêdanan*
Gardine *f* پەردە *perde*
garen I. ⟨v.i.⟩ (Kochk.) کوڵان *kulan;* سوور بوونەوە *sûr bûnewe* **II.** ⟨v.t.⟩ (Kochk.) بەباشی کوڵاندن *bebaşî kulandin;* بەباشی سوور کردنەوە *bebaşî sûr kirdinewe*
gären ⟨v.i.⟩ ترشان *tirşan*
Garn *n* تاوە دەزوو *tawe dezû*
Garnele *f* (Zool.) ڕۆبیان *robyan*
garnieren ⟨v.t.⟩ ڕازاندنەوە *razandinewe*
Garnitur *f* تاقم (مۆبیلە، ...) *taqim (mobîle, ...)*
Garten *m* باخ *bax*
Gärtner *m* باخەوان *baxewan*
Gärtnerei *f* باخەوانی *baxewanî*
Gärtnerin *f* w. Form zu ↑Gärtner
Gas *n* غاز *xaz;* **Gas geben** (Kfz) پێ بە بەنزیندا نان *pê be benzînda nan*
Gasflasche *f* بەرمیلی غاز *bermîlî xaz*
Gasherd *m* تەباخی غاز *tebaxî xaz*

Gaskocher *m* پرێمزی غاز *pirêmizî xaz*
Gasmaske *f* دەمامکی غاز *demamikî xaz*
Gaspedal *n* پایدەری بەنزین *payderî benzîn*
Gasse *f* کۆڵان *koḻan*
Gast *m* میوان *mîwan*
Gästebuch *n* دەفتەری تۆمارگەی میوانان *defterî tomargey mîwanan*
Gästezimmer *n* ژووری میوان *jûrî mîwan*
gastfreundlich ⟨Adj.⟩ میواندۆست *mîwandost*
Gastfreundschaft *f* میوانداری *mîwandarî*
Gastgeber *m* خانەخوێ *xanexwê*
Gastgeberin *f* w. Form zu ↑Gastgeber
Gasthaus *n* میوانخانە *mîwanxane*
Gastland *n* وڵاتی میوانڕاگر *wiḻatî mîwanṟagir*
gastlich ⟨Adj.⟩ میواندۆست *mîwandost*
Gastritis *f* (Med.) لینجەپەردەی گەدەهەوکردن *lînceperdey gedehewkirdin*
Gastronomie *f* هونەری چێشتلێنان *hunerî çêştlênan*
Gaststätte *f* میوانخانە *mîwanxane*
Gastwirt *m* خاوەنی میوانخانە *xawenî mîwanxane*
Gastwirtin *f* w. Form zu ↑Gastwirt
Gatte *m* (geh.) مێرد *mêrd*
Gattin *f* w. Form zu ↑Gatte (geh.) ژن *jin*
Gattung *f* ڕەگەز *ṟegez*
Gaukler *m* جامباز *cambaz*
Gauklerin *f* w. Form zu ↑Gaukler
Gaumen *m* مەڵاشوو *meḻaşû*
Gauner *m* فێڵباز *fêḻbaz*; قوڕمساغ *quṟimsax̱*
Gaunerin *f* w. Form zu ↑Gauner
Gebäck *n* بسکیت *biskît*
gebären ⟨v.t.⟩ زان *zan*; منداڵ بوون *mindaḻ bûn*
Gebärmutter *f* منداڵدان *mindaḻdan*
Gebäude *n* بینا *bîna*
Gebell *n* وەڕەوەڕ *weṟeweṟ*
geben ⟨v.t.⟩ دان *dan* • heute gibt es Regen ئەمڕۆ باران دەبارێ
Gebet *n* نوێژ *nwêj*
Gebetsnische *f* (islam.) میحراب *mîḫrab*
Gebetsrichtung *f*; **Gebetsrichtung der Muslime** (Richtung Mekka) (islam.) قیبلە (ڕوو لە مەکە) *qîble (ṟû le Meke)*
Gebetsruf *m* بانگ *bang*
Gebetsteppich *m* (islam.) بەرماڵ *bermaḻ*
Gebiet *n* 1. ناوچە *nawçe*; 2. (üb.) بوار *biwar*
gebildet ⟨Adj.⟩ 1. زانا *zana*; ڕووناکبیر *ṟûnakbîr*; 2. خوێندەوار *xwêndewar*
Gebirge *n* چیا *çiya*
gebirgig ⟨Adj.⟩ چیایی *çiyayî*
Gebirgsbewohner *m* چیایی *çiyayî*
Gebirgsbewohnerin *f* w. Form zu ↑Gebirgsbewohner
Gebirgskette *f* ڕیزەچیا *ṟîzeçiya*
Gebirgspass *m* گەلی *gelî*
Gebiss *n* دانەکانی سەرەوە و خوارەوە *danekanî serewe w xiwarewe*
Gebläse *n* (Tech.) مووشەدەمە *mûşedeme*

G

gebogen ⟨Adj.⟩ چەماوە *çemawe*

Geborgenheit *f* ئاسوودەیی *asûdeyî*

Gebot *n* دەستوور *destûr*

gebraten ⟨Adj.⟩ (Kochk.) سوورەوەکراو *sûrewekiraw*

Gebrauch *m* کارپێکردن *karpêkirdin*

gebrauchen ⟨v.t.⟩ بەکار هێنان *bekar hênan*

gebräuchlich ⟨Adj.⟩ 1. ئاسایی *asayî*; 2. بەکارهاتوو *bekarhatû*

Gebrauchsanweisung *f* جۆری بەکارهێنان *corî bekarhênan*

gebraucht ⟨Adj.⟩ بەکارهاتوو *bekarhatû*

Gebrauchtwagen *m* ئوتومبێلی بەکارهاتوو *utumbêlî bekarhatû*

Gebrauchtware *f* شتی کۆنە *şitî kone*

gebrechlich ⟨Adj.⟩ 1. لاواز *lawaz*; 2. پەککەوتە *pekkewte*

gebrochen ⟨Adj.⟩ شکاو *şikaw*

Gebühr *f* مز *miz*

gebührenpflichtig ⟨Adj.⟩ بەپارە *bepare*

Geburt *f* لەدایکبوون *ledayikbûn*

Geburtenkontrolle *f* کۆنترۆلەی سکپربوون و لەدایکبوون *kontroley sikpirbûn u ledayikbûn*

Geburtsdatum *n* ڕۆژی لەدایکبوون *rojî ledayikbûn*

Geburtshelfer *m* یارمەتیدەری منداڵلەدایکبوون *yarmetîderî mindalledayikbûn*

Geburtshelferin *f* w. Form zu ↑Geburtshelfer مامان *maman*

Geburtsname *m* ناوی خێزان لە کاتی لەدایکبووندا(، کە ڕەنگە پاشان ئەو ناوە بگۆڕرێ) *nawî xêzan le katî ledayikbûnda(, ke renge paşan ew nawe bigorrê)*

Geburtsort *m* شوێنی لەدایکبوون *şwênî ledayikbûn*

Geburtstag *m* ڕۆژی لەدایکبوون *rojî ledayikbûn*

Geburtstagsfeier *f* ئاهەنگی ڕۆژی لەدایک بوون *ahengî rojî ledayk bûn*

Geburtsurkunde *f* بەڵگەنامەی لەدایکبوون *belgenamey ledayikbûn*

Gebüsch *n* دەوەن *dewen*

Gedächtnis *n* بیر *bîr*

Gedanke *m* بیر *bîr*

gedankenlos ⟨Adj.⟩ 1. هەڵەشە *heleşe*; 2. بێبیر *bêbîr*

Gedankenstrich *m* ڕایەڵ *rayel*

Gedärm *n* هەناو *henaw*

gedeihen ⟨v.i.⟩ گەشانەوە *geşanewe*

Gedenkstätte *f* شوێنی لەیادنەکراوان *şwênî leyadnekrawan*

Gedicht *n* هۆنراوە *honrawe*; شیعر *şiʿir*

Gedränge *n* 1. پەلەلێکردن *pelelêkirdin*; 2. جەماوەر *cemawer*

Geduld *f* سەبر *sebr*; پشوودرێژی *pişûdirêjî*

geduldig ⟨Adj.⟩ بەسەبر *besebir*; پشوودرێژ *pişûdirêj*

geehrt ⟨Adj.⟩ بەڕێز *berêz*; ڕێزدار *rêzdar*

geeignet ⟨Adj.⟩ گونجاو *guncaw*

Gefahr *f* مەترسی *metirsî*; **auf eigene Gefahr** لەسەر مەسوولییەتی خۆ *leser mesûlîyetî xo*

gefährden ⟨v.t.⟩ خستنە مەترسییەوە *xistine metirsîyewe*

gefährlich ⟨Adj.⟩ 1. ترسناک *tirsnak*; 2. زیانبەخش *ziyanbexş*; خەتەر *xeter*

Gefälle *n* سەربەرەوژێرە *serberewjêre*
gefallen ⟨v.i.⟩ بە دڵ بوون *be dil̲ bûn* • das Kleid gefällt mir کراسەکەم بە دڵە
Gefallen *m* چاکە *çake*; **j-m einen Gefallen tun** چاکە لەگەڵدا کردن *çake legel̲da kirdin*
gefangen ⟨Adj.⟩ گیراو *gîraw*; **j-n gefangen nehmen** حەپس کردن *h̲epis kirdin*
Gefangene *f* w. Form zu ↑Gefangener
Gefangener *m* گیراو *gîraw*; زیندانی *zîndanî*; حەپس *h̲eps*
Gefängnis *n* بەندیخانە *bendîxane*; حەپسخانە *h̲epsxane*
Gefängniszelle *f* ژووری بەندیخانە *jûrî bendîxane*
Gefäß *n* 1. جام *cam*; 2. (Anat.) دەمار *demar*
Gefecht *n* (Mil.) پێکدادان *pêkdadan*
Gefieder *n* پەڕ *per̲*
Geflügel *n* باڵندە *bal̲inde*
Geflügelfleisch *n* گۆشتی باڵندە *goştî bal̲inde*
Gefolge *n* دەستوپێوەند *destupêwend*
Gefolgschaft *f* 1. پێڕەوی *pêr̲ewî*; 2. دەستوپێوەند *destupêwend*
gefräßig ⟨Adj.⟩ زۆرخۆر *zorxor*
gefrieren ⟨v.i.⟩ بەستن *bestin*
Gefrierfach *n* بەستێنەر *bestêner*
Gefrierpunkt *m* (Phys.) پلەی بەستن *piley bestin*
Gefriertruhe *f* فرێزەری دۆلابی *firêzerî dolabî*
gefroren ⟨Adj.⟩ بەستوو *bestû*
Gefühl *n* 1. هەست *hest*; 2. هۆش *hoş*
gefühllos ⟨Adj.⟩ 1. سڕ *sir̲*; 2. (üb.) بێگیان *bêgiyan*; خوێنسارد *xwênsard*
gefühlt ⟨Adj.⟩ هەستپێکراو *hestpêkiraw*
gefühlvoll ⟨Adj.⟩ بەسۆز *besoz*
gefüllt ⟨Adj.⟩ پڕکراو *pir̲kiraw*; **gefüllte Weinblätter** یاپراخی گەڵامێو *yapraxî gel̲amêw*
gegebenenfalls ⟨Adv.⟩ ئەگەر پێویست بوو *eger pêwîst bû*
gegen I. ⟨Präp.⟩ دژ *dij*; **gegen Ende** دەوروبەری کۆتایی *dewruberî kotayî*; **gegen Quittung** بەرامبەر بە پسوڵەیەک *beramber be pisul̲eyek* **II.** ⟨Adv.⟩ نزیکەی *nizîkey*; لە دەوروبەری *le dewruberî*
Gegend *f* 1. دەوروبەر *dewruber*; 2. ناوچە *nawçe*
Gegenfahrbahn *f* سایتی بەرامبەر *sayitî beramber*
Gegenleistung *f* بەدەل *bedel*
Gegenmittel *n* (Med.) دەرمان *derman*
Gegenrichtung *f* پێچەوانەی ڕێڕۆ *pêçewaney r̲êr̲o*
Gegensatz *m* پێچەوانە *pêçewane*; **im Gegensatz zu** بەپێچەوانە ...(ە)وە *bepêçewane ...(e)we*
gegensätzlich ⟨Adj.⟩ پێچەوانە *pêçewane*
Gegenseite *f* بەری بەرامبەر *berî beramber*
gegenseitig ⟨Adj.⟩ یەکتری *yektirî*
Gegenstand *m* شت *şit*; مادە *made*
Gegenteil *n* 1. ئاوەژوو *awejû*; 2. پێچەوانە *pêçewane*; **im Gegenteil** بە پێچەوانەوە *be pêçewanewe*

gegenüber ⟨Präp.⟩ بەرامبەربە *beram-berbe*

Gegenverkehr *m* سایتی بەرامبەر *sayitî beramber*

Gegenwart *f* 1. ئێستا *êsta*; 2. (Gr.) دەمی ئێستا *demî êsta*

Gegenwind *m* بای ڕووبەڕوو *bay r̲ûber̲û*

Gegner *m* دژ *dij*; نەیار *neyar*

Gegnerin *f* w. Form zu ↑Gegner

G

gegrillt ⟨Adj.⟩ برژاو *birjaw*; **gegrilltes Hähnchen** باڕۆکەی برژاو *bar̲okey bir-jaw*

[1]**Gehalt** *n* مووچە *mûçe*

[2]**Gehalt** *m* ناوەرۆک *nawerok*

Gehaltserhöhung *f* مووچەزیادکردن *mû-çeziyadkirdin*

gehbehindert ⟨Adj.⟩ توانای ڕۆیشتننەبوو *tiwanay r̲oyiştinnebû*

geheim ⟨Adj.⟩ 1. شاراوە *şarawe*; 2. بەنهێنی *benihênî*

Geheimdienst *m* پاراستن *parastin*

Geheimnis *n* نهێنی *nihênî*

geheimnisvoll ⟨Adj.⟩ نادیار *nadiyar*; ئاڵۆز *al̲oz*

Geheimzahl *f* ژمارەی نهێنی *jimarey ni-hênî*

gehen ⟨v.i.⟩ 1. چوون *çûn*; ڕۆیشتن *r̲oyiştin*; 2. بەڕێوە چوون (کار) *ber̲êwe çûn (kar)*; 3. شیان *şiyan* • das geht nicht ئەمە نابێ; es geht um dich باسەکە پەیوەندی بە تۆوەیە; wie geht es dir? تۆ چۆنیت؟

Gehirn *n* مێشک *mêşk*

Gehirnerschütterung *f* (Med.) دەماخشڵەقان *demaxşil̲eqan*

Gehirnschlag *m* (Med.) جەڵتەی دەماخ *cel̲tey demax*

Gehör *n* هەستی بیستن *hestî bîstin*

gehorchen ⟨v.i.⟩ بە قسە کردن *be qise kirdin*

gehören ⟨v.i.⟩ سەر پێبوون *ser pêbûn* • ihr Herz gehört mir (geh.) دڵی پێداوم; **zu etw./j-m gehören** سەربە ... بوون *serbe … bûn*

gehörlos ⟨Adj.⟩ کەڕ *ker̲*

gehorsam ⟨Adj.⟩ گوێڕایەڵ *gwêr̲ayel̲*

Gehsteig *m* شۆستە *şoste*

Gehweg *m* پیادەڕۆ *piyader̲o*

Geier *m* (Zool.) سیسارک *sîsark*

Geige *f* (Mus.) کەمان *keman*

Geisel *f* لەبارمتەداگیراو *lebarimtedagîraw*

Geiselnahme *f* لەبارمتەدابوون *lebarim-tedabûn*

Geiselnehmer *m* کەسێک، کە دەست بەسەر لەبارمتەداگیراودا دەگرێ *kesêk, ke dest beser lebarimtedagîrawda degrê*

Geiselnehmerin *f* w. Form zu ↑Geiselnehmer

Geist *m* 1. هۆش *hoş*; 2. ڕۆح *r̲oh̲*; 3. جنۆکە *cinoke*

geistesabwesend ⟨Adj.⟩ خەیاڵبردە *xe-yal̲birde*

geisteskrank ⟨Adj.⟩ شێت *şêt*

geistig ⟨Adj.⟩ ڕۆحی *r̲oh̲î*

geistlich ⟨Adj.⟩ ئاینی *ayinî*

Geistliche *f* w. Form zu ↑Geistlicher

Geistlicher *m* 1. پیاوی ئاینی *piyawî ayinî*; 2. کەشیش *keşîş*

Geistlichkeit *f* 1. (Rel.) ئاینی *ayinî*; 2. (Rel.) قەشەیەتی *qeşeyetî*

geistreich ⟨Adj.⟩ بلیمەت *bilîmet*

Geiz *m* چاوچنۆکی *çawçinokî*

geizig ⟨Adj.⟩ پیسکە *pîske*

gekocht ⟨Adj.⟩ کوڵاو *kulaw;* کوڵێنراو *kulênraw;* **gekochtes Ei** هێلکەی کوڵاو *hêlkey kulaw*

Gel *n* جێڵ (مادەیەکی جەلاتینییە) *cêl (madeyekî celatînîye)*

Gelächter *n* قریوەقریو *qirîweqirîw*

gelähmt ⟨Adj.⟩ لەپەلوپۆکەوتوو *lepelupokewtû*

Gelände *n* زەویوزار *zewîwzar*

Geländer *n* نەردە *nerde;* بەربەست *berbest*

Geländewagen *m* جێب *cêb*

gelassen ⟨Adj.⟩ هێمن *hêmin*

gelaunt ⟨Adj.⟩ بەزەوق *bezewq;* **schlecht gelaunt** بێزەوق *bêzewq*

gelb ⟨Adj.⟩ زەرد *zerd*

Gelbsucht *f* (Med.) زەردوویی *zerdûyî*

Gelbwurz *f* (Bot.) داریزەرد *darîzerd*

Gelbwurzel *f* s. ↑Gelbwurz

Geld *n* پارە *pare*

Geldautomat *m* مەکینەی ئەوتۆماتی پارە *mekîney ewtomatî pare*

Geldbeutel *m;* **Geldbörse** *f* کیسەی پارە *kîsey pare*

Geldbuße *f* جەزادان *cezadan*

Geldschein *m* پارەی کاغەز *parey kaxez*

Geldstrafe *f* جەزای پارەدان *cezay paredan*

Geldstück *n* پارەی کانزا *parey kanza*

Geldwechsel *m* پارەگۆڕینەوە *paregorînewe*

Gelee *n* جەلی *celî*

Gelegenheit *f* ڕێکەوت *rêkewt*

gelegentlich ⟨Adj.⟩ 1. بەڕێکەوت *berêkewt;* 2. ناوبەناو *nawbenaw*

gelehrig ⟨Adj.⟩ شیاو بۆئەوەی زوو فێربێ *şiyaw boewey zû fêrbibê*

Gelehrte *f* w. Form zu ↑Gelehrter

Gelehrter *m* زانا *zana*

Gelenk *n* (Anat.) جومگە *cumge*

gelenkig ⟨Adj.⟩ 1. جومگەیی *cumgeyî;* 2. چابووک *çabûk*

gelernt ⟨Adj.⟩ خوێندوو *xwêndû*

Geliebte *f* w. Form zu ↑Geliebter

Geliebter *m* خۆشەویست *xoşewîst*

gelingen ⟨v.i.⟩ بۆ ڕێک کەوتن *bo rêk kewtin*

gelten ⟨v.i.⟩ کار پێکردن (یاسا) *kar pêkirdin (yasa)* • das gilt nicht ئەمە ناخوا (ئەمە قبووڵ نییە); **als etw. gelten** بە ... دانان *be ... danan*

Gemälde *n* تابلۆ *tablo*

gemäß I. ⟨Präp.⟩ بەپێی *bepêy* **II.** ⟨Adj.⟩ گونجاو *guncaw*

gemäßigt ⟨Adj.⟩ مامناوەندی *mamnawendî*

gemein ⟨Adj.⟩ 1. بێڕێز *bêrêz;* نامەرد *namerd;* 2. (ugs.) ناخۆش *naxoş;* **gemeiner Kerl** ئاڵچاخ *alçax*

Gemeinde *f* 1. کۆمەڵە *komele;* 2. لادێ *ladê*

gemeinsam ⟨Adj.⟩ پێکەوە *pêkewe*

Gemeinschaft *f* 1. گەلەکی *gelekî;* 2. هاوبەشی *hawbeşî*

gemischt ⟨Adj.⟩ تێکەڵاو *têkelaw*

Gemüse *n* سەوزە *sewze*

Gemüsehändler *m* سەوزەفرۆش *sewzefiroş*

Gemüsehändlerin *f* w. Form zu ↑Gemüsehändler

gemütlich ⟨Adj.⟩ 1. خۆش *xoş;* 2. دڵگیر

G

dilgîr
genau I. ⟨Adj.⟩ ڕێک *rêk* **II.** ⟨Adv.⟩ بەتەواوی *betewawî*; **genau gehen** تەواو بوون (سەعات) *tewaw bûn (se'at)*
genauso ⟨Adv.⟩ کوتومت *kutumut*; **genauso oft** ئەوەندەی کە *ewendey ke*
genehmigen ⟨v.t.⟩ 1. ڕێگا پێدان *rêga pêdan*; 2. پەسەند کردن *pesend kirdin*
Genehmigung *f* 1. دانپێدانان *danpêdanan*; 2. ڕەزامەندی *rezamendî*
General *m* (Mil.) جەنەراڵ *ceneral*
Generalkonsulat *n* قونسوولییە *qunsûlîye*
Generalstreik *m* مانگرتنی گشتی *mangirtinî giştî*
Generation *f* نەوە *newe*
generell ⟨Adj.⟩ بەگشتی *begiştî*
genesen ⟨v.i.⟩ (geh.) چاک بوونەوە *çak bûnewe*
Genesung *f* چاکبوونەوە *çakbûnewe*
genetisch ⟨Adj.⟩ (Biol.) ڕەچەڵەکی *reçelekî*
genial ⟨Adj.⟩ بلیمەت *bilîmet*
Genick *n* گەردەمل *gerdemil*
Genie *n* بلیمەت *bilîmet*
genieren ⟨v.refl.⟩ sich genieren شەرم کردن *şerim kirdin*
genießbar ⟨Adj.⟩ خۆش *xoş*; بەتام *betam*
genießen ⟨v.t.⟩ 1. لەزەت لێوەرگرتن *lezet lêwergirtin*; 2. نۆش کردن *noş kirdin*
Genitale *n* (Med.) ئەندامی زاووزێ *endamî zawuzê*
Genitiv *m* (Gr.) دراوەپاڵ *dirawepal*
Genosse *m* 1. هاوخەبات *hawxebat*; 2. هاوبیر *hawbîr*
Genossin *f* w. Form zu ↑Genosse
Gentechnik *f* (Biol.) تەکنۆلۆژیی کارلەجینکردن *teknolojîy karlecînkirdin*
genug ⟨Adv.⟩ بەس *bes*
genügen ⟨v.i.⟩ بەس بوون *bes bûn*
genügend ⟨Adj.⟩ بەس *bes*
Genuss *m* 1. لەزەت *lezet*; زەوق *zewq*; 2. نۆشکردن *noşkirdin*
Genussmittel *n* خۆشەمەنی *xoşemenî*
genverändert ⟨Adj.⟩ ڕەچەڵەکگۆڕراو *reçelekgorraw*
geöffnet ⟨Adj.⟩ کراوە *kirawe*
Geografie *f* جوگرافیا *cugrafya*
Geographie *f* s. ↑Geografie
Geologie *f* زەویزانی *zewîzanî*
Geometrie *f* (Math.) ئەندازە *endaze*
geometrisch ⟨Adj.⟩ (Math.) ئەندازەیی *endazeyî*
Gepäck *n* بار *bar*; جانتای سەفەر *cantay sefer*
Gepäckabfertigung *f* شوێنی جانتالێوەرگرتن (لە فڕۆکەخانە) *şwênî cantalêwergirtin (le firokexane)*
Gepäckaufbewahrung *f* شوێنی جانتاپارێزگاریکردن *şwênî cantaparêzgarîkirdin*
Gepäckausgabe *f* شوێنی جانتالێوەرگرتنەوە (لە فڕۆکەخانە) *şwênî cantalêwergirtinewe (le firokexane)*
Gepäckkontrolle *f* جانتاپشکنین *cantapişkinîn*
Gepäckschein *m* پسوڵەی جانتای سەفەر (پێدان یا وەرگرتن) *pisuley cantay sefer (pêdan ya wergirtin)*
Gepäckstück *n* جانتا (دانەیەک) *canta (daneyek)*
Gepäckträger *m* 1. بارهەڵگر *barhelgir*;

2. چەنچە *çençe*
gepflegt ⟨Adj.⟩ ڕێکوپێک *r̲êkupêk*
gerade I. ⟨Adj.⟩ ڕاست *r̲ast*; **gerade Zahlen** (Math.) ژمارەڕێکەکان *jimarer̲êkekan* **II.** ⟨Adv.⟩ ئێستە *êste* **III.** ⟨Part.⟩ هەر *her*
Gerade *f* (Math.) ڕاستەهێڵ *r̲astehêl̲*
geradeaus ⟨Adv.⟩ ڕاستەوڕاست *r̲astewr̲ast*
Gerät *n* ئامێر *amêr*
geraten ⟨v.i.⟩ کەوتنە *kewtine*; **in etw. geraten** کەوتنە ناو *kewtine naw*
geräuchert ⟨Adj.⟩ پیشاو (بە دووکەڵ) *pîşaw (be dûkel̲)*; **geräucherter Fisch** ماسیی پیشاو *masîy pîşaw*
Geräusch *n* دەنگەدەنگ *dengedeng*
geräuschlos ⟨Adj.⟩ بێدەنگ *bêdeng*
gerben ⟨v.t.⟩ دەباخ کردن (پێستە) *debax kirdin (pêste)*
Gerberei *f* دەباخانە *debaxane*
gerecht ⟨Adj.⟩ 1. دادپەروەر *dadperwer*; 2. بەویژدان *bewîjdan*
Gerechtigkeit *f* دادپەروەری *dadperwerî*
Gerede *n* واتەوات *watewat*
gereizt ⟨Adj.⟩ تووڕە *tûr̲e*; هەڵچوو *hel̲çû*
[1]**Gericht** *n* چێشت *çêşt*
[2]**Gericht** *n* دادگە *dadge*
gerichtlich ⟨Adj.⟩ دادگەیی *dadgeyî*
Gerichtsverhandlung *f* (Jur.) دانیشتنی دادگەیی *danîştinî dadgeyî*
gerieben ⟨Adj.⟩ لەڕەنەدراو *ler̲enediraw*
gering ⟨Adj.⟩ 1. کەم *kem*; 2. پچووک *piçûk*
geringfügig ⟨Adj.⟩ 1. کەمێک *kemêk*; 2. بێمانا *bêmana*
Geringfügigkeit *f* 1. کەمی *kemî*; 2. ناچیزەیی *naçîzeyî*
gerinnen ⟨v.i.⟩ 1. بزرکان (شیر) *bizir̲kan (şîr)*; 2. مەیین (خوێن) *meyîn (xwên)*
gern ⟨Adv.⟩ بەخۆشییەوە *bexoşîyewe* • gern geschehen! بەخۆشییەوە کرا / ئەنجام درا!; was hätten Sie gern? حەزتان لە چییە؟; **j-n gern haben** حەز لە کەسێک کردن *h̲ez le kesêk kirdin*
Gerste *f* جۆ *co*
Gerstenkorn *n* 1. دەنکەجۆ *denkeco*; 2. (Med.) قنچکەسڵاوە *qinçikesil̲awe*
Geruch *m* بۆن *bon*
geruchlos ⟨Adj.⟩ بێبۆن *bêbon*
Geruchssinn *m* هەستەبۆ *hestebo*
Gerücht *n* باسوخواز *basuxiwaz*
Gerüst *n* داربەند *darbend*
gesalzen ⟨Adj.⟩ سوێرکراو *swêrkiraw*
gesamt ⟨Adj.⟩ تێکڕا *têkr̲a*
Gesamtbetrag *m* تێکڕای پارەکە *têkr̲ay pareke*
Gesang *m* 1. گۆرانی *goranî*; 2. دەنگ (باڵندە) *deng (bal̲inde)*
Gesäß *n* سمت *simt*
Geschäft *n* 1. کاسپی *kaspî*; 2. دوکان *dukan*
geschäftlich ⟨Adj.⟩ 1. بازاڕی *bazar̲î*; 2. ناشەخسی *naşexsî*
Geschäftsfrau *f* ژنەکاسبکار *jinekasibkar*
Geschäftsführer *m* کارگێڕ *kargêr̲*
Geschäftsführerin *f* w. Form zu ↑Geschäftsführer
Geschäftsmann *m* بازرگان *bazirgan*
Geschäftsreise *f* گەشتی کاسبی *geştî kasibî*

Geschäftsschluss *m* دوکانوبازاڕداخستن *dukanubazar̰daxistin*
Geschäftszeit *f* کاتی کردنەوە(ی دوکان و بازاڕ) *katî kirdinewe(y dukan u bazar̰)*
geschehen ⟨v.i.⟩ ڕوو دان *r̰û dan*
gescheit ⟨Adj.⟩ زرنگ *ziring*
Geschenk *n* دیاری *diyarî*
Geschenkpapier *n* کاغەزی دیاریپێچانەوە *kax̱ezî diyarîpêçanewe*
G
Geschichte *f* 1. مێژوو *mêjû*; 2. چیرۆک *çîrok*; 3. وانەی مێژوو *waney mêjû*
geschichtlich ⟨Adj.⟩ مێژوویی *mêjûyî*
Geschicklichkeit *f* کارامەیی *karameyî*
geschickt ⟨Adj.⟩ بەتوانا *betiwana*
geschieden ⟨Adj.⟩ جیابووەوە *ciyabûwewe*
Geschirr *n* قاپوقاچاخ *qapuqaçax*; **Geschirr abwaschen/spülen** قاپوقاچاخ لە ئاو هەڵکێشان *qapuqaçax le aw hel̰kêşan*
Geschirrspülmaschine *f* مەکینەی حاجەتشتن *mekîney ẖacetşitin*
Geschirrtuch *n* پەڕۆی حاجەتوشککردنەوە *per̰oy ẖacetwişikkirdinewe*
Geschlecht *n* 1. ڕەگەز *r̰egez*; 2. ئەندامی زاووزێ *endamî zawuzê*
Geschlechtskrankheit *f* نەخۆشیی جنسی *nexoşîy cinsî*
Geschlechtsverkehr *m* پێکگەیشتنی جنسی *pêkgeyiştinî cinsî*; گانکردن *gankirdin*
geschlossen I. ⟨Adj.⟩ داخراو *daxiraw* **II.** ⟨Adv.⟩ پێکەوە *pêkewe*
Geschmack *m* چێژ *çêj*; **guter Geschmack** سەلیقە *selîqe*
geschmacklos ⟨Adj.⟩ بێچێژ *bêçêj*
geschmackvoll ⟨Adj.⟩ 1. بەزەوق *bezewq*; 2. سەلیقەدار *selîqedar*; 3. بەتام *betam*
Geschoss *n* 1. گوللە *gulle*; 2. نهۆم *nihom*
Geschrei *n* هاوار *hawar*
Geschwätz *n* (ugs.) چەنەبازی *çenebazî*
geschwätzig ⟨Adj.⟩ چەنەباز *çenebaz*
Geschwindigkeit *f* خێرایی *xêrayî*
Geschwindigkeitsbegrenzung *f* s. ↑Geschwindigkeitsbeschränkung
Geschwindigkeitsbeschränkung *f* سنووربۆخێراییدانان *sinûrboxêrayîdanan*
Geschwindigkeitsüberschreitung *f* سنووریخێراییتێپەڕاندن *sinûrîxêrayîtêper̰andin*
Geschwister *pl.* خوشکوبرا *xuşkubira*
geschwollen ⟨Adj.⟩ ئاوساو *awsaw*
Geschwulst *f* (Med.) ئاوساوی *awsawî*
Geschwür *n* (Med.) دومەڵ *dumel̰*
gesellig ⟨Adj.⟩ هۆگر *hogir*
Gesellschaft *f* 1. کۆمەڵ *komel̰*; 2. کۆمەڵە *komel̰e*; 3. دامەزراو *damezraw*; **j-m Gesellschaft leisten** هاودەمیی کەسێک کردن *hawdemîy kesêk kirdin*
gesellschaftlich ⟨Adj.⟩ کۆمەڵایەتی *komel̰ayetî*
Gesetz *n* قانوون *qanûn*
gesetzlich ⟨Adj.⟩ قانوونی *qanûnî*
gesetzwidrig ⟨Adj.⟩ ناقانوونی *naqanûnî*
Gesicht *n* ڕوو *r̰û*
Gesichtsausdruck *m* سەروسیما *serusîma*
Gesichtscreme *f* کرێمی دەموچاو *kirêmî demuçaw*
Gesichtsfarbe *f* ڕەنگی ڕوو *r̰engî r̰û*

Gesinnung *f* جۆری بیرکردنەوە *corî bîr-kirdinewe*

gespannt ⟨Adj.⟩ 1. دڵەلەرزێ *dil̲elerzê;* 2. سەرگەرم *sergerm*

Gespräch *n* وتووێژ *wituwêj;* گفتوگۆ *giftugo*

gesprächig ⟨Adj.⟩ شیرینوتار *şîrînwitar*

Gestalt *f* 1. شێوە *şêwe;* 2. بوونەوەر *bûnewer*

gestalten ⟨v.t.⟩ دروست کردن *dirust kirdin*

Geständnis *n* دانبەتاواندانان *danbetawandanan*

Gestank *m* بۆگەنی *bogenî*

gestatten ⟨v.t.⟩ ڕێگا پێدان *r̲êga pêdan* • gestatten Sie? ڕێگام پێدەدەن؟

Geste *f* نیشانە *nîşane*

gestehen ⟨v.t.⟩ دان پێدانان *dan pêdanan*

Gestein *n* بەرد *berd*

Gestell *n* 1. داربەند *darbend;* 2. چوارچێوە *çiwarçêwe*

gestern ⟨Adv.⟩ دوێنێ *dwênê;* **seit gestern** لە دوێنێوە *le dwênêwe;* **gestern Abend** دوێنێ ئێوارێ *dwênê êwarê;* **gestern Morgen** دوێنێ بەیانی *dwênê beyanî;* **von gestern** هی دوێنێ *hî dwênê*

gestreift ⟨Adj.⟩ خەتدار *xetdar*

gesund ⟨Adj.⟩ 1. تەندروست *tendirust;* 2. سازگار *sazgar;* **der gesunde Menschenverstand** بیری تەندروست *bîrî tendirust*

Gesundheit *f* تەندروستی *tendirustî*

Gesundheitsamt *n* دامودەزگای تەندروستی *damudezgay tendirustî*

Getränk *n* خواردنەوە *xiwardinewe;* **alkoholisches Getränk** خواردنەوەی کحولی *xiwardinewey kih̲ulî*

Getränkeautomat *m* مەکینەی ئەوتۆماتی خواردنەوە *mekîney ewtomatî xiwardinewe*

Getreide *n* گەنموجۆ *genimuco;* دەغڵودان *dex̲l̲udan*

getrennt ⟨Adj.⟩ 1. جیاکراوە *ciyakirawe;* 2. بەجیا *becya*

getreu ⟨Adj.⟩ (geh.) دڵسۆز *dil̲soz*

Getriebe *n* قوڵاغی گێڕ *qul̲ax̲î gêr̲*

getrocknet ⟨Adj.⟩ وشککراو *wişikkiraw;* **getrocknete Aprikosen** قەیسیی وشککراو *qeysîy wişikkiraw*

Getto *n* مۆڵگە *mol̲ge*

geübt ⟨Adj.⟩ 1. ڕاهێنراو *r̲ahênraw;* 2. شارەزا *şareza*

gewagt ⟨Adj.⟩ ئازا *aza;* نەترس *netirs*

Gewalt *f* 1. توندوتیژی *tundutîjî;* 2. دەسەڵات *desel̲at*

gewaltig ⟨Adj.⟩ 1. توندوتیژ *tundutîj;* 2. گەورە *gewre*

gewaltlos ⟨Adj.⟩ بێتوندوتیژی *bêtundutîjî*

gewaltsam ⟨Adj.⟩ بەهێز *behêz*

Gewalttäter *m* توندوتیژکار *tundutîjkar;* زۆردار *zordar*

Gewalttäterin *f* w. Form zu ↑Gewalttäter

gewalttätig ⟨Adj.⟩ توندوتیژ *tundutîj*

Gewalttätigkeit *f* توندوتیژی *tundutîjî*

gewandt ⟨Adj.⟩ دەستڕەنگین *destr̲engîn*

Gewässer *n* ئاو (کانی و ڕوبار) *aw (kanî w r̲ubar)*

Gewebe *n* 1. چنراو *çınraw;* 2. کوتاڵ *kutal̲*

Gewehr *n* تفەنگ *tifeng*

Gewerbe *n* 1. کار(ی دەستکەوتدەر) *kar(î destkewtder)*; 2. پیشەسازی *pîşesazî*

Gewerbegebiet *n* ناوچەی پیشەسازی *nawçey pîşesazî*

Gewerkschaft *f* یەکیتیی کارکەران *yekêtîy karkeran*

Gewicht *n* کێش *kêş*

Gewichtheben *n* (Sp.) یاریئاسن *yarîasin*

Gewinn *m* قازانج *qazanc*

gewinnen ⟨v.t.⟩ 1. بردنەوە *birdinewe*; 2. سوود وەرگرتن *sûd wergirtin*

Gewinner *m* براوە *birawe*

Gewinnerin *f* w. Form zu ↑Gewinner

gewiss ⟨Adj.⟩ دڵنیا *dilniya*

Gewissen *n* ویژدان *wîjdan* • sie hat ein gutes Gewissen ویژدانی ئاسوودەیە; **schlechtes Gewissen** ویژدانی نائاسوودە *wîjdanî naasûde*

gewissenhaft ⟨Adj.⟩ بەویژدان *bewîjdan*

Gewissenhaftigkeit *f* بەویژدانی *bewîjdanî*

gewissenlos ⟨Adj.⟩ بێویژدان *bêwîjdan*

Gewissensbisse *pl.* ویژدانئازاردان *wîjdanazardan*

Gewissheit *f* دڵنیایی *dilniyayî*

Gewitter *n* گرماندن و هەورەتریشقەدان *girmandin u hewretirîşqedan*

gewöhnen **I.** ⟨v.t.⟩ پێوەڕاهاتن *pêwerahatin* **II.** ⟨v.refl.⟩ sich an etw./j-n gewöhnen خۆ پێوە ڕاهێنان *xo pêwe rahênan*; ئولفەت پێوەگرتن *ulfet pêwegirtin*

Gewohnheit *f* 1. خوو *xû*; خووڕەوشت *xûrewişt*; 2. هۆگری *hogirî*

gewöhnlich ⟨Adj.⟩ ئاسایی *asayî*

gewohnt ⟨Adj.⟩ هۆگر *hogir*; **gewohnt sein** پێراهاتن *pêrahatin*

Gewürz *n* بەهارات *beharat*

gewürzt ⟨Adj.⟩ بەهاراتتێکراو *beharattêkiraw*

Gezeiten *pl.* هەڵکشان و داکشانی ئاوی دەریا *helkişan u dakişanî awî derya*

Gier *f* چاوبرسێتی *çawbirsêtî*

gierig ⟨Adj.⟩ چاوبرسی *çawbirsî*

gießen ⟨v.t.⟩ 1. ئاو دان *aw dan*; تێکردن *têkirdin*; 2. داڕشتن (کان، چیمەنتۆ) *darîştin (kan, çimento)*

Gift *n* ژار *jar*; ژەهر *jehr*

giftig ⟨Adj.⟩ ژاراوی *jarawî*

Giftschlange *f* (Zool.) ماری ژاراوی *marî jarawî*

Gigabyte *n* (EDV) گیگابایت *gîgabayt*

Gipfel *m* لووتکە *lûtke*

Gipfelkonferenz *f*; **Gipfeltreffen** *n* کۆنفرانسی سەرانی وڵاتە گرنگەکان *konfiransî seranî wilate giringekan*

Gips *m* گەچ *geç*

Giraffe *f* (Zool.) زەڕافە *zerafe*

Girokonto *n* ژیرۆکۆنتۆ *jîrokonto*

Gischt *f* کەفی زەریا *kefî zerya*

Gitarre *f* (Mus.) گیتار *gîtar*

Gitter *n* تەلبەند *telbend*

Glanz *m* بریقانەوە *birîqanewe*

glänzen ⟨v.i.⟩ بریقانەوە *birîqanewe*

glänzend ⟨Adj.⟩ 1. بریقەدار *birîqedar*; 2. نایاب *nayab*; **glänzende Idee** بیرێکی نایاب *bîrêkî nayab*

Glas *n* 1. شووشە *şûşe*; 2. پەرداخ *perdax*;

ein Glas Saft پەرداخێک شەربەت *perdaxêk şerbet*

glatt ⟨Adj.⟩ 1. لووس *lûs*; خلیسک *xilîsk*; 2. (üb.) بێگرێ *bêgirê*

Glätte *f* لووسی *lûsî*

Glatteis *n* سەهۆڵبەندان *seholbendan*

glätten ⟨v.t.⟩ 1. لووس کردن *lûs kirdin*; 2. ڕاست کردنەوە *rast kirdinewe*

Glatze *f* سەرتاوسی *sertawisî*

Glaube *m* ئاین *ayin*; بیروباوەڕ *bîrubawer*

glauben I. ⟨v.t.⟩ 1. باوەڕ پێکردن *bawer pêkirdin*; 2. لەو باوەڕەدا بوون *lew bawereda bûn* **II.** ⟨v.i.⟩ ئیمان هەبوون *îman hebûn*; **an etw./j-n glauben** باوەڕ پێکردن *bawer pêkirdin*

gläubig ⟨Adj.⟩ دیندار *dîndar*

Gläubige *f* w. Form zu ↑[1]**Gläubiger**

[1]**Gläubiger** *m* دیندار *dîndar*

[2]**Gläubiger** *m* قەرزدەر *qerzder*

Gläubigerin *f* w. Form zu ↑[2]**Gläubiger**

glaubwürdig ⟨Adj.⟩ باوەڕپێکراو *bawerpêkiraw*

gleich I. ⟨Adj.⟩ وەکیەک *wekyek*; یەکسان *yeksan* • das ist mir gleich ئەمەم بەلاوە وەکوویەکە؛ ئەمەم بەلاوە گرنگ نییە; **zur gleichen Zeit** هاوکات *hawkat* **II.** ⟨Adv.⟩ ئێستا *êsta* • bis gleich! تا تۆزێکی ترا!؛ تا دوایی!

gleichberechtigt ⟨Adj.⟩ یەکسان *yeksan*

Gleichberechtigung *f* یەکسانی *yeksanî*

gleichen ⟨v.i.⟩ چوونیەک بوون *çûnyek bûn*

gleichfalls ⟨Adv.⟩ هەروەها *herweha* • danke, gleichfalls! سوپاس، هەروەها!

Gleichgewicht *n* هاوکێشی *hawkêşî*

gleichgültig ⟨Adj.⟩ بێموبالات *bêmubalat*

gleichmäßig ⟨Adj.⟩ یەکسان *yeksan*

Gleichung *f* (Math.) هاوکێشە *hawkêşe*

gleichzeitig ⟨Adj.⟩ هاوکات *hawkat*

Gleis *n* سکە *sike*; هێڵی شەمەندەفەر *hêlî şemendefer*

gleiten ⟨v.i.⟩ خلیسکان *xilîskan*

Gletscher *m* سەهۆڵەڕووبار *seholerûbar*

Glied *n* 1. پەل *pel*; 2. (Biol.) ئەندام *endam*; **das männliche Glied** کێر *kêr*

gliedern ⟨v.t.⟩ بەشبەش کردن *beşbeş kirdin*

Gliederung *f* دابەشکردن *dabeşkirdin*

Gliedmaßen *pl.* پەلوپۆ *pelupo*; دەستوپێ *destupê*

glitschig ⟨Adj.⟩ لووس *lûs*; خز *xiz*

glitzern ⟨v.i.⟩ بریسکانەوە *birîskanewe*

global ⟨Adj.⟩ 1. جیهانی *cîhanî*; 2. پڕگیر *pirgîr*

globalisieren ⟨v.t.⟩ 1. بە جیهانی کردن *be cîhanî kirdin*; 2. هەمەلایەنە کردن *hemelayene kirdin*

Globalisierung *f* بەجیهانیکردن *becîhanîkirdin*; جیهانگیری *cîhangîrî*

Globus *m* گۆی زەوی *goy zewî*

Glocke *f* زەنگ *zeng*

Glossar *n* فەرهەنگۆک *ferhengok*

Glück *n* 1. بەختیاری *bextyarî*; 2. بەخت *bext*; شانس *şans* • viel Glück! بەختێکی باشت بۆ دەخوازم!; zum Glück! خۆشبەختانە!؛ شوکر بۆ خوا!

Glück haben بەخت هەبوون *bext hebûn;* شانس هەبوون *şans hebûn*
glücklich ⟨Adj.⟩ دڵخۆش *dil̲xoş*
glücklicherweise ⟨Adv.⟩ خۆشبەختانە *xoşbextane*
Glücksspiel *n* 1. دووبەختی *dûbextî;* 2. قومار *qumar*
Glückwunsch *m* پیرۆزبایی *pîrozbayî* • herzlichen Glückwunsch! لەدڵەوە پیرۆزبایی!

G

Glühbirne *f* گڵۆپ(ی کارەبا) *gil̲op(î kareba)*
glühen ⟨v.i.⟩ درەوشانەوە *direwşanewe*
glühend ⟨Adj.⟩ ئاگرین *agrîn*
Glut *f* پشکۆ *pişko*
Gluten *n* پێز *pêz*
GmbH *f* Abk. von ↑Gesellschaft mit beschränkter Haftung (↑Gesellschaft) (Jur.) کۆمپانیای هاوئەرک دیاریکراو *kompanyay hawerk diyarîkiraw*
Gnade *f* 1. بەزەیی *bezeyî;* 2. چاکە *çake*
gnadenlos ⟨Adj.⟩ بێبەزەیی *bêbezeyî*
gnädig ⟨Adj.⟩ بەبەزەیی *bebezeyî*
Gold *n* زێڕ *zêr̲;* ئاڵتوون *al̲tûn*
Goldbarren *m* پارچەئاڵتوون *parçeal̲tûn*
golden ⟨Adj.⟩ زێڕین *zêr̲în;* ئاڵتوونی *al̲tûnî*
Goldfisch *m* (Zool.) ماسییەسوورە *masîyesûre*
Goldmedaille *f* مەدالیای زێڕ *medalyay zêr̲*
Goldschmied *m* زێڕەنگەر *zêr̲enger*
Goldschmiedin *f* w. Form zu ↑Goldschmied
[1]**Golf** *m* کەنداو *kendaw*
[2]**Golf** *n* یاریی گۆڵف *yarîy gol̲f*
Golfplatz *m* یاریگەی یاریگۆڵف *yarîgey yarîgol̲f*
Golfspiel *n* یاریی گۆڵف *yarîy gol̲f*
gönnen I. ⟨v.t.⟩ پێ ڕەوا بینین *pê r̲ewa bînîn* **II.** ⟨v.refl.⟩ sich etw. gönnen بە خۆ ڕەوا بینین *be xo r̲ewa bînîn*
Gorilla *m* (Zool.) گۆرێلا *gorêla*
Gott *m* خوا *xiwa* • Gott sei Dank! سوپاس بۆ خوای پەروەردگارا! (ئەلحەمدولیللاه!)
Gottesdienst *m* ڕێوڕەسمی خواپەرستی *rêwr̲esimî xiwapersitî*
Gottheit *f* خوایەتی *xiwayetî*
Göttin *f* w. Form zu ↑Gott خواژن *xiwajin*
göttlich ⟨Adj.⟩ خوایی *xiwayî*
Grab *n* گۆڕ *gor̲*
graben ⟨v.t./v.i.⟩ هەڵکەندن *hel̲kendin*
Graben *m* خەندەق *xendeq*
Grabstein *m* کێل *kêl*
Grad *m* 1. پلە *pile;* 2. ڕادە *r̲ade;* **akademischer Grad** پلەی زانستی *piley zanistî;* **drei Grad minus** (Meteorol.) سێ پلە ژێر سفر *sê pile jêr sifir;* **sechs Grad plus** (Meteorol.) شەش پلە سەروو سفر *şeş pile serû sifir*
Graffiti *n* نەخشونیگاری سەر دیوار *nexşunîgarî ser dîwar*
Grafik *f* 1. نەخشەکێشان *nexşekêşan;* 2. گرافیک *grafîk*
Grafikkarte *f* (EDV) گرافیککارت *gr̲afîkkart*
Gramm *n* گرام *giram;* **fünfzig Gramm** پەنجا گرام *penca giram*
Grammatik *f* ڕێزمان *r̲êzman*
grammatikalisch ⟨Adj.⟩ ڕێزمانی *r̲êz-*

manî

Granatapfel *m* هەنار *henar*

Grapefruit *f* کەبات *kebat*

Gras *n* 1. گیا *giya;* 2. (ugs.) حەشیشە *ḫeşîşe*

grässlich ⟨Adj.⟩ 1. دڕندە *diṟinde;* 2. ناشیرین *naşîrîn*

Gräte *f* دڕکەماسی *diṟkemasî*

gratis ⟨Adv.⟩ بەبەلاش *bebelaş;* بەخۆڕایی *bexoṟayî*

Gratulation *f* چاوڕۆشنی *çawṟoşinî;* پیرۆزبایی *pîrozbayî*

gratulieren ⟨v.i.⟩ چاوڕوونی لێکردن *çawṟûnî lêkirdin;* پیرۆزبایی کردن *pîrozbayî kirdin*

grau ⟨Adj.⟩ بۆر *bor*

grauenhaft ⟨Adj.⟩ سامناک *samnak*

grausam I. ⟨Adj.⟩ 1. بێبەزەیی *bêbezeyî;* 2. جانەوەر *canewer* **II.** ⟨Adv.⟩ بێبەزەییانە *bêbezeyîyane*

greifen ⟨v.t.⟩ 1. دەست بۆ بردن *dest bo birdin;* 2. گرتن *girtin*

grell ⟨Adj.⟩ 1. بریقەدار *birîqedar;* 2. تیژ (دەنگ) *tîj (deng)*

Grenze *f* سنوور *sinûr*

grenzen ⟨v.i.⟩; **an etw. grenzen** هاوسایە بوون *hawsaye bûn*

Grenzkontrolle *f* پشکنینی سەرسنوور *pişkinînî sersinûr*

Grenzpolizei *f* پاسەوانیی سەرسنوور *pasewanîy sersinûr*

Grenzübergang *m* شوێنی پەڕینەوەی سەرسنوور *şwênî peṟînewey sersinûr*

Griechenland *n* یۆنان *Yonan*

griechisch ⟨Adj.⟩ یۆنانی *yonanî*

Griechisch *n* زمانی یۆنانی *zimanî yonanî*

Griff *m* دەسک *desk*

Grill *m* مقەڵیی گۆشتبرژاندن *miqeḻîy goştbirjandin*

grillen ⟨v.t.⟩ برژاندن *birjandin*

grinsen ⟨v.i.⟩ دەم پان کردنەوە *dem pan kirdinewe*

Grippe *f* (Med.) ئینفلۆوەنزا *înflowenza*

grob ⟨Adj.⟩ 1. بێنەزاکەت *bênezaket;* 2. درشت *dirişt*

groß ⟨Adj.⟩ 1. گەورە *gewre;* 2. باڵابەرز *baḻaberz;* 3. ئەستوور *estûr*

großartig ⟨Adj.⟩ شکۆدار *şikodar;* نایاب *nayab*

Großbritannien *n* بەریتانیای مەزن *Berîtanyay mezin*

Großbuchstabe *m* تیپی گەورە *tîpî gewre*

Größe *f* 1. گەورەیی *gewreyî;* 2. بەرزی *berzî;* 3. ئەستووری *estûrî*

Großeltern *pl.* دایەگەورەوبابەگەورە *dayegewrewbabegewre*

Großhandel *m* بازرگانیی گەورە *bazirganîy gewre;* کۆفرۆشی *kofiroşî*

großherzig ⟨Adj.⟩ دڵفراوان *diḻfirawan*

Großmutter *f* دایەگەورە *dayegewre*

großschreiben ⟨v.t.⟩ بە پیتی گەورە نووسین *be pîtî gewre nûsîn*

Großstadt *f* گەورەشار *gewreşar*

Großvater *m* بابەگەورە *babegewre*

großzügig ⟨Adj.⟩ بەخشندە *bexşinde*

Grotte *f* ئەشکەوت *eşkewt*

Grube *f* 1. چاڵ *çaḻ;* 2. کانگە *kange*

grübeln ⟨v.i.⟩ بیر کردنەوە *bîr kirdinewe*

grün ⟨Adj.⟩ سەوز *sewz;* **die Grünen** (Pol.) پارتی سەوز(ی ئەڵمانی) *Partî Sew-*

G

z(î elmanî)
Grünanlage *f* مێرگ *mêrg*
Grund *m* 1. زەوی *zewî;* 2. بنچینە *binçîne;* 3. مەرام *meram;* 4. هۆ *ho;* **aus diesem Grunde** بەم هۆیەوە *bem hoyewe*
gründen ⟨v.t.⟩ 1. دروست کردن *dirust kirdin;* 2. دامەزراندن *damezrandin*
Grundgebühr *f* باجی بەشداری *bacî beşdarî*
Grundgesetz *n* قانوونی بنچینەیی *qanûnî binçîneyî*
Grundlage *f* بنچینە *binçîne*
grundlegend ⟨Adj.⟩ 1. بنجی *bincî;* 2. گرنگ *giring*
gründlich I. ⟨Adj.⟩ تەواو *tewaw;* باش *baş* **II.** ⟨Adv.⟩ بەتەواوی *betewawî*
Grundsatz *m* 1. دەستوور *destûr;* 2. مادەی بنچینەیی *madey binçîneyî*
grundsätzlich ⟨Adj.⟩ سەرەکی *serekî*
Grundschule *f* قوتابخانەی سەرەتایی *qutabxaney seretayî*
Grundstück *n* پارچەزەوی *parçezewî*
Gründung *f* 1. دامەزراندن *damezrandin;* 2. ڕێکخستن *rêkxistin*
Grundwasser *n* ناختاو *naxaw*
Gruppe *f* دەستە *deste;* تیپ *tîp*
Gruppenbild *n* وێنەی بەکۆمەڵ *wêney bekomel*
Gruppenreise *f* گەشتی بەکۆمەڵ *geştî bekomel*
Gruß *m* سڵاو *silaw* • bestell ihr schöne Grüße von mir! سڵاوی منی پێبگەیەنە! ; **mit freundlichen Grüßen** لەگەڵ سڵاوی دۆستانەدا *legel silawî dostaneda;* **mit herzlichen Grüßen** لە دڵەوە سڵاوت لێبێ *le dilewe silawit lêbê*
grüßen I. ⟨v.t.⟩ سڵاو لێکردن *silaw lêkirdin* • grüßen Sie bitte Ihre Frau von mir تکایە سڵاوم بە هاوسەرەکەتان بگەیەنن **II.** ⟨v.i.⟩ سڵاو کردن *silaw kirdin*
gucken ⟨v.i.⟩ (ugs.) سەرنج دان *serinc dan*
gültig ⟨Adj.⟩ ڕەوا *rewa*
Gummi *m/n* 1. لاستیک *lastîk;* 2. مشەمما *mişemma;* 3. کۆندوم *kondum*
Gummiband *n* کلافەلاستیک *klafelastîk*
Gummistiefel *m* جزمە *cizme*
günstig ⟨Adj.⟩ هەرزان *herzan;* **günstige Gelegenheit** بارێکی گونجاو *barêkî guncaw*
Gurgel *f* گەروو *gerû*
gurgeln ⟨v.i.⟩ غەرغەرە کردن *xerxere kirdin*
Gurke *f* خەیار *xeyar*
Gurt *m* پشتێنە *piştêne*
Gürtel *m* پشتێن *piştên*
Gusseisen *n* ئاسنی خاو *asinî xaw*
gut I. ⟨Adj.⟩ 1. باش *baş;* 2. خۆش *xoş* • alles Gute! لە سەرکەوتوو بیت!؛ ; gute Reise! گەشتێکی خۆشیدا بن! ; خۆش! **II.** ⟨Adv.⟩ بەباشی *bebaşî* • mach's gut! خوات لەگەڵ! ; **gut gelaunt** بەختیار *bextyar*
Gut *n* سامان *saman*
Gutachten *n* بیروڕای شارەزایەک (دەربارەی ...) *bîruray şarezayek (derbarey ...)*
gutartig ⟨Adj.⟩ بێوەی *bêwey*
Güte *f* 1. چاکە *çake;* 2. لێبوردەیی *lêburdeyî*
Güter *pl.* موڵک *mulk;* موڵکوماڵ *mulku-*

mal
Güterbahnhof *m* وێسگەی شەمەندەفەری بارهەڵگر *wêsgey şemendeferî barhelgir*
Güterzug *m* شەمەندەفەری بارهەڵگر *şemendeferî barhelgir*
Guthaben *n* دەسمایە *desmaye*
gütig ⟨Adj.⟩ بەخشندە *bexşinde*
gutmachen ⟨v.t.⟩ چاک کردن (هەڵە، کردە) *çak kirdin (hele, kirde)*; **etw. wieder gutmachen** پاداش دانەوە *padaş danewe*
gutmütig ⟨Adj.⟩ دڵپاک *dilpak*
Gutschein *m* بەڵگەنامەی پارە یا شت پێبەخشین *belgenamey pare ya şit pêbexşîn*
Gutschrift *f* گواستنەوەی پارەی بووە بۆسەر کۆنتۆیەک *giwastinewey parey bûwe boser kontoyek*
Gymnasium *n* قوتابخانەی ئامادەیی *qutabxaney amadeyî*
Gymnastik *f* (Sp.) جومناستیک *cumnastîk*

H

H

h, H ها *ha*; پیتی هەشتەمی ئەلفبێی ئەڵمانی *pîtî heştemî elfbêy elmanî*
Haar *n* 1. موو *mû*; 2. قژ *qij*
Haarausfall *m* (Med.) مووەرین *mûwerîn*; قژهەڵوەرین *qijhelwerîn*
Haarbürste *f* فڵچەی قژ *filçey qij*
Haarfarbe *f* ڕەنگی قژ *rengî qij*
Haarschnitt *m* 1. سەرتاشین *sertaşîn*; 2. جۆری برینیقژ *corî birînîqij*
Haarspange *f* تەوقە *tewqe*
Haarspray *n* سپرایی قژ *siprayî qij*
haarsträubend ⟨Adj.⟩ مووی سەر بەرزبوونەوە (لە کاتێکی ترسناکدا) *mûy ser berzbûnewe (le katêkî tirsinakda)*
Haartrockner *m* قژوشککەرەوە *qijwişikkerewe*
Haarwaschmittel *n* شامپۆی قژ *şampoy qij*
haben I. ⟨v.t.⟩ هەبوون *hebûn*; تێدابوون *têdabûn* • ich habe Zeit کاتم هەیە **II.** ⟨v.aux.⟩ بوون *bûn*
Habicht *m* (Zool.) باز *baz*
Hackbraten *m* (Kochk.) خواردنێکی سوورەوەکراوە، کە لە قیمە، وردەنانی سپی، هێلکە و بەهارات دروست دەکرێ *xiwardinêkî sûrewekirawe, ke le qîme, wirdenanî sipî, hêlke w beharat dirsut dekrê*
[1]**Hacke** *f* پاچەکۆڵە *paçekole*
[2]**Hacke** *f* پاژنەی پێ *pajney pê*
hacken I. ⟨v.i.⟩ هاڕین *harîn* **II.** ⟨v.t.⟩ (EDV) هاک کردن *hak kirdin*
Hacker *m* (EDV) هاککار *hakkar*
Hackerin *f* w. Form zu ↑Hacker

Hackfleisch *n* (Kochk.) قیمه *qîme*
Hafen *m* بەندەر *bender*
Hafenstadt *f* شاربەندەر *şarbender*
Hafer *m* پەڕشت *perişt*
Haferflocken *pl.* گاڵ *gal*
Haft *f* بەندێتی *bendêtî*
Haftbefehl *m* (Jur.) بڕیاری گرتن *biryarî girtin*
haften ⟨v.i.⟩ 1. پێوەلکان *pêwelikan;* 2. لێپرسراو بوون *lêpirsiraw bûn*
Häftling *m* گیراو *gîraw;* زیندانی *zîndanî*
Haftpflichtversicherung *f* تامینی ئیجباری *tamînî îcbarî*
Hagel *m* تەرزە *terze*
hageln ⟨v.i.⟩ تەرزە بارین *terze barîn* • es hagelt تەرزە دەبارێ
hager ⟨Adj.⟩ لەڕولاواز *lerulawaz*
Hahn *m* (Zool.) کەڵەشێر *keleşêr*
Hähnchen *n* باڕۆکە *baroke*
Hai *m* (Zool.) کۆسە *kose*
Haifisch *m* (Zool.) کۆسە *kose*
Haken *m* 1. قولاپ *qulap;* 2. (ugs.) گرفت *girift*
halb ⟨Adj.⟩ 1. نیو *nîw;* 2. نیوە *nîwe* • es ist halb sechs سەعات پێنج و نیوە ; **ein halbes Kilo** نیو کیلۆ *nîw kîlo;* **eine halbe Stunde** نیو سەعات *nîw se'at*
Halbbruder *m* زڕبرا *zirbira*
Halbfinale *n* (Sp.) نیمچەکۆتایی *nîmçekotayî*
halbieren ⟨v.t.⟩ نیوەیی کردن *nîweyî kirdin*
Halbinsel *f* نیوەدوورگە *nîwedûrge*
Halbjahr *n* نیوساڵ *nîwsal*
Halbkreis *m* نیمچەبازنە *nîmçebazne*
Halbmond *m* مانگ لە شەوی حەوتەم و هەشتەم و بیستوسێیەمدا *mang le şewî hewtem u heştem u bîstusêyemda*
Halbpension *f* شوێنی حەوانەوە لەگەڵ دوو ژەم نانخواردنی بەیانی و ئێوارێدا *şwênî hewanewe legel dû jem nanxwardinî beyanî w êwarêda*
Halbschuh *m* پێڵاو *pêlaw*
Halbschwester *f* w. Form zu ↑Halbbruder زڕخوشک *zirxuşk*
halbtags ⟨Adv.⟩ نیوەڕۆژە *nîweroje*
halbwegs ⟨Adv.⟩ 1. لە نیوەی ڕێدا *le nîwey rêda;* 2. (ugs.) کەموزۆر *kemuzor*
Halbzeit *f* (Sp.) جێم *cêm;* تایم *taym;* **erste Halbzeit** (Sp.) جێمی یەکەم *cêmî yekem*
Hälfte *f* نیوە *nîwe;* **zur Hälfte** نیوەکەی *nîwekey*
Halle *f* هۆڵ *hol*
Hallenbad *n* حەوزی مەلەی سەرگیراو *hewzî meley sergîraw*
hallo ⟨Int.⟩ هەلەو *helew*
Halm *m* لاسک *lasik*
Hals *m* مل *mil;* **Hals über Kopf** (idiom./ugs.) بەپەلە *bepele*
Halsabschneider *m* (ugs.) فێڵباز *fêlbaz*
Halsabschneiderin *f* w. Form zu ↑Halsabschneider
Halsband *n* 1. کۆتی گەردن *kotî gerdin;* 2. گەردانە *gerdane*
Halsentzündung *f* ئالووخڕبوون *alûxirbûn*
Halskette *f* ملوانکە *milwanke*
Hals-Nasen-Ohren-Arzt *m* پزیشکی قوڕگ، لووت و گوێچکە *pizîşkî qurg, lût u gwêçke*

Hals-Nasen-Ohren-Ärztin *f* w. Form zu ↑Hals-Nasen-Ohren-Arzt
Halsschmerzen *pl.* قوڕگیەشە *qur̰gyeşe*
Halstuch *n* ملپێچ *milpêç*
halt ⟨Int.⟩ وەستان *westan* • halt! !بوەستە
Halt *m* 1. وەستان *westan;* 2. پشتوپەنا *piştupena;* **ohne Halt** بێ وەستان *bê westan*
haltbar ⟨Adj.⟩ خراپنەبوو *xirapnebû* • die Milch ist haltbar bis 21.03. شیرەکە هەتا بیستویەکی سێ خراپ نابێ
Haltbarkeit *f* بەرگەگرتن *bergegirtin*
halten **I.** ⟨v.t.⟩ 1. گرتن *girtin;* 2. وەستاندن *westandin;* 3. (ئاژەڵ) ڕاگرتن *r̰agirtin (ajel̰);* **etw. von etw./j-m halten** تێدابینین *têdabînîn* **II.** ⟨v.i.⟩ وەستان *westan*
Haltestelle *f* وێستگە *wêstge*
Halteverbot *n* وەستانقەدەغەبوون (ئوتومبێل) *westanqedexebûn (utumbêl)*
Hamburg *n* هەمبورگ *Hemburg*
[1]**Hamburger** *m* هەمبورگی *hemburgî*
[2]**Hamburger** *m* هەمبورگەر *hemburger*
Hamburgerin *f* w. Form zu ↑[1]**Hamburger**
Hammel *m* 1. بەران *beran;* 2. (üb.) گەوج *gewc*
Hammelfleisch *n* گۆشتی بەران *goştî beran*
Hammer *m* چەکوش *çekuş*
Hämorrhoide *f* (Med.) مایەسیری *mayesîrî*
Hamster *m* (Zool.) هامستەر *hamster*
hamstern ⟨v.t./v.i.⟩ (ugs.) کۆ کردنەوە (ی شتێک، کە قاتی ببێ) *ko kirdinewe (y şitêk, ke qatî bibê)*
Hand *f* دەست *dest;* **zu Händen (von)** ... بگا بە دەستی ... *biga be destî ...*
Handarbeit *f* دەسکرد *deskird*
Handbremse *f* هەندبرێک *hendbirêk*
Handbuch *n* کتێبۆلکە *kitêbolke*
Handcreme *f* کرێمی دەست *kirêmî dest*
Händedruck *m* دەستگوشین *destguşîn*
Handel *m* 1. بازرگانی *bazirganî;* 2. مامەلە *mamele*
handeln **I.** ⟨v.t.⟩ 1. کار کردن *kar kirdin;* 2. مامەلە کردن *mamele kirdin;* 3. بازرگانی کردن *bazirganî kirdin* **II.** ⟨v.refl.⟩ sich um etw./j-n handeln پەیوەست بوون بە *peywest bûn be*
Handelsabkommen *n* پەیمانی بازرگانی *peymanî bazirganî*
Handelskammer *f* ژووری بازرگانی *jûrî bazirganî;* **Industrie- und Handelskammer** (Wirtsch.) ژووری پیشەسازی و بازرگانی *jûrî pîşesazî w bazirganî*
Handfeger *m* گسکۆڵە *giskol̰e*
Handfläche *f* بەریدەست *berîdest*
Handgelenk *n* مەچەک *meçek*
handgemacht ⟨Adj.⟩ دەستکرد *destkird*
Handgepäck *n* ئەو کەلوپەلەی بە دەستەوە دەگیرێ (بۆ ناو فڕۆکە) *ew kelupeley be destewe degîrê (bo naw fir̰oke)*
Handgranate *f* نارنجۆک *narincok*
handgreiflich ⟨Adj.⟩ بەردەست *berdest;* **handgreiflich werden** دەست وەشاندن *dest weşandin*
Handgriff *m* دەسک *desk*
Händler *m* بازرگان *bazirgan*
Händlerin *f* w. Form zu ↑Händler

H

handlich ⟨Adj.⟩ سووک *sûk*
Handlung *f* کردە *kirde*
Handrücken *m* پشتەدەست *piştedest*
Handschelle *f* کەلەپچە *kelepçe*
Handschrift *f* 1. دەسخەت *desxet*; 2. دەسنووس *desnûs*
Handschuh *m* دەسکێش *deskêş*
Handschuhfach *n* دەشبوول *deşbûl*
Handtasche *f* جانتای دەست *cantay dest*
Handtuch *n* دەستەسڕ *destesir̲*
Handwerk *n* پیشەی دەست *pîşey dest*
Handwerker *m* 1. پیشەساز *pîşesaz*; 2. میکانیکی *mîkanîkî*
Handwerkerin *f* w. Form zu ↑Handwerker
Handy *n* تەلەفۆنی دەستی *telefonî destî*; مۆبایل *mobayil*
Hanf *m* گیاکەندر *giyakendir*
Hang *m* لێژگە *lêjge*
Hängebrücke *f* پردی هەڵواسراو *pirdî hel̲wasiraw*
Hängematte *f* جۆلانی (لە قوماش) *colanî (le qumaş)*
hängen I. ⟨v.i.⟩ چەقین *çeqîn* **II.** ⟨v.t.⟩ لە سێدارە دان *le sêdare dan*
Hantel *f* (Sp.) دومبلز *dumbil̲iz*
Harem *m* حەرەم *h̲erem*
Harfe *f* (Mus.) چەنگ *çeng*
harmlos ⟨Adj.⟩ بێوەی *bêwey*
Harmonie *f* 1. هاوئاهەنگی *hawahengî*; 2. گونجان *guncan*
harmonisch ⟨Adj.⟩ هاوساز *hawsaz*
Harn *m* میز *mîz*
Harnblase *f* میزەڵدان *mîzel̲dan*
Harpune *f* ڕمێکە بۆ ڕاوی نەهەنگ بەکار دەهێنرێ *r̲imêke bo r̲awî neheng bekar dehênrê*
hart ⟨Adj.⟩ 1. ڕەق *r̲eq*; 2. سەخت *sext*; 3. توندوتیژ *tundutîj*; 4. دژوار *dijwar*; **hart gekocht** زۆرکوڵاو (هێلکە) *zor-kul̲aw (hêlke)*
Härte *f* 1. توندی *tundî*; 2. ڕەقی *r̲eqî*; 3. (üb.) توندوتیژی *tundutîjî*
hartherzig ⟨Adj.⟩ دڵڕەق *dil̲r̲eq*
hartnäckig ⟨Adj.⟩ کەللەڕەق *keller̲eq*; ئینکار *înkar*
Harz *n* جەوی *cewî*; کەتیرە *ketîre*
Haschisch *n* حەشیشە *h̲eşîşe*
Hase *m* (Zool.) کەروێشکی کێوی *kerwêşkî kêwî*
Haselnuss *f* بندوق *binduq*
Hass *m* ڕق *r̲iq*
hassen ⟨v.t.⟩ ڕق لێبوون *r̲iq lêbûn*
hässlich ⟨Adj.⟩ 1. ناشیرین *naşîrîn*; سەگسار *segsar*; 2. ناقۆڵا *naqol̲a*
Hast *f* پەلەپەل *pelepel*
hastig ⟨Adj.⟩ بەپەلە *bepele*
Haube *f* 1. کڵاو *kil̲aw*; 2. (Kfz) بۆنیت *bonît*
Hauch *m* 1. هەناسە *henase*; 2. تۆزقاڵ *tozqal̲*; 3. فوو *fû*
hauen ⟨v.t.⟩ لێدان *lêdan*
Haufen *m* 1. کۆمەڵ *komel̲*; 2. ڕەوە *r̲ewe*
häufen I. ⟨v.t.⟩ کەڵەکە کردن *kel̲eke kirdin* **II.** ⟨v.refl.⟩ sich häufen کۆمەڵ بوون *komel̲ bûn*
häufig ⟨Adj.⟩ گەلێجار *gelêcar*
Hauptbahnhof *m* وێستگەی سەرەکیی شەمەندەفەر *wêstgey serekîy şemendefer*
Hauptdarsteller *m* (Theat.) ئەکتەری

سەرەکی *ekterî serekî*
Hauptdarstellerin *f* w. Form zu ↑Hauptdarsteller
Haupteingang *m* دەرگای سەرەکی چوونەژوورەوە *dergay serekî çûnejûrewe*
Hauptgericht *n* خواردنی سەرەکی *xiwardinî serekî*
Hauptrolle *f* (Theat.) دەوری سەرەکی *dewrî serekî*
Hauptsache *f* مەبەستی سەرەکی *mebestî serekî*
hauptsächlich ⟨Adv.⟩ بەشێوەیەکی سەرەکی *beşêweyekî serekî*
Hauptsaison *f* وەرزی گەشتوگوزار *werzî geştuguzar*
Hauptschule *f* قوتابخانەی ناوەندی تا پۆلی نۆ *qutabxaney nawendî ta polî no*
Hauptstadt *f* پایتەخت *paytext*
Hauptstraße *f* شارێ *şarê*
Haus *n* خانوو *xanû*; **nach Hause** بۆ ماڵەوە *bo malewe*; **zu Hause** لە ماڵەوە *le malewe*
Hausangestellte *f* w. Form zu ↑Hausangestellter کارەکەر *kareker*
Hausangestellter *m* خزمەتکار *xizmetkar*
Hausarbeit *f* ماڵکاری *malkarî*
Hausarrest *m* دەسبەسەری لە ماڵەوە *destbeserî le malewe*
Hausarzt *m* پزیشکی تایبەتی خێزان *pizîşkî taybetî xêzan*
Hausärztin *f* w. Form zu ↑Hausarzt
Hausaufgabe *f* وەزیفەی قوتابخانە *wezîfey qutabxane*
Hausbesitzer *m* خاوەنماڵ *xawenmal*
Hausbesitzerin *f* w. Form zu ↑Hausbesitzer
Häuserblock *m* کۆمەڵە خانوویەک، کە بە چوار شەقام دەوری درابێ *komele xanûyek, ke be çiwar şeqam dewrî dirabê*
Hausfrau *f* ژنی ماڵ *jinî mal*
hausgemacht ⟨Adj.⟩ خۆماڵی *xomalî*
Haushalt *m* 1. خانەداری *xanedarî*; 2. مەسرەفی ناوماڵ *mesrefî nawmal*; 3. بودجە *budce*
Hausherr *m* خانەخوێ *xanexwê*; خاوەنماڵ *xawenmal*
Hausherrin *f* w. Form zu ↑Hausherr کابان *kaban*
häuslich ⟨Adj.⟩ 1. خانەکی *xanekî*; 2. خێزانی *xêzanî*; 3. ماڵداری *maldarî*
Hausmann *m* پیاوی ماڵ *piyawî mal*
Hausmeister *m* سەرپەرشتیکاری خانوو *serperiştîkarî xanû*
Hausmeisterin *f* w. Form zu ↑Hausmeister
Hausnummer *f* ژمارەی خانوو *jimarey xanû*
Hausordnung *f* دەستووری هەڵسوکەوت لەناو خانووبەرەدا *destûrî helsukewt lenaw xanûbereda*
Hausschlüssel *m* کلیلی دەرگای حەوشە *kilîlî dergay hewşe*
Hausschuh *m* پێڵاوی ناوماڵ *pêlawî nawmal*
Haustier *n* ئاژەڵی ماڵی *ajelî malî*
Haustür *f* دەرگای ماڵ *dergay mal*
Haut *f* پێست *pêst*
Hautarzt *m* پزیشکی پێست *pizîşkî pêst*
Hautärztin *f* w. Form zu ↑Hautarzt
Hautausschlag *m* (Med.) لیر *lîr*

H

hauteng ⟨Adj.⟩ زۆر تەسک *zor tesk*
Hautfarbe *f* ڕەنگی پێست *rengî pêst*
Hautkrankheit *f* نەخۆشیی پێست *nexoşîy pêst*
Hebamme *f* مامان *maman*
Hebel *m* 1. (Tech.) بەرزکەرەوە *berzkerewe*; 2. نوێڵ *nwêl*
heben ⟨v.t.⟩ بەرز کردنەوە *berz kirdinewe*
hebräisch ⟨Adj.⟩ زمانی عیبری *zimanî ʿîbrî*
H
Heck *n* بەشی دواوەی پاپۆڕ، فڕۆکە یا ئوتومبێل *beşî diwawey papor, firoke ya utumbêl*
Hecke *f* پەرژین *perjîn*
Heckklappe *f* (Kfz) دەرگای سنووقی ئوتومبێل *dergay sinûqî utumbêl*
Heckscheibe *f* (Kfz) جامی دواوەی ئوتومبێل *camî diwawey utumbêl*
Hefe *f* هەویربەترش *hewîrbetirş*
Heft *n* 1. دەفتەر *defter*; 2. نامیلکە *namîlke*
heften ⟨v.t.⟩ 1. تەقەڵ تێهەڵدان *teqel têheldan*; 2. جزووبەند کردن *cizûbend kirdin*
heftig ⟨Adj.⟩ 1. بەهێز *behêz*; 2. بەتوندی *betundî*
Heftklammer *f* دەرزی *derzî*
Heftpflaster *n* لەزگەی برین *lezgey birîn*
Heide *m* 1. خوانەناس *xiwanenas*; 2. بێدین *bêdîn*; 3. بتپەرست *bitperist*
Heidin *f* w. Form zu ↑Heide
heikel ⟨Adj.⟩ ناپەسەند *napesend*
heil ⟨Adj.⟩ 1. تەندروست *tendirust*; 2. نەشکاو *neşkaw*
heilbar ⟨Adj.⟩ چاکبووەوە *çakbûwewe*
heilen I. ⟨v.t.⟩ چاک کردنەوە *çak kirdinewe* **II.** ⟨v.i.⟩ ساڕێژ بوون (برین) *sarêj bûn (birîn)*
heilig ⟨Adj.⟩ (Rel.) پیرۆز *pîroz*; **der Heilige Geist** ڕۆحی پیرۆز (هێزێکی پیرۆزە، کە ئاینەکانی خاوەنکتێب باوەڕیان پێیەتی) *rohî pîroz (hêzêkî pîroze, ke ayinekanî xawenkitêb baweryan pêyetî)*
Heiligabend *m* زانڕۆژی عیسا *zanrojî ʿÎsa*
Heilige *f* w. Form zu ↑Heiliger
Heiliger *m* (Rel.) نوورانی *nûranî*
Heiligtum *n* (Rel.) جێنزرگە *cênizirge*
Heilkunde *f* (Med.) پزیشکی *pizîşkî*
Heilmittel *n* چارەسەر *çareser*; داودەرمان *dawderman*
Heilpflanze *f* ڕووەکی شفابەخش *ruwekî şifabexş*
heilsam ⟨Adj.⟩ 1. چاککەرەوە *çakkerewe*; 2. بەسوود *besûd*
Heilung *f* چارەسەر *çareser*
Heim *n* خانوو *xanû*; بەشیناوخۆیی *beşînawxoyî*
Heimat *f* وڵات *wilat*; نیشتمان *nîştiman*
Heimatadresse *f* ناونیشانی وڵات *nawnîşanî wilat*
heimatlos ⟨Adj.⟩ دەربەدەر *derbeder*; بێوڵات *bêwilat*
Heimatlose *f* w. Form zu ↑Heimatloser
Heimatloser *m* لانەواز *lanewaz*
Heimatlosigkeit *f* ئاوارەیی *awareyî*
heimfahren I. ⟨v.i.⟩ گەڕانەوە بۆ ماڵەوە (بە ئوتومبێل) *geranewe bo malewe (be utumbêl)* **II.** ⟨v.t.⟩ بردنەوە بۆ ماڵەوە (بە ئوتومبێل) *birdinewe bo malewe (be*

utumbêl)

heimkehren ⟨v.i.⟩ گەڕانەوە بۆ وڵات *ger̲anewe bo wil̲at*

heimlich ⟨Adj.⟩ 1. شاراوە *şarawe;* 2. بەنهێنی *benihênî*

Heimreise *f* گەشتی گەڕانەوە بۆ نیشتمان *geştî ger̲anewe bo nîştiman*

heimtückisch ⟨Adj.⟩ 1. فێڵباز *fêl̲baz;* 2. ناپاک *napak;* 3. ترسناک *tirsnak*

Heimweg *m* ڕێگایماڵەوە *r̲êgay mal̲ewe*

Heimweh *n* دەردی دووری *derdî dûrî*

heimzahlen ⟨v.t.⟩ (üb.) لێگەڕاندنەوە *lêger̲andinewe*

Heirat *f* هاوسەرگیری *hawsergîrî;* ژنومێردی *jinumêrdî*

heiraten ⟨v.t./v.i.⟩ هاوسەر گرتن *hawser girtin;* ژن هێنان *jin hênan;* مێرد کردن *mêrd kirdin*

Heiratsantrag *m* خوازبێنی *xiwazbênî*

Heiratsurkunde *f* بڕوانامەی هاوسەرگیری *bir̲wanamey hawsergîrî*

Heiratsvertrag *m* پەیماننامەی هاوسەرگیری *peymannamey hawsergîrî*

heiser ⟨Adj.⟩ دەنگنووساو *dengnûsaw*

heiß ⟨Adj.⟩ گەرم *germ*

heißen ⟨v.i.⟩ ناو بوون *naw bûn* • ich heiße ... ... من ناوم ; wie heißt das auf Kurdisch? ئەمە بە کوردی چی پێدەڵێن؟ ; **das heißt, ...** ئەمە مانای ئەوەیە، ... *eme manay eweye, ...*

heiter ⟨Adj.⟩ 1. سامال *samal̲;* 2. بەختیار *bextyar*

Heiterkeit *f* 1. شادی *şadî;* 2. ئاسوودەیی *asudeyı*

heizen ⟨v.t.⟩ گەرم کردن *germ kirdin*

Heizkörper *m* ڕادیاتۆر *r̲adiyator*

Heizofen *m* زۆپا *zopa*

Heizöl *n* نەوتی سووتەمەنی *newtî sûtemenî*

Heizung *f* 1. گەرمایی ناوخۆ *germayîy nawxo;* 2. ئامێری گەرمایی ناوخۆ *amêrî germayîy nawxo* • die Heizung funktioniert nicht گەرماییەکەی ناوخۆ کار ناکا

Hektar *m* هەکتار *hektar*

hektisch ⟨Adj.⟩ هەڵپەهەڵپ *hel̲pehel̲p*

Held *m* پاڵەوان *pal̲ewan*

Heldin *f* w. Form zu ↑Held

helfen ⟨v.i.⟩ یارمەتی دان *yarmetî dan*

Helfer *m* یاریدەدەر *yarîdeder*

Helferin *f* w. Form zu ↑Helfer

hell ⟨Adj.⟩ 1. ڕووناک *r̲ûnak;* 2. کاڵ (ڕەنگ) *kal̲ (r̲eng)* • das ist ja heller Wahnsinn! ئەمە سەراپا ناماقووڵییە!

hellblau ⟨Adj.⟩ شینی کاڵ *şînî kal̲*

hellblond ⟨Adj.⟩ قژکاڵ *qijkal̲*

hellbraun ⟨Adj.⟩ قاوەیی کاڵ *qaweyî kal̲*

hellfarbig ⟨Adj.⟩ کەمڕەنگ (ڕەنگ) *kemr̲eng (r̲eng)*

Helm *m* تاسکڵاو *taskil̲aw*

Helsinki *n* هێلسنکی *Hêlsinkî*

Hemd *n* کراس *kiras*

hemmen ⟨v.t.⟩ 1. وەستاندن *westandin;* 2. (üb.) تەگەرە تێخستن *tegere têxistin*

Hemmung *f* 1. وەستاندن *westandin;* 2. شەرمنی *şerminî*

Hengst *m* (Zool.) نێرەئەسپ *nêreesp*

Henkel *m* دەسک *desk;* قوڵف *qul̲f*

Henna *f* حەنە *xene*

Henne *f* (Zool.) مریشک *mirîşk*

Hepatitis *f* (Med.) جگەرسووتانەوە *cigersûtanewe*

her ⟨Adv.⟩ 1. ئێرە *êre*; 2. تا ئێستا *ta êsta*

herab ⟨Adv.⟩ بەرەوخوار *berewxiwar*

herabsetzen ⟨v.t.⟩ 1. کەم کردنەوە *kem kirdinewe*; 2. بە تەوسەوە قسە کردن *be tewsewe qise kirdin*

heran ⟨Adv.⟩ بۆ ئێرە *bo êre*

herankommen ⟨v.i.⟩ نزیک بوونەوە *nizîk bûnewe*

H

herauf ⟨Adv.⟩ بۆسەرەوە *boserewe*

heraufsetzen ⟨v.t.⟩ لەسەر دانان *leser danan*

heraus ⟨Adv.⟩ بۆدەرەوە *boderewe*

herausbekommen ⟨v.t.⟩ 1. لێدەرهێنان *lêderhênan*; 2. (پەڵە) لابردن *labirdin (pele)*

herausbringen ⟨v.t.⟩ 1. لێدەرهێنان *lêderhênan*; 2. (کتێب) بڵاو کردنەوە *bilaw kirdinewe (kitêb)*

herausfinden ⟨v.i.⟩ 1. چوونە دەرەوە *çûne derewe*; 2. (üb.) ڕێگاچارە دۆزینەوە *rêgaçare dozînewe*

herausfordern ⟨v.t.⟩ 1. بەرەنگاری کردن *berengarî kirdin*; 2. داوا لێکردن *dawa lêkirdin*; 3. هان دان *han dan*

Herausforderung *f* 1. بەرەنگاری *berengarî*; 2. هاندان *handan*

herausgeben ⟨v.t.⟩ 1. دەرخستن *derxistin*; 2. (پارە) باقی پێدانەوە *baqî pêdanewe (pare)*; 3. (کتێب) بڵاو کردنەوە *bilaw kirdinewe (kitêb)*

Herausgeber *m* بڵاوکەرەوە *bilawkerewe*

Herausgeberin *f* w. Form zu ↑Herausgeber

herauskommen ⟨v.i.⟩ 1. هاتنە دەرەوە *hatine derewe*; 2. دەرکەوتن *derkewtin*; 3. (کتێب) بڵاو کردنەوە *bilaw kirdinewe (kitêb)*

herausstellen I. ⟨v.t.⟩ 1. هێنانە دەرەوە *hênane derewe*; 2. دان پیادانان *dan piyadanan* **II.** ⟨v.refl.⟩ sich herausstellen بۆ ساغ بوونەوە *bo sax bûnewe*

herb ⟨Adj.⟩ مزر *mizir*; تفت *tift*

Herberge *f* 1. میوانخانە *mîwanxane*; 2. لانەی نەوجەوانان *laney newcewanan*

herbringen ⟨v.t.⟩ هێنانە ئێرە *hênane êre*

Herbst *m* پایز *payiz*

Herd *m* 1. فڕن *firin*; 2. تەباخ *tebax*

Herde *f* 1. ڕان(ەمەڕ) *ran(emer)*; 2. جەڵەب(ەحەیوان) *celeb(eheywan)*

herein ⟨Adv.⟩ بۆناوەوە *bonawewe*; بۆژوورەوە *bojûrewe*

hereinfallen ⟨v.i.⟩ تێکەوتن *têkewtin*

hereinkommen ⟨v.i.⟩ هاتنە ژوورەوە *hatine jûrewe* • bitte kommen Sie herein! تکایە/فەرموو وەرنە ژوورەوە!

hereinlassen ⟨v.t.⟩ ڕێگا پێدان (بۆ چوونە ناوماڵێکەوە) *rêga pêdan (bo çûne naw malêkewe)*

hereinlegen ⟨v.t.⟩ 1. هێنانە ناوەوە *hênane nawewe*; 2. (üb.) هەڵخەڵەتاندن *helxeletandin*

hergeben ⟨v.t.⟩ 1. دان *dan*; 2. پێشکەش کردن *pêşkeş kirdin*

Hering *m* 1. (Zool.) ڕێنجە *rênce*; 2. سنگ(ی دەوار) *sing(î dewar)*

herkommen ⟨v.i.⟩ هاتنە ئێرە *hatine êre* • wo kommst du her? لەکوێوە هاتوویت؟ (خەڵکی کوێیت؟)

Herkunft *f* بنەچە *bineçe*; ڕەگوڕیشە

reg̱ur̄îşe
Heroin *n* هێرۆین *hêr̄oyin*
Herpes *m* (Med.) تامیسک *tamîsk*
Herr *m* 1. ڕێزدار *r̄êzdar*; بەڕێز *ber̄êz*; 2. خاوەن *xawen*
Herrenbekleidung *f* جلی پیاوان *cilî piyawan*
Herrenfriseur *m* سەرتاشخانەی پیاوان *sertaşxaney piyawan*
herrenlos ⟨Adj.⟩ بێخاوەن *bêxawen*
Herrentoilette *f* ئاودەستخانەی پیاوان *awdestxaney piyawan*
Herrin *f* w. Form zu ↑Herr بانوو *banû*; خانم *xanim*
herrlich ⟨Adj.⟩ نایاب *nayab*; دڵگیر *dil̄gîr*
Herrschaft *f* دەسەڵات *desel̄at*; حکومەت *ḫikumet*
herrschen ⟨v.i.⟩ 1. فەرمانڕەوایی کردن *fermanr̄ewayî kirdin*; 2. زاڵ بوون *zal̄ bûn*
herstellen ⟨v.t.⟩ 1. دروست کردن *dirust kirdin*; بەرهەم هێنان *berhem hênan*; 2. پێکهێنانەوە *pêkhênanewe*
Hersteller *m* بەرهەمهێنەر *berhemhêner*
Herstellung *f* بەرهەمهێنان *berhemhênan*
herum ⟨Adv.⟩ بەدەور *bedewr*; لەدەور *ledewr*; **herum sein** بەسەر چوون *beser çûn*; **um 1978 herum** لە دەوروبەری ساڵی ١٩٧٨دا *le dewruberî sal̄î 1978da*
herumfahren **I.** ⟨v.i.⟩ 1. بە دەوردا ڕۆیشتن *be dewirda r̄oyiştin*; 2. هاتن و چوون *hatin u çûn* **II.** ⟨v.t.⟩ هاتوچۆ پێکردن *hatuço pekırdın*
herumführen ⟨v.t.⟩ 1. سووڕاندنەوە *sûr̄andinewe*; 2. ڕێنمایی کردن *r̄ênimayî kirdin*
herumkommen ⟨v.i.⟩ گەشتی دنیا کردن *geştî dinya kirdin*; **um etw. herumkommen** لێ ڕزگار بوون *lê r̄izgar bûn*
herunter ⟨Adv.⟩ بۆخوارەوە *boxiwarewe*
herunterfallen ⟨v.i.⟩ کەوتنە خوارەوە *kewtine xiwarewe*
herunterkommen ⟨v.i.⟩ 1. کەوتنە خوارەوە *kewtine xiwarewe*; 2. نزم بوونەوە *nizim bûnewe*
herunterladen ⟨v.t.⟩ (EDV) داونلۆد کردن *dawnlod kirdin*; دابەزاندن *dabezandin*
herunternehmen ⟨v.t.⟩ داگرتن *dagirtin*
hervorbringen ⟨v.t.⟩ 1. هێنانە بەرهەم *hênane berhem*; 2. خستنەوە (نەوە) *xistinewe (newe)*
hervorheben ⟨v.t.⟩ دەرخستن *derxistin*
Hervorhebung *f* دەرخستن *derxistin*
hervorragend ⟨Adj.⟩ نایاب *nayab*
Herz *n* 1. دڵ *dil̄*; 2. کوپە(ی کاغەزی قومار) *kupe(y kax̱ezî qumar)*
Herzanfall *m* (Med.) سەکتەی دڵ *sektey dil̄*
Herzbeschwerden *pl.* (Med.) دڵیەشە *dil̄yeşe*
Herzfehler *m* (Med.) ناسازیی دڵ *nasazîy dil̄*
Herzinfarkt *m* (Med.) چەڵتەی دڵ *çel̄tey dil̄*
Herzklappenfehler *m* (Med.) لاوازیی دەمەوانەی دڵ *lawazîy demewaney dil̄*
Herzklopfen *n* دڵەکوتێ *dil̄ekutê*
herzkrank ⟨Adj.⟩ تووشبوو بە نەخۆشیی

H

دڵ *tûşbû be nexoşîy di<u>l</u>*

herzlich I. ⟨Adj.⟩ میهرەبان *mîhreban* • herzliche Grüße! لەدڵەوە سڵاوتان! پێشکەش بێ; herzlichen Glückwunsch! لەدڵەوە پیرۆزبایی! **II.** ⟨Adv.⟩ لەدڵەوە *ledi<u>l</u>ewe*

Herzlichkeit *f* میهرەبانی *mîhrebanî*

herzlos ⟨Adj.⟩ دڵڕەق *di<u>l</u><u>r</u>eq*; بێبەزەیی *bêbezeyî*

Herzmittel *n* داوودەرمانی دڵ *dawudermanî di<u>l</u>*

Herzschlag *m* (Med.) دڵلێدان *di<u>l</u>lêdan*

Herzschrittmacher *m* (Med.) دەسگای ڕێکوپێککردنی لێدانی دڵ *desgay <u>r</u>êkupêkkirdinî lêdanî di<u>l</u>*

Hetze *f* 1. هاندان *handan*; 2. قسەهەڵبەستن *qisehe<u>l</u>bestin*

hetzen I. ⟨v.t.⟩ 1. ڕاو نان *<u>r</u>aw nan*; 2. هار کردن *har kirdin* **II.** ⟨v.i.⟩ پەلە کردن *pele kirdin*

Heu *n* پووش *pûş*; کا *ka*

Heuchelei *f* دووڕوویی *dû<u>r</u>ûyî*; ڕیاکاری *<u>r</u>iyakarî*

heucheln I. ⟨v.i.⟩ دووڕوویی کردن *dû<u>r</u>ûyî kirdin*; ڕیا کردن *<u>r</u>iya kirdin* **II.** ⟨v.t.⟩ وا دەرخستن *wa derxistin*

heulen ⟨v.i.⟩ 1. گریان *giryan*; 2. لووراندن *lûrandin*

Heuschnupfen *m* (Med.) هەلاڵەتا *hela<u>l</u>eta*

Heuschrecke *f* (Zool.) کولە *kule*

heute ⟨Adv.⟩ ئەمڕۆ *em<u>r</u>o*; **heute Abend** ئەمڕۆ ئێوارێ *em<u>r</u>o êwarê*; **heute in vierzehn Tagen** چواردە ڕۆژی تر *çiwarde <u>r</u>ojî tir*; **heute Nacht** ئەمشەو *emşew*; **heute vor acht Tagen** پێش هەشت ڕۆژ *pêş heşt <u>r</u>oj*; **von heute auf morgen** لە ئەمڕۆوە تا بەیانی *le em<u>r</u>owe ta beyanî*

heutig ⟨Adj.⟩ ئەمڕۆ *em<u>r</u>o*

heutzutage ⟨Adv.⟩ لەمڕۆژگارەدا *lem<u>r</u>ojgareda*

Hexe *f* w. Form zu ↑Hexer (Myth.) ژنەجادووباز *jinecadûbaz*

Hexenschuss *m* (Med.) ئازاری سێبەندە *azarî sêbende*

Hexer *m* (Myth.) جادووگەر *cadûger*

Hieb *m* لێدان *lêdan*

hier ⟨Adv.⟩ لێرە *lêre*; لێرەدا *lêreda* • hier bin ich! ئا لێرەم!

hierbei ⟨Adv.⟩ لەمەدا *lemeda*

hierfür ⟨Adv.⟩ بۆئەمە *boeme*

hierher ⟨Adv.⟩ بۆئێرە *boêre*

hiermit ⟨Adv.⟩ بەمە *beme*

Hieroglyphe *f* هیرۆگلیفی *hîroglîfî*

hierzu ⟨Adv.⟩ لەم بارەیەوە *lem bareyewe*

hierzulande ⟨Adv.⟩ لەم وڵاتەدا *lem wi<u>l</u>ateda*

hiesig ⟨Adj.⟩ لێرەوە *lêrewe*

Hilfe *f* یارمەتی *yarmetî* • Hilfe! ئەیهاوار!؛ هەیهاوار!

Hilferuf *m* هاوار *hawar*; فەریاد *feryad*

hilflos ⟨Adj.⟩ بێدەسوپێ *bêdesupê*

Hilfsaktion *f* چالاکیی یارمەتیدان *çalakîy yarmetîdan*

hilfsbedürftig ⟨Adj.⟩ دەسەپاچە *desepaçe*; موحتاج *mu<u>h</u>tac*

hilfsbereit ⟨Adj.⟩ بەخزمەت *bexizmet*; یارمەتیدەر *yarmetîder*

Hilfsmittel *n* 1. ئامراز *amraz*; 2. ڕێگاچارە *<u>r</u>êgaçare*

Himbeere *f* بەڵاڵوکەکێویلە *be<u>l</u>a<u>l</u>ûkekê-*

wîle

Himmel *m* 1. ئاسمان *asman;* 2. گەردوون *gerdûn;* 3. (Rel.) بەهەشت *beheşt*

Himmelfahrt *f* 1. (Rel.) چوونبۆئاسمان *çûnboasman;* 2. (islam.) میعراج *mîʿrac*

Himmelsrichtung *f* هەرچوارلا *herçiwarla*

himmlisch ⟨Adj.⟩ ئاسمانی *asmanî;* بەهەشتی *beheştî*

hin ⟨Adv.⟩ 1. لێرەوەبۆئەوێ *lêreweboewê;* 2. (ugs.) لەناوچوو *lenawçû;* 3. (ugs.) تێکچوو *têkçû;* 4. (ugs.) موفتەلابوو *muftelabû;* **hin und her** ئەمبەر و ئەوبەر *ember u ewber;* **hin und zurück** چوون و گەڕانەوە *çûn u geṟanewe*

hinauf ⟨Adv.⟩ بەرەوژوور *berewjûr*

hinaus ⟨Adv.⟩ بەرەودەرەوە *berewderewe*

hinauswerfen ⟨v.t.⟩ فڕێ دانە دەرەوە *fiṟê dane derewe*

hindern ⟨v.t.⟩ ڕێ لێگرتن *ṟê lêgirtin;* **j-n an etw. hindern** کۆسپ هێنانە ڕێ *kosp hênane ṟê*

Hindernis *n* 1. کۆسپ *kosp;* 2. (Sp.) پێشبەست *pêşbest*

hinein ⟨Adv.⟩ بۆناوەوە *bonawewe*

hineinbeißen ⟨v.i.⟩ گاز لێگرتن *gaz lêgirtin*

hineingehen ⟨v.i.⟩ چوونە ژوورەوە *çûne jûrewe*

hineinkommen ⟨v.i.⟩ هاتنە ژوورەوە *hatine jûrewe*

hinfahren I. ⟨v.i.⟩ چوون بۆ *çûn bo* **II.** ⟨v.t.⟩ گەیاندنە ئەوێ *geyandine ewê*

Hinfahrt *f* چوون *çûn*

hinfallen ⟨v.i.⟩ هەڵکەوتن *heḻkewtin*

hinfällig ⟨Adj.⟩ پەککەوتە *pekkewte*

Hinflug *m* بەفڕۆکەچوون *befiṟokeçûn*

hinführen I. ⟨v.t.⟩ ڕێنمایی کردن *ṟênimayî kirdin* **II.** ⟨v.i.⟩ گەیاندنە *geyandine*

hingehen ⟨v.i.⟩ چوون بۆ شوێنێک *çûn bo şwênêk*

hinhalten ⟨v.t.⟩ 1. بۆ ڕاگرتن *bo ṟagirtin;* 2. لە چاوەڕوانیدا هێشتنەوە *le çaweṟwanîda hêştinewe*

hinken ⟨v.i.⟩ شەلین *şelîn*

hinlegen I. ⟨v.t.⟩ پاڵ خستن *paḻ xistin;* دانان *danan* **II.** ⟨v.refl.⟩ sich hinlegen خۆ درێژ کردن *xo dirêj kirdin*

hinreißen ⟨v.t.⟩ خرۆشاندن *xiroşandin;* سەرنج ڕاکێشان *serinc ṟakêşan*

hinreißend ⟨Adj.⟩ دڵبەر *diḻber;* سەرنجڕاکێش *serincṟakêş*

hinrichten ⟨v.t.⟩ ئیعدام کردن *îʿdam kirdin*

Hinrichtung *f* لەسێدارەدان *lesêdaredan*

hinschauen ⟨v.i.⟩ سەرنج دان *serinc dan*

hinsetzen I. ⟨v.t.⟩ دانیشاندن *danîşandin* **II.** ⟨v.refl.⟩ sich hinsetzen دانیشتن *danîştin*

Hinsicht *f* باری سەرنج *barî serinc*

hinsichtlich ⟨Präp.⟩ لەبارەی ...(ە)وە *lebarey ...(e)we*

hinstellen ⟨v.t.⟩ دانان *danan*

hinten ⟨Adv.⟩ لە دواوە *le diwawe;* **nach hinten** بۆ دواوە *bo diwawe;* **von hinten** لە دواوە *le diwawe*

hinter ⟨Präp.⟩ دوا *diwa*

Hinterbein *n* (Zool.) پاشوو *paşû*

Hinterbliebene *f* w. Form zu ↑Hinterbliebener

H

Hinterbliebener *m* کەسوکاری مردوویەک *kesukarî mirdûyek*

hintereinander ⟨Adv.⟩ یەکلەدواییەک *yekledwayyek*; **drei Tage hintereinander** سێ ڕۆژ یەکلەدواییەک *sê ṟoj yekledwayyek*

Hintergrund *m* 1. پشتەوە *piştewe*; 2. زەمینە *zemîne*; 3. باکڕاوند *bakṟawnd*

Hinterhalt *m* بۆسە *bose*

hinterhältig ⟨Adj.⟩ دەستبڕ *destbiṟ*

hinterher ⟨Adv.⟩ 1. دوابەدوا *diwabedwa*; 2. لەپشتەوە *lepiştewe*

Hinterhof *m* حەوشەی پشتەوە *ẖewşey piştewe*

Hinterkopf *m* پشتی سەر *piştî ser*

hinterlassen ⟨v.t.⟩ بە جێ هێشتن *be cê hêştin*

Hintern *m* (ugs.) پاشەڵ *paşeḻ*; قنگ *qing*

Hintertür *f* دەرگای پشتەوە *dergay piştewe*

hinterziehen ⟨v.t.⟩ نەدان (باج) *nedan (bac)*

Hinterziehung *f* خۆدزینەوەلەباجدان *xodizînewelebacdan*

hinunter ⟨Adv.⟩ بەرەوخوار *berewxiwar*

Hinweg *m* ڕێی گەڕانەوە *ṟêy geṟanewe*; **auf dem Hinweg** لە گەڕانەوەدا *le geṟaneweda*

hinwegsetzen ⟨v.refl.⟩ sich über etw. hinwegsetzen نەخستنە بەر چاو *nexistine ber çaw*; گوێ پێنەدان *gwê pênedan*

Hinweis *m* 1. ڕێنمایی *ṟênimayî*; 2. بەڵگە *beḻge*

hinweisen ⟨v.i.⟩ دەستنیشان کردن *destnîşan kirdin*; **auf etw./j-n hinweisen** بە ئاماژە کردن *amaje kirdin be*

hinwenden I. ⟨v.t.⟩ لا لێکردنەوە *la lêkirdinewe* **II.** ⟨v.refl.⟩ sich zu etw./j-m hinwenden چوون بۆلای *çûn bolay*

hinziehen I. ⟨v.t.⟩ 1. ڕاکێشان *ṟakêşan*; 2. درێژ کردنەوە *dirêj kirdinewe* **II.** ⟨v.refl.⟩ sich hinziehen درێژە کێشان *dirêje kêşan*

hinzu ⟨Adv.⟩ زیادە *ziyade*; **hinzu kommt** سەرەڕایەوەش *sereṟayeweş*

hinzufügen ⟨v.t.⟩ خستنە سەر *xistine ser*

Hirn *n* مێشک *mêşk*

Hirnhautentzündung *f* (Med.) سووتانەوەی پەردەی مێشک *sûtanewey perdey mêşk*

hirnlos ⟨Adj.⟩ بێمێشک *bêmêşk*

Hirsch *m* (Zool.) کەڵەکێوی *keḻekêwî*

Hirse *f* هەرزن *herzin*

Hirte *m* شوان *şiwan*

Hirtin *f* w. Form zu ↑Hirte

hissen ⟨v.t.⟩ هەڵکردن (ئاڵا) *heḻkirdin (aḻa)*

Historiker *m* مێژوونووس *mêjûnûs*

Historikerin *f* w. Form zu ↑Historiker

historisch ⟨Adj.⟩ مێژوویی *mêjûyî*

Hit *m* بەرهەمێکی هونەری بەبرەو *berhemêkî hunerî bebirew*

Hitze *f* گەرمی *germî*

Hitzewelle *f* شەپۆلەگەرما *şepolegerma*

hitzig ⟨Adj.⟩ 1. ئاگرین *agrîn*; 2. تووڕە *tûṟe*

Hitzschlag *m* (Med.) تاوگاز *tawgaz*

HIV-positiv ⟨Adj.⟩ (Med.) تووشبوو بە

بزوێنەری نەخۆشیی ئەیدس *tûşbû be bizwênerî nexoşîy eyds*

H-Milch *f* شیری گەرمکراو، کە زوو خراپ نابێ *şîrî germkiraw, ke zû xirap nabê*

HNO-Arzt *m* kurz für ↑Hals-Nasen-Ohren-Arzt پزیشکی قورگ، لووت و گوێچکە *pizîşkî qurg, lût u gwêçke*

HNO-Ärztin *f* w. Form zu ↑HNO-Arzt

Hobby *n* خولیا *xulya;* هیوایەت *hîwayet*

hoch ⟨Adj.⟩ بەرز *berz;* **hoch entwickelt** گەشەپێدراو *geşepêdiraw*

Hoch *n* 1. هاواری هەر بژی *hawarî her bijî;* 2. (Meteorol.) دەڤەری بەرزیی پاڵەپەستۆی هەوا *deverî berzîy palepestoy hewa*

Hochachtung *f* ڕێزێکی زۆر *rêzêkî zor*

Hochbetrieb *m* 1. سەرقاڵی *serqalî;* 2. بازاڕگەرمی *bazargermî*

Hochdeutsch *n* زمانی ئەڵمانیی باڵا *zimanî elmanîy bala*

Hochebene *f* بەرزاییەکان *berzayîyekan*

hochfahren ⟨v.i.⟩ 1. داچڵەکین *daçlekîn;* 2. (EDV) داگیرساندن *dagîrsandin*

Hochhaus *n* خانووەبەرزە *xanûweberze*

hochheben ⟨v.t.⟩ بەرز کردنەوە *berz kirdinewe*

hochmütig ⟨Adj.⟩ لووتبەرز *lûtberz*

hochnäsig ⟨Adj.⟩ لەخۆبایی *lexobayî*

Hochsaison *f* 1. وەرزی گەشتوگوزار *werzî geştuguzar;* 2. سەردەمی بازاڕگەرمی *serdemî bazargermî*

Hochschule *f* زانستگە *zanistge;* زانکۆ *zanko*

hochschwanger ⟨Adj.⟩ دووگیان *dûgiyan*

Hochsommer *m* چلەی هاوین *çiley hawîn*

Hochspannung *f* (Elektr.) تەوژمی بەرز *tewijmî berz*

höchst ⟨Adv.⟩ زۆر *zor*

Hochstapler *m* دەستبڕ *destbir*

Hochstaplerin *f* w. Form zu ↑Hochstapler

höchstens ⟨Adv.⟩ ئەوپەڕەکەی *ewperekey*

Höchstgeschwindigkeit *f* ئەوپەڕی خێرایی لێخوڕین *ewperî xêrayî lêxurîn*

Höchstleistung *f* باشترینپلە *baştirînpile*

Hochstuhl *m* کورسیی بەرز بۆ منداڵان *kursîy berz bo mindalan*

Hochwasser *n* لافاو *lafaw*

Hochzeit *f* زەماوەند *zemawend;* شایی *şayî*

Hochzeitsnacht *f* شەوی زەماوەند *şewî zemawend*

Hochzeitsreise *f* هەنگوینەمانگ *hengwînemang*

Hochzeitstag *m* ڕۆژی زەماوەندکردن *rojî zemawendkirdin*

hocken ⟨v.i.⟩ هەڵتووتان *heltûtan*

Hocker *m* تەپڵەک(ی دانیشتن) *teplek(î danîştin)*

höckerig ⟨Adj.⟩ کووڕ *kûr*

Hoden *m* هێلکەی گون *hêlkey gun*

Hof *m* 1. حەوشە *hewşe;* 2. کۆشکوسەرا *koşkusera;* 3. دەستوپێوەندی کۆشکوسەرا *destupêwendî koşkusera;* 4. خەرمانەی مانگ *xermaney mang*

hoffen I. ⟨v.t.⟩ بە ئاوات خواستن *be awat xiwastin* **II.** ⟨v.i.⟩ هیوادار بوون *hîwadar bûn*

hoffentlich ⟨Adv.⟩ هیوادار *hîwadar* • hoffentlich! هیوادارم!؛ ئینشائەڵڵاھ!
Hoffnung *f* هیوا *hîwa;* ئومێد *umêd*
hoffnungslos ⟨Adj.⟩ نائومێد *naumêd*
Hoffnungslosigkeit *f* بێهیوایی *bêhîwayî;* نائومێدی *naumêdî*
hoffnungsvoll ⟨Adj.⟩ ئومێدەوار *umêdewar;* هیوادار *hîwadar*
höflich ⟨Adj.⟩ بەئەدەب *beedeb;* بەڕێز *beṟêz*
Höflichkeit *f* بەئەدەبی *beedebî*
Höflichkeitsfloskel *f* دەقی ڕێزلێگرتن *deqî ṟêzlêgirtin*
Höhe *f* بەرزی *berzî*
Hoheitsgewässer *pl.* ئاوی هەرێمی (ئاوی کەنار دەریای وڵاتێکە، کە سەر بە وڵاتەکەیە *awî herêmî (awî kenar deryay wiḻatêke, ke ser be wiḻatekeye)*
Höhepunkt *m* لوتکە *lutke*
hohl ⟨Adj.⟩ کلۆر *kilor;* پووت *pût*
Höhle *f* 1. ئەشکەوت *eşkewt;* 2. لانە *lane*
Hohlraum *m* بۆشایی *boşayî*
Hohn *m* قەشمەری *qeşmerî*
holen ⟨v.t.⟩ هێنان *hênan;* **Hilfe holen** یارمەتی هێنان *yarmetî hênan*
Hölle *f* جهەنەم *cihenem*
holprig ⟨Adj.⟩ 1. چاڵوچۆڵ *çaḻuçoḻ;* 2. ناهەموار *nahemwar*
Holz *n* تەختە *texte;* دار *dar;* **aus Holz** لە تەختە *le texte*
hölzern ⟨Adj.⟩ دارین *darîn*
Holzfäller *m* دارکەر *darker*
Holzfällerin *f* w. Form zu ↑Holzfäller
Holzkohle *f* خەڵووز *xeḻûz*
Homepage *f* (EDV) پەیج *peyc;* ماڵپەڕ *maḻpeṟ*
Homöopathie *f* هۆمیۆپاتی *homyopatî;* چارەسەربەخۆ *çareserbexo*
homöopathisch ⟨Adj.⟩ پەیوەست بە هۆمیۆپاتی *peywest be homyopatî*
homosexuell ⟨Adj.⟩ هاوجنسباز (ژن و پیاو) *hawcinsbaz (jin u piyaw)*
Homosexuelle *f* w. Form zu ↑Homosexueller
Homosexueller *m* هاوڕەگەزباز *hawṟegezbaz*
Honig *m* هەنگوین *hengwîn*
Honigmelone *f* کاڵەک *kaḻek*
Honigwabe *f* شانەهەنگوین *şanehengwîn*
Honorar *n* پاداشتی ڕێزلێنان *padaştî ṟêzlênan*
Hopfen *m* (Bot.) گیایەکی خۆڕسکە، بەرێکی بۆنخۆشی تفتی هەیە، بۆ بیرە دروستکردن بەکار دەهێنرێ *giyayekî xoṟiske, berêkî bonxoşî tiftî heye, bo bîre dirustkirdin bekar dehênrê*
hörbar ⟨Adj.⟩ بیستراو *bîstiraw*
horchen ⟨v.i.⟩ گوێ هەڵخستن *gwê heḻxistin*
hören I. ⟨v.t.⟩ بیستن *bîstin* • hör mal! ئەرێ ئەوە چییە، بۆ وا دەکەیت! **II.** ⟨v.i.⟩ گوێ گرتن *gwê girtin* • hörst du? گوێت لێیە؟
Hörer *m* 1. گوێگر *gwêgir;* 2. (Tech.) بیستۆک *bîstok;* سەماعە *sema'e*
Hörerin *f* w. Form zu ↑Hörer
Hörgerät *n* ئامێری بیستن *amêrî bîstin*
Horizont *m* ئاسۆ *aso*
horizontal ⟨Adj.⟩ ئاسۆیی *asoyî*

Hormon *n* (Med.) هۆڕمۆن *hor̲mon*
Horn *n* 1. (Zool.) شاخ *şax*; 2. (Mus.) شاخنەفیر *şaxnefîr*
Hornhaut *f* 1. پێستەڕەقە *pêster̲eqe*; 2. کۆڕنیەی چاو *kor̲niyey çaw*
Horoskop *n* بەختگرتنەوە بەهۆی ئەستێرەناسییەوە *bexitgirtinewe behoy estêrenasîyewe*
Hörsaal *m* هۆڵی گوێگران *hol̲î gwêgiran*
Hose *f* پانتۆڵ *pantol̲*; **kurze Hose** پانتۆڵی کورت *pantol̲î kurt*
Hosenanzug *m* چاکەتوپانتۆڵی ژنانە *çaketupantol̲î jinane*
Hosenbein *n* دەرلنگ *derling*
Hosenrock *m* پانتۆڵی دەرلنگپانی ژنانە *pantol̲î derlingpanî jinane*
Hosentasche *f* گیرفانی شەرواڵ *gîrfanî şerwal̲*
Hotdog *m/n* کەڵباسەی هۆتدۆگ *kel̲basey hotdog*
Hotel *n* ئوتێل *utêl*
Hoteldirektor *m* بەڕێوەبەری ئوتێل *ber̲êweberî utêl*
Hoteldirektorin *f* w. Form zu ↑Hoteldirektor
Hotelzimmer *n* ژووری ئوتێل *jûrî utêl*
Hotline *f* هۆتلاین *hotlayn*
hübsch ⟨Adj.⟩ جوان *ciwan*; شۆخ *şox*; دڵفڕێن *dil̲fir̲ên*
Hubschrauber *m* ئالیکۆپتەر *alîkopter*
Huf *m* (Zool.) سم *sim*
Hufeisen *n* ناڵ *nal̲*
Hüfte *f* ناوقەد *nawqed*; کەمەر *kemer*
Hügel *m* گرد *gird*
Huhn *n* (Zool.) مریشک *mirîşk*
Hühnchen *n* (Zool.) باڕۆکە *bar̲oke*
Hühnerauge *n* (Med.) مێخەکە *mêxeke*
Hühnerfleisch *n* (Kochk.) گۆشتی مریشک *goştî mirîşk*
Hülle *f* بەرگ *berg*; **in Hülle und Fülle** (idiom./geh.) زۆروزەبەند *zoruzebend*
Hülsenfrucht *f* دەنکدار (پاقلە، فاسۆلیا، ...) (... *denikdar (paqle, fasolya, ...)*
human ⟨Adj.⟩ 1. مرۆڤدۆست *mirovdost*; 2. بەبەزەیی *bebezeyî*
humanitär ⟨Adj.⟩ چاکخواز *çakxiwaz*
Humanität *f* مرۆڤدۆستی *mirovdostî*
Hummel *f* (Zool.) ویزویزە *wîzwîze*
Hummer *m* (Zool.) قرژاڵی دەریا *qirjal̲î derya*
Humor *m* گاڵتەوگەپ *gal̲tewgep*
humorvoll ⟨Adj.⟩ گاڵتەچی *gal̲teçî*
humpeln ⟨v.i.⟩ لەنگین *lengîn*
Hund *m* (Zool.) سەگ *seg*
Hundefutter *n* خۆراکی سەگ *xorakî seg*
hundert ⟨Num.⟩ سەد *sed*
hundertprozentig ⟨Adj.⟩ لەسەدداسەد *leseddased*
Hündin *f* w. Form zu ↑Hund (Zool.) دێڵەسەگ *dêl̲eseg*
Hunger *m* برسێتی *birsêtî*; **Hunger haben** برسی بوون *birsî bûn*
hungern ⟨v.i.⟩ برسی بوون *birsî bûn*
Hungersnot *f* سەردەمی خواردەمەنیی قاتیبوون *serdemî xiwardemenîy qatîbûn*
Hungerstreik *m* مانگرتنلەخواردن *mangirtinlexiwardin*
hungrig ⟨Adj.⟩ برسی *birsî*; **hungrig sein** برسی بوون *birsî bûn*

H

Hupe *f* هۆڕن *horin*
hupen ⟨v.i.⟩ هۆڕن لێدان *horin lêdan*
hüpfen ⟨v.i.⟩ هەڵبەزینەوە *helbezînewe*
Hure *f* (abwertend) قەحبە *qehbe*
husten ⟨v.i.⟩ کۆکین *kokîn*
Husten *m* کۆکە *koke*
Hustenbonbon *n* حەبی کۆکە *hebî koke*
Hustenmittel *n* داوودەرمانی کۆکە *dawudermanî koke*
Hustensaft *m* (Med.) شروبی کۆکە *şirubî koke*
Hut *m* شەپقە *şepqe*
hüten I. ⟨v.t.⟩ پاراستن *parastin* **II.** ⟨v. refl.⟩ sich hüten خۆ پاراستن *xo parastin*
Hütte *f* خانوولە *xanûle*; کوخ *kux*
Hyäne *f* (Zool.) کەمتیار *kemtiyar*
Hyazinthe *f* گوڵەمێلاقە *gulemêlaqe*
Hygiene *f* 1. زانستیی تەندروستی *zanistîy tendirustî*; 2. پارێزگاریی تەندروستی *parêzgarîy tendirustî*
hygienisch ⟨Adj.⟩ 1. تەندروست *tendirust*; 2. پاکوتەمیز *pakutemîz*
Hymne *f* (Mus.) سروود *sirûd*
Hypnose *f* نواندنی موگناتیسی *niwandinî mugnatîsî*
Hypothese *f* (bildungsspr.) گریمانە *girîmane*
Hysterie *f* (Med./Psychol.) هیستیریا *hîstîrya*; شێتگیری *şêtgîrî*

I

i, I ئی *î*; پیتی نۆیەمی ئەلفبێی ئەڵمانی *pîtî noyemî elfbêy elmanî*
ICE *m* شەمەندەفەری خێرای نێوان شارە گەورەکان *şemendeferî xêray nêwan şare gewrekan*
ich ⟨Pron.⟩ من *min* • ich bin es! منم!; **ich selbst** من خۆم *min xom*
ideal ⟨Adj.⟩ نموونەیی *nimûneyî*; بێخەوش *bêxewş*
Ideal *n* ئیدیال *îdyal*; نموونەی باڵا *nimûney bala*
Idee *f* بیر *bîr*; بیرورا *bîrura*
identifizieren ⟨v.t.⟩ ناسینەوە *nasînewe*; دیاری کردن *diyarî kirdin*
identisch ⟨Adj.⟩ چوونیەک *çûnyek*
Identität *f* ناسنامە *nasname*
Ideologie *f* بیروباوەڕ *bîrubawer*
ideologisch ⟨Adj.⟩ باوەڕی *bawerî*; ئایدیۆلۆژی *aydiyolojî*
Idiot *m* گێل *gêl*; کەودەن *kewden*
Idiotin *f* w. Form zu ↑Idiot
idiotisch ⟨Adj.⟩ (ugs.) بێمانا *bêmana*
Idol *n* 1. سەرمەشق *sermeşq*; 2. بت *bit*
idyllisch ⟨Adj.⟩ دیمەنجوان *dîmenciwan*
Igel *m* (Zool.) ژیژک *jîjik*

ignorant ⟨Adj.⟩ (bildungsspr./abwertend) پشتگوێخەر *piştgwêxer*

Ignoranz *f* 1. (bildungsspr./abwertend) نەزانی *nezanî*; 2. (bildungsspr./abwertend) خۆخەشیمکردن *xoxeşîmkirdin*

ignorieren ⟨v.t.⟩ پشت گوێ خستن *pişt gwê xistin*

ihm Dat. von ↑er, ↑es ⟨Pron.⟩ ئەو *ew*; ی... ...*î/y*

ihn Akk. von ↑er, ↑es ⟨Pron.⟩ ئەو *ew*; ی... ...*î/y*

ihnen Dat. Pl. von ↑²**sie** ⟨Pron.⟩ ئەوان *ewan*; یان... ...*yan*

Ihnen Dat. Sg. und Pl. von ↑Sie ⟨Pron.⟩ ئێوە *êwe*; تان... ...*tan*

ihr ⟨Pron.⟩ ئێوە *êwe*; تان... ...*tan*

Ihr ⟨Pron.⟩ هی ئێوە *hî êwe*

Ikone *f* 1. (Rel.) وێنە یا پەیکەری پیرۆزی کەنیسەی ڕۆژهەڵاتی *wêne ya peykerî pîrozî kenîsey rojhelatî*; 2. شەخس *şexs*

illegal ⟨Adj.⟩ 1. ناقانوونی *naqanûnî*; 2. ناشەرعی *naşer'î*

Illusion *f* 1. ئەندێشە *endêşe*; خەیاڵ *xeyal*; 2. وەهم *wehm*

Illustration *f* 1. (bildungsspr.) وێنەکێشان *wênekêşan*; 2. (bildungsspr.) ڕوونکردنەوە بە وێنە *rûnkirdinewe be wêne*

illustrieren ⟨v.t.⟩ 1. وێنە کێشان *wêne kêşan*; 2. ڕوون کردنەوە *rûn kirdinewe*

im kurz für: in dem ⟨Präp. + Art.⟩ لە *le*; بە *be*; بۆ *bo*; **im Bett** لەناو جێگادا *lenaw cêgada*; **im Sommer** لە هاویندا *le hawînda*, بە هاوین *be hawîn*; **im Stehen** بە پێوە *be pêwe*

Imam *m* ئیمام *îmam*

Imbiss *m* 1. بابۆڵە *babole*; 2. دوکانی خواردەمەنیفرۆش *dukanî xiwardemenîfiroş*

Imbissstube *f* دوکانی خواردەمەنیفرۆش *dukanî xiwardemenîfiroş*

Imitation *f* (bildungsspr.) چاولێکەری *çawlêkerî*; لاسایی *lasayî*

Imker *m* هەنگەوان *hengewan*

Imkerin *f* w. Form zu ↑Imker

immer ⟨Adv.⟩ هەمیشە *hemîşe*; بەردەوام *berdewam*; **immer noch** هێشتا *hêşta*; **immer wenn** هەر کاتێک کە *her katêk ke*

immerhin ⟨Adv.⟩ لەگەڵەوەشداکە *legeleweşdake*

Immigrant *m* کۆچەر *koçer*; ڕەوکەر *rewker*

Immigrantin *f* w. Form zu ↑Immigrant

Immigration *f* کۆچکردن *koçkirdin*; ڕەوکردن *rewkirdin*

Immobilie *f* خانووبەرە *xanûbere*

Immobilienhändler *m* بازرگانی خانووبەرەفرۆش *bazirganî xanûberefiroş*

Immobilienhändlerin *f* w. Form zu ↑Immobilienhändler

Immobilienmakler *m* دەڵاڵی خانووبەرە *delalî xanûbere*

Immobilienmaklerin *f* w. Form zu ↑Immobilienmakler

immun ⟨Adj.⟩ (Med.) پارێزراو (دژ بە نەخۆشی) *parêzraw (dij be nexoşî)*

Immunität *f* 1. (Med.) بەرگری(ی دژی نەخۆشی) *bergirî(y dijî nexoşî)*; 2. (Pol.) پاراستن *parastin*

Immunschwäche *f* (Med.) بێتوانایی تەنۆلکە لە بەرگری کردندا *bêtiwanayî tenolke le bergirî kirdinda*

Immunsystem *n* (Med.) سستێمی تەنۆلکەپاراستن *sistêmî tenolkeparastin*

impfen ⟨v.t.⟩ (Med.) کوتان *kutan*

Impfpass *m* بەڵگەنامەی کوتان *be<u>l</u>genamey kutan*

Impfstoff *m* (Med.) دەرمانی کوتان *dermanî kutan*

Impfung *f* (Med.) کوتان *kutan*

I

Import *m* هاوردە *hawirde*

Importartikel *m* شتومەکی هاوردە *şitumekî hawirde*

importieren ⟨v.t.⟩ هاوردن *hawirdin*

Improvisation *f* بەسەرپێوە *beserpêwe*

improvisieren ⟨v.t.⟩ بەسەرپێوە وتن یا کردن (بێ خۆ بۆ ئامادەکردن) *beserpêwe witin ya kirdin (bê xo bo amadekirdin)*

imstande ⟨Adv.⟩; **imstande sein, etw. zu tun** کار لە دەست هاتن *kar le dest hatin*

in ⟨Präp.⟩ لە *le;* بە *be;* ناو *naw* • sie leben in der Stadt لە شاردا دەژین; **in der Schule** لە قوتابخانەدا *le qutabxaneda;* **in sein** (ugs.) باو بوون *baw bûn;* **in zehn Tagen** لە دە ڕۆژدا *le de <u>r</u>ojda*

inaktiv ⟨Adj.⟩ نابزێو *nabizêw;* ناچالاک *naçalak*

inakzeptabel ⟨Adj.⟩ (bildungsspr.) نامەقبووڵ *nameqbû<u>l</u>;* نارەوا *na<u>r</u>ewa*

inbegriffen ⟨Adj.⟩ لەگەڵدابوو *lege<u>l</u>dabû*

indem ⟨Konj.⟩ 1. بەوەی *bewey;* 2. لەکاتێکداکە *lekatêkdake*

Inder *m* هندی *hindî*

Inderin *f* w. Form zu ↑Inder

Index *m* پێرست *pê<u>r</u>ist;* فەهرەست *fehrest*

Indianer *m* ئەمەریکییە ڕەسەنەکان *emerîkîye <u>r</u>esenekan*

Indianerin *f* w. Form zu ↑Indianer

Indien *n* هندستان *Hindistan*

indirekt ⟨Adj.⟩ ناڕاستەوخۆ *na<u>r</u>astewxo*

indiskret ⟨Adj.⟩ (bildungsspr.) دەمدڕاو *demdi<u>r</u>aw*

individuell ⟨Adj.⟩ کەسی *kesî*

Individuum *n* (bildungsspr.) مرۆڤ *mirov*

Indoeuropäer *m* هیندۆئەورووپی *hîndoewrupî*

Indoeuropäerin *f* w. Form zu ↑Indoeuropäer

indoeuropäisch ⟨Adj.⟩ (Ling.) هیندۆئەورووپی *hîndoewrupî*

Industrie *f* پیشەسازی *pîşesazî*

Industriegebiet *n* ناوچەی پیشەسازی *nawçey pîşesazî*

Industriestaat *m* دەوڵەتی پیشەسازی *dew<u>l</u>etî pîşesazî*

ineinander ⟨Adv.⟩ لەناویەکدا *lenawyekda* • wir haben uns ineinander verliebt ئێمە ئاشقی یەکتری بووین

Infanterie *f* (Mil.) سوپای پیادە *supay piyade*

Infekt *m* (Med.) نەخۆشیی ساری *nexoşîy sarî*

Infektion *f* 1. (Med.) درمگرتن *dirmgirtin;* 2. (Med.) هەوکردن *hewkirdin*

Infektionskrankheit *f* نەخۆشیی ساری *nexoşîy sarî*

Infinitiv *m* (Gr.) چاوگ *çawig*

Inflation *f* (Wirtsch.) ئینفلاسیۆن *înfla-*

siyon
infolgedessen ⟨Adv.⟩ بەوهۆیەوە *bewhoyewe*
Information *f* ڕاگەیاندن *r̲ageyandin*
informieren I. ⟨v.t.⟩ ئاگادار کردن *agadar kirdin* **II.** ⟨v.refl.⟩ sich (über etw.) informieren ئاگادار کردنەوە *agadar kirdinewe*
Infostand *m* پرسگە *pirsge*
Infrastruktur *f* پێداویستییە بنچینەییە گرنگەکانی بنیاتنانی وڵاتێک *pêdawîstîye binçîneyîye giringekanî binyatnanî wil̲atêk*
Infusion *f* (Med.) شلەمەنی کردنە گیانی نەخۆشەوە بە هۆی دەرزییەوە *şilemenî kirdine giyanî nexoşewe be hoy derzîyewe*
Ingenieur *m* ئەندازیار *endazyar*
Ingenieurin *f* w. Form zu ↑Ingenieur
Ingwer *m* زەنجەفیل *zencefîl*
Inhaber *m* خاوەن *xawen*
Inhaberin *f* w. Form zu ↑Inhaber
inhaftieren ⟨v.t.⟩ زیندانی کردن *zîndanî kirdin*
inhalieren ⟨v.t.⟩ (Med.) هەڵمژین *hel̲mijîn*
Inhalt *m* ناوەرۆک *nawerok*
Inhaltsverzeichnis *n* ناوەرۆک *nawerok*
Initiative *f* دەستپێشخەری *destpêşxerî*
Injektion *f* (Med.) شرینقەلێدان *şirînqelêdan*
inklusive ⟨Adv.⟩ تێکڕا *têkr̲a*
inkonsequent ⟨Adj.⟩ (bildungsspr.) ناماقووڵ *namaqûl̲*
inkorrekt ⟨Adj.⟩ (bildungsspr.) ناڕاست *nar̲ast*
Inland *n* ناووڵات *nawwil̲at*
Inlandflug *m* بە فڕۆکە فڕین لە ناووڵاتدا *be fir̲oke fir̲în le nawwil̲atda*
Inlandsmarkt *m* (Wirtsch.) بازاڕی ناوخۆ *bazar̲î nawxo*
Inlineskate *m* ئینلاینسکێت *înlaynskêt*
innen ⟨Adv.⟩ لەناوەوە *lenawewe*; ناوەوە *nawewe*; **nach innen** بۆ ناوەوە *bo nawewe*
Innenminister *m* وەزیری ناوخۆ *wezîrî nawxo*
Innenministerin *f* w. Form zu ↑Innenminister
Innenministerium *n* وەزارەتی ناوخۆ *wezaretî nawxo*
Innenpolitik *f* سیاسەتی ناوەوە *siyasetî nawewe*
Innenseite *f* دیوی ناوەوە *dîwî nawewe*
Innenstadt *f* ناوجەرگەی شار *nawcergey şar*
innere(r, -s) ⟨Adj.⟩ 1. ناوەوە *nawewe*; 2. دەروونی *derûnî*; **innere Blutungen** (Med.) خوێنلەبەرڕۆیشتن لەناو زگدا *xwênleberr̲oyiştin lenaw zigda*; **innere Ruhe** ئاسوودەیی دەروونی *asûdeyî derûnî*
Innereien *pl.* سیوجگەر *sîwciger*
innerhalb I. ⟨Präp.⟩ لەناو ...(ە)وە *lenaw ...(e)we* **II.** ⟨Adv.⟩ لە... دا *le ...da*
innerlich I. ⟨Adj.⟩ 1. ناوەوە *nawewe*; 2. (üb.) دەروونی *derûnî* **II.** ⟨Adv.⟩ لەناخدا *lenaxda*
inoffiziell ⟨Adj.⟩ نارەسمی *nar̲esmî*
ins in das ⟨Präp. + Art.⟩ بۆ *bo*

I

Insasse *m* نیشتەجێ *nîştecê*
Insassin *f* w. Form zu ↑Insasse
insbesondere ⟨Adv.⟩ بەتایبەتی *betaybetî*
Inschrift *f* نووسین یا نەخشونیگاری سەر بەرد، دار … *nûsîn ya nexşunîgarî ser berd, dar …*
Insekt *n* (Zool.) مێروو *mêrû*
Insektenschutzmittel *n* داوودەرمانی بەربەرەکانیی جڕوجانەوەر *dawudermanî berberekanîy ci̱rucanewer*
Insektenspray *n* سپڕای جڕوجانەوەرات *sipṟay ci̱rucanewerat*
Insel *f* دوورگە *dûrge*
Inselgruppe *f* کۆمەڵێک دوورگە *kome̱lêk dûrge*
Inserat *n* ئاگانامە *aganame*
inserieren ⟨v.i.⟩ بڵاو کردنەوە *bi̱law kirdinewe*
insgeheim ⟨Adv.⟩ بەنهێنی *benihênî*
insgesamt ⟨Adv.⟩ تێکڕا *têkṟa*
Insider *m* دەسەڵاتدارێک لە دەستەیەک یا کۆمەڵەیەکدا *dese̱latdarêk le desteyek ya kome̱leyekda*
Insiderin *f* w. Form zu ↑Insider
Inspekteur *m* پشکنەر *pişkiner*
Inspekteurin *f* w. Form zu ↑Inspekteur
Inspektion *f* 1. پشکنین *pişkinîn*; 2. سەرکاری *serkarî*
Inspiration *f* (bildungsspr.) ئیلهام *îlham*
inspirieren ⟨v.t.⟩ (bildungsspr.) ئیلهام پێدان *îlham pêdan*
inspizieren ⟨v.t.⟩ پشکنین *pişkinîn*
installieren ⟨v.t.⟩ 1. دامەزراندن *damezrandin*; 2. (EDV) پرۆگرام دانان *pi̱rogiram danan*
Instandhaltung *f* پارێزکاری *parêzkarî*
instandsetzen ⟨v.t.⟩ چاک کردنەوە *çak kirdinewe*
Instandsetzung *f* چاککردنەوە *çakkirdinewe*
Instanz *f* 1. بەڕێوەبەرایەتیی لێپرسراوی *beṟêweberayetîy lêpirsirawî*; 2. (Jur.) دەسەڵات *dese̱lat*
Instinkt *m* هەستی فتری *hestî fitirî*
Institut *n* پەیمانگە *peymange*; ئینستیتووت *înstîtût*
Institution *f* دامودەزگە *damudezge*
Instrument *n* ئامێر *amêr*
Insulin *n* (Med.) ئەنسۆلین *ensolîn*
intakt ⟨Adj.⟩ ساخ *sax*; خراپنەبوو *xirapnebû*
integrieren **I.** ⟨v.t.⟩ (bildungsspr.) یەک خستن *yek xistin* **II.** ⟨v.refl.⟩ sich integrieren (bildungsspr.) خۆ گونجاندن *xo guncandin*
Integrität *f* (geh.) (کەسێک) خاوێنی *xawênî (kesêk)*
intellektuell ⟨Adj.⟩ ڕووناکبیر *ṟûnakbîr*
Intellektuelle *f* w. Form zu ↑Intellektueller
Intellektueller *m* ڕووناکبیر *ṟûnakbîr*
intelligent ⟨Adj.⟩ 1. ژیر *jîr*; 2. هوشیار *huşyar*
Intelligenz *f* 1. ژیری *jîrî*; 2. هۆشیاری *hoşyarî*
intensiv ⟨Adj.⟩ چڕوپڕ *çi̱rupi̱r*
Intensivkurs *m* کۆرسی چڕوپڕ *korsî çi̱rupi̱r*
Intensivstation *f* (Med.) قاوشی

چاودێریی بەردەوام *qawişî çawdêrîy berdewam*

Intention *f* (bildungsspr.) مەبەست *mebest*

interaktiv ⟨Adj.⟩ (EDV) پەیوەست بە زانیاریگۆڕینەوە *peywest be zanyarîgorînewe*

interessant ⟨Adj.⟩ گرنگ *giring*

Interesse *n* 1. ئارەزوو *arezû*; 2. بەرژەوەندی *berjewendî*

interessieren I. ⟨v.t.⟩ بایەخ پێدان *bayex pêdan* **II.** ⟨v.refl.⟩ sich für etw./j-n interessieren بەلاوە گرنگ بوون *belawe giring bûn*

Interjektion *f* (Gr.) ئامرازی بانگکردن *amrazî bangkirdin*

intern ⟨Adj.⟩ (bildungsspr.) ناوخۆ *nawxo*

Internat *n* قوتابخانەی خانەخۆ (بۆ شەو و ڕۆژ بە خوێندن و خواردن و خەوتنەوە) *qutabxaney xanexo (bo şew u roj be xwêndin u xiwardin u xewtinewe)*

international ⟨Adj.⟩ نێونەتەوەیی *nêwneteweyî*

Internationalist *m* (Pol.) ئینتەرناسیۆنال *înternasyonal*

Internationalistin *f* w. Form zu ↑Internationalist

Internet *n* ئینتەرنێت *înternêt*

Internetanschluss *m* بەشداریی لە ئینتەرنێتدا *beşdarîy le înternêtda*

Internetcafé *n* ئینتەرنێتکافێ *înternêtkafê*

Internetseite *f* وێبسایت *wêbsayit*; وێبگە *wêbge*

Internetzugang *m* چونەناوئینتەرنێت *çunenawînternêt*

Internist *m* (Med.) پزیشکی نەخۆشیی ناوەوە *pizîşkî nexoşîy nawewe*

Internistin *f* w. Form zu ↑Internist

Interpretation *f* (bildungsspr.) لێکدانەوە *lêkdanewe*

interpretieren ⟨v.t.⟩ (bildungsspr.) لێکدانەوە *lêkdanewe*

Interpunktion *f* (Gr.) خاڵبەندی *xalbendî*

Interview *n* چاوپێکەوتن *çawpêkewtin*

interviewen ⟨v.t.⟩ وتووێژ کردن *wituwêj kirdin*

intim ⟨Adj.⟩ 1. گیانیبەگیانی *giyanîbegiyanî*; 2. هۆگر *hogir*

Intimität *f* (bildungsspr.) هاودەمی *hawdemî*; هۆگری *hogirî*

intolerant ⟨Adj.⟩ لێنەبوردوو *lêneburdû*

intransitiv ⟨Adj.⟩ (Gr.) تێنەپەڕ *têneper*

Intrigant *m* (bildungsspr.) پیلانگێڕ *pîlangêr*

Intrigantin *f* w. Form zu ↑intrigant

Intrige *f* دەسیسە *desîse*

invalid ⟨Adj.⟩ پەککەوتە *pekkewte*

Invalide *m/f* پەککەوتە *pekkewte*

Invalidin *f* w. Form zu ↑Invalide

Invasion *f* (Mil.) هێرشبردن *hêrişbirdin*; داگیرکردن *dagîrkirdin*

Inventur *f* جەرد (بۆ دووبارە نووسینەوە) *cerd (bo dûbare nûsînewe)*

investieren ⟨v.t./v.i.⟩ 1. پێبەخشین *pêbexşîn*; 2. وەبەرهێنان *weberhênan*

Investition *f* (Wirtsch.) وەبەرهێنان *weberhênan*

inwiefern ⟨Adv.⟩ تا چ پلەیەک *ta çı pıleyek*

Inzest *m* لەگەڵ خزموکەسدا جووتبوون *legel xizmukesda cûtbûn*

inzwischen ⟨Adv.⟩ لەونێوانەدا *lewnêwaneda*

Irak *m* عیراق *ʿÎraq*

Iraker *m* عیراقی *ʿîraqî*

Irakerin *f* w. Form zu ↑Iraker

irakisch ⟨Adj.⟩ عیراقی *ʿîraqî*

Iran *m* ئێران *Êran*

Iraner *m* ئێرانی *êranî*

Iranerin *f* w. Form zu ↑Iraner

iranisch ⟨Adj.⟩ ئێرانی *êranî*

Iranisierung *f* بەئێرانیکردن *beêranîkirdin*

Iranistik *f* ئێراناسی *êrannasî*

irdisch ⟨Adj.⟩ دنیایی *dinyayî*

Ire *m* ئیرلەندی *îrlendî*

irgendein ⟨Pron.⟩ هەر *her*

irgendetwas ⟨Pron.⟩ شتێک *şitêk*

irgendjemand ⟨Pron.⟩ کەسێک *kesêk*

irgendwann ⟨Adv.⟩ هەرکاتێ *herkatê*

irgendwer ⟨Pron.⟩ یەکێک *yekêk*

irgendwie ⟨Adv.⟩ بەهەرجۆرێک *behercorêk*

irgendwo ⟨Adv.⟩ لەهەرشوێنێک *leherşwênêk*

Irin *f* w. Form zu ↑Ire

[1]**Iris** *f* (Bot.) سۆسەن *sosen*

[2]**Iris** *f* (Anat.) گلێنەی چاو *gilêney çaw*

irisch ⟨Adj.⟩ ئیرلەندی *îrlendî*

Irland *n* ئیرلەندە *Îrlende*

Ironie *f* گاڵتەجاڕی *galtecarî*

ironisch ⟨Adj.⟩ بەگاڵتەوە *begaltewe*

irre ⟨Adj.⟩ شێت *şêt*

irreal ⟨Adj.⟩ (bildungsspr.) دوورەڕاستی *dûrerastî*

irreführen ⟨v.t.⟩ هەڵخەڵەتاندن *helxeletandin*

Irreführung *f* هەڵخەڵەتاندن *helxeletandin*

irren I. ⟨v.i.⟩ (geh.) بە ڕێی چەوتدا ڕۆیشتن *be rêy çewitda royiştin* **II.** ⟨v.refl.⟩ sich irren هەڵە کردن *hele kirdin*

Irrenhaus *n* شێتخانە *şêtxane*

Irrglaube *m* گومڕایی *gumrayî*

irritieren ⟨v.t.⟩ هەڵە پێکردن *hele pêkirdin*

Irrsinn *m* شێتی *şêtî*

irrsinnig ⟨Adj.⟩ شێت *şêt*

Irrtum *m* 1. هەڵەکردن *helekirdin*; 2. چەوتی *çewtî*

irrtümlich I. ⟨Adj.⟩ هەڵە *hele* **II.** ⟨Adv.⟩ بەهەڵە *behele*

irrtümlicherweise ⟨Adv.⟩ بەهەڵە *behele*

Ischias *f* (Med.) ژانەکەلەکە *janekeleke*

ISDN *n* (Telek.) ئی ئێس دی ئێن *î ês dî ên*

Islam *m* ئیسلام *îslam*

islamisch ⟨Adj.⟩ ئیسلامی *îslamî*

Island *n* ئیسلەندە *Îslende*

Isolation *f* 1. جیاکردنەوە *ciyakirdinewe*; 2. گۆشەگیری *goşegîrî*

isolieren I. ⟨v.t.⟩ 1. جیا کردنەوە (نەخۆش) *ciya kirdinewe (nexoş)*; 2. دابڕین *dabirîn* **II.** ⟨v.refl.⟩ sich (von etw./j-m) isolieren خۆ دابڕین (لە) *xo dabirîn (le)*

Isolierung *f* 1. جیاکردنەوە *ciyakirdinewe*; 2. دابڕین *dabirîn*

Isomatte *f* دۆشەکی گەرماپارێز *doşekî germaparêz*

Israel *n* ئیسرائیل *Îsraîl*

Israeli *m/f* ئیسرائیلی *îsraîlî*

Israelin *f* w. Form zu ↑Israeli
israelisch ⟨Adj.⟩ ئیسرائیلی *îsraîlî*
Istanbul *n* ئەستەموولٚ *Estemûl̲*
IT *f* ئای تی *ay tî;* تەکنۆلۆجیای زانیاری *teknolocyay zanyarî*
Italien *n* ئیتالیا *Îtalya*
Italiener *m* ئیتالی *Îtalî*
Italienerin *f* w. Form zu ↑Italiener
italienisch ⟨Adj.⟩ ئیتالی *îtalî*
Italienisch *n* زمانی ئیتالی *zimanî îtalî*

J

j, J یۆت *yot;* پیتی دەیەمی ئەلفبێی ئەڵمانی *pîtî deyemî elfbêy el̲manî*
ja ⟨Part.⟩ بەڵێ *bel̲ê*
Jacht *f* یەخت *yext*
Jacke *f* قەمسەڵە *qemsel̲e;* چاکەت *çaket*
Jackett *n* چاکەت *çaket*
Jagd *f* ڕاو *r̲aw;* **auf die Jagd gehen** بۆ ڕاو چوون *bo r̲aw çûn*
Jagdgewehr *n* تاپڕ *tapir̲*
Jagdrevier *n* ڕاوگە *r̲awge*
jagen ⟨v.t.⟩ 1. ڕاو کردن *r̲aw kirdin;* 2. بەدوادا گەڕان *bediwada ger̲an*
Jäger *m* ڕاوکەر *r̲awker*
Jägerin *f* w. Form zu ↑Jäger
Jahr *n* ساڵ *sal̲;* **ein halbes Jahr** شەش مانگ *şeş mang;* **einmal im Jahr** جارێک لە ساڵێکدا *carêk le sal̲êkda;* **letztes Jahr** ساڵی ڕابردوو *sal̲î r̲abirdû;* **pro Jahr** هەر ساڵ *her sal̲*
jahrelang ⟨Adj.⟩ ساڵەهایساڵ *sal̲ehaysal̲*
Jahresbeginn *m* سەرەتای ساڵ *seretay sal̲*
Jahresende *n* کۆتاییی ساڵ *kotayîy sal̲*
Jahrestag *m* ساڵڕۆژ *sal̲r̲oj*
Jahresurlaub *m* مۆڵەتی ساڵانە *mol̲etî sal̲ane*
Jahreswechsel *m* ساڵوەرچەرخان *sal̲werçerxan*
Jahreszeit *f* وەرز *werz*
Jahrgang *m* ساڵی لەدایکبوون *sal̲î ledayikbûn*
Jahrhundert *n* سەدە *sede*
jährlich ⟨Adj.⟩ ساڵانە *sal̲ane*
Jahrmarkt *m* 1. شاری یاری(، کە ساڵانە دادەنرێ) *şarî yarî(, ke sal̲ane dadenrê);* 2. بازاڕی ساڵانە *bazar̲î sal̲ane*
Jahrtausend *n* هەزارە *hezare*
Jahrzehnt *n* دەساڵ *desal̲*
jähzornig ⟨Adj.⟩ تووڕە *tûr̲e*
Jalousie *f* ژالۆزی *jalozî*
jammern ⟨v.i.⟩ کڕووزانەوە *kir̲ûzanewe*
Januar *m* کانوونی دووەم *kanûnî dûwem*
Japan *n* ژاپۆن *Japon*
Japaner *m* ژاپۆنی *japonî*
Japanerin *f* w. Form zu ↑Japaner
japanisch ⟨Adj.⟩ ژاپۆنی *japonî*

Japanisch *n* زمانی ژاپۆنی *zimanî japonî*
Jasmin *m* (Bot.) یاسەمین *yasemîn*
jawohl ⟨Adv.⟩ بەڵێ *beḻê*
Jazz *m* (Mus.) جاز *caz*
je I. ⟨Adv.⟩ تا *ta* **II.** ⟨Konj.⟩ بەپێی *bepêy*; **je ..., desto ...** تا ...تر ... *ta ...tir ...*; **je nach Größe** بەپێی گەورەیی *bepêy gewreyî* **III.** ⟨Präp.⟩ بە *be*; **3 Euro je Kilo** کیلۆی بە سێ یوڕۆ *kîloy be sê yuṟo*
Jeans *f* جینس *cîns*
jede(r, -s) ⟨Pron.⟩ هەرکەسێک *herkesêk*; هەریەک *heryek*; هەموو *hemû*; **jede Woche** هەموو هەفتەیەک *hemû hefteyek*; **jedes Mal** هەموو جارێک *hemû carêk*; **ohne jeden Zweifel** بێ شک *bê şik*
jedenfalls ⟨Adv.⟩ بەهەرجۆرێک *behercorêk*
jederzeit ⟨Adv.⟩ هەمیشە *hemîşe*; هەردەم *herdem*
jedoch ⟨Adv.⟩ بەڵام *beḻam*
jegliche(r, -s) ⟨Pron.⟩ گشت *gişt*
jemals ⟨Adv.⟩ هەرگیز *hergîz*
jemand ⟨Pron.⟩ کەسێ *kesê*
jene(r, -s) ⟨Pron.⟩ ئەو *ew*
jenseits ⟨Präp.⟩ ئەولا *ewla*
Jeside *m* ئێزدی *êzdî*
Jesidin *f* w. Form zu ↑Jeside
jesidisch ⟨Adj.⟩ ئێزدی *êzdî*
Jesus *m* (Rel.) عیسا *ʿÎsa*
jetzig ⟨Adj.⟩ ئێستا *êsta*
jetzt ⟨Adv.⟩ ئێستا *êsta*; **bis jetzt** تا ئێستا *ta êsta*; **von jetzt an** لە ئێستا بەدواوە *le êsta bediwawe*
jeweils ⟨Adv.⟩ 1. هەرجارە *hercare*; 2. هەریەک *heryek*

Job *m* کار *kar*; وەزیفە *wezîfe*
jobben ⟨v.i.⟩ کار کردن *kar kirdin*
Jod *n* (Chem.) یۆد *yod*
joggen ⟨v.i.⟩ ڕاکردن *ṟakirdin*
Jogginganzug *m* تراکسوت *tiraksut*
Jogginghose *f* پانتۆڵی وەرزشکردن *pantoḻî werzişkirdin*
Joghurt *m/n* ماست *mast*
Johannisbeere *f* ترێکێویلە *tirêkêwîle*
Jordanien *n* ئەردەن *Erden*
Jordanier *m* ئەردەنی *erdenî*
Jordanierin *f* w. Form zu ↑Jordanier
jordanisch ⟨Adj.⟩ ئەردەنی *erdenî*
Journalismus *m* ڕۆژنامەوانی *ṟojnamewanî*
Journalist *m* ڕۆژنامەوان *ṟojnamewan*
Journalistin *f* w. Form zu ↑Journalist
jubeln ⟨v.i.⟩ خۆشی دەربڕین *xoşî derbiṟîn*
Jubiläum *n* بیرەوەریی ساڵانە *bîrewerîy saḻane*
jucken I. ⟨v.i.⟩ خوران *xuran* **II.** ⟨v.t.⟩ خوراندن *xurandin* • es juckt mich ختووکەم دێ
Juckreiz *m* ئالۆش *aḻoş*
Jude *m* جوولەکە *cûleke*
Jüdin *f* w. Form zu ↑Jude
jüdisch ⟨Adj.⟩ جوولەکە *cûleke*
Jugend *f* 1. گەنجێتی *gencêtî*; 2. لاوان *lawan*; **die heutige Jugend** لاوانی ئەمڕۆ *lawanî emṟo*
Jugendherberge *f* میوانخانەی لاوان *mîwanxaney lawan*
jugendlich ⟨Adj.⟩ گەنج *genc*; لاو *law*
Jugendliche *f* w. Form zu ↑Jugend-

J

licher
Jugendlicher *m* لاو *law;* گەنج *genc*
Juli *m* تەمووز *temûz*
jung I. ⟨Adj.⟩ 1. لاو *law;* 2. تازە (میوە، سەوزە) *taze (mîwe, sewze);* **junge Leute** لاوان *lawan* **II.** ⟨Adv.⟩ بەلاوی *belawî*
Junge *m* کوڕ *kur̠*
Jungfrau *f* کوننەکراو *kunnekraw;* بێبنەکراو *bêbinnekraw*
jüngst ⟨Adv.⟩ 1. (veralt.) تازە *taze;* 2. (veralt.) لەمدواییەدا *lemdiwayîyeda*
jüngste(r, -s) ⟨Adj.⟩ پچووکتر *piçûktir*
Juni *m* حوزەیران *ḩuzeyran*
Jurist *m* قانوونی *qanûnî*
Juristin *f* w. Form zu ↑Jurist
juristisch ⟨Adj.⟩ قانوونی *qanûnî*
Jury *f* دەستەی سەرپەرشتیکاری پێشبڕکێیەک یا ململانێیەک *destey serperiştîkarî pêşbir̠kêyek ya milmilanêyek*
Justiz *f* داد *dad*
Juwel *n* بەردی بەقیمەت *berdî beqîmet*
Juwelier *m* مجەوهەراتفرۆش *micewheratfiroş*
Juwelierin *f* w. Form zu ↑Juwelier

K

K

k, K کا *ka;* پیتی یازدەیەمی ئەلفبێی ئەڵمانی *pîtî yazdeyemî elfbêy el̠manî*
Kaaba *f* (islam.) کەعبە *keʿbe*
Kabarett *n* کاباریت *kabarêt*
Kabel *n* وایەر *wayer*
Kabelfernsehen *n* تەلەفیزیۆنی کابل *telefîzyonî kabil*
Kabeljau *m* جۆرە ماسییەکی ئۆقیانووسی ئەتڵەسییە *core masîyekî oqyanûsî etl̠esîye*
Kabine *f* کابینە *kabîne*
Kachel *f* کاشی *kaşî*
Kadaver *m* کەلاک *kelak*
Käfer *m* (Zool.) قاڵۆنچە *qal̠once*
Kaffee *m* قاوە *qawe;* **Kaffee aufbrühen/kochen/machen** قاوە لێنان *qawe lênan;* **Kaffee mit Milch** قاوە بە شیرەوە *qawe be şîrewe*
Kaffeehaus *n* قاوەخانە *qawexane*
Kaffeekanne *f* جزوە *cizwe*
Kaffeemaschine *f* مەکینەی قاوەلێنان *mekîney qawelênan*
Kaffeetasse *f* کوپی قاوە *kupî qawe*
Käfig *m* قەفەز *qefez*
kahl ⟨Adj.⟩ 1. بێموو *bêmû;* 2. بێگەڵا *bêgel̠a*
Kai *m* شۆستەی بەندەر *şostey bender*
Kaiser *m* شا *şa;* پاشا *paşa*
Kaiserin *f* w. Form zu ↑Kaiser شابانوو *şabanû*

Kaiserschnitt *m* (Med.) نەشتەرکاریی قەیسەری *neşterkarîy qeyserî*
Kajak *m* (Sp.) بەلەمی ئەسکیمۆکان *belemî eskîmokan*
Kakao *m* کاکاو *kakaw*
Kakerlak *m* (Zool.) سیسرک *sîsirk*
Kakerlake *f* w. Form zu ↑Kakerlak
kaki ⟨Adj.⟩ خاکی *xakî*
[1]**Kaki** *n* خاکی *xakî*
[2]**Kaki** *f* (Bot.) کاکی *kakî*
Kaktus *m* کاکتۆس *kaktos*
Kalb *n* گوێرەکە *gwêreke*
Kalbfleisch *n* (Kochk.) گۆشتی گوێرەکە *goştî gwêreke*
Kalender *m* ساڵنامە *sa*l*name*
Kalk *m* قسڵ *qisi*l
kalkhaltig ⟨Adj.⟩ قسڵتێدابوو *qisi*l*têdabû*
Kalkulation *f* 1. (Kaufmannsspr.) ژمێرە *jimêre*; 2. نرخاندن *nirxandin*
kalkulieren ⟨v.t.⟩ 1. (Kaufmannsspr.) حساب کردن *ḫisab kirdin*; 2. نرخاندن *nirxandin*
Kalligraf *m* خۆشنووس *xoşnûs*
Kalligrafie *f* خۆشنووسی *xoşnûsî*
Kalligrafin *f* w. Form zu ↑Kalligraf
Kalorie *f* کالۆرین *kalorîn*
kalorienarm ⟨Adj.⟩ کەمیی کالۆرین *kemîy kalorîn*
kalt ⟨Adj.⟩ سارد *sard* • es ist kalt ساردە; mir ist kalt سەرمامە; **kalt werden** سارد بوونەوە (قاوە، چا، ...) *sard bûnewe (qawe, ça, …)*
kaltblütig ⟨Adj.⟩ 1. خوێنسارد *xwênsard*; 2. نەترس *netirs*; 3. دڵڕەق *di*l*req*
Kälte *f* سەرما *serma*
Kalzium *n* کالیسیۆم *kalîsyom*
Kamel *n* (Zool.) وشتر *wiştir*
Kamera *f* کامێرا *kamêra*
Kamerad *m* هاوکار *hawkar*
Kameradin *f* w. Form zu ↑Kamerad
Kamille *f* بەیبوون *beybûn*
Kamillentee *m* چای گوڵەبەیبوون *çay gu*l*ebeybûn*
Kamin *m* 1. کوورەی گەرمیبەخش *kûrey germîbexş*; 2. ئاگردان *agirdan*
Kamm *m* شانە *şane*
kämmen ⟨v.t.⟩ داهێنان (قژ) *dahênan (qij)*
Kampagne *f* 1. کەمپانیا *kempanya*; 2. پڕوپاگاندە *pirupagande*
Kampf *m* 1. شەڕ *şer*; 2. کێشە *kêşe*; 3. تێکۆشان *têkoşan*
kämpfen ⟨v.i.⟩ 1. جەنگین *cengîn*; 2. بەرەنگار بوونەوە *berengar bûnewe*; تێکۆشان *têkoşan*
Kämpfer *m* 1. جەنگاوەر *cengawer*; 2. (Pol.) تێکۆشەر *têkoşer*
Kämpferin *f* w. Form zu ↑Kämpfer
kämpferisch ⟨Adj.⟩ شەڕکەر *şerker*
Kampfsport *m* وەرزشی یەکبەیەک (شەڕەبۆکس، تێکوەندو، ...) *werzişî yekbeyek (şerebokis, têkwendu, …)*
kampieren ⟨v.i.⟩ چادر هەڵدان *çadir he*l*dan*
Kanada *n* کەنەدا *Keneda*
[1]**Kanadier** *m* کەنەدی *kenedî*
[2]**Kanadier** *m* (Sp.) کەنەدی *kenedî*
Kanadierin *f* w. Form zu ↑[1]**Kanadier**

kanadisch ⟨Adj.⟩ کەنەدی *kenedî*
Kanal *m* 1. ئاوەڕۆ *awe*r*o*; 2. (Rad./TV) کەنال *kenal*
Kanalisation *f* زێراب *zêrab*
Kanarienvogel *m* (Zool.) کەناری *kenarî*
Kandidat *m* هەڵبژێرراو *he*l*bijêrraw*
Kandidatin *f* w. Form zu ↑Kandidat
Kandidatur *f* خۆهەڵبژاردن *xohe*l*bijardin*
kandidieren ⟨v.i.⟩ هەڵبژاردن *he*l*bijardin*
Kandiszucker *m* قەند *qend*
Kaninchen *n* (Zool.) کەروێشکی ماڵی *kerwêşkî ma*l*î*
Kanister *m* گالۆن *ga*l*on*
Kanne *f* قۆری *qorî*
Kanone *f* (Mil.) تۆپ *top*
Kante *f* 1. جەمسەر *cemser*; 2. کەنار *kenar*
Kantine *f* کانتینە *kantêne*
Kanton *m* کانتۆن *kanton*; دەڤەر *dever*
Kanu *n* بەلەمی باریک *belemî barîk*
Kanzel *f* میمبەر *mîmber*
Kanzler *m* 1. (Pol.) ڕاوێژکار *r*a*wêjkar*; 2. (Pol.) سەرەکوەزیران *serekwezîran*
Kanzlerin *f* w. Form zu ↑Kanzler
Kap *n* زورگ *zurg*
Kapazität *f* 1. فراوانی *firawanî*; 2. (Phys.) بارگەگری *bargegirî*; 3. توانا *tiwana*
kapieren ⟨v.t.⟩ (ugs.) تێگەیشتن *têgeyiştin* • das habe ich noch nicht kapiert هێشتا لەمە تێنەگەیشتووم
Kapital *n* سەرمایە *sermaye*
Kapitalanlage *f* وەبەرهێنان *weberhênan*
Kapitalismus *m* دەستووری سەرمایەداری *destûrî sermayedarî*
Kapitalist *m* سەرمایەدار *sermayedar*
Kapitalistin *f* w. Form zu ↑Kapitalist
kapitalistisch ⟨Adj.⟩ سەرمایەدار *sermayedar*
Kapitän *m* 1. کەشتیوان *keştîwan*; 2. فڕۆکەوان *fi*r*okewan*; 3. (Sp.) کاپتن *kaptin*
Kapitänin *f* w. Form zu ↑Kapitän
Kapitel *n* فەسڵ *fes*l; بەش *beş*
Kapitulation *f* خۆبەدەستەوەدان *xobedestewedan*
kapitulieren ⟨v.i.⟩ خۆ بەدەستەوە دان *xo bedestewe dan*
Kappe *f* تەپلە *teple*; کڵاو *ki*l*aw*
Kapsel *f* 1. کۆنتێنەیەکی خڕ یا هێلکەییە، لە مادەیەکی تەنکی زۆر قایم دروستکراوە *kontêneyekî xi*r *ya hêlkeyîye, le madeyekî tenikî zor qayim dirustkirawe*; 2. (Med.) کەپسوول *kepsûl*
kaputt ⟨Adj.⟩ 1. (ugs.) شکاو *şikaw*; 2. (ugs.) خراپ *xirap*; **etw. kaputt machen** 1. (ugs.) شکاندن *şikandin*; 2. (ugs.) خراپ کردن *xirap kirdin*
Kapuze *f* کڵاو *ki*l*aw*
Karaffe *f* سوراحی *sura*h*î*
Karaoke *n* (Mus.) گۆرانی کاریۆکی *goranî karyokî*
Karat *n* عەیار *'eyar*
Karawane *f* کاروان *karwan*
Kardamom *m/n* هێل *hêl*
Kardinal *m* (kath.) کەردینال *kerdînal*

K

Karfreitag *m* هەینی پیرۆز *heynî pîroz*
kariert ⟨Adj.⟩ کارۆ *karo*
Karies *f* (Med.) دانکرمێبوون *dankirmê-bûn*
Karikatur *f* وێنەی کاریکاتێری *wêney ka-rîkatêrî*
Karikaturist *m* کاریکاتۆریست *karîka-torîst*
Karikaturistin *f* w. Form zu ↑Ka-rikaturist
kariös ⟨Adj.⟩ (Med.) دانکرمێ *dankirmê*
Karneval *m* کەرنەڤال (جەژنی خۆگۆڕین) *kerneval (cejnî xogo̱rîn)*
Karnevalist *m* کەرنەڤالکار *kernevalkar*
Karnevalistin w. Form zu ↑Karne-valist
Karo *n* لەبزینە *lebzîne*
Karosserie *f* (Kfz) شاسی *şasî*
Karotte *f* گوێزەر *gwêzer*
Karre *f*; **Karren** *m* عەرەبانەی دەستی *ʿerebaney destî*
Karriere *f* پێشکەوتن لە کارکردندا *pêş-kewtin le karkirdinda*
Karte *f* 1. کارت *kart*; 2. بلیت *bilît*; 3. نەخشە *nexşe*; 4. کاغەزی قومار *kax̱ezî qumar*; **mit der Karte zahlen** *be kartî banq pare dan* بە کارتی بانق پارە دان
Kartenspiel *n* یاریی کاغەز *yarîy kax̱ez*
Kartoffel *f* پەتاتە *petate*
Kartoffelbrei *m* (Kochk.) پەتاتەی هاڕراو *petatey haṟraw*
Kartoffelchips *pl.* چیپس *çîps*
Kartoffelpüree *n* (Kochk.) پەتاتەی هاڕراو *petatey haṟraw*
Kartoffelsalat *m* (Kochk.) زەڵاتەی پەتاتە *zeḻatey petate*
Karton *m* 1. مقەبا *miqeba*; 2. کارتۆن *kar-ton*
Karussell *n* چەرخوفەلەک *çerxufelek*
Käse *m* پەنیر *penîr*
Kaserne *f* (Mil.) لەشکرگە *leşkirge*
Kaskoversicherung *f* تامینی گشتی *ta-mînî giştî*
Kasse *f* 1. قاسە *qase*; 2. (ugs.) تامینی تەندروستی *tamînî tendirustî*; 3. (ugs.) دامودەزگای بانق *damudezgay banq*
Kassenbon *m*; **Kassenzettel** *m* پسووڵەی قاسە *pisûḻey qase*
Kassette *f* کاسێت *kasêt*
Kassettenrekorder *m* تەسجیل *tescîl*; ڕیکۆردە *ṟîkorde*
kassieren ⟨v.t.⟩ وەرگرتن (پارە) *wergirtin (pare)*
Kassierer *m* ژمێریار *jimêryar*
Kassiererin *f* w. Form zu ↑Kassie-rer
Kastanie *f* 1. داربەڕوو *darbe̱rû*; 2. کەستانە *kestane*
Kasten *m* سندووق *sindûq*
kastrieren ⟨v.t.⟩ خەساندن *xesandin*
Katalog *m* کەتەلۆگ *ketelog*
Katalysator *m* 1. (Chem.) کارای یاریدەدەری کیمیایی *karay yarîdederî kîmyayî*; 2. (Kfz) کاتالیزەر *katalîzer*
katastrophal ⟨Adj.⟩ جگەربڕ *cigerbi̱r*
Katastrophe *f* کارەسات *karesat*; بەڵا *beḻa*
Katastrophengebiet *n* ناوچەی کارەساتاوی *nawçey karesatawî*
Kategorie *f* 1. (Philos.) ڕادەربڕین

دەربارەی بابەتێکی دیاریکراو raderbirîn derbarey babetêkî diyarîkiraw; 2. بابەت babet
Kater *m* (Zool.) گوربە *gurbe*
Kathedrale *f* کاتیدرال *katîdral*
katholisch ⟨Adj.⟩ (christl.) کاتۆلیکی *katolîkî*
Katze *f* (Zool.) پشیلە *pişîle*
kauen **I.** ⟨v.t.⟩ جوون *cûn* **II.** ⟨v.i.⟩ کرماندن *kirmandin*
Kauf *m* کڕین *kirîn*
kaufen ⟨v.t.⟩ کڕین *kirîn*
Käufer *m* کڕیار *kiryar*
Käuferin *f* w. Form zu ↑Käufer
Kaufhaus *n* بازاڕەگەورە *bazaregewre*
Kaufvertrag *m* کڕیارنامە *kiryarname*
Kaugummi *m/n* بنێشت *binêşt*
kaum ⟨Adv.⟩ 1. بەدەگمەن *bedegmen*; 2. تۆزقاڵێ *tozqalê*
Kaution *f* بارمتە *barimte*
Kavalier *m* جوامێر *ciwamêr*
Kavallerie *f* (Mil.) هێزی سوارە *hêzî siware*
Kaviar *m* خاڤیار *xavyar*
Kebab *m* (Kochk.) کەباب *kebab*
Kegel *m* (Math.) قووچکە *qûçke*
kegeln ⟨v.i.⟩ کێگلن *kêgiln*
Kehle *f* گەروو *gerû*
Kehlkopf *m* (Anat.) گەروو *gerû*; قورگ *qurg*
kehren ⟨v.t.⟩ گسک دان *gisk dan*
Keil *m* مێخ *mêx*
Keilriemen *m* (Tech.) قایشی پانکە *qayişî panke*
Keilschrift *f* نووسینی بزماری *nûsînî bizmarî*
Keim *m* 1. (Bot.) دەنک *denik*; 2. ناوەرۆک *nawerok*; 3. (Biol./Med.) میکرۆب *mîkrob*
keimen ⟨v.i.⟩ چەکەرە کردن *çekere kirdin*
keimfrei ⟨Adj.⟩ پاکژکراو *pakijkiraw*
kein ⟨Pron.⟩ هیچکامێک *hîçkamêk*; هیچکەس *hîçkes* • er kann kein Deutsch ئەڵمانی نازانێ ; kein Mensch war da کەسی لێنەبوو ; keine Ursache! شایانی نییە!؛ ئەمە هیچ نییە! ; sie haben kein Geld mehr ئیتر پارەیان نەماوە
keinesfalls ⟨Adv.⟩ هەرگیز *hergîz*; بەهیچجۆرێک *behîççorêk*
Keks *m* پسکیت *piskît*
Kelim *m* کلیم *kilîm*
Kelle *f* ماڵە *male*
Keller *m* ژێرزەوی *jêrzewî*
Kellner *m* خزمەتکار لە چێشتخانە یا مەیخانەدا *xizmetkar le çêştxane ya meyxaneda*
Kellnerin *f* w. Form zu ↑Kellner
kennen ⟨v.t.⟩ ناسین *nasîn* • er kennt dich ئەو تۆ دەناسێ ; **sich kennen** خۆ ناسین *xo nasîn*
kennenlernen ⟨v.t.⟩ ناسین *nasîn*
Kenntnis *f* 1. زانین *zanîn*; 2. زانیاری *zanyarî*
Kennwort *n* ڕازەوشە *razewişe*
Kennzeichen *n* نیشانە *nîşane*
kennzeichnen ⟨v.t.⟩ دەستنیشان کردن *destnîşan kirdin*
Keramik *f* سیرامیک *sîramîk*
Kerbe *f* لەلە *lele*
Kerker *m* بەندیخانە *bendîxane*
Kerl *m* مرۆڤ *mirov*; کابرا *kabra*

K

Kern *m* 1. ناوەرۆک *nawerok;* 2. ناوک *nawik*

Kernkraft *f* وزەی گەردیلەیی *wizey gerdîleyî*

Kernkraftgegner *m* نەیارانی وزەی گەردیلەیی *neyaranî wizey gerdîleyî*

Kernkraftgegnerin *f* w. Form zu ↑Kernkraftgegner

Kernkraftwerk *n* ئیسگەی وزەپەیداکردنی ئەتۆمی *êsgey wizepeydakirdinî etomî*

Kerze *f* مۆم *mom*

Kerzenhalter *m* مۆمدان *momdan*

Kessel *m* 1. دەفر *defir;* 2. کتری *kitrî*

Ketchup *m/n* کێتشۆپ (ساسی دۆشاوی تەماتە بە بەهاراتەوە) *kêtşop (sasî doşawî temate be beharatewe)*

Kette *f* زریزە *zirîze;* ملوانکە *milwanke*

keuchen ⟨v.i.⟩ نیخەنیخ بوون *nîxenîx bûn*

Keuchhusten *m* (Med.) کۆکەڕەشە *kokereşe*

Keule *f* 1. کوتەک *kutek;* 2. ڕان *ran*

Keyboard *n* 1. (Mus.) کیبورت *kîburt;* 2. (EDV) کیبورت *kîburt*

Kfz *n* Abk. von ↑Kraftfahrzeug ئوتومبێل *utumbêl*

Kibla *f* (islam.) قیبلە *qîble*

Kichererbse *f* نۆک *nok*

kichern ⟨v.i.⟩ 1. پێکەنین *pêkenîn;* 2. حیلکەحیلک کردن *hîlkehîlk kirdin*

kidnappen ⟨v.t.⟩ ڕفاندن (مرۆڤ) *rifandin (mirov)*

Kidnapper *m* زەلامڕفێن *zelamrifên*

Kidnapperin *f* w. Form zu ↑Kidnapper

[1]**Kiefer** *m* (Anat.) شەویلاگە *şewîlage*

[2]**Kiefer** *f* (Bot.) سنەوبەر *sinewber*

Kieme *f* (Zool.) کەوانەی ڕیشەدار *kewaney rîşedar*

Kies *m* زیخ *zîx*

Kiesel *m* چەو *çew*

Kieselstein *m* زیخ *zîx;* وردەبەرد *wirdeberd*

Killer *m* پیاوکوژ *piyawkuj*

Killerin *f* w. Form zu ↑Killer

Kilo *n* kurz für ↑Kilogramm (ugs.) کیلۆ *kîlo*

Kilobyte *n* (EDV) کیلۆبایت *kîlobayt*

Kilogramm *n* کیلۆ *kîlo*

Kilometer *m* کیلۆمەتر *kîlometir*

Kilometerstand *m* ژمارەی کیلۆمەتری لێخوڕراو (لە ئوتومبێلدا) *jimarey kîlometrî lêxurraw (le utumbêlda)*

Kilometerzähler *m* کیلۆمەترپێو *kîlometirpêw*

Kilowatt *n* (Phys.) کیلۆوات *kîlowat*

Kind *n* منداڵ *mindal;* **ein Kind bekommen** منداڵ بوون *mindal bûn;* **ein Kind haben** منداڵ هەبوون *mindal hebûn*

Kinderarzt *m* پزیشکی نەخۆشیی منداڵان *pizîşkî nexoşîy mindalan*

Kinderärztin *f* w. Form zu ↑Kinderarzt

Kinderbett *n* کەتی منداڵ *ketî mindal*

Kindergarten *m* باخچەی منداڵان *baxçey mindalan*

Kindergeld *n* پارەی منداڵ *parey mindal*

Kinderkleidung *f* جلی منداڵان *cilî mindalan*

Kinderlähmung *f* (Med.) شەلەلی

K

منداڵان *şelelî mindalan*
kinderlos ⟨Adj.⟩ وەجاخکوێر *wecaxkwêr*
Kinderlosigkeit *f* وەجاخکوێری *wecaxkwêrî*
Kinderschreck *m* غوول (ئاژەڵێکی ئەندێشەییە) *xûl (ajelêkî endêşeyîye)*
Kindersitz *m* (Kfz) نیشتگەی منداڵان *nîştgey mindalan*
Kinderspielplatz *m* یاریگای منداڵان *yarîgay mindalan*
Kinderteller *m* دەوریی منداڵان *dewrîy mindalan*
Kinderwagen *m* عەرەبانەی منداڵ *'erebaney mindal*
Kindheit *f* منداڵی *mindalî*
kindisch ⟨Adj.⟩ منداڵانە *mindalane*
kindlich I. ⟨Adj.⟩ منداڵی *mindalî* **II.** ⟨Adv.⟩ مناڵانە *minalane*
Kinn *n* چەناگە *çenage*
Kino *n* سینەما *sînema*
Kiosk *m* 1. سابات *sabat*; 2. دوکانۆچکە *dukanoçke*
Kippe *f* (ugs.) جگەرە *cigere*
kippen I. ⟨v.i.⟩ بەلادا هاتن *belada hatin*; قڵپ بوونەوە *qilip bûnewe* **II.** ⟨v.t.⟩ قڵپ کردنەوە *qilip kirdinewe*
Kirche *f* کڵێسە *kilêse*
Kirchenglocke *f* ناقووسی کڵێسە *naqûsî kilêse*
Kirchenschiff *n* بەشی ناوەڕاستی خانووی کڵێسە *beşî nawerastî xanûy kilêse*
Kirsche *f* گێلاس *gêlas*
Kissen *n* سەرین *serîn*
Kissenbezug *m* بەرگی سەرین *bergî serîn*
Kiste *f* سندووق *sindûq*
kitschig ⟨Adj.⟩ بێناوەرۆک *bênawerok*; کەمنرخ *kemnirx*
Kittel *m* بەرانپێچ *beranpêç*
kitzeln I. ⟨v.t.⟩ ختووکە دان *xitûke dan* **II.** ⟨v.i.⟩ خوران *xuran*
Kitzler *m* (Anat.) قیتکە *qîtke*
kitzlig ⟨Adj.⟩ ختووکەهاتوو *xitûkehatû*
Kiwi *f* کیوی *kîwî*
Klage *f* 1. ئاخوداخ *axudax*; 2. گلەیی *gileyî*; 3. (Jur.) سکاڵا *sikala*; شکاتکردن *şikatkirdin*
klagen ⟨v.i.⟩ 1. شکات کردن *şikat kirdin*; ناڵاندن *nalandin*; 2. (Jur.) داوا تۆمار کردن *dawa tomar kirdin*
Kläger *m* سکاڵاکار *sikalakar*; شکاتکەر *şikatker*
Klägerin *f* w. Form zu ↑Kläger
Klageschrift *f* (Jur.) سکاڵانامە *sikalaname*; شکاتنامە *şikatname*
Klammer *f* 1. دەرزی *derzî*; 2. کەوانە *kewane*
klammern I. ⟨v.t.⟩ سنجاق لێدان *sincaq lêdan* **II.** ⟨v.refl.⟩ sich an j-n/etw. klammern خۆ پێوەنووسان *xo pêwenûsan*
Klamotte *f* (ugs.) جلوبەرگ *ciluberg*
Klang *m* دەنگ *deng*; ئاواز *awaz*
Klappbett *n* قەرەوێڵەی قەدکراو *qerewêley qedkiraw*
Klappe *f* 1. دەمەوانە *demewane*; 2. (ugs.) دەم *dem* • halt die Klappe! (ugs.) قەپۆزت داخە!؛ دەمت داخە!؛ ژەقنەبووت!؛ قوزەڵقورت!؛ نەکوتە!
klappen I. ⟨v.t.⟩ نووشتاندنەوە *nûştandinewe* **II.** ⟨v.i.⟩ 1. لەپەلەپ کردن *lepelep kirdin*; 2. بۆ ڕێک کەوتن *bo rêk kewtin*

• es wird schon klappen! هەر سەر دەگرێ!

klappern ⟨v.i.⟩ تەقەتەق کردن *teqeteq kirdin*

Klappstuhl *m* کورسیی قەدکراو *kursîy qedkiraw*

Klapptisch *m* مێزی قەدکردن *mêzî qedkirdin*

klar ⟨Adj.⟩ 1. ڕوون *r̲ûn*; 2. سازگار (ئاو، دەنگ) *sazgar (aw, deng)* • (na) klar! سا وایە! (بەڵێ وایە!)

klären **I.** ⟨v.t.⟩ 1. پاکژ کردنەوە *pakij kirdinewe*; 2. یەکاڵا کردنەوە *yekal̲a kirdinewe* **II.** ⟨v.refl.⟩ sich klären ڕوون بوونەوە *r̲ûn bûnewe*

Klarheit *f* 1. ڕوونی *r̲ûnî*; 2. سازگاری (ئاو، دەنگ) *sazgarî (aw, deng)*

klarmachen ⟨v.t.⟩ 1. ئامادە کردن *amade kirdin*; 2. (ugs.) پارە دان *pare dan*

klarstellen ⟨v.t.⟩ ڕوون کردنەوە *r̲ûn kirdinewe*

Klasse *f* 1. چین *çîn*; 2. پلە *pile*; 3. پۆل (قوتابخانە) *pol (qutabxane)*

Klassenzimmer *n* پۆل *pol*

Klassik *f* کلاسیک *kilasîk*

Klassiker *m* کلاسیکی *kilasîkî*

klassisch ⟨Adj.⟩ کلاسیکی *kilasîkî*

Klatsch *m* 1. شەقە *şeqe (le kewtine xiwareweda)*; 2. بەدگۆییکردن *bedgoyîkirdin*

klatschen **I.** ⟨v.i.⟩ چەپڵە لێدان *çepl̲e lêdan*; **in die Hände klatschen** چەپڵە لێدان *çepl̲e lêdan* **II.** ⟨v.t.⟩ (üb./ugs.) قسە هێنان و بردن *qise hênan u birdin*

Klaue *f* 1. (Zool.) سم *sim*; 2. (Zool.) نینۆک *nînok*

klauen ⟨v.t./v.i.⟩ (ugs.) دزی کردن *dizî kirdin*

Klausel *f* بەند(ێک لە ڕێککەوتننامەیەکدا) *bend(êk le r̲êkkewtinnameyekda)*

Klavier *n* (Mus.) پیانۆ *piyano*

Klebeband *n* شریتی سرێشاوی *şirîtî sirêşawî*

kleben ⟨v.t.⟩ کەتیرە لێدان *ketîre lêdan*

Kleber *m* (ugs./fachspr.) سرێش *sirêş*

klebrig ⟨Adj.⟩ لینج *lînc*

Klebstoff *m* مەوادی کەتیراوی *mewadî ketîrawî*

kleckern **I.** ⟨v.i.⟩ پەڵاوی کردن *pel̲awî kirdin* **II.** ⟨v.t.⟩ تکاندنە سەر *tikandine ser*

Klee *m* وێنجە *wênce*

Kleid *n* کراس(ی ئاودامان) *kiras(î awdaman)*

Kleiderbügel *m* عەلاگەی جل *'elagey cil*

Kleiderhaken *m* قولاپی جلپێداهەڵواسین *qulapî cilpêdahel̲wasîn*

Kleiderschrank *m* کەنتۆری جل *kentorî cil*

Kleidung *f* جل *cil*; جلوبەرگ *ciluberg*

klein ⟨Adj.⟩ بچووک *biçûk*

Kleinbus *m* پاسی پچکۆلە *pasî piçkole*

Kleingeld *n* پارەی وردە *parey wirde*

Kleinigkeit *f* 1. وردەبابەت *wirdebabet*; 2. شتی بێهودە *şitî bêhude* • ich esse eine Kleinigkeit شتێکی پچکۆلە دەخۆم

Kleinkind *n* کۆرپە *korpe*; منداڵی ساوا *mindal̲î sawa*

Kleinkram *m* وردەبابەت *wirdebabet*

kleinlich ⟨Adj.⟩ چاوچنۆک *çawçinok*

Kleinstadt *f* شارۆچکە *şaroçke*

K

Klemme *f* 1. تەوقە *tewqe;* 2. (ugs.) تەنگانە *tengane;* **in der Klemme sein/sitzen/stecken** (ugs.) لە تەنگانەدا بوون *le tenganeda bûn*

klemmen I. ⟨v.t.⟩ پێوەکردن *pêwekirdin* **II.** ⟨v.i.⟩ گرتن (دەرگا) *girtin (derga)* **III.** ⟨v.refl.⟩ sich hinter etw./j-n klemmen (ugs.) خۆ بەستنەوە بە شتێک یا کەسێکەوە *xo bestinewe be şitêk ya kesêkewe*

Klempner *m* بەلووعەچی *belûʿeçî*

Klempnerin *f* w. Form zu ↑Klempner

Kleriker *m* کەشیش *keşîş*

Klerus *m* 1. (Rel.) ئاینی *ayinî;* 2. (Rel.) قەشەیەتی *qeşeyetî*

klettern ⟨v.i.⟩ 1. هەڵگەڕان *helgeran;* 2. (ugs.) بەرز بوونەوە *berz bûnewe*

Kletterpflanze *f* ڕووەکی سەرەڕۆ *ruwekî serero*

klicken ⟨v.i.⟩ 1. چرکە کردن *çirke kirdin;* 2. (EDV) کلیک کردن *kilîk kirdin*

Klient *m* موەکیل *miwekîl*

Klientin *f* w. Form zu ↑Klient

Klima *n* ئاووهەوا *awuhewa*

Klimaanlage *f* ئێرکۆندیشن *êrkondîşin*

Klimaschutz *m* پارێزگاریی ئاووهەوا *parêzgarîy awuhewa*

klimatisch ⟨Adj.⟩ ئاووهەوایی *awuhewayî*

Klinge *f* 1. دەمی تیغ *demî tîx;* 2. گوێزان *gwêzan*

Klingel *f* جەڕەس(ی دەرگا) *ceres(î derga)*

klingeln ⟨v.i.⟩ لە جەڕەس دان *le ceres dan*

klingen ⟨v.i.⟩ زرنگاندنەوە *ziringandinewe*

Klinik *f* نەخۆشخانە *nexoşxane*

Klinke *f* دەسک(ی دەرگا) *desk(î derga)*

Klippe *f* زنار *zinar*

klirren ⟨v.i.⟩ زرنگان *ziringan*

Klistier *n* (Med.) حوقنە *huqne*

Klitoris *f* (Anat.) قیتکە *qîtke*

Klo *n* (ugs.) ئاودەست *awdest*

Klopapier *n* (ugs.) کاغەزی ئاودەستخانە *kaxezî awdestxane*

klopfen I. ⟨v.i.⟩ کوتان *kutan* • es klopft (an der Tür) لە دەرگا دەدرێ **II.** ⟨v.t.⟩ لێدان *lêdan*

Kloß *m* (Kochk.) پرپۆڵە *pirpole*

Kloster *n* دێر *dêr;* کڵێسە *kilêse*

Klub *m* یانە *yane*

klug I. ⟨Adj.⟩ 1. ژیر *jîr;* 2. وردبین *wirdbîn* **II.** ⟨Adv.⟩ ژیرانە *jîrane*

Klugheit *f* ژیری *jîrî*

Klumpen *m* 1. کەرسەک *kersek;* 2. کڵۆ *kilo*

knabbern ⟨v.i./v.t.⟩ کرتەکرت کردن *kirtekirt kirdin*

Knabe *m* کوڕ *kur*

knacken I. ⟨v.i.⟩ قرچەقرچ کردن *qirçeqirç kirdin* **II.** ⟨v.t.⟩ شکاندن (گوێز) *şikandin (gwêz)*

Knall *m* تەقە *teqe*

knallen ⟨v.i.⟩ شەقە کردن *şeqe kirdin*

Knaller *m* (ugs.) تەرەقە *tereqe*

knapp ⟨Adj.⟩ 1. کەم *kem;* 2. دەگمەن *degmen* • seine Zeit ist knapp کاتەکەی کەمە

knarren ⟨v.i.⟩ جیرەجیر کردن *cîrecîr kirdin*

Knast *m* (ugs.) بەندیخانە *bendîxane*

Knäuel *n* گلۆڵە *gilole*

Knecht *m* خزمەتکار *xizmetkar;* نۆکەر *noker*

kneifen I. ⟨v.t.⟩ نقورچ گرتن *niqurç girtin* **II.** ⟨v.i.⟩ تەنگ بوون (جلوبەرگ، پێڵاو) *teng bûn (ciluberg, pêlaw)*

Kneifzange *f* گاز *gaz*

Kneipe *f* باڕ *bar*

kneten ⟨v.t.⟩ شێلان *şêlan*

Knick *m* لۆ *lo;* قەد *qed*

knicken ⟨v.t.⟩ 1. چەماندنەوە *çemandinewe;* 2. دووتا کردن *dûta kirdin*

Knie *n* ئەژنۆ *ejno*

knien ⟨v.i.⟩ هاتنە سەر چۆک *hatine ser çok*

Kniescheibe *f* (Anat.) کڵاوەی ئەژنۆ *kilawey ejno*

Kniestrumpf *m* گۆرەویی لاسکدرێژ *gorewîy laskdirêj*

knirschen ⟨v.i.⟩ خرماندن *xirmandin*

knistern ⟨v.i.⟩ قرچەقرچ کردن *qirçeqirç kirdin*

knittern I. ⟨v.i.⟩ ژاکان *jakan* **II.** ⟨v.t.⟩ ژاکاندن *jakandin*

Knoblauch *m* سیر *sîr*

Knöchel *m* 1. ڕەقەڵەی پێ *reqeley pê;* 2. ڕەقەڵەی پەنجە *reqeley pence*

Knochen *m* ئێسک *êsk*

Knochenbruch *m* (Med.) ئێسکشکاوی *êskşikawî*

Knochenmark *n* (Anat.) مۆخی ئێسک *moxî êsk*

Knödel *m* (Kochk.) کوبەیەکی کوڵاوی لە پەتاتە دروستکراو *kubeyekî kulawî le petate dirustkiraw*

Knopf *m* 1. قۆپچە *qopçe;* 2. دوگمە *dugme*

knöpfen ⟨v.t.⟩ بە قۆپچە داخستن *be qopçe daxistin*

Knopfloch *n* کونەقۆپچە *kuneqopçe*

Knorpel *m* (Anat.) کڕکڕاگە *kirkirage*

Knospe *f* خونچە *xunçe*

knoten ⟨v.t.⟩ گرێ دان *girê dan*

Knoten *m* 1. گرێ *girê;* 2. خاڵی پێکگەیشتن *xalî pêkgeyiştin*

knüpfen ⟨v.i.⟩ 1. چنین *çinîn;* 2. بەستنەوە *bestinewe*

Knüppel *m* کوتەک *kutek*

knurren ⟨v.i.⟩ 1. مرەمڕ کردن *miremir kirdin;* 2. قۆڕاندن (سک) *qorandin (sik)*

knusprig ⟨Adj.⟩ باشبرژاو *başbirjaw*

knutschen ⟨v.i.⟩ (ugs.) ماچومووچ کردن *maçumûç kirdin*

Koalition *f* (Pol.) یەکێتی *yekêtî;* هاوپەیمانی *hawpeymanî*

Kobra *f* (Zool.) کۆبرا *kobra*

Koch *m* چێشتلێنەر *çêştlêner*

Kochbuch *n* کتێبی چێشتلێنان *kitêbî çêştlênan*

kochen I. ⟨v.i.⟩ لێنان *lênan* **II.** ⟨v.t.⟩ لێنان (چێشت، گۆشت، …) *lênan (çêşt, goşt, …)*

Kocher *m* تەباخ *tebax*

Köchin *f* w. Form zu ↑Koch

Kochplatte *f* تەباخی کارەبای یەکچاو *tebaxî karebay yekçaw*

Kochtopf *m* مەنجەڵ *mencel*

Köder *m* چەش *çeş*

Koffein *n* کافەئین *kafeîn*

Koffer *m* جانتا *canta;* **die Koffer packen** جانتا پێچانەوە *canta pêçanewe*

K

Kofferkuli *m* عەرەبانەی جانتاهەڵگرتن (لە فڕۆکەخانە) *ʿerebaney cantahelgirtin (le firokexane)*
Kofferraum *m* (Kfz) سندوقی ئوتومبێل *sinduqî utumbêl*
Kohl *m* کەلەرم *kelerim*
Kohle *f* 1. خەڵووز *xelûz*; 2. (üb.) پارە *pare*
Kohlenbecken *n* ئاگردان *agirdan*
Kohlendioxid *n* (Chem.) دوانەئۆکسیدیکاربۆن *diwaneoksîdîkarbon*
kohlensäurehaltig ⟨Adj.⟩ ترشەڵۆکی کاربۆنیک تێدابوون *tirşelokî karbonîk têdabûn*
Kohlrabi *m* داشکەلەم *daşkelem*
Kohlrübe *f* شێلم *şêlim*
Kokosnuss *f* گوێزی هیند *gwêzî hînd*
Kolben *m* 1. (Tech.) پەستێنە *pestêne*; 2. قۆناغەتفەنگ *qonaxetifeng*
Kollege *m* هاوپیشە *hawpîşe*
Kollegin *f* w. Form zu ↑Kollege
kollektiv ⟨Adj.⟩ هەرەوەز *herewez*; **kollektive Arbeit** گەلکاری *gelkarî*
kollidieren ⟨v.i.⟩ بەیەکدا کەوتن *beyekda kewtin*
kolonial ⟨Adj.⟩ داگیرکاری *dagîrkarî*
kolonialisieren ⟨v.t.⟩ بندەس کردن *bindes kirdin*
Kolonialismus *m* داگیرکاری *dagîrkarî*
Kolonie *f* 1. داگیرگە *dagîrge*; 2. جێنشینگە *cênişînge*
Kolonne *f* 1. کاروان *karwan*; 2. ڕیزە (ئوتومبێل، ...) *rîze (utumbêl, ...)*
Koma *n* (Med.) بوورانەوە *bûranewe*
Kombi *m* (Kfz) ستێشن *stêşin*
Kombination *f* ڕێکخستن *rêkxistin*
kombinieren ⟨v.t.⟩ یەک خستن *yek xistin*
Komet *m* ئەستێرەی کلکدار *estêrey kilkdar*
Komfort *m* ئاسوودەیی *asûdeyî*
komfortabel ⟨Adj.⟩ 1. ئاسوودەکەر *asûdeker*; 2. خۆشگوزەران *xoşguzeran*
Komiker *m* گاڵتەباز *galtebaz*
Komikerin *f* w. Form zu ↑Komiker
komisch ⟨Adj.⟩ گاڵتەچی *galteçî*
Komitee *n* ئەنجومەن *encumen*
Komma *n* وێرگول *wêrgul*; کۆما *koma*
kommandieren ⟨v.t.⟩ 1. فرمان پێدان *firman pêdan*; 2. ڕابەری کردن *raberî kirdin*
kommen ⟨v.i.⟩ 1. هاتن *hatin*; 2. گەیشتن *geyiştin*; **zu spät kommen** درەنگ هاتن *direng hatin*; **nach Hause kommen** بۆماڵەوە هاتن(ەوە) *bo malewe hatin(ewe)*; **zur Welt kommen** هاتنە دنیاوە *hatine dinyawe*
kommend ⟨Adj.⟩ داهاتوو *dahatû*; ئایندە *ayinde*; **kommende Woche** هەفتەی داهاتوو *heftey dahatû*
Kommentar *m* 1. لێدوان (لە کاری زانستی) *lêdiwan (le karî zanistî)*; 2. پەراوێز *perawêz*
kommunal ⟨Adj.⟩ دەڤەری *deverî*
Kommunikation *f* 1. پەیوەندی *peywendî*; 2. لێکگەیشتن *lêkgeyiştin*
Kommunikationsmittel *n* هۆکاری لێکتێگەیشتن *hokarî lêktêgeyiştin*
Kommunismus *m* (Pol.) کۆمۆنیزم *komonîzim*
Kommunist *m* (Pol.) کۆمۆنیست *komonîst*; شیوعی *şiyuʿî*

K

Kommunistin *f* w. Form zu ↑Kommunist

kommunistisch ⟨Adj.⟩ (Pol.) کۆمۆنیستی *komonîstî*; شیوعی *şiyu'î*

Komödie *f* کۆمیدی *komîdî*

Kompass *m* قیبلەنما *qîblenima*

kompatibel ⟨Adj.⟩ (EDV) گونجاو *guncaw*

kompetent ⟨Adj.⟩ 1. ڕێپێدراو *rêpêdiraw*; 2. کارامە *karame*

Kompetenz *f* لێوەشاوەیی *lêweşaweyî*; کارامەیی *karameyî*

komplett ⟨Adj.⟩ بەتەواوی *betewawî*

Komplikation *f* ئاڵۆزی *alozî*; گرفت *girift*

Kompliment *n* ستایش *stayiş*

Komplize *m* هاوتاوان *hawtawan*

kompliziert ⟨Adj.⟩ ئاڵۆز *aloz*

Komplizin *f* w. Form zu ↑Komplize

Komplott *n* دەسیسە *desîse*

komponieren ⟨v.t.⟩ ئاواز دانان *awaz danan*

Komponist *m* ئاوازدانەر *awazdaner*

Komponistin *f* w. Form zu ↑Komponist

Komposition *f* 1. کۆمپۆزیشن *kompozîşin*; 2. پارچەیەک مۆسیقا *parçeyek mosîqa*

Kompott *n* خۆشاو بە میوەوە *xoşaw be mîwewe*

Kompresse *f* (Med.) پەڕۆوسارغی *perowsarxî*

Kompromiss *m* پێکهاتن *pêkhatin*

Kondensmilch *f* شیری قوتووی بێ ئاو *şîrî qutûy bê aw*

Kondition *f* 1. (Kaufmannsspr.) مەرج *merc*; 2. بەتوانایی *betiwanayî*

Konditor *m* شیرینیفرۆش *şîrînîfiroş*; حەڵواچی *helwaçî*

Konditorei *f* دوکانی شیرینییفرۆش *dukanî şîrînîyfiroş*; حەڵواچی *helwaçî*

Konditorin *f* w. Form zu ↑Konditor

Kondolenz *f* سەرەخۆشی *serexoşî*

Kondolenzbrief *m* پرسەنامە *pirsename*

kondolieren ⟨v.i.⟩ سەرەخۆشی لێکردن *serexoşî lêkirdin*

Kondom *m/n* لاستیکی کێر *lastîkî kêr*; کۆندوم *kondum*

Konfekt *n* پرەلین *pirelîn*

Konferenz *f* کۆنفرانس *konfirans*

Konfession *f* 1. ئاین *ayin*; 2. کۆمەڵەی ئاینی *komeley ayinî*

Konfitüre *f* (Kochk.) مرەبا *mireba*

Konflikt *m* کێشە *kêşe*

konfrontieren ⟨v.t.⟩ بەرەوڕوو کردنەوە *berewrû kirdinewe*

konfus ⟨Adj.⟩ 1. ئاڵۆز *aloz*; 2. پەرێشان *perêşan*

Kongress *m* کۆنگرە *kongire*

König *m* مەلیک *melîk*

Königin *f* w. Form zu ↑König ژنەشا *jineşa*

königlich ⟨Adj.⟩ پادشایی *padşayî*

konjugieren ⟨v.t.⟩ (Gr.) گەردان کردن *gerdan kirdin*

konkret ⟨Adj.⟩ بەرجەستە *berceste*

Konkurrent *m* پێشبڕکێکار *pêşbirkêkar*

Konkurrentin *f* w. Form zu ↑Konkurrent

Konkurrenz *f* پێشبڕکێ *pêşbirkê*

konkurrieren ⟨v.i.⟩ پێشبڕکێ کردن *pêşbir̲kê kirdin*

Konkurs *m* (Wirtsch.) نابووتی *nabûtî*

können ⟨v.i./Modalverb/v.t.⟩ 1. توانین *tiwanîn*; 2. زانین *zanîn* • ich kann arbeiten من دەتوانم کار بکەم; **eine Sprache können** زمان زانین *ziman zanîn*

konsequent ⟨Adj.⟩ 1. بەبایەخ *bebayex*; 2. بەردەوام *berdewam*

Konsequenz *f* 1. بەردەوامی *berdewamî*; 2. ئەنجام(ی کۆتایی) *encam(î kotayî)*

konservativ ⟨Adj.⟩ (Pol.) کۆنەپارێز *koneparêz*

Konserve *f* خواردەمەنیی قوتوو *xiwardemenîy qutû*

Konservenbüchse *f* s. ↑Konservendose

Konservendose *f* قوتووی خواردەمەنیی لەقوتوونراو *qutûy xiwardemenîy lequtûniraw*

Konservierungsmittel *n* vgl. ↑Konservierungsstoff

Konservierungsstoff *m* مادەی خواردەمەنیپاراستن (لە کەڕووهەڵهێنان) *madey xiwardemenîparastin (le ker̲ûhel̲hênan)*

konsolidieren ⟨v.t.⟩ (bildungsspr.) سەقامگیر کردن *seqamgîr kirdin*

Konsonant *m* (Gr.) تیپەبێدەنگ *tîpebêdeng*

konstant ⟨Adj.⟩ جێگیر *cêgîr*

konstitutionell ⟨Adj.⟩ 1. بنچینەیی *binçîneyî*; 2. (Pol.) دەستووری *destûrî*; **konstitutionelle Monarchie** (Pol.) شانشینی دەستووری *şanişînî destûrî*

Konstruktion *f* پێکهێنان *pêkhênan*

konstruktiv ⟨Adj.⟩ دروستکار *dirustkar*

Konsul *m* قونسووڵ *qunsûl̲*

Konsulat *n* کۆنسۆڵخانە *konsol̲xane*

Konsulin *f* w. Form zu ↑Konsul

konsultieren ⟨v.t.⟩ (bildungsspr.) ڕاوێژ پێکردن *r̲awêj pêkirdin*

Konsum *m* (bildungsspr.) بەکاربردن *bekarbirdin*

Konsument *m* (Wirtsch.) بەکاربەر *bekarber*

Konsumentin *f* w. Form zu ↑Konsument

Konsumgesellschaft *f* کۆمەڵگای ئیستهلاکی *komel̲gay îstihlakî*

konsumieren ⟨v.t.⟩ بەکار بردن *bekar birdin*

Kontakt *m* پەیوەندی *peywendî*

Kontaktlinse *f* هاوێنەی چاویی *hawêney çawîy*

Kontinent *m* کیشوەر *kîşwer*

kontinuierlich ⟨Adj.⟩ (bildungsspr./fachspr.) بەردەوام *berdewam*

Konto *n* حسابی بانق *h̲isabî banq*; کۆنتۆ *konto*

Kontoauszug *m* پسوڵەی حسابی بانق *pisul̲ey h̲isabî banq*

Kontoinhaber *m* خاوەنی حسابی بانق *xawenî h̲isabî banq*

Kontoinhaberin *f* w. Form zu ↑Kontoinhaber

Kontonummer *f* ژمارەی بانق *jimarey banq*

Kontostand *m* ئەو پارەیەی کە لەسەر کۆنتۆیە *ew pareyey ke leser kontoye*

Kontrast *m* جیاوازی *ciyawazî*

K

Kontrolle *f* 1. پشکنین *pişkinîn;* 2. دەستبەسەرداگرتن *destbeserdagirtin;* **die Kontrolle verlieren** لە دەست دەرچوون *le dest derçûn;* **unter Kontrolle sein/stehen** لەژێر چاودێریدا بوون *lejêr çawdêrîda bûn*

Kontrolleur *m* پشکنەر *pişkiner*

Kontrolleurin *f* w. Form zu ↑Kontrolleur

kontrollieren ⟨v.t.⟩ 1. کۆنترۆڵ کردن *kontro̲l kirdin;* 2. پشکنین *pişkinîn;* 3. دەست بەسەردا گرتن *dest beserda girtin*

Kontroverse *f* (bildungsspr.) مشتومڕ *miştumi̲r*

K

Konvention *f* 1. ڕێککەوتن *r̲êkkewtin;* 2. پەیماننامە *peymanname*

konventionell ⟨Adj.⟩ (bildungsspr.) ڕەسمی *r̲esmî*

Konzentration *f* 1. تەرکیز *terkîz;* 2. کۆکردنەوە *kokirdinewe*

Konzentrationslager *n* (hist.) مۆڵگەی نازییەکان بۆ لەناوبردنی دژەبیرەکانیان و جوولەکەکان *mo̲lgey nazîyekan bo lenawbirdinî dijebîrekanyan u cûlekekan*

konzentrieren I. ⟨v.t.⟩ کۆ کردنەوە *ko kirdinewe* **II.** ⟨v.refl.⟩ sich (auf etw.) konzentrieren تەرکیز کردن(ە سەر) *terkîz kirdin(e ser)*

Konzept *n* نەخشە *nexşe*

Konzern *m* (Wirtsch.) دامودەزگا *damudezga;* شەریکە *şerîke*

Konzert *n* ئاهەنگی مۆسیقا *ahengî mosîqa*

Konzession *f* 1. ڕێپێدان *r̲êpêdan;* 2. ئیمتیاز *îmtîyaz*

Kooperation *f* هاوکاری *hawkarî;* هەرەوەز *herewez*

kooperieren ⟨v.i.⟩ هەرەوەزی کردن *herewezî kirdin;* هاوکاری کردن *hawkarî kirdin*

Koordination *f* (bildungsspr.) گونجاندن *guncandin*

koordinieren ⟨v.t.⟩ (bildungsspr.) گونجاندن *guncandin;* ڕێک خستن *r̲êk xistin*

Kopf *m* سەر *ser;* **Kopf oder Zahl** شێر یا خەت *şêr ya xet;* **pro Kopf** هەر نەفەرێک *her neferêk*

Kopfball *m* (Sp.) کەللەلێدان *kellelêdan*

köpfen ⟨v.t.⟩ سەر بڕین *ser bi̲r̲în*

Kopfhörer *m* بیستۆکی گوێ *bîstokî gwê*

Kopfkissen *n* سەرین *serîn*

Kopfsalat *m* جۆرە کاهوویەکە *core kahûyeke*

Kopfschmerz *m* دەردەسەر *derdeser;* سەریەشە *seryeşe*

Kopfschmerztablette *f* حەبی سەریەشە *h̲ebî seryeşe*

Kopfsprung *m* (Sp.) بەسەردا خۆ هەڵدانە ناو ئاوەوە *beserda xo he̲ldane naw awewe*

Kopftuch *n* سەرپۆش *serpoş*

Kopie *f* کۆپی *kopî*

kopieren ⟨v.t.⟩ کۆپی کردن *kopî kirdin*

Kopierer *m* ئامێری ڕوونووسین *amêrî r̲ûnûsîn*

Kopilot *m* دەستیاری فڕۆکەوان *destyarî fi̲r̲okewan*

Kopilotin *f* w. Form zu ↑Kopilot

Koralle *f* (Zool.) شیلان *şîlan*

Koran *m* (islam.) قورئان *Quran*
Koranschule *f* (islam.) حوجره *ẖucre*
Korb *m* سەبەتە *sebete*
Kordel *f* ژێ *jê*
Kork *m* تەپەدۆر *tepedor*
Korken *m* تەپەدۆر *tepedor*; تۆپەوانە *topewane*
Korkenzieher *m* تەپەدۆرکێش *tepedorkêş*
Korn *n* 1. تۆو *tow*; 2. دەنک *denik*
Körper *m* 1. بەژن *bejin*; لەش *leş*; 2. (Chem./Phys.) مادە *made*
körperbehindert ⟨Adj.⟩ خاوەنپێداویستیی تایبەت *xawenpêdawîstîy taybet*
Körpergeruch *m* بۆنی لەش *bonî leş*
körperlich ⟨Adj.⟩ بەدەنی *bedenî*
Körperpflege *f* تەنپەروەری *tenperwerî*
Körperteil *m* ئەندامی بەدەن *endamî beden*
korrekt ⟨Adj.⟩ ڕاست *ṟast*
Korrektur *f* 1. هەڵەبژێری *heḻebijêrî*; 2. ڕاستکاری *ṟastkarî*
Korrespondent *m* پەیامنێر *peyamnêr*
Korrespondentin *f* w. Form zu ↑Korrespondent
Korrespondenz *f* 1. (bildungsspr.) نامەگۆڕینەوە *namegoṟînewe*; 2. (bildungsspr.) هەواڵی ڕۆژنامە *hewaḻî ṟojname*
Korridor *m* ڕێڕەو *ṟêṟew*
korrigieren ⟨v.t.⟩ هەڵەبژێری کردن *heḻebijêrî kirdin*
korrupt ⟨Adj.⟩ بەرتیلخۆر *bertîlxor*; گەندەڵ *gendeḻ*
Korruption *f* بەرتیلخۆری *bertîlxorî*; گەندەڵی *gendeḻî*
Kosmetik *f* 1. خۆجوانکردن *xociwankirdin*; 2. پێداویستیی خۆئارایشکردن *pêdawîstîy xoarayişkirdin*
Kosmetiksalon *m* سالۆنی جوانکردن *saḻonî ciwankirdin*
Kost *f* خواردەمەنی *xiwardemenî*; **freie Kost** خواردنی خۆڕایی *xiwardinî xoṟayî*; **Kost und Logis** خواردن و شوێن *xiwardin u şwên*
kostbar ⟨Adj.⟩ بەنرخ *benirx*
kosten ⟨v.t.⟩ 1. بە چەند بوون *be çend bûn*; 2. لە سەر کەوتن *le ser kewtin* • was kostet das? ئەمە بە چەندە؟
Kosten *pl.* 1. مەسرەف *mesref*; 2. تێچوون *têçûn*; **Kosten sparen** لە خەرجیدا پاشەکەوت کردن *le xercîda paşekewt kirdin*
kostenlos ⟨Adj.⟩ بەخۆڕایی *bexoṟayî*
köstlich ⟨Adj.⟩ خۆش *xoş*
Kostprobe *f* لێچێشتن *lêçêştin*
Kostüm *n* جلوبەرگ *ciluberg*
Kot *m* گوو *gû*; پیسایی *pîsayî*
Kotelett *n* (Kochk.) پشتەمەغزە (بە ئێسقانی پەراسووەوە) *piştemex̱ze (be êsqanî perasuwewe)*
Kotflügel *m* چەمەرلخ *çemerlix*
kotzen ⟨v.i.⟩ (ugs.) ڕشانەوە *ṟişanewe*
Krabbe *f* (Zool.) چنگار *çingar*; قرژاڵ *qirjaḻ*
krabbeln ⟨v.i.⟩ گاگۆڵکێ کردن *gagoḻkê kirdin*
Krach *m* دەنگەدەنگ *dengedeng*
krachen ⟨v.i.⟩ تەقینەوە *teqînewe*
Kraft *f* هێز *hêz*; توانا *tiwana*
Kraftausdruck *m* قسەی نابەجێ *qisey nabecê*

K

Kraftfahrer *m* شوفێری لۆری *şufêrî lorî*
Kraftfahrerin *f* w. Form zu ↑Kraftfahrer
Kraftfahrzeug *n* ئامرازی هاتوچۆ *amrazî hatuço*
Kraftfahrzeugversicherung *f* تامینی ئوتومبێل *tamînî utumbêl*
kräftig ⟨Adj.⟩ 1. بەهێز *behêz*; 2. پتەو *pitew*; 3. بەخۆ *bexo*
Kraftwerk *n* ئێسگەی وزەی کارەبا پەیداکردن *êsgey wizey kareba peydakirdin*
Kragen *m* یەخە *yexe*
Krähe *f* (Zool.) قەلەڕەشکە *qeleṟeşke*
Krake *m/f* (Zool.) هەشتپێ *heştpê*
Kralle *f* (Zool.) نینۆک *nînok*
Krampf *m* (Med.) بەگیروەستان *begîrwestan*
Krampfader *f* خوێنبەرهەڵئاوسان *xwênberheḻawsan*
Kran *m* سلنگ *siling*
Kranich *m* (Zool.) قوڵنگ *quḻing*
krank ⟨Adj.⟩ نەخۆش *nexoş*; **krank sein/werden** نەخۆش بوون *nexoş bûn*
Kranke *f* w. Form zu ↑Kranker
kränken ⟨v.t.⟩ ئازار دان *azar dan*
Krankenbahre *f* دەسەبەرەی نەخۆش *deseberey nexoş*
Krankenbesuch *m* سەردانی نەخۆش *serdanî nexoş*
Krankenhaus *n* نەخۆشخانە *nexoşxane*
Krankenkasse *f* دامودەزگای تامینی تەندروستی *damudezgay tamînî tendirustî*
Krankenpfleger *m* یاریدەدەری نەخۆش *yarîdederî nexoş*
Krankenpflegerin *f* w. Form zu ↑Krankenpfleger سستەر *sister*; پەرستیار *peristiyar*
Krankenschwester *f* سستەر *sister*; پەرستار *peristar*
Krankenversicherung *f* بیمەی تەندروستی *bîmey tendirustî*
Krankenwagen *m* ئوتومبێلی فریاگوزار *utumbêlî firyaguzar*
Kranker *m* نەخۆش *nexoş*
krankhaft ⟨Adj.⟩ نادروست *nadirust*; نەخۆشانە *nexoşane*
Krankheit *f* نەخۆشی *nexoşî*
Krankheitssymptom *n* دیاردەی نەخۆشی *diyardey nexoşî*
krankschreiben ⟨v.t.⟩ مۆڵەتی نەخۆشی پێدان *moḻetî nexoşî pêdan*
Kranz *m* تاجەگوڵینە *taceguḻîne*
krass ⟨Adj.⟩ 1. زۆر گەورە *zor gewre*; 2. زۆر سەخت *zor sext*
kratzen I. ⟨v.t.⟩ 1. کڕاندن *kiṟandin*; 2. چڕنووک لێگرتن *çiṟnûk lêgirtin* **II.** ⟨v.i.⟩ خوران *xuran*
Kratzer *m* 1. ڕەندە (ئامێر) *ṟende (amêr)*; 2. ڕووشان *ṟûşan*
kraus ⟨Adj.⟩ لوول *lûl*
Kraut *n* گژوگیا *gijugiya*
Kräutertee *m* چای گژوگیا *çay gijugiya*
Krawall *m* ئاژاوە *ajawe*; پشێوی *pişêwî*
Krawatte *f* بۆینباخ *boyinbax*
kreativ ⟨Adj.⟩ 1. (bildungsspr.) داهێنەر *dahêner*; 2. (bildungsspr.) خەیاڵفراوان *xeyaḻfirawan*
[1]**Krebs** *m* (Zool.) قرژاڵ *qirjaḻ*
[2]**Krebs** *m* (Med.) شێرپەنجە *şêrpence*; سەرەتان *seretan*; **bösartiger Krebs**

لووەپیسە *lûwepîse*; **gutartiger Krebs** شێرپەنجەی خاوێن *şêrpencey xawên*

Krebsvorsorge *f* (Med.) خۆپاراستن لە شێرپەنجە *xoparastin le şêrpence*

Kredit *m* قەرز *qerz*; سلفە *silfe*

Kreditkarte *f* کرێدیتکارت *kirêdîtkart*

Kreide *f* 1. گڵەسپی *giḻesipî*; 2. دەباشیر *debaşîr*

Kreis *m* 1. بازنە *bazne*; 2. خول *xul*; 3. هەرێم *herêm*

kreischen ⟨v.i.⟩ 1. قاڕەقاڕ کردن *qar̲eqar̲ kirdin*; 2. چریکاندن *çirîkandin*

Kreisel *m* خولخولۆکە *xulxuloke*; مزراح *mizrah̲*

kreisen ⟨v.i.⟩ سووڕانەوە *sûr̲anewe*

Kreislauf *m* 1. خولانەوە *xulanewe*; 2. خولی خوێن *xulî xwên*

Kreislaufkollaps *m* (Med.) خولی خوێن تێکچوون *xulî xwên têkçûn*

Kreislaufstörungen *pl.* (Med.) نەخۆشییەکانی دەورەی دەمەوی *nexoşîyekanî dewrey demewî*

Kreißsaal *m* (Med.) هۆڵی منداڵبوون (لە نەخۆشخانەدا) *hoḻî mindaḻbûn (le nexoşxaneda)*

Kreisverkehr *m* فولکە *fulke*

Krematorium *n* شوێنی لاشەسووتاندن *şwênî laşesûtandin*

krempeln ⟨v.t.⟩ قۆڵ هەڵماڵین *qoḻ heḻmaḻîn*

Kresse *f* تەڕەتیزە *ter̲etîze*

Kreuz *n* 1. چوارمێخە *çiwarmêxe*; خاچ *xaç*; 2. چوارڕێیان (لەسەر ئەوتۆبان) *çiwar̲rêyan (leser ewtoban)*; 3. سینەک(ی کاغەزی قومار) *sînek(î kaxezî qumar)*; 4. (Anat.) کەمەر *kemer*; **j-n aufs Kreuz legen** (idiom./ugs.) گاڵتە پێکردن *gaḻte pêkirdin*

kreuzen I. ⟨v.t.⟩ (Biol.) موتوربە کردن *muturbe kirdin* **II.** ⟨v.i.⟩ 1. لەسەر یەک دانان (لاق، باڵ) *leser yek danan (laq, baḻ)*; 2. پەڕینەوە *per̲înewe*; 3. پێکگەیشتن (ڕێگا) *pêkgeyiştin (r̲êga)* **III.** ⟨v.refl.⟩ **sich kreuzen** بەیەک گەیشتن *beyek geyiştin*; یەکتر بڕین *yektir bir̲în*

Kreuzfahrt *f* 1. (hist.) شەڕی خاچپەرستەکان *şer̲î xaçperistekan*; 2. گەشتی دەریایی *geştî deryayî*

kreuzigen ⟨v.t.⟩ لە خاچ دان *le xaç dan*

Kreuzschmerzen *pl.* ئازاری سێبەندە *azarî sêbende*

Kreuzung *f* 1. (Biol.) دووڕەگ *dûr̲eg*; 2. چوارڕێ *çiwar̲rê*

Kreuzverhör *n* (Jur.) پرسوجوێ *pirsucwê*

Kreuzworträtsel *n* وشەتانوپۆکان *wişetanupokan*

kriechen ⟨v.i.⟩ خشان *xişan*

Krieg *m* شەڕ *şer̲*; **Krieg führen** شەڕ کردن *şer̲ kirdin*

kriegen ⟨v.t.⟩ (ugs.) وەرگرتن *wergirtin*

Kriegserklärung *f* ڕاگەیاندنی جەنگ *r̲ageyandinî ceng*

Kriegsgefangene *f* w. Form zu ↑Kriegsgefangener

Kriegsgefangener *m* ئەسیری جەنگ *esîrî ceng*; دیل *dîl*

Kriegsinvalide *m* پەککەوتەی جەنگ *pekkewtey ceng*

Kriegsinvalidin *f* w. Form zu ↑Kriegsinvalide

Kriegsrecht *n* یاسای سەربازی *yasay*

serbazî; حوکمی عورفی *ḫukmî ʿurfî*
Kriegsverbrechen *n* تاوانی جەنگ *tawanî ceng*
Kriegsverbrecher *m* تاوانباری جەنگ *tawanbarî ceng*
Kriegsverbrecherin *f* w. Form zu ↑Kriegsverbrecher
Krimi *m* (ugs.) چیرۆکی پۆلیسی *çîrokî polîsî*
Kriminalität *f* تاوانکاری *tawankarî*
Kriminalpolizei *f* پۆلیسی تاوان *polîsî tawan*
kriminell ⟨Adj.⟩ کریمینال *kirîmînal*
Kriminelle *f* w. Form zu ↑Krimineller
Krimineller *m* تاوانبار *tawanbar*
Krimskrams *m* (ugs.) شتومەک *şitumek*
Krippe *f* 1. ئاخوڕ *axuṟ;* 2. دایەنگە *dayenge*
Krise *f* تەنگوچەڵەمە *tenguçeḻeme;* کێشە *kêşe*
Kristall *m* بلوور *bilûr*
Kristallkugel *f* گۆیەکی بلووری (بۆ سیحربازی) *goyekî bilûrî (bo sîḫirbazî)*
Kriterium *n* (bildungsspr.) پێوەر *pêwer*
Kritik *f* ڕەخنە *ṟexne*
Kritiker *m* ڕەخنەگر *ṟexnegir*
Kritikerin *f* w. Form zu ↑Kritiker
kritisch ⟨Adj.⟩ 1. ڕەخنەیی *ṟexneyî;* 2. مەترسیدار *metirsîdar*
kritisieren ⟨v.t.⟩ ڕەخنە لێگرتن *ṟexne lêgirtin*
Krittelei *f* (abwertend) شووڵی ڕەخنە لێهەڵکێشان *şûḻî ṟexne lêheḻkêşan*
Krokodil *n* (Zool.) نەهەنگ *neheng;* تیمساح *tîmsaḫ*
Krokodilstränen *pl.* (ugs.) فرمێسکی درۆینە *firmêskî diroyine*
Krone *f* 1. تاج *tac;* 2. تاج (دوای دان پڕکردنەوە) *tac (diway dan piṟkirdinewe)*
krönen ⟨v.t.⟩ 1. تاج لەسەر دانان *tac leser danan;* 2. (üb.) بە سەرکەوتوویی کۆتایی بە کارێک هێنان *be serkewtûyî kotayî be karêk hênan*
Kronleuchter *m* چلچرا *çilçira*
Kronprinz *m* شانشین *şanişîn*
Kronprinzessin *f* w. Form zu ↑Kronprinz ژنی شانشین *jinî şanişîn*
Krönung *f* تاجلەسەردانان *tacleserdanan*
Kropf *m* (Med.) گورچوو *gurçû*
Kröte *f* (Zool.) بۆقی دێمی *boqî dêmî*
Krücke *f* دارشەق *darşeq;* گۆچان *goçan*
Krug *m* گۆزە *goze*
Krümel *m* وردەنان *wirdenan*
krumm ⟨Adj.⟩ گێڕ *gêṟ*
krümmen ⟨v.t.⟩ چەماندنەوە *çemandinewe*
Krümmung *f* خواری *xiwarî*
Krüppel *m* گۆج *goc*
Kruste *f* 1. قەتماغە *qetmaxe;* 2. تیڤاڵ *tîvaḻ*
Kuba *n* کوبا *Kuba*
Kubikmeter *m/n* مەتری سێجا *metrî sêca*
Küche *f* 1. چێشتخانە *çêştxane;* 2. خواردن *xiwardin;* **kalte Küche** خواردنی سارد *xiwardinî sard;* **warme Küche** خواردنی گەرم *xiwardinî germ*
Kuchen *m* کێک *kêk*

K

Küchenchef *m* وەستای چێشتلێنان *westay çêştlênan*

Küchenchefin *f* w. Form zu ↑Küchenchef

Kuckuck *m* 1. (Zool.) کوکوختی *kukuxtî*; 2. پەپوو (لە سەعاتدا) *pepû (le se'atda)*

Kufe *f* لێوارێکی خز *lêwarêkî xiz*

Kugel *f* 1. گۆ *go*; 2. (ugs.) گوللە *gulle*

kugelfest ⟨Adj.⟩ گوللەبەند *gullebend*

Kugelschreiber *m* وشکەپێنووس *wişkepênûs*

Kuh *f* 1. (Zool.) مانگا *manga*; 2. (abwertend) دەڵەقۆڕ *deḻeqoṟ*

Kuhfladen *m* تەپاڵە *tepaḻe*

kühl ⟨Adj.⟩ 1. فێنک *fênik*; 2. نابەدڵ *nabediḻ* • es ist kühl فێنکە

Kühlbox *f* تەرمۆز *termoz*

kühlen ⟨v.t.⟩ فێنک کردنەوە *fênik kirdinewe*

Kühler *m* (Tech.) ڕادێتەر *ṟadêter*

Kühlhaus *n* ساردخانە *sardxane*

Kühlschrank *m* سەلاجە *selace*; ساردیدان *sardîdan*

Kühltruhe *f* سەلاجەی دۆڵابی *selacey doḻabî*

Kühlung *f* ساردی *sardî*

Kühlwasser *n* ئاوی ساردکردنەوە *awî sardkirdinewe*

kühn ⟨Adj.⟩ ئازا *aza*

Küken *n* (Zool.) جووچک *cûçik*

Kuli *m* 1. کرێکاری ناشی *kirêkarî naşî*; 2. (ugs.) وشکەپێنووس *wişkepênûs*

Kult *m* 1. (Rel.) پەرستن *peristin*; 2. کار یا ئاکارێک بۆ پەرستن *kar ya akarêk bo peristin*

kultivieren ⟨v.t.⟩ 1. زەراعەت کردن *zera'et kirdin*; 2. (geh.) شارستانێتی کردن *şaristanêtî kirdin*

Kultur *f* 1. ڕووناکبیری *ṟûnakbîrî*; 2. شارستانێتی *şaristanêtî*; 3. کولتور *kultur*

Kulturbeutel *m* جانتایەکی پچکۆلەی بابەتی ئارایشکردن *cantayekî piçkoley babetî arayişkirdin*

kulturell ⟨Adj.⟩ ڕووناکبیری *ṟûnakbîrî*; کولتوری *kulturî*

Kulturrevolution *f* شۆڕشی ڕۆشنبیری *şoṟişî ṟoşinbîrî*

Kümmel *m* زیرە *zîre*

Kummer *m* 1. خەم *xem*; پەژارە *pejare*; 2. دەردی دڵ *derdî diḻ*

kümmern I. ⟨v.t.⟩ خەم خواردن *xem xiwardin*; بەتەنگەوە هاتن *betengewe hatin* **II.** ⟨v.refl.⟩ sich (um etw./j-n) kümmern لێکردنەوە لا *la lêkirdinewe*; بایەخ پێدان *bayex pêdan*

[1]**Kunde** *f* پەیام *peyam*

[2]**Kunde** *m* موشتەری *muşterî*; کڕیار *kiṟyar*

Kundendienst *m* خزمەتگوزاری موشتەری *xizmetguzarîy muşterî*; سەرڤیس *servîs*

Kundgebung *f* 1. ئاشکراکردن *aşkirakirdin*; 2. خۆپیشاندان *xopîşandan*

kündigen ⟨v.t.⟩ 1. کۆتایی پێهێنان (پەیماننامە) *kotayî pêhênan (peymanname)*; 2. لەغو کردن *lex̱u kirdin*; **j-m kündigen** کەسێک لابردن *kesêk labirdin*

Kündigung *f* لەغوکردن *lex̱ukirdin*; دەستلێکێشانەوە *destlêkêşanewe*; لابردن *labirdin*

K

Kündigungsfrist *f* ماوەی دەستلەکارکێشانەوە یا کۆتاییهێنان بە پەیماننامەیەک *mawey destlekarkêşanewe ya kotayîhênan be peymannameyek*

Kundin *f* w. Form zu ↑²**Kunde**

Kundschaft *f* موشتەری *muşterî;* کڕیار *kiryar*

künftig **I.** ⟨Adj.⟩ داهاتوو *dahatû* **II.** ⟨Adv.⟩ لەداهاتوودا *ledahatûda*

Kunst *f* هونەر *huner;* **die bildende Kunst** هونەری شێوەکاری *hunerî şêwekarî*

Kunstausstellung *f* پێشانگای هونەری *pêşangay hunerî*

Kunsthandwerk *n* هونەری دەستکرد *hunerî destkird*

Künstler *m* هونەرمەند *hunermend*

Künstlerin *f* w. Form zu ↑Künstler

künstlerisch ⟨Adj.⟩ هونەری *hunerî*

künstlich ⟨Adj.⟩ 1. دەستکرد *destkird;* 2. ساختە *saxte*

Kunststoff *m* پلاستیک *pilastîk*

Kunststück *n* کاری هونەری *karî hunerî*

Kunstwerk *n* بەرهەمی هونەری *berhemî hunerî*

Kupfer *n* مس *mis*

Kuppel *f* گومەز *gumez*

Kupplung *f* 1. پێکەوەبەستن *pêkewebestin;* 2. (Kfz) کلاچ *kilac*

Kur *f* چارە (نەخۆشی) *çare (nexoşî)*

Kurbel *f* هەندل *hendil*

kurbeln ⟨v.i.⟩ بادان *badan;* هەندل لێدان *hendil lêdan*

Kürbis *m* 1. کودی *kudî;* 2. کوولەکە *kûleke*

Kurde *m* کورد *kurd;* **das Land der Kurden** کوردستان *Kurdistan;* وڵاتی کوردان *wilatî kurdan*

Kurdin *f* w. Form zu ↑Kurde

kurdisch ⟨Adj.⟩ کوردی *kurdî;* کوردانە *kurdane*

Kurdisch *n* زمانی کوردی *zimanî kurdî*

Kurdistan *n* کوردستان *Kurdistan*

Kurhaus *n* خانەی تەندروستی *xaney tendirustî*

kurieren ⟨v.t.⟩ چاک کردنەوە *çak kirdinewe;* سارێژ کردن *sarêj kirdin*

Kurkuma *f* زەردەچەوە *zerdeçewe*

Kurort *m* پشووگای پزیشکی (ئەو شوێنانەی، کە گەڕاوی تێدایە) *pişûgay pizîşkî (ew şwênaney, ke gerawî têdaye)*

¹**Kurs** *m* 1. (Wirtsch.) نرخ *nirx;* 2. ڕەوت *rewt*

²**Kurs** *m* خولی خوێندن *xulî xwêndin*

kursiv ⟨Adj.⟩ بە تیپی لار *be tîpî lar*

Kurve *f* 1. هێڵی چەماوە *hêlî çemawe;* 2. پێچ *pêç*

kurz **I.** ⟨Adj.⟩ کورت *kurt;* **kurz und bündig** کورتوپوخت *kurtupuxt* **II.** ⟨Adv.⟩ کەمێک *kemêk;* **vor Kurzem/kurzem** لەمدواییەدا *lemdiwayîyeda*

kurzärmlig/kurzärmelig ⟨Adj.⟩ قۆڵکورت *qolkurt;* نیوقۆڵ *nîwqol*

kurzatmig ⟨Adj.⟩ هەناسەسوار *henasesiwar*

Kurzatmigkeit *f* هەناسەسواری *henasesiwarî*

Kürze *f* 1. کورتی *kurtî;* 2. ماوەیەکی کورت *maweyekî kurt*

kürzen ⟨v.t.⟩ 1. کورت کردنەوە *kurt kir-*

dinewe; 2. (Math.) لێ کەم کردنەوە *lê kem kirdinewe*

kurzfristig ⟨Adj.⟩ کورتخایەن *kurtxayen*

Kurzgeschichte *f* (Lit.) کورتەچیرۆک *kurteçîrok*

Kurzschluss *m* شۆرتی کارەبا *şortî kareba*

kurzsichtig ⟨Adj.⟩ 1. (Med.) نزیکبین *nizîkbîn*; 2. (üb.) کورتبین *kurtbîn*

Kurzwelle *f* (Phys.) شەپۆلی کورت *şepolî kurt*

Kuss *m* ماچ *maç*

küssen ⟨v.t.⟩ ماچ کردن *maç kirdin*

Küste *f* کەناردەریا *kenarderya*

Küster *m* کارگوزاری کڵێسە *karguzarî kiḻêse*

Kutsche *f* عەرەبانە *ʿerebane*

Kuvert *n* زەرفی نامە *zerfî name*

Kuwait *n* کوێت *Kwêt*

KZ *n* Abk. von ↑Konzentrationslager (hist.) مۆڵگەی نازییەکان بۆ لەناوبردنی دژەبیرەکانیان و جوولەکەکان *moḻgey nazîyekan bo lenawbirdinî dijebîrekanyan u cûlekekan*

L

l, L ئێل *êl*; پیتی دوازدەیەمی ئەلفبێی ئەڵمانی *pîtî diwazdeyemî elfbêy eḻmanî*

Lab *n* هەوێنی پەنیر *hewênî penîr*

labial ⟨Adj.⟩ (Ling.) لێوی *lêwî*

Labor *n* تاقیگە *taqîge*

lächeln ⟨v.i.⟩ زەردەخەنە گرتن *zerdexene girtin*

lachen ⟨v.i.⟩ پێکەنین *pêkenîn*

lächerlich ⟨Adj.⟩ گاڵتەجاڕ *gaḻtecaṟ*

Lachs *m* (Zool.) ماسییەسلێمانکە *masîyesilêmanke*

Lack *m* بۆیەی ڕۆنی *boyey ṟonî*

lackieren ⟨v.t.⟩ بۆیە کردن *boye kirdin*

Ladegerät *n* ئامێری چارچکردن *amêrî çarçkirdin*

laden ⟨v.t.⟩ 1. بار کردن *bar kirdin*; 2. میل لێهێنانەوە (چەک) *mîl lêhênanewe (çek)*; 3. بارگاوی کردن *bargawî kirdin*; 4. (EDV) پڕۆگرام کارا کردن *piṟogiram kara kirdin*

Laden *m* دوکان *dukan*

Ladendiebstahl *m* شتلەدوکاندزین *şitledukandizîn*

Ladenhüter *m* (ugs.) کەلوپەلی نەفرۆشراو *kelupelî nefroşraw*

Ladung *f* 1. بار *bar*; 2. (Phys.) بارگ *barg*

Lage *f* 1. جێ *cê*; 2. ڕەوش *ṟewş*; 3. چین *çîn*; 4. پێگە *pêge*; **nicht in der Lage sein** لە توانادا نەبوون *le tiwanada nebûn*

Lager *n* 1. هەوار *hewar*; 2. عەمار *'emar*; 3. بۆڵبرین *bolbirîn*

lagern **I.** ⟨v.t.⟩ هەڵگرتن *helgirtin* **II.** ⟨v.i.⟩ عەمار کردن *'emar kirdin*

Lagerplatz *m* هەوارگە *hewarge*; چادرگە *çadirge*

Lagune *f* گۆلێک لە کەناری دەریایەکدا *golêk le kenarî deryayekda*

lahm ⟨Adj.⟩ 1. شەل *şel*; 2. (üb.) سست *sist*; **lahm legen** سست کردن *sist kirdin*

Laich *m* (Zool.) گەرا *gera*

Laie *m* نەشارەزا *neşareza*

Laiin *f* w. Form zu ↑Laie

Laken *n* متیل *mitîl*; چەرچەف *çerçef*

Lakritze *f* مێکۆک *mêkok*

Lamelle *f* (fachspr.) تووڵ *tûl*

Lamm *n* بەرخ *berx*

Lammfleisch *n* (Kochk.) گۆشتی بەرخ *goştî berx*

Lampe *f* چرا *çira*; گڵۆپ *gilop*; لامپا *lampa*

Lampenfieber *n* شڵەژان *şilejan*

Land *n* 1. ئەرز *erz*; 2. نیشتمان *nîştiman*; وڵات *wilat*; 3. دەرودەشت *derudeşt*; **an Land gehen** لە کەشتی دابەزین *le keştî dabezîn*; **auf dem Lande** لە لادێ *le ladê*

Landbevölkerung *f* دێنشینان *dênişînan*

Landebahn *f* ڕێگای نیشتنەوەی فڕۆکە *rêgay nîştinewey firoke*

landen ⟨v.i.⟩ 1. نیشتنەوە (فڕۆکە) *nîştinewe (firoke)*; 2. لەنگەر گرتن (پاپۆڕ) *lenger girtin (papor)*

Landesinnere *n* ناووڵات *nawwilat*

Landessprache *f* زمانی وڵات *zimanî wilat*

Landeswährung *f* پارەی نیشتمانی *parey nîştimanî*

Landhaus *n* بەرواره *berware*

Landkarte *f* نەخشە(ی شار، وڵات) *nexşe(y şar, wilat)*

Landkreis *m* شارۆچکە *şaroçke*

ländlich ⟨Adj.⟩ دەشتەکی *deştekî*

Landschaft *f* 1. دەشتودەر *deştuder*; 2. مەنزەر *menzer*

Landsmann *m* هاونیشتمانی *hawnîştimanî*; هاووڵاتی *hawwilatî*

Landsmännin *f* w. Form zu ↑Landsmann

Landstraße *f* ڕێگا(ی نێوان لادێ و شارۆچکەکان) *rêga(y nêwan ladê w şaroçkekan)*

Landtag *m* پەرلەمانتارانی هەرێم *perlemantaranî herêm*

Landung *f* نیشتنەوە (فڕۆکە) *nîştinewe (firoke)*

Landweg *m* ڕێگای وشکانی *rêgay wişkanî*; **auf dem Landweg** بە ڕێگای وشکانی(دا) *be rêgay wişkanî(da)*

Landwirt *m* جووتیار *cûtyar*

Landwirtin *f* w. Form zu ↑Landwirt

Landwirtschaft *f* کشتوکاڵ *kiştukal*

landwirtschaftlich ⟨Adj.⟩ کشتوکاڵی *kiştukalî*

lang **I.** ⟨Adj.⟩ 1. درێژ *dirêj*; 2. بەرز *berz*; 3. دوورودرێژ *dûrudirêj* **II.** ⟨Adv.⟩ بەدرێژایی *bedirêjayî*

langärmelig ⟨Adj.⟩ قۆڵدرێژ *qoldirêj*; قۆڵدار *qoldar*

L

lange ⟨Adv.⟩ لەمێژە *lemêje* • bleibst du lange? زۆر دەمێنیتەوە؟ ; es ist noch nicht lange her لەمێژ نییە

Länge *f* درێژایی *dirêjayî*

Längengrad *m* (Geogr.) درێژەهێڵ *dirê-jehêl*

länger ⟨Adj.⟩ 1. درێژتر *dirêjtir*; 2. زیادتر *ziyadtir*; **längere Zeit** ماوەیەکی درێژتر *maweyekî dirêjtir*

Langeweile *f* بێزاری *bêzarî*

langfristig ⟨Adj.⟩ درێژخایەن *dirêjxa-yen*

langjährig ⟨Adj.⟩ساڵەهایساڵ *salehay-sal*

länglich ⟨Adj.⟩ درێژوولکە *dirêjûlke*

langsam I. ⟨Adj.⟩ 1. خاو *xaw*; 2. سست *sist* **II.** ⟨Adv.⟩ لەسەرخۆ *leserxo*

längst ⟨Adv.⟩ لەمێژە *lemêje*

Langstreckenflug *m* فڕینی درێژخایەن (بە فڕۆکە) *firînî dirêjxayen (be firoke)*

langweilen I. ⟨v.t.⟩ بێزار کردن *bêzar kirdin* **II.** ⟨v.refl.⟩ sich langweilen دڵتەنگ بوون *dilteng bûn*

langweilig ⟨Adj.⟩ 1. بێزار *bêzar*; 2. وەڕسکەر *werisker*; 3. بێزەوق *bêzewq*

Langwelle *f* (Phys.) شەپۆلدرێژ *şepoldi-rêj*

langwierig ⟨Adj.⟩ درێژخایەن *dirêjxa-yen*

Lanze *f* نێزە *nêze*

Lappalie *f* هەوانتە *hewante*

Lappen *m* پەڕۆ *pero*

Laptop *m* (EDV) لاپتۆپ *laptop*

Lärche *f* (Bot.) شرب *şirb*

Lärm *m* 1. وڕەوڕ *wirewir*; 2. دەنگەدەنگ *dengedeng*

Larve *f* 1. (Zool.) کرمۆکە *kirmoke*; 2. (Zool.) ماک *mak*

Lasche *f* زمانە *zimane*

Laser *m* لەیزەر (تیشک) *leyzer (tîşk)*

Laserdrucker *m* چاپی لەیزەر *çapî ley-zer*

lassen I. ⟨v.t.⟩ واز لێهێنان *waz lêhênan* • lass das! وازی لێبێنە!؛ دەستی تێوە مەدە!؛ مەکە! ; lasst uns gehen! با بڕۆین! **II.** ⟨v.i.⟩ واز هێنان *waz hênan* **III.** ⟨Modalverb⟩ 1. ڕێ پێدان *rê pê-dan*; 2. با *ba*

lässig ⟨Adj.⟩ 1. ئاسا *asa*; 2. لاسار *lasar*; 3. سست *sist*

Last *f* بار *bar*

Lastauto *n*; **Lastkraftwagen** *m* لۆری *lorî*

Lastkraftwagenfahrer *m* شوفێری لۆری *şuferî lorî*

Lastkraftwagenfahrerin *f* w. Form zu ↑Lastkraftwagenfahrer

Last-Minute-Flug *m* گەشتی دوا دەقیقە بە فڕۆکە *geştî diwa deqîqe be firoke*

Latein *n* لاتینی *latînî*

Laterne *f* 1. فانۆس *fanos*; 2. فەنەر *fener*; 3. عەموودی سەرشەقام *'emûdî serşeqam*

Lätzchen *n* بەروانکەی منداڵان *berwan-key mindalan*

Laub *n* گەڵا *gela*

Lauch *m* کەوەری گەڵاپان *kewerî gela-pan*

Lauf *m* 1. ڕۆیشتن *royiştin*; ڕاکردن *ra-kirdin*; 2. ئاراستە *araste*; 3. لوولەتفەنگ *lûletifeng*; **im Laufe ...** لە ماوەی ...دا *le mawey ...da*, **im Laufe der Zeit** بە درێژایی کات *be dirêjayîy kat*; **im**

L

Laufe des Gesprächs لە ماوەی گفتوگۆکەدا *le mawey giftugokeda*
Laufbahn *f* 1. بەرەوپێشچوونی پیشەیی *berewpêşçûnî pîşeyî*; 2. ڕێژین *rêjîn*
laufen ⟨v.i.⟩ 1. ڕۆیشتن *royiştin*; 2. چوون *çûn*; 3. (üb.) کار کردن *kar kirdin*
laufend ⟨Adj.⟩ 1. بەردەوام *berdewam*; 2. لەسەریەک *leseryek*
Läufer *m* 1. (Sp.) ڕاکەر *raker*; 2. فیلی شەترەنج *fîlî şetrenc*; 3. قالیچە *qalîçe*
Läuferin *f* w. Form zu ↑Läufer
Laufwerk *n* 1. (Tech.) کۆی گشتیی پارچەکانی مەکینەیەک *koy giştîy parçekanî mekîneyek*; 2. (EDV) دیسک درایف *dîsk drayf*
Laune *f* ئارەزوو *arezû*; زەوق *zewq*; **gute Laune haben** زەوق هەبوون *zewq hebûn*; **schlechte Laune haben** بێ زەوق بوون *bê zewq bûn*
launisch ⟨Adj.⟩ دەمدەمی *demdemî*; حولحولی *hulhulî*
Laus *f* (Zool.) ئەسپێ *espê*
¹**laut** ⟨Adj.⟩ بەرز *berz*; دەنگی بەرز *dengî berz*; **laut sprechen** بە دەنگی بەرز قسە کردن *be dengî berz qise kirdin*
²**laut** ⟨Präp.⟩ بەپێی *bepêy*; **laut Vorschrift** بەپێی قانوون *bepêy qanûn*
Laut *m* 1. دەنگ *deng*; 2. (Mus.) ئاواز *awaz*; 3. (Ling.) دەنگ *deng*
Laute *f* (Mus.) عود *ʿud*
lauten ⟨v.i.⟩ وتن *witin*; وا گەیاندن *wa geyandin* • das Sprichwort lautet پەندیپێشینانە کە دەڵێ ... ...
läuten I. ⟨v.i.⟩ زرنگانەوە *ziringanewe* II. ⟨v.t.⟩ زەنگ لێدان *zeng lêdan*
Lautsprecher *m* بڵندگۆ *bilindgo*
Lautstärke *f* بەرزی دەنگ *berzî deng*
lauwarm ⟨Adj.⟩ شلەتێن *şiletên*
Lavendel *m* (Bot.) گیامسک *giyamisk*
Lawine *f* هەرەس *heres*
leasen ⟨v.t.⟩ بەکرێ دان *bekirê dan*
leben I. ⟨v.i.⟩ 1. ژیان *jiyan*; ژین *jîn*; 2. زیندوو بوون *zîndû bûn*; 3. بە ڕێوە چوون *be rêwe çûn* II. ⟨v.t.⟩ گوزەراندن *guzerandin*
Leben *n* ژین *jîn*; ژیان *jiyan*; تەمەن *temen*; **sich das Leben nehmen** خۆ کوشتن *xo kuştin*
lebend ⟨Adj.⟩ زیندوو *zîndû*
lebendig ⟨Adj.⟩ 1. زیندوو *zîndû*; 2. (üb.) چالاک *çalak*
Lebensgefahr *f* ژیانلەمەترسیدابوون *jiyanlemetirsîdabûn*
lebensgefährlich ⟨Adj.⟩ بۆژیانمەترسیدار *bojiyanmetirsîdar*
lebenslänglich ⟨Adj.⟩ بەدرێژایی تەمەن *bedirêjayî temen*
Lebenslauf *m* ژیننامە *jînname*
Lebensmittel *pl.* خواردەمەنی *xiwardemenî*
Lebensmittelgeschäft *n* دوکانی خواردەمەنیفرۆش *dukanî xiwardemenîfiroş*
Lebensmittelhändler *m* خواردەمەنیفرۆش *xiwardemenîfiroş*
Lebensmittelhändlerin *f* w. Form zu ↑Lebensmittelhändler
Lebensmittelvergiftung *f* ژەهراویبوون لە ڕێی خواردەمەنی خراپبوونەوە *jehrawîbûn le rêy xiwardemenî xirapbûnewe*
Lebensretter *m* ژیانڕزگارکەر *jiyanrizgarker*

L

Lebensretterin *f* w. Form zu ↑Lebensretter
Lebensstandard *m* باری ژیان *barî jiyan*
Lebensunterhalt *m* بژێوی *bijêwî*
Lebensunterhaltskosten *pl.* بژێوی *bijêwî*
Lebensversicherung *f* تامینی ژیان *tamînî jiyan*
Lebenszeichen *n* نیشانەی لە ژیاندابوون *nîşaney le jiyandabûn*
Leber *f* جگەر *ciger*
Lebewesen *n* زیندەوەر *zîndewer*
lebhaft I. ⟨Adj.⟩ 1. زیندوو *zîndû*; 2. چابووک *çabûk*; 3. گەرموگوڕ (گفتوگۆ) *germuguṟ (giftugo)* **II.** ⟨Adv.⟩ بەباشی *bebaşî*
leblos ⟨Adj.⟩ 1. مردوو *mirdû*; 2. بێگیان *bêgiyan*
Leblosigkeit *f* 1. مردوێتی *mirdwêtî*; 2. بێگیانی *bêgiyanî*; 3. سڕبوون *siṟbûn*
Leck *n* ئاودز *awdiz*
[1]**lecken** ⟨v.i.⟩ لێڕۆیین *lêṟoyîn*; لێچوون *lêçûn*
[2]**lecken** ⟨v.t.⟩ لستنەوە *listinewe*
lecker ⟨Adj.⟩ بەتام *betam*
Leckerbissen *m* پارووی خۆش *parûy xoş*
Leder *n* چەرم *çerim*
ledig ⟨Adj.⟩ 1. ڕەبەن *ṟeben*; بێژن *bêjin*; 2. تەنیا *tenya*
leer ⟨Adj.⟩ بەتاڵ *betal̲*; چۆڵ *çol̲*
Leere *f* بۆشایی *boşayî*
leeren ⟨v.t.⟩ بەتاڵ کردن(ەوە) *betal̲ kirdin(ewe)*
Leerlauf *m* لەبۆشدانان *leboşdanan*
Leertaste *f* (EDV) بۆشایی نێوان دوو پیت (لە چاپکردندا) *boşayî nêwan dû pît (le çapkirdinda)*
Leerung *f* بەتاڵکردنەوە *betal̲kirdinewe*
Leerzeichen *n* (EDV) بۆشایی نێوان دوو پیت *boşayî nêwan dû pît*
legal ⟨Adj.⟩ قانوونی *qanûnî*
legen I. ⟨v.t.⟩ دانان *danan* **II.** ⟨v.i.⟩ کردن (هێلکە) *kirdin (hêlke)* **III.** ⟨v.refl.⟩ sich legen پاڵکەوتن *pal̲kewtin*
Legende *f* داستان *dastan*; ئەفسانە *efsane*
Lehm *m* قوڕ *quṟ*
Lehne *f* پاڵپشت *pal̲pişt*
lehnen I. ⟨v.t.⟩ هەڵپەساردن بە *hel̲pesardin be* **II.** ⟨v.refl.⟩ sich an etw./j-n lehnen پاڵ پێوەدان *pal̲ pêwedan*
Lehrbuch *n* کتێبی فێرکردن *kitêbî fêrkirdin*
Lehre *f* 1. زانستی *zanistî*; 2. فێرکاری *fêrkarî*; 3. وانەوتنەوە *wanewitnewe*; 4. ڕێباز *ṟêbaz*
lehren ⟨v.t./v.i.⟩ 1. دەرس وتنەوە *ders witinewe*; وانە وتنەوە *wane witinewe*; 2. فێر کردن *fêr kirdin*
Lehrer *m* مامۆستا *mamosta*
Lehrerin *f* w. Form zu ↑Lehrer
Lehrgang *m* 1. کۆرس *kors*; 2. مەنهەج *menhec*
Lehrling *m* شاگرد *şagird*; فێرخواز *fêrxwaz*
Lehrstelle *f* جێگای فێربوونی کارێک لە مەشقگەیەکدا *cêgay fêrbûnî karêk le meşiqgeyekda*
Lehrstuhl *m* پلەوپایەی ئوستادی (لە زانستگادا) *pilewpayey ustadî (le zanistgada)*

L

Leib *m* 1. لەش *leş*; بەدەن *beden*; 2. ناوسک *nawsik*

Leibesvisitation *f* لەشپشکنین *leşpişkinîn*

leiblich ⟨Adj.⟩ 1. بەدەنی *bedenî*; 2. خزم *xizim*

Leibwächter *m* پاسەوان *pasewan*

Leibwächterin *f* w. Form zu ↑Leibwächter

Leiche *f* لاشە *laşe*

Leichenhalle *f* مردووخانە *mirdûxane*

Leichenschauhaus *n* ژووری لاشەلێدانان *jûrî laşelêdanan*

Leichentuch *n* کفن *kifn*

Leichnam *m* s. ↑Leiche

leicht I. ⟨Adj.⟩ 1. سووک *sûk*; ئاسان *asan*; 2. کەم *kem* • das ist nicht leicht ئەمە ئاسان نییە **II.** ⟨Adv.⟩ بەئاسانی *beasanî*

Leichtathletik *f* (Sp.) یاریی گۆڕەپان و مەیدان (وەک ڕاکردن، بازدان بەسەر کۆسپدا و ڕمهەڵدان) *yarîy gor̲epan u meydan (wek r̲akirdin, bazdan beser kosipda w r̲imhel̲dan)*

leichtfüßig ⟨Adj.⟩ پێسووک *pêsûk*

leichtgläubig ⟨Adj.⟩ 1. خۆشباوەڕ *xoşbawer̲*; 2. گوێلەمست *gwêlemist*

Leichtigkeit *f* ئاسانی *asanî*; سانایی *sanayî*

leichtsinnig ⟨Adj.⟩ 1. بێپەروا *bêperwa*; 2. بێئەقڵ *bêeqil̲*

leid ⟨Adj.⟩; **etw./j-n leid sein** لووت لێ پڕ بوون *lût lê pir̲ bûn*

Leid *n* دەردەسەرێ *derdeserê*; پەژارە *pejare*; خەم *xem*

leiden I. ⟨v.i.⟩ ئازار کێشان *azar kêşan*; **j-n gut leiden können** حەز لێکردن *h̲ez lêkirdin*; **j-n nicht leiden können** بەدڵ نەبوون *bedil̲ nebûn*; حەز لێنەکردن *h̲ez lênekirdin* **II.** ⟨v.t.⟩ 1. بەرگە گرتن *berge girtin*; 2. حەز لێکردن *h̲ez lêkirdin*

Leiden *n* 1. ناخۆشی *naxoşî*; 2. نەخۆشی *nexoşî*

Leidenschaft *f* سۆز *soz*; سەوداسەری *sewdaserî*

leider ⟨Adv.⟩ بەداخەوە *bedaxewe*

leidtun ⟨v.i.⟩ بەداخەوە بوون *bedaxewe bûn*; das tut mir leid! بەمە دڵگرانم!

leihen ⟨v.t.⟩ 1. لێخواستن *lêxiwastin*; 2. بە ئەمانەت پێدان *be emanet pêdan*; **sich etw. leihen** قەرز کردن *qerz kirdin*

Leihwagen *m* ئوتومبێلی کرێ *utumbêlî kirê*

Leim *m* سرێش *sirêş*; کەتیرە *ketîre*

Leine *f* 1. پەت *pet*; 2. تەناف *tenaf*

Leinen *n* کەتان *ketan*

Leinwand *f* 1. جاو *caw*; 2. پەردە *perde*

leise I. ⟨Adj.⟩ بێدەنگ *bêdeng* **II.** ⟨Adv.⟩ بەهێمنی *behêminî* • sprich bitte leise! تکایە بە دەنگی نزم قسە بکە!

Leiste *f* 1. (Anat.) بەرموسڵان *bermusil̲an*; 2. لێوار *lêwar*

leisten I. ⟨v.t.⟩ بەجێ هێنان *becê hênan*; **j-m Hilfe leisten** یارمەتی دان *yarmetî dan* **II.** ⟨v.refl.⟩ sich etw. leisten لە وزەدا بوون *le wizeda bûn*

Leistenbruch *m* (Med.) قۆری *qor̲î*; فتق *fitiq*

Leistung *f* 1. توانا *tiwana*; 2. کارایی *karayî*; 3. (Phys.) وزە *wize*

Leistungssport *m* وەرزشی پێشبڕکێ

werzişî pêşbiṟkê

Leitartikel *m* سەروتار *serwitar*

leiten ⟨v.t.⟩ 1. بەرێوە بردن *beṟêwe birdin;* 2. کاربەدەست بوون *karbedest bûn;* 3. پێشەنگی کردن *pêşengî kirdin*

¹Leiter *m* 1. بەرێوەبەر *beṟêweber;* سەرۆک *serok;* کارگێڕ *kargêṟ;* 2. (Phys.) گەیەنەر *geyener*

²Leiter *f* پەیژە *peyje*

Leiterin *f* w. Form zu ↑**¹Leiter**

Leitfaden *m* 1. سەرەتا *sereta;* 2. ڕێنیشاندەر *ṟênîşander*

Leitplanke *f* ڕێبەستی لێواری ڕێگا یا ناوەڕاستی ڕێگاوبان *ṟêbestî lêwarî ṟêga ya naweṟastî ṟêgawban*

Leitung *f* 1. بەرێوەبەرایەتی *beṟêweberayetî;* 2. سەرۆکایەتی *serokayetî;* 3. خەت (تەلەفۆن، کارەبا،...) *xet (telefon, kareba,...)*

Leitungswasser *n* ئاوی بەلووعە *awî belûʿe*

Lektion *f* دەرس *ders;* وانە *wane*

Lektüre *f* خوێندنەوە (بۆ ڕاهێنان) *xwêndinewe (bo ṟahênan)*

Lende *f* 1. (Anat.) سێبەندە *sêbende;* 2. (Kochk.) گۆشتی نەرمەی قەڵەمەی ڕان *goştî nermey qeḻemey ṟan*

lenken ⟨v.t.⟩ 1. بەرێوە بردن *beṟêwe birdin;* 2. لێخوڕین *lêxuṟîn*

Lenkrad *n* سوکان *sukan*

Lenkung *f* 1. بەرێوەبردن *beṟêwebirdin;* 2. (Kfz) سوکان *sukan*

Leopard *m* (Zool.) پڵنگ *piḻing*

Lepra *f* (Med.) گولی *gulî;* گەڕی *geṟî*

lernen ⟨v.t.⟩ خوێندن *xwêndin;* فێر بوون *fêr bûn*

lesbar ⟨Adj.⟩ (تێکست) ڕوون *ṟûn (têkist)*

lesbisch ⟨Adj.⟩ قاش *qaş*

Lesebuch *n* کتێبی خوێندنەوە *kitêbî xwêndinewe*

Leselampe *f* چرای خوێندنەوە *çiray xwêndinewe*

lesen ⟨v.t.⟩ خوێندنەوە *xwêndinewe*

Leser *m* خوێنەر *xwêner*

Leserin *f* w. Form zu ↑Leser

Lesezeichen *n* بەنێک یا پارچەکاغەزێک، کە لەنێوان لاپەڕەدا دادەنرێ بۆ نیشانەکردن *benêk ya parçekax̱ezêk, ke lenêwan lapeṟeda dadenrê bo nîşanekirdin*

letzte(r, -s) ⟨Adj.⟩ 1. دوا *diwa;* دوامین *diwamîn;* 2. ڕابردوو *ṟabirdû;* **letzte Nacht** شەوی ڕابردوو *şewî ṟabirdû;* **letztes Jahr** ساڵی ڕابردوو *saḻî ṟabirdû*

letztlich ⟨Adv.⟩ لەکۆتاییدا *lekotayîda*

leuchten ⟨v.i.⟩ تیشک دان *tîşk dan;* شەوق دانەوە *şewq danewe*

leuchtend ⟨Adj.⟩ بەشەوق *beşewq;* بریقەدار *birîqedar*

Leuchter *m* 1. مۆمدان *momdan;* 2. چلچرا *çilçira*

Leuchtreklame *f* ڕیکلامەی تیشکدار *ṟîklamey tîşikdar*

Leuchtturm *m* قولەی کەناردەریا، کە فانۆسێکی لەسەر دادەنرێ *quley kenarderya, ke fanosêkî leser dadenrê*

leugnen ⟨v.t.⟩ دان پیادا نەنان *dan piyada nenan*

Leukämie *f* (Med.) شێرپەنجەی خوێن *şêrpencey xwên*

Leute *pl.* 1. خەڵک *xeḻk;* 2. گەل *gel*

Lexikon *n* فەرهەنگ *ferheng;* قامووس *qamûs*

Libanese *m* لوبنانی *lubnanî*
Libanesin *f* w. Form zu ↑Libanese
libanesisch ⟨Adj.⟩ لوبنانی *lubnanî*
Libanon *m* لوبنان *Lubnan*
liberal ⟨Adj.⟩ ئازادیخواز *azadîxiwaz*
liberalisieren ⟨v.t.⟩ بەربەرەڵا کردن *berbere<u>l</u>a kirdin*
Liberalisierung *f* بەربەرەڵاکردن *berbere<u>l</u>akirdin*
Libyen *n* لیبیا *Lîbya*
Libyer *m* لیبی *lîbî*
Libyerin *f* w. Form zu ↑Libyer
libysch ⟨Adj.⟩ لیبی *lîbî*
Licht *n* تیشک *tîşk*
Lichthupe *f* (Kfz) فووڵلایت *fûllayit*
Lichtmaschine *f* (Kfz) دینەمۆ *dînemo*

L

Lichtschalter *m* سویچی کارەبا *swîçî kareba*
Lichtschutz *m* پارێزگاری لە تیشک *parêzgarî le tîşk*
Lichtung *f* پەڵەیەکی ڕووتەنی لە دارستانێکدا *pe<u>l</u>eyekî <u>r</u>ûtenî le daristanêkda*
Lid *n* پێڵوو *pê<u>l</u>û*
Lidschatten *m* ئارایشکردنی پێڵووی چاو *arayişkirdinî pê<u>l</u>ûy çaw*
lieb I. ⟨Adj.⟩ 1. خۆشەویست *xoşewîst*; ئازیز *azîz*; 2. باش *baş*; 3. ئاقڵ (منداڵ) *aqi<u>l</u> (minda<u>l</u>)*; **der liebe Gott** خوای گەورە *xiway gewre* **II.** ⟨Adv.⟩ بەدڵسۆزی *bedi<u>l</u>sozî*
Liebe *f* 1. خۆشەویستی *xoşewîstî*; 2. دڵداری *di<u>l</u>darî*
lieben ⟨v.t.⟩ 1. خۆش ویستن *xoş wîstin*; 2. دڵ پێدان *di<u>l</u> pêdan*
lieber ⟨Adj.⟩ 1. خۆشەویستتر *xoşewîsttir*; 2. خۆشتر *xoştir*
Liebeskummer *m* خەمی خۆشەویستی *xemî xoşewîstî*
Liebespaar *n* ئاشقەوماشقە *aşqewmaşqe*
liebevoll ⟨Adj.⟩ بەسۆز *besoz*; خانومان *xanuman*
Liebhaber *m* دڵدار *di<u>l</u>dar*; خۆشەویست *xoşewîst*
Liebhaberin *f* w. Form zu ↑Liebhaber
Liebling *m* خۆشەویست *xoşewîst*; ئازیز *azîz*
Lieblings- ⟨in Zus.⟩ ئازیز *azîz*; خۆشەویست *xoşewîst*
lieblos ⟨Adj.⟩ بێبەزەیی *bêbezeyî*
Lied *n* گۆرانی *goranî*; سروود *sirûd*
Lieferant *m* بەڵێندەر *be<u>l</u>ênder*
Lieferantin *f* w. Form zu ↑Lieferant
lieferbar ⟨Adj.⟩ ئامادە، بۆ ئەوەی بنێرڕێ *amade, bo ewey binêrrê*
liefern ⟨v.t.⟩ ناردن *nardin*
Lieferung *f* 1. ناردن *nardin*; 2. بارگەی ئامادە بۆ ناردن *bargey amade bo nardin*
Lieferwagen *m* ئوتومبێلی کارگوزاری *utumbêlî karguzarî*
liegen ⟨v.i.⟩ 1. درێژ بوون *dirêj bûn*; ڕاکشان *<u>r</u>akişan*; 2. دانان *danan*; **an etw./j-m liegen** پەیوەندی پێوە بوون *peywendî pêwe bûn*; **etw./j-n liegen lassen** بەجێ هێشتن *becê hêştin*
Liegestuhl *m* کورسیی پاڵکەوتن *kursîy pa<u>l</u>kewtin*
Liegewagen *m* ڤاگۆنی نووستن (لە شەمەندەفەردا) *vagonî nûstin (le şemendeferda)*
Lift *m* ئەسانسۆر *esansor*; مەسعەد *mes'ed*

lila ⟨Adj.⟩ مۆر *mor*

Lilie *f* شلێر *şilêr*

Limonade *f* لیمۆناته *lîmonate*

Limone *f* لیمۆ *lîmo*

Linde *f* (Bot.) پارزی *parzî*; زەیزەفوون *zeyzefûn*

lindern ⟨v.t.⟩ دامرکاندنەوە *damirkandinewe*

Lineal *n* ڕاسته *raste*

Linguistik *f* زانستیی زمان *zanistîy ziman*

Linie *f* 1. هێڵ *hêl*; 2. دێڕ *dêr*; 3. ڕێڕەو *rêrew*; **in erster Linie** به پلەی یەکەم *be piley yekem*; **auf seine Linie achten** (ugs.) پارێزگاری خۆ کردن *parêzgarî xo kirdin*

Linienbus *m* پاسی گشتیی هاتوچۆ *pasî giştîy hatuço*

Linienflug *m* فڕینی ڕاستەوخۆ (به فڕۆکه) *firînî rastewxo (be firoke)*

linke(r, -s) ⟨Adj.⟩ 1. چەپ *çep*; 2. چەپڕەو *çeprew*

links ⟨Adv.⟩ 1. چەپ *çep*; 2. لای چەپ *lay çep*; 3. (Pol.) چەپی *çepî* • sie müssen links abbiegen ئێوه دەبێ بەلای چەپدا بپشکێننەوه ; **links (von) ...** لەلای چەپەوە ... *lelay çepewe ...*; **von links nach rechts** له چەپەوه بۆ ڕاست *le çepewe bo rast*

Linkshänder *m* چەپه *çepe*; چەپلەر *çepler*

Linkshänderin *f* w. Form zu ↑Linkshänder

Linse *f* 1. (Bot.) نیسک *nîsk*; 2. عەدەسه *'edese*

Linsensuppe *f* نیسکێنه *nîskêne*

Lippe *f* لێو *lêw*

Lippenstift *m* قەڵەمی لێو *qelemî lêw*

lispeln ⟨v.i.⟩ 1. زمانفس بوون *zimanfis bûn*; 2. پسەپس کردن *pisepis kirdin*

List *f* فێڵ *fêl*; جامبازی *cambazî*

Liste *f* لیسته *lîste*

listig ⟨Adj.⟩ 1. فێڵباز *fêlbaz*; 2. زۆرزان *zorzan*

Liter *m/n* لیتر *lîtir*

Literatur *f* 1. ئەدەب *edeb*; 2. سەرچاوه ئەدەبییەکان *serçawe edebîyekan*

live ⟨Adv.⟩ ڕاستەوخۆ *rastewxo*

Lizenz *f* ڕێپێدان *rêpêdan*; ئیجازەپێدان *îcazepêdan*

Lkw *m* Abk. von ↑Lastkraftwagen لۆری *lorî*

Lkw-Fahrer *m* شوفێری لۆری *şufêrî lorî*

Lkw-Fahrerin *f* w. Form zu ↑Lkw-Fahrer

Lob *n* ستایش *stayiş*

loben ⟨v.t.⟩ 1. ستایش کردن *stayiş kirdin*; 2. حەمدوسەنا کردن *hemdusena kirdin*

Loch *n* 1. کون *kun*; چاڵ *çal*; 2. کونج *kunc*; 3. کلۆری (دان) *kilorî (dan)*

lochen ⟨v.t.⟩ کون کردن *kun kirdin*

Locher *m* کونکەره *kunkere*

Locke *f* بسک *bisk*; گێسوو *gêsû*

locker ⟨Adj.⟩ 1. لێکهەڵوەشاو *lêkhelweşaw*; 2. لەق *leq*

lockern ⟨v.t.⟩ 1. لەق کردن *leq kirdin*; 2. نەرم کردن (ماسوولکه) *nerm kirdin (masûlke)*

lodern ⟨v.i.⟩ کڵپه لێهەڵسان *kilpe lêhelsan*

Löffel *m* کەوچک *kewçik*

Loge *f* (Theat.) باڵاچی *baluçê*, لۆج *loc*

Logik *f* زانستیی مەنتیق *zanistîy mentîq*

L

logisch ⟨Adj.⟩ 1. شیاو *şiyaw*; 2. (ugs.) تەبعەن *teb'en*

Logo *n* لۆگۆ *logo*; نیشانەی پێناسین *nîşaney pênasîn*

Lohn *m* 1. دەستکەوت *destkewt*; مووچە *mûçe*; 2. خەڵات *xelat*

lohnen I. ⟨v.t.⟩ هێنان *hênan*; **das lohnt (sich) nicht** ئەوە ناهێنێ *ewe nahênê* **II.** ⟨v.refl.⟩ sich lohnen ئەوە هێنان *ewe hênan*

Lohnerhöhung *f* مووچەزیادکردن *mûçeziyadkirdin*

lokal ⟨Adj.⟩ ناوچەیی *nawçeyî*; خۆماڵی *xomalî*

Lokal *n* 1. جێگا *cêga*; 2. لۆقنتەخانە *loqintexane*

L

Lokomotive *f* مەکینەی شەمەندەفەر *mekîney şemendefer*

London *n* لەندەن *Lenden*

Lorbeer *m* گەڵابۆندارە *gelabondare*

[1]**los** ⟨Adj.⟩ کراوە *kirawe*; **j-n los sein** (ugs.) ڕزگار بوون لە کەسێک *rizgar bûn le kesêk* • hier ist nicht viel los لێرە هیچی وا نییە (دنیا خامۆشە) ; was ist los? ئەوە چی ڕووی داوە؟

[2]**los** ⟨Adv.⟩ خێرا *xêra*

Los *n* 1. قیسمەت *qîsmet*; 2. پشک *pişk*; یانسیب *yansîb*

losbinden ⟨v.t.⟩ بەرەڵا کردن *berela kirdin*

löschen ⟨v.t.⟩ کوژاندنەوە *kujandinewe*

lose ⟨Adj.⟩ 1. لەق *leq*; 2. لێکهەڵوەشاو *lêkhelweşaw*

Lösegeld *n* ڕزگارانە *rizgarane*

losen ⟨v.i.⟩ پشک هاویشتن *pişk hawîştin*

lösen I. ⟨v.t.⟩ 1. (گرێ) کردنەوە *kirdinewe (girê)*; 2. ساغ کردنەوە *sax kirdinewe*; 3. (بەڵێننامە) هەڵوەشاندنەوە *helweşandinewe (belênname)*; 4. جێبەجێ کردن (گرفت) *cêbecê kirdin (girift)*; 5. (مەتەڵ) هەڵهێنان *helhênan (metel)* **II.** ⟨v.refl.⟩ sich lösen 1. خاو بوونەوە *xaw bûnewe*; 2. (گرفت) چارەسەر بوون *çareser bûn (girift)*

losfahren ⟨v.i.⟩ کەوتنە ڕێ (بە ئوتومبێل، بە پاسکیل، ...) *kewtine rê (be utumbêl, be paskîl, ...)*

losgehen ⟨v.i.⟩ 1. کەوتنە ڕێ *kewtine rê*; 2. (üb.) (ئاهەنگ) دەست پێکردن *dest pêkirdin (aheng)* • das Fest ging los ئاهەنگەکە دەستی پێکرد ; wann gehen wir los? کەی دەکەوینە ڕێ؟

loslassen ⟨v.t.⟩ بەرەڵا کردن *berela kirdin*

löslich ⟨Adj.⟩ شیاو بۆ توانەوە *şiyaw bo tiwanewe*

losreißen I. ⟨v.t.⟩ ڕاپسکاندن *rapiskandin* **II.** ⟨v.refl.⟩ sich losreißen خۆ ڕاپسکاندن *xo rapiskandin*

Lösung *f* 1. چارە *çare*; چارەسەر *çareser*; 2. (Phys./Chem.) تێکەڵە *têkele*

loswerden ⟨v.t.⟩ لە کۆڵ خۆ کردنەوە *le kol xo kirdinewe*

Lot *n* 1. (Bauw./Seef.) شاوڵ *şawil*; 2. (Geom.) قەڵایی *qelayî*

löten ⟨v.t.⟩ لەحیم کردن *lehîm kirdin*

Lotos *m* (Bot.) لەیلوپەڕ *leyluper*; نیلوفەر *nîlufer*

Lotterie *f* هایبەخت *haybext*; یانسیب *yanisîb*

Lotto *n* لۆتۆ *loto*; یانسیب *yanisîb*

Löwe *m* (Zool./Astrol.) شێر *şêr*

Löwin *f* w. Form zu ↑Löwe (Zool.) شەپاڵ *şepal*; دێڵەشێر *dêleşêr*
loyal ⟨Adj.⟩ 1. (bildungsspr.) بەوەفا *bewefa*; 2. (bildungsspr.) دڵسۆز *dilsoz*
Loyalität *f* 1. بەوەفایی *bewefayî*; 2. (üb.) دڵسۆزی *dilsozî*
Luchs *m* (Zool.) وەشەک *weşek*
Lücke *f* بۆشایی *boşayî*; کەلێن *kelên*
Luft *f* 1. هەوا *hewa*; 2. با *ba*; **an der frischen Luft** لە هەوای سازگاردا *le heway sazgarda*
Luftballon *m* میزەڵدان *mîzeldan*
Luftblase *f* بابڵق *babilq*
luftdicht ⟨Adj.⟩ کونبڕ *kunbir*
Luftdruck *m* پاڵەپەستۆی هەوا *palepestoy hewa*
lüften ⟨v.i.⟩ هەوا گۆڕین *hewa gorîn*
Luftfeuchtigkeit *f* (Meteorol.) شێلەئاووهەوادا *şêleawuhewada*
Luftfracht *f* بارێک، کە بە فڕۆکە دەگوێزرێتەوە *barêk, ke be firoke degwêzrêtewe*
Luftlinie *f* هێڵی ئاسمانی *hêlî asmanî*
Luftloch *n* کونەهەوا *kunehewa*
Luftmatratze *f* دۆشەکی هەوا *doşekî hewa*
Luftpost *f* پۆستەی هەوایی *postey hewayî*; **per Luftpost** بە پۆستەی هەواییدا *be postey hewayîda*
Luftpumpe *f* پەمپی هەوا *pempî hewa*
Luftraum *m* بواری ئاسمانی *biwarî asmanî*
Luftröhre *f* (Anat.) بۆریی هەوا *borîy hewa*
Lüftung *f* 1. هەواگۆڕین *hewagorîn*; 2. ئامێری هەواگۆڕکێ *amêrî hewagorkê*
Luftverschmutzung *f* هەواپیسکردن *hewapîskirdin*
Luftwaffe *f* (Mil.) هێزی ئاسمانی *hêzî asmanî*
Luftweg *m* ڕێی ئاسمانی *rêy asmanî*
Lüge *f* درۆ *diro*
lügen ⟨v.i.⟩ 1. درۆ کردن *diro kirdin*; 2. درۆ بوون *diro bûn*
Lügner *m* درۆزن *dirozin*
Lügnerin *f* w. Form zu ↑Lügner
Lumpen *m* پەڕۆ *pero*
Lunge *f* سی *sî*
Lungenentzündung *f* (Med.) سیئاوسان *sîawsan*
Lunte *f* فتیلە *fitîle*
Lupe *f* زەڕەبین *zerebîn* L
Lust *f* 1. ئارەزوو *arezû*; مەیل *meyl*; 2. هەوەس *hewes*; **auf etw. Lust haben** حەز لێکردن *hez lêkirdin*; هەوەس لەسەر بوون *hewes leser bûn*; **keine Lust haben** بێزەوق بوون *bêzewq bûn*
lüstern ⟨Adj.⟩ 1. هەوەسهەستاو *heweshestaw*; 2. حەشەری *heşerî*
lustig ⟨Adj.⟩ بەکەیف *bekeyf*; گاڵتەچی *galteçî*
lustlos ⟨Adj.⟩ بێخولق *bêxulq*
lutschen ⟨v.i./v.t.⟩ مژین *mijîn*
Lutscher *m* مژمژە *mijmije*; مەساسە *mesase*
Luxemburg *n* لوکسمبورگ *Luksimburg*
luxuriös ⟨Adj.⟩ نایاب *nayab*
Luxus *m* نایاب *nayab*
Luxushotel *n* ئوتێلی نایاب *utêlî nayab*
Luzerne *f* (Bot.) وینجە *wence*
Lymphe *f* (Med.) لیمف *lîmf*

Lymphknoten *m* (Med.) لیمفەرێژ *lîmferêj*

Lyrik *f* هۆنراوەی سۆزدار *honrawey sozdar;* لیریک *lîrîk*

Lyriker *m* شاعیر *şa'îr;* پۆئێت *poêt*

Lyrikerin *f* w. Form zu ↑Lyriker

M

m, M ئێم *êm;* پیتی سیازدەیەمی ئەلفبێی ئەڵمانی *pîtî siyazdeyemî elfbêy elmanî*

machbar ⟨Adj.⟩ شیاو بۆ کردن *şiyaw bo kirdin*

machen ⟨v.t.⟩ 1. کردن *kirdin;* 2. دروست کردن *dirust kirdin;* 3. جێبەجێ کردن *cêbecê kirdin* • das macht nichts! قەی ناکا!؛ هیچ نییە! ; mach's gut! خوات لەگەڵ!؛ خۆشیت بۆ دەخوازم! ; was machst du? ئەوە تۆ چی دەکەیت؟ ; **j-m Sorgen machen** نیگەران کردن *nîgeran kirdin*

Macho *m* کارا (مرۆڤ) *kara (mirov)*

Macht *f* 1. دەسەڵات *deselat;* 2. هێز *hêz*

mächtig ⟨Adj.⟩ 1. بەدەسەڵات *bedeselat;* 2. بەهێز *behêz;* 3. گەورە *gewre*

machtlos ⟨Adj.⟩ 1. بێدەسەڵات *bêdeselat;* 2. دەسەوسان *desewsan*

Mädchen *n* کچ *kiç;* کیژ *kîj*

Mädchenname *m* ناوی خێزانی کچ پێش شووکردنی *nawî xêzanî kiç pêş şûkirdinî*

Made *f* (Zool.) کرمۆکە *kirmoke*

Mafia *f* مافیا *mafya*

Magazin *n* 1. عەمار *'emar;* 2. کۆگا *koga;* 3. گۆڤار *govar;* 4. بەرنامە (ڕادیۆ، تەلەفیزیۆن) *bername (radyo, telefîzyon)*

Magen *m* 1. گەدە *gede;* 2. سک *sik* • ich habe mir den Magen verdorben مەعیدەم تێکچووە

Magengeschwür *n* هەوکردنی گەدە *hewkirdinî gede*

Magenknurren *n* سکقۆڕاندن *sikqorandin*

Magenschmerzen *pl.* 1. گەدەیەشە *gedeyeşe;* 2. ژانەسک *janesik*

mager ⟨Adj.⟩ 1. کەمگۆشت *kemgoşt;* لاواز *lawaz;* 2. لەڕ *ler;* کەمچەوری *kemçewrî*

Magermilch *f* شیری کەمچەوری *şîrî kemçewrî*

Magie *f* جادوو *cadû;* جادووگەری *cadûgerî*

magisch ⟨Adj.⟩ ئەفسووناوی *efsûnawî*

Magister *m* ماستەر *master*

Magistra *f* ماستەر *master*

Magnesium *n* (Chem.) مەگنیسیۆم *megnîsyom*

Magnet *m* 1. موقناتیس *muqnatîs;* 2. (üb.) سەرنجڕاکێشەر *serincrakêşer*

M

mähen ⟨v.t.⟩ دروێنە کردن *dirwêne kirdin*
Mahl *n* ژەم *jem*; ژەمەخۆراک *jemexorak*
mahlen ⟨v.t./v.i.⟩ هاڕین *har̲în*
Mahlzeit *f* ژەمەخۆراک *jemexorak*
Mähne *f* یاڵ *yal̲*
mahnen ⟨v.t./v.i.⟩ 1. ئینزار کردن *înzar kirdin*; 2. ئاگادار کردنەوە *agadar kirdinewe*
Mahnung *f* بیرهێنانەوە *bîrhênanewe*
Mai *m* ئایار *ayar*; گوڵان *gul̲an*
Maiglöckchen *n* کانێژە *kanêje*
Mailbox *f* 1. (EDV) مێلبۆکس *mêlboks*; 2. (Telek.) ئامێری وەرامدەرەوە *amêrî weramderewe*
mailen ⟨v.t.⟩ (ugs.) ئیمێل ناردن *îmêl nardin*
Mais *m* گەنمەشامی *genmeşamî*
Maiskolben *m* گلکی گەنمەشامی *gilkî genmeşamî*
Majonäse *f* مایۆنێز *mayonêz*
Majoran *m* مەرزە *merze*
Majorität *f* (geh.) زووربە *zûrbe*
makaber ⟨Adj.⟩ (bildungsspr.) مردووئاسا *mirdûasa*
Makel *m* خەوش *xewş*
makellos ⟨Adj.⟩ بێخەوش *bêxewş*
Make-up *n* میکیاج *mîkyac*
Makler *m* دەڵاڵ *del̲al̲*
Maklerin *f* w. Form zu ↑Makler
Makrele *f* (Zool.) سەقەمری *seqemrî*
[1]**mal** ⟨Adv.⟩ (Math.) کەڕەت *ker̲et* • drei mal drei ist neun سێ کەڕەت سێ نۆ دەکا
[2]**mal** kurz für ↑einmal ⟨Adv.⟩ (ugs.) جارێک *carêk* • schau mal! سەیر کە! ; versuch es noch mal! جارێکی تریش بیکەرەوە!
Mal *n* جار *car*; کەڕەت *ker̲et*; **das letzte Mal** جاری پێشوو *carî pêşû*; **das nächste Mal** جارێکی تر *carêkî tir*; **jedes Mal** هەموو جارێک *hemû carêk*
Malaria *f* (Med.) مەلاریا *melarya*
malen ⟨v.t./v.i.⟩ 1. وێنە کێشان *wêne kêşan*; 2. بۆیە کردن *boye kirdin*
Maler *m* 1. وێنەکێش *wênekêş*; 2. بۆیەچی *boyeçî*
Malerei *f* وێنەکاری *wênekarî*
Malerin *f* w. Form zu ↑Maler
malerisch ⟨Adj.⟩ ڕازاوە *r̲azawe*
Malve *f* تۆڵەکە *tol̲eke*
Mama *f* (ugs.) دایک *dayk*
Mami *f* (ugs.) دایەلێ *dayelê*
man ⟨Pron.⟩ پیاو *piyaw*; مرۆڤ *mirov* • man sagt so etwas nicht! مرۆڤ شتی وا ناڵێ!
managen ⟨v.t.⟩ بەڕێوە بردن *ber̲êwe birdin*
Manager *m* سەرپەرشتیکار *serperiştîkar*
Managerin *f* w. Form zu ↑Manager
manche(r, -s) ⟨Pron.⟩ هەندێ *hendê*; هەندێک *hendêk*
manchmal ⟨Adv.⟩ جارناجار *carnacar*; هەندێجار *hendêcar*
Mandarine *f* لالەنگی *lalengî*
Mandel *f* 1. بادەم *badem*; 2. (Anat.) ئاڵوو *al̲û*
Mandelentzündung *f* (Med.) ئاڵووخڕبوون *al̲ûxir̲bûn*
Mangel *m* کەموکوڕی *kemukur̲î*
mangelhaft ⟨Adj.⟩ 1. نیوەونیوەچڵ *nîwewnîweçil̲*; 2. ناتەواو *natewaw*

M

Mangelware *f* کەلوپەلی دەستنەکەوتە *kelupelî destnekewte*
Mango *f* مەنگۆ *mengo*
Manier *f* 1. ئوسلوب *uslub*; 2. ڕەفتار *r̲eftar*
Maniküre *f* نینۆکڕێکوپێککردن *nînokr̲êkupêkkirdin*
Manipulation *f* کارتێکردن *kartêkirdin*
manipulieren ⟨v.t.⟩ (bildungsspr.) کار تێکردن *kar têkirdin*
Mann *m* 1. پیاو *piyaw*; مرۆڤ *mirov*; 2. مێرد *mêrd*; **alter Mann** پیرەپیاو *pîrepiyaw*; **pro Mann** هەر کەسە و *her kese w*
Männchen *n* (Zool.) نێرە *nêre*
männlich ⟨Adj.⟩ 1. پیاوانە *piyawane*; 2. نێرە *nêre*; 3. (Gr.) نێر *nêr*
Mannschaft *f* 1. (Mil.) پەل *pel*; 2. دەستە *deste*; 3. (Sp.) تیپی وەرزش *tîpî werziş*
Manöver *n* 1. مەشقی سەربازی *meşqî serbazî*; 2. پلانگێڕان *pilangêr̲an*
Manschette *f* سەردەس *serdes*
Mantel *m* پاڵتۆ *pal̲to*
Manuskript *n* 1. دەسخەت *desxet*; 2. دەسنووس *desnûs*; 3. دەق *deq*
Mappe *f* 1. کیف *kîf*; 2. فایل *fayil*
Marathon *m* (Sp.) ماڕاسۆن *mar̲ason*; ڕاکردنی ماوەدرێژ *r̲akirdinî mawedirêj*
Marathonlauf *m* (Sp.) ماڕاسۆن *mar̲ason*
Märchen *n* هەقایەت *heqayet*; ئەفسانە *efsane*
Marder *m* (Zool.) سامورەک *samurek*; دەڵەک *del̲ek*
Margarine *f* مەگەرینە (چەوریيەکی ڕوووەکی یا ئاژەڵی) *megerîne (çewrîyekî r̲ûwekî ya ajel̲î)*
Marienkäfer *m* (Zool.) خاڵخاڵۆکە *xal̲xal̲oke*
Marine *f* 1. زەریاوانی *zeryawanî*; 2. هێزی دەریایی *hêzî deryayî*
Marionette *f* بووکەسەماکەرە *bûkesemakere*
[1]**Mark** *f* (hist.) مارک(ی ئەڵمانی) *mark(î el̲manî)*; **Deutsche Mark** (hist.) مارکی ئەڵمانی *markî el̲manî*
[2]**Mark** *f* ناوچە *nawçe*
[3]**Mark** *n* 1. مەغز *mex̲iz*; 2. کرۆک *kirok*
Marke *f* 1. نیشانە *nîşane*; 2. پوول (ی خواردن و شتی تر) *pûl (î xiwardin u şitî tir)*
Markenzeichen *n* نیشانەی ناسینەوە (بابەتی بازرگانی) *nîşaney nasînewe (babetî bazirganî)*
Marketing *n* بازاڕدۆزینەوە *bazar̲dozînewe*
markieren ⟨v.t.⟩ نیشانە کردن *nîşane kirdin*
Markierung *f* نیشانەدانان *nîşanedanan*
Markise *f* چەرداخ *çerdax*
Markt *m* 1. بازاڕ *bazar̲*; 2. فرۆشگا *firoşga*
Markthalle *f* قەیسەری *qeyserî*
Marktlücke *f* (Wirtsch.) کەمی بابەتێک یا کەلوپەلێک لە بازاڕدا (ئەگەر بهێنرێ بازاڕی فرۆشتنی گەرم دەبێ) *kemî babetêk ya kelupelêk le bazar̲da (eger bihênrê bazar̲î firoştinî germ debê)*
Marktplatz *m* مەیدان *meydan*
Marktwirtschaft *f* بازاڕی ئابووری *bazar̲î abûrî*
Marmelade *f* مرەبا *mireba*

M

Marmor *m* مەرمەڕ *mermer̲*
marmoriert ⟨Adj.⟩ خەتخەت *xetxet*
Marokkaner *m* مەغریبی *mex̲rîbî*
Marokkanerin *f* w. Form zu ↑Marokkaner
marokkanisch ⟨Adj.⟩ مەغریبی *mex̲rîbî*
Marokko *n* مەغریب *Mex̲rîb*
Marone *f* شابەڕوو *şaber̲û*
Mars *m* مەریخ *merîx*
marschieren ⟨v.i.⟩ ڕۆیشتن *r̲oyiştin*
Märtyrer *m* (Rel.) شەهید *şehîd*
Märtyrerin *f* w. Form zu ↑Märtyrer
Märtyrertod *m* (Rel.) شەهیدی *şehîdî*
Marxist *m* (Philos./Pol.) مارکسی *markisî*
Marxistin *f* w. Form zu ↑Marxist
marxistisch ⟨Adj.⟩ (Philos.) مارکسی *markisî*
März *m* مارت *mart*; ئازار *azar*
Maschine *f* مەکینە *mekîne*
maschinell ⟨Adj.⟩ بەمەکینە *bemekîne*
Maschinenbau *m* مەکینەسازی *mekînesazî*; تۆڕنەچێتی *tor̲neçêtî*
Maschinengewehr *n* شەستتیر *şesttîr*
Masern *pl.* (Med.) سوورێژە *sûrêje*
Maske *f* ڕووپۆش *r̲ûpoş*; دەمامک *demamik*
Maskenball *m* ئاهەنگی خۆگۆڕین *ahengî xogor̲în*
maskieren ⟨v.t.⟩ ڕوو پۆشین *r̲û poşîn*; دەمامک کردن *demamik kirdin*; **sich maskieren** ڕووپۆش پۆشین *r̲ûpoş poşîn*
maskulin ⟨Adj.⟩ (Ling.) نێر *nêr*
Maß *n* 1. ئەندازە *endaze*; 2. پێوانە *pêwane*
Massage *f* شێلان *şêlan*
Massaker *n* کوشتار *kuştar*; قاتوقڕ *qatuqir̲*
Maßband *n* شریتی پێوانە *şirîtî pêwane*
Masse *f* 1. مادە *made*; 2. بارستایی *baristayî*; 3. جەماوەر *cemawer*
Maßeinheit *f* ئەندازە *endaze*; یەکەی پێوانە *yekey pêwane*
massenhaft ⟨Adj.⟩ 1. گەلێ *gelê*; 2. بەکۆمەڵ *bekomel̲*
Massenkarambolage *f* بەکۆمەڵدەعمکردن *bekomel̲deʿimkirdin*
Massenmedium *n* ئامرازەکانی ڕاگەیاندن *amrazekanî r̲ageyandin*; میدیا *mêdya*
Massenproduktion *f* بەکۆمەڵبەرهەمهێنان *bekomel̲berhemhênan*
Massentourismus *m* ڕێکخستنی گەشتیاری بۆ جەماوەر *r̲êkxistinî geştiyarî bo cemawer*
massieren ⟨v.t.⟩ شێلان *şêlan*
mäßig ⟨Adj.⟩ 1. بەئەندازە *beendaze*; 2. مامناوەندی *mamnawendî*
massiv ⟨Adj.⟩ 1. توند *tund*; 2. سەخت *sext*; 3. یەکپارچە *yekparçe*
Maßnahme *f* 1. ئامادەکاری *amadekarî*; 2. چارەسەر *çareser*; 3. وەسیلە *wesîle*
Maßstab *m* پێوانە *pêwane*
[1]**Mast** *m* ستوون *sitûn*; عەموود *ʿemûd*
[2]**Mast** *f* دابەستە *dabeste*
mästen ⟨v.t.⟩ دابەستن *dabestin*
Masturbation *f* دەستپەڕ *destper̲*
masturbieren ⟨v.i.⟩ دەستپەڕ کردن *destper̲ kirdin*
Material *n* 1. کەرەسە *kerese*; 2. مادە *made*
materialistisch ⟨Adj.⟩ (Philos.) مادی *madî*

M

Materie *f* 1. ماده *made*; 2. بابەت *babet*
materiell ⟨Adj.⟩ مادی *madî*
Mathematik *f* بیرکاری *bîrkarî*; ماتماتیک *matmatîk*
Matratze *f* دۆشەک *doşek*
Matrose *m* دەریاوان *deryawan*
Matrosin *f* w. Form zu ↑Matrose
Matsch *m* قوڕوچڵپاو *quṟuçiḻpaw*
matschig ⟨Adj.⟩ قوڕی *quṟî*
matt ⟨Adj.⟩ 1. مات *mat*; 2. لێڵ *lêḻ*; 3. شەکەت *şeket*
Matte *f* حەسیر *ḫesîr*
Mauer *f* شوورە *şûre*; دیوار *dîwar*
Maul *n* لمۆز *limoz*
Maul- und Klauenseuche *f* تەبەق *tebeq*
Maulbeere *f* تووە *tû*
Maultier *n* ئێستر *êstir*
Maulwurf *m* (Zool.) جرجەکوێرە *circekwêre*
Maurer *m* بەنا *bena*
Maurerin *f* w. Form zu ↑Maurer
Mauretanien *n* مۆریتانیا *Morîtanya*
Maus *f* 1. مشک *mişk*; 2. (EDV) ماوز *mawz*
Mausefalle *f* تەڵەمشک *teḻemişk*
Mausoleum *n* ئارامگا *aramga*
Maut *f* کرێی ڕێوبانبەکارهێنان *kirêy ṟêwbanbekarhênan*
maximal ⟨Adj.⟩ (bildungsspr.) ئەوپەڕەکەی *ewpeṟekey*
Mayonnaise *f* مایۆنێز (ساسێکە لە زەردێنەی هێلکە، ڕۆن، سرکە و خوێ دروست دەکرێ) *mayonêz (saseke le zerdêney hêlke, ṟon, sirke w xwê dirust dekrê)*
Mazdaist *m* (Rel.) مەزدی *mezdî*
Mazdaistin *f* w. Form zu ↑Mazdaist
Mazedonien *n* مەقەدۆنیا *Meqedonya*
Mazedonier *m* مەقەدۆنی *meqedonî*
Mazedonierin *f* w. Form zu ↑Mazedonier
mazedonisch ⟨Adj.⟩ مەقەدۆنی *meqedonî*
Mechanik *f* 1. (Phys.) زانستیی بزووتن و کارکردنی وزە بۆ سەر لەش *zanistîy bizûtin u karkirdinî wize bo ser leş*; 2. میکانیک *mîkanîk*
Mechaniker *m* میکانیکی *mîkanîkî*
Mechanikerin *f* w. Form zu ↑Mechaniker
mechanisch ⟨Adj.⟩ میکانیکی *mîkanîkî*
meckern ⟨v.i.⟩ 1. باڕاندن (بزن) *baṟandin (bizin)*; 2. بۆڵەبۆڵ کردن *boḻeboḻ kirdin*
Medaille *f* 1. مەدالیا *medalya*; 2. نیشانە *nîşane*
Meder *m* (hist.) مێد *mêd*
Mederin *f* w. Form zu ↑Meder
Medien *pl.* مێدیا *mêdya*
Medikament *n* دەرمان *derman*
meditieren ⟨v.i.⟩ 1. (bildungsspr.) بە خۆدا چوونەوە *be xoda çûnewe*; 2. (fachspr.) خەڵوەت گێڕان *xeḻwet gêṟan*
Medium *n* (bildungsspr.) گەیەنەر *geyener*
Medizin *f* 1. زانستیی نەخۆشی و ساغڵەمی *zanistîy nexoşî u saxḻemî*; 2. داوودەرمان *dawuderman*
Mediziner *m* پزیشک *pizîşk*
Medizinerin *f* w. Form zu ↑Mediziner
medizinisch ⟨Adj.⟩ پزیشکی *pizîşkî*

M

Meer *n* زەریا *zerya;* دەریا *derya*
Meerenge *f* دەربەند *derbend;* تەنگاو *tengaw*
Meeresfrüchte *pl.* بەروبوومی زەریا *berubûmî zerya*
Meeresspiegel *m* ڕووبەری ئاوی دەریا *r̲ûberî awî derya*
Meerestier *n* (Zool.) گیانلەبەری دەریایی *giyanleberî deryayî*
Meerschweinchen *n* (Zool.) بەرازەچکۆلەی هیندو *berazeçikoley hîndu*
Megabyte *n* (EDV) مێگابایت *mêgabayt*
Mehl *n* ئارد *ard*
mehr I. ⟨Pron.⟩ زیاتر *ziyatir;* زۆرتر *zortir;* **mehr oder weniger/minder** کەموزۆر *kemuzor* **II.** ⟨Adv.⟩ باشتر *baştir;* **immer mehr** هەمیشە زیاتر *hemîşe ziyatir;* **mehr als** زیاتر لە *ziyatir le*
mehrere ⟨Pron.⟩ چەند دانەیەک *çend daneyek*
mehrfach ⟨Adj.⟩ چەندەهاجار *çendehacar*
Mehrheit *f* زۆرینە *zorîne*
mehrmals ⟨Adv.⟩ گەلێجار *gelêcar*
Mehrwertsteuer *f* Abk.: ↑MwSt. (Wirtsch.) باجی کڕین(، کە بە فرۆشیار دەدرێ) *bacî kir̲în(, ke be firoşyar dedrê)*
Mehrzahl *f* 1. زۆرینە *zorîne;* 2. (Gr.) کۆ *ko*
meiden ⟨v.t.⟩ خۆ لێپاراستن *xo lêparastin*
Meile *f* میل *mîl*
mein ⟨Pron.⟩ 1. (ڕاناوی خاوەنێتی بۆ کەسی یەکەمی تاک) *(r̲anawî xawenêtî bo kesî yekemî tak);* 2. هی من *hî min,* ـم... ... *im/m;* **meine Schwester** خوشکەکەم *xuşkekem*
meinen ⟨v.i.⟩ لەو باوەڕەدا بوون *lew bawer̲eda bûn* • was meinst du? مەبەستت لە چی بوو؟؛ ئەوە تۆ چی دەڵێیت؟
meinetwegen ⟨Adv.⟩ لەبەر من *leber min*
Meinung *f* بیروڕا *bîrur̲a;* **meiner Meinung nach** بە بیروڕای من *be bîrur̲ay min*
Meinungsäußerung *f* بیروڕادەربڕین *bîrur̲aderbir̲în*
Meinungsaustausch *m* بیروڕاگۆڕینەوە *bîrur̲agor̲înewe*
Meinungsfreiheit *f* ئازادیی ڕادەربڕین *azadîy r̲aderbir̲în*
Meinungsumfrage *f* ڕاپرسی *r̲apirsî*
Meinungsverschiedenheit *f* جیاوازیی بیروڕا *ciyawazîy bîrur̲a*
Meißel *m* ئەسکەنە *eskene*
meist ⟨Adv.⟩ بەگشتی *begiştî;* زوربە *zurbe*
meiste(r, -s) ⟨Pron.⟩ زوربە *zurbe;* **am meisten** بەزۆری *bezorî*
meistens ⟨Adv.⟩ بەزۆری *bezorî*
Meister *m* 1. وەستا *westa;* ئوستاد (لە کارێکدا) *ustad (le karêkda);* 2. (Sp.) پاڵەوان *pal̲ewan*
meisterhaft ⟨Adj.⟩ لێهاتوو *lêhatû;* وەستا *westa*
Meisterin *f* w. Form zu ↑Meister
Meisterschaft *f* 1. (Sp.) پاڵەوانێتی *pal̲ewanêtî;* 2. وەستایی *westayî*
Meisterwerk *n* شاکار *şakar*
Mekka *n* مەکە *Meke*
Mekkapilger *m* حاجی *h̲acî*
Mekkapilgerin *f* w. Form zu ↑Mekkapilger

Melancholie *f* 1. دڵتەنگی *diltengî*; 2. سەودایی *sewdayî*

melancholisch ⟨Adj.⟩ خەمبار *xembar*; سەوداسەر *sewdaser*

melden I. ⟨v.t.⟩ پێڕاگەیاندن *pêrageyandin* • es meldet sich niemand کەسی لێنییە؛ کەس وەرام ناداتەوە **II.** ⟨v. refl.⟩ sich melden 1. خۆ نیشان دان *xo nîşan dan*; 2. دەست بەرز کردنەوە (لە پۆلدا) *dest berz kirdinewe (le polda)*; **sich bei etw./j-m melden** خۆ ناونووس کردن لەلای *xo nawnûs kirdin lelay*

Meldung *f* هەواڵ *hewal*; دەنگوباس *dengubas*

Melisse *f* ترنجۆک *tirincok*

melken ⟨v.t.⟩ 1. دۆشین *doşîn*; 2. (üb.) دادۆشین *dadoşîn*

M

Melodie *f* (Mus.) ئاواز *awaz*

Melone *f* شووتی و کاڵەک *şûtî w kalek*

Memoiren *pl.* (bildungsspr.) یادەوەری *yadewerî*

Menge *f* 1. بڕ *bir*; کۆمەڵ *komel*; 2. زوربە *zurbe*; 3. (Math.) بارستایی *baristayî*

Mensa *f* چێشتخانەی قوتابییان لە زانکۆدا *çêştxaney qutabîyan le zankoda*

Mensch *m* 1. مرۆڤ *mirov*; 2. کەس *kes*; **kein Mensch** هیچ کەس *hîç kes*

menschenleer ⟨Adj.⟩ چۆڵوهۆڵ *çoluhol*

Menschenmenge *f* قەڵەباڵغی *qelebalxî*

Menschenraub *m* مرۆڤڕفاندن *mirovrifandin*

Menschenrechte *pl.* مافیمرۆڤ *mafîmirov*

Menschenwürde *f* شکۆمەندیی مرۆڤ *şikomendîy mirov*

Menschheit *f* مرۆڤایەتی *mirovayetî*

menschlich ⟨Adj.⟩ 1. مرۆڤی *mirovî*; مرۆڤانە *mirovane*; 2. پیاوچاک *piyawçak*

Menstruation *f* (Med.) بێنوێژی *bênwêjî*; عادە *'ade*

Mentalität *f* (bildungsspr.) سروشت(ی کەسێک) *siruşt(î kesêk)*

Menü *n* 1. ژەمەخواردن (بە پێشخواردن، خواردنی سەرەکی و پاشخواردنەوە) *jemexiwardin (be pêşxiwardin, xiwardinî serekî w paşxiwardinewe)*; 2. (EDV) پێڕست *pêrist*

merken I. ⟨v.t.⟩ هەست پێکردن *hest pêkirdin* **II.** ⟨v.refl.⟩ sich etw. merken لە بیر بوون *le bîr bûn*

Merkmal *n* نیشانە *nîşane*

merkwürdig ⟨Adj.⟩ سەیر *seyr*

Mesopotamien *n* (hist.) مەیاندووواو *Meyandûwaw*; میسۆپۆتامیا *Mîsopotamya*

[1]**Messe** *f* (kath.) ڕێوڕەسمی خواپەرستی *rêwresimî xiwapersitî*

[2]**Messe** *f* پێشانگا *pêşanga*

messen ⟨v.t.⟩ ئەندازە گرتن *endaze girtin*

[1]**Messer** *m* پێوەر *pêwer*

[2]**Messer** *n* چەقۆ *çeqo*

Messestand *m* دوکانی ناو پێشانگا *dukanî naw pêşanga*

Messgerät *n* پێوەر *pêwer*

Messias *m* (Rel.) مەسیح *mesîh*

Messing *n* مسی زەرد *misî zerd*; مسی سوور *misî sûr*

Messung *f* 1. ئەندازەگرتن *endazegirtin*; 2. پێوان *pêwan*

Metall *n* کانزا *kanza*

Metapher *f* (Ling.) خوازە *xiwaze*; مەجاز *mecaz*

metaphorisch ⟨Adj.⟩ (Ling.) خوازەیی *xiwazeyî;* مەجازی *mecazî*
Meteor *m* (Astron.) گوڵەستێرە *guḻestêre*
Meteorologe *m* کەشناس *keşnas*
Meteorologie *f* کەشناسی *keşnasî*
Meteorologin *f* w. Form zu ↑Meteorologe
meteorologisch ⟨Adj.⟩ کەشناسی *keşnasî*
Meter *m/n* مەتر *metir*
Metermaß *n* مەترپێو *metirpêw*
Methode *f* شێواز *şêwaz*
Metropole *f* (bildungsspr.) گەورەشار *gewreşar*
Metzger *m* قەساب *qesab*
Metzgerei *f* قەسابی *qesabî*
Metzgerin *f* w. Form zu ↑Metzger
Meuterei *f* یاخێتی *yaxêtî*
MEZ *f* Abk. von ↑mitteleuropäische Zeit (↑Zeit) کاتی ئەورووپای ناوەڕاست *katî Ewrupay naweṟast*
mich Akk. von ich ⟨Pron.⟩ من *min;* ...م *...im/m;* **für mich** بۆ من *bo min*
Miene *f* ڕوو *ṟû;* سەروچاو *seruçaw*
Mietauto *n* ئوتومبێلی کرێ *utumbêlî kirê*
Miete *f* کرێ *kirê*
mieten ⟨v.t.⟩ بەکرێ گرتن *bekrê girtin*
Mieter *m* کرێگرتە *kirêgirte*
Mieterin *f* w. Form zu ↑Mieter
Mietvertrag *m* ڕێکەوتننامەی بەکرێگرتن *ṟêkewtinnamey bekrêgirtin*
Mietwagen *m* ئوترومبێلی کرێ *utrumbêlî kirê*
Migräne *f* (Med.) [illegible] *seryêşe*
Mikrofaser *f* ڕیشاڵی پۆلیەستەر *ṟîşaḻî polyester*
Mikrofon *n* میکرۆفۆن *mîkrofon*
Mikroskop *n* میکرۆسکۆب *mîkroskob*
Mikrowelle *f* (Elektr.) وردەپێڵ *wirdepêḻ*
Milan *m* (Zool.) هەڵەکەسەما *helekesema*
Milch *f* شیر *şîr*
Milchdrüse *f* شیرەڕژێن *şîreṟijên*
Milchflasche *f* شووشەی شیر *şûşey şîr*
Milchkaffee *m* قاوەی بە شیر *qawey be şîr*
Milchprodukt *n* شیرەمەنی *şîremenî*
Milchpulver *n* شیری وشک *şîrî wişk*
Milchreis *m* شیربرنج *şîrbirinc*
Milchshake *m* میلکشێک *mîlkşêk*
Milchstraße *f* کاکێشان *kakêşan*
Milchzahn *m* دانی شیری *danî şîrî*
mild I. ⟨Adj.⟩ 1. نیان *niyan;* 2. بەخشندە *bexşinde;* 3. فێنک (ئاووهەوا) *fênik (awuhewa)* **II.** ⟨Adv.⟩ بەنیانی *beniyanî*
Milieu *n* ناوەند *nawend*
Militär *n* سوپا *supa;* **zum Militär gehen** بوون بە سەرباز *bûn be serbaz*
Militärattaché *m* ڕاوێژکاری سەربازیی باڵیۆزخانە *ṟawêjkarî serbazîy baḻyozxane*
Militärdienst *m* خزمەتی سەربازی *xizmetî serbazî*
militärisch ⟨Adj.⟩ سەربازی *serbazî*
Milliarde *f* ملیار *milyar*
Millimeter *m/n* میلیمەتر *mîlîmetir*
Million *f* ملیۆن *milyon*
Millionär *m* ملیۆنێر *milyonêr*
Millionärin *f* w. Form zu ↑Millionär

Milz *f* سپڵ *sipil*
Mimik *f* شێوەی دەموچاوی خۆ گۆڕین *şêwey demuçawî xo gorîn*
Minarett *n* منارە *minare*
Minderheit *f* 1. کەمینە *kemîne;* 2. (Pol.) کەمەنەتەوە *kemenetewe*
minderjährig ⟨Adj.⟩ نابالِغ *nabalix*
mindern ⟨v.t.⟩ کەم کردنەوە *kem kirdinewe*
minderwertig ⟨Adj.⟩ کەمنرخ *kemnirx*
Minderwertigkeit *f* 1. کەمنرخی *kemnirxî;* 2. خۆبەکەمزانی *xobekemzanî*
mindeste(r, -s) ⟨Adj.⟩ کەمترین *kemtirîn*
mindestens ⟨Adv.⟩ 1. بەلایکەمەوە *belaykemewe;* 2. هەر هیچنەبێ *her hîçnebê*
[1]**Mine** *f* 1. کان *kan;* 2. نووک(ی قەڵەم) *nûk(î qelem)*
[2]**Mine** *f* (Mil.) مین *mîn*
Mineral *n* 1. کانزا *kanza;* 2. میتال *mêtal*
Mineralwasser *n* ئاوی مەعدەنی *awî me'denî*
Miniatur *f* 1. مینیاتوور *mînyatûr;* 2. وێنەیەکی پچووککراوە *wêneyekî piçûkkirawe*
Minibar *f* مینیی باڕ *mînîy bar*
minimal ⟨Adj.⟩ کەمترین *kemtirîn;* بچووکترین *biçûktirîn*
Minimum *n* (bildungsspr.) کەمترین *kemtirîn*
Minirock *m* تەنورەی کورت *tenurey kurt;* مینیجۆب *mînîcob*
Minister *m* وەزیر *wezîr*
Ministerin *f* w. Form zu ↑Minister
Ministerpräsident *m* سەرەکوەزیران *serekwezîran*
Ministerpräsidentin *f* w. Form zu ↑Ministerpräsident
Minorität *f* 1. کەمینە *kemîne;* 2. (Pol.) کەمەنەتەوە *kemenetewe*
minus I. ⟨Konj.⟩ (Math.) ناقیس *naqîs* **II.** ⟨Adv.⟩ لەژێر *lejêr* • es sind minus 10 Grad لەژێر سفرەوەیە دە **III.** ⟨Präp.⟩ (Kaufmannsspr.) لێداشکاو *lêdaşikaw* • acht minus zwei ist sechs هەشت دووی لێدەرکەیت، شەش دەکا
Minute *f* خولەک *xulek;* دەقیقە *deqîqe*
Minze *f* نەعنا *ne'na*
mir Dat. von ich ⟨Pron.⟩ 1. من *min;* ...م *...im/m* • das sind Freunde von mir ئەمانە هاورێی منن ; der Koffer gehört mir جانتاکە هی منە ; **mit mir** لەگەڵ مندا *legel minda;* **mir nichts, dir nichts** (idiom.) هیچی من و هیچی تۆ *hîçî min u hîçî to*
mischen ⟨v.t.⟩ 1. تێکەڵاو کردن *têkelaw kirdin;* 2. تێکدان (کاغەزی قومار) *têkdan (kaxezî qumar)*
Mischling *m* (Biol.) دوورەگ *dûreg*
Mischmaschine *f* مەکینەی چیمەنتۆ *mekîney çîmento*
Mischung *f* تێکەڵاو *têkelaw*
miserabel ⟨Adj.⟩ پەرێشان *perêşan*
Misere *f* (bildungsspr.) پەرێشانی *perêşanî*
missachten ⟨v.t.⟩ 1. ڕق لێبوون *riq lêbûn;* 2. گوێ پێنەدان *gwê pênedan*
Missachtung *f* 1. ڕقلێبوون *riqlêbûn;* 2. گوێپێنەدان *gwêpênedan*
Missbrauch *m* خراپبەکاربردە *xirapbe-*

karbirde

missbrauchen ⟨v.t.⟩ خراپ بەکار هێنان *xirap bekar hênan*

Misserfolg *m* نشستی *nişistî*

Missernte *f* کەمی دەغڵودان *kemî dex̲ludan*

Missgeschick *n* بەڵا *be̲la*; بەدبەختی *bedbextî*

Missgunst *f* کینە *kîne*; حەسوودی *h̲esûdî*

misshandeln ⟨v.t.⟩ ئەشکەنجە دان *eşkence dan*

Misshandlung *f* ئەشکەنجەدان *eşkencedan*

Mission *f* 1. (bildungsspr.) پەیام *peyam*; 2. (bildungsspr.) نوێنەرایەتی *nwênerayetî*

misslingen ⟨v.t.⟩ سەر نەکەوتن *ser nekewtin*

Missstand *m* بارێکی نالەبار *barêkî nalebar*

misstrauen ⟨v.i.⟩ 1. پشت پێنەبەستن *pişt pênebestin*; 2. دڵ لێ پیس بوون *di̲l lê pîs bûn*

Misstrauen *n* 1. پشتپێنەبەستن *piştpênebestin*; 2. بەدگومانی *bedgumanî*

misstrauisch ⟨Adj.⟩ بەگومان *beguman*; دوودڵ *dûdi̲l*

Missverständnis *n* خراپتێگەیشتن *xiraptêgeyiştin*

Mist *m* 1. شیاکە *şiyake*; 2. پشقل *pişqil*; 3. ڕیقنە *r̲îqne*; 4. (ugs.) قسەی قۆڕ *qisey qor̲*

Mistel *f* (Bot.) دەمووکانە *demûkane*

Misthaufen *m* سەرەنوێلکی تەپاڵە *serenwêlikî tepa̲le*

Mistkäfer *m* (Zool.) خلێنکە *xilênke*

mit ⟨Präp.⟩ 1. لەگەڵ *lege̲l*; 2. بە *be*; بە ... (ە)وە *be ...(e)we*; **mit 20 Jahren** بە بیست ساڵی *be bîst sa̲lî*; **mit Absicht** بە مەبەست *be mebest*

Mitarbeit *f* هاوکاری *hawkarî*

Mitarbeiter *m* هاوکار *hawkar*

Mitarbeiterin *f* w. Form zu ↑Mitarbeiter

mitbringen ⟨v.t.⟩ لەگەڵ خۆدا هێنان *lege̲l xoda hênan*

Mitbringsel *n* (ugs.) دیارییەکی پچکۆلە *diyarîyekî piçkole*

Mitbürger *m* هاونیشتمان *hawnîştiman*

Mitbürgerin *f* w. Form zu ↑Mitbürger

miteinander ⟨Adv.⟩ بەیەکەوە *beyekewe*

mitfahren ⟨v.i.⟩ پێکەوە ڕۆیشتن (بە ئوتومبێل) *pêkewe r̲oyiştin (be utumbêl)*

Mitfahrgelegenheit *f* هەلی پێکەوەسەفەرکردن *helî pêkeweseferkirdin*

Mitgefühl *n* هاودەردی *hawderdî*; **Mitgefühl zeigen** هەست دەربڕین *hest derbir̲în*

mitgehen ⟨v.i.⟩ لەگەڵدا ڕۆیشتن *lege̲lda r̲oyiştin*

Mitgift *f* مارەیی *mareyî*

Mitglied *n* ئەندام *endam*

Mitgliedsausweis *m* ناسنامەی ئەندامێتی *nasnamey endamêtî*

Mitgliedschaft *f* ئەندامێتی *endamêtî*

Mitleid *n* بەزەیی *bezeyî*

mitmachen ⟨v.t./v.i.⟩ 1. لەگەڵدا کردن *lege̲lda kirdin*; 2. هاوبەشی کردن *hawboçî kirdin*

mitnehmen ⟨v.t.⟩ (لەگەڵ خۆدا) بردن

M

birdin (legel xoda)
Mitreisende *f* w. Form zu ↑Mitreisender
Mitreisender *m* هاوگەشتکار *hawgeştkar*
mitschreiben ⟨v.i./v.t.⟩ 1. لەگەڵ ...دا نووسین *legel ...da nûsîn*; 2. بەشدار کردن لە *beşdar kirdin le*
Mitschüler *m* هاوڕێی خوێندن *hawrêy xwêndin*
Mitschülerin *f* w. Form zu ↑Mitschüler
Mitspieler *m* هاویاری *hawyarî*
Mitspielerin *f* w. Form zu ↑Mitspieler
Mittag *m* نیوەڕۆ *nîwero*; **gegen Mittag** دەورووپشتی نیوەڕۆ *dewrupiştî nîwero*; **heute Mittag** ئەمڕۆ سەرلەنیوەڕۆ *emro serlenîwero*; **zu Mittag essen** نانی نیوەڕۆ خواردن *nanî nîwero xiwardin*
Mittagessen *n* نانی نیوەڕۆ *nanî nîwero*
mittags ⟨Adv.⟩ نیوەڕوان *nîwerwan*
Mittagspause *f* پشووی نیوەڕۆ *pişûy nîwero*
Mittagsschlaf *m* نیوەڕۆخەو *nîweroxew*
Mitte *f* ناوەند *nawend*; نێوان *nêwan*; **Mitte des Monats** ناوەڕاستی مانگ *nawerastî mang*; **Mitte Oktober** لە ناوەڕاستی تشرینی یەکەمدا *le nawerastî tişrînî yekemda*
mitteilen ⟨v.t.⟩ 1. ئاگادار کردنەوە *agadar kirdinewe*; 2. پێراگەیاندن *pêrageyandin*
Mitteilung *f* ئاگاداری *agadarî*; ڕاگەیاندن *rageyandin*
mittel ⟨Adj.⟩ مامناوەندی *mamnawendî*
Mittel *n* 1. چارە *çare*; 2. هۆکار *hokar*; 3. دەرمان *derman*; 4. ناوەڕاست *nawerast*
Mittelalter *n* سەدەکانی ناوەڕاست *sedekanî nawerast*
Mittelfinger *m* باڵابەرزە *balaberze*
mittellos ⟨Adj.⟩ بێپارە *bêpare*; هەژار *hejar*
mittelmäßig ⟨Adj.⟩ 1. نیوەونیوەچڵ *nîwewnîweçil*; مامناوەندی *mamnawendî*; 2. ئاسایی *asayî*
Mittelmeer *n* دەریای ناوەڕاست *deryay nawerast*
Mittelohrentzündung *f* (Med.) ئیلتیهابی گوێچکەی ناوەڕاست *îltîhabî gwêçkey nawerast*
Mittelpunkt *m* 1. ناوەند *nawend*; 2. (üb.) کرۆک *kirok*
Mittelstufe *f* پلەی ناوەندی (لە خوێندندا) *piley nawendî (le xwêndinda)*
Mittelwelle *f* (Phys.) شەپۆلی مامناوەندی *şepolî mamnawendî*
mitten ⟨Adv.⟩ ناوەڕاست *nawerast*; **mitten im Winter** لە ناوەڕاستی زستاندا *le nawerastî zistanda*; **mitten in der Nacht** لە نیوەشەودا *le nîweşewda*
Mitternacht *f* نیوەشەو *nîweşew*
mittlere(r, -s) ⟨Adj.⟩ ناوەڕاست *nawerast*
mittlerweile ⟨Adv.⟩ لەوکاتەدا *lewkateda*
Mittsommer *m* دەوروبەری چلەی هاوین *dewruberî çiley hawîn*
Mittwoch *m* چوارشەممە *çiwarşemme*
mitwirken ⟨v.i.⟩ هاوبەشی کردن *hawbeşî kirdin*

M

mixen ⟨v.t.⟩ تێکەڵ کردن *têkel̲ kirdin*
Mixer *m* ئامێری تێکهەڵدەرە *amêrî têkhel̲dere*
Mob *m* کۆمەڵێک خەڵکی ئاشووبگێڕ *komel̲êk xel̲kî aşûbgêr̲*
Mobbing *n* 1. زەمکردن *zemkirdin;* 2. ئاژاوەنانەوە *ajawenanewe*
Möbel *pl.* مۆبیلە *mobîle*
mobil ⟨Adj.⟩ (bildungsspr.) بزێو *bizêw*
Mobilfunk *m* کۆمۆنیکەیشنی مۆبایل *komonîkeyşinî mobayil*
Mobiliar *n* کەلوپەلی ناوماڵ *kelupelî nawmal̲*
mobilisieren ⟨v.t.⟩ 1. بزواندن *bizwandin;* 2. (Med.) هێنانەوە سەر خۆ *hênanewe ser xo;* 3. (Mil.) کۆ کردنەوە *ko kirdinewe*
möbliert ⟨Adj.⟩ بەکەلوپەلەوە *bekelupelewe*
möchten Konjunktiv von mögen ⟨v.i./Modalverb/v.t.⟩ ویستن *wîstin;* پێویستی پێبوون *pêwîstî pêbûn*
Modalität *f* چۆنێتی *çonêtî*
Mode *f* مۆدە *mode;* **die neueste Mode** مۆدەی تازە *modey taze;* **Mode sein** مۆدە بوون *mode bûn*
Modegeschäft *n* دوکانی جلوبەرگی مۆدە *dukanî cilubergî mode*
Model *n* نمایشتکاری جلوبەرگی نوێ *nimayiştkarî cilubergî nwê*
Modell *n* 1. سەرمەشق *sermeşq;* 2. شێواز *şêwaz*
Modem *n* (EDV) مۆدێم *modêm*
Modenschau *f* جلوبەرگی نوێ نمایشکردن *cilubergî nwê nimayîşkirdin*
Moderation *f* بەرنامە پێشکەشکردن *bername pêşkeşkirdin*
Moderator *m* بێژەر (ڕادیۆ، تەلەفیزیۆن) *bêjer (r̲adyo, telefîzyon)*
Moderatorin *f* w. Form zu ↑Moderator
[1]**modern** ⟨v.i.⟩ ڕزین *r̲izîn;* گەنین *genîn*
[2]**modern** ⟨Adj.⟩ 1. نوێ *nwê;* 2. هاوچەرخ *hawçerx*
modernisieren ⟨v.t.⟩ نوێ کردنەوە *nwê kirdinewe*
Modeschmuck *m* خشڵێک، کە لە زێڕ نەبێ *xişl̲êk, ke le zêr̲ nebê*
modisch ⟨Adj.⟩ نوێ *nwê*
Mofa *n* ماتۆڕسکیل *mator̲sikîl*
mogeln ⟨v.i.⟩ گزی کردن *gizî kirdin*
mögen ⟨v.i./Modalverb/v.t.⟩ پێ خۆش بوون *pê xoş bûn;* حەز لێکردن *h̲ez lêkirdin* • ich mag dich من حەزت لێدەکەم
möglich ⟨Adj.⟩ گونجاو *guncaw;* شیاو *şiyaw* • ich halte das nicht für möglich من باوەڕ بەمە ناکەم ; **so bald wie möglich** بە زووترین کات *be zûtirîn kat*
möglicherweise ⟨Adv.⟩ ڕەنگە *r̲enge;* لەوانەیە *lewaneye*
Möglichkeit *f* 1. ڕێتێچوون *r̲êtêçûn;* شیاوی *şiyawî;* 2. هەل *hel*
möglichst ⟨Adv.⟩ بەپێیتوانا *bepêytiwana*
Mohairwolle *f* خوری مەرەز *xurî merez*
Mohammed *m* (Rel.) محەمەد (درودی خوای لێبێ!) *Mih̲emed (dirudî xiway lêbê!)*
Mohn *m* خەشخاش *xeşxaş;* کۆکەنار *kokenar̲*
Möhre *f* گوێزەر *gwêzer*

Mokka *m* قاوەی مۆکا *qawey moka*
Molke *f* دۆ *do*
Molkerei *f* کارگەی شیرەمەنی *kargey şîremenî*
Molle *f* 1. دۆڵچەی هەویر *dolçey hewîr*; 2. (ugs.) پەرداخێک بیرە *perdaxêk bîre*
mollig ⟨Adj.⟩ (ugs.) تێکسمڕاو *têksimraw*; خەپەتۆڵە *xepetole*
Moment *m* 1. ئان *an*; کاتێکی کورت *katêkî kurt*; 2. ئێستا *êsta* • Moment bitte! !تکایە سەبر بگرە
momentan ⟨Adj.⟩ لەمکاتەدا *lemkateda*
Monarch *m* مەلیک *melîk*
Monarchie *f* 1. شانشین *şanişîn*; 2. مەملەکەت *memleket*
Monarchin *f* w. Form zu ↑Monarch
Monat *m* مانگ *mang*
monatlich ⟨Adj.⟩ مانگانە *mangane*
Monatsende *n* کۆتایی مانگ *kotayîy mang*
Monatsgehalt *n* مانگانە *mangane*
Monatskarte *f* کارتی مانگانە *kartî mangane*
Mönch *m* کەشیش *keşîş*
Mond *m* مانگ *mang*
Mondfinsternis *f* (Astron.) مانگگیران *manggîran*
Mondmonat *m* مانگی هەیڤی *mangî heyvî*
Mondschein *m* مانگەشەو *mangeşew*
Monitor *m* مۆنیتەر *monîter*
monogam ⟨Adj.⟩ 1. یەکژنە *yekjine*; 2. یەکپیاوە *yekpiyawe*
Monogamie *f* 1. یەکژنی *yekjinî*; 2. یەکپیاوی *yekpiyawî*
Monopol *n* دەستبەسەرداگرتن *destbeserdagirtin*
Monotheismus *m* (Rel.) باوەڕبوونبەیەکخوا *bawerbûnbeyekxiwa*; یەکخواپەرستی *yekxiwaperistî*
monotheistisch ⟨Adj.⟩ (Rel.) یەکپەرست *yekperist*
monoton ⟨Adj.⟩ 1. بێزارکەر *bêzarker*; 2. یەکئاهەنگ *yekaheng*
Monster *n* خێو *xêw*; دەعبا *de'ba*
Monsun *m* (Geogr.) بای وەرز *bay werz*
Montag *m* دووشەممە *dûşemme*
montieren ⟨v.t.⟩ 1. مەکینە بەستن *mekîne bestin*; 2. مۆنتاج کردن *montac kirdin*
Monument *n* پەیکەر *peyker*; مۆنومێنت *monumênt*
Moor *n* زۆنگ *zong*; زۆنگاو *zongaw*
Moos *n* قەوزە *qewze*
Moped *n* ماتۆڕسکیل *matorskîl*
Moral *f* 1. خووڕەوشت *xûrewişt*; 2. مۆڕاڵ *moral*; 3. باوەڕبەخۆبوون *bawerbexobûn*; **doppelte Moral** دووڕوویی *dûrûyî*
moralisch ⟨Adj.⟩ ڕەوشتی *rewiştî*
Mord *m* پیاوکوژی *piyawkujî*
Mörder *m* پیاوکوژ *piyawkuj*
Mörderin *f* w. Form zu ↑Mörder
mörderisch ⟨Adj.⟩ 1. بکوژ *bikuj*; 2. کوشندە *kuşinde*
Mordversuch *m* نیازی پیاوکوژی *niyazî piyawkujî*
morgen ⟨Adv.⟩ بەیانی *beyanî*; **bis morgen** هەتا بەیانی *heta beyanî*; **morgen Abend** سبەی ئێوارێ *sibey êwarê*; **morgen früh** بەیانیی زوو *beyanîy zû*
Morgen *m* 1. بەیانی *beyanî*; 2. سبەی *sibey*; 3. فەددان *feddan* • guten Morgen! !بەیانیت باش; **heute Morgen**

ئەمرۆ بەیانی *emro beyanî*
Morgengebet *n* (islam.) نوێژی بەیانی *nwêjî beyanî*
Morgenland *n* وڵاتانی ڕۆژهەڵات *wilatanî rojhelat*
morgens ⟨Adv.⟩ بەیانیان *beyanyan;* **um 5 Uhr morgens** بەیانیان لە سەعات پێنجدا *beyanyan le se'at pêncda;* **von morgens bis abends** لە بەیانییەوە تا ئێوارێ *le beyanîyewe ta êwarê*
morsch ⟨Adj.⟩ 1. پووکاوە *pûkawe;* 2. دارزاو *darizaw*
Mörser *m* 1. دەسکەوان *deskewan;* 2. (Mil.) هاوەن *hawen*
Mosaik *n* مۆزایک *mozayik*
Moschee *f* مزگەوت *mizgewt*
Moschus *m* میسک *mîsk*
Moses *m* (Rel.) موسا *Musa*
Moskito *m* (Zool.) مێشوولە *mêşûle*
Moskitonetz *n* پەردەکولە *perdekule*
Moslem *m* موسوڵمان *musulman*
Motiv *n* 1. (bildungsspr.) مەرام *meram;* 2. وێنە *wêne*
motivieren ⟨v.t.⟩ هان دان *han dan*
Motor *m* 1. ماتۆڕ *mator;* 2. مەکینە(ی ئوتومبێل) *mekîne(y utumbêl)*
Motorboot *n* بەلەمی ماتۆڕدار *belemî matordar*
Motorhaube *f* (Kfz) بۆنیت *bonît*
Motorrad *n* مۆتۆڕسکیل *matorskîl;* ماتۆڕ *mator*
Motorradfahrer *m* ماتۆڕسکیللێخوڕ *matorsikîllêxur*
Motorradfahrerin *f* w. Form zu ↑Motorradfahrer
Motorschaden *m* زیان لە ماتۆڕ کەوتن *ziyan le mator kewtin*
Motte *f* (Zool.) مۆرانە *morane*
Mottenkugel *f* نەفتالین *neftalîn*
Möwe *f* (Zool.) تیتلەکناچە *tîtlekinaçe*
Mücke *f* (Zool.) مێشوولە *mêşûle*
müde ⟨Adj.⟩ ماندوو *mandû;* هیلاک *hîlak*
Müdigkeit *f* ماندوویەتی *mandûyetî;* هیلاکی *hîlakî*
Muezzin *m* (islam.) بانگدەر *bangder*
muffig ⟨Adj.⟩ بۆبۆگەنی *bobogenî*
Mufti *m* (islam.) موفتی *muftî*
Mühe *f* ڕەنج *renc;* ئەرک *erk* • wenn es keine Mühe macht … ئەگەر زەحمەت نەبێ …
mühelos ⟨Adj.⟩ ئاسان *asan;* سانا *sana*
muhen ⟨v.i.⟩ بۆڕاندن (ڕەشەوڵاخ) *borandin (reşewilax)*
Mühle *f* 1. ئاش *aş;* 2. نۆڕسکێن *noriskên*
mühsam ⟨Adj.⟩ 1. زەحمەت *zehmet;* گران *giran;* 2. بەگران *begiran*
Müll *m* خۆڵ *xol;* زبڵ *zibil*
Müllabfuhr *f* خۆڵلابردن *xollabirdin*
Mullah *m* (islam.) مەلا *mela*
Müllbeutel *m* زەرفی خۆڵوخاشاک *zerfî xoluxaşak*
Mullbinde *f* (Med.) شاش *şaş*
Mülldeponie *f* زبڵخانە *zibilxane*
Mülleimer *m* تەنەکەی خۆڵ *tenekey xol*
Müller *m* ئاشەوان *aşewan*
Müllerin *f* w. Form zu ↑Müller
Mülltonne *f* بەرمیلی خۆڵ *bermîlî xol*
Mülltrennung *f* خۆڵجیاکردنەوە *xolciyakirdinewe*
multikulturell ⟨Adj.⟩ فرەکولتوری *firekulturî*
Multimedia *n* فرەمێدیا *firemêdiya*

M

multiplizieren ⟨v.t.⟩ (Math.) لێکدان *lêkdan*

Mumie *f* مۆمیا *momya*

Mumps *m* (Med.) گوێرەپە *gwêrepe*

Mund *m* دەم *dem*

Mundart *f* دیالێکت *diyalêkt*; شێوەزمان *şêweziman*

Mundgeruch *m* بۆنی دەم *bonî dem*

Mundharmonika *f* (بە دەم لێدەدرێ) هارمۆنیکا *harmonîka (be dem lêdedrê)*

mündig ⟨Adj.⟩ باڵق *baliq*; باڵغ *balix*

mündlich ⟨Adj.⟩ زارەکی *zarekî*

Mundstück *n* دەمگرە *demgire*

Mündung *f* 1. ڕێژگە *rêjge*; 2. دەمۆکە *demoke*

Mungo *m* (Zool.) مشکەخورما *mişkexurma*

Munition *f* تەقەمەنی *teqemenî*

munter ⟨Adj.⟩ بەئاگا *beaga*; هۆشیار *hoşyar*

mürbe ⟨Adj.⟩ 1. داڕزاو *darizaw*; 2. پووکاوە *pûkawe*; 3. نەرم *nerm*

Murmel *f* هەڵمات *helmat*

murmeln ⟨v.i.⟩ منگەمنگ کردن *mingeming kirdin*

Murmeltier *n* (Zool.) مارمووت *marmût*

murren ⟨v.i.⟩ بۆڵاندن *bolandin*

mürrisch ⟨Adj.⟩ ئێسکگران *êskgiran*; مۆن *mon*

Muschel *f* 1. (Zool.) گوێچکەماسی *gwêçkemasî*; 2. (Zool.) سەدەف *sedef*

Museum *n* موزە *muze*; مۆزەخانە *mozexane*

Musical *n* مۆسیقای کۆمێدی *mosîqay komêdî*

Musik *f* 1. مۆسیقا *mosîqa*; 2. ئاهەنگ *aheng*

musikalisch ⟨Adj.⟩ مۆسیقی *mosîqî*

Musiker *m* مۆسیقاژەن *mosîqajen*

Musikerin *f* w. Form zu ↑Musiker

Musikinstrument *n* ئامێری مۆسیقا *amêrî mosîqa*

Musikkassette *f* کاسێتی مۆسیقا *kasêtî mosîqa*

musizieren ⟨v.i.⟩ مۆسیقا لێدان *mosîqa lêdan*; مۆسیقا ژەندن *mosîqa jendin*

Muskatnuss *f* گوێزی هندی *gwêzî hindî*

Muskel *m* ماسولکە *masulke*

Muskelkater *m* پشتوەرگەڕان *piştwergeran*

Muskelkrampf *m* (Med.) گرژیی ماسولکە *girjîy masulke*

Muskelzerrung *f* ماسولکەکشان *masulkekişan*

muskulös ⟨Adj.⟩ چوارگورچک *çiwargurçik*; پڕهێز *pirhêz*

Muslim *m* موسوڵمان *musulman*

Muslimin *f* w. Form zu ↑Muslim

Muße *f* کاتی بێکاری *katî bêkarî*

müssen ⟨v.i./Modalverb⟩ پێویست بوون *pêwîst bûn*; بوون (دەبێ) *bûn (debê)* • du musst gehen پێویستە بڕۆیت ; ich muss mal (ugs.) دەبێ بچمە سەر ئاودەست

Muster *n* نموونە *nimûne*

Mut *m* ئازایەتی *azayetî*; **den Mut verlieren** نائومێد بوون *naumêd bûn*

mutig ⟨Adj.⟩ 1. ئازا *aza*; بێباک *bêbak*; 2. ئازایانە *azayane*

[1]**Mutter** *f* دایک *dayk*

[2]**Mutter** *f* (Tech.) پێچگر(ی برغوو) *pêçgir(î birx̱û)*

mütterlich ⟨Adj.⟩ دایکی *daykî;* دایکانە *daykane*

Muttermal *n* خاڵ *xal̲*

Muttersöhnchen *n* (ugs.) کوڕی دایک *kur̲î dayk*

Muttersprache *f* زمانی دایک *zimanî dayk*

Muttertag *m* ڕۆژی دایکان *r̲ojî daykan*

Mutti *f* (ugs.) دایەلێ *dayelê*

mutwillig ⟨Adj.⟩ بەمەبەست *bemebest;* بەئەنقەست *beenqest*

Mütze *f* 1. کڵاو *kil̲aw;* 2. کاسکێت *kaskêt*

MwSt. Abk. von ↑Mehrwertsteuer

باجی کڕین(، کە بە فرۆشیار دەدرێ) *bacî kir̲în(, ke be firoşyar dedrê)*

Myrrhe *f* مووتک *mûtk*

mysteriös ⟨Adj.⟩ ئاڵۆز *al̲oz;* نادیار *nadiyar*

Mystik *f* (Rel.) سۆفێتی *sofêtî;* سۆفیگەری *sofîgerî*

Mystiker *m* سۆفی *sofî*

Mystikerin *f* w. Form zu ↑Mystiker

mystisch ⟨Adj.⟩ موتەسەویف *mutesewîf;* سۆفی *sofî*

Mythos *m* 1. (bildungsspr.) ئەفسانە *efsane;* 2. (bildungsspr.) چیرۆکی ئەفسانەیی *çîrokî efsaneyî*

N

n, N ئێن *ên;* پیتی چواردەیەمی ئەلفبێی ئەڵمانی *pîtî çiwardeyemî elfbêy el̲manî*

na ⟨Int.⟩ (ugs.) ئاها *aha* • na gut! ئاها، باشە! ; na und?! ئێ باشە، چی دەبێ؟! چش؟!

Nabel *m* ناوک *nawik*

nach ⟨Präp./Adv.⟩ 1. بۆ *bo;* بۆلا ...(ە)وە *bola ...(e)we;* 2. پاش *paş;* 3. بەپێی *bepêy;* 4. دوابەدوا *diwabedwa;* **der Zug nach Frankfurt** شەمەندەفەرەکەی فڕانکفۆرت *şemendeferekey Fir̲ankfort;* **nach und nach** وردەوردە *wirdewirde*

Nachbar *m* دراوسێ *dirawsê*

Nachbarin *f* w. Form zu ↑Nachbar

Nachbarland *n* وڵاتی دراوسێ *wil̲atî dirawsê*

Nachbarschaft *f* دراوسێتی *dirawsêtî*

nachdem ⟨Konj.⟩ دوایئەوەی *diwayewey*

nachdenken ⟨v.i.⟩ بیر کردنەوە *bîr kirdinewe;* تێڕامان *têr̲aman*

nachdenklich ⟨Adj.⟩ دڵمەند *dil̲mend;* مات *mat*

nachdrücklich ⟨Adj.⟩ سوورلەسەر *sûr leser*

N

nacheinander ⟨Adv.⟩ یەکیەک *yekyek;* بەدوایەکدا *bedwayyekda*

Nachfahr(e) *m* نەوە *newe;* وەچە *weçe*

Nachfahrin *f* w. Form zu ↑Nachfahre

Nachfolger *m* 1. جێنشین *cênişîn;* 2. پاشەوار *paşewar*

Nachfolgerin *f* w. Form zu ↑Nachfolger

nachforschen ⟨v.i.⟩ سۆراخ کردن *sorax kirdin;* تەحقیق کردن *te<u>h</u>qîq kirdin*

Nachforschung *f* قوولّبوونەوە *qû<u>l</u>bûnewe;* سۆراخکردن *soraxkirdin*

Nachfrage *f* 1. پرسیار *pirsyar;* 2. داواکردن *dawakirdin*

nachfüllen ⟨v.t.⟩ پڕ کردنەوە *pi<u>r</u> kirdinewe*

nachgeben ⟨v.i.⟩ 1. نوشتانەوە *nuştanewe;* بەرگە نەگرتن *berge negirtin;* 2. مل دان *mil dan*

nachgehen ⟨v.i.⟩ 1. دوا کەوتن (سەعات) *diwa kewtin (seʿat);* 2. بەدوا ...دا چوون *bedwa ...da çûn*

Nachgeschmack *m* 1. تام لە دەمدا مانەوە *tam le demda manewe;* 2. (üb.) یادەوەریی ناخۆش *yadewerîy naxoş*

nachgiebig ⟨Adj.⟩ گەردنکەچ *gerdinkeç*

nachher ⟨Adv.⟩ پاشان *paşan;* لەمەودوا *lemewdiwa* • bis nachher! تا دوایی!

Nachhilfe *f* یارمەتی *yarmetî*

nachholen ⟨v.t.⟩ حەق بۆ کردنەوە *<u>h</u>eq bo kirdinewe*

Nachlass *m* 1. میرات *mîrat;* 2. (Kaufmannsspr.) کەمکردنەوە *kemkirdinewe*

nachlassen I. ⟨v.t.⟩ 1. کەم کردنەوە *kem kirdinewe;* 2. (Kaufmannsspr.) داشکاندن *daşikandin* **II.** ⟨v.i.⟩ کەم بوونەوە *kem bûnewe*

nachlässig ⟨Adj.⟩ کەمتەرخەم *kemterxem;* خەمسارد *xemsard*

nachlaufen ⟨v.i.⟩ بەدوا ...(ە)وە بوون *bedwa ...(e)we bûn*

nachmachen ⟨v.t.⟩ چاو لێکردن *çaw lêkirdin;* لاسایی کردنەوە *lasayî kirdinewe*

Nachmittag *m* دواینیوەڕۆ *diwaynîwe<u>r</u>o;* پاشنیوەڕۆ *paşnîwe<u>r</u>o;* **heute Nachmittag** ئەمڕۆ پاشنیوەڕۆ *em<u>r</u>o paşnîwe<u>r</u>o*

Nachname *m* ناوی خێزان *nawî xêzan*

nachprüfen ⟨v.t.⟩ پێداچوونەوە *pêdaçûnewe*

Nachricht *f* 1. دەنگوباس *dengubas;* 2. ئاگاداری *agadarî;* 3. پەیام *peyam;* **Nachrichten** *pl.* دەنگوباس *dengubas*

Nachrichtenagentur *f* ئاژانسی دەنگوباس *ajansî dengubas*

Nachrichtensendung *f* بەرنامەی هەواڵەکان *bernamey hewa<u>l</u>ekan*

Nachruf *m* وتاری ماتەمینی *witarî matemînî*

Nachsaison *f* 1. دوای وەرز *diway werz;* 2. دوای وەرزی گەشتوگوزار *diway werzî geştuguzar*

nachschauen ⟨v.i.⟩ 1. لەدواوە سەیر کردن *lediwawe seyir kirdin;* 2. پێداچوونەوە *pêdaçûnewe*

nachschlagen I. ⟨v.t.⟩ چاو پێداخشاندن (کتێب) *çaw pêdaxişandin (kitêb)* **II.** ⟨v.i.⟩ چوونەوە سەر *çûnewe ser*

Nachschub *m* یارمەتی *yarmetî*

nachsehen I. ⟨v.i.⟩ لەدواوە سەیر کردن *lediwawe seyir kirdin* **II.** ⟨v.t.⟩

پێداچوونەوە *pêdaçûnewe*
nachsenden ⟨v.t.⟩ بۆ ناردن *bo nardin*
Nachsicht *f* 1. چاولێپۆشین *çawlêpoşîn*; 2. چاکە *çake*
nachsichtig ⟨Adj.⟩ سنگفراوان *singfirawan*; نیان *niyan*; بەخشندە *bexşinde*
Nachspeise *f* پاشخواردن *paşxiwardin*
nächst ⟨Präp.⟩ 1. (geh.) لەتەنیشت *letenîşt*; 2. (geh.) تر *tir*
nächste(r, -s) ⟨Adj.⟩ 1. نزیک *nizîk*; 2. داهاتوو *dahatû*; 3. تر *tir*; **nächste Woche** هەفتەی داهاتوو *heftey dahatû*; **nächster Monat** مانگی داهاتوو *mangî dahatû*; **nächstes Jahr** ساڵی داهاتوو *saḻî dahatû*; **nächstes Mal** جاری داهاتوو *carî dahatû*
Nacht *f* شەو *şew*
nachtblind ⟨Adj.⟩ (Med.) شەوکوێر *şewkwêr*
Nachtdienst *m* شەوکاری *şewkarî*
Nachteil *m* 1. زیانکاری *ziyankarî*; 2. زیان *ziyan*
Nachtflug *m* فڕین بە شەو *fiṟîn be şew*
Nachthemd *n* کراسی شەوانە *kirasî şewane*
Nachtigall *f* (Zool.) بولبوول *bulbûl*
Nachtisch *m* پاشخواردن *paşxiwardin*
Nachtklub *m* یانەی شەوانە *yaney şewane*
Nachtleben *n* ژیانی شەوانە *jiyanî şewane*
nächtlich ⟨Adj.⟩ بەشەو *beşew*; شەوانە *şewane*
Nachtportier *m* دەرگاوانی شەو *dergawanî şew*
nachtragend ⟨Adj.⟩ ڕقهەڵگر *ṟiqheḻgir*
nachträglich ⟨Adv.⟩ پاشان *paşan*
Nachtruhe *f* 1. پشووی شەوانە *pişûy şewane*; 2. خەو *xew*
nachts ⟨Adv.⟩ شەوان *şewan*; شەوانە *şewane*; **um zwei Uhr nachts** لە سەعات دووی شەودا *le se'at dûy şewda*
Nachtschicht *f* شەفتی شەوانە *şeftî şewane*
Nachttisch *m* دۆڵابی پچکۆلەی ئەملاوئەولای سیسەمی ژووری نووستن *doḻabî piçkoley emlawewlay sîsemî jûrî nûstin*
Nachtwache *f* 1. پاسەوانیی شەو *pasewanîy şew*; 2. شەونخوونی *şewnixûnî*
Nachtwächter *m* پاسەوانی شەو *pasewanî şew*
Nachtwächterin *f* w. Form zu ↑Nachtwächter
Nachweis *m* بەڵگەنامە *beḻgename*
nachweisen ⟨v.t.⟩ ئیسپات کردن *îspat kirdin*
Nachwort *n* دواوتە *diwawite*; پاشکۆ *paşko*
Nachwuchs *m* 1. (ugs.) نەوەی نوێ *newey nwê*; 2. تازەکار *tazekar*
nachzahlen ⟨v.t.⟩ پاشان پارە پێدان *paşan pare pêdan*
nachzählen ⟨v.t.⟩ ژماردنەوە *jimardinewe*
Nacken *m* گەردەمل *gerdemil*
nackt ⟨Adj.⟩ 1. ڕووت *ṟût*; 2. پەتی *petî*; 3. تەنیا *tenya*
Nacktheit *f* ڕووتوقووتی *ṟûtuqûtî*
Nadel *f* دەرزی *derzî*
Nadelbaum *m* چام *çam*; سنەوبەر *sinewber*
Nagel *m* 1. بزمار *bizmar*; 2. نینۆک *nî-*

N

nok; **die Nägel schneiden** نینۆک کردن *nînok kirdin*

Nagelfeile *f* بڕبەندی نینۆک *bir̲bendî nînok*

Nagellack *m* بۆیەی نینۆک *boyey nînok*

Nagelschere *f* نینۆکبڕ *nînokbir̲*

nagen I. ⟨v.i.⟩ کرتان *kirtan* **II.** ⟨v.t.⟩ کرتاندن *kirtandin*

nah s. ↑nahe

nahe I. ⟨Adj.⟩ نزیک *nizîk*; **in naher Zukunft** لە داهاتوویەکی نزیکدا *le dahatûyekî nizîkda* **II.** ⟨Adv.⟩ نزیک *nizîk* **III.** ⟨Präp.⟩ لەنزیک ...(ە)وە *lenizîk ...(e)we*

Nähe *f* نزیکی *nizîkî*; **aus der Nähe (von) ...** لەنزیک ...(ە)وە *lenizîk ...(e) we*; **ganz in der Nähe ...** زۆر لەنزیک ...ەوە *zor lenizîk ...ewe*; **in der Nähe (von) ...** لەنزیک ... *lenizîk ...*

N

nahekommen ⟨v.i.⟩ لێ نزیک بوونەوە *lê nizîk bûnewe*; **j-m nahekommen** لێ نزیک کەوتنەوە *lê nizîk kewtinewe*

nähen ⟨v.t.⟩ دروون *dirûn*

näher ⟨Adj.⟩ 1. نزیکتر *nizîktir*; 2. پێشتر *pêştir*

nähern I. ⟨v.t.⟩ نزیک کردنەوە *nizîk kirdinewe* **II.** ⟨v.refl.⟩ sich (etw./j-m) nähern 1. نزیک بوونەوە *nizîk bûnewe*; 2. خۆ لێ نزیک کردنەوە *xo lê nizîk kirdinewe*

nahezu ⟨Adv.⟩ نزیکەی *nizîkey*

Nähmaschine *f* مەکینەی دروومان *mekîney dirûman*

Nähnadel *f* دەرزیی دروومان *derzîy dirûman*

nahrhaft ⟨Adj.⟩ بژیەن *bijyen*; وزەبەخش *wizebexş*

Nahrung *f* خۆراک *xorak*; خواردەمەنی *xiwardemenî*

Nahrungsmittel *pl.* خۆراک *xorak*; خواردەمەنی *xiwardemenî*

Naht *f* تەقەڵ *teqel̲*

Nahverkehr *m* هاتوچۆی ناوخۆ *hatuçoy nawxo*

naiv ⟨Adj.⟩ 1. ساویلکە *sawîlke*; 2. دڵپاک *dil̲pak*

Naivität *f* 1. ساویلکەیی *sawîlkeyî*; 2. دڵپاکی *dil̲pakî*

Name *m* 1. ناو *naw*; 2. ناوبانگ *nawbang* • wie ist dein Name? تۆ ناوت چییە؟

Namensvetter *m* هاوناو *hawnaw*

namhaft ⟨Adj.⟩ بەناوبانگ *benawbang*

nämlich I. ⟨Adv.⟩ واتە *wate* **II.** ⟨Adj.⟩ ئەو خۆی *ew xoy*

nanu ⟨Int.⟩ ئەمە چییە! *eme çîye!*

Napf *m* دەفر *defir*; قاپ *qap*

Narbe *f* جێبرین *cêbirîn*

Narkose *f* (Med.) بەنج *benc*

Narr *m* 1. شێت *şêt*; 2. قەشمەر *qeşmer*

Närrin *f* w. Form zu ↑Narr

närrisch ⟨Adj.⟩ 1. شێت *şêt*; 2. گەوج *gewc*

Narzisse *f* (Bot.) نێرگز *nêrgiz*

naschen ⟨v.t./v.i.⟩ بە ئارەزوو و وردەوردە خواردن (بێ برسێتی) *be arezû w wirdewirde xiwardin (bê birsêtî)*

Nase *f* لووت *lût*

Nasenbluten *n* (Med.) لووتپژان *lûtpijan*

Nasenloch *n* کونەلووت *kunelût*

Nasenring *m* خەزێم *xezêm*

Nasenschleim *m* چڵم *çil̲m*

Nasentropfen *pl.* (Med.) قەترەی لووت *qetrey lût*

Naseweis *m* (ugs.) زماندرێژ *zimandirêj*

Nashorn *n* (Zool.) لووتکەڵەشاخ *lûtkeḻeşax;* کەرکەدەن *kerkeden*

nass ⟨Adj.⟩ 1. نسرم *nisirim;* 2. تەڕ *teṟ;* **etw. nass machen** تەڕ کردن *teṟ kirdin*

Nässe *f* تەڕی *teṟî*

nässen I. ⟨v.i.⟩ تەڕ بوون (برین) *teṟ bûn (birîn)* **II.** ⟨v.t.⟩ تەڕ کردن *teṟ kirdin*

Nation *f* دەوڵەت *dewḻet;* نەتەوە(ی خاوەن دەوڵەت) *netewe(y xawen dewḻet)*

national ⟨Adj.⟩ 1. نەتەوەیی *neteweyî;* نیشتمانی *nîştimanî;* 2. خۆماڵی *xomaḻî*

Nationalfeiertag *m* جەژنی نیشتمانی *cejnî nîştimanî;* جەژنی نەتەوەیی *cejnî neteweyî*

Nationalflagge *f* ئاڵای نەتەوەیی *aḻay neteweyî*

Nationalhymne *f* سروودی نەتەوەیی *sirûdî neteweyî;* سروودی نیشتمانی *sirûdî nîştimanî*

Nationalismus *m* نەتەوەپەرستی *neteweperistî*

Nationalist *m* (Pol.) نەتەوەیی *neteweyî*

Nationalistin *f* w. Form zu ↑ Nationalist

Nationalität *f* 1. (bildungsspr.) ڕەگەزنامە *ṟegezname;* 2. (bildungsspr.) نەتەوە *netewe*

Nationalmannschaft *f* (Sp.) تیپی نیشتمانی *tîpî nîştimanî;* تیپی نەتەوەیی *tîpî neteweyî*

Nationalpark *m* باخچەی نیشتمانی *baxçey nîştimanî*

NATO *f* 1. (Pol.) ناتۆ *Nato;* 2. (Pol.) پەیمانی ئەتلانتیک *peymanî etlantîk*

Natter *f* (Zool.) تیرەمار *tîremar;* مارگیسک *margîsk*

Natur *f* 1. سروشت *siruşt;* 2. خوو *xû*

naturgemäß ⟨Adj.⟩ فتری *fitrî;* سروشتی *siruştî*

Naturheilkunde *f* زانستیی چارەسەری نەخۆشی بە ڕێگای سروشتی *zanistîy çareserî nexoşî be ṟêgay siruştî*

Naturkatastrophe *f* کارەساتی سروشتی *karesatî siruştî*

Naturkost *f* خواردەمەنیی سروشتی (داوودەرمان تێنەکراو یا پێوەنەکراو) *xiwardemenîy siruştî (dawuderman tênekiraw ya pêwenekiraw)*

Naturkostladen *m* دوکانی خواردەمەنیی سروشتی *dukanî xiwardemenîy siruştî*

natürlich I. ⟨Adj.⟩ 1. سروشتی *siruştî;* ئاسایی *asayî;* 2. کارتێنەکراو *kartênekraw* **II.** ⟨Adv.⟩ بێگومان *bêguman*

Natürlichkeit *f* سادەیی *sadeyî*

Naturschutz *m* سروشتپارێزی *siruştparêzî*

Naturschutzgebiet *n* دەڤەری سروشتیی پارێزراو *deverî siruştîy parêzraw*

Naturwissenschaft *f* زانستیی سروشت (گیانەوەرناسی، ڕووەکناسی، زەویناسی، کیمیا، فیزیا) *zanistîy siruşt (giyanewernasî, ṟuweknasî, zewînasî, kîmya, fîzya)*

Nazi *m* (hist./ugs.) نازی *nazî*

nazistisch ⟨Adj.⟩ (hist.) نازی *nazî*

Nebel *m* تەم *tem;* تەمومژ *temumij*

neben ⟨Präp.⟩ 1. لەتەنیشت *tenîşt,* لەتەنیشت ...(ە)وە *leteniîşt ...(e)we;* 2. جگەلە *cigele*

nebenan ⟨Adv.⟩ لەتەنیشتەوە *letenîştewe*
Nebenbeschäftigung *f* کاری لابەلا *karî labela*
nebeneinander ⟨Adv.⟩ لەتەنیشتییەکەوە *letenîştîyekewe*
Nebenfluss *m* ڕووباری لاوەکی(، کە دەڕژێتە ڕووبارێکی سەرەکییەوە) *rûbarî lawekî(, ke derjête rûbarêkî serekîyewe)*
Nebenjob *m* کاری لابەلا *karî labela*
Nebenkosten *pl.* تێچووی زیادە *têçûy ziyade;* مەسرەفی لابەلا *mesrefî labela*
nebensächlich ⟨Adj.⟩ 1. گرنگنەبوو *giringnebû;* 2. دووەمەکی *diwemekî*
Nebensatz *m* (Gr.) لاڕستە *lariste*
Nebenstraße *f* لاڕێ *larê*
Nebenwirkung *f* لاکاریگەری *lakarîgerî*
neblig ⟨Adj.⟩ تەماوی *temawî*
necken ⟨v.t.⟩ فشەگاڵتە کردن *fîşegalte kirdin*
Neffe *m* 1. برازا *biraza;* خوشکەزا *xuşkeza;* 2. کوڕی ژنبرا و ژنخوشک *kurî jinbira w jinxuşk;* کوڕی برای مێرد و خوشکی مێرد *kurî biray mêrd u xuşkî mêrd*
negativ ⟨Adj.⟩ 1. نەرێنی *nerênî;* 2. نێگەتیف *nêgetîf;* 3. عەکسی وێنە *ʻeksî wêne*
Negativ *n* عەکسی وێنە *ʻeksî wêne*
negieren ⟨v.t.⟩ نەیی کردن *neyî kirdin;* نەفی کردن *nefî kirdin*
nehmen ⟨v.t.⟩ سەندن *sendin;* لێسەندن *lêsendin;* بردن *birdin;* وەرگرتن *wergirtin*
Neid *m* بەخیلی *bexîlî;* چاوچنۆکی *çawçinokî*
neiden ⟨v.t.⟩ بەخیلی پێبردن *bexîlî pêbirdin*
Neider *m* بەخیل *bexîl;* چاوچنۆک *çawçinok*
Neiderin *f* w. Form zu ↑Neider
neidisch ⟨Adj.⟩ بەخیل *bexîl;* چاوچنۆک *çawçinok*
Neigung *f* 1. لاربوونەوە *larbûnewe;* 2. مەیل *meyl*
nein ⟨Adv.⟩ نەخێر *nexêr;* نە *ne*
Nektar *m* (Bot.) گوڵشیر *gulşîr;* شیلەی گوڵ *şîley gul*
Nektarine *f* جۆرە قۆخێکە *core qoxêke*
Nelke *f* (Bot.) مێخەک *mêxek*
nennen I. ⟨v.t.⟩ 1. ناو نان *naw nan;* 2. ناو بردن بە *naw birdin be;* 3. دیاری کردن *diyarî kirdin* **II.** ⟨v.refl.⟩ sich nennen پێوتن *pêwitin*
nennenswert ⟨Adj.⟩ ئەوەندە گرنگە، کە شایستەی ناو بردنە *ewende giringe, ke şayistey naw birdine;* گرنگ *giring*
Neonröhre *f* لوولەگڵۆپی نیۆن *lûlegilopî niyon*
Nepp *m* 1. (ugs.) گرانفرۆشی *giranfiroşî;* 2. دەستبڕین *destbirîn*
neppen ⟨v.t.⟩ 1. (ugs.) بە گران شت فرۆشتن *be giran şit firoştin;* 2. هەڵخەڵەتاندن *helxeletandin*
Nerv *m* 1. دەمار *demar;* 2. ڕیشە *rîşe;* 3. ڕەگ *reg;* **j-m auf die Nerven gehen** (idiom./ugs.) بێزار کردن *bêzar kirdin*
Nervenarzt *m* پزیشکی هەستەدەمار *pizîşkî hestedemar;* پزیشکی دەماخ *pizîşkî demax*

N

Nervenärztin *f* w. Form zu ↑Nervenarzt
nervenaufreibend ⟨Adj.⟩ وەڕسکەر *we̱risker*
nervenberuhigend ⟨Adj.⟩ مێشکئاسوودەکار *mêşkasûdekar*
nervös ⟨Adj.⟩ 1. تەنگەتیلکە *tengetîlke*; پەشۆکاو *peşokaw*; 2. بزێو *bizêw*
Nervosität *f* دەمارگرژی *demargirjî*; پەشۆکاوی *peşokawî*; شپرزەیی *şipirzeyî*
Nessel *f* (Bot.) گەزنە *gezne*
Nest *n* 1. هێلانە *hêlane*; 2. (ugs.) جێگە *cêge*
nett ⟨Adj.⟩ 1. میهرەبان *mîhreban*; دڵنەرم *di̱lnerm*; 2. باش *baş*; 3. پۆشتەوپەرداخ *poştewperdax* • das ist sehr nett von Ihnen ئەمە دڵنەرمییە لە ئێوەوە
netterweise ⟨Adv.⟩ بەدڵنەرمی *bedi̱lnermî*
netto ⟨Adv.⟩ 1. (Kaufmannsspr.) کێشی شتێک بێ کەلوپەلی تێوەپێچراو *kêşî şitêk bê kelupelî têwepêçraw*; 2. (Kaufmannsspr.) تێکڕای پارەیەک، کە باجی لێداشکێنرابێ *têḵray pareyek, ke bacî lêdaşkênrabê*
Nettogewicht *n* کێشی سافی *kêşî safî*
Netz *n* شەبەکە *şebeke*; تۆڕ *to̱r*
Netzhaut *f* تۆڕەی چاو *to̱rey çaw*
Netzwerk *n* 1. شەبەکە *şebeke*; 2. یانە *yane*; 3. (EDV) تۆڕ *to̱r*
neu ⟨Adj.⟩ نوێ *nwê*; تازە *taze*
neuartig ⟨Adj.⟩ نوێباو *nwêbaw*; تازەباو *tazebaw*
neuerdings ⟨Adv.⟩ لەمدواییەدا *lemdiwayîyeda*
Neuerung *f* 1. گۆڕان *go̱ran*; 2. نوێکردنەوە *nwêkirdinewe*; 3. داهێنان *dahênan*
neugeboren ⟨Adj.⟩ نوێزا *nwêza*
Neugeborenes *n* نوێزا *nwêza*
Neugier *f* فزولییەت *fizulîyet*; زانخوازی *zanxiwazî*
neugierig ⟨Adj.⟩ فزولی *fizulî*; زانخواز *zanxiwaz*
Neuheit *f* تازەیی *tazeyî*; نووژەنی *nûjenî*
Neuigkeit *f* هەواڵی نوێ *hewa̱lî nwê*
Neujahr *n* سەری ساڵی نوێ *serî sa̱lî nwê*
Neujahrsfest *n* جەژنی سەری ساڵ *cejnî serî sa̱l*
Neujahrstag *m* ڕۆژی سەری ساڵ *ṟojî serî sa̱l*
neulich ⟨Adv.⟩ لەمدواییەدا *lemdiwayîyeda*
Neuling *m* 1. دەستپێکەر *destpêker*; 2. تازەپیاکەوتوو *tazepiyakewtû*
Neumond *m* سەری مانگ *serî mang*
neun ⟨Num.⟩ نۆ *no*
neuntausend ⟨Num.⟩ نۆهەزار *nohezar*
neunzehn ⟨Num.⟩ نۆزدە *nozde*
neunzig ⟨Num.⟩ نەوەد *newed*
neutral ⟨Adj.⟩ 1. بێلایەن *bêlayen*; 2. (Phys.) بێبارگە *bêbarge*
Neutralität *f* بێلایەنی *bêlayenî*; بێلایی *bêlayî*
neuwertig ⟨Adj.⟩ نوێ *nwê*; تازە *taze*
nicht ⟨Adv./Part.⟩ 1. نە *ne*; نا *na*; 2. ...مە *me...*; 3. نەخێر *nexêr* • bitte nicht! تکایە مەیکە! ; ich kann auch nicht ... منیش ناتوانم ... ; nicht schlecht! خراپ نییە!
Nichte *f* 1. برازا *biraza*; خوشکەزا *xuşkeza*; 2. هێوەرزا *hêwerza*; 3. کچی ژنبرا و ژنخوشک *kiçî jinbira w jinxuşk*;

N

کچی برای مێرد و خوشکی مێرد *kiçî biray mêrd u xuşkî mêrd*

nichtig ⟨Adj.⟩ 1. ئایەخ *ayex*; 2. پووچ *pûç*

Nichtraucher *m* جگەرەنەکێش *cigerenekêş*

Nichtraucherin *f* w. Form zu ↑Nichtraucher

nichts ⟨Pron.⟩ هیچ *hîç*; نا *na* • das macht nichts ئەمە گرنگ نییە؛ قەی ناکا

Nichtschwimmer *m* مەلەنەزان *melenezan*

Nichtschwimmerin *f* w. Form zu ↑Nichtschwimmer

Nichtsnutz *m* (ugs.) بێسوود *bêsûd*

nichtssagend ⟨Adj.⟩ ئایەخ *ayex*

Nickel *n* (Chem.) نیکل *nîkil*

nicken ⟨v.i.⟩ سەر ڕاوەشاندن *ser rraweşandin*

nie ⟨Adv.⟩ هیچ (کاتێک) *hîç (katêk)*; هەرگیز *hergîz*; قەت *qet*; **nie und nimmer** بەهیچجۆرێک *behîççorêk*; **nie wieder** ئیتر هەرگیز *îtir hergîz*

nieder ⟨Adj.⟩ نزم *nizim*; خوارەوە *xiwarewe* • nieder mit ...! !... بڕوخێ; **die niederen Schichten** چینەکانی خوارەوە *çînekanî xiwarewe*

Niedergang *m* لەناوچوون *lenawçûn*; ڕووخان *rrûxan*

niedergeschlagen ⟨Adj.⟩ 1. پەرێشان *perêşan*; 2. پەست *pest*; 3. ماتومەلوول *matumelûl*

Niederlage *f* ژێرکەوتن *jêrkewtin*

niederlassen I. ⟨v.t.⟩ هێنانە خوارەوە *hênane xiwarewe* **II.** ⟨v.refl.⟩ sich niederlassen 1. دانیشتن *danîştin*; 2. نیشتەجێ بوون *nîştecê bûn*

Niederschlag *m* (Meteorol.) بەفروبارانبارین *befirubaranbarîn*

niederschlagen ⟨v.t.⟩ 1. بە زەویدا دان *be zewîda dan*; 2. داگرتنەوە *dagirtinewe*

niederschmettern ⟨v.t.⟩ 1. دان بە ئەرزدا *dan be erzda*; 2. تەخت کردن *text kirdin*; 3. (üb.) وڕ کردن *wirr kirdin*

niederschreiben ⟨v.t.⟩ نووسین *nûsîn*; یاداشت کردن *yadaşt kirdin*

niedlich ⟨Adj.⟩ 1. جوانکەلە *ciwankele*; 2. خەپان *xepan*; 3. ڕۆحسووک *rrohsûk*

niedrig ⟨Adj.⟩ 1. نزم *nizim*; 2. کەم *kem*; 3. بێنرخ *bênirx*; 4. ئاڵچاخ *allçax*

niemals ⟨Adv.⟩ هیچ کاتێک *hîç katêk*; قەت *qet*

niemand ⟨Pron.⟩ هیچکەس *hîçkes* • es war niemand zu Hause هیچکەسێک لە ماڵەوە نەبوو

Niere *f* گورچیلە *gurçîle*

Nierenstein *m* (Med.) بەردی گورچیلە *berdî gurçîle*

nieseln ⟨v.i.⟩ نمە کردن *nime kirdin*

Nieselregen *m* نەرمەباران *nermebaran*

niesen ⟨v.i.⟩ پژمین *pijmîn*

Niete *f* 1. یانسیبێک، کە هیچ سوودێکی نابێ *yansîbêk, ke hîç sûdêkî nabê*; 2. (ugs.) نابەکار *nabekar*

Nikolaus *m* نیکۆلاوس *Nîkolaws*

Nikotin *n* نیکۆتین *nîkotîn*

Nilpferd *n* (Zool.) ئەسپی ئاوی *espî awî*

nimmersatt ⟨Adj.⟩ (ugs.) تێرنەخۆرە *têrnexore*

nirgends ⟨Adv.⟩ لەهیچکوێیەک *lehîçkwêyek*

Nisse *f* (Zool.) ڕشک *r̲işk*

Niveau *n* 1. ئاست *ast*; 2. پله *pile*

nobel ⟨Adj.⟩ 1. نەجیبزادە *necîbzade*; 2. بەخشندە *bexşinde*

noch I. ⟨Adv.⟩ هێشتا *hêşta*; ...یش/ش ... *îş/ş*; تر *tir*; **noch einen Tee** چایەکی تر *çayekî tir*; **noch einmal** جارێکیتر *carêkîtir*; **noch immer** هێشتا *hêşta*; **noch nicht** هێشتا *hêşta* **II.** ⟨Konj.⟩ هەروەها ... نە *herweha ... ne*

nochmal ⟨Adv.⟩ جارێکی تر *carêkî tir*

nochmals ⟨Adv.⟩ سەرلەنوێ *serlenwê*; دووبارە *dûbare*

Nomade *m* کۆچەری *koçerî*

Nomadin *f* w. Form zu ↑Nomade

Nominativ *m* (Gr.) بکەر *biker*

Nonne *f* ڕاهیبە *r̲ahîbe*; پەرستار *peristar*

Nonsens *m* لەوچەلەوچ *lewçelewç*

Nord ژووروو *jûrû*; باکوور *bakûr*

Nordafrika *n* ژووروویی ئەفریقیا *jûrûy Efrîqya*

Norddeutschland *n* ژووروویی ئەڵمانیا *jûrûy El̲manya*

Norden *m* ژووروو *jûrû*; باکوور *bakûr*; **im Norden von** لە ژووروویی *le jûrûy*; **im Norden** لە باکوور *le bakûr*

nördlich ⟨Adj./Präp.⟩ ژووروو *jûrû*; **nördlich von ...** لە ژووروویی ... *le jûrûy ...*

Nordosten *m* باکووری ڕۆژهەڵات *bakûrî r̲ojhel̲at*

nordöstlich ⟨Adj./Präp.⟩ ژووروویی ڕۆژهەڵات *jûrûy r̲ojhel̲at*

Nordpol *m* جەمسەری باکوور *cemserî bakûr*

Nordsee *f* دەریای ژووروو *deryay jûrû*

Nordwesten *m* باکووری ڕۆژئاوا *bakûrî r̲ojawa*

nordwestlich ⟨Adj./Präp.⟩ ژووروویی ڕۆژئاوا *jûrûy r̲ojawa*

Nordwind *m* بای باکوور *bay bakûr*; شەماڵ *şemal̲*

nörgeln ⟨v.i.⟩ 1. خوتەخوت کردن *xutexut kirdin*; 2. سەرزەنشتی کردن *serzeniştî kirdin*

Norm *f* پێوەر *pêwer*

normal I. ⟨Adj.⟩ ئاسایی *asayî*; نۆرماڵ *normal* **II.** ⟨Adv.⟩ (ugs.) لە شێوەیەکی ئاساییدا *le şêweyekî asayîda*

Normalbenzin *n* بەنزینی نۆرماڵ *benzînî normal*

normalerweise ⟨Adv.⟩ لە شێوەیەکی ئاساییدا *le şêweyekî asayîda*

Norwegen *n* نەرویج *Nerwîc*

Not *f* 1. هەژاری *hejarî*; 2. تەنگانە *tengane*; 3. ناچاری *naçarî*; **aus Not** لە تەنگانەدا *le tenganeda*; **zur Not** (idiom.) لە کاتی پێویستیدا *le katî pêwîstîda*

Notar *m* کاتب عەدل *katib ʿedil*; نۆتار *notar*

Notarin *f* w. Form zu ↑Notar

Notarzt *m* پزیشکی فریاگوزاری *pizîşkî firyaguzarî*

Notärztin *f* w. Form zu ↑Notarzt

Notaufnahme *f* قاوشی فریاگوزاری *qawişî firyaguzarî*

Notausgang *m* دەرگای چوونەدەرەوە بۆ کاتی ناچاری *dergay çûnederewe bo katî naçarî*

Notbremse *f* ئیستۆپی کاتی ناچاری *îstopî katî naçarî*

Note *f* 1. نمره *nimre;* 2. (Mus.) نۆته *note*
Notfall *m* کاتی ناچاری *katî naçarî;* **für den Notfall** بۆ کاتی ناچاری *bo katî naçarî;* **im Notfall** له تەنگاودا *le tengawda*
notfalls ⟨Adv.⟩ لەپێویستیدا *lepêwîstîda*
notgedrungen ⟨Adv.⟩ بەناچاری *benaçarî*
notieren ⟨v.t.⟩ یاداشت کردن *yadaşt kirdin*
nötig ⟨Adj.⟩ پێویست *pêwîst*
nötigen ⟨v.t.⟩ ناچار کردن *naçar kirdin;* مەجبوور کردن *mecbûr kirdin*
Notiz *f* یاداشت *yadaşt;* تێبینی *têbînî*
Notizbuch *n* دەفتەری تێبینی *defterî têbînî*
Notlage *f* باری ناچاری *barî naçarî*
Notlandung *f* نیشتنەوەی ناچاری *nîştinewey naçarî*
notorisch ⟨Adj.⟩ (bildungsspr.) بەناوونائۆر *benawunator*
Notruf *m* تەلەفۆنی فریاگوزاری *telefonî firyaguzarî*
Notwehr *f* (Jur.) بەرگریلەخۆکردن (له کاتی پەلاماردانا) *bergirîlexokirdin (le katî pelamardanda)*
notwendig ⟨Adj.⟩ پێویست *pêwîst;* زەرووری *zerûrî*
Notwendigkeit *f* پێویستی *pêwîstî;* ناچاری *naçarî*
Novelle *f* (Lit.) کورتەچیرۆک *kurteçîrok*
November *m* تشرینی دووەم *tişrînî duwem*

N

Nudel *f* نوودل *nûdil;* مەعکەرۆنی *me'keronî*
Nudelholz *n* تیرۆک *tîrok*
nüchtern ⟨Adj.⟩ 1. ناشتا *naşta;* 2. سەرخۆشنەبوو *serxoşnebû*
nuklear ⟨Adj.⟩ (Phys.) ناوکی *nawikî*
null ⟨Num.⟩ سفر *sifir;* **null Uhr** سەعات دوازدەی شەو *se'at diwazdey şew;* **über null** (Meteor.) سەروو سفر *serû sifr;* **unter null** (Meteor.) ژێر سفر *jêr sifr*
Nummer *f* ژمارە *jimare;* **eine Nummer anrufen/wählen** ژمارەی تەلەفۆن لێدان *jimarey telefon lêdan*
nummerieren ⟨v.t.⟩ ژمارە بۆ دانان *jmare bo danan*
Nummernschild *n* ژمارەی ئوتومبێل *jimarey utumbêl*
nun ⟨Adv.⟩ 1. ئێستا *êsta;* 2. ئینجا *înca*
nur ⟨Adv.⟩ 1. بەتەنیا *betenya;* 2. بەڵام *bel̲am*
Nuss *f* توێکڵدار *twêkil̲dar*
Nussknacker *m* گوێزشکێن *gwêzşikên*
nutzen ⟨v.i.⟩ کەڵک گرتن *kel̲k girtin*
Nutzen *m* 1. دەستکەوت *destkewt;* 2. چاکە *çake*
nützen ⟨v.i.⟩ کەڵک گرتن *kel̲k girtin;* سوود بەخشین *sûd bexşîn* • es nützt nichts هیچ سوودێکی نییە
nützlich ⟨Adj.⟩ سوودبەخش *sûdbexş*
nutzlos ⟨Adj.⟩ بێسوود *bêsûd*
Nylon *n* نایلۆن (قوماش) *naylon (qumaş)*

O

o, O پیتی پازدەیەمی ئەلفبێی ئەلمانی *pîtî pazdeyemî elfbêy elmanî*; ئۆ *o*

o.k. باشە *başe*

Oase f واحە *wahe*

ob ⟨Konj.⟩ ئاخۆ *axo*; ئایا *aya*; **als ob ...** لەوە دەچێ، کە ... *lewe deçê, ke ...*

Obacht f دیقەت *dîqet*

Obdach n پەناگە *penage*

obdachlos ⟨Adj.⟩ خانەبەکۆڵ *xanebekoḻ*; بێلانە *bêlane*

Obdachlosenheim n خانەی بێلانەکان *xaney bêlanekan*

Obdachlosigkeit f خانەبەکۆڵی *xanebekoḻî*; بێلانەیی *bêlaneyî*

Obduktion f (Med.) ئۆتۆپسی *otopsî*

o-beinig ⟨Adj.⟩ گەڵاوگەل *gelawgel*

oben ⟨Adv.⟩ سەرەوە *serewe*; **nach oben** بۆ سەرەوە *bo serewe*; **oben links** لەسەرەوە بە دەستە چەپدا *leserewe be deste çepda*; **von oben bis unten** لە سەرەوە تا خوارەوە *le serewe ta xiwarewe*; **von oben herab** (idiom.) بە حەقارەتەوە *be ḥeqaretewe*; **oben ohne** (idiom./ugs.) سەروو کەمەر بەڕووتی *serû kemer berûtî*

Ober m کارگوزار *karguzar*

Oberarm m بازوو *bazû*

obere(r, -s) ⟨Adj.⟩ ژووروو *jûrû*; **obere Etage** نهۆمی سەرەوە *nihomî serewe*

Oberfläche f ڕووبەر *rûber*

oberflächlich ⟨Adj.⟩ 1. (fachspr.) ڕووکەش *rûkeş*; 2. بەڕواڵەت *beriwaḻet*

Obergeschoss n سەرخان *serxan*; نهۆمی سەرەوە *nihomî serewe*

oberhalb ⟨Präp.⟩ لەسەروو ...(ەوە) *leserû ...(e)we*

Oberhand f باڵادەستی *baḻadestî*

Oberin f بەرێوەبەری سستەرەکان *berêweberî sisterekan*

Oberkiefer m لاشەویلگەی سەروو *laşewîlgey serû*

Oberkörper m بەشی سەرەوەی بەژن *beşî serewey bejin*

Oberlippe f لێوی سەرەوە *lêwî serewe*

Oberschenkel m کوڵمەی ران *kuḻmey ran*

Oberschule f خوێندنگای ئامادەیی *xwêndingay amadeyî*

oberste(r, -s) ⟨Adj.⟩ 1. سەریسەرەوە *serîserewe*; 2. زۆرترین *zortirîn*

Oberstufe f پلەی ئامادەیی (قوتابخانە) *piley amadeyî (qutabxane)*

Oberteil n بەشی سەرەوە *beşî serewe*

Oberweite f 1. فراوانی سنگ *firawanî sing*; 2. (ugs.) مەمکۆڵە *memkoḻe*

Objekt n 1. مەرام *meram*; 2. پڕۆژە *piroje*;

3. (Gr.) بەرکار *berkar*; مەفعوول *mef'ûl*
objektiv ⟨Adj.⟩ 1. (bildungsspr.) بابەتی *babetî*; 2. (bildungsspr.) سەربەخۆ (بڕیار) *serbexo (biryar)*
Objektiv *n* هاوێتە *hawête*; عەدەسە *'edese*
obligatorisch ⟨Adj.⟩ (bildungsspr.) بەزۆر *bezor*; ئیجباری *îcbarî*
Obst *n* میوە *mîwe*
Obstbaum *m* (Bot.) دارمیوە *darmîwe*
Obstgarten *m* بێستان *bêstan*
Obsthändler *m* میوەفرۆش *mîwefiroş*
Obsthändlerin *f* w. Form zu ↑Obsthändler
Obstkuchen *m* کێکی لە میوە دروستکراو *kêkî le mîwe dirustkiraw*
Obstsalat *m* زەڵاتەی میوە *zelatey mîwe*
obszön ⟨Adj.⟩ (bildungsspr.) چەپەڵ *çepel*
obwohl ⟨Konj.⟩ 1. هەرچەندە *herçende*; 2. ئەگەرچی *egerçî*
Ochse *m* (Zool.) گا *ga*
öde ⟨Adj.⟩ 1. چۆڵوهۆڵ *çoluhol*; 2. وێرانە *wêrane*
oder ⟨Konj.⟩ یا *ya*; یان *yan*
Ofen *m* فڕن *firin*
offen ⟨Adj.⟩ 1. کراوە *kirawe*; 2. بەئاشکرا *beaşkira*; 3. سەرنەگیراو *sernegîraw*; 4. دیارینەکراو *diyarînekraw*; 5. بەتاڵ (وەزیفە) *betal (wezîfe)*; **offen gesagt** ڕاستت دەوێ *rastit dewê*
offenbar ⟨Adj.⟩ ئاشکرا *aşkira*
offenbaren ⟨v.t.⟩ ئاشکرا کردن *aşkira kirdin*
Offenbarung *f* 1. دانپێدانان *danpêdanan*; 2. ئاشکراکردن *aşkirakirdin*; 3. (Rel.) وەحی *wehî*
Offenheit *f* 1. ئاشکرایی *aşkirayî*; 2. دڵسادەیی *dilsadeyî*
offensichtlich ⟨Adj.⟩ 1. ئاشکرا *aşkira*; 2. گوایە *giwaye*
Offensive *f* هێرش *hêriş*
öffentlich I. ⟨Adj.⟩ 1. ڕەسمی *resmî*; 2. گشتی *giştî*; **die öffentliche Meinung** بیروڕای گشتی *bîruray giştî* **II.** ⟨Adv.⟩ بەئاشکرا *beaşkira*
Öffentlichkeit *f* خەڵک *xelk*; **in der breiten Öffentlichkeit** لەناو خەڵکیدا *lenaw xelkîda*
Öffentlichkeitsarbeit *f* کارگوزاری پێوەندیی گشتی *karguzarî pêwendîy giştî*
offiziell ⟨Adj.⟩ ڕەسمی *resmî*
Offizier *m* (Mil.) ئەفسەر *efser*
Offizierin *f* w. Form zu ↑Offizier
offline ⟨Adv.⟩ (EDV) ئۆفلاین *oflayin*
öffnen I. ⟨v.t.⟩ 1. کردنەوە *kirdinewe*; 2. هەڵپچڕین *helpiçrîn* **II.** ⟨v.refl.⟩ sich öffnen خۆ کردنەوە *xo kirdinewe*
Öffner *m* هەڵپچڕ *helpiçir*
Öffnung *f* 1. کردنەوە *kirdinewe*; 2. دەم *dem*; 3. دەرفەت *derfet*
Öffnungszeit *f* کاتی کردنەوە *katî kirdinewe*
oft ⟨Adv.⟩ زۆرجار *zorcar* • wie oft? چەند جار؟؛ چەند کەڕەت؟
ohne ⟨Präp./Konj.⟩ بێ *bê* • ohne mich! بێ من! ; **ohne Grund** بێ هۆ *bê ho*; **ohne wenn und aber** بێ ئەملاوئەولا *bê emlawewla*
ohnehin ⟨Adv.⟩ بەهەمووجۆرێک *behemûcorêk*

Ohnmacht *f* 1. لەسەرخۆچوون *leserxoçûn;* 2. (Med.) گەشکە *geşke;* 3. بێدەسەڵاتی *bêdeselatî;* **in Ohnmacht fallen** بێهۆش کەوتن *bêhoş kewtin*
ohnmächtig ⟨Adj.⟩ 1. بێهۆش *bêhoş;* 2. پەککەوتە *pekkewte*
Ohr *n* گوێ *gwê*
Ohrenarzt *m* دکتۆری گوێ *diktorî gwê*
Ohrenärztin *f* w. Form zu ↑Ohrenarzt
ohrenbetäubend ⟨Adj.⟩ گوێکەڕکەر *gwêkeṟker*
Ohrenkriecher *m* (Zool.) گوێکونکەرە *gwêkunkere*
Ohrenschmalz *n* چڵکی گوێ *çiḻkî gwê*
Ohrentropfen *pl.* (Med.) قەترەی گوێ *qetrey gwê*
Ohrfeige *f* زللە *zille;* **eine Ohrfeige bekommen** زللە خواردن *zille xiwardin;* **j-m eine Ohrfeige geben** زللە لێدان *zille lêdan*
ohrfeigen ⟨v.t.⟩ زللە لێدان *zille lêdan*
Ohrläppchen *n* پەڕەی گوێ *peṟey gwê*
Ohrmuschel *f* کرکراگەی گوێ *kiṟkiṟagey gwê*
Ohrring *m* گوارە *giware*
Okkupation *f* (Mil.) داگیرکردن *dagîrkirdin*
okkupieren ⟨v.t.⟩ (Mil.) داگیر کردن *dagîr kirdin*
Ökologie *f* ژینگەزانی *jîngezanî*
ökologisch ⟨Adj.⟩ ژینگەزانی *jîngezanî*
Ökonomie *f* زانستیی ئابووری *zanistîy abûrî*
ökonomisch ⟨Adj.⟩ ئابووری *abûrî*
Ökosystem *n* سستێمی ژینگەپارێزی *sistêmî jîngeparêzî*
Okraschote *f* (Bot.) بامێ *bamê*
Oktober *m* تشرینی یەکەم *tişrînî yekem*
Okzident *m* (bildungsspr.) ڕۆژئاوا *ṟojawa*
Öl *n* 1. ڕۆن *ṟon;* 2. نەوت *newt*
Oleander *m* (Bot.) ژاڵە *jaḻe*
ölen ⟨v.t.⟩ چەور کردن *çewr kirdin*
Ölfarbe *f* بۆیەی ڕۆنی *boyey ṟonî*
Ölfeld *n* نەوتەڵان *newteḻan*
Ölgemälde *n* تابلۆی زەیتی *tabloy zeytî*
Ölheizung *f* گەرمایی ناوخۆیی بە نەوت کارکەر *germayîy nawxoyî be newit karker*
oliv ⟨Adj.⟩ ڕەنگزەیتوونی *ṟengzeytûnî*
Olive *f* زەیتوون *zeytûn*
Olivenöl *n* ڕۆنزەیتوون *ṟonzeytûn*
Ölofen *m* زۆپای نەوتی *zopay newtî*
Ölpest *f* پیسبوونی ئاوی دەریا بە نەوت *pîsbûnî awî derya be newt*
Ölquelle *f* بیرەنەوت *bîrenewt*
Ölsardine *f* سەردینی بە زەیت خۆشکراو *serdînî be zeyt xoşkiraw*
Öltank *m* تەنکی ڕۆن *tenkî ṟon*
Öltanker *m* کەشتیی نەوتکێش *keştîy newtkêş*
Ölwechsel *m* (Kfz) ڕۆنگۆڕین *ṟongoṟîn*
Olympiade *f* (Sp.) ئۆڵۆمپیادە *oḻompiyade*
olympisch ⟨Adj.⟩ (Sp.) ئۆڵۆمپی *oḻompî;* **Olympische Spiele** (Sp.) یاریی ئۆڵۆمپی *yarîy oḻompî*
Omelett *n* هێلکەوڕۆن بە پرووشە ئاردەوە *hêlkewṟon be piṟûşe ardewe*
Omen *n* (bildungsspr.) نوقڵانە *nuqlane*

O

Omnibus *m* پاسی پچکۆلە *pasî piçkole*
Onanie *f* دەستپەڕ *destpeṟ*
onanieren ⟨v.i.⟩ دەستپەڕ کردن *destpeṟ kirdin*
Onkel *m* 1. مام *mam*; 2. خاڵ *xal̠*
online ⟨Adj.⟩ (EDV) ئۆنلاین *onlayin*
Opa *m* (ugs.) باپیرە *bapîre*
Oper *f* (Mus.) ئۆپەڕا *opeṟa*
Operation *f* 1. (Med.) نەشتەرکاری *neşterkarî*; عەمەلیات *ʿemelyat*; 2. (Mil.) ئەنجامدانی کارێک(ی سەربازی) *encamdanî karêk(î serbazî)*
Operationssaal *m* هۆڵی نەشتەرکاری *hol̠î neşterkarî*; ژووری عەمەلیات *jûrî ʿemelyat*
operieren **I.** ⟨v.t.⟩ (Med.) عەمەلیات کردن *ʿemelyat kirdin* **II.** ⟨v.i.⟩ (Mil.) عەمەلیاتی سەربازی کردن *ʿemelyatî serbazî kirdin*
Opfer *n* 1. قوربانی *qurbanî*; 2. سەدەقە *sedeqe*
Opferfest *n* جەژنی قوربان *cejnî qurban*
opfern **I.** ⟨v.t.⟩ قوربانی دان *qurbanî dan* **II.** ⟨v.refl.⟩ sich opfern خۆ لەپێناودا دانان *xo lepênawda danan*
Opferstock *m* سندووقی پارەبەخشین لە کڵێسەدا *sindûqî parebexşîn le kil̠êseda*
Opfertier *n* قوربانی *qurbanî*
Opferung *f* قوربانی *qurbanî*; فیداکاری *fîdakarî*
Opium *n* تلیاک *tilyak*
Opiumpfeife *f* وافوور *wafûr*
opiumsüchtig ⟨Adj.⟩ تلیاککێش *tilyakkêş*
Opiumsüchtige *f* w. Form zu ↑Opiumsüchtiger
Opiumsüchtiger *m* تلیاککێش *tilyakkêş*
Opposition *f* 1. (bildungsspr.) بەرهەڵستی *berhel̠istî*; 2. ئۆپۆزیسیۆن *opozîsyon*
Optiker *m* پسپۆڕی بینایی *pispoṟî bînayî*; چاویلکەساز *çawîlkesaz*
Optikerin *f* w. Form zu ↑Optiker
optimal ⟨Adj.⟩ گونجاو *guncaw*
optisch ⟨Adj.⟩ بینراو *bînraw*
Orakel *n* بەختبێژ *bextbêj*
orange ⟨Adj.⟩ پرتەقاڵی *pirteqal̠î*
Orange *f* پرتەقاڵ *pirteqal̠*
Orangensaft *m* شەربەتی پرتەقاڵ *şerbetî pirteqal̠*
Orang-Utan *m* (Zool.) ئۆرانگ ئوتا *oṟang uta*
Orchester *n* (Mus.) ئۆرکێسترا *orkêstira*
Orchidee *f* (Bot.) سالمە *salme*
ordentlich **I.** ⟨Adj.⟩ 1. ڕێکوپێک *ṟêkupêk*; 2. باش *baş* **II.** ⟨Adv.⟩ بەڕێکوپێکی *beṟêkupêkî*
Order *f* فەرمان *ferman*
ordinär ⟨Adj.⟩ 1. (geh.) ئاسایی *asayî*; 2. (abwertend) بێئەدەب *bêedeb*
ordnen ⟨v.t.⟩ 1. ڕێکوپێک کردن *ṟêkupêk kirdin*; 2. هەڵبژاردن *hel̠bijardin*
Ordner *m* فایل *fayil*; دۆسیە *dosye*
Ordnung *f* ڕێکوپێکی *ṟêkupêkî* • Ordnung muss sein! ڕاستودروستی دەبێ ببێ! ; **etw. in Ordnung bringen** ڕێکوپێک کردن *ṟêkupêk kirdin*
Oregano *m* (Bot.) پوونگەکێویلە *pûngekêwîle*
Organ *n* 1. ئەندام *endam*; 2. دامودەزگا *damudezga*

Organisation *f* 1. ڕێکخستن *rêkxistin*; 2. ڕێکخراو *rêkxiraw*
Organisator *m* ڕێکخەر *rêkxer*
Organisatorin *f* w. Form zu ↑Organisator
organisieren ⟨v.t.⟩ ڕێک خستن *rêk xistin*
Orgasmus *m* ئاوهاتنەوە *awhatinewe*; ڕەحەتبوون *rehetbûn*
Orgel *f* (Mus.) ئۆرگۆن *orgon*
Orient *m* 1. وڵاتانی ڕۆژهەڵات *wilatanî rojhelat*; 2. ڕۆژهەڵات *rojhelat*
Orientale *m* ڕۆژهەڵاتی *rojhelatî*
Orientalin *f* w. Form zu ↑Orientale
orientalisch ⟨Adj.⟩ ڕۆژهەڵاتی *rojhelatî*
Orientalist *m* ڕۆژهەڵاتناس *rojhelatnas*
Orientalistik *f* ڕۆژهەڵاتناسی *rojhelatnasî*
Orientalistin *f* w. Form zu ↑Orientalist
orientieren I. ⟨v.t.⟩ ڕێ نیشان دان *rê nîşan dan* **II.** ⟨v.refl.⟩ sich an etw./j-m orientieren (bildungsspr.) پشت پێبەستن *pişt pêbestin*
original ⟨Adj.⟩ ڕەسەن *resen*; ئەسڵی *eslî*
Original *n* بنچینە *binçîne*; ئەسڵ *esil*
originell ⟨Adj.⟩ بێوێنە *bêwêne*; ڕەسەن *resen*
Orkan *m* باوبۆران *bawboran*
Ornament *n* نەخشونیگار *nexşunîgar*
Ornithologie *f* باڵندەناسی *balindenasî*
Ort *m* شوێن *şwên*; جێگە *cêge*; **an Ort und Stelle** یەکسەر *yekser*
orthodox ⟨Adj.⟩ (Rel.) توندڕەو *tundrew*
Orthodoxie *f* (Rel.) توندڕەوی *tundrewî*
Orthographie *f* ڕاستنووسی *rastnûsî*
Orthopäde *m* ئێسکناس *êsknas*; ئۆرتۆپێد *ortopêd*
Orthopädie *f* ئۆرتۆپێدی *ortopêdî*; ئێسکناسی *êsknasî*
Orthopädin *f* w. Form zu ↑Orthopäde
örtlich ⟨Adj.⟩ هەرێمی *herêmî*; ناوچەیی *nawçeyî*; **örtliche Betäubung** شوێنبەنجکردن *şwênbenckirdin*
ortsfremd ⟨Adj.⟩ بێگانە *bêgane*
Ortsgespräch *n* تەلەفۆنکردن لەناو شاردا *telefonkirdin lenaw şarda*
ortskundig ⟨Adj.⟩ شارەزا لە شوێنێکدا *şareza le şwênêkda*
Ortszeit *f* کات بەپێی کاتی ناوچە *kat bepêy katî nawçe*
Oslo *n* ئۆسلۆ *Oslo*
Osmanen *pl.* (hist.) عوسمانییەکان *ʿUsmanîyekan*
Ost *m* ڕۆژهەڵات *rojhelat*
Ostdeutschland *n* ڕۆژهەڵاتی ئەڵمانیا *rojhelatî Elmanya*
Osten *m* ڕۆژهەڵات *rojhelat*; **Ferner Osten** ڕۆژهەڵاتی دوور *rojhelatî dûr*; **Mittlerer Osten** ڕۆژهەڵاتی ناوەڕاست *rojhelatî nawerast*; **Naher Osten** ڕۆژهەڵاتی نزیک *rojhelatî nizîk*
Osterfeiertag *m* ڕۆژانی پشووی جەژنی قیامە *rojanî pişûy cejnî qiyame*
Ostern *n* جەژنی قیامە *cejnî qiyame* • frohe Ostern! جەژنی قیامەتان پیرۆز بێ!
Österreich *n* نەمسا *Nemsa*; ئۆتریش *Utrîş*

Österreicher *m* نەمسایی *nemsayî*; ئوتریشی *utrîşî*

Österreicherin *f* w. Form zu ↑Österreicher

österreichisch ⟨Adj.⟩ نەمسایی *nemsayî*; ئوتریشی *utrîşî*

östlich ⟨Adj./Präp.⟩ ڕۆژهەڵات *rojhelat*; ڕۆژهەڵاتی *rojhelatî*; **östlich von** لە ڕۆژهەڵاتی *le rojhelatî*

Ostsee *f* دەریای بەلتیق *deryay Beltîq*

Ostwind *m* بای ڕۆژهەڵات *bay rojhelat*

Otter *f* (Zool.) شامار *şamar*

out ⟨Adv.⟩ دەرەوە *derewe*; **out sein** (ugs.) باو نەمان *baw neman*

Output *m/n* 1. (EDV) ئەنجامی داتا *encamî data*; 2. (Wirtsch.) کەلوپەل *kelupel*

oval ⟨Adj.⟩ هێلکەیی *hêlkeyî*

Ozean *m* ئۆقیانووس *oqyanûs*

Ozon *n* (Chem.) ئۆزۆن (شێوەیەکە لە ئۆکسجین) *ozon (şêweyeke le oksicîn)*

Ozonschicht *f* (Meteorol.) توێژاڵی ئۆزۆن *twêjalî ozon*

Ozonwerte *pl.* (Meteorol.) پلەی ئۆزۆن (لە هەوادا) *piley ozon (le hewada)*

P

p, P پێ *pê*; پیتی شازدەیەمی ئەلفبێی ئەڵمانی *pîtî şazdeyemî elfbêy elmanî*

paar ⟨Pron.⟩ چەند دانەیەک *çend daneyek*; **ein paar** دەستێ *destê*; **ein paar Mal** چەند جارێک *çend carêk*

Paar *n* جووت *cût*; **ein Paar Schuhe** جووتێک پێڵاو *cûtêk pêlaw*

paaren I. ⟨v.t.⟩ جووت کردن (ئاژەڵ) *cût kirdin (ajel)* **II.** ⟨v.refl.⟩ sich paaren 1. جووت گرتن (ئاژەڵ) *cût girtin (ajel)*; 2. جووت بوون (ئاژەڵ) *cût bûn (ajel)*

Paarung *f* 1. جووتبوون (ئاژەڵ) *cûtbûn (ajel)*; 2. گانکردن *gankirdin*

paarweise ⟨Adv.⟩ جووتجووت *cûtcût*

pachten ⟨v.t.⟩ بە کرێ گرتن *be kirê girtin*

Päckchen *n* پاکەتۆڵکە *paketolke*; **ein Päckchen Zigaretten** پاکەتێک جگەرە *paketêk cigere*

packen ⟨v.t.⟩ 1. گرتن *girtin*; 2. پێچانەوە *pêçanewe*; 3. خستنە ناو *xistine naw*; 4. بە ئەنجام گەیاندن *be encam geyandin*; 5. (ugs.) دڵ ڕفاندن *dil rifandin*

Packung *f* پاکەت *paket*

Pädagoge *m* (bildungsspr.) فێرکار *fêrkar*; پەروەردەکار *perwerdekar*

Pädagogik *f* پەروەردەزانی *perwerdezanî*; زانستیی پەروەردە *zanistîy perwerde*

Pädagogin *f* w. Form zu ↑Pädagoge

pädagogisch ⟨Adj.⟩ پەروەردەیی *per-*

werdeyî

Paddel *n* سەوڵ *sewl̲*

Paddelboot *n* بەلەمی سەوڵدار *belemî sewl̲dar*

Paket *n* پاکەت *paket*

Paketannahme *f* 1. پاکەتوەرگرتن *paketwergirtin;* 2. شوێنی پاکەت ڕەوانەکردن (لە پۆستەخانە) *şwênî paket r̲ewanekirdin (le postexane)*

Paketausgabe *f* شوێنی پاکەت لێوەرگرتن *şwênî paket lêwergirtin*

Pakistan *n* پاکستان *Pakistan*

Pakistaner *m* پاکستانی *pakistanî*

Pakistanerin *f* w. Form zu ↑Pakistaner

pakistanisch ⟨Adj.⟩ پاکستانی *pakistanî*

Pakt *m* پەیمان *peyman*

Palast *m* کۆشک *koşk*

Palästina *n* فەلەستین *Felestîn*

Palästinenser *m* فەلەستینی *felestînî*

Palästinenserin *f* w. Form zu ↑Palästinenser

palästinensisch ⟨Adj.⟩ فەلەستینی *felestînî*

Palme *f* دارخورما *darxurma*

Pampelmuse *f* کەبات *kebat*

Panik *f* شڵەژان *şil̲ejan*

Panne *f* 1. لەکارکەوتن *lekarkewtin;* 2. پەنچەر *pençer*

Pannendienst *m* فریاکەوتن لە کاتی تەنگانەدا *firyakewtin le katî tenganeda*

Pannenhilfe *f* دامودەزگای فریاگوزاریی ئوتومبێلپەککەوتن *damudezgay firyaguzarîy utumbêlpekkewtin*

Panorama *n* دیمەنی گشتی *dîmenî giştî*

Panther *m* (Zool.) پڵنگ *pil̲ing*

Pantoffel *m* پاپووج *papûc*

Panzer *m* 1. (Mil.) تانک *tank;* 2. (Mil.) زرێپۆش *zirêpoş;* 3. (Zool.) لاک *lak*

Papa *m* (ugs.) باوک *bawk*

Papagei *m* (Zool.) تووتی *tûtî*

Papier *n* کاغەز *kax̲ez*

Papierkorb *m* سەبەتەی کاغەز (تەنەکەی خۆڵ) *sebetey kax̲ez (tenekey xol̲)*

Papiertaschentuch *n* کلینێکس *kilînêks*

Pappbecher *m* پەرداخی مقەبا *perdaxî miqeba*

Pappe *f* کارتۆن *karton*

Pappel *f* چنار *çinar*

Paprika *m* بیبەر *bîber*

Paprikaschote *f* (Bot.) دەلوبیبەر *delubîber*

Papst *m* پاپا *papa*

Papyrus *m* پەپیرۆس *pepîros*

Parade *f* (Mil.) نمایشی سەربازی *nimayişî serbazî*

Paradies *n* بەهەشت *beheşt*

paradiesisch ⟨Adj.⟩ بەهەشتی *beheştî*

Paradiesjungfrau *f* (Rel.) حۆری *h̲orî*

Paragraf *m* بڕگە *bir̲ge*

parallel ⟨Adj.⟩ هاوتەریب *hawterîb;* **parallel zu** بەرامبەر *beramber*

Parallele *f* هاوتەریبی *hawterîbî*

Parasit *m* (Biol.) پەڕازیت *per̲azît;* لاپەرەسەنگ *lapereseng*

Pärchen *n* دوودڵدار *dûdil̲dar;* عاشقەوماشقە *ʿaşqewmaşqe*

Parfüm *n* عەتر *ʿetir*

Parfümerie *f* دوکانی بۆنفرۆش *dukanî bonfiroş*

P

parfümieren ⟨v.t.⟩ بۆن پێداکردن *bon pêdakirdin*

Paris *n* پاریس *Parîs*

Park *m* 1. باخچەی گشتی گەشتوگوزار *baxçey giştî geştuguzar;* 2. پارکی ئوتومبێل *parkî utumbêl*

parken I. ⟨v.i.⟩ پارک کردن *park kirdin* • Parken verboten! پارککردن لێرەدا قەدەغەیە! **II.** ⟨v.t.⟩ دانان *danan*

Parkgebühr *f* مزی پارککردن *mizî parkkirdin*

Parkhaus *n* خانووی پارکتێداکردن *xanûy parktêdakirdin*

Parkplatz *m* پارکی ئوتومبێل *parkî utumbêl*

Parkuhr *f* سەعاتی پارککردن *se'atî parkkirdin*

Parkverbot *n* پارککردنقەدەغەبوون *parkkirdinqedexebûn*

Parlament *n* (Pol.) پەرلەمان *perleman*

Parlamentarier *m* (Pol.) پەرلەمەنتار *perlementar*

Parlamentarierin *f* w. Form zu ↑Parlamentarier

Parmesan *m* پەنیری پەڕمیجانۆ *penîrî peṟmîcano*

Parole *f* دروشم *diruşim*

Partei *f* (Pol.) پارت *part;* حیزب *ḫîzb*

parteiisch ⟨Adj.⟩ لایەندار *layendar*

Parteilichkeit *f* 1. لایەنگری *layengirî;* 2. پارتایەتی *partayetî*

Parteinahme *f* لایەنگری *layengirî*

Parterre *n* نهۆمی سەر زەوی *nihomî ser zewî*

Partie *f* 1. بەش *beş;* 2. گەشتوگوزار *geştuguzar;* 3. سووڕێک یاری *sûṟêk yarî*

partiell ⟨Adj.⟩ (bildungsspr.) بەش *beş*

Partikel *f* (Gr.) ئامراز *amraz*

Partisan *m* پێشمەرگە *pêşmerge;* پارتیزان *partîzan*

Partisanin *f* w. Form zu ↑Partisan

Partner *m* 1. هاوبەش *hawbeş;* 2. هاویاری *hawyarî*

Partnerin *f* w. Form zu ↑Partner

Partnerschaft *f* هاوبەشی *hawbeşî;* شەریکایەتی *şerîkayetî*

Party *f* ئاهەنگ *aheng*

Pascha *m* پاشا *paşa*

Pass *m* 1. ڕەگەزنامە *ṟegezname;* جنسییە *cinsîye;* پەساپۆرت *pesaport;* 2. گەلی (ڕێوبان) *gelî (ṟêwban);* 3. (Sp.) پاس *pas*

passabel ⟨Adj.⟩ لەبار *lebar*

Passage *f* 1. ڕێڕەو *ṟêṟew;* 2. پارچە *parçe;* 3. قەیسەری *qeyserî*

Passagier *m* گەشتیار *geştiyar*

Passagierin *f* w. Form zu ↑Passagier

Passant *m* ڕێبوار *ṟêbwar*

Passantin *f* w. Form zu ↑Passant

Passbild *n* وێنە بۆ پەساپۆرت *wêne bo pesaport*

passen ⟨v.i.⟩ 1. بەئەندازە بوون *beendaze bûn;* 2. (Sp.) پاس دان *pas dan*

passend ⟨Adj.⟩ بەجێ *becê;* شیاو *şiyaw*

passieren I. ⟨v.t.⟩ بە لادا ڕۆیشتن *be lada ṟoyiştin;* دەرباز بوون *derbaz bûn* **II.** ⟨v.i.⟩ ڕوو دان *ṟû dan*

Passierschein *m* بلیتی هاتوچۆ *bilîtî hatuço*

Passionsblume *f* (Bot.) گوڵەئازار *guḻeazar*

passiv ⟨Adj.⟩ 1. ناچالاک *naçalak;* 2. بەرهەڵستنەکەر *berhelistneker;* لاشەڕ *laşer;* 3. پاسیف *pasîf*

Passiv *n* (Gr.) کارابزر *karabizir*

Passkontrolle *f* پەساپۆرتپشکنین *pesaportpişkinîn*

Passwort *n* ڕازەوشە *razewişe*

Paste *f* 1. شتی گیراوە *şitî gîrawe;* 2. مەعجون *meʿcun*

pasteurisieren ⟨v.t.⟩ پەستۆراندن *pestorandin*

Pastor *m* قەشە *qeşe;* کەشیش *keşîş*

Pastorin *f* w. Form zu ↑Pastor

Pate *m* (christl.) هاولێپرسراو *hawlêpirsiraw*

Patenschaft *f* 1. هاولێپرسراوی *hawlêpirsirawî;* 2. (Rel.) کریڤاتی *kirîvatî*

Patent *n* مافنامەی داهێنان(، کە پارێزراو دەبێ) *mafnamey dahênan(, ke parêzraw debê)*

Pathologie *f* (Med.) زانستیی نەخۆشی (پەیدابوونی و پەرەسەندنی) *zanistîy nexoşî (peydabûnî w peresendinî)*

Patient *m* نەخۆش *nexoş*

Patientin *f* w. Form zu ↑Patient

Patin *f* w. Form zu ↑Pate

Patriarch *m* 1. باوکسالار *bawiksalar;* 2. سەرەکقەشە *serekqeşe*

Patriarchat *n* باوکسالاری *bawiksalarî*

Patriot *m* نیشتمانپەروەر *nîştimanperwer;* نەتەوەپەروەر *neteweperwer*

Patriotin *f* w. Form zu ↑Patriot

Patrone *f* 1. فیشەک *fîşek;* گوللە *gulle;* 2. کارتریج *kartirîc*

Patrouille *f* (Mil.) چەرخەوان *çerxewan;* دەورییە *dewrîye*

Pauke *f* (Mus.) تەپڵ *tepl*

pauschal ⟨Adj.⟩ بەکۆمەڵ *bekomel;* تێکڕا *têkra*

Pauschale *f* نرخی تێکڕا *nirxî têkra*

Pauschalreise *f* گەشتێک، کە هەموو مەسرەفێکی لە خۆ گرتبێ *geştêk, ke hemû mesrefêkî le xo girtibê*

Pause *f* پشوو *pişû*

pausenlos ⟨Adj.⟩ بێوەستان *bêwestan;* بێوچان *bêwiçan*

pausieren ⟨v.i.⟩ پشوو دان *pişû dan;* وچان دان *wiçan dan*

Pavillon *m* کۆختە یا خانوویەکی بچکۆلانەی بازنەییی ئەملاوئەولا کراوە *koxte ya xanûyekî biçkolaney bazneyîy emlawewla kirawe*

Pazifik *m* ئۆقیانووسی هێمن *oqyanûsî hêmin*

Pazifismus *m* ئاشتیخوازی *aştîxiwazî;* لاشەڕی *laşerî*

Pazifist *m* ئاشتیخواز *aştîxiwaz;* لاشەڕ *laşer*

Pazifistin *f* w. Form zu ↑Pazifist

pazifistisch ⟨Adj.⟩ ئاشتیخواز *aştîxiwaz;* لاشەڕ *laşer*

PC *m* Abk. von ↑Personal Computer (↑Computer) 1. پی سی *pî sî;* 2. کۆمپیوتەر *kompyuter*

Pech *n* 1. زفت *zift;* 2. (üb.) کلۆڵی *kilolî;* بەدبەختی *bedbextî;* **Pech haben** بۆ نەهاتن *bo nehatin;* بەدبەختی هێنان *bedbextî hênan*

Pedal *n* پایدەر *payder*

peinlich ⟨Adj.⟩ ناخۆش *naxoş;* ناپەسەند *napesend*

Peitsche *f* قامچی *qamçî*

Pelikan *m* (Zool.) سەقاقوش *seqaquş*
Pelz *m* 1. فەڕوو *ferû*; 2. کەوڵ *kewl*
Pelzmantel *m* پاڵتۆی فەڕوو *paltoy ferû*
PEN-Club *m* یانەی پێن *yaney pên*
Pendel *n* ڕەقاس *reqas*; پەندۆڵ *pendol*
pendeln ⟨v.i.⟩ 1. ئەملاوئەولا کردن *emlawewla kirdin*; 2. لەرینەوە *lerînewe*
Penis *m* کێر *kêr*
Penner *m* 1. خانەبەکۆڵ *xanebekol*; بێلانە *bêlane*; 2. (ugs.) گەوج *gewc*
Pennerin *f* w. Form zu ↑Penner
Pension *f* 1. مووچەی خانەنشینی *mûçey xanenişînî*; 2. ئوتێلی پچکۆلە *utêlî piçkole*; **in Pension gehen** خانەنشین بوون *xanenişîn bûn*
Pensionär *m* خانەنشین *xanenişîn*
Pensionärin *f* w. Form zu ↑Pensionär
pensionieren ⟨v.t.⟩ خانەنشین کردن *xanenişîn kirdin*
pensioniert ⟨Adj.⟩ خانەنشین *xanenişîn*
per ⟨Präp.⟩ بە *be*; بەهۆی ...(ە)وە *behoy ...(e)we*
perfekt ⟨Adj.⟩ 1. کامڵ *kamil*; بێخەوش *bêxewş*; 2. تەواو *tewaw*
Perfekt *n* (Gr.) دەمی ڕابردووی تەواو *demî rabirdûy tewaw*
Periode *f* 1. (bildungsspr.) سەردەم *serdem*; 2. بێنوێژی *bênwêjî*; عادە *ʻade*; 3. وەرز *werz*
Perle *f* مرواری *mirwarî*
perplex ⟨Adj.⟩ کاس *kas*; وڕ *wir*
Perser *m* فارس *fars*
Perserin *f* w. Form zu ↑Perser
Perserkatze *f* پشیلەی فارسی *pişîley farisî*
Perserteppich *m* فەرشی فارسی *ferşî farisî*
Persien *n* (hist.) وڵاتی فارس *wilatî fars*
persisch ⟨Adj.⟩ فارسی *farsî*; **Persischer Golf** کەنداوی فارسی *kendawî farsî*
Persisch *n* زمانی فارسی *zimanî farsî*
Person *f* کەس *kes*; نەفەر *nefer*; پیاو *piyaw*; **ein Tisch für vier Personen** مێزێک بۆ چوار کەس *mêzêk bo çiwar kes*; **pro Person** هەر نەفەری *her neferî*
Personal *n* دەستەی کارکەران *destey karkeran*
Personalabteilung *f* بەڕێوەبەرایەتیی کارکەران *berêweberayetîy karkeran*
Personalausweis *m* ناسنامە *nasname*; ناسنامەی باری کەسی *nasnamey barî kesî*
Personalbüro *n* نووسینگەی کارمەندان *nûsîngey karmendan*
Personalien *pl.* زانیاریی کەسی *zanyarîy kesî*
Personalpronomen *n* (Gr.) ڕاناوی کەسی *ranawî kesî*
Personenkreis *m* بازنەیەکی چەند کەسی *bazneyekî çend kesî*
Personenkult *m* کەسپەرستی *kesperistî*
Personenwagen *m* ئوتومبێلی نەفەرهەڵگر *utumbêlî neferhelgir*; قەمەرە *qemere*
persönlich ⟨Adj.⟩ 1. بەشەخسی *beşexsî*; 2. کەسی *kesî*
Persönlichkeit *f* 1. کەسایەتی *kesayetî*; 2. کەسێکی ناسراو *kesêkî nasraw*
Perücke *f* باروکە *baruke*; کڵاوقژ *kilawqij*
pervers ⟨Adj.⟩ 1. لەڕێڕاستلادەر *lerêyrastlader*; ناپەسەند *napesend*; 2. سەرسەری *serserî*

P

Pessimismus *m* ڕەشبینی *r̲eşbînî*
Pessimist *m* ڕەشبین *r̲eşbîn*
Pessimistin *f* w. Form zu ↑Pessimist
pessimistisch ⟨Adj.⟩ ڕەشبین *r̲eşbîn*
Pest *f* (Med.) تاعوون *ta'ûn*
Pestizid *n* دەرمانی نەهێشتنی جڕوجانەوەرات *dermanî nehêştinî cir̲ucanewerat*
Petersilie *f* مەعدەنووس *me'denûs*
Petition *f* سکاڵانامە *sikal̲aname*
Petroleum *n* نەوت *newt*
Petunie *f* (Bot.) گوڵە ئەتڵەسی *gul̲e etl̲esî*
petzen ⟨v.i.⟩ (ugs.) بوختان کردن *buxtan kirdin*
Pfad *m* توولەڕێ *tûler̲ê*
Pfadfinder *m* دیدەوان *dîdewan*
Pfadfinderin *f* w. Form zu ↑Pfadfinder
Pfahl *m* مێخ *mêx*
Pfand *n* بارمتە *barimte*
pfänden ⟨v.t.⟩ دەست بەسەردا گرتن *dest beserda girtin*
Pfanne *f* تاوە *tawe*
Pfannkuchen *m* کێکێکە لە ئارد، شیر، هێلکە و شەکر دروست دەکرێ و لە ڕۆندا سوور دەکرێتەوە *kêkêke le ard, şîr, hêlke w şekir dirust dekrê w le r̲onda sûr dekrêtewe*
Pfarrer *m* قەشە *qeşe*; کەشیش *keşîş*
Pfarrerin *f* w. Form zu ↑Pfarrer
Pfau *m* (Zool.) تاوس *tawis*
Pfeffer *m* فلفل *filfil*; بیبەر *bîber*
Pfefferminze *f* نانا *nana*
Pfefferstreuer *m* ئاڵەتدان *al̲etdan*
Pfeife *f* 1. فیکە *fîke*; 2. پایپ *payp*, 3. (üb.) کەسێکی بێتوانا *kesêkî bêtiwana*
pfeifen ⟨v.i./v.t.⟩ فیکە لێدان *fîke lêdan*
Pfeifentabak *m* تووتنی سەبیل *tûtinî sebîl*
Pfeil *m* تیر *tîr*; **Pfeil und Bogen** تیر و کەوان *tîr u kewan*
Pfeiler *m* کۆڵەکە *kol̲eke*; پایە *paye*
Pfennig *m* (hist.) فەنیک (پچووکترین بەش لە پارەی ئەڵمانیدا) *fenîk (piçûktirîn beş le parey el̲manîda)*; **keinen Pfennig haben** (ugs.) یەک پوول نەبوون *yek pûl nebûn*
Pfennigfuchser *m* (ugs.) ڕەزیل *r̲ezîl*
Pferd *n* (Zool.) ئەسپ *esp*
Pferdeapfel *m* تەرس *ters*
Pferdebremse *f* (Zool.) مێشەسەگانە *mêşesegane*
Pferderennen *n* (Sp.) پێشبڕکێی سواری *pêşbir̲kêy siwarî*
Pfiff *m* فیکە *fîke*
Pfingsten *n* جەژنی گوڵڕێزان *cejnî gul̲r̲êzan*
Pfirsich *m* قۆخ *qox*
Pflanze *f* ڕووەک *r̲uwek*
pflanzen ⟨v.t.⟩ چاندن *çandin*
Pflanzenschutzmittel *n* داوودەرمانی پاراستنی ڕووەک *dawudermanî parastinî r̲uwek*
pflanzlich ⟨Adj.⟩ ڕووەکی *r̲uwekî*
Pflaster *n* 1. شتایگەر *şitayger*; 2. (Med.) پلاستەر *pilaster*
Pflaume *f* 1. هەڵووژە *hel̲ûje*; 2. (ugs.) مرۆڤی دەستوپاسپی *mirovî destupasipî*
Pflege *f* 1. خزمەتکردن *xizmetkirdin*; 2. یاریدەدانی نەخۆش *yarîdedanî nexoş*; 3. بایەخپێدان (قژ، پێست، ڕوو، ...) *bayexpêdan (qij, pêst, r̲û, …)*

pflegeleicht ⟨Adj.⟩ خزمەتئاسان *xizmetasan*

Pflegemutter *f* دایەن *dayen*

pflegen I. ⟨v.t.⟩ 1. خزمەت کردن *xizmet kirdin*; 2. پاراستن *parastin* **II.** ⟨v.refl.⟩ sich pflegen بایەخ بە خۆ دان *bayex be xo dan*

Pfleger *m* یاریدەدەری نەخۆش *yarîdederî nexoş* ; پەرستیار *peristiyar*

Pflegerin *f* w. Form zu ↑Pfleger

Pflegevater *m* پیاوێک، کە منداڵێک بۆ بەخێوکردن هەڵدەگرێتەوە *piyawêk, ke mindaḻêk bo bexêwkirdin heḻdegrêtewe*

Pflegeversicherung *f* تامینی خزمەتکردن لە کاتی پەککەوتەییدا *tamînî xizmetkirdin le katî pekkewteyîda*

Pflicht *f* ئەرک *erk*

pflichtbewusst ⟨Adj.⟩ گوێڕایەڵ *gwêṟayeḻ*

Pflichtverteidiger *m* پارێزەری بەرگریکار(، کە لەلایەن دادگاوە بۆ کەسێک دادەنرێ) *parêzerî bergirîkar(, ke lelayen dadigawe bo kesêk dadenrê)*

Pflichtverteidigerin *f* w. Form zu ↑Pflichtverteidiger

Pflock *m* مێخ *mêx*; سنگ *sing*

pflücken ⟨v.t.⟩ چنین *çinîn*

Pflug *m* (Agr.) گاسن *gasin*

Pforte *f* دەروازە *derwaze*

Pförtner *m* دەرگاوان *dergawan*

Pförtnerin *f* w. Form zu ↑Pförtner

Pfosten *m* 1. سنگ *sing*; 2. لاشیپان (دەرگا) *laşîpan (derga)*

Pfote *f* 1. چنگ *çing*; 2. (ugs.) دەست *dest* • Pfoten weg! (ugs.) دەستت لابە!

pfui ⟨Int.⟩ 1. ئەیهوو *eyhû*; 2. کخ *kix*; 3. ئۆف *of*

Pfund *n* 1. نیوکیلۆ *nîwkîlo*; 2. فوند (پارەی بەریتانی) *fund (parey berîtanî)*

Pfusch *m* (ugs.) کاری لامسەرلایی *karî lamserlayî*

Pfütze *f* باراناو *baranaw*; چلْپاو *çiḻpaw*

Phantasie *f* s. ↑Fantasie

Pharao *m* (hist.) فیرعەون *fîr'ewn*

Pharaonin *f* w. Form zu ↑Pharao

Phase *f* 1. (bildungsspr.) سەردەم *serdem*; 2. ڕادە *ṟade*

Philologe *m* زمانەوان *zimanewan*

Philologie *f* زمانەوانی *zimanewanî*

Philologin *f* w. Form zu ↑Philologe

philologisch ⟨Adj.⟩ زمانەوانی *zimanewanî*

Philosoph *m* فەیلەسووف *feylesûf*

Philosophie *f* فەلسەفە *felsefe*

philosophieren ⟨v.i.⟩ فەلسەفە کردن *felsefe kirdin*

Philosophin *f* w. Form zu ↑Philosoph

Phobie *f* (Psychol.) ترس *tirs*

Phonem *n* (Ling.) فۆنێم *fonêm*

Phonetik *f* (Ling.) زانستیی دەنگ *zanistîy deng*

phonetisch ⟨Adj.⟩ (Ling.) دەنگی *dengî*

Phönix *m* (Myth.) باڵندەیەکی ئەفسانەییە، خۆی سووتاندووە و لە خۆڵەمێشەکەیەوە زیندووبووەتەوە (نیشانەی نەمرییە) *baḻindeyekî efsaneyîye, xoy sûtandûwe w le xoḻemêşekeyewe zîndûbûwetewe (nîşaney nemirîye)*

P

Phosphat *n* (Chem.) فۆسفات *fosfat*
Phosphor *m* (Chem.) فۆسفۆڕ *fosfor*
Physik *f* فیزیا *fîzya*
physisch ⟨Adj.⟩ تەنی *tenî*
Piano *n* (Mus.) پیانۆ *piyano*
Pickel *m* زیپکە *zîpke*; عازەبە *'azebe*
picken ⟨v.t.⟩ بە دەنووک لێدان *be denûk lêdan*
Picknick *n* سەیران *seyran*
piepen ⟨v.i.⟩ جیقاندن *cîqandin*; زیقەزیق کردن *zîqezîq kirdin*
piepsen ⟨v.i.⟩ جریواندن *cirîwandin*; جووکاندن *cûkandin*
Pigment *n* (Biol.) پیگمێنت *pîgmênt*
pikant ⟨Adj.⟩ 1. بەهاراتاوی (خواردەمەنی) *beharatawî (xiwardemenî)*; 2. (üb.) سەرنجڕاکێش *serincrakêş*
Pilaw *m* پلاو *pilaw*
Pilger *m* (islam.) حەج *hec*
Pilgerfahrt *f* (islam.) چوونبۆحەج *çûnbohec*
Pilgerin *f* w. Form zu ↑Pilger
Pilgerreise *f* (Rel.) زیارەت *ziyaret*
Pille *f* 1. حەب *heb*; 2. (ugs.) حەبی مندالّنەبوون *hebî mindalnebûn*
Pilot *m* فڕۆکەوان *firokewan*
Pilotin *f* w. Form zu ↑Pilot
Pilz *m* 1. قارچک *qarçik* ; 2. (Med.) کەڕوو *kerû*
Piment *m/n* گەرمۆک *germok*
Pimmel *m* (ugs.) کێر *kêr*
PIN *f* ژمارەی نهێنی *jimarey nihênî*; پن *pin*
Pinie *f* سنەوبەر *sinewber*
Pinienkern *m* دەنکەسنەوبەر *denkesinewber*
pink ⟨Adj.⟩ پەمەیی *pemeyî*
pinkeln ⟨v.i.⟩ (ugs.) میز کردن *mîz kirdin*
Pinsel *m* فلّچە *filçe*
Pinzette *f* مووکێش *mûkêş*
Pipeline *f* بۆریی نەوت *borîy newt*
Pipette *f* مژەر *mijer*
Pipi *n* (Kinderspr.) میز (بە زمانی مندالّان) *mîz (be zimanî mindalan)*; **Pipi machen** (idiom./Kinderspr.) میز کردن *mîz kirdin*
Pirat *m* جەردەی دەریا *cerdey derya*
Piratin *f* w. Form zu ↑Pirat
Pirouette *f* سووڕانەوە *sûranewe*
Pistazie *f* بستە *biste*
Pistole *f* دەمانچە *demançe*
Pizza *f* کولێرەبەقیمە *kulêrebeqîme*; پیتزا *pîtza*
Pizzeria *f* پیتساخانە *pîtsaxane*
Pkw *m* قەمەرە *qemere*
Plage *f* 1. چەوساندنەوە *çewsandinewe*; 2. بەڵا *bela*
plagen I. ⟨v.t.⟩ ئەزێت دان *ezêt dan* **II.** ⟨v.refl.⟩ sich (mit etw.) plagen ڕەنج کێشان *renc kêşan*
Plakat *n* پۆستەر *poster*; ئیعلان *î'lan*
Plakette *f* پلاکات *pilakat*
Plan *m* 1. پیلان *pîlan*; 2. نەخشە *nexşe*; 3. بەرنامە *bername*
Plane *f* داپۆش *dapoş*
planen ⟨v.t.⟩ نەخشە کێشان *nexşe kêşan*; بەرنامە دانان *bername danan*
Planet *m* (Astron.) ئەستێرەی گەڕۆک *estêrey gerok*
planmäßig ⟨Adj.⟩ بەرنامەناسا *bernameasa*

Plantage *f* کێڵگەی گەورە *kêlgeyekî gewre*

Planung *f* نەخشەکێشان *nexşekêşan*

Plasma *n* (Med.) پلازما *pilazma;* ئاوگ *awig*

[1]**Plastik** *f* پەیکەرتاشی *peykertaşî*

[2]**Plastik** *n* پلاستیک *pilastîk;* نایلۆن *naylon*

Plastiktüte *f* زەرفی نایلۆن *zerfî naylon*

Platane *f* (Bot.) چنار *çinar*

Platin *n* (Chem.) پلاتین *pilatîn*

plätschern ⟨v.i.⟩ هاژاندن (ڕووبار) *hajandin (rûbar)*

platt ⟨Adj.⟩ 1. تەخت *text;* 2. (üb.) وڕ *wir*

Platte *f* 1. تەختەبەرد *texteberd;* 2. تەبەق (شووشە، ئاسن) *tebeq (şûşe, asin);* 3. تەختە (دار، شووشە) *texte (dar, şûşe);* 4. سینی *sînî;* 5. قەوان *qewan*

plätten ⟨v.t.⟩ لە ئوتوو دان *le utû dan*

Plattenspieler *m* گرامەفۆن *giramefon;* قەوان *qewan*

Plattform *f* 1. سەکۆ *seko;* 2. بەرنامە(ی کۆمەڵەیەک، دەستەیەک، پارتێک) *bername(y komeleyek, desteyek, partêk)*

Platz *m* 1. شوێن *şwên;* جێگە *cêge;* 2. گۆڕەپان *gorepan;* 3. پایە *paye* • ist der Platz frei? ئەو شوێنە نەگیراوە؟ ; **Platz machen/schaffen** ڕێ کردنەوە *rê kirdinewe;* **Platz nehmen** دانیشتن *danîştin*

Platzanweiser *m* جێنیشاندەر *cênîşander*

Platzanweiserin *f* w. Form zu ↑Platzanweiser

Plätzchen *n* 1. شوێنێکی بچکۆلە *şwênêkî biçkole;* 2. پسکیت *piskît*

platzen ⟨v.i.⟩ 1. تەقین *teqîn;* 2. پەنچەر بوون (تایە) *pençer bûn (taye);* 3. هەڵوەشاندنەوە *helweşandinewe*

Plauderei *f* گفتوگۆ *giftugo;* دەمەتەقێ *demeteqê*

plaudern ⟨v.i.⟩ گفتوگۆ کردن *giftugo kirdin;* دەمەتەقێ کردن *demeteqê kirdin*

Plazenta *f* (Med.) وێڵاش *wêlaş;* پزدان *pizdan*

pleite ⟨Adv.⟩ نابووت *nabût;* مایەپووچ *mayepûç;* **pleite sein** نابووت بوون *nabût bûn*

Pleite *f* نابووتی *nabûtî;* مایەپووچی *mayepûçî*

plötzlich ⟨Adj.⟩ کوتوپڕ *kutupir*

plump ⟨Adj.⟩ 1. زلحۆ *zilho;* 2. (üb.) گەوج (کەسێک) *gewc (kesêk)*

plündern ⟨v.t.⟩ 1. ڕووت کردنەوە *rût kirdinewe;* 2. ڕاووڕووت کردن *rawurût kirdin;* 3. وێران کردن *wêran kirdin*

Plural *m* (Gr.) کۆ *ko*

plus ⟨Adv.⟩ 1. (Math.) کۆ *ko;* 2. پلوس *plus* • zwei plus zwei ist vier دوو زاید دوو چوارە ; **fünf Grad plus** پێنج پلە سەروو سفر *pênc pile serû sifr*

Plusquamperfekt *n* (Gr.) دەمی ڕابردووی دوور *demî rabirdûy dûr*

Po *m* (ugs.) سمت *simt;* قنگ *qing*

Pöbel *m* ئەلەوجەلەو *elewcelew*

Pocken *pl.* 1. (Med.) ئاوڵە *awle;* 2. (Med.) مێکوتە *mêkute*

Pockenimpfung *f* (Med.) ئاوڵەکوتان *awlekutan*

Podium *n* پۆدیۆم *podyom;* سەکۆ *seko*

Podiumsdiskussion *f* گفتوگۆئاڵوگۆڕکردن

P

(لەبەردەمی گوێگراندا) *giftugoa̱lugor̄kirdin (leberdemî gwêgiranda)*
Poesie *f* 1. (bildungsspr.) هونەری هۆنراوەنووسین *hunerî honrawenûsîn;* 2. (bildungsspr.) شیعر *şîʿir*
Poet *m* (bildungsspr.) شاعیر *şaʿîr*
Poetin *f* w. Form zu ↑Poet
poetisch ⟨Adj.⟩ (bildungsspr.) شیعری *şîʿirî*
Pokal *m* 1. تاس *tas;* 2. (Sp.) کاس *kas*
Pol *m* جەمسەر *cemser*
Pole *m* پۆڵۆنی *Po̱lonî*
Polen *n* پۆڵۆنیا *Po̱lonya*
polieren ⟨v.t.⟩ 1. ماڵشت کردن *ma̱lişt kirdin;* 2. بریقاندنەوە *birîqandinewe*
Polin *f* w. Form zu ↑Pole
Politik *f* ڕامیاری *r̄amyarî;* سیاسەت *siyaset*
Politiker *m* سیاسی *siyasî*
Politikerin *f* w. Form zu ↑Politiker
politisch I. ⟨Adj.⟩ سیاسی *siyasî;* **politisches Asyl** پەنابەریی سیاسی *penaberîy siyasî;* **politischer Gefangener** بەندی سیاسی *bendî siyasî* **II.** ⟨Adv.⟩ سیاسییانە *siyasîyane*
Polizei *f* 1. پۆلیس *polîs;* 2. پۆلیسخانە *polîsxane*
Polizeirevier *n* پۆلیسخانە *polîsxane*
Polizeiwache *f* پۆلیسخانە *polîsxane;* مەخفەر *mexfer*
Polizist *m* پۆلیس *polîs*
Polizistin *f* w. Form zu ↑Polizist
Pollen *m* (Bot.) هەڵاڵە *he̱la̱le*
Pollenallergie *f* (Med.) هەڵاڵەتا *he̱laleta*
polnisch ⟨Adj.⟩ پۆڵۆنی *po̱lonî*
Polnisch *n* زمانی پۆڵۆنی *zimanî po̱lonî*
Polo *n* (Sp.) چەوگانبازی *çewganbazî*
Polster *n* قەنەفە *qenefe*
Polygamie *f* 1. فرەژنی *firejinî;* 2. فرەپیاوی *firepiyawî*
Pommes frites *pl.* (Kochk.) قاشە پەتاتەی سوورەوەکراو *qaşe petatey sûrewekiraw*
[1]**Pony** *n* (Zool.) ئەسپی پچووک *espî piçûk*
[2]**Pony** *m* پەرچەم *perçem*
Popcorn *n* گەنمەشامیی برژاو *genimeşamîy birjaw*
Popmusik *f* مۆسیقای پۆپ *mosîqay pop*
Popo *m* (ugs.) سمت *simt*
populär ⟨Adj.⟩ 1. ناودار *nawdar;* 2. میللی *mîllî;* 3. خۆشەویست *xoşewîst*
Popularität *f* ناوداری *nawdarî;* خۆشەویستیی گشتی (لەلایەن خەڵکەوە) *xoşewîstîy giştî (lelayen xe̱lkewe)*
Porno *m* (ugs.) پۆڕنۆ *por̄no*
Pornofilm *m* فلیمی پۆڕنۆ *filîmî por̄no*
Pornografie *f* 1. پۆرنۆگرافی *pornogir̄afî;* 2. فاحیشییەت (بە نووسین یا بە وێنە) *faẖîşîyet (be nûsîn ya be wêne)*
Porree *m* (Kochk.) کەوەری گەڵاپان *kewerî ge̱lapan*
Portal *n* دەرۆزە *deroze*
Portemonnaie *n* جزدانی پارە *cizdanî pare*
Portier *m* دەرگاوان *dergawan*
Portierin *f* w. Form zu ↑Portier
Portion *f* بەشەخواردن *beşexiwardin*
Porto *n* کرێی پۆستە *kirêy poste*
Portugal *n* پورتوگال *Portugal*
Portugiese *m* پۆرتوگالی *portugalî*

P

Portugiesin *f* w. Form zu ↑Portugiese

portugiesisch ⟨Adj.⟩ پۆرتوگالی *portugalî*

Portugiesisch *n* زمانی پۆرتوگالی *zimanî portugalî*

Porzellan *n* فەخفووری *fexfûrî;* چینی *çînî*

Position *f* 1. پێگە *pêge;* 2. هەڵوێست *helwêst;* 3. پایە *paye*

positiv I. ⟨Adj.⟩ 1. ئەرێنی *erênî;* 2. موجەب *muceb* **II.** ⟨Adv.⟩ ئیجابییانە *îcabîyane*

Possessivpronomen *n* (Gr.) ڕاناوی خاوەنێتی (تەمەلوک) *ranawî xawenêtî (temeluk)*

Post *f* 1. پۆستەخانە *postexane;* 2. پۆستە *poste;* **mit der Post** بە پۆستەدا *be posteda;* **zur Post gehen** بۆ پۆستەخانە چوون *bo postexane çûn;* **etw. zur Post bringen** بۆ پۆستەخانە بردن *bo postexane birdin*

Postamt *n* پۆستەخانە *postexane*

Postanweisung *f* حەواڵەی پۆستە *hewaley poste*

Postbote *m* پۆستەچی *posteçî;* نامەبەر *nameber*

Postbotin *f* w. Form zu ↑Postbote

Posten *m* 1. پاسەوان *pasewan;* 2. وەزیفە *wezîfe*

Postfach *n* سندووقی پۆستە *sindûqî poste*

Postkarte *f* پۆستکارت *postkart*

Postleitzahl *f* ژمارەی پۆستەی ناوچەیەک *jimarey postey nawçeyek*

Postschalter *m* پەنجەرەی پۆستەخانە *pencerey postexane*

Poststempel *m* مۆری پۆستە *morî poste*

potenziell ⟨Adj.⟩ (bildungsspr.) شیاو *şiyaw*

Pracht *f* 1. جوانی *ciwanî;* 2. ڕەونەق *rewneq*

prächtig ⟨Adj.⟩ 1. ڕەونەقدار *rewneqdar;* 2. بەنرخ *benirx*

prachtvoll ⟨Adj.⟩ ڕەونەقدار *rewneqdar;* نایاب *nayab*

Prädikat *n* 1. پلە *pile;* 2. (Gr.) گوزارە *guzare;* دراوەپاڵ *dirawepal;* موسنەد *musned*

Präfix *n* (Gr.) پێشگر *pêşgir*

prägen ⟨v.t.⟩ 1. سکە لێدان *sike lêdan;* 2. (üb.) کار تێکردن *kar têkirdin*

Praktikant *m* فێرخواز *fêrxwaz;* مەشقکار *meşiqkar*

Praktikantin *f* w. Form zu ↑Praktikant

Praktikum *n* مەشقکاری *meşiqkarî*

praktisch I. ⟨Adj.⟩ 1. پیشەیی *pîşeyî;* 2. بەسوود *besûd;* **praktischer Arzt** پزیشکی نەخۆشیی گشتی *pizîşkî nexoşîy giştî* **II.** ⟨Adv.⟩ لەڕاستیدا *lerastîda*

praktizieren I. ⟨v.t.⟩ جێبەجێ کردن *cêbecê kirdin* **II.** ⟨v.i.⟩ وەک پزیشک کار کردن *wek pizîşk kar kirdin*

Prämie *f* خەڵات *xelat*

Präparat *n* 1. داوودەرمان *dawuderman;* 2. (Biol./Med.) پێکهاتە *pêkhate*

Präposition *f* (Gr.) ئامرازی پەیوەندی *amrazî peywendî*

Präsens *n* (Gr.) دەمی ئێستا *demî êsta*

präsentieren ⟨v.t.⟩ نیشان دان *nîşan dan;* پێشکەش کردن *pêşkeş kirdin*

Präsenz *f* (bildungsspr.) ئامادەبوون *amadebûn*

Präservativ *n* لاستیکی کێر *lastîkî kêr;* کۆندوم *kondum*

Präsident *m* سەرۆک *serok*

Präsidentin *f* w. Form zu ↑Präsident

Präteritum *n* (Gr.) ڕابردووی سادە *rabirdûy sade*

Praxis *f* 1. شارەزایی *şarezayî;* 2. پڕاکتیک *piraktîk;* 3. نۆرینگە *norînge;* عیادە *ʿiyade*

präzise ⟨Adj.⟩ 1. (bildungsspr.) ورد *wird;* بەوردی *bewirdî;* 2. (bildungsspr.) ڕاستودروست *rastudirust*

predigen ⟨v.t./v.i.⟩ وەعز دادان *weʿiz dadan*

Predigt *f* (Rel.) ئامۆژگاریی ئاینی *amojgarîy ayinî;* وەعز *weʿiz*

Preis *m* 1. نرخ *nirx;* بەها *beha;* 2. خەڵات *xelat;* **zum halben Preis** بە نیوەقیمەت *be nîweqîmet*

Preisausschreiben *n* پێشبڕکێ *pêşbirkê;* کێبڕکێ *kêbirkê*

Preiserhöhung *f* نرخبەرزبوونەوە *nirxberzbûnewe*

Preisnachlass *m* نرخداشکاندن *nirxdaşikandin*

Preistafel *f* تابلۆی نرخ لەسەر دانان *tabloy nirx leser danan*

preiswert ⟨Adj.⟩ هەرزان *herzan*

prellen ⟨v.t.⟩ 1. هەڵدان *heldan;* 2. (üb.) فێڵ لێکردن *fêl lêkirdin*

Prellung *f* (Med.) هەڵئاوسان *helawsan*

Presse *f* 1. مەنگەنە (ئامێری گوشین) *mengene (amêrî guşîn);* 2. ڕۆژنامەوانی *rojnamewanî*

pressen ⟨v.t.⟩ گوشین *guşîn*

Prestige *n* (bildungsspr.) شکۆ *şiko*

Priester *m* قەشە *qeşe;* کەشیش *keşîş*

Priesterin *f* w. Form zu ↑Priester

prima ⟨Adj.⟩ (ugs.) نایاب *nayab*

Primel *f* (Bot.) بەیبوونەکێویلە *beybûnekêwîle*

primitiv ⟨Adj.⟩ 1. سەرەتایی *seretayî;* 2. بێمانا *bêmana*

Primzahl *f* (Math.) ژمارەی خۆبەش *jimarey xobeş*

Prinz *m* میر *mîr*

Prinzessin *f* w. Form zu ↑Prinz شازادەخاتوون *şazadexatûn;* کچەمیر *kiçemîr*

Prinzip *n* 1. بنچینە *binçîne;* 2. دەستوور *destûr;* 3. ئوسوڵ *usul;* **aus Prinzip** بەپێی دەستوور *bepêy destûr*

Prise *f* نەختێک *nextêk*

Prisma *n* (Math.) سێپاڵە *sêpale;* مەنشوور *menşûr*

privat ⟨Adj.⟩ 1. خۆیی *xoyî;* خسوسی *xisusî;* 2. تایبەت *taybet;* 3. ئەهلی *ehlî*

Privatbesitz *m* مولْکییەتی تایبەتی *mulkîyetî taybetî*

Privatleben *n* ژیانی تایبەتی *jiyanî taybetî*

Privatsache *f* بابەتی تایبەت *babetî taybet*

Privatsphäre *f* ژیانی تایبەتی *jiyanî taybetî*

Privileg *n* (Jur.) تایبەتمەندێتی *taybetmendêtî;* ئیمتییاز *îmtîyaz*

pro ⟨Präp.⟩ بۆ *bo;* بۆ هەر *bo her;* **pro Kopf** هەر یەکەو *her yekew;* **pro Person** بو سەر یەکی *bo her yekê;* **pro Stück** بۆ هەر پارچەیەک *bo her par-*

P

çeyek; **pro Stunde** بۆ هەر سەعاتێک *bo her se'atêk*

Probe *f* 1. پەراوە *perawe;* 2. نموونە *nimûne;* 3. ڕاهێنان *rahênan;* 4. تاقیکردنەوە *taqîkirdinewe*

Probefahrt *f* لێخوڕینی ئوتومبێل بۆ پەراوەکردن *lêxurînî utumbêl bo perawekirdin*

proben ⟨v.t.⟩ مەشق کردن *meşq kirdin*

Probestück *n* نموونە *nimûne*

probieren ⟨v.t.⟩ 1. تاقی کردنەوە *taqî kirdinewe;* 2. (Theat.) پرۆبە کردن *pirobe kirdin;* 3. چێشتن *çêştin*

Problem *n* گرفت *girift;* کێشە *kêşe*

Produkt *n* 1. بەرهەم *berhem;* 2. (Math.) ئەنجامی لێکدان *encamî lêkdan*

Produktion *f* بەرهەم *berhem*

produktiv ⟨Adj.⟩ 1. بەبەرهەم *beberhem;* 2. بەپیت *bepît*

Produktivität *f* بەپیتی *bepîtî*

Produzent *m* بەرهەمهێنەر *berhemhêner*

Produzentin *f* w. Form zu ↑Produzent

produzieren ⟨v.t.⟩ 1. بەرهەم هێنان *berhem hênan;* 2. (شانۆ، فلیم) دەرهێنان *derhênan (şano, filîm)*

professionell ⟨Adj.⟩ کارامە *karame*

Professor *m* پرۆفیسۆر *pirofîsor;* ئوستاد *ustad*

Professorin *f* w. Form zu ↑Professor

Profi *m* شارەزا *şareza*

Profit *m* 1. سوود *sûd;* 2. بەرژەوەندی *berjewendî*

profitieren ⟨v.i.⟩ 1. سوود وەرگرتن *sûd wergirtin;* 2. سوود بەخشین *sûd bexşîn*

Prognose *f* (fachspr.) پێشبینی *pêşbînî*

Programm *n* پرۆگرام *pirogram;* بەرنامە *bername*

programmieren ⟨v.t.⟩ (EDV) بەرنامە دانان *bername danan*

Projekt *n* 1. پلان *pilan;* 2. پرۆژە *piroje*

Projektor *m* شەوقهاوێژ *şewqhawêj;* پرۆجەکتۆر *pirocektor*

Prolet *m* (ugs.) بۆرەپیاو *borepiyaw*

Proletariat *n* پرۆلیتاریا *pirolîtarya*

Proletarier *m* پرۆلیتار *pirolîtar;* ڕەنجبەر *rencber*

Proletarierin *f* w. Form zu ↑Proletarier

proletarisch ⟨Adj.⟩ پرۆلیتاری *pirolîtarî*

Proletin *f* w. Form zu ↑Prolet

Promenade *f* شەقامی پیاسەکردن *şeqamî piyasekirdin*

Promille *n* (Math.) لەهەزاردا *lehezarda*

prominent ⟨Adj.⟩ بەناوبانگ *benawbang*

Prominenz *f* کەسانی بەناوبانگ *kesanî benawbang*

prompt ⟨Adj.⟩ کوتوپڕ *kutupir*

Pronomen *n* (Gr.) ڕاناو *ranaw;* جێناو *cênaw*

Propaganda *f* پروپاگاندە *pirupagande*

Propeller *m* پەروانە *perwane*

Prophet *m* 1. ڕێبین *rêbîn;* 2. (Rel.) پەیامبەر *peyamber;* 3. (islam.) پێغەمبەر *pêxember*

Prophetin *f* w. Form zu ↑Prophet

Prospekt *n* نامیلکە *namîlke*

Prosternation *f* بەچۆکداکەوتن *beçokdakewtin*

prostituieren **I.** ⟨v.t.⟩ ئابڕوو بردن *abrû birdin* **II.** ⟨v.refl.⟩ sich prostituie-

ren خۆ فرۆشتن *xo firoştin*

Prostituierte *f* سۆزانی *sozanî*; قەحبە *qehbe*

Prostituierter *m* پیاوی لەشفرۆش *piyawî leşfiroş*; حیز *hîz*

Protest *m* ناڕەزایی *naṟezayî*

Protestant *m* پڕۆتستانت *piṟotestant*

Protestantin *f* w. Form zu ↑Protestant

protestantisch ⟨Adj.⟩ پڕۆتەستانتی *piṟotestantî*

protestieren ⟨v.i.⟩ ناڕەزایی دەربڕین *naṟezayî derbiṟîn*

Prothese *f* 1. (Med.) ئەندامی دەسکرد *endamî deskird*; 2. (Med.) دانی دەسکرد *danî deskird*

Protokoll *n* ڕاپۆرت *ṟaport*; پڕۆتۆکۆل *piṟotokol*

Proviant *m* تویشوو *twêşû*

Provider *m* (EDV) پڕۆڤایدەر *piṟovayder*

Provinz *f* 1. پارێزگە *parêzge*; 2. ناوچە *nawçe*; 3. ناحییە *nahîye*

Provision *f* (Kaufmannsspr.) دەڵاڵی *delalî*

provisorisch ⟨Adj.⟩ کاتی *katî*

Provokation *f* (bildungsspr.) هاندان *handan*; تووڕەکردن *tûṟekirdin*

provozieren ⟨v.t.⟩ شەڕ پێفرۆشتن *şeṟ pêfiroştin*; تووڕە کردن *tûṟe kirdin*

Prozent *n* لەسەدا *leseda*

Prozess *m* 1. دادگێڕان *dadgêṟan*; دەعوا *de'wa*; 2. پڕۆسە *piṟose*

Prozessor *m* (EDV) ڕێکخەر *ṟêkxer*; پڕۆسێسۆر *piṟosêsor*

prüfen ⟨v.t.⟩ تاقی کردنەوە *taqî kirdinewe*

Prüfer *m* تاقیکار *taqîkar*; پشکنیار *piş-kinyar*

Prüferin *f* w. Form zu ↑Prüfer

Prüfung *f* تاقیکردنەوە *taqîkirdinewe*

Prügel *m* کوتەک *kutek*; **Prügel bekommen/beziehen/kriegen** کوتەک خواردن *kutek xiwardin*

prügeln I. ⟨v.t.⟩ لێدان *lêdan*; کوتان *kutan* II. ⟨v.refl.⟩ **sich prügeln** لەیەکتری دان *leyektirî dan*

PS *n* ئەسپەهێز *espehêz*

Pseudonym *n* نازناو *naznaw*

Psyche *f* (bildungsspr./fachspr.) دەروون *derûn*

Psychiater *m* پزیشکی دەروونی *pizîşkî derûnî*

Psychiaterin *f* w. Form zu ↑Psychiater

psychisch ⟨Adj.⟩ (bildungsspr.) دەروونی *derûnî*; **psychischer Schaden** زیانی دەروونی *ziyanî derûnî*

Psychoanalyse *f* شیکردنەوەی دەروونی *şîkirdinewey derûnî*

Psychoanalytiker *m* دەروونشیکار *derûnşîkar*

Psychoanalytikerin *f* w. Form zu ↑Psychoanalytiker

Psychologe *m* دەروونناس *derûnnas*

Psychologie *f* دەروونناسی *derûnnasî*

Psychologin *f* w. Form zu ↑Psychologe

psychologisch ⟨Adj.⟩ دەروونی *derûnî*

psychosomatisch ⟨Adj.⟩ پەیوەست بە پێوەندی نێوان لەش و ڕۆح *peywest be pêwendî nêwan leş u roḥ*

Psychotherapeut *m* پزیشکی دەروونی *pizîşkî derûnî*

Psychotherapeutin *f* w. Form zu ↑Psychotherapeut

Psychotherapie *f* (Med./Psych.) چارەسەری دەروونی *çareserî derûnî*

pubertär ⟨Adj.⟩ (bildungsspr.) هەرزەکار *herzekar*

Pubertät *f* باڵغی *ba**l**i**x**î*

Publikation *f* بڵاوکراوە *bi**l**awkirawe*

Publikum *n* 1. بینەران *bîneran*; گوێگران *gwêgiran*; 2. جەماوەر *cemawer*

publizieren ⟨v.t.⟩ بڵاو کردنەوە *bi**l**aw kirdinewe*

Publizist *m* 1. ڕۆژنامەوان *rojnamewan*; 2. دانەر *daner*

Publizistin *f* w. Form zu ↑Publizist

Pudding *m* کاستەر *kaster*

Puder *m* بۆدرە *bodre*

pudern ⟨v.t.⟩ بۆدرە پێوەکردن *bodre pêwekirdin*

Püree *n* (Kochk.) هاڕاوە(ی پەتاتە) *ha**r**awe(y petate)*

Pullover *m* فانیلە(ی سەر کراس) *fanîle(y ser kiras)*

Puls *m* (Med.) دڵلێدان *di**ll**êdan*

Pulver *n* 1. تۆز *toz*; 2. بۆدرە *bodre*; 3. باروت *barût*

Pumpe *f* ترومپا *tirumpa*; پەمپ *pemp*

pumpen ⟨v.t.⟩ هەڵهێنجان (بە پەمپ) *he**l**hêncan (be pemp)*

Punkt *m* 1. نوختە *nuxte*; خاڵ *xa**l***; 2. (Sp.) گۆڵ *go**l***; **Punkt 8 Uhr** لە سەعات هەشتی تەواودا *le se'at heştî tewawda*

pünktlich ⟨Adj.⟩ لەکاتیخۆیدا *lekatîxoyda*

Pupille *f* بیلبیلە *bîlbîle*

Puppe *f* بووکەشووشە *bûkeşûşe*

pur ⟨Adj.⟩ ڕووت *rût*; تەنیا *tenya*

Purzelbaum *m* سەرمەوقولات *sermewqulat*

purzeln ⟨v.i.⟩ (ugs.) خل بوونەوە *xil bûnewe*

Pusteblume *f* (Bot.) پەپوولەپاییزە *pepûlepayîze*

Pustel *f* (Med.) زیبکە *zîbke*

pusten ⟨v.i.⟩ فوو کردن *fû kirdin*

Pute *f* w. Form zu ↑Puter (Zool.) عەلەشیشی مێچکە *'eleşîşî mêçke*

Puter *m* (Zool.) عەلەشیشی نێر *'eleşîşî nêr*

Putsch *m* (Pol.) کۆدەتا *kodeta*

putschen ⟨v.i.⟩ (Pol.) کۆدەتا کردن *kodeta kirdin*

Putz *m* سواغ *siwa**x***; گەچکاری *geçkarî*

putzen I. ⟨v.t.⟩ پاک کردنەوە *pak kirdinewe*; **(sich) die Nase putzen** فم کردن *fim kirdin* **II.** ⟨v.refl.⟩ sich putzen (veralt.) خۆ ئارایش دان *xo arayiş dan*

Putzfrau *f* w. Form zu ↑Putzmann پاککەرەوە *pakkerewe*

Putzlappen *m* پەڕۆی پاککردنەوە *pe**r**oy pakkirdinewe*

Putzmann *m* پاککەرەوە (پیاو) *pakkerewe (piyaw)*

Putzmittel *n* پاکژکەرە *pakijkere*

Puzzle *n* پوزل *puzil*

Pyjama *m* بیجامە *bîcame*

Pyramide *f* (Math.) هەرەم *herem*

Python *m* (Zool.) ئەژدیها *ejdîha*

P

Q

q, Q کو *ku;* پیتی حەڤدەیەمی ئەلفبێی ئەڵمانی *pîtî ẖevdeyemî elfbêy elṯmanî*

Quadrat *n* 1. چوارگۆشە *çiwargoşe;* 2. (Math.) دووجا *dûca*

quadratisch ⟨Adj.⟩ 1. چوارگۆشە *çiwargoşe;* 2. (Math.) دووجا *dûca*

Quadratmeter *m* مەتری چوارگۆشە *metirî çiwargoşe*

quaken ⟨v.i.⟩ واقوویق کردن *waquwîq kirdin*

Qual *f* ئازار *azar;* ژان *jan;* ناخۆشی *naxoşî*

quälen I. ⟨v.t.⟩ ئازار دان *azar dan;* جاڕس کردن *caṟis kirdin* **II.** ⟨v.refl.⟩ sich (mit etw.) quälen خۆ ئازار دان *xo azar dan;* سزا کێشان *siza kêşan*

Quälerei *f* ئازاردان *azardan*

Qualifikation *f* لێهاتوویی *lêhatûyî;* پسپۆڕی *pispoṟî*

qualifiziert ⟨Adj.⟩ لێهاتوو *lêhatû;* شارەزا *şareza*

Qualität *f* (bildungsspr.) جۆرێتی *corêtî;* چۆنێتی *çonêtî*

qualitativ ⟨Adj.⟩ (bildungsspr.) جۆری *corî;* چۆنێتی *çonêtî*

Qualle *f* (Zool.) گیانلەبەرێکی دەریایی لینجە *giyanleberêkî deryayîy lînce*

Qualm *m* دووکەڵ *dûkeḻ*

Quantität *f* (bildungsspr.) چەندێتی *çendêtî*

quantitativ ⟨Adj.⟩ (bildungsspr.) چەندەکی *çendekî*

Quarantäne *f* کەرەنتێنە *kerentêne*

Quark *m* 1. تۆراخ *torax;* 2. (üb.) قسەی قۆڕ *qisey qoṟ*

Quartal *n* وەرز *werz*

Quartier *n* هەوارگە *hewarge*

Quaste *f* گوڵونکە *guḻunke*

Quatsch *m* قسەی قۆڕ *qisey qoṟ;* **Quatsch machen** قسەی قۆڕ کردن *qisey qoṟ kirdin;* er macht viel Quatsch قسەی قۆڕ زۆر دەکا

Quecksilber *n* (Chem.) جیوە *cîwe*

Quelle *f* 1. کانی *kanî;* 2. (üb.) بنچینە *binçîne*

quer ⟨Adv.⟩ لەمبەربۆئەوبەر *lemberboewber*

Querkopf *m* (ugs.) کەللەڕەق *kelleṟeq*

Querschnitt *m* (Math./Tech.) پانەبڕگە *panebiṟge*

querschnitt(s)gelähmt ⟨Adj.⟩ لاقیفلیجبوو *laqîflîcbû*

Querstraße *f* ڕێبڕ *ṟêbiṟ*

quetschen ⟨v.t.⟩ هەڵفلیقاندنەوە *heḻfilîqandinewe*

Quetschung *f* 1. تێکشکاندن *têkşikandin;* 2. (Med.) خوێنتۆزان *xwêntôzan*

quietschen ⟨v.i.⟩ 1. جیڕاندن *cîṟandin;*

Q

2. زیقاندن *zîqandin*
quitt ⟨Adj.⟩ فیت *fît;* یەکاویەک *yekawyek;* هاویەک *hawyek;* **quitt sein** پاک لە پاک بوون *pak le pak bûn;* wir sind quitt! پاکمان لە پاک!؛ حەقبەحەق!
Quitte *f* 1. (Bot.) داربەهێ *darbehê;* 2. بەهێ *behê*
quittieren ⟨v.t.⟩ 1. پسووڵە پێدان *pisûle pêdan;* 2. ئیمزا کردن (بۆ وەرگرتنی شتێک) *îmza kirdin (bo wergirtinî şitêk)*
Quittung *f* پسوڵە *pisule*
Quiz *n* بەرنامەی پرسیار و وەرام *bernamey pirsyar u weram*
Quote *f* تێکرا *têkra;* ڕێژە *rêje*

R

r, R ئێڕ *êr;* ئێر *êr;* پیتی هەژدەیەمی ئەلفبێی ئەڵمانی *pîtî hejdeyemî elfbêy elmanî*
Rabatt *m* داشکاندن *daşikandin;* نرخداشکاندن *nirxdaşikandin*
Rabbi *m* خاخام (ناوونیشان) *xaxam (nawunîşan)*
Rabbiner *m* خاخام *xaxam*
Rabbinerin *f* w. Form zu ↑Rabbiner
Rabe *m* (Zool.) قەلەڕەشکە *qelereşke*
rabiat ⟨Adj.⟩ (ugs.) تووڕەوتڕۆ *tûrewtiro*
Rache *f* تۆڵە *tole*
Rachen *m* قوڕگ *qurg*
rächen I. ⟨v.t.⟩ تۆڵە سەندنەوە *tole sendinewe* **II.** ⟨v.refl.⟩ sich (an j-m) rächen تۆڵە لێسەندنەوە *tole lêsendinewe*
rachsüchtig ⟨Adj.⟩ ڕقاوی *riqawî*
Rad *n* پێچکە *pêçke;* تایە *taye;* **Rad fahren** پاسکیل لێخوڕین *paskîl lêxurîn*
Radar *m* ڕادار *radar*
Radarkontrolle *f* کۆنترۆلی تیژرەویی ئوتومبێل *kontrolî tîjrewîy utumbêl*
Radau *m* (ugs.) گاڵە *gale*
Radfahrer *m* پاسکیللێخوڕ *paskîllêxur*
Radfahrerin *f* w. Form zu ↑Radfahrer
radieren ⟨v.i./v.t.⟩ 1. کوژاندنەوە (خەت) *kujandinewe (xet);* 2. لابردن *labirdin*
Radiergummi *m* لاستیکی خەتکوژێنەرەوە *lastîkî xetkujênerewe*
Radieschen *n* توور(ی ڕۆمی) *tûr(î romî)*
radikal I. ⟨Adj.⟩ 1. بنەڕەتی *bineretî;* 2. توندڕەو *tûndrew* **II.** ⟨Adv.⟩ بنەڕەتانە *bineretane*
Radikale *f* w. Form zu ↑Radikaler
Radikaler *m* پەڕگیرخواز *pergirîxiwaz;* توندڕەو *tûndrew*
Radikalismus *m* (Pol.) پەڕگری *pergirî;* توندڕەوی *tûndrewî*
Radio *n* ڕادیۆ *radyo;* **Radio hören** گوێ لە ڕادیۆ گرتن *gwê le radyo girtin*
radioaktiv ⟨Adj.⟩ (Phys.) تیشکدەر

tîşkder; رادیۆئەکتیڤ ṟadyoektîv
Radiohörer m رادیۆ گوێگری gwêgirî ṟadyo
Radiohörerin f w. Form zu ↑Radiohörer
Radiorecorder m s. ↑Radiorekorder
Radiorekorder m رادیۆ و تەسجیل ṟadyo w tescîl
Radiosender m پەخشینگەی رادیۆ pexşîngey ṟadyo
Radiosendung f بەرنامەی رادیۆ bernamey ṟadyo
Radius m (Math.) نیوەتیرە nîwetîre
Radtour f گەشت بە پاسکیل geşt be paskîl
Radweg m ڕێگای پاسکیل ṟêgay paskîl
Raffinerie f پاڵێوگە palêwge
raffiniert ⟨Adj.⟩ 1. بلیمەت bilîmet; فێڵباز fêlbaz; 2. سەرنجڕاکێش serincṟakêş
Rage f تووڕەیی tûreyî; شێتگیری şêtgîrî
Rahm m سەرتوێژ sertwêj
Rahmen m چوارچێوە çiwarçêwe
Rakete f مووشەک mûşek
Ramadan m (islam.) ڕەمەزان ṟemezan
rammen ⟨v.t.⟩ 1. خۆ پێداکێشان xo pêdakêşan; 2. پێداچەقاندن pêdaçeqandin
Ramsch m (ugs.) شتومەکی بێهودە şitumekî bêhude
Rand m 1. کەنار kenar; 2. پەڕاوێز (کتێب) perawêz (kitêb)
Rang m 1. پلە pile; 2. مەرتەبە mertebe
Ranke f تەرز terz
Ranunkel f (Bot.) گوڵەزێڕ gulezêṟ
ranzig ⟨Adj.⟩ کۆن kon; خراپ xirap
Raps m کانۆلا kanola

rar ⟨Adj.⟩ 1. دەگمەن degmen; 2. بێهاوتا bêhawta
rasch ⟨Adj.⟩ خێرا xêra
rascheln ⟨v.i.⟩ خشەخش هاتن xişexiş hatin
rasen ⟨v.i.⟩ 1. تووڕە بوون tûre bûn; 2. زۆر بەخێرایی ڕۆیشتن zor bexêrayî ṟoyiştin
Rasen m چیمەن çîmen; **Rasen mähen** چیمەن کردن çîmen kirdin
Rasensprenger m چیمەنپرژێن çîmenpirjên
Rasierapparat m مەکینەی ڕیشتاشین mekîney ṟîştaşîn
rasieren ⟨v.t.⟩ تەراش کردن teraş kirdin; **sich den Bart rasieren** ڕیش تاشین ṟîş taşîn
Rasierklinge f گوێزانی ڕیشتاشین gwêzanî ṟîştaşîn
Rasierschaum m کەفی ڕیشتاشین kefî ṟîştaşîn
Rasierwasser n قۆڵۆنیا qolonya
¹**Raspel** f بڕبەند birbend
²**Raspel** m لەڕنەدراو leṟinedraw
raspeln ⟨v.t.⟩ 1. ڕنەک کردن ṟinek kirdin; 2. لە بڕبەنگ دان le birbeng dan
Rasse f نەوە newe; ڕەگەز ṟegez
Rassismus m ڕەگەزپەرستی ṟegezperistî
rassistisch ⟨Adj.⟩ ڕەگەزپەرست ṟegezperist
Rast f پشوو (لە سەفەردا) pişû (le seferda); **Rast machen** پشوو دان pişû dan
rasten ⟨v.i.⟩ 1. نەجووڵان necûlan; 2. پشوو دان pişû dan
Raststätte f پشووگە pişûge
Rat m 1. ئامۆژگاری amojgarî, 2. لەنجومەن encumen

raten I. ⟨v.t.⟩ هەڵهێنان *heḻhênan* **II.** ⟨v.i.⟩ ئامۆژگاری کردن *amojgarî kirdin*

Ratgeber *m* 1. ڕاوێژکار *ṟawêjkar*; 2. ڕێبەر (کتێب) *ṟêber (kitêb)*

Rathaus *n* شارەوانی *şarewanî*; بەلەدیە *beledîye*

Ration *f* ژەم *jem*; بەش *beş*

rational ⟨Adj.⟩ (bildungsspr.) تایبەت بە هێزی ژیری *taybet be hêzî jîrî*; مەنتیقی *mentîqî*

rationell ⟨Adj.⟩ ماقووڵ *maqûḻ*

ratlos ⟨Adj.⟩ سەرسام *sersam*

Ratschlag *m* ئامۆژگاری *amojgarî*

Rätsel *n* 1. مەتەڵ *meteḻ*; 2. نهێنی *nihênî*

rätselhaft ⟨Adj.⟩ ئاڵۆز *aḻoz*

Ratte *f* (Zool.) جرج *circ*

Rattengift *n* مەرگەمشک *mergemişk*

rau ⟨Adj.⟩ 1. زبر *zibir*; 2. دەنگگڕ *denggiṟ*; 3. ناهەموار *nahemwar*

Raub *m* ڕاوڕووت *ṟawuṟût*; تاڵانی *taḻanî*

rauben ⟨v.t.⟩ تاڵان کردن *taḻan kirdin*; بێبەری کردن *bêberî kirdin*

Räuber *m* ڕاووڕووتکار *ṟawuṟûtkar*; چەتە *çete*

Räuberbande *f* دەستەی ڕێگران *destey ṟêgiran*

Räuberin *f* w. Form zu ↑Räuber

Raubkopie *f* چاپکردن و بڵاوکردنەوەی نایاسایی بەرهەمێک (کتێب، سیدی، ...) *çapkirdin u biḻawkirdinewey nayasayî berhemêk (kitêb, sîdî, …)*

Raubtier *n* (Zool.) گیانداری دڕندە *giyandarî diṟinde*

Raubüberfall *m* دانبەسەردا بە نیازی دزیوجەردەیی *danbeserda be niyazî dizîwcerdeyî*

Rauch *m* دووکەڵ *dûkeḻ*

rauchen I. ⟨v.i.⟩ دووکەڵ کردن *dûkeḻ kirdin* **II.** ⟨v.t.⟩ جگەرە کێشان *cigere kêşan*

Rauchen *n* جگەرەکێشان *cigerekêşan* • Rauchen verboten! جگەرەکێشان قەدەغەیە!

Raucher *m* جگەرەکێش *cigerekêş*

Räucherfisch *m* ماسیی بەدووکەڵپێشێنراو *masîy bedûkeḻpîşênraw*

Raucherin *f* w. Form zu ↑Raucher

Räucherstäbchen *n* داری عود *darî ʿud*

Rauchverbot *n* جگەرەکێشانقەدەغەبوون *cigerekêşanqedexebûn*

raufen I. ⟨v.t.⟩ 1. ڕووتاندنەوە *ṟûtandinewe*; 2. پەلامار دان *pelamar dan* **II.** ⟨v.i.⟩ تێکبەربوون *têkberbûn*

Rauferei *f* بەگژیەکداچوون *begijyekdaçûn*

Raum *m* 1. جێ *cê*; جێگا *cêga*; 2. ناوچە *nawçe*; 3. ژوور *jûr*

räumen ⟨v.t.⟩ چۆڵ کردن *çoḻ kirdin*

Raumfahrer *m* ئاسمانەوان *asmanewan*

Raumfahrerin *f* w. Form zu ↑Raumfahrer

Raumfahrt *f* گەشتی گەردوون *geştî gerdûn*

räumlich ⟨Adj.⟩ لەڕووی جێگاوە *leṟûy cêgawe*

Raumschiff *n* کەشتیی ئاسمانی *keştîy asmanî*

Raupe *f* 1. (Zool.) کرمۆکە *kirmoke*; 2. (Tech.) کێشۆکی زنجیردار *kêşokî zincîrdar*

raus kurz für ↑heraus ⟨Adv.⟩ بۆدەرەوە *boderewe*

R

Rausch *m* مەستی *mestî*

rauschen ⟨v.i.⟩ 1. خشەخش کردن *xişexiş kirdin;* 2. هاژاندن *hajandin*

Rauschgift *n* مادەی هۆشبەر *madey hoşber*

Rauschgiftbekämpfung *f* بەرەنگاربوونەوەی بازرگانیکردن بە مادەهۆشبەرەکان *berengarbûnewey bazirganîkirdin be madehoşberekan*

Rauschgifthändler *m* بازرگانی مادەهۆشبەرەکان *bazirganî madehoşberekan*

Rauschgifthändlerin *f* w. Form zu ↑Rauschgifthändler

rauschgiftsüchtig ⟨Adj.⟩ پابەند بە مادەی هۆشبەرەوە *pabend be madey hoşberewe*

räuspern ⟨v.refl.⟩ sich räuspern 1. ئحم کردن *ihim kirdin;* 2. بە کۆکین گەروو پاک کردنەوە *be kokîn gerû pak kirdinewe*

Raute *f* (Math.) لەبزینە *lebzîne*

Razzia *f* هەڵمەتی پۆلیس (بۆ پشکنین) *helmetî polîs (bo pişkinîn)*

reagieren ⟨v.i.⟩ کار دانەوە *kar danewe;* وەرام دانەوە *weram danewe*

Reaktion *f* 1. بەرپەرچدانەوە *berperçdanewe;* 2. پەرچەکردار *perçekirdar*

real ⟨Adj.⟩ (bildungsspr.) ڕیال *riyal;* ڕاستینە *rastîne*

realisieren ⟨v.t.⟩ (bildungsspr.) هێنانە دی *hênane dî*

realistisch ⟨Adj.⟩ ڕیالیزمی *riyalîzmî*

Realität *f* ڕاستی *rastî;* واقیع *waqî'*

Realschule *f* قوتابخانەی ناوەندی، کە تا پۆلی دەی تیدایە *qutabxaney nawendî, ke ta polî dey têdaye*

reanimieren ⟨v.t.⟩ (Med.) ژیاندنەوە *jiyandinewe*

Rebell *m* یاخی *yaxî;* سەرکەش *serkeş*

rebellieren ⟨v.i.⟩ یاخی بوون *yaxî bûn;* سەرکەشی کردن *serkeşî kirdin*

Rebellin *f* w. Form zu ↑Rebell

Rebellion *f* 1. یاخیبوون *yaxîbûn;* سەرکێشی *serkêşî;* 2. ئاژاوە *ajawe*

rebellisch ⟨Adj.⟩ یاخی *yaxî;* سەرکەش *serkeş*

Rebstock *m* ڕەز *rez*

rechnen ⟨v.i./v.t.⟩ 1. ژماردن *jimardin;* 2. حساب بۆ کردن *hisab bo kirdin;* **mit etw./j-m rechnen** بە تەما بوون *be tema bûn*

Rechner *m* 1. ژمێریار *jimêryar;* 2. (EDV) کۆمپیوتەر *kompiyuter*

Rechnung *f* 1. حساب *hisab;* 2. پسوڵە(ی پارە) *pisule(y pare)* • das geht auf meine Rechnung! ئەمە لەسەر حسێبی منە!

recht I. ⟨Adj.⟩ 1. ڕاست *rast;* 2. باش *baş* • mir ist alles recht هەمووی هەر وەک یەکە بۆ من؛ هیچ جیاوازییەکیان نییە **II.** ⟨Adv.⟩ 1. زۆر *zor;* 2. بەباشی *bebaşî* • ich bin recht hungrig من زۆرم برسییە

Recht *n* 1. قانوون *qanûn;* 2. ماف *maf;* حەق *heq;* **Recht haben** حەق هەبوون *heq hebûn;* **im Recht sein** حەق لەگەڵدا بوون *heq legelda bûn*

Rechte *f* 1. دەستەڕاست *desterast;* 2. (Pol.) ڕاستڕەوی *rastrewî*

rechte(r, -s) ⟨Adj.⟩ 1. ڕاست *rast;* 2. (Pol.) ڕاستبیر *rastbîr*

Rechteck *n* (Math.) لاکێشە *lakêşe*

rechtfertigen I. ⟨v.t.⟩ بیانوو بۆ هێنانەوە *biyanû bo hênanewe* **II.** ⟨v.refl.⟩ sich rechtfertigen خۆ پەڕاندنەوە *xo peṟandinewe*; پاساو بۆ هێنانەوە *pasaw bo hênanewe*

rechthaberisch ⟨Adj.⟩ خۆبەڕاستزان *xobeṟastzan*; مەلابەزێن *melabezên*

rechtlich ⟨Adj.⟩ قانوونی *qanûnî*

rechtmäßig ⟨Adj.⟩ قانوونی *qanûnî*; ڕەوا *ṟewa*

rechts I. ⟨Adv.⟩ 1. لای ڕاست *lay ṟast*; 2. لەڕاستەوە *leṟastewe*; **nach rechts abbiegen** بەلای ڕاستدا پێچ کردنەوە *belay ṟastda pêç kirdinewe*; **von rechts** لەلای ڕاستەوە *lelay ṟastewe* **II.** ⟨Präp.⟩ (لە) لای ڕاست *(le) lay ṟast*

Rechtsanwalt *m* پارێزەر *parêzer*

Rechtsanwältin *f* w. Form zu ↑Rechtsanwalt

Rechtschreibung *f* ڕاستنووسی *ṟastnûsî*

Rechtsgelehrte *f* w. Form zu ↑Rechtsgelehrter

Rechtsgelehrter *m* زانای قانوونی *zanay qanûnî*

Rechtsgutachten *n* (Jur.) ڕاپۆرتی قانوونی *ṟaportî qanûnî*

Rechtsprechung *f* 1. بڕیاری دادگا *biṟyarî dadga*; 2. دەسەڵاتی دادوەری *deseḻatî dadwerî*

Rechtsschule *f* (islam.) مەزهەب *mezheb*; ڕێڕەوی ئاینی *rêṟewî ayinî*

Rechtsstaat *m* (Pol.) وڵاتی قانوون *wiḻatî qanûn*

rechtswidrig ⟨Adj.⟩ ناڕەوا *naṟewa*; ناقانوونی *naqanûnî*

rechtwinklig ⟨Adj.⟩ ڕاستەگۆشە *ṟastegoşe*

rechtzeitig ⟨Adj.⟩ 1. لەکاتیخۆیدا *lekatîxoyda*; 2. زوو *zû*

Recycling *n* ڕیسایکلینگ *ṟîsayklîng*

Redakteur *m* 1. هاوکاری دەستەی نووسەران *hawkarî destey nûseran*; 2. پێشکەشکار *pêşkeşkar*

Redakteurin *f* w. Form zu ↑Redakteur

Redaktion *f* 1. ئامادەکردن و بڵاوکردنەوە (ڕۆژنامە، گۆڤار، کتێب) *amadekirdin u biḻawkirdinewe (ṟojname, govar, kitêb)*; 2. دەستەی نووسەران *destey nûseran*

Rede *f* وتە *wite*; وتار *witar*; **eine Rede halten** وتار پێشکەش کردن *witar pêşkeş kirdin*

redegewandt ⟨Adj.⟩ زمانپاراو *zimanparaw*; ڕەوانبێژ *ṟewanbêj*

reden ⟨v.i./v.t.⟩ قسە کردن *qise kirdin*; گفتوگۆ کردن *giftugo kirdin*

Redensart *f* دەستەواژە *destewaje*

Redewendung *f* قسەی نەستەق *qisey nesteq*

Redner *m* بوێژ *biwêj*; قسەکەر *qiseker*

Rednerin *f* w. Form zu ↑Redner

redselig ⟨Adj.⟩ 1. لەبلەبان *lebleban*; 2. چەنەباز *çenebaz*

reduzieren I. ⟨v.t.⟩ کەم کردنەوە *kem kirdinewe* **II.** ⟨v.refl.⟩ sich reduzieren لێ کەم بوونەوە *lê kem bûnewe*

Reederei *f* کۆمپانیای کەشتیوانی *kompanyay keştîwanî*

reell ⟨Adj.⟩ ڕاست *ṟast*; دروست *dirust*

R

Referat *n* 1. ڕاپۆرت *r̲aport;* 2. بەشی کارگوزاری *beşî karguzarî*

Referendum *n* (Pol.) ڕایگەلوەرگرتن *r̲aygelwergirtin;* ڕاپرسی *r̲apirsî*

reflektieren I. ⟨v.t.⟩ شەوق دانەوە *şewq danewe;* پەرچ دانەوە *perç danewe* **II.** ⟨v.i.⟩ بەدڵ بوون *bedil̲ bûn*

Reflex *m* 1. پەرچدانەوە *perçdanewe;* 2. کاردانەوە *kardanewe;* 3. تیشکدانەوە *tîşikdanewe*

Reflexion *f* 1. دانەوە (ڕووناکی، شەوق، گەرمی، ...) *danewe (r̲ûnakî, şewq, germî, …);* 2. (bildungsspr.) بیرکردنەوەی قووڵ *bîrkirdinewey qûl̲*

Reform *f* چاککاری *çakkarî;* چاکسازی *çaksazî*

reformieren ⟨v.t.⟩ چاکسازی کردن *çaksazî kirdin;* چارەسەر کردن *çareser kirdin*

Reformist *m* چاککار *çakkar;* چاکساز *çaksaz*

Reformistin *f* w. Form zu ↑Reformist

Regal *n* ڕەفە *r̲efe*

rege ⟨Adj.⟩ زیندوو *zîndû*

[1]**Regel** *f* دەستوور *destûr;* پێوەر *pêwer;* **in aller/der Regel** (idiom.) بەئاسایی *beasayî*

[2]**Regel** *f* (Med.) بێنوێژی *bênwêjî;* حەیز *h̲eyz;* **die Regel haben** لە حەیزدا بوون *le h̲eyzda bûn*

regelmäßig ⟨Adj.⟩ 1. بەڕێکوپێکی *ber̲êkupêkî;* 2. بەردەوام *berdewam*

Regelmäßigkeit *f* 1. بەڕێکوپێکی *ber̲êkupêkî;* 2. بەردەوام *berdewam*

regeln I. ⟨v.t.⟩ 1. ڕێک خستن *r̲êk xistin;* 2. بە ڕێوە بردن *be r̲êwe birdin* **II.** ⟨v. refl.⟩ sich regeln ڕێک کەوتن *r̲êk kewtin*

Regelung *f* ڕێکخستن *r̲êkxistin*

Regen *m* باران *baran;* بارانبارین *baranbarîn;* **bei Regen** بە باران *be baran*

Regenbogen *m* پەلکەزێڕینە *pelkezêr̲îne*

Regenjacke *f* چاکەتی باران *çaketî baran*

Regenmantel *m* پاڵتۆی باران *pal̲toy baran*

Regenschauer *m* تاوەباران *tawebaran*

Regenschirm *m* چەتری بەر باران *çetirî ber baran*

Regenwald *m* دارستانی هەمیشە سەوز *daristanî hemîşe sewz*

Regenwurm *m* (Zool.) گڵخۆرکە *gil̲xorke*

regieren ⟨v.t.⟩ ڕژێم بەڕێوە بردن *r̲ijêm ber̲êwe birdin;* حوکم کردن *h̲ukim kirdin*

Regierung *f* ڕژێم *r̲ijêm;* میری *mîrî;* حکومەت *h̲ikumet*

Regime *n* (abwertend) ڕژێم *r̲ijêm;* حکومەت *h̲ikumet*

Region *f* هەرێم *herêm*

regional ⟨Adj.⟩ هەرێمی *herêmî;* ناوچەیی *nawçeyî*

Regisseur *m* دەرهێنەر *derhêner*

Regisseurin *f* w. Form zu ↑Regisseur

registrieren ⟨v.t.⟩ تۆمار کردن *tomar kirdin;* ناونووس کردن *nawnûs kirdin*

Reglement *n* (bildungsspr.) پێرەو *pêr̲ew*

regnen ⟨v.i.⟩ باران باررین *baran barîn* • regnet es? بارانە؟

R

regnerisch ⟨Adj.⟩ باراناوی *baranawî*

regulär ⟨Adj.⟩ دەستووری *destûrî*; نیزامی *nîzamî*

regulieren ⟨v.t.⟩ ڕێک خستن *rêk xistin*

Reh *n* (Zool.) ئاسک *ask*

Rehabilitation *f* 1. مافپێدانەوە *mafpêdanewe*; 2. هێنانەوەسەرخۆ (نەخۆش) *hênaneweserxo (nexoş)*

rehabilitieren I. ⟨v.t.⟩ 1. شوێنی خۆ گرتنەوە *şwênî xo girtinewe*; 2. ماف پێدانەوە *maf pêdanewe*; 3. سەر هێتنانەوە خۆ (نەخۆش) *hênanewe ser xo (nexoş)* II. ⟨v.refl.⟩ **sich rehabilitieren** مافی خۆ پێدانەوە *mafî xo pêdanewe*

reiben I. ⟨v.t.⟩ 1. سوون *sûn*; 2. پرواندن *pirwandin* II. ⟨v.refl.⟩ **sich reiben** 1. لێکخشاندن *lêkxişandin*; 2. خۆ تێهەڵسوون *xo têheḻsûn*

reich ⟨Adj.⟩ 1. دەوڵەمەند *dewḻemend*; 2. پڕ *piṟ*; 3. تێروتەسەل *têrutesel*

Reich *n* 1. ئیمپراتۆریەت *împiratorîyet*; 2. موڵک *mulk*; **das Dritte Reich** (hist.) ڕژێمی نازیەکانی ئەڵمانیا لە ١٩٣٣-١٩٤٥ *ṟijêmî nazîyekanî Elmanya le 1933–1945*

Reiche *f* w. Form zu ↑**Reicher**

reichen I. ⟨v.i.⟩ 1. گەیین *geyîn*; 2. بەش کردن *beş kirdin* • **es reicht!** بەسە!; **mir reicht's!** بەشم دەکا! II. ⟨v.t.⟩ پێدان *pêdan*

Reicher *m* دەوڵەمەند *dewḻemend*

reichlich ⟨Adj.⟩ 1. زۆر *zor*; 2. فراوان *firawan*

Reichtum *m* سەرمایە *sermaye*

Reichweite *f* 1. مەودا *mewda*; 2. تفەنگاوێژ *tifengawêj*

reif ⟨Adj.⟩ 1. پێگەیو *pêgeyiw*; 2. باڵغ *baliẋ*; **für etw. reif sein** (idiom./ugs.) ئامادە بوون بۆ *amade bûn bo*

¹**Reif** *m* زوقم *zuqim*

²**Reif** *m* 1. (geh.) بازنگ *bazing*; 2. (geh.) ئەڵقە *elqe*

Reife *f* کامڵی *kamilî*

reifen ⟨v.i.⟩ پێگەیین *pêgeyîn*

Reifen *m* 1. تایە *taye*; 2. بازن *bazin*

Reifenpanne *f* پەنجەری *pencerî*

Reihe *f* 1. ڕیز *ṟîz*; 2. نۆرە *nore*; **an der Reihe sein** نۆرە هاتن *nore hatin*; **der Reihe nach** (idiom.) بە نۆرە *be nore*

Reim *m* سەروا *serwa*; قافیە *qafye*

reimen I. ⟨v.i.⟩ هەڵبەستن *heḻbestin*; قافیە بۆ دانان *qafye bo danan* II. ⟨v.refl.⟩ **sich reimen** سەروا هەبوون *serwa hebûn*

¹**rein** I. ⟨Adj.⟩ 1. پاک *pak*; بێگەرد *bêgerd*; 2. بێخەش *bêxeş*; 3. ڕووت *ṟût*; 4. پەتی *petî* II. ⟨Adv.⟩ بەپاکی *bepakî*

²**rein** kurz für ↑**herein** ⟨Adv.⟩ (ugs.) بۆناوەوە *bonawewe*

reinigen ⟨v.t.⟩ 1. پاک کردنەوە *pak kirdinewe*; 2. پاڵاوتن *palawtin*; 3. سڕین *sirîn*

Reinigung *f* 1. پاککردنەوە *pakkirdinewe*; 2. پاککردنەوەخانە *pakkirdinewexane*; **chemische Reinigung** وشکەشۆر *wişkeşor*

Reis *m* برنج *birinc*

Reise *f* گەشت *geşt*; سەفەر *sefer* • **gute Reise!** گەشتێکی خۆش; **auf der Reise sein** لە گەشتدا بوون *le geştda bûn*

Reisebegleiter *m* هاوگەشت *hawgeşt*

Reisebegleiterin *f* w. Form zu

↑Reisebegleiter
Reisebericht *m* گەشتنامە *geştname*
Reisebus *m* پاسی گەشتوگوزار *pasî geştuguzar*
Reisefieber *n* (ugs.) شڵەژان بەرلە گەشتوگوزار *şilejan berle geştuguzar*
Reiseführer *m* ڕێبەری گەشتیاری *rêberî geştiyarî*
Reiseführerin *f* w. Form zu ↑Reiseführer
Reisegepäck *n* کەلوپەلی سەفەر *kelupelî sefer*
Reisegepäckversicherung *f* تامینی کەلوپەلی سەفەر لە گەشتوگوزاردا *tamînî kelupelî sefer le geştuguzarda*
Reiseleiter *m* گەشتبەڕێوەبەر *geştberêweber*
Reiseleiterin *f* w. Form zu ↑Reiseleiter
reisen ⟨v.i.⟩ گەشت کردن *geşt kirdin*; سەفەر کردن *sefer kirdin*
Reisende *f* w. Form zu ↑Reisender
Reisender *m* گەشتیار *geştiyar*; گەڕۆک *gerok*
Reisepass *m* پاس *pas*; پەساپۆرت *pesaport*
Reiseroute *f* ڕێگای سەفەر *rêgay sefer*
Reiseveranstalter *m* گەشتوگوزارڕێکخەر *geştuguzarrêkxer*
Reiseveranstalterin *f* w. Form zu ↑Reiseveranstalter
Reisfeld *n* مەرەزە *mereze*
Reisgericht *n* پڵاو *pilaw*; قوبووڵی *qubûlî*
reißen I. ⟨v.t.⟩ دڕاندن *dirandin* **II.** ⟨v.i.⟩ 1. هەڵتڵیشان *heltilîşan*; 2. (قەیتان) پچڕان *piçran (qeytan)* **III.** ⟨v.refl.⟩ sich um etw./j-n reißen هەوڵ دان *hewil dan*
Reißnagel *m* دەرزیی سەرپان *derzîy serpan*
Reißverschluss *m* زنجیری جلوبەرگ *zincîrî ciluberg*
Reißzwecke *f* دەرزیی سەرپان *derzîy serpan*
reiten I. ⟨v.t.⟩ غار کردن بە *xar kirdin be* **II.** ⟨v.i.⟩ سوار بوون *siwar bûn*
Reiter *m* سوار *siwar*
Reiterin *f* w. Form zu ↑Reiter
Reiz *m* 1. جوانی *ciwanî*; شۆخی *şoxî*; 2. وروژاندن *wirûjandin*; 3. زەوق *zewq*
reizen ⟨v.t.⟩ 1. توورە کردن *tûre kirdin*; 2. بزواندن *bizwandin*; 3. شەیدا کردن *şeyda kirdin*
reizend ⟨Adj.⟩ 1. شۆخوشەنگ *şoxuşeng*; 2. خۆشەویست *xoşewîst*
Reklamation *f* سکاڵا *sikala*; شکاتکردن *şikatkirdin*
Reklame *f* 1. ڕیکلامە *rîklame*; 2. پڕوپاگاندە *pirupagande*
Rekord *m* باڵاترینپلە *balatirînpile*
relativ ⟨Adj.⟩ (bildungsspr./fachspr.) ڕێژەیی *rêjeyî*
Relativpronomen *n* (Gr.) ڕاناوی گەیەنەر *ranawî geyener*
Relief *n* 1. نەخشی بەرجەستە *nexşî berceste*; 2. (Geogr.) شێوەی ڕووی زەوی *şêwey rûy zewî*
Religion *f* دین *dîn*; ئاین *ayin*
religiös ⟨Adj.⟩ 1. ئاینی *ayinî*; 2. بەدین *bedîn*
Religiosität *f* (bildungsspr.) دینداری *dîndarî*

R

Reling *f* موحەجەرەی قاتی سەرەوەی پاپۆڕ *muhecerey qatî serewey papor*
rennen ⟨v.i.⟩ ڕاکردن *rakirdin*
Rennpferd *n* ئەسپی پێشبڕکێ *espî pêşbirkê*
Rennrad *n* پاسکیلی پێشبڕکێ *paskîlî pêşbirkê*
Rennwagen *m* ئوتومبێلی پێشبرکێ *utumbêlî pêşbirkê*
renovieren ⟨v.t.⟩ نوێ کردنەوە *nwê kirdinewe*
rentabel ⟨Adj.⟩ سوودبەخش *sûdbexş*
Rente *f* مووچەی خانەنشینی *mûçey xanenişînî*
Rentenversicherung *f* بیمەی مووچەی خانەنشینی *bîmey mûçey xanenişînî*
Rentner *m* خانەنشین *xanenişîn*
Rentnerin *f* w. Form zu ↑Rentner
Reparatur *f* چاککردنەوە *çakkirdinewe*
Reparaturwerkstatt *f* (Kfz) گەراجی ئوتومبێلچاککردنەوە *geracî utumbêlçakkirdinewe*
reparieren ⟨v.t.⟩ چاک کردنەوە *çak kirdinewe*
Reportage *f* ڕیپۆرتاج *rîportac;* هەواڵنامە *hewalname*
Reporter *m* هەواڵنێر *hewalnêr;* پەیامنێر *peyamnêr*
Reporterin *f* w. Form zu ↑Reporter
Repräsentant *m* نوێنەر *nwêner*
Repräsentantin *f* w. Form zu ↑Repräsentant
reproduzieren ⟨v.t.⟩ 1. (bildungsspr.) لەبەر گرتنەوە *leber girtinewe;* 2. چاپ کردنەوە *çap kirdinewe*
Reptil *n* (Zool.) گیانەوەری خشۆک *giyanewerî xişok*
Republik *f* (Pol.) کۆمار *komar*
Reserve *f* 1. زەخیرە *zexîre;* 2. یەدەک *yedek;* سپێر *sipêr;* 3. (Mil./Sp.) ئیحتییات *ihtîyat*
Reserverad *n* تایەی سپێر *tayey sipêr*
reservieren ⟨v.t.⟩ گرتن *girtin;* حیجز کردن *hîciz kirdin*
Reservierung *f* گرتن *girtin;* حیجزکردن *hîcizkirdin*
Resignation *f* دەستکێشانەوە *destkêşanewe;* نائومێدی *naumêdî*
resignieren ⟨v.i.⟩ دەس لە خۆ بەردان *des le xo berdan;* نائومێد بوون *naumêd bûn*
Respekt *m* ڕێز *rêz*
respektieren ⟨v.t.⟩ ڕێز لێگرتن *rêz lêgirtin*
Rest *m* پاشماوە *paşmawe*
Restaurant *n* چێشتخانە *çêştxane*
restaurieren ⟨v.t.⟩ (bildungsspr.) چاک کردنەوە *çak kirdinewe;* نوێ کردنەوە *nwê kirdinewe*
Restaurierung *f* چاککردنەوە *çakkirdinewe;* نوێکردنەوە *nwêkirdinewe*
restlich ⟨Adj.⟩ پاشماوە *paşmawe*
Resultat *n* (bildungsspr.) سەرئەنجام *serencam*
Resümee *n* (bildungsspr.) کورتە *kurte;* پوختە *puxte*
retten I. ⟨v.t.⟩ ڕزگار کردن *rizgar kirdin* **II.** ⟨v.refl.⟩ sich (vor etw.) retten خۆ (لێ) ڕزگار کردن *xo (lê) rizgar kirdin*
Retter *m* ڕزگارکەر *rizgarker*
Retterin *f* w. Form zu ↑Retter
Rettich *m* توور *tûr*
Rettung *f* ڕزگارکردن *rizgarkirdin*

R

Rettungsboot *n* بەلەمی ڕزگارکەر *belemî rizgarker*
Rettungsdienst *m* دامودەزگای فریاگوزاری *damudezgay firyaguzarî*
Rettungshubschrauber *m* ئالیکۆپتەری فریاگوزاری *alîkopterî firyaguzarî*
Rettungsring *m* چوپی ڕزگارکردن *çupî rizgarkirdin*
Rettungsweste *f* یەلەکی ڕزگارکردن *yelekî rizgarkirdin*
Reue *f* پەشیمانی *peşîmanî*
reuen ⟨v.t.⟩ پەشیمان بوونەوە *peşîman bûnewe*
revanchieren ⟨v.refl.⟩ sich bei j-m revanchieren چاکە لەگەڵدا کردنەوە *çake legelda kirdinewe*
Revision *f* 1. تێروانین *têriwanîn*; 2. پێداچوونەوە *pêdaçûnewe*
Revolte *f* یاخیبوون *yaxîbûn*; سەرکێشی *serkêşî*
revoltieren ⟨v.i.⟩ (bildungsspr.) یاخی بوون *yaxî bûn*; سەرکەشی کردن *serkeşî kirdin*
Revolution *f* شۆڕش *şoriş*
revolutionär ⟨Adj.⟩ (Pol.) شۆڕشگێڕ *şorişgêr*
Revolutionär *m* (Pol.) شۆڕشگێڕ *şorişgêr*
Revolutionärin *f* w. Form zu ↑Revolutionär
Revolutionsführer *m* سەرکردەی شۆڕش *serkirdey şoriş*
Revolutionsführerin *f* w. Form zu ↑Revolutionsführer
Revolutionsgericht *n* (Pol.) دادگای شۆڕش *dadgay şoriş*
rezensieren ⟨v.t.⟩ شەنوکەو کردن *şenukew kirdin*; هەڵسەنگاندن *helsengandin*
Rezension *f* لێدوانی ڕەخنەگرانە *lêdiwanî rexnegirane*; هەڵسەنگاندن *helsengandin*
Rezept *n* 1. (Med.) ڕەچەتە *reçete*; 2. پێناسە بۆ ئامادەکردنی خواردنێک *pênase bo amadekirdinî xiwardinêk*
Rezeption *f* پێشوازی (لە ئوتێلدا) *pêşwazî (le utêlda)*
Rhabarber *m* ڕێواس *rêwas*
Rhein *m* ڕووباری ڕاین *rûbarî Rayin*
Rheuma *n* (Med.) باداری *badarî*; ڕۆماتیزمە *romatîzme*
Rhythmus *m* 1. کێش *kêş*; 2. ئاهەنگ *aheng*
richten I. ⟨v.t.⟩ 1. ئاراستە کردن *araste kirdin*; 2. ئامادە کردن *amade kirdin*; **sich nach etw./j-m richten** 1. ئاراستە لەگەڵدا بوون *araste legelda bûn*; 2. پەیڕەو پێکردن *peyrew pêkirdin* **II.** ⟨v.i.⟩ فەرمان بەسەردا دان *ferman beserda dan*
Richter *m* دادوەر *dadwer*
Richterin *f* w. Form zu ↑Richter
richtig I. ⟨Adj.⟩ 1. ڕاست *rast*; 2. باش *baş*; 3. تەواو *tewaw* **II.** ⟨Adv.⟩ بەڕاستی *berastî*
Richtung *f* ئاراستە *araste*; ڕێڕەو *rêrew*; **aus allen Richtungen** لە هەموو لایەکەوە *le hemû layekewe*; **die politische Richtung** ڕێڕەوی سیاسی *rêrewî siyasî*
riechen I. ⟨v.i.⟩ بۆن هاتن *bon hatin* • es riecht nach Zwiebeln بۆنی پیاز دێ **II.** ⟨v.t.⟩ بۆن کردن *bon kirdin*

R

Riegel *m* زمانەی قفڵ *zimaney qifil̮;* بەربەند *berbend*
Riese *m* 1. فیلەتەن *fîleten;* 2. دێو *dêw*
rieseln ⟨v.i.⟩ داچۆڕان *daçoṟan*
riesig ⟨Adj.⟩ زل *zil*
Riff *n* تاشەبەردی ناو ئاو *taşeberdî naw aw*
Rind *n* (Zool.) ڕەشەوڵاخ *ṟeşewil̮ax;* گاومانگا *gawmanga*
Rinde *f* 1. توێکڵی درەخت *twêkil̮î dirext;* 2. توێکڵ *twêkil̮*
Rinderbraten *m* (Kochk.) گۆشتی گای سوورەوەکراو *goştî gay sûrewekiraw*
Rinderhirte *m* گاوان *gawan*
Rinderhirtin *f* w. Form zu ↑Rinderhirte
Rinderwahnsinn *m* (ugs.) پەرکەمی ڕەشەوڵاخ *perkemî ṟeşewil̮ax*
Rindfleisch *n* (Kochk.) گۆشتی گا *goştî ga*
Ring *m* 1. ئەڵقە *el̮qe;* ئوموستیلە *umustîle;* 2. بازنە *bazne*
ringen **I.** ⟨v.t.⟩ لێسەندن *lêsendin* **II.** ⟨v.i.⟩ 1. (Sp.) زۆران گرتن *zoran girtin;* 2. (üb.) تێکبەربوون *têkberbûn*
Ringen *n* 1. (Sp.) زۆرانبازی *zoranbazî;* 2. ململانێ *milmilanê*
Ringfinger *m* برایتووتە *biraytûte*
Ringkampf *m* (Sp.) زۆرانبازی *zoranbazî*
Rinne *f* ئاوەڕۆ *aweṟo*
rinnen ⟨v.i.⟩ لەبەر ڕۆییشتن *leber ṟoyîştin*
Rinnstein *m* ئاوەڕۆ *aweṟo*
Rippe *f* پەراسوو *perasû*
Risiko *n* مەترسی *metirsî*
riskant ⟨Adj.⟩ ترسناک *tirsnak*
riskieren ⟨v.t.⟩ سەرەڕۆیی کردن *sereṟoyî kirdin*
Riss *m* کەلێن *kelên;* درز *dirz*
rissig ⟨Adj.⟩ 1. پنر *pinir;* 2. پیرەڵۆک (پێست) *pîrel̮ok (pêst)*
Ritt *m* ئەسپسواری *espsiwarî*
Ritter *m* (hist.) سوار *siwar*
Ritual *n* 1. نەریتی ئاینی *nerîtî ayinî;* 2. نەریت *nerît*
rituell ⟨Adj.⟩ 1. نەریتانە *nerîtane;* 2. ئاینییانە *ayinîyane;* **rituell unrein** 1. (islam.) لەشپیس *leşpîs;* 2. (islam.) گڵاو *gil̮aw*
Ritze *f* درز *dirz;* قڵیش *qil̮îş*
ritzen ⟨v.t.⟩ داتڵیشاندن *datil̮îşandin*
Rivale *m* نەیار *neyar;* بەربەرەکانیکار *berberekanîkar*
Rivalin *f* w. Form zu ↑Rivale
rivalisieren ⟨v.i.⟩ (bildungsspr.) بەربەرەکانی کردن *berberekanî kirdin*
Rivalität *f* 1. (bildungsspr.) بەربەرەکانی *berberekanî;* نەیاری *neyarî;* 2. (bildungsspr.) پێشبڕکێ *pêşbiṟkê*
Robbe *f* (Zool.) فەقمە *feqme*
Roboter *m* ڕۆبۆت *ṟobot*
robust ⟨Adj.⟩ توندوتۆڵ *tundutol̮*
Rock *m* تەنوورە *tenûre*
Roggen *m* فاشڕەشک *faşṟeşk;* جۆڕەشە *coṟeşe*
roh ⟨Adj.⟩ 1. کاڵ *kal̮;* نەکوڵاو *nekul̮aw;* 2. پێنەگەییو *pênegeyîw;* 3. (üb.) سێبەندی *sêbendî*
Rohbau *m* دیواری خانووبەرە(ی تازەدروستکراو) *dîwarî xanûbere(y tazedirustkiraw)*
Rohkost *f* سەوزە *sewze*
Rohöl *n* نەوتی خاو *newtî xaw*
Rohr *n* لوولە *lûle;* بۆری *borî*

Röhre *f* 1. بۆری *borî*; 2. گلۆپی درێژی نیۆن *gilopî dirêjî niyon*
Rohrzucker *m* شەکرەقامیش *şekreqamîş*
Rohstoff *m* کەرەسەی خاو *keresey xaw*
Rollbahn *f* ڕاڕەوی فڕگە *rarewî firge*
Rolle *f* 1. لوولە *lûle*; 2. خلخلۆکە *xilxiloke*; 3. (Theat.) ڕۆڵ *rol*; دەور *dewr*; **keine Rolle spielen** (idiom.) گرنگ نەبوون *giring nebûn*
rollen I. ⟨v.i.⟩ گلۆر بوونەوە *gilor bûnewe* **II.** ⟨v.t.⟩ با دان *ba dan*
Roller *m* 1. تەختەی پێچکەدار *textey pêçkedar*; 2. ماتۆڕسکیل *matorsikîl*
Rollkragen *m* ملەوانە *milewane*
Rollkragenpullover *m* فانیلەی ملەوانەدار *fanîley milewanedar*
Rollladen *m* دەرابە *derabe*
Rollstuhl *m* کورسیی ڕەورەوەدار (بۆ خاوەنپێداویستیی تایبەت) *kursîy rewrewedar (bo xawenpêdawîstîy taybet)*
Rolltreppe *f* پێپلیکانەی کارەبایی *pêplîkaney karebayî*
Rom *n* ڕۆما *Roma*
Roman *m* (Lit.) چیرۆکی درێژ *çîrokî dirêj*; ڕۆمان *roman*
romantisch ⟨Adj.⟩ ڕۆمانسی *romansî*
röntgen ⟨v.t.⟩ ئەشیعە گرتن *eşî'e girtin*
Röntgenbild *n* (Med.) ئەشیعە *eşî'e*
rosa ⟨Adj.⟩ پەمەیی *pemeyî*
Rose *f* گوڵەباخ *gulebax*
Rosenkranz *m* (kath.) تەزبیحی کاتۆلیکەکان *tezbîhî katolîkekan*
Rosenwasser *n* گوڵاو *gulaw*
Rosine *f* کشمیش *kişmîş*
Rosmarin *m* ئەکلیلەکێویلە *eklîlekêwîle*
Ross *n* (geh.) ئەسپ *esp*

Rost *m* ژەنگ *jeng*
rosten ⟨v.i.⟩ ژەنگ گرتن *jeng girtin*
rösten ⟨v.t.⟩ برژاندن *birjandin*
rostfrei ⟨Adj.⟩ ژەنگنەگر *jengnegir*
rostig ⟨Adj.⟩ ژەنگدار *jengdar*
rot ⟨Adj.⟩ سوور *sûr*
Rotation *f* خولانەوە *xulanewe*
Röteln *pl.* (Med.) سوورێژە *sûrêje*
Rotwein *m* شەرابی سوور *şerabî sûr*
Rouge *n* سووراو *sûraw*
Route *f* ڕێ *rê*; هێڵ *hêl*
Routine *f* ڕۆتین *rotîn*
royal ⟨Adj.⟩ 1. شاهی *şahî*; 2. شاهانە *şahane*
Rübe *f* (Bot.) شێلم *şêlim*
Rückblick *m* سەرنجێک لە ڕابردوو *serincêk le rabirdû*
rücken I. ⟨v.i.⟩ خۆ ڕاپسکاندن *xo rapiskandin* **II.** ⟨v.t.⟩ پاڵ پێوەنان *pal pêwenan*
Rücken *m* پشت *pişt*
Rückenmark *n* مۆخی بڕبڕاگەی پشت *moxî birbiragey pişt*
Rückenschmerzen *pl.* پشتیەشە *piştyeşe*
Rückenschwimmen *n* (Sp.) پشتەمەلە *piştemele*
Rückenwind *m* بایەک، کە لە پشتەوە دێ *bayek, ke le piştewe dê*
Rückerstattung *f* گەڕاندنەوە *gerandinewe*
Rückfahrkarte *f* بلیتی دووسەرە *bilîtî dûsere*
Rückfahrt *f* گەڕانەوە *geranewe*; **auf der Rückfahrt** لە گەڕانەوەدا *le geraneweda*

R

Rückfall *m* نووچدان *nûçdan*
Rückflug *m* گەڕانەوە بە فڕۆکە *geṟanewe be fiṟoke*
Rückgabe *f* گێڕانەوە *gêṟanewe*
Rückgang *m* کەمکردن *kemkirdin*
rückgängig ⟨Adj.⟩ بەرەودوا *berewdiwa*; **etw. rückgängig machen** هەڵوەشاندنەوە *heḻweşandinewe*
Rückgrat *n* بڕبڕەی پشت *biṟbiṟey pişt*
Rückhalt *m* پشتیوانی *piştîwanî*
Rückkehr *f* گەڕانەوە *geṟanewe*
Rücklicht *n* بەگلایت *beglayit*; گلۆپی دواوە *giḻopî diwawe*
Rucksack *m* کۆڵەپشت *koḻepişt*
Rückschlag *m* لێهەڵدانەوە *lêheḻdanewe*
Rückseite *f* پشتەوە *piştewe*
Rücksendung *f* ناردنەوە *nardinewe*
Rücksicht *f* خاترگرتن *xatirgirtin*; گوێپێدان *gwêpêdan*; **(auf etw./j-n) Rücksicht nehmen** ڕەچاو کردن *ṟeçaw kirdin*
rücksichtslos ⟨Adj.⟩ 1. بێموبالات *bêmubalat*; کەمتەرخەم *kemterxem*; 2. بێبەزەیی *bêbezeyî*
Rücksichtslosigkeit *f* 1. بێموبالاتی *bêmubalatî*; کەمتەرخەمی *kemterxemî*; 2. بێبەزەیی *bêbezeyî*
rücksichtsvoll ⟨Adj.⟩ نەرمونیان *nermuniyan*
Rücksitz *m* (Kfz) کورسیی دواوەی ئوتومبێل *kursîy diwawey utumbêl*
Rückstand *m* 1. دواکەوتن *diwakewtin*; 2. پاشماوە *paşmawe*
Rücktritt *m* دەستلەکارکێشانەوە *destlekarkêşanewe*; ئیستیقالە *îstîqale*
rückwärts ⟨Adv.⟩ پشتاوپشت *piştawpişt*; پاشەوپاش *paşewpaş*; **rückwärts fahren** پشتاوپشت ڕۆیشتن *piştawpişt ṟoyiştin*
Rückwärtsgang *m* (Kfz) گێڕی دواوەی ئوتومبێل *gêṟî diwawey utumbêl*; بەگ *beg*
Rückweg *m* ڕێگەی گەڕانەوە *ṟêgey geṟanewe*
Rückzahlung *f* پارەدانەوە *paredanewe*
Rückzug *m* 1. کشانەوە *kişanewe*; 2. پاشگەزبوونەوە *paşgezbûnewe*
Ruder *n* سەوڵ *sewḻ*
Ruderboot *n* بەلەمی سەوڵدار *belemî sewḻdar*
rudern ⟨v.i.⟩ سەوڵ لێدان *sewḻ lêdan*
Ruf *m* 1. هاوار *hawar*; بانگ *bang*; 2. ناوبانگ *nawbang*; 3. جاڕ *caṟ*
rufen I. ⟨v.i.⟩ هاوار کردن *hawar kirdin* **II.** ⟨v.t.⟩ بانگ کردن *bang kirdin*
Rufmord *m* ناوزڕاندن *nawziṟandin*
Rufname *m* ناوی کەسەکە خۆی *nawî keseke xoy*
Rufnummer *f* ژمارەی تەلەفۆن *jimarey telefon*
Ruhe *f* ئارامی *aramî*; پشوو *pişû*; ئاسایش *asayiş*; بێدەنگی *bêdengî*
ruhen ⟨v.i.⟩ 1. وەستان *westan*; 2. پشوو دان *pişû dan*
Ruhestand *m* خانەنشینی *xanenişînî*
Ruhestätte *f* 1. (geh.) ئارامگە *aramge*; 2. (geh.) تەکێ *tekê*
Ruhestörung *f* 1. بێزارکردن *bêzarkirdin*; 2. پشێوی *pişêwî*
Ruhetag *m* ڕۆژەپشوو *ṟojepişû*
ruhig I. ⟨Adj.⟩ 1. خامۆش *xamoş*; 2. ئارام *aram*; بێدەنگ *bêdeng*; 3. لەسەرخۆ *le-*

R

serxo **II.** ⟨Adv.⟩ بەهێمنی *behêminî;* بەئەسپایی *beespayî;* **ruhig bleiben** بێدەنگ بوون *bêdeng bûn*

Ruhm *m* ناو *naw;* ناوبانگ *nawbang*

rühmen ⟨v.t.⟩ پێداهەڵدان *pêdahe<u>l</u>dan*

Ruhr *f* (Med.) زەحیری *ze<u>h</u>îrî*

Rührei *n* هێلکەورۆنی شلەقێنراو *hêlkew-<u>r</u>onî şi<u>l</u>eqênraw*

rühren I. ⟨v.t.⟩ بزواندن *bizwandin* **II.** ⟨v.i.⟩ (geh.) دەست لێدان *dest lêdan* **III.** ⟨v.refl.⟩ sich rühren جووڵان *cû<u>l</u>an*

rührend ⟨Adj.⟩ بەزەییجوڵێن *bezeyîcu<u>l</u>ên*

Ruin *m* 1. کاولبوون *kawilbûn;* 2. مایەپووچی *mayepûçî*

Ruine *f* وێرانە *wêrane;* کەلاوە *kelawe*

ruinieren I. ⟨v.t.⟩ 1. وێران کردن *wêran kirdin;* 2. (üb.) ماڵ وێران کردن *ma<u>l</u> wêran kirdin* **II.** ⟨v.refl.⟩ sich ruinieren ماڵی خۆ وێران کردن *ma<u>l</u>î xo wêran kirdin*

rülpsen ⟨v.i.⟩ قرقێنە دانەوە *qirqêne danewe*

Rumänien *n* ڕۆمانیا *<u>R</u>omanya*

Rumpf *m* لەشی بێ سەر و بێ دەست و پێ *leşî bê ser u bê dest u pê*

rund I. ⟨Adj.⟩ 1. خڕ *xi<u>r</u>;* 2. قەڵەو *qe<u>l</u>ew;* 3. بێکەموکوڕی *bêkemuku<u>r</u>î* **II.** ⟨Adv.⟩ نزیکەی *nizîkey;* **rund um die Uhr** شەو و ڕۆژ *şew u <u>r</u>oj*

Runde *f* 1. دەستە *deste;* 2. (Sp.) سووڕێک یاری *sû<u>r</u>êk yarî;* گێم *gêm*

Rundfahrt *f* گەشتێک، کە بە گەلێ وێستگەدا تێدەپەڕێ *geştêk, ke be gelê wêstgeda têdepe<u>r</u>ê*

Rundfunk *m* ئێسگەی ڕادیۆ *êsgey <u>r</u>adyo;* ڕادیۆ *<u>r</u>adyo*

Rundgang *m* گەڕان *ge<u>r</u>an*

Rundreise *f* گەشتێک، کە بە گەلێ ناوچەدا تێدەپەڕێ *geştêk, ke be gelê nawçeda têdepe<u>r</u>ê*

Rundschreiben *n* نووسراوێک یا پەخشنامەیەک(، کە بە پۆستەدا بۆ چەند کەسێک یا چەند لایەنێک دەنێرڕێ) *nûsra-wêk ya pexşnameyek(, ke be posteda bo çend kesêk ya çend layenêk denêrrê)*

runzeln ⟨v.t.⟩ گرژ کردن *girj kirdin*

Ruß *m* ڕەشی دووکەڵ *<u>r</u>eşî dûke<u>l</u>*

Russe *m* ڕووس *<u>r</u>ûs*

Rüssel *m* لمۆز *limoz*

Russin *f* w. Form zu ↑Russe

russisch ⟨Adj.⟩ ڕووسی *<u>r</u>ûsî*

Russisch *n* زمانی ڕووسی *zimanî <u>r</u>ûsî*

Russland *n* ڕووسیا *<u>R</u>ûsya*

rustikal ⟨Adj.⟩ گوندی *gundî*

Rüstung *f* 1. (Mil.) چەکداری *çekdarî;* کەلوپەلی سەربازی *kelupelî serbazî;* 2. (hist.) زرێدەر *zirêder*

Rutschbahn *f* خزگە *xizge*

rutschen ⟨v.i.⟩ خزان *xizan;* خلیسکان *xilîskan*

rutschig ⟨Adj.⟩ خز *xiz*

rütteln ⟨v.t./v.i.⟩ لەراندنەوە *lerandinewe*

R

S

s, S ئێس *ês;* پیتی نۆزدەیەمی ئەلفبێی ئەڵمانی *pîtî nozdeyemî elfbêy elmanî*
Saal *m* هۆڵ *hol*
Saarland *n* زارلەند *Zarlend*
Saat *f* 1. تۆو *tow;* 2. دانەوێڵە *danewêle*
Saatgut *n* تۆو *tow*
Sabbat *m* شەممە *şemme*
Säbel *m* شیر *şîr;* شمشێر *şimşêr*
Sabotage *f* وێرانکاری *wêrankarî*
Sache *f* 1. شت *şit;* 2. بابەت *babet*
sachlich ⟨Adj.⟩ بابەتی *babetî;* بێلایەن *bêlayen*
Sachschaden *m* زیانلەکەلوپەلکەوتن *ziyanlekelupelkewtin*
Sachsen *n* ساکسۆنیا *Saksonya*
Sachsen-Anhalt *n* زەکسن - ئەنهەلت *Zeksin-Enhelt*
Sachverständige *f* w. Form zu ↑Sachverständiger
Sachverständiger *m* کارناس *karnas;* پسپۆڕ *pispor*
Sack *m* 1. تورەکە *tureke;* 2. (vulg.) تورەکەی گون *turekey gun*
Sackgasse *f* کۆڵانی بنبەست *kolanî binbest*
säen ⟨v.t.⟩ چاندن *çandin*
Safe *m* قاسە *qase*
Safer Sex *m* لە پێکگەیشتنی جنسیدا خۆ لە ئەیدس پاراستن *le pêkgeyiştinî cinsîda xo le eyds parastin*
Safran *m* زافەران *zaferan*
Saft *m* 1. شەربەت *şerbet;* 2. (Med.) شروب *şirub*
saftig ⟨Adj.⟩ ئاودار *awdar*
Sage *f* چیرۆک *çîrok;* داستان *dastan*
Säge *f* مشار *mişar*
sagen ⟨v.t./v.i.⟩ وتن *witin;* گوتن *gutin;* قسە کردن *qise kirdin* • er wollte etwas sagen ویستی شتێک بڵێ ; wie sagt man das auf Kurdisch? ئەمە بە کوردی چیی پێدەوترێ؟
sägen ⟨v.t.⟩ بە مشار بڕینەوە *be mişar birînewe*
Sahne *f* قەیماغ *qeymax*
Sahnetorte *f* کێکی قەیماغلی *kêkî qeymaxlî*
Saison *f* وەرز *werz*
Saisonarbeit *f* کاری وەرزی *karî werzî*
Saite *f* (Mus.) تەل *tel;* ژێ *jê*
Sakko *m/n* چاکەت *çaket*
Salamander *m* (Zool.) سەمەندەر *semender*
Salami *f* زەلامی *zelamî*
Salat *m* زەڵاتە *zelate*
Salatsoße *f* ساسی زەڵاتە *sasî zelate*
Salbe *f* مەڵحەم *melhem;* هەتوان *hetwan*

S

Salbei *m* سێفەلۆکە *sêfeloke*

Salmonelle *f* سەلمۆنێلا (بەکتریایەکە، کە هەو بە ڕیخۆڵەکان دەکا) *selmonêla (bektiryayeke, ke hew be rîxolekan deka)*

Salon *m* 1. هۆڵ *hol*; 2. ساڵۆن *salon*

salopp ⟨Adj.⟩ ئاسایی *asayî*

Salz *n* خوێ *xwê*; نمەک *nimek*

salzen ⟨v.t.⟩ خوێ کردن *xwê kirdin*; خوێ پێوەکردن *xwê pêwekirdin*

Salzgurke *f* خەیاری خۆشکراو بە خوێیاو *xeyarî xoşkiraw be xwêyaw*

salzig ⟨Adj.⟩ سوێر *swêr*

Salzstreuer *m* خوێدان *xwêdan*

Salzwasser *n* خوێیاوک *xwêyawik*

Salzwüste *f* بیابانێکی خوێیاوی *biyabanêkî xwêyawî*

Samen *m* 1. شەهوەت *şehwet*; تۆماو *tomaw*; 2. ناوک *nawik*

sammeln I. ⟨v.t.⟩ 1. کۆ کردنەوە *ko kirdinewe*; 2. پێکەوە نان *pêkewe nan* **II.** ⟨v.refl.⟩ sich sammeln کۆ بوونەوە *ko bûnewe*

Sammlung *f* 1. کۆکردنەوە *kokirdinewe*; 2. کۆبەرهەم *koberhem*

Samowar *m* سەماوەر *semawer*

Samstag *m* شەممە *şemme*; **am Samstag** لە ڕۆژی شەممەدا *le rojî şemmeda*

Samt *m* قەیفە *qeyfe*

sämtlich ⟨Adj.⟩ هەموو *hemû*

Sanatorium *n* نۆشگە *noşge*; پشووگەی پزیشکی بۆ چارەسەرکردنی نەخۆشی لە شوێنێکی ئاووهەوا پەسەندا *pişûgey pizîşkî bo çareserkirdinî nexoşî le şwênêkî awuhewa pesendda*

Sand *m* لم *lim*; قوم *qum*

Sandale *f* سەندەڵی *sendelî*

Sandelholz *n* (Bot.) سەنەڵ *senel*

sandig ⟨Adj.⟩ لماوی *limawî*

Sandkasten *m* سندووقی لم (منداڵ یاری تێدا دەکا) *sindûqî lim (mindal yarî têda deka)*

Sandpapier *n* کاغەزی سمارتە *kaxezî simarte*

Sandsturm *m* خۆڵبارین *xolbarîn*

Sandwich *n* سەندەویچ *sendewîc*

sanft ⟨Adj.⟩ 1. ناسک *nasik*; نازەنین *nazenîn*; 2. شنەشن *şineşin*; 3. بەهێمنی *behêminî*; لەسەرخۆ *leserxo*

Sanftmut *f* ناسکی *naskî*; حیلم *hîlm*

Sänger *m* گۆرانیبێژ *goranîbêj*

Sängerin *f* w. Form zu ↑Sänger

sanieren ⟨v.t.⟩ نوێ کردنەوە *nwê kirdinewe*

Sanierung *f* (fachspr.) نوێکردنەوە *nwêkirdinewe*

Sanitäter *m* فریاگوزاری نەخۆش *firyaguzarî nexoş*

Sanitäterin *f* w. Form zu ↑Sanitäter

Sardine *f* (Zool.) سەردین (جۆرە ماسییەکە) *serdîn (core masîyeke)*

Sarg *m* دارەمەیت *daremeyt*; تابووت *tabût*

Sassaniden *pl.* (hist.) ساسانییەکان *sasanîyekan*

sassanidisch ⟨Adj.⟩ (hist.) ساسانی *sasanî*

Satan *m* (bibl.) شەیتان *şeytan*; ئەهریمەن *Ehrîmen*

Satellit *m* 1. ئەستێرەی گەڕۆک *estêrey gerok*; 2. مانگی دەسکرد *mangî deskird*; زاتەلیت *zatelît*

Satellitenfernsehen *n* تەلەفزیۆنی زاتەلیت *telefîzyonî zatelît*

Satellitenschüssel *f* (Tech.) سینی زاتەلیت *sînî zatelît*

Satin *m* ئەتڵەس *etles*

Satire *f* (Lit.) پلارتێگرتن *pilartêgirtin*; هەجوو *hecû*; تەنز *tenz*

satt ⟨Adj.⟩ 1. تێر *têr*; تێروپڕ *têrupir*; 2. چەش *çeş*; **satt sein/werden** تێر بوون *têr bûn*; **etw. satt haben** (ugs.) لێ بێزار بوون *lê bêzar bûn*

Sattel *m* زین *zîn*; کورتان *kurtan*

satteln ⟨v.t.⟩ زین کردن *zîn kirdin*

satthaben ⟨v.t.⟩ (ugs.) بێتاقەت بوون *bêtaqet bûn*; لەبەر چاو کەوتن *leber çaw kewtin*

Saturn *m* زوحەل *zuhel*; کەیوان *keywan*

Satz *m* 1. ڕستە *riste*; 2. بنچینە *binçîne*; 3. پیتچینی *pîtçînî*

Satzteil *m* (Gr.) بێژە *bêje*

Satzung *f* دەستوور *destûr*; پەیڕەووپڕۆگرام *peyrewupirogram*

Sau *f* 1. (Zool.) مالۆس *malos*; 2. (vulg.) مرۆڤێکی پیس *mirovêkî pîs*

sauber I. ⟨Adj.⟩ پاک *pak*; خاوێن *xawên* **II.** ⟨Adv.⟩ بەپاکی *bepakî*; **(etw.) sauber machen** پاک کردنەوە *pak kirdinewe*

Sauberkeit *f* پاکی *pakî*; خاوێنی *xawênî*

säubern ⟨v.t.⟩ پاک کردنەوە *pak kirdinewe*

sauer ⟨Adj.⟩ ترش *tirş*; مزر *mizir*

Sauerkirsche *f* 1. گێلاسی ترش *gêlasî tirş*; 2. دارگێلاسی ترش *dargêlasî tirş*

Sauerkraut *n* کەلەرمی خۆشکراو (ترشکراو) *kelerimî xoşkiraw (tirşkiraw)*

Sauerstoff *m* (Chem.) ئۆکسجین *oksicîn*

Sauerteig *m* هەویربەترش *hewîrbetirş*; خەمیرە *xemîre*

Säufer *m* بەدمەست *bedmest*

Säuferin *f* w. Form zu ↑Säufer

saugen ⟨v.i./v.t.⟩ مژین *mijîn*; **Staub saugen** پاک کردنەوە بە گسکی کارەبایی *pak kirdinewe be giskî karebayî*

säugen ⟨v.t.⟩ شیر پێدان *şîr pêdan*

Sauger *m* 1. مەمکەمژە *memkemije*; 2. (ugs.) گسکی کارەبایی *giskî karebayî*

Säugetier *n* (Zool.) گیانداری گواندار *giyandarî giwandar*

Säugling *m* کۆرپە *korpe*; منداڵی ساوا *mindalî sawa*

Säule *f* 1. کۆڵەکە *koleke*; 2. ئەرکان *erkan*

Saum *m* 1. داوێن *dawên*; 2. کەنار *kenar*

Sauna *f* زاونا *zawna*

Säure *f* ترشۆک *tirşok*

Saustall *m* 1. (ugs.) ژووریکی نارێکوپێک *jûrêkî narêkupêk*; 2. (ugs.) نارێکوپێکی *narêkupêkî*

S-Bahn *f* شەمەندەفەری خێرا (لەناو شاردا) *şemendeferî xêra (lenaw şarda)*; مێترۆ *mêtro*

scannen ⟨v.t.⟩ (fachspr.) سکان کردن *sikan kirdin*

Scanner *m* (fachspr.) سکینەر *sikêner*

schäbig ⟨Adj.⟩ 1. بێچارە *bêçare*; 2. پیسکە *pîske*

Schablone *f* 1. ستێنسڵ *stênsil*; 2. دارێژگە *darêjge*

Schach *n* شەترەنج *şetrenc*; **Schach spielen** یاریی شەترەنج کردن *yarîy şetrenc kirdin*

Schachbrett *n* تەختەی شەترەنج *textey*

S

şetrenc
Schachspiel *n* یاریی شەترەنج *yarîy şetrenc*
Schachspieler *m* یاریزانی شەترەنج *yarîzanî şetrenc*
Schachspielerin *f* w. Form zu ↑Schachspieler
Schacht *m* 1. کابینە *kabîne;* 2. قوولکە *qûlke*
Schachtel *f* پاکەت *paket;* قوتوو *qutû*
schade ⟨Adj.⟩ بەداخەوە *bedaxewe* • schade! !حەیفێ; wie schade! ئەفسووس!؛ دریغ!
Schädel *m* کاسەسەر *kaseser*
schaden ⟨v.i.⟩ زیان هەبوون *ziyan hebûn;* زیان گەیاندن *ziyan geyandin* • es schadet nichts هیچ زیانێکی نییە
Schaden *m* زیان *ziyan;* زەرەروزیان *zereruziyan*
Schadenersatz *m* زیانبژاردن *ziyanbijardin*
schadhaft ⟨Adj.⟩ خەوشدار *xewşdar*
schädlich ⟨Adj.⟩ 1. زیانبەخش *ziyanbexş;* 2. زیانکار *ziyankar;* 3. بەدکار *bedkar;* 4. خراپ *xirap*
Schädling *m* جانەوەر *canewer;* زیانبەخش *ziyanbexş*
Schädlingsbekämpfung *f* نەهێشتنی جروجانەوەرات *nehêştinî cirucanewerat*
Schadstoff *m* (fachspr.) مادەی زیانبەخش *madey ziyanbexş*
Schaf *n* (Zool.) مەڕ *mer*
Schäfer *m* شوان *şiwan;* مەڕەوان *merewan*
Schäferhund *m* (Zool.) سەگی شوان *segî şiwan*
Schäferin *f* w. Form zu ↑Schäfer
schaffen ⟨v.t.⟩ 1. هێنان *hênan;* 2. پەیدا کردن *peyda kirdin;* 3. خەڵق کردن *xelq kirdin*
Schaffner *m* بلیتبڕ *bilîtbir;* پشکنەر *pişkiner*
Schaffnerin *f* w. Form zu ↑Schaffner
Schafskäse *m* پەنیری مەڕ *penîrî mer*
Schaft *m* باسککێش *basikkêş*
Schah *m* شا *şa;* پاشا *paşa*
Schakal *m* (Zool.) چەقەڵ *çeqel*
Schal *m* شاڵ *şal;* ملپێچ *milpêç*
Schale *f* 1. توێکڵ *twêkil;* 2. جام *cam*
schälen ⟨v.t.⟩ پاک کردن *pak kirdin;* توێکڵ کردن *twêkil kirdin*
Schall *m* دەنگدانەوە *dengdanewe*
Schallplatte *f* قەوان *qewan;* ئیستیوانە *îstîwane*
Schalotte *f* تەرەپیاز *terepiyaz*
schalten ⟨v.t./v.i.⟩ داگیرساندن *dagîrsandin*
Schalter *m* 1. سویچ *swîç;* 2. پەنجەرەی شتلێوەدان و شتلێوەوەرگرتن *pencerey şitlêwedan u şitlêwewergirtin*
Schaltjahr *n*ساڵی کەبیسە *salî kebîse*
Scham *f* 1. شەرم *şerm;* حەیا *heya;* 2. عەورەت *'ewret*
schämen ⟨v.refl.⟩ sich schämen شەرم کردن *şerm kirdin;* حەیا بە خۆ بوون *heya be xo bûn*
Schamhaar *n* مووی بەر *mûy ber*
schamlos ⟨Adj.⟩ 1. بێئابڕوو *bêabrû;* بێحەیا *bêheya;* 2. دەنی *denî;* بێویژدان *bêwîjdan*
Schamlosigkeit *f* 1. بێئابڕوویی *bêabrûyî;*

S

بێحەیایی *bêẖeyayî*; 2. بێویژدانی *bêwîjdanî*

Schande *f* شوورەیی *şûreyî*; شەرمەزاری *şermezarî*

schänden ⟨v.t.⟩ سووک کردن *sûk kirdin*; ئابڕوو بردن *abṟû birdin*

Schanze *f* (Mil.) سەنگەر *senger*

Schar *f* 1. دەستە *deste*; پۆل *pol*; 2. کۆمەڵ *komel̲*

scharf I. ⟨Adj.⟩ 1. بڕندە *biṟinde*; 2. توون *tûn*; 3. (بەهارات) هار *har (beharat)*; 4. (ugs.) دڵفڕێن *dil̲fiṟên* **II.** ⟨Adv.⟩ بەوردی *bewirdî*

Schärfe *f* 1. (چەقۆ) تیژی *tîjî (çeqo)*; 2. توونێتی *tûnêtî*

schärfen ⟨v.t.⟩ تیژ کردن *tîj kirdin*

Scharfsinn *m* ژیری *jîrî*; بلیمەتی *bilîmetî*

scharfsinnig ⟨Adj.⟩ زرنگ *ziring*; بلیمەت *bilîmet*

Scharia *f* شەریعەت *şerîʿet*

Scharlach *m* (Med.) سوورەتا *sûreta*

Scharlatan *m* فێڵباز *fêl̲baz*

Scharnier *n* دوولایی *dûlayî*

Schärpe *f* کەمەرە *kemere*

scharren ⟨v.t./v.i.⟩ (مریشک) چینە کردن *çîne kirdin (mirîşk)*

Schatten *m* 1. سێبەر *sêber*; 2. تارمایی *tarmayî*

schattig ⟨Adj.⟩ سێبەردار *sêberdar*

Schatz *m* 1. گەنج *genc*; گەنجینە *gencîne*; 2. (ugs.) خۆشەویست *xoşewîst*

schätzen ⟨v.t.⟩ 1. تەخمین کردن *texmîn kirdin*; هەڵسەنگاندن *hel̲sengandin*; 2. ڕێز لێنان *ṟêz lênan*; 3. لەو بیرەدا بوون *lew bîreda bûn*

Schatzkammer *f* گەنجینە *gencîne*; عەمار *ʿemar*

Schatzmeister *m* خەزنەدار *xeznedar*

Schatzmeisterin *f* w. Form zu ↑Schatzmeister

Schätzung *f* هەڵسەنگاندن *hel̲sengandin*; نرخاندن *nirxandin*

schätzungsweise ⟨Adv.⟩ کەموزۆر *kemuzor*; بەمەزەندە *bemezende*

Schau *f* تێڕوانین *têṟiwanîn*

schaudern ⟨v.i.⟩ 1. تەزوو پێداهاتن *tezû pêdahatin*; 2. لەرزین *lerzîn*

schauen ⟨v.i.⟩ ڕوانین *ṟiwanîn*; سەیر کردن *seyr kirdin* • schau! !سەیر کە ؛!چاوکە

Schauer *m* لێزمە *lêzme*; ڕێژنە *ṟêjne*

Schaufel *f* خاکەناز *xakenaz*

schaufeln ⟨v.t.⟩ خاکەناز لێدان *xakenaz lêdan*; بە خاکەناز هەڵکەندن *be xakenaz hel̲kendin*

Schaufenster *n* جامخانە *camxane*

Schaukel *f* جۆلانێ *colanê*; دیلانێ *dîlanê*

schaukeln I. ⟨v.i.⟩ گوژم دان *gujm dan* **II.** ⟨v.t.⟩ جۆلانێ کردن *colanê kirdin*; دیلانێ کردن *dîlanê kirdin*

Schaukelpferd *n* ئەسپەدارینە *espedarîne*

Schaukelstuhl *m* کورسیی دیلانێ *kursîy dîlanê*

Schaum *m* کەف *kef*

schäumen ⟨v.i.⟩ کەف کردن *kef kirdin*

Schaumgummi *n* لاستیکی کەفی دەسکرد *lastîkî kefî deskird*

Schauspiel *n* 1. شانۆنامە *şanoname*; 2. نواندن *niwandin*

Schauspieler *m* ئەکتەر *ekter*

Schauspielerin *f* w. Form zu ↑Schauspieler

Scheck *m* چەک(ی پارە) *çek(î pare)*
Scheckkarte *f* کارتی چەک *kartî çek*
Scheibe *f* 1. پارچە *parçe;* 2. شووشە *şûşe*
Scheibenwischer *m* فلّچەی جامی ئۆتومبێل پاککردنەوە *filçey camî otumbêl pakkirdinewe*
Scheich *m* شێخ *şêx*
Scheide *f* 1. کێلان (خەنجەر) *kêlan (xencer);* 2. کوز *kuz*
scheiden I. ⟨v.t.⟩ 1. جیا بوونەوە *ciya bûnewe;* 2. (geh.) جیا کردنەوە *ciya kirdinewe;* **sich scheiden lassen** ژن و مێرد جیا بوونەوە *jin u mêrd ciya bûnewe* **II.** ⟨v.refl.⟩ sich scheiden دەست لە یەک بەردان *dest le yek berdan*
Scheideweg *m* دووڕێیان *dûṟêyan*
Scheidung *f* 1. جیابوونەوە *ciyabûnewe;* 2. جیاکردنەوە *ciyakirdinewe;* 3. (islam.) تەڵاق *teḻaq*
Schein *m* 1. دەرەوشاندنەوە *direwşandinewe;* 2. ڕووکار *ṟûkar;* 3. پارەی کاغەز *parey kaxez;* 4. بەڵگەنامە *beḻgename*
scheinbar ⟨Adj.⟩ بەڕواڵەت *beṟiwaḻet*
scheinen ⟨v.i.⟩ 1. هەڵهاتن (ڕۆژ) *heḻhatin (ṟoj);* 2. وا دیار بوون *wa diyar bûn;* 3. پەیدا بوون *peyda bûn* • die Sonne scheint ڕۆژ هەڵدێ; es scheint mir وام بۆ دەردەکەوێ … …
scheinheilig ⟨Adj.⟩ ڕیاکار *ṟiyakar;* دووڕوو *dûṟû*
Scheinwerfer *m* 1. پرۆجەکتۆر *piṟocektor;* 2. لایت *layit*
Scheiße *f* 1. (vulg.) گوو *gû;* 2. (ugs.) گەندی *gendî* • Scheiße! (vulg.) قەرووسیا!!
scheißegal ⟨Adj.⟩ (ugs.) چی دەبێ، با بیێ *çî debê, ba bibê*
Scheit *n* پارچەتەختە *parçetexte*
Scheitel *m* 1. تەوقەسەر *tewqeser;* 2. درزی قژ *dirzî qij;* 3. لووتکە *lûtke*
Scheitelbein *n* لاکەللەسەر *lakelleser*
scheitern ⟨v.i.⟩ سەر نەکەوتن *ser nekewtin;* نائومێد بوون *naumêd bûn*
Schelle *f* 1. زەنگ *zeng;* 2. شەپازللە *şepazille*
schellen ⟨v.i.⟩ زەنگ لێدان *zeng lêdan*
Schelm *m* 1. چەپەڵ *çepeḻ;* 2. گاڵتەچی *gaḻteçî;* 3. کەڵەکباز *keḻekbaz*
schelten ⟨v.t./v.i.⟩ 1. تەشەر تێگرتن *teşer têgirtin;* 2. جنێو دان *cinêw dan*
Schemel *m* تەپڵەک(ی دانیشتن) *tepḻek(î danîştin)*
Schenkel *m* 1. ڕان *ṟan;* 2. (Math.) قۆڵ *qoḻ*
schenken ⟨v.t.⟩ پێشکەش کردن *pêşkeş kirdin;* خەڵات کردن *xeḻat kirdin*
Schenkung *f* خەڵات *xeḻat*
Scherbe *f* 1. پارچەشووشەی شکاو *parçeşûşey şikaw;* 2. پارچەی گڵێنەی شکاو *parçey giḻêney şikaw*
Schere *f* مقەست *miqest*
Scherz *m* گاڵتە *gaḻte* • mach keine Scherze! (ugs.) گاڵتە بەسە!; **aus/im/zum Scherz** بە گاڵتەوە *be gaḻtewe*
scherzen ⟨v.i.⟩ گاڵتە کردن *gaḻte kirdin*
scherzhaft ⟨Adj.⟩ بەگاڵتەوە *begaḻtewe*
scheu ⟨Adj.⟩ 1. شەرمن *şermin;* کەمڕوو *kemṟû;* 2. ترسنۆک *tirsnok;* 3. سرک (گیانلەبەر) *sirk (giyanleber)*
Scheu *f* 1. شەرم *şerm;* کەمڕوویی *kemṟûyî;* 2. سام *sam;* 3. هەیا *heya*
scheuen ⟨v.i.⟩ شەرم کردن *şerm kirdin;*

S

سڵ کردنەوە *sil kirdinewe*
scheuern I. ⟨v.t.⟩ سوونەوە و سڕین *sûnewe w sirîn* **II.** ⟨v.i.⟩ پوان *piwan*
Scheune *f* کادان *kadan*
Scheusal *n* 1. دەعەجان *de'ecan;* 2. دڕندە *dirinde*
scheußlich ⟨Adj.⟩ 1. ناشیرین *naşîrîn;* 2. چارەڕەش *çareres*
Schia *f* شیعە *şî'e*
Schicht *f* 1. توێژ *twêj;* 2. پلە *pile;* 3. چین *çîn;* 4. لۆ *lo;* 5. شەفت *şeft*
schichten I. ⟨v.t.⟩ هەڵچنین *helçinîn* **II.** ⟨v.i.⟩ چین پێکهێنان *çîn pêkhênan*
schick ⟨Adj.⟩ کۆکوپۆشتە *kokupoşte;* جوانپۆش *ciwanpoş*
schicken ⟨v.t.⟩ ناردن *nardin*
Schicksal *n* 1. چارەنووس *çarenûs;* قەزاوقەدەر *qezawqeder;* 2. بەخت *bext;* 3. ئەجەل *ecel*
Schiebedach *n* پەنجەرەی بنمیچی ئوتومبێل *pencerey binmîçî utumbêl*
schieben ⟨v.t.⟩ 1. پاڵ پێوەنان *pal pêwenan;* 2. خستنە ناو *xistine naw;* **die Schuld auf j-n schieben** کەسێک تاوانبار کردن *kesêk tawanbar kirdin*
Schiebetür *f* دەرگای سەر سکە *dergay ser sike*
Schiedsrichter *m* 1. (Sp.) ناوبژیوان *nawbijîwan;* 2. ناوبژیکار *nawbijîkar*
Schiedsrichterin *f* w. Form zu ↑Schiedsrichter
schief I. ⟨Adj.⟩ 1. خوار *xiwar;* گێڕ *gêr;* 2. (üb.) خراپ *xirap* **II.** ⟨Adv.⟩ بەخواری *bexiwarî*
schiefgehen ⟨v.i.⟩ سەر نەکەوتن *ser nekewtin*
schielen ⟨v.i.⟩ خێل بوون *xêl bûn*
Schienbein *n* ڕەقەڵەی ئەژنۆ *reqeley ejno*
Schiene *f* هێڵی شەمەندەفەر *hêlî şemendefer*
schienen ⟨v.t.⟩ جەڕاندن *cerandin*
schießen I. ⟨v.i.⟩ 1. فیشەک پێوەنان *fîşek pêwenan;* 2. (üb.) گەورە بوون *gewre bûn;* **auf etw./j-n schießen** گوللە پێوەنان *gulle pêwenan* **II.** ⟨v.t.⟩ (Sp.) شووت لێدان *şût lêdan*
Schießerei *f* تەقوتۆق *tequtoq*
Schießpulver *n* باروت *barût*
Schiff *n* پاپۆڕ *papor;* کەشتی *keştî*
Schifffahrt *f* کەشتییەوانی *keştîyewanî;* دەریاگەڕی *deryagerî*
Schiffsbesatzung *f* دەستەی دەریاوان *destey deryawan*
Schiffskapitän *m* کەشتیلێخوڕ *keştîlêxur*
Schiffskapitänin *f* w. Form zu ↑Schiffskapitän
Schiffsladung *f* باری ناو پاپۆڕێک *barî naw paporêk*
Schiffsreise *f* گەشتی پاپۆڕ *geştî papor*
Schiismus *m* (islam.) شیعەیەتی *şî'eyetî*
Schiit *m* (islam.) شیعە *şî'e*
Schiitin *f* w. Form zu ↑Schiit
schiitisch ⟨Adj.⟩ (Rel.) شیعە *şî'e;* شیعی *şî'î*
Schikane *f* جاڕسکردن *cariskirdin;* چەوساندنەوە *çewsandinewe*
schikanieren ⟨v.t.⟩ جاڕس کردن *caris kirdin;* چەوساندنەوە *çewsandinewe*
[1]**Schild** *m* (Mil.) قەڵغان *qelxan*

S

[2]**Schild** *n* تابلۆ *tablo*
Schilddrüse *f* دەرەقی *dereqî*
schildern ⟨v.t.⟩ باس کردن *bas kirdin*
Schilderung *f* باسکردن *baskirdin*
Schildkröte *f* (Zool.) کیسەڵ *kîsel̲*
Schilf *n* زەل *zel*; قامیش *qamîş*
Schilling *m* (hist.) شیلینگ *şîlîng*
[1]**Schimmel** *m* کەڕو *ker̲u*
[2]**Schimmel** *m* (Zool.) ئەسپەسپی *espesipî*
schimmelig ⟨Adj.⟩ کەڕواوی *ker̲wawî*
schimmeln ⟨v.i.⟩ کەڕوو هەڵهێنان *ker̲û hel̲hênan*
Schimmer *m* ورشە *wirşe*; تریفە *tirîfe*
schimmern ⟨v.i.⟩ بریقانەوە *birîqanewe*; درەوشانەوە *direwşanewe*
Schimpanse *m* (Zool.) شیمپانزیا *şîmpanzya*
schimpfen I. ⟨v.i.⟩ هەڵچوون *hel̲çûn*; **mit j-m schimpfen** جنێو پێدان *cinêw pêdan* **II.** ⟨v.t.⟩ جنێو دان *cinêw dan*
Schimpfwort *n* جنێو *cinêw*; قسەی سووک *qisey sûk*
schinden I. ⟨v.t.⟩ ئازار دان *azar dan* **II.** ⟨v.refl.⟩ sich schinden ڕەنج دان *r̲enc dan*
Schinken *m* 1. ڕانەبەراز *r̲aneberaz*; 2. (ugs.) کتێبێکی گەورە و ئەستوور *kitêbêkî gewre w estûr*
Schippe *f* خاکەناز *xakenaz*
Schirm *m* چەتر *çetir*
Schirmherr *m* سەرپەرشتیار *serperiştiyar*
Schirmherrin *f* w. Form zu ↑Schirmherr
Schlacht *f* 1. جەنگ *ceng*; 2. بەزموڕەزم *bezmur̲ezm*
schlachten ⟨v.t./v.i.⟩ سەر بڕین *ser bir̲în*
Schlachtfeld *n* شەڕگە *şer̲ge*; مەیدانی جەنگ *meydanî ceng*
Schlachthof *m* قەسابخانە *qesabxane*
Schlachtung *f* سەربڕین *serbir̲în*
Schlaf *m* خەو *xew*; نووستن *nûstin*
Schlafanzug *m* بیجامە *bîcame*
Schläfchen *n* سەرخەو *serxew*; کەروێشکەخەو *kerwêşkexew*; **ein Schläfchen halten/machen** چاو گەرم کردن *çaw germ kirdin*
Schläfe *f* لاجانگ *lacang*
schlafen ⟨v.i.⟩ نووستن *nûstin*; خەوتن *xewtin* • schlaf gut! خەوێکی خۆش! ; **mit j-m schlafen** لەگەڵ سێکس کەسێکدا کردن *sêks legel̲ kesêkda kirdin*; **sich schlafen legen** نووستن *nûstin*; سەر نانەوە *ser nanewe*
schlaff ⟨Adj.⟩ 1. شلوشێواو *şiluşêwaw*; 2. سست *sist*; 3. (üb.) بێهێز *bêhêz*
Schlaflied *n* لایەلایە *layelaye*
schlaflos ⟨Adj.⟩ بێخەو *bêxew*; خەوزڕاو *xewzir̲aw*
Schlaflosigkeit *f* بێخەوی *bêxewî*; خەوزڕان *xewzir̲an*
Schlafmittel *n* (Med.) دەرمانی خەو *dermanî xew*
schläfrig ⟨Adj.⟩ خەواڵوو *xewal̲û*
Schlafsack *m* تورەکەی خەوتن *turekey xewtin*
Schlafwagen *m* فارگۆنی نووستن *fargonî nûstin*
schlafwandeln ⟨v.i.⟩ بەدەمخەوەوە ڕۆییشتن *bedemxewewe r̲oyîştin*
Schlafwandler *m* خەوڕۆ *xewr̲o*
Schlafwandlerin *f* w. Form zu

S

↑Schlafwandler

Schlafzimmer *n* ژووری نووستن *jûrî nûstin*

Schlag *m* 1. لێدان *lêdan;* 2. لێدانێکی ناکاوی کاریگەر *lêdanêkî nakawî karîger;* 3. چەپۆک *çepok*

Schlagader *f* خوێنبەر *xwênber;* شەرەیان *şereyan*

Schlaganfall *m* چەڵتەی دەماغ *çel̲tey demax̲*

schlagartig ⟨Adj.⟩ بەجارێک *becarêk*

schlagen **I.** ⟨v.t.⟩ 1. لێدان *lêdan;* 2. بەزاندن *bezandin;* 3. بۆڕ دان *bor̲ dan;* 4. لێدان (دڵ) *lêdan (dil̲);* 5. (Sp.) لێبردنەوە *lêbirdinewe* **II.** ⟨v.refl.⟩ sich mit j-m schlagen لە یەکتری دان *le yektirî dan*

Schlager *m* گۆرانییەکی بەناوبەنگ *goranîyekî benawbeng*

Schläger *m* 1. (abwertend) شەقاوە *şeqawe;* 2. (Sp.) ڕێکت *r̲êkt;* 3. کوتەک *kutek*

Schlägerei *f* کوتەککاری *kutekkarî;* لێدان *lêdan*

Schlägerin *f* w. Form zu ↑Schläger

schlagfertig ⟨Adj.⟩ بەدەم *bedem*

Schlagloch *n* کونوکەلەبەری سەر شەقام *kunukeleberî ser şeqam*

Schlagring *m* بۆکسی ئاسن *boksî asin*

Schlagsahne *f* سەرتوێژی پفدراو *sertwêjî pifdiraw*

Schlagstock *m* مێکوت *mêkut*

Schlagwort *n* دروشم *diruşm*

Schlagzeile *f* سەردێڕی ڕۆژنامە *serdêr̲î r̲ojname;* مانشێت *manşêt*

Schlamm *m* قوڕ *qur̲;* قوڕوچڵپاو *qur̲uçil̲paw*

schlampig ⟨Adj.⟩ 1. ناڕێکوپێک *nar̲êkupêk;* 2. کەمتەرخەم *kemterxem*

Schlange *f* (Zool.) مار *mar;* **Schlange stehen** (idiom.) ڕیز بوون *r̲îz bûn*

schlängeln ⟨v.refl.⟩ sich schlängeln پێچ خواردن *pêç xiwardin*

Schlangenfänger *m* مارگر *margir*

Schlangenfängerin *f* w. Form zu ↑Schlangenfänger

Schlangengift *n* ژاری مار *jarî mar*

Schlangenhaut *f* کاژ *kaj*

Schlangenleder *n* چەرمی مار *çermî mar*

Schlangenlinie *f* ڕێگای پێچاوپێچ *r̲êgay pêçawpêç*

schlank ⟨Adj.⟩ باریکودرێژ *barîkudirêj;* بەلەباریکە *belebarîke*

schlapp ⟨Adj.⟩ 1. شلوشێواو *şiluşêwaw;* 2. سست *sist;* 3. شەکەت *şeket;* 4. (üb.) بێهێز *bêhêz;* **schlapp machen** شەکەت کردن *şeket kirdin*

Schlappe *f* نووچدان *nûçdan*

schlau ⟨Adj.⟩ 1. زرنگ *ziring;* 2. زۆرزان *zorzan;* 3. فێڵباز *fêl̲baz*

Schlauch *m* چووپ(ی تایە) *çûp(î taye);* سۆندە *sonde*

Schlauchboot *n* بەلەمی چووپ *belemî çûp*

Schlaumeier *m* 1. (ugs.) زرنگ *ziring;* 2. (ugs.) زۆرزان *zorzan;* 3. (ugs.) فێڵباز *fêl̲baz*

schlecht ⟨Adj.⟩ 1. خراپ *xirap;* 2. نەخۆش *nexoş;* 3. بێکەڵک *bêkel̲k;* 4. گران (گوێ) *giran (gwê)* • das Wetter ist schlecht ئاووهەوا خراپە; nicht

S

schlecht! !خراپ نییە ; mir ist schlecht دڵم تێکەل دێ ; **schlecht gelaunt** بێتاقەت پەست *pest; bêtaqet;* **schlecht hören** گوێ گران بوون *gwê giran bûn*

Schlegel *m* پشتەسەری گیانلەبەر *pişteserî giyanleber*

schleichen ⟨v.i.⟩ خۆ دزینەوە *xo dizînewe*

Schleier *m* ڕووپۆش *r̲ûpoş*

Schleife *f* 1. گرێ *girê;* 2. قردێلە *qirdêle;* 3. پێچ *pêç*

schleifen I. ⟨v.t.⟩ 1. تیژ کردن *tîj kirdin;* 2. ڕاکێشان *r̲akêşan;* 3. دادان *dadan* **II.** ⟨v.i.⟩ سوونەوە *sûnewe*

Schleifpapier *n* کاغەزی سمارتە *kax̲ezî simarte*

Schleifstein *m* بەردەهەسان *berdehesan*

Schleim *m* 1. چڵم *çil̲m;* 2. بەڵخەم *bel̲xem*

schleimig ⟨Adj.⟩ 1. چڵمی *çil̲mî;* 2. لینج *lînc;* 3. (üb.) مەراییکار *merayîkar*

Schleppe *f* پاشڵی کراس *paşil̲î kiras*

schleppen I. ⟨v.t.⟩ ڕاکێشان *r̲akêşan* **II.** ⟨v.refl.⟩ sich schleppen لەسەرخۆ ڕۆییشتن *leserxo r̲oyîştin*

Schlepper *m* 1. ئوتومبێلراکێشەر *utumbêlr̲akêşer;* 2. قاچاغچیی خەڵک هێنان و بردن *qaçax̲çîy xel̲k hênan u birdin*

Schlepperin *f* w. Form zu ↑Schlepper

Schleswig-Holstein *n* - شلێسڤیک هۆلشتاین *Şlêsvîk-Holşitayin*

schleudern I. ⟨v.t.⟩ 1. فڕێ دان *fir̲ê dan,* 2. گوشین (مەکینەی جلسشن) *guşîn (mekîney cilşitin)* **II.** ⟨v.i.⟩ خزان *xizan (utumbêl)* (ئوتومبێل)

Schleuse *f* ئاوبەند (لە ڕێی هاتوچۆی پاپۆڕدا) *awbend (le r̲êy hatuçoy papor̲da)*

schlicht ⟨Adj.⟩ 1. ساکار *sakar;* 2. بێفیز *bêfîz*

schlichten ⟨v.t.⟩ یەکلا کردنەوە *yekla kirdinewe;* ناوبژی کردن *nawbijî kirdin*

Schlichter *m* ناوبژیکار *nawbijîkar*

Schlichterin *f* w. Form zu ↑Schlichter

Schlichtheit *f* 1. سادەیی *sadeyî;* 2. بێفیزی *bêfîzî*

Schlichtung *f* ناوبژیکاری *nawbijîkarî*

schließen I. ⟨v.t.⟩ 1. بەستن *bestin;* 2. داخستن (دەرگا، باوەڵ) *daxistin (derga, bawel̲);* 3. گرتنەوە (بەلووعە) *girtinewe (belûʿe);* 4. کۆتایی پێهێنان (دانیشتن، کۆڕ) *kotayî pêhênan (danîştin, kor̲)* **II.** ⟨v.refl.⟩ sich schließen لێکنان (دەم، چاو) *lêknan (dem, çaw)*

Schließfach *n* دۆلابی بچووکی کلۆمدار *dol̲abî biçûkî kil̲omdar*

schließlich ⟨Adv.⟩ لەکۆتاییدا *lekotayîda;* ئیتر *îtir*

schlimm ⟨Adj.⟩ 1. خراپ *xirap;* 2. (ugs.) ناخۆش *naxoş;* 3. (ugs.) نەخۆش *nexoş;* 4. (ugs.) بەئازار *beazar*

Schlinge *f* 1. گرێ *girê;* 2. داو *daw*

Schlingel *m* (ugs.) شەقاوە *şeqawe*

[1]**schlingen** ⟨v.t.⟩ 1. تێئاڵاندن *têal̲andin;* 2. گرێ لێدان *girê lêdan*

[2]**schlingen** ⟨v.i.⟩ (ugs.) قووت دان *qût dan*

Schlips *m* بۆیینباخ *boyinbax*

Schlitten *m* تەختەخلیسکانێ *textexilîs-*

S

kanê

schlittern ⟨v.i.⟩ خزان *xizan*

Schlitz *m* درز *dirz;* تلّیش *tiļîş*

Schloss *n* 1. کێلوون *kêlûn;* قفڵ *qifiļ;* 2. تەلار *telar*

Schlosser *m* قفڵساز *qifļsaz;* کلیلساز *kilîlsaz*

Schlosserin *f* w. Form zu ↑Schlosser

Schlucht *f* گەلی *gelî*

schluchzen ⟨v.i.⟩ هەنسک هەڵدان *henisk heļdan;* لووشەلووش کردن *lûşelûş kirdin*

Schluck *m* قوم *qum;* مژ *mij;* فڕ *fiŗ*

Schluckauf *m* نزگەرە *nizgere*

schlucken ⟨v.t.⟩ قووت دان *qût dan;* دالووشاندن *dalûşandin*

schlummern ⟨v.i.⟩ وەنەوز دان *wenewz dan;* سەرخەو شکاندن *serxew şikandin*

Schlupfloch *n* 1. دەربازگە *derbazge;* 2. (üb.) حەشارگە *ḩeşarge*

Schlupfwinkel *m* حەشارگە *ḩeşarge*

schlürfen ⟨v.i./v.t.⟩ لرفاندن *lirfandin*

Schluss *m* 1. کۆتایی *kotayî;* کۆتاییپێهێنان *kotayîpêhênan;* 2. بڕیار دان *biŗyar dan* • Schluss damit! بەسە ئیتر! ; **mit j-m Schluss machen** کۆتایی بە پەیوەندی هێنان *kotayî be peywendî hênan;* **zum Schluss** لە کۆتاییدا *le kotayîda*

Schlüssel *m* کلیل *kilîl*

Schlüsselbein *n* ئێسکی چەڵەمە *êskî çeļeme*

Schlüsselblume *f* بەیبوونەکێویلە *beybûnekêwîle*

Schlüsselbund *m/n* دەستەکلیل *destekilîl*

Schlüsselindustrie *f* پیشەسازییەک، کە کلیلی پیشەسازییەکانی ترە *pîşesazîyek, ke kilîlî pîşesazîyekanî tire*

Schlüsselloch *n* کونەکلیل *kunekilîl;* کونی کێلوون *kunî kêlûn*

schlussfolgern ⟨v.t.⟩ ئەنجام پێدان *encam pêdan*

Schlussfolgerung *f* 1. ئەنجام *encam;* 2. ئامانج *amanc*

Schlussverkauf *m* فرۆشتن تا بنبڕبوون *firoştin ta binbiŗbûn*

Schmach *f* ڕیسوایی *ŗîswayî*

schmächtig ⟨Adj.⟩ 1. باریکوکورت *barîkukurt;* 2. لاواز *lawaz*

schmähen ⟨v.t.⟩ جنێو پێدان *cinêw pêdan;* هەجوو کردن *hecû kirdin*

Schmähschrift *f* هەجوونامە *hecûname*

schmal ⟨Adj.⟩ 1. تەسک *tesk;* 2. باریک *barîk*

Schmalz *n* چەوریی ئاژەڵ *çewrîy ajeļ*

Schmarotzer *m* 1. (Biol.) لاپەرەسەنگ *lapereseng;* 2. (abwertend) کاسەلێس *kaselês*

schmatzen ⟨v.i.⟩ مڵچەمڵچ کردن *miļçemiļç kirdin*

schmecken I. ⟨v.i.⟩ 1. بەتام بوون *betam bûn;* 2. بەدڵ بوون (خواردن، خواردنەوە) *bediļ bûn (xiwardin, xiwardinewe)* • es schmeckt mir بەدڵمە ; **gut schmecken** بەتام بوون *betam bûn;* **nach etw. schmecken** تام دان *tam dan;* **schlecht schmecken** بەتام نەبوون *betam nebûn* **II.** ⟨v.t.⟩ تام کردن *tam kirdin*

schmeicheln ⟨v.i.⟩ ماستاو سارد کردنەوە *mastaw sard kirdinewe*

S

schmeißen ⟨v.t.⟩ فڕێ دان *fiṟê dan*; هەڵدان *heḻdan*

schmelzen I. ⟨v.t.⟩ تواندنەوە *tiwandinewe* **II.** ⟨v.i.⟩ توانەوە *tiwanewe*

Schmelzwasser *n* بەفراو *befraw*

Schmerz *m* ئێش *êş*; ئازار *azar*

schmerzen ⟨v.i.⟩ ئازار دان *azar dan*; ئێشاندن *êşandin*

Schmerzensgeld *n* (Jur.) پارەی ئازارکێشان لە بارمتەی ئازارپێگەیاندندا *parey azarkêşan le barimtey azarpêgeyandinda*

schmerzhaft, **schmerzlich** ⟨Adj.⟩ بەئازار *beazar*; بەسوێ *beswê*

schmerzlos ⟨Adj.⟩ بێئازار *bêazar*

Schmerzmittel *n* (Med.) دەرمانی ئازار *dermanî azar*

Schmetterball *m* (Sp.) کەپسە *kepse*

Schmetterling *m* (Zool.) پەپوولە *pepûle*

schmettern ⟨v.t.⟩ کوتان بەسەردا *kutan beserda*

Schmied *m* ئاسنگەر *asinger*

Schmiedin *f* w. Form zu ↑Schmied

Schmiere *f* چەوری (بۆ تێهەڵسوون) *çewrî (bo têheḻsûn)*

schmieren ⟨v.t.⟩ 1. تێهەڵسوون *têheḻsûn*; چەور کردن *çewir kirdin*; 2. تێکەڵوپێکەڵ نووسین *têkeḻupêkeḻ nûsîn*; 3. (üb.) بەرتیل پێدان *bertîl pêdan*

Schmiergeld *n* بەرتیل *bertîl*

schmierig ⟨Adj.⟩ 1. لینج *lînc*; 2. چەور *çewir*; 3. (üb.) ناپاک *napak*

Schmieröl *n* گریس *girîs*

Schminke *f* سووراووسپیاو *sûrawusipyaw*; میکیاج *mîkyac*

schminken ⟨v.t.⟩ 1. سوراووسپیاو کردن *surawusipyaw kirdin*; 2. ڕشتن (چاو) *ṟiştin (çaw)*

schmollen ⟨v.i.⟩ تۆران *toran*

Schmuck *m* 1. خشڵ (ژنان) *xişiḻ (jinan)*; 2. نەخش *nexş*

schmücken ⟨v.t.⟩ ڕازاندنەوە *ṟazandinewe*

Schmuggel *m* قاچاغ *qaçax̱*

schmuggeln ⟨v.t.⟩ قاچاغچێتی کردن بە *qaçax̱çêtî kirdin be*

Schmuggelware *f* شمەکی قاچاغ *şimekî qaçax̱*

Schmuggler *m* قاچاغچی *qaçax̱çî*

Schmugglerin *f* w. Form zu ↑Schmuggler

schmusen ⟨v.i.⟩ (ugs.) دەست لە ملان کردن *dest le milan kirdin*; ماچوموچ کردن *maçumûç kirdin*

Schmutz *m* 1. پیسی *pîsî*; 2. (üb.) چەپەڵی *çepeḻî*; 3. خۆڵ *xoḻ*

schmutzig ⟨Adj.⟩ 1. پیس *pîs*; پیسوپۆخڵ *pîsupoxiḻ*; 2. چڵکن *çiḻkin*; **sich schmutzig machen** خۆ پیس کردن *xo pîs kirdin*

Schnabel *m* (Zool.) دەنووک *denûk*

Schnalle *f* ئاوزەنگی(ی پشتێن) *awzengî(y piştên)*

schnappen I. ⟨v.i.⟩ کلۆم بوون (دەرگا) *kiḻom bûn (derga)* **II.** ⟨v.t.⟩ 1. گرتن *girtin*; 2. فڕاندن *fiṟandin*

Schnaps *m* بابەتەکانی ئارەق *babetekanî areq*

schnarchen ⟨v.i.⟩ پرخاندن *pirxandin*

Schnauzbart *m* سمێڵ *simêḻ*

Schnauze *f* لمۆز (ئاژەڵ) *limoz (ajeḻ)*

• Schnauze! (vulg.) !سنگان ; **die Schnauze halten** (idiom./vulg.) لمۆز بەیەکدا دان *limoz beyekda dan*

schnäuzen ⟨v.t.⟩; **(sich) die Nase schnäuzen** فم کردن *fim kirdin*

Schnecke *f* هێلکەشەیتانۆکە *hêlkeşeytanoke*

Schnee *m* بەفر *befir*

Schneeball *m* تۆپەڵەبەفر *topelebefir*

Schneeballschlacht *f* شەڕەتۆپەڵ *şeretopel*

Schneebesen *m* شڵەقێنەرە *şileqênere*

Schneedecke *f* بەفرەدەشت *befredeşt*

Schneefall *m* بەفربارین *befirbarîn*

Schneeflocke *f* (بەفر) کولوو *kulû (befir)*

Schneekette *f* زنجیری تایە بۆسەر بەفر *zincîrî taye boser befir*

Schneemann *m* شێرەبەفرینە *şêrebefrîne*

Schneeschaufel *f* بەفرماڵ *befirmal*

Schneeschmelze *f* بەفرتوانەوە *befirtiwanewe*

Schneesturm *m* کرێوەی بەفر *kirêwey befir*

Schneetreiben *n* باپێچ *bapêç*

Schneide *f* بڕە *bire*

schneiden I. ⟨v.t.⟩ 1. بڕین *birîn*; لەت کردن *let kirdin*; 2. (پەرژین) تاشین *taşîn (perjîn)*; 3. کورت کردنەوە *kurt kirdinewe*; 4. (üb.) مەرحەبا لێنەکردن *merheba lênekirdin*; **(j-m) die Haare schneiden** قژ بڕین *qij birîn*; **etw. klein schneiden** پارچەپارچەی پچووک کردن *parçeparçey piçûk kirdin*; **sich die Nägel schneiden** نینۆک کردن *nînok kirdin* **II.** ⟨v.refl.⟩ sich schneiden 1. خۆ بڕین *xo birîn*; 2. یەکتر بڕین (دوو هێڵ) *yektir birîn (dû hêl)*

Schneider *m* بەرگدروو *bergdirû*

Schneiderei *f* بەرگدروو *bergdirû*

Schneiderin *f* w. Form zu ↑Schneider

schneidern ⟨v.t.⟩ دروون *dirûn*

Schneidersitz *m* چوارمشقی *çiwarmişqî*; **im Schneidersitz sitzen** چوارمشقی دانیشتن *çiwarmişqî danîştin*

Schneidezahn *m* کەڵبە *kelbe*

schneien ⟨v.i.⟩ بەفر بارین *befir barîn* • es schneit بەفر دەباری

schnell I. ⟨Adj.⟩ 1. زوو *zû*; بەپەلە *bepele*; 2. دەستوبرد *destubird* **II.** ⟨Adv.⟩ بەتاو *betaw*; بەخێرایی *bexêrayî*; **schnell machen** پەلە کردن *pele kirdin*

Schnellimbiss *m* 1. خواردنی بەپەلە *xiwardinî bepele*; 2. دوکانی خواردنی بەپەلە *dukanî xiwardinî bepele*

Schnellkochtopf *m* مەنجەڵی بوخار *mencelî buxar*

Schnellstraße *f* تاوەشەقام *taweşeqam*

Schnellzug *m* شەمەندەفەری خێرا *şemendeferî xêra*

Schnickschnack *m* 1. (abwertend) شتی هیچوپووچ *şitî hîçupûç*; 2. (abwertend) قسەی پڕوپووچ *qisey pirupûç*

Schnipsel *m* بڕشت *birişt*

Schnitt *m* 1. (جلوبەرگ، نینۆک) بڕین *birîn (ciluberg, nînok)*; 2. (قژ) تاشین *taşîn (qij)*; 3. (نەخش) هەڵکەندن *helkendin (nexş)*; 4. بژارەکردن و بڕینی فلیمی سینەمایی *bijarekirdin u birînî filîmî sînemayî*

Schnittbohne *f* لۆبیا *lobya*

Schnitte *f* 1. پارچە *parçe*; 2. نانوکەرە *na-*

S

nukere
Schnittlauch *m* کەوەر *kewer*
Schnittstelle *f* 1. شوێنتەقەڵ *şwênteqeḻ*; 2. (EDV) ڕابت *ṟabit*
Schnittwunde *f* (Med.) جێبرین *cêbirîn*
Schnitzel *n* 1. (Kochk.) پارچەگۆشتی نەرمەی خشتبڕراو *parçegoştî nermey xiştbiṟṟaw*; 2. پارچەکاغەزی پچکۆلە *parçekaxezî piçkole*
schnitzen ⟨v.t.⟩ داتاشین *dataşîn*
Schnorchel *m* لوولەیەکە لەژێر ئاودا بۆ هەناسەدان بەکاردەهێنرێ *lûleyeke lejêr awda bo henasedan bekardehênrê*
schnorcheln ⟨v.i.⟩ بە لوولەی هەناسەهەڵمژینەوە لەژێر ئاودا مەلە کردن *be lûley henasehelmijînewe lejêr awda mele kirdin*
schnüffeln ⟨v.i.⟩ 1. مشەمش کردن *mişemiş kirdin*; 2. لووت بۆ بردن *lût bo birdin*; 3. (üb.) منە کردن *mine kirdin*
Schnuller *m* مەمکەمژە *memkemije*
Schnupfen *m* (Med.) هەڵامەت *heḻamet*
Schnupftabak *m* تووتنی هەڵمژین *tûtinî heḻmijîn*; برنووتی *biṟnûtî*
schnuppern ⟨v.i.⟩ بۆن کردن *bon kirdin*
Schnur *f* 1. پەت *pet*; قەیتان *qeytan*; 2. وایەر *wayer*
schnüren ⟨v.t.⟩ بەستن (بە پەت، قەیتان، ... (*... bestin (be pet, qeytan, ...)*
Schnurrbart *m* سمێڵ *simêḻ*
schnurren ⟨v.i.⟩ مرخاندن *mirxandin*
Schnürsenkel *m* قەیتانی پێڵاو *qeytanî pêḻaw*
Schock *m* 1. (Med.) خورپە *xurpe*; 2. زەبر *zebir*
schockieren ⟨v.t.⟩ بێتاقەت کردن *bêtaqet kirdin*
Schokolade *f* 1. شوکولاتە *şukulate*; 2. چکلێت *çiklêt*
Schokoriegel *m* پارچەشوکولاتە *parçeşukulate*
Scholle *f* 1. گڵمتک *giḻmitik*; 2. کڵۆ *kiḻo*; 3. (Zool.) ماسیی موسا *masîy musa*
schon ⟨Adv.⟩ 1. بەمزووانە *bemzûwane*; 2. لەکاتیخۆیدا *lekatîxoyda*; 3. بەتەنیا *betenya*; 4. هەر *her*; 5. لەوەوپێش *lewewpêş* • du wirst schon sehen! هەر خۆت دەبینیتەوە، بۆ کوێ دەچێت! ; schon gut! گرنگ نییە! (ئێ باشە!) ; **schon heute** هەر ئەمڕۆ *her emṟo*; **schon immer** هەر هەمیشە *her hemîşe*; **schon jetzt** هەر ئێستا *her êsta*; **schon wieder** هەر دووبارە *her dûbare*
schön ⟨Adj.⟩ 1. جوان *ciwan*; 2. باش *baş*; 3. بەجوانی *beciwanî*; 4. خۆش (کات، خەت) *xoş (kat, xet)* • das Wetter ist nicht schön ئاووهەوا خۆش نییە
schonen I. ⟨v.t.⟩ پاراستن *parastin* **II.** ⟨v.refl.⟩ sich schonen خۆ پاراستن *xo parastin*
Schönheit *f* جوانی *ciwanî*
Schönheitsoperation *f* عەمەلیاتی جوانکاری *'emelyatî ciwankarî*
Schonkost *f* خواردنی نەخۆش، کە زوو هەرس دەبێ *xiwardinî nexoş, ke zû hers debê*
schonungslos ⟨Adj.⟩ بێباک *bêbak*; بێبەزەیی *bêbezeyî*
schöpfen ⟨v.t.⟩ 1. لێهەڵهێنجان *lêheḻhencan*; 2. خەڵق کردن *xeḻq kirdin*

S

Schöpfer *m* 1. داهێنەر *dahêner;* 2. (Rel.) پەروەردگار *perwerdigar;* خوا *xiwa*
Schöpferin *f* w. Form zu ↑Schöpfer
Schöpfung *f* 1. دروستکردنی جیهان (لەلایەن خواوە) *dirustkirdinî cîhan (lelayen xiwawe);* 2. داهێنان (بەرهەمی هونەری) *dahênan (berhemî hunerî)*
Schorf *m* (Med.) قەتماغە *qetmaxe;* توێخ *twêx*
Schornstein *m* دووکەڵکێش *dûkelkêş*
Schoß *m* کۆش *koş;* داوێن *dawên*
schräg I. ⟨Adj.⟩ لار *lar;* خواروخێچ *xiwaruxêç* **II.** ⟨Adv.⟩ بەلاری *belarî*
Schramme *f* 1. چڕنووک *çirnûk;* 2. ڕووشاندن (ئوتومبێل، شووشە، ...) *rûşandin (utumbêl, şûşe, ...)*
Schrank *m* کەنتۆر *kentor;* دۆڵاب *dolab*
Schranke *f* ڕێبەست *rêbest*
Schraube *f* برغو *birxu*
schrauben ⟨v.t.⟩ 1. بە برغو بەستن *be birxu bestin;* 2. برغو با دان *birxu ba dan*
Schraubenmutter *f* (Tech.) پێچگر *pêçgir;* سەموونە *semûne*
Schraubenschlüssel *m* ئیسپانە *îspane*
Schraubenzieher *m* دەرنەفیز *dernefîz*
Schraubstock *m* (Tech.) مەنگەنە *mengene*
Schreck *m* ترس *tirs*
schreckhaft ⟨Adj.⟩ تۆقێنەر *toqêner*
schrecklich ⟨Adj.⟩ 1. ترسناک *tirsnak;* 2. ناخۆش *naxoş;* 3. ناشیرین *naşîrîn;* 4. (ugs.) لەڕادەبەدەر *leradebeder;* زۆر زۆر *zor zor*
Schrei *m* هاوار *hawar*
schreiben ⟨v.t.⟩ 1. نووسین *nûsîn;* 2. بە نامە ئاگادار کردنەوە *be name agadar kirdinewe*
Schreibmaschine *f* مەکینەی چاپ *mekîney çap*
Schreibtisch *m* مێزی نووسین *mêzî nûsîn*
Schreibwaren *pl.* پێویستیی نووسین *pêwîstîy nûsîn*
Schreibwarengeschäft *n* دوکانی پێویستییەکانی نووسین *dukanî pêwîstîyekanî nûsîn*
schreien ⟨v.i.⟩ قیژاندن *qîjandin*
Schreiner *m* دارتاش *dartaş*
Schreinerin *f* w. Form zu ↑Schreiner
schreiten ⟨v.i.⟩ هەنگاو نان *hengaw nan*
Schrift *f* 1. خەت *xet;* 2. دەستنووس *destnûs;* 3. تێکست *têkst;* نووسراو *nûsraw*
schriftlich ⟨Adj.⟩ بەنووسراو *benûsraw*
Schriftsprache *f* زمانی نووسین *zimanî nûsîn*
Schriftsteller *m* نووسەر *nûser;* دانەر *daner*
Schriftstellerin *f* w. Form zu ↑Schriftsteller
Schriftzeichen *n* پیت *pît;* تیپ *tîp*
schrill ⟨Adj.⟩ تیژ (دەنگ) *tîj (deng)*
Schritt *m* 1. هەنگاو *hengaw;* 2. ڕەوت *rewt;* 3. پلە *pile;* 4. قۆناغ *qonax;* **Schritt für Schritt** هەنگاو بە هەنگاو *hengaw be hengaw*
Schrittmacher *m* 1. (üb.) ڕێنیشاندەر *rênîşander;* 2. (Med.) دەسگای ڕێکوپێککردنی لیدانی دڵ *desgay rêkupêkkirdinî lêdanî dil*

S

schrittweise ⟨Adv.⟩ هەنگاوبەهەنگاو *hengawbehengaw;* وردەوردە *wirdewirde*
Schrott *m* 1. سکراب *sikrab;* 2. (ugs.) ناماقووڵی *namaqûl̠î;* 3. (ugs.) خراپ (فلیم) *xirap (filîm)*
schrubben ⟨v.t.⟩ کیسە لێدان (لە کاتی خۆشتندا) *kîse lêdan (le katî xoşitinda)*
schrumpfen ⟨v.i.⟩ چوونەوە یەک *çûnewe yek*
Schubfach *n* چەکمەجە *çekmece*
Schubkarre *f;* **Schubkarren** *m* عەرەبانەی دەستی (بۆ شت گواستنەوە) *ʿerebaney destî (bo şit giwastinewe)*
Schublade *f* چەکمەجە *çekmece*
Schubs *m* (ugs.) پاڵ *pal̠*
schubsen ⟨v.t.⟩ پاڵ پێوەنان *pal̠ pêwenan*
schüchtern ⟨Adj.⟩ کەمڕوو *kemr̠û;* شەرمن *şermin*
Schüchternheit *f* شەرمنی *şerminî;* شەرمکردن *şermkirdin*
Schuft *m* نامەرد *namerd*
schuften ⟨v.i.⟩ ڕەنج دان *r̠enc dan*
Schuh *m* تاکی پێڵاو *takî pêl̠aw*
Schuhcreme *f* بۆیاخی پێڵاو *boyaxî pêl̠aw*
Schuhgeschäft *n* دوکانی پێڵاوفرۆش *dukanî pêl̠awfiroş*
Schuhgröße *f* گەورەیی پێڵاو *gewreyîy pêl̠aw*
Schuhlöffel *m* پاژنەهەڵکێش *pajnehel̠kêş*
Schuhmacher *m* پێڵاودروو *pêl̠awdirû*
Schuhmacherin *f* w. Form zu ↑Schuhmacher
Schuhputzer *m* بۆیاخچی *boyaxçî*
Schuhputzerin *f* w. Form zu ↑Schuhputzer
Schuhspanner *m* قاڵبی پێڵاو *qal̠ibî pêl̠aw*
Schulabschluss *m* سەرئەنجامی خوێندنی قوتابخانە *serencamî xwêndinî qutabxane*
Schulanfänger *m* تازەچووەقوتابخانە *tazeçûwequtabxane*
Schulanfängerin *f* w. Form zu ↑Schulanfänger
Schularbeit *f* وەزیفەی ماڵەوە *wezîfey mal̠ewe*
Schulbuch *n* کتێبی قوتابخانە *kitêbî qutabxane*
Schuld *f* 1. قەرز *qerz;* 2. تاوان *tawan;* 3. تاوانبار *tawanbar* • es ist seine Schuld تاوانی ئەوە
schulden ⟨v.t.⟩; **j-m etw. schulden** قەرز لەسەر بوون *qerz leser bûn*
Schulden *pl.* قەرز *qerz*
schuldig ⟨Adj.⟩ تاوانبار *tawanbar;* **nicht schuldig** تاوانبار نەبوون *tawanbar nebûn;* **schuldig sein** تاوانبار بوون *tawanbar bûn*
Schuldige *f* w. Form zu ↑Schuldiger
Schuldiger *m* تاوانبار *tawanbar*
Schuldner *m* قەرزاربار *qerzarbar*
Schuldnerin *f* w. Form zu ↑Schuldner
Schule *f* قوتابخانە *qutabxane*
Schüler *m* قوتابی *qutabî*
Schülerin *f* w. Form zu ↑Schüler
Schulferien *pl.* پشووی قوتابخانە *pişûy qutabxane*
Schulhof *m* گۆڕەپانی قوتابخانە *gor̠epanî qutabxane*

S

Schuljahr *n* سالّی خوێندن *sal̲î xwêndin*
Schuljunge *m* (ugs.) کوڕه قوتابی *ku̲re qutabî*
Schulleiter *m* بەڕێوەبەری قوتابخانه *be̲rêweberî qutabxane*
Schulleiterin *f* w. Form zu ↑Schulleiter
Schulmädchen *n* w. Form zu ↑Schuljunge کچه قوتابی *kiçe qutabî*
Schulpflicht *f* خوێندنی ئیجباری *xwêndinî îcbarî*
Schulranzen *m* جانتای قوتابخانه، کە دەکرێتە کۆڵ *cantay qutabxane, ke dekrête kol̲*
Schulter *f* شان *şan*
Schulterblatt *n* ئێسکی شان *êskî şan*
Schulung *f* ڕاهێنان *r̲ahênan*
schummeln ⟨v.i.⟩ (ugs.) گزی کردن *gizî kirdin*
Schund *m* کەلوپەلی بێنرخ *kelupelî bênirx*
Schuppe *f* 1. پوولەکە (ماسی) *pûleke (masî)*; 2. کرێش(ی سەر) *kir̲êş(î ser)*
Schuppen *m* کۆڵیت (بەتایبەتی لە باخچەدا) *kol̲ît (betaybetî le baxçeda)*
Schuppenflechte *f* (Med.) پسۆرییەیسس (نەخۆشییەکی پێستە) *psorîyeysis (nexoşîyekî pêste)*
Schurke *m* 1. ساختەکار *saxtekar*; 2. نامەرد *namerd*
Schurwolle *f* خوری (ئاژەڵی زیندوو) *xurî (ajel̲î zîndû)*
Schürze *f* بەروانکە *berwanke*
Schuss *m* 1. فیشەکپێوەنان *fîşekpêwenan*; 2. (Sp.) تێهەڵدان (تۆپێی) *têhel̲dan (topîpê)*
Schüssel *f* 1. تەشت *teşt*; 2. قاپ *qap*
Schusswechsel *m* تەقەلێککردن *teqelêkkirdin*
Schuster *m* پینەدۆز *pînedoz*
Schusterin *f* w. Form zu ↑Schuster
Schutt *m* پاشماوەی داروپەردوو(ی وێرانەیەک) *paşmawey daruperdû(y wêraneyek)*
Schüttelfrost *m* (Med.) لەرزوتا *lerzuta*
schütteln **I.** ⟨v.t.⟩ 1. شڵەقاندن *şil̲eqandin*; 2. با دان (سەر) *ba dan (ser)* **II.** ⟨v.refl.⟩ sich schütteln خۆ تەکاندن *xo tekandin*
Schutz *m* 1. پاراستن *parastin*; 2. بەرگری *bergirî*; **bei j-m Schutz suchen** هانا بردنە بەر *hana birdine ber*; **j-m Schutz bieten/geben/gewähren** دانە پاڵ خۆ *dane pal̲ xo*
Schütze *m* 1. تیرانداز *tîrandaz*; 2. (Astrol.) کەوان *kewan*
schützen **I.** ⟨v.t.⟩ پاراستن *parastin* **II.** ⟨v.refl.⟩ sich schützen خۆ پاراستن *xo parastin*
Schutzgeld *n* سەرانە *serane*
Schutzimpfung *f* (Med.) کوتان *kutan*
Schützin *f* w. Form zu ↑Schütze
schwach ⟨Adj.⟩ 1. سست *sist*; بێتوانا *bêtiwana*; 2. لاواز *lawaz*; 3. پەککەوتە *pekkewte*
Schwäche *f* 1. بێتوانایی *bêtiwanayî*; لاوازی *lawazî*; بێهێزی *bêhêzî*; 2. سستی *sistî*; 3. کەموکوڕی *kemuku̲rî*
Schwächeanfall *m* (Med.) لەهۆشخۆچوون *lehoşxoçûn*
schwächen ⟨v.t.⟩ 1. لاواز کردن *lawaz kirdin*; 2. بێهێز کردن *bêhêz kirdin*
Schwachsinn *m* 1. (Med.) کەمئەقڵی

S

kemeqil̲î; 2. (ugs.) سەخافەت *sexafet*

Schwager *m* 1. زاوا *zawa*; مێردی خوشک *mêrdî xuşk*; 2. شووبرا *şûbira*; هێوەر *hêwer*; 3. ژنبرا *jinbira*; 4. ئاوەڵزاوا *awel̲zawa*

Schwägerin *f* w. Form zu ↑Schwager

Schwalbe *f* (Zool.) پەڕەسێلکە *per̲esêlke*

Schwamm *m* 1. ئیسفەنج (بۆ پاککردنەوە) *îsfenc (bo pakkirdinewe)*; 2. (Zool.) ئیسفەنج *îsfenc*

Schwan *m* (Zool.) قوو *qû*

schwanger ⟨Adj.⟩ سکپڕ *sikpir̲*

Schwangere *f* سکپڕ *sikpir̲*

schwängern ⟨v.t.⟩ سک پڕ کردن *sik pir̲ kirdin*

Schwangerschaft *f* سکپڕی *sikpir̲î*

Schwangerschaftsabbruch *m* منداڵلەباربردن *mindal̲lebarbirdin*

Schwangerschaftstest *m* تاقیکردنەوەی سکپڕبوون *taqîkirdinewey sikpir̲bûn*

Schwangerschaftsverhütung *f* پاراستنلەسکپڕبوون *parastinlesikpir̲bûn*

schwanken ⟨v.i.⟩ 1. بەملاولادا کەوتن *bemlawlada kewtin*; 2. لەتر دان (سەرخۆش) *letir dan (serxoş)*; 3. (üb.) دوودڵ بوون *dûdil̲ bûn*

Schwanz *m* 1. کلک *kilk*; 2. (vulg.) کێر *kêr*

Schwarm *m* 1. (Zool.) پوورە (هەنگ) *pûre (heng)*; 2. (Zool.) پۆل (باڵندە) *pol (bal̲inde)*; 3. (ugs.) حەزلێکراو *h̲ezlêkiraw*

schwärmen ⟨v.i.⟩ 1. وروووژان *wirûjan*; 2. بەپەرۆش بوون *beperoş bûn*; **für etw./j-n schwärmen** بەپەرۆش بوون بۆ *beperoş bûn bo*

schwarz ⟨Adj.⟩ 1. ڕەش *r̲eş*; 2. (ugs.) قاچاغ *qaçax̲*; **schwarzer Pfeffer** بیبەری ڕەش *bîberî r̲eş*

Schwarzarbeit *f* کاری ڕەش *karî r̲eş*

schwarzfahren ⟨v.i.⟩ (ugs.) بێ بلیت سوار بوون (پاس، مێترۆ، …) *bê bilît siwar bûn (pas, mêtro, …)*

Schwarzfahrer *m* کەسێک، کە بێ بلیت سواری پاس یا مێترۆ ببێ *kesêk, ke bê bilît siwarî pas ya mêtro bibê*

Schwarzfahrerin *f* w. Form zu ↑Schwarzfahrer

Schwarzmarkt *m* (ugs.) بازاڕی ڕەش *bazar̲î r̲eş*

schwarz-weiß ⟨Adj.⟩ ڕەشوسپی *r̲eşuspî*

schwatzen ⟨v.i.⟩ چەنەبازی کردن *çenebazî kirdin*

schweben ⟨v.i.⟩ 1. لەسەرخۆ فڕین *leserxo fir̲în*; 2. لەنگەر گرتن *lenger girtin*

Schwede *m* سویدی *swîdî*

Schweden *n* سوید *Swîd*

Schwedin *f* w. Form zu ↑Schwede

schwedisch ⟨Adj.⟩ سویدی *swîdî*

Schwedisch *n* زمانی سویدی *zimanî swîdî*

Schwefel *m* (Chem.) گۆگرد *gogird*

Schweif *m* کلک *kilk*

schweigen ⟨v.i.⟩ بێدەنگ بوون *bêdeng bûn*

schweigsam ⟨Adj.⟩ بێدەنگ *bêdeng*

Schwein *n* (Zool.) بەراز *beraz*

Schweinefleisch *n* گۆشتی بەراز *goştî beraz*

Schweinerei *f* 1. (ugs.) تێکەولێکە *têkewlêke*; 2. (ugs.) کاری نابەجێ *karî*

S

nabecê

schweinisch ⟨Adj.⟩ چەپەڵ *çepel̤*; هەرچیوپەرچی *herçîwperçî*

Schweiß *m* ئارەق *areq*

schweißen ⟨v.t.⟩ لەحیم کردن *leẖîm kirdin*

Schweiz *f* سویسرا *Swîsra*

Schweizer *m* سویسری *siwîsrî*

schweizerdeutsch ⟨Adj.⟩ پەیوەست بە شێوەزمانی ئەڵمانیی سویسری *peywest be şêwezimanî el̤manîy siwîsrî*

Schweizerin *f* w. Form zu ↑Schweizer

schweizerisch ⟨Adj.⟩ سویسری *siwîsrî*

Schwelle *f* لاشیپان *laşîpan*

schwellen ⟨v.i.⟩ ئاوسان *awsan*

Schwellung *f* (Med.) هەوکردن *hewkirdin*; ئاوساوی *awsawî*

schwenken ⟨v.t.⟩ ڕاوەشاندن *r̤aweşandin*

schwer I. ⟨Adj.⟩ 1. گران *giran*; 2. دژوار *dijwar*; 3. سەخت *sext* **II.** ⟨Adv.⟩ 1. زۆر *zor*; 2. بەگرانی *begiranî*; **schwer verdaulich** هەزمکردنی کارێکی گرانە *hezimkirdinî karêkî girane*; **schwer von Begriff** گێل *gêl*

schwerfällig ⟨Adj.⟩ 1. دەبەنگ *debeng*; 2. سست *sist*

schwerhörig ⟨Adj.⟩ گوێگران *gwêgiran*

Schwerindustrie *f* پیشەسازیی کانزایی *pîşesazîy kanzayî*

schwermütig ⟨Adj.⟩ پەست *pest*; خەمگین *xemgîn*

Schwerpunkt *m* خاڵی کێشلەسەر *xal̤î kêşleser*

Schwert *n* شمشێر *şimşêr*

Schwertlilie *f* سۆسەن *sosen*

schwerwiegend ⟨Adj.⟩ کێشەدار *kêşedar*

Schwester *f* 1. خوشک *xuşk*; 2. سستەر *sister*

Schwiegereltern *pl.* خەسووخەزوور *xesûwxezûr*

Schwiegermutter *f* w. Form zu ↑Schwiegervater خەسوو *xesû*

Schwiegersohn *m* زاوا *zawa*

Schwiegertochter *f* بووک *bûk*

Schwiegervater *m* خەزوور *xezûr*

schwierig ⟨Adj.⟩ 1. گران *giran*; 2. دژوار *dijwar*; 3. قیرسیچمە *qîrsîçme*

Schwierigkeit *f* 1. تەنگوچەڵەمە *tenguçel̤eme*; 2. گرفت *girift*

Schwimmbad *n* مەلەگا *melega*

Schwimmbecken *n* حەوزی مەلەکردن *ẖewzî melekirdin*

schwimmen ⟨v.i.⟩ مەلە کردن *mele kirdin*; **schwimmen können** مەلە زانین *mele zanîn*

Schwimmer *m* مەلەوان *melewan*

Schwimmerin *f* w. Form zu ↑Schwimmer

Schwimmflügel *m* باڵی مەلەکردن (دەکرێتە قۆڵ) *bal̤î melekirdin (dekrête qol̤)*

Schwimmhalle *f* هۆڵی مەلەکردن *hol̤î melekirdin*

Schwimmweste *f* یەلەکی مەلە *yelekî mele*

Schwindel *m* 1. گێژی *gêjî*; 2. فێڵ *fêl̤*

schwindelerregend ⟨Adj.⟩ سەرسووڕهێنەر *sersûr̤hêner*

schwindeln ⟨v.i.⟩ 1. (سەر) سووڕ خواردن

sûr̲ xiwardin (ser); 2. فێڵبازی کردن *fêl̲bazî kirdin*

Schwindler *m* فێڵباز *fêl̲baz*

Schwindlerin *f* w. Form zu ↑Schwindler

schwindlig ⟨Adj.⟩ گێژ *gêj*

schwingen I. ⟨v.t.⟩ 1. لەراندنەوە *lerandinewe*; 2. ڕاوەشاندن *r̲aweşandin* **II.** ⟨v.i.⟩ لەرینەوە *lerînewe*

Schwingung *f* لەرینەوە *lerînewe*

schwirren ⟨v.i.⟩ 1. درنگاندن *diringandin*; 2. (جڕوجانەوەر) ویزاندن *wîzandin (cir̲ucanewer)*

schwitzen ⟨v.i.⟩ ئارەق کردنەوە *areq kirdinewe*

schwören ⟨v.i./v.t.⟩ سوێند خواردن *swênd xiwardin*

schwul ⟨Adj.⟩ (ugs.) هاوجنسباز *hawcinsbaz*

schwül ⟨Adj.⟩ (هەوا) گەرم و شێدار *germ u şêdar (hewa)* • es ist schwül هەوا پەنگی خواردووەتەوە

Schwuler *m* (ugs.) هاوجنسباز *hawcinsbaz*

Schwung *m* 1. تەکان *tekan*; 2. (üb.) تینوتاو *tînutaw*

schwungvoll ⟨Adj.⟩ گورجوگۆڵ *gurcugol̲*

Schwur *m* سوێند *swênd*

sechs ⟨Num.⟩ شەش *şeş*

Sechseck *n* شەشسووچ *şeşsûç*

sechseckig ⟨Adj.⟩ شەشگۆشەیی *şeşgoşeyî*

sechzehn ⟨Num.⟩ شازدە *şazde*

sechzig ⟨Num.⟩ شەست *şest*

secondhand ⟨Adj.⟩ دەستیدوو *destîdû*

Secondhandladen *m*; **Secondhandshop** *m* دوکانی لەنگەفرۆش *dukanî lengefiroş*

[1]**See** *m* زێ *zê*

[2]**See** *f* زەریا *zerya*; **auf See** لە دەریادا *le deryada*

Seefahrer *m* دەریاوان *deryawan*

Seefahrerin *f* w. Form zu ↑Seefahrer

Seefahrt *f* دەریاوانی *deryawanî*

Seefracht *f* بارگواستنەوە لە ڕێی دەریاوە *bargiwastinewe le r̲êy deryawe*

Seehund *m* (Zool.) سەگی دەریا *segî derya*

Seeigel *m* (Zool.) ژیشکی دەریا *jîşikî derya*

seekrank ⟨Adj.⟩ نەخۆشیی دەریا *nexoşîy derya*

Seele *f* گیان *giyan*; ڕۆح *r̲oh̲*; دەروون *derûn*

seelisch ⟨Adj.⟩ دەروونی *derûnî*; گیانی *giyanî*; ڕۆحی *r̲oh̲î*

Seemann *m* زەریاوان *zeryawan*

Seereise *f* دەریاگەشت *deryageşt*

Seerose *f* نیلوفەڕ *nîlufer̲*

Seeschlange *f* ماری دەریایی *marî deryayî*

Seestern *m* (Zool.) ئەستێرەی دەریا *estêrey derya*

Seezunge *f* (Zool.) ماسییەموسا *masîyemusa*

Segel *n* چارۆکە *çaroke*

Segelboot *n* بەلەمی چارۆکەدار *belemî çarokedar*

Segelflugzeug *n* فڕۆکەی بێماتۆڕ *fir̲okey bêmator̲*

segeln ⟨v.i.⟩ 1. به بەلەمی چارۆکەدار ڕۆیشتن *be belemî çarokedar royiştin*; 2. فڕین *firîn*

Segelschiff *n* کەشتیی چارۆکەدار *keştîy çarokedar*

Segen *m* 1. بەرەکەت *bereket*; 2. پیرۆز *pîroz*

Segment *n* (geh.) پارچەیەک *parçeyek*

segnen ⟨v.t.⟩ 1. پیرۆز کردن *pîroz kirdin*; 2. (خوا) لێ ڕازی بوون *lê razî bûn (xiwa)* • Gott segne dich! خوا لێت ڕازی بێ!

sehen I. ⟨v.t.⟩ بینین *bînîn* **II.** ⟨v.i.⟩ چاو لێبوون *çaw lêbûn* **III.** ⟨v.refl.⟩ sich/einander sehen یەکتری بینین *yektirî bînîn*

sehenswert ⟨Adj.⟩ شایانی بینین *şayanî bînîn*

Sehenswürdigkeit *f* شوێنەوار *şwênewar*

Sehkraft *f* (Med.) بینایی *bînayî*

Sehne *f* 1. دەمار *demar*; 2. ژێ *jê*

sehnen ⟨v.refl.⟩ sich nach etw./j-m sehnen بەپەرۆش بوون بۆ *beperoş bûn bo*

sehnlich ⟨Adj.⟩ بەشەوقەوە *beşewqewe*

Sehnsucht *f* سەودایی *sewdayî*; خولیا *xulya*

sehr ⟨Adv.⟩ زۆر *zor*; گەلێک *gelêk*; **sehr gern** بەو پەڕی خۆشییەوە *bew perî xoşîyewe*; **sehr gut** زۆر باش *zor baş*; **sehr viel** زۆر زۆر *zor zor*; **so sehr** هەرچەند *herçend*; **zu sehr** زۆر زۆر زۆر *zor zor zor*

seicht ⟨Adj.⟩ 1. تەنکاو *tenkaw*; 2. (üb.) سادە *sade*

Seide *f* ئاوریشم *awrîşim*

seidig ⟨Adj.⟩ ئاوریشمی *awrîşmî*

Seife *f* سابوون *sabûn*

Seihtuch *n* پاڵێوکە *palêwke*

Seil *n* گوریس *gurîs*; پەت *pet*

seilspringen ⟨v.i.⟩ پەتپەتێن کردن *pet-petên kirdin*

Seiltänzer *m* تەنافباز *tenafbaz*

Seiltänzerin *f* w. Form zu ↑Seiltänzer

[1]**sein** ⟨v.aux./v.i.⟩ بوون (دەبێ) *bûn (debê)* • ich bin glücklich من بەختیارم; das kann nicht sein ئەمە نابێ

[2]**sein** ⟨Pron.⟩ هی ئەو *hî ew*; ی... *...î/y*; **seine Kinder** منداڵەکانی *mindalekanî*

seinetwegen ⟨Adv.⟩ لەبەر ئەو *leber ew*

seit ⟨Präp.⟩ لەوکاتەوە *lewkatewe*; **seit vorgestern** لە پێرێوە *le pêrêwe*

seitdem ⟨Konj.⟩ لەوکاتەوەکە *lewkateweke*

Seite *f* 1. پەڕە *pere*; 2. کەنار *kenar*; 3. لاپاڵ *lapal*; 4. لا *la*; 5. لایەن *layen*; 6. کەلەکە *keleke*

Seiteneingang *m* دەرگای چوونەژوورەوەی لاتەنیشت *dergay çûnejûrewey latenîşt*

Seitenstraße *f* لاڕێ *larê*

seitlich ⟨Adj.⟩ لاوەکی *lawekî*

seitwärts ⟨Adv.⟩ لەلاوە *lelawe*

Sekretär *m* 1. سکرتێر *sikirtêr*; 2. دۆڵابێک، کە وەک مێزی نووسین بەکار دەهێنرێ *dolabêk, ke wek mêzî nûsîn bekar dehênrê*

Sekretariat *n* 1. ژووری سکرتێر *jûrî sikirtêr*; 2. نووسینگە *nûsînge*

Sekretärin *f* w. Form zu ↑Sekretär

Sekt *m* شەمپانیا *şempanya*

Sekte *f* کۆمەڵەیەکی ئاینی پچکۆلە *komele-*

S

yekî ayinî piçkole

Sektor *m* 1. بەش *beş*; 2. (Math.) کەرتە *kerte*; 3. گەڕەک *geṟek*

Sekunde *f* چرکە *çirke*; سانییە *sanîye*

selbst I. ⟨Pron.⟩ خۆ *xo* • das weiß ich selbst من خۆم ئەمە دەزانم; **ich selbst** من خۆم *min xom*; **von selbst** لە خۆوە *le xowe* **II.** ⟨Adv.⟩ تەنانەت *tenanet*; **selbst gemacht** خۆماڵی *xomaḻî*

Selbstachtung *f* ڕێزلەخۆگرتن *ṟêzlexogirtin*

Selbstbedienung *f* خۆخزمەتکردن *xoxizmetkirdin*

Selbstbefriedigung *f* دەستپەڕ *destpeṟ*

Selbstbeherrschung *f* خۆڕاگری *xoṟagirî*

selbstbewusst ⟨Adj.⟩ پشتبەخۆبەستوو *piştbexobestû*

Selbstbewusstsein *n* باوەڕبەخۆبوون *baweṟbexobûn*

Selbstmord *m* خۆکوشتن *xokuştin*; **Selbstmord begehen/verüben** خۆ کوشتن *xo kuştin*

Selbstmordattentat *n* هێرشی خۆکوژی *hêrişî xokujî*

Selbstmordattentäter *m* خۆتەقێنەرەوە *xoteqênerewe*

Selbstmordattentäterin *f* w. Form zu ↑Selbstmordattentäter

selbstsicher ⟨Adj.⟩ پشتبەخۆبەستوو *piştbexobestû*

selbstständig ⟨Adj.⟩ 1. تەنیاباڵ *tenyabaḻ*; 2. سەربەخۆ *serbexo*; ئەوتۆنۆم *ewtonom*; **sich selbstständig machen** خۆ سەربەست کردن *xo serbest kirdin*

Selbstständigkeit *f* 1. سەربەخۆیی *serbexoyî*; 2. خۆبەڕێوەبردن *xobeṟêwebirdin*

selbstsüchtig ⟨Adj.⟩ خۆخواز *xoxiwaz*; خۆپەرست *xoperist*

Selbstüberschätzung *f* لەخۆباییبوون *lexobayîbûn*

selbstverständlich ⟨Adj.⟩ بێگومان *bêguman*; ئەڵبەتە *eḻbete* • das ist doch selbstverständlich ئەڵبەتە ئەمە وایە

Selbstvertrauen *n* باوەڕبەخۆبوون *baweṟbexobûn*

Selbstverwaltung *f* (Pol.) خۆبەڕێوەبردن *xobeṟêwebirdin*; ئۆتۆنۆمی *otonomî*

selig ⟨Adj.⟩ 1. خوالێخۆشبوو *xiwalêxoşbû*; بەهەشتی *beheştî*; 2. پیرۆز *pîroz* • Gott habe ihn selig! خوا لێی خۆش بێ!

Sellerie *m/f* کەرەوز *kerewiz*

selten ⟨Adj.⟩ دەگمەن *degmen*; دانسخە *danisxe*

Seltenheit *f* دەگمەنی *degmenî*; دانسقەیی *danisqeyî*

seltsam ⟨Adj.⟩ 1. نامۆ *namo*; ناوازە *naware*; 2. سەیر *seyr*

Semester *n* وەرزی خوێندن *werzî xwêndin*

Semesterferien *pl.* پشووی وەرزی خوێندن *pişûy werzî xwêndin*

Semikolon *n* خاڵوبۆر *xaḻubor*

Seminar *n* 1. وانەی زانستیی خوێندن (لە زانستگادا) *waney zanistîy xwêndin (le zanistgada)*; 2. ئینستیتوت *înstîtût*; 3. کۆڕی لێدوان *koṟî lêdiwan*

Semite *m* سامی *samî*

Semitin *f* w. Form zu ↑Semite

S

semitisch ⟨Adj.⟩ سامی *samî*

Senat *m* 1. (Pol./hist./Jur.) ئەنجومەنی پیران *encumenî pîran*; 2. (Pol.) زێنات (لە بەرلین، هامبورگ و برێمن) *zênat (le Berlîn, Hamburg u Birêmin)*

Senator *m* (Pol.) ئەندامی ئەنجومەنی پیران *endamî encumenî pîran*

Senatorin *f* w. Form zu ↑Senator

senden ⟨v.t.⟩ 1. ناردن *nardin*; 2. پەخش کردن (ڕادیۆ) *pexş kirdin (ṟadyo)*

Sender *m* 1. ئێسگەی ڕادیۆ *êsgey ṟadyo*; ئێسگەی تەلەفیزیۆن *êsgey telefîzyon*; 2. نێرەر *nêrer*

Sendung *f* 1. ناردن *nardin*; پەخشکردن *pexşkirdin*; 2. پرۆگرام (ڕادیۆ، تەلەفیزیۆن) *piṟogram (ṟadyo, telefîzyon)*

Senf *m* خەرتەلە *xertele*

Senior *m* 1. پیر *pîr*; بەساڵاچوو *besaḻaçû*; 2. باوک *bawk*

Seniorenheim *n* خانەی بەساڵاچووان *xaney besaḻaçûwan*

Seniorin *f* w. Form zu ↑Senior

senken **I.** ⟨v.t.⟩ 1. نوقووم کردن *nuqûm kirdin*; 2. کەم کردنەوە *kem kirdinewe* **II.** ⟨v.refl.⟩ sich senken نزم بوونەوە *nizim bûnewe*; شۆڕ بوونەوە *şoṟ bûnewe*

senkrecht ⟨Adj.⟩ ستوونی *sitûnî*

Senkung *f* 1. لێژی *lêjî*; 2. کەمکردنەوە *kemkirdinewe*

Sensation *f* ڕووداوێکی سەرنجڕاکێش *ṟûdawêkî serincṟakêş*

sensationell ⟨Adj.⟩ سەرنجڕاکێش *serincṟakêş*

Sense *f* داسخاڵە *dasxaḻe*

sensibel ⟨Adj.⟩ هەستیار *hestiyar*; حەساس *ḫesas*

Sensibilität *f* هەستیاری *hestiyarî*; حەساسی *ḫesasî*

sentimental ⟨Adj.⟩ دڵناسک *diḻnasik*; بەسۆز *besoz*

Sentimentalität *f* دڵناسکی *diḻnasikî*; بەسۆزی *besozî*

separat ⟨Adj.⟩ جیا *ciya*; جیاکراوە *ciyakirawe*

September *m* ئەیلوول *eylûl*

Serbe *m* سێربی *sêrbî*

Serbien *n* سێربییا *Sêrbîya*

Serbin *f* w. Form zu ↑Serbe

serbisch ⟨Adj.⟩ سێربی *sêrbî*

Serie *f* 1. زنجیرە *zincîre*; 2. ڕیز *ṟîz*

seriös ⟨Adj.⟩ سەنگین *sengîn*

Server *m* 1. (EDV) ڕاژەکار *ṟajekar*; سێرڤەر *sêrver*; 2. (Sp.) سێرفلێدەر *sêrflêder*

[1]**Service** *m* 1. خزمەتگوزاریی فرۆشیار، کە بە کڕیار پێشکەشی دەکا *xizmetguzarîy firoşyar, ke be kiṟyar pêşkeşî deka*; 2. خزمەت (لە چێشتخانەدا) *xizmet (le çêştxaneda)*; 3. خزمەتگوزاری *xizmetguzarî*; 4. (Sp.) سێرف (یاریی تێنس و بالە) *sêrf (yarîy têns u bale)*

[2]**Service** *n* تاقم(ی کەوچک و چەتال) *taqim(î kewçik u çetal)*

servieren **I.** ⟨v.t.⟩ ئامادە کردن (خواردن) *amade kirdin (xiwardin)* **II.** ⟨v.i.⟩ خزمەت کردن *xizmet kirdin*

Servierer *m* پێشخزمەت *pêşxizmet*

Serviererin *f* w. Form zu ↑Servierer

Serviette *f* دەستەسڕی سەر خوان *destesiṟî ser xiwan*

Servolenkung *f* (Kfz) سوکانی هایدرۆلیک

S

sukanî haydirolîk

Sesam *m* کونجی *kuncî*

Sessel *m* قەنەفە *qenefe*

sesshaft ⟨Adj.⟩ جێنشین *cênişîn*

Set *n* دەستە *deste;* تاقم *taqim*

setzen I. ⟨v.t.⟩ 1. دانیشاندن *danîşandin;* 2. دانان *danan* **II.** ⟨v.refl.⟩ sich setzen دانیشتن *danîştin* • setz dich! دانیشە!

Seuche *f* پەتا *peta;* درم *dirm*

Seuchengefahr *f* مەترسیی پەتابڵاوبوونەوە *metirsîy petabil̲awbûnewe*

seufzen ⟨v.i.⟩ هەناسەی سارد هەڵکێشان *henasey sard hel̲kêşan*

Seufzer *m* ئاه *ah;* ئاخ *ax*

Sex *m* پێکگەیشتنی جنسی *pêkgeyiştinî cinsî;* سێکس *sêks;* **Sex mit j-m haben** سێکس لەگەڵ کەسێکدا کردن *sêks legel̲ kesêkda kirdin*

Sexismus *m* سێکسیزم *sêksîzim*

sexistisch ⟨Adj.⟩ پابەند بە سێکسیزم *pabend be sêksîzim*

sexuell ⟨Adj.⟩ زایندەیی *zayindeyî;* جنسی *cinsî;* **sexuelle Belästigung** هەراسانکردنی جنسی *herasankirdinî cinsî*

sexy ⟨Adj.⟩ سێکسی *sêksî;* جنسی *cinsî*

Shampoo *n* شامپۆ *şampo*

Shorts *pl.* پانتۆڵی کورت *pantol̲î kurt*

Show *f* 1. نیشاندان *nîşandan;* 2. نواندن *niwandin*

sich ⟨Pron.⟩ 1. خۆ *xo;* 2. یەکتری *yektirî;* **an und für sich** خۆی لەخۆیدا *xoy lexoyda;* **jeder für sich** هەر یەکە بۆ خۆی *her yeke bo xoy;* **von sich aus** خۆبەخۆ *xobexo*

Sichel *f* (Agr.) داس *das*

sicher ⟨Adj.⟩ 1. دڵنیا *dil̲niya;* 2. بەدڵنیایی *bedil̲niyayî;* 3. قایم *qayim;* 4. مسۆگەر *misoger*

Sicherheit *f* 1. ئاسایش *asayiş;* ئاسوودەیی *asûdeyî;* 2. ئەمن *emin;* 3. دەستەبەری *desteberî*

Sicherheitsgurt *m* پشتێنی خۆبەستنەوە *piştênî xobestinewe*

Sicherheitsnadel *f* دەرزیی سنجاق *derzîy sincaq*

Sicherheitsrat *m* (Pol.) ئەنجومەنی ئاسایش *encumenî asayiş*

Sicherheitsventil *n* دەمەوانەی دڵنیایی *demewaney dil̲niyayî*

Sicherheitsvorschrift *f* دەستووری پاراستنی ئاسایش *destûrî parastinî asayiş*

sicherlich ⟨Adv.⟩ 1. بێگومان *bêguman;* 2. هەڵبەتە *hel̲bete*

sichern ⟨v.t.⟩ 1. پاراستن *parastin;* 2. تامین کردن *tamîn kirdin;* 3. (üb.) پتەو کردن *pitew kirdin;* 4. (EDV) خەزن کردن *xezin kirdin*

Sicherung *f* 1. پاراستن *parastin;* تامینکردن *tamînkirdin;* 2. (Elektr.) فیوز *fiyuz*

Sicht *f* 1. پێشچاو *pêşçaw;* 2. دید *dîd;* **auf lange Sicht** بۆ ماوەیەکی دوورودرێژ *bo maweyekî dûrudirêj;* **aus meiner Sicht** لە دیدی منەوە *le dîdî minewe*

sichtbar ⟨Adj.⟩ دیار *diyar*

sichtlich ⟨Adj.⟩ بەئاشکرا *beaşkira*

Sichtweite *f* چاوبڕکردن *çawbir̲kirdin;* **außer Sichtweite sein** لەبەر چاو ون بوون *leber çaw win bûn;* **in Sichtweite sein** لەبەر چاو بوون *leber çaw bûn*

S

[1]sie ⟨Pron.⟩ ئەو *ew*
[2]sie ⟨Pron.⟩ ئەوان *ewan*
Sie ⟨Pron.⟩ ئێوە *êwe*; **für Sie** بۆ ئێوە *bo êwe*
Sieb *n* یەڵەک *yelek*; بێژنگ *bêjing*
[1]sieben ⟨v.t.⟩ بێژانەوە *bêjanewe*
[2]sieben ⟨Num.⟩ حەوت *hewt*
siebzehn ⟨Num.⟩ حەڤدە *hevde*
siebzig ⟨Num.⟩ حەفتا *hefta*
Siedlung *f* جێنشینگە *cênişînge*; ئاوەدانی *awedanî*
Sieg *m* سەرکەوتن *serkewtin*
Siegel *n* 1. مۆر *mor*; خەتم *xetm*; 2. لۆک *lok*
siegeln ⟨v.t.⟩ 1. مۆر کردن *mor kirdin*; 2. لۆک کردن *lok kirdin*
siegen ⟨v.i.⟩ سەر کەوتن *ser kewtin*
Sieger *m* سەرکەوتوو *serkewtû*; براوە *birawe*
Siegerin *f* w. Form zu ↑Sieger
siegreich ⟨Adj.⟩ سەرکەوتوو *serkewtû*
Siesta *f* پشووی نیوەڕۆ *pişûy nîwero*
siezen ⟨v.t.⟩ بە "ئێوە" قسە کردن *be "êwe" qise kirdin* • er siezt mich "بە "ئێوە قسەم لەگەڵدا دەکا
Signal *n* 1. نیشانە *nîşane*; ئاماژە *amaje*; 2. شووت *şût*
signalisieren ⟨v.t.⟩ ئیشارەت کردن *îşaret kirdin*; ئاماژە پێکردن *amaje pêkirdin*
signieren ⟨v.t.⟩ (bildungsspr.) ئیمزا کردن *îmza kirdin*
Silbe *f* بڕگە *birge*
Silber *n* زیو *zîw*
Silikon *n* سلیکۆن *silîkon*
Silvester (31. Dezember) *n* دوا ڕۆژی ساڵ *diwa rojî sal*

simpel ⟨Adj.⟩ 1. سانا *sana*; 2. گێل *gêl*
singen I. ⟨v.t.⟩ گۆرانی وتن *goranî witin* **II.** ⟨v.i.⟩ خوێندن (باڵندە) *xwêndin (balinde)*
Single *m* 1. تەنیا *tenya*; 2. بێهاوسەر *bêhawser*
Singular *m* (Gr.) تاک *tak*
sinken ⟨v.i.⟩ 1. ڕۆچوون *roçûn*; 2. (Med.) تا بەردان *ta berdan*; 3. هاتنە خوارەوە *hatine xiwarewe*; 4. کەم بوونەوە (پلەی گەرما، نرخ، دەسەڵات) *kem bûnewe (piley germa, nirx, deselat)*
Sinn *m* 1. مانا *mana*; 2. هۆش *hoş*; 3. مەبەست *mebest*; **Sinn haben** 1. مانا هەبوون *mana hebûn*; 2. سوود هەبوون *sûd hebûn*; **von Sinnen sein** (idiom.) هۆش لەلای خۆ نەبوون *hoş lelay xo nebûn*; شێت بوون *şêt bûn*
sinnlich ⟨Adj.⟩ 1. پەیوەندیدار بە هۆش و هەستەوە *peywendîdar be hoş u hestewe*; 2. شەهوانی *şehwanî*
sinnlos ⟨Adj.⟩ بێمانا *bêmana*; بێئەنجام *bêencam*
sinnvoll ⟨Adj.⟩ پڕمانا *pirmana*; سوودبەخش *sûdbexiş*
Sintflut *f* تۆفان *tofan*; لافاو *lafaw*
Sippe *f* تیرە *tîre*; خێزان *xêzan*
Sirene *f* فیکەی وریاکردنەوە *fîkey wiryakirdinewe*
Sirup *m* شیلە *şîle*
Sitte *f* 1. دابونەریت *dabunerît*; 2. هەڵسوکەوت *helsukewt*; **alte Sitten und Gebräuche** داب و نەریتی کۆن *dab u nerîtî kon*
sittenwidrig ⟨Adj.⟩ بێڕەوشتانە *bêrewiştane*

S

sittsam ⟨Adj.⟩ 1. داوێنپاک *dawênpak;* 2. لێهاتوو *lêhatû*

Situation *f* بار *bar;* ڕەوش *rews*

Sitz *m* 1. تەخت *text;* 2. (Pol.) کورسیی پەرلەمان *kursîy perleman;* 3. بارەگا *barega*

Sitzbank *f* سەکۆ *seko;* کورسی دانیشتن *kursî danîştin*

sitzen ⟨v.i.⟩ 1. دانیشتن *danîştin;* 2. هەڵنیشتن (باڵندە) *helnîştin (balinde);* 3. پڕ بە بەر بوون (جلوبەرگ) *pir be ber bûn (ciluberg);* **sitzen bleiben** دەرنەچوون (لە قوتابخانەدا) *derneçûn (le qutabxaneda)*

Sitzkissen *n* گۆشە *goşe*

Sitzplatz *m* شوێنی دانیشتن *şwênî danîştin*

Sitzung *f* دانیشتن *danîştin;* کۆبوونەوە *kobûnewe*

Sizilien *n* سیسیلییا *sîsîlîya*

Skala *f* پێوەر *pêwer;* ئەندازە *endaze*

Skalpell *n* (Med.) نەشتەر *neşter*

Skandal *m* ئابڕووچوون *abrûçûn*

Skateboard *n* سکێتبۆرد *sikêtbord*

Skelett *n* ئێسکوپروسک *êskupirusk*

Skepsis *f* گومان *guman;* دوودڵی *dûdilî*

skeptisch ⟨Adj.⟩ گوماناوی *gumanawî;* دوودڵ *dûdil*

Ski *m* (Sp.) سکی *sikî*

Skilaufen *n* (Sp.) پێخلیسکێی سەر بەفر *pêxilîskêy ser befir*

Skizze *f* 1. نەخشە *nexşe;* 2. ڕەشنووس *reşnûs*

skizzieren ⟨v.t.⟩ نەخشە دانان *nexşe danan*

Sklave *m* کۆیلە *koyle*

Sklaverei *f* کۆیلەیەتی *koyleyetî*

Sklavin *f* w. Form zu ↑Sklave

Skorpion *m* (Zool./Astrol.) دووپشک *dûpişk*

Skrupel *m* ویژدان (دوودڵی لە کردن یا نەکردنی کارێکدا) *wîjdan (dûdilî le kirdin ya nekirdinî karêkda)*

skrupellos ⟨Adj.⟩ بێویژدان *bêwîjdan*

Skulptur *f* 1. پەیکەرتاشی *peykertaşî;* 2. پەیکەر *peyker*

Slip *m* دەرپێی کورت *derpêy kurt*

Slipeinlage *f* پەڕۆی بێنوێژی *peroy bênwêjî*

Slum *m* گەڕەکی هەژاران *gerekî hejaran*

Slumbewohner *m* دانیشتوانی گەڕەکی هەژاران *danîştiwanî gerekî hejaran*

Slumbewohnerin *f* w. Form zu ↑Slumbewohner

Smog *m* دووکەڵێکی پیس *dûkelêkî pîs*

SMS *f* ئێس ئێم ئێس *ês êm ês;* کورتەنامە *kurtename;* **eine SMS schicken** ئێس ئێم ئێس ناردن *ês êm ês nardin;* **eine SMS schreiben** ئێس ئێم ئێس نووسین *ês êm ês nûsîn*

so I. ⟨Adv.⟩ 1. ئاوەها *aweha;* وا *wa;* 2. ئەوەندە *ewende;* 3. بەمجۆرە *bemcore;* 4. بەقەدەر *beqeder;* **so genannt** ناوبراو *nawbiraw;* **so groß wie** ئەوەندە گەورە وەک *ewende gewre wek;* **so und so** ئاووا و وا *awwa w wa* **II.** ⟨Konj.⟩ لەگەڵئەوەشداکە *legelewesdake*

sobald ⟨Konj.⟩ هەرکە *herke;* لەگەڵ *legel*

Socke *f* گۆرەویی کورت *gorewîy kurt*

Sofa *n* قەنەفە *qenefe*

sofort ⟨Adv.⟩ یەکسەر *yekser;* کوتوپڕ *kutupir*

S

Software *f* سۆفتویر *softwêr*

sogar ⟨Adv.⟩ تەنانەت *tenanet*; یش/ش... *îş/ş*...

Sohle *f* 1. بنی پێڵاو *binî pêḻaw*; 2. بنی پێ *binî pê*

Sohn *m* کوڕ *kuṟ*

Sojabohne *f* پاقلەی زۆیا *paqley zoya*

solange ⟨Konj.⟩ ئەوەندە *ewende*

solar ⟨Adj.⟩ خۆری *xorî*; سۆلار *solar*

Solarzelle *f* خانەی خۆری *xaney xorî*

solch ⟨Pron.⟩ وا *wa*; بەوپێیە *bewpêye*

Soldat *m* (Mil.) سەرباز *serbaz*

Soldatin *f* w. Form zu ↑Soldat

solidarisch ⟨Adj.⟩ (bildungsspr.) هاوپشت *hawpişt*

Solidarität *f* (bildungsspr.) پشتگیری *piştgîrî*

solide ⟨Adj.⟩ 1. ڕێکوپێک *ṟêkupêk*; 2. پتەو *pitew*; 3. ماقوڵ *maqûḻ*

Soll *n* (Kaufmannsspr.) لەسەربوون *leserbûn*; قەرزاربوون *qerzarbûn*

sollen ⟨v.i./Modalverb⟩ پێویست بوون *pêwîst bûn* • was soll das? ئەمە دەین چی بێ؟

somit ⟨Adv./Konj.⟩ بەمجۆرە *bemcore*; بەوجۆرە *bewcore*

Sommer *m* هاوین *hawîn*

Sommerferien *pl.* پشووی سەری ساڵ *pişûy serî saḻ*; پشووی هاوین *pişûy hawîn*

sommerlich ⟨Adj.⟩ هاوینە *hawîne*

Sommersprosse *f* کانەخورما *kanexurma*

Sommerzeit *f* کاتی هاوینە *katî hawîne*

Sonderangebot *n* هەرزانکراو *herzankiraw*

sonderbar ⟨Adj.⟩ 1. سەیر *seyr*; 2. تایبەت *taybet*

Sonderfall *m* بارێکی تایبەت *barêkî taybet*

sondern ⟨Konj.⟩ بەڵکو *beḻku*; بەڵام *beḻam*

Sonnabend *m* شەممە *şemme*

Sonne *f* هەتاو *hetaw*; ڕۆژ *ṟoj* • die Sonne scheint خۆر هەڵهاتووە

sonnen I. ⟨v.t.⟩ دانە بەر هەتاو *dane ber hetaw* II. ⟨v.refl.⟩ sich sonnen خۆ دانە بەر ڕۆژ *xo dane ber ṟoj*

Sonnenallergie *f* (Med.) حەساسییەت بە هەتاو *ḥesasîyet be hetaw*

Sonnenaufgang *m* ڕۆژهەڵهاتن *ṟojheḻhatin*

Sonnenblume *f* گوڵەبەڕۆژە *guḻebeṟoje*

Sonnenbrand *m* (Med.) خۆرەبردن *xorebirdin*

Sonnenbrille *f* چاویلکەی بەرهەتاو *çawîlkey berhetaw*

Sonnencreme *f* کرێمی بەرهەتاو *kirêmî berhetaw*

Sonnenenergie *f* وزەی ڕۆژ *wizey ṟoj*

Sonnenfinsternis *f* (Astron.) ڕۆژگیران *ṟojgîran*

sonnengebräunt ⟨Adj.⟩ هەتاوبردە *hetawbirde*

Sonnenschein *m* خۆرەتاو *xoretaw*; تیشکی ڕۆژ *tîşkî ṟoj*

Sonnenschirm *m* چەتری بەر هەتاو *çetrî ber hetaw*

Sonnenstich *m* (Med.) تاوگاز *tawgaz*

Sonnenstrahl *m* تیشکی هەتاو *tîşkî hetaw*

Sonnensystem *n* کۆمەڵەی خۆر *kome-*

ley xor

Sonnenuntergang *m* خۆرئاوابوون *xorawabûn*

sonnig ⟨Adj.⟩ 1. خۆرەتاو *xoretaw*; 2. خۆرگرەوە (شوێن، ژوور، ...) *xorgirewe (şwên, jûr, ...)*

Sonntag *m* یەکشەممە *yekşemme*

sonst ⟨Adv.⟩ 1. ئەگینا *egîna*; 2. تر *tir*; **sonst nichts** هیچی تر *hîçî tir*

Sorani *n* (zentralkurdischer Dialekt und Literatursprache) سۆرانی *Soranî*

Sorge *f* خەم *xem*; پەژارە *pejare*; **sich (um etw./j-n) Sorgen machen** خەفەت خواردن (بۆ) *xefet xiwardin (bo)*; دەربەست بوون *derbest bûn*

sorgen I. ⟨v.i.⟩ für etw./j-n sorgen 1. پەروا بوون بۆ *perwa bûn bo*; 2. باربوویی کردن *barbûyî kirdin*; 3. بەتەنگ ...(ە)وە بوون *beteng ...(e)we bûn* **II.** ⟨v.refl.⟩ sich (um etw./j-n) sorgen 1. خەم بۆ خواردن *xem bo xiwardin*; 2. نیگەران بوون *nîgeran bûn*

sorgfältig ⟨Adj.⟩ وردبین *wirdbîn*

sorglos ⟨Adj.⟩ بێخەم *bêxem*; بێپەروا *bêperwa*

Sorte *f* بابەت *babet*; جۆر *cor*

sortieren ⟨v.t.⟩ 1. ڕێکوپێک کردن *rêkupêk kirdin*; 2. جیا کردنەوە *ciya kirdinewe*; هەڵبژاردن *helbijardin*

Sortiment *n* کەلوپەل *kelupel*; شتومەک *şitumek*

Soße *f* (Kochk.) ساس *sas*

Souvenir *n* یادگار *yadgar*; دیاری بۆ لەبیرنەکردن *diyarî bo lebîrnekirdin*

Souveränität *f* 1. دەسەڵاتداریتی *deselatdarêtî*; 2. سەربەستی *serbestî*

soviel ⟨Konj.⟩ 1. ئەوەندە *ewende*; 2. چەندە *çende* • soviel ich weiß ... ئەوەندەی من بزانم ...

sowie ⟨Konj.⟩ 1. وەکوو *wekû*; 2. هەروەها *herweha*; و *u/w*

sowieso ⟨Adv.⟩ بەهەمووجۆرێک *behemûcorêk*

sowohl ⟨Konj.⟩; **sowohl ... als auch** هەم ... هەم *hem ... hem*

sozial ⟨Adj.⟩ 1. کۆمەڵایەتی *komelayetî*; 2. کۆمەڵخواز *komelxiwaz*; 3. ڕووکراوە *rûkirawe*

Sozialarbeiter *m* فەرمانبەری کۆمەڵایەتی *fermanberî komelayetî*

Sozialarbeiterin *f* w. Form zu ↑Sozialarbeiter

Sozialdemokrat *m* (Pol.) سۆسیالدیموکرات *sosyaldîmukrat*

Sozialdemokratie *f* (Pol.) سۆسیالدیموکراتی *sosyaldîmukratî*

Sozialdemokratin *f* w. Form zu ↑Sozialdemokrat

sozialdemokratisch ⟨Adj.⟩ (Pol.) سۆسیالدیموکرات *sosyaldîmukrat*

Sozialhilfe *f* یارمەتیی کۆمەڵایەتی *yarmetîy komelayetî*

Sozialismus *m* (Pol.) سۆسیالیزم *sosyalîzim*

Sozialist *m* (Pol.) سۆشیالیست *soşyalîst*

Sozialistin *f* w. Form zu ↑Sozialist

sozialistisch ⟨Adj.⟩ (Pol.) سۆسیالیستی *sosyalîstî*

Sozialversicherung *f* بیمەی کۆمەڵایەتی *hîmey komelayetî*

Soziologe *m* کۆمەڵناس *komelnas*;

سۆسیۆلۆگ *sosyolog*

Soziologie *f* کۆمەڵناسی *komeḻnasî*; سۆسیۆلۆگی *sosyologî*

Soziologin *f* w. Form zu ↑Soziologe

soziologisch ⟨Adj.⟩ کۆمەڵناسی *komeḻnasî*; سۆسیۆلۆگی *sosyologî*

sozusagen ⟨Adv.⟩ گوایە *giwaye*; ئاوا *awa*

Spachtel *m* ماڵە *maḻe*; چەمچە *çemçe*

Spaghetti *pl.* (Kochk.) سپاگێتی *sipagêtî*

Spalte *f* 1. درز *dirz*; 2. ستوون *sitûn*

spalten I. ⟨v.t.⟩ 1. داتلیشاندن *datiḻîşandin*; 2. جیا کردنەوە *ciya kirdinewe*; 3. کەرت کردن *kert kirdin* **II.** ⟨v.refl.⟩ sich spalten 1. هەڵتلیشان *heḻtiḻîşan*; 2. جیا بوونەوە *ciya bûnewe*

Spaltung *f* 1. کەرتبوون *kertbûn*; جیابوونەوە *ciyabûnewe*; 2. (üb.) دووبەرەکی *dûberekî*

Spam *m/n* (EDV) سپێم *sipêm*

Spange *f* 1. تەوقە *tewqe*; 2. ئاوزەنگی *awzengî*; 3. شەبەکەی دان *şebekey dan*

Spanien *n* ئیسپانیا *Îspanya*

Spanier *m* ئیسپانی *îspanî*

Spanierin *f* w. Form zu ↑Spanier

spanisch ⟨Adj.⟩ ئیسپانی *îspanî*

Spanisch *n* زمانی ئیسپانی *zimanî îspanî*

spannen ⟨v.t.⟩ توند کردن *tund kirdin*

spannend ⟨Adj.⟩ 1. هاندەر *hander*; 2. درامی *diramî*

Spannung *f* 1. ناکۆکی *nakokî*; نائاسوودەیی *naasûdeyî*; 2. هێزی کارەبا *hêzî kareba*

Sparbuch *n* دەفتەری پارەپاشەکەوتکردن *defterî parepaşekewtkirdin*

sparen ⟨v.t.⟩ پاشەکەوت کردن *paşekewt kirdin*; **Geld sparen** پارە کۆ کردنەوە *pare ko kirdinewe*

Spargel *m* مارچێوە *marçêwe*; جۆرە کنرێکە *core kinirêke*

Sparkasse *f* بانقی پاشەکەوت *banqî paşekewt*

sparsam ⟨Adj.⟩ 1. دەستپێوەگر *destpêwegir*; 2. چرووک *çirûk*

Sparsamkeit *f* 1. دەستپێوەگرتن *destpêwegirtin*; 2. چرووکی *çirûkî*

Spaß *m* 1. گاڵتە *gaḻte*; 2. ڕابواردن *ṟabiwardin* • viel Spaß! کاتێکی خۆشتان بۆ دەخوازم! ; **aus/zum Spaß** 1. بە گاڵتەوە *be gaḻtewe*; 2. بۆ خۆشی *bo xoşî*

spät ⟨Adj.⟩ درەنگ *direng*; ناوەخت *nawext* • wie spät ist es? سەعات چەندە؟ ; **zu spät kommen** درەنگ کەوتن *direng kewtin*

Spaten *m* خاکەناز *xakenaz*

später ⟨Adv.⟩ 1. درەنگدانێ *direngdanê*; دواتر *diwatir*; 2. پاشان *paşan* • bis später! تا دوایی!

spätestens ⟨Adv.⟩ ئەوپەڕەکەی *ewpeṟekey*

Spatz *m* (Zool.) چۆلەکە *çoleke*

spazieren ⟨v.i.⟩ پیاسە کردن *piyase kirdin*; گەڕان *geṟan*; **spazieren gehen** پیاسە کردن *piyase kirdin*

Spaziergang *m* گەڕان *geṟan*; پیاسە *piyase*

Specht *m* (Zool.) دارکونکەرە *darkunkere*

Speck *m* لاپاری بەراز *laparî beraz*

Spediteur *m* نەقڵیاتچی *neqlıyatçî*
Spediteurin *f* w. Form zu ↑Spediteur
Spedition *f* نەقڵیات *neqlıyat*
Speer *m* ڕم *rim*
Speiche *f* تەلی ناو ویل *telî naw wîl*
Speichel *m* لیک *lîk*
Speicher *m* 1. عەمار *'emar*; گەنجینە *gencîne*; 2. (EDV) مێمۆری *mêmorî*
speichern ⟨v.t.⟩ 1. عەمار کردن *'emar kirdin*; 2. داتا خەزن کردن *data xezin kirdin*
Speise *f* چێشت *çêşt*; خواردن *xiwardin*
Speisekarte *f* کارتی نانخواردن *kartî nanxiwardin*
speisen I. ⟨v.i.⟩ نان خواردن *nan xiwardin* **II.** ⟨v.t.⟩ نان پێدان *nan pêdan*
Speiseröhre *f* سوورێنە *sûrêne*; بۆریی خواردن *borîy xiwardin*
Speisesaal *m* هۆڵی نانخواردن *holî nanxiwardin*
Speisewagen *m* فارگۆنی نانخواردن *fargonî nanxiwardin*
Spekulation *f* 1. گۆترەکاری *gotrekarî*; 2. ڕەملێدان *remllêdan*; 3. گرانفرۆشی *giranfiroşî*
spekulieren ⟨v.i.⟩ 1. گۆترەکاری کردن *gotrekarî kirdin*; 2. ڕەمڵ لێدان *reml lêdan*; 3. گرانفرۆشی کردن *giranfiroşî kirdin*
Spende *f* 1. باربووبی *barbûyî*; کۆمەک *komek*; 2. خەڵات *xelat*
spenden ⟨v.t.⟩ پێبەخشین *pêbexşîn*; خەڵات کردن *xelat kirdin*
Spender *m* 1. بەخشندە *bexşinde*; 2. پێشکەشکار *pêşkeşkar*
Spenderin *f* w. Form zu ↑Spender
spendieren ⟨v.t.⟩ بەخشین *bexşîn*; پێشکەش کردن *pêşkeş kirdin*
Sperber *m* (Zool.) واشە *waşe*
Sperma *n* شەهوەت *şehwet*; تۆماو *tomaw*
Sperre *f* 1. بەربەست *berbest*; 2. ڕێگاپێنەدان *rêgapênedan*
sperren ⟨v.t.⟩ گرتن *girtin*; بەند کردن *bend kirdin*
Spesen *pl.* خەرجییەک، کە لەلایەن خاوەنکارەوە دەدرێتەوە *xercîyek, ke lelayen xawenkarewe dedrêtewe*
Spezialist *m* شارەزا *şareza*; پسپۆڕ *pispor*
Spezialistin *f* w. Form zu ↑Spezialist
Spezialität *f* 1. تایبەتمەندێتی *taybetmendêtî*; 2. شارەزایی *şarezayî*
speziell I. ⟨Adj.⟩ تایبەت *taybet* **II.** ⟨Adv.⟩ بەتایبەتی *betaybetî*
Spiegel *m* 1. ئاوێنە *awêne*; 2. (Med.) ڕێژە *rêje*
Spiegelei *n* هێلکەوڕۆن *hêlkewron*
spiegeln I. ⟨v.i.⟩ بریسکانەوە *birîskanewe* **II.** ⟨v.refl.⟩ sich in etw. spiegeln ڕەنگ دانەوە لە *reng danewe le*
spiegelverkehrt ⟨Adj.⟩ هەڵەوگێڕراو *helewgêrraw*; ئاوەژوو *awejû*
Spiel *n* 1. یاری *yarî*; 2. (Theat.) نواندن *niwandin*
Spielautomat *m* مەکینەی ئەوتۆماتی قومارکردن *mekîney ewtomatî qumarkirdin*
Spieldauer *f* ماوەی یاریکردن *mawey yarîkirdin*
spielen I. ⟨v.t.⟩ 1. یاری کردن *yarî kirdin*; 2. قومار کردن *qumar kirdin*;

S

3. (Mus.) لێدان *lêdan*; ژەندن *jendin* **II.** ⟨v.i.⟩ (Theat.) نواندن *niwandin*

Spieler *m* 1. یاریزان *yarîzan*; 2. قومارباز *qumarbaz*; 3. (Mus.) ژەنیار *jenyar*

Spielerin *f* w. Form zu ↑Spieler

Spielfilm *m* فلیمی سینەمایی *filîmî sînemayî*

Spielkasino *n* قومارخانە (لەلایەن میرییەوە ڕێپێدراو) *qumarxane (lelayen mîrîyewe rêpêdiraw)*

Spielplatz *m* یاریگە *yarîge*

Spielverderber *m* 1. یاریتێکدەر *yarîtêkder*; 2. سەرلێتێکدەر *serlêtêkder*

Spielverderberin *f* w. Form zu ↑Spielverderber

Spielzeug *n* کەلوپەلی یاری *kelupelî yarî*

Spieß *m* شیش *şîş*

Spinat *m* سپێناخ *sipênax*

Spindel *f* تەشی *teşî*

Spinne *f* (Zool.) جاڵجاڵۆکە *calcaloke*

spinnen I. ⟨v.t.⟩ ڕستن (بە تەشی) *ristin (be teşî)* **II.** ⟨v.i.⟩ (ugs.) شێت بوون *şêt bûn*; تێکچوون *têkçûn* • du spinnst wohl! (ugs.) ئەرێ ئەوە تۆ تێکچوویت!

Spinnennetz *n* تەونی جاڵجاڵۆکە *tewnî calcaloke*

Spinner *m* 1. خەرەکرێس *xerekrês*; 2. (üb.) شێت *şêt*

Spinnerin *f* w. Form zu ↑Spinner

Spinnwebe *f* داوی جاڵجاڵۆکە *dawî calcaloke*

Spion *m* جاسووس *casûs*; سیخوڕ *sîxur*

Spionage *f* جاسووسی *casûsî*; سیخوڕی *sîxurî*

spionieren ⟨v.i.⟩ جاسووسی کردن *casûsî kirdin*; سیخوڕی کردن *sîxurî kirdin*

Spionin *f* w. Form zu ↑Spion

Spirale *f* 1. پێچپێچۆکە *pêçpêçoke*; 2. گینگڵە *gîngle*

spirituell ⟨Adj.⟩ (bildungsspr.) ڕۆحی *rohî*; مەعنەوی *me'newî*

Spiritus *m* کحول *kihul*

spitz ⟨Adj.⟩ تیژ *tîj*; قووچ *qûç*

spitze ⟨Adj.⟩ (ugs.) نایاب *nayab*; زۆرباش *zorbaş*

Spitze *f* 1. سەر *ser*; لووتکە *lûtke*; 2. پێشیپێشەوە *pêşîpêşewe*; 3. دانتێل (قوماش) *dantêl (qumaş)*

spitzen ⟨v.t.⟩ دادان *dadan*

Spitzer *m* قەڵەمدادان *qelemdadan*

Spitzname *m* نازناو *naznaw*

Splitter *m* تەڵەزم *telezim*

Sponsor *m* خەرجیدەر *xercîder*; سپۆنسەر *siponser*

Sponsorin *f* w. Form zu ↑Sponsor

spontan ⟨Adj.⟩ (bildungsspr.) لەبەربوورە *leberbûre*; لەخۆوە *lexowe*

Sport *m* وەرزش *werziş*; **Sport treiben** وەرزش کردن *werziş kirdin*

Sporthalle *f* هۆڵی وەرزش *holî werziş*

Sportler *m* یاریزان *yarîzan*; وەرزشکار *werzişkar*

Sportlerin *f* w. Form zu ↑Sportler کچەوەرزشەوان *kiçewerzişewan*

sportlich ⟨Adj.⟩ وەرزشی *werzişî*

Sportplatz *m* یاریگا *yarîga*

Sportschuh *m* پێڵاوی وەرزش *pêlawî werziş*

Sportverein *m* یانەی وەرزش *yaney werziş*

Sportwagen *m* 1. عەرەبانەی منداڵان (تەنیا بۆ دانیشتنە) *'erebaney mindalan (tenya*

S

bo danîştine); 2. (Kfz) ئوتومبێلی پێشبڕکێ *utumbêlî pêşbiṟkê*
Spott *m* تەوس *tews;* گاڵتە *gal̲te*
spotten ⟨v.i.⟩ گاڵتە پێکردن *gal̲te pêkirdin;* تەوس تێگرتن *tews têgirtin*
Sprache *f* زمان *ziman*
Sprachführer *m* ڕێبەری زمان *ṟêberî ziman*
Sprachkurs *m* كۆرسی زمان *korsî ziman*
sprachlos ⟨Adj.⟩ بێزمان *bêziman;* بێدەنگ *bêdeng*
Sprachschule *f* قوتانخانەی زمانفێربوون *qutanxaney zimanfêrbûn*
Sprachwissenschaft *f* زانستیی زمان *zanistîy ziman*
Sprachwissenschaftler *m* زمانەوان *zimanewan*
Sprachwissenschaftlerin *f* w. Form zu ↑Sprachwissenschaftler
Spray *n* سپڕای *sipṟay*
sprechen ⟨v.i./v.t.⟩ قسە کردن *qise kirdin;* وتن *witin;* گوتن *gutin* • ich spreche ein wenig Kurdisch کەمێک کوردی دەزانم
Sprecher *m* 1. بێژەر *bêjer;* 2. وتەبێژ *witebêj*
Sprecherin *f* w. Form zu ↑Sprecher
Sprechstunde *f* 1. کاتی قسەکردن *katî qisekirdin;* 2. کاتی دەوامکردن *katî dewamkirdin*
sprengen ⟨v.t.⟩ 1. تەقاندنەوە *teqandinewe;* 2. ئاو دان (چیمەن) *aw dan (çîmen)*
Sprengstoff *m* تەقەمەنی *teqemenî*
Sprengstoffanschlag *m* هێرشبردن بە تەقەمەنی *hêrişbirdin be teqemenî*
Sprichwort *n* پەندی پێشینان *pendî pêşînan*
sprießen ⟨v.i.⟩ سەوز بوون *sewz bûn;* ڕوان *ṟiwan*
Springbrunnen *m* فوارە *fiware;* نافورە *nafure*
springen ⟨v.i.⟩ 1. باز دان *baz dan;* 2. ترەکین *tirekîn*
Sprit *m* 1. (ugs.) کحول *kih̲ul;* 2. (ugs.) بەنزین *benzîn*
Spritze *f* (Med.) شرینقە *şirînqe*
spritzen I. ⟨v.i.⟩ پژان *pijan* **II.** ⟨v.t.⟩ (Med.) شرینقە لێدان *şirînqe lêdan*
Sprosse *f* 1. پلەپەیژە *pilepeyje;* 2. توڵ *tul̲*
Spruch *m* 1. پەند *pend;* 2. بڕیار *biṟyar*
Sprudel *m* 1. گێژاو *gêjaw;* 2. فوارە *fiware;* 3. ئاوی مەعدەنی *awî meʿdenî*
sprudeln ⟨v.i.⟩ 1. هەڵقوڵین *hel̲qul̲în;* 2. جۆشان *coşan*
Sprudelwasser *n* ئاوی مەعدەنی *awî meʿdenî*
sprühen ⟨v.i.⟩ 1. درەوشانەوە *direwşanewe;* 2. نمە کردن (باران) *nime kirdin (baran)*
Sprühregen *m* نمەباران *nimebaran*
Sprung *m* 1. باز *baz;* 2. قلێش *qil̲îş*
Sprungbrett *n* 1. تەختەی بازدان *textey bazdan;* 2. تەختەی خۆلێهەڵدان (مەلەگا) *textey xolêhel̲dan (melega)*
Sprungfeder *f* زەمبەلەک *zembelek*
Spucke *f* تف *tif*
spucken ⟨v.t.⟩ تف کردن *tif kirdin*
Spülbecken *n* حەوزی قاپوقاچاخشتن *h̲ewzî qapuqaçaxşitin*
spülen ⟨v.t.⟩ 1. لە ئاو هەڵکێشان *le aw*

S

helkêşan; 2. ئاو بە ئاودەستدا کردن *aw be awdestda kirdin*; 3. ڕادان *radan*

Spule *f* 1. خولخولۆکە *xulxuloke*; 2. کلافە *kilafe*; 3. کۆیل *koyil*

Spülmaschine *f* مەکینەی حاجەتشتن *mekîney hacetşitin*

Spülmittel *n* دەرمانی حاجەتشتن *dermanî hacetşitin*

Spülung *f* 1. (Med.) حوقنە *huqne*; 2. ئاو بە ئاودەستدا کردن *aw be awdestda kirdin*

Spur *f* 1. شوێنپێ *şwênpê*; 2. ڕێچکە *rêçke*; 3. شوێنەوار *şwênewar*; 4. سایت(ی ئوتومبێل) *sayit(î utumbêl)*; 5. هێڵ (هاتوچۆ) *hêl (hatuço)*

spüren ⟨v.t.⟩ هەست پێکردن *hest pêkirdin*

spurlos ⟨Adj.⟩ بێشوێنپێ *bêşwênpê*; بێناوونیشان *bênawunîşan*

Squash *n* (Sp.) یاریی سکواش *yarîy sikwaş*

Staat *m* 1. دەوڵەت *dewlet*; 2. میری *mîrî*; حکومەت *hikumet*

staatlich ⟨Adj.⟩ دەوڵەتی *dewletî*; میری *mîrî*; حکومی *hikumî*

Staatsangehörige *f* w. Form zu ↑Staatsangehöriger

Staatsangehöriger *m* هاونیشتمان *hawnîştiman*; هاووڵات *hawwilat*

Staatsangehörigkeit *f* 1. هاوڵاتیتی *hawilatêtî*; هاونیشتمانی *hawnîştimanî*; 2. ڕەگەزنامە *regezname*

Staatsanwalt *m* (Jur.) داواکاری گشتی *dawakarî giştî*; مودەعیعام *mude'î'am*

Staatsanwältin *f* w. Form zu ↑Staatsanwalt

Staatsbürger *m* هاووڵاتی *hawwilatî*; هاونیشتمان *hawnîştiman*

Staatsbürgerin *f* w. Form zu ↑Staatsbürger

Staatsfrau *f* ژنە سیاسەتمەداری وڵاتێک *jine siyasetmedarî wilatêk*

Staatsmann *m* پیاوی میری *piyawî mîrî*; پیاوی دەوڵەت *piyawî dewlet*

Staatspräsident *m* سەرکۆمار *serkomar*; سەرۆکی وڵات *serokî wilat*

Staatspräsidentin *f* w. Form zu ↑Staatspräsident

Staatsstreich *m* (Pol.) کۆدەتا *kodeta*; ئینقیلاب *înqîlab*

Stab *m* 1. دارعەسا *dar'esa*; 2. (Mil.) ئەرکانی حەرب *erkanî herb*

stabil ⟨Adj.⟩ 1. قایم *qayim*; 2. ئاسوودە *asûde*; 3. خۆڕاگر *xoragir*

stabilisieren ⟨v.t.⟩ 1. بەهێز کردن *behêz kirdin*; 2. ئیستیقرار کردن *îstîqrar kirdin*

Stabilität *f* 1. پتەوی *pitewî*; 2. ئاسوودەیی *asûdeyî*; 3. خۆڕاگری *xoragirî*

Stachel *m* 1. دڕک *dirk*; 2. چزوو *çizû*

Stacheldraht *m* دڕکەزی *dirkezî*; تەلبەند *telbend*

stachlig ⟨Adj.⟩ دڕکاوی *dirkawî*

Stadion *n* یاریگە *yarîge*

Stadium *n* 1. ڕادە *rade*; 2. پلە *pile*

Stadt *f* 1. شار *şar*; 2. پارێزگا *parêzga*

Städter *m* شاری *şarî*

Städterin *f* w. Form zu ↑Städter

städtisch ⟨Adj.⟩ شارستانی *şaristanî*; شاری *şarî*

Stadtmauer *f* شوورەی شار *şûrey şar*

Stadtmitte *f* ناوەڕاستی شار *nawerastî şar*

S

Stadtplan *m* نەخشەی شار *nexşey şar*

Stadtrundfahrt *f* گەڕان بەناو شاردا *geran benaw şarda*

Stadtteil *m* گەڕەک *gerek*

Stadtverwaltung *f* شارەوانی *şarewanî;* بەلەدییە *belediye*

Stadtviertel *n* گەڕەک *gerek*

Stadtzentrum *n* ناوەڕاستی شار *nawe-rastî şar*

Stagnation *f* 1. (bildungsspr.) وەستان *westan;* پەرەنەسەندن *perenesendin;* 2. (bildungsspr.) بێبازاڕی *bêbazarî*

stagnieren ⟨v.i.⟩ 1. (bildungsspr.) وەستان *westan;* 2. (bildungsspr.) بێبازاڕی بوون *bêbazarî bûn*

Stahl *m* پۆڵا *pola*

Stall *m* (Agr.) تەویلە *tewîle*

Stamm *m* 1. قەد(ی درەخت) *qed(î dirext);* 2. ڕیشە *rîşe;* 3. وەچە *weçe;* 4. بنچینە *binçîne;* 5. خێزان *xêzan;* 6. ڕەگ *reg;* 7. نەژاد *nejad*

stammen ⟨v.i.⟩ 1. سەر بە ... بوون *ser be ... bûn;* 2. خەڵکی ... بوون *xelkî ... bûn* • woher stammt er? خەڵکی کوێیە؟

Stammgast *m* موشتەری هەمیشەیی *muş-terî hemîşeyî*

stampfen I. ⟨v.i.⟩ 1. پێ بە زەویدا دان *pê be zewîda dan;* 2. پێلەقە لێدان *pêleqe lêdan* **II.** ⟨v.t.⟩ 1. ورد کردن *wird kir-din;* 2. کوتان (لە دەسکەواندا) *kutan (le deskewanda)*

Stand *m* 1. شوێنگە *şwênge;* 2. بار *bar;* 3. پایە(ی کۆمەڵایەتی) *paye(y kome-layetî);* 4. کۆشک (لە پێشانگایەکدا) *koşk (le pêşangayekda),* 5. مێزی شت لەسەر فرۆشتن *mêzî şit leser firoştin*

Standard *m* ستاندارت *sitandart*

Stand-By-Betrieb *m* لە کاتی ئامادەباشیدا *le katî amadebaşîda*

Ständer *m* کۆڵەکە *koleke*

Standesamt *n* فەرمانگەی ناونووسکردنی ژنهێنان، منداڵبوون و مردن *fermangey nawnûskirdinî jinhênan, mindalbûn u mirdin;* دایرەی نفووس *dayirey nifûs*

standhaft ⟨Adj.⟩ خۆڕاگر *xoragir*

ständig ⟨Adj.⟩ بەردەوام *berdewam*

Standort *m* وێستگە *wêstge*

Standpunkt *m* باریسەرنج *barîserinc*

Stange *f* 1. توڵ *tul;* 2. گلۆز(ەجگەرە) *giloz(ecigere)*

Stängel *m* لاسک *lask*

Stapel *m* بەستەک *bestek;* سەفتە *sefte*

stapeln ⟨v.t.⟩ کەڵەکە کردن *keleke kir-din;* سەفتە کردن *sefte kirdin*

[1]**Star** *m* (Zool.) عەینەمەل *'eynemel*

[2]**Star** *m* (Med.) نەخۆشیی عەدەسەی چاو *nexoşîy 'edesey çaw;* **Grauer Star** (Med.) ئاوی سپی *awî sipî;* **Grüner Star** (Med.) بەرزبوونەوەی پاڵەپەستۆی ناوچاو *berzbûnewey palepestoy naw-çaw;* ئاوی ڕەش *awî reş*

[3]**Star** *m* ستار *sitar;* کەسانی بەناوبانگ *ke-sanî benawbang*

stark ⟨Adj.⟩ 1. بەهێز *behêz;* 2. ئەستوور *estûr;* 3. پڕڕەنگ (چا) *pirreng (ça);* 4. (Gr.) بەهێز (کردار) *behêz (kirdar)*

Stärke *f* 1. ئەستووری *estûrî;* 2. هێز *hêz;* 3. نیشاستە *nîşaste*

stärken I. ⟨v.t.⟩ بەهێز کردن *behêz kirdin* **II.** ⟨v.refl.⟩ sich stärken خۆ بەهێز کردن *xo behêz kirdin*

starr ⟨Adj.⟩ 1. سڕ *sir;* 2. ڕەپ *rep*

S

starren ⟨v.i.⟩ چاو تێبڕین *çaw têbiṟîn*
Start *m* 1. دەستپێکردن *destpêkirdin;* 2. (فڕۆکە) فڕین *fiṟîn (fiṟoke);* 3. کەوتنەگەڕ (مەکینە) *kewtinegeṟ (mekîne)*
Startbahn *f* ڕێی هەڵفڕین و نیشتنەوەی فڕۆکە *rêy heḻfiṟîn u nîştinewey fiṟoke*
starten I. ⟨v.i.⟩ 1. دەست پێکردن *dest pêkirdin;* 2. (فڕۆکە) باڵ گرتن *baḻ girtin (fiṟoke)* **II.** ⟨v.t.⟩ (مەکینە) خستنە کار *xistine kar (mekîne)*
Starter *m* 1. ناوبژیوانی دەستپێکردنی یاری *nawbijîwanî destpêkirdinî yarî;* 2. یاریزانێک، کە لە پێشبڕکێیەکدا بەشدار دەبێ *yarîzanêk, ke le pêşbiṟkêyekda beşdar debê;* 3. سلف *silf*
Starthilfe *f* 1. باربوویی دارایی (لە سەرەتای کارێکدا) *barbûyîy darayî (le seretay karêkda);* 2. (Kfz) باربوویکردن (بۆ ماتۆڕی ئوتومبێلخستنەکار) *barbûyîkirdin (bo matoṟî utumbêlxistinekar)*
Station *f* 1. وێستگە *wêstge;* 2. ئێسگە *êsge;* 3. (نەخۆشخانە) قاوش *qawiş (nexoşxane)*
statisch ⟨Adj.⟩ نەگۆڕ *negoṟ*
Statistik *f* 1. زانستیی ژمێرە *zanistîy jimêre;* 2. ئامار *amar*
statt I. ⟨Präp.⟩ لەباتی *lebatî* **II.** ⟨Konj.⟩ لەباتیەوەی *lebatîewey*
stattfinden ⟨v.i.⟩ ڕوو دان *ṟû dan*
Statue *f* پەیکەر *peyker*
Statur *f* بەژن *bejn;* بەژنوباڵا *bejnubaḻa*
Status *m* 1. (bildungsspr.) بار *bar;* 2. (bildungsspr.) پایە *paye*
Stau *m* ڕێبەندان *ṟêbendan*
Staub *m* تۆز *toz;* تەپوتۆز *teputoz;* **Staub saugen** (بە گسکی کارەبایی) تۆز هەڵمژین *toz heḻmijîn (be giskî karebayî)*
staubig ⟨Adj.⟩ تۆزاوی *tozawî;* خۆڵاوی *xoḻawî*
staubsaugen ⟨v.i./v.t.⟩ (بە گسکی کارەبایی) تۆز هەڵمژین *toz heḻmijîn (be giskî karebayî)*
Staubsauger *m* گسکی کارەبایی *giskî karebayî*
Staudamm *m* بەنداو *bendaw*
stauen I. ⟨v.t.⟩ 1. پەنگ پێخواردنەوە *peng pêxiwardinewe;* 2. ڕێ لێگرتن *ṟê lêgirtin* **II.** ⟨v.refl.⟩ sich stauen پەنگ خواردنەوە *peng xiwardinewe*
staunen ⟨v.i.⟩ سەرسووڕ مان *sersûṟ man*
Stausee *m* تەنگاو *tengaw*
Steak *n* (Kochk.) ستێک *stêk;* پشتەمەغزە *piştemexze*
stechen I. ⟨v.i.⟩ 1. تێژەنین *têjenîn;* (مێشومەگەز) پێوەدان *pêwedan (mêşumegez);* 2. چووزاندنەوە *çûzandinewe* **II.** ⟨v.t.⟩ 1. تێوەژەندن *têwejendin;* 2. هەڵکۆڵین *heḻkoḻîn*
Stechmücke *f* (Zool.) مێشوولە *mêşûle*
Steckdose *f* هۆڵدرپلاک *hoḻdirplak*
stecken I. ⟨v.i.⟩ تێداچەقین *têdaçeqîn;* **in etw. stecken bleiben** تێگیران *têgîran* **II.** ⟨v.t.⟩ خستنە ناو *xistine naw*
Stecker *m* 1. (Tech.) پلاک *pilak;* 2. دەمەوانە *demewane*
Stecknadel *f* دەمبوس *dembus;* دەرزیی سەرخڕ *derzîy serxiṟ*
Steg *m* پەرگە *peṟge*
stehen ⟨v.i.⟩ 1. هەستان *hestan;* 2. (جلوبەرگ) لێهاتن *lêhatin (ciluberg);* 3. وەستان *westan;* 4. (دەرگا، پەنجەرە) کراوە بوون *kirawe bûn (derga, pencere)* • die

Jacke steht dir چاکەتەکەت لێدێ ; **stehen bleiben** وەستان *westan*

stehlen ⟨v.t.⟩ دزین *dizîn;* دزی کردن *dizî kirdin*

Stehplatz *m* شوێنی وەستان (لە شانۆ یا لە پاسدا) *şwênî westan (le şano ya le pasda)*

steif ⟨Adj.⟩ 1. ڕەق *req;* ڕەپ *rep;* 2. سڕ *sir*

steigen ⟨v.i.⟩ 1. سەر کەوتن *ser kewtin;* 2. هەڵگەڕان (لافاو) *helgeran (lafaw);* 3. (üb.) هەڵچوون *helçûn;* **aus dem Flugzeug steigen** لە فڕۆکە دابەزین *le firoke dabezîn;* **Drachen steigen lassen** کۆلارە هەڵدان *kolare heldan;* **in den Wagen steigen** چوونە ناو ئوتومبێلەوە *çûne naw utumbêlewe*

steigern I. ⟨v.t.⟩ 1. پەرە پێدان *pere pêdan;* 2. بەرز کردنەوە *berz kirdinewe;* 3. (Gr.) پایەی پتری بە ئەنجام گەیاندن *payey pitirî be encam geyandin* **II.** ⟨v. refl.⟩ sich steigern پەرە سەندن *pere sendin;* باشتر بوون *baştir bûn*

Steigerung *f* 1. بەرزبوونەوە *berzbûnewe;* 2. گەشەکردن *geşekirdin;* 3. پەرەسەندن *peresendin*

Steigung *f* 1. هەوراز *hewraz;* 2. بەرزبوونەوە *berzbûnewe*

steil ⟨Adj.⟩ 1. لێژ *lêj;* 2. ستوونی *sitûnî*

Steilhang *m* هەڵدێرکە *heldêrke;* لێژی *lêjî*

Steilküste *f* کەنارێکی بەرەولێژ یا بەرەوژوور *kenarêkî berewlêj ya berewjûr*

Stein *m* 1. بەرد *berd;* 2. دەنک *denik;* ناوک *nawk*

Steinbruch *m* کانەبەرد *kaneberd*

steinig ⟨Adj.⟩ بەردی *berdî;* بەردانی *berdanî*

steinigen ⟨v.t.⟩ بەردەباران کردن *berdebaran kirdin;* ڕەجم کردن *recim kirdin*

Steinigung *f* بەردەباران *berdebaran;* ڕەجمکردن *recimkirdin*

Steinkohle *f* بەردەخەڵووز *berdexelûz*

Steinmetz *m* بەردتاش *berdtaş;* نەقاڕ *neqar*

Steinmetzin *f* w. Form zu ↑Steinmetz

steinreich ⟨Adj.⟩ 1. بەردەڵانی *berdelanî;* 2. (ugs.) لۆرت *lort*

Steinschlag *m* (fachspr.) بەردکەوتنەخوارەوە *berdkewtinexiwarewe*

Steinschlaggefahr *f* مەترسیی بەردکەوتنەخوارەوە *metirsîy berdkewtinexiwarewe*

Steißbein *n* (Anat.) کلێنچکە *kilênçke*

Stelle *f* 1. شوێن *şwên;* 2. کار *kar;* وەزیفە *wezîfe;* 3. شوێنی کارکردن *şwênî karkirdin;* 4. پایە *paye;* 5. نووسینگە *nûsînge;* **an erster Stelle** 1. لە سەرەتادا *le seretada;* 2. بە پلەی یەکەم *be piley yekem*

stellen I. ⟨v.t.⟩ 1. دانان *danan;* 2. خستنە سەر *xistine ser;* 3. خستن (بار) *xistin (bar);* 4. میقات کردن (کاتژمێر) *mîqat kirdin (katjimêr)* **II.** ⟨v.refl.⟩ sich stellen خۆ بە دەستەوە دان *xo be destewe dan* • er stellte sich der Polizei خۆی دایە دەست پۆلیسەکان

Stellenangebot *n* وەزیفەی بەتاڵ *wezîfey betal*

Stellung *f* 1. بار *bar;* 2. شوێنگە *şwênge;* 3. پلە *pile;* 4. کار *kar;* وەزیفە *wezîfe;* 5. هەڵوێست *helwêst*

S

Stellungnahme *f* بیروڕادەربڕین *bîru-ṟaderbiṟîn*

Stellvertreter *m* نوێنەر *nwêner;* جێگر *cêgir;* وەکیل *wekîl*

Stellvertreterin *f* w. Form zu ↑Stellvertreter

Stempel *m* مۆر *mor;* خەتم *xetm*

stempeln ⟨v.t.⟩ مۆر کردن *mor kirdin;* خەتم کردن *xetm kirdin*

Steppe *f* سەوزەدەشت *sewzedeşt*

sterben ⟨v.i.⟩ 1. مردن *mirdin;* 2. تۆپین (ئاژەڵ) *topîn (ajeḻ)*

sterblich ⟨Adj.⟩ فانی *fanî*

Stereo *n* ستێریۆ *sitêryo;* **in Stereo** بە ستێریۆ *be sitêryo*

Stereoanlage *f* ئامێری ستێریۆ *amêrî sitêryo*

steril ⟨Adj.⟩ 1. پاکژکراو *pakijkiraw;* 2. (Biol./Med.) بێتۆو *bêtow;* 3. (Zool.) قسر *qisir*

sterilisieren ⟨v.t.⟩ 1. پاکژ کردن *pakij kirdin;* 2. (Med.) نەزۆک کردن *nezok kirdin*

Stern *m* ئەستێرە *estêre*

Sternbild *n* حەوتەوانە *ẖewtewane;* بورج *burc*

Sternzeichen *n* بورج *burc*

Stethoskop *n* (Med.) بیستەری پزیشک *bîsterî pizîşk;* سەماعە *semaʿe*

stetig ⟨Adj.⟩ بەردەوام *berdewam*

stets ⟨Adv.⟩ هەمیشە *hemîşe;* بەردەوام *berdewam*

[1]**Steuer** *f* باج *bac;* زەریبە *zerîbe*

[2]**Steuer** *n* سوکان *sukan*

Steuererklärung *f* ڕوونکارنامەی باجدان(، کە باجدەرێک پڕی دەکاتەوە و بۆ وەزارەتی دارایی دەنێرێ) *ṟûnkarnamey bacdan(, ke bacderêk piṟî dekatewe w bo wezaretî darayî denêrê)*

steuerfrei ⟨Adj.⟩ لەباجبەخشراو *lebacbexşiraw*

steuern **I.** ⟨v.t.⟩ 1. لێخوڕین (ئوتومبێل) *lêxuṟîn (utumbêl);* 2. ڕابەری کردن *ṟaberî kirdin* **II.** ⟨v.i.⟩ چوون بۆ *çûn bo*

Steuerung *f* لێخوڕین *lêxuṟîn*

Steuerzahler *m* باجدەر *bacder*

Steuerzahlerin *f* w. Form zu ↑Steuerzahler

Steward *m* خزمەتکاری ناو فڕۆکە یا پاپۆڕ *xizmetkarî naw fiṟoke ya papoṟ;* ستیوارد *sitîward*

Stewardess *f* w. Form zu ↑Steward

Stich *m* 1. تێوەژەندن *têwejendin;* 2. چزوو *çizû;* 3. تەقەڵ *teqeḻ;* 4. هەڵکۆڵین (مس، تەختە، ...) *heḻkoḻîn (mis, texte, …);* **j-n im Stich lassen** (idiom.) پشت گوێ خستن *pişt gwê xistin*

Stichwort *n* 1. وشە (لە سەرچاوەیەکدا) *wişe (le serçaweyekda);* 2. وشەی ئاماژەپێکراو *wişey amajepêkiraw*

sticken ⟨v.t./v.i.⟩ 1. قولاپکاری کردن *qulapkarî kirdin;* 2. چنین *çinîn*

Stickerei *f* 1. چنین *çinîn;* 2. نەخشاندن *nexşandin*

stickig ⟨Adj.⟩ 1. خنکێنەر *xinkêner;* 2. پەنگخواردوو (هەوا) *pengxiwardû (hewa)*

Stickstoff *m* (Chem.) نایترۆجین *naytirocîn*

Stiefbruder *m* زڕبرا *ziṟbira*

Stiefel *m* پوت *put*

Stiefelette *f* لاپچین *lapçîn*

S

Stiefkind *n* هەنەزا *heneza*
Stiefmutter *f* w. Form zu ↑Stiefvater باوەژن *bawejin*
Stiefmütterchen *n* (Bot.) وەنەوشەی فەڕەنگی *wenewşey feṟengî*
Stiefschwester *f* w. Form zu ↑Stiefbruder زڕخوشک *ziṟxuşk*
Stiefsohn *m* کوڕەهەنەزا *kuṟeheneza*
Stieftochter *f* w. Form zu ↑Stiefsohn کچەهەنەزا *kiçeheneza*
Stiefvater *m* باوەپیارە *bawepiyare*; زڕباوک *ziṟbawk*
Stiel *m* 1. دەسک *desk*; 2. لاسک *lask*
Stier *m* (Zool./Astrol.) گا *ga*
Stift *m* 1. بزمار *bizmar*; 2. پێنووس *pênûs*; قەڵەم *qeḻem*
stiften ⟨v.t.⟩ 1. دامەزراندن *damezrandin*; 2. پێبەخشین *pêbexşîn*; 3. بەرپا کردن *berpa kirdin*
Stifter *m* 1. خێرەوەمەند *xêrewmend*; 2. دامەزرێنەر *damezrêner*
Stifterin *f* w. Form zu ↑Stifter
Stiftung *f* 1. بەخشندەیی *bexşindeyî*; 2. دامەزراوە *damezrawe*; وەقف *weqif*
Stil *m* شێوە *şêwe*; شێواز *şêwaz*
still **I.** ⟨Adj.⟩ 1. بێدەنگ *bêdeng*; 2. دڵئاسوودە *diḻasûde*; 3. وەستاو *westaw* **II.** ⟨Adv.⟩ بەهێمنی *behêminî*
Stille *f* 1. ئارامی *aramî*; بێدەنگی *bêdengî*; 2. ئاسوودەیی *asûdeyî*
stillen ⟨v.t.⟩ 1. مەمک دان *memik dan*; 2. دامرکاندنەوە *damirkandinewe*
stillos ⟨Adj.⟩ نەشارەزا *neşareza*; بێسەلیقە *hêselîqe*
stilvoll ⟨Adj.⟩ بەسەڵتەنەت *beseḻtenet*; بەزەوق *bezewq*
Stimme *f* 1. دەنگ *deng*; 2. (Mus.) ئاواز *awaz*; 3. دەنگ (لە هەڵبژاردندا) *deng (le heḻbijardinda)*
stimmen **I.** ⟨v.t.⟩ 1. دەنگ دان *deng dan*; 2. کۆک کردن (ئامێری مۆسیقا) *kok kirdin (amêrî mosîqa)* **II.** ⟨v.i.⟩ ڕاست بوون *ṟast bûn* • das stimmt! ئەمە ڕاستە!
stimmig ⟨Adj.⟩ ڕێک *ṟêk*; ڕێکوپێک *ṟêkupêk*
Stimmung *f* 1. (Mus.) کۆک (ئامێری مۆسیقا) *kok (amêrî mosîqa)*; 2. باری دەروونی *barî derûnî*; 3. میزاج *mîzac*
stimulieren ⟨v.t.⟩ وروژاندن *wirûjandin*
stinken ⟨v.i.⟩ بۆن هاتن *bon hatin*
Stipendium *n* زەماڵە *zemale*; یارمەتیی پارە بۆ تەواوکردنی خوێندن *yarmetîy pare bo tewawkirdinî xwêndin*
Stirn *f* ناوچەوان *nawçewan*
Stirnrunzeln *n* ناوچاوانگرژکردن *nawçawangirjkirdin*
stochern ⟨v.i.⟩ ئاژنین (دان) *ajinîn (dan)*
Stock *m* 1. دارشەق *darşeq*; 2. نهۆم *nihom*; قات *qat*; **im zweiten Stock** لە نهۆمی دووەم *le nihomî dûwem*
Stockwerk *n* نهۆم *nihom*; قات *qat* • das Haus hat zwei Stockwerke خانووەکە دوو نهۆمە
Stoff *m* 1. مادە *made*; 2. کوتاڵ *kutaḻ*; قوماش *qumaş*; 3. بابەت *babet*
stöhnen ⟨v.i.⟩ناڵاندن *naḻandin*
Stollen *m* لەغەم *lex̱em*
stolpern ⟨v.i.⟩ چورتم دان *çurtim dan*; سەرسم دان *sersim dan*
stolz ⟨Adj.⟩ 1. سەربەرز *serberz*;

2. پشتبەخۆبەستە *piştbexobeste*

Stolz *m* شکۆ *şiko*; سەربەرزی *serberzî*

stopfen **I.** ⟨v.t.⟩ تێئاخنین *têaxnîn* **II.** ⟨v.i.⟩ پڕ بوون *pir̲ bûn*

Stoppel *f* 1. (Agr.) بنکا *binka*; 2. تەنکەڕیش *tenker̲îş*

stoppen **I.** ⟨v.t.⟩ ڕاوەستاندن *r̲awestandin*; ئیستۆپ گرتن *îstop girtin* **II.** ⟨v.i.⟩ وەستان *westan*

Stoppschild *n* تابلۆی وەستان *tabloy westan*

Stoppuhr *f* سەعاتی کاتدیاریکردن *seʿatî katdiyarîkirdin*

Stöpsel *m* دەمەوانە *demewane*

Storch *m* (Zool.) حاجیلەقلەق *h̲acîleqleq*

stören **I.** ⟨v.t.⟩ 1. بێزار کردن *bêzar kirdin*; 2. لێتێکدان *lêtêkdan* • störe ich Sie? بێزارتان دەکەم؟ **II.** ⟨v.i.⟩ وەڕس بوون *wer̲is bûn*

stornieren ⟨v.t.⟩ (Kaufmannsspr.) داواکارییەک هەڵوەشاندنەوە *dawakarîyek hel̲weşandinewe*

Stornogebühr *f* باجی حیجزهەڵوەشاندنەوە *bacî h̲îcizhel̲weşandinewe*

störrisch ⟨Adj.⟩ 1. بەدلغاو *bedlix̲aw*; 2. نەحس *neh̲s*

Störung *f* 1. بێزارکردن *bêzarkirdin*; 2. پشێوی *pişêwî*

Stoß *m* 1. پێداکەوتن *pêdakewtin*; 2. پاڵ *pal̲*; 3. تێهەڵدان *têhel̲dan*

Stoßdämpfer *m* دەبڵی ئوتومبێل *debl̲î utumbêl*

stoßen **I.** ⟨v.t.⟩ 1. پێکدادان *pêkdadan*; 2. پاڵ پێوەنان *pal̲ pêwenan* **II.** ⟨v.i.⟩ 1. تەکان دان *tekan dan*; 2. بە یەکدا دان *be yekda dan* **III.** ⟨v.refl.⟩ sich (etw.) an etw. stoßen خۆ پێدادان *xo pêdadan*

Stoßstange *f* دەعامی *deʿamî*

stottern ⟨v.i./v.t.⟩ زمان گرتن *ziman girtin*

strafbar ⟨Adj.⟩ شیاو بۆ جەزادان *şiyaw bo cezadan*

Strafe *f* 1. سزا *siza*; 2. جەزا *ceza*

strafen ⟨v.t.⟩ سزا دان *siza dan*; جەزا دان *ceza dan*

straff ⟨Adj.⟩ بەستراو *bestiraw*; توندوتۆڵ *tundutol̲*

Strafgericht *n* دادگای تاوان *dadgay tawan*

Strafmandat *n* پسوڵەی جەزادان *pisul̲ey cezadan*

Strafstoß *m* (Sp.) پەنارتی *penartî*

Straftat *f* تاوان *tawan*; تاوانکاری *tawankarî*

Straftäter *m* تاوانبار *tawanbar*; تاوانکار *tawankar*

Straftäterin *f* w. Form zu ↑Straftäter

Strafzettel *m* پسوڵەی جەزادان *pisul̲ey cezadan*

Strahl *m* تیشک *tîşk*; شەوق *şewq*

strahlen ⟨v.i.⟩ 1. بریقانەوە *birîqanewe*; پرشنگ دانەوە *pirşing danewe*; 2. گەش بوونەوە *geş bûnewe*

Strahlung *f* تیشکدانەوە *tîşkdanewe*

strampeln ⟨v.i.⟩ 1. لنگەفرتێ کردن *lingefirtê kirdin*; 2. (ugs.) بەخێرایی پاسکیل لێخوڕین *bexêrayî paskîl lêxur̲în*

Strand *m* کەناردەریا *kenarderya*

Strang *m* 1. گوریس *gurîs*; 2. کڵافە (دەزوو، بەن) *kil̲afe (dezû, ben)*

strapazieren ⟨v.t.⟩ هیلاک کردن *hîlak kirdin*; بێتاقەت کردن *bêtaqet kirdin*

S

Straße *f* شەقام *şeqam;* ڕێ *r̲ê*
Straßenarbeit *f* ڕێوبانچاککردن *r̲êwbançakkirdin*
Straßenbahn *f* شەمەندەفەری سەرشەقام *şemendeferî serşeqam;* ترامواى *tiramway*
Straßenbahnhaltestelle *f* وێستگەی تراموای *wêstgey tiramway*
Straßengraben *m* جۆگەلەڕێی ئەملاوئەولای شەقام *cogeler̲êy emlawewlay şeqam*
Straßenhändler *m* دەستگێڕ *destgêr̲;* چەرچی *çerçî*
Straßenhändlerin *f* w. Form zu ↑Straßenhändler
Straßenkehrer *m* کەناس *kenas*
Straßenkehrerin *f* w. Form zu ↑Straßenkehrer
Straßenkreuzung *f* 1. چوارڕێیان *çiwarr̲êyan;* 2. دووڕیان *dûr̲iyan*
Straßenraub *m* ڕێگری *r̲êgirî*
Straßensperre *f* بەربەستی ڕێگا *berbestî r̲êga*
Straßenverkehr *m* هاتوچۆی سەر شەقام *hatuçoy ser şeqam*
Straßenverkehrsordnung *f* ڕێنماییی هاتوچۆ *r̲ênimayîy hatuço*
Strategie *f* 1. ڕەنگڕێژی *r̲engr̲êjî;* 2. سوپاڕانی *supar̲anî;* 3. ستراتیجییەت *sitr̲atîcîyet*
strategisch ⟨Adj.⟩ ستراتیجی *sitr̲atîcî*
Strauch *m* دەوەن *dewen*
[1]**Strauß** *m* چەپک *çepik;* دەسک *desk*
[2]**Strauß** *m* (Zool.) وشترمەل *wiştirmel*
Streber *m* (ugs.) خۆبەرەپێشەوە *xoberepêşewe*
Streberin *f* w. Form zu ↑Streber
Strecke *f* 1. ماوە *mawe;* مەسافە *mesafe;* 2. ڕێوبان *r̲êwban*
strecken I. ⟨v.t.⟩ ڕاکێشان *r̲akêşan;* درێژ کردن *dirêj kirdin* **II.** ⟨v.refl.⟩ sich strecken 1. خۆ کێشانەوە *xo kêşanewe;* 2. درێژ بوونەوە *dirêj bûnewe*
Streich *m* 1. تەقلەدەو *teqledew;* 2. پەنگ *peng;* 3. (üb.) ناماقووڵی *namaqûl̲î*
streicheln ⟨v.t.⟩ دەس پێداهێنان *des pêdahênan*
streichen I. ⟨v.i.⟩ 1. دەست بەسەردا هێنان *dest beserda hênan;* 2. گەڕان *ger̲an* **II.** ⟨v.t.⟩ 1. ڕەنگ کردن *r̲eng kirdin;* 2. کوژاندنەوە *kujandinewe*
Streichholz *n* دەنکەشقارتە *denkeşiqarte*
Streichholzschachtel *f* پاکەتەشقارتە *paketeşiqarte*
Streichinstrument *n* (Mus.) ئامێری ژێدار *amêrî jêdar*
Streife *f* دەورییە *dewrîye;* چەرخەچی *çerxeçî*
streifen ⟨v.t.⟩ 1. خەتخەت کردن *xetxet kirdin;* 2. لێخشاندن *lêxişandin*
Streifen *m* 1. هێڵ *hêl̲;* شریت *şirît;* 2. زێوار (جلوبەرگ) *zêwar (ciluberg);* 3. (ugs.) فلیم *filîm*
Streik *m* مانگرتن *mangirtin*
streiken ⟨v.i.⟩ مان گرتن *man girtin*
Streit *m* کێشە *kêşe;* ناکۆکی *nakokî*
streiten I. ⟨v.i.⟩ 1. دەمەقاڵێ بوون *demeqal̲ê bûn;* بەگژدا چوون *begijda çûn;* 2. شەڕ کردن *şer̲ kirdin* **II.** ⟨v. refl.⟩ sich streiten دەمەقاڵێ کردن *demeqal̲ê kirdin;* شەڕ کردن *şer̲ kirdin;* پێکدا چوون *pêkda çûn*
Streitgespräch *n* مقۆمقۆ *miqomiqo*

S

Streitigkeit *f* مشتومڕ *miştumir̲*; شەڕوهەرا *şer̲uhera*; ناكۆكی *nakokî*
streitsüchtig ⟨Adj.⟩ شەڕفرۆش *şer̲firoş*; شەڕەنگێز *şer̲engêz*; شەڕانی *şer̲anî*
streng ⟨Adj.⟩ 1. توندوتیژ *tundutîj*; 2. سەخت *sext*; 3. مڕومۆچ *mir̲umoç* • es ist streng verboten بەتەواوی قەدەغەكراوە
Stress *m* شەكەتی *şeketî*; شەكەتیی دەروونی *şeketîy derûnî*; سترێس *sitr̲ês*
stressig ⟨Adj.⟩ (ugs.) شەكەت *şeket*; نارەحەت *nar̲eh̲et*
streuen ⟨v.t.⟩ 1. پژاندن *pijandin*; 2. (üb.) بڵاو كردنەوە (قسەوباس) *bil̲aw kirdinewe (qisewbas)*
streunen ⟨v.i.⟩ (ugs.) تەرە بوون *tere bûn*
Strich *m* 1. هێڵ *hêl̲*; دێڕ *dêr̲*; 2. فلچەپێداهێنان *fil̲çepêdahênan*
Strichpunkt *m* خاڵوبۆر *xal̲ubor*
Strick *m* پەت *pet*; تەناف *tenaf*
stricken ⟨v.t.⟩ چنین *çinîn*; هۆنینەوە *honînewe*
Strickjacke *f* چاكەتی چنراو *çaketî çinraw*
Striegel *m* ڕنەكی وڵاخ *r̲inekî wil̲ax*
striegeln ⟨v.t.⟩ ڕنەك كردن *r̲inek kirdin*
Striptease *m* ستریپتیز *strîptîz*
Stroh *n* كا *ka*; پووش *pûş*
Strohhalm *m* 1. لاسك(ەگیا) *lasik(egiya)*; 2. قەسەب(ی خواردنەوە) *qeseb(î xiwardinewe)*
Strohhut *m* شەپقەی پووش *şepqey pûş*
Strom *m* 1. ڕووبار *r̲ûbar*; 2. لێشاو *lêşaw*; 3. كارەبا *kareba*
Stromanschluss *m* هۆڵدرێك، كە كارەبای تێدا بێ *hol̲dirêk, ke karebay têda bê*
Stromausfall *m* تەیاری كارەباپچڕان *teyarî karebapiçr̲an*
Strömung *f* 1. تەوژم *tewijm*; 2. بزووتنەوە *bizûtnewe*
Stromzähler *m* سەعاتی كارەبا *se'atî kareba*
Strudel *m* 1. گێژەنگ *gêjeng*; 2. شتڕوودل (جۆرە كێكێكە) *şitr̲ûdil (core kêkêke)*
Strumpf *m* گۆرەوی *gorewî*
Strumpfhose *f* گۆرەویی دەرپێدار *gorewîy derpêdar*
Stube *f* ژوور *jûr*; هۆدە *hode*
Stuck *m* نەخشونیگاری بنمیچ (كە بە گەچ، قسڵ و لم دەكرێ) *nexşunîgarî binmîç (ke be geç, qisil̲ u lim dekrê)*
Stück *n* 1. پارچە *parçe*; 2. دانە *dane*; سەر *ser*; 3. تا *ta*; **ein Stück Fleisch** پارچەگۆشت *parçegoşt*; **ein Stück Zucker** پارچەیەك شەكر *parçeyek şekir*
Student *m* خوێندكاری زانكۆ *xwêndkarî zanko*; قوتابیی زانكۆ *qutabîy zanko*
Studentenausweis *m* ناسنامەی قوتابێتی *nasnamey qutabêtî*; ناسنامەی خوێندكار *nasnamey xwêndkar*
Studentenheim *n* بەشیناوخۆییی قوتابییان *beşînawxoyîy qutabîyan*; بەشیناوخۆییی خوێندكاران *beşînawxoyîy xwêndkaran*
Studentin *f* w. Form zu ↑Student
Studienplatz *m* شوێنی خوێندن *şwênî xwêndin*
Studienreise *f* گەشتی توێژینەوەكاری *geştî twêjînewekarî*
studieren I. ⟨v.t.⟩ 1. خوێندن لە زانستگادا *xwêndin le zanistgada*; 2. وانە خوێندن *wane xwêndin*; 3. لێكۆڵینەوە *lêkol̲înewe*

S

II. ⟨v.i.⟩ 1. چوون بۆ زانستگا *çûn bo zanistga;* 2. کاری زانستی کردن *karî zanistî kirdin*

Studio *n* 1. ستۆدیۆ *sitodyo;* پێشانگا *pêşanga;* 2. شوێنکاری نیگارکێش *şwênkarî nîgarkêş*

Studium *n* 1. خوێندن (لە زانستگادا) *xwêndin (le zanistgada);* 2. لێکۆڵینەوە *lêkoḻînewe*

Stufe *f* 1. پلە *pile;* پلیکە *pilîke;* 2. پایە *paye;* 3. قۆناغ *qonax̱;* 4. ڕادە *ṟade*

Stuhl *m* 1. کورسی *kursî;* 2. پیسایی *pîsayî*

Stuhlgang *m* (Med.) گوو *gû;* پیسایی *pîsayî*

Stulpe *f* 1. فەقیانە *feqyane;* 2. پووزەوانە *pûzewane*

stumm ⟨Adj.⟩ 1. بێزمان *bêziman;* 2. بێدەنگ *bêdeng*

stumpf ⟨Adj.⟩ کول *kul*

Stunde *f* 1. سەعات *se'at;* 2. وانە *wane;* 3. کات *kat;* **alle zwei Stunden einmal** هەر دوو سەعات جارێک *her dû se'at carêk;* **eine halbe Stunde** نیوسەعات *nîwse'at;* **jede Stunde** هەمووسەعاتێک *hemûse'atêk*

Stundenkilometer *pl.* (ugs.) کیلۆمەتر لە سەعاتێکدا *kîlometir le se'atêkda*

stundenlang **I.** ⟨Adj.⟩ بەسەعات *bese'at* **II.** ⟨Adv.⟩ چەندەها سەعات *çendeha se'at*

Stundenlohn *m* مزی سەعاتێک *mizî se'atêk*

Stundenplan *m* نەخشەی وانەخوێندن *nexşey wanexwêndin;* جەدوەل *cedwel*

stundenweise ⟨Adv.⟩ بەسەعات *bese'at*

stündlich ⟨Adj.⟩ هەموو سەعاتێک *hemû se'atêk*

Stupsnase *f* (ugs.) لووتمۆچ *lûtmoç*

stur ⟨Adj.⟩ 1. کەللەڕەق *kelleṟeq;* 2. بیرتەسک *bîrtesk*

Sturheit *f* 1. کەللەڕەقی *kelleṟeqî;* 2. بیرتەسکی *bîrteskî*

Sturm *m* 1. ڕەشەبا *ṟeşeba;* باهۆز *bahoz;* 2. (üb.) پشێوی *pişêwî;* 3. (Sp.) هێرشبردن *hêrişbirdin*

stürmen ⟨v.i.⟩ 1. هەڵکردن (باوبۆران) *heḻkirdin (bawboran);* 2. هێرش بردن *hêriş birdin*

stürmisch ⟨Adj.⟩ 1. زریانی *ziryanî;* 2. ئاڵۆز *aḻoz*

Sturz *m* هەرەسهێنان *hereshênan*

sturzbesoffen ⟨Adj.⟩ (ugs.) زۆر سەرخۆش *zor serxoş*

stürzen **I.** ⟨v.i.⟩ 1. کەوتن *kewtin;* 2. بەپەلە ڕا کردن *bepele ṟa kirdin* **II.** ⟨v.t.⟩ 1. (üb.) لابردن (لەسەر وەزیفە) *labirdin (leser wezîfe);* 2. (üb.) ڕووخاندن (ڕژێم) *ṟûxandin (ṟijêm)*

Sturzhelm *m* خوودەی پاراستن *xûdey parastin*

Stute *f* (Zool.) ماین *mayin*

Stütze *f* کۆڵەکە *koḻeke;* پاڵپشت *paḻpişt*

stutzen ⟨v.t.⟩ 1. کوڵ کردن *kuḻ kirdin;* 2. بڕین (قژ، ڕیش) *biṟîn (qij, ṟîş);* 3. قەڵەم کردن (دار) *qeḻem kirdin (dar)*

stützen **I.** ⟨v.t.⟩ هەڵپەساردن *heḻpesardin* **II.** ⟨v.refl.⟩ sich auf etw. stützen 1. پاڵ پێوە دان *paḻ pêwe dan;* 2. پشت پێبەستن *pişt pêbestin*

Stützpunkt *m* 1. هێنگە *hinge;* 2. (üb.) بنکە *binke*

Subjekt *n* 1. (Philos.) هۆش *hoş*; 2. (abwertend) کەس *kes*; 3. (Gr.) بکەر *biker*; کارا *kara*
subjektiv ⟨Adj.⟩ 1. (bildungsspr.) خۆیی *xoyî*; 2. (bildungsspr.) داشکاو بە لایەکدا *daşikaw be layekda*
Substantiv *n* (Gr.) ناو *naw*
Substanz *f* 1. (Philos.) گەوهەر *gewher*; 2. کرۆک *kirok*; 3. مادە *made*
substanziell ⟨Adj.⟩ (bildungsspr.) جەوهەردار *cewherdar*
subtil ⟨Adj.⟩ 1. (bildungsspr.) ورد *wird*; 2. (bildungsspr.) زرنگ *ziring*
subtrahieren ⟨v.t.⟩ (Math.) لێدەرکردن *lêderkirdin*
Subvention *f* (Wirtsch.) دەستگیرۆیی (لەلایەن میری یا دامودەزگایەکەوە) *destgîroyî (lelayen mîrî ya damudezgayekewe)*
Suche *f* پشکنین *pişkinîn*; بەدواداگەڕان *bedwadageṟan*
suchen **I.** ⟨v.t.⟩ 1. گەڕان *geṟan*; 2. هەڵبژاردن *heḻbijardin* **II.** ⟨v.i.⟩ لەپ کوتان *lep kutan*; **nach etw./j-m suchen** بەشوێندا گەڕان *beşwênda geṟan*
Suchmaschine *f* (EDV) سێرجێنجن *sêrcêncin*
Sucht *f* 1. ئیدمان *îdman*; 2. خووپێوەگرتن *xûpêwegirtin*
süchtig ⟨Adj.⟩ 1. مودمین *mudmîn*; 2. ڕاهاتوو (لەگەڵ ...) *ṟahatû (legeḻ ...)*
Süddeutschland *n* باشووری ئەڵمانیا *başûrî Eḻmanya*
Süden *m* خواروو *xiwarû*; باشوور *başûr*; **nach Süden** ڕووەو قیبلە *ṟûwew qîble*; **von Süden nach Norden** لە باشوورەوە بۆ باکوور *le başûrewe bo bakûr*
südlich ⟨Adj./Präp.⟩ 1. باشووری *başûrî*; 2. خواروو *xiwarû*; **südlich von Berlin** لە باشووری بەرلین *le başûrî Berlîn*
Südosten *m* باشووری ڕۆژهەڵات *başûrî ṟojheḻat*
südöstlich ⟨Adj./Präp.⟩ خوارووی ڕۆژهەڵات *xiwarûy ṟojheḻat*
Südpol *m* جەمسەری باشوور *cemserî başûr*
Südwesten *m* باشووری ڕۆژئاوا *başûrî ṟojawa*
südwestlich ⟨Adj./Präp.⟩ خوارووی ڕۆژئاوا *xiwarûy ṟojawa*
Südwind *m* شەماڵ *şemaḻ*
Suffix *n* (Gr.) پاشگر *paşgir*
Sufi *m* سۆفی *sofî*
Sufismus *m* سۆفێتی *sofêtî*; تەسەوف *tesewif*
Sultan *m* سوڵتان *suḻtan*; سان *san*
Summe *f* کۆی گشتی *koy giştî*
summen ⟨v.i./v.t.⟩ ویزاندن *wîzandin*
summieren **I.** ⟨v.t.⟩ کۆ کردنەوە *ko kirdinewe* **II.** ⟨v.refl.⟩ sich summieren زۆر بوون *zor bûn*
Sumpf *m* زۆنگاو *zongaw*
Sünde *f* 1. گوناح *gunaẖ*; 2. تاوان *tawan*
sündigen ⟨v.i.⟩ گوناح کردن *gunaẖ kirdin*; تاوان کردن *tawan kirdin*
Sunnit *m* سوننە *sunne*; سونی *sunî*
Sunnitin *f* w. Form zu ↑Sunnit
sunnitisch ⟨Adj.⟩ (islam.) سوننە *sunne*; سونی *sunî*
super ⟨Adj.⟩ (ugs.) سوپەر *super*
Super *n* سوپەر (بەنزین) *super (benzîn)*

S

Superlativ *m* (Gr.) هەرەیی *hereyî*; باری پلەی باڵای ئاوەڵناو *barî piley ba<u>l</u>ay awe<u>l</u>naw*
Supermacht *f* زلهێز *zilhêz*
Supermarkt *m* بازاڕەگەورە *baza<u>r</u>egewre*
Suppe *f* شۆربا *şorba*
Suppenkelle *f* چەمچە *çemçe*
Suppenlöffel *m* کەوچکی شلە *kewçkî şile*
Suppenteller *m* (بۆ شلە) قاپی قووڵ *qapî qû<u>l</u> (bo şile)*
Sure *f* (Rel.) سورەت *suret*
surfen ⟨v.i.⟩ 1. (Sp.) شەپۆلسواری کردن *şepolsiwarî kirdin*; 2. (EDV) لە ئینتەرنێتدا بوون *le înternêtda bûn*
suspendieren ⟨v.t.⟩ دەست لە کار پێهەڵگرتن (بۆ ماوەیەکی کاتی) *dest le kar pêhe<u>l</u>girtin (bo maweyekî katî)*
süß ⟨Adj.⟩ 1. شیرین *şîrîn*; 2. (üb.) جوان *ciwan*; نازدار *nazdar*
Süße *f* شیرینی *şîrînî*
Süßholz *n* ڕەگی درەختی شیرین *<u>r</u>egî dirextî şîrîn*; **Süßholz raspeln** (idiom./ugs.) شیرینزمانی کردن *şîrînzimanî kirdin*
Süßigkeit *f* شیرینی *şîrînî*
süßsauer ⟨Adj.⟩ ترشوشیرین *tirşuşîrîn*
Süßstoff *m* شەکارین *şekarîn*
Süßwasser *n* ئاوی شیرین *awî şîrîn*
Swimmingpool *m* حەوزی مەلە *<u>h</u>ewzî mele*
Symbol *n* هێما *hêma*; ڕەمز *<u>r</u>emiz*
symbolisch ⟨Adj.⟩ هێمایی *hêmayî*; ڕەمزی *<u>r</u>emzî*
symmetrisch ⟨Adj.⟩ هاوتا *hawta*; چوونیەک *çûnyek*
Sympathie *f* 1. دڵسۆزی *di<u>l</u>sozî*; 2. لایەنگری *layengirî*
Sympathisant *m* لایەنگر *layengir*
Sympathisantin *f* w. Form zu ↑Sympathisant
sympathisch ⟨Adj.⟩ خوێنگەرم *xwêngerm*; ڕۆحسووک *<u>r</u>o<u>h</u>sûk*
sympathisieren ⟨v.i.⟩; **mit etw./j-m sympathisieren** دڵسۆزی نواندن لەگەڵ *di<u>l</u>sozî niwandin lege<u>l</u>*
Symphonie *f* (Mus.) سینفۆنی *sînfonî*
Symptom *n* (نیشانە(ی نەخۆشی *nîşane(y nexoşî)*
Synagoge *f* کەنشتە *kenişte*
synonym ⟨Adj.⟩ (Ling.) هاوواتا *hawwata*
Syntax *f* (Gr.) ڕستەسازی *<u>r</u>istesazî*; سینتاکس *sîntakis*
synthetisch ⟨Adj.⟩ پێکهێنراو *pêkhênraw*
Syphilis *f* (Med.) فەڕەنگی *fe<u>r</u>engî*; ئاتەشەک *ateşek*
Syrer *m* 1. سوری *surî*; 2. سریانی *siryanî*
Syrerin *f* w. Form zu ↑Syrer
Syrien *n* سوریا *Surya*
syrisch ⟨Adj.⟩ 1. سوری *surî*; 2. سریانی *siryanî*
System *n* 1. پەیڕەو *pey<u>r</u>ew*; 2. سستێم *sistêm*
systematisch ⟨Adj.⟩ ڕێکوپێک *<u>r</u>êkupêk*
Szene *f* 1. (Theat.) شانۆ *şano*; 2. (Theat.) پەردە *perde*; 3. (فلیم) بەش *beş (filîm)*; **j-m eine Szene machen** (ugs.) بەزم پێگرتن *bezim pêgirtin*

S

T

t, T تێ *tê;* پیتی بیستەمی ئەلفبێی ئەڵمانی *pîtî bîstemî elfbêy elmanî*

Tabak *m* تووتن *tûtin*

Tabakladen *m* دوکانی جگەرەفرۆش *dukanî cigerefiroş;* تووتنچی *tûtinçî*

Tabakware *f* بابەتەکانی تووتن *babetekanî tûtin*

Tabelle *f* 1. خشتە *xişte;* 2. تابلۆ *tablo*

Tablett *n* سینی *sînî*

Tablette *f* (Med.) حەب *heb*

Tabu *n* (bildungsspr.) حەرامکراو *heramkiraw;* تابوو *tabû*

Tacho *m* (ugs.) خێراییپێو *xêrayîpêw*

Tadel *m* سەرزەنشتی *serzeniştî*

tadellos ⟨Adj.⟩ بێخەوش *bêxewş*

tadeln ⟨v.t.⟩ سەرزەنشت کردن *serzenişt kirdin*

Tadschike *m* تاجیکی *tacîkî*

Tadschikin *f* w. Form zu ↑Tadschike

tadschikisch ⟨Adj.⟩ تاجیکی *tacîkî*

Tadschikisch *n* زمانی تاجیکی *zimanî tacîkî*

Tadschikistan *n* تاجیکستان *Tacîkistan*

Tafel *f* 1. تەختەڕەش *textereş;* 2. تابلۆی ئاگاداری *tabloy agadarî;* 3. خوان *xiwan;* 4. شوکولاتەی خشتکراو *şukulatey xiştkiraw*

Tag *m* ڕۆژ *roj* • sie hat ihre Tage بێنوێژە ; Guten Tag! !ڕۆژ باش ; **am Tag** لە ڕۆژدا *le rojda;* **der Jüngste Tag** (Rel.) ڕۆژی حەشر *rojî heşir;* **jeden Tag** هەمووڕۆژێک *hemûrojêk;* **Tag und Nacht** شەو و ڕۆژ *şew u roj*

Tagebuch *n* یادنامە *yadname;* دەفتەری یادەوەری *defterî yadewerî*

tagelang ⟨Adj.⟩ چەندەها ڕۆژ *çendeha roj*

tagen ⟨v.i.⟩ ڕۆژ بوونەوە *roj bûnewe*

Tagesanbruch *m* بەرەبەیان *berebeyan*

Tagesausflug *m* ڕۆژەسەیران *rojeseyran*

Tagesdecke *f* سەرجێگا *sercêga*

Tagesgericht *n* خواردنی ڕۆژ *xiwardinî roj*

Tageskarte *f* 1. کارتی خواردەمەنیی ڕۆژانە *kartî xiwardemenîy rojane;* 2. بلیتی ڕۆژانە (بۆ هاتوچۆ، ...) *bilîtî rojane (bo hatuço, …)*

Tageslicht *n* گزنگ *gizing;* ڕووناکیی ڕۆژ *rûnakîy roj*

Tagesmutter *f* دایەن (بە ڕۆژ چاودێری منداڵان دەکا) *dayen (be roj çawdêrî mindalan deka)*

Tageszeit *f* کاتەکانی ڕۆژ *katekanî roj*

Tageszeitung *f* ڕۆژنامەی ڕۆژانە *rojnamey rojane*

täglich ⟨Adj.⟩ هەموو ڕۆژێک *hemû r̲ojêk*; **zweimal täglich** ڕۆژی دووجار *r̲ojî dûcar*
tagsüber ⟨Adv.⟩ بەڕۆژ *ber̲oj*
Tagung *f* 1. کۆڕ *kor̲*; 2. ئەڵقەی خوێندن *el̲qey xwêndin*
Taifun *m* تۆفان *tofan*
Taille *f* ناوقەد *nawqed*; کەمەر *kemer*
Takt *m* (Mus.) کێش *kêş*; ڕیتم *r̲îtim*
Taktik *f* 1. هونەری مناوەرە لە جەنگدا *hunerî minawere le cengda*; 2. تاکتیک *taktîk*
taktisch ⟨Adj.⟩ تاکتیکی *taktîkî*
taktlos ⟨Adj.⟩ هەڵەشە *hel̲eşe*; نابەجێ *nabecê*
taktvoll ⟨Adj.⟩ 1. وریا *wirya*; 2. بەجێ *becê*
Tal *n* دەربەند *derbend*; دۆڵ *dol̲*
Talent *n* 1. بەهرە *behre*; 2. کارامەیی *karameyî*
talentiert ⟨Adj.⟩ بلیمەت *bilîmet*; کارامە *karame*
Talisman *m* 1. دۆعا(، کە بە بەرۆکدا دەکرێ) *do'a(, ke be berokda dekrê)*; 2. تەلیسم *telîsim*
Talkshow *f* بەرنامەی گفتوگۆی تەلەفیزیۆنی یا ڕادیۆ *bernamey giftugoy telefîzyonî ya r̲adyo*
Tamburin *n* (Mus.) دەف *def*
Tampon *m* 1. تامپۆ *tampo*; 2. پەڕۆی بێنوێژی *per̲oy bênwêjî*
Tank *m* تانکی *tankî*
tanken ⟨v.t./v.i.⟩ سووتەمەنی تێکردن *sûtemenî têkirdin*
Tanker *m* تەنکەر *tenker*
Tankstelle *f* بەنزینخانە *benzînxane*
Tankwagen *m* ئوتومبێلی تەنکەر *utumbêlî tenker*
Tanne *f* سنەوبەر *sinewber*
Tante *f* 1. پوور *pûr*; 2. خاڵۆژن *xal̲ojin*; 3. ئامۆژن *amojin*
Tanz *m* سەما *sema*
tanzen ⟨v.i./v.t.⟩ سەما کردن *sema kirdin*
Tänzer *m* سەماکەر *semaker*
Tänzerin *f* w. Form zu ↑Tänzer
Tanzfläche *f* شوێنی سەماکردن *şwênî semakirde*
Tanzlokal *n* سەماخانە *semaxane*
Tapete *f* کاغەزی دیوار *kax̲ezî dîwar*
tapfer ⟨Adj.⟩ ئازا *aza*
Tapferkeit *f* ئازایەتی *azayetî*
Tapferkeitsmedaille *f* مەدالیای چاونەترسی *medalyay çawnetirsî*
Tar *m* (Mus.) تار *tar*
Tarantel *f* (Zool.) پەزپەزک *pezpezk*
Tarif *m* 1. مووچەی چەسپاو (مووچەیەکە، کە بڕیاری لەسەر دراوە) *mûçey çespaw (mûçeyeke, ke bir̲yarî leser dirawe)*; 2. نرخی چەسپاو (نرخێکە، کە بڕیاری لەسەر دراوە) *nirxî çespaw (nirxêke, ke bir̲yarî leser dirawe)*
tarnen ⟨v.t.⟩ داپۆشین *dapoşîn*; حەشار دان *h̲eşar dan*
Tarnung *f* داپۆشین *dapoşîn*; شاردنەوە *şardinewe*
Tasche *f* 1. گیرفان(ی جلوبەرگ) *gîrfan(î ciluberg)*; 2. جانتا *canta*; 3. تورەکە *tureke*
Taschenbuch *n* 1. دەفتەری بەرباخەڵ *defterî berbaxel̲*; 2. نامیلکە *namîlke*; کتێبی گیرفان *kitêbî gîrfan*
Taschendieb *m* گیرفانبڕ *gîrfanbir̲*

T

Taschendiebin *f* w. Form zu ↑Taschendieb
Taschengeld *n* خەرجی *xercî*
Taschenlampe *f* لایت *layt*
Taschenmesser *n* قەڵەمبڕ *qe<u>l</u>embi<u>r</u>*
Taschenrechner *m* ژمێرەری گیرفان *jimêrerî gîrfan*
Taschentuch *n* دەستەسڕ *destesi<u>r</u>*
Taschenuhr *f* سەعاتی بەرباخەڵ *se'atî berbaxe<u>l</u>*
Tasse *f* 1. کوپ *kup*; 2. دۆلکە *dolke*
Taste *f* دوگمە *dugme*
tasten ⟨v.t./v.i.⟩ دەست لێدان *dest lêdan*
Tat *f* کار *kar*; کردە *kirde*; **eine gute Tat vollbringen** چاکە کردن *çake kirdin*
Tatbestand *m* ڕووداو *<u>r</u>ûdaw*
Täter *m* کردە *kirde*; تاوانبار *tawanbar*
Täterin *f* w. Form zu ↑Täter
tätig ⟨Adj.⟩ 1. سەرقاڵ *serqa<u>l</u>*; 2. کارا *kara*
Tätigkeit *f* 1. چالاکی *çalakî*; جموجۆڵ *cimuco<u>l</u>*; 2. کاروبار *karubar*; پیشە *pîşe*
tätowieren ⟨v.t.⟩ تاتو کردن *tatu kirdin*; خاڵ کوتان *xa<u>l</u> kutan*
Tätowierung *f* کوتانبەخاڵ *kutanbexa<u>l</u>*; تاتو *tatu*
Tatsache *f* ڕاستی *<u>r</u>astî*; **j-n vor vollendete Tatsachen stellen** (idiom.) دەست لە بنی هەمانەکەوە دەرچوون *dest le binî hemanekewe derçûn*
tatsächlich ⟨Adj.⟩ 1. ڕاستی *<u>r</u>astî*; 2. بەڕاست *be<u>r</u>ast*
Tatze *f* چنگ *çing*; لەپ *lep*
[1]**Tau** *n* گوریس *gurîs*; پەت *pet*
[2]**Tau** *m* شەونم *şewnim*; ئاونگ *awing*
taub ⟨Adj.⟩ 1. کەڕ *ke<u>r</u>*; 2. تەزیو *tezîw*
Taube *f* (Zool.) کۆتر *kotir*
tauchen ⟨v.i.⟩ نوقووم بوون *nuqûm bûn*; ژێر ئاو کەوتن *jêr aw kewtin*
Taucher *m* ژێرئاوگەڕ *jêrawge<u>r</u>*
Taucheranzug *m* جلوبەرگی ژێرئاوگەڕ *cilubergî jêrawge<u>r</u>*
Taucherbrille *f* چاویلکەی ژێرئاوگەڕ *çawîlkey jêrawge<u>r</u>*
Taucherin *f* w. Form zu ↑Taucher
tauen ⟨v.i.⟩ توانەوە *tiwanewe*
Taufe *f* 1. (christl.) وەرگرتنی منداڵێکی مەسیحی لە کۆمەڵگای مەسیحیدا *wergirtinî minda<u>l</u>êkî mesî<u>h</u>î le kome<u>l</u>gay mesî<u>h</u>îda*; 2. (üb.) ناولێنان *nawlênan*
taufen ⟨v.t.⟩ 1. (christl.) کردنە مەسیحی *kirdine mesî<u>h</u>î*; 2. (üb.) ناو لێنان *naw lênan*
taugen ⟨v.i.⟩ بە کەڵک هاتن *be ke<u>l</u>k hatin*; شیان *şiyan* • das taugt nichts ئەمە بۆ هیچ شتێک ناشێ
tauglich ⟨Adj.⟩ بەکەڵک *beke<u>l</u>k*; شیاو *şiyaw*; لەبار *lebar*
Tauglichkeit *f* دەستبەکاری *destbekarî*; لەباری *lebarî*; شیاوی *şiyawî*
taumeln ⟨v.i.⟩ بەملاولادا کەوتن *bemlawlada kewtin*; ڕەت دان *<u>r</u>et dan*
Tausch *m* گۆڕینەوە *go<u>r</u>înewe*; ئاڵوگۆڕ *a<u>l</u>ugo<u>r</u>*
tauschen ⟨v.t./v.i.⟩ گۆڕینەوە *go<u>r</u>înewe*; ئاڵوگۆڕ کردن *a<u>l</u>ugo<u>r</u> kirdin*
täuschen **I.** ⟨v.t.⟩ هەڵخەڵەتاندن *he<u>l</u>xe<u>l</u>etandin*; هەڵفریواندن *he<u>l</u>firîwandin* **II.** ⟨v.i.⟩ 1. بە هەڵەدا بردن *be he<u>l</u>eda birdin*; 2. گزی کردن *gizî kirdin* **III.** ⟨v. refl.⟩ sich täuschen بە هەڵەدا چوون *be*

T

heleda çûn

Tauschhandel *m* ئاڵوگۆڕکاری *alugorkarî*

Täuschung *f* 1. هەڵخەڵەتاندن *helxeletandin*; 2. چاووڕاو *çawuraw*

tausend ⟨Num.⟩ هەزار *hezar*

Tausendfüßler *m* (Zool.) هەزارپێ *hezarpê*

Taxi *n* تەکسی *teksî*

Taxifahrer *m* تەکسیلێخوڕ *teksîlêxur*

Taxifahrerin *f* w. Form zu ↑Taxifahrer

Taxistand *m* وێستگەی تەکسی *wêstgey teksî*

Team *n* دەستە *deste*; تیپ *tîp*

Technik *f* 1. تەکنیک *teknîk*; 2. هونەری کارکردن *hunerî karkirdin*

Techniker *m* میکانیکی *mîkanîkî*

Technikerin *f* w. Form zu ↑Techniker

technisch ⟨Adj.⟩ 1. تەکنیکی *teknîkî*; 2. تەکنۆلۆژی *teknolojî*

Techno *n/m* (Mus.) مۆسیقای تێکنۆ *mosîqay têkno*

Technologie *f* تەکنۆلۆژی *teknolojî*

technologisch ⟨Adj.⟩ تەکنۆلۆژیانە *teknolojyane*

Techtelmechtel *n* (ugs.) مێبازی *mêbazî*; ژنبازی *jinbazî*

Tee *m* چا *ça*

Teebeutel *m* تورەکەچا *turekeça*

Teefilter *m* چاپاڵێو *çapalêw*

Teeglas *n* پیاڵە *piyale*; ئیستیکان *îstîkan*

Teehaus *n* چاخانە *çaxane*

Teekanne *f* قۆریی چا *qorîy ça*

Teelöffel *m* کەوچکی چا *kewçikî ça*

Teer *m* قیر *qîr*

Teetasse *f* کوپی چا *kupî ça*

Teich *m* گۆلاو *golaw*

Teig *m* هەویر *hewîr*; **den Teig kneten** هەویر شێلان *hewîr şêlan*

[1]**Teil** *m* بەش *beş*; پارچە *parçe*

[2]**Teil** *n* پارچە *parçe*; کووز *kûz*; قاش *qaş*

teilbar ⟨Adj.⟩ شیاو بۆ دابەشکردن *şiyaw bo dabeşkirdin*

teilen I. ⟨v.t.⟩ 1. بەش کردن *beş kirdin*; 2. کەرت کردن *kert kirdin*; **etw. mit j-m teilen** شتێک لەگەڵ کەسێکدا دابەش کردن *şitêk legel kesêkda dabeş kirdin*; **geteilt durch …** (Math.) دابەش بەسەر *dabeş beser …* **II.** ⟨v.refl.⟩ sich teilen کەرت بوون *kert bûn*; دابەش بوون *dabeş bûn*

Teilhaber *m* بەشدار *beşdar*; هاوبەش *hawbeş*

Teilhaberin *f* w. Form zu ↑Teilhaber

Teilnahme *f* بەشداری *beşdarî*; هاوبەشی *hawbeşî*

teilnehmen ⟨v.i.⟩ بەشدار بوون *beşdar bûn*; بەشداری کردن *beşdarî kirdin*; **an etw. teilnehmen** بەشداری کردن لە *beşdarî kirdin le*

Teilnehmer *m* بەژدار *bejdar*; هاوبەش *hawbeş*

Teilnehmerin *f* w. Form zu ↑Teilnehmer

teils ⟨Adv.⟩ 1. بەش *beş*; 2. تائەندازەیەک *taendazeyek*

Teilung *f* 1. بەشبوون *beşbûn*; 2. دابەشکردن *dabeşkirdin*; تەقسیم *teqsîm*

teilweise ⟨Adv.⟩ بەشێک لە *beşêk le*; تا

T

ئەندازەیەک *ta endazeyek*

Teilzeitjob *m* کەمتر لە هەشت سەعات کار کردن *kemtir le heşt se'at kar kirdin;* کەمتر لە پێنج ڕۆژ لە حەفتەیەکدا کار کردن *kemtir le pênc roj le hefteyekda kar kirdin*

Telefax *n* فاکس *faks*

Telefon *n* تەلەفۆن *telefon*

Telefonanruf *m* تەلەفۆنکردن *telefonkirdin*

Telefonanschluss *m* پێوەندیی تەلەفۆنی *pêwendîy telefonî*

Telefonauskunft *f* پرسگەی تەلەفۆن *pirsgey telefon*

Telefonbuch *n* دەلیلی تەلەفۆن *delîlî telefon*

Telefongespräch *n* وتووێژی تەلەفۆنی *wituwêjî telefonî*

telefonieren ⟨v.i.⟩ تەلەفۆن کردن *telefon kirdin*

telefonisch ⟨Adj.⟩ بەتەلەفۆن *betelefon*

Telefonkarte *f* کارتی تەلەفۆنکردن *kartî telefonkirdin*

Telefonnummer *f* ژمارەی تەلەفۆن *jimarey telefon*

Telefonzelle *f* کابینەی تەلەفۆن *kabîney telefon*

Telefonzentrale *f* بەداڵە *bedale*

telegrafisch ⟨Adj.⟩ بروسکەیی *biruskeyî*

Telegramm *n* بروسکە *biruske*

Teleskop *n* تەلیسکۆب *telîskob*

Teller *m* قاپ *qap;* دەوری *dewrî*

Tempel *m* پەرستگا *peristga*

Temperament *n* 1. میزاج *mîzac;* 2. (üb.) تینوتاو *tînutaw*

temperamentvoll ⟨Adj.⟩ 1. بزێو *bizêw;* 2. (üb.) خوێنگەرم *xwêngerm*

Temperatur *f* 1. پلەی گەرما *piley germa;* 2. (Med.) گەرمی *germî*

Tempo *n* خێرایی *xêrayî*

Tempolimit *n* دیاریکردنی ئەوپەڕی بەخێراییی لێخوڕینی ئوتومبێل *diyarîkirdinî ewperî bexêrayîy lêxurînî utumbêl*

Tempus *n* (Gr.) کات *kat*

Tendenz *f* 1. مەیلداری *meyldarî;* 2. ڕێڕەو *rêrew*

Tennis *n* (Sp.) تێنس *têns;* **Tennis spielen** تێنس کردن *têns kirdin*

Tennisplatz *m* (Sp.) گۆڕەپانی تێنس *gorepanî têns*

Tennisschläger *m* (Sp.) ڕێکت *rêkt*

Tennisspiel *n* (Sp.) تێنس *têns*

Tennisspieler *m* (Sp.) یاریزانی تێنس *yarîzanî têns*

Tennisspielerin *f* w. Form zu ↑Tennisspieler

Teppich *m* فەرش *ferş;* ڕایەخ *rayex*

Teppichboden *m* ڕایەخ *rayex;* کومبار *kumbar*

Teppichhändler *m* بازرگانی فەرش *bazirganî ferş*

Teppichhändlerin *f* w. Form zu ↑Teppichhändler

Teppichknüpfer *m* فەرشچن *ferşçin*

Teppichknüpferin *f* w. Form zu ↑Teppichknüpfer

Termin *m* کاتی دیاریکراو *katî diyarîkiraw;* وادە *wade;* **einen Termin ausmachen/vereinbaren** وادە پێدان *wade pêdan*

Terminal *m/n* تێرمینال (هۆڵێک لە

(هۆڵەکانی فڕۆکەخانە) *têrmînal (hoḻêk le hoḻekanî fiṟokexane)*
Terminkalender *m* یادنامە *yadname*
Terminus *m* زاراوە *zarawe*
Terpentin *n* تەربەنتین *terbentîn*
Terrasse *f* تەلان *telan;* هەیوان *heywan*
Territorium *n* ناوچە *nawçe;* هەرێم *herêm*
Terror *m* تیرۆر *têṟoṟ;* توندوتیژی *tûndutîjî*
Terroranschlag *m* پەلاماری تیرۆریستی *pelamarî têṟoṟîstî*
terrorisieren ⟨v.t.⟩ تیرۆر کردن *têṟoṟ kirdin*
Terrorismus *m* تیرۆر *têṟoṟ;* توندوتیژی *tûndutîjî*
Terrorist *m* تیرۆریست *têṟoṟîst;* ئیرهابی *îṟhabî*
Terroristin *f* w. Form zu ↑Terrorist
terroristisch ⟨Adj.⟩ تیرۆریستی *têṟo-ṟîstî;* توندوتیژی *tûndutîjî*
Tesafilm *m* شریتی سرێشاوی شەفاف *şirîtî sirêşawî şefaf*
Test *m* 1. تاقیکردنەوە *taqîkirdinewe;* 2. فەحس *feḥs*
Testament *n* (Jur.) وەسیەتنامە *wesêt-name*
testen ⟨v.t.⟩ تاقی کردنەوە *taqî kirdinewe*
Testikel *m* (Med.) هێلکەی گون *hêlkey gun*
Tetanus *m* (Med.) تێتانوس *têtanus;* دەردەکۆپان *derdekopan*
teuer ⟨Adj.⟩ 1. گران *giran;* بەهادار *beha-dar;* 2. (üb.) بەنرخ *benirx* • wie teuer ist das? ئەمە بە چەندە؟
Teufel *m* شەیتان *şeytan*
Teufelskreis *m* بازنەیەکی بەتاڵ *baz-neyekî betaḻ*
Text *m* دەق *deq;* تێکست *têkst*
Textil *n* قوماشی چنراو *qumaşî çinraw;* کوتاڵ *kutaḻ*
Theater *n* 1. شانۆ *şano;* 2. شانۆخانە *şanoxane*
Theaterkarte *f* بلیتی شانۆ *bilîtî şano*
Theaterstück *n* پارچەیەکی شانۆیی *par-çeyekî şanoyî*
Theke *f* مێزی خواردنەوەلێدابەشکردن *mêzî xiwardinewelêdabeşkirdin*
Thema *n* باس *bas;* بابەت *babet*
Theokratie *f* (bildungsspr.) سیۆکراسی *siyokrasî;* ئاینسالاری *ayinsa-larî*
Theologe *m* 1. ئاینزان *ayinzan;* تیۆلۆگ *tiyolog;* 2. (islam.) مەلا *mela;* مودەڕیس *muderîs*
Theologie *f* ئاینزانی *ayinzanî;* تیۆلۆگی *tiyologî*
Theologin *f* w. Form zu ↑Theologe
theologisch ⟨Adj.⟩ ئاینزانی *ayinzanî;* ئاینی *ayinî*
theoretisch ⟨Adj.⟩ 1. بیردۆزی *bîrdozî;* نەزەری *nezerî;* 2. گریمانە *girîmane*
Theorie *f* 1. بیردۆزی *bîrdozî;* نەزەرییە *ne-zerîye;* 2. گریمانەیی *girîmaneyî*
Therapie *f* چارەسەری پزیشکی *çareserî pizîşkî*
therapieren ⟨v.t.⟩ (Med./Psych.) چارە کردن *çare kirdin*
Thermometer *n* گەرمیپێو *germîpêw*
Thermosflasche *f* تەرمۆزەشووشە *termo-zeşûşe*
Thermoskanne *f* تەرمۆزی لوولێنە *ter-*

T

mozî lûlêne
These *f* بیرۆکە *bîroke*
Thora *f* (jüd.) تەورات *tewrat*
Thron *m* تەخت *text;* عەرش *ʿerş*
Thunfisch *m* (Zool.) تونماسی *tunmasî*
Thüringen *n* تویرینگن *Tuyrîngin*
Thymian *m* (Bot.) جاترە *catre*
ticken ⟨v.i.⟩ چرکە کردن *çirke kirdin*
Ticket *n* بلیت *bilît;* تکت *tikit*
tief I. ⟨Adj.⟩ 1. قووڵ *qûl;* 2. خواروو *xiwarû;* **aus tiefstem Herzen** لە قووڵایی دڵەوە *le qûlayî dilewe* **II.** ⟨Adv.⟩ بەنزمی *benizmî*
Tiefe *f* 1. قووڵی *qûlî;* 2. نزمی *nizmî*
Tiefgarage *f* گەراجی ژێرزەوی *geracî jêrzewî*
tiefgefroren ⟨Adj.⟩ بەستوو *bestû*
Tiefkühlfach *n* فرێزەر (بەشێکی سەلاجە) *firêzer (beşêkî selace)*
Tiefkühlkost *f* خواردەمەنی بەستوو *xiwardemenî bestû*
Tiefkühltruhe *f* فرێزەری دۆڵابی *firêzerî dolabî*
Tiefschlaf *m* خەوی قووڵ *xewî qûl*
Tier *n* 1. گیانلەبەر *giyanleber;* زیندەوەر *zîndewer;* ئاژەڵ *ajel;* حەیوان *heywan;* 2. دەعبا *deʿba*
Tierarzt *m* پزیشکی ماڵات *pizîşkî malat;* پزیشکی بەیتەری *pizîşkî beyterî*
Tierärztin *f* w. Form zu ↑Tierarzt
Tiergarten *m* باخچەی ئاژەڵان *baxçey ajelan*
tierisch ⟨Adj.⟩ 1. ئاژەڵی *ajelî;* حەیوانی *heywanî;* 2. (üb.) دڕندە *dirinde*
Tierpark *m* باخچەی گیانلەبەران *baxçey giyanleberan*
Tierschutz *m* ئاژەڵپارێزی *ajelparêzî*
Tiger *m* (Zool.) بەور *bewr*
Tigris *m* دیجلە *Dîcle*
tilgen ⟨v.t.⟩ 1. سڕینەوە *sirînewe;* 2. لابردن *labirdin;* 3. (Wirtsch.) دانەوە (قەرز) *danewe (qerz)*
Tinte *f* مەرەکەب *merekeb*
Tintenfisch *m* (Zool.) هەشتپێ *heştpê*
Tipp *m* ڕێنوێنی *rênwênî;* پێشبینیکردن *pêşbînîkirdin*
tippen ⟨v.i./v.t.⟩ 1. دەست لێدان *dest lêdan;* 2. چاپ کردن *çap kirdin*
Tisch *m* مێز *mêz;* **den Tisch abräumen** قاپوقاچاغ لەسەر مێز لابردن *qapuqaçax leser mêz labirdin;* **den Tisch decken** قاپوقاچاغ لەسەر مێز دانان *qapuqaçax leser mêz danan*
Tischdecke *f* سەرمێز *sermêz*
Tischler *m* دارتاش *dartaş*
Tischlerei *f* دارتاشخانە *dartaşxane;* دارتاشی *dartaşî*
Tischlerin *f* w. Form zu ↑Tischler
Tischtennis *n* (Sp.) یاریی تۆپیسەرمێز *yarîy topîsermêz;* پینگپۆنگ *pîngpong*
Tischtennisspieler *m* (Sp.) یاریزانی تۆپیسەرمێز *yarîzanî topîsermêz*
Tischtennisspielerin *f* w. Form zu ↑Tischtennisspieler
Tischtuch *n* سەرمێز *sermêz*
Titel *m* 1. نازناو *naznaw;* 2. ناونیشان *nawnîşan;* 3. ناوونیشان (وەزیفە) *nawunîşan (wezîfe);* 4. سەروتار *serwitar*
Toast *m* تۆست *tost;* پارچەنانێکی سپی یا بۆری چوارگۆشەیە، کە بۆ برژاندن ئامادە کراوە *parçenanêkî sipî ya borî çiwargo-*

T

şeye, ke bo birjandin amade kirawe

toasten ⟨v.t.⟩ (نان) برژاندن *birjandin (nan)*

Toaster *m* ئامێری نانبرژێنەر *amêrî nanbirjêner*

Tochter *f* کچ *kiç*

Tod *m* مردن *mirdin*; مەرگ *merg*

Todesopfer *n* قوربانی *qurbanî*

Todesstrafe *f* سزای لەسێدارەدان *sizay lesêdaredan*

tödlich ⟨Adj.⟩ کوشندە *kuşinde*; پێمردە *pêmirde*

toi, toi, toi ⟨Int.⟩ (ugs.) سەرکەوتوو بیت! *serkewtû bît!*

Toilette *f* ئاودەست *awdest*; تەوالێت *tewalêt*; پێشاو *pêşaw*

Toilettenpapier *n* کاغەزی ئاودەستخانە *kaxezî awdestxane*

tolerant ⟨Adj.⟩ دڵفراوان *dilfirawan*; لێبوردە *lêburde*

Toleranz *f* لێبوردەیی *lêburdeyî*; دڵفراوانی *dilfirawanî*

tolerieren ⟨v.t.⟩ 1. (bildungsspr.) چاوپۆشی لێکردن *çawpoşî lêkirdin*; 2. سنگفراوان بوون *singfirawan bûn*

toll ⟨Adj.⟩ 1. (ugs.) هار *har*; شێتوێت *şêtuwêt*; 2. (ugs.) بێهاوتا *bêhawta*

tollkühn ⟨Adj.⟩ چاونەترس *çawnetirs*

Tollpatsch *m* دەسەپاچە *desepaçe*; ناشی *naşî*

Tollwut *f* (Med.) هاری *harî*

tollwütig ⟨Adj.⟩ (Med.) هار *har*; دڕ *dir*

Tomate *f* تەماتە *temate*

Tomatenmark *n* دۆشاوی تەماتە *doşawî temate*

¹Ton *m* ئاخەسۆر *axesor*; قوڕەسوورە *quresûre*

²Ton *m* 1. دەنگ *deng*; 2. (Mus.) ئاواز *awaz*

Tonkrug *m* کووپە *kûpe*

Tonne *f* 1. بەرمیل *bermîl*; 2. تەن (هەزار کیلۆگرام) *ten (hezar kîlogiram)*

Topf *m* مەنجەڵ *mencel*; قابلەمە *qableme*

Töpfer *m* گۆزەگەر *gozeger*

Töpferin *f* w. Form zu ↑Töpfer

Töpferware *f* گلێنەکاری *gilênekarî*

Topflappen *m* دەسگر (پەڕۆ) *desgir (pero)*

Tor *n* 1. دەروازە *derwaze*; 2. (Sp.) گۆڵ *gol*; **ein Tor erzielen/schießen** (Sp.) گۆڵ کردن *gol kirdin*

Torheit *f* هەرزەیی *herzeyî*; گەوجی *gewcî*

Tornado *m* باهۆز *bahoz*; تۆرنادۆ *tornado*

Torte *f* تۆرتە *torte*; کێک *kêk*

Torwart *m* (Sp.) گۆڵچی *golçî*

Torwartin *f* w. Form zu ↑Torwart

tot ⟨Adj.⟩ 1. مردوو *mirdû*; بێگیان *bêgiyan*; 2. تۆپیو (ئاژەڵ) *topîw (ajel)*; **toter Winkel** گۆشەی مردوو *goşey mirdû*

total ⟨Adj.⟩ تێکڕا *têkra*; سەرجەم *sercem*

Tote *f* w. Form zu ↑Toter

töten ⟨v.t.⟩ کوشتن *kuştin*

Toter *m* مردوو *mirdû*

Toto *n/m* یانسیبی وەرزشکردن *yanisîbî werzişkirdin*

Totschlag *m* 1. (Jur.) کوشتنی بێ دەستی ئەنقەست *kuştinî bê destî enqest*; 2. (Jur.) مرۆڤکوژی *mirovkujî*

Tour *f* گەشت *geşt*

Tourismus *m* گەشتیاری *geştiyarî*

Tourist *m* گەشتیار *geştiyar*

Touristenvisum *n* فیزەی گەشتیاری *fî-*

zey geştiyarî
Touristin *f* w. Form zu ↑Tourist
Tracht *f* جلوبەرگ *ciluberg;* پۆشاک *poşak*
Tradition *f* دابونەریت *dabunerît;* خووڕەوشت *xûrewişt*
traditionell ⟨Adj.⟩ بەپێی دەستوور و نەریتی دێرینە *bepêy destûr u nerîtî dêrîne*
Tragbahre *f* داربەست *darbest;* داربەند *darbend*
tragbar ⟨Adj.⟩ 1. شیاو بۆ هەڵگرتن *şiyaw bo helgirtin;* 2. پەسەند *pesend*
Trage *f* داربەند *darbend;* داربەست *darbest*
träge ⟨Adj.⟩ 1. سست *sist;* 2. تەمەڵ *temel;* 3. گێل *gêl*
tragen I. ⟨v.t.⟩ 1. هەڵگرتن *helgirtin;* 2. (جلوبەرگ) لەبەر کردن *leber kirdin (ciluberg)* **II.** ⟨v.i.⟩ (درەخت) بەر گرتن *ber girtin (dirext)*
Träger *m* 1. باربەر *barber;* کۆڵکێش *kolkêş;* 2. کۆڵەکە *koleke;* 3. لێپرسراو *lêpirsiraw*
Trägerin *f* w. Form zu ↑Träger
Tragetasche *f* جانتای دەستی *cantay destî*
tragisch ⟨Adj.⟩ 1. ناسۆراوی *nasorawî;* 2. (Lit.) پەیوەست بە تراجیدی *peywest be tiracîdî*
Tragödie *f* تراجیدی *tiracîdî*
Trainer *m* (Sp.) ڕاهێنەر *rahêner*
Trainerin *f* w. Form zu ↑Trainer
trainieren I. ⟨v.i.⟩ خۆ ڕاهێنان *xo rahênan;* مەشق کردن *meşq kirdin* **II.** ⟨v.t.⟩ مەشق پێکردن *meşq pêkirdin;* ڕاهێنان *rahênan*
Training *n* مەشق *meşq;* ڕاهێنان *rahênan*
Trainingsanzug *m* تراکسوت *tiraksut*
Traktor *m* تراکتۆر *tiraktor*
trampeln I. ⟨v.i.⟩ تەپەتەپ کردن *tepetep kirdin* **II.** ⟨v.t.⟩ (بە پێ) شێلان *şêlan (be pê)*
Träne *f* فرمێسک *firmêsk*
Tränke *f* جۆگە *coge*
tränken ⟨v.t.⟩ 1. (Agr.) (ئاژەڵ) ئاو دان *aw dan (ajel);* 2. تەڕ کردن *ter kirdin*
Transfer *m* 1. پارەناردنبۆدەرەوە *parenardinboderewe;* 2. گواستنەوە *giwastinewe*
transitiv ⟨Adj.⟩ (Gr.) تێپەڕ *têper*
Transitverkehr *m* هاتوچۆی ترانزیت *hatuçoy tiranzît*
transparent ⟨Adj.⟩ 1. دیودیار *dîwdiyar;* شەفاف *şefaf;* 2. (üb.) کراوە *kirawe*
Transplantation *f* (Med.) ئەندامچاندن *endamçandin*
Transport *m* گوێزانەوە *gwêzanewe*
transportieren ⟨v.t.⟩ گوێزانەوە *gwêzanewe*
Tratsch *m* (ugs.) چەنەبازی *çenebazî*
tratschen ⟨v.i.⟩ (ugs.) قسە هێنان و بردن *qise hênan u birdin*
Traube *f* 1. (Bot.) هێشوو *hêşû;* 2. (Bot.) ترێ *tirê*
Traubensaft *m* شەربەتی ترێ *şerbetî tirê*
Traubenzucker *m* شەکری ترێ *şekirî tirê*
trauen I. ⟨v.i.⟩ 1. باوەڕ پێکردن *bawer pêkirdin;* 2. پشت پێبەستن *pişt pêbestin;* **j-m trauen** پشت بە کەسێک بەستن *pişt be kesêk bestin* **II.** ⟨v.t.⟩ مارە کردن *mare kirdin* **III.** ⟨v.refl.⟩ sich trauen باوەڕ بە خۆ بوون *bawer be xo bûn*

T

Trauer *f* 1. جگەرسووتان *cigersûtan;* خەموخەفەت *xemuxefet;* 2. ڕەشپۆشی *reş-poşî;* 3. ماتەم *matem*

trauern ⟨v.i.⟩ 1. ماتەمی گێڕان *matemî gêran;* ڕەش پۆشین *reş poşîn;* 2. خەفەت خواردن *xefet xiwardin;* 3. شین کردن *şîn kirdin*

träufeln ⟨v.t.⟩ 1. بە دڵۆپ تێکردن *be dilop têkirdin;* 2. تێتکاندن *têtikandin*

Traum *m* 1. خەو *xew;* 2. ئاوات *awat;* 3. (ugs.) زۆر جوان *zor ciwan*

Traumdeutung *f* خەولێکدانەوە *xewlêk-danewe*

träumen ⟨v.i./v.t.⟩ 1. خەو بینین *xew bînîn;* 2. بە خەووخەیاڵ ژیان *be xewuxeyal jiyan;* **von etw./j-m träumen** خەو پێوەبینین *xew pêwebînîn*

traurig ⟨Adj.⟩ خەمگین *xemgîn;* دڵتەنگ *dilteng;* خەفەتبار *xefetbar*

Traurigkeit *f* خەمباری *xembarî;* دڵتەنگی *diltengî*

Trauung *f* هاوسەرگرتن *hawsergirtin;* ژنومێردی *jinumêrdî*

Trauzeuge *m* شایەتی هاوسەرگیری *şayetî hawsergîrî*

Trauzeugin *f* w. Form zu ↑Trauzeuge

Travellerscheck *m* چەکی گەشتیاری *çekî geştiyarî;* ترەڤلچەک *tirevilçek*

treffen **I.** ⟨v.i.⟩ 1. پێگەیین *pêgeyîn;* 2. پێکان *pêkan* **II.** ⟨v.t.⟩ 1. بەیەک گەیشتن *beyek geyiştin;* 2. پێکاندن *pêkandin* **III.** ⟨v.refl.⟩ sich (mit j-m) treffen 1. چاو پێکەوتن *çaw pêkewtin;* 2. کۆ بوونەوە *ko bûnewe*

treffend ⟨Adj.⟩ بەجێ *becê*

Treffpunkt *m* شوێنی پێکگەیشتن *şwênî pêkgeyiştin*

treiben ⟨v.t.⟩ 1. لێخوڕین *lêxurîn;* 2. هان دان *han dan;* 3. ڕاماڵین *ramalîn;* 4. چەکەرە کردن *çekere kirdin*

Treibhaus *n* خانووی پلاستیک *xanûy plastîk*

Treibhausgas *n* غازێک، کە لە ئەنجامی پەستاوتەی گەرمییەوە پێکدێ *xazêk, ke le encamî pestawtey germîyewe pêkdê*

Treibsand *m* ڕیکی ڕەوان *rîkî rewan*

Treibstoff *m* سووتەمەنی *sûtemenî;* بەنزین *benzîn*

Trend *m* ئاقاری گشتیی گەشەسەندن *aqarî giştîy geşesendin*

trennen **I.** ⟨v.t.⟩ لێکترازاندن *lêktirazandin;* لێک جیا کردنەوە *lêk ciya kirdinewe* **II.** ⟨v.refl.⟩ sich trennen دەست لێکبەردان *dest lêkberdan;* جیا بوونەوە *ciya bûnewe*

Trennung *f* 1. جیابوونەوە *ciyabûnewe;* 2. دووری *dûrî*

Treppe *f* پێپلیکانە *pêplîkane*

Treppenhaus *n* ڕێگای پێپلیکانە *rêgay pêplîkane*

Treppenstufe *f* پلەپەیژە *pilepeyje;* پلەپێپلیکانە *pilepêplîkane*

Tresor *m* قاسە *qase*

treten **I.** ⟨v.i.⟩ 1. پێدانان *pêdanan;* 2. کەوتنە ناو *kewtine naw;* **auf das Pedal treten** پێ بە بەنزیندا نان *pê be benzînda nan;* **auf etw. treten** پێ پێدانان *pê pêdanan;* **in ein Zimmer treten** هاتنە ژوورەوە *hatine jûrewe;* **zur Seite treten** کەلا کەوتن *kela kewtin* **II.** ⟨v.t.⟩ 1. پێ پیادانان *pê piya-*

T

danan; 2. شەق وەشاندن *şeq weşandin*

treu I. ⟨Adj.⟩ دڵسۆز *di<u>l</u>soz*; بەوەفا *bewefa* **II.** ⟨Adv.⟩ دڵسۆزانە *di<u>l</u>sozane*

Treue *f* دڵسۆزی *di<u>l</u>sozî*; بەوەفایی *bewefayî*

treulos ⟨Adj.⟩ بێوەفا *bêwefa*; ناپاک *napak*; سپڵە *sip<u>l</u>e*

Tribunal *n* 1. سەکۆی دادوەر *sekoy dadwer*; 2. دادگا *dadga*

Tribüne *f* 1. مینبەر *mîmber*; سەکۆ *seko*; 2. شوێنی تەماشاکەران *şwênî temaşakeran*

Tribut *m* 1. باج *bac*; 2. (üb.) ڕێزلێگرتن *<u>r</u>êzlêgirtin*; 3. (üb.) قوربانی *qurbanî*

Trichter *m* ڕەحەتی *<u>r</u>e<u>h</u>etî*

Trick *m* فێڵ *fê<u>l</u>*; چاوبەست *çawbest*

Trieb *m* 1. غەریزە *<u>x</u>erîze*; 2. (üb.) هەست *hest*; 3. (Bot.) چەکەرە *çekere*

Trillion *f* تریلیۆن *trîlyon*

trinkbar ⟨Adj.⟩ شیاو بۆ خواردنەوە *şiyaw bo xiwardinewe*

trinken I. ⟨v.t.⟩ خواردنەوە *xiwardinewe* **II.** ⟨v.i.⟩ (ugs.) ئارەق خواردنەوە *areq xiwardinewe*

Trinkgeld *n* بەخشیش *bexşîş*; شاگردانە *şagirdane*

Trinkhalm *m* قەسەب(ی خواردنەوە) *qeseb(î xiwardinewe)*

Trinkwasser *n* ئاوی خواردنەوە *awî xiwardinewe*

Tripper *m* (Med.) سووزەنەک *sûzenek*

Tritt *m* 1. هەنگاو *hengaw*; 2. تێهەڵدان (بە پێ، بە لاق) *têhe<u>l</u>dan (be pê, be laq)*

Triumph *m* 1. سەرکەوتن *serkewtin*; 2. ئاهەنگی سەرکەوتن *ahengî serkewtin*

triumphieren ⟨v.i.⟩ سەر کەوتن *ser kewtin*

trivial ⟨Adj.⟩ 1. (bildungsspr.) بێبایەخ *bêbayex*; 2. (bildungsspr.) ئاسایی *asayî*

trocken ⟨Adj.⟩ 1. وشک *wişk*; 2. بێئاو *bêaw*; 3. ڕەق *<u>r</u>eq*; 4. ڕووتەن *<u>r</u>ûten*; 5. مزر (شەراب) *mizir (şerab)*

Trockenheit *f* 1. وشکی *wişkî*; 2. بێئاوی *bêawî*; 3. وشکانی *wişkanî*

trockenlegen ⟨v.t.⟩ ئاو لێبڕاندن *aw lêbi<u>r</u>andin*; وشک کردنەوە *wişk kirdinewe*

trocknen I. ⟨v.i.⟩ وشک بوونەوە *wişk bûnewe* **II.** ⟨v.t.⟩ وشک کردنەوە *wişk kirdinewe*

trödeln ⟨v.i.⟩ خاوەخاو کردن *xawexaw kirdin*

Trödler *m* کۆنەفرۆش *konefiroş*

Trödlerin *f* w. Form zu ↑Trödler

Trommel *f* 1. (Mus.) دەهۆڵ *deho<u>l</u>*; 2. (Mus.) تەپڵ *tep<u>l</u>*

Trommelfell *n* 1. (Mus.) پێستەی تەپڵ *pêstey tepi<u>l</u>*; 2. پەردەی گوێ *perdey gwê*

trommeln ⟨v.i./v.t.⟩ 1. دەهۆڵ ژەندن *deho<u>l</u> jendin*; 2. تەپڵ لێدان *tep<u>l</u> lêdan*

Tropen *pl.* ناوچەگەرمەکان *nawçegermekan*

tropfen I. ⟨v.i.⟩ تکە کردن *tike kirdin* **II.** ⟨v.t.⟩ تکاندن *tikandin*

Tropfen *m* تنۆک *tinok*; تکە *tike*

tropisch ⟨Adj.⟩ ئیستیوایی *îstîwayî*

Trost *m* 1. دڵنەوایی *di<u>l</u>newayî*; 2. دڵدانەوە *di<u>l</u>danewe*; 3. ئاسوودەیی *asûdeyî*

trösten I. ⟨v.t.⟩ 1. دڵنەوایی کردن *di<u>l</u>newayî kirdin*; 2. ژیر کردنەوە (منداڵ)

jîr kirdinewe (mindal̲) **II.** ⟨v.refl.⟩ sich mit etw./j-m trösten دڵنەوایی خۆ دانەوە *dil̲newayî xo danewe*

Trottel *m* (ugs.) گێل *gêl*; گەوج *gewc*

trotz ⟨Präp.⟩ سەرڕای *ser̲ray*

trotzdem ⟨Adv.⟩ لەگەڵئەوەشدا *legel̲eweşda*; لەگەڵئەمەشدا *legel̲emeşda*

trotzen ⟨v.i.⟩ بەرەنگار بوونەوە *berengar bûnewe*

trotzig ⟨Adj.⟩ 1. بەرەنگار *berengar*; 2. ڕقاوی *r̲iqawî*; 3. کەللەڕەق *keller̲eq*

trübe ⟨Adj.⟩ 1. لێڵ *lêl̲*; 2. تەماوی *temawî*; 3. خەمگین *xemgîn*

Trubel *m* 1. پشێوی *pişêwî*; 2. بەزم *bezm*

Trübsal *f* کارەسات *karesat*; خەموپەژارە *xemupejare*

Trüffel *f/m* 1. (Bot.) دومەڵان *dumel̲an*; 2. پڕەلین *pir̲elîn*

Trugbild *n* 1. لەیلان *leylan*; 2. خەیاڵ *xeyal̲*

Truhe *f* سنووق *sinûq*

Trümmer *pl.* پارچەپارچە(ی وێرانەیەک) *parçeparçe(y wêraneyek)*

Trumpf *m* 1. کاغەزی براوەی قومار *kax̲ezî birawey qumar*; 2. سوود *sûd*

Truppe *f* (Mil.) لەشکر *leşkir*

Truthahn *m* (Zool.) عەلەشیشی نێر *ʿeleşîşî nêr*

Truthenne *f* (Zool.) عەلەشیشی مێ *ʿeleşîşî mê*

Tscheche *m* چیکی *çîkî*

Tschechien *n* چیک *Çîk*

Tschechin *f* w. Form zu ↑Tscheche

tschechisch ⟨Adj.⟩ چیکی *çîkî*

Tschechisch *n* زمانی چیکی *zimanî çîkî*

tschüss ⟨Int.⟩ (ugs.) بای *bay*

T-Shirt *n* فانیلەی نیوقۆڵ *fanîley nîwqol̲*; تیشۆرت *tîşort*

Tube *f* توورەکەی لوولەئاسا *tûrekey lûleasa*

Tuberkulose *f* (Med.) سیل *sîl*; دەردەباریکە *derdebarîke*

Tuch *n* دەسەسڕ *desesir̲*; شاڵ *şal̲*

tüchtig ⟨Adj.⟩ 1. چابووک *çabûk*; 2. بلیمەت *bilîmet*

Tücke *f* ناپاکی *napakî*; فڕوفێڵ *fir̲ufêl̲*

tückisch ⟨Adj.⟩ ناپاک *napak*; دزێو *dizêw*

Tugend *f* 1. باشی *başî*; 2. عیففەت *ʿîffet*

tugendhaft ⟨Adj.⟩ 1. داوێنپاک *dawênpak*; 2. چاک *çak*

Tülle *f* لوولە *lûle*

Tulpe *f* لالە *lale*; هەڵاڵە *hel̲al̲e*

Tumor *m* (Med.) لوو *lû*; وەرەم *werem*

Tumult *m* 1. ئاژاوە *ajawe*; 2. تەقووڕ *tequwir̲*

tun ⟨v.t./v.i.⟩ کردن *kirdin*; **mit etw./j-m zu tun haben** پەیوەندی پێوەبوون *peywendî pêwebûn*

Tunesien *n* تونس *Tunis*

Tunesier *m* تونسی *tunisî*

Tunesierin *f* w. Form zu ↑Tunesier

tunesisch ⟨Adj.⟩ تونسی *tunisî*

Tunfisch *m* s. ↑Thunfisch

Tunnel *m* تونێل *tunêl*

Tunte *f* 1. (abwertend) ژنی ناشیرین *jinî naşîrîn*; 2. (abwertend) خلەژنانی *xilejinanî*; پیاوێک، کە کردەوەی ژنانە دەنوێنێ *piyawêk, ke kirdewey jinane denwênê*

Tür *f* دەرگا *derga*

Turban *m* مێزەر *mêzer*; جامانە *camane*

turbulent ⟨Adj.⟩ وروژاو *wirujaw*; شڵەژاو *şil̲ejaw*; ناڕەحەت *nar̲eh̲et*

T

Turbulenz *f* 1. توربۆلێنس *turbolêns;* تەوژمی هەوا (لەناو فڕۆکەدا) *tewijmî hewa (lenaw firokeda);* 2. شڵەژان *şilejan;* نارەحەتی *narehetî*

Türgriff *m* دەسکی دەرگا *deskî derga*

Türke *m* تورک *turk*

Türkei *f* تورکیا *Turkya*

Türkin *f* w. Form zu ↑Türke

türkis ⟨Adj.⟩ پیرۆزەیی *pîrozeyî*

Türkis *m* پیرۆزە *pîroze*

türkisch ⟨Adj.⟩ تورکی *turkî*

Türkisch *n* زمانی تورکی *zimanî turkî*

Türkisierung *f* بەتورککردن *beturkkirdin*

Türklingel *f* جەرەسی دەرگا *ceresî derga*

Türklinke *f* دەسکی دەرگا *deskî derga*

Turm *m* 1. بورج *burc;* 2. قەڵا(ی شەترەنج) *qela(y şetrenc)*

turnen ⟨v.i.⟩ جومناستیک کردن *cumnastîk kirdin*

Turnen *n* (Sp.) جومناستیک *cumnastîk*

Turnhalle *f* (Sp.) هۆڵی جومناستیک *holî cumnastîk*

Turnier *n* پاڵەوانێتی *palewanêtî;* پێشبڕکێ *pêşbirkê*

Turnschuh *m* پێڵاوی جومناستیک *pêlawî cumnastîk*

Türrahmen *m* گرێژەنەی دەرگا *girêjeney derga*

Türschwelle *f* لاشیپان *laşîpan*

Turteltaube *f* (Zool.) کۆترەباریکە *kotrebarîke*

Tüte *f* کیسە *kîse;* زەرف *zerf*

TÜV *m* 1. تویف *tuyf;* 2. ڕێکخراوی چاودێریی تەکنیکی *rêkxirawî çawdêrîy teknîkî*

TV *n* تێ ڤی *tê vî*

Typ *m* 1. جۆر *cor;* 2. مارکە *marke;* مۆدێل *modêl*

Typhus *m* (Med.) گرانەتێ *giranetê*

typisch ⟨Adj.⟩ تایبەت *taybet;* **typisch für uns** خۆمانە *xomane*

Tyrann *m* زۆردار *zordar;* ستەمکار *sitemkar*

Tyrannei *f* زۆرداری *zordarî;* ستەمکاری *sitemkarî*

Tyrannin *f* w. Form zu ↑Tyrann

tyrannisch ⟨Adj.⟩ زۆردار *zordar;* ستەمکار *sitemkar*

tyrannisieren ⟨v.t.⟩ زوڵم لێکردن *zulm lêkirdin;* ستەمکاری کردن *sitemkarî kirdin*

T

U

u, U ئوو *û*; پیتی بیستویەکەمی ئەلفبێی ئەڵمانی *pîtî bîstuyekemî elfbêy elmanî*

U-Bahn *f* ئوبان *uban*; شەمەندەفەری ژێر زەوی *şemendeferî jêr zewî*

U-Bahn-Station *f* وێستگەی شەمەندەفەری ژێر زەوی *wêstgey şemendeferî jêr zewî*

übel ⟨Adj.⟩ 1. خراپ *xirap*; پیس *pîs*; 2. بۆگەن *bogen*; 3. نەگریس *negrîs* • nicht übel! خراپ نییە! ; **ein übler Geruch** بۆنێکی ناخۆش *bonêkî naxoş*; **j-m etw. übel nehmen** لێگرتن *lêgirtin*; **übel gelaunt** بێحەواس *bêhewas*; **übel sein** دڵ تێکەڵ هاتن *dil têkel hatin*; mir ist übel دڵم تێکەڵ دێ

Übelkeit *f* دڵتێکەڵهاتن *diltêkelhatin*

Übeltäter *m* بەدکار *bedkar*; خراپەکار *xirapekar*

Übeltäterin *f* w. Form zu ↑Übeltäter

üben ⟨v.t.⟩ ڕاهێنان *rahênan*; مەشق کردن *meşq kirdin*

über I. ⟨Präp.⟩ 1. لەسەر *leser*; بەسەر *beser*; 2. دەربارەی *derbarey*; 3. زیاد لە *ziyad le*; **über Berlin** بەسەر بەرلیندا *beser Berlinda* **II.** ⟨Adv.⟩ بەدرێژایی *bedirêjayî* **III.** ⟨Adj.⟩ ماوە...تەوە *mawe…tewe*; باقی *baqî*

überall ⟨Adv.⟩ لەهەموولایە *lehemûlaye*; سەرتاپا *sertapa*

überanstrengen I. ⟨v.t.⟩ ماندوو کردن *mandû kirdin* **II.** ⟨v.refl.⟩ sich überanstrengen خۆ ماندوو کردن *xo mandû kirdin*

überarbeiten I. ⟨v.t.⟩ پێداچوونەوە *pêdaçûnewe*; بژار کردن *bijar kirdin* **II.** ⟨v.refl.⟩ sich überarbeiten زۆر کار کردن *zor kar kirdin*

Überblick *m* 1. سەرنج *serinc*; 2. (üb.) پوختە *puxte*; کورتە *kurte*

überbucht ⟨Adj.⟩ (بۆ لەسنوورتێپەڕیو حیجزکردن) *lesinûrtêperîw (bo hîcizkirdin)*

überdenken ⟨v.t.⟩ بیر لێکردنەوە *bîr lêkirdinewe*

überdies ⟨Adv.⟩ لەگەڵەمەشدا *legelemeşda*

Überdruss *m* بێزاری *bêzarî*

übereilt ⟨Adj.⟩ بەپەلە *bepele*

übereinander ⟨Adv.⟩ یەکلەسەریەک *yekleseryek*

übereinkommen ⟨v.i.⟩ ڕێک کەوتن *rêk kewtin*

Übereinkunft *f* پەیمان *peyman*; ڕێکەوتن *rêkewtin*

übereinstimmen ⟨v.i.⟩ 1. کۆک بوون *kok bûn*; 2. لێکچوون *lêkçûn*; 3. یەکسان

U

بوون *yeksan bûn*

überfahren ⟨v.t.⟩ (به كردن بەژێرەوە ئوتومبێل) *bejêrewe kirdin (be utumbêl)*

Überfahrt *f* 1. گەشتی دەریایی *geştî deryayî*; 2. پەڕگە *perge*

Überfall *m* دەستدرێژی *destdirêjî*; پەلامار *pelamar*

überfallen ⟨v.t.⟩ 1. پەلامار دان *pelamar dan*; هێرش كردن(ە سەر) *hêriş kirdin(e ser)*; 2. ڕاووڕووت كردن *rawurût kirdin*

Überfluss *m* زیادی *ziyadî*; بێشوماری *bêşumarî*

überflüssig ⟨Adj.⟩ زیادلەپێویست *ziyadlepêwîst*

überfluten **I.** ⟨v.i.⟩ لافاو هەڵسان *lafaw helsan* **II.** ⟨v.t.⟩ لافاو بردن *lafaw birdin*; لەبەر ڕۆیشتن *leber royiştin*

überfordern ⟨v.t.⟩ چاوەڕوانیی زۆر لێكردن *çawerwanîy zor lêkirdin*

überfüllt ⟨Adj.⟩ جەنجاڵ *cencal*

Übergabe *f* بەدەستگەیاندن *bedestgeyandin*

übergeben **I.** ⟨v.t.⟩ پێسپاردن *pêsipardin*; دانە دەست *dane dest* **II.** ⟨v.refl.⟩ sich übergeben 1. خۆ بە دەستەوە دان *xo be destewe dan*; 2. (Med.) ڕشانەوە *rişanewe*

Übergepäck *n* زیاد لە باری دیاریكراو بار پێبوون *ziyad le barî diyarîkiraw bar pêbûn*

übergeschnappt ⟨Adj.⟩ شێت *şêt*; تێكچوو *têkçû*

Übergewicht *n* كێشی زیاد *kêşî ziyad*

überhaupt **I.** ⟨Adv.⟩ لەبنەڕەتدا *lebineretda*; **überhaupt nicht** بەهیچجۆرێك *behîççorêk* **II.** ⟨Part.⟩ باشە *başe*

überheblich ⟨Adj.⟩ لەخۆڕازی *lexorazî*; لووتبەرز *lûtberz*

Überheblichkeit *f* لەخۆڕازیبوون *lexorazîbûn*; لووتبەرزی *lûtberzî*

überholen ⟨v.t.⟩ 1. پێش خستن *pêş xistin*; 2. نوێ كردنەوە *nwê kirdinewe*; 3. سەرڤیسی ئوتومبێل كردن *servîsî utumbêl kirdin* • überholen verboten! پێشخستن قەدەغەیە!

überkochen ⟨v.i.⟩ هەڵچوون *helçûn*

überlassen ⟨v.t.⟩ 1. دەست لێهەڵگرتن *dest lêhelgirtin*; 2. بە جێ هێشتن *be cê hêştin*; 3. دانە دەست *dane dest*

überlaufen ⟨v.i.⟩ 1. لەبەر ڕۆییشتن *leber royîştin*; 2. چوونە لای *çûne lay*

überleben **I.** ⟨v.i.⟩ مانەوە *manewe* **II.** ⟨v.t.⟩ بەرگە گرتن *berge girtin*

Überlebende *f* w. Form zu ↑Überlebender

Überlebender *m* ڕزگاربوو (لە مەرگ) *rizgarbû (le merg)*

[1]**überlegen** **I.** ⟨v.t.⟩ بیر لێكردنەوە *bîr lêkirdinewe*; لێ ورد بوونەوە *lê wird bûnewe*; **sich etw. überlegen** مەشوەرەت لەگەڵ خۆدا كردن *meşweret legel xoda kirdin*; ich habe es mir anders überlegt من بیروڕای خۆم لەو بارەیەوە گۆڕیوە **II.** ⟨v.i.⟩ تێڕامان *têraman*

[2]**überlegen** ⟨Adj.⟩ 1. زاڵبوو *zalbû*; 2. هێمن *hêmin*; 3. زۆرزان *zorzan*

Überlegenheit *f* لێهاتوویی *lêhatûyî*; باڵادەستی *baladestî*

Überlegung *f* بیركردنەوە *bîrkirdinewe*

überlisten ⟨v.t.⟩ هەڵخەڵەتاندن *helxeletandin*; فێڵ لێكردن *fêl lêkirdin*

U

übermäßig I. ⟨Adj.⟩ زیاد *ziyad* **II.** ⟨Adv.⟩ لەڕاددەبەدەر *le<u>r</u>addebeder*

übermorgen ⟨Adv.⟩ دووبەیانی *dûbeyanî*; دووسبەی *dûsibey*

übermütig ⟨Adj.⟩ 1. کەمتەرخەم *kemterxem*; 2. ئاسوودە *asûde*

übernachten ⟨v.i.⟩ شەو لەلا مانەوە *şew lela manewe*; شەو ڕۆژ کردنەوە *şew <u>r</u>oj kirdinewe*

Übernachtung *f* شەوکردنەوە *şewkirdinewe*; **Übernachtung mit Frühstück** شەوکردنەوە بە نانی بەیانییەوە *şewkirdinewe be nanî beyanîyewe*

Übernahme *f* وەرگرتن *wergirtin*

übernehmen ⟨v.t.⟩ 1. وەرگرتن *wergirtin*; 2. گرتنە خۆ *girtine xo*

überprüfen ⟨v.t.⟩ 1. تێڕوانین *tê<u>r</u>iwanîn*; پشکنین *pişkinîn*; 2. لێکۆڵینەوە *lêko<u>l</u>înewe*

Überprüfung *f* 1. پێداچوونەوە *pêdaçûnewe*; 2. لێکۆڵینەوە *lêko<u>l</u>înewe*; 3. تێڕوانین *tê<u>r</u>iwanîn*

überqueren ⟨v.t.⟩ پەڕینەوە *pe<u>r</u>înewe*

überragend ⟨Adj.⟩ نایاب *nayab*

überraschen ⟨v.t.⟩ 1. سەرسووڕ هێنان *sersû<u>r</u> hênan*; 2. چوون بەسەر ...دا *çûn beser ...da*

überrascht ⟨Adj.⟩ 1. سەرسام *sersam*; 2. چاوەڕواننەکراو *çawe<u>r</u>wannekraw*

Überraschung *f* 1. سەرسامی *sersamî*; 2. کوتوپڕی *kutupi<u>r</u>î*

überreden ⟨v.t.⟩ 1. ئیقناع کردن *îqnaʿ kirdin*; ڕازی کردن *<u>r</u>azî kirdin*; 2. تاو کردن *taw kirdin*

überreichen ⟨v.t.⟩ پێدان *pêdan*

Überreste *pl.* پاشماوە *paşmawe*; بەرماوە *bermawe*

überschneiden ⟨v.refl.⟩ sich (mit etw.) überschneiden 1. لێکدان (هێڵ) *lêkdan (hê<u>l</u>)*; 2. لە یەک کاتدا ڕوودان *le yek katda <u>r</u>ûdan*; بەناو یەکدا چوون *benaw yekda çûn*

überschreiten ⟨v.t.⟩ تێپەڕاندن *têpe<u>r</u>andin*

Überschreitung *f* تێپەڕاندن *têpe<u>r</u>andin*

Überschrift *f* 1. شادێڕ *şadê<u>r</u>*; ناونیشان *nawnîşan*; 2. سەرباس *serbas*

überschütten ⟨v.t.⟩ پێداڕژاندن *pêda<u>r</u>ijandin*; پێداکردن *pêdakirdin*

Überschwemmung *f* لافاو *lafaw*

übersehen ⟨v.t.⟩ 1. خۆ لێ گێل کردن *xo lê gêl kirdin*; 2. نەبینین *nebînîn*

übersetzen ⟨v.t.⟩ وەرگێڕان *wergê<u>r</u>an*

Übersetzer *m* وەرگێڕ *wergê<u>r</u>*; موتەرجیم *mutercîm*

Übersetzerin *f* w. Form zu ↑Übersetzer

Übersetzung *f* وەرگێڕان *wergê<u>r</u>an*

Übersicht *f* 1. سەرنجی گشتی *serincî giştî*; 2. کورتە *kurte*

übersichtlich ⟨Adj.⟩ ڕوون *<u>r</u>ûn*; ئاشکرا *aşkira*

überspringen ⟨v.i.⟩ 1. بڵاو بوونەوە *bi<u>l</u>aw bûnewe*; 2. بەسەردا باز دان *beserda baz dan*

überstehen ⟨v.t.⟩ 1. بەرگە گرتن *berge girtin*; 2. بەسەردا زاڵ بوون *beserda za<u>l</u> bûn*; 3. ڕزگار بوون *<u>r</u>izgar bûn*

Überstunde *f* سەعاتی زیادە *seʿatî ziyade*; ئۆڤەرتایم *overtayim*

überstürzt ⟨Adj.⟩ 1. بەپەلە *bepele*; 2. هەڵەشانە *he<u>l</u>eşane*

U

übertragbar ⟨Adj.⟩ 1. (Med.) پێپەڕ *pêper*; 2. شیاو بۆ بەکارهێنان لەلایەن کەسێکی ترەوە (بلیت) *şiyaw bo bekarhênan lelayen kesêkî tirewe (bilît)*

übertragen ⟨v.t.⟩ 1. گواستنەوە *giwastinewe*; 2. وەرگێڕان *wergêran*; 3. پەخش کردن (ڕادیۆ، تەلەفیزیۆن) *pexş kirdin (radyo, telefîzyon)*; 4. خستنە سەر ناوی ... *... xistine ser nawî ...*

übertreffen ⟨v.t.⟩ 1. تێپەڕاندن *têperandin*; 2. دەرەقەت هاتن *dereqet hatin*

übertreiben ⟨v.t.⟩ 1. شووڵ لێهەڵکێشان *şûl lêhelkêşan*; 2. گەورە کردن *gewre kirdin*

Übertreibung *f* 1. زێدەڕۆیی *zêderoyî*; 2. گەورەکردن *gewrekirdin*

übertreten ⟨v.i.⟩ 1. چوونە سەر *çûne ser*; 2. هەڵچوون (ڕووبار) *helçûn (rûbar)*

übertrieben ⟨Adj.⟩ لەڕاددەبەدەر *leraddebeder*

überwachen ⟨v.t.⟩ چاودێری کردن *çawdêrî kirdin*

Überwachung *f* چاودێری *çawdêrî*; سەرپەرشتی *serperiştî*

überwältigen ⟨v.t.⟩ 1. ژێر خستن *jêr xistin*; 2. (üb.) وڕ کردن *wir kirdin*

überwältigend ⟨Adj.⟩ لەڕوو *lerû*; پیشاندراو *pîşandiraw*

überweisen ⟨v.t.⟩ 1. حەواڵە کردن (پارە) *hewale kirdin (pare)*; 2. ڕەوانە کردن *rewane kirdin*

Überweisung *f* 1. ناردن *nardin*; 2. حەواڵە *hewale*; پارەناردن *parenardin*

überwiegend ⟨Adj.⟩ زۆرینە *zorîne*; بەزۆری *bezorî*

überwinden **I.** ⟨v.t.⟩ 1. سەر کەوتن بەسەر *ser kewtin beser*; 2. لێ دەرباز بوون *lê derbaz bûn* **II.** ⟨v.refl.⟩ sich überwinden بە خۆدا ڕاپەرموون *be xoda rapermûn*

Überwurf *m* باڵاپۆش *balapoş*

überzeugen **I.** ⟨v.t.⟩ 1. هێنانە سەر ڕێ *hênane ser rê*; 2. پێسەلماندن *pêselmandin*; 3. باوەڕ هێنان *bawer hênan* **II.** ⟨v. refl.⟩ sich von etw. überzeugen باوەڕ پێهێنان *bawer pêhênan*

überzeugend ⟨Adj.⟩ دروست *dirust*; بەجێ *becê*; ماقوول *maqûl*

überzeugt ⟨Adj.⟩ 1. دڵنیا *dilniya*; 2. بەباوەڕ *bebawer*; **überzeugt sein** دڵنیا بوون *dilniya bûn*

Überzeugung *f* 1. باوەڕ *bawer*; عەقیدە *ʿeqîde*; 2. دڵنیابوون *dilniyabûn*; 3. ڕازیکردن *razîkirdin*

üblich ⟨Adj.⟩ ئاسایی *asayî*; **wie üblich** ئاساییانە *asayiyane*

U-Boot *n* کەشتیی ژێرئاوگەڕ *keştîy jêrawger*

übrig ⟨Adj.⟩ پاشماوە *paşmawe*; تر *tir*; **übrig bleiben** پێمان *pêman*

übrigens ⟨Adv.⟩ ئاوا *awa*; هەروا *herwa*

Übung *f* 1. ڕاهێنان *rahênan*; مەشق *meşq*; 2. وانە *wane*

Ufer *n* پەڕاو *peraw*; کەناری ڕووبار *kenarî rûbar*

U-Haft *f* kurz für ↑Untersuchungshaft تەوقیف *tewqîf*

Uhr *f* کاتژمێر *katjimêr*; سەعات *seʿat* • es ist zwei Uhr سەعات دووە ; um drei Uhr nachmittags لە سەعات سێی پاشنیوەڕۆدا ; um wie viel Uhr? لە سەعات چەنددا؟ ; wie viel Uhr ist es?

U

سەعات چەندە؟

Uhrarmband *n* قایشی سەعات *qayişî se'at*

Uhrmacher *m* سەعاتچی *se'atçî*

Uhrmacherin *f* w. Form zu ↑Uhrmacher

Uhrzeiger *m* سەعاتژمێر *se'atjimêr*

Uhrzeit *f* کات *kat*; سەعات *se'at*

Ukraine *f* ئۆکراینیا *Okrayinya*

Ukrainer *m* ئۆکراینی *okrayinî*

Ukrainerin *f* w. Form zu ↑Ukrainer

ukrainisch ⟨Adj.⟩ ئۆکراینی *okrayinî*

Ukrainisch *n* زمانی ئۆکراینی *zimanî okrayinî*

Ulk *m* گاڵتە *galte*; لاقرتی *laqirtî*

Ulme *f* دارەڕەش *darereş*

Ultimatum *n* (bildungsspr.) دوائینزار *diwaînzar*

Ultraschall *m* ژووردەنگ *jûrdeng*

um I. ⟨Präp.⟩ 1. دەربارەی *derbarey*; 2. بۆ *bo*; 3. دەوروبەر *dewruber*; 4. بەدەور *bedewr*; 5. لەپێناو *lepênaw*; 6. لە دەوروبەری *le dewruberî*; **um die Mittagszeit (herum)** لە دەوروبەری نیوەڕۆدا *le dewruberî nîweroda* **II.** ⟨Adv.⟩ سەرلە *serle* • die Zeit ist um کاتەکە کۆتایی پێهاتووە; wir kommen um 12 Uhr لە سەعات دوازدەدا دێین **III.** ⟨Konj.⟩ تا *ta*

umändern ⟨v.t.⟩ گۆڕین *gorîn*

umarmen ⟨v.t.⟩ لە باوەش گرتن *le baweş girtin*

umbauen ⟨v.t.⟩ 1. گۆڕین (لە خانووبەرەدا) *gorîn (le xanûbereda)*; 2. نوێ کردنەوە(ی خانووبەرە) *nwê kirdinewe(y xanûbere)*; 3. جێگۆڕکێ پێکردن *cêgorke pêkirdin*

umbinden ⟨v.t.⟩ بەستن بە *bestin be*

umblättern ⟨v.t.⟩ پەڕە هەڵدانەوە *pere heldanewe*

umbringen ⟨v.t.⟩ کوشتن *kuştin*

umbuchen ⟨v.t.⟩ 1. (Wirtsch.) گواستنەوە لە حسابێکەوە بۆ حسابێکی تر *giwastinewe le hisabêkewe bo hisabêkî tir*; 2. (Wirtsch.) حیجزکردن گۆڕین *hîcizkirdin gorîn*

umdrehen I. ⟨v.t.⟩ گِر دان *gir dan*; هەڵگەڕاندنەوە *helgerandinewe*; وەرگێران *wergêran*; خولاندنەوە *xulandinewe* **II.** ⟨v.i.⟩ گەڕانەوە *geranewe*; سووڕانەوە *sûranewe* **III.** ⟨v.refl.⟩ sich umdrehen خۆ خولاندنەوە *xo xulandinewe*; لا کردنەوە *la kirdinewe*; ئاوڕ لێدانەوە *awir lêdanewe*

Umdrehung *f* سووڕانەوە *sûranewe*; وەرچەرخان *werçerxan*

umfallen ⟨v.i.⟩ 1. بەلادا کەوتن *belada kewtin*; 2. بووڕانەوە *bûranewe*

Umfang *m* 1. قەوارە *qeware*; 2. قەف *qef*

umfangreich ⟨Adj.⟩ فراوان *firawan*

umfassend ⟨Adj.⟩ فراوان *firawan*; بەدووردرێژی *bedûrudirêjî*

Umfeld *n* دەوروپشت *dewrupişt*

Umfrage *f* ڕاپرسی *rapirsî*

Umgang *m* هەڵسوکەوتکردن *helsukewtkirdin*; هاموشۆ *hamuşo*; **mit j-m Umgang haben/pflegen** هەڵسوکەوت کردن لەگەڵ *helsukewt kirdin legel*

umgänglich ⟨Adj.⟩ 1. کراوە *kirawe*; ئەرباب *erbab*; 2. ئێسکسووک *êsksûk*

Umgangsform *f* ئاکاری هەڵسوکەوتکردن *akarî helsukewtkirdin*

U

Umgangssprache *f* زمانی گفتوگۆ *zimanî giftugo*

Umgebung *f* 1. چواردەور *çiwardewr*; 2. ژینگە *jînge*

umgehen ⟨v.i.⟩ 1. سوورانەوە بەدەور *sûranewe bedewr*; 2. بڵاو بوونەوە (باسوخواز، قاو) *bilaw bûnewe (basuxiwaz, qaw)*; **mit etw./j-m umgehen** ڕەفتار کردن لەگەڵ *reftar kirdin legel*

Umgehungsstraße *f* لاڕێ *larê*

umgekehrt ⟨Adj.⟩ هەڵەوگێڕ *helewgêr*; ئاوەژوو *awejû*

umgestalten ⟨v.t.⟩ گۆڕین *gorîn*

umgraben ⟨v.t.⟩ هەڵکەندن *helkendin*

Umhang *m* باڵاپۆش *balapoş*

Umhängetasche *f* جانتای شان *cantay şan*

umherirren ⟨v.i.⟩ وێڵ بوون *wêl bûn*

umhüllen ⟨v.t.⟩ بەرگ تێگرتن *berg têgirtin*

umkehren I. ⟨v.i.⟩ 1. پێچ خواردنەوە *pêç xiwardinewe*; 2. خولانەوە *xulanewe* **II.** ⟨v.t.⟩ پێچ پێدانەوە *pêç pêdanewe*

umkippen I. ⟨v.i.⟩ 1. هەڵگەڕانەوە *helgeranewe*; 2. خۆ بەپێوە نەگرتن *xo bepêwe negirtin*; 3. (üb.) بێهۆش بوون *bêhoş bûn* **II.** ⟨v.t.⟩ سەرەوژێر کردنەوە *serewjêr kirdinewe*

umklammern ⟨v.t.⟩ بەتوندی گرتن *betundî girtin*

Umkleidekabine *f* کابینەی خۆگۆڕین *kabîney xogorîn*

Umkleideraum *m* ژووری خۆگۆڕین *jûrî xogorîn*

umkommen ⟨v.i.⟩ لەناوچوون *lenawçûn*; مردن *mirdin*

Umkreis *m* چواردەور *çiwardewir*; بازنە *bazne*; **im Umkreis (von) ...** لە بازنەی ... *le bazney ...*

Umleitung *f* لەڕێلادان *lerêladan*

umpflügen ⟨v.t.⟩ (Agr.) کێڵان *kêlan*

Umrandung *f* دەوراندەور *dewrandewr*

umrechnen ⟨v.t.⟩ گۆڕینەوە بە *gorînewe be*; **Dollar in Euro umrechnen** دۆلار بە یورۆ گۆڕینەوە *dolar be yuro gorînewe*

Umrechnungskurs *m* کۆرسی پارەگۆڕینەوە *korsî paregorînewe*

Umriss *m* هێڵکاریی گشتی *hêlkarîy giştî*

umrühren ⟨v.t.⟩ تێکەڵ کردن *têkel kirdin*

ums um das ⟨Präp. + Art.⟩ بەدەور *bedewr*

Umsatz *m* فرۆش *firoş*; دەستکەوت *destkewt*

Umschlag *m* 1. بەرگ *berg*; 2. زەرف *zerf*; 3. (Med.) پەڕۆوسارغی تێوەپێچان *perowsarxî têwepêçan*

umschlagen ⟨v.t.⟩ قەد کردن *qed kirdin*; پێچاندنەوە *pêçandinewe*

umsehen ⟨v.refl.⟩ sich umsehen 1. چاو گێڕان *çaw gêran*; 2. لا کردنەوە *la kirdinewe*

Umsicht *f* وریایی *wiryayî*

umsichtig ⟨Adj.⟩ 1. وریا *wirya*; 2. تێگەیشتوو *têgeyiştû*

umso ⟨Konj.⟩ (بۆ بەراوردکردن بەکار دێ) *(bo berawirdkirdin bekar dê)*; **umso besser** وا باشتر *wa baştir*

umsonst ⟨Adv.⟩ 1. خۆڕایی *xorayî*; بەخۆڕایی *bexorayî*; 2. بەفیڕۆ *befîro*

Umstand *m* 1. حاڵوئەحواڵ *haluehwal*;

U

2. بار *bar*; 3. هۆکار *hokar*; **unter diesen Umständen** لەم بارەدا *lem bareda*; **unter keinen Umständen** بەهیچجۆرێک *behîçcorêk*
umständlich ⟨Adj.⟩ نالەبار *nalebar*; نارەحەت *nar̲eh̲et*
umsteigen ⟨v.i.⟩ گۆڕین (شەمەندەفەر، پاس) *gor̲în (şemendefer, pas)*
umstellen I. ⟨v.t.⟩ 1. گۆڕین *gor̲în*; 2. ئاوەژوو کردنەوە *awejû kirdinewe* **II.** ⟨v.refl.⟩ sich umstellen خۆ لێگۆڕین *xo lêgor̲în*
Umstellung *f* 1. گۆڕین *gor̲în*; 2. گۆڕرانکاری *gor̲r̲ankarî*
umstoßen ⟨v.t.⟩ 1. لابردن *labirdin*; 2. بەتاڵ کردنەوە *betal̲ kirdinewe*; 3. قڵپ کردنەوە *qil̲ip kirdinewe*
umstürzen I. ⟨v.t.⟩ هەڵگەڕاندنەوە *hel̲ger̲andinewe* **II.** ⟨v.i.⟩ کەوتن *kewtin*
Umtausch *m* گۆڕینەوە *gor̲înewe*
umtauschen ⟨v.t.⟩ گۆڕینەوە *gor̲înewe*
umwälzen ⟨v.t.⟩ ئینقیلاب کردن *înqîlab kirdin*
umwandeln ⟨v.t.⟩ گۆڕین *gor̲în*
Umweg *m* ڕێی ناڕاستەوخۆ *r̲êy nar̲astewxo*; **einen Umweg gehen/machen** ڕێی ناڕاستەوخۆ گرتنە بەر *r̲êy nar̲astewxo girtine ber*
Umwelt *f* ژینگە *jînge*
Umweltverschmutzung *f* ژینگەپیسکردن *jîngepîskirdin*
umziehen I. ⟨v.i.⟩ گواستنەوە *giwastinewe* **II.** ⟨v.refl.⟩ sich umziehen خۆ گۆڕین *xo gor̲în*
umzingeln ⟨v.t.⟩ 1. بازنە بە دەوردا کێشان *bazne be dewirda kêşan*; 2. گەمارۆ دان *gemaro dan*
Umzug *m* گواستنەوە *giwastinewe*
UN *f* ڕێکخراوی نەتەوەیەکگرتووەکان *r̲êkxirawî neteweyekgirtûwekan*
unabhängig ⟨Adj.⟩ سەربەست *serbest*; سەربەخۆ *serbexo*; **unabhängig davon, ob ...** ... بە دەر لەوەی، *be der lewey, ...*
Unabhängigkeit *f* سەربەستی *serbestî*; سەربەخۆیی *serbexoyî*
unabsichtlich ⟨Adj.⟩ بێمەرام *bêmeram*; بێمەبەست *bêmebest*
unangemessen ⟨Adj.⟩ 1. نەگونجاو *neguncaw*; 2. بەدپەسەند *bedpesend*
unangenehm ⟨Adj.⟩ 1. ناخۆش *naxoş*; نابەدڵ *nabedil̲*; 2. بڵح *bil̲h̲*
unanständig ⟨Adj.⟩ بێئەدەب *bêedeb*; بێئابڕوو *bêabr̲û*
unappetitlich ⟨Adj.⟩ بێتاموبۆ *bêtamubo*
unartig ⟨Adj.⟩ 1. لاسار *lasar*; 2. بێحەیا *bêh̲eya*
unauffällig ⟨Adj.⟩ 1. هێمن *hêmin*; 2. دوورەپەرێز *dûreperêz*
unaufhörlich ⟨Adj.⟩ بێوچان *bêwiçan*
unaufmerksam ⟨Adj.⟩ خەیاڵبردە *xeyal̲birde*; ناهۆشیار *nahoşyar*
unbeachtet ⟨Adj.⟩ بێقەدر *bêqedir*
unbedeutend ⟨Adj.⟩ 1. بێبایەخ *bêbayex*; 2. بێنرخ *bênirx*; 3. بێواتا *bêwata*; 4. ناپەسەند *napesend*
unbedingt ⟨Adj.⟩ 1. بێچەنوچوون *bêçenuçûn*; 2. بێمەرج *bêmerc*
unbefleckt ⟨Adj.⟩ 1. بێلەکە *bêleke*; 2. (üb.) داوێنپاک *dawênpak*
unbefristet ⟨Adj.⟩ (کار، دیارینەکراو

U

(… ,پەیماننامە) diyarînekraw (kar, peymanname, …)
unbegrenzt ⟨Adj.⟩ بێسنوور bêsinûr; بێئەندازە bêendaze
unbekannt ⟨Adj.⟩ نەناسراو nenasraw; بێناوونیشان bênawunîşan
unbeliebt ⟨Adj.⟩ ڕەزاقورس rezaqurs
unbemerkt ⟨Adj.⟩ نەبینراو nebînraw; هەستپێنەکراو hestpênekraw
unbenutzt ⟨Adj.⟩ 1. بەکارنەهێنراو bekarnehênraw; 2. بەتاڵ betal
unbequem ⟨Adj.⟩ نەگونجاو neguncaw; نالەبار nalebar
unbesorgt ⟨Adj.⟩ 1. بێخەم bêxem; 2. کەمتەرخەم kemterxem • sei unbesorgt! بێخەم بە!
unbeständig ⟨Adj.⟩ 1. شێواو şêwaw; 2. حولحولی hulhulî; بێوەفا bêwefa
unbestimmt ⟨Adj.⟩ نادیار nadiyar
unbewohnt ⟨Adj.⟩ چۆڵ çol
unbewusst ⟨Adj.⟩ 1. بێمەبەست bêmebest; لاشعووری laşi'ûrî; 2. بێهۆش bêhoş
unbezahlbar ⟨Adj.⟩ گرانبەها giranbeha; بەنرخ benirx
unbrauchbar ⟨Adj.⟩ بێکەڵک bêkelk; بێتوانا bêtiwana
und ⟨Konj.⟩ و u/w; یش/ش… îş/ş; ئەی ey; **und so weiter** تاکۆتایی takotayî
undankbar ⟨Adj.⟩ سپڵە siple; بێوەفا bêwefa
Undankbarkeit *f* سپڵەیی sipleyî; بێوەفایی bêwefayî
undeutlich ⟨Adj.⟩ نادیار nadiyar; لێڵ lêl
undicht ⟨Adj.⟩ کونبڕنەبوو kunbirnebû
undurchsichtig ⟨Adj.⟩ 1. ناڕۆشن naroşin; دیونادیار dîwnadiyar; 2. (üb.) نەزانراو nezaniraw
unecht ⟨Adj.⟩ 1. دەستکرد destkird; 2. ساختە saxte; 3. قەڵب qelb
unehelich ⟨Adj.⟩ حەرامزادە (منداڵ) heramzade (mindal)
unehrlich ⟨Adj.⟩ 1. ناڕاستگۆ narastgo; 2. دەستبڕ destbir
uneinig ⟨Adj.⟩ ناساز nasaz; ناتەبا nateba
unendlich **I.** ⟨Adj.⟩ 1. بێکۆتایی bêkotayî; 2. (ugs.) بێسنوور bêsinûr **II.** ⟨Adv.⟩ زۆر zor
unentbehrlich ⟨Adj.⟩ پێویست pêwîst
unentschieden ⟨Adj.⟩ 1. چوونیەک çûnyek; 2. ڕاڕا rara
unentschlossen ⟨Adj.⟩ ڕاڕا rara; وەسواس weswas
Unentschlossenheit *f* ڕاڕایی rarayî; وەسواسی weswasî
unerhört ⟨Adj.⟩ (ugs.) زۆر گەورە zor gewre; بێوێنە bêwêne
unerträglich ⟨Adj.⟩ لەتاقەتبەدەر letaqetbeder
unerwartet ⟨Adj.⟩ چاوەڕواننەکراو çawerwannekraw; لەناکاو lenakaw
unfähig ⟨Adj.⟩ بێتوانا bêtiwana; ناشایستە naşayiste
unfair ⟨Adj.⟩ 1. بێویژدان bêwîjdan; 2. نادروست nadirust
Unfall *m* 1. ڕووداو rûdaw; 2. دەعم de'im
Unfallflucht *f* تامپۆنکردن و هەڵاتن tamponkirdin u helatin
Unfallversicherung *f* بیمەی ڕووداو bîmey rûdaw
unfreiwillig ⟨Adj.⟩ 1. بەزۆر bezor;

U

2. بێمەبەست *bêmebest*; 3. بەبێگاری *bebêgarî*

unfreundlich ⟨Adj.⟩ 1. ڕووگرژ *r̲ûgirj*; 2. بەدڕەوشت *bedr̲ewişt*

unfruchtbar ⟨Adj.⟩ 1. بێبەر *bêber*; بێپیت *bêpît*; 2. نەزۆک *nezok*; 3. بێئەنجام *bêencam*

Unfruchtbarkeit *f* 1. نەزۆکی *nezokî*; 2. بێبەرهەمی *bêberhemî*; 3. بێپیتی *bêpîtî*

Ungar *m* هەنگاری *hengarî*; مەجەری *mecerî*

Ungarin *f* w. Form zu ↑Ungar

ungarisch ⟨Adj.⟩ هەنگاری *hengarî*; مەجەری *mecerî*

Ungarisch *n* زمانی مەجەری *zimanî mecerî*; زمانی هەنگاری *zimanî hengarî*

Ungarn *n* هەنگاریا *Hengarya*; مەجەرستان *Meceristan*

ungeachtet ⟨Präp.⟩ سەرەڕای *serer̲ay*; **ungeachtet dessen** سەرەڕایئەوەیکە *serer̲ayeweyke*

ungebildet ⟨Adj.⟩ نادان *nadan*; نەخوێندەوار *nexwêndewar*; نەزان *nezan*

ungedeckt ⟨Adj.⟩ 1. دانەنراو *danenraw*; 2. (Wirtsch.) بێڕەسید (چەک) *bêr̲esîd (çek)*; **ungedeckter Scheck** (Wirtsch.) چەکێکی بێڕەسید *çekêkî bêr̲esîd*

Ungeduld *f* بێئارامی *bêaramî*; پشووکورتی *pişûkurtî*

ungeduldig ⟨Adj.⟩ پشووکورت *pişûkurt*; بێئارام *bêaram*

ungeeignet ⟨Adj.⟩ 1. نەگونجاو *neguncaw*; 2. لێنەهاتوو *lênehatû*

ungefähr ⟨Adv./Adj.⟩ 1. نزیکەی *nizîkey*; 2. لەدەوروپشتی *ledewrupiştî*

ungefährlich ⟨Adj.⟩ بێزیان *bêziyan*

ungehalten ⟨Adj.⟩ بەکینەوە *bekînewe*

Ungeheuer *n* دەعەجان *de'ecan*; دێو *dêw*

ungeheuerlich ⟨Adj.⟩ 1. زۆر گەورە *zor gewre*; بێوێنە *bêwêne*; 2. بێشەرم *bêşerm*

ungehorsam ⟨Adj.⟩ لاسار *lasar*; بێگوێ *bêgwê*

Ungehorsam *m* لاساری *lasarî*; بێگوێیی *bêgwêyî*

ungelernt ⟨Adj.⟩ ناشی *naşî*

ungemütlich ⟨Adj.⟩ ناقۆڵا *naqol̲a*; ناڕەحەت *nar̲ehet*

ungenau ⟨Adj.⟩ ناتەواو *natewaw*

ungepflegt ⟨Adj.⟩ ناڕێکوپێک *nar̲êkupêk*

ungerade ⟨Adj.⟩ (Math.) ناڕێک *nar̲êk*; **ungerade Zahlen** ژمارەناڕێکەکان *jimarenar̲êkekan*

ungerecht ⟨Adj.⟩ ناڕەوا *nar̲ewa*; زاڵم *zal̲im*

Ungerechtigkeit *f* 1. ناڕەوایی *nar̲ewayî*; زاڵمی *zal̲imî*; 2. زوڵم *zul̲m*

ungern ⟨Adv.⟩ بەنابەدڵی *benabedil̲î*

ungeschält ⟨Adj.⟩ پاکنەکراو (میوە) *paknekraw (mîwe)*

ungeschickt ⟨Adj.⟩ 1. ناشی *naşî*; غەشیم *x̲eşîm*; 2. هەرزە *herze*; هەڵەشە *hel̲eşe*

ungesund ⟨Adj.⟩ 1. ناساز (ئاووهەوا) *nasaz (awuhewa)*; 2. ناساغ *nasax̲*

ungewiss ⟨Adj.⟩ نادیار *nadiyar*; ئاڵۆز *al̲oz*

Ungewissheit *f* نادیاری *nadiyarî*; ئاڵۆزی *al̲ozî*

ungewöhnlich ⟨Adj.⟩ نائاسایی *naasayî*; پێڕانەهاتوو *pêr̲anehatû*

U

ungewohnt ⟨Adj.⟩ 1. پێڕانەهاتوو *pêṟanehatû*; 2. نارێکوپێک *naṟêkupêk*

ungewollt ⟨Adj.⟩ نەویستراو *newîstiraw*

ungezählt ⟨Adj.⟩ نەبژێرراو *nebjêrraw*; **ungezählte Male** چەندەهاجار *çendehacar*

Ungeziefer *n* جڕوجانەوەر *ciṟucanewer*

ungezogen ⟨Adj.⟩ خراپپەروەردەکراو *xirapperwerdekiraw*; بێئەدەب *bêedeb*

ungezwungen ⟨Adj.⟩ ئاسایی *asayî*; سروشتی *siruştî*

ungläubig ⟨Adj.⟩ خوانەناس *xiwanenas*; بێدین *bêdîn*

Ungläubige *f* w. Form zu ↑Ungläubiger

Ungläubiger *m* خوانەناس *xiwanenas*; بێدین *bêdîn*

unglaublich ⟨Adj.⟩ لەڕادەبەدەر *leṟadebeder*; ناماقووڵ *namaqûḻ*

Unglück *n* 1. بەدبەختی *bedbextî*; چارەڕەشی *çareṟeşî*; 2. نەهات *nehat*; بەڵا *beḻa*; 3. کەساسی *kesasî*; 4. قەزاوبەڵا *qezawbeḻa*

unglücklich ⟨Adj.⟩ چارەڕەش *çareṟeş*; بەدبەخت *bedbext*; کڵۆڵ *kiḻoḻ*; نەگبەت *negbet*; **j-n unglücklich machen** خەمبار کردن *xembar kirdin*

unglückselig ⟨Adj.⟩ کەساس *kesas*; بەدبەخت *bedbext*

Unglücksfall *m* ڕووداوی دڵتەزێن *ṟûdawî diḻtezên*

ungültig ⟨Adj.⟩ بەتاڵ *betaḻ*; **etw. für ungültig erklären** بەتاڵ کردنەوە *betaḻ kirdinewe*

ungünstig ⟨Adj.⟩ 1. نەشیاو *neşyaw*; 2. بێسوود *bêsûd*

unhandlich ⟨Adj.⟩ قەبە *qebe*; دەستتێنەچوو *desttêneçû*

Unheil *n* 1. بەڵا *beḻa*; کارەسات *karesat*; 2. بەدی *bedî*; فەساد *fesad*

unheilbar ⟨Adj.⟩ بێدەرمان *bêderman*; بێچارە *bêçare*

unheimlich **I.** ⟨Adj.⟩ 1. ترسێنەر *tirsêner*; 2. بەد *bed* **II.** ⟨Adv.⟩ (ugs.) زۆر *zor*

unhöflich ⟨Adj.⟩ بێئەدەب *bêedeb*; بێحورمەت *bêḫurmet*; بێڕێز *bêṟêz*

Unhöflichkeit *f* بێئەدەبی *bêedebî*; ڕێزلێنەنان *ṟêzlênenan*; بێحورمەتی *bêḫurmetî*

unhygienisch ⟨Adj.⟩ ناتەندروست *natendirust*

Uni *f* kurz für ↑Universität (ugs.) زانستگا *zanistga*; زانکۆ *zanko*

Uniform *f* 1. جلی سەربازی *cilî serbazî*; 2. هاوبەرگ *hawberg*

Union *f* یەکێتی *yekêtî*

universal ⟨Adj.⟩ 1. (bildungsspr.) بێسنوور *bêsinûr*; 2. (bildungsspr.) گشتی *giştî*; 3. (bildungsspr.) جیهانی *cîhanî*

universell ⟨Adj.⟩ 1. گشتی *giştî*; 2. جیهانی *cîhanî*

Universität *f* زانستگا *zanistga*; زانکۆ *zanko*

Universum *n* گەردوون *gerdûn*; جیهان *cîhan*

Unkenntnis *f* نەزانی *nezanî*; نەشارەزایی *neşarezayî*

unklar ⟨Adj.⟩ نادیار *nadiyar*; ئاڵۆز *aḻoz*

Unklarheit *f* نادیاری *nadiyarî*; ئاڵۆزی *aḻozî*

unkompliziert ⟨Adj.⟩ 1. سانا *sana;* نائالۆز *naaloz;* 2. دڵسادە *dilsade*

Unkraut *n* گیاکەڵە *giyakele* • Unkraut vergeht nicht (Spr.) گیاکەڵە لە بن نایە

Unmenge *f* تۆپەڵ *topel*

Unmensch *m* نامەرد *namerd;* دڕندە *dirinde*

unmenschlich ⟨Adj.⟩ 1. نامرۆڤانە *namirovane;* بێمرووەت *bêmiruwet;* 2. دڕندە *dirinde*

unmissverständlich ⟨Adj.⟩ ڕاستەوخۆ *rastewxo*

unmittelbar ⟨Adj.⟩ دەستبەجێ *destbecê;* ڕاستەوڕاست *rastewrast*

unmodern ⟨Adj.⟩ نامۆدە *namode*

unmöglich I. ⟨Adj.⟩ نەشیاو *neşyaw;* نابەجێ *nabecê* **II.** ⟨Adv.⟩ بەهیچجۆرێک *behîçcorêk*

unmoralisch ⟨Adj.⟩ بێڕەوشت *bêrewişt*

unmündig ⟨Adj.⟩ نابالغ *nabalix;* هەرزەکار *herzekar*

unnachgiebig ⟨Adj.⟩ 1. توندوتیژ *tundutîj;* 2. کەللەڕەق *kellereq*

unnatürlich ⟨Adj.⟩ 1. دەستکرد *destkird;* 2. ئاڵۆز *aloz*

unnötig I. ⟨Adj.⟩ ناپێویست *napêwîst* **II.** ⟨Adv.⟩ بێهوودە *bêhûde*

UNO *f* (Pol.) یونۆ *Yuno*

unordentlich ⟨Adj.⟩ نارێکوپێک *narêkupêk;* بێرێوشوێن *bêrêwşwên*

Unordnung *f* نارێکی *narêkî;* بێسەروبەری *bêserüberî;* ئاژاوە *ajawe*

unparteiisch ⟨Adj.⟩ بێلایەن *bêlayen*

unpassend ⟨Adj.⟩ 1. ناپەسەند *napo send;* نەشیاو *neşiyaw;* 2. نارەوا *narewa*

unpersönlich ⟨Adj.⟩ 1. ناشەخسی *naşexsî;* 2. کەسنادیار *kesnadiyar*

unpraktisch ⟨Adj.⟩ 1. نەکردەیی *nekirdeyî;* 2. بێسوود *bêsûd*

unpünktlich ⟨Adj.⟩ لەکاتیخۆیدانا *lekatîxoydana*

Unrecht *n* نارەوایی *narewayî;* ناحەقی *naheqî*

unrechtmäßig ⟨Adj.⟩ 1. ناقانوونی *naqanûnî;* 2. حەرام *heram*

unregelmäßig ⟨Adj.⟩ نارێکوپێک *narêkupêk*

unreif ⟨Adj.⟩ 1. (Agr.) کاڵ *kal;* نەگەیو *negeyiw;* 2. ناکامڵ *nakamil*

Unruhe *f* 1. ئاژاوە *ajawe;* گێرەشێوێنی *gêreşêwênî;* 2. نائاسوودەیی *naasûdeyî*

unruhig ⟨Adj.⟩ 1. نائاسوودە *naasûde;* پەشێو *peşêw;* 2. بزێو *bizêw*

uns Dat. und Akk. von wir ⟨Pron.⟩ ...مان *...man;* ئێمە *ême;* **für uns** بۆ ئێمە *bo ême;* **mit uns** لەگەڵمان *legelman;* **zu uns** بۆلامان *bolaman;* بۆلای ئێمە *bolay ême*

unschädlich ⟨Adj.⟩ 1. بێزیان *bêziyan;* 2. بێوەی *bêwey*

unscheinbar ⟨Adj.⟩ سەرنجڕانەکێش *serincranekêş*

unschlüssig ⟨Adj.⟩ دوودڵ *dûdil;* ڕاڕا *rara*

Unschuld *f* 1. بێتاوانی *bêtawanî;* 2. داوێنپاکی *dawênpakî*

unschuldig ⟨Adj.⟩ 1. بێتاوان *bêtawan;* 2. داوێنپاک *dawênpak*

unser ⟨Pron.⟩ هی ئێمە *hî ême;* ...مان *... man*

unsicher ⟨Adj.⟩ 1. دوودڵ *dûdil;* 2. نەزانراو

U

nezanraw; 3. بەدوودڵی *bedûdiḻî*

Unsicherheit *f* 1. ئاشووب *aşûb*; گێرەوکێشە *gêrewkêşe*; 2. دوودڵی *dûdiḻî*

unsichtbar ⟨Adj.⟩ نەبینراو *nebînraw*; پەنهان *penhan*

Unsinn *m* لەوچەلەوچ *lewçelewç*; ناماقووڵی *namaqûḻî*; شڕمپڕم *şiṟimpiṟim*

unsinnig ⟨Adj.⟩ بێهودە *bêhude*; بێسەروبەر *bêseruber*; شڕمپڕم *şiṟimpiṟim*

unsympathisch ⟨Adj.⟩ ڕەزاتاڵ *ṟezataḻ*; ڕەزاقورس *ṟezaqurs*

unten ⟨Adv.⟩ لەخوارەوە *lexiwarewe*; لەژێرەوە *lejêrewe*; **dort unten** لەوێ لەژێرەوە *lewê lejêrewe*; **nach unten** بۆ خوارەوە *bo xiwarewe*; **von oben bis unten** لە سەرەوە تا خوارەوە *le serewe ta xiwarewe*; **von unten** لە ژێرەوە *le jêrewe*

unter I. ⟨Präp.⟩ 1. لەژێر *lejêr*; ژێر *jêr*; لەخوار *lexiwar*; 2. کەمترلە *kemtirle*; 3. لەناو *lenaw*; **einige unter uns** هەندێک لە ئێمە *hendêk le ême*; **unter anderem/anderen** جگەلەمە *cigeleme*; **unter tausend Euro** خوار هەزار یوڕۆ *xiwar hezar yuṟo* **II.** ⟨Adv.⟩ خوار *xiwar*

Unterarm *m* باسک *bask*

Unterbewusstsein *n* (Psychol.) نەستێتی *nestêtî*; بنهۆشی *binhoşî*

unterbrechen ⟨v.t.⟩ پێبڕین (قسە) *pêbiṟîn (qise)*; وچان دان *wiçan dan*; ڕێ لێگرتن *ṟê lêgirtin*; دەس لێکێشانەوە *des lêkêşanewe* • bitte unterbrechen Sie mich nicht! تکایە قسەم پێمەبڕن!

Unterbrechung *f* ناوبڕی *nawbiṟî*; پشوو *pişû*; بەرەوبڕی *berewbiṟî*

unterbringen ⟨v.t.⟩ 1. نیشتەجێ کردن *nîştecê kirdin*; 2. حەواندنەوە *ḩewandinewe*

Unterbringung *f* نیشتەجێکردن *nîştecêkirdin*

unterdessen ⟨Adv.⟩ لەوکاتەدا *lewkateda*; لەونێوانەدا *lewnêwaneda*

unterdrücken ⟨v.t.⟩ 1. دامرکاندنەوە *damirkandinewe*; 2. چەوساندنەوە *çewsandinewe*; زوڵم لێکردن *zuḻm lêkirdin*; 3. کپ کردن (هەست) *kip kirdin (hest)*

Unterdrückung *f* چەوساندنەوە *çewsandinewe*; زۆرداری *zordarî*; ستەمکاری *sitemkarî*

untere(r, -s) ⟨Adj.⟩ خوارەوە *xiwarewe*; ژێرین *jêrîn*

unterentwickelt ⟨Adj.⟩ دواکەوتوو *diwakewtû*

Unterernährung *f* خۆراککەمپێدان *xorakkempêdan*

Unterführung *f* تونێل *tunêl*; نەفەق *nefeq*

Untergang *m* 1. ئاوابوون *awabûn*; 2. نەمان *neman*

untergehen ⟨v.i.⟩ 1. ئاوا بوون *awa bûn*; 2. نوقووم بوون *nuqûm bûn*; 3. لە ناو چوون *le naw çûn*; 4. مردن *mirdin*

unterhalb ⟨Präp./Adv.⟩ لەخوار ...(ە)وە *lexiwar …(e)we*; لەبن ...دا *lebin …da*; خوارەوە *xiwarewe*

Unterhalt *m* گوزەران *guzeran*; بژێوی *bijêwî*

unterhalten I. ⟨v.t.⟩ بەخێو کردن *bexêw kirdin* **II.** ⟨v.refl.⟩ sich (mit j-m) unterhalten گفتوگۆ کردن *giftugo kirdin*

Unterhaltung *f* 1. وتووێژ *wituwêj*;

U

خۆشڕابواردن گفتوگۆکردن *giftugokirdin;* 2. *xoşrabiwardin*

Unterhemd *n* فانیله(ی ژێر کراس) *fanîle(y jêr kiras)*

Unterhose *f* دەرپێ *derpê*

unterirdisch ⟨Adj.⟩ 1. ژێرزەوی *jêrzewî;* 2. نهێنی *nihênî*

Unterkiefer *m* لاشەویلگەی خواروو *laşewîlgey xiwarû*

Unterkunft *f* نشینگە *nişînge;* جێی خەوتن و حەواندنەوە *cêy xewtin u hewandinewe;* خانوو *xanû*

Unterlage *f* ژێڕایەخ *jêrrayex*

Unterleib *m* ژێروورگ *jêrwirg;* لە کەمەر بەرەو خواری بەژنی مرۆڤ *le kemer berew xiwarî bejnî mirov*

Untermieter *m* ژێرماڵە *jêrmale;* کرێگرتەیەک لەلای کرێگرتەیەک *kirêgirteyek lelay kirêgirteyek*

Untermieterin *f* w. Form zu ↑Untermieter

unternehmen ⟨v.t.⟩ دەست پێکردن *dest pêkirdin*

Unternehmen *n* 1. دامودەزگا *damudezga;* کۆمپانیا *kompanya;* 2. پرۆژە *piroje*

Unternehmer *m* بەڵێندەر *belênder;* مقاول *miqawil*

Unternehmerin *f* w. Form zu ↑Unternehmer

unterordnen I. ⟨v.t.⟩ 1. ملکەچ کردن *milkeç kirdin;* 2. ڕیزبەند کردن *rîzbend kirdin* **II.** ⟨v.refl.⟩ sich unterordnen ملکەچ بوون *milkeç bûn*

Unterricht *m* 1. وانەوتنەوە *wanewitinewe;* 2. وانەخوێندن *wanexwêndin;* 3. وانە *wane*

unterrichten ⟨v.t.⟩ 1. وانە پێوتنەوە *wane pêwitnewe;* 2. ئاگادار کردنەوە *agadar kirdinewe*

untersagen ⟨v.t.⟩ یاساغ کردن *yasax kirdin;* لێ قەدەغە کردن *lê qedexe kirdin*

unterschätzen ⟨v.t.⟩ بەکەم خەملاندن *bekem xemlandin;* نرخ کەم بۆ دانان *nirx kem bo danan*

unterscheiden I. ⟨v.t.⟩ جیاوازی کردن *ciyawazî kirdin* **II.** ⟨v.refl.⟩ sich unterscheiden جیاوازی هەبوون *ciyawazî hebûn*

Unterschenkel *m* قەڵەمەی ڕان *qelemey ran*

Unterschied *m* جیاوازی *ciyawazî;* فەرق *ferq*

unterschlagen ⟨v.t.⟩ پێداکێشان *pêdakêşan;* لرف لێدان *lirf lêdan*

Unterschlupf *m* پەنا *pena;* حەشارگە *heşarge;* مەکۆ *meko*

unterschreiben ⟨v.t.⟩ ئیمزا کردن *îmza kirdin*

Unterschrift *f* ئیمزا *îmza*

unterste(r, -s) ⟨Adj.⟩ خواریخوارەوە *xiwarîxiwarewe;* ژێریژێرەوە *jêrîjêrewe*

unterstellen ⟨v.t.⟩ خستنە ژێر *xistine jêr*

unterstützen ⟨v.t.⟩ یارمەتی دان *yarmetî dan;* پشتگیری کردن *piştgîrî kirdin*

Unterstützung *f* 1. یارمەتی *yarmetî;* پشتگیری *piştgîrî;* 2. باربوویی *barbûyî*

untersuchen ⟨v.t.⟩ 1. پشکنین *pişkinîn;* تاقی کردنەوە *taqî kirdinewe;* 2. لێکۆڵینەوە *lêkolînewe*

Untersuchung *f* 1. (Med.) پشکنین *pişkinîn;* 2. لێکۆڵینەوە *lêkolînewe;*

U

تاقیکردنەوە *taqîkirdinewe*
Untersuchungshaft *f* kurz: ↑U-Haft (Jur.) تەوقیف *tewqîf*
Untersuchungsrichter *m* دادوەری لێکۆڵینەوە *dadwerî lêkolînewe*
Untersuchungsrichterin *f* w. Form zu ↑Untersuchungsrichter
Untertan *m* ژێردەستە *jêrdeste*
Untertanin *f* w. Form zu ↑Untertan
Untertasse *f* ژێرپیاڵە *jêrpiyale*
Unterteil *m/n* بەشی خوارەوە *beşî xiwarewe*
Unterwäsche *f* جلوبەرگی ژێرەوە *cilubergî jêrewe*; دەرپێ و فانیلە *derpê w fanîle*
unterwegs ⟨Adv.⟩ بەڕێوە *berêwe*
unterweisen ⟨v.t.⟩ 1. فێر کردن *fêr kirdin*; 2. تەڵقین دادان *telqîn dadan*
unterwerfen I. ⟨v.t.⟩ بەزاندن *bezandin*; کۆڵ پێدان *kol pêdan* **II.** ⟨v.refl.⟩ sich unterwerfen خۆ دان بە دەستەوە *xo dan be destewe*
Unterwerfung *f* بەزاندن *bezandin*; خۆبەدەستەوەدان *xobedestewedan*; ژێردەستی *jêrdestî*
unterzeichnen ⟨v.t.⟩ ئیمزا کردن *îmza kirdin*
untrennbar ⟨Adj.⟩ لێکجیانەبووەوە *lêkciyanebûwewe*
untreu ⟨Adj.⟩ بێوەفا *bêwefa*; بێبەڵێن *bêbelên*; **j-m untreu sein** بێوەفا بوون بەرامبەر بە کەسێک *bêwefa bûn beramber be kesêk*
Untreue *f* بێوەفایی *bêwefayî*; بێبەڵێنی *bêbelênî*
unüberlegt ⟨Adj.⟩ هەڵەشە *heleşe*; بێبیرکردنەوە *bêbîrkirdinewe*; کەمتەرخەم *kemterxem*
unverbindlich ⟨Adj.⟩ کراوە *kirawe*; ئیختیاری *îxtiyarî*
unverbleit ⟨Adj.⟩ بێقورقوشم (بەنزین) *bêqurquşim (benzîn)*; بێبلای *bêblay*
unverfälscht ⟨Adj.⟩ 1. بێغەڵلەوغەش *bêxellewxeş*; 2. خاڵس *xalis*
unvergesslich ⟨Adj.⟩ لەبیرنەکراو *lebîrnekraw*
unverheiratet ⟨Adj.⟩ 1. بێهاوسەر *bêhawser*; 2. بێژن *bêjin*; 3. شوونەکردوو *şûnekirdû*
unverkäuflich ⟨Adj.⟩ بۆفرۆشتننەبوو *bofiroştinnebû*
unvermeidlich ⟨Adj.⟩ ناچار *naçar*
unvernünftig ⟨Adj.⟩ بێعەقڵ *bê'eqil*; بلّح *bilh*
unverschämt ⟨Adj.⟩ بێئابڕوو *bêabrû*; بێحەیا *bêheya*; ڕووداماڵراو *rûdamalraw*
Unverschämtheit *f* بێئابڕوویی *bêabrûyî*; بێحەیایی *bêheyayî*; ڕووداماڵراوی *rûdamalrawî*
unverständlich ⟨Adj.⟩ نادیار *nadiyar*
unverzeihlich ⟨Adj.⟩ چاولێنەپۆشراو *çawlêneposraw*
unverzüglich ⟨Adj.⟩ ڕاستەوڕاست *rastewrast*; ڕاستەوخۆ *rastewxo*
unvollständig ⟨Adj.⟩ ناتەواو *natewaw*; نوقسان *nuqsan*
unvorhersehbar ⟨Adj.⟩ ئاڵۆز *aloz*; نادیار *nadiyar*
unvorsichtig ⟨Adj.⟩ 1. بێئاگا *bêaga*; 2. هەڵەشە *heleşe*
unvorstellbar ⟨Adj.⟩ بەبیردانەهاتوو *be-*

U

bîrdanehatû

unwahr ⟨Adj.⟩ 1. نادروست *nadirust*; 2. درۆزن *dirozin*

Unwahrheit *f* 1. ناڕاستی *nar̲astî*; 2. درۆ *diro*

unwahrscheinlich I. ⟨Adj.⟩ ڕێتێنەچوو *r̲êtêneçû* **II.** ⟨Adv.⟩ (ugs.) زۆر *zor*

Unwetter *n* شەستەباران *şestebaran*; باوباران *bawbaran*

unwichtig ⟨Adj.⟩ بێبایەخ *bêbayex*; بێنرخ *bênirx*

unwiderstehlich ⟨Adj.⟩ بەرگریلێنەکراو *bergirîlênekraw*

unwirklich ⟨Adj.⟩ ناڕاست *nar̲ast*

unwirksam ⟨Adj.⟩ ناچالاک *naçalak*; کارتێنەکەر *kartêneker*

Unwissenheit *f* 1. نەزانی *nezanî*; بێسەوادی *bêsewadî*; 2. بێئاگایی *bêagayî*

unwohl ⟨Adj.⟩ نەخۆش *nexoş*; دەردەدار *derdedar*; **sich unwohl fühlen** لەش دایەزران *leş dayezran*

unzerbrechlich ⟨Adj.⟩ زدەلکەسر *zidelkesir*

unzertrennlich ⟨Adj.⟩ لێکجیانەبووەوە *lêkciyanebûwewe*

unzufrieden ⟨Adj.⟩ 1. ناڕازی *nar̲azî*; 2. بێزار *bêzar*

Unzufriedenheit *f* 1. ناڕەزایی *nar̲ezayî*; 2. بێزاری *bêzarî*

unzulässig ⟨Adj.⟩ ڕێپێنەدراو *r̲êpênedraw*

unzuverlässig ⟨Adj.⟩ باوەڕپێنەکراو *bawer̲pênekraw*; پشتپێنەبەستراو *piştpênebestiraw*

Update *n* (EDV) ئەپدەیت *opdeyt*; فایلنوێکردنەوە *fayilnwêkirdinewe*

üppig ⟨Adj.⟩ 1. زۆر *zor*; 2. دەوڵەمەند *dewl̲emend*; 3. هەوەسهەڵساو *heweshel̲saw*

Urahn(e) *m* باپیرەگەورە *bapîregewre*

Urahne *f* نەنەگەورە *nenegewre*; دایکی دایەگەورە *daykî dayegewre*

uralt ⟨Adj.⟩ 1. زۆرکۆن *zorkon*; 2. زۆرپیر *zorpîr*

Uran *n* (Chem.) یۆرانیۆم *yor̲anyom*

Urenkel *m* 1. کوڕی کچەزا *kur̲î kiçeza*; 2. کوڕی کوڕەزا *kur̲î kur̲eza*

Urenkelin *f* w. Form zu ↑Urenkel

Urgroßmutter *f* نەنەگەورە *nenegewre*

Urgroßvater *m* باپیرەگەورە *bapîregewre*

Urin *m* (Med.) میز *mîz*

urinieren ⟨v.i.⟩ (geh.) میز کردن *mîz kirdin*

Urkunde *f* بەڵگەنامە *bel̲gename*; بڕوانامە *bir̲waname*

Urlaub *m* مۆڵەت *mol̲et*; ئیجازە *îcaze*; پشوو *pişû*

Urlauber *m* مۆڵەتوەرگر *mol̲etwergir*; پشووپێدەر *pişûpêder*

Urlauberin *f* w. Form zu ↑Urlauber

Urlaubsort *m* پشووگە *pişûge*

Urne *f* 1. دەفری خۆڵەمێشدان (بۆ لاشەی سووتێنراو) *defrî xol̲emêşdan (bo laşey sûtênraw)*; 2. سندووقی دەنگدان *sindûqî dengdan*

Ursache *f* هۆکار *hokar*; سەبەب *sebeb* • keine Ursache! هیچ نییە!

Ursprung *m* 1. سەرەتا *sereta*; 2. ڕیشە *r̲îşe*; بنچینە *binçîne*; 3. سەرچاوە *serçawe*

ursprünglich ⟨Adj.⟩ سەرەتایی *seretayî*

Urteil *n* بڕیار *bir̲yar*

Urteilsvermögen *n* هێزی بڕیاردان *hêzî*

U

bir̲yardan

Urwald *m* جەنگەڵ *cengel̲*

USA *pl.* Abk. von ↑Vereinigte Staaten von Amerika (↑Vereinigte Staaten) یو ئێس ئا *Yu ês a;* وڵاتەیەکگرتووەکانی ئەمەریکا *Wil̲ateyekgirtûwekanî Emerîka*

Usbeke *m* ئۆزبەکی *ozbekî*

Usbekin *f* w. Form zu ↑Usbeke

usbekisch ⟨Adj.⟩ ئۆزبەکی *ozbekî*

Usbekisch *n* زمانی ئۆزبەکی *zimanî ozbekî*

Usbekistan *n* ئۆزبەکستان *Ozbekistan*

Uterus *m* (Med.) منداڵدان *mindal̲dan;* ڕەحم *r̆eḫm*

Utopie *f* خەیاڵ *xeyal̲;* خەیاڵپڵاو *xeyal̲pil̲aw*

V

v, V فاو *faw;* پیتی بیستودوووەمی ئەلفبێی ئەڵمانی *pîtî bîstudûwemî elfbêy el̲manî*

Vagabund *m* خانەبەکۆڵ *xanebekol̲;* دەربەدەر *derbeder*

Vagabundin *f* w. Form zu ↑Vagabund

vage ⟨Adj.⟩ نائاشکرا *naaşkira*

Vagina *f* قوز *quz;* کوز *kuz*

vakant ⟨Adj.⟩ (bildungsspr.) بەتاڵ *betal̲;* پڕنەکراوە (جێگای فەرمانبەر) *pir̲nekrawe (cêgay fermanber)*

Vampir *m* 1. (Zool.) شەمشەمەکوێرەیەکی خوێنمژ *şemşemekwêreyekî xwênmij;* 2. (Myth.) خوێنخۆر *xwênxor;* 3. (üb.) خوێنمژ *xwênmij*

Vampirin *f* w. Form zu ↑Vampir

Vandalismus *m* تێکومەکاندان *têkumekandan*

Vanille *f* ڤەنێلا *venêla*

variieren I. ⟨v.i.⟩ جیاواز بوون *ciyawaz bûn* **II.** ⟨v.t.⟩ گۆڕین *gor̲în*

Vase *f* گوڵدان *gul̲dan;* ئینجانە *încane*

Vater *m* 1. باوک *bawk;* 2. دانەر *daner*

Vaterland *n* وڵات *wil̲at;* نیشتمان *nîştiman*

väterlich ⟨Adj.⟩ باوکی *bawkî*

V-Ausschnitt *m* یەخەی حەوتی کراس یا فانیلە *yexey ḫewtî kiras ya fanîle*

Vegetarier *m* گۆشتنەخۆر *goştnexor*

Vegetarierin *f* w. Form zu ↑Vegetarier

vegetarisch ⟨Adj.⟩ گۆشتنەخۆر *goştnexor*

Vegetation *f* (fachspr.) گژوگیا *gijugiya*

Veilchen *n* (Bot.) وەنەوشە *wenewşe*

Vene *f* خوێنهێنەر *xwênhêner;* وەرید *werîd*

Ventil *n* 1. بەلووعە(ی ئاو یا شلەمەنی تر) *belû'e(î aw ya şilemenî tir);* 2. زمانە

V

zimane
Ventilator *m* پانکە *panke;* هەواگۆڕ *hewagor̲*
verabreden I. ⟨v.t.⟩ وەعد دان *we'id dan* **II.** ⟨v.refl.⟩ sich mit j-m verabreden مەوعید پێدان *mew'îd pêdan*
Verabredung *f* 1. مەوعید *mew'îd;* 2. ڕێککەوتن *r̲êkkewtin*
verabscheuen ⟨v.t.⟩ بوغزاندن *bux̲zandin;* نەفرەت لێکردن *nefret lêkirdin*
verabschieden I. ⟨v.t.⟩ ماڵئاوایی لێکردن *mal̲awayî lêkirdin* **II.** ⟨v.refl.⟩ sich (von j-m) verabschieden ماڵئاوایی لێکردن *mal̲awayî lêkirdin*
verachten ⟨v.t.⟩ 1. ڕێز لێنەگرتن *r̲êz lênegirtin;* 2. بێز لێکردنەوە *bêz lêkirdinewe*
Verachtung *f* 1. ڕێزلێنەگرتن *r̲êzlênegirtin;* 2. بێزلێکردنەوە *bêzlêkirdinewe*
verallgemeinern ⟨v.t.⟩ بەگشتی کردن *begiştî kirdin*
veraltet ⟨Adj.⟩ 1. کۆنبوو *konbû;* 2. وازلێهێنراو *wazlêhênraw;* 3. مردوو (وشە) *mirdû (wişe)*
verändern I. ⟨v.t.⟩ گۆڕین *gor̲în* **II.** ⟨v. refl.⟩ sich verändern خۆ گۆڕین *xo gor̲în*
Veränderung *f* گۆڕانکاری *gor̲ankarî*
Veranlagung *f* 1. (Amtsspr.) هەڵسەنگاندن (باج) *hel̲sengandin (bac);* 2. سرووشت *sirûşt*
veranlassen ⟨v.t.⟩ بریار بۆ کردن یا بەئەنجامگەیاندنی کارێک یا شتێک *bir̲yar bo kirdin ya beencamgeyandinî karêk ya şitêk*
veranstalten ⟨v.t.⟩ 1. کۆڕ بەستن *kor̲ bestin;* 2. ڕێک خستن *r̲êk xistin*
Veranstalter *m* ڕێکخەر *r̲êkxer;* کۆڕگێڕ *kor̲gêr̲*
Veranstalterin *f* w. Form zu ↑Veranstalter
Veranstaltung *f* کۆڕ *kor̲*
verantwortlich ⟨Adj.⟩ بەرپرس *berpirs;* لێپرسراو *lêpirsraw*
Verantwortung *f* 1. بەرپرسیاری *berpirsiyarî;* لێپرسراوی *lêpirsirawî;* 2. لێپرسینەوە *lêpirsînewe*
verarbeiten ⟨v.t.⟩ کار تێداکردن *kar têdakirdin*
verärgern ⟨v.t.⟩ بێزار کردن *bêzar kirdin;* دڵ یەشاندن *dil̲ yeşandin*
verarmen ⟨v.i.⟩ هەژار بوون *hejar bûn*
Verb *n* (Gr.) کردار *kirdar;* فرمان *firman*
verbal ⟨Adj.⟩ 1. (Gr.) وەک کردارێک *wek kirdarêk;* 2. زاری *zarî*
Verband *m* 1. سارغی *sarx̲î;* 2. کۆمەڵ *komel̲*
Verbandskasten *m* قوتووی پێداویستییەکانی فریاگوزاریی سەرەتایی *qutûy pêdawîstîyekanî firyaguzarîy seretayî*
Verbandzeug *n* پێچەک *pêçek;* کەرەستەی برینپێچی *kerestey birînpêçî*
verbannen ⟨v.t.⟩ دەربەدەر کردن *derbeder kirdin*
verbergen ⟨v.t.⟩ شاردنەوە *şardinewe*
verbessern I. ⟨v.t.⟩ ڕاست کردنەوە *r̲ast kirdinewe* **II.** ⟨v.refl.⟩ sich verbessern بە خۆدا چوونەوە *be xoda çûnewe*
Verbesserung *f* 1. چارەسەرکردن *çareserkirdin;* 2. ڕاستکردنەوە *r̲astkirdinewe*
verbeugen ⟨v.refl.⟩ sich verbeugen خۆ نووشتانەوە *xo nûştanewe*

V

verbiegen ⟨v.t.⟩ چەماندنەوە *çemandinewe*

verbieten ⟨v.t.⟩ ڕێ پێنەدان *rê pênedan;* قەدەغە کردن *qedexe kirdin*

verbinden ⟨v.t.⟩ 1. بەستنەوە *bestinewe;* 2. پێکهانین *pêkhanîn;* 3. تیمار کردن *tîmar kirdin;* 4. پێکەوە بەستنەوە *pêkewe bestinewe*

verbindlich I. ⟨Adj.⟩ ڕێزلێگیراو *rêzlêgîraw* **II.** ⟨Adv.⟩ خزمەتگوزارانە *xizmetguzarane*

Verbindung *f* 1. گەیاندن *geyandin;* 2. پێکەوەبەستن *pêkewebestin;* 3. پێوەندی *pêwendî;* **eheliche Verbindung** پێوەندیی هاوسەری *pêwendîy hawserî;* **sich mit j-m in Verbindung setzen** پەیوەندی پێوە کردن *peywendî pêwekirdin*

verbleiben ⟨v.i.⟩ 1. مانەوە لە شوێنێکدا *manewe le şwênêkda;* 2. پێمانەوە *pêmanewe*

verbleit ⟨Adj.⟩ قوڕقوشمدار (بەنزین) *qurquşimdar (benzîn)*

verblüffen ⟨v.t.⟩ 1. حەپەساندن *hepesandin;* 2. فێڵ لێکردن *fêl lêkirdin*

verblühen ⟨v.i.⟩ سیس بوون *sîs bûn*

verbluten ⟨v.i.⟩ مردن بەهۆی خوێن لەبەر ڕۆیشتنەوە *mirdin behoy xwên leber royiştinewe*

[1]**verborgen** ⟨v.t.⟩ پێسپاردن *pêsipardin*

[2]**verborgen** ⟨Adj.⟩ 1. شارراوە *şarrawe;* نادیار *nadiyar;* 2. بەنهێنی *benihênî*

Verbot *n* 1. ڕێپێنەدراو *rêpênedraw;* قەدەغە *qedexe;* 2. حەرام *heram*

verboten ⟨Adj.⟩ 1. قەدەغە *qedexe;* ڕێپێنەدراو *rêpênedraw;* 2. ناقانوونی *naqanûnî* • Betreten verboten! چوونەناوەوە قەدەغەیە!

Verbrauch *m* بەکارهێنان *bekarhênan;* سەرفکردن *serifkirdin*

verbrauchen ⟨v.t.⟩ سەرف کردن *serf kirdin;* بەکار بردن *bekar birdin*

Verbraucher *m* (Wirtsch.) بەکارهێنەر *bekarhêner;* موستەهلیک *mustehlîk*

Verbraucherin *f* w. Form zu ↑Verbraucher

Verbrechen *n* تاوانباری *tawanbarî;* تاوانکاری *tawankarî*

Verbrecher *m* تاوانکار *tawankar;* تاوانبار *tawanbar*

Verbrecherin *f* w. Form zu ↑Verbrecher

verbreiten I. ⟨v.t.⟩ 1. بڵاو کردنەوە *bilaw kirdinewe;* 2. پەرە پێدان *pere pêdan* **II.** ⟨v.refl.⟩ sich verbreiten 1. بڵاو بوونەوە *bilaw bûnewe;* 2. تەشەنە سەندن (نەخۆشی) *teşene sendin (nexoşî)*

Verbreitung *f* 1. بڵاوکردنەوە *bilawkirdinewe;* 2. پەرەسەندن *peresendin*

verbrennen I. ⟨v.i.⟩ سووتان *sûtan* **II.** ⟨v.t.⟩ سووتاندن *sûtandin* **III.** ⟨v.refl.⟩ sich verbrennen خۆ سووتاندن *xo sûtandin*

Verbrennung *f* 1. سووتان *sûtan;* سووتاندن *sûtandin;* 2. (Med.) سووتاوی *sûtawî*

verbringen ⟨v.t.⟩ بەسەر بردن (کات) *beser birdin (kat)*

verbünden ⟨v.refl.⟩ sich verbünden یەک گرتن *yek girtin*

Verbündete *f* w. Form zu ↑Verbündeter

Verbündeter *m* هاوپەیمان *hawpeyman*

V

Verdacht *m* گومان *guman;* **in Verdacht geraten/kommen** شک لێکردن *şik lêkirdin;* **unter Verdacht stehen** … تاوانبار بوون بەوەی *tawanbar bûn bewey …*

verdächtig ⟨Adj.⟩ گومانلێکراو *gumanlêkiraw*

Verdächtige *f* w. Form zu ↑Verdächtiger

verdächtigen ⟨v.t.⟩ تۆمەتبار کردن *tometbar kirdin*

Verdächtiger *m* گومانلێکراو *gumanlêkiraw*

verdammt I. ⟨Adj.⟩ 1. نەفرەتلێکراو *nefretlêkiraw;* 2. ئاخرشەڕ *axirşer̲;* مەلعوون *mel'ûn* • verdammt noch mal! (ugs.) ئای مەلعوون! **II.** ⟨Adv.⟩ (ugs.) زۆر *zor*

verdanken ⟨v.t.⟩ 1. قەرزاربار کردن *qerzarbar kirdin;* 2. قەرزاربار بوون *qerzarbar bûn*

verdauen ⟨v.t.⟩ هەرس کردن *hers kirdin;* هەزم کردن *hezim kirdin*

Verdauung *f* هەرسکردن *herskirdin;* هەزمکردن *hezimkirdin*

Verdauungsstörung *f* (Med.) خراپهەزمکردن *xiraphezimkirdin*

verderben I. ⟨v.t.⟩ خراپ کردن *xirap kirdin;* **sich den Magen verderben** مەعیدەی خۆ تێکدان *me'îdey xo têkdan* **II.** ⟨v.i.⟩ تێکچوون *têkçûn*

verderblich ⟨Adj.⟩ شیاو بۆ گەنین (خۆراک) *şiyaw bo genîn (xorak)*

verdienen I. ⟨v.t.⟩ 1. دەست کەوتن *dest kewtin;* 2. قازانج کردن *qazanc kirdin* **II.** ⟨v.i.⟩ شایان بوون *şayan bûn* • er verdient nicht schlecht دەستکەوتی خراپ نییە

[1]**Verdienst** *n* 1. شایستەیی *şayisteyî;* 2. چاکی *çakî*

[2]**Verdienst** *m* دەسکەوت *deskewt;* مووچە *mûçe*

verdoppeln ⟨v.t.⟩ دووئەوەندە کردن *dûewende kirdin*

verdorben ⟨Adj.⟩ 1. لەکەڵککەوتوو *lekel̲kkewtû;* 2. گومڕا *gumr̲a;* 3. گەنیو (میوە) *genîw (mîwe);* 4. ترشاو (خواردن) *tirşaw (xiwardin)*

verdorren ⟨v.i.⟩ وشک بوونەوە *wişk bûnewe*

verdrängen ⟨v.t.⟩ 1. لادان *ladan;* 2. (Psychol.) لە بیر بردنەوە *le bîr birdinewe*

Verdrängung *f* (Psychol.) لەبیربردنەوە *lebîrbirdinewe*

verdrehen ⟨v.t.⟩ 1. با دان *ba dan;* 2. (üb.) لێشێواندن *lêşêwandin*

verdünnen ⟨v.t.⟩ ڕوون کردنەوە *r̲ûn kirdinewe*

verdunsten ⟨v.i.⟩ بوون بە هەڵم *bûn be hel̲im*

verdursten ⟨v.i.⟩ لە تینواندا مردن *le tîniwanda mirdin*

verehren ⟨v.t.⟩ 1. ڕێز لێگرتن *r̲êz lêgirtin;* 2. پەرستن (خوا) *peristin (xiwa)*

Verehrer *m* 1. پەرستەر *perister;* 2. شەیدا *şeyda*

Verehrerin *f* w. Form zu ↑Verehrer

Verehrung *f* ڕێزلێگرتن *r̲êzlêgirtin;* پەرستن *peristin*

Verein *m* ڕێکخراو *r̲êkxiraw*; یەکێتی *yekêtî*

V

vereinbaren ⟨v.t.⟩ 1. یەکلا کردنەوە *yekla kirdinewe;* 2. مەرج دانان *merc danan*

Vereinbarung *f* ڕێکەوتن *r̲êkewtin*

vereinbarungsgemäß ⟨Adv.⟩ بەپێی ڕێکەوتنەکە *bepêy r̲êkewtineke*

vereinfachen ⟨v.t.⟩ سانا کردن *sana kirdin*

vereinigen I. ⟨v.t.⟩ یەک خستن *yek xistin* **II.** ⟨v.refl.⟩ sich vereinigen بوونە یەک *bûne yek;* یەک گرتن *yek girtin*

vereinigt ⟨Adj.⟩ یەکگرتوو *yekgirtû*

Vereinigte Staaten *pl.* وڵاتەیەکگرتووەکان *wil̲ateyekgirtûwekan;* **Vereinigte Staaten von Amerika** Abk.: ↑USA (Geogr.) وڵاتەیەکگرتووەکانی ئەمەریکا *Wil̲ateyekgirtûwekanî Emerîka*

verenden ⟨v.i.⟩ تۆپین (گیانلەبەر) *topîn (giyanleber)*

verengen ⟨v.t.⟩ تەنگ کردن *teng kirdin*

vererben ⟨v.t.⟩ 1. بە میرات بۆ بە جێ هێشتن *be mîrat bo be cê hêştin;* 2. (Biol./Med.) بۆ مانەوە *bo manewe*

Vererbung *f* (Biol./Med.) بۆماوە *bomawe*

verfahren I. ⟨v.i.⟩ کار ڕاپەڕاندن *kar r̲aper̲andin* **II.** ⟨v.refl.⟩ sich verfahren (لە کاتی لێخوڕیندا) ڕێ لێ ون بوون *r̲ê lê win bûn (le katî lêxur̲înda)*

Verfahren *n* 1. پڕۆسە *pir̲ose;* 2. (Jur.) زنجیرە کارێکی دادوەری بۆ بەئەنجامگەیاندنی محاکەمەیەک *zincîre karêkî dadwerî bo beencamgeyandinî mih̲akemeyek*

Verfall *m* ڕووخان *r̲ûxan*

verfallen ⟨v.i.⟩ 1. داڕووخان *dar̲ûxan;* 2. لاواز بوون *lawaz bûn*

Verfallsdatum *n* مێژووی کۆتاییهاتنی خۆراکێک یا دەرمانێک *mêjûy kotayîhatinî xorakêk ya dermanêk*

verfälschen ⟨v.t.⟩ تەزویر کردن *tezwîr kirdin*

verfassen ⟨v.t.⟩ دانان *danan;* تەئلیف کردن *telîf kirdin*

Verfassung *f* 1. قانوونی بنچینەیی *qanûnî binçîneyî;* 2. (Pol.) پەیڕەووپڕۆگرام *peyr̲ewupir̲ogram;* 3. باری تەندروستی *barî tendirustî*

verfaulen ⟨v.i.⟩ 1. ڕزین *r̲izîn;* گەنین *genîn* 2. بۆگەن بوون *bogen bûn*

verfault ⟨Adj.⟩ 1. ڕزیو *r̲izîw;* گەنیو *genîw;* 2. بۆگەنبوو *bogenbû*

verfehlen ⟨v.t.⟩ نەپێکان *nepêkan*

verflixt ⟨Adj.⟩ 1. (ugs.) نەعلەت *ne'let;* 2. (ugs.) بێزار *bêzar;* 3. (ugs.) چەتوون *çetûn*

verflucht I. ⟨Adj.⟩ نەفرەتلێکراو *nefretlêkiraw* **II.** ⟨Adv.⟩ (ugs.) زۆر *zor* • heute ist es verflucht kalt! (ugs.) ئەمڕۆ زۆر ساردە!

verfolgen ⟨v.t.⟩ 1. شوێنپێ هەڵگرتن *şwênpê hel̲girtin;* 2. ڕاو نان *r̲aw nan;* 3. چەوساندنەوە *çewsandinewe*

Verfolgung *f* 1. بەشوێنداگەڕان *beşwêndager̲an;* 2. ڕاوەدوونان *r̲awedûnan;* 3. چەوساندنەوە *çewsandinewe*

verfügbar ⟨Adj.⟩ لەبەردەستدابوو *leberdestdabû*

Verfügung *f* 1. ڕێپێدان *r̲êpêdan;* 2. فەرمان *ferman*

verführen ⟨v.t.⟩ 1. ئارەزوو بزواندن *arezû bizwandin;* 2. دەسشکێن کردن *desşikên kirdin*

V

Verführer *m* 1. ئارەزووبزوێن *arezûbizwên*; 2. فریودەر *firîwder*

Verführerin *f* w. Form zu ↑Verführer

verführerisch ⟨Adj.⟩ 1. دڵڕفێن *dil̲rifên*; 2. ئارەزووبزوێن *arezûbizwên*

vergangen ⟨Adj.⟩ ڕابردوو *r̲abirdû*; **vergangenes Jahr** پار *par*; ساڵی ڕابردوو *sal̲î r̲abirdû*

Vergangenheit *f* 1. ڕابردوو *r̲abirdû*; 2. (Gr.) دەمی ڕابردوو *demî r̲abirdû*

vergänglich ⟨Adj.⟩ کاتی *katî*; فانی *fanî*

Vergaser *m* (Kfz) کابرێتەر *kabrêter*

vergeben I. ⟨v.t.⟩ 1. لە دەست دان *le dest dan*; 2. دابەش کردن *dabeş kirdin*; 3. پێدان *pêdan*; 4. دەست لێهەڵگرتن *dest lêhel̲girtin* **II.** ⟨v.i.⟩ لێبوردن *lêburdin*

vergeblich ⟨Adj.⟩ بێهودە *bêhude*; بێکەڵک *bêkel̲k*

Vergebung *f* لێبوردن *lêburdin*; لێخۆشبوون *lêxoşbûn*

vergehen ⟨v.i.⟩ 1. (کات) بەسەر چوون *beser çûn (kat)*; 2. (ماتەم) خەم ڕەوینەوە *xem r̲ewînewe (matem)*

Vergehen *n* تاوانباری *tawanbarî*; کەتن *ketin*

Vergeltung *f* تۆڵەسەندنەوە *tol̲esendinewe*

vergessen I. ⟨v.t.⟩ لە بیر کردن *le bîr kirdin* **II.** ⟨Adj.⟩ لەبیرچوو *lebîrçû*

vergesslich ⟨Adj.⟩ زەینکوێر *zeynkwêr*

Vergesslichkeit *f* زەینکوێری *zeynkwêrî*

vergeuden ⟨v.t.⟩ بەفیڕۆ دان *befîr̲o dan*

vergewaltigen ⟨v.t.⟩ لاقە کردن *laqe kirdin*; ئەتک کردن *etik kirdin*

Vergewaltigung *f* ئەتککردن *etikkirdin*; لاقەکردن *laqekirdin*

vergewissern ⟨v.refl.⟩ sich vergewissern دڵنیا بوون *dil̲niya bûn*

vergiften I. ⟨v.t.⟩ زەهر دەرخوارد دان *zehr derxiward dan*; ژاراوی کردن *jarawî kirdin* **II.** ⟨v.refl.⟩ sich vergiften زەهر خواردن *zehr xiwardin*

Vergiftung *f* ژاراویکردن *jarawîkirdin*

Vergleich *m* 1. بەراوردکردن *berawirdkirdin*; 2. (Jur.) ڕێککەوتن *r̲êkkewtin*

vergleichen ⟨v.t.⟩ بەراوردی کردن *berawirdî kirdin*

vergnügen I. ⟨v.t.⟩ خۆشی پێبەخشین *xoşî pêbexşîn* **II.** ⟨v.refl.⟩ sich vergnügen خۆش ڕابواردن *xoş r̲abiwardin*

Vergnügen *n* خۆشی *xoşî*; ڕابواردن *r̲abiwardin* • viel Vergnügen! خۆشیتان بۆ دەخوازم! ; **mit Vergnügen** بە خۆشییەوە *be xoşîyewe*

vergnügt ⟨Adj.⟩ شاد *şad*

vergoldet ⟨Adj.⟩ بەزێڕزاخاودراو *bezêr̲zaxawdiraw*

vergraben ⟨v.t.⟩ ناشتن *naştin*

vergrößern I. ⟨v.t.⟩ 1. گەورە کردن *gewre kirdin*; 2. فراوان کردن *firawan kirdin*; 3. پەرە پێدان *pere pêdan* **II.** ⟨v. refl.⟩ sich vergrößern 1. گەورە بوون *gewre bûn*; 2. پەرە سەندن *pere sendin*

Vergrößerung *f* 1. گەورەکردن *gewrekirdin*; 2. گەشەپێدان *geşepêdan*

Vergünstigung *f* خاترانە *xatirane*

verhaften ⟨v.t.⟩ دەستگیر کردن *destgîr kirdin*; حەپس کردن *h̲epis kirdin*

Verhaftung *f* گرتن *girtin*; حەپسی *h̲episî*

V

verhalten ⟨v.refl.⟩ sich verhalten هەڵسوکەوت کردن *he̲lsukewt kirdin*

Verhalten *n* 1. هەڵسوکەوت *he̲lsukewt;* 2. خووڕەوشت *xû̲rewişt*

Verhältnis *n* 1. ڕێژە *r̲êje;* 2. پەیوەندی *peywendî;* 3. پەیوەندیی خۆشەویستی *peywendîy xoşewîstî*

verhältnismäßig I. ⟨Adj.⟩ 1. گونجاو *guncaw;* 2. ڕێژەیی *r̲êjeyî* **II.** ⟨Adv.⟩ بەبەراورد *beberawird*

verhandeln ⟨v.i./v.t.⟩ وتووێژ کردن *wituwêj kirdin*

Verhandlung *f* 1. وتووێژ *wituwêj;* 2. دادگێڕان *dadgê̲ran*

verhängnisvoll ⟨Adj.⟩ جەرگبڕ *cergbi̲r*

verheerend ⟨Adj.⟩ ماڵوێرانکەر *ma̲lwêranker*

verheimlichen ⟨v.t.⟩ شاردنەوە *şardinewe*

verheiraten ⟨v.t.⟩ 1. بە شوو دان *be şû dan;* 2. ژن پێهێنان *jin pêhênan*

verheiratet ⟨Adj.⟩ 1. بەژن *bejin;* 2. بەمێرد *bemêrd;* 3. هاوسەرگیر *hawsergîr*

verhindern ⟨v.t.⟩ 1. ڕێ لێگرتن *r̲ê lêgirtin;* 2. تەگەرە تێخستن *tegere têxistin;* 3. نەهێشتن *nehêştin*

Verhör *n* پرسوجوێ *pirsucwê;* ئیفادەوەرگرتن *îfadewergirtin*

verhören I. ⟨v.t.⟩ ئیفادە وەرگرتن *îfade wergirtin* **II.** ⟨v.refl.⟩ sich verhören خراپ تێگەیشتن *xirap têgeyiştin*

verhüllen ⟨v.t.⟩ داپۆشین *dapoşîn*

verhungern ⟨v.i.⟩ 1. لە برساندا مردن *le birsanda mirdin;* 2. (ugs.) زۆر برسی بوون *zor birsî bûn*

Verhütung *f* پاراستن *parastin*

Verhütungsmittel *n* دەرمانی خۆپاراستنلەسکپڕی *dermanî xoparastinlesikpi̲rî*

verirren ⟨v.refl.⟩ sich verirren 1. ون بوون *win bûn;* 2. گومڕا بوون *gumr̲a bûn*

verjagen ⟨v.t.⟩ ڕاو نان *r̲aw nan*

Verkauf *m* فرۆشتن *firoştin;* فرۆش *firoş*

verkaufen I. ⟨v.t.⟩ فرۆشتن *firoştin* **II.** ⟨v.refl.⟩ sich verkaufen خۆ فرۆشتن *xo firoştin*

Verkäufer *m* فرۆشیار *firoşyar*

Verkäuferin *f* w. Form zu ↑Verkäufer ژنەفرۆشیار *jinefiroşyar*

verkäuflich ⟨Adj.⟩ بۆفرۆشتن *bofiroştin*

Verkaufspreis *m* نرخی فرۆشتن *nirxî firoştin*

Verkehr *m* 1. هاتوچۆ *hatuço;* 2. ڕێوبان *r̲êwban;* 3. پێکگەیشتنی جنسی *pêkgeyiştinî cinsî*

Verkehrsampel *f* تڕافیکلایت *tir̲afîklayit*

Verkehrsmittel *n* هۆکاری هاتوچۆ *hokarî hatuço;* **öffentliche Verkehrsmittel** هۆکاری هاتوچۆی گشتی *hokarî hatuçoy giştî*

Verkehrsregel *f* قانوونی هاتوچۆ *qanûnî hatuço*

Verkehrsschild *n* نیشانەی ڕێگاوبان *nîşaney r̲êgawban*

Verkehrsunfall *m* ڕووداوی هاتوچۆ *r̲ûdawî hatuço*

verkehrt ⟨Adj.⟩ ژێرەوژوور *jêrewjûr;* نابەجێ *nabecê;* بەپێچەوانە *bepêçewane*

verklagen ⟨v.t.⟩ داوا لەسەر قەید کردن *dawa leser qeyd kirdin;* شکات لێکردن

şikat lêkirdin

verkleiden I. ⟨v.t.⟩ داپۆشین بە *dapoşîn be* **II.** ⟨v.refl.⟩ sich verkleiden خۆ گۆڕین *xo go̱rîn*

verkleinern ⟨v.t.⟩ 1. بچووک کردنەوە *biçûk kirdinewe*; 2. کەم کردنەوە *kem kirdinewe*

verkraften ⟨v.t.⟩ بەرگە گرتن *berge girtin*

verkünden ⟨v.t.⟩ ئاشکرا کردن *aşkira kirdin*

verkürzen ⟨v.t.⟩ کورت کردنەوە *kurt kirdinewe*

Verlag *m* دامودەزگای بلاوکردنەوە *damudezgay bi̱lawkirdinewe*

verlagern ⟨v.t.⟩ گوێزانەوە *gwêzanewe*

verlangen I. ⟨v.t.⟩ ئارەزوو کردن *arezû kirdin* **II.** ⟨v.i.⟩ تامەزرۆ بوون *tamezro bûn*

verlängern ⟨v.t.⟩ 1. درێژ کردنەوە *dirêj kirdinewe*; 2. نوێ کردنەوە *nwê kirdinewe*

Verlängerung *f* 1. درێژکردنەوە (پەیماننامە) *dirêjkirdinewe (peymanname)*; 2. نوێکردنەوە *nwêkirdinewe*

Verlängerungsschnur *f* وایەری سەیار *wayerî seyar*

verlangsamen ⟨v.t.⟩ 1. هێواش کردنەوە *hêwaş kirdinewe*; 2. کەم کردنەوە *kem kirdinewe*

verlassen I. ⟨v.t.⟩ 1. جێ هێشتن *cê hêştin*; 2. واز لێهێنان *waz lêhênan*; 3. ڕەو کردن *r̲ew kirdin* **II.** ⟨v.refl.⟩ sich auf etw./j-n verlassen پشت پێبەستن *pişt pêbestin*

verlässlich ⟨Adj.⟩ دڵنیا *di̱lniya*; پشتپێبەستراو *piştpêbestiraw*

Verlauf *m* ڕەوت *r̲ewt*; **im Verlauf der Diskussion** لە کاتی وتووێژەکەدا *le katî wituwêjekeda*

verlaufen I. ⟨v.i.⟩ 1. بەسەر بردن *beser birdin*; 2. ڕۆیشتن *r̲oyiştin*; 3. پێدا تێپەڕ بوون (سنوور) *pêda têpe̱r bûn (sinûr)* **II.** ⟨v.refl.⟩ sich verlaufen ڕێ لێ ون بوون *r̲ê lê win bûn*

verlegen ⟨v.t.⟩ 1. جێگۆڕکێ پێکردن *cêgo̱rkê pêkirdin*; 2. چاپ کردن (کتێب) *çap kirdin (kitêb)*; 3. دوا خستن (مەوعید) *diwa xistin (mewʿîd)*; 4. دانان (بۆری، خەتی کارەبا) *danan (borî, xetî kareba)*

Verlegenheit *f* 1. خەجاڵەتکێشی *xeca̱letkêşî*; 2. شڵەژاوی *şi̱lejawî*; 3. کێشە *kêşe*

Verleih *m* وام *wam*

verleihen ⟨v.t.⟩ 1. پێسپاردن *pêsipardin*; 2. بەقەرز دان *beqerz dan*; 3. پێبەخشین *pêbexşîn*

verlernen ⟨v.t.⟩ لە بیر چوونەوە *le bîr çûnewe*

verletzen ⟨v.t.⟩ 1. بریندار کردن *birîndar kirdin*; 2. سەرپێچی کردن *serpêçî kirdin*

Verletzte *f* w. Form zu ↑Verletzter

Verletzter *m* بریندار *birîndar*

Verletzung *f* 1. برینداركردن *birîndarkirdin*; 2. برینداری *birîndarî*; 3. دەستدرێژی *destdirêjî*; 4. سەرپێچی *serpêçî*

verlieben ⟨v.refl.⟩ sich (in j-n) verlieben حەز لێکردن *h̲ez lêkirdin*; ئاشق بوون *aşiq bûn*

verliebt ⟨Adj.⟩ ئەویندار *evîndar*, ئاشق *aşiq*

V

verlieren I. ⟨v.t.⟩ 1. ون كردن *win kirdin;* 2. دۆڕاندن *do̲randin* **II.** ⟨v.i.⟩ 1. نەمان *neman;* 2. كەم بوونەوە *kem bûnewe*

verloben ⟨v.refl.⟩ sich verloben دەزگیران گرتن *dezgîran girtin;* دیاری كردن *diyarî kirdin*

verlobt ⟨Adj.⟩ 1. دەسگیراندار *desgîrandar;* 2. دیاریكراو *diyarîkiraw*

Verlobte *f* w. Form zu ↑Verlobter

Verlobter *m* یار *yar;* دەسگیران *desgîran*

Verlobung *f* دەسگیرانگرتن *desgîrangirtin;* دیاریكردن *diyarîkirdin*

Verlobungsfeier *f* ئاهەنگی نیشانەكردن *ahengî nîşanekirdin*

verlockend ⟨Adj.⟩ سەرنجڕاكێش *serincr̲akêş*

verloren ⟨Adj.⟩ 1. ونبوو *winbû;* 2. دۆڕاو *do̲raw;* **verloren gehen** 1. ون بوون *win bûn;* 2. دۆڕان *do̲ran*

Verlosung *f* قورعەڕاكێشان *qur'e̲rakêşan*

Verlust *m* 1. لەدەستچوون *ledestçûn;* 2. زەرەر *zerer*

Vermächtnis *n* 1. میراتی *mîratî;* 2. وەسێتنامە *wesêtname*

vermehren I. ⟨v.t.⟩ زۆر كردن *zor kirdin* **II.** ⟨v.refl.⟩ sich vermehren 1. زۆر بوون *zor bûn;* 2. زاووزێ كردن *zawuzê kirdin*

vermeiden ⟨v.t.⟩ خۆ لێلادان *xo lêladan*

Vermeidung *f* خۆلێلادان *xolêladan*

Vermerk *m* بیرخەرەوە *bîrxerewe;* تێبینی *têbînî*

vermerken ⟨v.t.⟩ تێبینی نووسین *têbînî nûsîn*

vermieten ⟨v.t.⟩ بەكرێ دان *bekrê dan* • Zimmer zu vermieten! ژوور بۆ كرێ!

Vermieter *m* خاوەنماڵ *xawenma̲l;* بەكرێدەر *bekrêder*

Vermieterin *f* w. Form zu ↑Vermieter

Vermietung *f* بەكرێدان *bekrêdan*

vermissen ⟨v.t.⟩ 1. دیار نەبوون *diyar nebûn;* 2. لێ ون بوون *lê win bûn*

vermitteln I. ⟨v.i.⟩ ناوبژی كردن *nawbijî kirdin* **II.** ⟨v.t.⟩ 1. بۆ پەیدا كردن (كار) *bo peyda kirdin (kar);* 2. واستە كردن *waste kirdin*

Vermittlung *f* 1. ناوبژی *nawbijî;* 2. واستە *waste*

vermögen ⟨v.t.⟩ لە توانادا بوون *le tiwanada bûn;* توانین *tiwanîn*

Vermögen *n* 1. توانا *tiwana;* 2. سەرمایە *sermaye*

vermuten ⟨v.t.⟩ وا دانان *wa danan*

vermutlich ⟨Adv.⟩ ڕەنگە *r̲enge;* لەوانەیە *lewaneye*

Vermutung *f* گریمانە *girîmane;* وادانان *wadanan*

vernachlässigen ⟨v.t.⟩ پشت گوێ خستن *pişt gwê xistin*

vernarben ⟨v.i.⟩ گۆشتەوزوون هێنانەوە *goştewzûn hênanewe*

verneinen ⟨v.t.⟩ 1. نەفی كردن *nefî kirdin;* 2. دان پیادا نەنان *dan piyada nenan*

Verneinung *f* 1. نەییكردن *neyîkirdin;* 2. نەفی *nefî*

vernichten ⟨v.t.⟩ 1. وێران كردن *wêran kirdin;* 2. لەناو بردن *lenaw birdin*

Vernichtung *f* 1. وێرانكاری *wêrankarî;* 2. لەناوبردن *lenawbirdin*

V

Vernunft *f* ئەقڵ *eqil*; ژیری *jîrî*
vernünftig ⟨Adj.⟩ 1. ئاقڵ *aqil*; 2. ژیر *jîr*
veröffentlichen ⟨v.t.⟩ 1. دەرخستن *derxistin*; 2. بڵاو کردنەوە *bilaw kirdinewe*
Veröffentlichung *f* 1. بڵاوکردنەوە *bilawkirdinewe*; 2. بڵاوکراوە *bilawkirawe*
verordnen ⟨v.t.⟩ 1. ئامۆژگاری کردن بە *amojgarî kirdin be*; 2. فەرمان (پێ)دان *ferman (pê)dan*; 3. ڕەچەتە بۆ نووسین *reçete bo nûsîn*
Verordnung *f* 1. فەرمان *ferman*; 2. پەیڕەو *peyrew*
verpacken ⟨v.t.⟩ پێچانەوە *pêçanewe*
Verpackung *f* 1. پێچانەوە *pêçanewe*; 2. شتومەکی پێچانەوە *şitumekî pêçanewe*
verpassen ⟨v.t.⟩ 1. لە کیس چوون *le kîs çûn*; 2. پێدانەگەیشتن *pêdanegeyiştin*
verpfänden ⟨v.t.⟩ لە بارمتەدا دانان *le barimteda danan*
Verpflegung *f* خواردەمەنی *xiwardemenî*
verpflichten ⟨v.t.⟩ 1. ناچار کردن *naçar kirdin*; 2. وەزیفە پێدان *wezîfe pêdan*
Verpflichtung *f* 1. بەرپرسی *berpirsî*; 2. ئەرک *erk*; وەزیفە *wezîfe*
verprügeln ⟨v.t.⟩ لێدان *lêdan*
verputzen ⟨v.t.⟩ 1. سواغ دان *siwax dan*; 2. (üb./ugs.) حول دان (خواردن) *hul dan (xiwardin)*
Verrat *m* ناپاکی *napakî*; خیانەت *xiyanet*; خۆفرۆشی *xofiroşî*
verraten ⟨v.t.⟩ 1. ناپاکی کردن *napakî kirdin*; خیانەت کردن *xiyanet kirdin*; 2. درکاندن (نهێنی) *dirkandin (nihênî)*
Verräter *m* خایین *xayin*; ناپاک *napak*; خۆفرۆش *xofiroş*
Verräterin *f* w. Form zu ↑Verräter
verrechnen I. ⟨v.t.⟩ 1. یەکسان کردن *yeksan kirdin*; 2. حساب کردن *hisab kirdin* **II.** ⟨v.refl.⟩ sich verrechnen لە ژماردندا هەڵە کردن *le jimardinda hele kirdin*
Verrechnungsscheck *m* چەکێک، کە تەنیا دەخرێتە سەر حسابی بانق *çekêk, ke tenya dexrête ser hisabî banq*
verrecken ⟨v.t.⟩ (vulg.) لەناو چوون *lenaw çûn*; تۆپین *topîn*
verreisen ⟨v.i.⟩ سەفەر کردن *sefer kirdin*
verrenken ⟨v.t.⟩ لەجێ بردن *lecê birdin*
verriegeln ⟨v.t.⟩ 1. کلۆم کردن *kilom kirdin*; 2. بەر گرتن *ber girtin*
verringern ⟨v.t.⟩ کەم کردنەوە *kem kirdinewe*
verrosten ⟨v.i.⟩ ژەنگ گرتن *jeng girtin*
verrostet ⟨Adj.⟩ ژەنگگرتوو *jenggirtû*
verrotten ⟨v.i.⟩ 1. ڕزین *rizîn*; 2. گەنین *genîn*
verrückt ⟨Adj.⟩ شێت *şêt*; شێتوویت *şêtuwêt*
Verruf *m* بەدناوی *bednawî*; بێئابڕوویی *bêabrûyî*
Vers *m* بەیت *beyt*; دێڕە شیعر *dêre şî'ir*
versagen I. ⟨v.t.⟩ 1. بە ئەنجام نەگەیاندن *be encam negeyandin*; 2. نەپێکان (چەک) *nepêkan (çek)* **II.** ⟨v.i.⟩ تێشکان *têşikan*
Versager *m* بێدەسەڵات *bêdeselat*; ژێرکەوتە *jêrkewte*
Versagerin *f* w. Form zu ↑Versager
versammeln I. ⟨v.t.⟩ کۆ کردنەوە *ko kirdinewe* **II.** ⟨v.refl.⟩ sich versammeln کۆ بوونەوە *ko bûnewe*

Versammlung *f* 1. کۆبوونەوە *kobûnewe*; کۆڕ *kor̠*; 2. ئەنجومەن *encumen*

versäumen ⟨v.t.⟩ لە کیس چوون *le kîs çûn*

verschaffen ⟨v.t.⟩ بۆ پەیدا کردن *bo peyda kirdin*

verschenken ⟨v.t.⟩ پێبەخشین *pêbexşîn*

verscheuchen ⟨v.t.⟩ کشە لێکردن *kişe lêkirdin*

verschieben I. ⟨v.t.⟩ دوا خستن *diwa xistin* **II.** ⟨v.refl.⟩ sich verschieben جێگۆڕکێ پێکردن *cêgor̠kê pêkirdin*

verschieden ⟨Adj.⟩ جیاواز *ciyawaz*; هەمەجۆر *hemecor*

verschimmeln ⟨v.i.⟩ کەڕو هەڵهێنان *ker̠u hel̠hênan*

verschlafen ⟨v.i.⟩ خەبەر نەبوونەوە *xeber nebûnewe*

verschlechtern I. ⟨v.t.⟩ خراپتر کردن *xiraptir kirdin* **II.** ⟨v.refl.⟩ sich verschlechtern خراپتر بوون *xiraptir bûn*

verschleiern ⟨v.t.⟩ 1. داپۆشین *dapoşîn*; 2. شوێنەونی کردن *şwênewinî kirdin*

verschließbar ⟨Adj.⟩ کلۆمدار *kil̠omdar*

verschließen ⟨v.t.⟩ کلیل دان *kilîl dan*; داخستن *daxistin*

verschlimmern I. ⟨v.t.⟩ خراپ کردن *xirap kirdin* **II.** ⟨v.refl.⟩ sich verschlimmern خراپ بوون *xirap bûn*

verschlingen ⟨v.t.⟩ تێئالاندن *têal̠andin*

verschlucken I. ⟨v.t.⟩ قووت دان *qût dan* **II.** ⟨v.refl.⟩ sich verschlucken لە بین گیران *le bîn gîran*

Verschluss *m* دەمەوانە *demewane*; قەپاغ *qepax̠*

verschlüsseln ⟨v.t.⟩ بە هێما نووسین *be hêma nûsîn*; شفرە کردن *şifre kirdin*

Verschlüsselung *f* بەهێماکردن *behêmakirdin*; شفرەکردن *şifrekirdin*

verschmähen ⟨v.t.⟩ 1. ڕەت کردنەوە *r̠et kirdinewe*; 2. دەعیە نەهێنان *deʿye nehênan*

verschmelzen I. ⟨v.i.⟩ توانەوە *tiwanewe* **II.** ⟨v.t.⟩ شل کردنەوە *şil kirdinewe*

verschmutzen ⟨v.t.⟩ پیس کردن *pîs kirdin*

Verschmutzung *f* پیسکردن *pîskirdin*; پیسی *pîsî*

verschnaufen ⟨v.i./v.refl.⟩ sich verschnaufen پشوو دان بۆ هەناسە هەڵمژین *pişû dan bo henase hel̠mijîn*

verschollen ⟨Adj.⟩ دیارنەبوو *diyarnebû*; بێسەروشوێن *bêseruşwên*

verschonen ⟨v.t.⟩ پاراستن لە *parastin le*

verschönern ⟨v.t.⟩ جوان کردن *ciwan kirdin*

verschreiben ⟨v.t.⟩ 1. لە نووسیندا ... بەکار هێنان *le nûsînda … bekar hênan*; 2. ڕەچەتە بۆ نووسین *r̠eçete bo nûsîn*; 3. بە ناوەوە کردن *be nawewe kirdin*

verschütten ⟨v.t.⟩ 1. ڕژاندن *r̠ijandin*; 2. بەژێرەوە کردن *bejêrewe kirdin*

verschweigen ⟨v.t.⟩ لێشاردنەوە *lêşardinewe*; دەم گرتن *dem girtin*

verschwenden ⟨v.t.⟩ بە با دان *be ba dan*

verschwenderisch ⟨Adj.⟩ دەستبڵاو *destbil̠aw*

verschwiegen ⟨Adj.⟩ نهێنگر *nihêngir*

Verschwiegenheit *f* نهێنگری *nihên-*

V

girî

verschwinden ⟨v.i.⟩ 1. ون بوون *win bûn*; 2. له دەست چوون *le dest çûn* • verschwinde! وەلبە!

verschwommen ⟨Adj.⟩ لێڵ *lêl*; نادیار *nadiyar*

Verschwörung *f* پیلان *pîlan*; موئامەرە *muamere*

Versehen *n* هەڵە *hele*; هەڵەکردن *helekirdin*; **etw. aus Versehen tun** بە هەڵە کردن *be hele kirdin*

versenden ⟨v.t.⟩ ناردن *nardin*

versetzen ⟨v.t.⟩ 1. شوێنەگۆڕکێ پێکردن *şwênegorkê pêkirdin*; 2. لادان *ladan*; 3. (ugs.) لە چاوەڕوانیدا هێشتنەوە *le çawerwanîda hêştinewe*

verseucht ⟨Adj.⟩ ژاراویکراو *jarawîkiraw*

versichern I. ⟨v.t.⟩ 1. تامین کردن *tamîn kirdin*; 2. دڵنیا کردن *dilniya kirdin*; **j-m etw. versichern** بەڵێن پێدان *belên pêdan* **II.** ⟨v.refl.⟩ sich versichern 1. دڵنیا بوون *dilniya bûn*; 2. تامین کردن *tamîn kirdin*

Versicherung *f* تامین *tamîn*; بیمە *bîme*

Versicherungsgesellschaft *f* کۆمپانیای تامین *kompanyay tamîn*

Versicherungskarte *f* کارتی تۆمارکردنی ساڵانی کارکردن بۆ خانەنشینی *kartî tomarkirdinî salanî karkirdin bo xanenişînî*

versiegeln ⟨v.t.⟩ لۆک کردن *lok kirdin*; مۆر کردن *mor kirdin*

versiegen ⟨v.i.⟩ 1. کوێر بوونەوە (کانی) *kwêr bûnewe (kanî)*; 2. بڕانەوە (ئاو) *biranewe (aw)*

versinken ⟨v.i.⟩ ڕۆ چوون *ro çûn*

Version *f* 1. خۆداری *xodarî*; 2. شێوە *şêwe*

versöhnen I. ⟨v.t.⟩ ئاشت کردنەوە *aşt kirdinewe* **II.** ⟨v.refl.⟩ sich (mit j-m) versöhnen ئاشت بوونەوە *aşt bûnewe*

Versöhnung *f* 1. ئاشتکردنەوە *aştkirdinewe*; 2. ئاشتبوونەوە *aştbûnewe*

versorgen ⟨v.t.⟩ 1. ئازووقە پێدان *azûqe pêdan*; 2. بۆ ئامادە کردن *bo amade kirdin*

Versorgung *f* 1. پێویستییەکانی ژیان بۆئامادەکردن *pêwîstîyekanî jiyan bo-amadekirdin*; 2. ژیاندن *jiyandin*

verspäten ⟨v.refl.⟩ sich verspäten دوا کەوتن *diwa kewtin*; خۆ دوا خستن *xo diwa xistin*

Verspätung *f* دواکەوتن *diwakewtin*; **Verspätung haben** دوا کەوتن *diwa kewtin*

versperren ⟨v.t.⟩ تەنین *tenîn*; ڕێ لێگرتن *rê lêgirtin*

verspotten ⟨v.t.⟩ گاڵتە پێکردن *galte pêkirdin*

[1]**versprechen** ⟨v.t.⟩ بەڵێن (پێ)دان *belên (pê)dan*

[2]**versprechen** ⟨v.refl.⟩ sich versprechen زەلە کردن *zele kirdin*

Versprechen *n* بەڵێندان *belêndan*; سۆزدان *sozdan*

Verstand *m* ئەقڵ *eqil*; ژیری *jîrî*

verständigen I. ⟨v.t.⟩ پێوتن *pêwitin* **II.** ⟨v.refl.⟩ sich verständigen لەیەک تێگەیشتن *leyek têgeyiştin*

Verständigung *f* لێکتێگەیشتن *lêktêgeyştin*

V

verständlich ⟨Adj.⟩ ئاشکرا *aşkira*; دیار *diyar*
Verständnis *n* تێگەیشتن *têgeyiştin*
verstärken ⟨v.t.⟩ بەهێز کردن *behêz kirdin*
Verstärkung *f* بەهێزکردن *behêzkirdin*
verstauchen ⟨v.t.⟩; **sich den Fuß verstauchen** قاچ لە جێ چوون *qaç le cê çûn*
Versteck *n* پەناگە *penage*
verstecken I. ⟨v.t.⟩ شاردنەوە *şardinewe* **II.** ⟨v.refl.⟩ sich verstecken خۆ شاردنەوە *xo şardinewe*
verstehen I. ⟨v.t.⟩ تێگەیشتن *têgeyiştin* **II.** ⟨v.refl.⟩ sich (mit j-m) verstehen لێکتێگەیشتن *lêktêgeyiştin*
versteigern ⟨v.t.⟩ هەراج کردن *herac kirdin*; مەزات کردن *mezat kirdin*
Versteigerung *f* مەزات *mezat*
verstellen I. ⟨v.t.⟩ 1. گۆڕین *gor̲în*; 2. جێگۆڕکێ پێکردن (مۆبیلە) *cêgor̲kê pêkirdin (mobîle)*; 3. ڕێگا لێگرتن *r̲êga lêgirtin* **II.** ⟨v.refl.⟩ sich verstellen لە خۆ گۆڕان *le xo gor̲an*
Verstimmung *f* 1. جاڕسکردن *car̲iskirdin*; 2. زویری *ziwîrî*
verstopfen ⟨v.t.⟩ 1. گیران *gîran*; 2. (Med.) قەبز بوون *qebiz bûn*
verstopft ⟨Adj.⟩ 1. گیراو *gîraw*; 2. (Med.) قەبز *qebz*
Verstopfung *f* 1. گیران *gîran*; 2. (Med.) قەبزی *qebzî*
verstorben ⟨Adj.⟩ خوالێخۆشبوو *xiwalêxoşbû*; بەهەشتی *beheştî*
Verstoß *m* سەرپێچی *serpêçî*
verstoßen I. ⟨v.i.⟩ دەسبەردار بوون *desberdar bûn* **II.** ⟨v.t.⟩ سەرپێچی کردن *serpêçî kirdin*
verstreuen ⟨v.t.⟩ بڵاو کردنەوە *bil̲aw kirdinewe*
Versuch *m* 1. هەوڵ *hewl̲*; 2. تاقیکردنەوە *taqîkirdinewe*
versuchen ⟨v.t.⟩ 1. هەوڵ دان *hewl̲ dan*; 2. تاقی کردنەوە *taqî kirdinewe*
vertagen ⟨v.t.⟩ پاش خستن *paş xistin*; خستنە ڕۆژێکی تر *xistine r̲ojêkî tir*
verteidigen I. ⟨v.t.⟩ 1. بەرگری لێکردن *bergirî lêkirdin*; 2. پاراستن *parastin* **II.** ⟨v.refl.⟩ sich verteidigen بەرگری لە خۆ کردن *bergirî le xo kirdin*
Verteidiger *m* 1. (Jur./Sp.) بەرگریکار *bergirîkar*; 2. (Jur.) پارێزەر *parêzer*; 3. (Sp.) مودافیع *mudafî'*
Verteidigerin *f* w. Form zu ↑Verteidiger
Verteidigung *f* 1. بەرگەگری *bergegirî*; دیفاع *dîfa'*; 2. پاراستن *parastin*
verteilen ⟨v.t.⟩ 1. دابەش کردن *dabeş kirdin*; 2. پەخش کردن *pexş kirdin*
Verteiler *m* 1. دابەشکار *dabeşkar*; 2. (Wirtsch.) وردەفرۆش *wirdefiroş*
Verteilung *f* دابەشکردن *dabeşkirdin*
vertiefen ⟨v.t.⟩ قووڵ کردنەوە *qûl̲ kirdinewe*
Vertiefung *f* قووڵکردنەوە *qûl̲kirdinewe*
vertikal ⟨Adj.⟩ ستوونی *sitûnî*
Vertrag *m* 1. پەیماننامە *peymanname*; 2. بەڵێننامە *bel̲ênname*
vertragen I. ⟨v.t.⟩ 1. پێکەوتن *pêkewtin*; 2. بەرگە گرتن *berge girtin* **II.** ⟨v.refl.⟩ sich (mit j-m) vertragen پێکەوە هەڵکردن *pêkewe hel̲kirdin*

V

verträglich ⟨Adj.⟩ گونجاو *guncaw*; لەبار *lebar*

vertrauen ⟨v.i.⟩ متمانە پێبوون *mitmane pêbûn*; **auf etw./j-n vertrauen** باوەڕ پێبوون *bawer pêbûn*

Vertrauen *n* باوەڕپێبوون *bawerpêbûn*; باوەڕپێکردن *bawerpêkirdin*

vertraulich ⟨Adj.⟩ 1. نهێنی *nihênî*; 2. هۆگر *hogir*; 3. بەمتمانەوە *bemitmanewe*

Vertraute *f* w. Form zu ↑Vertrauter

Vertrauter *m* هاودەم *hawdem*; هاوڕاز *hawraz*

vertreiben ⟨v.t.⟩ 1. ڕادان *radan*; ڕاو نان *raw nan*; 2. بڵاو کردنەوە *bilaw kirdinewe*; (کەلوپەل) فرۆشتن *firoştin (kelupel)*

Vertreibung *f* دەربەدەری *derbederî*; ڕاوەدوونان *rawedûnan*

vertreten ⟨v.t.⟩ 1. بەرگری لێکردن *bergirî lêkirdin*; 2. بریکاری کردن *birîkarî kirdin*

Vertreter *m* نوێنەر *nwêner*; بریکار *birîkar*

Vertreterin *f* w. Form zu ↑Vertreter

Vertretung *f* نوێنەرایەتی *nwênerayetî*

Vertrieb *m* 1. فرۆشتن *firoştin*; 2. بەشی لێداواکردن و دابەشکردنی کەلوپەلی فرۆشراو *beşî lêdawakirdin u dabeşkirdinî kelupelî firoşraw*

vertrocknen ⟨v.i.⟩ وشک بوونەوە *wişk bûnewe*

verüben ⟨v.t.⟩ ڕاپەڕاندن *raperandin*

verunglücken ⟨v.i.⟩ 1. دەعم کردن *deʿim kirdin*; 2. (ugs.) [illegible] سەر نەگرتن *negirtin*

Verunreinigung *f* پیسکردن *pîskirdin*; ناپوختەیی *napuxteyî*

veruntreuen ⟨v.t.⟩ پێداکێشان *pêdakêşan*; لرف لێدان *lirf lêdan*

verursachen ⟨v.t.⟩ 1. بوونە هۆ *bûne ho*; 2. هێنانە دی *hênane dî*

verurteilen ⟨v.t.⟩ 1. نەفرین لێکردن *nefrîn lêkirdin*; 2. حوکم دان *hukim dan*; 3. گوناحبار کردن *gunahbar kirdin*

Verurteilte *f* w. Form zu ↑Verurteilter

Verurteilter *m* سزادراو *sizadiraw*; حوکمدراو *hukimdiraw*

Verurteilung *f* 1. حوکمدان *hukimdan*; 2. تاوانبارکردن *tawanbarkirdin*

verwählen ⟨v.refl.⟩ sich verwählen بەهەڵە ژمارەی تەلەفۆن لێدان *behele jimarey telefon lêdan*

verwahrlost ⟨Adj.⟩ ڕووتەڵە *rûtele*

verwalten ⟨v.t.⟩ بەڕێوە بردن *berêwe birdin*

Verwaltung *f* بەڕێوەبەرایەتی *berêweberayetî*; نووسینگە *nûsînge*; فەرمانگە *fermange*; دایرە *dayire*

verwandeln ⟨v.t.⟩ گۆڕین *gorîn*

Verwandlung *f* گۆڕین *gorîn*

verwandt ⟨Adj.⟩ خزم *xizim*; کەس *kes*
• er ist entfernt mit mir verwandt لە دوورەوە خزممە

Verwandte *f* w. Form zu ↑Verwandter

Verwandter *m* کەسوکار *kesukar*; خزم *xizim*

Verwandtschaft *f* خزمایەتی *xizmayetî*; کەسوکار *kesukar*

V

verwechseln ⟨v.t.⟩ به هه‌ڵه لێگۆڕین *be he̲le lêgo̲rîn*

Verwechslung *f* سه‌رلێتێکچوون *serlêtêkçûn*

verwegen ⟨Adj.⟩ ئازا *aza;* جه‌سوور *cesûr*

verweigern ⟨v.t.⟩ سه‌رپێچی کردن *serpêçî kirdin*

Verweis *m* سه‌رزه‌نشتی *serzeniştî*

verwenden ⟨v.t.⟩ به‌کار هێنان *bekar hênan*

Verwendung *f* به‌کارهێنان *bekarhênan*

verwerflich ⟨Adj.⟩ گه‌ند *gend;* دزێو *dizêw*

verwirklichen ⟨v.t.⟩ به‌جێ هێنان *becê hênan*

Verwirklichung *f* به‌جێهێنان *becêhênan*

verwirren ⟨v.t.⟩ 1. ئاڵۆزاندن *a̲lozandin;* 2. سه‌ر لێتێکدان *ser lêtêkdan;* 3. سه‌رسام کردن *sersam kirdin*

verwirrt ⟨Adj.⟩ 1. تێکچوو *têkçû;* خڵافاو *xi̲lafaw;* شڵه‌ژاو *şi̲lejaw;* 2. سه‌رگه‌ردان *sergerdan*

verwöhnen ⟨v.t.⟩ 1. ناز پێدان *naz pêdan;* 2. به‌ده‌م ...(ه)وه دان (منداڵ) *bedem ...(e)we dan (minda̲l)*

verwöhnt ⟨Adj.⟩ نازدار *nazdar;* به‌نازبه‌خێوکراو *benazbexêwkiraw*

verwundet ⟨Adj.⟩ بریندار *birîndar*

Verwundete *f* w. Form zu ↑Verwundeter

Verwundeter *m* بریندار *birîndar*

verwüsten ⟨v.t.⟩ خاپوور کردن *xapûr kirdin;* کاول کردن *kawil kirdin*

verzaubern ⟨v.t.⟩ سیحر لێکردن *sî̲hir lêkirdin*

verzehren ⟨v.t.⟩ خواردن *xiwardin*

verzeihen ⟨v.t.⟩ لێبوردن *lêburdin* • verzeihen Sie mir! لێمببورن!

Verzeihung *f* لێبوردن *lêburdin;* لێخۆشبوون *lêxoşbûn* • Verzeihung! ببورن!

Verzicht *m* چاوپۆشی *çawpoşî*

verzichten ⟨v.i.⟩ واز هێنان *waz hênan*

verzieren ⟨v.t.⟩ ڕازاندنه‌وه *r̲azandinewe*

Verzierung *f* 1. جوانکاری *ciwankarî;* ڕازانه‌وه *r̲azanewe;* 2. نه‌خش *nexş*

verzögern I. ⟨v.t.⟩ دوا خستن *diwa xistin* **II.** ⟨v.refl.⟩ sich verzögern دوا که‌وتن *diwa kewtin*

verzollen ⟨v.t.⟩ گومرگ دان *gumirg dan;* گومرگ کردن *gumirg kirdin*

verzweifeln ⟨v.i.⟩ نائومێد بوون *naumêd bûn*

verzweifelt ⟨Adj.⟩ 1. نائومێد *naumêd;* 2. سه‌رگه‌ردان *sergerdan*

Verzweiflung *f* نائومێدی *naumêdî;* سه‌رگه‌ردانی *sergerdanî*

Veto *n* 1. (bildungsspr.) ڤێتۆ *vêto;* 2. (bildungsspr.) مافی ڕه‌تکردنه‌وه *mafî r̲etkirdinewe*

Vetter *m* 1. ئامۆزا *amoza;* 2. خاڵۆزا *xa̲loza;* 3. پوورزا *pûrza*

Vetternwirtschaft *f* خۆخۆییکردن له کارپێداندا *xoxoyîkirdin le karpêdanda*

Vibration *f* له‌رینه‌وه *lerînewe*

vibrieren ⟨v.i.⟩ له‌رینه‌وه *lerînewe*

Video *n* ڤیدیۆ *vîdyo*

Videokamera *f* ڤیدیۆکامێرا *vîdyokamêra*

Videokassette *f* کاسێتی ڤیدیۆ *kasêtî vîdyo*

Vieh *n* (Agr.) مه‌ڕوماڵات *me̲ruma̲lat*

V

viel I. ⟨Pron.⟩ ئەوەندە *ewende;* زۆر *zor* **II.** ⟨Adj.⟩ زۆر *zor;* **sehr viel** زۆر زۆر *zor zor* **III.** ⟨Adv.⟩ گەلێ *gelê*

Vielfalt *f* هەمەجۆری *hemecorî;* فرەلایەنی *firelayenî*

vielleicht ⟨Adv.⟩ لەوانەیە *lewaneye;* ڕەنگە *ṟenge*

vielmals ⟨Adv.⟩ 1. گەلێجار *gelêcar;* 2. زۆر *zor*

vielseitig ⟨Adj.⟩ فرەلایەن *firelayen*

vier ⟨Num.⟩ چوار *çiwar*

Viereck *n* چوارلا *çiwarla;* چوارگۆشە *çiwargoşe*

viereckig ⟨Adj.⟩ چوارگۆشە *çiwargoşe*

vierspurig ⟨Adj.⟩ چوارسایتی *çiwarsayitî*

vierte(r, -s) ⟨Adj.⟩ چوارەم *çiwarem;* چوارەمین *çiwaremîn*

Viertel *n* 1. چارەک *çarek;* 2. ناوچە *nawçe;* 3. گەڕەک *geṟek* • es ist Viertel nach elf چارەک لایداوە لە یازدە; **drei Viertel** سێ چارەک *sê çarek*

Vierteljahr *n* وەرز *werz;* سێ مانگ *sê mang*

Viertelstunde *f* چارەکەسەعات *çareke-seʿat*

vierzehn ⟨Num.⟩ چواردە *çiwarde*

vierzig ⟨Num.⟩ چل *çil*

Villa *f* کۆشک *koşk;* تەلار *telar*

violett ⟨Adj.⟩ مۆر *mor;* وەنەوشەیی *wenewşeyî*

Violine *f* (fachspr.) کەمان *keman;* کەمانچە *kemançe*

Viper *f* (Zool.) شامار *şamar*

virtuell ⟨Adj.⟩ ڕاستی *ṟastî;* بەتەواوی *betewawî*

Virus *m/n* 1. ڤایرۆس *vayros;* 2. (EDV) ڤایرۆسی کۆمپیوتەر *vayrosî kompyuter*

Vision *f* 1. خەون *xewn;* 2. پێشبینی *pêşbînî*

Visitenkarte *f* کارتیی تایبەتیی کەسی (ناو و ناونیشن) *kartîy taybetîy kesî (naw u nawnîşn)*

Visum *n* فیزە *fîze*

Vitamin *n* ڤیتامین *vîtamîn*

Vitrine *f* جامخانە *camxane;* شووشەبەند *şûşebend*

Vogel *m* (Zool.) باڵدار *baḻdar;* باڵندە *baḻinde;* مەل *mel*

Vogelnest *n* هێلانەی باڵندە *hêlaney baḻinde*

Vogelscheuche *f* (Agr.) بووکەدارینە *bû-kedarîne*

Voicemail *f* ڤۆیسمێل *voyismêl;* بەریدی دەنگی *berîdî dengî*

Vokal *m* (Gr.) بزوێن *bizwên*

Volk *n* 1. نەتەوە *netewe;* گەل *gel;* 2. خەڵک *xeḻk*

Volksaufstand *m* ڕاپەڕینی گەل *ṟa-peṟînî gel*

Volksbefragung *f* (Pol.) ڕاپرسیی گشتی *ṟapirsîy giştî*

Volksentscheid *m* ئەنجامی ڕاپرسی *en-camî ṟapirsî*

Volksfest *n* شاری یاری (واتای وشەکە جەژنی گەل دەگەیەنێ) *şarî yarî (wataý wişeke cejnî gel degeyenê)*

Volkshochschule *f* قوتابخانەی گەل (بۆ هەموانە، کە مرۆڤ بە پارە تێیدا دەخوێنێ) *qutabxaney gel (bo hemwane, ke mi-rov be pare têyda dexwênê)*

Volkslied *n* گۆرانیی میللی *goranîy mîllî*

Volkstanz *m* سەمای میللی *semay mîllî*

V

Volkstracht *f* جلوبەرگی نەتەوەیی *cilubergî neteweyî*
Volkswirtschaft *f* ئابووریی نەتەوەیی *abûrîy neteweyî*
voll I. ⟨Adj.⟩ 1. پڕ *piṟ*; 2. تەواو *tewaw*; 3. (ugs.) مەست *mest*; **die volle Wahrheit** ڕاستیی تەواو *ṟastîy tewaw*; **ein volles Jahr** ساڵێکی تەواو *saḻêkî tewaw* **II.** ⟨Adv.⟩ بەتەواوی *betewawî*
Vollbremsung *f* ئیستۆپی قایم گرتن *îstopî qayim girtin*
vollenden ⟨v.t.⟩ 1. تەواو کردن *tewaw kirdin*; 2. ڕاپەڕاندن *ṟapeṟandin*
Vollgas *n*; **mit Vollgas fahren** پێ بە بەنزیندا نان *pê be benzînda nan*
völlig ⟨Adj.⟩ بەتەواوی *betewawî*; سەراپا *serapa*
volljährig ⟨Adj.⟩ باڵغ *baḻix̱*
Vollkaskoversicherung *f* بیمەی گشتی بۆ هەموو جۆرە زیانلێکەوتنێک *bîmey giştî bo hemû core ziyanlêkewtinêk*
vollkommen I. ⟨Adj.⟩ 1. تەواو *tewaw*; 2. بێخەوش *bêxewş* **II.** ⟨Adv.⟩ بەتەواوی *betewawî*
Vollkornbrot *n* (Kochk.) نانی ئاردی هاڕڕاو بە توێکڵەوە *nanî ardî haṟṟaw be twêkiḻewe*
vollladen ⟨v.t.⟩ پڕبار کردن *piṟbar kirdin*
Vollmacht *f* بریکارنامە *birîkarname*; وەکالەت *wekalet*
Vollmilch *f* شیری قەیماغ لێنەگیراو *şîrî qeymax̱ lênegîraw*
Vollmond *m* مانگی چواردە *mangî çiwarde*
Vollpension *f* بە سێژەمە نانخواردنەوە *be sêjeme nanxiwardinewe*
vollständig ⟨Adj.⟩ هەموو *hemû*; تێکڕا *têkṟa*
vollstopfen ⟨v.t.⟩ 1. تێئاخنین *têaxnîn*; 2. پڕ کردنەوە *piṟ kirdinewe*
Vollstreckung *f* تەنفیزکردن *tenfîzkirdin*
volltanken ⟨v.t./v.i.⟩ تەنکی ئوتومبێل پڕ بەنزین کردن *tenkî utumbêl piṟ benzîn kirdin*
vollziehen ⟨v.t.⟩ بەجێ هێنان *becê hênan*
Vollzugsanstalt *f* (Jur.) بەندیخانە *bendîxane*
Volt *n* (Elektr./Phys.) ڤۆڵت *voḻt*
Volumen *n* بارستایی *baristayî*; قەوارە *qeware*
vom von dem ⟨Präp. + Art.⟩ لە *le*; لەلایەن ...(ە)وە *lelayen …(e)we*
von ⟨Präp.⟩ لە *le*; لەلایەن ...(ە)وە *lelayen …(e)we*; **von heute an** لە ئەمڕۆوە *le emṟowe*; **von hinten nach vorne** لە پشتەوە بۆ پێشەوە *le piştewe bo pêşewe*; **von jetzt an** لەمەبەدوا *lemebediwa*
voneinander ⟨Adv.⟩ لێک *lêk*; **sich voneinander entfernen** لێک دوور کەوتنەوە *lêk dûr kewtinewe*
vor ⟨Präp./Adv.⟩ 1. بەر (بۆ شوێن و کات) *ber (bo şwên u kat)*; 2. بەبەر *beber*; 3. بەرلە *berle*; 4. لەپێش *lepêş*; 5. پێشەوە *pêşewe*; 6. لەمەوبەر *lemewber*; **vor allem** بەرلە هەموو شتێک *berle hemû şitêk*; **vor Christus** پێشزایین *pêşzayîn*; **vor Kurzem/kurzem** تازەبەتازە *tazebetaze*; **vor sich gehen** ڕوو دان *ṟû dan*
Vorabend *m* دوێنێئێوارێ *dwênêêwarê*
vorankommen ⟨v.i.⟩ بەرەوپێش چوون *berewpêş çûn*

V

voraus ⟨Adv.⟩ پێشینە *pêşîne;* پێش *pêş*

Voraus; im Voraus 1. پێشتر *pêştir;* 2. پێشینە *pêşîne;* besten Dank im Voraus! پێشینە سوپاستان دەکەم!

vorausgesetzt ⟨Konj.⟩ وادانراو *wadaniraw;* مەفرووز *mefrûz*

Voraussage *f* پێشبینی *pêşbînî*

voraussehen ⟨v.t.⟩ پێشبینی کردن *pêşbînî kirdin*

Voraussetzung *f* 1. پێشمەرج *pêşmerc;* 2. پێداویستی *pêdawîstî*

voraussichtlich ⟨Adj.⟩ چاوەڕوانکراو *çawer̰wankiraw*

Vorauszahlung *f* پێشینە *pêşîne*

vorbei ⟨Adv.⟩ 1. بەسەرچوو *beserçû;* 2. بەلادا *belada;* **vorbei sein** بەسەر چوون *beser çûn;* was vorbei ist, ist vorbei (Spr.) ئەوەی بەسەر چوو، بەسەر چوو

vorbeifahren ⟨v.i.⟩ 1. بەلادا تێپەڕین *belada têper̰în;* 2. (ugs.) سەر لێدان *ser lêdan*

vorbeigehen ⟨v.i.⟩ ڕەت بوون *r̰et bûn;* بەسەر چوون *beser çûn*

vorbereiten I. ⟨v.t.⟩ ئامادە کردن *amade kirdin* **II.** ⟨v.refl.⟩ sich vorbereiten خۆ ئامادە کردن *xo amade kirdin*

Vorbereitung *f* ئامادەکردن *amadekirdin*

vorbestellen ⟨v.t.⟩ لەپێشەوە داوا کردن *lepêşewe dawa kirdin;* لەپێشەوە حیجز کردن *lepêşewe h̰îciz kirdin*

vorbeugen I. ⟨v.t.⟩ خۆ نووشتانەوە *xo nûştanewe* **II.** ⟨v.i.⟩ خۆ ئامادە کردن بۆ *xo amade kirdin bo* **III.** ⟨v.refl.⟩ sich vorbeugen خۆ نووشتانەوە *xo nûştanewe*

Vorbeugung *f* خۆبۆئامادەکردن *xoboamadekirdin*

Vorbild *n* 1. ڕێبەر *r̰êber;* 2. نموونە *nimûne*

vorbildlich I. ⟨Adj.⟩ نموونەیی *nimûneyî* **II.** ⟨Adv.⟩ بەنموونەیی *benimûneyî*

vordere(r,-s) ⟨Adj.⟩ پێشەوە *pêşewe;* بەردەم *berdem*

Vorderseite *f* ڕووکار *r̰ûkar;* پێشەوە *pêşewe*

Vordersitz *m* کورسیی پێشەوەی ئوتومبێل *kursîy pêşewey utumbêl*

voreilig ⟨Adj.⟩ زۆر بەپەلە *zor bepele*

voreingenommen ⟨Adj.⟩ تەرەفدار *terefdar;* لایەنگر *layengir*

vorerst ⟨Adv.⟩ پێشەکی *pêşekî*

Vorfahr *m* باپیرە *bapîre;* **Vorfahren** *pl.* پێشینان *pêşînan*

Vorfahrin *f* w. Form zu ↑Vorfahr

Vorfahrt *f* پێشڕێ *pêşr̰ê;* **Vorfahrt haben** پێشڕێ هەبوون *pêşr̰ê hebûn*

Vorfahrtsstraße *f* شەقامی سەرەکی *şeqamî serekî*

Vorfall *m* ڕووداو *r̰ûdaw;* بەسەرهات *beserhat*

vorführen ⟨v.t.⟩ نواندن *niwandin;* نمایشت کردن *nimayişt kirdin*

Vorführung *f* نواندن *niwandin;* نیشاندان *nîşandan*

Vorgang *m* 1. ڕووداو *r̰ûdaw;* 2. پرۆسە *pir̰ose*

Vorgänger *m* پێشینە *pêşîne;* **meine Vorgänger** ئەوانەی بەرلە من *ewaney berle min;* پێشینەکانم *pêşînekanim*

Vorgängerin *f* w. Form zu ↑Vorgänger

V

vorgehen ⟨v.i.⟩ 1. ڕاپەڕاندن *ra͟pera͟ndin*; 2. بەسەر چوون *beser çûn*; 3. لێ ڕوو دان *lê ra͟û dan*; 4. پێشکەوتن (سەعات) *pêşkewtin (se'at)*

Vorgehen *n* 1. جێبەجێکردن *cêbecêkirdin*; 2. ڕێباز *ra͟êbaz*

vorgesehen ⟨Adj.⟩ دیاریکراو *diyarîkiraw*

Vorgesetzte *f* w. Form zu ↑Vorgesetzter

Vorgesetzter *m* سەرۆک *serok*; فەرماندەر *fermander*

vorgestern ⟨Adv.⟩ پێرێ *pêrê*

vorhaben ⟨v.t.⟩ بەتەما بوون *betema bûn*; بە دەستەوە بوون *be destewe bûn* • haben Sie heute Abend schon etwas vor? ئەمڕۆ ئێوارێ هیچتان بە دەستەوەیە؟

Vorhaben *n* 1. نەخشە *nexşe*; 2. نیاز *niyaz*; 3. پرۆژە *pi͟roje*

vorhanden ⟨Adj.⟩ لەبەردەستدا *leberdestda*; لەئارادا *learada*; **vorhanden sein** لە ئارادا بوون *le arada bûn*

Vorhang *m* پەردە *perde*

Vorhängeschloss *n* قفڵ *qifi͟l*

vorher ⟨Adv.⟩ 1. پێشتر *pêştir*; 2. پێشان *pêşan*

Vorhersage *f* پێشبینی *pêşbînî*; نوقڵانە *nuq͟lane*

vorhersagen ⟨v.t.⟩ پێشبینی کردن *pêşbînî kirdin*

vorhin ⟨Adv.⟩ بەرلە ئێستا *berle êsta*; پێشتۆزێک *pêştozêk*

vorige(r, -s) ⟨Adj.⟩ پێشوو *pêşû*; ڕابردوو *ra͟birdû*

Vorkenntnisse *pl.* زانیاریی پێشینە *zanyarîy pêşîne*

vorkommen ⟨v.i.⟩ 1. هاتنە پێش *hatine pêş*; 2. ڕوو دان *ra͟û dan*

Vorkommnis *n* ڕووداو *ra͟ûdaw*; بەسەرهات *beserhat*

vorladen ⟨v.t.⟩ داوا کردن بۆ ئامادەبوون لەبەردەمی دادگادا *dawa kirdin bo amadebûn leberdemî dadgada*

Vorlage *f* 1. ڕەشنووس *ra͟eşnûs*; 2. (Sp.) پاسدان *pasdan*

vorläufig ⟨Adj.⟩ کاتی *katî*; موەقەت *miweqet*

vorlesen ⟨v.t.⟩ خوێندنەوە *xwêndinewe*

Vorlesung *f* وانەی زانستگا *waney zanistga*; وتاری زانستی *witarî zanistî*

vorletzte(r, -s) ⟨Adj.⟩ پێشکۆتا *pêşkota*

Vorliebe *f* حەزلێکردن *h͟ezlêkirdin*; مەیلداری *meyldarî*

vormachen ⟨v.t.⟩ 1. نیشان دان *nîşan dan*; 2. (üb.) هەڵفریواندن *hel͟firîwandin*; **j-m etw. vormachen** هەڵفریواندن *hel͟firîwandin*; man kann ihm nichts vormachen کەس ناتوانێ هەڵیفریوێنێ

Vormittag *m* پێشنیوەڕۆ *pêşnîwera͟o*; **heute Vormittag** ئەمڕۆ پێشنیوەڕۆ *emra͟o pêşnîwera͟o*

vormittags ⟨Adv.⟩ پێشنیوەڕوان *pêşnîwera͟wan*

Vormund *m* سەرپەرشتیار *serperiştyar*

vorn ⟨Adv.⟩ لەپێشەوە *lepêşewe*

Vorname *m* ناوی کەسی *nawî kesî*; پێشناو *pêşnaw*

vornehm ⟨Adj.⟩ شکۆدار *şikodar*; بەڕێز *bera͟êz*

vornehmen ⟨v.t.⟩ بردنە پێشەوە *birdine pêşewe*; **sich etw. vornehmen** 1. بە

V

تەما بوون *be tema bûn*; 2. بەدەستەوە بوون *bedestewe bûn*

vornherein ⟨Adv.⟩ 1. لەسەرەتاوە *leseretawe*; 2. یەکسەر *yekser*; **von vornherein** لە سەرەتاوە *le seretawe*

Vorort *m* ناوچەیەک، کە دەکەوێتە بەردەمی شارێکەوە *nawçeyek, ke dekewête berdemî şarêkewe*

Vorrat *m* زەخیرە *zexîre*; ئازووقە *azûqe*

Vorsaison *f* سەرەتای وەرز *seretay werz*

Vorschlag *m* پێشنیاز *pêşniyaz*

vorschlagen ⟨v.t.⟩ پێشنیاز کردن *pêşniyaz kirdin*

vorschnell ⟨Adj.⟩ هەڵەشە *heleşe*

vorschreiben ⟨v.t.⟩ 1. ڕەشنووسێک بۆ ... ئامادە کردن *reşnûsêk bo ... amade kirdin*; 2. بۆ دیاری کردن *bo diyarî kirdin*

Vorschrift *f* پەیڕەو *peyrew*; قانوون *qanûn*

Vorschule *f* خانەی بەرلە قوتابخانەی سەرەتایی *xaney berle qutabxaney seretayî*

Vorschuss *m* 1. یارمەتیی پێشینە *yarmetîy pêşîne*; 2. پێشەکی *pêşekî*; بێع *bê'*

Vorsicht *f* 1. ئاگاداری *agadarî*; 2. چاودێری *çawdêrî* • Vorsicht! نیگاداری!؛ خەبەردار!؛ ئاگالەخۆبوون!

vorsichtig I. ⟨Adj.⟩ ئاگادار *agadar*; وریا *wirya* **II.** ⟨Adv.⟩ بەوریایی *bewiryayî*

Vorsilbe *f* (Gr.) پێشگر *pêşgir*

Vorsitzende *f* w. Form zu ↑Vorsitzender

Vorsitzender *m* سەرۆک *serok*

Vorsorge *f* دووربینی *dûrbînî*

vorsorgen ⟨v.i.⟩ خۆ ئامادە کردن بۆ *xo amade kirdin bo*

vorsorglich ⟨Adj.⟩ دوورەندێش *dûrendêş*

Vorspeise *f* پێشخۆراک *pêşxorak*; مەزە *meze*

Vorsprung *m* 1. پێشدان *pêşdan*; 2. بەرەکەژ *berekej*; 3. پێشکەوتن *pêşkewtin*

Vorstand *m* بەڕێوەبەرایەتی *berêweberayetî*

vorstellen I. ⟨v.t.⟩ 1. پێناساندن *pênasandin*; 2. پێش خستن (سەعات) *pêş xistin (se'at)* **II.** ⟨v.refl.⟩ sich j-m vorstellen خۆ پێناساندن *xo pênasandin*; هێنانە بەر چاو *hênane ber çaw*

Vorstellung *f* 1. بەیەکترناسین *beyektirînasîn*; 2. خەیاڵ *xeyal*; بیر *bîr*; 3. نمایشت (شانۆ، فلیم) *nimayişt (şano, filîm)*

Vorteil *m* 1. سوود *sûd*; 2. بەرژەوەندی *berjewendî*; 3. چاکە *çake*

vorteilhaft ⟨Adj.⟩ سوودبەخش *sûdbexş*

Vortrag *m* وتار *witar*

vortragen ⟨v.t.⟩ 1. بۆ پێشەوە هێنان *bo pêşewe hênan*; 2. پێشکەش کردن (بەرهەمێکی هونەری) *pêşkeş kirdin (berhemêkî hunerî)*

vorüber ⟨Adv.⟩ ڕابردوو *rabirdû*; بەسەرچوو *beserçû*

vorübergehen ⟨v.i.⟩ 1. ڕەت بوون *ret bûn*; 2. ڕابوردن *raburdin*

vorübergehend ⟨Adj.⟩ کاتی *katî*

Vorurteil *n* بڕیارەپێشینە *biryarepêşîne*

Vorwahl *f* 1. هەڵبژاردنی پێشینە *helbijardinî pêşîne*; 2. کۆتی تەلەفۆن *kotî telefon*

Vorwand *m* بیانوو *biyanû*; بڕوبیانوو *birubiyanû*

vorwärts ⟨Adv.⟩ بەرەوپێشەوە *berewpêşewe*

V

vorwärtsgehen ⟨v.i.⟩ پێش کەوتن *pêş kewtin;* بۆ پێشەوە چوون *bo pêşewe çûn*
vorwerfen ⟨v.t.⟩ سەرزەنشت کردن *serzenişt kirdin*
vorwiegend ⟨Adv.⟩ بەشێوەیەکی سەرەکی *beşêweyekî serekî;* بەتایبەتی *betaybetî*
Vorwort *n* پێشەکی *pêşekî;* سەرەتا *sereta*
Vorwurf *m* گلەیی *gileyî;* سەرزەنشتی *serzeniştî*
vorzeitig ⟨Adj.⟩ پێشوەخت *pêşwext*
vorziehen ⟨v.t.⟩ 1. هێنانە پێشەوە *hênane pêşewe;* 2. (üb.) پێش خستن *pêş xistin;* 3. (üb.) دڵ بۆ چوون *di<u>l</u> bo çûn*
vorzüglich ⟨Adj.⟩ نایاب *nayab*
vorzugsweise ⟨Adv.⟩ بەتایبەتی *betaybetî*
vulgär I. ⟨Adj.⟩ چەپەڵ *çepe<u>l</u>;* بازاڕی *baza<u>r</u>î* **II.** ⟨Adv.⟩ بازاڕیانە *baza<u>r</u>yane*
Vulkan *m* بورکان *burkan;* گڕکان *gi<u>r</u>kan*
Vulkanausbruch *m* بورکانتەقینەوە *burkanteqînewe*
Vulva *f* کوز *kuz;* قوز *quz*

W

w, W ڤێ *vê;* پیتی بیستوسێیەمی ئەلفبێی ئەڵمانی *pîtî bîstusêyemî elfbêy e<u>l</u>manî*
Waage *f* 1. ترازوو *tirazû;* 2. (Astrol.) ترازوو *tirazû*
waagerecht ⟨Adj.⟩ ئاسۆیی *asoyî*
wach ⟨Adj.⟩ 1. ئاگادار *agadar;* وشیار *wişyar;* 2. بێدار *bêdar;* **wach bleiben/sein/werden** بەخەبەر بوون *bexeber bûn*
Wache *f* پاسەوان *pasewan;* ئێشکگر *êşkgir*
Wachposten *m* پاسەوان *pasewan;* خەفەر *xefer*
wachrütteln ⟨v.t.⟩ بەئاگا هێنانەوە *beaga hênanewe*
Wachs *n* مێو *mêw;* مۆم *mom*
wachsam ⟨Adj.⟩ بەئاگا *beaga;* وریا *wirya*
wachsen ⟨v.i.⟩ 1. نەشونما کردن *neşunima kirdin;* 2. ڕوان *<u>r</u>iwan*
Wachstum *n* گەشەکردن *geşekirdin;* پەرەسەندن *peresendin*
Wächter *m* پاسەوان *pasewan*
Wächterin *f* w. Form zu ↑Wächter
wackelig ⟨Adj.⟩ لەق *leq;* ناجێگیر *nacêgîr*
Wackelkontakt *m* وایەرێکی کارەبای خەوشدار *wayerêkî karebay xewişdar*
wackeln ⟨v.i.⟩ لەقین *leqîn*
Wade *f* پووز *pûz*
Waffe *f* چەک *çek*
Waffenruhe *f* شەڕراگرتن *şe<u>r</u><u>r</u>agirtin*
Waffenstillstand *m* شەڕراگرتن *şe<u>r</u><u>r</u>agirtin*

W

wagemutig ⟨Adj.⟩ ئازا *aza;* چاونەترس *çawnetirs*
wagen ⟨v.t.⟩ وێران *wêran*
Wagen *m* ئوتومبێل *utumbêl*
Wagenheber *m* جەک *cek*
Waggon *m* واگۆن *wagon*
Wahl *f* هەڵبژاردن *helbijardin*
wählen ⟨v.t.⟩ 1. هەڵبژاردن *helbijardin;* 2. ژمارەی تەلەفۆن لێدان *jimarey telefon lêdan*
Wähler *m* دەنگدەر *dengder*
Wählerin *f* w. Form zu ↑Wähler
wählerisch ⟨Adj.⟩ پەسەندگیر *pesendgîr*
Wahlkampf *m* 1. بانگاشەی هەڵبژاردن *bangaşey helbijardin;* 2. ململانێی هەڵبژاردن *milmilanêy helbijardin*
wahllos ⟨Adj.⟩ کوێرانە *kwêrane*
Wahlrecht *n* 1. مافی دەنگدان *mafî dengdan;* 2. یاسای هەڵبژاردن *yasay helbijardin*
Wahnsinn *m* 1. (Med./Psych.) گرێی دەروونی *girêy derûnî;* 2. (üb.) شێتی *şêtî;* 3. وەهم *wehm;* **j-n in den Wahnsinn treiben** مێشک بردن *mêşk birdin*
wahnsinnig ⟨Adj.⟩ 1. دەروونەخۆش *derûnnexoş;* 2. شێت *şêt*
wahr ⟨Adj.⟩ 1. ڕاست *rast;* 2. بێدرۆ *bêdiro;* 3. (üb.) ڕاستگۆ *rastgo* • nicht wahr? بەڕاستی وا نییە؟؛ مەگەر وا نییە؟
wahren ⟨v.t.⟩ 1. پاراستن *parastin;* 2. هێشتنەوە *hêştinewe*
während I. ⟨Präp.⟩ لەوکاتەداکە *lewkatedake;* بەدرێژایی *bedirêjayî* **II.** ⟨Konj.⟩ ئەودەمەیکە *ewdemeyke,* کە *ke*
währenddessen ⟨Konj.⟩ لەوکاتەدا *lewkateda*
Wahrheit *f* ڕاستی *rastî*
wahrnehmen ⟨v.t.⟩ 1. دەرک پێکردن *derk pêkirdin;* 2. پێزانین *pêzanîn;* 3. چاو پێکەوتن *çaw pêkewtin*
Wahrnehmung *f* 1. دەرکپێکردن *derkpêkirdin;* 2. پێزانین *pêzanîn;* 3. چاوپێکەوتن *çawpêkewtin*
wahrsagen ⟨v.i.⟩ فاڵ گرتنەوە *fal girtinewe*
Wahrsager *m* بەختبێژ *bextbêj;* فاڵگرەوە *falgirewe*
Wahrsagerin *f* w. Form zu ↑Wahrsager
wahrscheinlich I. ⟨Adj.⟩ ڕێتێچوو *rêtêçû* **II.** ⟨Adv.⟩ ڕەنگە *renge;* لەوانەیە *lewaneye;* ئیحتیمال *îhtîmal*
Wahrscheinlichkeit *f* ڕێتێچوون *rêtêçûn*
Währung *f* پارە *pare;* دراو *diraw;* **ausländische Währung** پارەی بێگانە *parey bêgane*
Waise *f* بێدایکوباوک *bêdaykubawk;* هەتیو *hetîw*
Wal *m* (Zool.) نەهەنگ *neheng;* حووت *hût*
Wald *m* دارستان *daristan;* جەنگەڵستان *cengelistan*
Waldbrand *m* دارستانگڕتێبەربوون *daristangirtêberbûn*
Wallfahrt *f* 1. چوونبۆحەج *çûnbohec;* 2. چوونە پیرۆزگەیەک *çûne pîrozgeyek*
Wallfahrtsort *m* (Rel.) زیارەتگا *ziyaretga*
Walnuss *f* گوێز *gwêz*
Walze *f* لوولەک *lûlek;* ئیستیوانە *îstîwane*

W

walzen ⟨v.t.⟩ کوتانەوە *kutanewe;* تەخت کردن *text kirdin*

wälzen I. ⟨v.t.⟩ گەوزاندن *gewzandin;* گلۆر کردنەوە *gilor kirdinewe* **II.** ⟨v. refl.⟩ sich wälzen خۆ گەوزاندن *xo gewzandin*

Walzer *m* 1. والتس (جۆرە سەمایەکە) *walts (core semayeke);* 2. ئاوازی والتس *awazî walts*

Wand *f* دیوار *dîwar*

Wanderer *m* گەڕیدە *ge̱rîde;* گەشتیار *geştiyar*

Wanderin *f* w. Form zu ↑Wanderer

wandern ⟨v.i.⟩ 1. گەڕان *ge̱ran;* گەشت کردن *geşt kirdin;* 2. ڕەو کردن *r̲ew kirdin*

Wanderung *f* 1. گەشتکردن *geştkirdin;* 2. کۆچکردن *koçkirdin*

Wandteppich *m* فەرشی دیوار *ferşî dîwar*

Wange *f* ڕوومەت *r̲ûmet;* گوپ *gup*

wann ⟨Adv.⟩ کەی *key* • bis wann bleibst du hier? تا کەی لێرە دەمێنیتەوە؟; seit wann? لە کەیەوە؟

Wanne *f* بانیۆ *banyo*

Wanze *f* 1. (Zool.) جۆرە شەوگەزێکە *core şewgezêke;* 2. میکرۆفۆنێکی زۆر پچکۆلەیە لە شوێنێکدا دەشاررێتەوە بۆ تۆمارکردنی گفتوگۆ بەدزییەوە *mîkrofonêkî zor piçkoleye le şwênêkda deşarrêtewe bo tomarkirdinî giftugo bedizîyewe*

Ware *f* کەلوپەل *kelupel;* شتومەک *şitumek*

warm ⟨Adj.⟩ گەرم *germ* • es ist warm گەرمە; mir ist warm گەرمامە

Wärme *f* گەرمایی *germayî;* گەرمی *germî*

wärmen I. ⟨v.t.⟩ گەرم کردنەوە *germ kirdinewe* **II.** ⟨v.i.⟩ sich wärmen خۆ گەرم کردنەوە *xo germ kirdinewe*

Wärmflasche *f* کیسەی ئاوی گەرم *kîsey awî germ*

Warmwasser *n* ئاوی گەرم *awî germ*

Warnblinkanlage *f* (Kfz) چوارەی ئاگادارکردنەوە *çiwarey agadarkirdinewe*

Warndreieck *n* (Kfz) سێگۆشەی وریاکردنەوە *sêgoşey wiryakirdinewe*

warnen ⟨v.t.⟩ وریا کردنەوە *wirya kirdinewe*

Warnung *f* 1. وریاکردنەوە *wiryakirdinewe;* هۆشداری *hoşdarî;* 2. تەمێکردن *temêkirdin;* 3. ئینزار *înzar*

warten ⟨v.i.⟩ 1. چاوەڕوان کردن *çawer̲wan kirdin;* 2. ڕاوەستان *r̲awestan*

Wärter *m* چاودێریکەر *çawdêrîker;* ئێشکگر *êşkgir*

Wärterin *f* w. Form zu ↑Wärter

Wartezimmer *n* ژووری چاوەڕوانی *jûrî çawer̲wanî*

Wartung *f* چاودێری *çawdêrî;* پارێزگاری *parêzgarî*

warum ⟨Adv.⟩ بۆچی *boçî;* بۆ *bo* • warum sagst du das? ئەوە تۆ ئەوە بۆچی دەڵێیت؟

Warze *f* (Med.) بالووکە *balûke*

was ⟨Pron.⟩ چی *çî;* چ *çi* • was ist mit dir los? ئەوە تۆ چیتە؟; was kostet das? ئەمە بە چەندە؟; **was für …** چ جۆرە … *çi core …*

waschbar ⟨Adj.⟩ شیاو بۆ شتن *şiyaw bo şitin*

Waschbecken *n* دەستشۆر *destşor*

W

Wäsche *f* 1. بابەتی شتن *babetî şitin;* 2. جلوبەرگ بۆ شتن *ciluberg bo şitin;* 3. سەرجێ *sercê*
Wäscheklammer *f* جلگرە *cilgire*
Wäscheleine *f* تەنافی جلهەڵخستن *tenafî cilhelxistin*
waschen ⟨v.t.⟩ شتن *şitin;* **sich waschen** خۆ شتن *xo şitin*
Wäschetrockner *m* مەکینەی جلوشککردنەوە *mekîney cilwişikkirdinewe*
Waschlappen *m* کیسەی خۆشتن *kîsey xoşitin;* لفکە *lifke*
Waschmaschine *f* مەکینەی جلشتن *mekîney cilşitin*
Waschmittel *n* تایت *tayit;* دەرمانی جلشتن *dermanî cilşitin*
Waschpulver *n* تایت *tayit*
Waschraum *m* دەستشۆرخانە *destşorxane;* سەرشۆر *serşor*
Waschung *f* شتن (لەش یا ئەندامێکی) *şitin (leş ya endamêkî)*
Wasser *n* ئاو *aw*
wasserdicht ⟨Adj.⟩ ئاوگر *awgir*
Wasserfall *m* تاڤگە *tavge*
Wasserhahn *m* بەلووعە *belû'e;* بەلووعەی ئاو *belû'ey aw*
Wasserkessel *m* کتریی ئاو *kitrîy aw*
Wasserleitung *f* بۆریی ئاو *borîy aw*
Wassermangel *m* بێئاوی *bêawî*
Wassermelone *f* شووتی *şûtî*
Wasserpfeife *f* نێرگەلە *nêrgele*
Wasserschildkröte *f* (Zool.) کیسەڵی ئاوی *kîselî awî*
Wasserschlange *f* (Zool.) ماری ئاوی *marî awî*
Wasserski *n* (Sp.) خشاندنلەسەرئاو *xişandinleseraw*
Wasserspülung *f* سیفۆنی ئاودەست *sîfonî awdest*
Wasserweg *m* ئاوەڕێ *awerê*
Wasserwerfer *m* ئاوپرژێن *awpirjên*
Wasserwirbel *m* گێژاو *gêjaw;* گەرداو *gerdaw*
Watt *n* (Elektr.) وات (یەکەی پێوانەی تەزووی کارەبا) *wat (yekey pêwaney tezûy kareba)*
Watte *f* لۆکە *loke*
WC *n* ئاودەست *awdest;* ئاودەستخانە *awdestxane*
weben ⟨v.t.⟩ ڕستن *ristin;* چنین *çinîn*
Webseite *f* ماڵپەڕ *malper;* وێبسایت *wêbsayit*
Webstuhl *m* مەکینەی چنین *mekîney çinîn*
Wechsel *m* 1. گۆڕین *gorîn;* 2. گۆڕینەوە *gorînewe*
Wechselgeld *n* 1. قوسوور *qusûr;* باقیات *baqyat;* 2. پارەی وردە *parey wirde*
wechselhaft ⟨Adj.⟩ لەگۆڕاندابوو *legorandabû;* دەمدەمی *demdemî*
Wechseljahre *pl.* (Med.) لەعوزرچوونەوە *le'uzirçûnewe*
Wechselkurs *m* (Wirtsch.) نرخی پارەگۆڕینەوە *nirxî paregorînewe*
wechseln I. ⟨v.t.⟩ گۆڕینەوە *gorînewe;* **Geld wechseln** پارە گۆڕینەوە *pare gorînewe* **II.** ⟨v.i.⟩ لە گۆڕراندا بوون *le gorranda bûn*
Wechselstube *f* شوێنی پارەگۆڕینەوە *şwênî paregorînewe*
wecken ⟨v.t.⟩ 1. خەبەر کردنەوە *xeber kir-*

dinewe; 2. ئاگادار کردنەوە *agadar kirdinewe*

Wecker *m* کاتژمێری وریاکار *katjimêrî wiryakar;* خەبەرکەرەوە *xeberkerewe*

weder ⟨Konj.⟩; **weder … noch** 1. نە (و) … نە … *ne … (u/w) ne;* 2. چ … چ *çi … çi*

weg ⟨Adv.⟩ 1. دەرەوە *derewe;* 2. لەدوورەوە *ledûrewe*

Weg *m* 1. ڕێگا *r̲êga;* ڕێ *r̲ê;* 2. چارەسەر *çareser*

Wegbeschreibung *f* ڕێدەستنیشانکردن *r̲êdestnîşankirdin*

wegbringen ⟨v.t.⟩ لابردن *labirdin*

wegen ⟨Präp.⟩ 1. بەهۆی …(ە)وە *behoy …(e)we;* 2. لەبەر *leber;* **wegen dir** لەبەر تۆ *leber to;* **wegen Krankheit** بەهۆی نەخۆشییەوە *behoy nexoşîyewe*

wegfahren I. ⟨v.i.⟩ ڕۆیین *r̲oyîn;* چوون (بە سواری …) *çûn (be siwarî …)* **II.** ⟨v.t.⟩ بردن بۆ *birdin bo*

weggeben ⟨v.i.⟩ 1. پێدان *pêdan;* 2. زایە کردن *zaye kirdin*

weggehen ⟨v.i.⟩ 1. ڕۆیین *r̲oyîn;* لاچوون *laçûn;* 2. دوور کەوتنەوە *dûr kewtinewe*

wegjagen ⟨v.t.⟩ ڕادان *r̲adan;* ڕاپێچان *r̲apêçan*

weglassen ⟨v.t.⟩ لابردن *labirdin*

weglaufen ⟨v.i.⟩ 1. بەلەسە بوون *belese bûn;* دوور کەوتنەوە *dûr kewtinewe;* 2. ڕاکردن *r̲akirdin;* 3. سەری خۆ هەڵگرتن *serî xo hel̲girtin*

wegnehmen ⟨v.t.⟩ 1. لێبردن *lêbirdin;* 2. لێ دەر کردن *lê der kirdin*

wegschicken ⟨v.t.⟩ 1. ناردن *nardin;* 2. دوور خستنەوە *dûr xistinewe*

Wegweiser *m* ڕێنیشاندەر *r̲ênîşander;* ڕێبەر *r̲êber*

wegwerfen ⟨v.t.⟩ فڕێ دان *fir̲ê dan*

wegwischen ⟨v.t.⟩ سڕین *sir̲în*

Wegzehrung *f* توێشوو *twêşû*

[1]**weh** ⟨Int.⟩ وەی *wey;* ئای *ay*

[2]**weh** ⟨Adj.⟩ بەئازار *beazar;* بەسوێ *beswê* • mir tut der Kopf weh سەرم ژان دەکا; **sich wehtun** ئازاری خۆ دان *azarî xo dan;* **weh tun** بەسوێ بوون *beswê bûn*

wehe ⟨Int.⟩ وەی *wey;* ئای *ay*

wehen ⟨v.i.⟩ 1. شەکانەوە *şekanewe;* 2. هەڵکردن (با) *hel̲kirdin (ba)*

Wehmut *f* دڵتەنگی *dil̲tengî;* دڵگرانی *dil̲giranî*

wehmütig ⟨Adj.⟩ دڵتەنگ *dil̲teng;* دڵگران *dil̲giran*

Wehrdienst *m* خزمەتی سەربازی *xizmetî serbazî*

wehren ⟨v.refl.⟩ sich wehren 1. بەرگری لە خۆ کردن *bergirî le xo kirdin;* 2. بەرگە گرتن *berge girtin*

wehrlos ⟨Adj.⟩ بێبەرگری *bêbergirî;* بێچارە *bêçare*

wehtun I. ⟨v.i.⟩ 1. ئازار دان *azar dan;* 2. یەشان *yeşan* **II.** ⟨v.refl.⟩ sich wehtun خۆ ئازار دان *xo azar dan*

weiblich ⟨Adj.⟩ 1. مێینە *mêyine;* 2. ژنانە *jinane;* 3. دەڵ *del̲*

weich ⟨Adj.⟩ 1. نەرم *nerm;* 2. (üb.) لەسەرخۆ (مرۆڤ) *leserxo (mirov)*

Weiche *f* کەلەکە *keleke*

[1]**Weide** *f* (Bot.) بی *bî;* داربی *darbî*

[2]**Weide** *f* (Agr.) مێرگ *mêrg;* لەوەڕگە *lewer̲ge*

weigern ⟨v.refl.⟩ sich weigern مل نەدان *mil nedan*

weihen ⟨v.t.⟩ پیرۆز کردن *pîroz kirdin*

Weihnachten (24. Dezember) *n* جەژنی کریسمیس *cejnî kirîsmîs* • fröhliche Weihnachten! جەژنی زانرۆژی عیساتان پیرۆز بێ!؛ جەژنی کریسمیستان پیرۆز بێ!

Weihnachtsbaum *m* درەختی کریسمیس *dirextî kirîsmîs*

Weihnachtsfeier *f* ئاهەنگی کریسمیس *ahengî kirîsmîs*

Weihnachtsgeschenk *n* دیاری بۆ جەژنی کریسمیس *diyarî bo cejnî kirîsmîs*

Weihnachtsmann *m* بابانۆئێل *babanoêl*

Weihrauch *m* بخوور *bixûr*

weil ⟨Konj.⟩ چونکو *çunku*; چونکە *çunke*; لەبەرئەوەی *leberewey*

Weile *f* ماوە *mawe*; **eine Weile** ماوەیەک *maweyek*

Wein *m* مەی *mey*; شەراب *şerab*

Weinberg *m* ڕەز *r̲ez*

Weinbrand *m* برەندی *birendî*

weinen ⟨v.i.⟩ گریان *giryan*

Weinglas *n* پەرداخی شەراب *perdaxî şerab*

Weinlese *f* ترێچنین *tirêçinîn*

Weintraube *f* 1. ترێ *tirê*; 2. هێشوەترێ *hêşwetirê*

weise ⟨Adj.⟩ ژیر *jîr*; زانا *zana*

Weise *f* 1. شێوە *şêwe*; جۆر *cor*; 2. چۆنێتی *çonêtî*

Weisheit *f* 1. دانایی *danayî*; 2. پەند *pend*

Weisheitszahn *m* خرێ *xirê*

weiß ⟨Adj.⟩ سپی *sipî*

Weißbrot *n* نانی سپی *nanî sipî*

Weiße *f* 1. سپێتی *sipêtî*; 2. سپێنە *sipêne*

Weißwein *m* شەرابی سپی *şerabî sipî*

weit **I.** ⟨Adj.⟩ 1. فراوان *firawan*; 2. گەورە *gewre* • es ist so weit کاتی ئەوە هاتووە **II.** ⟨Adv.⟩ دوور *dûr*; **von Weitem/weitem** دووربەدوور *dûrbedûr*

Weite *f* فراوانی *firawanî*; پانی *panî*

weiter ⟨Adv.⟩ 1. دوورتر *dûrtir*; 2. زیاتر *ziyatir*; **und so weiter** هەتادوایی *hetadiwayî*; **weiter nichts** هیچی تر *hîçî tir*

weitere(r, -s) ⟨Adj.⟩ ئەویکە *ewîke*; دی *dî*; تر *tir*; **alles Weitere** ئەوانی تر *ewanî tir*; **weitere Informationen** زانیاریی زیاتر *zanyarîy ziyatir*

weiterfahren ⟨v.i.⟩ لەسەر ئاژۆتن بەردەوام بوون (بە ئوتومبێل، پاسکیل، ..) *leser ajotin berdewam bûn (be utumbêl, paskîl, ..)*

Weiterfahrt *f* لەسەرڕۆیشتنبەردەوامبوون *leserr̲oyiştinberdewambûn*

weitergehen ⟨v.i.⟩ 1. لەسەر ڕۆییشتن *leser r̲oyîştin*; پێش کەوتن *pêş kewtin*; 2. بەردەوام بوون *berdewam bûn* • und wie ging es weiter? دوای ئەوە چی تر ڕووی دا؟

weiterhin ⟨Adv.⟩ لەئێستابەدواشەوە *leêstabediwaşewe*; هێشتاهەر *hêştaher*

Weiterleitung *f* ئیحالە *îh̲ale*; ناردن بۆ *nardin bo*

weitermachen ⟨v.i.⟩ بەردەوام بوون لەسەر *berdewam bûn leser*

weitgehend **I.** ⟨Adj.⟩ فراوان *firawan* **II.** ⟨Adv.⟩ 1. بەفراوانی *befirawanî*;

W

2. میهرەبانانە *mîhrebanane*

weitläufig ⟨Adj.⟩ بەرفراوان *berfirawan*

weitsichtig ⟨Adj.⟩ 1. (Med.) دووربین *dûrbîn*; 2. (üb.) دووربین *dûrbîn*

Weizen *m* گەنم *genim*

welch(e, -r, -s) ⟨Pron.⟩ 1. کام *kam*; 2. چ *çi*; 3. کێ *kê* • welche Hose gehört dir? کام پانتۆڵەیان هی تۆیە؟

welk ⟨Adj.⟩ سیس (گوڵ، گەڵا) *sîs (gul̮, gel̮a)*

Welle *f* 1. شەپۆل *şepol*; 2. (Tech.) تەوەرەی خولانەوە *tewerey xulanewe*; 3. (Phys.) تەیار *teyar*

wellig ⟨Adj.⟩ لوول *lûl*; شەپۆلاوی *şepolawî*

Welpe *m* توتک *tûtik*

Welt *f* گیتی *gêtî*; دنیا *dinya*; **auf der ganzen Welt** لە هەموو دنیادا *le hemû dinyada*; **die Dritte Welt** جیهانی سێ *cîhanî sê*

Weltall *n* گەردوون *gerdûn*; گیتی *gêtî*; کەون *kewn*

Weltanschauung *f* جیهانبینی *cîhanbînî*

Weltkrieg *m* جەنگی جیهانی *cengî cîhanî*; **der Erste Weltkrieg** (hist.) یەکەم جەنگی جیهانی *yekem cengî cîhanî*

Weltmeister *m* (Sp.) پاڵەوانی جیهانی *pal̮ewanî cîhanî*

Weltmeisterin *f* w. Form zu ↑Weltmeister

Weltmeisterschaft *f* (Sp.) پاڵەوانێتیی جیهان *pal̮ewanêtîy cîhan*

Weltraum *m* گەردوون *gerdûn*; گیتی *gêtî*

Weltreise *f* گەشتی جیهانی *geştî cîhanî*

Weltrekord *m* (Sp.) باڵاترینپلەی جیهانی *bal̮atirînpiley cîhanî*

Weltuntergang *m* لەناوچوونی دنیا *lenawçûnî dinya*

weltweit ⟨Adj.⟩ بەدرێژاییی جیهان *bedirêjayîy cîhan*; لەجیهاندا *lecîhanda*

wem Dat. von wer ⟨Pron.⟩ کێ *kê*; **von wem?** لە کێوە؟ *le kêwe?*

wen Akk. von wer ⟨Pron.⟩ کێ *kê* • für wen machst du das? تۆ ئەمە بۆ کێ دەکەیت؟

wenden I. ⟨v.t.⟩ 1. هەڵدانەوە *hel̮danewe*; 2. پێچ کردنەوە *pêç kirdinewe*; 3. وەرگێڕان *wergêr̮an* **II.** ⟨v.i.⟩ داگەڕان *dager̮an* **III.** ⟨v.refl.⟩ sich wenden خۆ وەرچەرخاندن *xo werçerxandin*

Wendepunkt *m* خاڵی وەرچەرخان *xal̮î werçerxan*

wendig ⟨Adj.⟩ بزۆک *bizok*; بزێو *bizêw*

Wendung *f* 1. وەرچەرخان *werçerxan*; 2. گۆڕانکاری *gor̮ankarî*

wenig ⟨Adj.⟩ کەم *kem*; نەخت *next*; **ein wenig** کەمێک *kemêk*; **weniger** کەمتر *kemtir*

wenigstens ⟨Adv.⟩ 1. بەلایکەمەوە *belaykemewe*; 2. هیچنەبێ *hîçnebê*

wenn ⟨Konj.⟩ 1. ئەگەر *eger*; 2. کاتێککە *katêkke*; 3. هەرکە *herke* • wenn ich das gewusst hätte ئەگەر ئەمەم بزانیایە

wer ⟨Pron.⟩ کێ *kê*; کام *kam* • wer ist das? ئەمە کێیە؟

Werbeagentur *f* کۆمپانیای پروپاگاندە *kompanyay pir̮upagande*

werben I. ⟨v.t.⟩ بەلای خۆدا ڕاکێشان *belay xoda r̮akêşan* **II.** ⟨v.i.⟩ پروپاگەندە کردن *pirupagende kirdin*

W

Werbung *f* 1. ڕیکلام *r̲îklam*; 2. پڕوپاگانده *pir̲upagande*
werden ⟨v.i./v.t.⟩ بوون *bûn*; **Vater werden** بوون به باوک *bûn be bawk*; **zu etw. werden** بوون به *bûn be*
werfen ⟨v.t.⟩ فڕێ دان *fir̲ê dan*; هاویشتن *hawîştin*
Werk *n* 1. کار *kar*; کرده *kirde*; 2. بەرهەم *berhem*; 3. نووسراو *nûsraw*; 4. کارخانه *karxane*
Werkstatt *f* کارخانه *karxane*; کارگه *karge*
Werktag *m* ڕۆژی کارکردن *r̲ojî karkirdin*
werktätig ⟨Adj.⟩ کارکرده *karkirde*; ڕەنجدەر *r̲encder*
Werkzeug *n* ئامێر *amêr*; ئامراز *amraz*
wert ⟨Adj.⟩ 1. هێژا *hêja*; 2. بەنرخ *benirx*; **wert sein** بەنرخ بوون *benirx bûn*
Wert *m* بەها *beha*; بایەخ *bayex*; **an Wert verlieren** بەها کەم بوونەوه *beha kem bûnewe*; **keinen Wert auf etw. legen** بایەخ پێنەدان *bayex pênedan*
Wertgegenstand *m* شمەکی بەنرخ *şimekî benirx*
wertlos ⟨Adj.⟩ بێنرخ *bênirx*; بێفەڕ *bêfer̲*; هیچوپووچ *hîçupûç*
Wertsache *f* نەختینه *nextîne*
wertvoll ⟨Adj.⟩ 1. بەنرخ *benirx*; گرانبەها *giranbeha*; 2. هێژا *hêja*
Wesen *n* 1. (Philos.) زات *zat*; وجوود *wicûd*; ڕۆح *r̲oḫ*; 2. کرۆک *kirok*; سروشت *siruşt*; 3. گیانەوەر *giyanewer*; 4. مرۆڤ *mirov*
wesentlich I. ⟨Adj.⟩ 1. سەرەکی *serekî*; 2. گرنگ *giring*; **im Wesentlichen** به شێوەیەکی بنچینەیی *be şêweyekî binçîneyî* **II.** ⟨Adv.⟩ بنچینەیی *binçîneyî*
weshalb I. ⟨Adv.⟩ بۆچی *boçî*; بۆ *bo* **II.** ⟨Konj.⟩ لەبەرچی *leberçî*
Wespe *f* (Zool.) زەردەواڵە *zerdewal̲e*
wessen Gen. von wer ⟨Pron.⟩ هی کێ *hî kê* • wessen Auto ist das? ئەمە ئوتومبێلی کێیه؟
Westdeutschland *n* 1. ڕۆژئاوای ئەڵمانیا *r̲ojaway El̲manya*; 2. (hist.) ئەڵمانیای ڕۆژئاوا *El̲manyay R̲ojawa*
Weste *f* 1. یەلەک *yelek*; 2. سەدرییه *sedrîye*
Westen *m* ڕۆژئاوا *r̲ojawa*
westlich ⟨Adj./Präp.⟩ ڕۆژئاوا *r̲ojawa*; ڕۆژئاوایی *r̲ojawayî*; **westlich von …** له ڕۆژئاوای … *le r̲ojaway …*
Westwind *m* شەماڵ *şemal̲*
weswegen ⟨Adv.⟩ بۆچی *boçî*; لەبەرچی *leberçî*; بۆ *bo*
Wettbewerb *m* کێبڕکێ *kêbir̲kê*; پێشبڕکێ *pêşbir̲kê*
Wette *f* 1. گرەو *girew*; 2. مەرج *merc*
wetten ⟨v.i.⟩ گرەو کردن *girew kirdin*; مەرج کردن *merc kirdin*
Wetter *n* ئاووهەوا *awuhewa*; کەش *keş* • wie ist das Wetter? ئاووهەوا چۆنه؟
Wetterbericht *m* ڕاپۆرتی ئاووهەوا *r̲aportî awuhewa*
Wettervorhersage *f* پێشبینیی دەنگوباسی باری ئاووهەوا *pêşbînîy dengubasî barî awuhewa*
Wettkampf *m* پاڵەوانێتی *pal̲ewanêtî*; پێشبڕکێ *pêşbir̲kê*
Wettlauf *m* (Sp.) پێشبڕکێی ڕاکردن *pêşbir̲kêy r̲akirdin*
wetzen ⟨v.t.⟩ تیژ کردن *tîj kirdin*

W

Whisky *m* ویسکی *wîskî*
wichtig ⟨Adj.⟩ گرنگ *giring*
Wichtigkeit *f* گرنگی *giringî*
wickeln ⟨v.t.⟩ 1. تێوەپێچان *têwepêçan*; 2. (…، تەل، دەزوو) هەڵکردن *helkirdin (dezû, tel, …)*
Wickelraum *m* ژووری منداڵ تێدا قۆناغە کردن (لە شوێنە گشتییەکاندا) *jûrî mindal têda qonaxe kirdin (le şwêne giştîye-kanda)*
wider ⟨Präp.⟩ دژ *dij*
widerlegen ⟨v.t.⟩ بەرپەرچ دانەوە *berperç danewe*; ڕەت کردنەوە *ret kirdinewe*
widerlich ⟨Adj.⟩ 1. قێزەون *qêzewin*; 2. (üb.) ئێسکگران *êsikgiran*
Widerrede *f* بەرپەرچدانەوە *berperçda-newe*; ناڕەزایی *narezayî*
widerrufen ⟨v.t.⟩ بەتاڵ کردنەوە *betal kirdinewe*; هەڵوەشاندنەوە *helweşandi-newe*
Widersacher *m* 1. دژەپاڵەوان *dijepale-wan*; 2. دژەیاریزان *dijeyarîzan*
Widersacherin *f* w. Form zu ↑Widersacher
widersetzen ⟨v.refl.⟩ sich widersetzen 1. دژایەتی کردن *dijayetî kirdin*; 2. بەرگە گرتن *berge girtin*; 3. سەرکەشی کردن *serkeşî kirdin*
widersprechen ⟨v.i.⟩ لە ڕوودا وەرگەڕانەوە *le rûda wergeranewe*; بەر پەرچ دانەوە *ber perç danewe*
Widerspruch *m* 1. بەرپەرچدانەوە *ber-perçdanewe*; ناڕەزایی *narezayî*; 2. (Jur.) تانەدان لە بڕیاری دادگا *tanedan le biryarî dadga*; ئیستینافکردنەوە *îstînafkirdinewe*
Widerstand *m* 1. بەرگری *bergirî*; 2. سەرهەڵدان *serheldan*; یاخیبوون *yaxî-bûn*; **passiver Widerstand** بەرگریی کارانەبوو *bergirîy karanebû*; بەرگریی پاسیفی *bergirîy pasîfî*
widerstandsfähig ⟨Adj.⟩ بەرگەگر *bergegir*; پتەو *pitew*; توندوتۆڵ *tundutol*
Widerstandskämpfer *m* (Pol.) بەرگریکار *bergirîkar*; پارتیزان *partîzan*; پێشمەرگە *pêşmerge*
Widerstandskämpferin *f* w. Form zu ↑Widerstandskämpfer
Widerstandskraft *f* هێزی بەرگری *hêzî bergirî*; خۆڕاگری *xoragirî*
widerstehen ⟨v.i.⟩ 1. بەربەرەکانی کردن *berberekanî kirdin*; بەرگە گرتن *berge girtin*; 2. خۆ ڕاگرتن لەبەر ...دا *xo ragirtin leber …da*; **nicht widerstehen können** بەرگە نەگرتن *berge negirtin*
widmen I. ⟨v.t.⟩ 1. تەرخان کردن *terxan kirdin*; 2. پێشکەش کردن *pêşkeş kirdin* **II.** ⟨v.refl.⟩ sich etw./j-m widmen خۆ تەرخان کردن بۆ *xo terxan kirdin bo*
Widmung *f* پێشکەشکردن *pêşkeşkirdin*; پێبەخشین *pêbexşîn*
wie ⟨Adv.⟩ 1. چۆن *çon*; 2. وەک *wek*; 3. چی *çî*; 4. چەند *çend* • wie bitte? چی تکایە؟ ; wie geht es Ihnen? ئێوە چۆنن؟ ; wie oft? چەند جار؟ ; wie spät ist es? سەعات چەندە؟ ; **wie viel(e)** چەند *çend*
wieder ⟨Adv.⟩ جارێکیتر *carêkîtir*; دووبارە *dûbare* • sie ist wieder da دووبارە گەڕاوەتەوە ; **hin und wieder** جاربەجار *carbecar*
Wiederaufbau *m* ئاوەدانکردنەوە *awe-*

W

dankirdinewe

wiederbekommen ⟨v.t.⟩ وەرگرتنەوە *wergirtinewe*

wiederbeleben ⟨v.t.⟩ 1. زیندوو کردنەوە *zîndû kirdinewe*; 2. (üb.) نوێ کردنەوە *nwê kirdinewe*

Wiederbelebung *f* 1. زیندووکردنەوە *zîndûkirdinewe*; 2. (üb.) نوێکردنەوە *nwêkirdinewe*

wiedergeben ⟨v.t.⟩ 1. دانەوە *danewe*; 2. دارِشتنەوە *dariştinewe*; 3. گێڕانەوە (چیرۆک) *gêranewe (çîrok)*

wiedergutmachen ⟨v.t.⟩ 1. چاکە لەگەڵدا کردنەوە *çake legelda kirdinewe*; 2. بۆ بژاردنەوە *bo bijardinewe*

wiederholen ⟨v.t.⟩ دووبارە کردنەوە *dûbare kirdinewe*

Wiederholung *f* دووبارەکردنەوە *dûbarekirdinewe*

Wiederkäuer *m* (Zool.) کاوێژکار *kawêjkar*

wiederkommen ⟨v.i.⟩ هاتنەوە *hatinewe*; گەڕانەوە *geranewe*

wiedersehen ⟨v.t.⟩ بینینەوە *bînînewe*

Wiedersehen *n* بینینەوە *bînînewe*; چاوپێکەوتنەوە *çawpêkewtinewe* • auf Wiedersehen! تا بینینەوەیەکی تر! (بەهیوایدیدار)

wiederum ⟨Adv.⟩ سەرلەنوێ *serlenwê*; دووبارە *dûbare*

Wiedervereinigung *f* یەکگرتنەوە *yekgirtinewe*

Wiege *f* بێشکە *bêşke*

wiegen ⟨v.t.⟩ کێشان *kêşan*; هەڵسەنگاندن *helsengandin*

wiehern ⟨v.i.⟩ حیلاندن (ئەسپ) *hîlandin (esp)*

Wiese *f* چیمەن *çîmen*; مێرگ *mêrg*

wieso ⟨Adv.⟩ چۆن *çon*; بۆچی *boçî*

wild I. ⟨Adj.⟩ 1. کێوی *kêwî*; دڕندە (بەتایبەتی گیانلەبەر) *dirinde (betaybetî giyanleber)*; 2. هار *har* **II.** ⟨Adv.⟩ دڕندانە *dirindane*

Wild *n* 1. کێوی *kêwî*; دڕندە *dirinde*; 2. گۆشتی ئاژەڵەکێوی(، کە بۆ ڕاوکردن دەشێ) *goştî ajelekêwî(, ke bo rawkirdin deşê)*

Wildleder *n* پێستی ئاژەڵەکێوی *pêstî ajelekêwî*

Wildnis *f* چۆڵ *çol*; بیابان *biyaban*

Wildschwein *n* (Zool.) بەرازەکێوی *berazekêwî*

Wille *m* ویست *wîst*; خواست *xiwast*

Willenskraft *f* هێزی ویست *hêzî wîst*; ئیرادە *îrade*

willkommen ⟨Adj.⟩ بەخێرهاتن *bexêrhatin*; **j-n willkommen heißen** بەخێرهاتن لێکردن *bexêrhatin lêkirdin*

willkürlich ⟨Adj.⟩ 1. بەزۆر *bezor*; 2. بەهەوەس *behewes*

wimmeln ⟨v.i.⟩ پڕ بوون لە *pir bûn le*

Wimper *f* برژانگ *birjang*

Wimperntusche *f* ماسکارە *maskare*

Wind *m* با *ba*; هەوا *hewa*

Windel *f* قومات *qumat*; دایپی *daypî*

winden ⟨v.t.⟩ لوول دان *lûl dan*

windig ⟨Adj.⟩ بەبا *beba*

Windmühle *f* ئاشی با *aşî ba*

Windpocken *pl.* (Med.) مێکوتە *mêkute*; ئاوڵە *awle*

Windschutzscheibe *f* جامی پێشەوەی ئوتومبێل *camî pêşewey utumbêl*

W

Windstille *f* کزەنەهاتن *kizenehatin*
Winkel *m* 1. (Math./Tech.) گۆشە *goşe*; 2. کونج *kunc*
winken **I.** ⟨v.i.⟩ دەست بۆ بەرز کردنەوە *dest bo berz kirdinewe* **II.** ⟨v.t.⟩ بانگ کردنە لا... *bang kirdine la…*
Winter *m* زستان *zistan*
winterlich ⟨Adj.⟩ زستانی *zistanî*; زستانە *zistane*
Winterschlussverkauf *m* فرۆشتن بە نرخێکی داشکاو لە کۆتایی وەرزی زستاندا *firoştin be nirxêkî daşikaw le kotayîy werzî zistanda*
Wintersport *m* وەرزشی زستانە *werzişî zistane*
Winzer *m* ڕەزەوان *rezewan*
Winzerin *f* w. Form zu ↑Winzer
winzig ⟨Adj.⟩ بچکۆلە *biçkole*; پچکۆلانە *piçkolane*
Wipfel *m* پۆپەی درەخت *popey dirext*
Wippe *f* حەندەرهۆ *henderho*
wir ⟨Pron.⟩ ئێمە *ême*; **wir alle** هەموومان *hemûman*
Wirbel *m* 1. گێژەنگ *gêjeng*; گێژەڵووکە *gêjelûke*; 2. بڕبڕەی پشت *birbirey pişt*
wirbeln **I.** ⟨v.i.⟩ خولانەوە *xulanewe* **II.** ⟨v.t.⟩ خولاندنەوە *xulandinewe*
Wirbelsäule *f* بڕبڕەی پشت *birbirey pişt*
Wirbelwind *m* گەردەلوول *gerdelûl*; گێژەڵووکە *gêjelûke*
wirken **I.** ⟨v.i.⟩ کار تێکردن *kar têkirdin*; تەسیر تێکردن *tesîr têkirdin* **II.** ⟨v.t.⟩ بەرهەم هێنان *berhem hênan*
wirklich **I.** ⟨Adj.⟩ 1. ڕاست *rast*; 2. لەدڵەوە *ledilewe*; **das wirkliche Leben** ژیانی ئاسایی *jiyanî asayî* **II.** ⟨Adv.⟩ بەڕاستی *berastî* • es tut mir wirklich leid بەڕاستی دڵگرانم
Wirklichkeit *f* ڕاستی *rastî*
wirksam ⟨Adj.⟩ کاریگەر *karîger*; کارا *kara*
Wirkung *f* 1. ئاکام *akam*; 2. کاریگەری *karîgerî*; 3. تاو *taw*
wirkungslos ⟨Adj.⟩ ناکاریگەر *nakarîger*; بێسوود *bêsûd*
wirkungsvoll ⟨Adj.⟩ کاریگەر *karîger*
Wirt *m* 1. مەیخانەچی *meyxaneçî*; 2. ژووربەکرێدەر *jûrbekrêder*
Wirtin *f* w. Form zu ↑Wirt
Wirtschaft *f* 1. ئابووری *abûrî*; 2. ماڵداری *maldarî*; **freie Wirtschaft** ئابووریی ئازاد *abûrîy azad*
wirtschaftlich ⟨Adj.⟩ ئابووری *abûrî*
Wirtschaftsminister *m* وەزیری ئابووری *wezîrî abûrî*
Wirtschaftsministerin *f* w. Form zu ↑Wirtschaftsminister
Wirtschaftsministerium *n* وەزارەتی ئابووری *wezaretî abûrî*
Wirtschaftswissenschaft *f* زانستیی ئابووری *zanistîy abûrî*
Wirtschaftswissenschaftler *m* ئابووریزان *abûrîzan*
Wirtschaftswissenschaftlerin *f* w. Form zu ↑Wirtschaftswissenschaftler
wischen ⟨v.t.⟩ سڕین *sirîn*; ماڵین *malîn*
wissen ⟨v.t.⟩ 1. زانین *zanîn*; 2. پێزانین *pêzanîn*; 3. ناسین *nasîn*
Wissenschaft *f* زانست *zanist*; زانستی *zanistî*; **Kunst und Wissenschaft**

W

زانست و هونەر *zanist u huner*

Wissenschaftler *m* زانکار *zankar*; زانستکار *zanistkar*

Wissenschaftlerin *f* w. Form zu ↑Wissenschaftler

wissenschaftlich I. ⟨Adj.⟩ زانستی *zanistî* **II.** ⟨Adv.⟩ زانستانە *zanistane*

Witwe *f* w. Form zu ↑Witwer بێوەژن *bêwejin*

Witwer *m* بێوەپیاو *bêwepiyaw*; بێژن *bêjin*

Witz *m* گاڵتە *gal̲te*; گاڵتەوگەف *gal̲tewgef*

witzig ⟨Adj.⟩ پێکەنیناوی *pêkenînawî*

wo ⟨Adv.⟩ کوا *kwa*; لەکوێ *lekwê*; **wo auch immer** لەهەرکوێیەک *leherkwêyek*

woanders ⟨Adv.⟩ لەشوێنێکی تر *leşwênêkî tir*

Woche *f* حەفتە *h̲efte*; هەفتە *hefte*; **jede Woche** هەموو هەفتەیەک *hemû hefteyek*; **letzte Woche** هەفتەی ڕابردوو *heftey r̲abirdû*; **nächste Woche** هەفتەی داهاتوو *heftey dahatû*

Wochenende *n* کۆتاییی حەفتە *kotayîy h̲efte*

wochenlang ⟨Adj.⟩ چەندەهاحەفتە *çendehah̲efte*

Wochentag *m* ڕۆژی حەفتە (جگەلە یەکشەممە) *r̲ojî h̲efte (cigele yekşemme)*

wöchentlich ⟨Adj.⟩ هەفتانە *heftane*; هەموو هەفتەیەک *hemû hefteyek*

wodurch ⟨Adv.⟩ 1. بەهۆیچییەوە *behoyçîyewe*; 2. لەچی *leçî*

wofür ⟨Adv.⟩ بۆچی *boçî*

woher ⟨Adv.⟩ لەکوێوە *lekwêwe* • **woher kommst du?** تۆ لەکوێوە هاتوویت؟! خەڵکی کوێیت؟

wohin ⟨Adv.⟩ بۆکوێ *bokwê*; بەرەوکوێ *berewkwê* • **wohin gehst du?** تۆ بۆکوێ دەچیت؟

wohl I. ⟨Adv.⟩ 1. تەندروست *tendrust*; 2. باش *baş*; **sich wohl fühlen** چاک بوون *çak bûn*; تەندروست بوون *tendirust bûn* **II.** ⟨Part.⟩ لەوەدەچێ *lewedeçê*

Wohl *n* 1. باشە *başe*; خۆشبەختی *xoşbextî*; 2. لە سیحەتی *le sîh̲etî* • **zum Wohl!** نۆش!؛ نۆشتان بێ!؛ بە سەلامەتیتان!

Wohlbefinden *n* 1. تەندروستی *tendirustî*; 2. خۆشی *xoşî*

Wohlfahrt *f* 1. چاکە *çake*; 2. کۆمەکی کۆمەڵایەتی *komekî komel̲ayetî*

wohlgenährt ⟨Adj.⟩ قەڵەو *qel̲ew*; گۆشتن *goştin*

wohlhabend ⟨Adj.⟩ بووە *bûwe*; دەوڵەمەند *dewl̲emend*

Wohlstand *m* خۆشحاڵی *xoşh̲al̲î*; نازونیعمەت *nazunîʿmet*

wohltätig ⟨Adj.⟩ خێرخوا *xêrxiwa*; خێرخواز *xêrxiwaz*

Wohltätigkeit *f* خێرخوایی *xêrxiwayî*; خێرەومەندی *xêrewmendî*

wohnen ⟨v.i.⟩ 1. ژیان *jiyan*; 2. نیشتەجێ بوون *nîştecê bûn*

Wohngebiet *n* ناوچەی نیشتەجێبوون *nawçey nîştecêbûn*

Wohngeld *n* کۆمەک بۆ کرێی خانوو *komek bo kirêy xanû*

Wohngemeinschaft *f* هاوماڵی *hawmal̲î*

Wohnmobil *n* ئوتومبێلی کابینەیی *utumbêlî kabîneyî*

Wohnort *m*; **Wohnsitz** *m* نشینگە *nişîngе*

Wohnung *f* شوقە *şuqqe*; خانوو *xanû*

W

Wohnwagen *m* (Kfz) کەرەڤان *kerevan*

Wohnzimmer *n* ژووری میوان *jûrî mîwan*; ژووری دانیشتن *jûrî danîştin*

Wolf *m* (Zool.) گورگ *gurg*

Wolke *f* هەور *hewir*

Wolkenkratzer *m* بەرزەخانوو *berzexanû*; تاوەر *tawer*

wolkenlos ⟨Adj.⟩ سایەقە *sayeqe*; سامالّ *samal̠*

wolkig ⟨Adj.⟩ هەوراوی *hewrawî*

Wolldecke *f* بەتانی *betanî*; پەتۆ *peto*

Wolle *f* خوری *xurî*; **reine Wolle** خوریی سادە *xurîy sade*

wollen ⟨v.i./Modalverb/v.t.⟩ ویستن *wîstin*; حەز کردن *h̠ez kirdin* • was willst du? چیت دەوێ؟ ; **nicht wollen** نەویستن *newîstin*

womit ⟨Adv.⟩ بەچی *beçî* • womit schreibst du? بەچی دەنووسیت؟

woran ⟨Adv.⟩ لەچی *leçî*; لەسەرچی *leserçî*; بەچی *beçî* • woran arbeiten Sie? لەسەرچی کار دەکەن؟ ; woran denkst du gerade? ئێستا بیر لەچی دەکەیتەوە؟ ; woran ist er gestorben? ئەو بەچی مردووە؟

worauf ⟨Adv.⟩ لەسەرچی *leserçî* • worauf wartest du? لەسەرچی وەستاویت؟

woraus ⟨Adv.⟩ لەچی *leçî* • woraus ist das gemacht? ئەمە لەچی دروستکراوە؟

Workshop *m* ووۆرکشۆپ *workşop*

Wort *n* وتە *wite*

Wörterbuch *n* فەرهەنگ *ferheng*

Wortgefecht *n* دەمەقالّە *demeqal̠e*

Wortlaut *m* مەتن *metin*; ناوەڕۆک *nawerok*

wörtlich ⟨Adj.⟩ وشەبەوشە *wişebewişe*

Wortschatz *m* گەنجینەی وشە *gencîney wişe*

worüber ⟨Adv.⟩ دەربارەی چی *derbarey çî* • worüber lachst du? بەچی پێدەکەنیت؟

wovon ⟨Adv.⟩ دەربارەیچی *derbareyçî* • wovon redet er? ئەو دەربارەیچی دەدوێ؟

wozu ⟨Adv.⟩ بۆچی *boçî*; لەبەرچی *leberçî* • wozu die Eile? ئەو پەلەیە بۆچی؟

Wrack *n* پارچەی تێکشکاو (فڕۆکە، کەشتی) *parçey têkşikaw (fir̠oke, keştî)*

wringen ⟨v.t.⟩ جەڕاندن *cer̠andin*; گوشین *guşîn*

Wucher *m* 1. گرانفرۆشی *giranfiroşî*; 2. سوو *sû*

wuchern ⟨v.i.⟩ 1. نەشونما کردن *neşunima kirdin*; 2. بەگران شت فرۆشتن *begiran şit firoştin*; سوو خواردن *sû xiwardin*

Wucherpreis *m* (abwertend) نرخێکی گران *nirxêkî giran*

wund ⟨Adj.⟩ برین *birîn*

Wunde *f* (Med.) برین *birîn*; زام *zam*

Wunder *n* 1. (شتێکی) سەیر *(şitêkî) seyr*; 2. دیاردە *diyarde*; 3. موعجیزە *muʿcîze*

wunderbar ⟨Adj.⟩ 1. سەیر *seyr*; 2. شکۆدار *şikodar*; 3. خۆش *xoş*

wundern I. ⟨v.t.⟩ سەرسام کردن *sersam kirdin* **II.** ⟨v.refl.⟩ sich (über etw./j-n) wundern سەرسام بوون *sersam bûn*

wundervoll ⟨Adj.⟩ 1. سەیر *seyr*; 2. شکۆدار *şikodar*; 3. خۆش *xoş*

Wundsalbe *f* مەلّهەمی برین *mel̠hemî birîn*

Wundstarrkrampf *m* (Med.) دەردەکۆپان *derdekopan*

W

Wunsch *m* خواست *xiwast;* ئارەزوو *arezû;* خۆزگە *xozge*

wünschen ⟨v.t.⟩ 1. ئارەزوو کردن *arezû kirdin;* حەز کردن *h̲ez kirdin;* 2. ویستن *wîstin;* **sich etw. wünschen** شتێک بە ئاوات خواستن *şitêk be awat xiwastin*

wünschenswert ⟨Adj.⟩ دڵخواز *dil̲xiwaz;* پەسەند *pesend*

Würde *f* 1. شکۆ *şiko;* 2. شەرەف *şeref;* 3. پلەوپایە *pilewpaye*

würdig ⟨Adj.⟩ شایستە *şayiste;* هێژا *hêja*

würdigen ⟨v.t.⟩ ڕێز لێنان *r̲êz lênan;* ڕێز لێگرتن *r̲êz lêgirtin*

Würdigung *f* ڕێزلێنان *r̲êzlênan;* ڕێزلێگرتن *r̲êzlêgirtin*

Wurf *m* فڕێدان *fir̲êdan;* هەڵدان *hel̲dan*

Würfel *m* 1. (Math.) شەشپاڵە *şeşpal̲e;* 2. زار (یاری) *zar (yarî)*

würfeln ⟨v.i./v.t.⟩ زار هەڵدان *zar hel̲dan*

Würfelzucker *m* شەکری کلۆ *şekirî kil̲o*

Wurm *m* (Zool.) کرم *kirm*

Wurmfortsatz *m* ڕیخۆڵەکوێرە *r̲îxol̲ekwêre*

Wurmmittel *n* دەرمانی کرم *dermanî kirm*

Wurst *f* سۆسەج *sosec*

Würstchen *n* 1. سۆسەج یا کەڵبازەی بچکۆلە *sosec ya kel̲bazey biçkole;* 2. (ugs.) کەسێکی بێنرخ *kesêkî bênirx*

Würze *f* مەزە *meze;* تام *tam*

Wurzel *f* 1. ڕەگ *r̲eg;* 2. ڕەچەڵەک *r̲eçel̲ek*

würzen ⟨v.t.⟩ بەهارات تێکردن (خواردن) *beharat têkirdin (xiwardin)*

würzig ⟨Adj.⟩ بەهاراتاوی *beharatawî*

Wüste *f* بیابان *biyaban*

Wut *f* تووڕەیی *tûr̲eyî*

wütend ⟨Adj.⟩ بەتووڕەیی *betûr̲eyî;* تووڕە *tûr̲e*

X

x, X 1. ئیکس *îkis;* پیتی بیستوچوارەمی ئەلفبێی ئەڵمانی *pîtî bîstuçiwaremî elfbêy el̲manî;* 2. (ugs.) فلان *fil̲an*

x-Achse *f* (Math.) تەوەرەی سین *tewerey sîn*

x-beinig ⟨Adj.⟩ (ugs.) لنگبلاو *lingbil̲aw*

xenophop ⟨Adj.⟩ (bildungsspr.) بێگانەپەرست *bêganeperist*

Xenophobie *f* (bildungsspr.) بێگانەنەویستی *bêganenewîstî*

x-fach ⟨Adj.⟩ چەندجار *çendcar*

x-mal ⟨Adv.⟩ (ugs.) چەندجار *çendcar;* چەندەهاجار *çendehacar*

X-Strahlen *pl.* (Phys.) تیشکەئێکس *tîşkeêks*

x-te ⟨Adj.⟩ (ugs.) چەندەم *çendem;* **zum x-ten Mal** بۆ چەندەمجار *bo çendemcar*

Xylophon *n* (Mus.) کسیلۆفۆن *kisîlofon*

Y

y, Y ئوپسیلۆن *uypsîlon;* پیتی بیستوپێنجەمی ئەلفبێی ئەڵمانی *pîtî bîstupêncemî elfbêy elmanî*

Yoga *n* یۆگا *yoga*

Ypsilon *n* پیتی ئوپسیلۆن *pîtî uypsîlon*

Yuppie *m* یوپی (لاوێکی قۆز) *yupî (lawêkî qoz)*

Z

z, Z تسێت *tisêt;* پیتی بیستوشەشەمی ئەلفبێی ئەڵمانی *pîtî bîstuşeşemî elfbêy elmanî*

z.B. Abk. von ↑zum Beispiel (↑Beispiel) بۆ نموونە *bo nimûne*

Zacke *f* دان *dan*

zaghaft ⟨Adj.⟩ 1. کەمڕوو *kemrû;* 2. لاتەریک *laterîk;* 3. بێغیرەت *bêxîret*

zäh ⟨Adj.⟩ 1. جیڕ *cîr;* 2. (üb.) وڕکاوی *wirkawî*

zähflüssig ⟨Adj.⟩ لینج *lînc*

Zahl *f* ژمارە *jimare;* نمرە *nimre*

zahlbar ⟨Adj.⟩ (Kaufmannsspr.) دەبێ بدرێ *debê bidrê*

zahlen ⟨v.t./v.i.⟩ پارە دان *pare dan;* حساب دان *hisab dan* • ich möchte zahlen, bitte! تکایە دەمەوێ حسابەکە بدەم! ; ich zahle in bar بە نەقدی دەیدەم ; **per Überweisung zahlen** بە حەواڵە دان *be hewale dan*

zählen I. ⟨v.t.⟩ ژماردن *jimardin;* حساب کردن *hisab kirdin* **II.** ⟨v.i.⟩; **auf etw./j-n zählen** حساب بۆ کردن *hisab bo kirdin*

Zähler *m* ئامێری ژماردن *amêrî jimardin;* پێوەر *pêwer*

zahllos ⟨Adj.⟩ لەژمارەنەهاتوو *lejimarenehatû;* زۆرزۆر *zorzor*

zahlreich ⟨Adj.⟩ گەلێک *gelêk;* زۆروزەبەند *zoruzebend*

Zahlung *f* دان *dan;* **eine Zahlung leisten** پارە دان *pare dan*

Zählung *f* سەرژمێر *serjimêr*

Zahlungsaufforderung *f* داخوازیی قەرزدانەوە *daxiwazîy qerzdanewe*

Zahlungsmittel *n* پارە *pare*; چەک *çek*

zahlungsunfähig ⟨Adj.⟩ نابووت *nabût*

Zahlungsunfähigkeit *f* نابووتی *nabûtî*

zahm ⟨Adj.⟩ ماڵی *maḻî*; کەوی *kewî*; دەستەمۆ *destemo*

zähmen ⟨v.t.⟩ ماڵی کردن *maḻî kirdin*; دەستەمۆ کردن *destemo kirdin*; کەوی کردن *kewî kirdin*

Zahn *m* 1. دان *dan*; 2. (Tech.) ددانە (لە زنجیردا) *didane (le zincîrda)*; **einen Zahn verlieren** دان کەوتن *dan kewtin*; **j-m einen Zahn ziehen** دان کێشان *dan kêşan*; **Zähne bekommen** دان (دەر)هاتن *dan (der)hatin*

Zahnarzt *m* (Med.) پزیشکی دان *pizîşkî dan*

Zahnärztin *f* w. Form zu ↑Zahnarzt

Zahnbelag *m* (Med.) بەڵغی سەر دان *beḻxî ser dan*

Zahnbürste *f* فڵچەی دان *fiḻçey dan*

Zahnersatz *m* (Med.) دانی دەسکرد *danî deskird*

Zahnfleisch *n* پووک *pûk*

Zahnkrone *f* (Med.) تاجی دان *tacî dan*

Zahnpasta *f* دەرمانی دان *dermanî dan*; مەعجونی دان *me'cunî dan*

Zahnschmelz *m* (Med.) مینای دان *mînay dan*

Zahnschmerzen *pl.* دانیەشە *danyeşe*; دانئێشە *danêşe*

Zahnseide *f* دەزووی ئاوریشمی (بۆ دانپاککردنەوە) *dezuwî awrîşmî (bo danpakkirdinewe)*

Zahnspange *f* (Med.) شەبەکەی دان *şebekey dan*

Zahnstein *m* (Med.) بەردی دان *berdî dan*

Zahnstocher *m* چیلکەی دانئاژنین *çîlkey danajinîn*

Zahnwurzel *f* (Med.) ڕەگی دان *ṟegî dan*; بێخی دان *bêxî dan*

Zange *f* 1. مقاش *miqaş*; 2. پلایس *pilayis*

Zank *m* بەگژیەکداچوون *begijyekdaçûn*; شەڕەشەق *şeṟeşeq*

zanken I. ⟨v.t.⟩ 1. قسە پێوتن *qise pêwitin*; 2. شەڕ پێفرۆشتن *şeṟ pêfiroştin* **II.** ⟨v.i.⟩ sich zanken شەڕەدەنووک کردن *şeṟedenûk kirdin*

Zäpfchen *n* 1. (Anat.) زمانەتووتە *zimanetûte*; 2. (Med.) شاف *şaf*

Zapfsäule *f* دەزگاوبەرەی بەنزینلێوەرگرتن لە بەنزینخانەدا *dezgawberey benzînlêwergirtin le benzînxaneda*

zappeln ⟨v.i.⟩ گلاراو پێکەوتن *gilaraw pêkewtin*

zappen ⟨v.i.⟩ پرۆگرامی تەلەفیزیۆن گۆڕین *piṟogramî telefîzyon goṟîn*

zart ⟨Adj.⟩ ناسک *nasik*; نەرمونیان *nermuniyan*

zärtlich ⟨Adj.⟩ بەسۆز *besoz*; نازدار *nazdar*

Zärtlichkeit *f* 1. نازداری *nazdarî*; 2. خۆشەویستی *xoşewîstî* ناسکی *nasikî*

Zauber *m* جادوگەری *cadugerî*; سیحربازی *sîḫirbazî*

Zauberer *m* جادووگەر *cadûger*; سیحرباز *sîḫirbaz*

zauberhaft ⟨Adj.⟩ زۆر جوان *zor ciwan*
Zauberin *f* w. Form zu ↑Zauberer
zaubern ⟨v.t./v.i.⟩ جادوو کردن *cadû kirdin*
Zauberstab *m* دارعەسای جادووگەری *dar'esay cadûgerî*
Zaun *m* پەرژین *perjîn*; شوورە *şûre*
Zebra *n* (Zool.) کەرەکێوی *kerekêwî*
Zebrastreifen *m* ڕێگای پەڕینەوەی پیادە *r̲êgay per̲înewey piyade*
Zeche *f* 1. حسێب *h̲isêb*; 2. لەغەم *lex̲em*
Zecke *f* (Zool.) گەنە *gene*
Zeder *f* (Bot.) دارسەرو *darseru*
Zehe *f* پەنجەی پێ *pencey pê*
zehn ⟨Num.⟩ دە *de*
zehnte(r, -s) ⟨Adj.⟩ دەیەم *deyem*; دەیەمین *deyemîn*
Zehntel *n* دەیەک *deyek*
Zeichen *n* 1. نیشانە *nîşane*; هێما *hêma*; 2. نەخش *nexş*; 3. ئاماژە *amaje*
Zeichenblock *m* دەفتەری وێنەکێشان *defterî wênekêşan*
Zeichenpapier *n* کاغەزی وێنەکێشان *kax̲ezî wênekêşan*
Zeichensetzung *f* خاڵبەندی *xal̲bendî*
Zeichensprache *f* زمانی ئیشارەت *zimanî îşaret*
Zeichentrickfilm *m* ئەفلامکارتۆن *eflamkarton*
zeichnen I. ⟨v.t.⟩ 1. وێنە کێشان *wêne kêşan*; 2. نیشانە کردن *nîşane kirdin* **II.** ⟨v.i.⟩ نیشان دان *nîşan dan*
Zeichnung *f* 1. وێنەکێشان *wênekêşan*; 2. وێنە *wêne*
Zeigefinger *m* پەنجەی شایەتمان *pencey şayetman*
zeigen I. ⟨v.t.⟩ 1. نیشان دان *nîşan dan*; 2. نیشانە کردن *nîşane kirdin* **II.** ⟨v.i.⟩ دەرکەوتن *derkewtin* **III.** ⟨v.refl.⟩ sich zeigen خۆ نیشان دان *xo nîşan dan*
Zeiger *m* 1. ژمێرەر *jimêrer*; 2. نیشاندەر *nîşander*; 3. میل *mîl*
Zeile *f* دێڕ *dêr̲*; **eine Zeile frei/leer lassen** دێڕ بەجێ هێشتن *dêr̲ becê hêştin*
Zeilenabstand *m* بۆشایی نێوان دوو دێڕ *boşayî nêwan dû dêr̲*
Zeit *f* 1. کات *kat*; 2. سەردەم *serdem*; 3. ماوە *mawe*; **in letzter Zeit** لەم دواییەدا *lem diwayîyeda*; **um diese Zeit** لەم کاتەدا *lem kateda*; **von Zeit zu Zeit** جار جار *car car*; **vor langer Zeit** ماوەیەک لەمەوبەر *maweyek lemewber*; **Zeit haben** کات هەبوون *kat hebûn*; **Zeit verlieren** کات بە فیڕۆ دان *kat be fîr̲o dan*; **zur Zeit** لەم کاتەدا *lem kateda*
Zeitalter *n* سەردەم *serdem*
Zeitgeschehen *n* ڕووداوی سەردەم *r̲ûdawî serdem*
zeitig ⟨Adj.⟩ زوو *zû*
zeitlich ⟨Adj.⟩ کاتی *katî*
Zeitlupe *f* لەسەرخۆبزووتن *leserxobizûtin*
Zeitmangel *m* کەمکاتی *kemkatî*; بێکاتی *bêkatî*
Zeitpunkt *m* کات(ی گونجاو) *kat(î guncaw)*
Zeitschrift *f* گۆڤار *govar*
Zeitspanne *f* 1. سەردەم *serdem*; 2. بەین *beyn*
Zeitung *f* ڕۆژنامە *r̲ojname*
Zeitungsstand *m* کۆشکی ڕۆژنامەفرۆشتن *koşkî r̲ojnamefiroştin*

Zeitunterschied *m* جیاوازی لە کاتدا *ciyawazî le katda*

Zeitverschwendung *f* کاتبەفیڕۆدان *katbefîrodan*

Zeitvertreib *m* کاتبەسەربردن *katbeserbirdin;* خۆشڕابواردن *xoşrabiwardin*

zeitweise ⟨Adv.⟩ دەمی *demî;* جاروبار *carubar*

Zelle *f* شانە *şane;* خانە *xane*

Zelt *n* چادر *çadir;* خێوەت *xêwet*

zelten ⟨v.i.⟩ دەوار هەڵدان و تێیدا نووستن *dewar heldan u têyda nûstin*

Zeltplatz *m* خێوەتگە *xêwetge;* هەوارگە *hewarge*

Zement *m* چیمەنتۆ *çîmento*

Zenit *m* 1. (Astron.) ترۆپکی ئاسمان *tiropkî asman;* 2. (üb.) لوتکە *lutke*

zensieren ⟨v.t.⟩ 1. نمرە دانان *nimre danan;* 2. سانسۆر کردن *sansor kirdin*

Zensur *f* 1. نمرە (قوتابخانە) *nimre (qutabxane);* 2. (Pol.) ڕەقابە *reqabe;* سانسۆر *sansor*

Zentimeter *m* سانتیمەتر *santîmetir*

Zentner *m* سەنتنەر *sentner;* پەنجا کیلۆ *penca kîlo*

zentral ⟨Adj.⟩ 1. ناوەند *nawend;* 2. تەوەرەیی *tewereyî*

Zentralbank *f* (Wirtsch.) بانقی نیشتمانی مەرکەزی *banqî nîştimanî merkezî*

Zentrale *f* 1. ناوەند *nawend;* 2. مەڵبەند *melbend*

Zentralverriegelung *f* (Kfz) سەنتەرلۆک *senterlok*

Zentrum *n* 1. ناوەڕاست *nawerast;* سەنتەر *senter;* 2. ناوجەرگە *nawcerge*

zerbeißen ⟨v.t.⟩ داکرماندن *dakirmandin*

zerbrechen I. ⟨v.t.⟩ شکاندن *şikandin* II. ⟨v.i.⟩ شکان *şikan*

zerbrechlich ⟨Adj.⟩ 1. شکستە *şikiste;* 2. (üb.) لاواز *lawaz*

Zeremonie *f* 1. ڕێوڕەسم *rêwresim;* 2. ئاهەنگگێڕان (بەپێی دابونەریت) *aheng-gêran (bepêy dabunerît)*

Zerfall *m* داڕووخان *darûxan;* تێکشکان *têkşikan*

zerfallen I. ⟨v.i.⟩ 1. داڕووخان *darûxan;* تێکشکان *têkşikan;* 2. دابەش بوون *dabeş bûn* II. ⟨Adj.⟩ داڕووخاو *darûxaw;* تێکشکاو *têkşikaw*

zerfetzen ⟨v.t.⟩ هەلاهەلا کردن *helahela kirdin;* شڕوویڕ کردن *şiruwir kirdin*

zergehen ⟨v.i.⟩ توانەوە *tiwanewe*

zerkleinern ⟨v.t.⟩ پارچەپارچە کردن *parçeparçe kirdin*

zerknirscht ⟨Adj.⟩ پەشیمان *peşîman*

zerknittern ⟨v.t.⟩ چرچولۆچ کردن *çirçuloç kirdin*

zerkratzen ⟨v.t.⟩ ڕووشاندن *rûşandin*

zerkrümeln ⟨v.t.⟩ 1. ورد کردن *wird kirdin;* 2. هەڵپرواندن *helpirwandin*

zerlegen ⟨v.t.⟩ 1. لێک جیا کردنەوە *lêk ciya kirdinewe;* 2. شی کردنەوە *şî kirdinewe*

zerquetschen ⟨v.t.⟩ پلیشاندنەوە *pilîşandinewe*

zerreißen I. ⟨v.t.⟩ دڕاندن *dirandin* II. ⟨v.i.⟩ داتلیشان *datilîşan*

Zerreißprobe *f* 1. (Tech.) تاقیکردنەوەی بەرگەگرتن *taqîkirdinewey bergegirtin,* 2. زۆرلێکردن *zorlêkirdin*

Zerrung *f* (Med.) کشانی دەمارەکان *kişanî demarekan*

zerrütten ⟨v.t.⟩ 1.ماندوو کردن *mandû kirdin*; 2. شێواندن *şêwandin*

zerschlagen ⟨v.t.⟩ تێکشکاندن *têkşikandin*

zerspringen ⟨v.i.⟩ 1. تەقین *teqîn*; 2. ترەکین *tirekîn*

zerstören ⟨v.t.⟩ وێران کردن *wêran kirdin*

zerstörerisch ⟨Adj.⟩ وێرانکەر *wêranker*

Zerstörung *f* 1. وێرانکاری *wêrankarî*; 2. لەناوبردن *lenawbirdin*

zerstreuen ⟨v.t.⟩ پرشوبڵاو کردنەوە *pirşubilaw kirdinewe*

zerstreut ⟨Adj.⟩ 1. بیرپەرشوبڵاو *bîrperşubilaw*; 2. پەرشوبڵاو *perşubilaw*

zertreten ⟨v.t.⟩ پلیشاندنەوە *pilîşandinewe*

zertrümmern ⟨v.t.⟩ دارماندن *darimandin*; وێران کردن *wêran kirdin*

Zettel *m* پەڕە *pere*; پارچەکاغەز *parçekaxez*

Zeug *n* شت *şit*; شتومەک *şitumek*

Zeuge *m* شایەت *şayet* ; **als Zeuge aussagen** (Jur.) وەک شایەت ئیفادە دان *wek şayet îfade dan*

[1]**zeugen** ⟨v.i.⟩ شایەتی دان *şayetî dan*

[2]**zeugen** ⟨v.t.⟩ هێنانە دنیاوە (منداڵ) *hênane dinyawe (mindal)*

Zeugenaussage *f* شایەتی *şayetî*; **eine Zeugenaussage machen** (Jur.) شایەتی دان *şayetî dan*

Zeugin *f* w. Form zu ↑Zeuge

Zeugnis *n* بروانامە *birwaname*; بەڵگەنامە *belgename*; شەهادەتنامە *şehadetname*

zeugungsunfähig ⟨Adj.⟩ 1. (Med.) نەزۆک *nezok*; 2. (Med.) بێتۆو *bêtow*

Zeugungsunfähigkeit *f* 1. (Med.) نەزۆکی *nezokî*; 2. (Med.) بێتۆوی *bêtowî*; 3. (Med.) لاوازیی جنسی *lawazîy cinsî*

Zickzack *m* زیکزاک *zîkzak*; خەتی لابەلا *xetî labela*

Ziege *f* (Zool.) بزن *bizin*

Ziegel *m* خشت *xişt*; **roter Ziegel** خشتی سوور *xiştî sûr*

Ziegenbock *m* (Zool.) خرت *xirt*

Ziegenkäse *m* پەنیری بزن *penîrî bizin*

ziehen I. ⟨v.t.⟩ 1. ڕاکێشان *rakêşan*; 2. درێژ کردنەوە (دەنگ) *dirêj kirdinewe (deng)*; 3. دەم کێشان (چا) *dem kêşan (ça)*; **ein Los ziehen** یانسیب ڕاکێشان *yanisîb rakêşan*; **eine Linie ziehen** خەت ڕاکێشان *xet rakêşan*; **etw. auf sich ziehen** هێنانە سەر خۆ *hênane ser xo*; **etw. in die Länge ziehen** درێژە پێدان *dirêje pêdan*; **j-n an den Ohren ziehen** گوێ ڕاکێشان *gwê rakêşan* **II.** ⟨v.i.⟩ کێشان *kêşan*; es zieht تەیاری هەوای هەیە ; **den Tee ziehen lassen** چا دەم کێشان *ça dem kêşan*; **in eine Stadt ziehen** گواستنەوە بۆ شارێک *giwastinewe bo şarêk*

Ziel *n* 1. ئامانج *amanc*; 2. نیشانە *nîşane*

zielen ⟨v.i.⟩ 1. نیشانە نانەوە *nîşane nanewe*; 2. مەبەست لێبوون *mebest lêbûn*

Zielscheibe *f* 1. نیشان *nîşan*; 2. (üb.) ئامانج *amanc*; **eine Zielscheibe aufstellen** نیشان نانەوە *nîşan nanewe*

ziemlich ⟨Adj.⟩ زۆر *zor*; **ziemlich**

Z

gut زۆر باش *zor baş*
Zierde *f* ڕازاندنەوە *ṟazandinewe*
zieren I. ⟨v.t.⟩ ڕازاندنەوە *ṟazandinewe* **II.** ⟨v.refl.⟩ sich zieren نازونووز کردن *nazunûz kirdin*; ناز کردن *naz kirdin*
zierlich ⟨Adj.⟩ ناسک *nasik*; نیان *niyan*
Ziffer *f* ژمارە *jimare*; بڕگە *biṟge*
Zigarette *f* جگەرە *cigere*
Zigarettenschachtel *f* پاکەتەجگەرە *paketecigere*
Zigarre *f* سیگار *sîgar*; چروت *çirut*
Zigeuner *m* (abwertend) قەرەج *qerec*
Zigeunerin *f* w. Form zu ↑Zigeuner جنگانە *cingane*
Zimmer *n* ژوور *jûr*; هۆدە *hode*
Zimmergenosse *m* هاوژوور *hawjûr*
Zimmergenossin *f* w. Form zu ↑Zimmergenosse
Zimmermädchen *n* کارەکەری ئوتێل *karekerî utêl*
Zimmermann *m* دارتاش (بۆ خانوودروستکردن) *dartaş (bo xanûdirustkirdin)*
Zimmerservice *m* خزمەتگوزاریی ژوور *xizmetguzarîy jûr*
zimperlich ⟨Adj.⟩ زۆر هەستناسک *zor hestnasik*
Zimt *m* دارچینی *darçînî*
Zink *n* (Chem.) چینکۆ *çînko*
Zins *m* سوو *sû*; فایز *fayiz*
zinslos ⟨Adj.⟩ بێسوو *bêsû*; بێفایز *bêfayiz*
Zinssatz *m* ڕێژەی سووەرگرتن *ṟêjey sûwergirtin*
Zirkel *m* پەڕگار *peṟgar*
Zirkus *m* سیرک *sîrk*, جابارخانە *canbuzxane*
zischen ⟨v.i.⟩ 1. ویزاندن *wîzandin*; 2. فیشکاندن (مار) *fîşkandin (mar)*; 3. فسەفس کردن *fisefis kirdin*
Zitadelle *f* قەڵا *qeḻa*
Zitat *n* 1. وتە *wite*; 2. لێوەرگرتن (وشەبەوشە لە سەرچاوەیەکەوە) *lêwergirtin (wişebewişe le serçaweyekewe)*
zitieren ⟨v.t.⟩ لێوەرگرتن *lêwergirtin*; ناو بردن *naw birdin*
Zitrone *f* لیمۆ *lîmo*
Zitronenlimonade *f* شەربەتی لیمۆ *şerbetî lîmo*
Zitronensaft *m* ئاوی لیمۆ *awî lîmo*
Zitrusfrucht *f* ترشەمەنی *tirşemenî*
zittern ⟨v.i.⟩ لەرزین *lerzîn*; هەڵلەرزین *heḻlerzîn* • er zittert vor Kälte لە سەرماندا هەڵدەلەرزێ
Zitze *f* (Zool.) گۆی مەمک(ی ئاژەڵ) *goy memik(î ajeḻ)*
zivil ⟨Adj.⟩ مەدەنی *medenî*
Zivildienst *m* خزمەتی شارستانی (خزمەتێکە، کە لەباتی خزمەتی سەربازی دەکرێ) *xizmetî şaristanî (xizmetêke, ke lebatî xizmetî serbazî dekrê)*
Zivilgesellschaft *f* کۆمەڵگەی شارستانی *komeḻgey şaristanî*
Zivilisation *f* شارستانێتی *şaristanêtî*
zivilisiert I. ⟨Adj.⟩ شارستانی *şaristanî* **II.** ⟨Adv.⟩ شارستانییانە *şaristanîyane*
zögern ⟨v.i.⟩ دوودڵی بوون *dûdiḻî bûn*; **nicht zögern** سێودوو لێ نەکردن *sêwdû lê nekirdin*
Zölibat *n* (Rel.) بێژنی *bêjinî*; ڕەبەنی *ṟebenî*
Zoll *m* گومرگ *gumirg*, باجی گومرگی *bacî gumirgî*

Z

Zollabfertigung *f* (Wirtsch.) پشکنینی گومرگی *pişkinînî gumirgî*

Zollamt *n* گومرگخانە *gumirgxane*

Zollbeamter *m* فەرمانبەری گومرگ *fermanberî gumrig*

Zollbeamtin *f* w. Form zu ↑Zollbeamter

Zollerklärung *f* ڕوونکردنەوە دەربارەی کەلوپەلی باجلەسەر *r̲ûnkirdinewe derbarey kelupelî bacleser*

zollfrei ⟨Adj.⟩ بێباج *bêbac*; بێگومرگ *bêgumirg*

Zollkontrolle *f* پشکنینی گومرگ *pişkinînî gumirg*

zollpflichtig ⟨Adj.⟩ مزیگومرگلەسەربوو *mizîgumirgleserbû*

Zollstock *m* پێوەری مەتری (لە تەختە) *pêwerî metrî (le texte)*

Zone *f* ناوچە *nawçe*; **befreite Zone** (Pol.) ناوچەی ئازادکراو *nawçey azadkiraw*

Zoo *m* باخچەی گیانلەبەران *baxçey giyanleberan*

Zopf *m* پرچ *pirç*

Zorn *m* تووڕەیی *tûr̲eyî*; **in Zorn ausbrechen/geraten** تووڕە بوون *tûr̲e bûn*

zornig ⟨Adj.⟩ تووڕە *tûr̲e*; ڕقاوی *r̲iqawî*

Zoroastrier *m* (Rel.) زەردەشتی *zerdeştî*

Zoroastrierin *f* w. Form zu ↑Zoroastrier

zoroastrisch ⟨Adj.⟩ (Rel.) زەردەشتی *zerdeştî*

zu I. ⟨Präp.⟩ 1. بۆ *bo*; بۆلا(ی کەسێک) *bola(y kesêk)*; 2. لە ...(ە)وە *le ...(e)we*; 3. بە *be*; 4. لە ...دا *le ...da*; **das Stück zu 2 Euro** پارچەی بە دوو یۆرۆ *parçey be dû yur̲o*; **zu Beginn** لە سەرەتادا *le seretada*; **zu deiner Information** بۆ زانیاریت *bo zanyarît*; **zu Fuß** بە پێ *be pê*; **zu Hause** لە ماڵەوە *le mal̲ewe*; **zum 10. Juli** لە دەی تەمووزدا *le dey temûzda*; **zum ersten Mal** بۆ یەکەم جار *bo yekem car*; **zu verkaufen** بۆ فرۆشتن *bo firoştin*; **zu vermieten** بۆ کرێ *bo kirê* **II.** ⟨Adv.⟩ زۆر *zor*; **zu früh** زۆر زوو *zor zû* **III.** ⟨Adj.⟩ داخراو *daxiraw*; **zu haben/sein** داخراو بوون *daxiraw bûn* • der Laden hat/ist zu دوکانەکە داخراوە **IV.** ⟨Konj.⟩ کە *ke* • er versprach zu kommen پەیمانی دا، کە بێ

Zubehör *n* کەلوپەل *kelupel*; پێویستی *pêwîstî*

zubereiten ⟨v.t.⟩ ئامادە کردن *amade kirdin*

Zubereitung *f* (خواردن) ئامادەکردن *amadekirdin (xiwardin)*

zubinden ⟨v.t.⟩ بەستن *bestin*; بەستنەوە *bestinewe*

Zucchini *f* کوولەکە *kûleke*

Zucht *f* بەخێوکردن *bexêwkirdin*

züchten ⟨v.t.⟩ بەخێو کردن (ڕووەک، گیانلەبەر) *bexêw kirdin (r̲uwek, giyanleber)*

Zuchthaus *n* (hist.) بەندیخانەی گەورەتاوانکاران *bendîxaney gewretawankaran*

Zuchtperle *f* مرواری دەستکرد *mirwarî destkird*

zucken ⟨v.i.⟩ مووچڕکە پێداهاتن *mûçir̲ke pêdahatin*

Zucker *m* شەکر *şekir*; **ein Stück Zu-**

cker کلۆ شەکر *kilo şekir*

zuckerkrank ⟨Adj.⟩ (Med.) شەکرەدار *şekredar;* نەخۆشیی شەکرە *nexoşîy şekre*

Zuckerkrankheit *f* نەخۆشیی شەکرە *nexoşîy şekre*

Zuckermelone *f* (Bot.) کاڵەک *kalek*

zuckern ⟨v.t.⟩ 1. شەکر پێوەکردن *şekir pêwekirdin;* 2. شەکر تێکردن *şekir têkirdin*

Zuckerrohr *n* قامیشەشەکر *qamîşeşekir*

Zuckerrübe *f* (Bot.) چەوەندەری شەکر *çewenderî şekir*

Zuckerwatte *f* پەشمەک *peşmek*

zudecken ⟨v.t.⟩ داپۆشین *dapoşîn;* سەر گرتن *ser girtin;* **sich zudecken** خۆ داپۆشین *xo dapoşîn*

zudem ⟨Adv.⟩ (geh.) جگەلەمەش *cigelemeş;* جگەلەوەش *cigeleweş*

zudrehen ⟨v.t.⟩ گرتنەوە (بەلووعە) *girtinewe (belûʿe)*

zudringlich ⟨Adj.⟩ فزولی *fizulî*

zueinander ⟨Adv.⟩ بەرامبەربەیەکتری *beramberbeyektirî;* لەگەڵیەکتریدا *legelyektirîda* • seid nett zueinander! بەرامبەربەیەکتری باش بن!

zuerst ⟨Adv.⟩ لەسەرەتادا *leseretada*

Zufahrt *f* ڕێگای چوونەژوورەوە (بە ئوتومبێل) *rêgay çûnejûrewe (be utumbêl)*

Zufall *m* ڕێکەوت *rêkewt;* **durch Zufall** بەڕێکەوت *berêkewt*

zufällig ⟨Adj.⟩ بەڕێکەوت *berêkewt*

Zufluchtsort *m* پەناگە *penage;* حەشارگە *heşarge*

zufrieden ⟨Adj.⟩ ئاسوودە *asûde;* ڕازی *razî*

Zufriedenheit *f* 1. ئاسوودەیی *asûdeyî;* 2. ڕازیبوون *razîbûn*

zufriedenstellen ⟨v.t.⟩ 1. ڕازی کردن *razî kirdin;* 2. دڵخۆش کردن *dilxoş kirdin*

zufrieren ⟨v.i.⟩ مەیین *meyîn;* بەستن *bestin*

Zug *m* 1. شەمەندەفەر *şemendefer;* 2. قوم (جگەرە) *qum (cigere);* **mit dem Zug fahren** بە شەمەندەفەر ڕۆیشتن *be şemendefer royiştin*

Zugabe *f* 1. خستنەسەر *xistineser;* 2. دووبارەکردنەوە *dûbarekirdinewe*

Zugabteil *n* ژوورۆچکەی ناو فارگۆنی شەمەندەفەر *jûroçkey naw fargonî şemendefer*

Zugang *m* 1. بەردەرگا *berderga;* 2. ڕێگا *rêga*

zugänglich ⟨Adj.⟩ 1. دەستپێگەیو *destpêgeyiw;* 2. ڕێپێبەر *rêpêber;* 3. (üb.) دڵکراوە *dilkirawe*

zugeben ⟨v.t.⟩ 1. پێوەکردن (داوودەرمان) *pêwekirdin (dawuderman);* 2. (üb.) دان پێدانان *dan pêdanan*

Zugehörigkeit *f* سەربەلایەکبوون *serbelayekbûn*

Zügel *m* جڵەو *cilew*

zügeln ⟨v.t.⟩ 1. جڵەو گرتن *cilew girtin;* جڵەو ڕاکێشان *cilew rakêşan;* 2. (üb.) ڕاگرتن *ragirtin*

Zugeständnis *n* دەست لە بەشێک لە سوود یا مافی خۆ هەڵگرتن *dest le beşêk le sûd ya mafî xo helgirtin;* **j-m ein Zugeständnis machen** دان پێدانان *dan pêdanan*

zugestehen ⟨v.t.⟩ ڕێ پێدان *rê pêdan*

Zugführer *m* قۆمەندۆفەرلێخوڕ *qomondo ferlêxur*

Z

Zugführerin *f* w. Form zu ↑Zugführer
zugig ⟨Adj.⟩ فرەبا *fireba;* کونەبا *kuneba*
zügig ⟨Adj.⟩ بەگوڕ *begur̲;* بەتاو *betaw*
zugleich ⟨Adv.⟩ هاوکات *hawkat*
zugreifen ⟨v.t.⟩ دەست بۆبردن *dest bobirdin*
zugrunde ⟨Adv.⟩; **etw. zugrunde richten** وێران کردن *wêran kirdin;* **zugrunde gehen** لەناو چوون *lenaw çûn*
zugucken ⟨v.i.⟩ (ugs.) سەرنج دان *serinc dan;* سەیر کردن *seyr kirdin*
zugunsten ⟨Präp.⟩ بۆ *bo;* لەبەرخاتری *leberxatirî*
Zuhälter *m* گەواد *gewad*
Zuhälterin *f* w. Form zu ↑Zuhälter
Zuhause *n* لەماڵەوە *le mal̲ewe*
zuhören ⟨v.i.⟩ گوێ گرتن *gwê girtin;* گوێ لێگرتن *gwê lêgirtin*
Zuhörer *m* گوێگر *gwêgir*
Zuhörerin *f* w. Form zu ↑Zuhörer
zuklappen ⟨v.t.⟩ دادانەوە *dadanewe;* سەرقاپ نانەوە *serqap nanewe*
zukleben ⟨v.t.⟩ پێکەوە لکاندن *pêkewe likandin*
zuknöpfen ⟨v.t.⟩ دوگمە داخستن *dugme daxistin*
Zukunft *f* 1. داهاتوو *dahatû;* پاشەڕۆژ *paşer̲oj;* 2. (Gr.) دەمی داهاتوو *demî dahatû*
zukünftig ⟨Adj.⟩ لەداهاتوودا *ledahatûda;* دواڕۆژ *diwar̲oj*
zulassen ⟨v.t.⟩ 1. ڕێ پێدان *r̲ê pêdan;* 2. دەستوور دان *destûr dan*
zulässig ⟨Adj.⟩ ڕەوا *r̲ewa;* ڕێپێدراو *r̲êpêdiraw*
Zulassung *f* ڕێپێدان *r̲êpêdan*
zulegen I. ⟨v.t.⟩ خستنە سەر *xistine ser* **II.** ⟨v.i.⟩ گەورە بوون *gewre bûn;* بروزە سەندن *birûze sendin*
zuletzt ⟨Adv.⟩ لەکۆتاییدا *lekotayîda;* لەدواییدا *lediwayîda*
zum zu dem ⟨Präp. + Art.⟩ بۆ *bo;* بۆلای *bolay;* **zum Geburtstag** لە ڕۆژیلەدایکبووندا *le r̲ojîledayikbûnda*
zumachen ⟨v.t.⟩ (ugs.) داخستن *daxistin;* پێوەدان *pêwedan*
zumindest ⟨Adv.⟩ 1. بە لایەنی کەمەوە *be layenî kemewe;* 2. هەر هیچنەبێ *her hîçnebê*
zumuten ⟨v.t.⟩ 1. داوا لێکردن *dawa lêkirdin;* 2. پێداڕاپەرموون *pêdar̲apermûn*
zunächst I. ⟨Adv.⟩ سەرەتا *sereta* **II.** ⟨Präp.⟩ لەنزیک *lenizîk*
Zunahme *f* 1. زۆرکردن *zorkirdin;* 2. زۆربوون (کێش) *zorbûn (kêş)*
Zuname *m* 1. ناوی خێزان *nawî xêzan;* 2. نازناو *naznaw*
zünden ⟨v.i./v.t.⟩ ئاگر تێبەربوون *agir têberbûn*
Zündholz *n* دەنکەشقارتە *denkeşiqarte*
Zündkerze *f* (Tech./Kfz) پلاک *pilak;* پلاکی ئوتومبێل *pilakî utumbêl*
Zündschlüssel *m* (Kfz) سویچی ئوتومبێل *siwîçî utumbêl*
Zündung *f* 1. داگیرساندن *dagîrsandin;* 2. (Tech.) سویچ *swîç;* پلاک *pilak*
zunehmen ⟨v.i.⟩ 1. زۆر بوون *zor bûn;* 2. قەڵەو بوون *qel̲ew bûn*
Zuneigung *f* مەیل *meyl;* خۆشەویستی *xoşewîstî*
Zunge *f* زمان *ziman* • hüte deine

Z

Zunge! دەمی خۆت بگرە!
zunichte ⟨Adv.⟩ بەفیڕۆ *befîro*; **zunichte machen** بەفیڕۆ دان *befîro dan*
zuordnen ⟨v.t.⟩ 1. خستنە پاڵ *xistine pal*; 2. پۆلێن کردن *polên kirdin*
zur zu der ⟨Präp. + Art.⟩ بۆ *bo*; بۆلای *bolay*
zurechnungsfähig ⟨Adj.⟩ (Jur.) پەیوەست بە هەستیاربوون بەرامبەر بە کارێک یا کردەوەیەک، کە کەسێک دەیکا *peywest be hestiyarbûn beramber be karêk ya kirdeweyek, ke kesêk deyka*
zurechtfinden ⟨v.refl.⟩ sich irgendwo zurechtfinden 1. جێی خۆ کردنەوە *cêy xo kirdinewe*; 2. ڕێگای خۆ دۆزینەوە *rêgay xo dozînewe*
zurechtkommen ⟨v.i.⟩ 1. لە کاتی خۆیدا هاتن *le katî xoyda hatin*; 2. ئیدارە کردن لەگەڵ *îdare kirdin legel*
zurechtmachen ⟨v.t.⟩ 1. (ugs.) ئامادە کردن *amade kirdin*; 2. (ugs.) ڕێکوپێک کردن *rêkupêk kirdin*
zurichten ⟨v.t.⟩ 1. (fachspr.) ئامادە کردن *amade kirdin*; 2. زیان پێگەیاندن *ziyan pêgeyandin*
zurück ⟨Adv.⟩ گەڕاوە *gerawe*; بەرەوپاش *berewpaş*; **zurück sein** گەڕانەوە *geranewe*; sie sind noch nicht zurück هێشتا نەگەڕاونەتەوە
zurückbekommen ⟨v.t.⟩ وەرگرتنەوە *wergirtinewe*
zurückbleiben ⟨v.i.⟩ دوا کەوتن *diwa kewtin*; لەدواوە مانەوە *ledwawe manewe*
zurückblicken ⟨v.i.⟩ 1. ئاوڕ لێدانەوە *awir lêdanewe*; 2. (üb.) هانەوە بیر *hatinewe bîr*
zurückbringen ⟨v.t.⟩ هێنانەوە *hênanewe*
zurückerstatten ⟨v.t.⟩ پێدانەوە *pêdanewe*; بۆ گەڕاندنەوە *bo gerandinewe*
zurückfahren **I.** ⟨v.i.⟩ گەڕانەوە *geranewe* **II.** ⟨v.t.⟩ گەڕانەوە بۆ *geranewe bo*
zurückfordern ⟨v.t.⟩ داوا کردنەوە *dawa kirdinewe*
zurückgeben ⟨v.t.⟩ دانەوە *danewe*; پێدانەوە *pêdanewe*
zurückgehen ⟨v.i.⟩ 1. گەڕانەوە *geranewe*; چوونەوە *çûnewe*; 2. (üb.) کەم بوونەوە *kem bûnewe*
zurückhalten ⟨v.t.⟩ 1. ڕاگرتن *ragirtin*; 2. دەستبەسەر کردن *destbeser kirdin*
zurückhaltend ⟨Adj.⟩ 1. دوورەپەرێز *dûreperêz*; 2. دوودڵ *dûdil*
Zurückhaltung *f* 1. دوورەپەرێزی *dûreperêzî*; 2. دوودڵی *dûdilî*
zurückholen ⟨v.t.⟩ هێنانەوە *hênanewe*; گێڕانەوە *gêranewe*
zurückkommen ⟨v.i.⟩ هاتنەوە *hatinewe*; گەڕانەوە *geranewe*
zurücklassen ⟨v.t.⟩ بە جێ هێشتن *be cê hêştin*
zurücknehmen ⟨v.t.⟩ 1. وەرگرتنەوە *wergirtinewe*; 2. (üb.) پاشگەز بوونەوە *paşgez bûnewe*
zurückrufen **I.** ⟨v.t.⟩ هێنانەوە *hênanewe* **II.** ⟨v.i.⟩ تەلەفۆن بۆ کردنەوە *telefon bo kirdinewe*
zurückschicken ⟨v.t.⟩ ناردنەوە *nardinewe*; گەڕاندنەوە *gerandinewe*
zurückschlagen ⟨v.t.⟩ بەرهەڵستی کردن *berhelistî kirdin*, بەرپەرچ دانەوە *berperç danewe*

Z

zurücktreten ⟨v.i.⟩ 1. خۆ لێکێشانەوە *xo lêkêşanewe*; 2. پاشگەز بوونەوە *paşgez bûnewe*; 3. خۆ لە کار کێشانەوە *xo le kar kêşanewe*

zurückzahlen ⟨v.t.⟩ پارە دانەوە *pare danewe*

zurückziehen I. ⟨v.t.⟩ 1. کێشانە دواوە *kêşane diwawe*; 2. لێکێشانەوە *lêkêşanewe* **II.** ⟨v.refl.⟩ sich zurückziehen 1. دوور کەوتنەوە *dûr kewtinewe*; 2. پاشگەز بوونەوە *paşgez bûnewe*

zurzeit ⟨Adv.⟩ لەم کاتەدا *lem kateda*

Zusage *f* بەڵێن *beḻên*; پەیمان *peyman*

zusagen ⟨v.t.⟩ بەڵێن پێدان *beḻên pêdan*; پەیمان پێدان *peyman pêdan*

zusammen ⟨Adv.⟩ 1. پێکەوە *pêkewe*; 2. بەسەریەکەوە *beseryekewe*

Zusammenarbeit *f* پێکەوەکارکردن *pêkewekarkirdin*

zusammenbrechen ⟨v.i.⟩ 1. تێکشکان *têkşikan*; 2. لە کار کەوتن *le kar kewtin*; 3. (üb.) جەرگوهەناو کەوتنە خوارەوە *cerguhenaw kewtine xiwarewe*

Zusammenbruch *m* 1. تێکشکان *têkşikan*; 2. لەکارکەوتن *lekarkewtin*

zusammenfassen ⟨v.t.⟩ 1. کورت کردنەوە *kurt kirdinewe*; 2. داڕشتنەوە *dar̄iştinewe*

Zusammenfassung *f* کورتە *kurte*

zusammengehören ⟨v.i.⟩ سەربەیەک بوون *serbeyek bûn*

zusammengesetzt ⟨Adj.⟩ ئاوێتە *awête*; پێکهاتوو *pêkhatû*

zusammenhalten ⟨v.i.⟩ یەک گرتن *yek girtin*

Zusammenhang *m* بوار *biwar*; پەیوەندێتی *peywendêtî*; **keinen Zusammenhang haben** پەیوەستی پێوەنەبوون *peywestî pêwenebûn*

zusammenhängen ⟨v.i.⟩ پەیوەندی پێوە بوون *peywendî pêwe bûn*

zusammenkommen ⟨v.i.⟩ 1. پێکەوە هاتن *pêkewe hatin*; 2. بە یەک گەیشتن *be yek geyiştin*; 3. کۆ بوونەوە *ko bûnewe*

Zusammenkunft *f* 1. پێکگەیشتن *pêkgeyiştin*; 2. کۆڕ *kor̄*

zusammenleben ⟨v.i.⟩ هاوسەری کردن *hawserî kirdin*

zusammenlegen ⟨v.t.⟩ 1. کۆ کردنەوە *ko kirdinewe*; 2. قەد کردن *qed kirdin*; 3. یەک خستن (چەند بەشێک) *yek xistin (çend beşêk)*

zusammenpassen ⟨v.i.⟩ پێکەوە گونجان *pêkewe guncan* • sie passen zusammen پێکەوە گونجاون

zusammenrechnen ⟨v.t.⟩ کۆ کردنەوە *ko kirdinewe*

zusammensetzen I. ⟨v.t.⟩ 1. لێکدان *lêkdan*; 2. پێکهێنان *pêkhênan* **II.** ⟨v. refl.⟩ sich zusammensetzen 1. پێکەوە دانیشتن *pêkewe danîştin*; 2. پێکەوەنان *pêkewenan*

Zusammensetzung *f* 1. پێکهێنان *pêkhênan*; 2. تێکەڵە *têkeḻe*

zusammenstellen ⟨v.t.⟩ 1. پێکەوە نان *pêkewe nan*; 2. کۆ کردنەوە *ko kirdinewe*

Zusammenstoß *m* بەیەکدادان *beyekdadan*

zusammenstoßen ⟨v.i.⟩ بەیەکدا دان *beyekda dan*

zusammentreffen ⟨v.i.⟩ پێکگەیشتن

Z

pêkgeyiştin

zusammenzählen ⟨v.t.⟩ کۆ کردنەوە *ko kirdinewe*; بژاردن *bijardin*

zusammenziehen ⟨v.t.⟩ جەڕاندن *ce<u>r</u>andin*

Zusatz *m* 1. خستنەسەر *xistineser*; 2. زیادە *ziyade*; 3. پاشکۆ *paşko*

zusätzlich ⟨Adj.⟩ 1. سەربار *serbar*; 2. یەدەگ *yedeg*

zuschauen ⟨v.i.⟩ تەماشا کردن *temaşa kirdin*; سەرنج دان *serinc dan*

Zuschauer *m* تەماشاکەر *temaşaker*; بینەر *bîner*

Zuschauerin *f* w. Form zu ↑Zuschauer

zuschließen ⟨v.t.⟩ داخستن *daxistin*

zuschnappen ⟨v.i.⟩ 1. قەپ گرتن *qep girtin*; 2. تەقین (تەڵە) *teqîn (te<u>l</u>e)*

Zuschuss *m* یارمەتیی ماڵی *yarmetîy ma<u>l</u>î*; دەرماڵە *derma<u>l</u>e*

zusehen ⟨v.i.⟩ سەیر کردن *seyr kirdin*; تێڕوانین *tê<u>r</u>iwanîn*

zusichern ⟨v.t.⟩ 1. دڵنیا کردن *di<u>l</u>niya kirdin*; 2. بۆ دابین کردن *bo dabîn kirdin*

Zustand *m* 1. ڕەوش *<u>r</u>ewş*; 2. حاڵ *<u>h</u>a<u>l</u>*

zustande ⟨Adv.⟩; **etw. zustande bringen** گەیاندنە ئەنجام *geyandine encam*; کۆتایی پێهێنان *kotayî pêhênan*; **zustande kommen** هێنانە دی *hênane dî*

zuständig ⟨Adj.⟩ لێپرسراو *lêpirsiraw*

Zuständigkeit *f* لێپرسراوی *lêpirsirawî*

zustimmen ⟨v.i.⟩ 1. دان پێدانان *dan pêdanan*; 2. ڕازی بوون *<u>r</u>azî bûn* • er hat zugestimmt دەنگی خۆی پێدا، ڕازی بوو

Zustimmung *f* 1. ڕەزامەندی *<u>r</u>ezamendî*; 2. ڕێپێدان *<u>r</u>êpêdan*

zustoßen I. ⟨v.i.⟩ بەسەردا هاتن *beserda hatin* **II.** ⟨v.t.⟩ پاڵ پێوەنان (دەرگا) *pa<u>l</u> pêwenan (derga)*

zuteilen ⟨v.t.⟩ 1. دابەش کردن *dabeş kirdin*; 2. بۆ تەرخان کردن *bo terxan kirdin*

zutrauen ⟨v.t.⟩; **j-m etw. zutrauen** پێڕابینین *pê<u>r</u>abînîn*; باوەڕ پێکردن *bawe<u>r</u> pêkirdin*

zutraulich ⟨Adj.⟩ 1. خۆشباوەڕ *xoşbawe<u>r</u>*; 2. دەستەمۆ *destemo*

zutreffen ⟨v.i.⟩ گونجان لەگەڵ *guncan lege<u>l</u>*

zutreffend ⟨Adj.⟩ گونجاو *guncaw*

Zutritt *m* چوونەژوورەوە *çûnejûrewe* • Zutritt verboten! هاتنەژوورەوە قەدەغەیە!

zuverlässig I. ⟨Adj.⟩ باوەڕپێکراو *bawe<u>r</u>pêkiraw*; ئەمین *emîn* **II.** ⟨Adv.⟩ بەئەمانەتەوە *beemanetewe*

Zuversicht *f* دڵنیایی *di<u>l</u>niyayî*; گەشبینی *geşbînî*

zuversichtlich ⟨Adj.⟩ دڵنیا *di<u>l</u>niya*; گەشبین *geşbîn*

zuvor ⟨Adv.⟩ لەوەوپێش *lewewpêş*; لەمەوبەر *lemewber*; **am Tag zuvor** ڕۆژی پێشووتر *<u>r</u>ojî pêşûtir*

zuvorkommend ⟨Adj.⟩ جوامێر *ciwamêr*; نەجیب *necîb*

Zuwachs *m* زۆربوون *zorbûn*

zuwider I. ⟨Adv.⟩ قێزەون *qêzewin*; **j-m zuwider sein** بە دڵ نەبوون *be di<u>l</u> nebûn* **II.** ⟨Präfix⟩ بەپێچەوانە ...(ە)وە *bepêçewane …(e)we*

zuzüglich ⟨Präp.⟩ (Kaufmannsspr.) لەگەڵ *lege<u>l</u>*

Z

Zwang *m* 1. زۆر *zor;* زۆرداری *zordarî;* 2. ناچاری *naçarî;* 3. زۆرەملێ *zoremilê;* **aus Zwang** لە ناچاریدا *le naçarîda;* **durch Zwang** بە زۆرداری *be zordarî*

zwanglos ⟨Adj.⟩ ئاسا *asa;* بێمەبەست *bêmebest*

zwangsläufig I. ⟨Adj.⟩ ناچار *naçar* **II.** ⟨Adv.⟩ بەناچاری *benaçarî*

zwanzig ⟨Num.⟩ بیست *bîst*

zwar ⟨Adv.⟩ لەگەڵئەوەداکە *legelewedake;* بەڵام *belam;* **und zwar** بەتەواوی *betewawî;* **zwar ... aber ...** گەرچی ...، بەڵام ... *gerçî ..., belam ...*

Zweck *m* مەبەست *mebest;* **Zweck haben** سوود هەبوون *sûd hebûn;* das hat keinen Zweck ئەمە هیچ سوودێکی نییە (ئەمە بێفایدەیە!)

zwecklos ⟨Adj.⟩ بێئامانج *bêamanc;* بێفایدە *bêfayde*

zweckmäßig ⟨Adj.⟩ 1. بەڕێوجێ *berêwcê;* 2. بەکەڵک *bekelk*

zwecks ⟨Präp.⟩ لەپێناو *lepênaw;* بەمەبەستی *bemebestî*

zwei ⟨Num.⟩ دوو *dû*

Zweibettzimmer *n* ژووری دوونەفەری *jûrî dûneferî*

zweideutig ⟨Adj.⟩ 1. دوواتایی *dûwatayî;* 2. ناڕاستەوخۆ *narastewxo*

Zweideutigkeit *f* 1. ناڕاستەوخۆیی *narastewxoyî;* 2. دوواتایی *dûwatayî*

zweierlei ⟨Adj.⟩ دوو شتی جیا *dû şitî ciya*

zweifach ⟨Adj.⟩ دووئەوەندە *dûewende*

Zweifel *m* دوودڵی *dûdilî;* گومان *guman;* شک *şik;* **etw./j-n in Zweifel stellen/ziehen** گومان لێکردن *guman lêkirdin*

zweifelhaft ⟨Adj.⟩ بڕواپێنەکراو *birwapênekraw;* جێگومان *cêguman*

zweifellos ⟨Adv.⟩ 1. بێگومان *bêguman;* 2. ئەڵبەتە *elbete*

zweifeln ⟨v.i.⟩ گومان کردن *guman kirdin;* **an etw./j-m zweifeln** گومان لێکردن *guman lêkirdin*

Zweig *m* 1. لق *liq;* چڵ *çil;* 2. بەش *beş*

Zweigstelle *f* لق *liq;* بەش *beş*

zweihundert ⟨Num.⟩ دووسەد *dûsed*

zweijährig ⟨Adj.⟩ دووساڵە *dûsale;* دووساڵان *dûsalan*

zweimal ⟨Adv.⟩ دووجار *dûcar;* دووکەڕەت *dûkeret;* **zweimal am Tag** دووجار لە ڕۆژێکدا *dûcar le rojêkda*

zweischneidig ⟨Adj.⟩ دوودەم *dûdem*

zweiseitig ⟨Adj.⟩ دوولا *dûla;* جووتلا *cûtla*

zweisprachig ⟨Adj.⟩ دووزمانە *dûzimane*

zweispurig ⟨Adj.⟩ دووهێڵی *dûhêlî;* دووسایتی *dûsayitî*

zweistöckig ⟨Adj.⟩ دوونهۆم *dûnihom;* دووقات *dûqat*

zweit ⟨Adv.⟩; **zu zweit** دوودوو *dûdû*

zweite(r, -s) ⟨Adj.⟩ دووەم *dûwem*

zweitens ⟨Adv.⟩ دووەمین *dûwemîn;* دووەم *dûwem*

Zwerchfell *n* ناوپەنچک *nawpençik*

Zwerg *m* کورتەبنە *kurtebine;* باڵابستە *balabiste*

Zwetschge *f* ئارژنگ *arjing;* هەڵووژە *helûje*

zwicken I. ⟨v.t.⟩ نقورچ گرتن *niqurç girtin* **II.** ⟨v.i.⟩ تەنگ بوون (جلوبەرگ،

(پێلاو) *teng bûn (ciluberg, pêlaw)*
Zwieback *m* بەکسەم *beksem*
Zwiebel *f* پیاز *piyaz*
Zwiebelsuppe *f* (Kochk.) پیازاو *piyazaw*
Zwielicht *n* بەرەبەیان *berebeyan*; تاریکوڕوون *tarîkurûn*
Zwietracht *f* 1. دووبەرەکی *dûberekî*; 2. فیتنە *fîtne*; **Zwietracht säen** دووبەرەکی نانەوە *dûberekî nanewe*
Zwilling *m* 1. دوانە *diwane*; 2. (Astrol.) جمک *cimk*
zwingen I. ⟨v.t.⟩ زۆر لێکردن *zor lêkirdin* **II.** ⟨v.refl.⟩ sich zwingen زۆر لە خۆ کردن *zor le xo kirdin*
zwinkern ⟨v.i.⟩ چاو ترووکاندن *çaw tirûkandin*; چاو داگرتن *çaw dagirtin*
zwischen ⟨Präp.⟩ لەنێوان *lenêwan*; **zwischen 17 und 18 Uhr** لەنێوان سەعات پێنج و شەشدا *lenêwan se'at pênc u şeşda*
zwischendurch ⟨Adv.⟩ لەونێوانەدا *lewnêwaneda*
Zwischenfall *m* ڕووداوی چاوەڕواننەکراو *rûdawî çawerwannekraw*
Zwischenlandung *f* لادانی فڕۆکە لە ڕێگا *ladanî firoke le rêga* ; **ohne Zwischenlandung** بێوەستان *bêwestan*
Zwischenraum *m* ماوەی نێوان *mawey nêwan*
Zwischenzeit *f* نێوان *nêwan*; **in der Zwischenzeit** لەم نێوانەدا *lem nêwaneda*
zwischenzeitlich ⟨Adj.⟩ لەو کاتەدا *lew kateda*
Zwist *m* ناکۆکی *nakokî*; دوژمنایەتی *dujminayetî*
zwitschern ⟨v.i.⟩ جریواندن *cirîwandin*; جووکاندن *cûkandin*
zwölf ⟨Num.⟩ دوازدە *diwazde*; دوانزە *diwanze*
Zyklus *m* 1. چەرخ *çerx*; 2. خول *xul*
Zylinder *m* 1. (Math./Tech.) ئیستیوانە *îstîwane*; 2. (Tech.) سلندەر *silinder*
Zylinderkopf *m* (Tech.) سەری سلندەر *serî silinder*
zynisch ⟨Adj.⟩ گاڵتەجاڕ *galtecar*; بێچاوڕوو *bêçawurû*
Zypern *n* قوبروس *Qubrus*
Zypresse *f* (Bot.) سەرو *seru*; دارسەرو *darseru*
Zyste *f* (Med.) ئاورنگ *awring*

Z

Liste der unregelmäßigen Verben
لیستی کرداره ناوازه‌کان

Formen im Indikativ Präsens wurden nur dann aufgenommen, wenn der Stammvokal in der 2. und 3. Person Singular umgelautet bzw. abgelautet wird. So wird z. B. a zu ä (ich fahre → du fährst, er fährt), e zu einem kurzen i (ich gebe → du gibst, er gibt) oder zu einem langen i („ie“) (ich befehle → du befiehlst, er befiehlt)

فۆڕمی ئاگاداریی کرداری دەمی ئێستا لەم لیستەیەدا تەنیا لەو بارانەدا وەرگیراون، کە بزوێنە بنچینەییەکانیان لە کەسی دووەمی تاک و کەسی سێیەمی تاکدا گۆڕانیان بەسەردا دێ. بۆ نموونە a دەبێ بە ä، e دەبێ بە i ییەکی کورت یا بە i ییەکی درێژ (ie). تکایە سەرنجی نموونەکانی دێرەکانی سەرەوە بدە!

Infinitiv	Indikativ Präsens	Indikativ Präteritum	Partizip II
backen	ich backe, du backst/bäckst, er backt/bäckt	backte (veraltet: buk)	gebacken
befehlen	ich befehle, du befiehlst, er befiehlt	befahl	befohlen
beginnen		begann	begonnen
beißen		biss	gebissen
beraten	ich berate, du berätst, er berät	beriet	beraten
bergen	ich berge, du birgst, er birgt	barg	geborgen
bersten	ich berste, er birst	barst	geborsten
betrügen		betrog	betrogen
biegen		bog	gebogen
bieten		bot	geboten
binden		band	gebunden
bitten		bat	gebeten

Infinitiv	Indikativ Präsens	Indikativ Präteritum	Partizip II
blasen	ich blase, er bläst	blies	geblasen
bleiben		blieb	geblieben
braten	ich brate, er brät	briet	gebraten
brechen	ich breche, er bricht	brach	gebrochen
brennen		brannte	gebrannt
bringen		brachte	gebracht
denken		dachte	gedacht
dringen		drang	gedrungen
dürfen	ich darf, er darf	durfte	gedurft
empfan-gen	ich empfange, er empfängt	empfing	empfangen
empfehlen	ich empfehle, er empfiehlt	empfahl	empfohlen
empfinden		empfand	empfunden
erbleichen		erblich	erblichen
erklimmen		erklomm	erklommen
erraten	ich errate, er errät	erriet	erraten
erlöschen	es erlischt	erlosch	erloschen
erschrecken	ich erschrecke, er erschrickt	erschrak	erschrocken
essen	ich esse, er isst	aß	gegessen
fahren	ich fahre, er fährt	fuhr	gefahren
fallen	ich falle, er fällt	fiel	gefallen
fangen	ich fange, er fängt	fing	gefangen
fechten	ich fechte, er ficht	focht	gefochten
finden		fand	gefunden
flechten	ich flechte, er flicht	flocht	geflochten
fliegen		flog	geflogen
fliehen		floh	geflohen
fließen		floss	geflossen
fressen	ich fresse, er frisst	fraß	gefressen
frieren		fror	gefroren
gären		gor	gegoren

Infinitiv	Indikativ Präsens	Indikativ Präteritum	Partizip II
gebären	sie gebiert	gebar	geboren
geben	ich gebe, er gibt	gab	gegeben
gedeihen		gedieh	gediehen
gefallen	ich gefalle, er gefällt	gefiel	gefallen
gehen		ging	gegangen
gelingen		gelang	gelungen
gelten	ich gelte, er gilt	galt	gegolten
genesen		genas	genesen
genießen		genoss	genossen
geschehen	es geschieht	geschah	geschehen
gewinnen		gewann	gewonnen
gießen		goss	gegossen
gleichen		glich	geglichen
gleiten		glitt	geglitten
glimmen		glomm	geglommen
graben	ich grabe, er gräbt	grub	gegraben
greifen		griff	gegriffen
haben	ich habe, er hat	hatte	gehabt
halten	ich halte, er hält	hielt	gehalten
hängen		hing	gehangen
hauen		hieb	gehauen
heben		hob	gehoben
heißen		hieß	geheißen
helfen	ich helfe, er hilft	half	geholfen
kennen		kannte	gekannt
klingen		klang	geklungen
kneifen		kniff	gekniffen
kommen		kam	gekommen
können	ich kann	konnte	gekonnt
kriechen		kroch	gekrochen
laden	ich lade, er lädt	lud	geladen

Infinitiv	Indikativ Präsens	Indikativ Präteritum	Partizip II
lassen	ich lasse, er lässt	ließ	gelassen
laufen	ich laufe, er läuft	lief	gelaufen
leiden		litt	gelitten
leihen		lieh	geliehen
lesen	ich lese, er liest	las	gelesen
liegen		lag	gelegen
lügen		log	gelogen
mahlen		mahlte	gemahlen
meiden		mied	gemieden
melken		molk	gemolken
messen	ich messe, er misst	maß	gemessen
misslingen		misslang	misslungen
mögen	ich mag, er mag	mochte	gemocht
müssen	ich muss, er muss	musste	gemusst
nehmen	ich nehme, er nimmt	nahm	genommen
nennen		nannte	genannt
pfeifen		pfiff	gepfiffen
preisen		pries	gepriesen
quellen	er quillt	quoll	gequollen
raten	ich rate, er rät	riet	geraten
reiben		rieb	gerieben
reißen		riss	gerissen
reiten		ritt	geritten
rennen		rannte	gerannt
riechen		roch	gerochen
ringen		rang	gerungen
rinnen		rann	geronnen
rufen		rief	gerufen
salzen		salzte	gesalzen
saufen	ich saufe, er säuft	soff	gesoffen
saugen		sog	gesogen

Infinitiv	Indikativ Präsens	Indikativ Präteritum	Partizip II
schaffen		schuf	geschaffen
scheiden		schied	geschieden
scheinen		schien	geschienen
scheißen		schiss	geschissen
schelten	ich schelte, er schilt	schalt	gescholten
scheren		schor	geschoren
schieben		schob	geschoben
schießen		schoss	geschossen
schlafen	ich schlafe, er schläft	schlief	geschlafen
schlagen	ich schlage, er schlägt	schlug	geschlagen
schleichen		schlich	geschlichen
schleifen		schliff	geschliffen
schließen		schloss	geschlossen
schlingen		schlang	geschlungen
schmeißen		schmiss	geschmissen
schmelzen	es schmilzt	schmolz	geschmolzen
schneiden		schnitt	geschnitten
schreiben		schrieb	geschrieben
schreien		schrie	geschrien
schreiten		schritt	geschritten
schweigen		schwieg	geschwiegen
schwellen	er schwillt	schwoll	geschwollen
schwimmen		schwamm	geschwommen
schwinden		schwand	geschwunden
schwingen		schwang	geschwungen
schwören		schwor	geschworen
sehen	ich sehe, er sieht	sah	gesehen
sein	ich bin, er ist	war	gewesen
singen		sang	gesungen
sinken		sank	gesunken

Infinitiv	Indikativ Präsens	Indikativ Präteritum	Partizip II
sinnen		sann	gesonnen
sitzen		saß	gesessen
spalten		spaltete	gespalten
spinnen		spann	gesponnen
sprechen	ich spreche, er spricht	sprach	gesprochen
sprießen		spross	gesprossen
springen		sprang	gesprungen
stechen	ich steche, er sticht	stach	gestochen
stecken		stak (intr.) steckte (tr.)	gesteckt
stehen		stand	gestanden
stehlen	ich stehle, er stiehlt	stahl	gestohlen
steigen		stieg	gestiegen
sterben	ich sterbe, er stirbt	starb	gestorben
stinken		stank	gestunken
stoßen	ich stoße, er stößt	stieß	gestoßen
streichen		strich	gestrichen
streiten		stritt	gestritten
tragen	ich trage, er trägt	trug	getragen
treffen	ich treffe, er trifft	traf	getroffen
treiben		trieb	getrieben
treten	ich trete, er tritt	trat	getreten
trinken		trank	getrunken
trügen		trog	getrogen
tun	ich tue, er tut	tat	getan
verbergen	ich verberge, er verbirgt	verbarg	verborgen
verbieten		verbot	verboten
verderben	ich verderbe, er verdirbt	verdarb	verdorben
verdrießen		verdross	verdrossen
vergessen	ich vergesse, er vergisst	vergaß	vergessen
verlieren		verlor	verloren

Infinitiv	Indikativ Präsens	Indikativ Präteritum	Partizip II
verschlei-ßen		verschliss	verschlissen
verschwin-den		ver-schwand	verschwunden
verstehen		verstand	verstanden
verzeihen		verzieh	verziehen
wachsen	ich wachse, er wächst	wuchs	gewachsen
wägen		wog	gewogen
waschen	ich wasche, er wäscht	wusch	gewaschen
weben		webte (wob)	gewebt (gewoben)
weichen		wich	gewichen
weisen		wies	gewiesen
wenden		wandte	gewandt
werben	ich werbe, er wirbt	warb	geworben
werden	ich werde, er wird	wurde (ward)	geworden
werfen	ich werfe, er wirft	warf	geworfen
wiegen		wog	gewogen
winden		wand	gewunden
wissen		wusste	gewusst
wollen		wollte	gewollt
ziehen		zog	gezogen
zwingen		zwang	gezwungen

فەریاد فازیل عومەر

فەرهنگۆکی
کوردی– ئەڵمانی
ئەڵمانی– کوردی
(کوردیی ناوەڕاست/سۆرانی)

فەریاد فازیل عومەر

فەرهەنگۆکی
کوردی – ئەڵمانی
ئەڵمانی – کوردی
(کوردیی ناوەڕاست/سۆرانی)

لە بڵاوکراوەکانی
ئینستیتووتی خوێندنی کوردی بەرلین
و
ئینستیتووتی زمانە ئێرانییەکانی
زانستگای فرای بەرلین

٢٠١٨
ئینستیتووتی خوێندنی کوردی
بەرلین

فەریاد فازیل عومەر
فەرهەنگۆکی کوردی – ئەڵمانی، ئەڵمانی – کوردی (کوردیی ناوەڕاست/ سۆرانی)
فەریاد فازیل عومەر، ئینستیتووتی خوێندنی کوردی بەرلین،
بەرلین ٢٠١٨
ئەم کتێبە لەژێر ژمارەی ستاندارتی کتێبی جیهانی
ISBN 978-3-932574-22-1 دا پارێزراوە

لێپرسراو و شوێنی بڵاوکردنەوە و داواکردنی کتێبەکە:
دامودەزگای چاپ و بڵاوکردنەوەی
ئینستیتووتی خوێندنی کوردی بەرلین

Institut für Kurdische Studien Berlin
Postfach 12 49
12 122 Berlin
Germany

Tel./Fax: 0049-30-821 99 43
Mobil: 0049-176-268 54 229
info@ifkurds.de
http://www.ifkurds.de

پێشکەشە

به نەوەی نوێی پێگەیشتووی کورد
لە ئەوروپا

ناوەرۆک

پێشەکی ٩
ڕێنیشاندەر بۆ بەکارهێنانی فەرهەنگۆکی کوردی ـ ئەڵمانی ١١
ڕێنیشاندەر بۆ بەکارهێنانی فەرهەنگۆکی ئەڵمانی ـ کوردی. ١٥
وشە کورتکراوەکان ١٧
ئەلفبێی زمانی ئەڵمانی ٢١
ئەلفبێی زمانی کوردی بە تیپی عەرەبی — کوردی 17
فەرهەنگۆکی کوردی — ئەڵمانی 21
فەرهەنگۆکی ئەڵمانی — کوردی. 341
لیستی کردارە ناوازەکان 689

پێشەکی

دوابەدوای بڵاوکردنەوەی شاکارە زمانییە بەنرخەکانی ڕابردوومان، پەیمانمان بە خوێندکارەکانمان لە زانکۆی فرای بەرلین و نەوەی نوێی کورد لە ئەوروپا، بەتایبەتی لە وڵاتانی ئەڵمانی زماندا دابوو، کە فەرهەنگۆکێکیان بۆ هەردوو زمانەکە پێکەوە بۆ بنووسین، کە زووربەی زۆری ئەو وشە و زاراوانە لە خۆ بگرێ، کە لە ژیانی ڕۆژانەدا بۆ گفتوگۆکردن و ژیانبەسەربردن پێویستن. ئەوا ئەمڕۆ بە بڵاوکردنەوەی ئەم فەرهەنگۆکە، ئەم شاکارەش دەخەینە سەر خەرمانی شاکارەکانی ترمان، ئەو ئاواتە بەدی دێنین و ئەو پەیمانەشمان بە ئەنجام دەگەیەنین.

زمانی کوردیش وەک هەموو زمانە زیندووەکانی تری دنیا لە بزواندن و بەرەوپێش چووندایە.

زمان: لە دەنگ، بڕگە، وشە و ڕستە پێکدێ و لە سستێمێکی ڕێزمانی تایبەت بەو زمانەدا قاڵب دەگرێ. هەر کەسێکیش ئەو سستێمە زمانییە فێر نەبێ، بۆی نەلوێ و نە گونجێ توانای دەربڕینی بەئاسانی بەو زمانە نابێ.

ئەم کارانەی ئێمە، کە لە وڵاتی غوربەتدا بە شێوەیەکی پلان بۆ کێشراو دەیکەین، لە پێناوی ئەوەدایە، کە هەوڵی ئەوە بدەین، زمانی کوردی لە سنوورە تەسکەکەی کوردستان دەربهێنین و ڕەنگوبۆیەکی زانستیی جیهانی پێببەخشین. لە زانکۆکاندا بەتایبەتی لە ئەوروپا هاوشانییەکی نوێی بۆ بەرجەستە بکەین، کە جیاوازیی بابەتی لەگەڵ زمانەکانی ڕۆژهەڵاتی ناوەڕاست (عەرەبی، فارسی و تورکی) دا نەبێ و وێنەیەکی مۆدێرنی بە باڵادا ببڕین. هەر بەم شێوەیەش زمانی کوردی دەتوانێ شوێنپێی خۆی بکاتەوە و بە دەنگێکی بڵند ببیسترێ، کە جاران نە دەبیسترا و نە دەبینرا یا بە چاوێکی کەمتر لە زمانەکانی تر سەرنج دەدرا.

ئەم زمانە بەنرخەمان بەداخەوە هەتا ئێستا بە هۆی نەبوونی دەوڵەتێکی سەربەخۆی کوردییەوە، کە ڕژێم بەڕێوە بەرێ و ناسنامەی کەسایەتیی هاووڵاتێتیی کوردی بە خەڵکەکەی ببەخشێ (واتە وەک زمانێکی بێ دەوڵەتی سەربەخۆ) ماوەتەوە.

ئاواتی من لە بڵاوکردنەوەی ئەم فەرهەنگۆکە ئەوەیە، کە لە ماڵی هەموو کوردێکی ئاوارەی ئەم وڵاتانی ئەڵمانی زمانەدا ببینرێ، تا چ دایکوباوکەکان و چ منداڵەکانیشیان، کە نەوەی داهاتووی پێگەیشتووی کوردن لە ئەوروپا شانازی پێوە بکەن و سوودی لێببینن و ببێتە پردێکی پتەو و بە وڵاتی دایکوباوکیانەوە بیانبەستێتەوە و هەست بە بوونی زمان و وڵاتەکەیان بکەن.

لەم فەرهەنگۆکەشماندا وەک کارە زانستییەکانی ترمان هەردوو جۆرە تیپە کوردییەکەمان بەکار هێناوە، واتە تیپی عەرەبی — کوردی و تیپی لاتینی — کوردی ش، بۆئەوەی هەموو کوردێک لە هەر وڵاتێکی ژێردەستەوە هاتبێ توانای بەکارهێنان و سوود لێبینینی لێیهەبێ و نەوەی نوێی کوردیش لە ئەوروپا بەئاسانی توانای بەکارهێنانی هەبێ.

فەریاد فازیل عومەر
مامۆستای زمان، ئەدەب و مێژووی کورد
لە زانستگای فرای بەرلین و
سەرۆکی ئینستیتووتی خوێندنی کوردی
بەرلین

ڕێنیشاندەر بۆ بەکارهێنانی فەرهەنگۆکی کوردی ـ ئەڵمانی

خوێنەرەوەی خۆشەویست، تکایە بەرلەوەی فەرهەنگۆکەکە بەکاربهێنیتو تێیدا بۆ وشەیەک بگەڕێیت، سەرنجێکی تێروتەسەلی ئەلفبێی کوردیو وشەکورتکراوەکانی ناو ئەم فەرهەنگۆکە لە سەرەتای کتێبەکەدا واتە لە لاپەڕەکانی ١٩ــ١٧ دا بدە. بۆئەوەی جۆری ڕیزکردنی ئەلفبێیەکەو بەکارهێنانی وشەکورتکراوەکانت لێ ئاشکرا ببێت.

١ ـ هەندێ وردە تێبینی دەربارەی ئەلفبێی کوردی

بەداخەوە تا ئێستا زووربەی ئەو فەرهەنگنووسانەی فەرهەنگیان بۆ زمانی کوردی نووسیوە نرخی تایبەتییان بۆ هەردەنگێک لە دەنگەکانی زمانی کوردی ،کە ئێمە وێنەکانیان بە فۆنێم ناو دەبەین، دانەناوە یان ڕەچاویان نەکردوونو تێکەڵوپێکەڵییەکی یەکجار زۆرلە ڕیز کردنو نرخ بۆ دانانیاندا بەدی دەکرێ. بۆ نموونە جیاوازیان لە نێوان بزوێنەکانی «و ، وو ، ۆ» دا نەکردووەو و بە یەک فۆنێم لە قەڵەمیان داون و نرخی تایبەتی خۆیانیان نەداونەتێ. یاخود لە لایەکی ترەوە تیپە بێدەنگەکانی «ڕ» لە «ر» و «ڵ» لە «ل» یان جیا نەکردۆتەوەو بە یەک فۆنێم نرخاندوویانن.

ئێمە لەم فەرهەنگۆکەدا وشەکانمان بە پێی ئەلفبێی عەرەبی ـ کوردی ڕیز کردووە. واتە ئەو فۆنێمانەی کە لەئەلفابێ عەرەبییەکەدا نیینو کورد وێنەی بۆ داناون. ئێمە لە دوای تیپەکانی وەک خۆیانەوە ڕیزمان کردوونو مامەلەی فۆنێمێکی سەربەخۆمان لەگەڵدا کردوون. بۆ نموونە تیپەکانی وەک «ڕ» لەپاش «ر» وە، «ێ» لەپاش «ی» یەوە.

ئەگەر سەرەتای بڕگەیەک یا وشەیەک بە بە بزوێن دەست پێبکا، ئەوا ئەو بزوێنە پێویستی بە بزوێنهەڵگرێک «ئ» هەیە.

ئەو بزوێنە زۆرکورتەی کە لە نووسینی کوردیدا بە تیپی عەرەبی ـ کوردی تا ئەمڕۆ هیچ وێنەیەکی بۆ دانەنراوە، لە فەرهەنگۆکەکەشدا ڕەچاو نەکراوەو هیچ کارێکی نەکردۆتە سەر جۆری ڕیزکردنی وشەکان. هەرچەندە ئێمە بۆ دوا ڕۆژ وەک پێشنیاز وێنەی «ىُ/ىٗ» مان بۆ داناوە. نەبوونی وێنەیەک بۆ ئەم بزوێنە لە ئەلفبێی کوردیدا بۆشاییەکەو دەبێ پڕ بکرێتەوە. ئەم بزوێنە زۆر کورتە بە پێچەوانەوە لە نووسینی کوردی بە تیپی لاتینیدا نیشانەی «i» ی بۆ دانراوەو ئێمە لە نووسینی وشەکاندا بە تیپی لاتینی ـ کوردی ڕەچاومان کردووە.

نیوەبزوێنەکانی «و *W*» و «ی *Y*» لە نووسینی کوردی بە تیپی عەرەبی ـ کوردیدا هیچ جیاوازییەکیان لەگەڵ بزوێنەکانی هاووێنەیاندا نابێو وەک یەک دەنووسرێن. تەنیا لە سەرەتای بڕگە یا

وشەدا نەبێ، کە لە کاتی نووسینیاندا پێویستیان بە بزوێنهەڵگر نابێ.

واوی درێژ، کە تا ئەمڕۆ بە دوو واو «وو» دەنووسرێ. ئەم دوو واوە لەبەرئەوەی لە وێنەدا وەک ئەوە وان، کە دوو واوی سەربەخۆ بن و کەوتبنە دوای یەکەوە، لە کاتی ڕیز کردنیاندا لەم فەرهەنگۆکەدا مامەلەی دوو واویان لەگەڵدا کراوە. کارێکی بەجێ دەبێ ئەگەر لە داهاتوودا وەک لەمەوبەر پێشنیازکراوە «ۋ» یەک وەک نیشانە بۆ ئەم واوە درێژە دابنرێ و ئەمیش ببێتە خاوەنی فۆنێمی تایبەتی خۆی.

دەربارەی بەکارهێنانی ئەلفبێی کوردی بە تیپی لاتینی، تا ئەمڕۆ بۆ بەکارهێنانی ئەم ئەلفابێ لاتینی ـ کوردییە کۆمەڵێک سستێمی جیاجیا هەن، کە بە تایبەتی بۆ نووسینی کوردیی باکوور (کرمانجی) بەکار دەهێنرێن. ئێمە لەم فەرهەنگۆکەدا ئەو ئەلفبێیەمان هەڵبژاردو بەکارمان هێنا، کە زۆرینەی کوردی باکوور لە نووسینەکانیاندا بەکاری دەهێنن و سنووری تاکەکەسی و کاری تاکە زانکاری بە جێ هێشتووە. ئەم ئەلفبێیەش ئەو ئەلفبێیەیە، کە ڕووناکبیرانی کورد جووتە برا ئەمیر جەلادەت عەلی بەدر خان و کامەران بەدر خان لە ساڵی ١٩٣٢ دا بۆ نووسینی کوردی ئامادەیان کردبوو. نووسەری ئەم فەرهەنگۆکەش ئەم نیشانانەی بۆ ئەم دەنگانە «*ẖ*» بۆ «ح»، «*ṟ*» بۆ «ڕ»، «ʿ» بۆ «ع» ، «*x̱*» بۆ «غ» ، «*ḻ*» بۆ «ڵ» بەکار هێناوە.

نیشانەی هەمزەی عەرەبی، کە زۆر بە کەمی لە کوردیدا بەر چاو دەکەوێ، بەتایبەتی ئەگەر لە ناوەڕاستی وشەیەکی عەرەبیدا بنووسرێ (بۆ نموونە وشەی یەئس). دەبێ ئەم هەمزەیە لەگەڵ بزوێنهەڵگردا لێک جیا بکرێتەوە. یا هەمزە، کە لە کۆتایی وشەیەکی عەرەبیدا (وەک مەبدەء). ئەم هەمزەیە لە نووسینی لاتینی ـ کوردیدا ئەم وێنەیەی «ʾ» بۆ دانراوە.

٢ ـ وشەکان

ئەو وشە سەرەکیانەی لە فەرهەنگۆکەدا ڕیز کراون، ناو، ئاوەڵناو، ئاوەڵکار، ئامرازی پەیوەندی، ئامرازی گەیەنەر یان کرداری بەناوکراو وەک وشەی یاریکردن، کە پێکەوە دەنووسرێ. کردارەکان وەک چاوگ لە فەرهەنگۆکەکەدا نووسراون.

زووربەی ئەو ناو یا ئاوەڵناوانەی، کە بە یاریدەی پاشگری «ی» دروست دەکرێن، لە فەرهەنگۆکەکەدا تۆمار نەکراون، چونکە دروستکردنیان کارێکی سانایەو خوێنەر دەرکی پێدەکا.

وشە سەرەکییەکان سەرەتا بە تیپی عەرەبی ـ کوردی نووسراون، پاشان بە تیپێکی شکستە لەتەنیشتییەوە بە تیپی لاتینی ـ کوردی نووسراون. بۆئەوەی وشە هاومۆڕفێمەکان لە یەکتری جیا بکرێنەوە، ژمارەیەکیان بە بەرزی دەخرێتە بەردەمەوە.

بابەتی ڕێزمانی وشەکان دیاری کراون، تەنیا ناو نەبێ کە هیچ بابەتێکی ڕێزمانی لە پاڵدا دانەنراوە.

لەناو دوو کەوانە قوچەکاندا <Adj.> بۆ ئاوەڵناو نووسراوە. تکایە بە وردی سەرنجی لیستی ناوە کورتکراوەکان لە لاپەڕە (١٩—١٧) دا بۆ ئەم مەبەستە بدە. ئەگەر هاتوو وشەیەک سەر بە دوو بەشی ڕێزمانی جیاواز بوو، ئەوا ئەو وشەیە بە نیشانەی ڕۆمانی (.I، .II) دەست نیشان دەکرێ. ئەو وشانەی کە دەکرێن لە کوردی و ئەڵمانیشدا ئاوەڵناو و ئاوەڵکرداریش بن، واتاکانیان بە جیا لێک نەکراونەتەوە و نەنووسراون.

لە تەنیشت چاوگەکانەوە نیشانەی <v.tr.> بۆ کرداری تێپەڕ، <v.intr.> بۆ کرداری تێنەپەڕو نیشانەی <v.refl.> بۆ کرداری خۆیی دانراوە. کە بە هۆیانەوە کاری گەردانکردنی کردارەکان ئاسان دەکرێ‌ودەوریان لە ڕستەدا دەست نیشان دەکرێ.

ئامرازی پەیوەندی‌و پابەندەکانی، کە بە نیشانەی <Präp.> دەست نیشان کراوە، لە یەک بەش، کە ئامرازی پەیوەندییە یا لە ئامرازی پەیوەندی‌و پابەندەکانی پێکدێ، کە بە سێ خاڵی یەکلەدواییەک (...) لە یەک جیا کراونەتەوە.

ڕەگی کرداری دەمی ئێستا کە لە ناو دوو کەوانەی قوچدا لە تەنیشت چاوگەکانەوە بە تیپی عەرەبی ـ کوردی و تیپی لاتینی ـ کوردی نووسراون. بۆ نموونە:

کرین *kiṟîn* <v.tr.> <کڕ ـ *kiṟ-*>

ئەو کردارانەی، کە دوو ڕەگی کرداریان لە دەمی ئێستادا هەیە، بە بۆرێک لە یەک جیا دەکرێنەوەو لە دوای یەکەوە دەنووسرێن. ئەو تەقەڵەی (ـ)، کە لە پاش ڕەگی کردارەکەوە دەنووسرێ، نیشانەی ئەوەیە، کە ڕاناوی لکاوی پێوە دەلکێنرێ. پاشگری ـ (ە)وە دەکەوێتە دوای ڕاناوە لکاوەکەوە. هەندێ کردار هەن، کە ڕەگی کرداری دەمی ئێستایان بۆ کەسی سێیەمی تاک جیاوازە. ئەم ڕەگانەمان بەهۆی هێڵێکی لارەوە (/) دەست نیشان کردووە. بۆ نموونە: چاوگی «دان» ڕەگەکەی بەم شێوەیە لە فەرهەنگۆکەکەدا نووسراوە «دە-/دا»

وشە وەرگێڕراوە ئەڵمانییەکان، کە هاوواتای یەکترین بە بۆروخاڵ لە یەکتری جیا کراونەتەوە. ئەگەر هاتوو واتاکانیان جیاواز بوو، ئەوا بە ژمارە لە یەکتری جیا دەکرێنەوە:

ئاسوودەیی *asûdeyî* 1. Frieden *m*; Zufriedenheit *f*; 2. Heiterkeit *f*

دەبێ ئاگاداری ئەوە بین، کە وشە کوردییەکان گەلێ جار لە ئەڵمانیدا دەتوانرێن بە ئاوەڵناوو ناو وەربگێڕرێن.

فەرهەنگۆکەکەمان لە شێوەی ڕاستنووسیی وشە ئەڵمانییەکاندا پەیڕەوی یاسا نوێکانی ڕاستنووسیی ئەڵمانی کردووە.

نموونەکان وەرگێڕراونەتە سەر زمانی ئەڵمانی. نەمانتوانی ئەم ڕستانەی، کە بە نموونە هێناومانەتەوە بە تیپی لاتینی ـ کوردیش بنووسین. ئەگەر ئەم کارەمان بکردایە، ئەوا قەوارەی کتێبەکەمان لەمەی ئێستا گەورەتر دەبوو.

دەبێ خوێنەرەوە ئاگاداری ئەوە بێ، کە هەموو ئەو وشانە لە فەرهەنگۆکەکەدا نەنووسراون، کە بە هۆی ئەداتی خستنەپاڵ «ی» ەوە پێکدەهێنرێن، چونکە ئەمەش دووبارە قەوارەی فەرهەنگۆکەکەمانی گەورەتر دەکرد.

لە فەرهەنگۆکەکەدا ئەم نیشانانەی خوارەوە بەکار هێنراون:

١ - «(vgl. ...)» نیشانەیە بۆ بەراوردی وشەکە لەگەڵ وشەیەکدا، کە هاوواتای یەکترین.
٢ - «(s. a. ...)» نیشانەیە بۆ بەراوردی وشەکە لەگەڵ وشەیەکدا، کە لە ڕووی واتاوە هاوواتا نین، بەڵکوو لێک نزیکن.

٣- «... .s» نیشانەیە بۆ ئەو وشانەی، کە وەرنەگێڕاون . بەڵکە بۆ زانینی مانای وشەکان دەبێ سەرنجی ئەو وشانە بدرێ، کە پەنجەیان بۆ ڕاکێشراون.

٤- «→» ئەم تیرە نیشانەیە بۆ سەرنجدان لە وشەیەکی لێکدراو، کە لە ژێر وشەیەکی سەرەکیدا ڕیز کراوە یا نیشانەیە بۆ ئەوەی، کە وشەکە بە تەنیا بەکار ناهێنرێ. دەبێ وشەیەکی تری وەک تەواوکەر لەگەڵدابێ، یا بەهۆی ئەداتی خستنەپاڵ «ی» ەوە بە وشەیەکی ترەوە بەسترابێ:

هەراسان *herasan* → **هەراسان کردن** *herasan kirdin* ⟨v.t.⟩ belästigen

ڕێنیشاندەر بۆ بەکارهێنانی فەرهەنگۆکی ئەڵمانی ـ کوردی

تکایە بەرلەوەی فەرهەنگۆکەکە بەکار بهێنیت و تێیدا بۆ وشەیەک بگەڕێیت، سەرنجێکی تێروتەسەلی ڕێنیشاندەری ئەم فەرهەنگۆکە بە زمانی ئەڵمانی، ئەلفبێی ئەڵمانی و وشە کورتکراوەکان بدە.

تێبینی: لێرەدا تەنیا کورتەیەکی بەشە گرنگەکانی ڕێنیشاندەری فەرهەنگۆکەکەمان بە کوردی بە پێویست زانیوە و وەرمانگێڕاوە.

وشەکان:

- وشە سەرەکییەکان،تاقە تیپ، وشەی کورتکراوە، ئەو وشانەش، کە سەرەتای تیپی چەند وشەیەک پێکدێنن و پێکەوە نووسراون، ناوی تایبەت، بەتایبەتی ناوی شوێن و شوێنەوارە جوگرافییەکان و شوێنی دانیشتوان لە فەرهەنگۆکەکەدا بەپێی ڕیزبەندی ئەلفبێی ئەڵمانی ڕیز کراون.
- ئەو ناوانەش ڕیز کراون، کە لە چاوگەوە وەرگیراون.
- کردارەکان لە شێوەی چاوگدا نووسراون و ڕێزبەند کراون.
- ئەگەر دوو وشە تەنیا بەوە لەیەک جیاواز بن، کە سەرەتای وشەکان بە پیتی گەورە یا پچکۆلە نووسرابن، ئەوا ئەو وشەیەی، کە بە پیتی پچکۆلە نووسراوە لە پێشەوە دانراوە و وشەکەی تریش، کە بە پیتی گەورە نووسراوە لەدوایەوە ڕیزبەند کراوە.
- تیپە بزوێنە گوڕڕاوەکان (ä, ö, ü) وەک تیپە بزوێنە نەگۆڕەکانی هاوجۆریان (a, o, u) هەڵسوکەوتیان لەگەڵدا دەکرێ. لە ڕیزبەند کردندا تیپە بزوێنە نەگۆڕڕاوەکان لە پێشەوە دەبن و پاشان تیپە بزوێنە گۆڕڕاوەکان بە دوایاندا دێن.
- تیپی (ß) (ئێسی تێژ) وەک دوو ئێس، کە لەدوای یەکەوە بێن، لە فەرهەنگۆکەکەدا ڕیزبەند کراوە.
- نیشانەکانی: تەقەڵ،لارەهێڵ، وێرگول و بۆشایی نێوان وشەکان بە تیپ دانەنراون و هیچ حسابێکیان لە ڕیزبەندکردنی وشەکاندا بۆ نەکراوە.
- ئەو تیپانەی، کە لەناو دوو کەوانەدا دانراون لە کاتی ڕیزبەندکردنی تیپەکاندا پێکەوە ڕیزبەند کراون.
- نیشانە ڕێزمانییەکان، جگەلە ئامرازی ناسین بۆ دیاریکردنی ڕەگەزی ناو، هەموو ئەوانی تر لەناو دوو کەوانەی قوچدا نووسراون.
- ئەو ژمارانەی بەبەرزییەوە لە پێش وشەکانەوە دانراون نیشانەی ئەوەن، کە وشەکان هاومۆرفێمن.

— ژمارە ڕۆمانییەکان بەشە جیاوازەکانی ئاخاوتن دەستنیشان دەکەن.
— ژمارە عەرەبییەکان مانا جیاوازەکانی وشەیەک دەستنیشان دەکەن.
— وشە ئەڵمانییەکان ئەگەر بەرامبەرەکانیان دۆزرابێتەوە ئەوا پڕاوپڕ وەرگێڕراونەتە سەر زمانی کوردی. ئەو وشانەش، کە پڕاوپڕ بەرامبەرەکانیان نەدۆزراونەتەوە، هەوڵی ئەوە دراوە، وشەکان بە کوردی و کورتی و پوختی ڕوون بکرێنەوە.
— لە فەرهەنگۆکەکەدا ئەم نیشانانەی خوارەوەش بەکار هێنراون:

(s.): نیشانەیە بۆ ئەو وشانەی، کە وەرنەگێڕراون، بەڵکە بۆ زانینی مانای وشەکان دەبێ سەرنجی ئەو وشانە بدرێ، کە هێمایان پێکراون.

(s. a.): نیشانەیە بۆ بەراوردکردنی وشەکە لەگەڵ وشەیەکدا، کە لە ڕووی واتاوە هاوواتا نین، بەڵکوو لێک نزیکن.

(vgl.): نیشانەیە بۆ بەراوردکردنی وشەکە لەگەڵ وشەیەکدا، کە هاوواتای یەکترین.

— خاڵبەندییەکانی ناو فەرهەنگۆکەکە: خاڵ، سێ خاڵ لەدوای یەکەوە، خاڵوبۆر، خاڵێکی تۆخ، جووتەکەوانەی نیوەبازنەیی، تەقەڵ و لارەهێڵ لە فەرهەنگۆکەکەدا هەر یەکەیان و بۆ مەبەستێکی دیاریکراو بەکار هێنراون. (تکایە بۆ لێتێگەیشتن و ڕوونکردنەوەی ئەم مەبەستانەش بەتایبەتی سەرنجی ڕێنیشاندەرەکە بە زمانی ئەڵمانی بدە.)
— بەداخەوە نەمانتوانی ئەو ڕستانەی، کە بە نموونە هێناومانەتەوە بەتیپی لاتینی ـ کوردیش بنووسین. ئەگەر ئەم کارەمان بکردایە، ئەوا قەوارەی فەرهەنگۆکەکە لەمەی ئێستا گەورەتر دەبوو.

وشه کورتکراوه کان

Abk.	Abkürzung (کورتکردنەوە *kurtkirdinewe*)
Adj.	Adjektiv (ئاوەڵناو *awel̰naw*)
Adv.	Adverb (ئاوەڵکردار *awel̰kirdar*)
Agr.	Agronomie (کشتوکاڵ *kiştukal̰*)
Amtsspr.	Amtssprache (زمانی ڕەسمی *zimanî r̰esmî*)
Anat.	Anatomie (توێکارزانی/تەشریح *twêkarzanî/teşrîẖ*)
Art.	Artikel (ئامراز *amraz*)
Astrol.	Astrologie (ئەستێرەناسی *estêrenasî*)
Astron.	Astronomie (گەردووناسی *gerdûnnasî*)
Bauw.	Bauwesen (بیناکاری *bînakarî*)
bibl.	biblisch (پەیوەست بە کتێبی پیرۆزەوە *peywest be kitêbî pîrozewe*)
bildungsspr.	bildungssprachlich (زمانباڵا *zimanbal̰a*)
Biol.	Biologie (زیندەوەرزانی *zîndewerzanî*)
Bot.	Botanik (ڕووەکزانی *r̰uwekzanî*)
bzw.	beziehungsweise (هەروەها *herweha*)
ca.	zirka (نزیکەی *nizîkey*)
Chem.	Chemie (کیمیا *kîmya*)
christl.	christlich (مەسیحی *mesîẖî*)
d. h.	das heißt (مانای ئەوەیە/یانی *manay eweye/yanî*)
EDV	Elektronische Datenverarbeitung (بە شێوەیەکی ئەلەکترۆنی کارلەداتاداکردن *be şêweyekî elektironî karledatadakirdin*)
Elektr.	Elektrizitätswesen (ئەلکتریک *eliktirîk*)
etw.	etwas (شتێک *şitêk*)
f	Femininum (مێیینە *mêyîne*)
fachspr.	fachsprachlich (پەیوەست بە زمانی بابەتی *peywest be zimanî babetî*)
geh.	gehoben (باڵا [زمان] *bal̰a [ziman]*)
Geogr.	Geografie (جوگرافیا *cugrafya*)
Geol.	Geologie (زەویزانی *zewîzanî*)
Gr.	Grammatik (دەستووری زمان *destûrî ziman*)

hist.	historisch (مێژوویی *mêjûyî*)
idiom.	idiomatisch (ئیدیەمی *îdyemî*)
im Ggs. zu	im Gegensatz zu (بە پێچەوانەی *be pêçewaney*)
Int.	Interjektion (ئامرازی بانگکردن *amrazî bangkirdin*)
in Zus.	in Zusammensetzungen (لەپێوەلکاندا *lepêwelikanda*)
islam.	islamisch (ئیسلامی *îslamî*)
j-d	jemand (یەکێک/فلان *yekêk/fiḻan*)
j-m	jemandem (یەکێک/فلان *yekêk/fiḻan*)
j-n	jemanden (یەکێک/فلان *yekêk/fiḻan*)
j-s	jemandes (یەکێک/فلان *yekêk/fiḻan*)
jüd.	jüdisch (جوولەکە *cûleke*)
Jur.	Jura (قانوون *qanûn*)
kath.	katholisch (کاتۆلیکی *katolîkî*)
Kaufmannsspr.	Kaufmannssprache (زمانی بازرگانان *zimanî bazirganan*)
Kfz	Kraftfahrzeugwesen (ئامرازەکانی هاتوچۆ *amrazekanî hatuço*)
Kochk.	Kochkunst (هونەری چێشتلێنان *hunerî çêştlênan*)
Konj.	Konjunktion (ئامرازی گەیەنەر *amrazî geyener*)
Ling.	Linguistik (زمانەوانی *zimanewanî*)
Lit.	Literatur (ئەدەب *edeb*)
m	Maskulinum (نێرینە *nêrîne*)
Math.	Mathematik (بیرکاری *bîrkarî*)
Med.	Medizin (پزیشکی *pizîşkî*)
Meteorol.	Meteorologie (کەشناسی *keşnasî*)
Mil.	Militär (سوپا *supa*)
Mus.	Musik (مۆسیقا *mosîqa*)
Myth.	Mythologie (میتۆلۆژی *mîtolojî*)
n	Neutrum (بێلایەن *bêlayen*)
Num.	Numerale (ژمارە *jimare*)
Part.	Partikel (پارتیکل *partîkil*)
Philos.	Philosophie (فەلسەفە *felsefe*)
Phys.	Physik (فیزیا *fîzya*)
Pl.	Plural (کۆ *ko*)
poet.	poetisch (شیعری *şî'irî*)
Pol.	Politik (سیاسەت *siyaset*)
Präp.	Präposition (ئامرازی پەیوەندی *amrazî peywendî*)
Präs.	Präsens (دەمی ئێستا *demî êsta*)
Prät.	Präteritum (ڕابردووی سادە *ṟabirdûy sade*)
Pron.	Pronomen (ڕاناو *ṟanaw*)
Ps.	Person (کەس *kes*)
Psychol.	Psychologie (دەروونناسی *derûnnasî*)

Rel.	Religion (ئاین *ayin*)
s.	siehe (سەیر بکە *seyr bike*)
Seef.	Seefahrt (دەریاوانی *deryawanî*)
s. a.	siehe auch (سەیری ئەمەش بکە *seyrî emeş bike*)
Sg.	Singular (تاک *tak*)
Sp.	Sport (وەرزش *werziş*)
Tech.	Technik (تەکنیک *teknîk*)
Telek.	Telekommunikation (تەلەڕاگەیاندن *teleṟageyandin*)
Theat.	Theater (شانۆ *şano*)
üb.	übertragen (مەجازی *mecazî*)
ugs.	umgangssprachlich (زمانی گفتوگۆ *zimanî giftugo*)
v.aux.	Hilfsverb (کرداری یاریدەدەر *kirdarî yarîdeder*)
veralt.	veraltet, veraltend (کۆنبوو *konbû*)
vgl.	vergleiche (بەراوردی بکە *berawirdî bike*)
v.i.	intransitives Verb (کرداری تێنەپەڕ *kirdarî têneper̠*)
v.refl.	reflexives Verb (کرداری خۆیی *kirdarî xoyî*)
v.t.	transitives Verb (کرداری تێپەڕ *kirdarî têper̠*)
vulg.	vulgär (چەپەڵ/بازاڕی *çepel̠/bazar̠î*)
Wirtsch.	Wirtschaft (ئابووری *abûrî*)
z. B.	zum Beispiel (بۆ نموونە *bo nimûne*)
Zool.	Zoologie (گیانەوەرزانی *giyanewerzanî*)

ئەلفبێی زمانی ئەڵمانی

پیتە ئەڵمانییەکان و ناوەکانیان			جۆری دەرپڕینی دەنگەکان		نموونە (ئەڵمانی)	جۆری دەربڕینی دەنگەکان بە ئەلفبێی کوردی	نموونە (کوردی)	پیتە کوردییەکانی دەنگە ئەڵمانییەکان
A	a	ئا	[a:]	ئای درێژ	Wal	ڤال	حووت	ا، ئا
			[a]	ئای کورت	Sache	زەخە	شت	ە، ئە
Ä	ä	ئێ	[ɛ:]	ئێی درێژ	wählen	ڤێلن	هەڵبژاردن	ێ، ئێ
			[ɛ]	ئێی کورت	Bäcker	بێکەر	نانەوا	ێ
B	b	بێ	[b]	ب	Buch	بووخ	کتێب	ب
			[p]	پ	ab	ئەپ	لە	
C	c	تسێ	[ts]	تس	circa	تسیرکا	نزیکەی	
			[k]	ک	Café	کەفێ	**قاوەخانە**	
			[x]	خ	machen	مەخن	کردن	
			[ç]	ش	ich	ئیش	من	
D	d	دێ	[d]	د	Dorf	دۆرف	دێ، لادێ	د
			[t]	ت	Hand	هەنت	دەست	
E	e	ئێ	[e:]	ئێ ی درێژ	Ehre	ئێرە	ئابڕوو، شکۆ	ێ،ئێ
			[ə]	ئێ ی کورت	Decke	دێکە	بنمیچ، پەتۆ، بەتانی	ێ، ئێ
F	f	ئێف	[f]	ف	Fehler	فێلەر	هەڵە	ف

پیته ئەڵمانییەکان و ناوەکانیان			جۆری دەربڕینی دەنگەکان		نموونە (ئەڵمانی)	جۆری دەربڕینی دەنگەکان بە ئەلفبێی کوردی	نموونە (کوردی)	پیتە کوردییەکانی دەنگە ئەڵمانییەکان
G	g	گێ	[g]	گ	gerne	گێڕنە	لەدڵەوە	گ
			[k]	ک	Tag	تاک	ڕۆژ	
H	h	ها	[h]	ه	Hotel	هۆتێل	ئوتێل	ه
I	i	ئی	[i:]	ئیی درێژ	viel	فیل	زۆر	ی، ئی
			[ɪ]	ئیی کورت	mischen	میشن	تێکەڵ کردن	ی
J	j	یۆت	[j]	ی	Junge	یونگە	کوڕ، لاو	
K	k	کا	[k]	ک	Kind	کینت	منداڵ	ک
L	l	ئێل	[l]	ل	Leben	لێبن	ژیان	ل
M	m	ئێم	[m]	م	machen	مەخن	کردن	م
N	n	ئێن	[n]	ن	Nase	نازە	لووت	ن
O	o	ئۆ	[o:]	ئۆی درێژ	Ohr	ئۆر	گوێچکە	ۆ، ئۆ
			[ɔ]	ئۆی کورت	Woche	ڤۆخە	هەفتە	ۆ، ئۆ
Ö	ö	ئوێ	[ø:]	ئوێی درێژ	blöd	بلوێت	گەوج، بڵح	وێ
			[œ]	ئوێی کورت	können	کوێنن	توانین	وێ
P	p	پێ	[p]	پ	Perle	پێرلە	مرواری	پ
			[pf]	پف	Pfanne	پفەنە	تاوە	
			[ps]	پس	Raps	ڕەپس	کانۆلە	
Q	q	کو	[kv]	ک	Quark	کڤارک	تۆراخ	
R	r	ئێر، ئێڕ	[r]	ر،ڕ	Ruhe	ڕووهە	پشوو	ر، ڕ
S	s	ئێس	[s]	س	Bus	بوس	پاس	س
			[z]	ز	Sonne	زۆنە	هەتاو، خۆر	ز

پیتە کوردییەکانی دەنگە ئەڵمانییەکان	نموونە (کوردی)	جۆری دەربڕینی دەنگەکان بە ئەلفبێی کوردی	نموونە (ئەڵمانی)	جۆری دەربڕینی دەنگەکان		پیتە ئەڵمانییەکان و ناوەکانیان		
ش	قوتابخانە	شوولە	Schule	ش	[ʃ]			
	یاری	شپیل	Spiel	شپ	[ʃp]			
	زەردەواڵە	ڤێسپە	Wespe	سپ	[sp]			
	وازهێنان	لەسن	lassen	س	[s]			
	بەرد	شتاین	Stein	شت	[ʃt]			
	میوان	گەست	Gast	ست	[st]			
س	سپی	ڤایس	weiß	س	[s]	ئێس تتسێت	ß	
ت	ئاژەڵ	تیەر	Tier	ت	[t]	تێ	t	T
	گەڵا	بلەت	Blatt	ت	[t]			
وو،ئوو	مانگا	کوو	Kuh	ئووی درێژ	[u:]	ئوو	u	U
و، ئو	ماچ	کوس	Kuss	ئوی کورت	[ʊ]			
وی	مەشق	ئوبین	üben	ئویی درێژ	[y:]	ئوی	ü	Ü
	مێشوولە	مویکە	Mücke	ئویی کورت	[ʏ]			
ڤ	گوڵدان	ڤازە	**V**ase	ڤ	[v]	فاو	v	V
ف	زۆر	فیل	**v**iel	ف	[f]			
ڤ	کەم	ڤێنیگ	**w**enig	ڤ	[v]	ڤێ	w	W
	کسیلۆفۆن	کسیلۆفۆن	**X**ylophon	کس	[ks]	ئیکس	x	X
	پیتی ئویپسیلۆن	ئویپسیلۆن	**Y**psilon	ئویی کورت	[ʏ]	ئویپسیلۆن	y	Y
	ئەفسانە	مویتۆس	M**y**thos	ئویی درێژ	[y:]			

پیتە کوردییەکانی دەنگە ئەڵمانییەکان	نموونە (کوردی)	جۆری دەربڕینی دەنگەکان بە ئەلفبێی کوردی	نموونە (ئەڵمانی)	جۆری دەربڕینی دەنگەکان		پیتە ئەڵمانییەکان و ناوەکانیان		
	ناوێکی مێینەیە	ئیڤۆن	Yvonne	ئیی کورت	[i]			
	کات	تسایت	**Z**eit	تس	[ts]	تسێت	z	Z